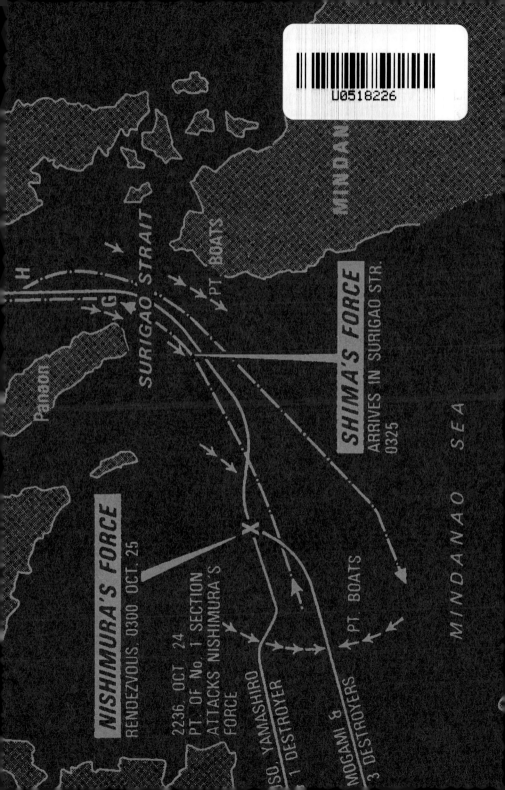

THiNKr
新思

新 一 代 人 的 思 想

从莱特湾战役
到日本投降

Ian W. Toll

WAR IN THE
WESTERN PACIFIC
1944—1945

[美] 伊恩·托尔——著
谭星———译

诸
神
的

黄
昏

1944 — 1945

中信出版集团 | 北京

图书在版编目（CIP）数据

诸神的黄昏：1944—1945，从莱特湾战役到日本投降 /（美）伊恩·托尔著；谭星译. -- 北京：中信出版社，2021.12（2025.10 重印）
（太平洋战争三部曲）
书名原文：Twilight of the Gods : War in the Western Pacific, 1944–1945
ISBN 978-7-5217-3560-4

Ⅰ.①诸… Ⅱ.①伊… ②谭… Ⅲ.①太平洋战争 Ⅳ.① K152

中国版本图书馆 CIP 数据核字（2021）190944 号

诸神的黄昏：1944—1945，从莱特湾战役到日本投降
著　　者：[美] 伊恩·托尔
译　　者：谭星
出版发行：中信出版集团股份有限公司
　　　　　（北京市朝阳区东三环北路 27 号嘉铭中心　邮编　100020）
承 印 者：三河市中晟雅豪印务有限公司

开本：880mm×1230mm　1/32　　　　印张：32.5
插页：16　　　　　　　　　　　　　字数：754 千字
版次：2021 年 12 月第 1 版　　　　　印次：2025 年 10 月第 10 次印刷
京权图字：01–2020–4241　　　　　　审图号：GS（2021）5774 号
书号：ISBN 978-7-5217-3560-4
定价：158.00 元

推荐赞誉

海洋是连通世界的贸易通道，是现代国家的经济命脉所系，因此，海战不仅仅关涉到海上的战略战术，它从根本上关涉到一个国家对国际秩序以及对自身国际定位的理解与把握。太平洋战争包含了多场非常重要的海洋对决，也是两种海洋观的命运对决，其中的启示极为深远。托尔此书因此非常值得一读。

——施展，外交学院教授

第二次世界大战太平洋战场的始末，没有人比伊恩·托尔讲述得更出色。《诸神的黄昏：1944—1945，从莱特湾战役到日本投降》给"太平洋战争三部曲"画上了完满的句号。精彩纷呈，令人百读不厌——不要错过这部无与伦比的军事史。

——亚历克斯·克肖（Alex Kershaw），二战史学家，《纽约时报》畅销书作者

从伊恩·托尔的第一本书《六舰》开始，我就一直是他的粉丝，但"太平洋战争三部曲"的末卷把他带到了另一个高度。《诸神的黄昏：1944—1945，从莱特湾战役到日本投降》从头到尾吸引着你 —— 这是一部史诗般的军事史巨著。

——纳撒尼尔·菲尔布里克（Nathaniel Philbrick），

美国国家图书奖得主，作品曾入围普利策奖

托尔把控叙事的能力是专家级的，而且叙述过程中洞见迭出……这是一部全面而可靠的著作，如实展现了二战时期的海军，并未掩盖其缺点。

——马克·佩里（Mark Perry），

《纽约时报书评》（New York Times Book Review）

关于太平洋战争结束之年的壮丽史诗……像前两卷《燃烧的大洋：1941—1942，从突袭珍珠港到中途岛战役》《征服的怒潮：1942—1944，从瓜岛战役到菲律宾海战役》那般扣人心弦……托尔不仅是优秀的战史讲述者，也是敏锐的文化观察家。

——埃文·托马斯（Evan Thomas），

著有《雷霆之海》（Sea of Thunder）和

《艾森豪威尔的虚张声势》（Ike's Bluff）等

托尔通过细致入微的研究，包括使用尚未被人挖掘过的一手资料，以轻快的叙述将战略、军事行动和个人视角融合在一起，对战争尾声阶段双方的关键决定和行动进行了非常平衡的呈现。

——杰里·莱纳伯格（Jerry Lenaburg），

《纽约图书杂志》（New York Journal of Books）

伊恩·托尔以精湛的叙事，清晰而直观地讲述了美军沿岛屿组成的阶梯向日本进军的漫长而痛苦的过程。通过巧妙而深入的人物刻画，托尔还原了军政高层充满争论的生活：他们为下一步该怎样行动而争执，犯下各种各样的错误，反败为胜，或是痛失好局。这是非常难得的通俗海战史。

——理查德·斯诺（Richard Snow），历史学家，

著有《铁黎明》（Iron Dawn）和《无边的危险》（A Measureless Peril）等

托尔有高超的叙事本领，将海陆空战斗的经过和华盛顿与东京幕后的角力巧妙融合在一起。"太平洋战争三部曲"的末卷以娴熟的文笔描写了跳岛战略执行过程中残酷而血腥的现实。学者和军迷期待已久了。

——克莱尔·巴雷特（Claire Barrett），

《军事史季刊》（Military History Quarterly）副主编，二战史研究者

托尔为人类一场史诗般的悲剧刻画的终幕令人叹为观止。这本书和"太平洋战争三部曲"的前两卷对于其他太平洋战争史家来说是难以超越的。

——《华尔街日报》（Wall Street Journal）

作者才华横溢，书中丰富的故事让人既熟悉又感到新鲜。这部里程碑式的历史作品弥足珍贵，二战迷会爱不释手的。

——《出版人周刊》（Publishers Weekly）星级评论

令人受益匪浅的历史作品。

——《柯克斯评论》（Kirkus）

目　录

作者自述和致谢

　　真的很不想回忆这件事。2007年，我开始撰写一部单卷本的太平洋战争史。我前一本著作《六舰》的出版商为此和我签了协议，还预付了部分酬劳。两年半后，当距离交稿期限还有6个月时，我给我的编辑斯塔林·劳伦斯打了个电话。我给了他一个好消息，我已经写了快800页了。还有一个坏消息，说的时候我连听筒都不敢放在耳朵旁，就是我才刚刚写到中途岛战役。这场44个月的战争，我才写了6个月，而且篇幅已经超过计划300页了。

　　就在这通电话里，斯塔林甚至都没有找我要那800页作品，就毫不犹豫地提出了一个解决方案：何不干脆把这部作品改成三部曲呢？于是协议改了，交稿时限延长了，预付款也增加了（可是没到三倍，唉）。第一卷《燃烧的大洋：1941—1942，从突袭珍珠港到中途岛战役》于2011年出版，第二卷《征服的怒潮：1942—1944，从瓜岛战役到菲律宾海战役》2015年出版。第一卷写的是战争的最初6个月，从日本突袭珍珠港到美军在中途岛毁灭性地反手一击。第二卷写的是战争中期的两年，从1942年中期到1944年中期，主要是盟军在南太平洋和中太平洋上的反攻。这一卷，也就是第三卷，从马里亚纳海战（又称菲律宾海战役）之后写起，讲的是战争最后一年的事情，直到1945年8月日本投降。

读者或许已经注意到了，这一卷比此前两卷更长。我也没想这样。我原本预计第三卷会是三部曲中最容易写，或许也是最短的。因为大部分研究成果已经"摆在那里"，而且要写的内容只有 1 年，而《征服的怒潮：1942—1944，从瓜岛战役到菲律宾海战役》却覆盖了 2 年。我当时不知天高地厚地预计说这最后一卷 2018 年就能写完。发现这一点已不可能做到后，我又在推特上赌咒说这一卷 2019 年无论如何都得写出来，"除非它先杀了我"。然后，当这一卷刚刚写完而未及印刷时，2020 年就来了。万幸，推特可以删，写这段文字的时候我也还活着，不过《诸神的黄昏：1944—1945，从莱特湾战役到日本投降》却已成了三部曲中最难写的一卷。原因很多。1944 年末到 1945 年，战争在所有维度上都变得更宏大，我发现若不给予这卷书更多必不可少的时间和篇幅，就对不起这些主题。那几年里我收集了诸多处于历史主轴外围的研究结果——例如，美国军队与媒体的关系，海军飞行员的训练，盟军用无线电和传单进行的宣传，以及疏散到乡下的日本学童的生活——我决定把它们全都放到这一卷里。（写前两卷时，我还能说"下一卷再写这些"，但写第三卷的时候就不行了。）结果，我写这三卷本太平洋战争史耗费的时间够打三次太平洋战争了。

在《征服的怒潮：1942—1944，从瓜岛战役到菲律宾海战役》的作者自述中，我解释了一种发散的片段式讲述方式，这在传统的军事专著中是不常见的。这里我不想重复了。可以说，当时适用的话现在更适用了。在第二次世界大战的最后一年里，与此前数年及其他战争相比，单纯的军事考量与政治、外交诉求在整体战略决策中的关系甚至更紧密了。无论在欧洲还是亚洲，人们都意识到大规模作战行动的时间、规模和范围会对战后国际秩序产生连带影响。更有甚者，在美国，1944年那些具有划时代意义的重要决策要在众目睽睽的总统大选过程中确定下来。卡尔·冯·克劳塞维茨写道："战争是政治的延续。"但是在宪政民主国家里，选举周期是固定的，因此这句格言或许可以颠倒一下："政治是战争的延续。"本着这种精神，我选择了1944年7月的檀香山（火奴鲁鲁）战略会议作为本卷的开篇，在这篇幅较长的第一章里，富兰克林·德拉诺·罗斯福总统与他在太平洋上的战区司令们为对日作战的最后阶段制订了计划。这一段历史极其重要，无论对太平洋战争还是对战后的亚洲都是如此，但是历史和传记著作却常常会忽略它。我觉得它值得花上更多的篇幅，进行更为详尽的讲述，尤其是在最近刚刚发现重要新史料的情况下——小罗伯特·C.理查德森将军的日记。理查德森是夏威夷方面美国陆军总司令，在会议期间接待了道格拉斯·麦克阿瑟将军，并第一手记录下了他和罗斯福之间的谈话内容。

向在各个方面帮助我进行研究的所有人致谢：感谢小阿道弗斯·安德鲁斯最近向我分享他关于硫黄岛和战后日本的收藏；感谢比尔·贝尔将其父亲威廉·贝尔关于第38特混舰队空中作战的日记给了我；感谢弗兰克·邓利维提供了其岳父关于在驱逐舰"约翰斯顿号"上服役经历的口述历史；感谢罗纳德·努涅斯向我提供了约翰·亨利·托尔斯将军的日记；感谢切特·莱和迈克尔·A.利里退役海军上校，他们分享了切斯特·尼米兹和好友沃克一家在瓦胡岛上的有趣细节（这些内容已在利里的《放松的尼米兹》中出版）；感谢罗伯特·C.理查德森四世退役空军上校提供了前文所述的其祖父的日记，理查德森将军曾希望后人在2015年之前不要公开这份日记；感谢罗纳德·拉塞尔，"中途岛战役圆桌会议"的原编辑和站长，他审阅了本书手稿并提供了宝贵的反馈，就像他为前两卷所做的那样；几位日本朋友在不同方面协助了我，他们是下山进、村上和久、渡边由布子、荒船清彦，以及佐藤由纪夫；感谢埃里克·西蒙诺夫，我 18 年的经纪人，尽管我拖延了很长时间，交稿期限也反复推迟，但他对我保持了充分的信任；我对 W.W. 诺顿公司的整个团队致以谢意，包括诺玛·阿玛迪–奥比、瑞贝卡·霍梅斯基、比尔·拉辛，尤其是斯塔林·劳伦斯，他容忍了我总是离题的习惯，而且会在我离题太远时提醒我。

序　章

不要和用桶装墨水的人争辩。

——美国警句，出处不详

　　自从第一个总统任期以来，富兰克林·德拉诺·罗斯福总统与媒体的关系就开始每况愈下。在1933年那段蜜月期里，这位刚刚宣誓上任的总统凭借着一套友善而亲切的举动，成功获得了记者们的信任——他对记者们直呼其名，拿些琐碎小事插科打诨，给他们写生日贺卡，还会邀请他们的全家人来白宫做客。他每周两次的新闻发布会也充满了畅所欲言和宽松随意的氛围。记者们如果来到他的椭圆形办公室，则会受到那个热情而不失庄重，穿着略有褶皱的整齐西装，坐在大办公桌后轮椅里的总统先生的热情欢迎。他常常会抽着一根烟，袖子上有时还会沾上一点烟灰。对于记者们的提问，他一直是有问必答，而且是脱口而出，不拘一格。和他在一起，气氛总是轻松而愉快。比如有时候罗斯福总统会指出某位记者貌似宿醉未醒，还问屋里的其他人怎么看；他还可能会向管安保的人详细询问某位记者是否接受过搜身检查。有时候总统还会以老师在课堂上教育差生的口吻对记者说："不，我亲爱的孩子，你全错了。"[1]听问题时，他滑稽地半张着嘴，一副全神贯注的模样，脸上则带着卓别林式的夸张，惊喜，困惑，继而警觉。然后他就紧盯着头顶天花板上的石膏总统纹章，深吸一口气，胸部挺起，再长长呼出，琢磨该怎么回答。他的搞笑样子令记者们忍俊不禁。

总统也不总是直面问题——有时拐弯抹角，有时避而不谈。但他对随之而来的一连串提问和不按规矩的往来交锋却也并不介意。白宫的速记员们记录了他在998次发布会上说的每一个字，包括每次开场时的寒暄和玩笑。这些记录多达数千页，在纽约海德公园的罗斯福档案馆里占据了超过11万立方厘米的空间。

然而到了1941年，也就是他第三任期的第一年，虽然那些热情和智慧的光芒仍会不时闪现，但是出入白宫的记者们却比数年前更强烈地觉得罗斯福反复无常、易怒，甚至有些难以捉摸，认为他现在成了一个城府很深的人。有一次他刚刚用他那著名的笑容活跃了屋里的气氛，下个瞬间便又回到了沉闷和攻讦的泥潭。罗斯福总统本身并不喜欢吼叫，甚至也不喜欢大声说话，但他即便是在开玩笑和打趣时也无不透露着怨妇式的情绪。如果他对记者提出的问题感到反感，则随时会恶语相向。根据美联社记者梅里曼·史密斯的说法，总统"时而如同第三大街的流浪画家那样粗鲁凶暴，时而又变得极富魅力、和善，讨人喜欢。这仅仅取决于问题，提出问题的人，以及罗斯福先生当天早晨起床时的心情"。[2]

为了反驳独立撰稿人写的"报道"，他会拿出律师参加庭审时的劲头来吹毛求疵。罗斯福绝不会忍受那些诸如"谬误"或者"不准确"之类委婉的提法，而是直接指责那些独立撰稿人是在"胡扯"——如果这还不够到位的话，那就改成"显然胡扯"或者"绝对胡扯"。[3]这"胡扯"（lie）一词直指撰稿人属于动机恶劣而绝对不是无心之失，这也正是总统想要的效果。为了打压报界向"评论性刊物"转型的趋势，他武断地声称报纸不应当承担新闻解读和批评的职责，即便是社论也不行。至于那些不隶属于报社的自由专栏作家，罗斯福总统则说他们是"社会上的毒瘤"。这些人总是追逐各种小道消息——罗斯福形容这都是"捕风捉影"——而且把那些小道消息当成新闻四处乱发。当时读者最广泛的专栏作家德鲁·皮尔森被罗斯福称为"老骗子"。[4]

在 1939 年 2 月的一次新闻发布会上，当有人提及罗斯福总统试图绕过国会的限制将武器运往欧洲时，他立即长篇大论回骂了开来："美国人民已经开始意识到自己读到和听到的东西……都是胡说，胡——说，胡说；这些人利用了美国人的无知、偏见和恐惧，他们这样做，根本不配称为美国人。"

当被问到他是否相信那些反对派的报刊是在蓄意误导读者时，罗斯福反问道：

"我该怎么说呢？是委婉地说还是直截了当？"

"直截了当。"一个记者答道。

"他们是故意胡扯。"[5]

他每天早上会阅读四五份报纸，通常是躺在床上读。罗斯福其实是个很虔诚的人，很少说粗话，但是这些早报常常会让他心生怒火，骂一句"见鬼"（damn），严重时候则是"活见鬼"（goddamn）。当他读报的时候，他的脸色会变得阴沉，下巴会僵直，眼中闪出愤怒的火花。他有时会把冒犯他的文章从报纸上撕下来，带到椭圆形办公室，再扔到新闻秘书史蒂夫·T. 厄尔利的手里，然后抱怨道："见鬼，这从头到尾都是在胡扯。"[6]他开始确信绝大部分美国报刊——他常常说这个比例是 85%——都只是寡头政治斗争的喉舌。罗斯福曾说"保守派报社"奸诈、邪恶、无良。它们的老板和实际控制人是一群保守派富豪，他们个人对罗斯福充满憎恨，每天都会来指责罗斯福本人、他的政治盟友、参谋甚至是他的家人，给他添点堵。

在与罗斯福总统对阵的一众媒体大鳄中，有四个报界巨头最为强大。威廉·伦道夫·赫斯特的全国报业联盟经常专门发布社论抨击罗斯福和他的政策。对此，媒体分析家们得出了正确的结论：这些恶言恶语都来自"老大"本人，他从他位于加利福尼亚州海岸圣西米恩的豪华别墅里直接连线他的编辑部，发出指示。《芝加哥论坛报》的出版人"伯蒂"罗伯特·R.麦考密克会公开攻击罗斯福和他所支持的任何事，他的报纸——这是美国第二大城市里最大的日报，也是美国阅读量最高的报纸之一——即便找不到借口，也会肆无忌惮地贬损政府。麦考密克的表兄约瑟夫·M.帕特森是《纽约每日新闻报》的创始人兼老板，这是美国第一份小报。凭借着大幅照片的排版风格，以及靠犯罪新闻、体育新闻、两性丑闻来吸引眼球的套路，《纽约每日新闻报》在大萧条的年月里突飞猛进，印数甚至超过了《纽约时报》。帕特森一度自称为社会主义者，起初曾是罗斯福新政的拥趸，但是到了 1940 年，他却站到了孤立主义运动的一边，他的报纸也转而激烈反对罗斯福总统。"锡西"埃莉诺·帕特森是约瑟夫·帕特森的妹妹，也是"伯蒂"麦考密克的表妹，她是个古怪而且粗俗的人，有厌世情绪。她从赫斯特手里买下了两份华盛顿的报纸，把它们合并成一份：华盛顿《时代先驱报》。到 20世纪 30 年代末期，《时代先驱报》打赢了美国首都的发行量之战，成了全美最赚钱的报纸之一。这份报纸极度充满偏见，几乎每天都会攻击政府，甚至有时会在每天的四个版面上发表多篇文章攻击政府，而署名"锡西·帕特森"的对罗斯福极尽辱骂的文章，则都会出现在头版上。报童们每天都会把这些报纸送到城市的每一条大街小巷，甚至常常会有一两个报童在白宫大门外的人行道上读着这些报纸的头条标题大声叫卖。

这四个大鳄对于罗斯福来说都不陌生。麦考密克和约瑟夫·帕特森是他在格罗顿学校的同学；"锡西"帕特森在刚刚走进社会，加入上流社交圈时曾和罗斯福十分友好。至于赫斯特，罗斯福在其职业生涯的早期曾将他视为盟友，甚至说他是自己的"朋友"。罗斯福和这些人彼此间的厌恶已经很深，而且发自内心。由于这四个人中的三个都是亲戚，第四个人（赫斯特）也在长期的相处和业务往来中与其他人建立了深厚的关系，罗斯福总统将赫斯特-麦考密克-帕特森的一系列报刊视为一个联盟。1940 年，当罗斯福试图走进他史无前例的第三个总统任期时，全美国所有报刊中的四分之三都反对他这场竞选连任的豪赌，罗斯福与报界的关系也跌到了谷底。这场斗争似乎永无尽头，罗斯福还特地指责报界没能扮演好它们在美国民主中的重要角色。他说这些报社已经沦为了唯利是图的赚钱机器，它们发现追逐热点和流言蜚语比严谨、准确的报道更能赚钱，于是开始向舆论放毒。同年秋天，阿瑟·克罗克在《纽约时报》上撰文指出，总统决心"鼓励大众抵制报界"，以及"坚定认为报纸媒体不可信，唯利是图"。[7]

罗斯福在总统大选中以压倒性优势击败共和党候选人温德尔·威尔基之后，一众记者、编辑、无线电播音员和专栏作家便坚定地站到了总统的对立面上。罗斯福打破了美国此前 150 年的规则，第三次竞选并且赢得了总统大选，入主白宫。现在，新闻人感受到了一种超乎以往的重任，他们一定要抵制这个强势的总统，不能让他为所欲为。

站在现代人的角度看，罗斯福早已是个毋庸置疑的伟大人物，人们很难想象他在他自己的那个年代是怎样的褒贬对立并且充满了争议。在媒体圈，即便在那些本身喜欢罗斯福或者是支持他政策的人眼里，罗斯福也理所当然是个无可救药的骗子。他常常显示出一种暗中掌控或绕过报界的能力。他通过无线电直接向美国人民讲话，此举取得了很大成功——但是无线电广播此时仍然是种新的媒体，而且许多人担心它会成为政治煽动的工具。在关于美国是否要卷入欧洲战事的孤立主义与干预主义的辩论中，罗斯福总统好几次指责批评他的人卖国。而批评者们则担心，一旦美国加入对抗希特勒的战争，总统的权力就会不可避免地扩张。所有中年以上的美国人都对第一次世界大战时严厉的新闻审查制度记忆犹新。当时，伍德罗·威尔逊总统的"权威"完全是不可触碰的，任何对总统或者其政策的批评，无论多么柔和或者善意，都会遭到起诉，连报纸都会被查封。富兰克林·罗斯福曾在威尔逊的政府中供职，时任助理海军部长，因此也需要对那时候的权力滥用承担一部分责任。H.L.门肯在回忆 1917—1918 年那段特殊经历时警告他的同行，"要紧紧盯住那些操纵这个伟大国家的人，他们常常会觉得国家是他们自己的"，这是媒体人的义务，战时尤甚于平时。报界的抵抗如果不够坚决，就会在"政客们自从共和制的襁褓时代便乐此不疲的强压战术之下"败下阵来。[8] 当 1941 年 12 月 7 日，20 世纪美国最重大的新闻事件在珍珠港的天空中突然炸响时，新闻界的态度便是这样的。

珍珠港遭袭两天后，罗斯福总统举办了他例行的周二记者会，这也是美国参战后的第一场记者会。记者们都被告知要提前来到白宫，因为新的战时安全措施会耗费很多时间。白宫周围到处都建起了新的警卫室和岗亭，每个入口都架起了钢制路障和 10 英尺 * 高的沙包壁垒。屋顶上架起了机枪。戴着平碟式钢盔的士兵们端着上了刺刀的步枪，穿着便衣的特工们则拿着汤姆森冲锋枪。

　　这将会是富兰克林·罗斯福就任总统以来规模最大的一次新闻发布会。为容纳大批与会者，发布会的地点特地从椭圆形办公室改到了白宫东厅。总统的特勤局局长迈克·赖利细心地数出在大厅的警戒线后面居然挤着超过 600 名记者，"他们互相推挤、挪动，就像关在畜栏里的大群野马一般。我们每次只允许一个人通过警戒线，验明正身，并要求他们在进入总统办公室时丢掉点燃的香烟"。[9]

　　在刚刚过去的 48 小时里，媒体都在争先恐后地报道夏威夷发生的事情。然而，除了少数通晓陆海两军的专业人士之外，大部分记者对军事几乎是一无所知，甚至连陆海两军最高将领的名字都叫不出来。总统新闻秘书史蒂夫·厄尔利从周日开始就在不停地发布例行新闻简报，但他有太多事情不能说了。不过，还是会有一些零零碎碎的真相从珍珠港穿过谣言的海洋回流到美国本土：人们知道了有战列舰被击沉，许多飞机在地面上被摧毁，数千军人或死或伤。空气中充满了惊慌和恐惧，而第十四大街的媒体俱乐部则始终想方设法从流言中探寻真相。联邦调查局局长 J. 埃德加·胡佛小心翼翼地迈出了新闻审查制度的第一步。美国陆军警告报界不准刊登关于

---

*　　1 英尺 ≈ 30.5 厘米。——编者注

部队调动的消息，海军则接管了国际电话电报局。然而，在开战之初的一片忙乱中，美国政府却还没有告诉报界应该何时、如何把大洋彼岸战场上的新闻告诉美国人民。

由于赖利的安检员要对来者证件做两次检查，发布会不得不推迟了一段时间。当记者和摄影师鱼贯而入时，罗斯福就坐在大厅尽头的办公桌后面，厄尔利站在他身旁。白宫的速记员记下了他二人之间的一个小对白：

"太挤了。"厄尔利说。

"他们大概会白来。"总统答道。[10]

发布会伊始，罗斯福总统宣读了一系列关于战争动员的声明，发布了一些关于政府各个部门组织战时配给制，安排民用工业转产军需的消息。关于战况报告和新闻审查制度的内容则直到半个小时后才被提及。真正提到这些内容时的情况表明，罗斯福总统和他的顾问们还没怎么开始考虑这些事。

"所有信息在发布之前都必须遵守两条显而易见的规则，"总统说道，"首先是准确，嗯，我想这是毋庸置疑的。其次，发布出来的新闻绝不能资敌，不能让敌人如愿。"

显然，记者们并不愿意受审查规则的束缚。尽管珍珠港的悲剧凸显了保守军事机密的重要性，但是他们也确实渴望着从漫天谣言中发掘出真相。一个记者问道，如果自己从非官方渠道得到了消息，该怎么办？总统告诉他，压在手里，直到军事审查官检查过为止："战争靠的是陆军和海军，而不是报纸。"

总统还被问到了一些关于珍珠港的杂七杂八的事情，他的解答也只是点到为止。有人要他证实在空袭当天早晨，有数千名水兵获准离开基地到檀香山休假，罗斯福总统立刻回击道："我怎么知道？你怎么知道的？谁告诉你这事的？他又怎么知道的？"[11] 流言这种东西，在平时已然很坏，到了战时，更是可能会给战争努力带来致命危害。

当天晚上，罗斯福总统向全美国发表了开战后的第一次"炉边谈话"，听众达到了破纪录的 6 000 万人。总统在讲话里重申并强调了几个小时前他在白宫对记者们说过的事情。他说，这种时候出现一些谣言是可以理解的事情，但是这却会给美国人民的士气带来沉重打击。"我诚挚地希望我们的人民向所有谣言说不。这些关于大灾难的小道消息会在战时漫天乱飞，必须把它们揪出来扔掉。"敌人将会散布谎言和假消息，以图迷惑和恐吓美国人民，勇敢面对这种宣传战是美国人民共同的责任。任何非官方来源的报道都不足为信。他还向新闻媒体提出了直接的要求：

> 致所有报纸和广播电台——所有能够触及美国人民眼与耳的人——我要对你们说：从现在起，在接下来这场战争中，你们为这个国家肩负着最神圣的使命。
>
> 如果你们觉得政府没有公布足够的真相，你们随时有权提出来。但是如果官方渠道没有给出所有的真相，你们无权打着爱国的名号去擅自揣测，发布未经证实的报道，让人民信以为真。[12]

战争爆发之初，当珍珠港的爆炸声似乎还在人们耳边回响时，新闻媒体的领袖们接受了新闻审查并报以积极态度。没有任何一个编辑、记者或者广播员愿意被指责危害了盟军，无论说其是有意还是无心。所有人都至少在道理上意识到，至关重要的军事机密绝不应该经由公开发行的报刊落入敌手。一本流行的商业杂志告诉读者："在记者寻根究底的职业素养和不能向军人背后开枪的爱国道义之间，我们无可犹豫。出版界的自由，并不能允许我们把关于我们优势和弱点的秘密暴露给敌人。"[13]

要知道，美国政府在第一次世界大战中新闻管制做得过了头，因此罗斯福的措施很谨慎。他曾表达过他本人对新闻管制的不情愿。"美国人都不喜欢新闻管制，就像他们不喜欢战争一样，"他在珍珠港事件不久后的一次讲话中提到过，"但是我们和其他所有国家的经验都表明，适度的新闻管制在战时是十分关键的，而我们现在正处于战时。"[14]

1942 年 1 月，美国联邦政府确立了这方面的基本政策。只有经过美国陆海两军认证的"战争通讯员"才能撰写关于海外战况的报道，他们的文章也必须先提交军事审查部门，得到批准后才能发表。而美国本土的报纸、杂志、广播电台则要严格遵守自主审核制度，因为它们得不到政府的优先审查，也没有什么新机制能强制它们执行。它们被要求遵守"美国媒体战时执行守则"，其中列出了一系列在战争期间不准发表的消息种类，包括部队调动、船只离港、军用品统计数据、天气状况、敏感军事设施或军火工厂的位置。不得提及来自情报渠道的消息，不得报道敌人防御措施的效果，也不得介绍新型武器或技术的开发。由于担心敌国间谍或者破坏分子会通过美国媒体相互联系，报纸被禁止刊登招聘类广告。出于同样的理由，商业广播电台也取消了即兴发挥型和热线型节目，以及"街拍式"访谈。听众们再也不能点歌，也不能广播诸如寻找宠物、俱乐部声明或会议通知之类的消息了。

美国联邦政府成立了一个新的部门——新闻审查局，来负责相关工作。不久前来到美联社担任执行编辑的资深新闻人拜伦·普莱斯被任命为局长。上任伊始，普莱斯就发誓绝不会如同第一次世界大战时那样用一些诸如"公共利益"或者"国民士气"之类含糊不清、前后矛盾的概念来限制新闻自由，否则就辞职。根据 1917 年的间谍法案——这个法案在 1942 年初仍然有效，直到今天也是一样——美国总检察长保留了一定的执行权力，但是普莱斯的审查局不会直接惩罚或者起诉报刊，而是代之以聘请一批职业记者来充当"传教士"——这个词是普莱斯本人选的——周游全国，劝说编辑和播音员们遵守守则。普莱斯说，这套自主审查的模式"维护了报纸和其他出版物的尊严，让每一位作者和每一位编辑都成了战争体系中的一员"。[15]

珍珠港的惨剧到底有多惨，美国公众还不太清楚，但是各种报道和流言已经使人们确信，太平洋上的这座堡垒遭到了日本人毁灭性的一击。在珍珠港遭袭一周后，海军部长弗兰克·诺克斯向媒体发表了谈话，承认有多艘战列舰被摧毁，其余遭到重创；他还指出大约有 3 000 名水兵和其他军人遇难。相关调查正在国会和军队内部同时展开。诺克斯还说"陆海军部队未能保持戒备"，这就意味着当地指挥官失职。[16] 于是，夏威夷海陆两军的最高指挥官，海军上将赫斯本德·E. 金梅尔和陆军上将沃尔特·C. 肖特被解除了指挥权。他们将会被降职降级，被迫退休，并经受九轮无甚意义的质询的折磨，而这只是为了方便华盛顿方面推卸责任。

与此同时，从太平洋其他地方传来的消息混乱而令人不安。就在珍珠港遇袭几个小时后，日本人在长达 3 000 英里*的战线上向密克罗尼西亚、菲律宾、马来亚、缅甸和香港地区的英美两国目标发动了空中闪电战。开战第三天，日本鱼雷机在马来亚外海击沉了英国战列舰"威尔士亲王号"和"反击号"。日军进攻部队则已经在吕宋岛和菲律宾群岛的其他岛屿的多个滩头上了岸。菲律宾的美军指挥官道格拉斯·麦克阿瑟将军正率领着他的部队与优势敌军进行着绝望而英勇的战斗——至少，那些从地球另一端传来的简略而且有些混乱的早期战报是让人这样觉得的。

虽然真相还要到多年后才会为人所知，但麦克阿瑟在战争第一天的所作所为实际上比金梅尔、肖特完全好不到哪里去。珍珠港遭袭的消息给了他 9 个小时的预警时间，可麦克阿瑟却依旧躲在他的指挥部里，拒绝和自己的航空兵指挥官联系，尽管后者多次试图联系他。结果，他手下的 B-17 轰炸机和 P-40 战斗机的主力由于没有接到命令而排列在机场上，日军对菲律宾周围的第一轮空袭就把它们大部分摧毁在了地面上。华盛顿的头头脑脑对这场比前一次只晚了几个小时的"第二次珍珠港偷袭"沮丧不已，但是大部分普通人对此却一无所知。12 月 7 日的媒体报道只是说发现日军飞机出现在菲律宾空域。三天后，白宫宣布日军攻击了马尼拉北面的航空兵基地克拉克机场，但没有提供更多细节："道格拉斯·麦克阿瑟将军迄今仍无法报告战斗的详情。"[17]

---

*　　1 英里 ≈ 1.6 千米。——编者注

　　　　　　　　　诸神的黄昏：1944—1945，从莱特湾战役到日本投降

从那以后，华盛顿对夏威夷和菲律宾的双重标准就一直困扰着历史学者们。菲律宾的问题从来没有被正式调查过，麦克阿瑟也从未为自己的错误和玩忽职守给出过解释，他的错误至少和夏威夷方面同样值得被追责，而且原本更加能够避免。只有一种解释说得通：这种差异是美国国内对太平洋战争开局阶段一连串事件的报道方式所造成的结果。如果要解除麦克阿瑟的指挥权，那就要立即执行，否则就晚了——而当时并没有立即这样做。到了战争的第二个星期，美国民众的态度已彻底转变。现在他们渴望看到一个血战救赎的故事，来洗刷珍珠港的创伤和耻辱。而远在半个地球之外，麦克阿瑟那支被围攻的军队在既无援军也无补给的情况下与占据巨大优势的敌人苦战，这恰恰满足了民众的渴望。这样一支军队的将领自然也就成了勇敢而高尚的象征，一个顶着主角光环的美式英雄。他的每日战报惊悚而花哨，牢牢攫住了美国人民的情绪。"他穿着时尚，风度翩翩，能言善辩，"一位媒体评论员后来如此评价麦克阿瑟，"在62年的人生中，他一直像推炮弹的推杆那样身形笔挺，双眼清澈，面颊红润，只有一点秃顶。他面容平静，言语霸气，软顶帽的前沿给他优雅的外形平添了一抹浪漫。"[18]

就这样，麦克阿瑟的人气在战争的最初几天里突然就如同坐了火箭一般扶摇直上，他成了美国媒体口中的超级明星，声誉鹊起，人望远非其他将领所能比肩。他的这枚火箭尖啸着从高空划出一条壮丽的弹道，飞过太平洋，直到十年后被哈里·杜鲁门打了下来。

菲律宾战役从一开始便毫无胜算，即便日本人不去偷袭珍珠港，结果或许也一样。日军向菲律宾群岛和其他盟军控制区发动的进攻十分熟练，而且占据了压倒性的空中优势。但是麦克阿瑟仍然愿意去打，也希望人们看到他在打仗，美国人则因此对他无比敬仰。从1941年12月8日到1942年3月11日，麦克阿瑟的司令部签发了142份媒体公报，其中109份只提到了一个人的名字：麦克阿瑟。很少有某支部队被点名表扬或者嘉奖，这些公报里写的通常只是"麦克阿瑟的部队"，或者"麦克阿瑟的人"。[19] 公报常常暗示他正亲赴前线率领部队，但实际上他只是待在马尼拉的司令部里。

这位精通公关的将军清楚一句简短却足以上头条的言论具有怎样的价值。"我们会拼尽全力。"战争爆发第五天，他如此告诉记者。[20] 当有人提出应该把他马尼拉司令部屋顶的美国国旗撤下以免招来日本轰炸机时，他来了一句："让国旗飘起来。"[21] 这些"金句"都被写进了他的战报，第二天就出现在了全美各大报纸的头版头条上。他太知道该怎样摆姿势照相了：身体立正，头略偏向一边，就像竖立在底座上的汉白玉雕像那样。在1941年12月29日的《时代》杂志封面上，麦克阿瑟骄傲而坚定地站在那里，目视远方。新闻短片的制作者们纷纷把当年麦克阿瑟检阅部队、向西点军校的学员们讲话，抑或是被法国将领亲吻双颊的纪录片片段翻出来再次播放。美国国会投票同意将哥伦比亚特区乔治敦区西边的一条主干道更名为"麦克阿瑟大街"。红十字会组织了一场"麦克阿瑟周"活动以募集资金。多所大学在本人缺席的情况下授予麦克阿瑟荣誉学位。纽约的一个舞蹈协会把新发明的舞步命名为"麦克阿瑟步法"。[22] 黑脚族印第安人把麦克阿瑟"请"进了自己的部落，尊他为"Mo-Kahki-Peta"，意即"圣鹰酋长"。纽约的几家出版社抢着出版了麦克阿瑟的"速成"传记——实际上都是极尽吹捧之能事的那种——这些书虽然都是粗制滥造的，但卖得都不错，包括《伟大的麦克阿瑟》、《道格拉斯·麦克阿瑟将军：平生精彩》，以及《道格拉斯·麦克阿瑟将军：为自由而战》。

在 1942 年 1 月 26 日麦克阿瑟 62 周岁生日这天，国会山上的参众两院议员扯开嗓门，集体给他送上了生日颂词，每个发言者都争先恐后地高调表达自己的赞美之情。[23] 第二天，《费城纪事》告诉读者们："他是这场战争乃至整个战争史中最伟大的战将之一。这可是一段传子传孙的历史。"[24] 1942 年 2 月 12 日在波士顿的林肯诞辰纪念日演讲上，曾在 1940 年总统竞选中败北的共和党候选人温德尔·威尔基提出要把麦克阿瑟召回华盛顿，让他来指挥这场全球战争。"让麦克阿瑟回国来，"威尔基喊道，"让他登上最高宝座。不要让那些官僚和政客阻碍他……让他成为总统麾下所有武装部队的最高指挥官。这样美国人民就可以让这位能人而非愚蠢无知的人来指导他们奋战了。"[25]

对于罗斯福总统和他的军事首脑们来说，整个国家都全神贯注地屏息盯着菲律宾发生的事情，带来了一个十分让人头痛的难题：事情该怎样收场？有可能去增援麦克阿瑟，或者哪怕只是给他提供一些补给吗？乔治·C. 马歇尔上将要求他新上任的副参谋长，最近刚刚晋升准将的德怀特·D. 艾森豪威尔全面考察这个问题，给出个解决方案。艾森豪威尔在 1935—1939 年曾于菲律宾在麦克阿瑟手下任职，他比华盛顿的任何其他人都更了解当地的情况。他注意到马歇尔完全没有提到菲律宾对美国人民的"精神影响"，但他也认为这一点是不可能忽视的："很明显，他觉得任何蠢到会忽略这个问题的家伙都不配当上准将。"[26]

简而言之，菲律宾既无可挽救，也不能立即放弃，这就是难题所在。菲律宾的守军无法获救，因为盟军手里的船舶、海军力量和空中力量远远不足以打过太平洋，连一丁点这样的力量都使不出来。这样的营救行动只能是徒增这场败仗的规模而已：任何想要突破日军封锁，前往麦克阿瑟部队被困的巴丹半岛的船只，其结果都只能是要么被击沉，要么被俘虏。无论怎么算，巴丹半岛的军火和其他所需的补给品都不可能撑到盟军集结起足够规模的部队并打回菲律宾的那个时候。但是另一方面，艾森豪威尔也告诉马歇尔，被围困的守军不应该被"冷血地"丢给敌人。即便军事逻辑决定现在需要止损，美国也毕竟是个大国，需要捍卫自己的荣誉。必须努力通过潜艇、飞机和渗透人员把至少一部分补给送进巴丹半岛。即便这只是杯水车薪，至多也不过把不可避免的最终投降的命运推迟几个星期而已，但"我们必须在力所能及的范围内，为他们竭尽所能"。[27]马歇尔同意了，他授权艾森豪威尔无论花多少钱也要把这些象征性的运输做起来。

麦克阿瑟没有表现出任何想要抛弃自己军队的意思。他随身带着一把装满了子弹的短枪，发誓绝不会被活捉。但是他年轻的妻子和四岁大的儿子也和他一起待在巴丹半岛外科雷吉多尔岛（又译科雷希多岛）上的地洞里。若是把这位将军和他的家人丢在那里自生自灭，公众会起来造罗斯福的反的。绰号"老爹"的沃森将军是罗斯福总统一位很有影响力的助手，他急切地请求总统命令麦克阿瑟撤出菲律宾，还声称他"值得上五个军"。他建议，把这位将军秘密接回澳大利亚，之后让他去指挥最后的反攻。

2月23日的日记里，艾森豪威尔在深思熟虑之后记下了这么一段关于麦克阿瑟的极富预见性的评价："他在现在的位置上干得不

　　　　　　　　　　诸神的黄昏：1944—1945，从莱特湾战役到日本投降

错，但我怀疑他在更复杂的环境下是否还能如此。巴丹半岛简直是为他量身定制的地方：这是公众眼中的焦点，也让他成了公众眼里的英雄；这里具有所有的舞台元素，他则是这里毋庸置疑的统治者。然而一旦离开那里，民意就会把他推到一个新的位置上，而在那时，他对聚光灯的热爱就会毁了他。"[28] 当罗斯福总统最终决定命令麦克阿瑟撤出菲律宾，并任命他为西南太平洋战区盟军总司令时，艾森豪威尔失望地写道："我忍不住觉得我们这样做是受到了报界的干扰和'民意'的裹挟，而不是出于军事逻辑。"艾森豪威尔的角色不在太平洋上——他另有舞台——但是在 1942 年初，他就预见到了麦克阿瑟将会带给华盛顿领导层的所有麻烦。麦克阿瑟将会利用自己的政治影响力和在美国媒体上无与伦比的发言权来索要更多的部队、舰船和飞机。他将会拒绝把"欧洲优先"理念作为美国全球战略的基础。他将会干涉澳大利亚内政。他将会坚持由自己主导太平洋上的海上战争。他将会要求先解放全部菲律宾再向日本发动最后的总攻。艾森豪威尔预见到，在随后战争中的所有阶段，华盛顿的领导层都将不得不去对付麦克阿瑟的个人影响力，因为"公众已经把他塑造成了一个超出他自己想象的大英雄"。[29]

欧内斯特·J. 金，这个领导着美国海军的板着脸的老水手，决意不沾媒体的边。当罗斯福总统在珍珠港遇袭一周后任命他为美国舰队总司令（COMINCH）时，他是以不出席任何新闻发布会为条件才接受任命的。他说自己此举是为了保守军事秘密，他的幕僚在拒绝采访请求时也会解释说金不希望做"有利或有助于敌人的事情"。[30] 但是华盛顿的记者们却正确地猜到金上将对媒体深深的敌意——他认为这些记者只会追逐流言蜚语，是些不请自来的卑鄙小人。根据一位记者的说法，金看起来对记者"如同对待鼠疫一般避之唯恐不及"。[31]

这种想法在海军高层中很普遍。海军军官总是将记者们视为害虫——危险的害虫，他们随时会偷走海军的机密。他们对报界以某些个人为中心，尤其是以那些个性鲜明且强势的个人为中心的宣传习惯很反感。这类个人聚焦大部分都给了道格拉斯·麦克阿瑟，海军军官们相信，这和海军中"集体大于个人"的观念格格不入。

金他们这一代海军将领都是在 20 世纪初美西战争结束后这一阶段开始海军生涯的。在那些年里，威廉·T. 桑普森和温菲尔德·斯科特·谢利二人在媒体上爆发了激烈的争吵，他们在 1898 年 7 月 3 日的古巴圣地亚哥海战中各率领着一支海军舰队。两人都声称是自己打赢了这场海战并且贬低对方的贡献。两名将领及其拥趸想尽办法在媒体上争宠，并相互指责和辱骂。1901 年 9 月，一个针对此事的调查庭成了媒体关注的头条，尤其是威廉·伦道夫·赫斯特旗下的报纸，但问题是庭审给出了一个完全不着调的结论，结果便是火上浇油。西奥多·罗斯福总统曾试图压灭关于此事的公开讨论，担心这会辱没美国海军对西班牙的胜利，但这件糗事还是在报纸上被持续议论了数年之久，甚至还被拍成了电影。美国最早那批无声电影中就有这么一部《桑普森-谢利之争》（1901）。

对于那几年进入海军学院的学员们而言，这一糟糕的公众事件带来了持久的影响。海军在这次战争中的胜利使得美国一跃成为世界级的军事力量。他们此时本应享受公众的欢呼，规划自己的未来，巩固这个军种在华盛顿的地位。然而，桑普森和谢利以及他们的追随者却只为了自己的那点私利，而把海军的家丑公之于众。那一代年轻的海军军官发誓决不让此事重演，其中包括金（1901届）、威廉·莱希（1897届）、威廉·哈尔西（1904届）、切斯特·尼米兹（1905届），以及雷蒙德·斯普鲁恩斯（1906届）。到了20世纪40年代，大部分美国人即便听说过桑普森-谢利这档子事也记不清楚了。但是第二次世界大战中的海军将领们却对此记忆犹新。他们以团队协作、冷静专业、谦虚谨慎为荣，对于报社记者，则是能躲则躲。

然而，严酷的战争很快就让美国海军感受到了轻视宣传带来的风险和困难。由于没有及时发布关于海上战事的确切消息，公众对此的了解便出现了真空——于是，各种流言和揣测便如同物理定律一般不可避免地填满了这一真空。没人会质疑保守军事机密的必要性，但是在战争爆发初期，当日军在东南亚和太平洋战场上势如破竹之时，华盛顿有些有话语权的人便开始指责海军利用对战况信息的控制权来掩盖自己的惨败。更糟的是，共和党的首领们还指责海军成了罗斯福总统和民主党的爪牙，利用公布新闻的权力来影响1942年的国会中期选举。这当然是污蔑，但破坏性也毋庸置疑。金上将最终意识到，他必须对这些污蔑予以反驳，否则就会在政治与战事之间的非军事地带备受指责。

同样重大的压力，来自海军在战后国防体系中的地位问题。珍珠港一战之后，美国国会两党的领袖们都决意要优化军队组织架构的运作效率。美国的战争部[*]和海军部，从约翰·亚当斯时代起就一直彼此独立，平起平坐，现在，这两个部门将要被融合成为一个统一的国防部，由一位文职内阁官员掌管。虽然具体措施还有待磋商，

---

* 　美国的战争部相当于陆军部。——译者注

但将陆军、海军、海军陆战队和空军整合入一套统一的指挥架构，这将是大势所趋。罗斯福总统成功说服国会将这一改组推迟到战争胜利之后——但所有人都能看出，这次军种融合将必定是一场百年难遇的政治恶斗，而海军的独立指挥权和影响力都会受到重创。海军部长诺克斯和他的次长詹姆斯·福莱斯特（又译福里斯特尔）都有媒体背景，他们警告金和海军将领们，这场斗争从某种意义上说已经开始，海军最好去向美国人民"讲自己的故事"。福莱斯特发现陆军已经通过私下渠道把自己的整合方案提交给了国会领袖们，"据我判断，从现在起，海军已经输了，无论是在国会还是在公众眼中，陆军的观点都将占据统治地位"。[32] 1944 年 8 月，福莱斯特告诉金："现在，宣传已经和后勤或训练一样成了战争的一部分，我们必须认识到这一点。"[33]

珍珠港事件之后数个星期的时间里，数百名在职记者向战争部和海军部申请成为战争通讯员，也就是今天"战地记者"的前身。根据军方的《通讯员战地基本守则》，这些前线报道员将要接受军队的领导，而且要"把所有用于公开出版发行的声明、文字材料和照片提交审查"。[34] 他们虽然仍是平民，但也必须穿着卡其色军装，并佩戴表明其身份为"通讯员""摄影师""无线电解说员"的铜制肩章。到战争结束，总共有 1 600 名战争通讯员获得了军方的认证。

那些作为战争通讯员随船出海的记者都被告知要收拾好行李，随时准备在十个小时内离开本土。和陆海军军人们一样，他们也禁止泄露有关出海日期和目的地的消息，即便是对他们的编辑和爱人也不行。他们将要通过空运或海运与部队一同行动。虽然没有军衔，但他们却可以享受军官待遇，也就是可以在军官餐厅吃饭，享受军官的住宿和起居标准。作为民间人士，他们按说既不用敬军礼，也不该有别人向他们敬军礼——但是他们毕竟都穿着卡其色军装，因此经常会有军官或士兵向他们敬礼。这就难办了。严格说来，按照礼仪规范，他们不该回礼，但另一方面，谁也不想因为未回礼而冒犯别人。这个问题从来就没有什么正式说法。CBS（哥伦比亚广播公司）派驻澳大利亚道格拉斯·麦克阿瑟司令部的无线电通讯员威廉·J. 邓恩说，他的大部分同僚的做法都是：不首先敬礼，但是会"仅仅出于礼貌"向别人回礼。然而，当与那些戴着"一排将星"的高级将领面对面的时候，他们发现自己会立刻情不自禁地把手举到额前。礼仪规范？见鬼去吧。[35]

战争通讯员和军队媒体联络官是天然的"敌人"。在军队的大部分海外司令部里，他们的工作关系难免由于误解和缺乏好感而变得紧张。这个问题归根结底是由双方的职业习惯和态度不同导致的。无论什么军衔的军人，都习惯于服从上级指示。如果一道命令看起来前后矛盾或者不合逻辑，军人们的第一本能也不会是要求得到解释或者纠正。第二次世界大战中流传很广的一句俗语"SNAFU"（"Situation normal, all fouled up"），意即"一切正常，全部搞砸"，就体现了军人们对看似不合情理的规则和流程的淡然接受。身为平民的记者显然不会认同这种隐忍态度，如果他们认为自己是对的，就毫不介意找他们的编辑辩个明白。

在有些海外司令部里，媒体部门采取的是一种"盲审"制度，尤以战争第一年为甚。审查官们拿着红色铅笔阅读每一篇报道，把任何他们觉得不合适的语句或段落删掉，然后直接把删改后的版本发回美国本土。作者本人则既不知道作品受到了怎样的编辑和修订，也没有进行解释的机会，更不可能获准重新撰写提交。有时候，报道会湮灭在审查官的"枪毙文件"里，而撰稿作者则完全不知道这个情况。他只能等一段时间，才能看到自己的报道是否通过审核，又被审查官的红铅笔改掉了多少。看到自己辛苦劳动的成果就这么不明不白地消失，作者肯定会暴怒，接下来的火星撞地球便是躲不掉的了。而那些新闻官为了维护自己的权威以及出于保守机密的职责，自然是不会妥协。在新西兰司令部，五名战争通讯员向他们的媒体审查官列数不满事项，结果后者答复道："我不怕你们，我更怕来五个日本鬼子。"[36] 另一位新闻官则油印了一封信件并分发出去，以回应这些抗议：

> 我的朋友：
> 当我听到你的忧愁苦恼时，我眼含泪水，喉咙哽咽。请允许我致以我最深切、最诚挚的慰问。但是，我不是牧师，也没有教堂。还请找你们船上的老大 *要东西擦干泪水吧。
> 祝平安，我的朋友。
> 审查长 [37]

但是对于新闻官们来说不幸的是，他们的对手是一群不惧权威的人，而且其中还有一些是全世界最能言善辩、赤口毒舌的人。《纽

---

*　原文为 Captain of the Head，指厕所勤务兵。——编者注

约客》通讯员 A.J. 李布林曾描述自己在伦敦艾森豪威尔将军司令部里遇到的那些新闻官。李布林留意到，参军之前他们原本都是些公司里的宣传干事，或者是"芝加哥改写员"——但是战争让这些从来没进过训练营，也没见过战场的人一夜之间成了军队里的少校和上校。他们只是些没用的"花边"，依附在合身、笔挺的军服上，带着刻意练习过的奉承和谄媚为军队说话。战前，没人拿他们当记者；现在，也没人拿他们当军官。凭借着在诡辩和敷衍方面的天赋，他们"蹚进了这一摊污臭的泥潭，如鱼得水"。1945 年 5 月欧洲胜利日后不久，由于不必再担心失去媒体资格证会危及自己的职业生涯，李布林在自己的杂志上撰文，向新闻官开了炮。他宣称新闻审查只是出于"政治、个人，或者仅仅是任性的目的"，他还说，现在是时候来曝光"以军队公共关系为名所掩藏的数不清的蝇营狗苟之举了"。[38]

在夏威夷，也就是切斯特·尼米兹上将担任太平洋舰队总司令（CINCPAC）的地方，通讯员们很快郁闷地发现，这个冷漠的白头发得州佬决意不向他们提供任何有趣或值得一写的东西。新闻人们似乎都以为这个被派去给珍珠港报仇的人，看起来或者聊起来会像男孩子们的冒险小说里的炫酷游侠那样。但是据一位记者观察，尼米兹更像是"退休的银行家"。[39]根据《时代》杂志通讯员鲍勃·谢罗德的说法，这位太平洋舰队总司令"是公关人员的绝境，他根本不想要发布大范围的讲话，或者提供精彩的受访内容"。[40]

尼米兹的第一次新闻发布会是在 1942 年 1 月 29 日，也就是他接管珍珠港后一个月，还是海军部长弗兰克·诺克斯逼着他举办的。战争通讯员们被带进了他位于海军码头潜艇基地内司令部里的办公室。他们看见尼米兹坐在一张普通的木质办公桌后，穿着卡其色常服，没有打领带。他没有站起来迎接访客。办公室的墙壁没有粉刷，只是挂着一个时钟、一份日历和一张太平洋地图。记者们坐在专为这场发布会而布置的折叠椅子上。尼米兹宣读了一份事先写好的声明，介绍了美国陆军与海军之间已经建立起的指挥协同关系。不过这所有的信息，华盛顿方面此前都已经发布过了，所以不算新闻。之后他开始接受提问。是的，他预计能够守住并保护夏威夷群岛。不，他不能提供更多细节。《纽约时报》通讯员福斯特·希利请求他"就 12 月 7 日以来海军的作战情况，向国内的民众做一些介绍，好让民众放心"。他得到的答复是："尼米兹将军说，关于舰队作战的任何声明都必须通过华盛顿发布，这是战争总体战略的一部分。"[41] 全场人的失望可想而知。

同一个月，同样是在诺克斯部长的逼迫之下，尼米兹引进了一个全职公共关系专员。这个人就是沃尔多·德雷克，一个海军预备役中校，他原来是《洛杉矶时报》的海运新闻记者。这种任命民间记者担任新闻官的做法是出于"河马内部好交流"[42] 的考虑。他刚一上任，就向战争通讯员们表示，自己在太平洋舰队司令部里的办公室大门随时向他们敞开，因而赢得了不错的第一印象。但他的工作基本上是费力不讨好，因为他的上司还是一直把和媒体打交道视为需要去解决的麻烦，而不是和公众沟通的机会。德雷克的地盘从没有超出过太平洋舰队司令部的范围，但是瓦胡岛上还有很多其他军事单位，包括美国陆军、陆军航空兵和第 14 海军军区的单位，这所有的指挥部都有自己的新闻审查人员和公共关系策略。[43]

通讯员们日复一日地敲开德雷克的办公室向他抱怨：太平洋舰

队司令部给出的新闻都是些已经众所周知的事情；德雷克拖沓迟缓的审查流程，意味着记者们的报道发回本土时已经成了旧闻；还有就是获准随舰队出海的记者太少了。记者们要抱怨的事情太多了。当威克岛被日军占领时，审查官们去掉了报道中的"威克岛"一词，代之以"一个岛屿"。于是一位通讯员问："海军里是否有人意识到，这会让日本人觉得自己攻占的是另一个岛屿？"[44]有一次，由于管理混乱，通讯员们获邀参加太平洋潜艇部队司令罗伯特·英格利希将军的一次新闻简报会，问题是，尼米兹已经明令禁止潜艇部队发布新闻，于是德雷克只好临危受命，跑到会场上宣布简报会取消，而且他还收走了所有记者的记录本才允许他们离开。[45]还有一次，约瑟夫·海勒写的广受期待的新作，讽刺小说《第二十二条军规》，原本已经通过了陆军和海军的审核，但是海军的审查官窜改了其中一段。结果陆军发现海军改过的版本不合自己的胃口，于是吊销了作者的战争通讯员认证，但实际上这个可怜的作者在新书付印上市之前，都不知道自己的作品被改成了什么样子。

随着珍珠港里通讯员的数量逐步超过了100人，大家批评的声音越来越响，经久不息，德雷克的"开门政策"渐渐维持不下去了，变成了"有时候开门政策"，继而又成了"通常关门政策"。《芝加哥每日新闻报》记者鲍勃·凯西毫不客气地批评了德雷克，他说："这里的宣传办公室应该交给那些军衔更合适、处事更老练、经验更丰富的人来管理，最重要的是，这些人得能看懂表上显示的时间。"[46]

尼米兹基本没什么时间来考虑公关问题，战争最初几个月尤其如此。他有比这重要得多的问题需要去解决。作为太平洋战区总司令（CINCPOA），他要担负起他这块巨大战场上所有军兵种的指挥之责。陆军、海军和海军陆战队之间的竞争是个老大难问题，尼米兹必须把他优秀的政治手腕和领导艺术全部发挥出来，才能缓解这种绵延不绝的摩擦争斗。在这一方面，战争通讯员们对他没有什么好处，因为这些人的天性就是深挖矛盾，就像路灯旁的飞虫那样群集、环绕在各种矛盾的聚合点周围。对于瓦胡岛上的这种内部竞争，他们做了很多第一手的报道。他们挑动陆战队去抱怨海军，挑动陆军去鄙视陆战队，还挑动海军航空兵军官去和水面舰艇部队的军官吐槽。他们在军官俱乐部里守株待兔，等到军官们酒后吐真言的时候，就变着法子旁敲侧击，来问出真实的情况。这种话题，审查官们当然一个字都不会让它们发出去，但是他们的观点很快就会经由口耳相传回到本土，在那里，他们可以在新闻编辑部或者政府部门的大厅里自由谈论这些事。美国本土作者撰写的新闻报道不必被人拿着红铅笔去审核。报社虽然会受到自主审查守则的限制，有些硬性的事实不能公布，但发表一些观点还是没问题的。许多关于战争的新闻报道和社论正是靠那些从前线通过非法渠道传回来的消息编写的，而提供消息的正是这些通讯员和他们毫无顾忌的议论。

到 1942 年春，在华盛顿和许多其他地方，珍珠港事件之后媒体和军队之间的"蜜月期"已经维持不下去了。报纸在社论版上指责陆军和海军在信息管制方面做错了太多。许多天天搞新闻审查的军官资历太浅，无论年龄还是军衔都不够，还成天担心惹怒上级。一个 25 岁的年轻中尉，不会因为封杀了一条可能有些毛病的报道而受到任何影响——但如果这篇报道被他通过了，而偏偏又被某位上校或者将军看到还认为有害，那就只有上帝能救他了。"陆军和海军觉得自己掌控着新闻，其行事风格就好像在整个战争中从头到尾都掌控着它们，"当时在南卡罗来纳州一家报纸当实习记者的戴维·布林克利说，"就像历史上政府官员们常干的那样，他们随意利用这一点来掩盖自己的失败和错误，对于胜利则是大吹大擂。"[47]

为了应对这日益升高的批评声浪，罗斯福总统创立了一个新的部门来协调整个联邦政府战争相关消息的发布。1942 年 6 月 13 日，政令生效，成立"战争消息办公室"（Office of War Information，缩写 OWI），"承认美国人民和所有其他反轴心国侵略的人民有权获知真相"。[48]总统任命资深报界人士和无线电广播员埃尔默·戴维斯来负责这个办公室。战争消息办公室由四个已有的联邦政府部门合并而成，戴维斯说他感觉自己就像是"一个男人娶了死过四任丈夫的寡妇，还要把她前夫们留下的孩子抚养长大"。[49]戴维斯知道自己将会遭到战争部和海军部的抵制，于是请求政府特许战争消息办公室评估所有来自前线的军事行动报道，并且独立决定哪些新闻可以发布。"但问题是，"布林克利写道，"其他部门，尤其是陆军和海军，不会去阅读罗斯福的声明，即便读了也会装不知道。事实正是如此。"[50]

美国陆军和海军都不喜欢这个主意，不想去对付这个新的非军方宣传机构。当被问及战争消息办公室是否会指导战争部的新闻工作时，战争部长亨利·史汀生反问了一个问题："戴维斯先生是受过训练的军官吗？"[51]海军部长弗兰克·诺克斯自己也是个媒体人——他是《芝加哥每日新闻报》的合伙人和股东——不过戴维斯后来说，虽然诺克斯总是很礼貌，"但总的来说我还是被很礼貌地拒之门外"。[52]在战争消息办公室每天的例行晨会上，陆军和海军的军官会呈上此前 24 小时里从前线传来的报告综述。戴维斯和他的同僚们就会将这些报告和官方公报做对比。如果他们认为有些消息受到了不恰当的封锁，他们就会要求军队部门把它们放出来。如戴维斯一位下属所说，在有些极端情况下，战争消息办公室会请求得到授权去"直接决定某一消息可以被写入公报，除非军队能够拿出铁证证明这些消息事关安全，不得不删除"。[53]

戴维斯和金上将的沟通毫无进展。他很快得出结论，在公共关系领域，海军是各军种中的"问题儿童"。戴维斯有个评论在华盛顿流传甚广，他说金关于媒体政策的想法是，在战争结束前什么都不说，之后发布一份只有几个字的公报："我们赢了。"金对戴维斯很热情，这可能是因为总统要他这么做，但是在1942年的整个夏季，他还是能不配合尽量不配合。这一时期，金认为宣传和媒体工作顶多是第二等的问题，或者是第三等，他可以甩给下级去处理，自己则不闻不问。

就在战争消息办公室成立的同一个星期，发生了一件几乎造成毁灭性影响的媒体泄密事件，这证明金对于媒体的看法是对的，他的态度由此也更坚定了。6月7日，就在中途岛战役结束次日，《芝加哥论坛报》在头版头条刊登了一篇报道：《海军得知了日本的海上进攻计划》。文中写道，海军在"战役开始几天前"就掌握了中途岛作战的关键细节。[54]这篇报道对美军获知日军计划的手段讳莫如深，但是读者稍加思索就会得出结论，美国已经破译了日本的无线电密码。这当然是正确的，但这可是整个战争中保密程度最高的机密之一，现在这样一份美国大报把此事捅出来，很可能会惊动敌人，让他们采取反制措施。金暴跳如雷，下令彻查此事，最后很快查出捅娄子的是《芝加哥论坛报》的一个战争通讯员，名叫斯坦利·约翰斯顿，5月8日珊瑚海海战中"列克星敦号"航母沉没时，他就在舰上。后来他被护航驱逐舰救起，和一群"列克星敦号"上的军官一起搭乘运输船"巴奈特号"返回美国本土。航行途中，约翰斯顿看到了一份尼米兹上将于1942年5月31日签发的绝密电文，提到了即将开始的中途岛作战的细节。最终，"列克星敦号"的副舰长莫尔顿·塞利格曼中校被认定为泄密事件的主要责任人。[*]

关于是否要以叛国和间谍罪的罪名起诉《芝加哥论坛报》的问题被拖到了8月，原因是担心大动干戈反而会让日本人更容易注意到这条新闻。美国政府将联邦大陪审团召集到了芝加哥，但是海军不愿提供有关其绝密电报破译项目的详细证词，陪审团也拒绝宣布起诉《芝加哥论坛报》。美国海军最终得出结论，日本人没有注意到这条报道，或者没有意识到它的重要性——战后的审讯也没有发现什么与此结论相悖的证据。[55]

随着海军的坏消息越来越多，金承受的压力也与日俱增。根据华盛顿一位记者的说法，在国会山上，大家都理所当然地认为"海军在公报中动了手脚……也就是说，他们隐瞒了一些严重的损失。看起来大家都认为金上将觉得公众无法接受这些损失"。[56] 1942年发生过几次这样的情况，美军军舰在战斗中被击沉，而公众往往要到几个星期甚至几个月后才知晓此事。当然每次都有合理的理由来解释这种隐瞒——要么是由于日本人还不知道这些军舰已被击沉，

---

[*] COMINCH to CINCPAC, June 8, 1942, Message 2050, CINCPAC Gray Book, book 1, p. 559. 根据菲奇将军司令部的通讯员弗洛伊德·比弗的说法，约翰斯顿和塞利格曼是"好兄弟"，两人在船上一起散步，就像"双胞胎兄弟"一样。本书作者于2014年1月17日对弗洛伊德·比弗的访问，以及约翰斯顿的著作《航母女王》都确证了这一情况。——作者注

要么是需要时间来通知伤亡人员亲属——但批评者们依旧怀疑海军在操控消息的传递，以保住颜面，以及保护金本人。

1942 年 5 月的珊瑚海战役之后，美国的报纸在第一时间刊登了关于这次惊人胜利的报道。报道夸大了日本的损失——实际上日军只损失了一艘小型"婴儿航母"，即"祥凤号"——却对"列克星敦号"的毁灭只字未提，这是当时美国在太平洋上仅有的四艘航母之一。金曾亲自要求不允许让公众知道这艘航母战沉的消息，原因是它沉没时周围并未出现日本的飞机，因此敌人应当不知道此事。"列克星敦号"沉没的消息被封锁了超过 1 个月，直到 6 月 12 日才发布出来，而此时美国已经在庆祝中途岛的胜利了。"不公开这一消息是出于海军的安全因素，"公报里如此写道，这当然也是为了辩解，"这也是赢得中途岛胜利的一块基石。"⁵⁷

2 个月后的 8 月 8 日夜间——美第 1 陆战师登陆瓜达尔卡纳尔岛次日——四艘盟军巡洋舰在萨沃岛海战中被击沉。金下令严格禁止公布关于此次惨败的消息。他的分析是明智的：战斗是在夜间发生的，而且日军舰队很快就撤回了拉包尔的基地，因此可以想见，敌人并不知道自己给美军带来了何种损失。一周后发布的一份海军公报重点介绍了美军在地面和空中的胜利，但是对于盟国海军的损失却未做更多说明，"因为这些消息对敌人的价值是显而易见的"。⁵⁸

但对于萨沃岛这样的大灾难，总会有一些信息通过流言蜚语零零散散地传回美国本土。到 10 月初——灾难发生 2 个月后——这在华盛顿官方已经成了一个公开的秘密。质疑者们认为金如此保密主要是为了自保。瓜岛作战是他的主意，他是强压着具体执行军官的反对发起这场行动的。根据《纽约时报》通讯员汉森·鲍德温的说法，金现在"如坐针毡，因为瓜岛作战是他一意孤行发动的。他就是那个拍板要干的人，虽然目的只是搞些小动作，但现在这些恶果、这些损失，以及海军所表现出的无能，美国人民都不会泰然处之，这对于金的名望和前景也没什么好处"。[59]

埃尔默·戴维斯急切地要求金把萨沃岛的损失情况告诉公众，还有9月"黄蜂号"（又译"胡蜂号"）航母被潜艇击沉的事情也是一样。10月初，戴维斯来到金的办公室，与后者促膝长谈之后，他告诉妻子，这场会商"激烈却不失友善"。[60]这位海军上将看起来意识到他的位置开始摇摇欲坠了。军舰沉没后短期内保持新闻封锁是说得通的，但是要压住消息足足两个月不让见报，就说不过去了，尤其是在数以百计的幸存者已经回到国内的情况下。而随着权威报道的缺失，难免流言四起。有些人就说大半个太平洋舰队已经在所罗门群岛丢掉了，还说日本人即将打过瓜岛。这里还有个政治原因——1942年的美国国会中期选举将在11月3日开始——有人就怀疑金上将和海军之所以掩盖损失，是为了保护罗斯福在国会里的盟友。在如山的重压之下，金觉得是时候澄清萨沃岛惨败的真相了，于是10月12日，美国海军发布了一份公报："所罗门群岛战役初期的一些情况，之前由于军事原因没有公布，现在可以报道了。"[61]于是，那四艘战沉巡洋舰的悲惨故事便被毫不保留地讲述了出来。

就在第二天，一个意外的惊喜突然到来。就在前一场海战发生的同一片水域，又发生了一次海上夜战，这一次——埃斯佩兰斯角海战——美军取得了压倒性胜利。于是海军又发布了另一份公报，原原本本地报道了这场战斗的结果。[62]时间完全是巧合，但是新闻界和共和党国会议员们愤怒地指责海军就像在中途岛战役之后再发布"列克星敦号"沉没的声明一样，又一次把坏消息（萨沃岛）压到后面与好消息（埃斯佩兰斯角）一并发出来。这时候恰好是瓜岛战役最危急的阶段，许多人怀疑海军和陆战队守不住这个岛屿，而战争新闻方面的处理不当进一步加剧了华盛顿的紧张气氛。国会议员梅尔文·马斯最近刚刚到过南太平洋，他在议院里站起身来，宣称日本人正在赢得所罗门群岛的战事，并指责政府试图掩盖真相。现在，媒体开始怀疑和蔑视海军的公报了，他们猜测海军还有巨大的损失没有公布出来。

金虽然固执己见，但他来到华盛顿多年，其经验足以告诉他，无论是猜疑还是真相，结果都是差不多的。他有太多的敌人想把他赶走——陆军、海军、媒体、国会，无处不在——敌人们已经蠢蠢欲动了。举国上下团结应战是攸关生死的事情，在政治斗争中引火烧身的代价是他承受不起的。如果他真让自己成为替罪羊，那他就要走了。现在到了战术撤退的时候了。于是金接受了戴维斯的建议，把仍然没有公开的军舰沉没事件悉数公布出来。

10月26日，海军宣布"黄蜂号"航空母舰已于超过5个星期前在瓜岛以东遭到潜艇攻击而损失。[63]当天晚些时候，海军又报告了后来被称为圣克鲁兹（又译圣克鲁斯）海战的航母会战的第一批结果，承认美军有一艘驱逐舰被击沉，以及"我方有一艘航母遭到重创"。[64]确实如此，这艘未被点名的航母是"大黄蜂号"。但是第二天，后续消息传来，"大黄蜂号"火灾严重，已经失控，不得不自沉。金犹豫了，他不确定是否应该发布这一消息。日本人或许还不知道它已经沉没，这条消息可能会被日本人利用。埃尔默·戴维斯警告说，如果这个消息压到选举日之后再发，共和党人会起来闹事的。戴维斯坚决要求立即把消息发出来，他觉得这十分重要，于是直接把要求提到了诺克斯部长甚至是总统那里。但另一方面，尼米兹将军也同样坚定地认为这条消息绝不能让日本人知道，于是也写了一份语气坚定的提案，从夏威夷发了上去。

战争消息办公室的主任威胁说若不公布消息就辞职，这就把金逼到了墙角，他判断自己已经别无选择。10月31日，就在中期选举的3天前，海军发布公报，承认"大黄蜂号""后来沉没了"。[65]第二天，尼米兹向金提出抗议，称这次消息的公开"在关键时刻害了我们"。[66]

金有一个极信任的好友，也是他的私人律师，"内利"科尼利厄斯·布尔，他常常称金上将为"船长"。布尔在职业生涯初期曾是一个报社记者，至今仍在华盛顿的媒体圈里有很多朋友。眼见争议四起，布尔开始担心金的脑袋不开窍，于是决定做些什么来帮帮他。10月一个周五的傍晚，他在华盛顿第十四大街媒体俱乐部拥挤的吧台旁找到了《纽约太阳报》的助理总编格伦·佩里。两个人靠在吧台上，一边抿着汤姆·柯林斯鸡尾酒，一边想出了一个办法。他们准备挑选出十几个经验丰富、以"绝对诚实可靠"著称的大报记者。[67]他们会邀请这些人与金进行一番非官方的私下交流，最好是在周末。接下来，这些新闻人将要遵守严格的基本原则，经过类似现代的"深度背景调研"——他们都需要同意，金提供的任何信息均不得见报，只是用来帮助自己更好地理解海军公报。他们不会引用将军的话，无论是署名引用还是匿名引用；也不会把金和自己交流过这件事告诉编辑部以外的任何人。布尔把这场会面的地点选在自己家里，这里可以令金感到舒适和放松。啤酒和小点心也是不会少的。记者们不会对将军说的话做任何记录。布尔和他的夫人将尽力创造一个放松和熟悉的氛围，让所有人（尤其是金）不要把这和官方发布会联想到一起。

布尔把这个想法告诉了金，令他惊喜的是，后者立刻就同意了。金知道陆军中和自己职务对等的马歇尔将军在战争部他的办公室里也做过这种非正式的战况介绍，后来也没有发生泄密的事。可以相信，知名的记者是可靠的，他们不会违背基本原则（布尔、诺克斯、戴维斯还有其他一些人都是这么对他说的）。由于会面地点是在布尔家里，金完全可以把这当成是一次偶遇，只是随便聊聊，这样就可以合理地绕过海军的公共关系办公室，也就不会受到诺克斯部长的监管。

11 月 1 日星期天晚 8 点，金的黑色轿车来到了弗吉尼亚州亚历山德里亚市公主街"内利"布尔的家门口。这座房子不大，最初还是美国独立战争时建造的，房子正对着马路另一侧粉刷成白色的 19 世纪的旧监狱，这所监狱曾经因关押南北战争中南方邦联军的战俘而闻名。金离开了他的司机和陆战队卫兵，按响了门铃。此时记者们都已经到齐了，正坐在客厅里呢。于是，一个"穿着标准海军蓝制服，步态悠闲的高个子"走了进来，把他的大衣和军帽递给了布尔。格伦·佩里在写给编辑的一份备忘录里描述了当时的情景：

> 他安静地走进房间，我立刻注意到，他居然是独自一人！没有烦人的助手，也没有过度谨慎的公关专员来防止他掉进别人设的陷阱。他就是欧内斯特·J. 金，美国海军上将，他可能有一点紧张，因为要把命运交到不太熟悉的人手里。然而他已经

做足了准备，带着权威的、指示的姿态，一切都是如此自然，毫无做作。伟人们或许会享受号角齐鸣的礼遇，但他们并不需要靠此来获得身边人的敬重。

内利带着将军在屋里走了一圈，向他逐个介绍在座的通讯员。他和每个人都握了手，握得很快而且很紧，他会复述对方的名字，同时还满含热情地看着对方的眼睛。他的眼里没有一丝一毫的敌意，但是不难想象，假如不是在这种合适的环境下，这对眼睛就会变得如同用战列舰装甲钢打造的那般冷酷。[68]

介绍完后，宾主落座——金坐在屋角的一把安乐椅上，记者们在他周围大致围成一个圈。啤酒装在一个盛满冰块的洗手盆里，大家都是拿起瓶子直接喝。

金开始即兴发言。在最初差不多一个小时的时间里，记者们都没有打断他。他按照时间顺序完整讲述了这场世界大战，从1941年时他所面对的将护航船队送过大西洋的问题说起，继而是空袭珍珠港、太平洋战争初期的危机、中途岛大捷，以及当下瓜岛战事的艰难。

记者们全神贯注，生怕漏掉一个字。宏观战略和复杂的后勤突然在他们面前清晰起来。金对于战争重大问题的专业总结本身就是价值连城的知识培训——而当他转向具体问题时，则又展现出了对细节，包括对技术数据惊人的了解。他喝了第二瓶啤酒，接着是第三瓶；他每隔15分钟左右就会点燃一支烟。在记者们看来，令人印象最深的是他在讲述海军所犯的错误时也同样直言不讳，完全不像是为了自保而隐藏了什么的样子。"他告诉我们发生过什么，正在发生什么，常常还有即将会发生什么，"有人回忆道，"他说的坏消息和好消息一样详尽，许多时候还会一边介绍什么事情做得不好，一边介绍哪些策略、武器或者二者的结合取得了成功。从头到尾，他都是完全放松的，而且总是很耐心，欢迎大家插话提问，他的回答也直白而轻松。"[69]

许多问题都是关于瓜达尔卡纳尔岛及其周边形势的，美国在那里的空战和海战中遭到了沉重的损失。美国能否守住这个岛屿？或者是否有必要进行战术撤退？

"我们会坚守。"金说道。他说所罗门群岛的战斗残酷而艰难，并承认美国海军遭到了惨重损失。但是在那里狠狠打一仗的理由也很充分。日本人也同样困难，而且他们无法轻易弥补所遭受的损失。当地地理条件也对盟军有利，因为日本在那附近没有航空兵基地。金解释了海军如何以及为何做出公布损失的决定，并且提醒记者们，日军宣布的战果通常会夸张 10 倍以上。他提到"公牛"哈尔西最近刚被任命为南太平洋司令，还预告了即将于下个星期打响的大规模海战。*

"这是不是意味着你正在承担失去舰队的风险？"专栏作家沃尔特·李普曼问道。

"不这样还能怎么办呢？"金答道。[70] 会谈持续了 3 个小时，金离开之前和每一位记者握了手。有些记者会后留了下来继续讨论，其他人则匆忙离开，他们要把自己能够记住的所有讨论内容写下来。

---

* 瓜岛海战于 1942 年 11 月 12 日至 15 日进行，此战奠定了盟军在瓜岛战役中的胜局。——作者注

他们对自己的好运气感到惊讶，觉得自己对第二次世界大战的理解比之前深刻多了。有人回忆道："金首先是一个现实主义者，他没有沉湎于自己的一厢情愿，也没有对那些头痛的难题视而不见，希望它们能自己消失。"[71] 对于海军延迟发布军舰战沉的消息引发的争议，记者们接受了金的解释，并觉得他和海军受到了不公正的污蔑。

令金意外的是，他自己也很享受这个晚上的每时每刻。从某种意义上说，他是在和自己说话，向自己讲述整个战争的来龙去脉；这甚至也帮他自己厘清了一些思路。第二天早晨他一来到办公室，就给"内利"布尔打电话，问道："下一次是什么时候？"[72]

金的亚历山德里亚秘密媒体简报会一直持续到了战争结束，平均下来大约是每6个星期开一次。后来还有更多的通讯员获邀参加，数量最终接近30人。这些记者笑称自己是"阿灵顿游击队员"，他们还像正式的秘密行动一样给金安了个代号——"瘦子"。当诺克斯部长发现这件事的时候，他由衷地给予了赞许，虽然金将军事先没有打招呼就擅自办了此事，对部长的权威似有侵犯。而且，金说出来的那些秘密，最终也从未在报纸上出现过。

金很快意识到自己获得了华盛顿媒体圈的一股善意。这笔资产看不见摸不着，但金过不了多久就会发现它的价值。国会议员马斯曾经在国会和媒体上大肆宣称美军最高指挥层内部不和，同时推动立法把各军种合并入一个统一的指挥架构。金相信现有的参谋长联席会议（简称参联会）形式已经足够顺畅，军种合并应当推迟到战争结束后再说。于是金小心地约见了几个"阿灵顿游击队员"。不到24小时，全美各大报刊便充满了声讨马斯言论的文章和社论，对金却只字未提。不久后，在罗斯福总统和国会领袖的支持下，军种合并的事情被束之高阁，留待战后再议。

1941年，金刚刚到达华盛顿时，曾决心不和媒体发生任何瓜葛。而到了珍珠港事件即将满一周年之时，他已经能够如同华盛顿那些老练的幕后玩家那样暗中操控媒体了。猛一看，这似乎是个突然的逆转，但是若深想，就会发现这其实毫不意外，因为没人会误以为欧内斯特·J.金是个不善学习的人。

在麦克阿瑟将军设在澳大利亚布里斯班的西南太平洋战区司令部里，新闻处的负责人是"皮克"勒格朗德·迪勒上校，他是个职业陆军军官，后来正是在此新闻处处长任上官至准将。迪勒是"巴丹帮"的元老，他们是麦克阿瑟最忠实的部下，战争爆发前就在菲律宾服役，1942年3月又和麦克阿瑟一起从科雷吉多尔出逃。西南太平洋战区司令部的新闻工作从来不缺人手：迪勒下辖的官兵数量最后超过了100人，里面不乏校级军官，其中许多人到战争结束时都晋升为上校。在珍珠港的太平洋舰队司令部里，尼米兹和他的幕僚们对于从本土汹涌而来的记者们感到很头疼，迪勒却恰恰相反，他对记者们持"越多越好"的态度，而且总是乐于签发更多的媒体许可证。在布里斯班，获得认证的记者、摄影师和无线电广播员最终超过了400人。

迪勒和他的团队将通讯员们视为尊贵的客人。他们对所有问题都是有问必答，提供了最先进的通信和广播设施，在记者们即将奔赴前线时还会好好招待他们。他们会安排记者们直接面见麦克阿瑟本人，虽然那都是在精心安排的新闻发布会上。西南太平洋战区司令部几乎每天一份的新闻公报都是由迪勒撰写初稿，再交给麦克阿瑟审核，常常还会被他重写。通讯员们很快发现，没有任何或明或暗的批评能够逃过迪勒的红铅笔，而另一方面，他们的赞扬和吹捧越多，就越能得到独家消息或其他令人羡慕的特殊待遇。

新闻界给迪勒和他团队的配合力度打了高分。和夏威夷的情况截然相反，新的报道提交给麦克阿瑟的新闻处之后，会在 24 小时内得到阅读、审核、批准，并传回美国国内，发表到报刊上时还是热乎的。这种新鲜出炉的新闻更容易登上头版头条，而来自尼米兹战区的那些相对过时的新闻就只好敬陪末座。就这样，1942 年到 1943 年间，美国公众中形成了一个普遍的印象，就是太平洋上的大部分仗都是麦克阿瑟打的。

麦克阿瑟比二战美军其他将帅更能理解视觉印象的重要性。他时刻关注自己的衣着和装饰，也就是反对者们口中他的"道具"——旧巴巴的菲律宾元帅软顶帽，整洁的飞行皮夹克，飞行太阳镜，还有他那看起来越来越大的玉米芯烟斗。他对自己头顶上的秃斑十分介意，如果不得不拍摄免冠照片，他就会找没人的地方花点时间，把头顶上的头发从一边梳到另一边，在双耳 5 厘米以上的地方留出完美的直发——今天人们常说的"遮秃发型"（combover）。这些照片和媒体文稿一样，也是迪勒的审查对象——麦克阿瑟登出来的大部分战时照片都是从下往上拍的，这样能让他看起来显得更高一些。

布里斯班的宣传机器常常给人一种错误的印象，仿佛麦克阿瑟是在亲自率领部队冲锋陷阵。作为战区总司令，麦克阿瑟的角色并不是亲自上战场打仗，而且他在"一战"中已经表现出了他的英勇，无须再去证明什么。然而在前线拼杀的将士们从未在战场上见过麦克阿瑟，却听美国报纸上说他正在一线和将士们同甘共苦，这就难免令他们愤愤不平了。1942年10月,他飞往新几内亚岛东南部的盟军基地莫尔斯比港做了短暂的视察,布里斯班的战争通讯员们就报道说麦克阿瑟视察了新几内亚北部沿海布纳附近的战场。这样的报道都被西南太平洋战区的审查官审查通过了。有一张麦克阿瑟在澳大利亚罗克汉普顿观看部队演习的照片,发表到了媒体上就被误写成了"视察前线"。有一段记录麦克阿瑟坐在吉普车后排,在泥泞的林间小道上颠簸开进的新闻短片,解说员告诉观众,将军正乘车前往前线阵地。但实际上,在他整个视察期间,他和最近的日军部队之间始终隔着一座密林覆盖的大山。[73]

这样明目张胆的胡编乱造令第8集团军司令罗伯特·L.艾克尔伯格十分愤怒,他认为西南太平洋战区的新闻处是在滥用自己的战时新闻审查权来放纵麦克阿瑟个人的虚荣心。艾克尔伯格将军体验到了艾森豪威尔和其他同僚此前已经吃过的亏——如果一位下级军官想要和麦克阿瑟共事,那么他最好不要让自己的名字出现在报纸上。艾克尔伯格在几份关于布纳战役的媒体报道上露了脸讲了话,于是便被召回布里斯班,被麦克阿瑟一顿臭骂:"你知不知道我明天就能把你降成上校,让你滚回家去?"[74]艾克尔伯格知道厉害了,他在战争余下的过程中对媒体一律拒之门外。有一次,他对一位来访的公共关系官员说:"我宁愿你往我口袋里放一条毒蛇,也不希望你去宣传我。"[75]

从战争一开始,麦克阿瑟就一直坚持发布他自己的新闻公报,华盛顿要他低调一些,他也置若罔闻。马歇尔将军和史汀生部长都不喜欢布里斯班发出的这些哗众取宠的声明,于是他们开始质疑麦克阿瑟所宣称的战果的准确性。对于西南太平洋战区的宣传机器来说，真相常常是可以被牺牲的。他们的战报写得天花乱坠，以便看起来显得更精彩和戏剧性，许多时候他们不仅舞文弄墨，甚至会随意捏造"事实"。有些时候，关于敌方损失的数据完全是胡编乱造的。不仅如此，许多西南太平洋战区的公报看起来并不怎么掩饰对海军或者尼米兹战区作战行动的贬损。最臭名昭著的一次发生在1943年3月。当时麦克阿瑟对新几内亚以北海岸外的日本运兵船队发动了一场成功的空袭，史称俾斯麦海海战。此战，乔治·C.肯尼中将第5航空队的轰炸机群采用了一种被称为"跳弹轰炸"的新的低空轰炸战术，击沉了12艘敌军舰船，包括8艘运输船和4艘护航驱逐舰。P-38战斗机群击落了大约20架在船队上空掩护的日军战斗机，赶走了其余20来架。这些运输船搭载了大约8 000名日军，其中至少3 000人被炸死或淹死。（准确数字从来都没有被统计出来过，有不少人趴在碎片上游到了附近的岸边，或者被小艇救起。）

这一杰出表现是美国陆军航空队一次战术上的突破，此前他们一直为怎样命中海上航行的舰船而苦恼不已。但是，西南太平洋战区随后发布的公报却极尽夸大之能事：12艘运输船、3艘轻巡洋舰和7艘驱逐舰被击沉，102架日军飞机"目视确认已被摧毁"。不仅如此，公报声称船队搭载了大约1.5万名日军，"全部被消灭"。[76]在同期发布给媒体的另一份声明中，麦克阿瑟似乎光从这一场战斗中就得出了一个实际上还遥遥无期的结论，说空中力量已经从根本上压倒了制海权，也就是说陆军航空队已经赢得了和海军之间持续已久的那场论战。他宣称，未来的制海权将由陆基航空兵而不是海上力量来决定："盟军的海军部队完全可以打出自己的精彩，但是西太平洋上战争的胜负将由对空地联合部队的合理运用来决定。"[77]

此话令海军将领们大吃一惊，于是他们找到马歇尔和史汀生，要他们把自己的人管紧点。

麦克阿瑟和肯尼的牛皮吹得太大了，根本架不住深究。当飞行员的作战报告和对海上救起的俘虏进行审讯的结果显示，他们宣称的击沉数比整个日军船队的规模还要大时，他们开始想办法澄清。但是，当马歇尔将军把订正后的战果评估发到布里斯班，要求西南太平洋战区发布一份修订公报时，麦克阿瑟爆发了。他向后方发了一份长得令人不敢相信的有线电报，列出了他宣称击沉的22艘舰船中21艘的名称，信誓旦旦地保证他的战果统计已经得到了缴获的日方文件和俘虏审讯记录的充分证实，并要求华盛顿方面修改统计数字，与自己先前发出的报告保持一致。他还说，他已准备好为自己公布的战果做辩护，"无论在官方内部还是通过公开的形式"。不仅如此，如果战争部执意要公开文件"质疑我作战报告的真实性"，那就要告诉他这幕后的黑手是谁，"这样我就会采取适当的措施，包括在环境允许时收拾这个应该负责的人"。[78]

其实麦克阿瑟在媒体公报上的这些瞎吹乱捧既无价值也没必要，因为在1943—1944年，他在军事上取得的成就是实打实的。他沿着新几内亚海岸推进，在新不列颠岛登陆，向洛斯内格罗斯-马努斯岛发动了大胆的两栖突袭，在新几内亚北部沿岸长距离跃进至荷兰迪亚——所有这些行动的计划和执行都很完善。肯尼的轰炸机确实将一支重要的日军船队大部歼灭；他们真的首创了一种全新的致命战术以击沉海上航行的舰船，而这种打法在过去是不可想象的。麦克阿瑟的部队有充分的理由毫无顾虑地为自己的成就而自豪，他在南太平洋的反攻本来是当之无愧的胜利，这些公报带来的争议反而是在给这场胜利抹黑。

这些批评让麦克阿瑟在世人眼中成了一个沉醉在自我幻想中的自大狂，但是他这种大张旗鼓的宣传工作自有其目的。他是在给自己的国内政治影响力下注。迪勒后来说，麦克阿瑟将军"是努力在自己所处的层级上最大限度地为太平洋战区和我们的部队争取援助，因此他尝试把故事讲得更加精彩，这样人们就会出于同情而支持他"。[79] 在麦克阿瑟眼里，他这是在与华盛顿的一众敌人坚持斗争。他最大的敌人是罗斯福。他很熟悉，但又十分瞧不起这个人。他不止一次对拥趸们说，总统在战争爆发之初就"背叛"了自己，没有派部队到菲律宾去解救他。他对于把太平洋分割成两个独立的战区，并把北边部分交给尼米兹指挥很不满。他觉得海军就是罗斯福总统的狗腿子——这倒也不算全错——他对所有海军军官都不怎么信任，觉得他们都是间谍或者是搞破坏的。但是，麦克阿瑟对新闻媒体的影响力给陆军带来的麻烦比海军更甚。马歇尔、史汀生和华盛顿的其他陆军高层想尽了办法让西南太平洋战区守规矩。麦克阿瑟总是在抗命犯上的边缘反复试探，常常或明或暗地威胁说要让大众给自己的事情评评理，而任何内部的矛盾捅到报纸和国会都可能会引发巨大反响。

麦克阿瑟发自内心地相信战争部辜负了他在菲律宾的军队。他愤怒地控诉那些身份不明的坏东西——"他们"——"他们"操控了军队，暗地里密谋削弱他。"他们"把"欧洲优先"作为盟国全球战略的基石，他痛恨这个政策，总是宣称这是个历史的谬误。"他们"拒绝向他提供遏制日本在南太平洋的进攻和发动反击所需的部队。"他们"是一群坐办公室的官僚，"政治将军"，这些人妒忌他的公众声望，因此想尽办法打压他。"他们"把持着华盛顿，而他却在距离权力中心半个地球远的澳大利亚。自从 1935 年离开以来，他已经很久没有回过华盛顿和美国本土；在罗斯福 1941 年 7 月任命他为远东美军总司令之前，他甚至已经从美国陆军退役，转而当上菲律宾军队的元帅。长时间的两地分离，令他在政治上处于十分不利的地位——他自己是这么认为的——因此他必须用尽所需的手段来让华盛顿感受到他的影响力。只有这样，他才有希望获得他需要的部队、武器、军舰和飞机去打赢太平洋战争，并且是根据他自己的计划表去打赢。他必须在"他们"自己的游戏里打垮"他们"——他在华盛顿的敌手，这就意味着他必须比对手更能得到美国人民的欢迎。[80]他想要统治整场战争，想要把尼米兹的部队纳入自己麾下；这既然做不到，他就想要让自己的战区得到盟军在太平洋上的绝大部分资源。他想要让自己的战略主张压倒海军、参谋长联席会议，乃至同盟国的主张，这意味着他应当首先尽快解放菲律宾群岛（尤其是北边的主岛吕宋岛）。无论什么情况下，他都不容许菲律宾被绕过，让位于那些能够更直接通往日本本土的路线。

在私下的谈话里，麦克阿瑟毫不隐讳地承认他积极的媒体关系策略是为了达到这些目的而选择的手段。"他们怕我，鲍勃，"他在 1944 年初这样对艾克尔伯格说道，"因为他们知道我会在报纸上和他们斗。"[81]一位在他司令部工作的通讯员观察到，麦克阿瑟必须"每天早晨在他的公报里赢得这场战争，他要向公众证明，是罗斯福和邪恶的参谋长们扣住了那些原本应该属于他的武器"。[82]

在他 1964 年撰写的回忆录中，他始终说自己一次也没有想过要获得共和党 1944 年总统候选人的提名。但真实情况却是，他与一个所谓的"厨房内阁"积极合作，这是一群有实力的共和党人、商界领袖和媒体老板，他们都想要把罗斯福总统赶下台。这些人觉得，想要在这样一次战时选举中击败广受民众认可的现任总统，麦克阿瑟是最佳选择，也是唯一的希望。西南太平洋司令部的指挥官们也和诸多亲朋好友及下属谈到了这件事，包括艾克尔伯格将军，他在1943年6月对夫人说："我们首长谈起了共和党总统提名的事——我看得出他想要得到提名，我想就是这样的。"[83] 麦克阿瑟可能参加竞选的第一个蛛丝马迹在当年4月露出了眉目，当时战争部长史汀生宣布，在职军官不允许一边穿着军装，一边参加国内竞选。共和党领袖，包括参议员阿瑟·H.范登堡和国会议员汉密尔顿·菲什将此解读为对麦克阿瑟的先发制人。这两人都跳出来指责史汀生干预政治，随后他们都收到了麦克阿瑟的感谢信，谢谢他们在危难时帮助自己。

来自密歇根州的参议员范登堡是这个私下小团体的头儿，他警告麦克阿瑟，绝对不能让任何人知道他想获得总统提名。他的机会只有一次，那就是1944年6月在芝加哥举行的共和党集会，届时共和党两位最有希望的候选人托马斯·杜威和温德尔·威尔基将会僵持不下。到那个时候，这个小团体就会在万众欢呼之下提名麦克阿瑟成为总统候选人。这个策略是范登堡和其他一些精英人物一起商议出来的，包括报社老板赫斯特和麦考密克，退役陆军将领及西尔斯百货执行官罗伯特·E.伍德，国会议员卡尔·文森，《时代》《生活》杂志出版商亨利·卢斯及其夫人，女国会议员克莱尔·布斯·卢斯。麦克阿瑟在国内的支持者会定期在其高级幕僚回国时与他们见面。（西南太平洋战区司令部的许多高级幕僚在搭乘军用飞机往来于澳大利亚和华盛顿之间处理政治事务时一点也不谨慎。）初选季开始的时候，麦克阿瑟写信联系了自己的支持者，这些信件的用词都是格外谨慎，以防万一落入外人之手。例如，他给范登堡的信是这么写的："为了您全心全意的友谊，我向您致以最诚挚的谢意。唯愿终有一日能给予回报。我还有很多话，受限于环境不方便说。另外我想要您知道，我对您的经验和您睿智的伙伴们怀有绝对的信心。"[84]

传记作家和历史学者们一直在为麦克阿瑟是否真的想要登上总统宝座而争论不休。有些人认为，他的目的只是想要向罗斯福总统和参谋长联席会议施压，让他来负责整个太平洋战争，并给他打赢这场战争所需的资源。他这么做或许是出于内心的矛盾，或许是由于在聚光灯下自我膨胀。麦克阿瑟十分渴望打回菲律宾，拯救他那些被敌人囚禁并饱受折磨的队伍，并让星条旗在巴丹再次升起。若成为总统，他将会看到这一切成为现实，但同时也就不能亲手将其实现了。作为美国历史专业的毕业生，他一定知道自己这样做将会承担成为第二个麦克莱伦而毁掉职业生涯的风险——麦克莱伦是南北战争时北方联邦军的将领，在1864年总统大选中挑战亚伯拉罕·林肯失败。或许麦克阿瑟更喜欢去响应万众的欢呼，这对他来说完全不需要靠什么竞选。而在总统选举中击败罗斯福的前景也确实令他沉醉。这两人相识已久，他们曾是同僚、竞争对手，甚至是"朋友"，当然这只是面子上的，在华盛顿，点头之交有时也算朋友。在罗斯福刚刚当上美国总统时，麦克阿瑟是陆军参谋长。他对罗斯福在1934年缩减国防预算极为反对，甚至差点违抗这位新总统（连他自己都这么说）。和许多政治保守派一样，麦克阿瑟将罗斯福的新政视为布尔什维主义在美国国内的渗透。他私下里带着蔑视称罗斯福为"弗兰克表兄"，或者带着那个时代政治右翼普遍怀有的反犹情绪，不客气地以犹太名字"罗森菲尔德"来称呼他。[85]
根据艾克尔伯格的说法，麦克阿瑟好几次说过，"若不是因为憎恨
罗斯福，甚至达到了仇视的程度"，他才不想去争那个共和党总统
的提名。[86]

1944 年初，当共和党正式启动初选工作时，有媒体引用匿名来
源的消息称，麦克阿瑟正准备返回美国国内，全职竞争总统候选人
提名。范登堡在《科利尔》发表了文章《为什么我选择麦克阿瑟》，
公开了此事。[87] 还有一份经迪勒审查批准后发布的报道，总结了据
说是在布里斯班盛行的观点："如果麦克阿瑟将军——还有此地的
其他许多人——认为获得胜利的最短路径是让一位有经验的军人入
主白宫，那这也没什么可奇怪的。"但是在摄像机前被问及关于此事
的想法时，麦克阿瑟身边的所有人却又异口同声地避而不谈："我
们还是谈谈打仗吧。"[88] 独立专栏作家雷蒙德·克拉珀曾多次直接问
麦克阿瑟是否有意于共和党总统提名，却从未得到正面回答："每
次他都装作没听见我说话。"[89] 值得注意的是，麦克阿瑟已经出现在
了威斯康星和伊利诺伊两个州的共和党初选选票上，他从未要求这
两个州把自己的名字删掉。

但是有些反对偶像崇拜的记者提出了问题。一位正在与敌人血
战的战区司令与国内的政治竞选眉来眼去，这样是否妥当？考虑到
麦克阿瑟的公众形象是通过他自己的新闻审查官包装后由战时媒体
折射出来的，让他和那些没有这一有利条件的候选人同台竞技，是
否公平？美国老百姓很少有人知道麦克阿瑟在他自己这支军队的官
兵中是多么不受待见。在竞选的聚光灯下，难免有人会强烈反对。
1944 年 1 月号的《美国信使》杂志就是个例子。原先在亨利·卢

斯手下供职的编辑约翰·麦卡登去了一趟澳大利亚然后回了国，因此绕开了迪勒的审查。在一篇毫不留情的人物概评里，他批评麦克阿瑟作为将领的表现被大大高估了，他醉心于高大的公众形象，但实际表现却无法与之相配，而且西南太平洋战区司令部肆无忌惮的新闻审查是对政治进程不可容忍的粗暴操控。麦卡登还重点指出了那些反对罗斯福的媒体对于塑造和维系"麦克阿瑟狂热"所起到的作用。他提出，麦克阿瑟无法胜任他自己所追求的角色，也就是太平洋战场总司令，因为"在一片由天空和海洋主导的战场上……他是个陆地上的将领"。[90]麦卡登写道，麦克阿瑟关于其并未参选总统的声明是不可信的，如果他真想消除外界的猜疑，就应当仿效谢尔曼将军在1884年的名言："提名我，我不会接受；被选中了我也不会上任。"[91]

《美国信使》的文章令麦克阿瑟暴跳如雷，尤为甚者，这本期刊可是列于美国陆军战争学院图书馆分发给海外军人的读物之中。在一封发给马歇尔的长电报中，他说这篇文章"行文可耻，可以说是诽谤"，还发牢骚说这是跟在日本人的煽动文章后面鹦鹉学舌。[92]但是他没有直接反驳，因为（按他告诉艾克尔伯格的说法）它包含了"一丝令他无法作答的事实"。遭此一击令他备感失望，"越过这道坎，是他必须去承受的"，[93]他说。麦克阿瑟假若能够看到未来，想必会更加懊恼，因为从那以后，类似麦卡登这样的"恶毒攻击"将会在历史学家中变得十分普遍。

无论如何，这位黑马候选人道格拉斯·麦克阿瑟在最后冲刺的时刻摔了一跤。而纽约州州长托马斯·杜威却在共和党选民和政治掮客中展现出了出人意料的实力。到3月下旬，事情已经很明朗，杜威将会战胜威尔基，代表共和党竞选美国总统。芝加哥将不会出现僵局，麦克阿瑟也就彻底失去了这张总统竞选的入场券。麦克阿瑟的参选之路最终因他写给内布拉斯加州的国会议员阿瑟·L.米勒的信件被擅自公开而以一团糟的状态收场。米勒急着要让麦克阿瑟接受本党派的邀请："为了国民和尚未出生的孩子们，你必须接受"，因为"除非能够制止这种'新政'，否则我们美国的生活方式将会注定毁灭"。麦克阿瑟将军误以为国会议员都是很稳重的，于是在回信里直接写道，他"毫无保留地"肯定"您的评论充满智慧和政治家风度"。[94]谁知道米勒没有经过麦克阿瑟的同意，就在4月14日把这封信交给了媒体。这封信立刻全文出现在了全美各大报刊上。如果说米勒相信媒体将会拿这封信来鼓吹麦克阿瑟参选，他就大错特错了。范登堡将这次曝光视为"巨大的乌龙"和"悲剧性的错误"。I.F.斯通在《国家》杂志上撰文，结论是这封信令麦克阿瑟展露出"军人不应有的形象——对自己的总司令不忠，是个浮夸而且无知的浑蛋"。[95]

麦克阿瑟在他1964年的回忆录里写道，正是这一刻，他第一次意识到"自己的名字已经作为共和党提名候选人成了街谈巷议的话题"——他突然对这件荒唐而且丢人的事情警觉起来，迅速而且坚定地制止了这一切。他发表了一份声明，称自己没有竞选总统的野心，并将所有对米勒信件的此类解读斥为"用心险恶"。[96]大家都觉得他这声明过于可疑，于是他在1944年4月30日又发表了第二份声明，说道："请不要把我的名字和总统提名联系在一起，任何形式都不要。对此我既不曾觊觎，也不会接受。"[97]

如此，麦克阿瑟关于总统政治的尝试便告一段落，至少在1944年这一届总统大选中是如此。这段丢人现眼的插曲将成为他军旅生涯中的一个小注脚。然而从更大的方面说，这一场闹剧却给太平洋战争的最后一年留下了一段抹不掉的印记。至关重要的全球战略居然受到了个人政治的拖累，并且在整个大选期间都将如此。杜威州长接受了所在党派的总统提名，他在 1944 年 9 月 14 日的演说中说道："现在麦克阿瑟将军不会再从政治上威胁罗斯福先生了，他了不起的天才理应得到更大的舞台和更多的瞩目……麦克阿瑟将军在补给不足、空中力量不足、兵力不足的情况下创造了奇迹。"[98] 虽然此番发言语气平和，但杜威的评论却暗含了对总统的严厉指责，他暗暗指责参谋长联席会议纵容政治因素来左右太平洋战场的兵力分配。杜威并没有继续深挖此事，或许是因为他知道参联会会来反驳他，但是伤害已经造成了。罗斯福从未原谅杜威，1944 年的总统竞选将成为杜威政治生涯中最痛苦的经历。

关于太平洋战争大战略的基本问题仍然悬而未决。麦克阿瑟是否应当获准收复整个菲律宾群岛，包括北方主岛吕宋岛？欧内斯特·金关于攻打台湾的方案能否获得通过？美军是否应当在中国大陆沿岸登陆？若如此，这是否意味着美军将会大规模参加中国的抗日战争？更远一些看，对日本的最后一战将会是什么样子？日本能否在血腥惨烈的登陆之前接受投降条件？昭和天皇裕仁在战争的最后阶段会扮演何种角色？这都是些复杂而且无比重要的抉择，而且不可能无限期拖而不决。总统选举的时间安排是不可更改的，不论遇到什么困难，选民们都会在 11 月的第一个星期二走进投票站。现在，美国将不可避免地在大选季对太平洋上的重大战略问题做出决定了——人们必定会带上政治的有色眼镜去看待这些决策，无论是当时的人，还是后世的历史学者，都将如此。

　　　　　　　　　　　诸神的黄昏：1944—1945，从莱特湾战役到日本投降

第一章

1944 年 7 月 13 日日落后，罗斯福总统及其随从驱车开到了华盛顿第十四大街的地下铁道岔线处，登上了一趟专车——"总统专列"。在车站和特勤局人员的帮助下，罗斯福进入了被称为"普尔曼 1 号"，也就是专列最后一节车厢里的一间豪华包房。夫人埃莉诺·罗斯福走进了同一节车厢的另一间豪华包房。白宫参谋长兼罗斯福的老友，海军上将威廉·D. 莱希走进了第三间包房。列车向北穿过马里兰州的麦田，一行人在微微摇晃的卧铺上酣然入睡。

"普尔曼 1 号"的陈设精致而奢华，墙上是橡木壁板，地上铺着绿色长毛绒地毯，还有桃花心木的家具和又软又厚的椅子。然而，它还是一艘车轮上的战列舰。车厢的底盘装有 12 英寸厚的装甲钢板，足以抵御埋在铁路路基下的大型炸弹。树脂玻璃车窗厚达 3 英寸，足以挡住直接命中的 .50 口径*子弹。车体侧面装甲则能够承受中口径炮弹的打击。"普尔曼 1 号"重达 142 吨，几乎是普通车厢重量的 2 倍，但设计师并不希望它特别引人注目，因此其外观和普通的普尔曼式专车别无二致。

这趟旅程中，总统将乘坐专列经过芝加哥和圣迭戈，然后乘船

---

*   .50 口径，即口径为 0.50 英寸，合 12.7 毫米。——译者注

前往夏威夷、阿拉斯加、皮吉特湾，最后再次乘坐火车横穿美洲大陆返回。全程将为期35天，是罗斯福总统生涯中最漫长的行程之一。其中的高潮部分将是总统对夏威夷瓦胡岛为期4天的视察，其间罗斯福将视察各军事设施，并和他在太平洋战场的主要将领——陆军上将麦克阿瑟和海军上将尼米兹会面，商讨下一步对日作战行动。

就在两天前，罗斯福毫不意外地发布了公众期待已久的声明，宣布自己将史无前例地竞选第四个总统任期。他对媒体说，自己别无选择，因为"如果人民希望我继续作为总统领导这场战争，我就无权退缩，就像前线的战士无权丢弃阵地一样"。[1]总统的列车将在芝加哥短暂停留，那里正在举行民主党全国大会。同样是在芝加哥，共和党两周前刚刚举行过同样的大会，提名杜威州长为共和党总统候选人。由于选情，总统的这次旅行难免被其政治对手指为给竞选造势之举。

在和平时期，总统专列会搭乘最多四十名媒体记者随行。但这次则只有三位记者，分别代表三家重要通讯社获准同行——他们的报道只有在获得白宫授权之后才能发出，这通常要耽搁一个星期时间。战时安全需求使得这样的措施具有了合法性，但是媒体对于无法了解总统的行踪十分恼火，尤其是当他在数万人前出现而媒体却一无所知时。对于媒体的抱怨，罗斯福总统不为所动，甚至看起来还很乐意以此为借口让媒体离自己远远的。"坦率地说，"他对史蒂夫·厄尔利说，"我觉得新闻自由是世界上最无足轻重的问题之一。"[2]当白宫记者要求了解他的行程安排时，罗斯福通过厄尔利挖苦道："你们想干什么？想偷看我洗澡还是跟我上厕所？"[3]

从1944年春开始，罗斯福和他的团队有了个无法抗拒的理由来

诸神的黄昏：1944—1945，从莱特湾战役到日本投降

对付媒体。他的健康状况恶化了，华盛顿谣言满天飞，说他已无力继续执政了。他的面色变得灰白，眼睛显得凹陷和无神，声音也已沙哑而无力。他还开始严重地咳嗽，嘴唇和指甲出现了一抹不祥的蓝色。被问及感觉如何时，总统回答道："太痛苦了"或者是"完了"。[4] 1944 年 3 月，海军心脏病专家霍华德·布鲁恩医生发现他的血压严重升高，并精确地诊断出总统患有充血性心力衰竭。根据 20 世纪 40 年代的治疗手段，病人再活过四年总统任期的概率并不太大。患有此病者确诊后存活时间的中位数不足两年。布鲁恩后来说，如果他的病人不是国家的战时总司令，他一定会坚持要求病人离任，立即入院治疗。但是有权向公众介绍总统健康状况的只有一个人，那就是他的私人医生——海军军医处处长罗斯·T. 麦金太尔中将，他告诉媒体，罗斯福的"健康状况比他 1933 年入主白宫以来的任何时候都要好"。[5] 麦金太尔看似轻松的保证，实际上是一种掩饰，这种掩饰会一直持续到第二年总统去世之后。

布鲁恩后来承认，他和他的同伴们已经将医生的道德规范让位于更高的国家利益了。罗斯福总统是世界上最重要的人，没有之一。他在引领全球盟军协同作战方面扮演的角色是无可替代的。他是计划、商谈建立稳定战后世界秩序的关键人物。轴心国的宣传机构将强健的体魄塑造为力量的象征，并把坐在轮椅上的罗斯福视为西方制度衰落的标志。他国内的政治对手们也四处散布流言，说罗斯福的健康状况很糟，并四处寻找能证明这些流言的证据。这样，布鲁恩医生的诊断书就成了国家机密，记者和摄影师也难以获准见到罗斯福总统。在总统专列上，那三个大通讯社的记者（总统毫不客气地把他们骂作"杀人凶手""趁火打劫者""食尸鬼"）不允许进入距离"普尔曼 1 号"三节车厢以内的地方。于是人们总是会看见这几位在俱乐部车厢的酒吧和牌桌旁消磨时间。

　　总统一家在哈得孙河河谷短暂停留,回到他们在海德公园的家里待了一天,之后在 14 日晚回到总统专列上。当晚,列车从纽约中央铁路驶过,第二天中午来到芝加哥 55 街的客车编组站暂歇,他们将在此停留两个小时,好让罗斯福面见民主党全国委员会主席罗伯特·汉尼根。

　　大部分民主党成员都决意赶走现有的副总统亨利·华莱士,罗斯福遵从了他们的意愿。关于哈里·S.杜鲁门参议员是怎样成为民主党候选人的,其他地方已经讲过,在此不再赘述。可以说这个结果很诡异,就连罗斯福最亲近的圈子都对此感到意外。与汉尼根短暂会面后,罗斯福总统签发了一封函件,同意让两名潜在竞选搭档中的任何一人与自己一同参选:最高法院法官威廉·O.道格拉斯或者杜鲁门。这封函件中两人名字的顺序起初是道格拉斯在前,杜鲁门在后。但就在总统专列启程离开芝加哥前的最后一刻,汉尼根走出总统的私人包房,告诉总统的秘书格雷丝·塔利,把函件重新打印一遍,把两个人的名字顺序颠倒过来。就这样,罗斯福在与民主党全国委员会主席这场看起来似乎很随意的会面后,似乎是心血来潮地就正式指定了自己的继承人,即便此时他的医生已经有理由担忧他能否活到下一个总统任期结束。*

---

* 副总统是在任总统一旦无法任职时的第一顺位继承人,因此在美国总统健康堪忧的情况下,副总统的人选就变得格外重要。——译者注

罗斯福在芝加哥这次历史性的停留持续了足足两个小时。夜幕降临之前，总统专列再一次启动，开往堪萨斯州的托皮卡，继而沿着罗克城铁路向西进发。在接下来的三天里，火车缓缓穿过大平原和美国西南部的沙漠。火车开得很慢，速度很少超过每小时35英里，这一方面是由于总统发觉这样的缓慢节奏会让旅行更加舒适，另一方面也是因为他希望在圣迭戈海军基地发表他关于接受本党派总统候选人提名的讲话，而具体的提名时间还没有确定。但是在这种速度下，火车的电池续航力就成了问题，因此他们常常在沿途小站停车充电。罗斯福每晚睡得都很好，考虑到他的健康状况，这是至关重要的。旅行总是能让他难得地容光焕发。平静地坐在那里，一边看着田野从窗外滑过，一边对照着窗外的小镇或者其他地标用膝盖上的地图查找当前的位置，这让他的精神振奋了起来。他会讲述那些只有专业人士才知道的当地历史逸事，还如数家珍般回忆起自己在途经的每个选区的竞选往事，这给他的幕僚和随从留下了深刻印象。

在总统出行线路沿线，警察和当地驻军重兵布防，把守着所有的大小桥梁、岔路口和隧道。凡是高速公路和火车道近距离平行的地方，陆军的吉普和卡车都会陪同护送。不难想见，士兵们都会好奇地朝总统车厢的窗户张望，希望能看一眼他们的总司令、第一夫人，或者是他们那条名叫法拉的著名黑色小苏格兰犬。火车即将到达的消息都会提前口头传递到下一个站点。7月16日那个炎热的下午，在俄克拉何马州的埃尔里诺火车站，有人看见埃莉诺·罗斯福用绳子牵着法拉在月台上来回溜达。消息立刻传遍了全镇，立刻有差不多500名好奇的人赶来把车站围得水泄不通。直到一个小时后火车启程离开时，还有更多的人正在往这里赶来。[6]

除了第一夫人和莱希上将，与总统同行的还有一大群军事助理；一个医疗组，包括麦金太尔、布鲁恩和另两名医生；负责撰写演讲稿的萨姆·罗森曼；战争消息办公室主任埃尔默·戴维斯；绰号"老爹"的沃森陆军少将；威尔逊·布朗海军少将；以及格雷丝·塔利。此外还有战时常见的大量特勤局人员，海军港务人员，铁路人员，以及通讯社派来的那"三个食尸鬼"。

在火车的前部，紧跟在火车头和行李车后面的，是一节由陆军通信部队掌管的没有窗户的通信车——一个挤满了电线、真空管、电子设备面板以及解码机的兔子窝。从这里，通信兵们通过短波无线电及无线电传打字机和白宫地图室保持着不间断的联系。初级海军助理威廉·里格登上尉，在这次横穿大陆的旅行中把大部分时间都用来在通信车和总统车厢之间的 15 节车厢里来回奔走，这段距离差不多有 1/4 英里。他要带着电文穿过一连串车厢，包括上下铺的普尔曼式卧铺车、俱乐部车、餐车，以及更多的卧铺车厢，最后从守卫着总统车厢（也就是最后一节车厢）的武装便衣旁经过。[7]

7 月 19 日凌晨 2 点，总统专列停靠上了圣迭戈海军陆战队基地的一处火车站台。一行人将在这座美国西海岸的大型海军基地停留三天，视察当地的各处军事设施。罗斯福夫妇见到了他们的儿子詹姆斯一家，他们就住在科罗纳多湾对面。罗斯福总统及随从前往圣迭戈以北 40 英里的加利福尼亚州欧申赛德港，视察了第 5 海军陆战师两个团级战斗队举行的两栖作战训练演习。这是一场高度拟真的实弹登陆演习，有很多重型装甲车辆和先进的登陆艇都参与其中。对于总统和他的高级军事幕僚来说，这都是一次极具价值的学习过

　　　　　　　　　　　诸神的黄昏：1944—1945，从莱特湾战役到日本投降

程。太平洋上的越岛作战是一种全新的战争形式，他们在欧申赛德见到的这种大规模两栖机动是在和平时期从未见过的。海军舰炮火力、空中支援和登陆部队的密切协作给莱希留下了深刻的印象。[8]

7月20日，芝加哥的民主党大会提名罗斯福第四次参选美国总统。此时，总统专列正停在海军陆战队的火车站台旁，罗斯福于是发表了接受提名的15分钟感言，通过无线电广播传回了民主党大会会场上。之后，他又为拍摄新闻短片的摄影师重读了发言的高潮部分。距离9点还差几分钟的时候，埃莉诺·罗斯福和一行人挥手告别，搭乘一架军用飞机返回了华盛顿。总统、莱希和小狗法拉则乘车前往不远处的百老汇码头，重型巡洋舰"巴尔的摩号"正停靠在那里。这艘军舰的舰员们事先并不知道罗斯福总统将会搭乘此舰，但是当舰长住舱旁的走廊上搭建起轮椅专用的斜坡时，有些人就已经猜到这一点了。罗斯福住进了舰长住舱，莱希则住进了舰队司令住舱。

总统能理解老水手们不愿在星期五起航的迷信，军舰便一直等到这一天午夜才解缆起锚。它沿着一条扫清了水雷的安全水道开向外海，5艘驱逐舰紧跟在黑暗中的巡洋舰身后。舰队随后转向243°航向（西南偏西），航速22节，消失在海平线上。

1944年3月，美国参谋长联席会议命令麦克阿瑟和尼米兹协力夺取帕劳，即密克罗尼西亚南部的一个日占岛群，任务完成时限是9月15日；然后是棉兰老，菲律宾南部的一个大岛，完成时限为11月15日。但是对于接下来1945年初的主要作战行动，参联会尚未做出决定。一如既往，菲律宾是麦克阿瑟的战略焦点，他一直在不停地向华盛顿施压，以求支持他所倾向的南线进攻。他主张在向菲律宾以北区域发动任何两栖进攻之前，应当先集中所有可用的美军兵力（包括太平洋舰队）拿下菲律宾北部的吕宋岛，以及首都马尼拉。而金上将和参联会内部的大部分计划制订者都希望越过吕宋岛，直接将下一轮主要进攻指向台湾。3 月 12 日参联会发给太平洋上两个战区司令部的电文将这一矛盾摊在了台面上。电文指示两个司令部准备可行性方案，目标是"占领台湾，时间期限为 1945 年 2 月 15 日，或者攻占吕宋，如果此行动先于进攻台湾的必要性得到证明的话，时间期限为 1945 年 2 月 15 日"。[9]

当"巴尔的摩号"搭载着美国总统开往夏威夷之时，美军进攻部队正在准备攻取马里亚纳群岛中的塞班岛、关岛和提尼安岛（又译天宁岛）。在 1944 年 6 月 19 日至 20 日的马里亚纳海战，也就是发生在马里亚纳群岛西方海域的一场海空大战中，日军损失了差不多 300 架飞机和 3 艘航母。同时，日本本土通往南方资源产区的海运线也开始遭到越来越多的打击，日本帝国的经济基础和军事基础已然开始崩塌。虽然东京的统治高层还没有准备好面对现实，但日军在马里亚纳海战中遭受的损失及其舰载航空兵的毁灭却标志着日本在太平洋战争中的战略失败已经无可挽回。现在，最后阶段的战役已经开始，最大的那个问题也凸显了出来：如何迫使日本的领导层认输，并接受盟军给出的投降条件——无条件投降？美军知道，在眼下这个岔路口，两个选项——吕宋或者台湾——都是走得通的，而且一定能够打赢。显而易见，这是个高阶难题，需要战争计划制订者们综合考虑战略和技术等一系列复杂因素，而华盛顿和太平洋战区里已经产生了错综复杂的多种不同观点。总而言之，现在到了

　　　　　　　　诸神的黄昏：1944—1945，从莱特湾战役到日本投降

一策定乾坤的时候了。

早在 1943 年初，参联会的计划制订部门就开始讨论一份"击败日本的战略计划"。这份文件预期中国将在太平洋战争的最后阶段发挥关键作用。中国既可以成为对日空中轰炸的基地，也可以提供大量兵员以消灭亚洲大陆上的日本陆军，如有必要，那就连日本本土的日本陆军也一起收拾了。为了实现这一方案，盟军将需要在中国大陆沿海登陆，而如此一来，台湾就成了打开大陆之门的钥匙。这一以中国为核心的太平洋决战方案在华盛顿获得了有力支持，因为海军正是希望从中太平洋线路进攻，沿密克罗尼西亚前进，然后是马里亚纳群岛，继而前往台湾。

参联会内部最有影响力的计划制订机构是联合战略考察委员会（Joint Strategic Survey Committee，缩写 JSSC），该机构由一群幕后人员组成，直接向各军种总司令汇报。在战争的大部分时间里，联合战略考察委员会的主席是斯坦利·D. 恩比克陆军中将，西点军校 1899 届毕业生。参联会的四大巨头对联合战略考察委员会里这位受人敬重的老兵始终青眼有加，他提出的建议完全不会受到军种竞争或者各机构之间的偏见影响。1943 年 11 月，联合战略考察委员会内部达成了一致而且明确的判断，即中太平洋的进攻比麦克阿瑟的南太平洋战役更加重要，因为从这里打到日本的路径更短，因此"早日打败日本的关键在于全力从中太平洋进攻，同时在南北两翼进行策应行动——使用所有能够在这些区域维持运转并有效使用的力量，包括海上力量、航空兵和地面部队"。[10] 麦克阿瑟的强烈反对以及他关于将重心转向南线和菲律宾的要求，一直未能影响联合战略考察委员会。所有新的研究结果都进一步确认了这个幕后团队先前的结论——麦克阿瑟的南太平洋作战并不必要，在太平洋上分散兵力可能会导致战争延长，而此时日本败象已露，美军理应对敌人的内层防御圈展开更直接的进攻。根据委员会的判断，这个进攻的目的地就是台湾。

　　麦克阿瑟面临着一个始终无法解决的难题，他无法指望乔治·马歇尔来帮助他的西南太平洋战区获得足够的关注，或者为他所主张的南太平洋—菲律宾进攻路线赋予更高的优先级。前一年，他曾对自己的副手理查德·萨瑟兰将军赤裸裸地说过这么一段话，当时萨瑟兰正在前往华盛顿的路上："要向马歇尔强调，他可以通过分配太平洋作战所需的空中力量和地面力量来控制局势。没有这些陆军的力量，海军就会孤立无援。如果他能把空中力量和地面补充力量投入这里，而不是把这些人派到海军的战区，他就能间接实现他想要的目标。"[11] 没人知道萨瑟兰是怎样向马歇尔灌输这一观点的，但是这位陆军参谋长生来就不喜欢"间接"地做事，韦氏词典将这个词定义为"不直接，不坦率"。马歇尔对于太平洋上的军种竞争自然心中有数，但他从来不会把这种竞争视为陆海两军抑或是麦克阿瑟和尼米兹之间的零和博弈，而且他一直乐于思考以更直接的方式攻至日本本土所能带来的益处。至于让海军"孤立无援"之说，只要看一眼太平洋的地图，就能知道这意味着什么。

　　1944 年 6 月，眼见联合战略考察委员会的论据是多么有力，马歇尔劝麦克阿瑟丢弃不合时宜的成见，用全新的视角重新审视太平洋全局。现在日军已经出现衰败的迹象，这难道不是加快战役节奏的时机吗？越岛战术，也就是绕过敌军坚固防守的岛屿，已经成了麦克阿瑟南太平洋胜利进攻的招牌动作——那为什么不能也越过吕宋？如果盟军最终是要在中国大陆沿岸获得一个港口，那或许攻占台湾就宜早不宜迟。马歇尔甚至在考虑一个更大胆的设想——参联会的计划制订者们已经在传阅这个方案了——对日本本土南端的九州岛直接发动登陆突袭。马歇尔告诉这位西南太平洋战区司令，无论什么情况，"我们都必须小心，不要让我们的个人情感和对菲律宾的政治考虑凌驾于我们的总体目标之上，那就是早日结束对日战争。在我看来，'越过'和'抛弃'完全不是一回事。恰恰相反，在最短的时间内打败日本，才是最迅速、最彻底收复菲律宾的有效方式"。[12] 但是麦克阿瑟对此完全不买账，他声称必须收复吕宋，这既是出于战略原因，也是因为"我们还有一项重大义务要去履行"。[13]

　　麦克阿瑟收复菲律宾的愿望是真诚的、可敬的，也完全可以理解。但是为了把这方面的历史说透彻，下面的这些事实也不能不提。1942 年 2 月 13 日，在科雷吉多尔岛的指挥地堡里，菲律宾总统曼努埃尔·奎松签发了一道指令，要求从菲律宾联邦财政资金里向麦克阿瑟划拨 50 万美元，向萨瑟兰划拨 7.5 万美元，向麦克阿瑟参谋部的另外两名高级军官也划拨了数额稍低的钱款。这笔钱据说是为了感谢美国军队过去为菲律宾做出的贡献。付给麦克阿瑟的金额可以折合成今天的 800 万美元。由于菲律宾联邦财政的钱储存在纽约，名义上要部分受到美国政府的控制，因此这笔费用需要获得美国内政部长哈罗德·伊克斯的批准。马歇尔和史汀生清楚发生了什么事，但既然他们没有提出异议，自然也不会有任何举措来制止这一交易。同样，根据现存的文件记录，罗斯福总统也知道此事。[14] 后来，奎松总统逃到美国后，在华盛顿拜访了艾森豪威尔将军，也想要"孝敬"他——具体金额不详——以感谢他此前在菲律宾的服务。艾森豪威尔谢绝了，他给出的解释很靠谱："误读和误解带来的危险……可能会毁掉我在这场战争中为盟军所做的一切努力。"[15] 这位未来的欧洲战场总司令判定这种"献礼"在当时的环境下是不适当的，长远来看也将会遭到民意的挞伐。这两个判断都是准确的。

1944 年夏季，金上将私下里直截了当地对麦克阿瑟作为军事战略家是否称职提出了质疑。在他看来，这位西南太平洋战区司令对于两栖作战方面的新进展知之甚少（或者不感兴趣），这些进展后来被证明足以让美军长距离跨越大洋，攻占敌人坚固设防的岛屿。麦克阿瑟原先关于中太平洋灾难的预言早已破产，但他又做出了类似的预言，宣称台湾作战计划必定会失败。金在 1942 年曾经提倡南太平洋的反攻——实际上，美军的南太平洋反攻始于金发动的瓜岛战役，当时麦克阿瑟还是反对这一行动的。但是在金看来，南线进攻只适用于战争初期，当时美国的实力还不够强大，不足以打过太平洋的中央海域。而此时，澳大利亚已经安全，盟军已经碾过了日军的俾斯麦海防线，现在是时候停止南线进攻了。麦克阿瑟作战行动的终点理应是棉兰老岛。金在一次例行的亚历山德里亚非正式媒体见面会上告诉记者们，夺回菲律宾"情感上很需要"但"实际上行不通"，这很可能会将太平洋战争的胜利推迟 3 到 6 个月。[16] 他还对麦克阿瑟的两栖舰队司令丹尼尔·E.巴比海军少将尖刻地说道："看起来麦克阿瑟更在乎的是他重返菲律宾的承诺，而不是打赢这场战争。"[17]

7 月 13 日，金上将带着一大群随行幕僚，乘坐他专用的"科罗纳多"水上飞机飞赴珍珠港。在太平洋舰队司令部开了两天会之后，金和尼米兹搭乘一架双垂尾的洛克希德"北极星"飞机，在太平洋星罗棋布的岛屿间跳跃前行，短暂停留于马绍尔群岛的夸贾林和埃尼威托克（又译恩尼威托克）后，于7月17日飞抵塞班岛。在仅仅两个星期前还在激战的关岛阿斯里托机场，他们在停机坪上会见了一群高级将领，包括第5两栖军军长"疯子"霍兰·史密斯将军和第5舰队司令雷蒙德·斯普鲁恩斯将军，当然还有媒体记者和摄影师。此时距离美军宣布占领该岛刚刚过去了一个星期，小规模的交火仍然在偏远区域接连不断，被困岛上顽固抵抗的日军还有数百人，甚至可能上千人。金从来没有亲眼见过太平洋前线是什么样，他急着想上岛看看。史密斯担心日军狙击手的威胁，但金执意要来，于是史密斯只好派了三个连的海军陆战队来保护这两位四星将军。金和尼米兹坐在一辆吉普车的后座上，沿着岛屿西岸的主要道路，穿过已经化为瓦砾的加拉潘、坦纳帕格和嘉兰卡诺亚驱车前行。虽然负责掩埋尸体的卫生队已经两班倒连轴转，但空气中还是弥漫着腐烂尸体的恶臭，令人无处可躲。不过史密斯和他的部队已经来到塞班一个月了，早已对此习以为常。

当天下午，金、尼米兹和斯普鲁恩斯搭乘一艘汽艇前往停泊在海岸外大约1英里处的第5舰队旗舰"印第安纳波利斯号"。三人在军舰的8英寸*主炮前合影之后，便前往舰队司令部餐厅提前吃晚饭。进了餐厅，斯普鲁恩斯坐在条桌的一端，金坐在他的右手边，尼米兹坐在左手边，还有十来名军官按军衔、年资的顺序在条桌旁依序而坐。就在甜点端上来的时候，黑压压的一大群苍蝇通过开着

---

* 　1英寸＝2.54厘米。——编者注

的舷窗蜂拥进了舱内。这些苍蝇都是从塞班岛数以千计的腐尸烂肉上生出来的，乘着海风飘到了海上。它们困扰舰员们一个星期了，但这天傍晚飞到"印第安纳波利斯号"上的苍蝇之多却是他们前所未见的。这些家伙爬在桌子上、饭菜上，还有人们的脸上和手上。它们四处肆虐，有些甚至接近一英寸长。根据斯普鲁恩斯的参谋长"卡尔"穆尔的说法，这些东西用手赶都赶不走。如果它们落在你的鼻子上，你得把它们弹开或者用手拎走才行，"它们会爬在你的饭菜上，你的眼镜里面，飞进你的耳朵，无处不在，你会忍不住去想，它们都是吃惯了日本鬼子的尸体，现在想来到船上呼吸一点新鲜空气"。[18]餐厅服务员赶紧关上了舷窗，但太晚了。毛手毛脚的军官们在挥手赶苍蝇时打碎了好几个玻璃杯，他们站起来和坐回去的时候，椅子在地面上刺耳地刮擦着，让接待四星上将来访时所应有的庄重体面消失得无影无踪。

这天，金向斯普鲁恩斯询问"堤道"行动，也就是未来的进攻台湾战役的准备情况。这位第5舰队司令回答得倒也爽快："我不喜欢台湾。"[19]他提出可以攻取硫黄岛和冲绳岛来代替台湾，达到相同的目的。硫黄岛位于马里亚纳群岛和东京之间的飞行线路上，占领这里可以削弱日军航空兵的反击。冲绳岛比台湾小，因此战役规模更加可控。斯普鲁恩斯说，对于盟军的目的而言，冲绳岛的大小刚刚好——足够小，只要几个星期就能拿下；但又足够大，足以成为对日本本土作战的基地。它坐落在连接日本及其南方资源产区的航运线上，战略位置重要。冲绳还有许多可以登陆的地点，这样守军就无法集中其所有火力于一个滩头。这个岛屿既能够成为进军中国大陆海岸的垫脚石，也能成为进攻九州的跳板。

　　　　　　　诸神的黄昏：1944—1945，从莱特湾战役到日本投降

然而，冲绳距离九州仅有 330 英里，可以想见，两栖舰队将会遭到持续的大规模空袭。最近的盟军基地都远在 1 000 英里之外，因此航母特混舰队就必须在这片海域不间断停留数个星期，为登陆部队提供空中掩护。鉴于这些挑战，金问斯普鲁恩斯："你能做到吗？"斯普鲁恩斯回答说没问题，只要后勤部队能完善其海上弹药补给技术就行。这是当时所剩不多的能够拖慢第 5 舰队脚步而又未解决的问题之一。但是斯普鲁恩斯相信这个问题一定能够解决，一如既往，他又判断对了。[20]

既然斯普鲁恩斯是负责台湾进攻战的舰队司令，那么他的观点自然非同小可。而且持相似观点的并非只有他一个人。反对"堤道"计划的人中包括了舰队、两栖部队和尼米兹司令部中多位有影响力的人物。许多人怀疑台湾不值得如此努力去攻占，毕竟这场登陆战的规模堪与诺曼底登陆比肩。这些人告诉金，如果台湾真的非打不可，那他们就要首先获得吕宋岛的机场和马尼拉湾的海军基地，这样也就无法越过菲律宾了。在 7 月 19 日返回夏威夷的飞机上，哈尔西将军的参谋长"米克"罗伯特·卡尼向金抱怨，说打台湾就是"浪费时间"。[21] 卡尼给出的替代方案是："部队不如集结在吕宋，我们可以炸平台湾，然后绕过它。"[22]

金问："你想把马尼拉变成伦敦吗？"

"不，将军，"卡尼答道，"我想的是把吕宋变成另一个英格兰。"[23]

在太平洋舰队司令部 7 月 20 日的最后一场会议上，当舰队的计划制订者们一条一条地列举反对进攻台湾的理由时，金就静静地坐在那里听。太平洋舰队副司令约翰·H. 托尔斯将军着重提出，无论是关岛还是塞班岛，其港口设施都不足以支撑一支大到足以打下这个中国第一大岛的登陆部队。而陆军航空队打算在马里亚纳群岛部署至少 12 支 B-29 轰炸机大队,这就令情况更加雪上加霜了。托尔斯警告说,正在筹备的"堤道"行动,可能会"削弱 VLR［B-29 轰炸机］计划"。[24] 这样就可能会激怒美国陆军航空队的"福将"亨利·阿诺德将军。

面对这些反对意见,金仍然坚持"堤道"计划。但是他不打算利用自己的舰队总司令身份来压制同僚的不同意见。和他在许多历史著作中的形象相反,这位海军作战部长并不是个独裁者。他坚持维护自由发表观点的氛围,对相反意见满怀善意。当尼米兹开始总结讨论内容时,金特地要求卡尼把所有反对打台湾的意见复述一遍,以便记录,确保这些意见都被写入会议纪要。很难想象道格拉斯·麦克阿瑟会如此欢迎来自下属的反对意见。[25]

金没有受邀在总统访问夏威夷时留下来。实际上他和马歇尔都特地被排除在外。据说这是因为罗斯福和莱希想要太平洋上的两位战区司令不受拘束地畅所欲言,而且他们早就对参联会的观点烂熟于心。但是金对于未能参加太平洋方面这次指挥层峰会十分不满。在他战后的回忆录中,他提到罗斯福此前刚刚启动总统竞选活动,并据此得出结论,现在他"想要让选民们看到,他才是总司令"。[26]

金不在,尼米兹便应该要为"堤道"行动辩护。但金有充分的理由担心尼米兹并不真的想打这一仗。这位太平洋舰队总司令和他在司令部、舰队里的同僚们一样对这场行动充满疑虑。7 月 24 日,尼米兹警告金,除非能首先消灭附近吕宋岛上的日本空中力量,否则派兵登陆这个中国第一大岛并不明智:"若不能有效削弱或压制石灰水［吕宋的代号］的敌人航空兵,则'堤道'行动胜负难料。"[27]

　　　　　　　　　　　诸神的黄昏:1944—1945,从莱特湾战役到日本投降

不仅如此，尼米兹还补充道，届时有可能会需要占领台湾全岛，而不仅仅是北部和南部的沿岸地区。若果真如此，他需要的所有东西都要加码——更多部队，更多航空兵大队，更多运输船和更多的海军力量。而且，如果要扩大台湾之战的规模，美军就需要更大而且更近的海军基地和航空基地，这就又得回头先打吕宋。

金也没有坚持太平洋舰队司令一定要附和自己对台湾的态度。他知道罗斯福和莱希想要听太平洋舰队司令阐述自己的想法。"我尽量不给他施加太大压力，"金说，"因为我接受的训练是让人们独立思考。"但是金担心尼米兹说不过"那两个世界上最精明最老练的辩手。尼米兹是个不错的人，但他在这方面完全不是麦克阿瑟将军的对手。当然，罗斯福先生则是'前辈大师'"。[28]

7月24日，距离计划中罗斯福总统到达珍珠港的日期还有两天，金一行登上了那架洛克希德水上飞机飞返本土。途中，他们从迎面开往瓦胡岛的"巴尔的摩号"及其护航舰队上空飞掠而过。

开往瓦胡岛途中，"巴尔的摩号"进入了战时航行状态，这就意味着要走之字形航线以规避敌方潜艇，并在黄昏后到黎明前进行灯火管制。此时天气凉爽，海波不兴，轻风拂面。海军的战斗机和巡逻机常常在军舰上方巡逻。航行的大部分时间里，罗斯福总统都待在自己的住舱里，要么睡觉，要么阅读，养精蓄锐以应对接下来那令人筋疲力尽的行程。莱希将军每天都要向他汇报工作。大部分下午，他和莱希都会在指挥舰桥里坐一两个小时，享受阳光和海风。莱希的住舱里每晚都会放电影。一如往常，小狗法拉是所有人的好朋友，舰员们常常会给它喂一点狗粮，或者剪走一撮狗毛当作纪念品，直到舰长勒令他们住手为止。假如总统的爱犬在到达夏威夷时变得肥胖或者成了秃毛，那对于"巴尔的摩号"的名誉显然没什么好处。

比尔·莱希面容尊贵，黑眼睛炯炯有神，眉毛粗重，额头紧蹙，有点秃头。他的言谈举止谨慎、庄重而得体。虽然穿着军装，但他仍然时时透着政治家和外交家的气质。他在 1939 年退役之前，曾官至海军作战部长，海军的最高将领。后来罗斯福先后任命他为波多黎各总督和驻维希法国大使。1942 年，罗斯福总统曾认真考虑过让莱希担任太平洋战场最高司令，统辖麦克阿瑟和尼米兹。这虽未成为现实，但他还是以四星海军上将的军衔被召回现役，担任总统的"军队总参谋长"，并位列参谋长联席会议四大员之一。

军衔和服役年限决定了莱希是第二次世界大战中美军的最高军事长官。他是美国历史上第一位荣获五星上将军衔的陆海军将领，并影响了二战中所有主要的军事和外交政策决策。莱希还是富兰克林·D. 罗斯福最老且最信赖的好友之一，亲信圈的一员，他的办公室位于白宫东边，只要不是睡觉时间，他大部分时候都和总统在一起。他作为总统日常伙伴的角色最近又扩大了，因为白宫助理哈里·霍普金斯（其职责相当于民事方面的莱希，和罗斯福的个人关系也一样亲密）不幸罹患晚期胃癌，不得不退休。

在 1947 年的国家安全法案生效之前，参联会并不是一个正式组织，也没有正式的主席。没有提名流程，也不需要参议院同意。莱希的角色有时候会被称为参联会主席的"前身"，因为他并没有今天美国参联会主席所拥有的权力。看起来莱希仅仅是因为罗斯福总统和各军种参谋长的一致同意而被拉进参联会的。其他各位参谋长都说莱希是他们实际上的主席，这才确定了他的老大身份。当然这个决定是自发而且临时的。

花一点时间来介绍这些事情是有必要的，因为这澄清了一直以来历史著作里关于莱希在二战中所扮演角色的误解。这位将军会被称为"白宫参谋长"或者"参联会主席"。这两个职位在今天都是存在的，但二者大相径庭，而且没有一个人能同时担任这两个职务。那么，莱希到底是什么？仅仅是个幕僚？一个可靠的追随者？老练的传信者？罗斯福最好的朋友？或者实际上是全能的参谋长联席会议主席？答案似乎是，比尔·莱希这些都是。他是罗斯福总统的挚友，尤其是在总统生命的最后一年里；但他同样深受各军种参谋长的敬重，他们尊他为战略家、前任海军作战部长，以及全球性的政治家。参联会做决定靠的是达成共识，而非少数服从多数。因此，莱希最少也是这强大四人组里的成员。任何时候，只要参谋长们凑不出一致决议，这个官司就要打到总司令也就是总统那里，而莱希正是参联会和总统间的主要桥梁。

罗斯福和莱希之间的大部分交流都是关门进行的，他们直接面对面交流，因此没有形成文字记录。这样，人们并不总能知道他们的思想是怎样互动的。这个难题由于莱希性格上的谦虚和内敛而愈加严重。他不愿抛头露面，也不在意自己能否名垂青史。在学术著作和传记里，他更倾向于躲在罗斯福总统的影子里。毫无疑问，他对此一定是会满意的。*

7月26日上午，瞭望哨看到军舰左前方50英里外出现了一条

---

* 例如，马克斯·黑斯廷斯在 2008 年出版的《惩罚》(*Retribution*) 一书中花了半章的篇幅来介绍这次夏威夷会议，但对莱希的名字却只字未提。——作者注

褐色细长条的陆地，那是莫洛凯岛。很快，一队由18架海军飞机组成的护航机群从西边飞来，在"巴尔的摩号"上方低空盘旋。此时天气晴朗，海面平静，海风一阵一阵地轻轻吹来。崎岖不平的戴蒙德角（又译钻石角）从前方海平线上升起，一步步向东逼近，渐渐带出了长弧状的怀基基白沙海滩和檀香山的风景。在这一幕景色中，瓦胡岛陡峭的青山显得巍峨而端庄。在珍珠港的入口水道外，"巴尔的摩号"停了下来，一艘拖轮带来了港口引水员和前来迎接的军民两界高官，包括尼米兹海军上将、小罗伯特·C.理查德森陆军中将（尼米兹战区的陆军部队司令），以及夏威夷总督英格拉姆·M.斯坦巴克。

当"巴尔的摩号"缓缓滑进拥挤的锚地，舰员们发现珍珠港几乎所有的人都出来欢迎这位总司令了。数百架海军舰载机翼尖挨着翼尖排成密集队形，遮天蔽日地飞过。港内的战舰都穿上了盛装——从舰首到桅顶再向后到舰尾拉上了绳索，挂满了三角彩旗。舰员们都在栏杆旁就位——穿着白色军服，彼此相隔两三米立正，面向舷外，双手交叉背在身后。没有人正式通知总统要来，但流言和猜测向来都是不胫而走的。既然秘密已经保不住了，"巴尔的摩号"的主桅顶上便干脆升起了总统旗。

下午3点，一艘港务拖轮把"巴尔的摩号"推到了混凝土防波堤旁的泊位上，这个泊位就位于闻名遐迩的"企业号"航空母舰后方。码头上，一组大约24名陆海军将领在舷梯旁列队迎候。海军将领穿着白色军服，陆战队将领穿绿色，陆军将领穿卡其色。如此之多的将军集中在一个地方，这种情况可是罕见的，甚至堪称前所未有。在将军们身后，栏杆和路障之外是人山人海，都是前来围观的

　　　　　　　　　　　　诸神的黄昏：1944—1945，从莱特湾战役到日本投降

军人和百姓，大约有 2 万人。

将领们登上了舷梯，没有什么迎接仪式。（这些礼仪都免了，因为这会浪费太多时间，耽误下午的行程。）访客在众人护卫下来到了舰桥甲板的走廊上，罗斯福和莱希在那里与尼米兹、理查德森做了短暂的交流。相互介绍、握手，然后寒暄几句。与此同时，在露天甲板上，海军摄影师和一个电影摄制组架好了长枪短炮，准备按计划在 4 点进行摄影。

值得注意的是，麦克阿瑟没来。他的飞机一小时前就到达了附近的西卡姆机场。尼米兹的副司令托尔斯将军在赶往"巴尔的摩号"之前先迎接了他的飞机。但是麦克阿瑟拒绝和托尔斯一同直接前往海军码头，他选择前往理查德森将军在沙夫特堡的住所，这是他在会议期间的住处。这就有些失礼了。在"巴尔的摩号"的舰桥上，托尔斯小心翼翼地向尼米兹和理查德森转达了麦克阿瑟的口信："告诉总统，他在理查德森的寓所，等候关于何时应该向总统致敬的进一步指示。"[29] 这个口信被带给了莱希和总统。一群人等了大约 20 分钟，气氛开始尴尬起来。罗斯福转向理查德森将军问："你能联系上他吗？"[30] 理查德森点了点头，接着离开军舰去找那个失踪了的西南太平洋战区司令。

根据麦克阿瑟的飞行员"土佬"惠尔顿·罗兹的说法，在从澳大利亚飞来的 28 小时的航程中，麦克阿瑟一直没怎么睡觉。他的专机，一架新型道格拉斯 C-54"空中霸王"运输机上装有一个舒服的大床，但麦克阿瑟都没用上它。他当时紧张而暴躁，但看不出疲劳的样子。他在机舱的过道里不停地来回踱步，一次能走好几个小时。在新喀里多尼亚降落加油时，麦克阿瑟发现这还是他自开战以来第一次踏上自己战区以外的土地。话虽如此，但其实这不过是因为他此前拒绝了所有赴努美阿或者珍珠港参加作战计划会议的邀请罢了。

当 C-54 飞机在墨色的夜空中飞行时，罗兹把飞机交给副驾驶，自己离开了驾驶舱，走进主机舱坐到将军旁边，将军于是开始了"一场麦克阿瑟式的独白，他也没指望我回答什么"。麦克阿瑟告诉飞行员，他也不知道为什么自己会被召去会见总统，但是"接下来这次会议可能会出现任何结果，从他被解除指挥权，到把他的指挥权限制到仅仅防守新几内亚，再到给他大开绿灯，给他足够的人员装备去进攻菲律宾，都有可能"。想到罗斯福要拿他作为竞选的道具，麦克阿瑟发牢骚说他将不得不摆出"宣传姿态"，他还说他希望"既然他被命令跑这么大老远，说不定还会受辱，那他们的目的最好有足够的价值"。[31]

天亮前，飞机在坎顿岛第二次加油后再次起飞，接下来的目的地就是最后一站了——西卡姆机场。飞机在下午 2 时 30 分抵达瓦胡岛，此时"巴尔的摩号"正在准备进港。这整个高规格迎接的场景在他们下方一览无余。罗兹说他们"能看到空中满是刚刚起飞的飞机，正在机动、编队，准备让戴蒙德角外那艘驶来的巡洋舰上的总统检阅"。[32]

在西卡姆机场的柏油路面上，托尔斯将军迎接了麦克阿瑟的飞机，他提议二人立刻前往海军码头迎接总司令。麦克阿瑟拒绝了，他说自己刚刚长途旅行，想要洗个澡，换一身干净的军服。他告诉托尔斯："我要到住所去了！待会儿总统想见我的时候，他会派人

　　　　　　　　　　诸神的黄昏：1944—1945，从莱特湾战役到日本投降

来喊我的。"[33] 之后他快步登上了一旁等候的汽车，开往沙夫特堡。

迟到的麦克阿瑟带来了太平洋战争中最常见的一幕场景。长期给罗斯福当助理和讲稿主笔的萨姆·罗森曼回忆道，麦克阿瑟到达之前喇叭齐鸣，"之后，一辆护卫摩托车和我见过的最长的敞篷车来到码头，尖啸着开到了停车点。敞篷车前排是一位穿着卡其色军装的司机，后排则是一个高个子——麦克阿瑟。没有助手或者随从。敞篷车在开阔地又开了一段，停在了舷梯旁"。[34]

出席仪式的所有陆海军将领全都穿着整洁的军装，唯独麦克阿瑟，在这个夏威夷夏天下午的热浪中，在卡其色军服外还套着他那件著名的棕色飞行皮夹克。这次他没有衔他的玉米芯烟斗，但是常戴的飞行员太阳镜和那顶帽檐上带着"一堆鸡蛋"（实际上是金穗饰件）的破旧菲律宾元帅帽却并未缺席。"在一众人员中一眼就能看到他，他每次都故意这么安排，"一位在附近军官俱乐部的阳台上观看这一仪式的海军军官如此说道，"他真的是那种漫画主角式的人物，但他同时也是个将军和人气旺盛的大英雄，所以没人管得了他。"[35]

麦克阿瑟出现在了栏杆后的人山人海面前，顿时掌声雷动。他朝人群挥挥手，登上"巴尔的摩号"的舷梯，停留了片刻，好让人群能更好地看到他。之后他在水手长的号声中登上了军舰，向甲板上列队的军官回礼，继而去面见总统。

在舰桥甲板上，罗斯福握住麦克阿瑟的手，称他为"道格拉斯"。后来这位将军说这种亲热的动作让他很恼火。[36] 或许是离开华盛顿太久了，麦克阿瑟已经忘了总统通常对所有人都直呼其名，包括他属下所有的军队首脑，同时希望别人称他为"总统先生"。不过就算麦克阿瑟真的感到被冒犯，他看起来也掩藏得不错：舰桥上当时挤满了人，但并没有谁感到气氛紧张。不仅如此，他还回称总统为"富兰克林"。罗斯福面对冒犯自然也不是软柿子，在接下来的会议中，他们二人一直以"道格拉斯"和"富兰克林"互称。

眼见麦克阿瑟裹在厚实的皮夹克里，莱希将军问他："道格拉斯，你来这里见我们的时候为什么不换上合适的衣服呢？"

"唉，"麦克阿瑟回答道，"你是没去过我那里，那儿的天现在还很冷。"[37] 这话纯属瞎扯，他已经回了宿舍，说是要洗澡，换一身新衣服。不过这也没什么，莱希只是打个趣，麦克阿瑟也是。*

现在，合影的时间已经过了差不多30分钟了，于是一行人下来前往"巴尔的摩号"的露天甲板，海军的摄影师和电影摄制组已经在那里架好了设备。摄影人员早已习惯等罗斯福的轮椅摆放到位后再拍照或者启动摄影机，但是这一次，一小段16mm胶片记录下了罗斯福坐在轮椅里被推动的影像。（据信，这个小片段是唯一留存下来的关于这一场面的动态影像。）[38]

麦克阿瑟坐在罗斯福的右边，尼米兹坐在他左边，莱希坐在尼米兹的左边。四个人摆好姿势，拍了一轮照片。之后莱希离开，总统和太平洋战场的两位战区司令单独合了影，拍摄了一段纪录片。在这段无声的电影片段里，罗斯福亲切地对麦克阿瑟的左耳低语，后者则面无表情地盯着摄影机镜头。有一个瞬间他看起来好像很难

---

* 据罗森曼回忆，是罗斯福先拿麦克阿瑟的夹克开玩笑，他说："今天真是太热了。"西南太平洋司令答道："唉，我刚从澳大利亚飞来。那地方还冷着呢。"（*Working with Roosevelt*, p. 457）罗森曼的说法更加广为流传，但还是莱希更可信一些。他是麦克阿瑟的老友，开这种玩笑很正常。他还是麦克阿瑟的同僚和上级，提醒他注意着装也属合理。不爱吹牛的莱希说这话是自己说的，这样罗森曼的讲述就有可能是记错了；他听到了这一对话，但后来记错了话是谁说的了。——作者注

受，不想在这里待着。但是罗斯福说的一句话看起来逗乐了麦克阿瑟，后者报之以热情一笑。这时候，一个像是条小猎犬的黑色影子从麦克阿瑟的右边溜达进了画面，从几个人的椅子下穿过，最后从尼米兹的左边跑出了画面。[39]

轮到斯坦巴克总督和总统合影的时候，麦克阿瑟和尼米兹都离开了自己的座位。接下来有一段影片拍到麦克阿瑟在画面一旁和理查德森将军说话。他拿出手帕，擦拭着脸和脖子上的汗水。他看起来热得难受，但就是不肯脱皮夹克。每个好演员都知道着装的重要性。

摄影师和电影摄制组收工后，军官们开始下船。罗斯福总统的轮椅则被推到了一个环绕着护栏的小木板平台上。整个平台被"巴尔的摩号"上的起重机从甲板上吊起，缓缓放到码头上。一名观看了全过程的海军军官猜想那个起重机操作员"肯定浑身冒汗"。[40]罗斯福被搀扶着坐进了一辆红色敞篷车的后座，一名陆战队卫兵和一众将军举手行礼。莱希在他的日记里写道，他们在大群警察的护送下开出基地，"穿过列队守卫的士兵和欢呼的人群"，开往檀香山市。[41]

总统一行人住在怀基基海滩一栋被高大椰子树环绕的乳白色别墅里。这座豪华宫殿原本属于弗莱施曼酵母公司的继承人克里斯·霍尔姆斯，二战期间被租给军方专用于接待贵宾和来访的将军们。别墅戒备森严。一个连的海军陆战队守卫着别墅的大门和围墙，巡逻艇在海岸边往来巡游。接下来三天的日程漫长而耗时，因此医生坚持要求总统晚上早睡。在与助手们晚餐之后，罗斯福在微风吹拂沙滩的美妙声响中进入了梦乡，睡了九个小时。

麦克阿瑟和理查德森在后者的沙夫特堡寓所中共进晚餐，之后各自回到卧室。但是晚上 11 时 45 分，麦克阿瑟叫人给已经上床的理查德森带话，说自己还想接着聊。"我们坐在那里一直聊到凌晨 4 点，"理查德森在日记里写道，"大部分都是他在说，我则累得要死。"[42]

有必要停下来提一点，根据罗兹和理查德森两个人同期的日记，看来麦克阿瑟在战争中最重要的指挥层会议前夕接连两个晚上都没怎么睡。

谈到最近在总统竞选中的不幸遭遇时，这位西南太平洋战区司令抱怨说"他这个已经无欲无求的人还如此屡受打压；他没有一丝一毫的野心，只是想把事做好"。他还说到了自己的私事，他哀伤地聊到他的第一次婚姻——"注定要失败"——他说现在他只剩下了他的现任妻子，"一个南方姑娘"，还有他的"小男孩"，听上去很伤感。[43]

想来麦克阿瑟在星期二上午来到霍尔姆斯的别墅之前还是至少睡了几个小时的。他将陪同总统、莱希和尼米兹从那里出发，花上一整天来视察瓦胡岛各处。一行人登上了一辆大型黑色硬顶轿车——莱希坐在前排，尼米兹坐在后排中间，罗斯福和麦克阿瑟坐在他两边——在 11 点差一刻时动身出发。他们向西进发，一路穿过埃瓦陆战队航空站，巴伯斯角周围的海军设施，以及卢阿卢阿莱的弹药库。他们经过了一处战俘营，日本俘房们透过铁丝网好奇地看着他们。在补给站，他们驾车从堆成三四十英尺高的板条箱中间穿过。板条箱里装着弹药、补给品和你能想到的任何东西，都正等着被运到西太平洋新的前进基地去。瓦胡岛现在成了美国军事机器巨大力量和规模的大秀场。

总统对于岛上自他1934年上次来到这里之后发生的变化感到吃惊。他后来告诉记者，"任何地方要如同瓦胡岛这般变化巨大"都是不太可能的。[44] 十年前，即便是在珍珠港和檀香山市周围也满是空地和农田。而现在，新建成的军事基地和居住区已然连绵不断，仅以铁链相隔。

　　在绵延四分之一英里的摩托车和吉普车队的护卫下，载着总统和三位将军的汽车穿过绿油油的甘蔗田和叫不上名字的野花，开到了人烟稀少的怀厄奈海岸。即便是在瓦胡岛西部这最与世隔绝的乡间道路上，他们还是遇见了一队在路边立正，手举过钢盔敬礼的哨兵。中午时分，车队沿着一处陡峭、曲折的柏油碎石路面开到了怀厄奈山高处的科勒科勒山口，珍珠港和东南方平原上散布的多个航空兵基地在他们面前一览无余。在那里，乘坐红色帕卡德旅行车的理查德森将军迎了上来，此时，所有照相机和摄像机都关闭了镜头，特勤局局长迈克·赖利把罗斯福抱到了理查德森的车上。下午，他们将前往瓦胡岛最大的陆军基地——舒菲尔德兵营。

　　罗斯福对兵营的访问原本是要保密的，但消息早就不胫而走。通往舒菲尔德的道路已经被军人列队保护起来——但是就在这些军人身后，欢呼的老百姓已经围了三四层。看起来似乎整个瓦胡岛上的所有人不光知道总统在岛上，还不知怎么都知道了他车队的路线，然后就像观看花车巡游一样兴高采烈地围了上来——一家人带着野餐篮子和折叠椅，小宝宝骑在爸爸的肩膀上，小学生们纷纷爬上榕树并坐在树枝上，免得被前面的人挡住视线。夏威夷是个融合了诸多亚洲民族和太平洋民族以及白种人的大熔炉，但此刻，他们所有人都伸长了脖子，想要看一眼那辆前挡泥板上飘着两面美国国旗的红色加长车，以及后座上那个穿着发绉的乳白色亚麻套装、戴着巴拿马帽子的人。

赖利说这次访问"是我见过的保密最差的一次"，就差没派一架战机到天上去写"欢迎富兰克林·D. 罗斯福"了。[45] 他不喜欢这种敞篷旅行车，他知道车子每开三四十英尺，就会途经几千名围观者。罗斯福坐在几个穿军服的人中间，老远就能认出来。要知道，夏威夷最大的族群是日裔美国人，差不多有 15 万人。就算其中绝大多数都忠于美国——到 1944 年，这一点已经确凿无疑——但只要冒出一个杀手从路边扔过来一枚手榴弹，就能把太平洋上的两位战区司令、参联会主席和美国总统一网打尽。于是，身材魁梧的赖利只好站在帕卡德车的脚踏板上，斜着身子准备随时保护罗斯福，眼睛也警惕地盯着人群——不过并没有什么危险的迹象，那些日裔美国人都和其他人一样兴高采烈。

不管二人之间过去发生了什么，罗斯福和麦克阿瑟看起来都很高兴彼此同行。和在国内声望、人气上唯一能与自己比肩的人一起待一天，两个人一定都很高兴。目击者的描述和当时的纪录片片段更印证了这一点。里格登写道，罗斯福"特别喜欢麦克阿瑟将军，七年后第一次重逢，他看起来真心高兴"。[46] 麦金太尔医生常常听罗斯福带着"真挚的仰慕"谈论麦克阿瑟，说他是个"朋友"和"军事天才"。[47] 麦克阿瑟这边则在回忆录里写道，他们"聊了除了战争以外的所有事——聊当年简单愉快年岁里那些无忧无虑的日子，聊那些早已被时间埋没的事情"。[48] 多年未见到总统，麦克阿瑟被他衰弱的样子吓了一跳。他预言说罗斯福总统活不过下一个总统任期，他说对了。但是看到总统像小孩一样在轮椅和汽车之间被抱来

　　　　　　　　诸神的黄昏：1944—1945，从莱特湾战役到日本投降

抱去，他"对罗斯福身上无可掩藏的精神力量仰慕不已，这种力量使得他在脸上印着身体的衰弱时，思维仍然保持着敏锐"。[49]

在无声的纪录片片段中，这两个人看起来是彼此真心认可的。在舒菲尔德兵营的阅兵场上，两人坐在车后座上，看起来像是沉浸在彼此的对话中，他们脸贴着脸，咧着嘴笑，就像两个正在想办法恶作剧的小皮孩子。有时候总统不知道说了什么段子，两个人都捧腹大笑起来。或许（人们只能猜测）麦克阿瑟就是在那时问到了即将开始的大选，罗斯福装出一副正经脸，回答说他一刻都没有动过这个念头。"我仰头大笑，"麦克阿瑟后来告诉艾克尔伯格，"他看着我，自己也笑了，他说：'如果对德战争在选举前结束，我就选不上咯。'"[50]

这一天，麦克阿瑟说罗斯福在澳大利亚的美国军人中拥有压倒性的人气，这显然是对的。罗斯福则对麦克阿瑟说，如果事情不是现在这样，那么他（麦克阿瑟）将会是个好总统。反正现在共和党总统候选人是杜威，罗斯福给他这么个夸奖也是无关痛痒。

可以推想，两人的感觉其实都很复杂。或许因为他们都是政治家，这仅仅是在镜头前演戏。但是他们可能也深刻地意识到自己正在美国这个太平洋重要支撑点的中央，在成千上万欢呼的民众面前，在一群知道自己即将统治太平洋的将军中间创造历史。

中午 12 时 35 分，一行人从正门进入了舒菲尔德兵营，车队从一眼望不到头的坦克和装甲车辆旁开过，穿过惠勒机场的机库和旁边排列着飞机的滑行道，穿过战地医院，医院中在意大利战场上负伤的日裔美军伤员从三楼向车队敬礼。道路两旁，士兵们列成一排立正，手举过钢盔敬礼。第 7 步兵师的 1.4 万名精壮军人在舒菲尔

瓦胡岛，1944年

科

卡哈纳湾

怀

厄

奈

■ 舒菲尔德兵营

山

奥

□ 惠勒机场

卡内奥赫湾

21°30′

科勒科勒山口

劳

● 卢阿卢卢莱

山

怀

凯卢阿镇 ■

厄

奈

珍珠港

山

海

岸

● 威玛纳诺镇

埃瓦海军陆战队航空站

■ 艾亚海军医院

■ 沙夫特堡

脉

巴伯斯角

西卡姆机场 ■

● 檀香山市

10 英里

怀基基海滩

霍尔姆斯别墅

威卢比海滩

观鲸德角

科科角

注：书中地图均系原书地图

德的阅兵场上列好了队形。红色旅行车开上了一个专门为罗斯福此行搭建的木制平台，总统就坐在车上发表了简短的演说。罗斯福戴不上麦克风，于是叫技术人员过来帮忙——问题是这个时候麦克风已经打开了，于是罗斯福这个稀里糊涂的请求便向数千排队形齐整的军人广播了出去。麦克阿瑟、尼米兹和莱希继续面无表情地和总

诸神的黄昏：1944—1945，从莱特湾战役到日本投降

统一起坐在车里。[51]

这一天的公开行程到下午 4 时 30 分就结束了，每个人都回到了自己的住所。不过麦克阿瑟和尼米兹后来又被喊回怀基基海滩的霍尔姆斯别墅共进晚餐。和他们一起吃饭的还有"公牛"哈尔西（他正准备在下个月接管舰队），以及威尔逊·布朗，他和哈尔西一样也是个老资格的航母特混舰队指挥官。六个人在别墅的大餐厅里吃晚饭，服务员是几个菲律宾人。餐后，哈尔西和布朗先走了，其余四个人继续不设主题地讨论这场战争，又聊了差不多两个小时。午夜，人各散去。正式的会谈就在第二天上午（7 月 28 日星期五），还在同一地点举行——这样，一夜之后，麦克阿瑟、尼米兹、莱希和总统又都回到了别墅的露天大厅，此番一同前来的还有一群陆海军摄影记者和纪录片摄制组。

太平洋舰队情报部门已经提前在大厅的墙上挂出了菲律宾和西太平洋的大幅地图。议程开始后，先是 15 分钟的照片摆拍，尼米兹和麦克阿瑟手持竹鞭指着地图，罗斯福和莱希则摆出观众的姿势。闪光灯噼啪作响，电影摄制组在四周来回移动，尝试不同的拍摄角度。摄影人员忙碌时，四个人就很耐心地在那里配合着摆出各种动作。这些都是公众形象，都是精心修饰过以合乎礼仪的。尼米兹执鞭时，指向了塞班，然后是关岛、东京、濑户内海南部。但是轮到麦克阿瑟时，他的竹鞭一动不动地放在吕宋岛上，他的终极目标就是菲律宾。[52]

怀基基海滩这次历史性的辩论没有留下任何记录。摄像师和摄影师完成工作离开房间后，所有参谋人员也都未获准留下。这样，学者和历史学家们便只能仰仗那四个参与者第一手或是第二手的回忆来复原这次会议了。罗斯福在会议几个月后向历史学家塞缪尔·埃利奥特·莫里森做了一次简述。莱希在日记里记录了一些简要总结，并将其写在了发给参联会同僚的备忘录里。尼米兹没有留下任何直接的说明，但他的观点仍可从会前和会后发给金的有线电报里找到端倪。

麦克阿瑟是四个人中唯一给这次会议留下详尽第一手叙述的。他在 1964 年出版的回忆录中，完整复现了当时的场景，当然，重头戏是他自己。这本书出版时，罗斯福已经去世十九年，莱希去世已五年，尼米兹还剩下两年的生命，此时也已老态龙钟。书中记载的对话似乎完全是靠记忆写下来的。关于讨论后得出的战略结论，麦克阿瑟的讲述自然是可信的。但是具体内容则难免带有自私的成分，而且书中有些重要的细节和麦克阿瑟自己后来在私人谈话里的说法还相互矛盾。

举几个例子就足够说明问题了。麦克阿瑟六个星期后告诉鲍勃·艾克尔伯格，几年后告诉雷德·布莱克，他被召到夏威夷时并不知道此行的目的，就连总统要来也是到达后才知道的。他还进一步对布莱克说，乔治·马歇尔故意不让他知道这些消息，所以他才"掉进了这么个坑里"。[53] 实际上正如我们所见，麦克阿瑟知道总统将会出现在接下来的会面上，他在从澳大利亚飞往夏威夷的飞机上还花了很多时间来与他的幕僚和飞行人员谈论此事。在他战后给一位军事部长讲的故事中，麦克阿瑟声称罗斯福起初邀请他到华盛顿参加这次会议，但"是我要他越洋来到夏威夷。那是我离开工作岗位所能去的最远地方了"。[54] 还有一个说法也只不过是胡扯：麦克阿瑟到会议日程全部排定之后，才知道总统要来。按他对布莱克

　　　　　　　　诸神的黄昏：1944—1945，从莱特湾战役到日本投降

的说法，这次会议是在珍珠港内的"密苏里号"战列舰上举行的，罗斯福的文官行政助手，包括萨姆·罗森曼和埃尔默·戴维斯也都参加了会议。但是"密苏里号"此时刚刚下水，还没有来到太平洋，而且这种正式的战略讨论也不会允许文官或幕僚人员参加。在提出太平洋战区统一指挥的问题时，麦克阿瑟诚心发誓，如果罗斯福"想要让一名海军人士来担任最高指挥官，我将心甘情愿接受这一不可避免的事情，因为战争的胜利需要这样的决定"——虽然他是太平洋上最高衔级的将领，"我也将会乐于接受从属的位置，为了大局"。[55] 然而他又私下里对理查德森将军说，他"绝对不会在海军手下做事"。[56]

不仅如此，麦克阿瑟回忆录里各个章节之间也常常自相矛盾。他书中称赞罗斯福"在组织讨论时完全是中立的"，但是在四个章节之后，他又引用总统的话说登陆吕宋"会招致我们承受不起的惨重损失"。[57]

这种事情一次两次可以，说多了就没人信了。麦克阿瑟本就大话连篇，他关于1944年7月这次峰会的叙述也得有取有舍地看，尤其是那些找不到旁证的自吹自擂的说法。可是他的叙述总是被关于太平洋战争的传记和历史著作不加甄别地随意长篇引用。其原因不难想见。麦克阿瑟给我们讲了一个跌宕起伏、富有戏剧性的故事。故事大大超脱于太平洋缜密而复杂的军事计划之上，而麦克阿瑟就是故事的主角，他面对着一众联合起来的反派——最后英雄靠着天才的灵性和人格的力量，打败了海军和白宫里的对手，赢得了胜利。但是麦克阿瑟的讲述对于罗斯福来说是不公平的，他才是那个当之无愧的最老到的军事战略家；对尼米兹也不公平，据记载，他已经开始同意麦克阿瑟关于吕宋岛的优先级高于台湾的意见;对莱希也一样,他的眼光越过了这所有的中间环节,直盯着那个终极问题:怎样才能兵不血刃地征服日本?

罗斯福后来对莫里森的简述向我们展示了麦克阿瑟的真实观点。27 日晚餐后,罗斯福看着墙上地图中的菲律宾,指向其南部的岛屿棉兰老,问道:"道格拉斯,从这里我们还能上哪儿去?"

麦克阿瑟答道:"莱特岛,总统,然后是吕宋!"[58]

莫里森在这里添加了一个谨慎的脚注,说总统把这一幕场景的发生地点搞错了,他说是在"巴尔的摩号"上,但实际上是在怀基基的别墅里。但是关于总统是否有可能记错这次对话准确内容的任何疑问,都在 2015 年烟消云散了,当时笔者拿到了理查德森将军的私人日记。当天晚上晚些时候,被麦克阿瑟耳提面命了一番之后,理查德森记下了当天的日记:

> 晚餐后,总统指着棉兰老开启了一番会商,他对麦克阿瑟将军说:"现在,道格拉斯,从这里我们还能上哪儿去?"这就成了引发一场讨论的导火索,麦克阿瑟随即详尽阐述了他的观点以及他认为应当采取的战略,那就是无论最终目的是攻打台湾、中国大陆还是日本本土,都得先拿下吕宋再说。[59]

麦克阿瑟进攻吕宋的方案已经打磨了两年半,它仍是基于后勤保障和空中支援的传统理念制定的。他坚持这种较为保守的"连续多次"两栖进攻,每一次新的进攻都要得到陆基航空兵的掩护,登陆舰队也要从相对较近的港口出发。他坚持认为南方大洋洲附近海域岛屿密布的地理环境比北部海域更为有利，后者的岛屿之间动辄相距数千英里，只有通过航母特混舰队才能予以轰炸。和尼米兹的战区不同，麦克阿瑟战区里的地面部队、海上力量和陆基航空兵能够相互支援，共同推进。不仅如此，他还提出吕宋拥有大量可用于登陆的海滩，这样敌人就无法集中兵力应对第一轮登陆——他在1941年12月极其痛苦地领悟到了这一点——当地地形也适合大规模机动作战，这样就有可能降低地面作战中的伤亡。麦克阿瑟可以通过吕宋岛和菲律宾其他岛屿上的友方游击队来获得情报和其他支援，而台湾从19世纪末就被日军占领，美军无法预计当地百姓的态度。一旦夺取菲律宾的机场，美军航空兵就可以迅速赢得南海上空的制空权，进而在连接日本本土及其东印度群岛石油产区的海运线上展开巡猎。

在麦克阿瑟二十年后凭记忆重现的当年场景中，他声如洪钟，口若悬河地抛出了他掷地有声的意见，其他人只能躲在角落瑟瑟发抖。但是根据莱希不久之后日记里的记述，罗斯福才是主导会议的大师，他向两位战区司令提的问题十分合宜，而且很专业地试探着两人的底线："罗斯福完美地掌控着讨论，从一个议题转向另一个，并且缩小麦克阿瑟和尼米兹之间的分歧，他的状态非常好。"[60]总统向麦克阿瑟仔细询问了菲律宾的敌军兵力，好确定他对伤亡数据的预判。根据麦克阿瑟告诉理查德森的说法，罗斯福问道："菲律宾群岛上有多少日本鬼子？"

"大约10万，"麦克阿瑟答道，"散布在整个群岛上。"

罗斯福说自己听说日军数量比这"多得多"。

"我是那儿的指挥官，"麦克阿瑟说，"我想请问你的信息从何而来？"

总统并未正面回答，而是提出了他的意见："夺取吕宋的战斗会非常血腥。"[61]

在这段对话中，罗斯福显然十分顾虑伤亡，但这并不意味着他反对吕宋作战。他可能只是在转述最近马歇尔将军向他汇报的情况，后者的战争部情报部门相信菲律宾群岛上有 17.6 万名日军。[62] 正如后来所证实的那样，这一次总统的顾虑是十分准确的，因为即便是战争部也低估了日军的数量。在 1944 年 7 月时，菲律宾至少有 25 万日军，随着更多运兵船队从中国大陆、台湾和缅甸开来，这个数字还会继续增长。*

罗斯福是否在来到夏威夷之前就已经先入为主地想要越过吕宋？根据麦克阿瑟在会谈几个小时后复述给理查德森的情况，罗斯福只是顾虑这场战斗会"非常血腥"。但在 20 年后麦克阿瑟那本畅销而且广为引用的回忆录里，罗斯福说的话成了："但是道格拉斯，夺取吕宋会招致**我们承受不起的惨重损失**。"（黑体为笔者所加）个中差异，值得细品。后者暗指罗斯福反对攻占吕宋，但这一点在任何历史记录中都找不到旁证。总统此前已经为预计会带来惨重伤亡的多次登陆或作战背过书，包括 7 个星期前的诺曼底登陆。关于罗斯福提出这个国家无法"承受"重大部队伤亡的说法，有鉴于世界其余各地血流成河的战场现状，他似乎不太可能说出这样的话。仔

---

*　麦克阿瑟的 G–2 部门（情报部门）总是低估菲律宾群岛的敌人兵力，而且低得离谱。这一差距在 1945 年 1 月进攻吕宋战役打响时尤为惊人。当时麦克阿瑟的情报参谋长查尔斯·A. 威洛比将军说吕宋岛上有 152 500 名日军。沃尔特·克鲁格将军麾下第 6 集团军的 G–2 部门估计当地日军数量为 234 500 人。实际数量是 27 万。——作者注

　　　　　　　　　　　　　诸神的黄昏：1944—1945，从莱特湾战役到日本投降

细询问麦克阿瑟关于伤亡的预期仅仅是出于尽职，他也就台湾向尼米兹问了相同的问题。

无论如何，面对总统的询问，麦克阿瑟来了一番长篇大论，攻击尼米兹战区里那不必要而且不合理的重大伤亡。自从1943年11月中太平洋反攻的第一步，即塔拉瓦环礁登陆战里战死了1 000人之后，尼米兹一直采用那种有争议的战术。麦克阿瑟在美国国会和媒体的盟友也在煽风点火——尤其值得一提的是威廉·伦道夫·赫斯特的报纸，报上经常表扬麦克阿瑟能够保持战场伤亡数量合理。在他的回忆录里，麦克阿瑟称自己对罗斯福说："总统先生，我的伤亡不会太重，不会比过去更多。正面进攻的时代已经过去了。现代步兵武器十分致命，只有不怎么样的指挥官才会去正面突击。好的指挥官不会招来沉重损失。"[63] 根据理查德森的日记，麦克阿瑟预言说台湾战役至少会和吕宋之战一样血腥残酷，他还补充道"他战区里的所有战役伤亡都比较少——死的人比任何其他战区都要少"。[64]

凭借着德裔得克萨斯人骨子里的冷静，尼米兹承受了这一切而未予反驳。但是其中暗含的批评必然也令他耿耿于怀，尤其是此刻他的部队正在马里亚纳群岛战役中遭受惨重伤亡，每一个小时都会有运载着美国陆军和海军陆战队伤员的道格拉斯C-54"空中救护车"飞机降落在瓦胡岛上。在战后的一次分析中，尼米兹承认他中太平洋战区付出的人命代价比南太平洋更高，但他也提出人们"常会犯一个错误"，以为"即便盟军变招，日本人也会按兵不动"。赤道以北的战斗已经迫使敌军从南线分兵——如果他们不分兵，"西南太平洋部队就会在新几内亚地区遇到强大得多的抵抗"。[65]若真想抬杠，尼米兹也可以指出麦克阿瑟长期以来一直坚持要攻打自己战区里最坚固的日军据点拉包尔，直到参联会下令绕过这里才罢手。他还可以说仅仅比较两个战区的伤亡数字是没有意义的，真正有意义的是伤亡代价与所打下的地盘潜在战略价值的对比——夺占赤道以北那些距离日本更近的岛屿，对最终的胜利更有决定性意义。

7月28日上午，尼米兹开始发言，提出了金关于绕过吕宋直取台湾的方案。毫无疑问这是个有吸引力的方案，但看起来他提出这个方案只是走个过场。在罗斯福的仔细询问之下，尼米兹并不掩盖他对于这个方案的保留态度。莱希和麦克阿瑟都注意到他其实并不完全赞同"堤道"计划。

尼米兹特地从两个方面认可了进攻吕宋的方案。首先，他表明自己现有的兵力能够支援吕宋作战，而若是攻打台湾，就很可能需要进一步增援。其次，根据莱希日记里的记录："他承认战局的发展可能会凸显出攻占马尼拉区域的必要性。"[66]

这样，即便不考虑士气、政治和心理等因素，吕宋也是攻打台湾之前的良好落脚点。而麦克阿瑟则拿出了自己自从1942年3月逃离科雷吉多尔起就反复排练过的演讲，最终一锤定音：解救"1 700万忠诚的菲律宾基督徒"是美国的责任，这是血誓。"我认为从敌人手中解救这些自己人并非仅仅是个士气问题，现在机会来了，而如果我们不去这么做，那么东方人将不会理解我们……我觉得第二次牺牲菲律宾是不可接受、不可原谅的。"[67]

麦克阿瑟提出，越过吕宋将会成为日本煽动宣传的话柄，他们总是说白种人不会为亚洲人流血。吕宋还关押着大约7 000名美国战俘和数千盟国平民。每过一个月，都会有数百人死在战俘营里，越过这个岛屿意味着要冷血地决定让许多人命丧残酷的拘禁之下。对于越过吕宋可以使这个岛屿免于血战和毁灭的观点，麦克阿瑟不为所动："我们曾经被刺刀指着赶出了吕宋，现在我们要用刺刀指着日本人把他们赶出去，夺回我们的尊严。"[68]

麦克阿瑟在 1942 年 3 月逃离菲律宾后发出的声明——"我还要回来"——是第二次世界大战中最著名的言论之一。但除此之外，罗斯福总统的承诺也同样掷地有声，而西南太平洋战区司令绝对不会让他忘掉这一点。1942 年初，日军正横扫菲律宾，在如此危机之下，奎松总统一度考虑过要向日本人投降以换取和平。麦克阿瑟出于减轻菲律宾人民所遭受灾难的考虑，几乎就要同意这个做法。但罗斯福坚定地拒绝了。在写给奎松总统的一封信里，他恳求道："无论现在的美国守军遭遇到了什么，我们都不会放弃努力，直到我们现在正在菲律宾以外组建的部队打回来，把最后一个侵略者从您的土地上赶出去为止。"[69]这份誓言看起来也没什么可以回旋的余地。

金上将后来听说麦克阿瑟偏了题，没有专注讨论军事战略，便火冒三丈。他似乎觉得战略决策中民心士气或者外交政策这样更广的因素完全不是职业军人该考虑的事情。在战后的一些文字中，他抱怨说麦克阿瑟"在讨论时对太平洋上的军事问题**避而不谈**……反而去谈那些美国承诺要把他们从日本人手里解救出来的可怜的菲律宾人"。[70]金这么说难免有袖手旁观之嫌。如果说有哪个军事将领有权参与这方面的决策，那就只有麦克阿瑟了。从 1941 年 12 月起，甚至是从美西战争时起，人们就可以说，美国在菲律宾的荣誉、声望和可信度已然岌岌可危。从西奥多·罗斯福总统时代起，美国对菲律宾政策的主要目标就是帮助当地人建立一个能够击退入侵者的有效的民选政府。美国曾承诺菲律宾在 1946 年独立，这一承诺仍然有效。而对于富兰克林·罗斯福总统来说，若能成功在菲律宾实现去殖民化，便能给全世界尤其是英国人树立一个美式的标杆。在这样一场可怕的世界大战中，没有任何重要战略决策能够与其远期的政治后果或外交政策后果脱离干系。在欧洲和太平洋两个方向上，对轴心国的战争已经进入了尾声，战后新秩序已然呼之欲出。

根据另一段常被提起、广为人知的野史，麦克阿瑟当时把罗斯福拉到一边，直截了当地警告说越过菲律宾将会危及他本次竞选。这一风传的源头是一个叫考特尼·惠特尼的人，他是一名律师，战时和战后作为预备役军官在麦克阿瑟手下任职。1956 年，也就是夏威夷会议 12 年后，惠特尼出版了一本遍布虚构内容和伪造对白的满是马屁味的麦克阿瑟传记。在其中一章里，他让麦克阿瑟对罗斯福说："总统先生，如果你决定绕过菲律宾，而将那里的数百万美国追随者和数千美国侨民、战俘继续置于痛苦和绝望中——我敢说美国人民会起来造反的，他们会在今年秋季的大选投票中表达出对你最大限度的愤怒。"[71] 这种啰唆的教训再怎么说也是很失礼的。考虑到麦克阿瑟不久前刚刚卷入党派政治，这种话更容易被解读为一种威胁。这件事显然没有旁证，惠特尼的野史最好还是当作一个讲故事的人的捕风捉影，仅此而已。

有些人走得更远，甚至妄称夏威夷会议上发生了一起内幕交易，说罗斯福为吕宋战役开了绿灯，以回报麦克阿瑟保证在选举前给罗斯福送几条有利头条新闻的承诺。支持这一"秘密交易"说法的人自己也承认，这种事没有一丝一毫的证据可以证实。[72]

无论真相到底如何，麦克阿瑟对罗斯福唠叨了一大堆看起来是确定无疑的了。根据麦金太尔医生的说法，罗斯福当时对他说："给我一片阿司匹林。不对，再给我一片，我早上吃。我这一辈子还没有遇到谁像麦克阿瑟这样对我说过话。"[73]

28 日午餐后，罗斯福、莱希和尼米兹一起把麦克阿瑟送到了西卡姆机场，他的 C-54 专机已经在那里加足燃油准备起飞了。看起来无论他们在送行的车里说了什么，麦克阿瑟最终都是觉得自己赢了。分别时，莱希对他说："我会一直支持你，道格拉斯。"[74]

麦克阿瑟大步踏上飞机的舷梯时，飞行员"土佬"罗兹也跟他一起走了上去。他问上司会议开得成不成功。麦克阿瑟向周围看了一圈，确保没人旁听，随后低声答道："是的，大获全胜。我们要开干了。"

"去打菲律宾？"罗兹问。

"是的，我这几天还不会宣布这事，但我们已经开始动手了。"

9 个小时后，当这架"空中霸王"在塔拉瓦机场降落加油时，罗兹把这段对话记在了他的日记中。他说麦克阿瑟兴高采烈，"就像得到了新玩具的小孩子"。[75]

麦克阿瑟回了澳大利亚，人们一般会觉得罗斯福应该回到怀基基别墅的床上或者"巴尔的摩号"的住舱里休息了。但实际上他在夏威夷又多待了一天半，他决心在时间允许的情况下多看看这个瓦胡岛。作为一个患有致命心脏病的人，罗斯福似乎表现出了惊人的复原力。他此前一直是这样：深度休息一段时间（就像在从本土开来的"巴尔的摩号"上那样），之后爆发出惊人的活力。"在这一段极其繁忙的时期，"布鲁恩医生在他的医学记录中记载道，"总统在活动时没有表现出明显的疲劳或者任何形式的困难。"[76] 纪录片片段也确证了这一印象。他看起来憔悴而瘦弱，眼袋很深，但是在迎接成群的将领、政要和军人时却仍然显得兴高采烈、生气勃勃。周五下午，总统车队向东越过崎岖的科奥劳山脉，前往岛屿迎风一侧的卡哈纳湾海滩周围，视察一场在荒野中进行的丛林战训练。罗斯福还是坐在红色旅行车的后座上，帽子向后推过额头，举着望远镜观看持续了一个小时的实弹演习。穿着绿色军装的步兵们从铁丝网下方爬过，然后站立起来，肩并肩排成散兵线穿越一片空地，间或用机枪和火焰喷射器开火。最后他们向一个用胶合板搭建的"日本村庄"演练了协同进攻。之后，车队沿海岸公路向南，在卡内奥赫湾的海军航空站短暂停留后，继续（根据白宫日志的记录）穿过"凯卢阿、位于威玛纳诺的两栖部队基地、科科角、位于威卢比的海岸警卫队基地，以及戴蒙德角"，回到怀基基。[77]

　　总统在夏威夷最后一天的大部分时间都用来慰问那些刚刚从马里亚纳群岛战场撤回来的伤员了。车队开进檀香山城区，狭窄的街道旁挤满了人山人海的围观群众，要靠国民警卫队才能拦住。总统的车开到陆军第 147 综合医院外的一个车站停了下来，医生和护士在医院大门前的台阶上站好了队。伤员们要么拄着拐杖，要么坐在轮椅上，一台照相机拍下了一张珍贵的照片，一个急不可耐的军人举起还打着石膏的手向总统敬礼。总统在病房里巡视了一个小时，之后乘车离开，前往檀香山海军航空站——今天的檀香山国际机场——之后前往西卡姆机场，在那里，一架巨大的四引擎道格拉斯"空中救护车"刚刚落地，滑行到停机坪上。担架从飞机上被抬下来，伤员们被直接放置到了总统座车的旁边。这些刚刚从关岛撤

　　　　　　　　　　诸神的黄昏：1944—1945，从莱特湾战役到日本投降

下来的伤员突然发现自己居然正面对着富兰克林·德拉诺·罗斯福，这令他们惊喜万分。总统日志记载道："与罗斯福不期而遇，这些孩子显得多么惊喜和兴奋。"[78]

太平洋战场的军人们中间流行着一种看法，"家里的老百姓"已经把他们忘了。与纳粹德国的战斗占据了各大报刊、无线电和新闻影片——当 1944 年夏季，盟军部队正涌入法国，奔向巴黎时，就更是如此了。自从战争爆发以来，他们看到罗斯福总统走遍了美国的每一个军事基地和军用设施，也看到他离开本土出现在国外各处，譬如摩洛哥、埃及和伊朗。在这一刻之前，或许他们根本就没指望美国总统会出现在太平洋上。总统的到来告诉军人们，他们没有被忘记。这一点尤为值得一提，因为罗斯福的夏威夷之行常常被认为是他为了选举连任而进行的宣传举措。

在海军造船厂，水兵们在道路两旁列队迎候，当车队开进视野时便一齐举手敬礼。列队的军人们接到命令，要两眼直视前方——但是当总统的座车开过的时候，许多人还是忍不住往前挪动，瞪大眼睛，想仔细看清楚。数千名造船厂工人在道路两旁围得里三层外三层。许多人还从办公楼二层和三层的窗户里探出头来。车队穿过了几个巨大的工厂车间，之后在潜艇码头短暂停留，潜艇艇员们在那里一齐立正敬礼。车队接下来开到了正停在干船坞里的战列舰"马里兰号"旁，总统在那里听取了关于其正在进行的舰体维修情况的简报，五个星期前，这艘战列舰在塞班岛外海被一枚空投鱼雷击伤。[79]

这一天视察工作的最后一站是坐落在珍珠港以东一座山顶上的艾亚海军医院。下午 3 点刚过，车队开到了这里，人们早已挤在了大门前的台阶上翘首以待。医院工作人员和大概 50 名还能走路或者是坐在轮椅上的伤员排好队形向总统敬礼，楼上的窗户里更是挤满了争先恐后想观看这一场面的医生、护士和伤员。一排挂着拐杖的人一齐举手敬礼。和此前三天一样，总统将要坐在敞篷旅行车的后座上直接发表讲话，通信组立刻上前架起了两个麦克风。他们告诉总统，这两个麦克风一个是连接广播系统，另一个是电影摄制组的。就像两天前在舒菲尔德兵营一样，罗斯福搞不清状况的问题又一次被扩音器广播了出去："哪个是哪个？这个还是那个？"众人不禁掩口偷笑，护士们看起来好像格外开心。坐在罗斯福身旁的尼米兹莞尔笑道："我也从来都搞不定这些新玩意儿。"总统对听众说："这事我做了两次，一次是在影片里，一次是在你们这些优秀的人面前。"

根据接下来三分钟散漫、没有草稿的讲话来看，罗斯福事先一点都没有去考虑该说什么。他用放松、闲聊的口气和人群交谈。他说自己很高兴见到他们，他还带来了家乡亲人的问候（"至少理论上如此"）。他说到了自己和麦金太尔医生两个人当年在规划和设计艾亚医院时扮演的角色，称赞了自从第一次世界大战以来战场伤员救治技术取得的长足进展，还向听众保证"整个国家都为他们而感到非常非常骄傲"。[80] 无论健康状况如何，总统的声音都是那样洪亮，他令人熟悉的优美音色还是那样完美无瑕。他热情地笑着，甩了甩头，推开了麦克风。人群爆发出了一阵真挚的掌声。

一如往常，迈克·赖利在把总统从车上抱下来放到轮椅上时，所有摄像机都是关闭的。当总统走进这座拥有 5 000 个床位的医院时，摄影师和电影摄制组是不允许跟进去的，但是有几位目击者记录下了自己看到的场景。大厅里都是在塞班岛和关岛的战斗中落下残疾的年轻人。许多人都被截了肢，或者装上了假肢，或者遭受了其他不可能完全复原的重伤。对他们来说，同样残疾的罗斯福代表了获得成功而充实的一生的可能性。麦金太尔医生回忆道，总统"坐在轮椅上穿过了每一间大厅，时不时在病床旁停下来和伤员交谈，或许是在表扬这些人，他的声音充满了热烈的情感，就好像这些受伤的陆海军士兵是他自己的儿子一样。那些灰暗、绝望的眼睛里燃起了新的光芒"。[81] 在一间大厅里，麦金太尔走在总统前面，和一名"看起来已经一块完整的骨头都没有了"的陆战队员交谈。

> 他的脸因为痛苦而扭曲着，写满了沮丧和惆怅。但是当他望向四周，看到是谁在向他靠过来时，这个年轻人张大了嘴，脸上露出了我见过的最开心的笑容。
>
> "嘿！"他叫道，"总统！"每个大厅里，每一长列病床旁都是这样的场面。这些落下残疾的人看到的并非只是美国总统，而是一个曾像他们一样被残疾打倒，继而又凭借意志的力量和不屈的精神打败了身体上的残疾，走上人生巅峰的人。一股希望的热潮在医院里瞬间涌起，你我虽不在其中，却也感同身受。[82]

麦金太尔、莱希和罗森曼都说自己被艾亚医院里的场面深深地感动了。总统肯定也是一样。"我从来没见过罗斯福眼里有过泪水，"罗森曼回忆道，"那天他坐着轮椅被推出医院时，他和他们的心已然在一起。"[83]

一行人当晚就要登上"巴尔的摩号"离开珍珠港了,但是还有一件麻烦事在等着总统。那三个"食尸鬼",大通讯社派来的三个记者,一直没有获邀参加任何视察行程——他们甚至不被允许靠近总统——于是他们向尼米兹的新闻官沃尔多·德雷克使劲抱怨,怒火越来越旺。最后,史蒂夫·厄尔利(从他华盛顿的办公室里)同意安排一次新闻发布会。发布会地点选在怀基基海滩霍尔姆斯别墅的精修草坪上,罗斯福坐在花园里一个柳条椅子上,记者们则在他周围围成半个圈。除了那三个大通讯社的记者外,参加发布会的还有常驻太平洋舰队司令部的大约 24 个战争通讯员。他们头上椰子树结的椰子都被摘掉了,免得掉下来砸到总统。

在纪录片里,罗斯福看起来很疲劳。他的肩膀耷拉着,说话时低着头。但他在迎接记者并和其中几个人握手时,脸上仍然洋溢着友善的笑容。莱希和尼米兹分别站在长椅两端,其中后者两手抱在胸前;看上去两位将军都听得津津有味。[84]

总统开始即兴发言,说到了他对瓦胡岛军民的赞赏,说他们从 1941 年 12 月 7 日的大灾难里恢复的程度令人印象深刻。他说这次与麦克阿瑟、尼米兹的会面是"近期举行的最重要的会议之一"。时隔七年之后再次见到麦克阿瑟将军,他本人十分高兴。为了推动下一步重大战略决策,听取麦克阿瑟和尼米兹的第一手观点是十分重要的。罗斯福说,这次会议太重要了,"没有它,事情就会格外艰难"。[85]

接下来是提问环节,但是总统没有向记者们透露什么实质性的东西。太平洋方面计划再一次发动大规模进攻吗?是的,他答道,不过仗打到现在,大家都能看出这一点,因此这算不上什么新闻。

诸神的黄昏:1944—1945,从莱特湾战役到日本投降

太平洋进攻有没有什么新的"重点或需要加速的事项"？

"都没有。"

麦克阿瑟将军会像他发誓的那样收复菲律宾吗？

"我们会去夺回菲律宾，麦克阿瑟将军毫无疑问将会参与其中。但是他会不会直接夺取，我不能说。"

新闻发布会的后半场致力于宣示盟军的"无条件投降"原则。一名记者（身份不详）问："我们要在这里敲定太平洋战场的目标吗？"[86]

自从罗斯福 1943 年 1 月在卡萨布兰卡的一次新闻发布会上首次提出"无条件投降"这个颇有争议的说法以来——当时似乎很多人都觉得猝不及防——人们就在不停询问它的定义。虽然同盟国在会议上讨论过这个原则，但是英国首相温斯顿·丘吉尔一直不同意这一点，直到罗斯福当着各国记者的面直接把这个词说出来。总统的公开讲话把"无条件投降"原则变成了既成事实，丘吉尔别无选择，只好表态英国对此予以支持。罗斯福决意避免重演"一战"后的那种和平，当时德国人中间流行的"背后捅刀子"的传说促成了纳粹党的崛起。但是同盟国的许多军事领袖和政治领袖私下里都相信把无条件投降的要求公布出去是个代价沉重的错误——轴心国会利用这一声明，将其作为盟国想要消灭和奴役本国人民的证据，强化其军民战斗到底的决心。有些研究第三帝国的历史学者认为，罗斯福的声明削弱了德国军队内部反对希特勒的势力，可能延长了欧洲的战事。

除了让纳粹和日本抓到国内宣传的把柄之外，"无条件投降"的方案还因为太不明确而带来了麻烦。定义这个抽象的概念容易，阐释如何将其付诸实施就难多了。尝试澄清这一点，反而会带来更多问题。无论公开出来的答案是什么样，都会被轴心国的宣传机器利用并曲解（事实正是如此）。

关于这个词，罗斯福的灵感来自美国南北战争结束时，北军统帅尤利西斯·S. 格兰特和南军统帅罗伯特·E. 李在弗吉尼亚州阿波马托克斯法庭那次会面*时的一段野史。由于这个词在最后阶段的太平洋战争中十分重要，因此应该完整介绍罗斯福对于记者提问的回答。

"1865 年，"他对记者们说，"李被赶进了里士满一角的阿波马托克斯法庭里。他的军队饿着肚子，接连两三天没睡了，他们实际上已经弹尽粮绝。"

因此他打着一面停战旗去找格兰特。为了让手下活下去，他询问格兰特投降的条件是什么。

格兰特说："无条件投降。"

李说这样不行，他总得得到些东西。就举个例子，他手里的粮食只够部队再吃一顿的了。

格兰特说："那这是很麻烦。"

李接着说："我们骑兵的马不属于我们，它们属于我们的军官个人，他们还得骑马回家。"

格兰特说："无条件投降。"

李只好说："好吧，我投降。"之后把佩剑交给了格兰特。

---

*　当时美国南方在此地向北方投降。——译者注

格兰特说："鲍勃，把它收回去。现在你打算无条件投降吗？"

李说："是的。"

格兰特接着说："现在你们是我的俘虏了。你的人需要粮食吗？"

李说："是的，我们现在只够吃一顿饭的了。"

格兰特又说："现在，那些邦联军军官的马，你们要它们干什么用？"

李说："我们需要它们去春耕。"

格兰特说："告诉你的军官们，把马带回家春耕去吧。"

这就是无条件投降。这并不是我发明的。我们都是人类——通常来说，都会替同类着想。这就是我们无条件投降的含义。

从美国南北战争历史的角度来看，这段讲述可谓错得离谱。格兰特要求叛军"无条件投降"是在西部战线此前的两次战役中，不是在阿波马托克斯。而每一次（分别在道内森要塞和维克斯堡）格兰特提出如此要求后，都会和对方指挥官当面谈判，并接受对方有条件的投降。在阿波马托克斯，格兰特**并没有**坚持要李无条件投降，即便是做个样子都没有，他已准备把邦联军将领的条件写入投降协议中。

但是，对于罗斯福想借用格兰特和李的故事来表达的含义来说，历史事实错误与否并不重要。他已经决意要让轴心国势力认识到自己将会被彻底打败，永不翻身。这一点绝不允许有任何疑虑和妥协，无论是在投降时还是长远来看，都是如此。因此必须坚持**名义上的**无条件投降。但是在这个名义背后，似乎也有着关于缴枪不杀的承诺。或许甚至可以认为总统举的这个例子想要表达的是，只要德国和日本先同意无条件投降，那之后所有的合理诉求都是可以期待的。但是什么样的诉求才算是合理的？而且既然不接受讨价还价，那战败国怎样才能提前知道自己的待遇？这就是"无条件投降"这个原则的难解之惑。人们不难察觉到其中的自相矛盾之处。字面上看，这是说胜利者可以任意处置战败者，而不用考虑后者的愿望和利益。但是根据罗斯福的说法，其真实含义恰恰与其相反。

在怀基基，一名记者的提问点破了这个难题：盟军会像格兰特将军那样供养被打败的轴心国军队吗？罗斯福回避了这个问题——从记录下来的文字上看，他的答复很草率。但这个问题是绕不过去的，其答案也令同盟国领袖们挠头不已。每次想要阐明这个原则的尝试都只会带来更多的问题，这个烦人的死循环即便在罗斯福去世后仍然不得解，它将一直持续到第二次世界大战的最后一刻。

当晚，"巴尔的摩号"驶出了珍珠港，莱希整理了自己的想法，写到了日记里。在他看来，麦克阿瑟将军"似乎关注的主要是收复菲律宾"，对于结束太平洋战争还没怎么考虑。麦克阿瑟和尼米兹表达了一个共识，"运用海空力量就能够迫使日本接受我们的投降条件，而无须登陆日本本土"。[87] 莱希相信，从长远来看，两大战区司令的这一共识——应当避免登陆日本——其重要程度远高于先打吕宋还是先打台湾的当前问题。

使用原子弹的可能性还没有被纳入考虑。全盘知晓"曼哈顿计划"的盟军领导人为数不多，罗斯福和莱希就是其中两人。麦克

　　　　　　　　诸神的黄昏：1944—1945，从莱特湾战役到日本投降

阿瑟和尼米兹则对此一无所知，他们要到第二年才会获知此事。在1944年夏季时，人们连原子弹到底能不能造出来都不知道，更不用谈能否赶上战争的最后阶段了。莱希将军曾经是海军炸药专家，他怀疑这个新玩意儿恐怕不管用。但无论如何，他十分确信战争能够（也必须要）通过海上封锁和空中轰炸取得胜利，接下来盟军便可在停战后和平进占日本。

但是，如果太平洋战争要以不流血的投降告终，那就总要有个人出来代表日本政府和盟国谈判。这个人会是谁？陆军将领出身的日本首相？还是据说是神圣化身的昭和天皇裕仁？胜利已然在望，"原班人马"在盟国控制的日本政府中将要扮演何种角色，这还是个争议颇大的未知数。裕仁到底是个什么状况？他是个被军方控制的傀儡、橡皮图章，还是真正握有实权？他能不能扮演好李，来和罗斯福扮演的格兰特演对手戏？答案将主要取决于太平洋战争结束前盟军领袖们所面临的战略决定和外交抉择。

罗斯福及其代表已多次要求约瑟夫·斯大林保证苏联将会在击败纳粹德国后加入对日作战。1944年中期时，这已成为美国政府和莫斯科之间最重要的外交议题。但是，是否真的需要苏联红军来对付日本呢？这显然取决于太平洋战争会比欧洲战事长多久。然而，即便抛开这个问题不谈，盟国还面临着另一个关键的不确定问题。一旦日本政府真的投降了，大量被派到海外的日本陆军——在中国、朝鲜还有其他各处——是否也会放下武器？或者就像他们在每一次战斗中所表现出来的那样继续打到最后一个人？许多盟军将领坦言，日本地面部队从来没人愿意投降，即便东京政府放弃抵抗也是一样——他们预言到时将不得不斩草除根，把日军所占土地上的每个日本人都剿灭才行。若确实如此，那美国人就迫切希望苏军能进攻中国东北，消灭百万关东军。同样，他们也希望蒋介石的军队能承担中国大陆的大部分战斗（以及相应的牺牲）。另一方面，如果裕仁天皇真的能同意命令他散布各处的军队投降，而且那些军队也遵守这个"现人神"的命令，太平洋战争可能就会赢得更快，死伤代价也会比悲观者预计的更低。若如此，或许就不需要苏联参加对日作战了，这意味着美国人不必为此去和斯大林讨价还价，而如果美国寻求苏联的帮助，那么复杂的战后全球斗争（此时"冷战"这个词还没有出现）中的权力平衡也会随之改变。这些纷繁复杂的考量将会在下一年的关键决策中体现出来。

"巴尔的摩号"及其护航驱逐舰离开瓦胡岛后向北航行，开到足够远的安全距离后（也就是远到陆地上看不见为止）便转向353°航向（北略偏西），航速22节。罗斯福躲进了自己的住舱，他在接下来的一周里很少露面，睡觉很多，也不怎么工作。他们的目的地是阿留申群岛，总统将要去视察那一地区的海军基地和航空兵基地。

此时在美国国内，选战从声势和激烈程度上说已经白热化，共和党和反对罗斯福的报纸抨击罗斯福此番行程，称他和他的狗都是在花纳税人的钱到太平洋上旅游度假。莱希将军在日记里称，夏威夷会议是正确而且必要的，但他对此番阿拉斯加之行的价值却心存疑虑。作为前海军作战部长，他对于有人批评总统仅仅为了自己的舒适和休闲而动用美国军舰十分敏感，尤其是在战时。但是没有证据表明他向任何朋友或罗斯福提过此事。

8月9日，当军舰开进浓雾弥漫的阿拉斯加内部水道时，罗斯福给麦克阿瑟写了一封热情洋溢的感谢信，声称"再次见到你令我格外高兴"。关于菲律宾问题，总统写道："回去后我会推动这个计划，我确信这在总体上合乎逻辑，而且能够实现……总有一天马尼拉将再次升起我们的旗帜——毫无疑问我希望这由你来完成。"[88]

鉴于这封信的力度，以及第二个月又一封写给"亲爱的道格拉斯"的信，许多学者和传记作者断言总统认可了麦克阿瑟关于收复菲律宾的意愿。但事实并不完全如此，事情还要复杂得多。关于送麦克阿瑟重返吕宋岛的最终决定要迟至9月底才敲定下来，此时距离檀香山会议已经过去两个多月了。其间，吕宋岛无论从哪方面看都完全可能被绕过，至少是暂时绕过，而让位于全力攻打台湾。

8月1日，也就是离开珍珠港两天后，菲律宾总统奎松在纽约萨拉纳克湖的一所医院去世的消息传到了"巴尔的摩号"上。麦克阿瑟和罗斯福两个人都对奎松和他的国民许下了诸多承诺。麦克阿瑟的许诺流传更广，但罗斯福的承诺也毫不含糊，同样必须兑现。两个人都知道，从长远来看，历史记录可能会更加关注罗斯福的许诺。在麦克阿瑟看来，绕过吕宋的决定是可耻的背叛，他将会想方设法在后代面前把这个责任甩到罗斯福身上。可以想见，作为历史学霸的罗斯福同样能够认识到这对他未来历史声望的潜在影响。在写信承诺"马尼拉将再次升起我们的旗帜"时，罗斯福就知道他的秘书格雷丝·塔利会把这封信的复印件放到他的对外联系档案里，最终存入他在海德公园的总统档案馆并列入"麦克阿瑟"类目之下，像霓虹灯广告那样招来一拨接一拨的未来历史学者。

那么，罗斯福到底向麦克阿瑟承诺了些什么？就像他此前写给奎松的信一样，总统的用词十分谨慎，应当仔细解读——既要看到他说了什么，也要看到他没说什么。"我会**推动这个计划**。"作为总司令，罗斯福拥有无可辩驳的权力去命令麦克阿瑟进攻吕宋，无论是作为进攻台湾的前奏还是干脆完全替代之，都不是问题，无须顾虑参联会提出什么样的建议。但他并没有行使这一权力。"**总有一天**马尼拉将再次升起我们的旗帜。"但总统并没有说具体什么时间，即便是等到战争结束再办这么个仪式也不算失约。在怀基基，他对通讯员们说："我们会去夺回菲律宾，麦克阿瑟将军毫无疑问将会参与其中。但是他会不会直接夺取，我不能说。"[89]这句话被禁止见报，但这为所有正在考虑的选项都打开了大门。他将"菲律宾"和其北方主岛吕宋笼统地并在一起，精明地含混过关。实际上，参联会已经（在1944年3月）授权夺取位于菲律宾群岛南端的大岛棉兰老，因此麦克阿瑟可以算是已经接到命令去收复菲律宾的主要部分。[90]

没人准确知道罗斯福和莱希在夏威夷的最后一天对麦克阿瑟说了些什么，但是这位西南太平洋战区司令告诉他C-54飞机的飞行员，自己得到了三个值得一提的口头承诺。他的部队将得到来自美国本土的新锐部队补充，达到齐装满员的状态；他的第5航空队将得到新的战斗机和轰炸机增援；太平洋舰队的航母特混舰队将被用来支援他在菲律宾的两栖登陆（无论这场登陆战在何时何地打响）。[91]从瓦胡岛飞往布里斯班的航程中，他的情绪一直处于亢奋状态。这样，当他来到西南太平洋战区司令部，看到一封来自华盛顿的有线电报，确定想要越过吕宋并"在可行的最早日期"登陆台湾时，人们便不难想象他的暴怒了。这份电报来自参联会的作战计划部门，发送日期是7月27日，也就是罗斯福和麦克阿瑟在夏威夷刚见面的那天。华盛顿的计划制订者们警告说"'堤道'计划（进

104　　　　　　　　　　　　　　诸神的黄昏：1944—1945，从莱特湾战役到日本投降

攻台湾的战役）将会需要西南太平洋战区的一部分空中、地面和后勤部队"——他们还说这些兵力其后也不会归还给麦克阿瑟，而要被留给尼米兹用于"之后的作战"。麦克阿瑟应当制订计划以"最终完全夺回"吕宋岛和菲律宾其他部分，但是——要命的是——"这些作战将不会得到太平洋舰队的直接支援"。[92]

这只是一份计划层面上的电文，也就是说还没有经过参联会主要负责人的批准。但它却和麦克阿瑟从夏威夷带回来的结论直接冲突，他难免会觉得自己是不是被耍了。他立刻直接给马歇尔将军写信，对参联会计划人员的设想表达"最强烈的反对"，并坚称从"国家政策的最高角度来看"收复整个菲律宾是至关重要的。他指责进攻台湾的方案"要冒险面对最危险的灾难"，还指出罗斯福总统已经说了菲律宾将会被收复。麦克阿瑟写道，更糟糕的事情是，越过菲律宾的方案还有一个"更可怕的前景"——这需要对菲律宾进行彻底的海上封锁，这会导致饥荒，会有数百万无辜的菲律宾人和盟军战俘、侨民饿死，这样的结果"比我们的敌人所犯下的所有罪行都更凶残"。[93]

但是，如此恳切的言辞却未能给华盛顿的作战计划制订人员带来什么影响。他们接到指示，完全从军事角度考虑问题。政治和对外政策方面的争论不在他们的权责范围之内。绝大部分历史著作都没怎么关注参联会内部的作战计划部门，绝大部分罗斯福和麦克阿瑟的传记对此更是只字未提，但是它却对太平洋上的战略决定造成了重大影响。这个课题比较沉闷，需要研究者沉下心来，在计划委员会备忘录和计划研究的迷宫中深入探索。许多相关材料直到20世纪70年代才解密，此时有不少最广为流传的太平洋战争历史著作已经面世。因此有一点格外需要强调：无论罗斯福和麦克阿瑟在夏威夷说了些什么，参联会的计划制订系统都仍然在华盛顿按自己的逻辑运转，而且有影响力的声音（尤其是联合战略考察委员会）仍然认为太平洋上的作战应当集中在北方进攻路线上。令麦克阿瑟愤恨和沮丧的是，即便在夏威夷会议之后，这仍然是美军太平洋战略设想的主流。

假如罗斯福总统一意孤行，越过他的军队司令们插手指挥，那么这些参联会的内部机制便全都归于无效，这种事罗斯福此前已经干过不下十余次了。美国宪法赋予他的权力，使他可以命令陆海军将领攻打任何他在地图上指出的地方。其中最著名的一次是，总统顶着所有军种司令的一致反对，下达了执行"火炬"行动的命令，也就是 1942 年 11 月的登陆北非之战。不过，这种总统越级指挥的事情绝大部分发生在战争第一年，1944 年的情况和 1942 年已经大不相同。参联会辖下的内部计划和研究委员会在 1942 年时才刚刚建立，到 1944 年时则已人员齐备，军队中一些最好的战略专家也都被纳入其中。在战争后期，罗斯福的时间和注意力更多地投向战后的规划和策略方面，对于战略和作战行动方面的重要事项则关注得比较少。他放手把参联会交给莱希去代管，而莱希虽然支持麦克阿瑟的"吕宋优先"策略，却也没有去打断正在进行的"堤道"行动的计划和准备工作。在 8 月 22 日参联会的一次专题会议上，这位海军上将提出，和其他选项相比，攻打吕宋"付出的人命代价和耗费的资源会更少，花费的时间也不会更多"，但他并没有说要放弃台湾，也没有要求立即做出决定。[94] 这就很难被看成是对麦克阿瑟立场的坚定背书。如果此时莱希和罗斯福像往常一样心意相通，那么罗斯

　　　　　　　　　　　　诸神的黄昏：1944—1945，从莱特湾战役到日本投降

福似乎是选择了让参联会继续自己的计划而不加干扰。[*]

与此同时，在太平洋前线，那些将要去执行"堤道"行动的海军和地面部队指挥官仍然对这次行动将信将疑。他们对台湾的研究越深，就越不喜欢这里。福里斯特·谢尔曼将军，一位 47 岁的老神童，是尼米兹的副参谋长——1949 年，他将成为美国海军历史上最年轻的作战部长——他对同僚们说，要对台湾发动两栖登陆而"把吕宋及其机场、可用的补给物资和所有东西留在侧翼不动"是"荒唐"的。[95] 谢尔曼说他想要写一份"烂到一眼便知，好让他们打消这个念头"的作战计划草案，好把"堤道"计划搅黄。[96] 太平洋舰队中的顶级两栖战专家，将要在这次作战中指挥两栖舰队的里奇蒙·特纳，也基于相似的原因而施加影响，以反对"堤道"计划。

部队的每一份"堤道"计划新草案都要投入更多兵力。参联会的计划人员预计美军部队将能够在台湾沿岸夺取并守住若干战略性的港口，但太平洋上各位指挥官的结论则是，他们可能需要打下并守住整个岛屿才行。台湾是个大岛，地形复杂，当地人可能会忠于日本，因此这一任务将会漫长而血腥。1944 年 8 月 18 日，尼米兹估计这场战役将需要投入 50.5 万名陆军，15.4 万名海军陆战队，以及 6.1 万名海军岸上人员。[97] 这是个大数，很难拿得出来，尤其是在此时欧洲战争已经很清楚将会拖到 1945 年的情况下。"堤道"行动的规模可与诺曼底登陆（"霸王"行动）比肩，但是后者的进攻

---

[*]　曾经直接接触过几位参联会巨头的塞缪尔·埃利奥特·莫里森对这次檀香山会议总结道："实际上并未做出明确决定——这是参谋长联席会议的工作——但是在主要战略方面达成了一致……既然参联会在随后的几个月里继续问那个问题：'吕宋、台湾，还是哪里？'那么从看起来并没有受到这一高层共识的特别影响。" Morison, *Leyte*, vol. 12, pp. 10–11.——作者注

部队只需跨越一条英吉利海峡，而进攻台湾的舰队和两栖部队却要从马里亚纳群岛出发，跨越一千英里洋面才能抵达目的地。艰巨的运输和后勤压力将难免和其他同样高优先级的事项争抢紧缺的资源，例如在塞班岛和关岛建设 B-29 轰炸机基地的计划。托尔斯将军指出，在机场建设计划方面"陆军航空队将与任何变化死磕到底"，他提醒金注意这个问题。[98] 这样，到 1944 年 8 月下旬时，台湾战役计划在参联会内部又招来了另一个劲敌——陆军航空队的"福将"亨利·阿诺德将军，他预见到对日本本土战略轰炸的主要出发阵地将会是马里亚纳群岛（而不是中国）。

或许更重要的是，斯普鲁恩斯将军仍然坚决反对台湾作战计划，并决心用自己更倾向的硫黄岛—冲绳岛二级跳取而代之。1944 年 8 月回到珍珠港后，斯普鲁恩斯便开始构建一套反对"堤道"计划的提案。和谢尔曼一样，他认为台湾的不利条件过于明显，这个计划应当被取消，因此他告诉手下人不必关注此事。

在 9 月上旬的一次计划讨论会上，陆军的西蒙·玻利瓦尔·巴克纳尔将军向尼米兹和太平洋舰队司令部人员报告他的"堤道"计划准备情况。斯普鲁恩斯显然认定巴克纳尔的发言是在浪费时间。他站了起来，获准打断讲话后走到尼米兹办公室后部，拉下一张西太平洋挂图开始发言。其他军官都把椅子转向斯普鲁恩斯，听这位海军将领阐述他关于太平洋战争最后阶段的整体见解，无人理会的巴克纳尔则怒火中烧。海军陆战队的格雷夫斯·B. 厄斯金少将称这是"我所听过的关于某场作战行动的态势的最专业的即兴评论之一"。[99] 斯普鲁恩斯推翻了"堤道"计划的基础构想，提出冲绳在所有方面都是更理想的进攻目标。冲绳无法在次年春季之前拿

　　　　　　　　　　　　诸神的黄昏：1944—1945，从莱特湾战役到日本投降

下——海军还需要花费 6 个月时间来组建所需的舰队、航空兵和后勤部队——他预计自己可以在 1945 年 3 月到 4 月完成这一任务。这个时间表给麦克阿瑟留下了充分的时间去夺取菲律宾，包括吕宋。台湾则可以被安全地绕过。

斯普鲁恩斯是个内敛的人，一般不会用如此强硬的口气和尼米兹说话，尤其是在其他人在场的情况下。此番他完全甩掉了惯常的冷静做派，必然给别人留下了深刻的印象。尼米兹对斯普鲁恩斯的信任超过他指挥系统内的任何其他人，而且既然是要由他来执行这次作战，那么他的意见自然非同小可。

即便到了这个时候，"堤道"计划仍然没有彻底取消。1944 年 9 月 9 日，参联会命令麦克阿瑟和尼米兹协同夺取菲律宾中部的莱特岛，计划完成日期是 12 月 20 日。但是两位司令还被指示要继续制订接下来在吕宋和台湾两处登陆的计划，"关于是否要在占领台湾前先占领吕宋的最终决定将稍后做出"。[100]

在三天后布里斯班司令部的一次会议上，麦克阿瑟告诉艾克尔伯格将军："到目前为止……我所有赢到手的只是同意我们向前打到莱特。关于进攻路线要通过吕宋还是台湾，华盛顿还没有定下来。"[101] 六个星期前从夏威夷回来时，麦克阿瑟已经让幕僚们相信他成功让总统决定收复整个菲律宾。显然，那时候他还不知道总统打算把这个事情交到参联会手里。这个星期，麦克阿瑟收到了一封总统从魁北克同盟国圆桌会议上写来的信。罗斯福告诉他："情况和我们离开夏威夷时并无变化，虽然还需要一些努力来避免你可能不喜欢的事情。我仍然控制着局面。"[102] 这闪烁其词的表述再次引出了那个问题：如果罗斯福已经决定支持麦克阿瑟，那他为什么不直接下令进攻吕宋呢？

　　与此同时，太平洋上新的战况令先前的计划构想迅速过时。9 月中旬，第 3 舰队的航空母舰在空袭菲律宾时发现，敌人在这整个区域的航空兵力量出人意料地薄弱。9 月 12 日，一架美国战斗机在宿务岛附近被击落。飞行员在海上迫降后游到岸上，当地人告诉他，宿务岛上只有大约 1.5 万名日军，莱特岛上一个都没有。哈尔西将军把这个情报通过无线电发给了尼米兹，建议美军尽快在莱特岛登陆。尼米兹把这个消息沿着指挥层级发给了正随同总统在魁北克开会的金，然后是参联会。到 9 月 16 日日终时，军事首脑们已经将莱特岛的登陆日期提前了足足两个月，改为 1944 年 10 月 20 日。

　　5 天后，在一份发给参联会的长篇有线电报中，麦克阿瑟阐述了他关于太平洋战争未来路线的总体观点。他提出可以从莱特岛直接跃进到吕宋岛，12 月 20 日出动四个两栖战师在林加延湾登陆。这次作战将需要"美国太平洋舰队全部力量的支援"，但是一旦登上吕宋，麦克阿瑟就将在 2 月底前收复马尼拉和马尼拉湾。"这将会使得我们在按照当前计划向更北方发动进攻时，享有〔吕宋岛〕基地和陆基航空兵支援带来的巨大优势。之后，〔台湾〕战役将不再必要，或可直接攻击〔九州〕，尤其是在先攻打〔硫黄岛〕的情况下。"[103]

　　麦克阿瑟的观点显然是不错的。他提出的作战安排可以依托太平洋上已有的兵力来实现，不需要从欧洲调兵增援。它可以保证麦克阿瑟和尼米兹的部队持续与敌作战，同时避免了那场在两个战区里几乎没一个人喜欢的作战（"堤道"行动）。后来的事实将会显示，这一观点和战争的实际进程十分接近，只是漏掉了进攻冲绳的战役。

　　　　　　　　　诸神的黄昏：1944—1945，从莱特湾战役到日本投降

甚至连麦克阿瑟计划的时间进度都很符合事实：最终他在 1945 年 1 月 9 日登陆林加延湾，3 月初拿下了马尼拉。可以这么说，在 1944 年 9 月，麦克阿瑟和斯普鲁恩斯——两个人彼此不知道对方的计划，也很少直接联系——不谋而合地拿出了打赢太平洋战争的最后蓝图。

金上将现在只能认输。他将于 9 月底在旧金山的美国舰队总司令与太平洋舰队总司令阶段性会议上与尼米兹会面。"堤道"计划在珍珠港的反对派们已经准备好要会见他们的总司令了。计划中的"堤道"行动的地面总指挥巴克纳尔将军签发了一封函件，声称分配给这场战役的可用部队"远远不能满足需要"，他还补充说陆军可以用现有资源拿下冲绳。[104] 福里斯特·谢尔曼起草了一份文件，建议参联会批准麦克阿瑟关于进攻菲律宾的建议和斯普鲁恩斯进攻硫黄岛和冲绳岛的建议。花了三分钟浏览一通之后，斯普鲁恩斯把这份文件递回给谢尔曼，他说："我一个字也不想改。"[105]

斯普鲁恩斯后来回忆道，在旧金山，金起初一直坚持他的"堤道"计划方案，"但最后还是放弃了，他说他将会把这个方案［吕宋岛-硫黄岛-冲绳岛方案］提交给华盛顿的参谋长联席会议，他也是这么做的"。[106] 10 月 3 日，参联会下达了新的指示，命令麦克阿瑟在 1944 年 12 月进攻吕宋岛，海军陆战队在 1945 年 1 月进攻硫黄岛，一支大规模的海军-陆军-陆战队联合部队将在 1945 年 3 月进攻冲绳岛。这样，太平洋战争最后一年的主要作战次序就这么敲定了下来。

到了这个时候，金已经习惯于对太平洋上的事情顺其自然了。1942 年 4 月时，他成功与马歇尔将军达成协议，实现双战区指挥，把整个太平洋北半部变成了海军的地盘。他坚决地抵制住了英国人想要把太平洋战争降格为单纯的防御作战以便集中力量击败德国的主张。他压制了负责实施战役的南太平洋司令的反对，强行进攻瓜达尔卡纳尔岛并赢得了最初的胜利。后来金又迎着麦克阿瑟的激烈反对，争取到参联会的批准，于 1943 年占领吉尔伯特群岛，1944 年初占领马绍尔群岛，在 1944 年中期占领马里亚纳群岛。他击碎了麦克阿瑟抢夺太平洋舰队指挥权并统治整个太平洋战场的野心。但是在讨论对台湾的进攻时，他最终遇到了对手。

第二章

　　1942 年初，当美国举国忙于战争动员时，亚历山大·P. 德·塞维尔斯基发表了一份题为《空中制胜》的宣言。塞维尔斯基宣称，战略轰炸将对第二次世界大战的胜利做出最大的贡献，这让美国人眼前一亮，他们对在欧洲重演血腥地面战忧惧不已。这本书自然也就荣登各大畅销书榜单之首，卖出去 500 万本。第二年，沃尔特·迪士尼公司把它拍成了一部动画纪实电影，创作了小飞象邓波和小鹿斑比的制作团队拿出了他们的天才，用手绘彩色动画展现出了燃烧而绝望的轴心国城市。

　　塞维尔斯基是个宗教般信仰航空并四处布道的人。他还是个顶尖的飞机制造商，一个已经向美国陆军航空队出售了数千架飞机的企业家，他希望能在战争胜利之前再卖出几万架飞机。他的书大大地讨了其客户的欢心，被奉为圣经。但是塞维尔斯基的公司和美国海军并无往来，作者的这样一番评述或许能解释他对航空母舰的态度："舰载航空兵在敌方的陆基航空兵面前必然是无力的，它们的'基地'本身就极其脆弱。对敌人的海岸发动进攻曾是海军的主要任务之一，但海军已经不再胜任这样的任务了。"[1]

　　到 1944 年，塞维尔斯基的这一部分观点已经被太平洋舰队的主要航母打击力量，即第 58 特混舰队的实战表现推翻了。这样的一支舰队在大洋上从未出现过，1945年之后则再未出现过，未来的作战舰队也很难再达到这样的规模。这支强大的无敌舰队通常拥有12～16艘航空母舰，以及为航母提供屏护的大批战列舰、巡洋舰和驱逐舰。其庞大的规模令其无论出现在哪里，都是一方大洋的霸主。第58特混舰队可以在30分钟内放飞超过1 000架飞机，前去攻击200英里以外的敌人，之后在飞机返航时安全回收。这些飞机可以用炸弹、鱼雷、火箭弹、.50口径机枪的燃烧弹以及凝固汽油弹打击敌人。它们在跑道上炸开弹坑，把敌人的飞行员和机械师消灭在宿舍里，对停放着的飞机轰炸扫射，把机场上的机库和维修车间化为燃烧的废墟。第58特混舰队司令马克·米彻尔中将曾如此对一位同僚说："所有岛上都有这么多鬼子飞机。我们要打过去，直面他们，和他们一较高下。我知道我们会遭到损失，但我们比他们更强……现在即便他们找到我们，我也无所谓。我们可以去到任何地方，没有人能阻挡我。如果我杀过去消灭了他们所有的飞机，那些见鬼的岛就帮不了他们了。"[2]

　　这一时期，美军标准的舰载战斗机是格鲁曼F6F"地狱猫"，这种飞机空重9 000磅[*]，由一台强有力的2 000马力普拉特＆惠特尼发动机驱动。"地狱猫"的飞行性能和战斗力都优于它的主要对手，重量轻得多的三菱零式战斗机。"地狱猫"的爬升率在1.4万英尺以下高度和零式战斗机相当，在高空则具有优势；在平飞和俯冲时，其速度同样能**远超**对手。"发动机的强大动力令我惊喜，"一位曾经驾驶过前一代F4F野猫式战斗机的老飞行员说，"飞机看起来

---

[*]　1磅≈0.45千克。——编者注

　　　　　　　　　诸神的黄昏：1944—1945，从莱特湾战役到日本投降

就像是从甲板上一跃而起，它的起飞滑跑距离比'野猫'短得多。一旦升空，这只'地狱猫'仿佛就想要不停地爬高爬高爬高。"[3] 机上的 6 挺 .50 口径机枪能够有效撕开零战的机翼。而得益于装甲钢板和自封闭油箱的保护，这种粗壮的格鲁曼战斗机能够在空战中承受相当程度的打击。经常有机翼和机身被子弹和炮弹破片打得满是伤痕的"地狱猫"回到航母上安全降落。

在一个典型的"进攻日"里，起床号在凌晨 3 点吹响。一名号兵吹出代表今日要起飞执行任务的号声，通过舰上各处的大喇叭传出去，帆缆士官们随即吼起来："起床号！起床号！起床号！所有人！起床！"[4] 于是，全舰立刻会响起一片开闭舱盖、关舱门，以及数百双脚从钢质甲板上走过的声响。机库甲板上又闷又热，到处弥漫着航空汽油和舰用重油的气味，弹药组在那里把炸弹和鱼雷搬起来，挂到轰炸机的机腹下方。随后飞机会被推上升降机抬升到飞行甲板上。所有飞机的机轮前方都放置了木头轮挡。之后，飞机发动机启动，炸弹也装上了引信。快到起飞时间时，大喇叭里就会传出命令："飞行员，上飞机！"

一声令下，飞行人员们立刻从自己中队的待命室里蜂拥爬上楼梯，一边穿戴飞行装具和降落伞，一边把风镜戴到额头上。戴着风帽的甲板人员领着飞行员们穿过密密麻麻排列在甲板上的机群，找到自己的飞机。飞行员们爬上机翼，跃进座舱，系上安全带。在破晓前的黑暗中，座舱是个什么都看不见的黑洞，只有仪表的指示灯发出微弱的光芒，飞行员只能摸索着把手脚放到操纵杆和踏板上。随着"发动飞机！"命令的下达，启动器点火，飞机发动机开始喘振着噼啪作响，之后轰鸣着转动了起来。与此同时，螺旋桨开始旋转，越转越快，随即在飞行员面前变成了一个模糊的圆盘；发动机则有节奏地低吼着，蓝色的废气被向下排到了甲板上。随着航母转向迎风航向，巨大的舰体剧烈倾斜。随后，桅杆上升起红白两色的"F"字旗，表示飞行任务开始。当航母完成转弯，自然风向和航母全速航行的航向重合之时，一股狂风就会从头到尾横扫飞行甲板。拿着发光棒的甲板人员要站稳扶牢，保护自己不致被吹到旋转的螺旋桨上。他们还要把每一架飞机向前推动到起飞位置上。

随着地勤人员挥动发光棒，飞行员一边踩住刹车一边向前推动节流阀，发动机的吼声变得狂暴而震颤。飞行员此时要检查磁发电机、发动机汽缸里的混合气体状态，以及螺旋桨桨距；他要扫一眼发动机仪表，确定油温和油压正常；然后把发动机转速提到2 700转/分钟，并看着进排气管的压力。接着，蓝色的火舌会从发动机排气管喷出，在引擎罩上发出黯淡的闪光。飞行甲板军官若觉得发动机的声音没问题，就会放下发光棒，指向甲板。飞行员便会松开刹车踏板，一股向前的冲量便立刻把他重重按在座椅靠背上。航母舰岛的暗影从他的右边闪过。飞机的尾轮首先离开甲板，之后是主起落架，"地狱猫"就此跃入空中，开始爬高。飞行员随后会拉动液压杆收起起落架并向左压坡度转弯，一只眼还要盯住俯仰角指示器，免得栽进下方黛色的大海里。

空袭作战以数十架甚至数百架"地狱猫"的战斗机扫荡拉开序幕，它们将在SB2C"地狱潜鸟"（又译"地狱俯冲者"）俯冲轰炸机和TBM"复仇者"鱼雷机到达之前把空中的敌机消灭干净。战斗机升空后会去"拧队形"（group grope），即在飞行过程中集结成编队。目光锐利的飞行员们寻找着飞机排气管发出的微弱蓝光，那是前一架飞机唯一可循的踪迹。在黑暗中编队飞行需要飞行员们持续调整速度、航向和高度，并始终注意防止眩晕或者迷失方向，这样极易导致坠机。他们戴上氧气面罩爬升到 2 万或 3 万英尺的高度，很快座舱里就会变得如同冻肉冷库那样寒冷，于是飞行员只能拍击戴着手套的双手，在座位上晃动身子，好让自己暖和一点。到了曙光初露时，海平线和周围的飞机出现在眼前，飞行员们才会稍稍感到轻松一些。自从参加飞行训练的第一天起，飞行员们就被告知"要经常转转脑袋"，因此他们一直瞪大眼睛，在天空各处搜寻敌机的踪影——前方、上方、下方、左边、右边，然后回到前方，再来一次。

接近目标时，他们会压低机头，加速冲过高炮弹幕。如果空中有敌机，那它们通常会出现在更低的高度上。第二次世界大战中战绩最高的"地狱猫"飞行员之一戴维·麦克坎贝尔说过，他们几乎总是在自己下方看到日本对手，这样便可以发动俯冲攻击。"地狱猫"战斗机解散队形，"冲下去就能击中一两架敌机……我们发动攻击，再拉起，保持我们的高度优势和速度，然后来一次。如此反复，一轮接一轮"。[5]

1944 年，"地狱猫"是太平洋上最好的舰载战斗机，但这种飞机用途多样，充当轰炸机也没问题。试验很快证明，F6F 在挂载和投掷炸弹时几乎和专门制造的俯冲轰炸机同样有效——但和俯冲轰炸机不同的是，一旦投掉炸弹，"地狱猫"就可以在空对空的较量中打败任何对手。这种飞机有时会挂载 6 枚 HVAR——高速航空火箭弹（high-velocity aerial rocket），昵称"圣摩西"（Holy Moses）——这种武器在攻击某些地面目标时被证明比炸弹更管用。

每一枚 HVAR 都装有 5 英寸战斗部，威力堪与 5 英寸舰炮比肩。如此，"地狱猫"在一次齐射 6 枚火箭弹时，其打击力可达到驱逐舰一轮侧舷齐射的水平。有时候"地狱猫"还会使用另一种火箭——10 英尺长的"小蒂姆"，威力与一枚 12 英寸舰炮的炮弹相当。到战争后期，随着飞行员们的使用经验愈加丰富，这些空对地武器也愈加有效。

随着战火燃烧到西太平洋，F6F 越来越多地使用凝固汽油弹轰炸日本地面工事。凝固汽油弹是一种简单的燃烧武器，它在汽油里增加了胶状化合物，变得黏稠。它会附着在落地时遇到的任何表面上——碉堡、高射炮、停放的飞机，或者是人的皮肤——然后剧烈燃烧直至燃油耗尽。一枚在混凝土堡垒顶上燃烧的凝固汽油弹足以把守军逼出来，赶到开阔地上，紧跟在投弹长机后方的"地狱猫"就可以用机枪把他们扫倒。

F6F 的多用途特性使其成为航母特混舰队中最有价值的飞机，指挥官们也纷纷要求提高航母上"地狱猫"的搭载比例。如此一来，轰炸机中队的规模就要相应缩小了。到战争结束时，一艘埃塞克斯级航母的典型载机方案为 96 架飞机，包括 12 架 SB2C、12 架 TBM 和 72 架"地狱猫"。

一个长期以来的战术思想是，航空母舰无法与岸基航空兵匹敌——塞维尔斯基的畅销书里再次提到了这一点。和众多过时的理论一样，这一点也被雷达、防空火力和通信技术方面的同时进步推翻了。现在，航母特混舰队可以充满信心地击退哪怕是最猛烈的空袭，米彻尔这样的指挥官也越来越敢于在敌占岛屿附近巡游。根据一直给米彻尔当参谋长的阿利·伯克的说法，作战"逐步从'打了就跑'的打法转变为'留下来决一雌雄'。这种战术意味着我们必须把敌人的航空兵彻底消灭"。[6] 如此,特混舰队便不可避免地会遭到敌人航空兵的反击,但是得到大幅改进的雷达系统能在 100 英里外发现来袭敌机,并准确读出其高度、速度和航向。IFF(敌我识别,"Identification, friend or foe")技术此时也已能够在雷达屏幕上可靠地区分敌我。所有这些数据都会被输送到每一艘航母上的 CIC(战斗情报中心,Combat Information Center),在那里,一名战斗机引导官(FDO)及其助手将会通过无线电呼叫在上空巡逻的"地狱猫",引导其前去截击来袭的敌人。在太平洋战争后期,这些战斗情报中心和防空战斗机已经能够熟练组织起几乎完美无瑕的防空截击。舰员们常常连敌机的影子都看不到。

如果某一架敌机设法突破了"地狱猫"防空战斗机群的铜墙铁壁,来到特混舰队的中心区域,它就会落入高射炮火的狂风暴雨之中。护航的战列舰和巡洋舰上的高射炮会火力全开,从威力强大的远程 5 英寸 /38 倍径高炮,到新型的 40mm 四联装博福斯高炮,再到作为最后防线,只需要一个人就能瞄准开火的 20mm 厄利孔高炮,全都会加入这场合唱。VT 引信或者叫"近炸引信"的装备大大提升了高炮炮弹的杀伤力,引信上装有一台微型多普勒雷达,用以探测目标位置,一旦接近到足够距离便引爆。在 1942 年的航母对决中,舰艇需要依赖高速剧烈机动以躲避空袭——所谓的"蛇舞"动作——但是在 1944 年,特混舰队已经变得更大,碰撞的危险也激增,于是新的战术条令便降低了对操舵的关注度,转而更倚重炮火。人们开始认为,还是让军舰保持航向,由炮手们用致命的防空炮火把军舰保护起来更好些。

第58特混舰队是以高速为目的建起来的。它尽可以穿上童话里的"七联靴"*，在敌人觉察到其动向之前向任意方向前进数千英里。大型埃塞克斯级舰队航母（CV）和小型的"独立级"轻型航母（CVL）能够一连数天在大洋上破浪而行，航速始终不低于23节，一旦开战则可以提速至超过30节。1943年"约克城号"航母在试航时，其航速峰值达到了34.9节——这是个惊人的速度，在航母史上前无古人。为航母护航的有新型艾奥瓦级（又译衣阿华级）"快速战列舰"，这一型4.5万吨的巨大海怪可以毫无压力地跟上节奏。米彻尔的"骑兵队"里没有"驽马"，所有老旧缓慢的舰艇都被甩给了两栖舰队或后勤舰队。第58特混舰队的高速度令其具备了良好的机动性和作战范围，这在一望无际的蓝色太平洋上是至关重要的。这是个巨大的游动航空兵基地，可以在大洋上尽情驰骋，在赤道两侧来回往复，在高低纬度之间任意游走。水兵们可能前一两天还戴着羊绒帽子和皮手套，穿着厚重的风衣，接着就在赤道骄阳的无情炙烤下，穿着半身被汗水湿透的工装背带裤赤膊工作。这支庞大的舰队可以在保持无线电静默的情况下神不知鬼不觉地深入敌方海域。它们可以躲在锋面之下，跟随热带风暴北上，也可以藏身于昼夜分界线的夜暗一侧，在敌人未察觉的情况下突然打出雷霆万钧的一击。它们可能留在那里和敌人打上一阵，也可能退回大洋深处，在一千英里以外再次突然出现，对另一个敌方目标施以毁灭性打击。它们到底会怎么做？日本人只能靠猜。

舰队在航行时会组成轮形阵，三四艘航母布置在中央，护航舰

---

* "七联靴"是格林童话中的靴子，可以让穿上它的人"跑一步顶七步"。——译者注

　　　　　　　诸神的黄昏：1944—1945，从莱特湾战役到日本投降

艇从大到小由内而外依次组成同心圆阵形。在一个典型的阵形中，两艘重型航母和两艘轻型航母在编队中央组成菱形队形，战列舰在航母左右两侧近距离贴身护卫，巡洋舰则位于东南西北四角。最外层是驱逐舰，这些多用途的小"铁皮罐头"可以执行各种各样的任务，例如充当雷达哨舰、传令兵、防空火力平台、飞行员捞救者和潜艇杀手。为了迷惑和干扰敌方潜艇，舰队会走"之"字形航线，精确根据事先规定的时间间隔突然急转。所有军舰同时转弯，它们白色的尾迹会在大海上留出一片整齐的曲线。只需要一分半钟的时间，它们就可以完成90°转弯，稳定朝新的航向航行。这种协调一致的机动若要做得好，就需要每艘船都具有过硬的操舰技术，即便是最小的驱逐舰和辅助船也不例外。操舰军官要不停地微调航向和航速以保持军舰的阵位，他要随时紧紧盯住前方、两侧和后方的军舰。

白天，这样的转弯可以通过肉眼来掌控——但是在暗夜或者是恶劣天气下，能见度降为零，这时候再要确定友邻舰艇的位置，就只能靠盯住雷达室里的圆形显示器了。显示器上会有一条半径线像钟表的分针那样沿着圆周反复扫动，扫过回波信号时会留下逐步消散的浅绿色"雪花"和暗绿色"光点"。军舰转弯时，雷达兵必须盯住这些邻近的光点，并不断向舰桥发出修正航向和航速的信息，严防这些光点挪动到显示屏的中央位置。这种时候，雷达室简直就成了一个高压锅。夜晚，舷窗和舱盖都得关紧，免得灯光漏出去暴露自身的位置，这里就成了汗流浃背、密不透风的闷罐。空气中弥漫着烟味，人们的军服全都被汗水湿透。尤其是在出击前的夜晚，特混舰队会在夜色中以30节的高速航行，此时雷达显示器的操作员更是一刻也不敢把眼睛从显示器上挪开。许多人需要很努力才能保持冷静。驱逐舰"戴尔号"上的一名水兵回忆过一次在这样的夜色里与灾难擦肩而过的经历。当时另一艘驱逐舰出人意料地突然转弯，眼见高速碰撞几乎不可避免，"戴尔号"的操舰军官下令让两台发动机以1/3动力倒退，以避开那艘舰。舰上的螺旋桨猛烈击打着海水，舰体不住地震动和颤抖，仿佛所有的铆接处都要解体一样；它的舰尾冲进了自己的尾流，在海面上如同脱缰的野马一般拼命晃动。最后，那艘撞过来的友舰从它前方300英尺处开了过去，有惊无险。[7]

第58特混舰队规模太庞大了，而且随着新服役的舰艇陆续来到太平洋，它的规模还在不断膨胀，这支舰队已经无法组成单一的轮形阵执行任务了。于是这支舰队被拆分为若干个"特混大队"，大队本身就是一个小些的轮形阵舰队。每支特混大队集中编组，统一行动，在一名少将的指挥下半独立作战。这些大队可以脱离主队独自加油或者执行航空兵作战任务，也可以被米彻尔将军指派去攻击数百英里外的目标。各特混大队中的战列舰和巡洋舰还能被抽调出来组成传统的水面作战舰队，派往舰队主力前方去和日军舰队打一场传统的水面炮战，或者轰击敌人的岸上工事。不过，更多的情况下，这些特混大队（3~5支不等）会以15~20英里的间距集中行动，以发挥最大的力量，同时又能够相互支援。

当这支庞大的"舰队集群"集中行动时，那就一眼望不到边了，即便是从高空飞行的飞机上也看不到尽头。若有人从环形队形中一艘航母的舰桥上往外看，他会发现自己周围目力所及之处，满眼都是大小不一、类型各异的灰色钢铁战舰，延伸至海平线之外。位于

　　　　　　　　　诸神的黄昏：1944—1945，从莱特湾战役到日本投降

邻近特混大队队形中央的航空母舰那极富特色的舰影已然在极远处，或许只有上层建筑还显露在海平线以上。侦察机会在 200 英里或 250 英里半径的区域里按楔形航线飞行，这样舰队就能"看到"各个方向向海平面以外的情况。在晴朗的白天，方圆 500 英里范围内蓝色洋面上的任何东西都将无所遁形。夜晚，动力强劲的涡轮机会在各个方向上搅起数英里大海中的浮游生物，大海便会被绿莹莹的磷光点亮——有人说这些磷光的亮度足以让人看报纸。高射炮手一直驻守在炮位旁，他们把钢盔推到脑后，救生衣挂在脖子上，眼睛无时无刻不在搜索着敌机。海面上间或闪出一阵光，那是有军舰在向友舰发出灯光信号。

这支舰队可以在海上一连航行数周乃至数月，这令其原本已前所未有的机动能力如虎添翼。第 58 特混舰队的支援和补给任务由太平洋舰队后勤司令部承担，这支后勤部队的规模是先前做梦也想不到的。就和当年的战争通讯员们一样，后世的历史学者也没能激起读者们对后勤的兴趣。但后勤实际上却是驱动这支压倒性的军事力量来到西太平洋深处的火车头，是盟军赢得战争胜利的先决条件。（正如海军专业人士在战时一直提醒战争通讯员，战后一直提醒历史学者的那样）后勤是整个太平洋战争的基石。

到 1944 年春，太平洋上的战线已经推进到夏威夷以西很远距离之外，珍珠港已经太远，无法再作为太平洋舰队的主要作战基地。舰队只能栖身于距离美国海军现有任何岸基设施都有数千英里的中太平洋上的偏僻环礁群。马绍尔群岛中的埃尼威托克、夸贾林和马朱罗，都是这种巨大的环形礁盘，其周围是低矮的珊瑚沙，也就是千万年来珊瑚们留下的遗骸。这些珊瑚沙围成了很浅但是巨大的潟湖，足以容纳数百艘舰船停泊。这些高出水面 10 ~ 15 英尺的细长岛礁成了天然的防波堤，保护舰队免受太平洋上持续涌浪的侵扰。但是其陆地面积太小，无法挡住狂风的侵袭，因此这些潟湖在风暴来临时也很难维持平静，停泊其中的军舰常常被吹离锚地，搁浅到附近的浅滩上。

这些岛屿本身提供不了食物、淡水和其他原材料，岛上有的只有珊瑚礁，它们可以被砸碎，做成高标准的混凝土，用以建造机场、道路和码头。但岸上实际上并没有太多这种建设需求，因为"浮动的后勤队"足以满足一个前进舰队基地的所有基本需求。一支由油迹斑斑的运输船、油轮和辅助船组成的看似不起眼的船队会在简陋的锚地下锚列队，为作战舰队提供所有必需的维修和补给勤务。除了最严重的战斗毁伤之外，所有的损伤都可以在移动浮船坞内完成维修。一支源源不断的航运大军将这些前哨基地和珍珠港乃至北美洲西海岸联结在了一起。这往来穿梭的"舰队尾巴"包括货轮、民用油轮、运兵船、舰队油轮、弹药船、医院船、布雷舰、扫雷舰、冷藏船、潜艇支援舰、水上飞机支援舰，以及护航航母或者说是"吉普"航母（CVE）。它们满载着燃油、弹药、补给物资、零备件、补充飞机，以及刚刚完成训练、准备接替老兵们上阵打仗的新兵。

第 58 特混舰队惊人的作战距离和机动性很大程度上要仰仗密克罗尼西亚群岛中这些锚地的战略位置，但或许更要归功于一套被称为"海上补给"的技术。舰队可以在海上加油、装载补给物资，最后还能补充弹药。1944 年 4 月，"海上后勤大队"在太平洋美军最西边的埃尼威托克基地开张，这支大队拥有 34 艘 2.5 万吨舰队油轮，11 艘护航航母，19 艘驱逐舰，以及 26 艘护航驱逐舰。一支由 12 艘以上油轮组成的纵队在驱逐舰的护航下从埃尼威托克井然有序地开出，去与第58特混舰队会合。一名驱逐舰上的水兵回忆过一列油轮从海平线上开来，准备为舰队加油的场面，它们在舰队旁排成一列，如同"桥头排成一排的收费站"一般。[8]空气中飘来一股重油的恶臭，下风一英里外都能闻到。1942年时，在恶劣海况下加油曾是航母作战的禁忌，这常常会导致严重的延误——但是现在，经过了超过两年的实战经验和训练，舰员们对此早已习以为常。需要加油的舰船会从油轮后方开来靠到其侧舷，以9节或10节的航速平行行驶，彼此保持30英尺的间距。之后，钩爪和电话线会被抛到对面船上，接着输油管被拖过去，绑扎在加油口的阀门上，之后油轮开动油泵，燃油便源源涌入。然而当涌浪袭来，两艘舰船都会剧烈摇摆，此时输油管就会被甩来甩去，随时可能被甩脱。"把油管从一艘船拖到另一艘船，就像是从树上拖下来一条大蛇，"一位目击者如此写道，"它翻滚、扭动、挣扎，玩命抵抗，即便被绑到了受油管上，也拼命想要挣脱。"[9]两艘舰船上的舵手都在不停调整航向，以保证彼此精准地平行前进。两艘船的船头并肩向前，就如同漏斗一般，令汹涌的海水在其间归于平和。当受油舰的油槽装满之后，它就会解开输油管，逐步加速脱离，另一艘军舰则从后方靠上来。流程如此往复，直至舰队所有的舰艇都加满了油为止。

1943年秋到1944年春之间，随着新服役的快速航母和护航舰艇从美国本土不断来到太平洋，第58特混舰队的实力与日俱增。这支快速壮大的力量向世人证明，原来一支舰队也能具有如此空前的战术机动性，在中太平洋和南太平洋东征西讨，在长达5 000英里的战线上攻击各处日军目标。这一时期，舰载战斗机和轰炸机会为所有的主要两栖进攻作战提供空中掩护，无论是尼米兹的战区还是麦克阿瑟的战区皆如此，有时它们还会一个星期里在赤道南北接连发动打击。1943 年 11 月，一支特混大队被派往南线打击新不列颠岛上的拉包尔，其余部队则掩护对吉尔伯特群岛中塔拉瓦、马金两个环礁的登陆。之后，航母特混舰队重新集合，杀入马绍尔群岛的中央，发动了一连串猛烈空袭，直至 1944 年 2 月美军完成"燧发枪"登陆战役才告结束。当月晚些时候，第 58 特混舰队发动了截至当时最大胆的一次冒险——"冰雹"作战，突袭日本设在本土之外最大的海军基地，特鲁克环礁。在两天的空袭中，美军舰载机摧毁了 249 架日军飞机（大部分是在地面上摧毁的），击沉船舶 20 万吨。北返途中，舰队顺道空袭了马里亚纳群岛中的关岛和罗塔岛，之后再次南下，空袭了东距特鲁克 1 200 英里，西距菲律宾仅仅 575 英里的帕劳群岛。4 月，第 58 特混舰队各部深入赤道以南，支援麦克阿瑟将军向新几内亚北部海岸荷兰迪亚的推进，空袭并摧毁了这一区域所有的日军机场。向北返航途中，舰队仿佛是突发奇想，再次向西拐了一道弯，花了两天时间，把特鲁克和帕劳群岛彻底炸成了废墟。

舰队的指挥是斯普鲁恩斯将军，他是个沉默寡言的人，性格沉静，还有些腼腆。他中等身高，身形健硕，穿着合身的卡其色军装和油光锃亮的鞋子。他有一双蓝色的眼睛，金色短发已经开始变白。他的皮肤由于长期阳光照射而显出了一副古铜色。他已经 57 岁了，但看起来却像是 47 岁。有人觉得他长得很像已故的喜剧演员威尔·罗杰斯。[10]

战争爆发时，斯普鲁恩斯还是个默默无闻的少将，在哈尔西的航母特混舰队里指挥一支巡洋舰分队。但在 1942 年 6 月，两件意外令他的职业生涯扶摇直上。先是哈尔西被严重的皮炎放倒，他便临时接掌以"企业号"和"大黄蜂号"两艘航母为核心的第 16 特混舰队。在此任上，斯普鲁恩斯打赢了 1942 年 6 月 4 日至 6 日的中途岛海战，成为这场不朽胜利的主要功臣。紧接着，他又被尼米兹召回岸上，担任其参谋长，他将在这个实权职位上供职超过一年。1942 年 6 月到 1943 年 7 月担任太平洋舰队参谋长期间，他一直住在珍珠港马卡拉帕山尼米兹寓所二楼的一间简单的小卧室里。这令两位将领越走越近，无论是专业协作还是个人关系皆如此。当斯普鲁恩斯在司令部的任期结束时，尼米兹选择了他作为第 5 舰队司令，这是美国海军最庞大也最重要的海上作战部队。（从更大范围看，这还是世界海军史上最大的一支舰队。）尼米兹相信斯普鲁恩斯，把他当作自己的左膀右臂——这也是为什么尼米兹决定把这支出海作战的舰队交给他来指挥。太平洋舰队的一名参谋军官评论道："将军觉得现在可以把雷蒙德派出去了。他俩已经到了言谈举止都相像的地步了。"[11]

斯普鲁恩斯虽然是米彻尔将军的上级，但是他常常放手把第 58 特混舰队的战术指挥权交给这位舰队司令。斯普鲁恩斯的旗舰，不起眼的"印第安纳波利斯号"巡洋舰，被编入米彻尔麾下以埃塞克斯级重型航母"列克星敦号"（CV-16）为核心的第 58.3 特混大队里，只是其环形护航舰队中的一员。有时候，当第 58 特混舰队一连数天在辽阔的太平洋上高速行进时，斯普鲁恩斯根本不操什么心，甚至什么事都不做，不下任何重要决定，甚至完全不和米彻尔联系，即便两艘旗舰相距仅仅 1/4 英里而已。

第 5 舰队参谋长"卡尔"查尔斯·穆尔后来对自己上司古怪的工作和生活习惯进行了坦率的描述。斯普鲁恩斯完全不是那种传统的战时舰队司令。他冷漠、内向而淡泊。他常说太平洋战争"很有趣"。作为一个健身狂，斯普鲁恩斯说自己要是每天不步行个 5 英里，就脑子想不清，晚上睡不着。在海上的平常日子里，斯普鲁恩斯每天都要围着"印第安纳波利斯号"的艏楼来回走上三四个小时，穿着印有夏威夷大花的浴袍，不穿衬衫，白袜子和平时常穿的黑皮鞋也不见踪影。

斯普鲁恩斯不怎么关注管理细节，把这些事交给下属去操心就好了。有时候穆尔想要找斯普鲁恩斯商讨一些事项，但斯普鲁恩斯又不想关注它，于是他就干脆不搭理。他会走出司令部舰桥到甲板上例行散步，抑或回到自己的舱室里闭门读书。"他从来不会激动或者兴奋，当我发脾气时，他也从来不以为意，"穆尔在 1944 年初给妻子的信中如此写道，"当他不想做什么事的时候，他就假装没听见，回房睡觉或者出去走路，就是不答复你。"[12]

斯普鲁恩斯对待睡眠是毫不含糊。他每晚都想要睡八九个小时，常常早晨 8 点还没起床。即便当"印第安纳波利斯号"以 30 节高速驶入敌方水域，舰员们都紧张得睡不着的时候，这位将军仍然睡得很香。有一天晚上，穆尔把他摇醒，告诉他雷达发现了一架身份不明的飞机。

"好吧，"斯普鲁恩斯躺在床上问道，"这事有什么我能做的吗？"

"没有。"穆尔答道。

"那为什么要把我喊醒？你知道我不喜欢半夜被人喊醒。"他翻了个身，继续睡觉了。[13]

诸神的黄昏：1944—1945，从莱特湾战役到日本投降

第 5 舰队的幕僚们都喜欢对别人讲他们司令官每天的饮食，他对这方面的关注可是事无巨细。斯普鲁恩斯每天早晨起来都要先洗个冷水澡。他在喝完早晨的咖啡之前一言不发，不过他对食堂里那些被称为海军"乔"的焦糖咖啡嗤之以鼻。他只喝用高等级夏威夷科纳咖啡豆煮出来的新鲜咖啡。这位将军不相信食堂的勤务人员能煮得好，于是干脆自己动手，用他自己的手摇咖啡研磨机磨咖啡豆，然后放在桌上的茶炉里煮。他早餐要喝三小杯咖啡，之后就不再喝了。他在饮食方面自律而有节制。"他〔早餐〕要吃几片烤面包，有的话还吃点葡萄干，"他的副官查尔斯·F. 巴伯说，"午餐是一碗汤和一大盘沙拉。我常常在午餐前提醒访客，他们能吃到的东西只有这些。"[14]晚餐很用心，因为斯普鲁恩斯习惯于每晚在军舰上绕圈子散步。晚餐他会吃牛排和简单切片的洋葱，他觉得这对他的健康有好处。

斯普鲁恩斯严格要求周围的人服装整洁，尤其是在他的个人空间里。有一次穆尔把脚放在他指挥舱的椅子上，被他训了一顿。

"甲板很干净，"穆尔回应道，"就和这椅子一样干净。"

斯普鲁恩斯在坐下来之前特地用手擦了擦椅子，说："我可不想让你脚上的脏东西弄到我的裤子上。"[15]

在一些私下的交流中，斯普鲁恩斯批评他的老朋友比尔·哈尔西对新闻记者说话时太随意了。他相信哈尔西这样会让自己被媒体"利用"，于是决定不让自己犯同样的错误。1943 年秋刚刚被任命为第 5 舰队司令时，他不允许任何战争通讯员登上"印第安纳波利斯号"。但他到任时，恰逢华盛顿方面开始提升海军的公共形象。海军部次长吉姆·福莱斯特尤其重视此事，他要求海军所有主要将领提高与媒体交流的质量、数量和及时性。珍珠港的记者们对这位神秘的四星上将也越来越感兴趣。于是采访申请纷至沓来。"他拒绝和任何战争通讯员见面,"穆尔说,"直到我成功让他认识到这是他的职责。"[16]

到了最后面见记者的时候,他的表现冷峻而一板一眼。他讲的都是些后勤方面的细枝末节,这个话题根本激不起记者们的兴趣。他的发言不带任何情绪,这样记者们便无从勾勒他的性格和指挥风格。问题是有些记者会发挥想象力来填补这些空白。1944年1月号的《科利尔》说斯普鲁恩斯是个努力拼命的工作狂:"斯普鲁恩斯将军只要不在步行,就在拼命——他自己拼命,要他的下级拼命,要他的军舰拼命,敌人也拼命。他是个工作的魔鬼。"[17] 在"印第安纳波利斯号"的舰桥上,穆尔一次次重复这句话,来逗这位上将:工作的魔鬼!数年后,在战后的一次采访中,穆尔重读《科利尔》的这篇报道时大笑了起来:"他是你见过的最懒的人!他才不想工作。他讨厌写任何东西。他也不拼命——你能看出来,他没有要我拼命,他想要我什么都不做,对其他所有人也都一样。他没有让他的船去拼命。不过接敌的时候,他确实会逼着敌人拼命。这个家伙让你们觉得这里有个吃苦耐劳,热情满满,要所有人拼命的人,但他根本不是这样的人。"[18]

1944年6月,当第5舰队奔赴马里亚纳群岛,准备发动登陆进攻时,斯普鲁恩斯古铜色的脸登上了《时代》杂志的封面,标题是《机械人》。《时代》杂志称他是"冷峻而精于计算的机械人",更像是个技术人员而非勇士。当这本杂志被送到"印第安纳波利斯号"的指挥舰桥上时,斯普鲁恩斯把它藏了起来。但这个小伎俩没能成功，穆尔又从别处搞到了一本，而且通过军舰上的广播系统把这一段文字大声读了出去。后来，穆尔给他的妻子（她和丈夫一样是雷蒙德·斯普鲁恩斯的老友）写信，用更严肃的语气指出，《时代》杂志简明扼要地点出了这位第5舰队司令的特点。"如果他们来找我，我会给出一个更好的对他的描述，但是我觉得公众和这个舰队里的几万人像《时代》形容的这样看待他也挺好。《时代》给他安的这些军事才能并非虚言，只不过他并非冷峻无情，而是腼腆害羞。"[19]

假如斯普鲁恩斯真的是为了逃避工作，就像他至少在战后的一封信件里随口自称的那样，那他真是把懒惰变成美德了。[20]他坚持向下授权，倾向于让下属尽可能发挥所长。他让自己的思维摆脱细节的困扰，聚焦于宏观的视角之上；他不愿为小事费神，因为要把有限的精力集中在大事上。他每天5英里的甲板散步令他保持着良好的健康和精气神。锻炼身体有助于保持良好睡眠，即便是在敌方水域连续作战的重压之下也是如此。当舰队的其他人已经筋疲力尽，濒临崩溃时，斯普鲁恩斯仍能保持精神抖擞、睡眠充足。他在海上写给妻子的一封信中表示："如果我不锻炼，感觉就不会像现在这么好，我会感到紧张，精神会压抑……我现在处于巅峰状态，我想保持这种状态，以做好我的工作，毕竟，这是个重要的工作。"[21]

随着新的海上补给能力大大延长了舰队远洋巡航的时间，这种哲学中的智慧不言而喻。军事和医疗方面的专家现在开始越来越多地面对"指挥人员疲劳"带来的难题。现在比以往任何时候都更需要随时关注出海作战的指挥官的精神和身体状况。1944年夏季时有一名访客来到"印第安纳波利斯号"，他说第5舰队的参谋军官们"一眼看去累得像狗"。他们似乎早就该回到陆地上休个长假了。但是年龄比指挥部里任何其他人都大的斯普鲁恩斯，反而显得睡眠充足，健康而敏锐。[22]

在马里亚纳战役开始的时候，一位同僚提醒斯普鲁恩斯："每个指挥官都必须是个赌徒。"若真如此，那斯普鲁恩斯就是个反例，他想要当个"专业型"的赌徒，因为他想让"我下注的所有赔率都要对我有利"。[23] 他不相信那种不必要的冒险，尤其在太平洋战争已进入后期，美军拥有了巨大的优势，而且优势还在日益扩大的情况下。因此，他最想做的是保护塞班岛的滩头，以及外海上那些脆弱的两栖舰队。1944 年 6 月 18 日夜间，当一支强大的日本舰队向美军逼近时，米彻尔将军请求准许他率领第 58 特混舰队西进截击。由于担心日军向美军滩头发动决死攻击（虽然这个风险还很遥远），斯普鲁恩斯拒绝了这一请求。6 月 19 日上午，日军航母舰队向第 5 舰队接连发动了三次大规模空袭。在持续了几乎一整个白天的被称为"马里亚纳猎火鸡"的空战中，F6F"地狱猫"机群迎战了来袭日机并进行了一场大屠杀，将超过 300 架日本飞机打成了火球。但是此时第 58 特混舰队的位置过于偏东，无法向日军舰队发动反击。后来经过了长达 24 小时的追击，米彻尔航母上的飞行员们最终还是在 6 月 20 日傍晚击沉了敌方两艘舰队油轮和一艘航空母舰，但日军的大部分舰队还是逃出生天，得以另候时机杀回再战。

在这场两天的"马里亚纳海战"之后，斯普鲁恩斯保守的战术指挥饱受争议。批评者指责他忘记或者忽略了航母作战的首要原则——**先下手为强**。而根据海军航空兵军官们的看法，这次战役中 6 月 18 日晚间能否西进加倍重要，因为这一水域的贸易风主要来自东边，航母在昼间常常需要转向东方航行以收放飞机，故而难以西进。斯普鲁恩斯精密算计之后做出的决定竟是把第 58 特混舰队拴在塞班岛近旁，让日军首先发动空中打击，同时把自己的航母部队布置在反击距离之外。在航母作战的历史上（当然，这个历史也不长），这样的决定还从来没见过。

在批评斯普鲁恩斯的人眼里，他的战术不仅错误，而且错得离谱，不可原谅。米彻尔的参谋长阿利·伯克后来回忆说，这个决定令他和他的战友们"心碎"。美国人原本已经抓住了彻底消灭日本海军全部进攻力量的机会，却让煮熟的鸭子飞了。这一争议在美国海军各个层级上给传统战列线军官（主要在战列舰和其他水面舰艇上服役，被称为"黑鞋族"）和新兴的专业航空兵军官队伍（被称为"棕鞋族"）之间带来了裂痕。"棕鞋族"声称像斯普鲁恩斯这样的"黑鞋族"没有资格去指挥快速航母特混舰队，因为他对于舰载航空兵带来的新能力缺乏天然的感觉。这一争议掺杂了兵种偏见，又被个人的野心所扭曲，变得格外尖锐。"棕鞋族"中越来越多的上校和少将坚持认为斯普鲁恩斯必须走人，他们想要去试探合理批评自己上级指挥官的界限，或者说是兵变的界限。次月，金和尼米兹造访了马里亚纳群岛，二人明确表态支持斯普鲁恩斯在此次战役中的表现，从而平息了要赶他下台的议论。但这种争论还将在珍珠港和华盛顿不停歇地持续下去。

1944 年 8 月发生了重要的指挥层调整。从 1942 年 10 月起就一直在南太平洋担任小战区司令（南太平洋战区司令）的哈尔西将军，被调到北边来接替斯普鲁恩斯。交接工作将在马里亚纳战役结束后开始。斯普鲁恩斯和他的幕僚团队将要满载荣誉离开战场，然后返回珍珠港去规划未来的作战行动。哈尔西将要指挥这支舰队直至1945 年 1 月，之后再次由斯普鲁恩斯接掌指挥权。这一变更将每隔五六个月重复一次，直至战争结束。一位将领带着幕僚班子在海上指挥作战，另一位则在岸上规划下一轮登陆作战和航母进攻。多少有些迷惑性的是，哈尔西接手指挥时，第 5 舰队将改称为第 3 舰队，第 58 特混舰队也同步改称为第 38 特混舰队。斯普鲁恩斯回来后，舰队就又会改回第 5 舰队和第 58 特混舰队。虽然编号来回变动，但实际上却还是同一支舰队。这个策略也是为了诱导日本人相信美军有两支独立的舰队在太平洋轮番作战。事实证明这一点成功了，至少初期是如此。日本的民用无线电广播有时会同时提到第 5 舰队和第 3 舰队，谈论它们各自的位置和任务。[24]

这种"两套班子"指挥模式的优点很明显。斯普鲁恩斯或许具有格外突出的耐受力，但也不能指望他和他的团队一刻不停地无限期待在海上。战线已经向西推进了如此之远，想让舰队每打赢一场战斗就回到珍珠港也是不现实的。随着美军突入日本的内层防御圈，让太平洋舰队保持与敌不间断作战便十分重要了。航空兵作战将会无休无止，一轮接着一轮。但舰队指挥官和他们的参谋人员直接参与制订新一轮的作战计划也是必不可少的。作为一个实际的问题，舰队确实需要有一个班子在岸上司令部工作，另一个班子在海上作战。[25]

但也有人质疑这套舰队轮流指挥的体系是否明智。他们用了两个类比来形容这一安排，这两个类比在当时和战后的相关叙述中都被广为使用。第一个类比是："两个车夫，同一群马。"第二个则难免和橄榄球有关："两个后卫，一个前锋。"在两个比喻中，马或者是前锋确实值得担心，因为没有机会休息。根据曾在 1945 年指挥一支航母特混大队的阿瑟·拉福德少将的说法："马儿们有时会想，这辛苦一阵就能休息的车夫，是否真的能够理解这些船上一连数月天天在海上不换班的舰员的精神崩溃。"[26]

还有一个敏感的问题，哈尔西的团队是否已经准备就绪？斯普鲁恩斯和他的团队有了一年难得的实战经验，已经达到了精熟状态。而哈尔西和他默契的幕僚班子则在新喀里多尼亚的努美阿岸上司令部里干了近两年。哈尔西自从1942年的晦暗时代以来再也没有出海指挥过。而就在这一段空白期里，技术和战术条令已经发生了巨大变化。他和他的团队有太多东西要去学习，而海战这所学校却严酷而毫无宽容。

指挥南太平洋战区期间，哈尔西为自己赢得了富有感召力，行事高调，是个喜欢聚光灯的勇士的名声，他就是海军的乔治·S. 巴顿。他在军人们和内部文件中的绰号"公牛"很快被报界广为传播。他对记者们充满热情，而且总是金句频出。他那段对日本人的血淋淋的狠话受到了热烈的追捧，不光是太平洋上的盟军官兵如此，美国国内的民众也是一样。和许多名角儿一样，他也有一句名言。"赢得战争的方式，"他说，"就是杀死日本鬼，杀死日本鬼，杀死更多的日本鬼。"[27] 他发过这样一封电报："让他们去死。"提到日本人对美国战俘的暴行时，他恶狠狠地宣布："他们要付出足够的代价。"他告诉媒体，他想要骑上裕仁天皇那匹著名的白马，穿上和天皇一样的服装，走上东京街头，亲口宣布："你们已时日无多。"[28] 哈尔西先说后想的作风过去也给他制造了一些麻烦，最有名的是他曾经草率地预言盟军将在1943年底彻底赢得太平洋战争，三个月后他又不得不撤回这个敏感的预言，而他的撤回反而被日本官方新闻媒体抓住，大加利用。

他后悔自己在报纸上"许多次把自己搞得跟猴子一样"*，发誓要从过去的错误中吸取教训。[29] 但是斯普鲁恩斯私下里却忧心"对哈尔西的宣传报道已经改变了他的思维方式"，而且怀疑（不幸被他说中了）他这位将军僚友是否会在此压力之下"把自己变成光芒万丈的公众人物，而不再听从他那绝佳的军事判断力"。[30]

有一位战争通讯员在 1944 年中期结识了哈尔西核心幕僚圈子里的军官，他说这些人总是精神亢奋。"哈尔西一直不停地逗趣，哈尔西手下的所有人看起来都总是很开心。"[31] 这个调子是他们的老大定下来的。他是个粗俗、大嗓门、爱开玩笑的四星上将。人家拿他开玩笑，他开怀大笑；对于敌人他则唇枪舌剑，火力全开。他的幕僚班子以"米克"罗伯特·卡尼为首，他们自称为"阴谋诡计部"。他们对哈尔西高度忠诚，哈尔西对他们也是一样。自然，他们都想跟随自己的"比尔将军"去进行下一场远征，尤其重要的一个原因是，第 3 舰队司令部里的岗位对于任何有雄心的军官来说都是个难得的好机会，而哈尔西也不想在这个时候遣散自己的左膀右臂。如上这些，毫无疑问促使他下定决心，1944 年 6 月 16 日启程离开努美阿前往夏威夷时也带来了原来南太平洋司令部的一大群幕僚。当他们来到设在珍珠港海军造船厂里的第 3 舰队临时司令部时，其军官和士兵的数量超过了 100 人，还有更多的人将在 8 月指挥权交接之前陆续从南太平洋赶来。但是自从前一年埃塞克斯级快速航母加入以来，这些人中却没几个在舰队里服役过。哈尔西第 3 舰队司令部的规模几乎是斯普鲁恩斯团队的两倍，若不是尼米兹坚持要限制

---

* 英语中的谚语，意指自取其辱。——译者注

人数，这个数量还会更大。

在特混大队的层面上同样会进行人事变更。米彻尔在清除表现不佳的指挥官时毫不手软，自从1944年1月开始掌管第58特混舰队以来，他已经赶走了三位特混大队指挥官。那些刚刚晋升上来的新一代航空兵将领都在盯着这些海军中最具声望的职位。于是，当他们想尽办法争夺这些职位的时候，雄心壮志、个人竞争，以及"棕鞋族"争夺话语权的努力便纷纷掺杂了进来。大部分新的特混大队指挥官都是1916—1919年从海军学院毕业的，资历比那些在舰队里指挥战列舰和巡洋舰的"黑鞋族"将领低得多。统领战列舰部队的"清朝人"威利斯·李中将1908年毕业于海军学院，比斯普鲁恩斯只低了两届。他的年资比指挥各个特混大队的人高了10年，可他和他手下的战列舰舰长却不得不听命于这些人。这样的指挥结构在战前是不可想象的，但是"黑鞋族"指挥官已经接受了航空母舰快速崛起的事实，为了打赢这场战争，他们也不再坚持那种按毕业年份论资排辈的老规矩。

金上将决意要把太平洋方面最高层级的人事任命抓在自己手里。他的做法是人员轮替：把舰队的将领调回华盛顿负责行政管理和计划制订工作，并把总部的其他人派到舰队去。这一政策是明智而且公正的，但也意味着那些先前还在华盛顿当"飞行办公桌"的人突然就被甩到了重要的海上指挥岗位上，即便他们近期没有在舰队任职的经验。有鉴于技术和战术正在以令人惊叹的速度向前演进，他们将会有许多东西要去学习和掌握。8月10日，第5舰队在一连两个月马不停蹄地支援马里亚纳群岛进攻作战之后，回到了埃尼威托克环礁，几位新任命的特混大队司令也飞抵此地，从其前任手中把指挥权接了过来。最近在金手下担任分管航空的副海军作战部长的"旋风"约翰·S.麦凯恩中将，接替"乔克"约瑟夫·克拉克担任第58.1特混大队司令。他的旗舰是"黄蜂号"。"泰德"弗雷德里克·谢尔曼接替阿尔弗雷德·蒙哥马利指挥第58.3特混大队，他在"埃塞克斯号"上升起了将旗。杰拉尔德·博根继续指挥第58.2特混大队，他的旗舰是"邦克山号"；拉尔夫·戴维森则坐镇"富兰克林号"，他是第58.4特混大队司令。他们都被告知舰队指挥权将在8月26日中午进行交接。斯普鲁恩斯将会带着"印第安纳波利斯号"返回珍珠港，"新泽西号"战列舰则会在9月第一周里带着哈尔西来到西太平洋。

米彻尔将军迟早也需要休息。舰队的随军医生已经从他身上发现了不少精神疲劳的迹象：米彻尔在6个月里瘦了15磅，由于他本来就和赛马骑手差不多瘦，这样的体重下降是他无法承受的。但是要替换米彻尔却会带来一个难题。在华盛顿和珍珠港，都有不少野心勃勃的"棕鞋族"将领对这个职位垂涎欲滴。但是具有米彻尔的军衔和年资的在役海军航空兵将领本来就没几个，这些人中指挥过新型航母出海作战的更是一个都没有。米彻尔倾向于从现有的特混大队指挥官中提拔一人来担当此职：他推荐了"泰德"谢尔曼。但是谢尔曼在开战时还只是个上校，将如此低年资的将领晋升至高级指挥岗位，将会引发妒忌和抵制。

金最终选择了约翰·麦凯恩来担任这一职务。麦凯恩是个年资很高的中将，他1906年就从安纳波利斯海军学院毕业。在华盛顿，他是金最信任的副作战部长之一。瓜岛战役时，他曾是南太平洋航空兵司令，后来又担任海军部下属的航空局局长。与金和哈尔西一样，他也是航空兵的后来者——所有这三位将领都是在 50 岁以后担任上校时接受的飞行训练，目的仅仅是获得指挥航空母舰的资格。而那些"真正的棕鞋族"从一开始就是飞行员，然后一路晋升，这些人并不把那些"新来的乔尼"真正视为自己人。他们中的许多人都对麦凯恩接替米彻尔担任第 38 特混舰队司令的消息感到迷惑和不安。

按计划，米彻尔还将在舰队里继续待到 11 月，在这期间麦凯恩将作为其下属的特混大队司令获得三个月的适应期。第 38 特混舰队下辖 4 个特混大队，麦凯恩指挥其中之一。他的前任指挥官，"乔克"克拉克将留在"大黄蜂号"上，一旦有需要，他将从"大黄蜂号"上飞行一小段路来到"黄蜂号"，给新上司出谋划策。混杂英语中有个词叫"Makee-learnee"（实习生），现在美国海军就用这个词来描述这种在职训练的做法。麦凯恩无法继承米彻尔那经验丰富的幕僚班子，因此他面临着一个艰难的任务：从零开始组建新团队。但是许多拥有关键实战知识的军官即将休假，或者被调往其他将领帐下，或者二者兼有。这令他的人员问题更加雪上加霜。

要知道，麦凯恩的年资比米彻尔高 4 年，他对约翰·托尔斯说，自己觉得似乎是有人想要"割断他的喉咙"。[32] 在先前美国海军历史上的任何时期，这高出来的 4 年年资都足以让所有这样的争议结果对麦凯恩有利。但是在这场宏大而残酷的战争的重压之下，诸多旧传统都已被抛诸一旁。现在需要的是务实的解决办法。尼米兹在礼貌地倾听了麦凯恩的讲述之后，告诉他，在现有条件下做到最好就行了。

舰队在埃尼威托克休整时，水兵和军官们就要上岸"解放"一阵了。于是两个小岛被指定成了休闲区，一个服务军官，另一个服务士兵。岛上发啤酒，每人两听，不过黑市上的酒类供应也很充足，军官休闲区那个小岛更是如此。8月中旬的一天，"大黄蜂号"上一队吃饱喝足的飞行人员站在码头上，等候一条汽艇来把他们送回母舰。然后这群人就打闹起来了。一个少尉被推进了潟湖里。他游回岸上，沿着码头冲了回来，想要"报仇"，结果又有几十个人掉进了水里。很快，凡是卡其色军装没有湿的人都成了靶子。即便是"大黄蜂号"的舰载机大队长"哈尔"哈罗德·L. 比尔中校也被抓住双手双脚扔进了潟湖里。不过他一点都不介意。"不管怎么说，"他写道，"这就是找乐子，而且掉进水里能让喝了一下午的酒清醒过来。"[33]

浑身滴着水回到码头后，比尔看到一个白头发的小个子被径直丢进了潟湖。比尔认出他是麦凯恩将军的时候，他已经被扔出去了。海军的礼仪规范在有些环境下可以不那么严格，但总的来说，喝醉的航空兵对一位三星中将动手，还把他扔进海里，这是不允许的。比尔大声喝止，但太晚了。他和其他几个人立刻跟着麦凯恩跳了下去：

> 我们抓住他并扶他站起来时，他气喘吁吁地说："找我的帽子，孩子们，找我的帽子。"他这顶帽子是特殊款的野战软帽，镶有金色饰带和金穗纹章，几乎已被海上咸涩的空气变成绿色，这是他的幸运帽，在舰队飞行员间很有名。我们找回了帽子，带将军回到了码头，并为我们的行为向他表达了最深刻的歉意……他是个小个子，弱不禁风的样子，看起来一阵狂风就能把他吹走。他身上还在滴着海水，挂着海藻和珊瑚沙，

　　　　　　　　　　诸神的黄昏：1944—1945，从莱特湾战役到日本投降

他咧嘴笑着过来和我们一一握手，而我们还在不停向他道歉。他要了一根没被浸湿的香烟，点着，对我们说能回到他的"斗士们"身边真是太好了。他蓝色的眼睛在满是皱纹的脸上闪闪发光，鼻子和耳朵透着一股英雄气，他看起来整个就像是个魔法小精灵。

小艇开过来时，第一批小艇中有一艘是麦凯恩的摩托汽艇。这艘艇通体雪白，一尘不染，黄铜将星闪着光芒，蓝色三星旗在艇上飘扬，这场面真漂亮。将军和他的小伙子们聊得正欢，还不想散场。于是他要我们和他一起上船，他可以把我们带到自己船上。这艘干净的汽艇的艇员们一定很失望，将军带着十几个湿漉漉、脏兮兮的飞行员一起上了艇。之后我们在港内的大群战舰中转了一圈，把所有飞行员都送到了舰上。[34]

8月28日，已经完成改编的第38特混舰队从埃尼威托克出击。一如往常，舰队的离港是个漫长而复杂，需要事先编排妥当的过程：驱逐舰和巡洋舰在航母之前穿过出口处的深水水道离港，之后立即打开声呐搜索敌人潜艇。所有舰艇全部高速行驶——越快越好，离开日本潜艇出没的危险的出入口水域——并在不改变行进速度的情况下集结成巡航队形。米彻尔的舰队现已齐装满员，拥有8艘埃塞克斯级航空母舰和8艘轻型航母，编成四支特混大队，搭载飞机总数超过1 000架。这次出击将会是快速航母特混舰队长达一年的历史上最持久、最富野心的一次。

打开太平洋的地图，可以看到一条长达3 000英里的岛群组成的弧线从日本本土，到小笠原群岛、马里亚纳群岛、加罗林群岛、帕劳群岛，一路延伸到菲律宾群岛南部。现在美军已经拿下了马里亚纳群岛，其控制范围扩展到了这条弧形岛链的整个南半部。第38特混舰队将为在加罗林和帕劳群岛诸岛登陆的"僵局"作战提供掩护。如果一切按计划进行，那么到11月时，美军就将占领或压制北至马里亚纳，南至棉兰老的所有重要岛屿。在接下来的巡航中，美军航母部队将直逼菲律宾的大门，在11月15日麦克阿瑟计划登陆棉兰老的日期之前打击日军在这一区域的航空兵力量。照相侦察机已经在菲律宾群岛上识别出至少63座日军机场，根据最出色的情报部门估测，这些机场上将有650架各型飞机。

在这道新月形岛链的上半段，马里亚纳群岛和日本之间，是一连串小岛组成的小笠原群岛和火山列岛，日本人称其为"南部诸岛"。美国人俗称其为"诸岛"（Jimas）。[35]自从10个星期前美军登陆塞班岛以来，这里就成了战略焦点。其中硫黄岛作为敌人增援航空兵南下的落脚点尤为突出。从6月15日到8月5日，"乔克"克拉克麾下拥有埃塞克斯级航母"大黄蜂号"和"约克城号"的第58.1特混大队向小笠原群岛一连发动了5轮大规模的航母打击。美军舰载机一次又一次杀回来，把机场、弹药库、高射炮、油库和地面设施碾为齑粉。它们在岛屿上空击落了接近100架日机，在地面上还摧毁了100架，向港口内的日本舰船发动了俯冲轰炸，对海岸外的渔船进行了扫射，还用鱼雷攻击了海上的日本船队。虽然舰队的普通官兵并不知道这一点，但是斯普鲁恩斯将军一直在全力争取直接登陆硫黄岛，反复多次的航母空袭也提供了关于岛上日本守军情况的有效情报。

克拉克后来说他"一直将这些岛屿视为我的私有财产"，他的航空兵官兵也把这些岛昵称为"乔克岛"。一个月前回到埃尼威托克后，他们就搞了个假想的地产投资公司，还发了股票，所谓"乔克岛发展有限公司"，推广他们的业务，也就是购置并开发"小笠原群岛的专属地块"。认筹的"股东"还拿到了画得花花绿绿的股票持证，写明其所有者拥有"硫黄岛、父岛列岛、母岛列岛、婿岛列岛各处精选地块——距离东京市区仅 500 英里"。作为这家假想公司的"老板"，克拉克在每一张股票上亲笔签了名。一号股票被发给了米彻尔将军。这些股票很快就成了"有价证券"，在整个太平洋战区甚至远达华盛顿来回交易（有时候甚至得花真钱）。

现在，第 38 特混舰队再度出海，全舰队兵分两路。三支大队向南，空袭加罗林群岛和帕劳群岛的各处目标，一支大队（拉尔夫·戴维森指挥的第 38.4 大队）则北上再度前往小笠原群岛。在三天的空袭中，戴维森的飞行员们在群岛上空飞行了 633 个架次，战果是击落或在地上摧毁 46 架日机，并击沉 6 艘舰船。[36] 在发给哈尔西和米彻尔的战报中，戴维森写道："乔克岛发展有限公司的股票在机场和工业用地成交量大增后销售再创新高。"[37]

戴维森的航母舰队在战斗中仅仅损失了 5 架飞机。其中一架被击落的 TBM "复仇者"的飞行员是乔治·H.W. 布什中尉，也就是后来成为美国总统的那位。他的飞机在父岛上空被高炮火力击中损毁。布什跳伞落海后被潜艇"长须鲸号"救起——但是他的 2 名机组成员，以及其他 6 名被击落飞机上的空勤人员被岛上日军抓获、拷打并处死。其中 4 名俘虏甚至被日本人办了个吃人仪式，吃掉了一部分。这一可怕的事件以及对战争罪犯的判决被收录在了詹姆斯·布拉德利 2003 年出版的《飞行小子》（Flyboys）一书中。

8月24日，哈尔西和他的幕僚班子搭乘"新泽西号"离开珍珠港。哈尔西带来了一个巨大的团队，接近200名官兵，达到了舰员人数的10%。这艘4.5万吨战列舰的上层建筑不得不施以大范围改造才能用作舰队的指挥中心。舰长舰桥下方的两层甲板被用作了"司令部区域"，包括一间装备了最先进通信设备和雷达设备的通信室，左右两侧配有走廊的专用司令部舰桥，司令部官兵的卧室，以及一间被扩建了一倍，用作会议中心的空荡荡的军官餐厅。[38] 舰上的这一区域比斯普鲁恩斯那艘小旗舰"印第安纳波利斯号"上的同类区域大得多。新改建的军官餐厅和士兵食堂按海军的标准算得上是奢华了。情报官卡尔·索尔伯格上尉回忆道，餐厅里供应的伙食质量令这些低阶军官惊喜不已，在铺着白桌布的餐桌上，"有新鲜的牛排和猪排，凉拌沙拉，不仅每晚都有冰激凌，每周日还有'烘烤阿拉斯加'冰激凌蛋糕"。[39]

来到第38特混舰队之前，哈尔西想要先前往马努斯岛会见麦克阿瑟手下的海军司令和航空兵司令。在从珍珠港出发的10天航程中，"新泽西号"和三艘护航的驱逐舰每天都要进行防空炮术训练，炮手们会向战列舰载水上飞机拖曳的靶标开火。"新泽西号"上的16英寸巨炮也进行了实弹射击演练。令第3舰队的通信官们满意的是，巨炮射击时的强烈震动并不影响他们设备的正常工作，这可是原来那些旗舰普遍面临的难题。"米克"卡尼组织通信室人员进行了一系列高压力演习，也就是所谓的"模拟战场问题"演练。[40] 此时，哈尔西及其旗舰和第38特混舰队相距数千英里之遥，米彻尔仍然负责航母部队的战术指挥——但是哈尔西还是频繁通过"新泽西号"塔状无线电天线向他发出指令。即便是在旗舰尚未加入舰队的

　　　　　　　　　　　　　　诸神的黄昏: 1944—1945，从莱特湾战役到日本投降

时候，哈尔西就已经明显表现出他将会比前任更多地插手指挥。

对于如何打赢这场太平洋战争，哈尔西和他的"阴谋诡计部"有自己的想法，他们毫不犹豫地提出要对现有计划做大幅度修改。在接掌舰队之前的过渡期里，哈尔西提出"僵局"行动基本不必要。在他看来，远在赤道的加罗林群岛和帕劳群岛作为进攻目标应该是首先被绕过的，他提议将原本用于在这些岛屿登陆的部队移交给麦克阿瑟，用于加快对菲律宾的进攻。[41] 作为回应，尼米兹下令越过一个不能带来大幅跃进的主要目标（帕劳群岛中的巴伯尔达奥布岛）并同意考虑越过加罗林群岛的雅浦岛——但是这位太平洋舰队总司令认定，对帕劳群岛西部［佩里硫岛（又译佩莱利乌岛）和安加尔岛（又译昂奥尔岛）］的进攻将要按计划进行。哈尔西的幕僚们还提出要对太平洋潜艇部队的运用方式做重要变更，将其优先攻击目标从日本商船和油轮改为日军军舰。这一招遭到了太平洋潜艇部队司令查尔斯·A.洛克伍德将军的坚决反对。

在珍珠港，人们普遍觉得哈尔西和他的第3舰队在修改打赢太平洋战争的基本蓝图上浪费了太多的时间和精力。8月中旬，尼米兹的副参谋长福里斯特·谢尔曼找到"米克"卡尼，两人一起向哈尔西发出了一份直言不讳的电报。第3舰队的任务是执行参谋长联席会议和太平洋舰队司令部制订的作战计划。"我们很清楚，我们自己不要去考虑战略计划问题，"卡尼回忆道，"这是太平洋舰队司令部的职责，而且太平洋舰队司令部还要接受金将军和参谋长联席会议的指导。这必定不是舰队战场指挥官的任务。我们必须十分十分明确，十分十分坚决地理解这一点。"[42] 然而，即便是在海上，哈尔西还是一直沉湎于索尔伯格上尉所说的"他对指手画脚的爱好"，常常用无线电向尼米兹提出鲁莽的提议——大部分当然都被这位太平洋舰队总司令拒绝了。[43] 这一段时间里，尼米兹还多次委婉地批评他越权或者未能执行上级命令。[44] 公正地说，从第 5 舰队向第 3 舰队的切换，起步并不稳。

9 月 8 日，"新泽西号"在加罗林群岛以北加入第 38 特混舰队。哈尔西和几位高级幕僚搭乘高架缆索来到米彻尔的旗舰"列克星敦号"。根据第 3 舰队战时日志记载，"新泽西号"的舰员们"看到四星上将从海上滑过去都很兴奋"。[45] 在"列克星敦号"上，他们开了很长时间的会，优化了空袭菲律宾的作战计划。

美军航母花了一个星期的时间来空袭雅浦、帕劳和棉兰老岛，结果发现日军在这一地区的空中力量弱得令人意外。在许多目标上空，舰载机飞行员们遇到的抵抗十分轻微，甚至于无。他们在机场上炸开弹坑，摧毁建筑、物资堆栈和防御设施；他们对在港内能找到的任何敌人船舶和小艇肆意攻击。9 月 6 日至 8 日，三支特混大队全军杀进帕劳群岛，一连发动三天空袭，飞行员们报告称"对佩里琉、安加尔、埃塞布斯和巴伯尔达奥布各岛上的地面设施、弹药和补给物资堆栈、无线电台、兵营、建筑和仓库造成了大量损毁"。[46]

9 月 9 日，舰队西移攻击棉兰老岛，第 38 特混舰队预计将会遇到更激烈的反击，但是日军的抵抗依然微弱而零星。攻击机群仅遇到了数架防空战斗机，并很快将其全部击落。舰载机飞行员们宣称在地面毁伤了大约 60 架日机。他们还对达沃湾和萨兰加尼湾中的船舶和小艇进行了轰炸和扫射，返航后宣称有大约 40 艘船只被击沉或击中起火。美军在这一系列空袭中只损失了 12 架飞机——8 架被高炮击落，4 架因事故损失。有一架 F6F 战斗机在低空飞越一艘内河驳船时损失。当时这架飞机用 .50 机枪的燃烧弹扫射，引爆了驳船上藏着的弹药，巨大的爆炸将飞机一同吞没。

航母上，在返航后与航空情报官进行的情况总结上，飞行员们抱怨说他们找不到足够有价值的目标。在空袭时和空袭后的航拍照片中，棉兰老岛上的许多机场看起来都被废弃了，地面设施不仅简陋，而且数量很少。第 3 舰队的战时日志将此归功于肯尼将军第 5 航空队的 B-24 轰炸机先前对这个岛屿的轰炸："有迹象显示，第 5 航空队已经彻底摧毁了棉兰老的日军设施，对这一地区的航母空袭并不完全必要。"[47]

现在，航母及其护航舰艇向东驶出了海平线，去和一队舰队油轮会合。各舰要通过过顶的输油管获取燃油，并且收取信件。哈尔西和米彻尔通过低频短距无线电进行了会商，他们一致认为再继续空袭棉兰老就是浪费时间。哈尔西司令部里的情报分析员大胆地推测日本航空兵可能已处于彻底崩溃的边缘。9 月 9 日发表的一份战略评估提出了一种可能性，即日本舰队可能会向美国舰队发动自杀式的海上"万岁冲锋"。分析者推测，日本首脑甚至有可能主动寻求彻底毁灭其自己的舰队，他的逻辑是："日方认为，比起在我们即将登陆其本土时被打败，还不如让舰队早点被打败，这样可以从旧帝国的废墟上救回更多东西。"[48] 这是个不同凡响的见解——日本海军高层中有些人已经认定战败不可避免，并开始尝试迫使东京政府尽早投降。这个设想固然不正确，但是敌人在菲律宾南部令人震惊的微弱抵抗实在过于奇怪而难以理解，这令哪怕是荒诞不经的设想也需要被认真考虑。

哈尔西叫停了对棉兰老的空袭，率领大部分舰队北上至菲律宾中部，在那里，他们将打击莱特、宿务、内格罗斯等岛上的日军目标。（戴维森的第38.4特混大队留在东边数百英里外的帕劳水域，为即将到来的佩里琉、安加尔岛两栖登陆提供空中支援。）第3舰队的航空情报分析员认真考虑了一个更大胆的招数——出动舰载机突袭马尼拉及日军在吕宋岛中部的巨大机场网络。哈尔西还想要摧毁马尼拉附近巨大的燃油储存库，他相信此举会给途经此地的日本军舰带去巨大的麻烦。[49]

彻夜高速北上之后，三支特混大队在9月12日拂晓时抵达莱特湾外海。此时海面平静，微风轻拂。晨光初露时，军舰甲板上的水兵们在西北方海平线上看到了萨马岛的青山。8块飞行甲板上放飞了超过350架战斗机和轰炸机。它们向西飞去，在爬升过程中逐步结成巨大的多层次V字队形。飞越莱特岛上空时，机群仍在爬高，发动机巨大的声响惊醒了一名1942年从日本人手里逃脱后一直困在此地的美军士兵。"我激动得浑身打战，我三年都没这么乐过，"他后来写道，"耶！我猜最让我开心的事情就要发生了。"菲律宾村民和游击队员向攻击机群拼命欢呼："人们重新拉出美国国旗，一边挥舞一边喊道：'杀死日本鬼！杀死日本鬼！'这是他们此刻的心声，也是他们此生最渴望的事情。"[50]

"大黄蜂号"舰载机大队长哈尔·比尔第一批飞临宿务机场上空，这是他们的主要目标之一。从高处往下看，数十架日本飞机停放在滑行道和停机坪旁。地面扬起了烟尘，能看到有人在飞机之间跑来跑去。看来日本人正匆匆赶往他们的战斗机。F6F"地狱猫"从机场上空低飞而过，向停放着的和正在滑行未及起飞的敌机扫射过去。驾驶着一架SB2C"地狱潜鸟"轰炸机的比尔压低机头进入俯冲，瞄准了跑道尽头。此时两架日军零战正并排准备起飞。比尔把瞄准点对准了两架日机中间，投下了所有炸弹，包括一枚 1 000 磅炸弹和两枚 250 磅炸弹："炸弹就在那两架战斗机离开地面时落在了它们中间。长机歪到了右边，栽进树林炸成一团火球，另一架飞机则直接在跑道尽头爆炸。"[51]

"列克星敦号"上第 16 战斗机中队的一位新手 F6F 飞行员比尔·戴维斯那天上午在宿务岛获得了自己的第一个击落记录。他从一架零战上方俯冲而下，零战向左压坡度急转，他立刻将目标套进了瞄准镜，扣动了扳机。一个短点射足以将这架零战撕碎。"我发现有人在无线电里尖叫，"戴维斯回忆道，"我听了一阵，但它却停了。之后我意识到那是我在叫。我在向零式机开火时，就下意识地使出最大肺活量叫了起来。这尖叫来自我的脑海深处，来自我大脑里最原始的那部分。"[52]

在这天的第二次空袭中，戴维斯在宿务城附近一座岛屿上的燃油精炼厂上空低空飞行。他随意地朝着一片建筑群的中央开了火。他以为几发 .50 口径子弹没法给这片错综复杂的油管、高塔和管道带来多少伤害，结果爆炸把他的飞机掀了起来，他吓了一大跳，本能地转弯拉起，盘旋着飞回高空。"我看到整个精炼厂都烧了起来。精炼厂变成巨大的火球时，爆炸也吞没了整个岛屿。"

回到"列克星敦号"后，戴维斯跟别人讲了他干的事情。一个同僚就拉下了脸。"那个精炼厂是德士古原油公司的，"他说，"我还指着这个厂能留到战后呢。我有德士古的股票。"[53]

对于参战的美军飞行员来说，9 月 12 日的空袭就是"宿务烧烤节"，当天美军出动了 1 200 架次飞机，这是自从 2 个月前的"马里亚纳猎火鸡"以来最为一边倒的一场空中屠杀。

日军航空兵部队的高级指挥官奥宫正武已命令大约150架零式战斗机从吕宋出发飞往棉兰老，支援那里在前一个星期的空袭中被炸得支离破碎的航空兵基地。这些飞机此刻正在南下途中经停宿务，当大群美军舰载机出现在东方海平线上时，它们大部分都停在地面上。空袭开始时，奥宫恰好坐在一架运输机上来到宿务岛上空。飞行员压坡度急转弯躲避杀过来的"地狱猫"，这就让奥宫得以自上而下从"鸟类视角"看到了下面的一幕："俯冲轰炸机凌空而下，战斗机尖啸着在机场上空飞来飞去，曳光弹从机翼机枪里射出来，打进了停放着的零战里。仅仅几分钟，宿务岛上便已一片混乱。美军飞行员的攻击格外准确，从燃烧的零战里腾起的浓烟和烈焰让我想到了火葬场……是我们的火葬场。"[54]按奥宫的说法，他本想构建起战斗机的防线，以击退敌军对菲律宾的进攻，但这段时间里第3舰队的空袭沉重打击了这种努力。

即便是剔除掉飞行员上报战绩中的水分，第3舰队的航空情报官还是给出了在空中击落75架、地面摧毁123架敌机的空袭战果统计。还有至少5艘船只被击沉，另7艘被击伤。遭到扫射后起火或沉没的舢板和小艇更是不计其数，至少有四五十条。机场的地面建筑要么被夷平，要么遭到破坏。航母及其护航舰摆开了阵势，准备迎击来自菲律宾日军机场的空中反击，但是出现在雷达屏幕上的敌机一只手就数得过来，而且全都很快掉头离去，不敢前来挑战舰队上空盘旋的"地狱猫"防空战斗机。9月14日，哈尔西向尼米兹报告："敌人毫无主动性的态度匪夷所思，难以置信……空中没有遇到抵抗，遇到的高炮也很弱……没有舰船可以去击沉……这一区域

　　　　　　　　　诸神的黄昏：1944—1945，从莱特湾战役到日本投降

的大门已然敞开。"[55]

有一架被击落的美机，飞行员是"大黄蜂号"上的托马斯·C.蒂勒少尉，他的"地狱猫"在莱特湾上空被击中，遭到重创。蒂勒成功在水面上迫降，并爬上了他的充气救生筏。当地菲律宾人划着一条带两侧支架的小船把他带到了岸上。这些人对他很不错，给他饭吃，给他地方住，还找到了当地亲美军的游击队，后者设法通过无线电联系上了海岸外的美军舰队。于是，"威奇塔号"巡洋舰上的一架水上飞机飞来接回了蒂勒，把他带回"大黄蜂号"，在那里，他向"乔克"克拉克将军做了报告。

莱特岛当地人向蒂勒讲述了一些值得注意的情报。他们说莱特岛没有日军部队，除了一些荒地和长草的跑道外也没有航空兵基地。相邻的宿务岛上敌人守军只有大约1.5万人。美军的情报估算严重失准。如果能快速发起进攻的话，那么美军登陆莱特岛时所遇到的抵抗将会极其微弱甚至没有。于是，克拉克把蒂勒带来的情报呈报给了哈尔西和米彻尔。

在过去的两个多月里，哈尔西一直劝说尼米兹取消中间的作战行动，以加快对菲律宾南部棉兰老岛的进攻。现在他想到了一个更大胆的提议。或许一旦进攻部队准备就绪，麦克阿瑟就可以越过棉兰老，直接进攻莱特岛。卡尼和第3舰队的其他幕僚也都同意。但是哈尔西仍然在犹豫，他坐在"新泽西号"舰桥的一个角落里反复斟酌。尼米兹拒绝了他此前的大部分提议，他也知道"这样的一份提议，不仅不是我的职责，它还会推翻诸多成熟的计划，甚至还会惊动罗斯福先生和丘吉尔先生"。[56]最后，他还是决定提上去。于是，一封急电被发给尼米兹，抄送给麦克阿瑟和金。哈尔西再次提出取消即将开始的雅浦岛和帕劳群岛登陆战的方案，因为这些岛屿"带给我们的歼敌机会无法值回时间的拖延和'僵局'行动所耗费的精力"。用于这些行动的部队应当交给麦克阿瑟指挥，"立刻以轻微的代价，不需要任何过渡的行动"，夺取莱特岛。[57]

收到此信，尼米兹暂停了对雅浦岛的登陆作战，他告诉金，如果麦克阿瑟也有此意的话，他愿意支持尽早在莱特岛登陆。但他同时也坚持主张美军部队必须拿下帕劳群岛南部诸岛。此时，开往佩里硫岛和安加尔岛的进攻舰队已经在航渡途中了，太平洋舰队司令部决定让这些部队"按计划开进"。[58] 在当天晚些时候单独发给金的一份有线电报中，尼米兹写道，拥有这些岛屿"当然至关重要，而且也不可能像哈尔西 130230 号文件设想的那样快地重新拿出计划，把用于进攻和占领帕劳的部队用于他处"。[59] 不过——尼米兹在这里提出了一个诱人的可能性——如果麦克阿瑟拒绝了加快莱特岛作战的方案，"那就可以在 10 月中旬使用雅浦岛进攻部队拿下硫黄岛……我正在制订这一方向的计划，一旦需要随时可用。这个思路或许能实现，或许不能实现，但现在将其呈报出来，以便你充分了解各种可能性"。[60]

佩里硫之战格外血腥，但事后看来，这或许是不必要的。硫黄岛之战更为血腥，但如果能早些打，赶在日本人来得及向岛上派出援军并挖掘出地下防御工事网络之前进攻，或许就不会那样惨烈。如果尼米兹当时能同意像哈尔西提议的那样取消佩里硫的登陆战，并授权使用这批部队在 10 月向硫黄岛发动突袭，那么这两个决定会挽救数千美军的性命。

此时麦克阿瑟正搭乘着莫罗泰岛进攻舰队中的"纳什维尔号"

巡洋舰在海上航行。由于无线电静默要求，他无法立刻答复。但是能够加快进攻菲律宾的前景令他"欢欣鼓舞"，美军刚一拿下莫罗泰岛的滩头，他就立刻飞回他设在荷兰迪亚的司令部，拟好了同意哈尔西提议的回答："我已经准备好立刻启动执行'国王二号'［莱特岛］，任务日期是 10 月 20 日。"[61]

美军参谋长联席会议此刻正随同罗斯福一起，与丘吉尔和英军参谋长们在魁北克开会。9 月 15 日晚，麦克阿瑟的电文被送到了这里，当时他们正和英国同行一起吃饭。告假后，四位参谋长离开餐厅，来到旁边的会议室商议此事。没人反对。既然哈尔西、尼米兹和麦克阿瑟全都同意，他们觉得那也就没什么好考虑的了。收到麦克阿瑟的有线电报 90 分钟后，一份新的命令便已在发回太平洋的路上了："参谋长联席会议授权麦克阿瑟执行莱特岛作战，任务日期为 10 月 20 日……麦克阿瑟和尼米兹应当安排必要的协作……要将你们的计划告知参谋长联席会议。"[62]

第二次世界大战中的美军领导层已经找到了办法来防止自己不知不觉中陷入现有计划和作战的惯性之中。从理念上，他们随时准备好并愿意抛弃原有计划，采纳新计划，以迅速行动，把环境的变动利用起来。要实现这样的理念，就需要从指挥体系的顶层不断向下施压，因为大型组织总是有一种抵抗甚至阻挠突然转向的倾向。横越太平洋的战争是历史上最大、最复杂的多军种两栖作战。作战计划的重大调整需要对地理上分布遥远的各个部队做出一系列较低层级的调动。事后看来，能够而且常常能在最后一刻做出如此重大的战略调整，委实是一件值得一提的事情。在一夜之间就决定越过棉兰老，直接在 1944 年 10 月攻打莱特，便是所有这些调整中最富戏剧性，最具深远影响的一次。"阴谋诡计部"为自己赢得了庆贺的权利，这种庆贺记载于 9 月 14 日的战时日志中："第 3 舰队的建议被采纳，太平洋战争的进程加快了 3 个月。"[63] 这也在次年一月的国情咨文中为罗斯福赢得了一个可以拿出来吹牛的资本，他对国会如此说道："仅仅 24 小时之内，我们就达成了一项涉及两个战区的陆军和海军部队的重大变化——这个变化加快了菲律宾的收复和最终的胜利——这个变化也拯救了那些原本会葬身于现已被遥遥甩在我方战线后方的岛屿上的生命。"[64]

但是尼米兹拒绝了哈尔西关于取消佩里硫岛登陆作战的急切请求。这是帕劳群岛南端一座常年烈日暴晒，满是红树林沼泽和石灰岩的荒芜岛屿。日军在此区域最重要的机场就建在这个岛上，不过机场上的大部分地面设施已经在美军登陆前的空中轰炸和舰炮炮击中被摧毁。对此，太平洋舰队司令部的解释是，用于攻打佩里硫的进攻部队要么已经出海，要么几乎已经子弹上膛，这看起来更像是个有些牵强的借口。尼米兹不是那种会在关乎军人生死的决策上受到军种或战区间竞争影响的人，但若要完整了解这段历史，下面的事实便不能不提。用于攻占佩里硫的主力部队是曾在瓜达尔卡纳尔岛打出威名的传奇性的第 1 陆战师。太平洋舰队司令部与麦克阿瑟的司令部曾为了这个师的归属而爆发过激烈争论。若按照哈尔西的提议，这个师就要被交给麦克阿瑟。若没有佩里硫作战，那么尼米兹的战区在 1945 年之前便不再有重大的两栖登陆作战了，这样，他就必须把他大批精锐的两栖舰队、登陆舰艇和作战部队交给麦克阿瑟用于菲律宾战役。

尼米兹将军其实比太平洋上的其他任何主要指挥官都更富有敏

捷的思路和随机应变的能力。他曾经多次进行大胆的越岛机动并取得了胜利——令人印象最深的是前一年冬季的"燧发枪"行动，当时他顶着海军和地面部队指挥官的反对强行要求越过马绍尔群岛最东边的几个环礁。然而这一次，他却没有给出令人信服的理由来支持他坚持拿下佩里硫的决定。即便是塞缪尔·埃利奥特·莫里森这种尼米兹最铁杆的拥趸，也对此提出了委婉的批评。尼米兹直到临终前都坚持认为佩里硫登陆战是必须打的——就像斯普鲁恩斯从来不肯承认 1943 年 11 月攻打塔拉瓦是不必要的一样。然而无论是佩里硫还是塔拉瓦，时间和经验都将证明，越过它们也不会给美军在更大范围内的进攻进度带来损失。

整个太平洋战争中似乎一直遵循着这样的公理——只要美军指挥官们围绕是否越过某个岛屿进行思虑和争论，最后又决定把它打下来，那么他们的决定在事后看来都是悲剧性的错误。但是他们都不愿意承认错误，无论对历史学者还是对他们自己，因为那些葬身沙滩上的人永远无法复活，而没有人愿意听说这些年轻人竟然是为了一个错误而死。

第三章

"老种子"，也就是第 1 陆战师，在瓜达尔卡纳尔岛出的名——两年前，他们登上、守住了这个岛屿，并让这座岛名扬四海。此刻他们正驻扎在帕武武岛，位于瓜岛以西 30 英里处一个面积约 50 平方英里[*]，散布着恶臭丛林的岛屿。自从最近参加新不列颠岛的格洛斯特角登陆战之后，他们就被送到这里休整和训练。

1944 年 9 月时，这个师里大约有 1/3 是经历过瓜岛之战的老兵，他们对 1943 年时在澳大利亚墨尔本度过的天堂般日子念念不忘，想念那里舒适的气候和热情的女士们，他们想知道为什么不把他们送回去。其他人，包括瓜岛和格洛斯特角两战之间加入的人和刚刚从本土送来的新兵，听着老兵的故事，咒骂自己运气不好，因为他们没有被送到好地方，而来到了这个被上帝遗弃的荒岛。

这些"老种子"从第一天踏上帕武武岛的木制小码头时，就骂骂咧咧个不停。这里的生活环境近乎蛮荒。岛内的"主要道路"不过是一条泥泞小道，通向一处被整齐排列的高大椰子树环绕的空地，这是一个被废弃的英国椰子种植园的最后遗迹。这些人就被告知在此地扎营。在灌木丛下面搜寻了一圈，他们发现自己的帐篷、吊床、

---

[*]　1 平方英里 ≈ 2.6 平方千米。——编者注

　　　　　　　　　　诸神的黄昏：1944—1945，从莱特湾战役到日本投降

毯子都堆在地上，被雨淋湿，满是泥污。这里已经有两年半没人来收获果实了，地面上覆盖着一层层掉下来腐烂的椰子和棕榈叶。清理营地就是个见鬼的重体力活儿。堆积如山的垃圾散发着恶臭，而且随着垃圾被翻开，这股恶臭愈加浓烈。施工的时候，腐烂的椰子会炸裂开来，臭水溅人一身。开挖地面时，人们才发现地面下有许多大老鼠的洞穴。为了把这些讨厌的小动物赶走，陆战队员们动用了火焰喷射器。带着火苗的老鼠顿时到处乱窜，空气中顷刻充满了老鼠皮毛烧焦的酸臭和腐败椰子的腥臭。

他们急着想开始训练，但在此之前，陆战队员们知道自己先要花上几个星期在闷热潮湿的天气里做些建筑活儿。他们要挖出排水沟和厕所，建造穿过红树林沼泽的木板人行道，拿着大砍刀砍伐灌木，以拓宽旧道路。许多时候地面过于松软潮湿，无法承载卡车的重量，于是他们用手推车运来碾碎的珊瑚礁，铺到路基上。这里每天下午都会下一场短暂的热带暴雨，就像闹钟那样准时。既然岛上也没有洗澡设施，那陆战队员们便指望这样的暴雨来打肥皂洗个澡，洗去他们的疲劳了。不过他们得快，要在雨停之前把肥皂沫冲干净。

没有合适的食堂，他们就吃放在斯特诺加热罐里烧热的 C 型口粮。他们住在六人一间的金字塔形帐篷里，帐篷里放上用空弹药箱和汽油做成的简易火把照明。每天晚上，大批陆地蟹都会爬进帐篷和人们一起睡觉，陆战队员们很快便学会了每天早上穿靴子之前先把这些蓝黑色的小甲壳类动物晃出来。一个列兵回忆道，每隔几天"我们对这些脏家伙的忍受力就到了极限，我们会把它们从箱子底下、水兵袋和吊床里赶出来，用棍子、刺刀、铲子什么的把它们弄死。之后把它们铲到一起埋掉，不然湿热的空气中立刻就会充满让人受不了的臭味"。[1]

虽然时间紧张，地理条件不利，装备不足，他们还是在帕武武岛竭尽所能地进行训练。他们每天早晨起来做操，环岛跑步 3 英里。清理出一块步枪射程的射击场后，他们开始练习精确射击并提高野战武器的使用水平，包括勃朗宁自动步枪（BAR）、卡宾枪、汤姆森冲锋枪、"巴祖卡"火箭筒、火焰喷射器，以及新装备的 60mm便携式迫击炮。岛屿很小，布满了浓密的低矮灌木，基本找不到运动空间，而连队级别的野战训练却是必不可少的。但是岛上有 1.5万名陆战队员，超过 100 个连；纵队行进的部队常常撞到一起，这时候一支纵队只好让到一边，让另一个纵队过去。起初，这个师基本没有登陆艇，更没有履带式登陆车（LVT）。于是他们紧急向周围岛屿求援，借用任何类型的登陆工具，包括陆军的轮式两栖卡车（DUKW）和普通的希金斯登陆艇（LCVP）。之后小规模的两栖训练便开始了。部队以连为单位，在帕武武岛的一处滩头进行实弹登陆演习。步枪班首先登陆，机枪手、火箭筒手和迫击炮班紧随其后。士官们吼叫着要士兵们赶紧上岸，到椰子林里找掩护："离开这该死的海滩，越快越好，然后向内陆冲。鬼子会用手里的任何东西向海滩开火，所以你们往内陆跑得越快，就越能活下来。"[2]

8 月 28 日，第 1 陆战师乘坐登陆艇来到帕武旁的锚地，登上了靠泊在那里的运输船和坦克登陆舰。在向西穿越南太平洋的两个星期航程里，陆战队员们写信、打牌、阅读书刊，或者重新打包他们的武器，好打发时间。他们把步枪拆解开，涂上润滑油，重新组装起来；磨快他们的卡巴牌军刀；在"巴祖卡"和火焰喷射器上涂上迷彩。"我喜欢倚着栏杆，看着海豚在船的尾流里嬉戏，看着飞鱼在浪尖上滑翔，"第5陆战团3营K连的一位迫击炮手R.V.伯尔金回忆道，"我们全程都在走'之'字形航线，每隔15分钟左右就会改变一次航向。"[3]战士们居住的下甲板格外闷热，下有散发着热气的船只引擎，上有赤道烈日的炙烤，但是海军的船员们还是一直在控制到甲板上透风的陆战队员的数量。

和往常一样，低阶官兵们要到出海踏上航程之后才知道自己要去哪儿。听说佩里硫是目的地后，他们耸了耸肩。没人听说过这个地方，不过也无所谓——他们打仗打到现在，一直都是在看起来差不多，分不清谁是谁的热带岛屿上作战，一个接着一个。每艘船都得到了一个泡沫塑料制作的岛屿的比例模型，军官们拿着教鞭向各排介绍了岛上的地形特征和地标。佩里硫平坦的南半部是机场，两条跑道和一条滑行道组成了一个"4"字形，旁边建有宽大的柏油停机坪。登陆滩头在其西南海岸，分为"白一"滩和"白二"滩，还有"橙一""橙二""橙三"滩。岛屿北部主要是覆盖着稀疏灌木的石灰岩山。第1陆战师将要在D日建立滩头阵地，D+1日拿下机场并将岛屿一分为二，在D+2和D+3日席卷北部山区。计划就是这样的。

第1陆战师的师长是威廉·H.拉佩图斯少将，瓜岛战役时他是副师长（师长是亚历山大·范德格里夫特），率领一部分部队打下了"铁底湾"（艾恩博特姆海峡）北面的图拉吉岛。拉佩图斯确信佩里硫之战将会是一场血腥却短暂的战斗，就像之前在中太平洋上登陆吉尔伯特群岛的塔拉瓦、马绍尔群岛的罗伊-那慕尔一样。他预计登陆前的大规模轰炸和炮击将会消灭众多日本守军，摧毁他们的工事，甚至迫使幸存者放弃抵抗。如果他没猜错的话，敌人步兵将会发动自杀式的"万岁冲锋",陆战队员们就可以用步枪和机枪火力将他们放倒。开往帕劳群岛的途中,拉佩图斯豪情万丈,他告诉下级,希望有人能把守岛日军指挥官的武士刀带来给他。

美国陆军第 81 步兵师("野猫师")也在开往佩里硫,他们将停留在海岸外的运输船上担任预备队。全盘指挥"僵局"行动的是第 3 两栖军军长罗伊·S. 盖格少将,一个月前他刚从霍兰·史密斯手中接过这一职务。盖格将决定是否需要将增援部队送上佩里硫,如果不需要,这些部队就会被投向西南方数英里外较小一些的安加尔岛。拉佩图斯不希望陆军出现在佩里硫,也不觉得这有什么必要。他告诉乘坐在他指挥舰上的战争通讯员:"这将是一次短期战斗,一次会有些艰难的'快动作',持续 4 天,最多 5 天。"[4]

9 月 14 日,也就是 D-1 日晚上,第 1 陆战师的官兵们早早上了床。但大部分人都没怎么睡。在这种拥挤闷热的地方,睡个好觉从来都不是什么容易的事,何况许多人还过度紧张,肾上腺素过度分泌,连眼睛都闭不上。凌晨 3 点,士官们穿过住舱,把陆战队员们从吊床上摇醒。大家起床开始 D 日的例行洗漱——刮胡子、洗脸,最重要的是蹲个厕所。官兵们排着长队洗脸或洗头,水壶里装满水,带上三天的野战口粮,穿上了战斗服——这是一款绿色的粗布制服,胸袋外缝有黑色的陆战队标识。船员们送来了传统的"死刑犯早餐",牛排和鸡蛋,但是许多陆战队员没有食欲,一口也没吃。他们把私人物品塞进帆布水手袋子里,打成 U 形包袱,交了上去。机枪对海面进行了试射。一罐罐黑色和绿色的皮肤迷彩色被发了下来,人们把它们抹在自己的脸上和手上。

在破晓前的夜色中,他们来到了甲板上,听着舰炮射击时的轰鸣，看着北方海平线上闪起的火光。炮弹带着沉重的啸叫声从海面上掠过，飞向远方，但远方的闪光并不总能和这些声音节奏一致。随着船只开向岛屿，爆炸愈加明亮，声音越来越响，爆炸的频率也越来越高。一名水兵还联想起了"落基山脉的夏日暴雨"。[5] 随着东方曙光初露，晴朗的蓝天渐渐显现了出来，目力所及之处万里无云——但是佩里硫岛却已被浓烟烈火笼罩，出现在人们眼前的只是一个模糊不清的紫色轮廓，其中一端稍稍隆起。在浓密的烟雾中间和上方是几乎持续不断的橙色爆炸和带着黄色烟雾的粉红色闪光。现在起，每个人都能看见岛上被炸碎的椰子树和岛屿中部高地上象牙色的尖削山岭。"波特兰号"巡洋舰上一位炮术军官用双筒望远镜仔细观察了那座石灰岩山岭，他觉得它如同一扇开了一条缝的钢门，每一次炮击，就像是门被砰的一声关上。他让舰上的 8 英寸舰炮拿这座"钢门"练练手，向它打了几发炮弹，却无法摧毁目标。他说："你就是把整个匹兹堡的钢铁全部砸上去，也打不掉它。"[6]

和其他两栖战部队先前多次经历过的一样，陆战队员们被眼前的场景震撼了。即便距离战列舰和巡洋舰尚有半英里之遥，人们彼此说话都得大声吼，否则声音就会被巨炮雷鸣般的炮声所掩盖。第 1 陆战师此前进行过两次两栖登陆战——瓜岛和新不列颠岛——两次登陆时都没有遇到抵抗。这次会是第三次吗？他们已经听了足够多关于塔拉瓦、塞班和关岛登陆战的事情，知道表面现象是具有欺骗性的，但他们还是不知道佩里硫岛上的敌人怎样才能在如此凶猛的炮击下幸存。在登陆前的几个小时里，海军舰炮向岛上发射了 1 400 吨弹药。这幅毁天灭地的景象自然令战士们情绪激昂。有人说："你根本想象不出还有东西能活下来，所以我们开始感觉良好了。"[7]

另一个人想知道"我们到那里时，岛还在不在"。⁸

在一艘运载着第 1 陆战团部队的坦克登陆舰上，扩音器里传来命令声："现在所有陆战队员前往下船点！"⁹人们立刻背上背包，摸摸看武器是不是宽松地挎在正确的地方。他们排成一列走下楼梯，来到坦克甲板上，这是一处灯光刺眼的封闭空间，挤满了两栖车。两栖车的发动机启动后，发出刺耳的轰鸣声，蓝色的废气立刻在舱内喷涌出来，令人窒息。陆战队员们爬上指定的两栖车，在座位上坐好。他们被废气熏得睁不开眼，但呼吸却是躲不掉的，有人开始恶心想吐。"豆大的汗珠从我们脸上流下，我们的夹克也都湿透了，紧贴在身上，"第 1 陆战团 3 营 K 连连长乔治·P. 亨特上尉回忆道，"虽然大风扇在我们头上转，废气还是向我们涌来。我的手心开始发热出汗。"¹⁰亨特甚至怀疑他的人会不会还没见到敌人就被毒死。但是接下来，登陆舰蚌壳式的舰门打开了，钢质跳板伸出去，放下来，第一排两栖车猛地前倾，开动了起来。它们开上跳板，开到海中，乘客们终于又呼吸到新鲜空气了。

坦克登陆舰排成一长排，舰门打开，跳板像长长的钢舌头一样伸入海中。挤满了人的两栖车随着波浪起伏，等候着向海滩进发的信号。海浪从车辆侧壁上方涌进来，把人们浇透。很快，数百辆两栖车开始在出发线后方绕圈子。没有风，空气中蓝色的废气越来越浓。海军的巡逻艇在登陆车艇中间忙碌穿梭，艇员们忙着设置浮标，通过大喇叭喊出指示。战列舰们则继续向岛屿开火，炮口下的海水被吹起一道道大浪。在一轮接一轮的齐射声中，车艇上的陆战队员们仍然要吼着说话才能听得见。早晨 8 时 30 分，按时间计划，第一轮出击的命令下达了。

两栖车的驾驶员加足油门，车身前冲，骑到了浪尖上，发动机喷出扇形水雾。其他车上的陆战队员们挥舞着拳头大声鼓励这些第一批离开出发线的战友，不过发动机和舰炮的轰鸣遮蔽了他们的声音。舰炮射击进入了一个新的阶段：火箭弹从人们头上呼啸而过。重炮射击的声音如同击打着天堂之门，而火箭弹从头上掠过时那声音就像是货运列车开过。驾驶员换挡时，变速箱开始剧烈地震动，连车体都摇晃了起来。这些两栖车逐渐开到了7节的最高航速，开始全速前进。人们从车体前部看过去，小小的佩里硫岛完全被浓烟和烟尘所吞没——他们常会瞥见F6F"地狱猫"战斗机在海滩上空低空盘旋，喷射出橙色的曳光弹，或者舰载俯冲轰炸机从头顶上方直冲而下，把炸弹扔在看不见的目标上。

当两栖车靠近礁盘，人们发现日军开始反击了。火炮和迫击炮的炮弹落在两栖车周围，掀起令人终生难忘的巨大水柱，这些水柱截住了上午的阳光，瞬间把它变成了七色彩虹。敌人看不见这些两栖车，他们只能从烟幕后面盲射。被击中的车辆并不多，但是这些炮火却证明敌人还活着，战斗力几乎完好无损。海滩此时仍然躲在浓烟烈火之后。"看起来就像是一座巨大的火山从海底爆发，"20岁的二等兵尤金·B. 斯莱奇回忆道，"我们不是在开向岛屿，而是被卷入了一个燃烧的深渊。"[11]

接近礁盘时，履带式登陆车队慢了下来。它们颠簸着，履带撞上珊瑚礁时车头会猛地扬起，车身摇晃着从珊瑚礁顶上缓缓碾过。车里的陆战队员们被抛了起来。他们没法继续坐着了，不然尾椎骨就会被椅子撞断，于是他们只好蹲下来，互相搀扶保持平衡："我们抓牢，摇晃，嘴里咒骂着。"[12] 许多履带式登陆车上都装有75mm

轻型榴弹炮，它们开始向海滩还击，当然也一样是盲射。进入礁盘后，这里海水很浅，显出一片绿色，水底的沙滩从车体舷外清晰可见。眼前的一片迷乱之中渐渐现出了被掀翻、炸碎的椰子树的影子。此时，银盘般的太阳高挂穹苍，无情炙烤着大地。

当第一批两栖车爬上橙滩海岸时，舰炮炮击给地面带来的震动开始向内陆推移。两栖车履带压上了沙滩，发动机开始加速，车辆向海滩开了一段后停下来。车辆的尾门"砰"的一声放下，士官们吼道："我们走！"于是陆战队员们纷纷从车体后部涌出，然后掉头向海滩前方冲去。机枪和步枪火力不停地从看不见的树林深处射来，子弹打在地上噼啪作响，从人们耳边"嗖嗖"地飞过。敌人的重武器也在开火——他们也有直瞄火炮和野战炮。不少第一批登陆的陆战队员在开阔的海滩上战死。其他人纷纷冲进椰子树林寻找最近的掩护——躲在树后，躲进弹坑，或者就地卧倒。高悬在这些人头顶上的是已被熏黑和炸得支离破碎的椰子树，他们眼睛和嘴里进了沙子，鼻子里满是硝烟的气味。这块地方已经被弹坑、倒下的椰子树干、四处散落的大块泥土搞得乱七八糟。凌乱不堪的地形地貌不仅掩护了向前推进的陆战队员，也掩护了日军狙击手。

军官和士官们吼叫着要战士们前进，他们必须离开滩头，为后续批次的两栖车和登陆艇让出位置。于是他们剪开铁丝网障碍，在隐蔽处之间跳跃前进。许多人被敌人狙击手打倒。在椰子林的深处有日军的机枪阵地、木头射击掩体和长长的反坦克壕沟。面对这些，陆战队员们只能全力冲刺，发动正面突击，"就像一群印第安人那样吼叫"——美国版的"万岁冲锋"。[13]

佩里硫岛，1944年9月—10月

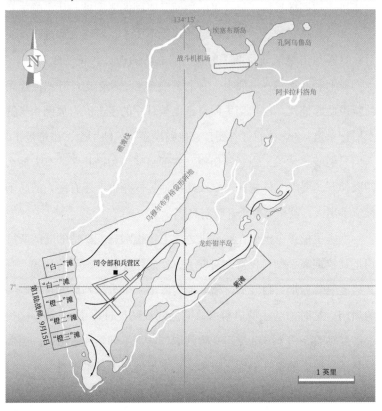

亨特的连在白滩北端登陆，那里有一座岩石海角伸入海中大约
200 码 *。日军在海角南面的岩壁上建造了坚固的碉堡和巧妙隐蔽的
暗堡。一门布置在无法通行的射击阵地上的 47mm 反坦克炮一连击
毁了几辆还没有来得及抵达海滩的两栖车。K 连的陆战队员们发现

---

*　　1 码 ≈ 0.9 米。——编者注

自己正身处冰雹般的直射火力之下，没有任何藏身之处可找。他们只能拼命挖掘散兵坑，但这里的地面是坚硬的珊瑚礁。从半晌午开始，天气就越来越热，现在已经让人受不了了，所有人都是汗流浃背。日军迫击炮渐渐找准了射程，陆战队的伤员数量便激增起来。他们横七竖八地躺在海滩上，看上去根本来不及运走。呼叫医疗兵的喊声此起彼伏。但担架手们自己也被日军的狙击火力放倒。亨特上尉记录道："伤员们打着绷带、血肉模糊、残缺不全，恐怖极了，人们只能咬紧牙关，强忍着伤痛，痛苦地呻吟和挣扎着。有人要么四肢伸开，要么身体扭曲，要么绝望地等候死亡。还有些人的肠子都流了出来，甚至被整个开膛剖腹。"

烟雾手榴弹令他们在致命火力之下稍得喘息。亨特的陆战队员们把几枚烟雾手榴弹投掷到岩壁下方，遮住了日本炮手的视线，令其只能隔着白烟盲目开火。随后他们派出一个班绕到后方封锁碉堡的后门。这时一名手持肩射火箭筒的陆战队员打出了幸运的一击：火箭弹贴着一门47mm反坦克炮的炮口钻进了碉堡的射击口。黑烟立刻从石壁上的射孔里涌了出来。岩壁里传来了日本人身上起火时的惨叫声，三名敌兵从后门冲了出来，守在这里的那个班立刻结束了他们的痛苦。

到上午10点，美军三个步兵团已经在2 500码的一长串海滩上了岸。《生活》杂志的一名画家兼战争通讯员汤姆·利跟随第二批登陆部队登上了橙滩。此时日军的迫击炮和火炮火力仍然和一个小时前第一轮登陆时一样密集。海滩和浅水里满是燃烧的或是动弹不得的两栖车，陆战队员们脸朝下卧倒在海滩上，"就像老鼠一样蜷缩着"。利躲进了一个弹坑，迫击炮弹在附近沙滩上爆炸时他就会

诸神的黄昏：1944—1945，从莱特湾战役到日本投降

把头低下来。回望大海方向，他看见陆战队员们踏浪前行，步枪举在头上，身边不断溅起白色的水花。他看见几个人被打死："有一个人看起来被炸得粉身碎骨，我清楚地看到他的头和一条腿飞到了空中，太可怕了。"[14]

利没有把他的画板带到岛上，但是眼前这一幕定格在了他的脑海里，终生难以磨灭。后来他为《生活》杂志创作了几幅素描或油画，包括一幅题为《代价》的震撼人心的画作，画面描绘了一位遭受致命伤的陆战队员临死前在海滩上蹒跚前行的场景。他的左半边脸已经血肉模糊，"他弯着腰，跌跌撞撞地发疯似的向前走时，一只胳膊仅存的碎肉如同棍子一般垂了下来。还算完好的另半边脸上露出了我所见过的最可怕的绝望无助的忍受神情。他倒在我身后，在白色的沙滩上染出了一片红色"。[15]发表这幅画作几个月后，抱怨声和退订单洪水般涌向《生活》杂志。有人指责利在画作中夸大事实，对此他愤怒地反驳说，他画的正是自己看到的真实场面，一点不多，一点不少。

在海滩旁的一片椰子林里，利看到了一个被指定为临时野战医院的大弹坑。医疗兵们每四人抬着一副担架不断来到这里，把担架在地上排成一排。血浆瓶被挂在炸断的树桩上。医疗兵们忙着给伤员注射吗啡，打止血带。一位牧师一手拿着水壶，一手拿着圣经。"看得出，他被伤员们的痛苦和死亡深深地触动了，"利写道，"他看起来非常孤独，只有上帝与他同在，他俯下身来陪伴这些远离家乡、筋疲力尽的人。医疗兵们在死者灰暗的脸庞上盖上披风、衬衫、布块或任何能找到的东西，把他们抬到海滩上的一处防水棚下排成一排，等候掩埋。"[16]

现在，美军在岛屿西南侧海岸上夺下了一块 2 英里长，平均纵深约 500 码的滩头阵地。排雷组挖出了那些没有爆炸的日本炮弹。人们带着成卷的电话线，随意铺设在海滩旁被炸弹翻开的地面和烧焦的灌木丛上。到处散布着战斗留下的痕迹，一堆堆被丢弃的背包、头盔、步枪、箱子、衣服和橡胶救生圈。日本人挖掘的一条长长的反坦克壕沟现在成了第 1 陆战师的指挥所。第 5 陆战团及其各营的指挥所也设在附近。D 日一整天，这些区域都持续遭到迫击炮火力的猛烈轰击。一个营指挥所（5 团 3 营）被炮弹直接命中，营长和几名参谋受伤。

师长仍然在努力勾勒岛上战事的准确图景。无线电员联系不上最前方的部队，无休止的炮击毁坏了野战电话系统，传令兵们不得不在暴露地形上跑来跑去，许多人或死或伤。拉佩图斯将军投入了他的预备队营，然后告诉幕僚们，他已经"竭尽全力了"。当战报传来，他的幕僚们统计出 D 日当天全师的伤亡是 1 111 人，至少209 人战死。[17]

夜幕降临后，海岸外的军舰打出带着降落伞的照明弹和信号弹，保持对交战区域的不间断照明。在鬼魅般橙色和黄色光芒的照耀下，大地笼上了一层恐怖的面纱，宛如异境。黑影摇曳舞动，被炸倒的树木留下的歪歪扭扭的树桩戳在地面上。这一切令外海军舰上的一名水兵联想起了"月球表面"或者是"我在照片上见过的第一次世界大战堑壕战战场上的无人地带"。[18]日本人一刻也没有消停，一会儿用火炮和迫击炮来一阵炮击，一会儿又派出渗透人员或小部队发动进攻，持续不断，直到天亮。K 连坚守着滩头北翼的岩石海角，手指放在扳机上，仔细听着一切可能预兆着新一轮进攻的声响："吼叫声、沙沙声、含糊不清的人语，抑或是脚踏在石头上的声音。"[19]一旦发现这样的响声，陆战队员们即便看不见也会投几枚手榴弹过去。佩里硫岛上的日军士兵们没有草率发动"万岁冲锋"涌上来，而是利用隐蔽处向前跃进。他们打得很精明，如果攻守角色对调，陆战队也会采取和他们差不多的进攻战术。"日本鬼子们在岩石中间时隐时现，"亨特回忆道，"我能看见他们扁平的棕色头盔。有时候我们很难把他们和自己人区分开来，他们行动太快了。"[20]看不见的狙击手从高大椰子树的顶上射击，打中了那些低着头、自以为已经脱离敌人火力射界的陆战队员。一整晚，敌人从三个方向不停地袭来，K连的官兵们一刻也不得休息或喘息。"数不尽的爆炸、呼啸的子弹、在头顶上呼呼响或者砸在石头上的弹片、沙哑的吼叫声，以及尖声大叫的日本人，使战斗成了惨烈的混战。"[21]

16日破晓前一个小时，地面摸上去仍然在发热，温度大约为27摄氏度。机场上笼罩着一层薄雾。当太阳升起后，雾气很快消散，热浪滚滚而起，地面的景物都被扭曲。这天，阴凉处的气温达到了40摄氏度，但对于佩里硫岛上的绝大部分陆战队员来说，就连这种阴凉都是难以企及的奢侈。空气湿热而无风。汗水从人们脸上流下来，在迷彩涂料上留下一道道沟痕。灰色的珊瑚沙粘在汗水和油彩涂料上，令他们看上去仿佛戴了一层象牙色的面纱。

大部分陆战队员登陆时都会带上两壶饮用水。到第二天时，水壶基本都空了，就算没空也所剩无几。一个排在机场边缘的一个大坑底部找到了一汪浑浊得像牛奶一样的水，里面全是沙子，但人们太渴了，顾不得这么多，先喝再说。7点刚过，几辆卡车把装在

5 加仑 *水桶里的水送到了前线，人们纷纷把手中的搪瓷杯伸进去舀水喝。这些水颜色有些发红，闻起来有一股燃油味，水面上还漂着蓝莹莹的油花。R.V. 伯尔金回忆道："人们喝一口就把它吐了出来，有些人把它喝了下去，几分钟后就会呕吐。有些人甚至一上午都忍着不喝水。"[22] 他们后来才知道，储备的淡水是被装在 55 加仑油桶里运上运输船的，有些油桶没有清洗干净。

第 5 陆战团的任务是穿越机场，到达佩里硫岛的东部海岸。当他们准备前进时，机场正北面一座陡峭的岩壁出现在了他们眼前，有人将这座令人畏惧的石山称为"血鼻岭"。自从前一天登陆以来，日军就一直从这座山上向美军倾泻火炮和迫击炮火力。有人说自己能"感觉到"高大山顶上那些看不见的敌兵的眼神，这令他们感到无助。

10 点刚过几分钟，出击信号来了。陆战队员们纷纷站起身，向机场中央冲去。他们就像训练时要求的那样分散开来，彼此保持8 到 10 英尺间隔。他们全都低着头，跑得很快。火炮和迫击炮的炮弹在他们身旁爆炸，但他们不会停下脚步，因为他们知道静止的目标更容易被打中。爆炸把大块的泥土掀起来抛向空中。冲刺时，弹片和炸飞起来的珊瑚碎块如雨点般落在人们身上。硝烟和灰尘钻进了他们的眼睛、鼻子和嘴里。伯尔金下士回忆道："所有的东西都向我们打来——迫击炮、大炮、机枪和步枪。你能听见身边满是弹片和子弹的'嗖嗖'声和'啾啾'声。我们就像早餐桌上的虫子那样无遮无拦，我不停地喊：'快跑！别停下！'"[23]

---

*   1 美制加仑 ≈ 3.8 升。——编者注

            诸神的黄昏：1944—1945，从莱特湾战役到日本投降

斯莱奇看到自己周围不断有人倒下。烟雾遮住了他的一部分视野，这令他深感庆幸。他脚下的大地似乎在摇晃，耳边满是嗡嗡声。巨大的爆炸声似乎越来越近，越来越多：

> 我感觉自己飘浮在某个虚幻的风暴中央。日本人的子弹打在地上噼啪作响，曳光弹从我腰部两侧飞过。这些致命的轻武器火力在爆炸的炮弹面前就显得不起眼了。爆炸和横飞的弹片撕裂了空气。成块的珊瑚礁被炸飞，砸在我的脸上和手上，钢铁弹片砸在坚硬的石头上，如同冰雹落在城市的街道上一般。炮弹四处爆炸，就像巨大的鞭炮一样……我们冲得越远，情况越糟糕。巨大的声响和嗡嗡声就如同铁钳一般钳住了我的耳朵。我咬紧牙关，振作起来，做好了随时被打倒的准备。看起来我们没有人能冲过去。[24]

机场就是个被炸平了的垃圾堆放场，四处堆放着一百多架被熏黑的日军飞机的残骸。所有建筑都被炸毁，但是成堆的废墟和混凝土墙的残垣断壁仍然掩护了敌人。无论计划是什么样的，陆战队员们在接近这些位置时都不得不停下来寻找掩护。一停下来，他们便体会到了炎热天气的可怕。他们的战斗服完全被汗水浸透，靴子里也满是汗水。有几个人还中了暑。他们的脸庞干枯而发红，如同身处严寒一样浑身颤抖着。斯莱奇躺下来，一只一只地抬起脚："汗水实际上是从每一只鞋子里泼出来的。"[25]

5个小时的机场血战之后，第5陆战团的第一梯队终于在下午3点抵达了东部海岸。他们背靠海滩，在红树林沼泽中构建了一个半圆形阵地，准备迎接接下来一整夜躲不掉的炮击、步兵进攻和渗透。

到9月16日，也就是D+1日下午，橙滩已然是一副海运物资堆放场的模样。滩头管理人员已经接管了这里，大批物资、装备、车辆通过浮桥源源不断来到岸上。[26] 指示上岸物资堆放地点的指示牌也被钉在了地上。橙滩的不少地方挤满了板条箱和车辆，只有走路才进得去。战死的陆战队员们被排列在海滩上，眼下掩埋组只能摘下他们的"狗牌"（身份识别牌），把他们埋葬在长长的壕沟中。数百具日本人的尸体大部分都暴尸荒野。他们的口袋和其他财物都被搜了个遍，所有值钱或者有趣的纪念品都被拿走了。一位陆战队员回忆道："裸露的肚子上流着红色的血。那些还在身上的胳膊和腿奇怪地扭曲着……他们的眼球干瘪，陷进了眼眶里。"[27] 他们的皮肤开始变成褐色，苍蝇在身上飞来飞去。死者发出的恶臭很快变得比酷热更加可怕，陆战队员们急忙要来了推土机，好尽快掩埋死者。

拉佩图斯将军原本想在D日就上岸，但是他在训练事故中受了伤，脚上打着绷带，要拄拐杖才能走路。于是幕僚们劝他多等一天。D+1日，他来到岸上，接管了位于橙滩的师指挥所。他的情绪很好。第5陆战团已经拿下了机场，这是佩里硫唯一真正的战略资产，而且他们在机场中部的防线也已连成一体。拉佩图斯确信最艰难的战斗已经过去了，便电告盖格（他正坐镇外海的指挥舰上）自己不需要预备队了。于是盖格将军放出第81步兵师前往附近的安加尔岛登陆。拉佩图斯的建议和盖格的决定事后都将遭到严格的审查和批评。

战斗第三天，觉得胜利在望的拉佩图斯命令第1陆战团拿下机场北面的高地，也就是被他们称为"血鼻岭"的石灰岩山。在佩里硫的旧地图上，这里被标记为"乌穆尔布罗格山"。进攻路线只有一条狭窄的石质山谷，他们称之为"马蹄盆地"。从机场出发前往马蹄盆地需要经过一条弯弯曲曲的小径，小径两旁满是混凝土炮楼和碉堡的废墟。陆战队员们小心翼翼地推进，掩护自己的侧翼，进攻日军机枪手和狙击手藏身的碉堡残骸。这是一件缓慢而血腥的工作。高温和潮湿一刻也没放过这些人，他们常常要停下来等待运水车把 5 加仑的水罐送到前线来。障碍物和废墟被清理到一旁，好让坦克开上来。利看到了这个场景，他将这条路描述为"一条堆满了日本手推车、砸碎的弹药箱、生锈的铁丝和散落的装备的小道。各种伪装的陷阱令我们无法触碰其中的任何物件……日本鬼子的尸体就躺在他们被打死的地方，在两个碉堡里，我看到有些尸体只剩下了红色的碎肉，散落在被血染红的混凝土碎块和碎裂的原木中"。[28]

到这一天日终时，第 1 陆战团的前出巡逻队已经抵达了马蹄盆地的底部。他们并不喜欢这里的样子。布满岩石的谷底，每一寸地方都被能够相互支援的日军火力点或射击孔所覆盖。有些高居悬崖之上的火力点至少还看得见，但许多其他火力点则藏身于低矮的灌木丛之中。这样一座堡垒该怎样打？若要攀爬石壁前往某一个日军火力点，陆战队员们就会暴露于另一个火力点的致命打击之下。马蹄盆地只是个开头，后面还有一整条嵌在极其精巧的碉堡体系中如迷宫般难走的小道。穿过马蹄盆地，是一个接一个尖削的山岭。这些崎岖的地形先前长满密林，从航空侦察照片上看似乎是一些平缓的圆形山包。然而轰炸和炮击却把这里险恶的地形地貌暴露了出来：被硝烟熏得斑驳不堪的山岭、丘陵、山尖、山谷、急流峡谷和陷坑。陆战队在打开地图制订作战计划时，给每一处地形都命了名。马蹄盆地被东边的"沃尔特岭"和西边的"五姐妹山"，以及北面的

"五兄弟山"所俯瞰。与马蹄盆地平行的还有另一个山谷，被称为"野猫盆地"，山谷的尽头是一处被命名为"中国长城"的陡峭悬崖——翻过这个悬崖，是一处布满巨石的通道，称为死亡谷。整个战场只有大约 1 平方英里——但是对于在其中战斗的人们而言，这乌穆尔布罗格袋形阵地仿佛有一整个行星那么大，是一个无穷无尽、不可征服的喀斯特迷宫。

岛上的日本守军兵力达 1.1 万人，抽调自关东军的第十四师团。其指挥官是中川州男大佐，他是个满身勋章的"明星"指挥官，指挥这个师团的第二联队。当年早些时候马绍尔群岛突然陷落之后，这支部队便乘船从中国东北来到此地。东京方面并不指望佩里硫守军能够生还，也就没有制订撤离幸存者的计划。他们希望这些经验丰富的老兵在这座小岛上让敌人付出尽可能沉重的代价，然后战至最后一人。

5 月上岛之后，这些日军便开始不知疲倦地升级和扩大佩里硫的地下防御工事。中川大佐是"蜂巢"防御战术的领军人物，这一战术的要旨是在地下挖掘碉堡和隧道。日军预见到敌人将会获得绝对海空优势，并把所有地表阵地化为废墟，这位大佐便把其大部分部队留在山峦深处的洞穴里作为预备队。他的意图是，让美国人送上门来，在岛屿内部的高地上一决高下。这一"纵深防御"理念将使日军得以坚守更长时间，让进攻一方付出更为高昂的代价。

佩里硫比太平洋战争中的任何其他战场都更适合上述战术。岛屿的中央是一片山岭，其下是千百万年地质变化形成的巨大"蜂巢"状洞穴群。象牙色的岩石上覆盖着薄薄的一层泥土，刚好够生长出足以遮蔽洞穴入口和射击孔的稀疏植被——但是石质地面却无法挖掘，这意味着进攻方将很难在地上挖出散兵坑隐蔽自己。得此天赐，日本人又继续扩大和改良。到 1944 年 9 月美军登陆前夕，中川的大部分守军都已栖身于连接着超过 500 个天然和人工洞穴的地下迷宫之中。有些洞穴入口处装有和斜坡齐平的钢门，藏在伪装网或植被之下难以发现。有些洞穴很小，人们需要四肢触地爬着才能进来，而最大的地下洞穴却足以一次容纳一千人。坑道体系内装有木质楼梯、电灯、电话线、仓库、通风井、隔层楼板、食堂和烹饪设备、医院、指挥所和嵌入式碉堡。淡水存储在水箱里，足以对付长期围攻。坑道网络长达数英里，中川可以把他的增援部队从山体的一处调动到另一处，即便距离超过半英里，也不会有一寸路途暴露在敌人火力面前。在岩石深处，气温凉爽舒适，守军因而得以免受外面火炉般的炙烤之苦。

守军装备精良，补给充足。中川拥有 75mm 火炮、81mm 迫击炮、141mm 重型迫击炮、.50 口径机枪、高平两用炮、火箭发射器和藏在洞穴深处的各种充足弹药。许多时候，洞穴入口本身就是居高临下的射击阵地。重型火炮装在轨道上，可以通过地下通道在阵地间转移。弹药可以通过一台精巧的升降机和轨道车从弹药库里运出来。在大型洞穴的入口处，日军工兵在隧道侧壁炸开了很深的防炮洞，当洞口遭到敌人炮击时，部队便可隐蔽在此。日军还布置了隐蔽的通道和射击阵地，即便山洞被敌人攻下，日军依旧可以凭此威胁对手。

9 月初，佩里硫开始遭到美军第 3 舰队舰载机和陆军航空队 B-24 轰炸机的反复猛烈轰炸。轰炸机夷平了地面上的几乎所有设施，包括机场的所有附属建筑。在 9 月 6 日美军的战斗机清场中，飞行员们发现"空中没有飞机，找不到舰船，高炮也很弱，地面上也看不到几架能用的飞机"。[29] 数十架日机被摧毁，其中许多毁于地面。航母舰载机用炸弹、火箭弹和凝固汽油弹反复攻击机场和滩头工事。9 月 12 日，美军战列舰和巡洋舰出现在附近的海面上，开始向岛上倾泻高爆炮弹。炮击摧毁了登陆滩头尤其是机场周围大部分残余的建筑和碉堡。持续不断的打击逐渐烧毁或者清除掉了岛屿中央山区的灌木林，出乎预料的陡峭岩石地貌开始显现出来，珊瑚石锥和石柱组成了高大的峭壁，若非战时，这或许还会是美丽的风景。有一部分日军火炮开炮还击，但是并不多。

在设于一条山脊之下的指挥所里，中川大佐和北方另一座岛屿科洛岛上的日军指挥部还保持着无线电联系。他的指挥所很舒服、好用，建造得也很好。这座大山洞里装有精心制作的木质楼层和楼梯，一个冷藏库，中川和其他高级军官还有用隔板隔出来的舒适的卧房。指挥所配有办公桌、会议桌、文件柜、地图墙和通信设施。在这深藏地下的巢穴里，军舰巨炮炮击带来的震动显得遥远而模糊。轰炸和炮击造成的伤亡微乎其微，他们的大部分兵力都被保存了下来，他们准备在自己选择的地方，也就是高地上，迎击敌人。

第 1 陆战团的 4 个营向马蹄盆地发动了第一轮进攻。地形将他们的进攻限制在了一处大约只有 1 000 码宽的地段上，路线两侧都是高大山岭，还处于高处敌人火力的覆盖之下。陆战队员们在这块布满岩石的走廊里行动时往往需要攀登和爬行。他们不断遭到来自各个方向、不同类型和口径武器的攻击——步枪、机枪、手榴弹、

　　　　　　　诸神的黄昏：1944—1945，从莱特湾战役到日本投降

火箭弹、迫击炮以及野战炮。他们的挖掘工具完全挖不动这里的岩石地面，因此无法挖坑隐蔽。看不见的敌人从各处射击，一旦陆战队员还击，他们就会退入地下通道网络，再换个地方继续打。迫击炮打来的弹雨会从地面上掀起大大小小的珊瑚礁碎块，令炮弹的破片杀伤效果大增。而美军的坦克和其他装甲车辆则在巨石和石堆的阻拦下无法前进。

团长"大胸哥"刘易斯·伯维尔·普勒上校想要去占领高地，一次占领一个山头，即便付出沉重伤亡的代价也在所不惜。但是，如果守不住，那么即使拿下这些高地也没什么意义。9 月 20 日，埃弗里特·P. 波普上尉指挥的一个连（1 营 B 连）攻占了马蹄谷边缘 154 高地的山顶，结果发现自己暴露在了更高处日军阵地压倒性的交叉火力之下。这支部队只能卧倒在地面上，撑到夜幕降临，但是天黑后，日军步兵又发动了一轮接一轮的凶猛反击。这个连不光要用步枪、机枪、手榴弹来守卫阵地，甚至还要用上刺刀、匕首、石头，甚至是拳头。他们的人数锐减，伤员激增，弹药也不多了。拂晓时，他们还坚守在山顶上，但还能作战的只剩下了 8 个人。这些人别无选择，只能撤退，上级也只能同意。但是这个连还要把伤员撤下去，这着实困难，他们后来用绳子把伤员从山头上吊放了下去，战死的人则只能丢弃在原地。他们的尸体还要在热带的高温下暴晒两个星期，之后才能被运到海滩附近的墓地中埋葬。波普连队的悲惨遭遇只是个开头，随着美军深入日军袋形阵地，这样的战斗还会更多。

那些在太平洋多个岛屿战场上打过仗的陆战队员，一致认为佩里硫是最艰苦的。无情的赤道烈日照射在草木不生、月球表面般的象牙色珊瑚岩上，温度常常超过 43 摄氏度。在前线待了 3 天后，官兵们都成了半人半鬼的模样：嘴唇干裂，头发蓬乱，珊瑚沙粘在胡子拉碴的脸上。汗水流进原本已被阳光刺得睁不开的眼睛里。无烟火药爆炸时的酸苦怪味刺激着他们的鼻子和喉咙。由于成天爬山，他们的手掌破了皮，伤痕累累。无处不在的臭味令人躲无可躲：腐烂的尸体，变质的口粮，还有粪便。没有埋葬的尸体上滋生出大群蓝绿色的大苍蝇，烦扰着活着的人。每天傍晚都会突然来一场大暴雨，有时候是在晚上。无休止的火炮和迫击炮轰击更是无处可躲，即便是没有被直接炸死炸伤的人，也会在反复的震动中耗尽体力和精力。有时候火炮的轰鸣声会从傍晚一直持续到拂晓，想睡个囫囵觉都难——不过真正筋疲力尽的人即便是在 155mm 榴弹炮的炮口下也一样睡得着。斯莱奇排里的另一个人斯特林·梅斯说，这种炮声"就像是在你的双耳之间放了一条地铁隧道一样"。[30] 当炮声停下时，陆战队员们能听见夜色中传来日军伤兵和濒死者的哀号。他们呼喊着妈妈——无论哪个国家的人，临死的时候都是一样的。

在岛屿南部的低海拔地区，后方梯队的工兵和后勤部队已经开始努力把佩里硫改造成为前进作战基地了。三个海军工程营（绰号"海蜂"）在 D+3 日上了岸。他们用浮箱搭建了一个精巧的 1/4 英里长的栈桥，使得车辆可以直接开出坦克登陆舰，越过礁盘开上橙滩。到 D+4 日，机场和宿营区便已挤满了卡车和推土机。很快，海滩旁的椰子林里便建起了帐篷营地。"海蜂"们接到命令，要把主跑道延长到 6 500 英尺并升级路面质量，以便起降 B-24 轰炸机。[31] 推土机把日本飞机的残骸推到跑道外，卡车运走建筑废墟，运来砸碎的珊瑚礁，用来制作混凝土。乌穆尔布罗格山上的日本火炮和迫击炮仍打得到机场北部，因此工兵们不得不在炮火下工作，有时候旧的弹坑还没有填好，炮弹又飞来在跑道上炸开了新的弹坑。爆炸和来来往往的重型机械掀起了漫天尘土，工兵们不得不戴上面罩，免得被呛住。"在北面，血鼻岭的那一边，我能看见橙红色的火光，听见战斗的声响，就像连续不断的雷声一样，""海蜂"上尉查尔斯·S.麦坎德利斯说，"那景象宛如地狱。"[32]

9月19日，一支海军陆战队的F4U"海盗"中队来到机场，开始支援地面作战，轰炸附近山脊上的日军阵地。它们会投掷500磅炸弹和凝固汽油弹，投弹高度往往非常低。这或许是整个太平洋战争中最短的轰炸航程。这些"海盗"刚一起飞就立刻右转，低空飞越山上的敌人阵地，投完弹药后再次右转降落。轰炸过程通常持续不超过两分钟，飞行员甚至懒得收回起落架。

普通炸弹看起来对日军的地下阵地没什么作用，但凝固汽油弹就好得多，它至少可以烧掉残余的植被，把日军的火力点暴露出来。冻状汽油燃烧剂有时会从入口流进敌人洞穴，迫使日军后撤到他们地下坑道网络的更深处。

拉佩图斯将军没能搞清楚他的师所面对的全部敌情，他向盖格将军发出了不合时宜的乐观战报：美军现在牢牢控制了登陆海滩、东部海滩、东边的"龙虾钳"半岛，以及机场。第5陆战团各部正沿着岛屿西侧道路推进，遇到的抵抗轻微而零散。第7陆战团已经横扫岛屿南端，正在系统地猎杀留在这里的日军散兵。岛上日军余部绝大部分收缩进了日渐缩小的乌穆尔布罗格袋形阵地。拉佩图斯和他的师幕僚班子认为，再来一次大规模进攻就能拿下这里。他们满脑子想的都是保持进攻动能，拉佩图斯要普勒上校"赶快"动起来打破僵局。普勒是个因好斗而出名的勇将，他根本不需要劝，直接把这些要求传达给了各个连长，还把他第1陆战团团部的一部分人手派到了前线。这个团向马蹄谷发起了一次又一次冲锋，步兵跟在坦克后面，还有炮兵弹幕射击支援，却一次接一次在惨重伤亡后被打退。在佩里硫之战的最初8天里，这个团伤亡了1 749人，进攻部队伤亡率达到56%，其中第1营伤亡高达71%。付出如此可怕的代价之后，战果却乏善可陈，几乎未能向敌人据守的恶劣地形区前进一步。

9月21日盖格将军首次登上佩里硫岛，眼前的情况让他警觉了起来。拉佩图斯和他的师指挥部人员显露出了疲劳和动摇的迹象，但他们却不打算承认自己需要新的战术。在马蹄盆地底部的第1陆战团指挥所，许多指挥官看起来在体力、情绪和精神上都已接近崩溃，脸上透着憔悴和惊恐。普勒上校不怎么说话，显得有些紧张。他和他的幕僚们除了请求继续增兵，发动更大规模的进攻之外，也找不出别的办法。盖格得出结论，第1陆战团的使命已经完成，这个团的损失过于沉重，应当撤离前线。他决定投入一部分预备队——陆军第81步兵师的一个团级战斗队。拉佩图斯立刻跳起来反对，但盖格主意已定，不容更改。他命令普勒的陆战队员们准备登船撤离，并要求那支陆军团登陆佩里硫。

9月21日，尤金·斯莱奇的K连（5团3营）沿西部道路行军时，遇到了从道路对侧走来的第1陆战团的纵队。斯莱奇立刻看出那个团已人数锐减。"第1陆战团原来的一个连看起来像是排，"他写道，"排看起来像班。"[33]和斯莱奇同在一个队列里的斯特林·梅斯也有同感。这是个被打得支离破碎的团，只要看一眼他们的脸，

　　　　　　　　　　　诸神的黄昏：1944—1945，从莱特湾战役到日本投降

就足以知道佩里硫比自己部队此前到过的任何地方都更可怕。那些从马蹄谷下来的弟兄也看着他们，"眼睛却盯着远方……他们看起来很可怕，汗水在破烂的军服上留下白色的盐渍，脸上胡子拉碴，被硝烟熏得黑一块白一块，浑身血迹，憔悴疲惫"。意识到自己的团可能会前往同一座山，梅斯忽然觉得，他们或许瞧见了"未来的自己"。[34]

《生活》杂志的战地画家汤姆·利画了一幅肖像，描绘了前线血战后刚刚回到橙滩附近宿营地的一位陆战队员。"战争疲劳症"这个术语正是在这一时期进入了军事医疗学的词典，而利笔下的这个人恰好表现出了其症状。他看起来憔悴、疲惫而恐惧，瞳孔扩大，嘴巴张开，两眼无神。这是一幅令人伤心欲绝的悲惨肖像，堪比爱德华·蒙克绘于1893年的油画《呐喊》。利这幅画作名为《2 000码的凝视》，发表于1945年6月号的《生活》杂志，至今仍是第二次世界大战中最著名（或许也是最声名狼藉）的艺术作品之一。

佩里硫岛D日之后第8天，"僵局"行动愈加名副其实了。日军击退了向其山岭中的"口袋"发动的每一次协同进攻。而由于占据着高地，他们又能够以一阵阵的迫击炮和炮兵火力袭扰机场，他们确实这么做了。海军巡逻队还发现，敌人援军利用驳船和小艇不断在岛屿北岸上岛。于是，师长坚持要拿下佩里硫北部，这意味着要强行通过西部道路，顶着炮兵和狙击手的火力拿下这里。于是，一个陆军团和一个陆战团开始沿着道路试探进攻。在一处被称为"狙击手老巢"的地段，乌穆尔布罗格山的陡峭悬崖一直延伸到海边，将美军部队挤压到一处狭窄的通道中，其一侧是红树林沼泽，另一侧则是敌人占据的高地。敌人狙击手从右边的山坡上开火，左边则是沼泽，数十名陆军和陆战队士兵阵亡于此。道路上都布设了地雷，由绊索和其他设计精妙的机关触发。这些障碍不可避免地拖慢了一切进攻的速度，但是控制西部道路是绝对必要的，拉佩图斯对部队的催促一刻也没停过。有鉴于马蹄盆地的血腥僵持，他希望能找到一条从北方进入乌穆尔布罗格袋形阵地的更有利途径。

9月23日，陆军第321团级战斗队从加莱科鲁村南边的出发阵地向山脊线发动了全面进攻。在外海战舰上舰炮火力的密切支援下，士兵们一开始取得了不错的进展。[35]利用灌木丛的掩护，他们向内陆突破了大约1 200码的距离，清除了多个山洞和碉堡，消灭了大约30名日军，拿下的地盘大大超出了他们的预期。这次突然进攻打了日军一个措手不及，这一部分日军防线上没有太多的兵力。然而，入夜后，日军还是发动了凶猛的反击，到9月24日日中时，攻过来的美军已经开始怀疑自己是不是一口吞得太多了。他们的战线已经推进到了山区深处，从海滩过来，需要穿越布满碎石的崎岖道路的补给线变得长而不可靠。弹药、淡水和口粮必须由人力搬运，穿过半英里长上爬陡坡下穿险谷的路线才能送到部队手中。日军的反攻很凶猛，火炮和迫击炮火力也丝毫未减。伤员要躺在担架上抬出去。在这样的地形上抬担架，可以想见伤员们遭受的痛苦，而且许多担架手也被敌人狙击手放倒。美军不敢把伤员留在身后交给敌人，否则他们一定会被虐杀。[36]

一如往常，入夜后日本人又来了，要么单枪匹马，要么三五成群。在万籁俱寂的夜晚，任何一点声响都会显得很大。亨特上尉记述了在佩里硫岛上那些压力大到几乎要把人神经绷断的夜晚："当一个人躺在洞穴里紧张地盯着眼前的黑暗，听着、闻着、等着、期待着，身边只有自己呼吸的声音，这样的寂静就会变得令人发疯，无生命的物体或许会慢慢站起来变成活物，静止的东西会动起来，微风摇动树叶的声音或许会变成有人在爬行的响动，战友可能会被当成敌人，敌人也会被当成友军。除非能有极其强韧的神经，否则那些看不见也听不到的东西就足以令人疑神疑鬼。"[37]有人真的发疯了，开始大喊大叫。这些人立刻被从前线拉了出来，因为不能保持安静的人会危及他的队友。执行夜间渗透任务的日军穿着帆布做的分趾踏板鞋，不会发出声响，他们用匕首、军刀或刺刀无声无息地发起攻击。伯尔金下士说，有天晚上，一个日本兵溜进了一座山顶上的一处射击阵地，勒住了他班里一名陆战队员的脖子。这个人立刻惊醒过来，把手指插进了日本兵的眼窝，把他扔下了悬崖。"我听见那个鬼子坠落途中一直在叫，从眼睛被插的那一秒直到他落到山下，"伯尔金写道，"我这一辈子从来没听过这么凄厉的叫声。"[38]

如同两个月前在塞班岛时一样，未埋葬的腐烂尸体上长出了黑压压的泛着金属光泽的蓝绿色大苍蝇。虽然这些东西更喜欢爬而不是飞，但空中仍然满是震耳的嗡嗡声。它们吃被丢弃的食物残渣，更恐怖的是，吃血和尸体；它们爬进人们的饭盒，飞到口粮罐里。它们懒而顽固，用手挥都挥不走，要用摇晃和拍打才能把它们从勺子和叉子上赶走。有了太平洋上其他屠杀场的经验，美国人已经预料到了这些飞虫的问题。于是农业部的专家乘飞机来到此地，在全岛展开灭蝇行动。海岸外运输船队的船舱里运载着数百桶"滴滴涕"农药，他们要把这些化学物质和柴油混合在一起，在全岛喷洒，尤其是要喷到尸体上。有超过300个消杀小组背着装有混合液的水罐，把它们喷洒在尸体、死水塘，以及"厨房、食堂和厕所"周围。[39]

装在卡车上的喷雾器喷洒了海滩周围的大部分区域。消杀组甚至还找到了在山区战场上喷洒杀虫剂的方法。一架 TBM "复仇者" 装上了汽油驱动的空中喷雾器，还装了一台飞机加油泵，用来把杀虫剂从机腹油箱里泵出来。这套系统一分钟能喷洒大约 100 加仑。这样，杀虫剂就被喷洒到了整个乌穆尔布罗格山区，对敌人和己方阵地进行无差别消杀，覆盖所有的活人和死人。这些努力明显减少了苍蝇的数量——但是想要消灭干净还是做不到。[40]

到 10 月第一周结束的时候，大部分前线官兵的忍耐都接近了极限。这三个星期对他们来说就如同三个月，甚至三年那般漫长。斯莱奇回忆中的佩里硫就像是 "一个恐怖的阴暗世界，随着战斗一拖再拖，伤亡与日俱增，想要离开似乎越来越不可能。时间已没有意义，生命也没有意义。激烈的搏斗把我们所有人都变成了野兽"。[41] 麦坎德利斯上尉将佩里硫形容为但丁眼中的地狱，许多在那里服役并战斗过的人也如此认为。但另一个更相似的场景是在 J.R.R. 托尔金的作品《指环王》中。就如同魔多的 "黑暗之地" 一样，这里的战场是一片邪恶，充满恶臭的废土——毫无生机，雾气缭绕，被高不可攀的尖削山岭所环绕。一支狡诈的半兽人军队深藏地下，他们能经由无处不在的地下坑道和洞穴网络在大山下面穿行。在对手看来，这些人和托尔金笔下的半兽人一样残忍，毫无人性。即便是这片邪恶地域的名字，乌穆尔布罗格，也像是来自中土世界的地图——就像托尔金小说中的中土之战一样，这场战争也必须要把敌人全部杀光才能赢得胜利。

登陆日当天，斯莱奇目睹过他连里一个老兵 "战场劫掠" 了一个死去的日本兵，掏走了他身上的值钱物品和纪念品，那时他还感到不齿。但是很快，他和第1陆战师的其他新兵就对更可怕的场面视若无睹。战场的大部分地方都无法在岩石地面上挖掘坟墓，因此尸体要在高温下停留数个星期，持续腐烂。它们膨胀、变黑，然后像烂果子那样裂开。斯莱奇的部队用大家都熟悉的尸体做路标，来标识防区周围的道路。"看着尸体一步步腐烂的过程是一件可怕的事情，从刚刚战死，到膨胀，到腐烂生蛆，到露出白骨——就像有一台生物的时钟在指示着一去不返的时间。"[42]斯莱奇亲眼看到一个年轻的陆战队员向一具碎裂而且积满雨水的日本兵头骨里扔石头来打发时间，"就像小孩子向家后面某条道路的台阶上扔鹅卵石一样随意；他的举动毫无刻意的恶意"。[43]

美军要冒着生命危险才能把己方的尸体从战场拖回来，埋葬到海滩附近。但这并不总能立刻做到。于是虐待敌人的尸体便成了双方都无法否认的恶行。斯莱奇记得他们曾经发现一具陆战队员的遗骸，尸体早已四分五裂：头和手被砍下来，生殖器被割下来塞进了嘴里。"我的情绪立刻变得异常愤怒，对日本人产生了前所未有的憎恨，"他写道，"从那一刻起，我不再对他们抱有一丝怜悯或同情，无论何时何地。"[44]那个时候日本牙医常常用黄金来填补缺牙，因此不少敌兵都镶有金牙。于是有些美国人就会从敌人尸体上"收获"这些值钱东西。斯莱奇就见到过一个陆战队员为了从一名日本伤兵嘴里拿金牙，用卡巴牌军刀把他的嘴活活割开：

由于日本人在不停地踢他的脚反抗，他的刀从牙齿上滑开，落进了受害者的嘴里。这个陆战队员一边咒骂着，一边把他的两颊割到了耳朵，用脚踩住他的下颌，又要去拔金牙。鲜血从那个兵的嘴里喷涌而出，他发出痛苦的叫声，拼命反抗。我叫道："别这么折磨他了。"但没有人理我。另一个陆战队员冲了过去，把一颗子弹打进了敌兵的脑袋，终结了他的痛苦。而这个浑蛋就像什么事都没发生一样，自顾自地拔他的值钱货。[45]

虐待和摧残敌人尸体是被明令禁止的。但是在那种混乱的环境下，在无止境的暴行中间，人们很难站在道德的立场上去指责他们。那些想要阻止战友恶行的士兵也自有办法。例如，他可以向战场纪律部门举报，或者告诉对方这么做会被逮捕并受到惩罚，或者以防止腐尸烂肉臭味扩散为理由。他可以警告对方，从日本人尸体上拔牙可能会染上危险的细菌。最后，他还可以指出，这么做会令他自己永远被家里人视为怪物。斯莱奇排里的另一个陆战队员一度随身带着一只日本人的手。他把它包裹在蜡纸里，装在背包中，想要在离开岛屿时带回家。斯莱奇和其他几个人都不同意。他们告诉这个人，军官会把他送上法庭的。这只手会把全船熏臭，让人心里发毛。最后，这个人还是不情不愿地扔掉了他的这件纪念品。"战争毁了我的朋友，"斯莱奇评价道，"他现在是个二十世纪的野蛮人，即便举止礼貌，他也还是野蛮人。令我颤抖的是，如果战争持续下去，我也会变成这样。"[46]

后知后觉的拉佩图斯终于意识到他期待的"激烈而短暂"的战斗落空了。这个乌穆尔布罗格袋形阵地是一个错综复杂的堡垒体系，与地形精妙结合，其设计目的就是要最大限度地给进攻方制造伤亡。敌人庞大的洞穴与隧道体系经历了数年的苦心经营，还得到了坑道工兵和排雷工兵的支援。现在，美军需要耐心和新的战术。战斗的最后阶段将会是痛苦的消耗战。进攻的进展很慢，而且断断续续，地盘只能一码一码地去夺取。美军出动装甲车辆开到山脊线上，向日军阵地还击。此举的主要目的是找到所有日军火炮和射击阵地的位置，并清除所有残余的植被。最终美军绘制出了整个战场的地图，包括最细微的地方，涵盖了每一处被探知的敌人火力点位置。一天的进展只能以五码或十码来计。或许陆战队应该把一门重炮拖到某一处新拿下的海角上，用钢缆索具将其固定住，之后这门新拉来的大炮就能对高山上那些麻烦的山洞入口或射击孔进行直射。155mm榴弹炮的威力足以一块一块地把山头啃掉——借助这些重武器的力量，他们开始逐步炸毁日军山洞的入口。

10月12日，师指挥部宣布战役的"突击阶段"结束。这份声明令仍在山区和敌人交战的部队嘘声一片。日本人还远远没有被打败，他们还保留着足够的战斗力，而美国人仍然在不停地死去。一名陆战队员说道："师指挥部的某些人应该到这里来，告诉那些该死的鬼子，突击阶段结束了。"[47]但是必须承认，残余的日军已经躲进了他们越来越小的袋形阵地，对于防线之外也难以再构成威胁。佩里硫南部的平坦地带作为前进作战基地已经开始运转。美国陆军航空队的轰炸机从这座机场起飞，前去支援对菲律宾的进攻，货轮也开始定期向这个岛上运送补给物资。到10月第二周的时候，日军的"口袋"已经收缩到了一片400码×800码的区域内，未受伤的日军士兵只剩下1 000人多一点。有些人半开玩笑地提议，陆战队应该在这块地区周围架上带刺铁丝网，插上一块"战俘营"的牌子。美军飞机在战场周围投下了传单，日语专家也开始通过大喇叭向日军劝降。然而应者寥寥。中川的司令部一定在山洞某处有一台印刷机，因为他们也印制了自己的传单回应美军，写给"可怜的不要命的扬基娃们"。这份传单用半通不通的日式英语告诉美国人，他们之所以被送到佩里硫来，是因为富兰克林·罗斯福需要用太平洋上的一场胜利来奠定竞选连任的胜局。他们指责美国人的战争手段卑鄙，发誓日军一定会赢得最后的胜利。传单原文如下，连同错误拼写和不当用词一并奉上：

> 大骗子卢斯福（Rousevelt），他明显为了总统竞选，出于他的政治野心，像对待机器人一样不仅驱使着可怜的尼米特（Nimmit），还驱使着马卡瑟（Maccasir）。就像这里，真可怜。一定会牺牲掉你们的付出。谢谢你们的劝降信。但是我们没有任何理由去向那些注定要在几天后被完全毁灭的人投降。告诉你们，对于你们毫无人性的进攻方式，你们的神会让日本军队向你们发动更多的报复性打击。再说一次，对于你们毫无人性，与军人精神相悖的进攻，你们将会得到一场极其严厉的打击。我们指的是残酷的打击。——日军[48]

陆战队被逐步撤出了前线，代之以陆军第 81 步兵师（"野猫师"）。10 月 15 日，当他们最终收到撤回帕武武的命令时，佩里硫只剩下最后一个第 5 陆战团还在岛上。他们乘坐卡车前往岛屿北端，那里已经为他们准备好了一个新的宿营地。他们把旧的军服和作战靴埋入地下，领了新的，小小享受了一把淋浴、帐篷，还有舒适的匡西特板棚房食堂里的热饭热菜。几天后，他们排队走下海滩，登上登陆艇，前往等候在近旁的运输船。佩里硫之战让三个陆战团丧失了战斗力，他们不得不花上许多时间，吸纳大量的补充兵重建队伍。

几天后，盖格将岛上所有部队的指挥权移交给了"野猫师"师长保罗·J. 米勒陆军少将。第1陆战师在战役中伤亡6 786人，其中超过1 300人战死。许多生还者都会长期生活在创伤后应激障碍的折磨之下，虽然这个名词当时尚未出现。哈尔西将军发出了一封电报，向他们的努力和牺牲致敬："谨以第3舰队全体向你们致敬。上锉高峰，下平山洞，消灭11 000名贼眉鼠眼的敌人，这是一项艰难的任务，干得极其漂亮。"[49]

在太平洋的众多战场上——最严重的是在塞班——陆军和海军陆战队不同的战术理念带来了严重的摩擦。盖格和拉佩图斯想要在把岛屿移交给陆军之前消灭日军的抵抗，可是没做到，深感遗憾。但是实际上，即使是在交给陆军之后，他们也是又进行了7个星期的艰苦战斗才把敌人从他们的山洞里挖出来。在乌穆尔布罗格恶劣地形上最后阶段的战斗中，"野猫师"展现了缓慢推进的围攻战术的好处。他们需要一条更宽、质量更高的道路通往马蹄盆地，以便把坦克、卡车、装甲推土机和重炮送到前线，于是便修了一条。他们让日军阵地不间断处于重炮炮击和空中轰炸之下，每天都要扔上去数吨的凝固汽油弹。他们设置了数不清的沙袋掩体以掩护步兵。这些沙袋在海滩装满沙子，然后用两栖车或其他装甲车辆送到前线。最后，陆军工兵甚至建设了一条空中滑道，其外观和功能都很像早期的滑雪场缆车，用于把沙袋从滩头直接运到山上。这些沙袋墙不断前推，越来越接近日军的射击阵地，有时候士兵们甚至会用棍子把沙袋顶在自己前方向前爬。美军逐渐封闭了日军洞口和火力点。

对此，日军报以一贯的高超技术、精明和坚定。即便"野猫师"占领了日军头上的山峰和山脊线，日军仍可能坚守着山体的内部。美军有时会听见自己下方的石头下面传来日本人的声音，或者闻到日本人做饭时的香气从看不到的通风口飘出来。被火炮轰塌的山洞口可能会从内部被炸开，随后一队日军士兵就会爬出来，从美军意料不到的方向发动进攻。由于夜间经常遭到小股部队袭击，于是陆军工兵便架起了泛光灯，保证战场如同白昼。沙袋堡垒向日军袋形阵地的中央不可阻挡地推进。美军还建了一条管道，柴油从海滩泵进去，直接倾泻到山洞口。"得益于一套接力泵和装在管道口上的喷嘴，我们达到了花园水龙带的喷射效果。白磷手榴弹则被用来引燃附着在喷洒区岩壁上和岩缝里的燃油。"[50]

1944 年 11 月 24 日，中川大佐向科洛岛上的师团指挥所发出了最后的无线电报告。他烧掉了联队旗。此时他手头剩余的人数已不足百人；他们要组成小规模的渗透组，发动最后一轮夜袭。中川似乎是搞了个仪式自杀了，但是没有任何亲见此事的人能活下来告诉人们真相。美军也没有注意到日军的最后攻击——实际上小股日军的袭击已经持续了几个月，而大几十个与主力失散的日军士兵还要在山洞里一直居住到战争结束之后。1947 年 3 月，对日作战胜利足足 18 个月后，一群由一名中尉指挥的 33 名掉队日军还在这里被人发现并被劝降。

佩里硫之战在美国国内没有引起什么关注，只有一部分简短报道出现在了报纸的最后几版上。这几个星期里，从欧洲战场传来的消息更加轰动并令人振奋：盟军解放了巴黎，正横扫法国，向德国推进。在太平洋方面，人们对于麦克阿瑟向菲律宾的推进更感兴趣。而帕劳群岛，即便按照太平洋上的标准，也是个遥远而且不知名的地方，人们搞不清这场战斗和其他上百次大大小小的岛屿作战有什么区别。在这场全球战事中，佩里硫之战从规模上看也不算特别大。但这却是一个里程碑，标志着一种新的战役形态，它预示了太平洋上即将发生的事情，尤其是后来发生在硫黄岛和冲绳岛上更著名的岛屿战役。站在美国人的角度，从伤亡比例来看，佩里硫是太平洋战争中代价最为惨痛的战役。在上岛参战的 2.8 万名海军陆战队和陆军官兵中，伤亡人数接近 40%，包括大约 1 800 人战死，8 000 人受伤。日军的 1.1 万名守军则基本全军覆没。就算是在一向对美军有利的杀伤人数对比方面——当然要考虑日本人不肯投降的因素——双方的伤亡比例也接近 1∶1。

中川利用他的地下坑道网络有效抵消了美军在舰炮火力和制空权方面的优势。他的部队基本避免了战术上徒劳无益的"万岁冲锋"，而是精心利用地形，在他们自己选择的战场上与敌交战。这些战术将在 1945 年日本近海各岛屿的战斗中以更大的规模再次出现。

从此，美军士兵开始把自己的敌人视为毫无人性的恶毒的虐待狂，欲将其连根拔起、彻底消灭而后快。但同时，这种发自心底的憎恨中却也夹杂着敬慕，敬慕他们的坚韧、精明、忍耐，以及在面对注定的失败和死亡时所表现出的毫不动摇的勇气。

"僵局"行动的第三个目标（在佩里硫和安加尔岛之后）是佩里硫东北 345 英里之外的乌利西环礁。这座长满椰子树的长方形沙洲环礁几乎正好位于关岛和帕劳群岛的正中间，能够被用作新的舰队锚地。乌利西的潟湖面积达 209 平方英里，足以容纳整个第 3 舰队及其机动后勤支援舰队。一旦拿下乌利西，此前 6 个月里一直扮演相似角色的埃尼威托克环礁就将降格为连接珍珠港和马里亚纳群岛的中转站。

日本人在几个月前就放弃了乌利西，因此美国人兵不血刃就拿下了这座大环礁。9 月 21 日，扫雷艇扫清了潟湖的主要入口并设置了浮标，陆军"野猫师"的一支侦察小分队登上了一座大一些的外围岛礁。他们受到了羞怯的波利尼西亚原住民的欢迎，这些人知道这些陌生人是日本人的敌人后便站到了他们这一边。这支前进分队立刻在环礁上四散开来，他们乘坐橡皮艇在岛礁之间跃进。他们找到了一些日军丢弃的设备，但没见到敌军。根据第 81 师的报告，他们只找到"两个日本人，都是死的"。[51] 到 9 月 23 日日落时，乌利西被宣布占领。

乌利西原住民的首领是一个成天醉醺醺的善良酋长，名叫"乌格王"。就和华盛顿的美国"大酋长"一样，乌格也因为脊髓灰质炎落下了残疾。于是他的下属用椰子树干和苇叶编织了一个宽大的轿子，抬着他走路。乌利西人散布在六七个小岛上简陋的原住民村落中，住在用劈开的椰子树干搭建的漂亮的棚屋里，地板上铺着柔软的席子，高大而倾斜的屋顶上覆盖着露兜树叶。男人和男孩们系着缠腰布，女人和女孩们则穿着草裙，所有人都会在头发上戴花儿，身上涂油。400 多年前，葡萄牙和西班牙的探险家最早发现了这些乌利西人，18 世纪初，基督教传教士开始来到这里。从那时起，当地人中就逐渐形成了独具特色的基督教文化：来自传教士的教义和行为规则逐渐和他们自己的古代传说和宗教传统相融合。到 1944

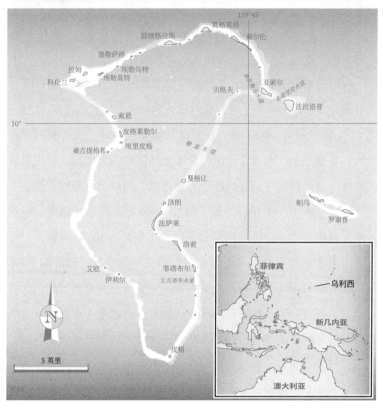

乌利西环礁

年，他们仍然沿袭着祖先数千年流传下来的生活方式：在潟湖中打鱼和在小块土地上种植芋头。他们乘坐手工制作的有舷外托架的独木舟航行和打鱼——在浪花中划桨，或者升起用席子做成的三角帆，"如同一群海鸥在潟湖美丽的蓝色水面上掠过一样"快速航行。[52]

一名海军民事官劝说乌格王把他所有的臣民搬迁到环礁南部的

一个岛上，作为回报，占领军将在战争期间为他们提供粮食、医疗服务和其他需要的物资。犹豫了一番后，乌格同意了。美军还建立了巡逻线，不允许自己人未经允许接近原住民居住区："事实证明，这些步骤有效防止了我们的部队侵扰原住民。"[53]

时间很紧。第 3 舰队在 9 月底就要来此停泊，根据新的在 10 月进行莱特岛作战的时间计划，他们没有时间返回埃尼威托克。于是，第 51 工程营的第一梯队刚一下船就开始分成两班，12 小时一班连轴转，日夜不息。海滩管理组设置了上陆区和物资堆栈。栈桥也很快建好了，他们把浮箱装满沙子和珊瑚礁，然后沉入海底，锚定于此。短短三天里，工兵们卸载了超过 3 000 吨各种补给物资，包括淡水、口粮、燃油、医疗物资和弹药，还有大约 300 辆车辆，包括卡车、推土机和半履带车。他们用汽油机带动的锯子砍倒椰子树。树桩和树根被用炸药炸掉，垃圾则被运到了机场跑道和道路两旁清理出来的地方。卡车把砸碎的珊瑚礁运来倒进混凝土搅拌机。一队喷吐着废气的柴油推土机开始在法拉洛普岛原有的日军飞机跑道上施工，延长、拓宽，铺设路面。一套预制的钢质油罐组通过 5 条管道连接到了一个加油码头上，一块海滩突然变成了混凝土水上飞机坡道，椰子林中突然矗立起一座空中交通管制塔，机场外围也出现了用珊瑚礁做的滑行道、停机坪和停车场。一座名叫莫格莫格的岛被指定为舰队的休闲娱乐区，这里很快就会建起一系列棒球场、篮球场、烤肉炉、露天剧场和数个食堂。勤务和后勤船队将不得不自己从埃尼威托克开过来，航程超过 1 500 英里。这是一段漫长而危险的航程，因为勤务船在海上的航速不会超过 12 节或 14 节，驳船和干船坞更是只能以 6 节的速度拖行。

　　　　　　　　　　　　诸神的黄昏：1944—1945，从莱特湾战役到日本投降

10月1日拂晓前，两支航母特混大队鱼贯驶入潟湖，在北部锚地下锚：这是博根将军的第38.2大队（包括哈尔西的旗舰"新泽西号"）和谢尔曼将军的第38.3大队。这大约是第38特混舰队的一半兵力，一支由60艘涂着蓝灰色迷彩、装有高大桅杆的钢铁战舰组成的庞大舰队。在它们的巨大体形面前，一旁的小岛都相形见绌。这天早晨，"海蜂"部队的麦坎德利斯上尉起床走到了海滩上："我走出椰子树林，向潟湖看过去，我简直不敢相信自己的眼睛。那里满是战舰——大大小小，各种类型。航母、战列舰、巡洋舰、油轮、驱逐舰，10条或12条潜艇，等等，全都平静地停在锚地里。他们是在夜间溜进来的。我不知道它们怎样才能如此安静地开进来，之后我就意识到我们为什么要来到乌利西了。这是个巨大的掩蔽场所，强大而庞大的美国特混舰队将会在此集结。"[54]

舰队计划在锚地里进行为期数天的休整和补充，但这没能实现。10月2日，就在舰队开进乌利西的第二天，即便是在潟湖的封闭水域里，海况也开始恶化，物资装载变得很难。气压骤降，舰队气象专家发出警告，台风将至。就和中太平洋的其他环礁一样，低矮的岛屿无法在风暴面前为舰队提供太多的保护。哈尔西将军只好不情不愿地率领舰队回到海上抵御风暴。10月3日，两支特混大队开始在滔天巨浪和速度高达50节的狂风下左摇右晃。10月4日早，他们通过穆盖水道重回环礁时，才发现风暴把65艘希金斯登陆艇和14艘机械化登陆艇（LCM）抛到了岸上，大部分都已无法修复。但是时间不等人，舰队必须重返大海，发动另一轮航母空袭，以支援即将开始的莱特岛登陆作战。第3舰队还有许多答应过的事情等着去做。[55]

10月6日下午，两支特混大队重新回到了海上，跟在台风后面向北驶去。他们将在海上和第38特混舰队其余部分会合，之后开往日本和台湾岛之间的琉球群岛，空袭冲绳岛和邻近其他岛屿上的目标。这支舰队拥有17艘航母，军舰总计100余艘，水兵将近10万人，它将比自从1942年4月杜立德（又译杜立特）空袭以来的任何其他盟军舰艇（除了潜艇）都更接近日本本土。

这段1 300英里的航程艰难而充满混乱，狂风肆虐，巨浪埋艏。[56]在"新泽西号"的指挥舱里，卡尼和参谋军官们将这场台风命名为"零号特混舰队"。既然它在特混舰队前方北上，那么就可以压制日本航空兵的活动，并让敌人的远程巡逻机都停在家里，很有益处。10月7日，第38特混舰队的四个大队在塞班岛以西375英里处会合，开始了一天漫长而麻烦不断的海上加油。军舰在海上发狂般地纵摇和横摇，绿色的海水涌到甲板上，连许多老水兵都晕了船。第3舰队日志记载道："舰队的操舰技术受到了严峻的考验。19：15，加油结束，除了几艘大舰还没有完成加油定额之外，其余舰艇都加足了油。"[57]

10月9日午夜，舰队开到最高航速，向冲绳彻夜冲刺。一整夜，军舰咆哮着前进，但雷达屏幕上没有出现敌人巡逻机的踪影，日本人确实没有预料到他们会来。卡尼评论道："我们打了冲绳那帮小子一个彻底的措手不及，因为我知道在他们的观念里没人会在这种天气下出海。我们突然杀来，给他们全力一击。"[58]10月10日拂晓时，舰队抵达位于冲绳东北的预定起飞点，转向迎风航向，开始让飞机起飞。最初的扫荡战斗机群发现空中没几架敌机，地面上倒是停放着许多。在冲绳最大的读谷机场，攻击机群扫射了停放着的飞机，把大约12架敌机打成了火球。之后是四个轮次的轰炸机，更多的护航战斗机也挂载了炸弹和火箭弹，它们攻击了整个琉球群岛所有的机场、军营、弹药库、燃油库和防御设施。在这天的最后一轮空袭中，飞行员们只得对已经在此前的空袭中熊熊燃烧的目标再次下手了。大火吞没了冲绳县首府那霸市中心的古城，杀死了大约600名平民，把城区的4/5化为灰烬。大火毁灭了古代琉球王国遗留的许多艺术品、建筑和文化遗产。直至今日，冲绳的老年人仍然记得那场灾难发生的日期：10月10日。

这一天，米彻尔的航空兵部队总共向冲绳和其他邻近岛屿出击了1 396架次。美军损失了21架飞机，但大部分被击落的飞行人员都被救生潜艇救回。[59]

第38特混舰队接着向南转向台湾。日军侦察机彻夜跟踪美军直至天亮。当遭遇执行防空巡逻任务的美军战斗机时，这些无处不在的日军巡逻机就会转弯逃走，常常是躲进云里。[60] 但是很明显，它们随时追踪着第38特混舰队的位置，这样，在接下来的空袭台湾之战中达成突袭的可能性看起来不太大。驱逐舰的燃油已经不足——这是高速机动带来的必然后果——于是10月11日，舰队仍在南下途中，驱逐舰们就从包括"新泽西号"在内的战列舰的油槽里吸足了燃油。为了做出假动作迷惑台湾日军，哈尔西命令出动61架飞机对吕宋岛北部阿帕里机场上空进行战斗机扫荡。但是这一招数未能奏效——雷达屏幕显示，许多日本侦察机从台湾起飞，进行扇形搜索飞行。飞行员们现在不得不杀出一条血路才能来到台湾上空了，日本人已经严阵以待。哈尔西此时才意识到他不该先空袭冲绳，而应该把自己的第一场空袭指向台湾才对。

10月11日日落后，第38特混舰队再次加油，之后舰队转向北偏西航向，开始高速夜间冲刺。10月12日曙光初露时，台湾岛东部白雪覆盖的山顶已经出现在了西边。当太阳从东方海平线上探出头来时，第一批执行扫荡任务的战斗机群已经在空中了。出击的"地狱猫"超过200架，机群越过连绵的群山，来到目标所在地，岛屿西部平原的庞大机场网络上空。降低到云层之下，这些格鲁曼战斗机的飞行员发现大约有40架日军战斗机在2.5万英尺高度盘旋。此时即便是最没经验的"地狱猫"飞行员也完全不惧怕日本零式战斗机了，尤其是在这个高度上，在接下来的战斗中，所有日军防空战斗机要么被击落，要么遁入云层。

当地日军航空兵指挥官，第二航空舰队司令福留繁将军在他位于台湾南部高雄航空兵基地的司令部大楼上目睹了这场空战。他先是伸长了脖子观察高空中的那些黑点，此时他无法区分美军和日军的飞机。当有飞机开始起火坠落时，他以为那都是"地狱猫"，于是认为他的飞行员们占得了上风。他拍着手兴高采烈地大喊："干得好！干得好！大获全胜！"但片刻之后，他就发现所有坠落的飞机都是日军的，他的心一沉："我们的战斗机去挑战严密的敌机编队，不过是以卵击石。"[61]当海岸雷达捕捉到来袭的美军舰载机群时，福留繁集结了他所有可用的战斗机（总共约230架）。但到了这一天结束时，其中大约一半都被击落了。在随之而来的空袭中，岛上的主要航空兵基地都被严重损毁，许多飞机都被摧毁在了地面上。福留繁自己的司令部大楼也被炸成了废墟。在早晨最初的战斗机扫荡之后，他明智地命令他的第二航空舰队司令部全员躲进地下掩蔽所，因而无人伤亡。

统计了这一天的损失后，福留繁总结出自己在台湾可用的飞机已经不足 150 架了。但是他的第二航空舰队司令部还管辖着琉球群岛和九州岛上的航空兵基地，他在那些地方还有大约 400 架飞机，何况还能向东京求援。问题是，他应该把自己拥有的一切统统砸向台湾外海的美军舰队，还是保存力量来日再战更好些？1944 年 6 月接任这一职务时，福留繁就发现自己的大部分飞行人员"仍处于训练阶段"。[62] 现在四个月过去了，情况也没多少改善，除了最精锐的飞行员之外，他对其他人都不抱指望。率领轰炸机和鱼雷机队的都是些老兵，但这些部队里大部分飞行人员都没有越洋飞行的经验，也从来没有在海上攻击过敌舰。为了保护自己，第 3 舰队拉起了"地狱猫"战斗机组成的防空屏障和高炮火网，他对于这些人突破这套防空体系的概率并不看好。

联合舰队司令丰田副武大将此时恰好在台湾视察。离开时他告诉自己的参谋长草鹿龙之介少将，一旦发现美军在西太平洋再次发动全力进攻，就命令航空兵投入战斗。当 10 月 10 日美军舰载机空袭冲绳时，草鹿便命令所有部队进入警戒状态。丰田觉得，"大决战"已经迫在眉睫，于是他决定就在台湾他的临时前进指挥所里指挥这场战斗。这样福留繁就被架空了。

正如日军高层所见，他们这时候别无选择。美军航母对台湾的空袭可能预示着对这个岛屿的进攻即将到来，下一场大规模两栖登陆也可能发生在南方的菲律宾。无论如何，大战将至。由于后勤状况日益恶化，以及对敌方的意图缺乏了解，日军现在不得不快速行动起来，以确保自己能有机会倾力与敌一战，至于胜利，则是遥不可及的了。日本人失去主动权已久，现在他们只能再次被迫跟着敌人的指挥棒转圈圈。东京时间 10 月 12 日上午 9 时 45 分，草鹿将军下达命令，启动"捷-1号"和"捷-2号"作战，也就是日本海军针对敌方进攻菲律宾或台湾岛而制定的预案。

有鉴于自己航空兵部队糟糕的训练水平，福留繁下令："组织大量鱼雷机和轰炸机，在我方能出动的最强战斗机部队的护航下接近目标，以大编队发动同时攻击。"换言之，日军俯冲轰炸机和鱼雷机将不会像训练时那样编队飞行，也不打算按事先训练的方式进攻。它们只是径直飞向第3舰队，以庞大的机群一拥而上，期待单纯依靠数量压倒敌方的防御。福留繁后来解释道："我们现在还能指望发动这类大机群进攻，就已经心满意足了。"[63]

"米克"卡尼在"新泽西号"的雷达屏幕上紧盯着来袭的攻击机群。这是个巨大的回波信号，大约有75到100架飞机。防空巡逻战斗机被引导前往截击。当"地狱猫"飞行员们看到敌机编队时，"他们开始报告看到一大堆各种各样不同的飞机。换言之，这不是一支机型严整、组织合理的战术机群，而基本上是一群五花八门的空中乌合之众飞了过来，什么鬼东西都有"。[64]卡尼和他的同僚们开始怀疑这种乱七八糟的空袭机群是不是意味着日本的航空兵已经油尽灯枯。大部分来袭飞机被战斗机击落，还有许多毁于高炮，也有些敌机溜走了，逃回了台湾。但是天黑后，小群敌机又来了，它们几乎持续不断，贴着浪尖溜了过来。[65]第3舰队情报部门的索尔伯格上尉看见曳光弹的红色火光照亮了一架又一架敌机："就在我们面前，它们一架接一架拖着火焰侧翻过去，在黑色的烟团和水柱中炸成巨大的火球。"[66]

第38特混舰队最终安然度过了这个夜晚，只有一艘驱逐舰例外。"普利特切特号"被友军高炮火力击中，受到轻伤。在当晚向美军舰队发动进攻的大约 100 架日机中，只有 25 架安全返回台湾。飞行员乐观但错误地报告称本方击沉了 2 艘美舰，包括 1 艘航母，另外还击伤了 2 艘。[67]

但是美军在台湾的任务还没完成。10 月 13 日清晨 6 时 14 分，东方露出鱼肚白，第 38 特混舰队的航空母舰向岛上的机场和其他设施放出了当天四支大规模战斗机扫荡-空袭机群中的第一支。在台湾东部的大部分区域，攻击机群遭遇了云底只有 2 000 英尺高的乌云遮盖着下方，浓雾笼罩着大地。轰炸机飞行员们被告知要轰炸一切可能被敌军利用的东西——跑道、机库、码头、军营、仓库、储油罐、船只——实际上他们还打击了岛上的基础设施，包括桥梁、铁路终点、电厂、一座水坝，甚至一座制糖厂。[68]"埃塞克斯号"第 15 战斗机中队的一名"地狱猫"飞行员肯特·李穿过云层后，发现一大群日本零式战斗机正等在那里呢。接着便是一场大混战，美日两军的飞机都在云层中穿进穿出。打跑空中的对手之后，这些"地狱猫"又接着扫射了地面目标。李回忆道："我们的任务是摧毁机场上一切能动的东西——罐车、卡车、人员、飞机。我们就是这么干的。"[69]

"列克星敦号"第 16 战斗机中队的比尔·戴维斯从 1.2 万英尺高度冲下来，发现一架零式战斗机正高速向自己迎面冲来。戴维斯知道自己应该转弯脱离，因为零战上 20mm 航炮的威力足以击落他的 F6F"地狱猫"，但年轻人血气方刚，他驾机笔直地冲了过去，即便零战的炮口开始像舞厅频闪灯那样闪光也不退缩。"最终，"他写道，"一段仿佛无穷无尽的时间之后，我轻微拉起机头，所有六挺机枪火力全开。我立刻看到零战上掉下来一大块东西。他继续向前飞了片刻，随即从我的左翼下滑落并爆炸。"[70] 戴维斯中队的另一名飞行员在返回"列克星敦号"时，F6F 飞机上还嵌着许多日本飞机的碎片，包括"一块五平方英尺 * 的零式机机翼插在 [他的] 机翼上"。[71]

当天，美军出动了 947 架次飞机，45 架飞机毁于战斗与事故，这个损失已经不可忽视了。很明显，日军连夜调来了增援航空兵，但是这些新来飞行员的平均水平要低得多。美军飞行人员还发现了许多任务地图上没有标出，在前一天也被忽视了的机场。第 38.3 特混大队的飞行员们报告称在自己的任务区域里发现了 15 座机场，但任务简报告诉他们的是只有 4 座。[72]

不出所料，就在日落前，当最后一批防空巡逻战斗机降落到航母甲板上时，空中反击到来了。日落时（傍晚 6 时 26 分），雷达显示低空敌机正从多个方向同时飞来。"地狱猫"机群赶在最后一抹日光消失在西边之前击落了几架来袭敌机，但是更多低空飞行的双引擎鱼雷机却在夜幕降临后纷至沓来。领队日机投下了带着降落伞的照明弹，为后续飞机指示进攻航线。"敌人看起来相当坚定，只要找到我们，就一定会来，"第 38.3 特混大队战斗日志如此记载道，"我们的防区来了大约四五十架敌机，从海平面上的炮火判断，其他特混大队也没逃掉。"[73]

在各艘旗舰上，航空兵参谋们很失望，他们觉得飞行员们显然是在台湾岛上留下了许多可以使用的机场。但实际上，这最后一批攻击机中的大部分都是直接从九州岛飞来的。这是些三菱 G4M "一

---

* 1 平方英尺 ≈ 929 平方厘米。——编者注

诸神的黄昏：1944—1945，从莱特湾战役到日本投降

式陆上攻击机"（盟军绰号"贝蒂"），它们已多次证明自己是有效的夜间鱼雷轰炸机。这些飞机来自日军精锐的陆海军混合航空兵部队，即所谓"T打击部队"。其长机飞行员中有不少都是日军中仅存的最富有经验、最技术纯熟的人。仍在台湾临时前进指挥所中指挥作战的丰田大将亲自命令T部队投入战斗，期望他们能给美军舰队以重创。

对于第38特混舰队的水兵们来说，这是战争中最惊险刺激的一夜。空袭一连数个小时毫不停歇。闪着绿色荧光的鱼雷航迹从特混大队轮形阵的中央穿过，与自己的目标仅仅是擦肩而过。高炮要直到敌机到达投雷位置时才能将它们击落。"列克星敦号"机库里的一名军官回忆了天刚黑时的场景："地狱之门打开了。舰队的每一门高炮都在开火。从机库甲板打开的侧门望去，我看到到处都是日本飞机。"[74] 他听到大大小小的高炮震耳欲聋的轰鸣声。海面和天空被曳光弹和高炮炮弹的爆炸所照亮，敌机被撕碎，燃烧着坠入大海。

四架G4M攻击机突破到了第38.4特混大队的中央，攻击了"富兰克林号"航空母舰。其中两架飞机在投雷之前便燃烧坠落，但另外两架成功投下了鱼雷，"富兰克林号"的舰员们觉得自己没有被击中纯属奇迹。一枚鱼雷仅仅由于舰长命令动力机组全速倒退才从舰首外掠过，另一枚则从军舰底下穿过，在舰员们目力可及的距离上沉入海底。其中一架G4M低空掠过"富兰克林号"的飞行甲板，在试图逃离时被击落；另一架被高炮火力命中起火，那个飞行员瞄准了军舰的舰岛，想要自杀撞击。但他没能瞄准，只是撞中了飞行甲板旁的高炮走廊。燃烧的残骸从甲板上滑过，带着惯性落进了对侧的大海里。

当晚只有一艘美军军舰被击中。一架 G4M 在天黑后不久攻击了麦凯恩将军的第 38.1 特混大队，用鱼雷瞄准了"黄蜂号"航母。鱼雷和目标擦身而过，但仍然继续前行，击中了重巡洋舰"堪培拉号"，引发了高及桅顶的火柱。爆炸在巡洋舰舰首处，装甲带下方炸开了一个形状不规则的巨大口子，4 500 吨海水涌进了舰体，淹没了轮机舱和锅炉舱，炸死了 23 名舰员。工程师判断"堪培拉号"无论如何也不可能靠自身动力开走了。

哈尔西现在面临着一个艰难的决定。他是应该命令"堪培拉号"舰员弃舰，将这艘残损的军舰自沉，还是把它拖出战区？他就算是选择了更保守的第一种选项也无可指摘。第 3 舰队赔得起一艘巡洋舰，而若要把它拖到安全海域则会把其他军舰暴露于危险之下。但是哈尔西很固执，他决定拯救它。他命令巡洋舰"威奇塔号"前去拖曳"堪培拉号"。很快这两艘舰都动了起来，但航速只有令人心焦的 4 节。开往乌利西的航程长达 1 300 英里，撤退的舰只将会在超过一个星期的时间里，处于来自三个方向超过 100 座机场的日军飞机的昼夜空袭之下。

为了压制必然紧随而至的日军空袭，哈尔西下令在 10 月 14 日早晨向台湾再发动一轮战斗机扫荡。第 4 特混大队则被派去空袭吕宋岛北部沿岸的日军机场，这不仅是自卫，也为麦克阿瑟加了一把火。坐镇珍珠港司令部的尼米兹从整个太平洋战场上调集陆基航空兵部队，投入对台湾、吕宋和琉球群岛的作战。陆军航空队也从中国大陆的机场起飞 100 架 B-29 轰炸机，空袭了台湾高雄的机场群。

一支由 3 艘巡洋舰、8 艘驱逐舰组成的，被笑称为"第 1 残废分队"的舰队被派去护卫受损的"堪培拉号"撤离。一支以轻型航母"考彭斯号"和"卡伯特号"为核心的特混大队则被指派为其提供近距离空中掩护。10月14日一整个白天,日军飞机都对这支新建立的"残废分队"紧追不舍。为受损巡洋舰护航的舰艇则不停躲避日军的空投鱼雷,并迎战前来扫射的敌机。[75]

站在操舰角度看,拖曳被海水淹没的"堪培拉号"绝非易事。"威奇塔号"先用1.125英寸直径的铅淬火高强度拖曳钢缆拖上了前者,随后又缠绕上了马尼拉缆索、防撞设备和防摩擦设备,以免猛然拉扯导致钢缆断裂或从绞盘上被扯落。两艘舰都在风浪中危险地扭动,常常几近相撞,或者有舰员被绳索绊倒在甲板上受伤。到10月14日早上,受损的战舰已经把舰首指向了正确的方向(东南方),并踏上了航程。拖曳着部分进水的巡洋舰的救援大队成了敌人眼中的肥肉。暴雨区和低垂的云层成了日军飞机的帮凶,令其得以隐藏自身,躲避巡逻的"地狱猫"。敌机在雷达无法探测到的低空从多个方向同时杀来。领队机再一次投下带着降落伞的照明弹,为后续跟进的飞机指示航线。和此前两天一样,日军航空兵再次遭到惨重损失,但是面对日机的数量优势,美军仍有被压垮的危险。围绕着蹒跚而行的"威奇塔号"和"堪培拉号"两舰,以四倍于其的航速环绕前进的护航舰船打出了密集的高射炮火,保护着两艘几乎无法动弹的巡洋舰。[76]

10月14日傍晚时分,这天最严重的一次空袭来了。晚6时45分,新型轻巡洋舰"休斯敦号"遭到日军鱼雷沉重一击,舰体中部中雷,轮机舱被海水淹没,全舰断电,军舰看起来几乎要断裂了。据一名舰员说,军舰的主甲板没入了水里,"浪头都有14英尺高"。[77]由于它向右严重倾斜,舰长下令弃舰,驱逐舰开始捞救落水的舰员。但是一个小时后，舰长又改变了主意，召集舰员返回舰上，呼叫拖曳。[78]

东边数百英里之外，在"新泽西号"的指挥舰桥上，哈尔西正在甲板上踱步、抽烟，他在想自己的决定是否真的正确。这一天的空袭远比预计的更凶猛，而现在他已经有两艘巡洋舰被打残，被拖着走了。自从1942年所罗门群岛战役以来，美国海军还没有遭受过如此重创。无线电情报（标识为"绝"，意即"绝密"）已经证实，日军的增援航空兵部队正涌入台湾。每隔15分钟左右，哈尔西就要检视一次地图桌上代表救援大队的钉子，确认这支舰队还在挪动。他后来写道，"休斯敦号"的受伤"令我担心这次救援的努力会让完好的舰艇步残舰后尘"。[79]

没人会因为哈尔西做出"自沉然后快走"的保守决定而责怪他——那样的决定意味着把两艘残舰送下海底，让未受损的舰艇离开这一海域。但是"阴谋诡计部"一直监听着东京广播电台的新闻广播，听到的内容令他们很恼火。日本人向国内外宣布，他们驻扎在台湾的航空兵部队已经歼灭美军舰队。新闻播音员显然信以为真，用狂喜的语调宣称，日军飞机已经击沉了8艘到11艘美军航空母舰。10月15日早上，这笔子虚乌有的账单上又加了新的条目，东京广播电台骄傲地宣布，已有至少**17艘**美军航母被送下海底。播音员还断言，美军已有36艘军舰被击沉，另有17艘"大破"。[80] 广播中播放了返航日军飞行员接受采访时生动的"第一手讲述"。"军事专家"还做了绘声绘色的评论。他们宣称的夸张战果据说还有其他证据佐证——例如美军航母在这一区域空袭强度的减弱，许多逃生者坐在救生筏上的"事实"，尼米兹的司令部对这次战斗结果的缄口不语，以及中国基地出发的B-29在台湾上空的出现（这被解

　　　　　　诸神的黄昏：1944—1945，从莱特湾战役到日本投降

读为这一区域美军的绝望之举）。一名"专家"说道，在台湾外海的巨大胜利证明，"日本在这一区域仍握有不容置疑的优势……过去几天的战斗显示了一个事实，敌人越接近日本自身以及我们可怕的防御圈，其损失就会越重大"。[81] 东京广播电台报称马克·米彻尔中将的旗舰已被击沉，因此"美国特混舰队的司令官此时很可能已经与众多手下将士一起，在大海的坟墓里长眠"。[82]

哈尔西本人也被羞辱了一番。《每日新闻》的报道翻出了哈尔西以往夸下的海口和要向日本人复仇的说法。一名头版评论员说道，他舰队的沉没是"上帝对人面兽心、妄想统治世界的扬基佬的惩罚"。[83] 从无线电里听说东京上野动物园的管理员在猴子馆里给自己准备了一个笼子，哈尔西都笑坏了。"鬼子们要从树上摔下来了，"他对幕僚们如此说道，"长着尾巴也没用。"[84]

返航的日本飞行员为什么会报出夸张到令人发笑的战果？T部队的飞行人员是在10月13日的夜色中发动的攻击，此时他们无法近距离观察战果。明显命中的鱼雷会以两倍乃至三倍的数量被报上去，这即便在白天也是个问题，夜间更是通病。十几名飞行员可能看到同一个"火柱"，并将其记为一次鱼雷命中。飞入高射炮火的旋涡之中，飞行员们会被五颜六色的曳光弹暂时致盲。而许多日军飞机被击落在美军特混舰队的舰艇之间，沉没之前漂在水面上燃烧，这些火光也很容易被误认为是军舰在燃烧。当地的航空兵指挥官则对这些报告不加甄别，直接上报，并一路报给了东京帝国大本营。福留繁战后写道："渴望着见到火光的飞行人员很容易夸大他们的成绩。夜间攻击战果被夸大是屡见不鲜的。"[85]

这些广播中最令哈尔西和他的幕僚们感兴趣的是日本人提到的

"肃清残敌"作战。东京广播电台报道称，日军舰队正在追击败退的美国舰队残部，意图在其到达安全海域前将其击沉："日本航空兵，正在水面部队的密切配合下攻击注定被消灭的敌特混舰队……敌残存舰艇现已注定全部葬身太平洋底。"[86] 这些胡言乱语不过是宣传而已。但是播音员的声音听起来对自己播报的事情信心十足。不仅如此，来自珍珠港的新的绝密情报证实，一支水面舰队正准备通过丰后水道进入公海，追击并消灭第3舰队的一切残余。

这就让哈尔西的幕僚们意识到，自己可能有机会利用敌人这种被误导出来的乐观。关于被打残的"堪培拉号"，卡尼说道："依我看，它就是个干苍蝇，是个不错的漂浮诱饵*。"[87] 于是他和舰队作战参谋拉尔夫·威尔逊上校拿出了一套计划，交给了哈尔西。这些受损的军舰将被作为诱饵。如果运气好的话，美军航母或许能给追杀来的日本海军舰队设下圈套，赶在麦克阿瑟的部队登上莱特岛滩头之前就赢得一场大胜。哈尔西对此十分赞赏，于是一系列新的命令通过"新泽西号"高大的无线电桅杆发往舰队。第38.2和38.3特混大队将布置在受损军舰以东100英里处，这个距离足够远，不会被台湾和冲绳的日军侦察机找到，但也足够近，足以伏击闯进作战范围的日本舰队。第3舰队其余部分则退往安全距离外，开始接受油轮的加油。哈尔西把他的计划提交给了尼米兹，这位太平洋舰队总司令随即命令这一区域所有可用的巡逻机搜索敌人舰队："怀疑敌人水面舰队已离开本土水域，前来追击蓝军［美军］撤离台湾的残损军舰。扩大搜索范围……要覆盖敌人通过丰后水道前往大致

---

* 美国人的钓鱼方法：把干苍蝇丢在水面上漂着，好把鱼群引诱过来。——译者注

位置的可能路线。"[88] 哈尔西也让麦克阿瑟知道了他正准备迎击日本海军的一部分主力，鉴于这种可能性，"所有对菲律宾的空袭都被撤回，等候进一步的消息"。[89] 哈尔西要"威奇塔号"上的杜博斯将军发出一系列假的遇险信号。"第1残废分队"现在有了一个更拿得出手的绰号："第1诱饵分队"。

即便没有一刻不停杀过来的一批批敌机，拯救两艘严重进水、瘫痪在海上的巡洋舰也是个不小的挑战。"第1诱饵分队"的官兵们意识到自己是可以被牺牲掉的。看着树懒一般慢慢爬行的拖曳舰只，分队中的一名舰长说："现在我知道鱼钩上的蚯蚓是什么感觉了。"[90] 对于拖曳舰而言，要缓解重达1.6万吨的大家伙在巨浪上摇摆扭动带来的冲击，就需要舰员们精通"旧时代的结索技术"，包括使用结构复杂的挂钩和鹈鹕钩。[91] 这项工作很危险，有几个舰员都受了重伤。巡洋舰"波士顿号"最初是在伸手不见五指的暗夜中开始拖曳"休斯敦号"的，即便是站在"波士顿号"的舰尾，也看不见被拖着的"休斯敦号"。10月15日，远洋拖轮"波尼号"加入了这支大队，接手了拖曳"休斯敦号"的任务。令救援大队的舰员们感到不可思议的是，这天白天和夜晚居然都没有日军飞机前来骚扰。但是16日，他们的运气用完了，中午时分，一支由107架战斗机和轰炸机组成的机群杀了过来。

"卡伯特号"和"考彭斯号"上的F6F防空巡逻机群击落了大约50架敌机，但仍然有一些敌机突破了防线。其中一架飞机瞄准"休斯敦号"的舰尾投下了一枚航空鱼雷。这枚鱼雷钻进了军舰的尾流，几乎在两个舵柱的正中间爆炸，把水上飞机库的舱门像瓶盖子那样抛到了空中，20名水兵被掀飞到了海里。机库里的航空汽油罐被点燃了，舰尾燃起了大火。在空袭过程中及其之后，拖轮"波尼号"始终拖曳着"休斯敦号"，拖缆始终没有松劲。"休斯敦号"的舰长选择继续拯救军舰。这艘 1.2 万吨的军舰涌进了大约 6 300 吨海水，但仍然在向乌利西挣扎前进。大部分舰员都被转移走了，只留下大约 100 人在舰上。它的舰体已经深深没入水中，吃水深达 32 英尺，向右倾斜 8°。[92] 军舰的横摇十分严重，舷侧梁端几乎触到了海面，甲板上涌上了青绿色的海水。

丰田大将起初已经命令一支巡洋舰和驱逐舰组成的编队在志摩清英中将的指挥下从濑户内海出发，猎杀美军残舰。但最后，日本海军高层还是认清了真相。10 月 14 日上午，日军侦察机搜索了台湾东部和南部的洋面，确认其周围仍有许多完好无损的美军舰艇。不仅如此，当天美军舰载机向吕宋发动的猛烈空袭也证明美军舰队大部一定并未受损。意识到可能有陷阱，丰田召回了志摩舰队，要他们前往冲绳以北的奄美大岛加油，10 月 18 日再次出海，参加即将开始的防守菲律宾的"捷-1 号"作战。

四天的"台湾空战"到此落下帷幕。根据福留繁的统计数据，他的台湾基地损失了 329 架飞机。其中 179 架前往攻击美军舰队未能返航，其余都是在地面上或者台湾上空被摧毁的。在岛上的主要航空兵基地高雄基地，只剩下一座建筑依然立在那里，只剩下一架飞机完好无损。此外，九州、冲绳和吕宋还有至少 200 架飞机被摧毁，这样日军在 10 月 10 日至 17 日累计损失的飞机超过了 500 架。自从 6 个星期前哈尔西的第 3 舰队出击以来，日军在这一区域已经损失了大约 1 200 架飞机。

在紧张的十日航行之后，"堪培拉号""休斯敦号"及其救援大

　　　　　　　　　诸神的黄昏：1944—1945，从莱特湾战役到日本投降

队最终于 10 月 27 日上午蹒跚开进了乌利西环礁。两艘巡洋舰都将回到美国本土全面修理，并在战争结束后重回海军。

台湾空战结束一天之后，麦克阿瑟登陆舰队的第一梯队来到了莱特岛外海。10 月 17 日拂晓，苏禄灯塔（位于莱特湾入口处）上的瞭望哨用无线电发出了一份观察报告：一队扫雷舰正进入海峡。这份报告在大约一个小时后被送到丰田大将手中，他立即向所有部队发出了"捷-1 号"作战警报。于是，分散在从日本本土到马来亚之间数千英里轴线上的日本舰队各部，都急忙开始准备出海。

"捷号"作战计划是在绝望之中制订出来的，在东京的帝国大本营，即便是最悲观的计划制订者也没有预料到自己竟会在美军登陆舰队到来之前损失如此之多的航空兵力。尽管如此，补充的飞机和飞行人员还是开始从日本本土和中国大陆涌入菲律宾。但是有鉴于他们的同僚刚刚遭到屠杀，这些人在面对美军舰载机飞行员的时候能有多少机会？虽然日本海军的将领们无论对下属还是对自己都不敢承认这一现实，但他们都知道，太平洋战争中最后一次大规模海战已然迫在眉睫。他们将在没有有效空中支援的情况下作战，因此将会输掉——不过无论如何，他们真正的使命并不是要取得完胜，而是要光荣地战斗到最后一刻。

第四章

    1944 年的整个夏季，东京炎热、尘土漫天，人们心怀不满。城市曾经最繁华的商业区此时已变得破败、灰暗，几乎被废弃。后来成为日本极受欢迎的小说家的竹山道雄回忆道："熏风吹过城市，屋顶上蒙着尘土。即便是在涩谷周围，整排的商店都关了门，马路也挖开了，看不到什么人，只有各处的食品店门口排起了长龙。"[1]

    粮食问题引起了普遍的担忧。饥荒暂时还没有到来，但普通市民已经开始要花很大力气才能找到足够的吃的了。人们可以从邻居们的脸上看出这一点：许多日本人正越来越消瘦。竹山还记得他学校的校长每过一个星期都要明显瘦一些，看上去几乎变了一个人。"他的下巴变窄了，脖子缩了回去，真可怜。他头发花白，眼睛深深陷入眼眶，皮肤上的皱纹越来越多，看起来总是像个旧的雕花面具。"[2]人们很容易疲劳，也没有力气去应对每一天的劳作，然而与此同时，他们每天为了获取食物而需要付出的努力却开始压倒其他一切。有一份资料估计，每个日本家庭平均每天要花上 5 个小时来购买食物或者排队领取口粮。商店一整个星期都关着门，只有偶尔配给的口粮到货时才开门——东西卖完就又关门了。那些排了几个小时队的人常常空手而归。在战前的日本，乞丐本已基本绝迹，但是现在，人们发现即便是穿着光鲜的人也会向其他市民乞求给自己

        诸神的黄昏：1944—1945，从莱特湾战役到日本投降

一点吃的。把食物端上家庭的餐桌，这需要消耗女人们不少时间和力气——而这些女人都会少吃东西，好让自己的孩子和丈夫尽量多吃些，这就让她们更没有力气去费劲在商店和口粮领取点前排队了。

城市里的居民们想要去乡下直接从农夫那里买粮食。但是通勤的火车在战时激增的运量重压之下已经喘不过气了，于是这趟旅途便成了痛苦的挣扎。火车站看上去就像是难民营。人们要等几个小时才能挤上车，可能还要向车站人员行贿才能买到票。上了车，他们发现自己挤进了人堆。挤断肋骨已不足为奇，有几次甚至有婴儿被闷死的事情被广为报道。车厢破旧肮脏，椅套都被扯掉、撕开，头顶扶手上的拉环早已不知去向，窗户破了，地板也被弄坏了。早已超载的火车冲过车站，不敢停车，怕月台上等待许久的人拼命也要挤上车。

当一个城里人经受了这重重考验来到乡下，一幅田园风光便会出现在面前，山坡和种着水稻的梯田错落有致地排列在安静的小村庄旁。这片宁静祥和的景象，和这个国家正在进行的激烈战争完全联想不到一起。但是，这个人转眼就会发现乡民粗鲁而贪婪。他们会漫天要价，还要求买家对他们毕恭毕敬。之后他们只能回到火车站月台上，再一次像狗一样挤回城里。

日本人自古以来一直以白米作为主要粮食，但现在他们即便出高价也不一定买得到了。战时的口粮米掺入了碎挂面、麦粒、黄豆，或者甘薯，随着战争久拖不决，这些低等级替代品所占的比例也越来越高。[3] 为了最大限度利用这些像是大米的混合物，人们把它和面粉混在一起用油翻炒，做成一种备受鄙视的食品，称为"糠"。

新鲜的肉和鱼已经从口粮配给券上消失了，取而代之的是豆腐、蔬菜和沙丁鱼做的被称为"煮干"的很脆的小鱼干。为了给饭桌上添加些花样，人们会往锅里放入当天能从市场上找到的任何东西——茄子、鲜萝卜、萝卜干、豆芽、南瓜、竹笋，以及菊花叶子，哪怕数量很少，有一点也是好的。新鲜鸡蛋几乎绝了迹，于是人们只能用粉末状的"上海蛋"和水打在一起，做成像是鸡蛋但不好吃的糊糊。火腿被换成了一种所谓的"鲸鱼火腿"，面包师批发不到面粉，便只能用豆泥制作一种像是面包的替代品。这样，日本流行的用白面包和火腿做成的午餐三明治，便成了既没有面包也不含火腿的冒牌货。

随着口粮供应质量和数量的下降，黑市对普通日本人的生计变得越发重要。到战争的最后一年，"黑先生"占日本全国零售量的份额可能达到了一半。1944 年中期，黑市价格和官方定价的差异大幅度扩大，几乎所有类型食物的黑市价都达到官方定价的 10 倍以上。1944 年 3 月，大米的黑市价是官方定价的 14 倍，到 1944 年 11 月则达到 44 倍。[4] 某些稀罕物的价格更是达到了天文数字，人们甚至怀疑身边还有没有人吃得起。1944 年 7 月下旬，东京西红柿的价格达到了此前难以想象的 57 钱（合 0.57 日元），桃子的价格更是达到了惊人的 1.25 日元。[5] 火箭般飙升的物价不可避免地激化了阶层矛盾。有钱或者有关系的日本人明显比他们的穷邻居吃得更好。一个人脸上和身上赘肉的多少足以衡量他所享有的特权，或者说是腐败。当时住在京都的 74 岁老人田村常次郎在日记中抱怨道："那些富人可以拿着钱为所欲为，他们买光了下层人的货品和粮食，再拿回到黑市上去卖……这是个大鱼吃小鱼的时代。"[6]

在这个警察国家无所不在的严密监视之下，日本人民在战争中没有任何有组织的反抗，也几乎没有任何形式的公开抱怨。实际上，他们都表现出一副支持战争，不达目的不罢休的样子。自从这个国家 1931 年入侵中国东北以来，大部分日本民众已经逐渐习惯了战争，视其为一种自然的长期状态。许多人并不觉得征服并奴役其他民族有什么奇怪或者不妥的，听到军队在海外战斗胜利的消息，他们还会热血沸腾。但是到 1944 年夏末，他们开始意识到太平洋战争完全是另一回事了。随着盟军向西越过太平洋，任何看得懂地图的人都能看出日本的地盘在日益缩水。整个岛屿的日本守军一次又一次全部"玉碎"而亡。这和在中国的战争截然不同。这是一场与想要占领日本并解除其武装的对手进行的全面战争，这个敌人有力量而且有意愿来做到这一点——想要避免彻底毁灭，唯一的希望是乞求征服者的怜悯。老百姓意识到真相之后，失败主义的情绪便蔓延开来。这种情绪的蔓延在 1944 年 7 月出现了一个拐点，当时塞班岛丢失，东条英机首相下台。

普通民众开始私下里或者在个人日记里尖锐地质疑官方报道的可信度。为了将真相与宣传区分开来，人们不可避免地陷于流言之中。警察部门花费了很大力气，想要压制流言的传播，但他们的努力大部分都是徒劳的，因为老百姓现在有无数种理由来担心自己的安全和国家的未来。人们还是不太敢公然蔑视政府，但是消极抵抗的迹象却越来越多。普通民众越来越多地抱怨官员的腐败和黑市的贪婪，他们在法定的民防和防空演习中对地方官员嗤之以鼻，敷衍了事。拖拉、旷工、偷懒和装病的情况在工作场所和强制的社区活动中已经屡见不鲜。根据日本工业杂志《钻石》的统计，日本军火工厂的每日缺勤率在 1943 年时为 10%，1944 年增加到了 15%。[7]违法行为、故意破坏和少年犯罪越来越多，许多日本人都发觉社会中不再有基本的礼貌，道德开始滑坡，诚实也越发罕见，对此人们予以谴责。人们参加半强制性的爱国集会、游行、送别出征新兵活动时的热情已不复当年。一名阵亡军人的母亲拒绝参拜为国战死者灵魂所在的靖国神社。她说："那些失去宝贝孩子的人来到靖国神社，被逼着像乞丐那样蹲在白沙池里，还要不停地点头，我永远不会去那种蠢地方。"[8]

从 7 月起接替东条担任日本首相的小矶国昭，私下里表达了对日本民众士气低落的担心。他的内阁开始讨论是否应该放松新闻审查，以求恢复政府日益降低的可信度。于是在一番锣鼓喧天之下，内阁情报委员会宣布要在报界和广播媒体中推行"言论自由"和"开启民智"政策。[9]1944 年 10 月 13 日，NHK（日本放送协会）广播电台的评论员解读说，这项新政策将会"开辟人民公开表达想法的通道……人们不再需要低声秘密地交流观点了"。坦诚而真实的战争报道将有助于提升日本人民的士气，让他们"感到幸福和快乐"。[10]

就在第二天，传来了子虚乌有的台湾海域大捷的第一份报道。在东京的帝国大本营，一个媒体联络官手里拿着一瓶清酒冲进媒体室。"这是一枚鱼雷，"他叫着，用手里的瓶子比画着，像是一枚航空鱼雷高速冲进了一艘美国军舰的舰体，"我们期待已久的时刻来啦！这就是神风！神风！"[11]他说战报还在陆续发来，但是返航的日本飞行员的说法都是一致的——他们赢得一场了不起的胜利，开战以来最大的胜利。他打开了瓶子，让记者和军官们举杯共饮。

第二天早上，《朝日新闻》头条报道了"史上罕见的巨大战

　　　　　　　诸神的黄昏：1944—1945，从莱特湾战役到日本投降

果"。报纸上说美国人损失了50万吨军舰，2.6万名水兵战死。[12] 东京民居密集的大街小巷都回荡着NHK新闻播音员慷慨激昂的声音。日本人估计的战果上涨了一整天，到下午3点，帝国大本营最终宣布，日本战机击沉了10艘航空母舰，11艘战列舰，3艘巡洋舰和1艘驱逐舰，还击伤了3艘航空母舰，1艘战列舰，4艘巡洋舰和11艘型号不明的其他军舰。[13]

就连没接受过教育的平民都看得出这些战果不正常，但是官方自己却似乎深信不疑，这些报道还引用了参战日本飞行员的证词作为佐证。据他们的说法，台湾之战将会是战争中最大的一次胜利——甚至比东乡大将在对马击败俄国舰队那次还要大，这可能是历史上最大的一次歼灭性海战胜利。无线电通讯员被派出去做街头采访，了解日本民众的观点。每过几个小时，就会有新的官方声明发出来，带来新的令人振奋的详细消息。报纸纷纷加印"号外"，民众则在各处报亭前排长队等待。小矶首相打着官腔说，这次伟大的胜利验证了此前已经公开讨论了超过一年的"诱敌深入"战略。德国海军上将卡尔·邓尼茨代表阿道夫·希特勒发来了贺电。昭和天皇也宣布设立一个公共节日来庆祝这次"辉煌的胜利"，并说要为全国每个家庭发放一份特殊口粮"以示庆祝"。日本人现在可以重拾战争初期的那种兴奋情绪了——就像1942年春季的时光又回来了，那时候每个星期都会传来一两次令人激动的捷报。[14]

就在第一份台湾捷报发回后不到24个小时，军队高层就意识到这一战果被极度夸大了（这还是客气的说法）。真相要到战争结束后才会揭晓——只有两艘美军战舰被鱼雷击中，而且还没有沉没，但10月14日的空中侦察报告却足以证实第3舰队大部完好。福留繁说，他到这一天结束时就知道"对敌伤害轻微，我确信对菲律宾的大规模进攻很快就会到来"。[15] 宇垣缠将军在日记中评论道："有些情况下为了鼓舞士气，夸大战果可能是必需的，但那些战斗指挥岗位上的人一定不能用夸大所取得的战绩来自欺欺人。"[16]10月18日，在帝国大本营，海军的计划制订者向陆军同僚公开承认，日本舰队不太可能在下一次与美国人的激烈海战中幸存（遑论取胜）——但无论如何他们都要打下去，好让联合舰队"死得光荣"。[17]

然而在面对日本公众时，覆水已然难收。政府和新闻媒体既然已经发布了胜利的报道，那就只能硬着头皮咬死不改。裕仁天皇已经批准发布捷报，这位现人神签发的公报可是金口玉言，不可更改。不仅如此，关于万民痛恨的美国舰队被消灭的假消息也满足了全国上下对随便什么好消息的发自内心的渴望。所有人——军队领袖、记者、编辑，以及普罗大众——都迫切想要相信这些好消息是真的。到这个时候，这些新闻至少还能缓解一下日本人潜在后果严重的巨大心理压力，并缓和关于民众士气情况的担忧。站在战后的视角回头看，一名负责采访帝国大本营的记者总结道："没有人故意说谎，这只是一种急性焦虑的表现，每个人都渴望着有好事发生。"[18]

10月20日，小矶在日比谷大会堂举行了庆祝集会，这是一座建在东京市中心日比谷公园内的土红色十层大楼。会场上人山人海，参加集会的可能超过10万人，他们挤满了公园和附近的街道。大家挥舞着拳头，把帽子抛向空中以示庆祝。首相的讲话通过无线电进行了现场直播。他发表了对美国军队的长篇控诉，说美国战机轰炸和扫射日本平民，在战场上凌虐日军尸体；他指责美国抛弃了所有文明作战的伪装，"只是野兽般的凶手，不是人……神必然惩罚他们，给予他们毁灭性一击"。[19]

小矶国昭的内阁成立刚刚三个月。小矶先前曾是朝鲜总督，秃头，有一副猫科动物似的威武面孔，正是这一令人印象深刻的相貌令他获得了"朝鲜之虎"的称号。由于在这场战争中没有率军打过仗，自然就没有战败的污点。由于已经离开东京两年，他也没有卷入政治阴谋和派系争斗，正是这些争斗导致了其前任东条英机在7月的下台。这些高层政治人物之所以选择小矶来担任首相，并非因为他是个格外值得期待的领导人，而仅仅是由于其他所有的候选人都有人反对而已。他的首相职位不过是来自一种脆弱的共同认可，他不过是个傀儡而已。小矶于1938年退出了现役，没有资格担任陆军大臣，因而基本被排除在军事战略的讨论之外。后来，小矶坚称自己在任的9个月时间里，别人甚至都不让他知道发生了什么事："我并不知道军事方面到底是什么情况。"[20]

把东条赶走并不能纠正日本战时政府的根本性缺陷。日本明治宪法的形式和具体条款表面上看仍然有效，但是议会党派却已被架空，实权落入了一部分军阀和官僚的个人和部门手中。陆海两军的领导人互不信任，其战略也常常背道而驰。内阁和各类相关人士可以开会交流观点，却没有一个人拥有在整个政府内推行统一政策的权威。在东条时代，最高决策主体是所谓的"帝国大本营–政府联络会议"。小矶继任后，这个会议被解散，代之以一个被称为"最高战争指导会议"（Supreme War Direction Council，缩写为 SWDC）的六人小组，包括首相、外相、陆海军大臣，以及陆海两军各自的总参谋长。此后，以及在后来的历史文献中，这个内阁决策委员会被称为"六巨头"——虽然具体人员会有变更，但直到战争结束，日本的主要决策都是由这个小组做出的。

国家大政方针的转变必须经过这六个人的一致同意才能生效——这还要以得到参议院、皇室成员以及天皇本人的支持为前提。一如既往，决议要经过一番拖沓冗长而痛苦的"根回"才能达成，所谓"根回"意即深挖根源，寻找共识。一旦各方意见形成死结，便什么事都做不了。遇到这种情况，陆军和海军常常就会沿着自己的路线行动，而为了面子，他们又都会做出一副已经在总体战略各方面进行过协调的样子。海军大将米内光政曾经当过首相，此时已回到政府担任海军大臣兼小矶政府的副总理，他说这个委员会即使进行投票也无法打破僵局。"这不是少数服从多数的问题，"他在战后对审讯者如是说，"如果他们不能就某一问题取得一致，就不会团结行动。"[21]如果达不成共识，那惯性就会压倒一切。无论原先的方向如何，日本都会继续走下去。

43岁的昭和天皇裕仁，他本人长期支持东条，反对其他人想要赶他下台的努力。东条的首相生涯临近完结时，天皇的弟弟高松宫宣仁亲王开始在高层圈子里批评裕仁，说他正在让国家滑向失控。天皇在政府中扮演的角色其实并不重大，这是宪法中白纸黑字写明了的，但即使是对那些明明知道他并不是神的人，裕仁也有着无形的巨大权威。他对这场战争及其带来的痛苦所要担负的责任也一直是后世学者和历史学家激烈争论的议题。1941年12月之前，裕仁反对让国家滑向战争，他希望在内政和外交两方面保持稳定。他还要求打压和严惩军队中那些头脑发热的"下克上"分子。但他的要求并不具有法律效力，因而不具有强制力，只有在内阁偶尔陷入僵局后寻求"圣裁"时例外。1944年7月最终同意让东条英机下台后，他便开始推动新政府做好准备用外交手段结束战争。但他也没有提出要和盟国政府建立直接联系以寻求停战。他相信若想要得到外交谈判的成熟时机，日本就必须首先赢得一次对美国的压倒性胜利，这或许就会发生在即将到来的菲律宾战役中。在他战后的"独白"中，裕仁说自己曾希望把日本残余的所有军事力量全都投入守卫莱特岛的作战之中："然后，等美国人栽了跟头，我们就能够寻找妥协的空间了。"[22]

日本政府中没人敢讨论投降，就连要日本放弃 1941 年之前占领的海外领土的协议和解也不敢提。盟军至少得放弃"无条件投降"的要求，同意坐到谈判桌旁。不过，日本的统治者们仍然知道在战争的最后交涉中外交手段必定会发挥作用，而且外相重光葵也在从几个方面同时推动这件事。日本开始通过驻欧洲中立国家的大使馆试探求和，包括瑞典、葡萄牙和瑞士。为了从中国脱身，重光葵的使节也已接触汪精卫的南京伪政府，提出只要蒋介石与盟国断绝关系，请求"善意中立"，就可以让日本军队撤出中国。这样的提议自然是没有下文，这一部分是由于日本政府选择的中间人根本不受蒋介石待见，同时也因为中国清楚地看到日本在太平洋上正一步步迈向失败。[23]

通过外交手段"收场"的关键计划是让苏联政府在东京和华盛顿之间充当中间人。这一从来都不特别现实的计划早在日本袭击珍珠港之前就已讨论许久，现在重光希望借此获得想要的结果。他手下的驻莫斯科大使开始与克里姆林宫对话，他们提出的方案是由日本出面安排苏联和德国进行和平谈判，等欧洲东线战场重归和平，莫斯科再来斡旋调停太平洋战争。然而这套方案在 1944 年 9 月呈交到苏联外交人民委员维亚切斯拉夫·莫洛托夫面前时，却被毫不犹豫地拒绝了。这个想法在苏德战争此前的任何其他时候提出来，都会收获好得多的效果——可现在却太晚了，盟军已经开始从东西两线向德国推进，这样的提议自然也只能无果而终。当日本人提出要在《苏日互不侵犯条约》1946年春季到期后续约时，莫洛托夫回答说此事不急，时间成熟后再议。重光和他的同僚们并不知道，约瑟夫·斯大林已经向罗斯福透露他将会在击败德国后立即将部队调来进攻日本，或许他将会在1945年2月的雅尔塔会议上正式就此做出承诺。日本的外交人员还一直徒劳地指望斯大林能帮助他们实现停战，直到战争的最后一周苏联突然对日宣战。

实际上，日本的政治环境并不允许他们为外交停战而采取协调一致的行动，政府内外所有的领导人物都知道这一点。赶走东条只是外交解决问题必不可少的第一步而已，但若是在1944年秋季把国家方针突然转向求和，军队中那些强硬派会激烈反抗。宪兵一直监视着内阁首脑和其他领导人，防止他们暗中推动和平谈判。东条虽然已经失去了权力，但他仍能对国家安全机器继续施加影响，许多人怀疑这个被废黜的领导人还在准备政变。统治阶级有充分的理由害怕国家会因此重回20世纪30年代那种军队内部派系林立，武装暴动和定点暗杀层出不穷的状况。而内战看上去也不是没有可能。根据战前最后一任驻美大使野村吉三郎将军的说法，日本政府拿子虚乌有的胜利出来大肆庆祝的习惯令其反受其害，因为日本公众在思想上从来就没有准备过去谈判解决问题。"我们哪怕只是提出早一点儿结束战争，人民都不会理解。从来没有人告诉他们战局的真相，日本人民之间可能会爆发内战……依我看，我们这个国家的宿命就是把这场极不明智的战争打到底，直到末日。"[24]

小矶的公开言论从一开始就在走他前任的老路。他的腔调没有什么实质性变化，他的内阁自然也就没有想要探索停战选项的样子。这位新首相宣布，战争将会进入一个更加白热化的新阶段，日本人民必须团结起来，以极度的狂热抵抗敌人。就在新政府上台的那一个星期，东京的报纸上充斥着将美国人称为"野兽"、"屠夫"和"魔鬼"的说法。美国《生活》杂志刊登过一幅照片，画面上是一个美国女子正在欣赏一个当作战场纪念品捡回来的日军头骨，这张照片也被日本媒体广为转载。据日媒报道，美国把监狱里的罪犯全都放了出来填充军队。"我们只能感到震惊和不齿，"NHK的广播评论员在1944年8月评论道，"美国人不会像普通的勇敢战士那样战斗，除非利用这些罪犯的野蛮。这证明他们只是一群野兽。"[25] 在1944年9月8日帝国议会的演讲中，小矶警告说："我们必须充分考虑敌人在我们国土上登陆的可能性。"[26] 他的内政大臣宣布了一份计划，要对全国的平民进行徒手格斗训练。妇女、儿童和老人都要加入国土防卫军：只要海上来的凶恶强盗把他们肮脏的靴子踏上日本的神圣海岸，他们就要用自制武器和竹枪进行抵抗。

随着美军拿下马里亚纳群岛，其对日本本土的大规模空中轰炸已近在眼前，于是日本政府下令采取新的民防措施。1944年8月16日，国土交通大臣宣布实施一系列举措以"应对空袭、舰炮炮击和其他形式的攻击所导致的交通中断"，其中包括"医疗急救、应急物品发放、巡逻、人员撤离、预防瘟疫、供水、清除瓦砾，以及紧急恢复正常运转"。[27] 成排的房屋和建筑被拆除，以在城区留出防火通道。学生们被召集去制作称为"气球炸弹"的堪称"奇幻"

的武器，这种武器能上升到平流层，顺风飘行5 000英里，越过北太平洋，随机攻击美国本土。各种讲话、报纸文章和无线电广播中都满是宗教和神话的内容。小矶是个虔诚的神道教信徒，他刚刚上任就公开参拜了伊势神宫，喊出了一句新的民族口号："众神之主必将重拾对国家的责任。"[28] 这一意图不明的说法最好被理解为一种神示：当至高危机来临时，昭和天皇将会召集古代众神回来保卫国家。

美军的下一轮主要进攻无论落在菲律宾、台湾岛，还是琉球群岛，都会严重危及日本通向东印度群岛的油田和其他自然资源区的经济生命线。这将会导致日本经济的崩溃，同时使其舰队无法行动，使得日本诸岛上的守军无法得到海上支援。日本政府两年多以来不停的欺骗宣传将会被戳破。与此同时，日本唯一真正的盟国显然正在输掉欧洲的战争。任何一个对全球战事有基本了解的日本人都知道，自己在发动太平洋战争时，把很大的赌注下在了纳粹德国能够赢得战争之上。如果眼下的趋势维持下去，那么赌桌上成堆的筹码都会被一扫而空。

到当时为止，日本人打了很多败仗，但日本人虽已开始挨饿，却还不至于饥荒。到了1944年秋季，其粮食状况看起来已经到了大幅恶化的边缘。自从战争爆发以来，虽然日本本土尚未遭到猛烈轰炸，但其国内稻米产量仍然下降了超过10%。粮食进口明显下滑，而且随着日本商船队在美军空中力量和潜艇的绞杀下日渐减少，这种下滑还将愈演愈烈。1944年7月日本政府一份内部报告发出警告，几乎每一类食物的产量都在下滑，"1944年的国民生活标准相较上一年将有较大缩水"。[29] 恶劣的天气也是一小部分原因，1944

年的稻米收成受到了持续强降水的威胁。不仅如此，日本国内的粮食产量在 1945 年时可能出现灾难性的锐减，这是由可以预见的船舶损失、能源危机，以及空中轰炸导致的道路和铁路运输崩溃共同造成的。

挨饿是一回事，饥荒是另一回事。日本领导人所担心的饥荒，可能会导致社会秩序的崩溃并危及其统治基础。日本民众之所以支持在海外进行帝国主义扩张，是因为他们觉得这意味着国内可以有更高的生活标准。但是自从袭击珍珠港以来，生活却日益艰难，而且这种穷困还遥遥无期。在对美开战前，年轻的陆军军官们曾威胁要直接采取军事行动以缓解日本民众遭受的贫困，这在 1936 年几乎酿成了政变。而现在，统治高层中有人指出，1917 年的布尔什维克革命就是个活生生的例子，那也是由饿着的肚子和对外战争的灾难性失败导致的。于是，直到 1945 年 8 月投降，控制国内的紧张态势都一直是日本制定政策时的一项主要考虑因素——无论是民生、政治、外交，还是战略政策。

1944 年 9 月，裕仁审阅并批准了下一阶段的战争计划。计划代号"捷"，取中文"胜利"之意。"捷号"计划分为四个方案，分别基于美军攻占马里亚纳群岛后的四种可能性。"捷-1 号"计划到"捷-4 号"计划分别应对美军向一条地理弧线上四个不同区域发动两栖进攻的可能性，从南到北依次是菲律宾，台湾和琉球，本州岛，以及北海道岛。然而从一开始，日本的计划制订者就认为下一场大规模作战最可能指向菲律宾，并且把大部分精力都用来制订"捷-1号"计划。他们的这一判断主要是受到麦克阿瑟那著名的关于重返菲律宾的公开发誓的影响。[30]

　　"捷-1 号"计划体现了日本海军一贯的诸多作战特点。其计划十分复杂，将部队大范围分散，从多个方向接敌。这依赖于各分舰队之间精确的时间协同，因而很容易被打乱。日本先前的许多战役计划都包含了佯攻、诱饵，以及其他欺骗行动：与此相似，"捷-1 号"唯一真正的成功希望也在于战场欺骗。栗田健男将军的"第一游击部队"拥有联合舰队的大部分水面作战力量，他们将从文莱启程北上。通过菲律宾群岛西南部的巴拉望岛时，其舰队的一部分将在西村祥治将军指挥下转向东南，主力仍将跟随栗田向北航行。这两支分舰队将分别通过两条不同的水道穿越菲律宾群岛，南边的苏里高海峡和北边的圣贝纳迪诺海峡。同时，小泽治三郎将军麾下拥有日本全部剩余航母的"第一机动部队"，将从濑户内海出发，从北边加入战场，以图将哈尔西第 3 舰队的主力诱离滩头。如果一切如愿，则栗田和西村两支纵队将会冲出海峡，以钳形机动攻击麦克阿瑟的登陆舰队。日军知道，这支舰队将搭载大约 10 万名敌军，并有数百艘满载着武器、装备以及支援登陆所需物资的货船。日军计划的关键在于让栗田的战列舰、巡洋舰和驱逐舰与已展开登陆行动的两栖舰队实现近距离战斗。

　　这是个庞大而恢宏的策略。但实际上，正如所有高级将领都知道的那样，"捷号"计划实际上是由燃油供应紧张和舰队补给困难所导致的机动性和作战半径的限制所决定的。燃油供应地远在南方的文莱和苏门答腊的油田区域——而船厂和维修设施则位于日本本土列岛，同样需要由本土提供的还有保持舰队战斗力所必需的各种补给物资、武器、弹药和后备人员。日本人已不可能再将足够数量的燃油运回本土以满足舰队的迫切需求，而且随着美军潜艇和飞机不断猎杀并击沉这个国家本已所剩无几的油轮，这种短缺还将雪上加霜。因此，舰队的大部分力量不得不停泊在遥远南方的锚地中，以靠近帝国的原油产地。但是小泽的航母部队却无法同行，他们在马里亚纳海战（1944 年 6 月 19 日—20 日）中几乎失去了全部的飞机和受过训练的舰载机飞行人员，需要接收新的补充飞行队并进行训练。由于日本此时飞行员训练和飞机工厂的糟糕状况，他需要让航母在日本海域停留一段时间，可能至少需要三四个月。

既然这些舰队之间不得不相隔数千英里，栗田便从小泽的指挥下脱离出来，受联合舰队司令长官丰田副武大将直接指挥，后者不久前刚把自己的司令部从停泊在东京湾的一艘指挥舰上搬迁到横滨市庆应义塾大学日吉校区中的一座地堡里。小泽和栗田将会通过由日吉发出的长程无线电各自接受命令。这种将日军舰队主力分散布置的做法远远称不上理想，但考虑到糟糕的后勤状况，这也是无可奈何的。

如果日军能有机会向麦克阿瑟的两栖舰队发动全力攻击，那么这种攻击将主要依靠水面舰艇部队和陆基航空兵，因为没人会太指望小泽已经残废的航空母舰部队或者是已遭严重削弱的日本潜艇部队。"捷号"计划的主要难题在于，要将分散在各处的日军海空力量开到指定位置参战。为此，12 艘舰队油轮被指派去为栗田舰队加油。这些加油船原本计划在 10 月进行海上补给训练，但是随后又被取消了。现在剩下来的每一艘油轮都十分珍贵，对燃油状况的管理经不起什么差错了。现在就连栗田舰队在战斗结束后是否还有足够的燃油安全返航都保证不了。无论美军何时发动下一轮进攻，小泽对战役的贡献都将取决于其舰载航空兵的状况。没人指望日军航母部队能与其对手一较高下，小泽也知道自己将会再一次被痛打，而给对手的报复则会微乎其微。鉴于这一悲观前景，日军决定，曾经不可一世的日本航母机动部队将在此战中被用于诱敌，其任务是为栗田拉开一道通往登陆舰队的缺口。小泽也愿意担任这一卑微的任务。"诱饵，这是我们的首要任务，去充当诱饵，"他说，"主要任务就是全部牺牲。用十分虚弱的航空兵发动进攻，而目的就是要牺牲掉所有的飞机和军舰。"[31]

7 月的政治风波之后，日本陆海两军的领导人都表示今后要密切配合。然而迟至 10 月的第三周，当麦克阿瑟的进攻舰队已经启程开往莱特时，两个军种依然是各拿各的剧本。陆军将领们还没有下定决心是否要派遣部队前往增援莱特岛。有些人想要继续加强陆军在吕宋岛的力量，即便这意味着要把莱特岛拱手让给美国人。

10 月 18 日，在东京的军官俱乐部里，四名将领（陆军省和海军省各一人，两军总参谋部各一人）聚在一起，想要敲定防守菲律宾的联合战略。评估了"捷-1 号"计划之后，陆军省的佐藤贤了将军在最后时刻提出了反对。佐藤承认日本民众正"哭求"舰队与敌决战，但他坚持最高司令官必须保持"冷静"，不应该草率迎合公众的想法。他说，如果联合舰队现在出战，就很可能遭到毁灭性失败。还不如把小泽的舰艇留在港里，这样它们至少还能发挥一些威慑作用，防止敌人靠近本土。不仅如此，佐藤还指出，舰队仅仅是开到战场就需要烧掉大量宝贵的燃油。此时，六艘油轮组成的船队已经准备好开向南方，船上运载着 6 万吨燃油。日本战时经济的运转也需要这些燃油。佐藤问自己的海军同行："联合舰队现在出去打仗能得到什么？还不如那 6 万吨燃油来得重要。"[32]

一席话令屋里的所有人，包括佐藤自己，几乎就要哭出来了。他毫无遮掩地点破了日本的尴尬处境。曾经无比强大的"日本帝国海军"的荣耀，现在已经比不上六艘油轮及其运载的燃油了。连一位陆军的将领都看得出，舰队的衰微预示着失败。"这是我体验过的最伤心的感觉。"佐藤写道。

海军军令部的中泽佑少将哭了出来，他代表海军回答了佐藤的问题。他首先感谢了陆军将领的善意，但是"现在日本帝国的联合舰队希望能得到一处葬身之地"。由于燃油短缺以及敌人对制空权的掌握愈加牢固，"捷号"计划便成了让舰队"光荣地死去"的"最后机会"。中泽总结道："这是海军最诚挚的愿望。"[33]

一阵哽咽之后，佐藤也泪流满面，他同意让这 6 万吨燃油作为送给海军的"临别礼物"。散会时，外面街道上响起了空袭警报，于是他在心中默祝"联合舰队能有一个英勇的终结"。[34]

这貌似动人的情景之下，隐藏着一个常常为西方莱特湾战役史所忽略的事实。"捷号"计划实质上是日本海军的"万岁冲锋"。它未言明的目的是保证日本舰队能在战争结束之前再最后好好打一仗。联合舰队参谋部的高田利种少将说："国内已经有人开始问，海军在南洋败了一场又一场，比如马里亚纳和比亚克，他们到底在干什么？"[35] 日本的水面舰艇部队自前一年所罗门群岛战役结束后就一直无所事事。军容严整的战列舰队从足足两年前的瓜岛海战以来就完全没打过仗。超级战列舰"大和号"和"武藏号"甚至从没有在主炮射程内见过任何一艘敌舰。日本斥巨资在吴和长崎建造了这对大家伙，它们是世界上最大的两艘战舰，日本人对它们打赢战争的能力寄予了厚望。但它们在战时的大部分时间都是在港口度过的，这主要是由于其出海作战需要大量燃油。于是两舰便双双成了舰队司令及其参谋部豪华的水上司令部。它们的无所事事、未曾一战已经在舰队各层次中引发了抱怨，这两艘舰也因此被戏称为"大和饭店"和"武藏饭店"。若让这两艘巨舰在锚地终此一生，其18英寸主炮连一次向敌舰开火的机会都没有，那将是不可容忍的耻辱。指挥这两艘战列舰的栗田将军在菲律宾战役打响前夕向他手下的军官们问道："如果国家灭亡而舰队却保持完整，这难道不是耻辱吗？"[36]

在战后审讯中，日本海军领导人承认他们根本没真正指望能守住菲律宾，他们预期自己将遭到毁灭性损失，甚至全灭。但他们仍然选择无论如何都要打这一仗，因为他们认定保留舰队来日再战已经没有意义。无论美军能否拿下菲律宾以及何时拿下菲律宾，他们都必然会掐断连接日本及其原油产地的海运线。高田说，在这种情况下"即便舰队能留存下来，通往南洋的海运线也会被完全切断，这样舰队如果回到日本本土，就不会再有燃油补给；如果它留在南洋水域，就无法得到弹药和武器的补充"。别无选择之下，日本人决定"赌一把"，他们知道，"如果最坏的情况出现，我们有可能会失去整个舰队"。[37]栗田将军说，他已经准备好损失自己一半的军舰，以换取"毁伤你们在莱特湾中所有舰船的一半"。他还补充说，即便做到了这一点，也无法阻止麦克阿瑟登陆，而仅仅是"将登陆推迟两三天……因此这就是个有限的目标，将某一场登陆推迟两三天。对于后续的登陆我们便无能为力了"。[38]至于小泽，他已经成了空架子的航空母舰将被用作引诱哈尔西的诱饵，"我们已经做好了全部牺牲的准备"。[39]

日本的新闻媒体对台湾外海航空作战中发生的一件事情给予了特别关注。这是在 10 月 15 日，当时哈尔西正向东回撤，受损的"堪培拉号"和"休斯敦号"也在缓慢撤退。这天，吕宋岛上的第二十六航空队司令有马正文少将摘掉了军衔徽章，爬进一架三菱G4M 轰炸机的座舱，向敌人舰队发动了一次单程自杀撞击攻击。他的飞机攻击"富兰克林号"航母未成被毁，也可能是坠海，反正是没能返回基地。但是东京却报道说这位"军神"有马将军主动俯冲撞击了一艘美国航空母舰，并将其击沉。媒体不负责任的报道称，这次事件预示了政府正准备发动大规模的自杀攻击。当太平洋空战这出大戏的最后一幕拉开时，日军飞机就会由自愿在爆炸的火球中献身的人驾驶，变成致命的导弹。

"神风"一词此时还没有和自杀飞机扯上关系——它指的仍然是 7 个世纪前摧毁了蒙古来袭舰队的那次神话般的天降台风。不过，日本人所说的"必中武器"和"肉弹"战术的执行者已经被称为特攻部队。这种特攻作战将不仅有飞行员和飞机参加，同时还有其他专门制造的自杀武器，包括快艇、背着氧气瓶的水鬼、人操火箭，以及小型潜艇。

关于太平洋战争的史学著作总是倾向于忽略这种有组织的自杀战术在日本乃至日军中引发的争议。实际上许多日本人对此都是强烈反对的，认为此举误解了传统的武士道精神。有些海军军官将这一想法和日本陆军中盛行的不理智的"死亡崇拜"相提并论，他们认为这在海军中不应有一席之地。老航空兵们还记得他们在战争初期赢得的空战胜利，"神风"攻击在其眼中实质上无异于未战先败。其实日本飞行员一直都在俯冲撞击盟军舰船，或者撞落盟军轰炸机——但在1944年秋季之前，这些攻击都是偶然和随机的，常常只是在飞机受损无法返航时出现。著名王牌飞行员坂井三郎在第一次被部队指挥官命令执行自杀任务时震惊了。"我顿如五雷轰顶，"他回忆道，"他在说什么？我心中一团乱麻。脑中泛起厌恶感，令我感到寒冷、沮丧。"[40]坂井说，一名飞行员必须做好战死的准备，但这并不包括"肆意挥霍人的生命"。[41]

　　战后，日军领导人遭到了严厉指控。他们被指控出于不当目的而引诱数千年轻人进行飞行训练。控方提出，在1944年初，军方就开始秘密计划把大部分新飞行员训练成"神风"特攻队员，并把此事掩盖到受训者无法退出时才告诉他们。关于这个话题的探讨一直充满着各种禁忌（至今也是一样）。历史记录残缺不全——尤其是关于谁知道什么事以及何时知道的这种问题——但是这并不妨碍有相当多的证据能被用来进行指控。在"神风"队员招募计划的初期，任何文字中都不允许提及自杀战术，命令只能口头下达。曾是日本海军预备役少尉的神津直次当时自愿加入人操鱼雷计划，却并不知道这是一种自杀武器。他和同行的新兵仅仅被告知必须要"愿意执行危险的任务"以及"愿意使用一种特别武器"。战后回看，屋久总结道："今天，我知道他们骗了我们！发自内心地知道。"[42]

　　在战后的审讯中，日本海军有些高级军官诡称"神风"战术最初是由一线作战部队提出并实施的。第一航空舰队参谋长猪口力平大佐称，这个想法是由驻菲律宾基地的航空部队自发提出的，"纯粹是那个基地自己的策略"。[43]面对"神风"作战计划是在麦克阿瑟登陆莱特岛之前由东京方面制订的证据，猪口仍然狡辩道："这种东西只能是由基层发起，你不能下达这样的命令。从来都没有下过执行'神风'战术的命令……'神风'的想法最初是为了应对当地的情况，并非大本营下发的全局政策。"[44] 但记录显示，这些声明都是假的。无独有偶，丰田大将也告诉审讯自己的美国人，最初的"神风"空袭是"决定将第二［航空］舰队派往莱特湾带来的意外结果"。[45] 他将这一主意归于菲律宾当地的航空兵指挥官，这些指挥官说："如果地面部队正在采取这样的拼死打法，那我们也必须跟上，让所谓的特攻部队亮相。"[46] 这也是错误的：在莱特湾战役之前很久，丰田的联合舰队参谋部就开始讨论和筹划自杀作战。小泽的供词也同样左右摇摆。起先他坚称"我第一次听说'神风攻击'是在栗田舰队穿越圣贝纳迪诺海峡时"。面对相反的证据，他又突然回忆起 1944 年 6 月时"这个方案就被提交给了丰田。丰田说时机还不成熟，现在用这种战术太早了"。[47]

实际上，"神风"作战早在首次亮相太平洋战场之前一年多，就已经在被研究、讨论和规划了。当时担任航母舰长的城英一郎大佐曾任裕仁天皇的海军顾问和驻华盛顿大使馆海军武官，他在 1943 年 6 月内部传阅的一份计划中就提出要建立一支"特攻部队"。[48] 1944 年 3 月，下台之前的东条英机批准了建立志愿自杀部队的初步计划。于是及川古志郎大将（1944 年底担任海军军令部总长）开始推动这一战术在整个海军航空兵中落实。[49] 自从 1944 年 7 月塞班岛陷落之后，日本的报纸和新闻广播中便充满了"必胜武器"和"肉弹精神"的宣传。10 月 6 日，就在第一支自杀飞行队于菲律宾成立的几个星期前，一名日本海军将领在接受电台采访时说，海军航空兵很快就会开始采取"肉弹"战术,以"撞毁敌机或敌舰"。他期望这样的攻击能扭转战争态势:"这种战争方法,我确信,一定不会失败。相反,它的潜力是取之不尽的——它只会越来越强大。"[50]

1944年秋,一系列特制的自杀武器已经开始量产。其中包括一款人操火箭"樱花",这种武器由大型飞机投放,之后以接近声速的速度向敌舰冲击。一种被称为"回天"的单人自杀潜艇,由大型母艇放出,驾驶员随后驾驶它,如同一枚鱼雷一样冲入敌舰的舰体。一种被称为"震洋"的小型木质快艇,可以携载2吨重的战斗部,以50节的高速冲入敌人舰队中央。"伏龙",背着氧气瓶的潜水员带着炸弹在水下设伏,并直接把炸弹安放到美军舰船底部。还有其他一些,包括从山顶起飞的滑翔机,还有不免让人联想到今日现实的爆炸背心。这些武器和载具,打起仗来有的效果好,有的效果差。但是日军在这些计划上投入的时间和资源,却戳破了他们关于"神风"时代是1944年10月时由基层官兵自发掀起的谎言。

日本和西方的有些学者声称,这种"神风"现象只是外在表现,其背后是日本的意识形态和文化传统,包括武士道、神道教、佛教禅宗,以及自杀雪耻的传统。另一派观点则认为,"神风"是日本军国主义政府及其宣传机器强加在懵懂无知、手足无措的人们身上的,是日本式的荒谬异端。其实这两派观点都能找到一些事实根据。神道教和佛教都主张自我只是虚幻,因此死亡并不可怕。神道教中的一众神明则围绕在天皇周围,据说每个日本人都和天皇荣辱与共。战死是一种自我净化,能够燃烧和洗刷前半生积累的尘埃和腐物,只留下战死者一尘不染的灵魂,与天皇的圣灵合为一体。禅宗和其他佛教流派的信徒都持有一种良善的教义,其基础是认为生与死实际上是同一的。所谓冥想就是要超脱自我。根据陆军军官兼知名作家杉本五郎的说法："自我超脱与自我毁灭绝对不是互不相关的。恰恰相反，人们会认识到它们是一回事。"[51] 一位佛学学者将"神风"战术和禅宗的真谛联系到了一起："特攻部队的精神源于抛开自我，让灵魂重生，这种精神来源于历史的传承。自古以来禅宗就将这种思想转变称为大彻大悟。"[52]

自杀，一直都被视为武士荣耀和忠诚的理想象征。自杀可以洗雪脸面的丢失，这也是日本史诗"四十七浪人"故事的中心思想。在已经必败无疑的 1944 年后期，整个国家都将面临脸面无存的窘境。而这些进行自杀作战的"神风"飞行员，日本年轻人中的骄傲，则可以被视为老一套的用来为国家挽回部分颜面的祭品。

从 20 世纪 30 年代初开始，日本人所说的"幽谷"时代拉开了序幕，一个越来越专制、越来越持极端民族主义态度的政府消灭了所有的不同意见，垄断了所有的信息来源。在此黑暗的环境下，学术骗子们被鼓励捏造一些半神话的历史，以满足军国主义日程表中重要内政和外交事项的要求。在几个世纪的日本历史中，武士统治了国家及其人民。尤甚于中世纪欧洲或者其他封建社会的是，精英武士阶层统治并且塑造了这个国家的文化。自从明治维新以来，尤其是二战爆发前的几十年里，日本人认为武士理想可以成为国家发展的样板，把日本变成由武士组成的优秀民族——好让国家获得国际霸权，就像武士们在普通日本人面前拥有无可挑战的权力一样。但武士道一直是一种精英化、阶级属性明显的信条，不一定适合全民普及。于是在变革过程中，它也进行了不明显却重大的变动。古代佩刀武士的武士道，强调的是对地方封建领主的狂热忠诚——不是对天皇，在明治朝之前，天皇不过是个模糊而无足轻重的偶像而已。武士道意味着坚忍、自律，以个人担当而自豪；它强调在长期训练和实战中精通搏击；它崇尚为履行使命而牺牲自己，丝毫不惧怕死亡；它还要求在日常生活中粗茶淡饭，无欲则刚，不追求舒适、美味和奢华。武士们"视生如死"，这与佛教的观点相一致；武士们要将死亡视为一种宿命的常态，而不要依恋原本只是虚幻的生命。耻辱和蒙羞需要用自杀来弥补——当一个武士自杀时，他要用短刀切腹。

但传统的武士道并没有要求在取胜无望时也不能撤退或者投降，过去的武士只要在作战时尽职尽责，便不会因走投无路而投降名誉受损。这就是《三十六计》中的最后一计，日本的武士们世世代代都在学习中国的这一军事经典："敌势全胜，我不能战，则必降、必和、必走……未败者，胜之转机也。"[53] 自杀战术在过去的日本战国时代也没有扮演什么重要角色。自从日俄战争（1904—1905）之后，日本陆军的文化和条令进行了彻底的改变。步兵操典被改写，其对"战斗精神"重要性的强调超过了诸如技术和机械力量等因素，上刺刀的大规模"万岁冲锋"也被视为近距离作战中的首选战术。"不可投降"的观念在第一次世界大战后正式付诸文字，并在1928年修订版的作战手册中升级为绝对禁止投降。日本陆军及其宣传机器原先并没有明确宣扬自杀战术，但自从1932年在上海及周围爆发战争开始，关于"人体炸弹"和"肉弹"的报道就频频见诸日本报纸的头版头条。到了太平洋战争中期，这又演变成了为战败而亡的人大唱赞歌，以"玉碎"来称颂他们。有一首叫《海行兮》的歌地位直逼日本国歌，歌词中没怎么提及胜败问题，反而对为国而死大加赞颂：

> 海行水渍尸，
> 山行草生尸。
> 吾为君亡，
> 死而无憾。[54]

在广播中和爱国集会上反复播放这首歌，会给日本人尤其是年青一代留下这样一种印象，即《海行兮》及其所含的精神古已有之。但实际上其歌词只能上溯至18世纪的一首诗歌，这首诗歌本身并不知名，而谱成歌曲则是1937年的事。大张旗鼓地宣扬战死——死亡本身就是一种结束——还是日本文化中的一个新现象，就像"决不投降"信条、大规模自杀攻击，以及帝国主义武士道中的优秀民族理念一样。这些思想和武士传统完全沾不上边。明治时代之前日本武士只和日本人打仗，没有机会产生民族沙文主义，也不会想要去征服外国。若有人对他说他和其他日本人都和天皇荣辱与共，他大概只会头晕。传统武士道赞美谦逊的态度以及了解并尊重敌人的美德，却不会宣扬愚蠢的好战，也不会指望上天来保佑胜利。但是古代武士信条中的这些元素并不能服务于极端民族主义军政府的目标，于是它们都从历史、教育和公众言论中被剔除了。

1944年，自杀飞机战术有一个简单实用的理由：日本新手飞行员技术不好，无法使用传统的轰炸或施放鱼雷的办法来打击敌人舰队。派出去攻击近岸美军军舰的日本机群遭到了灾难性损失，敌人的舰载机却铺满了菲律宾的天空，无人能与争锋。日军仅仅在10月就损失了近 1 000 架飞机，而飞往菲律宾航空兵基地的补充飞行员都仅仅掌握最基础的技术。那些匆匆学完缩水了的训练课程，被派往前线部队的飞行学员都只有短短几十个小时的飞行记录。大部分人都没有接受过正规的射击和导航训练。如果这些新飞行员无论如何都会死在座舱里，那么自杀战术或许是打退敌人的唯一现实希望。

负责为"神风"战术训练新飞行员的猪口大佐说，这其实是个精神问题——反复灌输去执行这种任务的意愿。从战术角度看，他说："飞行员有基础技术就足够了，不需要特别的训练。"相较于俯冲轰炸、鱼雷攻击或者空中格斗，驾驶飞机向敌舰俯冲是个相对简单的机动样式，哪怕只有最基础飞行技术的飞行员也足以驾驭。因此，猪口说，使用"只经过短期训练和具有最少飞行经验"的飞行员是可能的"。[55]不仅如此，当修订后的"捷号"计划被分发给这一区域的各级指挥官时，事情已经很清楚：如果日本人还指望击退麦克阿瑟的登陆，他们的航空兵就必须至少消灭一部分美军舰队。他们面临着在即将到来的战斗中打出战果的沉重压力。

"神风"特攻队于 1944 年 10 月 20 日成立，就在同一天（严格说来是同一个小时），麦克阿瑟将军跟在两栖进攻部队后面涉水上岸。推动"神风"成军这一重大进展的催化剂是大西泷治郎中将，他刚刚于 10 月 19 日从日本飞来接管第一航空舰队。大西面相凶恶——大饼脸，板寸头，体型如同运动员一般匀称而结实。他是个令人惧怕的人，同僚们都知道他会突然发脾气；作为一个资历比较浅的人，他常因为向同僚和其他人动粗而被训斥——尤其是在酒后。他出生在神户附近兵库县一个普通的平民家庭，操着一口圆唇音很重的关西口音。和他后来的好友兼导师山本五十六一样，大西在军

　　　　　　　诸神的黄昏：1944—1945，从莱特湾战役到日本投降

旅生涯的初期也投身于海军航空事业。自从 20 世纪 20 年代初的探索期之后，他就在一系列重要的航空兵岗位上任职，包括在岸上和海上。此人对日本海军航空兵的成立和 1941 年 12 月在 6 000 英里战线上成功发动空中闪击战贡献良多。大西也反对对美开战的决定（和山本一样），但他还是参与制订了攻击珍珠港的计划，并亲自指挥了曾在开战第一周屠灭驻菲律宾美国航空兵的驻台湾各航空队。

当 1943 年第一次见到自杀战术的提案时，大西坚决反对这一想法，在随后一年多的时间里，他一直对这种"异端邪说"持反对态度。[56] 毫无疑问，大西个人对这一话题充满厌恶，就在两年半前，他的第一支航空兵队伍还赢得了诸多大捷，荣誉满身。但是他在 1944 年 10 月掌管第一航空舰队时，不得不直面他这支新部队的严峻现实。菲律宾的各个航空兵基地只有大约 50 架飞机还能飞。援军当然很快就会从中国战场和日本本土涌来，但敌人舰队却已经杀到了家门口。除了少数几个老手之外，他的飞行员大部分都是新兵蛋子。传统的轰炸战术已无意义，大部分派去执行此类任务的飞机都回不来。

10 月 19 日抵达马尼拉当晚，大西就乘坐一辆黑色帕卡德商务车前往吕宋岛上的主要航空兵综合基地——马巴拉卡特机场，也就是美国人所称的克拉克机场。由于美军战斗机有时候会扫射道路，他们认为最安全的做法是在天黑后开两个小时的车过去。但另一方面，夜间开车同样危险，因为抗日游击队有时也会在路边发动袭击。即便是在美军尚未登陆菲律宾的此刻，日本人想必也已经有了自己正在失去这个群岛的觉悟。

抵达马巴拉卡特后，他在一条满是弹坑的跑道和一排破旧飞机旁的一顶指挥帐篷里找到了当地第二〇一飞行队的参谋部,由于地勤人员的努力,这些飞机还勉强能上天。用的零部件都是从堆放在机场边缘的废弃飞机上拆下来的。那里的参谋军官和飞行队长都被召集到镇上的司令部楼里。根据在场一名飞行军官的回忆,大西的讲话简明扼要,语气平淡,直奔事实:"依我看,只有一种办法能让我们孱弱的力量发挥出最大的作用。那就是用挂载 250 千克炸弹的零式战斗机组成自杀攻击部队,每一架飞机都要撞中一艘航母。你们怎么看?"[57]

起先无人答话,可以想见他们内心的焦虑和慌乱。但是也没人反对。现在唯一要解决的战术问题是,怎样让零式战斗机当好人力制导导弹。飞行员及其长官们都同意自杀机应该从 1.8 万英尺左右的高空接近敌人舰队。被美军雷达发现后,飞行员就要快速下降到二三百英尺的超低空,以从雷达屏幕上消失。同时他们还要投放"窗户"——铝箔条——以欺骗敌方的雷达手。最后向目标冲刺时,飞行员将要压低机头,以 45° 角俯冲撞击。[58]

散会后,各飞行队聚集在一起再次讨论。不久,各飞行队长一个接一个跑回来说,他们的飞行员一致同意:就这么干。许多人都受到了刚刚战死的基地司令官有马将军的榜样的鼓舞,他在 5 天前牺牲了自己。促使他们做出这一决定的可能还有另一个原因,那就是他们得知了整个日本海军都将冒着全灭的危险向莱特湾冲锋。大家都很坚决,甚至是狂热。一名飞行员伤感地评论道:"这个时候,这看起来是我们的唯一选择了。"[59]众人认为新部队的指挥官最好是一位科班毕业的人。参谋和指挥官们讨论了一番之后,决定让关行男大尉担任这一职务。接到通知后,关大尉毫不犹豫地答道:"务

　　　　　　　　　　诸神的黄昏:1944—1945,从莱特湾战役到日本投降

请让我来干！"[60]

新组建的自杀机航空队仅有 26 架零式战斗机，分成四个队。其中三队以马巴拉卡特为基地，第四个队驻南边的宿务岛。其中一半飞机将用于护航和观察，其余则负责撞击敌舰。这样，第一支"神风"部队将只有 13 架飞机实际用于自杀撞击。司令部将这支部队用汉字命名为"神风"，日语发音"kamikaze"，这支部队便被称为"神风特攻队"，不过此时这个称呼还没有流传开来，那是以后的事。*

日军指挥高层对这 13 架自杀机寄予厚望。有人甚至觉得它们可能会全部撞中目标，或许会击沉多达 13 艘美军航空母舰，如此毁灭性一击将足以击退对菲律宾迫在眉睫的进攻。因此，日军期待这支小小的新"神风"队能够在即将到来的较量中做出重大贡献。

然而，这第一次有组织地使用自杀机的战术还有另一面，却没有引起应有的重视。"神风"计划也是一场同时针对日本作战部队和民众的公关和宣传行动的核心。10 月 21 日，大西将军主持了一场伤感的送别仪式，他向即将启程的自杀机飞行员挥手告别，飞行员们立正，然后举杯饮下最后一杯壮行酒。他们齐唱《海行兮》，向将军敬礼，然后爬进座舱。第二天，这样的仪式又举行了一次。参加仪式的还有一组战争通讯员、摄影师和电影摄制组，毫无疑问，新的"神风"战术将会在日本国内广为人知。这一公关措施的目的和前一周虚报台湾大捷其实如出一辙。这些都是旨在激发各航空队

---

*　英语中的"神风"一词"kamikaze"最初可能是盟军翻译错了。但无论如何，在战争的最后一年里盟军始终笼罩于"kamikaze"的阴影之下，这个词后来也就被广为接受，包括日本。见 Sheftall, *Blossoms in the Wind*, pp. 59–60, footnote。——作者注

本身自信心的宣传措施。这时的日本航空队已经开始绝望，因为怎么做都无法挑战美军的空中优势——如猪口所言："没有什么比确信敌人具有优势更能摧毁士气的了。"[61]

这种宣传也面向国内阵线。眼见日本民众日益显露出对战争的疲倦，东京政府想要给大众的情绪打一剂强心针。年轻战士们在战场上奋不顾身的场面或许能刺激人民努力工作，付出更多牺牲，掀起为了国家渡过危机而团结一致共同面对战争的高潮。日本的新闻媒体此时已经充斥着这样的思想。不久前向美军舰队发动自杀攻击后，有马将军被奉为"军神"，政府要求人民以他为榜样，为战争做出更大的努力。许多社论中还有一个未言明的论调，那就是老百姓要为他们作战部队付出的牺牲而感到羞愧，必须要工作更努力，吃得更少，为战争做出更多的贡献。有马的同僚野村吉三郎将军则在无线电广播中要求日本工人"在生产战线上以'肉弹'精神进攻"。[62]

最后，或许也是最重要的，"神风"也是针对敌人的宣传战。这是日本的思维方式，或许能称之为日本太平洋战争"理论"的集大成者——这是一条逻辑线索，隐藏在他们 1941 年 12 月毫不理智地决定进攻美国背后，他们在如此决定时清楚美国的工业实力比日本强十倍。日本人所特有的"战斗精神"——常被称为"大和魂"——被用于解释为什么日本从未被征服，也从来没有输掉过战争。战后，日本陆军的河边虎四郎将军告诉前来审讯的美国人："我想要解释一些很艰深的东西，你们或许无法理解。日本人直到最后都相信可以凭借精神力量和你们一决高下……我们相信我们对于胜利的信念能抵消你们的科技优势。"[63]

这是一种宗教信条，根植于日本天皇的神性，以及（通过他根植于）日本的民族性之中。如果说美国人在 1944 年还要继续打下去，继续要求无条件投降，那是由于他们还没有充分理解这种精神对日本人的支配性影响。但他们怎么可能理解？美国佬都是些混血杂种，他们无可救药地腐化堕落，追逐私利，没有任何真正的团结精神和统一目标。如果他们不能像日本那样决意打到最后，那么其巨大的物质财富、工业基础以及技术天赋都将毫无意义。"神风"选择在美国总统大选前的最后几周内诞生不是偶然的，此时罗斯福总统和杜威州长正针锋相对，美国政治中的矛盾和冲突正展现在整个世界面前。宇垣将军表达的观点十分典型，他在 10 月 21 日的日记中如此评论刚刚出现的"神风"部队：

> 啊，这是一种多么伟大的精神！我们无惧百万敌军和千艘航母，因为我们全军共有此魂……如果一亿国民现在以此精神进行生产和自卫，则帝国可高枕无忧。据说美国人现在都为总统大选而疯狂，杜威还稍有领先。我敢说他们比不上我们，因为他们的战争目的和国家政策都是出于私欲。[64]

在接下来的最后 9 个月战争中，主导日本的战略意图就是：向美国人展示自己"大和魂"的全部威力和怒火。一个愿意把它的年轻人全都变成制导导弹的国家，也一定会全民战至最后一人——一个愿意如此死战到底的国家是不可征服的。如果日本人把赌注叫得足够高，美国就会退缩。美国的领导人受选民掣肘，没有打到亡国灭种的勇气。对日本来说，太平洋战争可能已经输掉了，军国主义政府的高官们在私下里、内心里已经越来越愿意承认这一点。但是打败仗和投降之间，失去海外占领地和看着国土被匪军践踏之间，还是有着很大的差异。人工制导导弹从来不是为了胜利而采用的，而只是为了避免彻底毁灭的恐怖。即便官方宣传不承认，为神圣的日本列岛进行的战斗也已开始，而"神风"正是它的第一道防线。

第五章

　　莱特岛登陆的规模不如四个月前的诺曼底登陆，但舰队需要跨越的洋面却辽阔得多。从麦克阿瑟在新几内亚北部的主要登船港口荷兰迪亚到莱特湾的登陆滩头，距离足足有 1 300 英里。而且，登陆舰队拥有超过 700 艘舰船，荷兰迪亚容纳不了这么多——因此很大一部分部队是从阿德默勒尔蒂群岛中的马努斯岛出发的，那里还要再往东500 英里。这支庞大舰队的各个部分将在航渡途中会合，此时这对他们而言已经是驾轻就熟的了。舰队中的数百艘登陆艇是从太平洋舰队借来的，这是另一个司空见惯的事情——自从 1943 年起，两个战区就一直在共用这些专用舰艇及其人员。在进行了超过两年的两栖作战之后，美军已是轻车熟路。赤道南北大大小小差不多 30 次登陆战的磨炼已经让他们的两栖作战技艺炉火纯青。部队在最后一刻匆忙做好战斗准备，分发主要作战计划，并匆忙加油和补给，各个部门疯狂忙碌，以保障舰队按时出海——所有这一切，对于成千上万名参加过这场历史上规模最大的两栖战争的老兵来说，也都习以为常了。

　　一名驾机在上空巡逻的"甘比尔湾号"航母飞行员称此为"我见过的最庞大的大军。舰船一直延伸到海平面上"。[1] 各个半自主行动的特混舰队组成轮形阵航行，航速不超过 9 节或 10 节，这样即使是最慢的舰船也能跟上——突击运输舰、普通运输船、登陆舰、巡逻艇、扫雷舰、弹药船、油轮，以及各种其他勤务船只，组成了巴洛克式的宏伟队形。运输船上运载了 17.4 万部队。每一型登陆舰艇都有一个以字母"L"［意即"登陆"（Landing）］开头的缩写代号——LST（坦克登陆舰）、LSD（登陆艇母舰）、LCI（步兵登陆艇）、LCT（坦克登陆艇）等等，还有其他五六种。驱逐舰在队形中穿行，如同灵猩般优雅，又如同牧羊犬般机警。当日军在 1942 年占领菲律宾时，这些舰艇十中有九还没有造出来。实际上，其中许多都是刚刚来到太平洋，舰员也都刚刚完成训练，还没打过仗。

战后，有记者问第 7 舰队司令托马斯·金凯德中将他是怎样协调这数百艘舰船行动的。"我基本上不是靠自己的手指头来指挥的，"他答道，"这是个组织问题，仅此而已。"[2] 宏大复杂的时间表是通过每一艘船需要在莱特湾出现的时间倒推确定的。最慢的船只要最先出发，有些早在 10 月 4 日就出海了，此时连行动计划都没有制订完成。随后，众多舰艇从其原先所在的相隔数百乃至数千英里的港口渐次启程。由于航行距离遥远，舰队要在航行途中加油，舰队油轮将在事先确定的时间和地点等着它们。

麦克阿瑟喜欢开玩笑说"我有三张'老 K'"——他的陆海空三大指挥官，其姓氏的第一个字母恰巧都是 K。金凯德（Kinkaid）率领常被俗称为"麦克阿瑟海军"的第 7 舰队。陆军航空队乔治·C. 肯尼（Kenney）中将从 1942 年 7 月起就一直担任西南太平洋战区航空兵司令。参加莱特岛作战的主要地面部队，第 6 集团军，由陆军中将沃尔特·克鲁格（Krueger）指挥。登陆第一阶段的空中掩护支援由第 3 舰队负责。哈尔西（斯普鲁恩斯也是一样）虽然要优先执行联合作战任务，但他仍归属尼米兹的指挥系统。参联会没有尝试就统一指挥问题做出决定，而仅仅是要求尼米兹和麦克阿瑟"安排进行互相支援和协同作战"。[3]

经历了西太平洋上一连串空前的不间断航母空袭之后，第3舰队及其第38特混舰队的航空兵们太需要回港长时间休息了。所有的舰载机大队都明显出现了飞行员疲劳的情况，其代价便是愈加频繁的飞行事故。航空医生已经注意到这一可怕综合征带来的负面效果——飞行员们脸上出现了憔悴和沮丧的神情，他们神经脆弱，体重迅速下降。哈尔西在8月刚刚接管舰队，但许多官兵却已经在海上待了10个月，中间仅仅在中太平洋那些偏远的环礁上有过短暂休整。即便是哈尔西也累了，正如"米克"卡尼注意到的那样。舰队现在需要回到乌利西潟湖的锚地中，安静地停泊一长段时间，休息整补。然而，对菲律宾的进攻已经迫在眉睫，第3舰队的快速航母还要在其中领衔主演。这也是麦克阿瑟的地面部队头一次在美国陆军航空队战斗机的掩护半径之外持续作战。在莱特岛上，美军想要拿下塔克洛班机场并抓紧升级改造，这样它就可以尽快接收肯尼的截击机。但在此之前，打退日本空中反击的活儿绝大部分还得交给哈尔西的航空兵来干。当10月21日哈尔西问麦克阿瑟第38特混舰队估计何时能够返回乌利西时，这位西南太平洋战区司令坚决地答道："这次行动的基本方案就是要仰赖第3舰队的全力支援，这是我第一次到我自己陆基空中掩护范围之外作战……我认为你掩护此次作战的任务十分关键，至为重要。"[4]

关于接下来的作战，一个迫在眉睫的"肯定不确定"的问题是日军空中抵抗的规模和纵深。另一个问题是日本舰队是否会前来反击登陆。的确，哈尔西最近一段时间的横冲直撞揭示了日军航空兵力量的薄弱——但敌人在菲律宾有数百座机场和备降跑道，其地理位置也决定了这里可以从中国大陆、台湾和日本本土快速获得增援。莱特岛作战和此前太平洋上所有两栖登陆的不同之处在于，敌人能够依赖其纵深，并分散配置其增援航空兵。在悲观的情况下，美军将会发现自己陷入漫长而无休止的空中战役之中，需要反复迎战从南边、西边和北边杀来的一批又一批敌机。此时飞行员疲劳症已经十分严重，而这样的前景更是航母部队的噩梦。哈尔西或许会后悔地想到，莱特进攻战役正是在他的大胆建议之下花了两个月推动的。他自己挖的坑，现在不得不由他自己来填。

关于敌人舰队，密码破译情报和侦察报告已经准确判断出栗田和日军水面战舰停泊在新加坡附近的林加水道，小泽和航母则位于濑户内海。在麦克阿瑟司令部、第 3 舰队和珍珠港，主流的观点是日本海军不会出来应战。但是持不同观点者仍然存在，而且大家都认为发生大规模舰队作战至少是有可能的。如果栗田要率领水面战舰前来挑战美军，那他们就必须从切开菲律宾中部岛屿屏障的两个海峡之一通过——莱特岛南部的苏里高海峡，或者是萨马岛北部的圣贝纳迪诺海峡——否则就要从棉兰老岛南部或者更远的吕宋岛北部海岸绕道。所有的可能性都考虑到了，但是为了赶上 10 月 20 日的任务期限，第 3 舰队和第 7 舰队的司令和计划制订人员并未就各自辖区内应对意外情况的具体计划沟通一致。

金凯德的第 7 舰队绝对不是赤手空拳，无论面对什么样的敌人进攻，他们都能基本做到自保。岸轰和火力支援大队拥有 6 艘老式慢速战列舰——其中有些还在珍珠港被击伤过——以及数量充足的巡洋舰和驱逐舰。这支舰队被编为第 77.2 特混大队，由此前参加过多次两栖作战的老将杰西·奥尔登多夫少将指挥。金凯德的舰队中还有16艘小型护航航母，其舰载机主要用于轰炸和扫射登陆滩头的地面目标，并在两栖舰队上空进行防空掩护。它们被编为第77.4特混大队，由托马斯·斯普拉格少将指挥。他这支小型慢速航母舰队及其护航驱逐舰被分为三个分队，其无线电呼号将会名垂青史："塔菲1"、"塔菲2"，以及"塔菲3"。

第3舰队参谋长"米克"卡尼回忆说，哈尔西一直向他手下的所有人反复灌输一个原则："如果能找到机会打一场大仗，那就让它变成现实，你们要始终把这作为首要目的……他的意图就是我们冲进去，和他们一决雌雄，只要找到敌人就干一仗，不管遇到的是谁。他本人对我们的指示，以及我们关于战斗的所有讨论的结果，都让这一点深深印在了我们的脑海里。"[5]

10月17日，舰队的先遣分队搭载着美国陆军游骑兵突击队登上了把守着海湾入口的三个小岛。游骑兵们迅速打垮了日本守军，随后架设起导航灯以协助两栖船队。扫雷舰费了不少力气，找到并扫除了大约200枚漂雷和混合雷，开辟了一条通往登陆海滩的宽阔通道。"水下爆破组"（UDT）的精锐蛙人们——他们是今天美国海军"海豹"突击队的前身——潜入水中寻找水下障碍物，却没找到。10月19日拂晓前，奥尔登多夫将军的火力支援舰队鱼贯进入海湾，大炮直指海滩，36小时的炮击就此拉开序幕。日军岸炮进行了还击，也打中美舰几炮。但它们在开火时暴露了自己的位置，结果被美军舰队的优势炮火悉数打哑。

10月20日，无月之夜，运输船和两栖舰队如同幽灵船一般神不知鬼不觉地开进海湾，运动到各自的指定位置。奥尔登多夫将军的炮击编队仍在继续向海滩倾泻死亡和毁灭。早晨 6 点，当新一天的太阳跃出东方海平线时，炮火的数量和密度都令其宛如雷霆。

从巡洋舰"纳什维尔号"的舰桥上观看这幅场景，麦克阿瑟毫不讳言自己被震撼到了。炮火把海岸线翻了个底朝天，连莱特岛的海岸地貌都为之改变。巨大的炮弹带着货运列车般的巨大啸声直奔海岸而去，在天空中划出一条长长的红色弧线。火箭弹亮白色的烟尾久久不散，在天空中刻印出栅栏格子花纹。一团团浓烟从海滩以及远处的山上升起。一位目击者从海岸外的运输船上用双筒望远镜观看了一艘驱逐舰用 5 英寸舰炮向一处高大海角上一座日本地堡瞄准齐射的场景。"地堡如同核桃壳子一般被砸开。当第二轮齐射命中时，我们看到有几个人想要从里面爬出来。就这样了。曾经精心建造的堡垒现在不过是山坡上的一道白色疤痕而已。"⁶ 舰炮停止射击后仅仅几秒钟，舰载机便飞越海岸线，倾泻下炸弹、火箭弹和 .50 口径曳光弹，此种场面在这个上午无数次重演。在连续不断的猛轰之下，海岸已经从视野里消失了。这天上午几乎没有风，无法把潮湿空气中的一层层黄色和棕褐色浓烟吹散。即便是在奥尔登多夫战舰后方远处的运输船上，人们也不得不吼叫着说话才能被听见。他们的卡其色军服在胸腔上震颤，人们都能感受到五脏六腑深处受到的剧烈撼动。远处山上的爆炸发出一种极富穿透力和共振的声音：砰，砰，砰。南边和西边的整个地平线已经成了一条闪烁的光环。

上午 10 点，第一批登陆艇准时向海岸进发。炮击强度又提高了一个台阶。天空、地面，以及船只的甲板，都如同琴弦一般震颤起来。海岸外的一名观察员在日志中记录："你无法区分出一次一次的爆炸，那就是一片轰鸣。"[7]在车辆人员登陆艇和坦克登陆艇的前方是一群安装了火箭发射器的登陆艇，它们不停地开火——火箭弹嗖嗖地尖啸着飞出去——这些致命的小火箭纷纷落在海滩和树林边缘。到了战争的这个阶段，美军的时间拿捏和协同已经到了十分精熟的地步，进攻部队的官兵只要从登陆艇的船舷上面探出头来，就一定会看到一幅任何人都终生难忘的景象。第一批登陆艇靠岸几秒钟后，毁灭性的弹幕便突然向内陆跃进半英里，就如同暴雨扫过北美洲的大平原一样，落在登陆海滩前方，使两栖部队得以安全上岸。

进攻部队跃出登陆艇，冲向海滩，随即要么在沙地上卧倒，要么躲进炮弹爆炸留下的弹坑中。但很快他们便发现自己并未遭到敌人火力的攻击。燃烧和破碎的椰子树林中还有几个孤零零的日军狙击手，各处残存的碉堡里也会响起一些零散的机枪射击声，但是日军的抵抗仍很轻微。岛上的大部分敌军似乎已被撤回西边的山区。美军第一梯队迅速向内陆推进，扩大地盘，并为后续批次的登陆艇腾出空间。不到一个小时，进攻部队就拿下了一块各位置纵深基本都达到1000英尺的滩头阵地。如果非要说有什么妨碍了他们的推进，那与其说是敌人的抵抗，还不如说是湿滑的地面。

数以万计的部队——总共有4个师——跟在他们后面上陆，海岸线很快就变成了不断膨胀的补给站。车辆在土路上行驶，板条箱成排堆放在一起，有人站在上面走来走去。在内陆更远处，步兵们在挖掘散兵坑和战壕。这里部队如此密集，散兵坑都直接连到了一起。许多人都把从登陆艇上带出来的救生衣当作枕头，把棕榈树叶放在散兵坑上方挡雨。第3两栖军的战地日志称："部队大约向内陆推进了1000码至1400码。抵抗相当轻微。除了有些地方敌人挖掘了战壕并用迫击炮开火之外，大部分地段上部队都在持续推进。登陆海滩上伤亡轻微。没有敌人活动的迹象。"[8] 由于未遇到敌人有组织的抵抗，北部地段的部队继续向北进击，很快占领了岛上最重要的战略要地：塔克洛班机场，这个机场位于岛屿东北沿岸的同名城镇附近。

在"纳什维尔号"的舰桥上，麦克阿瑟举着他的双筒望远镜，从漫长弧形海岸南端杜拉格村旁边的白滩，一路扫视到北边塔克洛班附近的红滩。在"纳什维尔号"和登陆滩头中间有太多的船只，他实际上很难看到海滩全貌。他时常放下望远镜，给他的玉米芯烟斗点火，和派驻他旗舰的战争通讯员亲切交谈。他兴致勃勃地给通讯员们讲起他第一次来到塔克洛班时的故事，那时候他还是个刚从西点军校毕业的新来军官。

下午1点刚过几分钟，麦克阿瑟走下楼梯，来到他的登陆艇上。他身后跟着司令部里的几个主要人员，他的航空兵司令肯尼将军，以及几位他最喜欢的战争通讯员。登陆艇到另一艘运输船旁停下来，接上了塞尔吉奥·奥斯敏纳，他是曼努埃尔·奎松之后继任的菲律宾总统，还有卡洛斯·P. 罗慕洛准将，他是驻美国众议院的菲律宾属地代表。登陆艇开向红滩途中，麦克阿瑟笔直地坐在靠近艇尾的座椅上。他拍着萨瑟兰的膝盖说道："你能相信吗，迪克，我们回来了！"[9] 时间已经过去了两年半，眼前的场景恍如梦境。这话他又向罗慕洛说了一遍。他握着两位菲律宾朋友的手："好吧，我们来了！"罗慕洛记得他们都这么说了："所有人都把这句话说了一遍又一遍，用不同的语气，好像这是表达最深刻感情的最新方式一样。在我们听来这绝不啰唆。它听着就像是华盛顿的告别演说，或者是

　　　　　　　　　　诸神的黄昏：1944—1945，从莱特湾战役到日本投降

林肯在葛底斯堡的讲话一样。我们永远也听不够。"[10]

艇长操纵着登陆艇砰的一声轻轻靠上了岸，放下了跳板。他们距离海岸还有50码。两名通信部门的摄影师走下跳板涉水上岸，以便把这一场景拍摄下来。萨瑟兰扶着麦克阿瑟的胳膊，反复念叨着"我们来了！"——麦克阿瑟也回应道："是的，你能相信吗，我们来了。"[11]这一行人耐心地等着摄影师架设好照相机。之后，麦克阿瑟戴着飞行员太阳镜和他镶有金穗纹饰的野战帽，走下齐膝深的水里，开始涉水上岸。奥斯敏纳紧紧跟在他的身后，之后是同行的其他人。拍下这一场面的照片将会出现在全世界的报纸上。

麦克阿瑟踩着浪花走到堆满补给物资的海滩上，无烟火药和棕榈树燃烧的气味填满了他的鼻子，他快步迈向陆地。受命保护他的一个连急忙快步上前，因为这位西南太平洋战区司令一度似乎想要径直走到树林边缘去，而那里可能还有残余的日本狙击手。随后他改变了主意，回头再次和奥斯敏纳握手。"总统先生，回家的感觉怎么样？"奥斯敏纳此时已然热泪盈眶，泣不成声。[12]消瘦憔悴的菲律宾老百姓纷纷围了过来，许多人挥舞着在日本占领的那些年里小心藏着的美国国旗。他们满脸喜悦地欢迎美国军人，高声喊着："可爱的美国人！"

另一个通信小组正在准备一套无线电广播设备并架设广播天线。麦克阿瑟和奥斯敏纳并肩坐在一根倒在地上的棕榈树干上。旁边的一棵树上并排飘动着美国和菲律宾联邦的旗帜。不久，通信队告诉他们，广播已经准备好了。

片刻之后，麦克阿瑟拿起了一支手持麦克风。当他说话时，天空飘起了细雨。这次广播在美国国内进行了现场直播，当时这还是个稀罕事；它也通过移动天线向全菲律宾进行直播，虽然看起来没几个菲律宾人能听到这最初的广播。

麦克阿瑟还是老样子，用第一人称单数，也就是"我"指代了他指挥下的部队。"菲律宾人民，"他宣布道，"我回来了！蒙全能的主的恩宠，我们的部队再次站在了菲律宾的土地上。"他还号召菲律宾人民起来反抗，打击敌人，而且"向我靠拢！"。[13]

这番讲话惹得他手下不少官兵直翻白眼，在他们眼里这又是个麦克阿瑟式的牛皮。你是回来了，难道我们没回来吗？不过这次演讲对菲律宾人的振奋作用完全毋庸置疑。即便他们未能通过广播收听讲话，大部分人也很快就会通过传单或者口耳相传获悉此事。第二天，在塔克洛班市政府的台阶上，麦克阿瑟会给奥斯敏纳总统主持一场更正式的仪式——象征着将国家主权交还菲律宾。问题是他并没有就这份声明与掌握着菲律宾联邦主权的美国国务院和内政部澄清沟通。麦克阿瑟这是在擅自制定美国的亚洲外交政策——这不是第一次，当然也不是最后一次。

10 月 20 日晚，栗田麾下强大的战列舰、巡洋舰和驱逐舰纵队开进了婆罗洲北部的文莱湾。两艘油轮正在那里等着他们，所有军舰都要从它们身上喝个饱。第二天下午，来自全舰队各舰的摩托艇把舰长和高级军官送到了栗田的旗舰，"爱宕号"重巡洋舰上。在那里，他们得知日吉的联合舰队司令部刚刚发来最终的"捷号"作战命令，并听取了任务简报。他们的表情足以说明一切。军官们被这一计划激怒了，有些人壮着胆子发出质问。如果情况真如上峰相信的那般绝望，那么总司令本人不该亲自前来率领大家参战吗？为什么丰田大将会躲在横滨安全的地下掩体里？如果这次出击是海军的"万岁冲锋"，那么进攻目标不该是美国的战列舰和航母，而不是莱特湾里的运输船吗？大家都受过严格的夜战训练，为什么还要在白天进攻？

栗田最后站了起来，简短回答了这些质疑。突袭运输船队最有希望重创敌人的进攻部队，他说。这可能是打一场全军尽出的舰队决战的最后机会，现在不打，以后可能就再也没有机会了。要么现在，要么就再也不会有。不仅如此，他说，命令就是命令。于是，军官们起立，一齐高呼"万岁！"之后喝下一杯清酒，各自回舰。[14]

10月22日早上8点，拥有31艘军舰的栗田舰队从文莱出发，向北开往巴拉望岛。研究了海图并考虑了所有因素之后，他决定让自己的舰队走中路，穿过巴拉望水道，然后是锡布延海和圣贝纳迪诺海峡。比栗田晚7个小时出发的是以西村为首的"C分遣队"舰队，他们将抄近路走南线，通过巴拉巴克海峡、苏禄海、苏里高海峡进入莱特湾。在北方远处，志摩将军的"第二游击部队"将从澎湖列岛的马公港启程南下，他接到的命令很模糊，只是要他跟随西村穿越苏里高海峡。早在10月20日下午，小泽的光杆航母舰队就已经把船锚从濑户内海海底的淤泥里拉了起来，正在出海，准备前往丰后水道的集合点。到10月22日夜幕降临时，参加"捷号"计划的所有舰队全都动了起来。*

---

* 日本参战序列中各部队的名称比较混乱。栗田的原第二舰队现在被命名为第一游击部队，又进一步分为A分遣队（栗田）和C分遣队（西村），但有一些日方资料也分别称其为第一和第二佯攻部队。小泽的航母舰队原本是第一机动部队，现在日本人称其为"本队"。志摩的舰队被命名为第二游击部队，但其原先被称为第五舰队，有些资料就采用了他们先前的称呼。本书根据大部分西方史料的习惯，将分别称之为南路舰队（西村）、中路舰队（栗田），和北路舰队（小泽），有些时候会仅以指挥官的名字代指。志摩的10艘舰将简称为"志摩舰队"。——作者注

战斗打响前，美军有 44 艘潜艇在海上作战，其中许多被特地布置在能够截击和观察开往菲律宾东部水域的日本海军部队的位置上。有超过 12 艘潜艇奉命观察和警戒莱特湾周边海域。菲律宾中部的岛群组成了一道屏障，这里复杂的岛屿地形将任何想要穿越这道屏障的大吃水舰船都限制在了为数不多的航线上。美军潜艇就部署在各个航线的瓶颈上：巴拉巴克海峡、民都洛海峡、贝尔德岛海峡、巴拉望水道，以及吕宋岛西部海面。在研究了海图并考虑了各种因素之后，栗田和他的参谋们选择穿越巴拉望水道，这是巴拉望岛西北沿岸和"危险水域"之间一条可航行的走廊，后者是南海中一片缺乏海图的海域，那里满是浅滩、礁石和暗礁，四百年来一直都是海船的坟墓。栗田和他的参谋们知道他们选择的路线可能会把自己带进美国潜艇的瞄准镜，但是由于接到死命令，以及受到紧张燃油状况的制约，他们也别无选择。[15]

　　10 月 22 日至 23 日午夜，两艘美军小鲨鱼级潜艇正守候在巴拉望岛西南端。"海鲗号"（Darter，艇长戴维·麦克林托克）和"鲦鱼号"（Dace，艇长布莱登·克拉格特）正浮在水面上，肩并肩，相距只有 200 英尺。凌晨 1 时 16 分，"海鲗号"的 SJ 雷达屏幕上出现了回波信号。信号位于东南方，距离大约 17 英里。起初雷达手觉得这一定是云团，但是很快又冒出来许多信号，在屏幕上共同运动。它们只可能是向北直奔巴拉望水道而来的重型战舰。于是麦克林托克拿着手持喇叭，隔着水面向"鲦鱼号"的舰桥喊话："我们雷达发现目标。上！"[16]于是两艘潜艇四台引擎全开，以 19 节速度水上航行，想要在敌舰队前方抢占截击阵位。

莱特湾海战, 1944年10月23日—26日

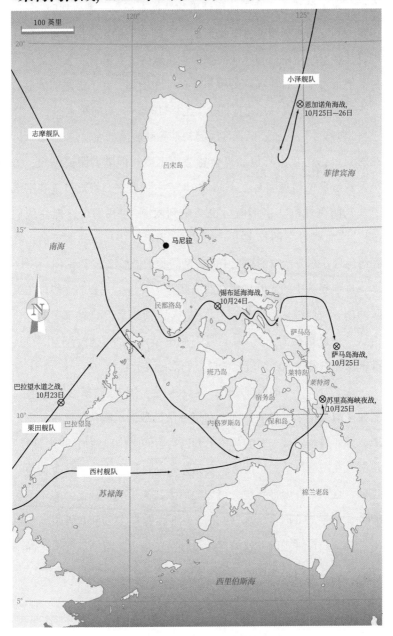

100 英里

120°   125°

20°

小泽舰队

⊗ 恩加诺角海战,
10月25日—26日

志摩舰队

吕宋岛

菲律宾海

15°

南海   马尼拉

民都洛岛

锡布延海战,
⊗ 10月24日

萨马岛

萨马岛海战,
⊗ 10月25日

班乃岛

莱特岛

莱特湾

巴拉望水道之战,
10月23日

宿务岛

苏里高海峡夜战,
⊗ 10月25日

⊗

栗田舰队

巴拉望岛

内格罗斯岛

保和岛

10°

西村舰队

苏禄海

棉兰老岛

5°

西里伯斯海

在夜幕的掩护下，两艘潜艇用无线电发出了日军舰队北上穿越巴拉望水道的报告，并正确估计出舰队拥有至少三艘战列舰。[17]远在澳大利亚的克里斯蒂将军收到了"海鲫号"的第一份电报，他立刻将其转发给哈尔西和其他指挥官。在随后"海鲫号"发出的每一封敌情报告中，日军纵队的舰艇数量都在增加。在下潜之前的最后一次报告中，麦克林托克报称："至少11艘舰，航向航速不变。"[18]

"海鲫号"的航迹推算部门起初推测敌舰队的航速是22节，因此对自己占得攻击阵位的机会持悲观态度。但随着距离缩短，美军发现舰队的航速实际上不超过18节。而且它们将被挤进狭窄水道，其防御性的之字形航行也会受到限制。"我们现在抓住他们了！""海鲫号"的日志中记载道。[19]当巴拉望岛绿树覆盖的山峰隐约出现在东方微露的晨光中时，两艘美国潜艇潜入了水下。

日本舰队中的大舰排成两路纵队齐头并进，几艘驱逐舰位于纵队两侧。左侧纵队由"爱宕号"领头。"海鲫号"运动到了能够攻击这一纵队的位置上，"鲦鱼号"则继续向东北方航行了几英里，准备伏击右侧纵队。两艘艇的艇员们都已各就各位。

在"海鲫号"的指挥塔里，麦克林托克中校眼睛紧贴着潜望镜，抓住两边的把手转动着方向。在镜头中，敌人军舰从雾气中显出形来，宛如教堂塔楼一般的灰色阴影以均匀间隔排成两列。"海鲫号"几乎就在左侧纵队的正前方。麦克林托克眼看着"爱宕号"向他开过来，直到它在瞄准镜里变得如此巨大，圆形的视场已经容不下它的全长。早晨6时32分，他在"不可能射失"的980码距离上射出了艇首鱼雷管中的6枚鱼雷，随后向左急转，向第二艘舰"高雄号"巡洋舰射出了艇尾的4枚鱼雷。

诸神的黄昏：1944—1945，从莱特湾战役到日本投降

"爱宕号"的瞭望哨直到鱼雷快要命中时才发现其航迹。这艘旗舰无论如何也逃不掉了。它的右舷爆发出 4 根燃烧着火焰的水柱。数百名舰员可能还没搞清楚怎么回事就当场丧命。它的舰首开始下沉，舰体向右严重倾斜。从"海鲫号"的潜望镜中，麦克林托克看见巨大的橘黄色火焰上方腾起滚滚黑烟，中雷巡洋舰的上层建筑完全藏进了一团团的烟雾背后。他还看见日本水兵在甲板上集合准备弃舰。

在"爱宕号"的舰桥上，栗田立刻就意识到自己的旗舰完了。他没有丝毫犹豫。他告诉舰长："该走了。"[20]之后他脱掉鞋子，跳进海里，然后向最近的驱逐舰"岸波号"游过去。按栗田自己的说法，他是第一个离舰的。

大约一分钟后，"高雄号"的舰尾附近挨了两枚鱼雷。爆炸摧毁了两根传动轴，海水淹没了锅炉舱，使它瘫痪在水面上。舰员们急忙展开了损害管制，纵队其余各舰则接替了它的阵位并从它身旁开过。

整个日军舰队此时大幅度右转，以避开看不见的敌人潜艇。但是巴拉望岛海岸就在他们右侧不远处，没有多少空间可供他们规避机动。"爱宕号"被击沉后，指挥权暂时移交给了"大和号"上的宇垣缠将军。随后两个纵队开始加速，并坚决转回40°的主航线上。但这又把他们直接送到了"鲦鱼号"的瞄准镜前。克拉格特中校看着右侧纵队向自己驶来。"鲦鱼号"的鱼雷所剩不多，所以他不得不精心选择目标。他决定放过头两艘舰不予攻击，他的命令被载入了史册："让它们过去——它们只是重巡洋舰。"[21]但他把纵队的第三艘舰误当成了金刚级战列舰：实际上它还是一艘重巡洋舰，"摩

耶号"。当敌舰在1 800码距离上完全暴露出侧舷时，他齐射出了
6枚鱼雷。

几分钟后，"鲦鱼号"的艇员们听到四声确定无误是鱼雷命中
的声音，几秒钟后又传来一次震动巨大而且恐怖的爆炸声，声呐员
甚至怀疑是不是"海底被炸开了"。之后他们听到一艘大舰解体的
声音，铆钉一个接着一个崩落了下来。克拉格特称这是"我听过的
最可怕的声音"。[22]他正确地判断出这是"摩耶号"的弹药库被引
爆了。这艘军舰变成了一座冲天的水柱和火球，残骸碎片向各个方
向飞出去，不断下落，持续了大半分钟。宇垣将军在"大和号"的
舰桥上悲伤地看着这一幕，他看见"摩耶号"最后的位置上升起黄
色的浓烟，"烟雾散尽后便已空无一物"。[23]

其余大舰不敢停下脚步，继续匆匆向北。但护航的驱逐舰却在
这一片海域四处投掷深水炸弹，把两艘潜艇压在水下数个小时。日
本驱逐舰还捞救起了数百名"爱宕号"和"摩耶号"的幸存者。栗
田将军奋力游过覆满原油的黏糊糊的海面，来到"岸波号"旁，人
们把他拉上甲板，给了他一杯威士忌，还有一双白色运动鞋（他原
来的鞋子已经扔掉了）。回望"爱宕号"最后所在的位置，他意识
到自己失去了这艘舰——它在19分钟里沉入了海底。栗田向宇垣发
出信号，表示自己想要来"大和号"，把它当作自己的新旗舰。但
他和他的参谋部还要再等9个小时才能到达这艘战列舰上，因为此
时所有幸存舰艇都必须迅速驶离巴拉望水道。

现在"爱宕号"和"摩耶号"完了，"高雄号"遭到重创但仍
能低速航行，因此它奉命在两艘驱逐舰的护航下返回新加坡。（它后
来被判为无法修复，再未参战。）如此，莱特湾战役的这场开局之战

諸神的黄昏：1944—1945，从莱特湾战役到日本投降

让栗田 31 艘军舰组成的舰队失去了 5 艘舰。

"海鲫号"和"鲦鱼号"试图溜过去截击撤退中的"高雄号"，但是"海鲫号"却重重撞上了一处海图上未标明的暗礁，不得不放弃追杀。美国人想尽办法，想把它拖出来，却未能奏效。"鲦鱼号"只好接上"海鲫号"的所有艇员，返回弗里曼特尔，搁浅的潜艇则只能用炸药炸毁控制室和指挥塔后遗弃。时至今日，"海鲫号"锈迹斑斑的残骸仍然静躺在巴拉望岛旁一块礁石上，既作为航标，也吸引着无数游客。

麦克林托克和克拉格特发出的无线电敌情报告或许比他们对栗田舰队的攻击更具有价值，因为这是第一条确凿无疑的消息，表明日本海军意图迎击进攻莱特岛的美军。另一方面，"爱宕号"的沉没导致 55 岁的栗田跳进了海里，不得不游泳逃生。他整个中路舰队的参谋部也是如此。随后他们要在驱逐舰局促的舰桥上待 9 个小时——其间军舰还要时时规避幽灵般时隐时现的潜艇踪迹，随时做好被鱼雷击中的准备——直到当天下午晚些时候他们登上"大和号"。《孙子兵法》有云："佚而劳之。"战后接受美国审讯人员的询问时，骄傲的他不肯承认这段经历令他筋疲力尽，心灰意冷。但他私下里还是向同僚们坦白，身体上的疲劳、缺乏睡眠以及高度紧张，妨碍了他在后来战斗中的发挥。

哈尔西将军曾经觉得日军舰队大概不会来迎击对莱特岛的进攻，但到了 10 月 23 日日终时，他不得不意识到自己错了。这一天，侦察报告越来越多，绝密无线电监听情报也有线索显示敌人会做出"激烈反应"。"海鲫号"和"鲦鱼号"发现一支大规模水面舰队正开往米沙鄢航道，随后"犁头鲛号"潜艇拍发的报告显示，同一支舰队出现在了民都洛海峡入口附近。还没有人看到过日本航空母舰，但尼米兹的司令部发来警告，有迹象显示小泽将军的第一机动部队已经从濑户内海出发，可能从北方开过来。（这些估测情报的依据是无线电通信量分析，以及监听到的讨论让舰队油轮开往日本和菲律宾之间某处会合点的零散信息。）

夜晚，哈尔西三支航母特混大队中最北端的第 38.3 大队被低空飞行的日本夜间巡逻机盯上了，这些飞机可能来自吕宋岛上的机场。各个战斗机中队度过了一个紧张而且不敢合眼的夜晚，他们要随时准备在暗夜中起飞迎击敌机夜袭。夜袭并未到来，但无处不在的夜间侦察机似乎预示着第二天上午会有大规模空袭，事实确实如此。

哈尔西原本希望能有一个短暂的喘息，这样他就能让航母特混大队轮流返回乌利西休息整补。他已经让第 1 特混大队（麦凯恩）回到东面 800 英里以外的乌利西环礁，还想要在第二天把第 4 特混大队（戴维森）也派回去。但现在没法儿再休息了。哈尔西命令麦凯恩停止休整，加油待命，并召集其他三支航母大队向吕宋岛南部和圣贝纳迪诺海峡靠拢，保持锅炉高强度运转，随时准备开出最高航速。24 日曙光初露时，第 38 特混舰队放出了一支大规模的"武装侦察"机群。两架飞机一组，一架"地狱猫"和一架"地狱潜鸟"，每一组负责 10° 扇区"切馅饼"，侦察距离 300 英里。爬升到高空后，它们排成一条巨大的弧线向各自方向散开，其侦察范围从西南到西北，覆盖米沙鄢海、锡布延海、民都洛海峡，以及菲律宾中部岛群的各处海域、海峡、海湾和峡湾。还有 12 架"地狱猫"被派出去担任"中继飞机"，在特混舰队以西 100 英里处高空盘旋，为搜索扇区最西端及其附近的飞机充当无线电中继。一旦遭到攻击，这些飞机还能迎击从西边来的敌人空袭，保护特混舰队。

上午，天高气爽，高空中有少量卷云，1 500英尺高处有一层薄薄的碎积云。从8 000英尺的高度，侦察员在各个方向上都能看到近100英里之外。在他们的下方，一幅壮美的热带风景画展现在眼前：蔚蓝的浅海，白沙浅滩，还有覆盖着丛林的高山岛屿，反复出现。宽阔的白色沙滩逐渐变成了浓密的椰子树林，树林从靠近岸边的浅绿色变成了陆地深处的深绿色，之后陡峭的山坡拔地而起，棕褐色山峰和黑色火山锥高至六七千英尺，火山锥上还带着满是裂纹、时时冒烟的火山口。由于深度、海底质地和光照角度的不同，各处海水的颜色深浅不一，浅蓝色的波纹沿着海岸向远处延伸，散布着珊瑚礁的浅滩向海中伸出数英里。在岛屿之间的海峡里，海水逐渐变深，颜色也越来越暗。在早晨太阳的照耀下，整个大海一片波光粼粼。舰载机飞行员们可以熟练地将眼前的地标及海峡与座舱里的海图相互对照。他们在过去的六个星期里在菲律宾上空飞了不知道多少次，对这里的地形已然烂熟于胸——他们知道在这复杂岛群有限的几条可通行航道中该去哪里去寻找日本军舰。

早晨7时46分，"勇猛号"一架SB2C的飞行员在接近民都洛岛时发现机载雷达的屏幕上出现了一簇回波信号。信号位于岛屿南方约10英里处。他向信号的位置转了过去，很快便看到了一串相互平行的航行尾迹，这是大舰队正在行动的第一个迹象。又过了一分钟，他就能目测出舰队的组成了：13艘驱逐舰，8艘巡洋舰，以及4艘战列舰。这份敌情报告于早晨8时10分送到了"新泽西号"上。哈尔西和他的幕僚们于是守在指挥舱的超高频无线电旁，等着进一步确认消息。消息很快便来了——"卡伯特号"的一名飞行员报告：
"我看见了，是大舰。"两分钟后，"勇猛号"第18轰炸中队队长的
声音出现在了频道里，响亮而且清晰："4艘战列舰，8艘重巡洋舰
和13艘驱逐舰，航向东，位于民都洛岛南角外。"[24]

　　毫无疑问，这只能是栗田的中路舰队，该舰队正绕过民都洛岛
南角，准备进入塔布拉斯海峡。栗田的舰队比之前经过"海鲫号"
和"鲦鱼号"把守的航道时要缩水了一些，但无论从哪方面看都依
然令人生畏。根据位置和航向判断，栗田应该是想要强行穿越圣贝
纳迪诺海峡，从北面杀进莱特湾。正当哈尔西准备下令向栗田发动
空袭时，另一份敌情报告又送到了他手上，这次是来自南方200英
里外的"企业号"侦察机组，位置是在内格罗斯岛西南的苏禄海上：
一支7艘水面战舰组成的纵队，包含2艘战列舰。这正是西村的南
路舰队。根据其位置和东北航向很容易得出结论，该舰队正开往苏
里高海峡。

　　发出敌情报告后，"企业号"的飞机请求友邻侦察机编队支援，
准备向南路舰队发动进攻。这些飞机爬高到1.2万英尺，这是SB2C
俯冲轰炸机转入俯冲的理想高度。两艘日军战列舰上的14英寸主炮
扬起到最高射角，射出的对空弹炸出壮观的巨大火球。这一幕令美
军飞行员惊叹不已，但这些炮弹炸点都太远，无一能伤及美机。"地
狱猫"先俯冲下去，在2000英尺高度射出5英寸航空火箭弹，然
后改出俯冲扫射敌舰。"地狱潜鸟"跟在后方，以70°俯冲角凌空
而下，投下500磅炸弹。有几枚炸弹近失"山城号"，在舷外近处
爆炸，一枚近失弹导致战列舰右舷舰体轻微凹陷，成吨的海水从裂
隙处涌进舰体内，令其向右倾斜。这艘旗舰高大的宝塔形上层建筑

也遭到 F6F 的火箭弹和机枪射击，大约 20 名舰员战死。"扶桑号"战列舰被两枚炸弹命中。第一弹命中 2 号主炮塔附近，在下方两层甲板处爆炸；另一弹命中舰尾附近，击穿装甲甲板，在军官起居室中爆炸。一个航空燃油罐被引燃，烧起熊熊大火，吞没了停放在弹射器上的水上飞机。"扶桑号"一度看起来像是没救了，但是舰员们还是控制住了损伤，令这艘军舰继续在编队中维持原有阵位。驱逐舰"时雨号"也被一枚 500 磅炸弹击中，不过炸弹在它前主炮塔上弹开，落进军舰一旁的海里才爆炸。

在这一轮短暂而激烈的空袭中，西村将军在"山城号"的舰桥上漠然地看着这一切。一名舰员后来回忆道："他泰然自若，没有一丝不安。他已经毫不畏惧，有了钢铁般的神经。这样一位指挥官令下属们心中镇定，充满勇气。"[25] 他的舰队已经流了第一滴血，但是没有一艘舰被迫返航，所有军舰都留在纵队里，速度也没有下降。

判断出日军南路舰队规模较小，足以交给金凯德去对付之后，哈尔西决定集中力量打击其中路舰队。他越过第 38 特混舰队司令米彻尔，直接通过低功率的 TBS（舰船间无线电通话）用他自己的声音下达了命令："进攻，再说一次，进攻！祝好运！"[26] 这就是哈尔西吸引眼球的手段，他给这次战斗打上了他自己的烙印。他绕开了其内敛谦让的前任建立的一整套指挥系统，选了一句整个舰队都认得出来是他的话下达了命令：大家都记得，在两年前的圣克鲁兹海战中，他曾下达一条振奋人心的命令："攻击，再说一次，攻击！"

就在此时——上午 8 时 27 分——第 38 特混舰队的雷达屏幕上出现了一批来袭飞机，它们是从吕宋岛各个机场方向飞来的。不出所料，美军航母现在一整个上午都要去对付敌人的空袭了。结果，只有博根将军的第 2 特混大队设法放飞了一支攻击机群：来自“勇猛号”和“卡伯特号”航母的 45 架俯冲轰炸机、鱼雷机和战斗机。

攻击机群指挥官比尔·埃利斯率队飞了一条稍显绕路的航线，从宿务岛绕了一圈（美军认为岛上的日军航空基地可能得到了增援），然后向南转向塔布拉斯海峡。飞行了不到一个小时，美国人在晴空之下看到了他们的猎物。从空中，他们能看到整个舰队——锡布延海上空的能见度始终极佳——但每个飞行人员的目光都被两艘超级战列舰吸引住了，那是世界上最大的两艘战舰，它们正在同心圆阵形的中央高速前进，周围是小几号的战列舰、巡洋舰和驱逐舰。

附近没有日本飞机的影子，因此美军飞行员在上空花了些时间稍事盘旋，精心准备他们的进攻。装有鱼雷的 TBM“复仇者”将从目标舰首两侧进行“钳形”进攻，SB2C“地狱潜鸟”的俯冲轰炸将与其同时展开。战争初期，美军曾经费很大力气想让这些进攻彼此协调，到 1944 年，他们已经学会让进攻分秒不差了。

在日本军舰上，号手们吹响了战斗警报，人们匆匆奔向战位。日本人对没有空中掩护骂骂咧咧，但至少他们的军舰新加装了几十门高射炮。“大和号”和“武藏号”各自装有大约 150 门高射炮，两艘舰上的所有高炮每分钟共能射出 1.2 万发炮弹。小一些的战列舰上装有大约 120 门高炮，巡洋舰 90 门，驱逐舰 30 门到 40 门。在林加水道时，他们还特别强化训练，提高射击准确度和射击速度。日本人还为两艘超级战列舰的 18.1 英寸主炮专门设计了新型三式对空弹，这是一种蜂窝状的对空霰弹。当美军飞机降低高度开始进入攻击航线时，栗田向各舰发电：“敌机来袭，天佑诸君努力奋战。”[27]

比尔·埃利斯说这是他见过的最猛烈的高射炮火。战列舰巨大的主炮抬高至最大仰角。当 SB2C 和"地狱猫"转入俯冲时，这些巨型舰炮开火了。高射炮弹五颜六色，埃利斯回忆道："弹道带着粉红色，白色曳光弹带着紫色，还有漫天的白磷弹，一发炮弹爆炸后会迸出大量银色的弹丸。"[28]"地狱潜鸟"背朝太阳从东方发起俯冲，以近乎垂直的角度俯冲而下，穿过高炮弹幕，随着日舰的规避动作一同转弯，将轰炸瞄准镜紧紧套在目标上，在大约 2 000 英尺的高度上投下 1 000 磅炸弹。"大和号"和"武藏号"都一度被近失弹掀起的水幕所遮蔽。"武藏号"的 1 号主炮塔被命中一弹，但这座装甲厚实的炮塔几乎未受损伤，只是掉了一块圆形的漆。近失弹似乎轻微震松了舰体钢板的连接处，导致突然进水，但当水雾散尽后，大家才发现"武藏号"仍在继续前进，速度也没有下降。

"复仇者"机群开足马力，加速从 1.5 万英尺高空下降到海面上方 200 英尺高度，改平时速度已经达到 300 节。"复仇者"就以这样的高速，从两侧同时扑向"武藏号"。"我看到那该死的宝塔，"鱼雷机分队指挥官说道，"但最令我难忘的是这艘舰的尺寸。它这么长，你不可能射不中。"[29]在 900 码距离上，TBM 机群投下鱼雷，随即转弯脱离。"武藏号"立即机动规避，两条鱼雷航迹擦着它的舰首掠过，但第三枚鱼雷却正中其舰体右舷中部，掀起了 200 英尺高的白色水柱。爆炸的剧烈震动把数百名舰员震倒在地。军舰向右轻微倾斜，但通过对侧注水，它又很快恢复了平衡。

当美机掉头东返后，"武藏号"报告自己仍能维持 24 节航速。它和姊妹舰"大和号"在设计时就要求能够承受最多超过 20 枚鱼雷的打击，一枚只是小意思。不过"复仇者"机群还命中重巡洋舰

"妙高号"一雷,这次打击就严重得多;它不得不退出队形,返回文莱湾。

回到美国特混舰队这一边。在空中盘旋的防空巡逻"地狱猫"从一大早就开始不停地对付日本飞机。日军从吕宋岛各个机场接连放出了三批飞机,每一批都有五六十架,这些攻击都落在第3舰队最北边的航母部队,谢尔曼将军的第3特混大队头上。在整个上午一连串一边倒的空中格斗中,防御一方占据了压倒性优势。但其他地方也都需要这些"地狱猫"——要护卫出击的攻击机群飞往日本舰队,还要在敌人机场上空执行扫荡任务——而来袭的敌人机群却无穷无尽,前仆后继,而且十分危险。哪怕只有一架敌机溜过战斗机的拦截,它都有可能幸运地给某艘航母来上一下子,而美军舰队距离任何己方港口都很遥远。"这一天,敌机一大早就来了,很晚才走。"谢尔曼的战时日志如此写道。[30]

"埃塞克斯号"第15航空大队队长戴维·麦克坎贝尔正在准备为一支出击的攻击机群护航时,他的中队被命紧急起飞。麦克坎贝尔从待命室里冲出来,爬上他的F6F"地狱猫",这架飞机此时正挂在弹射器上加油。当油管被摘下来时,他的油箱刚刚加到一半,麦克坎贝尔就这样从甲板上弹射起飞了。他没有盘旋等候中队里其他人跟上来,而是直接机头向西开始爬升。另外7架F6F跟着他爬升到了1.4万英尺高度上,通过"行进间会合"逐步编成飞行队形。不久,他们就看到了自己的对手,一支由鱼雷轰炸机、俯冲轰炸机和零式战斗机组成的混合机群,总数大约有50架,在稍低的高度上迎头飞来。麦克坎贝尔用无线电喊出了"发现敌人"的呼号"Tally

诸神的黄昏:1944—1945,从莱特湾战役到日本投降

Ho!"之后继续爬高，僚机飞行员罗伊·拉辛也跟着他一起爬升到1.8万英尺。他们准备向敌机发动俯冲攻击，但此时日机却转入了经典的防御机动：拉弗伯雷圈，各机首尾相接以环形航线飞行，每架飞机都可以掩护前方的友机。

麦克坎贝尔和拉辛耐心地等待着，在敌机的环形阵上方2 000英尺处盘旋，"我们认为有些飞机容易飞出这个拉弗伯雷圈，那时我们就能动手了"。[31] 他们等了差不多一整个小时。两个人等着的时候甚至在座舱里抽起了烟。偶尔会有一架日本飞机不明智地离开队形或者想要爬高，"这样问题就简单了，找到一个空子，把它们打下来，然后把俯冲获得的速度重新转化为高度，再等下一个空子"。[32] 最后，当日军飞机转向西边脱离战场时，它们的环形队形解体了。"地狱猫"机群趁势掩杀过去，不断击落敌机。由于怕遗漏战果，麦克坎贝尔就拿铅笔在仪表盘上做记号："我数到5就画个横线，就这样一直记下去。"[33] 当拉辛打完了子弹，麦克坎贝尔的燃油指针奔向0，他们便掉头返航了。麦克坎贝尔的仪表盘上被铅笔记了11笔。他刚刚降落在"埃塞克斯号"上时，发动机就熄火了，甲板人员不得不推着他的飞机停放到拦阻网前方。

被问及这次出击怎么样时，麦克坎贝尔"几乎不好意思开口"。他确定自己击落了9架，最多可能是11架。根据他飞机上照相枪的记录，他的战绩被定为击落9架，从而创下了单次出击击落数量的纪录。那7名和他一同出击的"埃塞克斯号""地狱猫"飞行员总共取得了击落24架的战绩。由于这次令人难忘的出击，麦克坎贝尔荣膺荣誉勋章。

但敌机还在不断飞来，一个上午没停过。马尼拉以北的机场网络（曾经属于美国）得到了来自中国大陆和台湾航空兵基地的大量增援，简直成了航空兵的聚宝盆。日本人肯定不知道南边还有两支航母特混大队存在，因为这一天所有的攻击压力都落在了吕宋岛东边海岸外"泰德"谢尔曼将军的四艘航母身上——大型航母"埃塞克斯号"（他的旗舰）和"列克星敦号"，以及轻型航母"普林斯顿号"和"兰利号"。谢尔曼担心日军可能最终会单纯凭借数量优势压垮他已经超负荷的防空战斗机群。

半晌午时，早晨原本晴朗的天气变成了短时大风和暴雨。海面上的低能见度成了捉摸不定的恶作剧者，对双方都是个不可控因素。在上午 9 点后不久那场混乱的空中搏斗之后，6 架幸存的日军飞机屡次冲进低垂的云层，甩开美军防空战斗机。这些漏网之鱼逃不过雷达的监视，但 F6F 的飞行员们却无法向看不见的目标开火。入侵者就在附近，在特混舰队上方低空盘旋，其威胁无处不在。这是一场令人提心吊胆的飞行战争，运气会毫无征兆地突然眷顾任意一方。舵手们操纵着舰艇开进每一片经过此地的暴雨区，这里可以像隐蔽飞机一样隐藏他们的军舰。只要一有敌机从云缝中出现，高射炮手们就会射出恐怖的密集炮火，落下的炮弹壳如同钢铁暴雨一般让大海沸腾起来。

上午 9 时 49 分，轻型航母"普林斯顿号"的运气用尽了。它正转向迎风方向，准备回收飞机，这时一架 D4Y"彗星"（盟军绰号"朱蒂"）俯冲轰炸机从头顶的云层中单枪匹马杀了下来，这架飞机已经进入高速俯冲状态，其航线已经完全对准了军舰中线。舰长威廉·H. 布莱克立即下令向左急转，但来不及了。250 千克炸弹如同导弹一般从 1 500 英尺空中落下，正中军舰正中央。它击穿了飞行甲板和机库甲板，在二层甲板的面包房和相邻的洗衣间里爆炸，炸死了里面的人。[34]

布莱克一开始还满怀希望。"我并不太担心，"他说，"我想那是一枚小炸弹，我们很快就可以修复损伤。"[35] 但是机库甲板后部的一处火灾点燃了从一架被毁的 TBM"复仇者"机上漏出的汽油。救火队和损管队已经就位，舰长则操纵"普林斯顿号"转向，让风从左前方吹来，好把火焰控制在军舰后部。主消防水管很快失去了水压，救火队员无法在大火中保护这些水管。地狱般的烈火又吞没了机库甲板上的 5 架 TBM"复仇者"，一架接着一架，它们的油箱被点燃了。上午 10 时 10 分，弹药库里的所有鱼雷被全部引爆。巨大的爆炸把前后两台升降机都炸出了升降机井，滚滚黑烟顿时从机库后部和飞行甲板上升腾起来。舰岛和飞行员待命室的通风扇里也开始喷出浓烟。不戴防毒面具和氧气瓶的人已经进不了机库了。数百名舰员挤上楼梯，爬到飞行甲板上，他们的脸和衣服都被烟熏得漆黑。他们纷纷赶到飞行甲板前端，接着来到左侧高炮走廊上，以躲避来自机库的高温、火焰和浓烟。

"普林斯顿号"开始侧面迎风，随波逐流，看上去火势已经无法控制了。舰长下令，除了损管队以外所有人员撤离。它忠诚的护航舰——轻巡洋舰"伯明翰号"和驱逐舰"莫里森号"、"埃尔文号"——靠了上来，开始接运离舰人员。"伯明翰号"的消防龙头隔着军舰，以高抛物线把水和灭火泡沫喷向"普林斯顿号"的火灾位置——"伯明翰号"的救火队也组织了几十名勇敢的志愿者登上"普林斯顿号"，加入拯救军舰的搏斗中。"埃尔文号"和"普林斯顿号"舰首对着舰首，开始直接从它的飞行甲板上接运人员。重伤员从一艘舰被抛掷到另一艘舰上等候着的双手中，这种抛掷需要视两舰甲板的起伏准确把握时机。其他人则顺着绳索滑到海中，再游到"莫里森号"和"埃尔文号"旁，通过吊绳网爬上去。然而海上的风浪越来越大，有几十人不幸溺亡。"莫里森号"的上层建筑还一度卡在了"普林斯顿号"侧舷伸出的烟囱中间，被困住无法脱身。"普林斯顿号"的一次油气爆炸把一辆飞机牵引车炸飞了出去——这辆车翻滚着撞到"莫里森号"的舰桥，之后落在这艘驱逐舰的艏楼甲板上。后来，舰长冷冷地表示他在海军生涯中从来没想到过竟会看到这种事。

布莱克仍然留在"普林斯顿号"的舰桥上，热得受不了时，他便来到旁边的露天走廊上。约翰·霍斯金斯和他在一起。霍斯金斯是作为布莱克的继任舰长来到舰上准备候任的。布莱克告诉霍斯金斯，自己有个严重的担忧。机库后部下方的弹药整备室里还有一车100磅航空炸弹，这个舱室此时正被烈火炙烤。炸弹会爆炸吗？此事无法确定，但是布莱克分析，如果炸弹会被烧炸，那它们在先前的爆炸中就已经炸了。他仍然希望扑灭大火，拯救军舰。

正午到下午1点期间，情况看起来有所好转。火焰再次被逼退到军舰后部，几艘护航舰也在一直支援灭火。但是到了1点半，舰队开始时不时发现潜艇的声呐接触信号，空袭警报也响了起来，所有舰艇受命离开此地，机动规避。在此后大约一个小时的时间里，"普林斯顿号"失去了护航舰的消防水龙支援。当友舰返回时，风速增加到了20节，大火已经重燃。"伯明翰号"靠泊到"普林斯顿号"的迎风一侧（左侧），用系泊缆绳把两舰固定到一起。巡洋舰的消防水龙头再次开始扑救航母上的大火，"普林斯顿号"上躺着伤员的担架也被小心翼翼地运送过来。"伯明翰号"的甲板上此时挤满了人，有救火队员、操作水管的水兵、医护人员、高射炮手，以及指挥各项操作的军官。

这就是下午 3 时 23 分的情况。就在这时，"普林斯顿号"上整备完成的炸弹像布莱克担心的那样，爆炸了。根据战损报告记录，这场巨大的爆炸是由于"400 枚 100 磅通用炸弹被大批同时引爆……炸掉了 120 号肋骨后部的整个舰尾及其上层建筑"。[36]"普林斯顿号"的舰尾部分整个消失了。残骸和钢铁碎块，有些还很大，被炸飞到了高处又落了下来。尸体和残肢断臂像下雨般落到各个方向。"我看到了这次爆炸，还记得看见 10 具或者 15 具尸体飞到了空中。"驱逐舰"波特菲尔德号"上一名水兵约翰·希恩回忆道。有些碎块甚至飞过了驱逐舰"卡森·扬号"，落到了更远处的海里。"我们想去看看那里还有没有幸存者，但找不到。我猜他们都被炸碎了。"[37]

后来在与《克利夫兰老实人报》的一名记者谈及此事时，布莱克有些哽咽。"它既突然又恐怖，那爆炸，"他说，"那是我一生中听到过的最糟糕的声音，我没法向你描述。"[38]

碎片就像死神的镰刀一样横扫"伯明翰号"暴露的前甲板，其舰员死伤达 229 人。根据该舰战时日志记载："映入眼帘的是一幕惨不忍睹的景象……死者、垂死者和伤员铺满了甲板，许多人已经血肉模糊，令人恐惧。"一名幸存的军官回忆道："鲜血顺着排水道流了出来。"许多舰员严重烧伤，看起来很难生还，甚至都不愿再活下去。有些人拒绝了医疗救治，要医护人员去救治其他存活概率更高的战友。一名士官对"伯明翰号"的副舰长说："不要为我浪费吗啡了，指挥官，对我头上来一枪吧。"[39]

爆炸时，李·罗宾逊正在下甲板上，逃过一劫。之后整整两天，他不眠不休地救助受伤的战友。"说到这事我都忍不住想哭，"几十年后，他在一盘口述历史录音带中说，"这么多人一下就死了，鲜血都从甲板两边流了出去。我们不得不在甲板上撒上沙子，以免滑倒。"他和未受伤的战友们一连几天在舰上的洗衣房里为伤员洗出干净的绷带。罗宾逊回忆"伯明翰号"上的病房时说："我们没人会独自去那儿。我们都是两人结伴，因为那里的景象太可怕了，到了那里我们就必然会看到。"[40]

炸弹库爆炸时，布莱克舰长和霍斯金斯正在"普林斯顿号"的飞行甲板上。布莱克在爆炸中只受了一些表皮伤，霍斯金斯的一条腿却被碎片击中，膝盖以下几乎全被炸飞了。他要布莱克去照顾其他伤员。当舰长几分钟后回来时，他发现霍斯金斯自己用刀切除了残余的碎肉，给自己截了肢，还自己做了包扎止血。布莱克意识到自己坚持拯救"普林斯顿号"的做法已经带来了可怕的代价，下令弃舰。下午 4 时 40 分，他最后一个滑下绳索离舰。

栗田被告知，他穿越菲律宾中部航道时可以期待空中掩护，但是他和他的人在长达三天的整场战役中总共只见过五六架日本飞机。他向菲律宾航空兵指挥官反复明语发电，却无人答复。福留将军在战后接受审讯时承认，他"对这些请求充耳不闻，我认定，给栗田舰队最好的保护，是集中我所有的航空兵力进攻你们守在海峡外的特混舰队"。[41]

10 月 24 日，中路舰队被美军舰载轰炸机和鱼雷机追打了一整个下午。舰员们一边用手头仅有的能对抗这种猛攻的武器——他们的高射炮——进行还击，一边在锡布延海中前进。他们知道随着与敌人的距离越来越近，攻击只会愈加猛烈。第38特混舰队向栗田放出了259架次飞机，这些飞机来自至少7艘不同的航母："勇猛号"、"埃塞克斯号"、"列克星敦号"、"富兰克林号"、"企业号"、"圣贾辛托号"和"贝劳伍德号"。在这场"锡布延海海战"中，美军只损失了18架飞机，考虑到日舰射出的巨量高射炮火，这个损失实在不算大。

正午刚过，第二批攻击机就杀到了：来自"勇猛号"的大约100架挂着炸弹的F6F和挂载鱼雷的TBM。"复仇者"再次命中"武藏号"，将3枚（也可能是4枚）鱼雷打进它的左侧；与此同时，充当俯冲轰炸机的"地狱猫"也命中这艘舰两枚炸弹。一枚炸弹打哑了1号主炮塔，另一枚炸弹钻进它左边外侧轮机舱，摧毁了锅炉管道并迫使舰上一台锅炉熄火。失去了四个螺旋桨中的一个，再加上左舷防雷突出部被炸开一个口子，"武藏号"的航速已无法再超过22节。以这个速度行驶时，其左侧的舰首浪大得有些不自然，这是其水线下方的鱼雷损伤导致的。栗田把舰队其余各舰的速度也降了下来，好让受伤的超级战舰能够留在编队里，但是较慢的速度却令其在俯冲轰炸机尤其是鱼雷轰炸机面前更易遭到攻击。

第三轮空袭带来了灾难性的打击。来自"埃塞克斯号"和"列克星敦号"的飞机再次攻击了"武藏号"，将两枚炸弹扔在3号主炮塔附近，并又将4枚鱼雷射进其右舷。炸弹大量杀伤了舰上的高射炮手和其他暴露在外的人员，鱼雷则切断了一条关键的电缆，并导致轮机舱大范围进水。爆炸的冲击令这艘巨舰从头到尾猛烈摇晃起来：水兵们摔倒在地，倾泻而下的海水把死者和伤员沿着排水口冲到了海里。在下甲板上，医务室挤满了严重出血和烧伤的人，于是担架只能被放在相邻走廊的舱壁旁。问题是，炸弹的爆炸令舰体的这一部分充满了有毒气体，医务人员和伤员还必须紧急疏散。由于人员死伤，军舰关键部位进水，以及接连不断的空袭，损管队竭尽全力却已力不从心。当舰上装有液压泵的舱室被海水淹没或者被炸弹毁伤后，军舰就变得越来越难保持平衡。当"列克星敦号"和"埃塞克斯号"的飞机在下午 1 时 50 分消失在东方海平线上时，"武藏号"已经显著左倾，吃水也比空袭到来之前深了 13 英尺。它舰体内灌满了海水，无法再跟上中路舰队其余各舰，于是掉了队，只有一艘重巡洋舰"利根号"留下来护卫它。

下午 2 时 55 分，当最后一批攻击机接近中路舰队时，"企业号"和"富兰克林号"上的飞行人员看见"武藏号"拖着长长的油污，航速只剩下大约 8 节。攻击机在安全的高空兜着圈子，就连战列舰18 英寸主炮蜂窝霰弹型的三式对空弹也够不着它们。鱼雷机飞行员耐心地等待着，计划着他们的攻击：他们将要全部瞄准军舰的左舷，也就是它倾斜的方向。

"武藏号"脱离了其余友舰（只有"利根号"伴随左右），灌满海水，蹒跚跛行，舰首下沉，这艘巨型战列舰已经成了人常说的"活靶子"。幸存的舰员们额头上扎着膏药旗，仍在拼命死战。他们在战死或者垂死战友的身旁继续操纵着残余的高射炮。18.1 英寸主炮用三式弹在天空中打满了五颜六色的爆炸烟团。美军机组人员能感受到这些巨型武器爆炸时的冲击波。"即便距离很远，我也能感觉到它们每次射击时的炮口爆风。我发誓每次这些巨大的冲击波撞到我们时，我的机翼都简直要被折断。"[42] 第 13 鱼雷机中队的一名

　　　　　　　　诸神的黄昏：1944—1945，从莱特湾战役到日本投降

"复仇者"飞行员杰克·劳顿如此回忆道。这些高射炮弹都染上了各种鲜亮的颜色,以帮助日本炮手观察弹着点和纠正瞄准点。齐射弹幕的爆炸摇晃着他们的飞机,飞行员们却有了一种在天上花园中穿行的神奇感觉。"有些爆炸是蓝色的,有些是红色的,有些是粉红色的,还有一些是黄色的。"劳顿说。第13鱼雷机中队的另一名飞行员鲍勃·弗雷利则想起了"我老家密歇根州阿德里安市莱纳维县广场七月四日庆典上的景象和声响"。[43]

鱼雷机飞行员开足马力,下滑到浪尖高度,节流阀一推到底,空速指针都指到了仪表盘上的红色危险区。面对高射炮时最好的自卫手段就是速度。劳顿感觉他的飞机"随着每一发炮弹的每一次冲击而摇晃和抖动。"红色的曳光弹向着他的风挡玻璃迎面扑来。他驾驶着他的格鲁曼飞机左躲右闪,以规避其航线上掀起的水柱,因为"撞上这些水柱无异于撞山"。[44]日舰的主副炮一齐向TBM机群航线上的海面开火,掀起200英尺高的彩色水柱。日军从太平洋战争之初便采用了这种打法——在低飞鱼雷机的航路上打出弹着水柱,以图将飞机击落或者至少迫使其偏离攻击航线。在600码距离上投雷后,劳顿一个急转弯,从"武藏号"的舰首前脱身而去。弗雷利也投下了鱼雷,但是"当进行规避机动以脱离这艘军舰的炮火时,一枚曳光弹打中了我的油管。燃油喷满了我的风挡"。弗雷利驾机在附近的岛屿旁迫降,和两名机组成员一起上了岸。他们被友方菲律宾人接了回去,几个星期后获救。[45]

"武藏号"行动愈加迟缓,最后瘫痪在了海面上,成了一个死靶子。TBM机群至少命中它7枚鱼雷,全部打在脆弱的左舷上。与此同时,SB2C和"地狱猫"机群协调一致的俯冲攻击也上场了,它们在军舰上投下了穿甲炸弹，从头炸到尾。一枚500磅炸弹击中了军舰的上层建筑，摧毁了舰桥，另一枚炸弹命中塔楼下方，燃起大火。这些打击杀死了舰上的许多高级军官。舰长猪口敏平少将右肩受伤，但仍能行走。他和副舰长一起在下层的指挥舰桥里建起了新的指挥所，但他们也没什么别的办法来拯救军舰。它已经通体燃起大火，左倾愈加严重，海浪也已涌上了舰首。至少有一枚鱼雷（也可能有两枚）穿过先前的攻击在外层保护船壳上留下的破洞，在内层船壳上爆炸，致使4号轮机舱被海水淹没。根据副舰长的说法："上层接连不断的炸弹破坏令我们无暇顾及排水，因此已不可能阻止进水。"[46]

中路舰队其余各舰已经开到了"武藏号"前方30英里处，即将进入圣贝纳迪诺海峡西口。栗田又发出了几封紧急电报请求空中掩护，或者请求空袭第38特混舰队，但他没有收到任何正面答复。[47]经历前一天早晨巴拉望水道的惨剧之后，他和参谋们都很担心在海峡咽喉处可能会再次遭潜艇伏击，受到重创。他们从文莱出发时有15艘驱逐舰可用作护航，但现在只剩下11艘。舰队作战参谋大谷藤之助中佐预言，中路舰队在天黑之前还要再击退三次大规模空袭，他警告栗田，不要在难以机动规避的狭窄水域被美军抓到。天黑后再强行穿越海峡将会更安全一些。他提出他们可以临时向西退避。他预计，这有意的耽搁可以为友军争取更多时间去空袭美军航母。这还可以成为一种假动作，令敌人误以为中路舰队正在撤退。

显然，"大和号"舰桥上的许多人都赞同大谷的分析。他们一边咒骂不知所终的日本航空兵，一边挖苦司令部的那些人。一名后来采访了多名军官的日本记者讲述了"栗田舰队每个人的愤怒与苦恼……在舰队里的这些人看来，他们的军舰就是送去给敌人训练打靶的"。[48] 当天下午，联合舰队通过无线电发来了一份警报。敌人潜艇可能在圣贝纳迪诺海峡出没，因此："要警惕。"这份电文又引得舰桥上一片嘘声，这真是"无理而气人"。[49] 中路舰队已经被潜艇击沉了两艘巡洋舰，而且在过去的 48 个小时里都在对付敌人潜望镜的观察。难道司令部的那帮蠢货以为他们会不警惕吗？

下午 3 时 30 分，栗田下令舰队转向 180°。又过了 30 分钟，他才将此告知司令部。理由是"敌机数量众多，反复来袭"。栗田如此告诉丰田，他会暂停推进，好让陆基航空兵有时间去重击美军航母。"如果我们继续现有航向，就会遭到难以计数的损失，却无望胜利完成任务。"[50] 他说他向西撤退只是"暂时的，稍后将重返战场"。[51]

舰队西撤一小时后，他们回到了能目视看见被击伤的"武藏号"的地方。日军原本预计还要遭到几轮猛烈空袭，因此没有敌机来袭，让他们感到很惊喜。一架侦察机在舰队上空高处盘旋观察，舰队的西撤显然已被发现，但是下午 4 时 20 分之后便再没有敌机出现了。

下午 5 时 15 分，在没有收到丰田对他上一封电报的回电的情况下，栗田做出了决定。他的使命还在圣贝纳迪诺海峡的另一边。"好吧，"他简洁地说，"我们回去。"[52] 他的命令显然令参谋部中的一部分人感到意外和错愕。但命令已下。"大和号"和编队中的护航舰进行了两次直角转弯，航向恢复向东。他们现在已经比计划中的时间落后了六七个小时，这意味着日军无法向莱特湾里两栖舰队发动协调一致的"钳形攻击"，除非西村的南路舰队同样延误。

拥堵的无线电通信导致了联合舰队总部回电的延误。（这个问题在美军一侧同样严重。）最终在晚上 7 时 15 分，栗田收到了丰田的消息。这是一条不容辩解的指令，带着半宗教的腔调，这条第 372 号作战命令的原文是："天佑我军，全军突击。"[53] 这条命令还有一个言外之意，只有日本人才能读懂。这条命令是联合舰队参谋长高田利种起草，交给丰田大将签名发出的。高田后来告诉美国审讯人员，这条命令有一层所有日本军官都懂的含义，就是"撤退也不能控制或减轻损害，因此即便舰队全灭也要前进。我发出这条命令时就是这种感觉；因此我敢说，第二舰队没有因可能遭受的损失而受到任何形式的限制"。[54]

栗田接到的命令是毁灭他自己和他的舰队，同时争取给美军舰队一定打击作为回敬。日本海军力量能否幸存完全不应该在他的考虑范围之内。例如，他不应该去考虑他的驱逐舰会不会耗尽燃油而在美军的反击面前无法自保。他率领的是海军的"万岁冲锋"，目的是让帝国海军虽败犹荣。

这一声惊雷传到时，栗田已经掉头开往海峡超过一个小时了。根据伊藤正德的回忆，这份命令在"大和号"的舰桥上受到"一片嘲笑"。栗田的参谋们嘲笑那些高级将领的妄自尊大，他们远远躲在家里安全的地下掩体中，发出这种"无视敌人攻击"的命令。从这些讲述上看，当时舰桥上的普遍反应是冷嘲热讽，嗤之以鼻，甚至有些想造反。一名军官回忆道："让我们去打仗。就是神也无法在岸上指挥海战。"另一个人将丰田的命令解释为："我军必死，全军突击！"[55]

向东回航后，中路舰队从冒着烟、倾斜着且正在下沉的"武藏号"残骸南面几英里处经过。作为世界上装甲最厚重的两艘军舰之

　　　　　　诸神的黄昏：1944—1945，从莱特湾战役到日本投降

一，它能够承受极其严重的打击。它确实承受了——超过 20 枚炸弹命中上部，大约 19 枚或 20 枚鱼雷命中水线以下，其中 15 枚打在左舷。历史上从没有哪艘战舰遭受过这种打击还能幸存下来。在"大和号"的舰桥上，双筒望远镜把这幅场面拉到了宇垣将军的眼前——这艘 7.2 万吨的巨舰向左严重倾斜，塔楼式的上层建筑被炸弹炸毁、熏黑，一股黑烟升腾到数千英尺高的空中。它修长优雅的舰首被水淹没，前主炮前方的露天甲板都没入了水中，海水拍打着舰首的金色菊花纹章。此时已经夕阳西下，斜照过来的阳光在波浪起伏的海面上拖出长长的阴影，令这幕景象更显悲凉。宇垣在日记中写道，"武藏号""凄惨的处境目不忍睹"。[56]

　　"武藏号"的命运对"大和号"来说是个不祥之兆。这两艘姊妹舰用同一套方案建造，都号称永不沉没。日本为了它们的设计和建造倾注了巨量的资金、人力、原材料，以及工程专业资源。海军省的一名军官曾做过评估，这两艘超级战列舰耗用的成本，足够日本海军制造 2 000 架最先进的战斗机，并训练出最顶尖的飞行员来驾驶它们。[57] 此外，这个项目还需要对用来建造两艘巨舰的长崎（"武藏号"）和吴港（"大和号"）的两座船坞进行大规模扩建。舰上的 2 700 名舰员也都是精英，他们从舰长到最基层的水兵，都是从日本海军各个军衔层级中表现最优异的人中精选出来的。它们是舰队中的孪生王者，其象征意义远比作为一种武器的实际价值更重要。这两艘舰都被用作联合舰队总司令的旗舰，宇垣缠就曾先后在两艘舰上给已故的海军大将山本五十六做过参谋长。凭他的专业眼光，宇垣不用听完整的汇报就知道"武藏号"的右舷几乎所有能用来"放水"的舱室都已经放满水，这样也就没什么办法能纠正它的倾斜了。他仔细查看着垂死的"武藏号",情况很明显——如果那艘舰会沉,那么他脚下的这艘也是一样。

宇垣通过灯光信号发出了命令:如果无望开到科隆湾,猪口将军应当努力开到附近的任意港口。如果还做不到,就应该让军舰在最近的岛屿冲滩搁浅。实际上宇垣并不真的指望"武藏号"能幸存。他在日记里写道,它已"为了'大和号'牺牲了自己"。他还说自己预计"大和号"将来有一天也会遭遇相同的命运:"因此我最终下定决心,要毫无保留地和我的军舰共存亡,我决定让'大和号'成为我的葬身之地。"[58]

"武藏号"的左倾愈加严重,人们不得不扶住舱壁才站得住。在舰桥上,猪口告诉他的副舰长加藤宪吉大佐,他决意与舰共存亡。他给联合舰队总司令丰田将军写了一张便条,说自己寄如此厚望于大舰巨炮的威力是错误的,还承认了海军航空兵的优势地位。他把便条交给加藤,并命令这位更年轻的军官去逃生。接下来便是所有人都已司空见惯的一幕:天皇"御影"被从礼堂里摘了下来,小心翼翼地放到了小艇上。那面20英尺长、10英尺宽的巨大的旭日旗,伴着一名号手吹出的日本国歌《君之代》被从旗杆上降下,收了起来。

与此同时,其他舰员还在疯狂地想要阻止军舰愈加严重的倾斜。所有能动的东西都被拖到了军舰右侧,甚至包括伤员和尸体。但他们的努力全部都是徒劳。晚上7点半,"武藏号"的倾斜角超过了30°,超过了它维持平衡的极限,巨舰轰然翻倒。当军舰倒扣过来时,有几十个人翻过右舷栏杆爬到了军舰长满藤壶的船底和龙骨上。还有些人掉进了第38特混舰队的鱼雷在这天早些时候炸开

　　　　　诸神的黄昏:1944—1945,从莱特湾战役到日本投降

的大洞里。"武藏号"的舰首沉入了水下，舰尾则抬离了水面，海水如瀑布般从四个巨大的螺旋桨上流了下来。军舰下沉时水兵们纷纷逃了出来，他们攀爬在栏杆和甲板的物件上，有些人在主甲板倾斜到近乎垂直时掉了下去，还有些人跳过舰尾栏杆，掉在螺旋桨上，被弹到了一旁。当海水最终快要淹没舰尾时，一个巨大的旋涡将周围的碎片和水里的人都卷了进去。那些穿着救生衣的人还能再次浮出海面，但许多人刚刚喘过一口气就被这无法抗拒的吸力再次拖了进去，之后再次浮出来——如此往复，仿佛是死去战友的鬼魂抓住了他们的脚踝。游得离沉没的巨舰越远，生还的机会越大。有不少人最后活了下来，向我们讲述了这个故事。但许多其他人却丢掉了性命，和他们心爱的"武藏号"一起堕入深渊，沉入锡布延海3 000英尺深的海底。

指挥舱占据了"新泽西号"上层建筑中的整整一层甲板，那里拥挤、繁忙，而且吵闹。空气中弥漫着烟味。空中飞行员们的无线电语音通话都会通过大喇叭直接传到屋里。来自诸多不同来源的新的数据不断流入第3舰队这一拥挤的指挥中枢里。"阴谋诡计部"的任务就是消化这一切。

情况时时都在变化而且极其复杂。两支独立的敌特混舰队正在菲律宾中部的岛屿屏障中穿行，其各自的目标显然是苏里高海峡和圣贝纳迪诺海峡。这种分进合击是日军的常用战术，哈尔西在1942年的几次海战中就见识过。不需要多强的分析能力就能看出，敌人意图强行穿越这两个海峡，向莱特湾里的两栖舰队发动钳形攻击。

这天下午对日军中路舰队的最后一轮大规模空袭结束后，飞行员们带回了过于乐观的报告。返航的飞行员们相信自己已经摧毁了两艘"大和级"战列舰,以及两艘小一些的"长门级"或者"金刚级"战列舰,他们还声称自己的鱼雷和炸弹消灭了两三艘重巡洋舰。不仅如此,侦察机还发现日军中路舰队残部正在向西航行。或许他们已经放弃作战,逃离以自保。无论如何,哈尔西都认为栗田幸存的军舰已遭彻底打击,"不再对金凯德构成严重威胁了"。[59] 即便这支中路舰队设法通过了海峡,"它的战斗力也已遭到重创,无法决胜"。[60]

各方面的零散情报都显示,日军正倾尽全力,前来迎战美军对莱特岛的进攻。但如果确实如此,那他们的航空母舰呢?华盛顿和珍珠港的情报部门一致认为至少在10月中旬时小泽的航母部队还在日本海域。在过去的两天里,据破译的绝密无线电情报推测,小泽已经驶离日本,此时正在吕宋岛以北的菲律宾海某处。可以判断,他正从北面开过来,他的到达时机将与敌另两路特混舰队协调一致。哈尔西和关键幕僚们开始警惕起来,小泽很可能会在舰队和吕宋岛机场群之间实施"穿梭轰炸"战术。因此他们决心要在日军航母加入战斗之前找到它们并展开空袭。

这天一大早,哈尔西就命令米彻尔向北放出加强兵力的空中搜索。但无线电频道上如此拥挤,这道指示直到上午11时30分才送到"列克星敦号"的指挥舰桥上。而此时,第38特混舰队正忙于应对来自吕宋岛的一轮轮空袭。因此,侦察机直到下午2时5分才起飞升空,两个小时后,仍未找到小泽。

当侦察机还在天上飞的时候,下午3时12分,哈尔西发布了一条内部命令,这条命令注定要在第二天的战事中扮演极其重要的

诸神的黄昏:1944—1945,从莱特湾战役到日本投降

角色。这条命令的分类是"作战计划",内容是此时在各航母大队中担任护航舰的 6 艘战列舰、5 艘巡洋舰和 14 艘驱逐舰"将组成第 34 特混舰队,由战列舰队司令李中将指挥"。[*]这支舰队的目标将是"在远距离上与敌决战"。[61]这份电文的收件人是第 3 舰队司令的所有直接下级,并抄送给尼米兹和金。哈尔西打算把它作为"预备消息",或者说是预警性命令,如果发生水面交战的概率增加,这道命令就将被执行。为了落实这一点,他后来又亲口通过舰船间无线电通话通知下属:"如果敌人 [穿过圣贝纳迪诺海峡] 出击,我将命令第 34 特混舰队集合。"[62]

　　哈尔西后来坚称他的第一封电报不是发给他自己第 3 舰队以外的任何人的。但是既然美国海军所有指挥官都能监听到那份无线电报,而且大家用的都是同一份密码,那么其他人看到这份电文也是有可能的。实际上大家也常常这么干。第 7 舰队的通信组就把哈尔西的电文打印了出来,交给了"瓦萨奇号"上的金凯德将军。但哈尔西后来通过近距离无线电通话做的澄清却没有发给金凯德(也不可能发送给他),也没有发给尼米兹或者金。考虑到军事文件用语应有的准确性,"将组成"(will be formed)这种表述就十分模糊,尤其是在没有第二份消息做澄清的情况下。这个表述完全可以被解读为立刻行动,也就是说哈尔西在命令他的下级立刻组建新的特混舰队,准备参加计划中的战斗。他用表示将来时态的"will"也可能仅仅是考虑到这些军舰分属于相距遥远的三个航母特混大队,需

---

[*]　　"清朝人"威利斯·李是老资格的战列舰分队司令,他在这个岗位上干好几年了。李曾经指挥美军舰队进行瓜岛海战第二阶段(1942 年 11 月 14 日至 15 日)的战斗,这是太平洋战争截至此时唯一的一次战列舰舰炮对决。——作者注

要花上几个小时才能集结到李将军处。金凯德就是这么理解哈尔西的命令的，珍珠港和华盛顿也产生了这样的误解。

下午 4 时 40 分，飞往北方的一架侦察机发来了消息。在吕宋岛东北海岸恩加诺角外 190 英里处发现一支大规模敌航母舰队：航速 15 节，航向 210°。[63] 那只可能是小泽，他要来了。考虑到时间已晚，美军此时的距离还不足以向小泽发动进攻。

在"新泽西号"的指挥舱里，哈尔西和他的幕僚们研究海图，分析了形势。三支敌海军舰队正从三个不同方向朝莱特湾集中（或者是意图在此集中）。值得注意的是，或者说是哈尔西和他的团队认为值得注意的是，所有三支舰队都以"不慌不忙"的约 15 节航速开进，远低于其最佳巡航速度。第 3 舰队作战报告中对此写道："这表明他们预先设定好了地点和时间。其动向意味着日本人精心设计的协同计划正在实施。10 月 25 日将是联合作战的最早日期。"[64] 南路舰队正开往莱特南方的苏里高海峡，它相对较弱，可以安全地交给金凯德去对付。中路舰队遭到第 38 特混舰队航空大队一整天的凶猛打击，看起来正在撤退。而新发现的北路舰队是唯一拥有航空母舰的敌特混舰队。它是生力军，毫发无损，攻击力完整。小泽可能意图对美军舰队做穿梭轰炸，就是说他的轰炸机将在拂晓时空袭第 38 特混舰队，之后飞往吕宋加油装弹，继而再次发动空袭，随后返回航母。

在空战中获胜，这对哈尔西来说是毫无疑问的。战争到了这个阶段，美军舰载航空兵已经拥有了相当显著的优势——但他想要的是全歼北路舰队，先用多轮空袭将它打残，再用他的水面战舰结果它。为确保全灭敌人，他需要先缩短距离。和哈尔西最亲密的"努美阿帮"的几名军官建议全舰队北上，[65]这些人从瓜达尔卡纳尔岛战役开始就一直在哈尔西手下干。于是哈尔西把他的手指放在海图上，指着报告中小泽舰队的位置，对卡尼说："我们要去这里。米克，让他们向北。"[66]

10月24日晚8时22分，"新泽西号"通过无线电命博根和戴维森加大马力，以25节航速跟随谢尔曼的第3大队一同北上。被大火吞没，被舰员放弃的"普林斯顿号"被命令击沉，其护航舰队中的一艘舰将齐射鱼雷执行这一任务。值得注意的是，三支航母大队的所有舰艇都要北上，包括那些原本将要转入第34特混舰队，留下来防守圣贝纳迪诺海峡东口的快速战列舰和其他水面战舰。整个舰队，总共65艘舰艇，将要加入这场向北的冲刺。至于栗田那支被大大削弱的中路舰队，如果它真的重新集合起来穿过海峡，那就交给金凯德第7舰队的大炮和护航航母去对付吧。

哈尔西告诉金凯德，他正"带着三支大队向北航行，在拂晓时攻击敌航母舰队"。[67]这份电文有太多东西没说清楚，而致命的误解恰好出现在它没有说明的地方。哈尔西完全没有提到第34特混舰队的事。他也没有告诉他的战友，第四支航母特混大队此前已被派往东边，距离太远，无法提供直接支援。金凯德没有想到一个致命的事实：第3舰队没有任何一部分被留下来守卫（哪怕只是监视）圣贝纳迪诺海峡。

下达了命令之后，哈尔西回到他的舱室，躺到了床上。他累坏了，过去的48小时里他都没睡。他需要合一会儿眼，现在恰好有空。

此时，在哈尔西的情报部门和整个第3舰队的各个指挥舰桥上，人们开始议论纷纷。哈尔西的舰队相当强大，他一艘舰也不留下来守卫圣贝纳迪诺海峡的决定看起来很奇怪，甚至令人费解。他是不是知道什么别人不知道的事情？

当哈尔西选择的作战计划开始付诸行动时，新的侦察报告动摇了"栗田舰队已撤退"的前提。博根将军第2特混大队中的轻型航母"独立号"配有一支夜航中队。他们向圣贝纳迪诺海峡的西口派出了几架夜间侦察机。他们发回的有些报告显得混乱而彼此矛盾，但是汇总在一起则指向一个结论：日军中路舰队正在高速东进。6时35分，敌舰纵队被发现位于先前位置以北约6英里处，航向似乎为东北方。"独立号"的另一架飞机报称敌舰队位于布里亚斯岛附近，比前一次被发现的位置向东北移动了25英里。之后又收到一份报告，日舰位于布里亚斯岛和马斯巴特群岛之间，这意味着栗田已经转向东，以24节速度全速前进。如果栗田以这个速度航行，他舰队的状况一定比先前预计的更好。最后，消息传来，标示圣贝纳迪诺海峡的导航灯亮了。

博根将军打开了无线电步话机直接找到"独立号"舰长，后者告诉他，日军舰队正在向东北方高速航行。他们很快就会到达圣贝纳迪诺海峡西侧入口，那里的导航灯已经亮了起来。博根随后直接联系上了"新泽西号"，和他通话的是指挥舱里一位不知名的军官。把自己了解的情况说出来后，博根提议让第34特混舰队和1支航母大队（他自己的）留下来负责守卫海峡。然而那个人用"相当不耐烦的语气"打断了他，说："好的，好的，我们知道了。"[68]

博根说，后来"我觉得哈尔西犯了一个可怕的错误"。[69]他对于李的战列舰没能和栗田的战列舰碰上面感到遗憾，他相信这场战斗美军将会手到擒来。"这将意味着日本海军力量就在那里终结，

诸神的黄昏：1944—1945，从莱特湾战役到日本投降

彻底终结，"博根总结道，"这真是太郁闷了。"[70]

李将军也是这么想的。他试图联系"新泽西号"，先是用灯光信号，接着又用舰船间无线电通话系统。他询问第3舰队司令是否留意到最新的侦察报告，得到的回答很简单："收到。"[71]和博根一样，他也觉得自己能做的到此为止了。

第4大队司令拉尔夫·戴维森对他的参谋长詹姆斯·拉塞尔说："吉姆，我们正在给莱特湾里的那些运输船玩一个要命的阴谋诡计。"拉塞尔同意他的说法，问戴维森是否要联系米彻尔将军，提出不同的作战路线。戴维森拒绝了，他说："他的信息肯定比我们多。"[72]

在"列克星敦号"上，第38特混舰队的幕僚们询问哈尔西是否已经直接接手航母的战术指挥，他们得到了肯定的答复。自从8月以来，米彻尔将军已越来越适应这种冷板凳了。他明显很累了，精神和体力皆然，自从1944年开年以来他就一直在海上作战；此时，哈尔西那一伙人无论说什么他都无所谓了。米彻尔此时已经上床了，他的参谋长阿利·伯克把脑袋伸进了将军的住舱里。他想要用无线电联系"新泽西号"，警告他们北路舰队只是个诱饵。"我想你是对的，"米彻尔答道，"但我并不确定。我想我们不该打扰哈尔西将军。他够忙的了。他脑子里面事情太多了。"[73]

不久后，伯克又拉着第38特混舰队作战参谋吉姆·弗拉特利一起回来了。他们摇醒了米彻尔，告诉他新的发现，也就是圣贝纳迪诺海峡中的导航灯亮起的消息。米彻尔问道："哈尔西收到那报告了吗？"弗拉特利承认他收到了。米彻尔说，这样的话就犯不着去揣测舰队老大的意思了："如果他需要我的建议，他会来问的。"

第3舰队情报部门的几位军官相信北面的航母舰队是个诱饵，

并且担心哈尔西会一口吞下它。北上的决定在做出之前并没有征求他们的意见。舰队情报官迈克·奇克"愤怒地"和道格·莫尔顿争辩了起来，后者是舰队的航空作战参谋，是哈尔西核心圈子里的老人。奇克少见地扯开了嗓门，说他**知道**栗田正在穿越圣贝纳迪诺海峡。但莫尔顿不为所动。

奇克败下阵来，不过他的两名下级劝他把他的方案沿指挥链提交给"米克"卡尼。卡尼说如果奇克想要喊醒哈尔西，去提交他的方案，他（卡尼自己）不会阻拦。但是，卡尼说，他怀疑哈尔西不会被奇克的分析说动，他还补充说，哈尔西"在过去 48 小时里都没怎么睡了"。[74] 奇克自然不会去喊醒将军，事情就这样了。

哈尔西和他的核心圈子已经决定不再重蹈斯普鲁恩斯在当年 6 月马里亚纳海战中的覆辙，他们相信斯普鲁恩斯当时犯了错误，拒绝让第 38 特混舰队（当时叫第 58 特混舰队）向西追击小泽。换言之，他们现在的首要任务就是把日本航母赶尽杀绝，彻底消灭，他们愿意押上大赌注来实现那个目标。根据"米克"卡尼在战争结束 20 年后接受采访时的说法：

> 哈尔西和莫尔顿尤其强烈地拥护一个观点，而且早先就已表达过这个观点：如果日军舰队失去了他们的战术航空力量，那么无论他们未来如何计划，这支舰队都永远不会有什么作用，因为我们确信他们已无法再为其补充力量了。
>
> 如此讨论之后，当晚我们在哈尔西的旗舰上下定了决心，首要目标将是敌航母航空兵。实际上——好吧，我可以说这几乎就是一种执念。[75]

摧毁日军航母是哈尔西的"执念"。这个判断来自与他长期共事而且忠诚于他的参谋长，"阴谋诡计部"的大管家，后来爬到海军顶层（海军作战部长，1953—1954）的人。卡尼的坦白无论对哈尔西还是对他自己都是当年犯错的铁证，但这也有助于我们理解当晚第 3 舰队的战术决策机制为什么会失灵。

哈尔西和他的团队看起来已经感受到了长期身心俱疲的影响。指挥舱里的许多人刚从最近一轮流感中康复。在此前六个星期几乎毫无停顿的航母作战中，他们根本都没有休息过。

但疲劳和感冒并不能解释所有的问题。自从哈尔西在 8 月从斯普鲁恩斯手里接过舰队指挥权以来，他们的基本操作流程出现了一系列混乱、草率和冲动的行为。第 3 舰队司令部比第 5 舰队司令部大得多，但给人的感觉是他们的效率也低得多。新的各个部门并不能如斯普鲁恩斯的司令部那样拿出详细的作战计划，他们更喜欢靠频繁向舰队发通知来打仗。但通信常常延误，消息模棱两可，或者在最后一刻被取消。航母特混大队指挥官常常不知道自己下一步要做什么。这位新舰队司令毛手毛脚的习惯就连珍珠港也很头疼。尼米兹常常训斥哈尔西越权，或者未能准时、明确地发出报告。在 10 月上旬发生一次这样的错误时，哈尔西乞求太平洋舰队总司令的原谅："我为我的糊涂深感抱歉。我向你保证我的动机是好的，只是执行很差。"[76]

哈尔西习惯于依赖那些从南太平洋司令部就一直跟着他的军官，这些人他都很熟，即便他们都没有最近的航母作战经验。根据航母将领、未来的参谋长联席会议主席阿瑟·拉福德将军的说法，哈尔西"要么被关于航母航空作战的馊主意所拖累，要么固执己见，后者可能更糟"。[77] 舰队中常常有与此相似的观点，即便在哈尔西海军生涯中最具争议的阶段到来之前也是如此。米彻尔的幕僚克拉克·雷诺兹评价哈尔西并没有如同斯普鲁恩斯那样"获得专业方面的诚挚尊敬"，尽管他作为一名领袖获得了"真心爱戴"。[78] 罗兰·斯穆特说他就是个"彻底、十足的笨蛋……但如果他说'我们一起下地狱去吧'，你还是会跟他一起去"。[79]

在南方 300 英里以外的莱特湾中，第 7 舰队正在准备迎战和打退即将穿越苏里高海峡杀过来的西村的南路舰队。金凯德向炮击和火力支援大队司令奥尔登多夫将军发电："敌人今夜可到达莱特湾。做好夜战的万全之备。"[80]

奥尔登多夫的舰队包含了美国海军的大部分老式战列舰以及支援的巡洋舰和驱逐舰，包括 5 艘曾在日军袭击珍珠港时被击伤的战列舰。这 5 艘幸存老舰中的 2 艘，"西弗吉尼亚号"和"加利福尼亚号"，曾经挨过日本的航空鱼雷，沉入了港口的海底。经过拼命抢救，它们浮起来并完成了修复。在珍珠港的船坞里，它们从头到脚都进行了重建，装备了最新型的火炮、火力控制和雷达系统。就连舰员都是新的：尤其是"西弗吉尼亚号"，全靠训练有素的新兵操纵，其大部分人在 6 月上舰之前都没有出过海。根据这艘舰的作战报告："只有 12 名水兵此前有过出海经验。两名炮塔军官此前从未出过海，三号炮塔军官来自潜艇部队，四号来自小艇部队。然而，在短短三个月时间里，这些人通过了严格的试航期，以一个战斗整体的面貌加入了舰队。"[81]

奥尔登多夫将这些复活的战列舰在苏里高海峡北口处排成一路

　　　　　　　　　　　诸神的黄昏：1944—1945，从莱特湾战役到日本投降

纵队。在其侧翼，南方 2 英里处，巡洋舰分队将沿对角线航行，这样就在敌舰的预期行进路线上构建了一个半圆形的重炮阵。这是直接而且传统的战术安排，用的是传承了几个世纪的"战列线"海战理念。奥尔登多夫把他的驱逐舰布置在南方更远处的海峡内，命令它们紧靠海岸；它们将隐蔽在帕纳翁岛和迪纳加特岛沿岸高山和峭壁构成的雷达阴影区中。当时机到来时，他们将向冲进海峡的日军南路舰队发起鱼雷攻击。

奥尔登多夫还用上了第 7 舰队的全部 45 艘 PT 鱼雷艇。他将这些小艇部署在海峡南部和入口西侧。它们的主要任务是担任早期警戒哨。用无线电发出敌情报告后，它们就将自由行动，争取进行鱼雷攻击。[82]

奥尔登多夫舰队的"钢铁总重"比西村多几倍，看起来完胜对手绰绰有余。日军南路舰队在苏里高海峡中将遭遇一场漫长、致命的夜间鱼雷痛击。如果能闯到海峡尽头，日军战舰还将面对 6 艘战列舰和 8 艘巡洋舰的密集舰炮火力。奥尔登多夫的大舰将沿东西轴线列阵，而西村的纵队必须向北接敌。这意味着盟军舰队将有机会抢占日本舰队的"T 字横头"位——这样，它们就能用全部侧舷火力轰击敌舰，而敌舰只能用前部炮塔还击。这是一种古老而备受尊崇的战术理念，可以追溯到大炮第一次装到战舰上时。这样，作战的布局令奥尔登多夫原本已是压倒性的火力优势更加如虎添翼。

美军知道自己手中的牌比对手大，对胜利胸有成竹。但是美军对来袭日军舰队的组成仍有些不确定，奥尔登多夫战舰装载的炮弹种类也让人略有担心。空中侦察报告对日军纵队中战列舰的数量并未达成一致：有些报告说有两艘，但至少有一名飞行员说他看到了四艘。即便是四艘，美军也还是握有优势，只不过没那么大而已。登陆莱特岛之前，火力支援大队装载的大部分炮弹都是适合岸轰的高爆弹，因此他们储备的穿甲弹数量相对有限。只要战斗别拖得太久，这也不会有太大问题，但奥尔登多夫并不想试运气。为了节约穿甲弹，他要求各战列舰在敌人进入 1.7 万英尺到 2 万英尺之间的中等距离前不要开火，"在这样的距离上，他们的命中率和打击威力都会很高"。[83]

在做最后的准备时，金凯德将军和麦克阿瑟进行了一次微妙的协商。通常情况下奥尔登多夫的战斗群里包括了巡洋舰"纳什维尔号"。但是"纳什维尔号"从荷兰迪亚启程时就一直搭载着麦克阿瑟将军，此时仍然是他的指挥舰。自从登陆以来，他每天都要上岸一回，但晚上都要回到舰上。现在，岸上的情况已经好到足够让麦克阿瑟把他的司令部迁移到莱特岛上了；实际上他原本已经计划第二天就来落实此事。金凯德希望把"纳什维尔号"派到苏里高去，舰上的官兵当然也热切地想要参战。但麦克阿瑟还在舰上，他也想去参加这场大冒险。他对金凯德说："无论怎么说我都应该出席这样一场关键战斗。不仅如此，我还从来没有参加过一场大规模海战，我很想看一次。"[84] 可是金凯德实在找不到理由让这位西南太平洋战区总司令冒险参加海战。他向麦克阿瑟提供了另一艘不参战的军舰作为指挥舰，之后又请他到自己的指挥舰"瓦萨奇号"上来。在麦克阿瑟拒绝了这两份邀请之后，金凯德干脆把"纳什维尔号"从作战序列中抽了出来，扔到塔克洛班锚地了事。

日落前，奥尔登多夫的军舰到达了阵位。战列舰和巡洋舰弹出了水上飞机，要它们去莱特岛的机场降落，以清空其炮塔的射界。

　　　　　　　　　　　　　诸神的黄昏：1944—1945，从莱特湾战役到日本投降

战列舰在下午 6 时 30 分编成纵队。一个小时后，舰队做好了战斗准备，进入"一级戒备状态"。[85]

在莱特湾，所有的眼睛、耳朵、大脑以及心跳都朝向了南方，朝向即将打响的苏里高海峡之战。第 7 舰队中无人发觉哈尔西已经把他庞大的舰队悉数带到了北方，而让圣贝纳迪诺海峡大门洞开，就连一艘负责警戒的驱逐哨舰都没有。准备在南边伏击西村之时，金凯德也即将遭到来自北面的突袭，直到天亮几分钟后栗田的巨炮开火，他才知道这个可怕的事实。

第六章

10月24日一整个下午，西村的南路舰队都在棉兰老海中坚定地向前行进，航向直指苏里高海峡。在上午与第3舰队侦察机部队短暂而激烈地交战后，舰队已经恢复完好。"山城号"的损伤已被修补好，右倾也被纠正了。

由于空中侦察报告在苏里高海峡入口处出现许多美军PT鱼雷艇，西村决定在把他的两艘战列舰带入苏里高海峡之前先派巡洋舰"最上号"和4艘驱逐舰前出对这一海域进行侦察。晚6时30分，"最上号"侦察队离开战列舰，前进到棉兰老海北部海域进行侦察。侦察队离开后不久，西村收到了丰田的电报，收件人是所有日军指挥官，但实际上是发给栗田看的："天佑我军，全军突击。"

这一奇怪的电报一定令西村大惑不解，因为他还不知道栗田已经掉头西撤。三个小时后，他才从栗田那里直接获悉，中路舰队延误了，无法在次日上午11点前抵达莱特湾。这个坏消息令西村更加坚毅，他继续以原速度航行，决意按原来的时间计划发动进攻。他一定早就知道自己突破到莱特湾的希望从来都不大，但现在他已能够确定自己将会闯进整个美军舰队的集火攻击之下，而计划中钳形攻击的北半边将不会再帮他吸引敌人了。他按原速度前进的决定也致使志摩将军的"第二游击部队"，这支仅有两艘巡洋舰和数艘驱

诸神的黄昏：1944—1945，从莱特湾战役到日本投降

逐舰的后娘养的小舰队无法跟上西村舰队。落在西村后方 45 英里处的志摩只是蒙着头向前开，他和西村事先没有做任何协同作战的计划。

由于能活下来向我们讲述苏里高海峡那一夜发生了什么的日本高级军官太少了，历史学家们不得不依赖推理和猜测。没有人知道当他的旗舰"山城号"闯进一场前途未卜的战斗时，西村心里在想什么。他一定会怀疑自己是否把这支 7 艘舰的纵队带进了伏击圈。他或许还觉得日军凭借着优秀的夜间水面作战技术而仍然保有一些优势，他们在战前为此进行了巨量的训练，而且在所罗门群岛的几次夜战中展示出了这一点。夜幕掩护下的水面炮战也会消除空袭的威胁。

但是所有这些战术考虑都忽略了西村任务中更加关键的一点：他的舰队无人指望生还。西村知道他率领的是一次海上"万岁冲锋"，他显然已经做好了赴死的准备。从某种意义上说，他的南路舰队是一个诱饵，意在将部分美军舰队吸引到南边，以增加栗田在北边的胜算。从更深的层次上看，他的小舰队实际上是献给战神的祭品。西村的真实任务是去光荣地毁灭，让大炮轰鸣到最后一刻，纵使战败，也要保住日本海军的荣耀。

这样的安排当然不会白纸黑字写出来，在"捷号"计划或者丰田的后续命令中也不会言明。在战后关于这次战役的叙述中，伊藤正德坚称西方的批评者没能理解这些"［西村的］任务背后的特殊环境"。但是幸存军官和舰员们的陈述却证明他们对自己的这一角色心知肚明。驱逐舰"满潮号"的舰长田中知生说："本舰队的全体军官都知道自己执行的是自杀任务，无人期望生还。"[1] 战列舰"扶桑号"

的一名作战参谋告诉他手下的水兵，他们将顶着美军舰队的优势炮火冲进塔克洛班锚地，军舰将会冲滩搁浅，这样即便遭到足以导致沉没的战损，也能继续用主炮射击。"我们将要进行一场水上特攻。"他如此告诉手下。[2] 他所谓的"特攻"指的就是单程自杀式攻击。据另一名目击者说，在一次战前布置中，西村将军"强调不仅要做好战斗准备，也要做好精神准备。西村已经准备好赴死。他的态度感染了全体官兵，令他们心甘情愿地随他踏上这场赴死之途"。[3]

美军的 PT 鱼雷艇正守候在西村的前进路线旁。39 艘艇分成三个艇群，环绕在保和海和苏里高海峡南口周围的岛屿旁。它们停泊在平静的海面上，艇上的帕卡德发动机空转着，排出的废气随微风飘散，海浪轻轻拍打在它们的木质艇壳上。这个夜晚闷热而晴朗。西边的夜空中低垂着一弯月牙，淡黄色的月光洒在碧波粼粼的海面上。

前卫鱼雷艇分队布置在海峡南口 60 英里外，紧靠着保和岛和甘米银岛。晚 10 时 36 分，PT-131 号艇在雷达屏幕上发现两个大型回波信号正以 20 节速度从西边驶来。彼得·加德少尉拿起夜间专用望远镜扫视海平线，很快看到了敌人：双路纵队，4 艘驱逐舰打头阵，其后是 2 艘带有独具特色的宝塔形塔楼的战列舰，最后是"最上号"巡洋舰。

当加德用无线电发出敌情报告时，日军也发现了 PT 鱼雷艇群，并向这个方向打出了照明弹。照明弹在头顶上点亮，整个战场顿时洒满了强烈的红光。加德的三艘鱼雷艇立刻开足了马力。它们的引擎轰鸣着，艇体跃出了水面，艇尾拖出长长的白色尾迹。"时雨号"驱逐舰的探照灯罩住了它们，舰上的 5 英寸炮随即开火。以超过 30

节的速度接近目标时，这些木质小艇的周围掀起了白色的水柱。"我们被探照灯逮住了，"PT-152 号艇上的一名艇员说，"我只知道这艇在飞奔，那声音大得难以想象。"⁴

PT-152 号艇的 40mm 炮组向"时雨号"开火，想要打灭它的探照灯，但未能成功。"时雨号"和日舰纵队中的其他几艘军舰向进攻方迎面转来，减少被弹面并准备躲避鱼雷。鱼雷艇射出鱼雷之后便转弯脱离。所有鱼雷都没有命中——可能还差得很远，因为日军瞭望哨没有看到鱼雷航迹。

在之字形航行、施放烟幕高速脱离时，PT-152 号艇的艇尾被一枚炮弹直接命中。艇上的 37mm 火炮被击毁，炮手当场阵亡，艇后部舱室内燃起大火。PT-130 号艇也被击中了，击中它的可能是"山城号"一门副炮射出的 6 英寸炮弹，但是这枚穿甲弹把艇上的桃花心木艇壳打了个对穿，没有爆炸。在这危急时刻，受损的 PT-152 号艇眼看就要被"时雨号"追上干掉，但是日军驱逐舰却返回了己方纵队，放弃了追击。日军还有更重要的事情要干。

这时候坏运气来了，加德分队的全部三艘艇都发现自己的无线电坏了。于是 PT-130 号和 PT-131 号两艇转向东南方，奔向甘米银岛，在那里找到了另一个分队。加德跑到 PT-127 号艇上，用无线电向海峡另一头的奥尔登多夫将军发出了他的敌情报告和作战报告。现在奥尔登多夫知道西村就在他西南方约 90 英里处的保和岛以南，接下来的这一整晚他都会不停收到新的对手位置信息。盟军战列舰和巡洋舰继续以 5 节航速在海峡中巡航，火炮指向南方，等着敌人自投罗网。

路过利马萨瓦岛时，日军舰队重新编成双纵队，驱逐舰在两翼护卫。德怀特·H. 欧文上尉指挥的第 12 鱼雷艇中队的 3 艘艇在近距离上看到了它们，先是在雷达屏幕上，继而是目视。当西村来到帕纳翁岛南端附近时，欧文的鱼雷艇冲出岸边的阴影区，发动了进攻。151 号和 146 号两艇顶着周围不断升起的水柱，冲向探照灯，在 1 800 码距离上射出了鱼雷。鱼雷都不知射到哪儿去了。这两艘艇随即转弯，以之字形航线逃生。在混战中，战列舰"扶桑号"将巡洋舰"最上号"误认为是敌舰并短暂向其开火，但没有造成严重损伤。

日军舰队在帕纳翁岛旁转弯，向北驶入苏里高海峡时，突然陷入了四面八方蜂拥而来的攻击之中。罗伯特·利森少校指挥的 3 艘鱼雷艇（PT-134、PT-132 和 PT-137 号艇）向日军纵队中央冲过去，被罩在了一艘战列舰令人目眩的探照灯光中，可能射自"山城号"。它们冲到 1 500 码的距离上，放出了 7 枚鱼雷，之后急转弯脱离。它们在"山城号"巨炮和暴风雨般机炮火力的追杀下拼命沿之字形航线逃命。"它的 40 毫米火炮和 14 英寸主炮把夜晚照得如同白昼，"一名鱼雷艇员说，他觉得能从这次战斗中生还纯属侥幸，"5 英寸炮火也很猛。驱逐舰一定也开火了，到处都是曳光弹、浓烟、爆炸和火焰。"[5]

当日军炮火追击利森那三艘撤退的鱼雷艇时，另三艘艇从东南方的阴影中杀了出来。PT-523、PT-524 和 PT-526 号艇发现它们目标的轮廓正好被其自己的炮口焰和照明弹映了出来。它们发射了鱼雷，随后迅速逃向苏米伦岛背后寻找掩护。没人知道日军是否看见了这三艘从右舷来的刺客，因为几乎就在同时，PT-490、PT-491 和 PT-493 号三艇从北边冲出来，展开了几乎是正对头的攻击。这支分队从藏身的暴雨区冲出来，发现自己距离最近的敌人驱逐舰只有 700 码。敌舰正忙于和另一边的鱼雷艇作战，无暇他顾。于是这三艘艇进行了当晚最大胆的鱼雷攻击，在被敌人的探照灯照亮之前，它们接近到了 400 码的距离上，射出鱼雷，掉头脱离，白色的水柱就在它们身后炸开。在沿之字形航线向北脱离时，所有三艘艇都被敌人火力击中。PT-493 号艇遭到了当晚所有鱼雷艇中最严重的打击：一枚 5 英寸炮弹命中艇尾，第二弹击中水线下方的艇体，第三弹击中海图室后方，当场炸死 2 人，炸伤 7 人。由于无人掌舵，PT-493 号艇开始毫无规律地乱跑，甚至差点掉头回到敌人附近，后来一名幸存者抓住了舵轮，才让它直线脱离战场。它逃进了一片路过的暴雨区，但此时这艘艇已经被炸得稀烂，行将沉没，大部分艇员受了伤，动弹不得。幸存者把它开到帕纳翁岛旁，把伤员抬上岸，等着第二天上午自己人前来搭救。

到目前为止，鱼雷艇的攻击对日军来说只是骚扰。它们射出了超过 24 枚鱼雷，却无一命中。后来人们认为鱼雷艇部队的官兵还需要进行更多的鱼雷战术训练。毫无疑问，他们在敌人炮火的攻击下常常是胡乱发射，或者慑于自身毁灭的危险而不敢冲到近距离。他们的有些武器还可能失灵了，有些鱼雷或许实际上命中了目标却没有爆炸。尽管如此，这些鱼雷艇还是完成了它们的首要任务，即在敌人接近时提供早期预警。当日舰迎击这一连串蜂拥而来的"魔鬼艇"时，炮火和照明弹照亮了夜空，在很远之外就能看到。据"西弗吉尼亚号"的日志记载：凌晨 2 时 6 分，"看见东南方远处出现照明弹"。2 分钟后："180° 正方向观察到炮火。"[6] 在这一路移动的烟火表演中，西村揭开了自己的隐身衣。

但他并没有停下，甚至没有放慢脚步。进入海峡中央后，西村各舰朝着 0° 正北航向，向等候着的美军舰队疾驰而去。晚 11 时，月亮落入了海面，夜色伸手不见五指。大海依然平静，只是有时会有一阵暴雨从这片海域扫过，降低了能见度。日军的瞭望哨只能勉强识别出左边帕纳翁岛和右边迪纳加特岛的轮廓，而完全看不到它们高大、密布森林的山脊线，只是在远处偶尔亮起闪电时才会例外。在北方，熟悉的大熊星座和北斗星低垂在天幕之下。

杰西·科沃德上校的第 54 驱逐舰中队正从北面快速驶来。科沃德把他的驱逐舰分成两个分队平行前进，意图从两翼包抄日军纵队。双方以高达 40 节的相对速度彼此接近——科沃德的驱逐舰以 20 节速度南下，西村则以相同速度向北冲刺——两军在相距 5 英里时同时目视发现了对方。科沃德的东侧纵队与日军几乎是迎头对进，出现在日军先导舰右前方仅仅 10° 处。美军接近时施放烟幕，以进一步降低能见度——但眼睛如猫头鹰般锐利的日军瞭望哨仍然能够在迪纳加特岛平坦的轮廓前方辨认出形状独特的驱逐舰烟囱在移动。

日军在远距离上开了火，但他们的第一轮射击毫无准头，弹着水柱距离目标近了 2 000 码。[7] 由于紧贴着苏里高海峡的海岸线航行，科沃德的舰队藏身于多山岛屿下的"雷达阴影区"。据"时雨号"驱逐舰舰长西野繁中佐说，这一战术达到了目的。备感挫败的日军炮手紧盯着雷达屏幕，"无法区分陆地和敌舰。屏幕上只是一大片回波信号。我们不顾一切地射击，但我觉得那十分无效"。[8]

美舰没有还击，以免自己的炮口焰成为敌人的瞄准点。科沃德要求他的中队仅使用鱼雷攻击。凌晨 3 点，他东侧分队的三艘驱逐舰射出了 27 枚鱼雷，随后在各种口径舰炮的追杀下向左急转脱离。日舰的瞭望哨看到了来袭的鱼雷尾迹和掀起的绿色磷光，日军纵队随即转弯规避。"扶桑号"的 14 英寸火炮向正在逃离的驱逐舰开火，还对"麦克格万号"取得了跨射，却未能命中。然而几乎同一时刻，"扶桑号"的右舷中部挨了两枚，也可能是三枚鱼雷。它的锅炉舱被海水淹没，舰体向右严重倾斜，并突然丧失了电力。它掉了队。跟在它后方的巡洋舰"最上号"不得不紧急转弯，以免碰撞。

科沃德的另一半驱逐舰——由"蒙森号"和"麦克德莫特号"组成的西侧分队——在接近到八九千码时扇面射出了 20 枚鱼雷。西村舰队正在转回正北方的基本航向时，这批鱼雷抵达了目标。结果是灾难性的。三分钟内，日军纵队 4 艘驱逐舰中的 3 艘被击中。"山云号"中部被两枚鱼雷同时命中。爆炸还引爆了军舰自己鱼雷管里的两枚鱼雷。几个战斗部的爆炸把它炸成了两半，它短短两分钟内就沉没了。西野中佐回忆说，它沉没时还带着咝咝声，"就像一块巨大的红热铁块插进水里"。[9]"满潮号"被一枚命中左侧轮机舱的鱼雷打残，瘫在水面上开始下沉，硬是靠着幸存舰员们的英勇奋战才浮在水面上。第三艘"朝云号"前部中雷，整个舰首被撕掉，但舰员们还是设法堵住了破口。[10] 这艘舰只好掉头向南蹒跚而去。

遭到重创的"扶桑号"不能动了。它已是自身难保，"从水线到桅顶，全都被火焰包围"。[11] 在随后的一个小时里，它无力地随波逐流。舰长下令弃舰，于是舰员们开始跳进苏里高海峡温暖的海水里。大约凌晨 4 点，它终于向右舷翻倒，巨大的上层建筑在海面上砸出了巨大的水花。它的舰首沉入了海面，舰尾从海面上竖起 150 英尺高，螺旋桨还在旋转，它就这样沉了下去。泄漏出来的燃油在海面上扩散开来，把火焰带到了数百英尺外，吞没了许多正拼命游泳逃生的人。没人知道多少人从沉船上逃了出来，但很少有人在海上漂流的几个小时中幸存下来。最终只有 10 名"扶桑号"成员在战役结束后回到日本。

现在，日军各舰陷入了巨大的混乱。有些人觉得纵队已被鱼雷艇包围。西野中佐一直以为被击中的是旗舰"山城号"而不是"扶桑号"。实际上"山城号"仍在继续以 25 节航速北上，但西村将军和他的幕僚们并不知道"扶桑号"和三艘驱逐舰已经中雷，整个纵队总吨位中的一半已经沉没或者丧失了战斗力。和旗舰待在一起的只剩下"最上号"。唯一幸存而且还能航行的驱逐舰"时雨号"加快了速度以逃出鱼雷攻击区，但随后它就和舰队其余各舰失去了联系。西野一度无法通过无线电联系上任何一艘友舰，于是他转向南"去看看'山城号'怎么样了，可能的话去接收命令，然后转回来继续北上"。[12]

此时，在海峡北端，奥尔登多夫战列舰和巡洋舰上的雷达捕捉到了接近的日舰。他们能零零星星监听到一些日军低功率无线电通话。瞭望哨能看到远处的照明弹和炮火，听见远方爆炸的隆隆声。奥尔登多夫将军看见一艘敌舰的探照灯光束扫过海平线，他形容这像是"黑夜中挥舞着的一支盲人的拐杖，尽管我们看不见它指向哪里"。[13]"山云号"爆炸时，火光在海峡顶端都能清楚地看见——几秒钟后，雷达屏幕上的那个"亮点"也消失了。

炮手们已经锁定了目标，做好了射击准备，但遵照奥尔登多夫先前的指示，他们没有开火。要先让最北边的驱逐舰群——第 56 驱逐舰中队——向敌人发动攻击。凌晨 3 时 34 分，奥尔登多夫命令驱逐舰前出攻击，"拿下那些大家伙"。[14]

率领这最后一轮驱逐舰进攻的是坐镇"纽康姆号"的罗兰·斯

　　　　　　　　　诸神的黄昏：1944—1945，从莱特湾战役到日本投降

穆特上校。他的第 56 驱逐舰中队各舰被分成 3 个分队,每队 3 艘弗莱彻级,排成纵队——分别攻击西村的左翼、右翼和正前方。它们沿着海峡以 25 节航速直扑而来。由于意识到奥尔登多夫的重炮即将开火,最好在重炮打响时让他的驱逐舰躲开火线,因此中路纵队指挥官电令各舰:"要快。在鱼雷旁守着。"[15] 当距离接近到 6 000 码时,各纵队都转向用侧舷对敌,射出了鱼雷——每艘舰 5 枚,共计 45 枚。之后它们继续以最高速度开向海峡边缘,并用烟囱施放大量烟幕,脱离射击区域。

当斯穆特的最后一枚鱼雷从发射管钻入海中时,北方海平线上的大炮响了。右翼巡洋舰上的 6 英寸和 8 英寸炮率先开火,战列舰的 14 英寸和 16 英寸主炮齐射紧随其后。红色的曳光弹划出一条长长的弧线缓慢地在天上飞过。这些巨大的炮弹在飞向目标的 12 英里航程中似乎是慢悠悠地挂在空中。斯穆特上校说这是"我见过的最美丽的景象。夜空中曳光弹的弧线宛如亮着灯光的列车从山头上一列列开过"。[16]

凌晨 3 时 53 分,"西弗吉尼亚号"的首轮齐射落地。枪炮官打开送话器喊道:"首轮达阵"。赫伯特·V. 威利上校用望远镜观察目标,看见目标在第二轮齐射落地时爆炸开来。[17] 他不知道的是,这个目标正是西村的旗舰"山城号",这艘日军战列舰很快遭到了至少 12 艘美军巡洋舰和战列舰的集中射击。"丹佛号"的战报写道:"几乎从 3 时 50 分开始射击时起,敌舰在我舰瞭望哨眼里便成了一团团爆炸的火球。"[18]

"山城号"坚定地向这场风暴迎面而去。在随后的 7 分钟里,整个盟军舰队所有的舰炮都向这一艘舰集中射击。水柱在它左右近旁垂直升起。厚重的装甲甲板遭到了雨点般穿甲弹的洗礼。伤员被送到军官餐厅里，安放在桌子上，然而一枚直接命中的炮弹炸毁了这个舱室，杀死了里面的所有人，包括医护人员。即便在内部通信全部中断，炮塔炮手和舰桥失去联系之后，他们仍然在用主炮和副炮喷射弹雨，在美军驱逐舰和右翼巡洋舰周围掀起水柱。[19] 由于没有火控雷达，"山城号"的射击精度远逊于对手，但还是有几发炮弹落在盟军巡洋舰近旁，令他们心惊肉跳。一轮齐射落在澳大利亚巡洋舰"什罗普郡号"远处，第二轮近了一些，第三轮就从头上飞过，在远侧溅起巨大水花。"凤凰城号"和奥尔登多夫的旗舰"路易斯维尔号"周围也炸开了水柱。于是将军命令巡洋舰纵队加速进行机动规避。

在"山城号"后方1/4英里处的"最上号"上，一名舰员回忆道，炮弹来袭时的尖啸声"可怕而令人恐惧，它们从左边飞到右边"。当第一轮齐射跨射此舰时，"黑暗中突然出现一堵高大的白色水墙"。[20]6英寸和8英寸的炮弹落在舰体上方，击毁了一座炮塔，并让海水淹没了轮机舱。舰长下令右转以让侧舷对敌。"最上号"向着海峡前方炮口闪光的大致位置射出了4枚鱼雷。但这些鱼雷都被设为高速模式，因而降低了射程。

转弯时，"最上号"的主炮指向了3艘撤退中的美军驱逐舰，"达利号"、"哈金斯号"和"巴奇号"。于是它打出了一轮侧舷齐射。"达利号"舰长惊恐地看到红色曳光弹直奔他的军舰而来：齐射几乎就要打中目标了。"它绝对是冲我而来，感觉就像是站在棒球场中央等着用手套接住飞来的球一样，"这位舰长后来评论道，"万幸，这轮齐射从头上飞了过去，落在二三百码外。"[21]

诸神的黄昏：1944—1945，从莱特湾战役到日本投降

"山城号"的右舷又挨了 2 枚鱼雷，可能来自驱逐舰"纽康姆号"和"拜尼恩号"。这使得它的中雷总数达到 4 枚。军舰开始向左倾斜，航速锐减到 6 节。全舰燃起大火，宝塔形的桅楼如同一支火炬。但是仰仗上层建筑高处舰桥装甲的保护，西村和他的参谋们还活着。他告诉参谋长："向本队司令发报。我们继续向莱特前进，直至玉碎。"[22]

"最上号"的右转弯一直没有停下来，直到它转向南方，远离敌人的炮火而去。在舰桥上，军官们爆发了争论。有人想要继续向南沿海峡脱离，认输；其他人则决心死战到底。舰长最后被强硬派说服，下令让军舰返回战场。然而还没等他们开始转弯，"波特兰号"巡洋舰射出的两枚 8 英寸炮弹便直接命中"最上号"舰桥，终结了这场争论。由于无人操舵，无人下令，军舰一度原向航行。最后幸存的舰员爬上了舷梯，发现舰桥里已经满是尸体。这一突如其来的打击使得舰上的炮术长接管了全舰。"最上号"还在不断被炮弹击中，已经无法再战了。新舰长决定向南航行，以求保住军舰。

与"山城号"失去联系已久的"时雨号"也遭到了 6 英寸和 8 英寸炮弹的跨射。接连不断的近失弹令这艘轻型军舰剧烈摇晃起来；西野中佐说近处的爆炸甚至会把舰体抛出水面一米有余。"我遭到了可怕的炮击，"他说，"近失弹这么多，连罗盘都被震坏了。近失弹的冲击让军舰不停摇晃，无线电也坏了。"[23] 失去了无线电联络，西野无从知晓自己应该前进还是撤退。他转向东，希望来到"山城号"的灯光信号距离内，却完全找不到它和"最上号"的影子，甚至都不知道它们是否还浮在水面上。关于"最上号"，"时雨号"的军官们意见各不相同。有些人相信"时雨号"是南路舰队最后的幸存者。炮术长还问他们的使命是否就是"仅仅像狗一样死去"。凌晨 3 时 15 分，西野判定"山城号"和"最上号"可能已经完蛋了，因此"在没有收到任何命令的情况下，我决定向南撤退"。[24]

一艘美军驱逐舰"格兰特号"没能离开射击区，于是发现自己遭到了来自两个方向的猛烈射击。"山城号"从大约 3 英里外把炮弹砸在它周围。但是最严重的炮击来自友军，也就是右翼的巡洋舰纵队。"格兰特号"被命中了大约 20 枚炮弹，大部分可能来自巡洋舰"丹佛号"。舰上有 34 人战死，94 人负伤。右翼巡洋舰部队指挥官拉塞尔·S. 伯基将军打开无线电，警告说有一艘友军驱逐舰正瘫痪在水上，并遭到友军攻击。凌晨 4 时 9 分，奥尔登多夫向全舰队发出警告："'格兰特号'中弹，瘫痪在水上。所有军舰都要格外小心。"[25]

美军舰队遵从指示，炮声停了下来，海峡顿时陷入了诡异的宁静。随着美军战列舰向北转向以躲避"最上号"的鱼雷，停火又延长了片刻。

尽管西村勇敢地要求继续向敌人冲锋，但是遭受重创、燃起大火的"山城号"还是在盟军停火后不久转向了南边。可能西村是想去和志摩会合，或许想要安全撤离：没人知道到底什么情况，他和舰桥上的其他军官都没能活下来告诉我们答案。不知什么原因，技术人员设法把"山城号"的航速恢复到 12 节，但这也不过是加大了舰体破口处的进水而已。凌晨 4 时 19 分，它开始向左翻覆，西村的参谋长下令弃舰。之后它便翻倒在了海面上，巨大的宝塔形建筑落在了水上。它舰尾向下，迅速下沉，卷走了几乎所有舰员，仅有少数人幸存。

　　　　　　　　　　　　诸神的黄昏：1944—1945，从莱特湾战役到日本投降

苏里高海峡夜战, 1944年10月25日

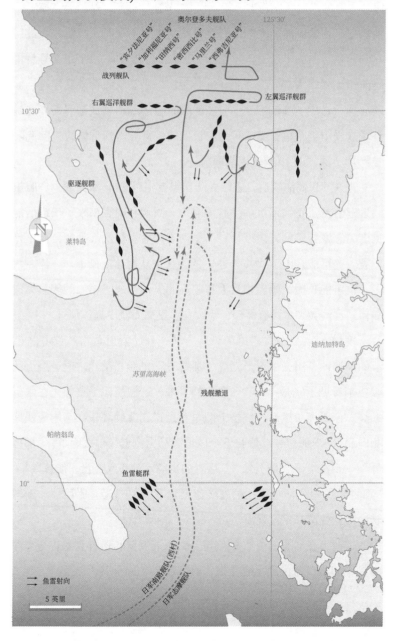

奥尔登多夫舰队

"宾夕法尼亚号"

"加利福尼亚号"

"田纳西号"

"密西西比号"

"马里兰号"

"西弗吉尼亚号"

战列舰队

右翼巡洋舰群

左翼巡洋舰群

125°30'

10°30'

驱逐舰群

N

莱特岛

苏里高海峡

残舰撤退

迪纳加特岛

帕纳翁岛

10°

鱼雷艇群

鱼雷射向

5 英里

日军南路舰队(西村)

日军志摩舰队

此时，在南面，能见度下降了。暴雨区扫过棉兰老海和海峡南段。志摩的小舰队在恶劣天气下以 25 节速度冲刺，结果差点撞上帕纳翁岛。当这座岛高大的山脊线突然从雾中出现时，舰队才在最后一刻紧急转向躲了过去。[26] 当志摩舰队紧急转弯时，PT-137 号鱼雷艇向驱逐舰"大潮号"发射了一枚鱼雷。鱼雷从目标舰底穿过，继续向前，击中了 3 000 码外吃水更深的巡洋舰"阿武隈号"。这是整场战役中美军鱼雷艇唯一命中目标的一雷。遭到重创的"阿武隈号"掉了队，以 10 节速度蹒跚前进。

进入苏里高海峡后，志摩舰队在黑夜中以 28 节航速北进，瞭望哨远远看见了正在下沉的"扶桑号"。浓烟和雨雾带来了糟糕的能见度，志摩舰队的人误以为自己见到了两艘燃烧的战列舰，而不是一艘。这可能是由于"扶桑号"的舰首被从舰体上撕下，还浮在水上，也可能是因为瞭望哨将大片起火的燃油当成了第二艘舰。无论如何，这些新来者没有停顿，继续在苏里高海峡中高速前进。

凌晨 4 时 22 分，志摩的纵队右转，开始发射鱼雷。鱼雷以 49 节的高速冲了出去。正当旗舰"那智号"的鱼雷射出之时，舰上的瞭望哨看见了"最上号"。在他们看来，这艘舰似乎是静止在水上燃烧，但距离接近后，舰桥上的军官意识到这艘舰正在与本舰快速相向而行。"那智号"舰长下令以最大马力倒退，但太晚了，"那智号"一头撞上了"最上号"。后者的操舵室被海水淹没，航速减半。"那智号"也受了重伤，最高航速只剩下了 19 节。"那智号"随即转向南，舰员开始检查损伤。

这时，在"那智号"的舰桥上，第五舰队鱼雷长森孝吉与志摩商量了起来。考虑到军舰受损，西村舰队几近全灭，以及海上越来

诸神的黄昏：1944—1945，从莱特湾战役到日本投降

越差的能见度，森提出再前进就是自杀。敌人已在前面为他们设下了陷阱。"将军，"他说，"前面敌人肯定正拿着大炮等着我们。"[27]志摩对此深表同意，他决定今晚就到此为止。他向丰田发电："本部队已结束进攻，正退出战场，以备再战。"[28]塞缪尔·埃利奥特·莫里森称志摩的决定是"整场战役中所有日军指挥官做出的最明智的举动"。[29]

凌晨5点，当东方露出鱼肚白时，两支日军舰队的残部正沿苏里高海峡蹒跚而行。奥尔登多夫将军把战列舰留在原位，亲率一队巡洋舰和驱逐舰（包括他的旗舰"路易斯维尔号"）南下追击并"扫荡敌残舰"。

由于担心不慎遭到鱼雷攻击，奥尔登多夫小心翼翼地保持着15节航速。此时的海上满是暴雨、雾气，还有燃烧的舰船和燃油升腾起的不散的浓烟，能见度仍然很差。海面上漂浮着泄漏出来的重油，到处都是漂浮着的残骸和尸体。他们在一片狼藉中看见数百名日本水兵，要么泡在水里，要么趴在残骸上。一如往常，几乎所有人都拒绝救援，甚至在美舰开来时要跳海自杀。追击舰队路过漂浮着的残骸，它们是四艘正在下沉的不同的日军舰只，但这些军舰已经"由于周围浓密的油烟和火焰而无法辨识"。[30]"扶桑号"的一部分还漂在水上，可能是舰首，路过的"路易斯维尔号"向这块残骸打了几轮齐射，将其击沉。

起先，受损的"那智号"、"最上号"和"时雨号"还能维持足够的速度让奥尔登多夫追不上。但是到了卡尼瀚岛附近，一群讨厌的PT鱼雷艇拖慢了它们的速度。仍然带着火而且几乎无法转向的"最上号"和这些小家伙打了起来。它的8英寸炮弹落在鱼雷艇周围，将它们赶走，甚至还直接命中 PT-194 号艇一弹，炸毁了艇上的三台发动机，炸死一名 40mm 炮手。奥尔登多夫的巡洋舰在清晨 5 时 29 分看见了远处的"最上号"，并在远距离上开火，命中大约 10 弹。"哥伦比亚号"舰长用望远镜观察目标，报告说它"完全烧起来了，比珍珠港时候的'亚利桑那号'烧得还厉害"。[31] 志摩将军硬下心来决定继续前进，把"最上号"丢在后面以吸引追兵。"那智号"、"时雨号"和第二游击部队的其余各舰则溜走了，绕过帕纳翁岛转弯逃离。

然而令人难以置信的是，即便身陷绝境，"最上号"还是不肯认命。舰上勇猛的工程人员居然让它恢复了 12 节航速，它也逃进了棉兰老海。

留在苏里高海峡中的最后一艘日舰是遭到重创的驱逐舰"朝云号"，它先前被科沃德的鱼雷炸掉了舰首。它瘫在水面上，前甲板已经沉入水下。舰上仅剩的一座能用的炮塔还在勇敢地向涌过来想要用鱼雷击沉它的鱼雷艇还击。早晨 7 点之前，舰长便已下令弃舰，舰员正在爬上救生艇，这时追杀而来的美舰进入了射程。7 时 4 分，"朝云号"遭到了炮击，起先是一艘驱逐舰，几分钟后便是一大群巡洋舰和驱逐舰：总共有 10 艘美舰参加了对这艘垂死驱逐舰的最后行刑。它的水线被炸开，火焰从每一处舱口冒了出来。"朝云号"翻倒下来，舰首朝下沉入海里。舰桥上还有人向丰田和栗田二位将军发出了诀别电："我舰遭袭沉没。"[32] 有人说它唯一可用的炮塔即便在军舰沉没时还在开火。"拜尼恩号"的枪炮官詹姆斯·L. 霍洛威三世看到了这个勇敢小斗士的落幕场景："当我们接近到大约 2 000 码时，这艘日军驱逐舰已经沉到了波浪起伏的灰色海面之下，舰首朝下，我们从它近旁驶过时，它的螺旋桨还在缓慢地转动。"[33]

逃脱的日军各舰还将遭到美军舰载机的追杀，那艘有九条命的"最上号"最终也在当天傍晚没能扛过空袭的打击。西村南路舰队中唯一幸存的"时雨号"将在10月27日抵达文莱。美军的空中追杀和清剿作战还会再持续一天，最终把志摩一路追进了马尼拉湾。11月5日，他的旗舰"那智号"就在此地被空袭击沉。

但奥尔登多夫的这部分战斗结束了。10月24日早晨7时25分，他收到了第一封命令他北上的急电，这样的急电随后还有多次。位于莱特湾以北的第7舰队护航航母，遭到了不知从什么地方冒出来的强大日军水面舰队的攻击。

圣贝纳迪诺海峡是一条狭窄而危险的航道，栗田的中路舰队不得不排成单纵队队形穿过这里。由于担心再像在巴拉望水道时那样遭到灾难性的潜艇攻击，这支长达13英里的纵队不得不冒死以20节的速度匆匆开过。这里的水流速度高达8节，搁浅的危险很大。但是这天晚上天气晴朗，能见度良好——而且正如哈尔西的夜间侦察机早先注意到的那样，海峡中的浮标和灯塔都已点亮。午夜过后半小时，舰队完好无损地驶入了菲律宾海。他们比预定的时间落后了6个小时，而且对西村的命运仍一无所知。

栗田和他的军官们简直不敢相信自己的好运气，他们一直觉得自己会被雷达、夜间侦察机和海峡沿岸的菲律宾瞭望员一路追踪，结果却什么都没有发生。也没有敌人潜艇来打扰他们。他们预计自己会遭遇封锁海峡出口的美军战列舰队的密集炮火——正是这样的T字横头伏击刚刚在南方300英里外痛揍了西村。作战参谋大谷藤之助后来说，如此将会令中路舰队"步履维艰"，如此前景也令"大和号"舰桥上的人们对此"严重关切"。[34] 但是现在，他们安全穿越了海峡，没有任何人挡在他们面前。

在两个小时里，栗田舰队一路向东奔向开阔海面。原来的单路纵队转换成夜间搜索阵形，六路纵队如耙犁一般覆盖了宽近 20 英里的洋面。日本人并不知道哈尔西去哪儿了，他们仅仅是根据前一天下午美军舰载机飞走的方向猜测在哪里可以找到他。凌晨 3 点，"大和号"用灯光信号发出指令：航向转为东南，开往莱特湾。在接下来的三小时里，舰队向南一路冲刺，把萨马岛的群山远远留在自己的右手边。[35]

5 时 30 分，"大和号"收到了志摩将军的报告，"山城号"和"扶桑号"完了，"最上号"起火，所有幸存日军部队正在撤离苏里高海峡。这个坏消息并不太出人意料，却确凿无疑地告诉他们，期待中的钳形攻击泡汤了。即便中路舰队成功前进到莱特湾，它也只能孤军奋战。早晨 6 时 14 分，美丽的热带日出送来了新的一天。此时东北风轻拂，海面平静，但是灰色的散碎积云悬在空中，阴沉的暴雨从低空扫过海面。

此时挡在栗田和他目标海域之间的是美第 7 舰队各护航航母战斗群。这支舰队拥有 16 艘小型航母和 22 艘为其护航的驱逐舰和驱护舰。它们被统一编为第 77.4 特混大队，由托马斯·L. 斯普拉格少将指挥。这支大队又进一步分为三支特混编队，"塔菲 1"、"塔菲 2"和"塔菲 3"。其中最北方的编队，"塔菲 3"，由绰号"拐子"的克利夫顿·A.F. 斯普拉格少将率领。

两位斯普拉格并非亲属。这对海军学院的同学（都是 1917 届）

　　　　　　　　　　　　诸神的黄昏：1944—1945，从莱特湾战役到日本投降

有着相同的少见姓氏，又一同在第 7 舰队的同一支小分队里当少将，这真是个罕见的巧合。

护航航母，"CVE"，是一种小型的辅助舰艇，有时也被戏称为"吉普航母"或者"婴儿平顶"。和埃塞克斯级舰队航母相比，它们的长度只有其一半，吨位只有三分之一。它们长 500 英尺，排水量约 1 万吨，只能搭载 25 ～ 30 架飞机。从海军的观点来看，它们最大的好处是能够快速而且廉价地建造下水。它们能够执行的任务有限：为商船队和运输队提供空中掩护，支援两栖登陆，以及运送补充飞机越过太平洋。它们太慢：大部分舰只的航速不超过 18 节，无法伴随第 38 特混舰队那些大型战斗航母。人们认为这种舰过于脆弱，无法承受航空兵和潜艇的集中攻击，因为它们钢板太薄，极易被炸弹或鱼雷击穿。舰员们戏称"CVE"三个字母指代的是"易燃、易受攻击、可牺牲"（combustible, vulnerable, and expendable），这三条还真的一点都没错。

最初的护航航母就是直接在货船或者油轮的船体上放一块飞行甲板而已，但后来的就是亨利·凯泽在他的华盛顿州温哥华船厂专门建造的了。凯泽建造的各舰（总共 104 艘护航航母中的 55 艘）被蔑称为"凯泽的棺材"。第 77.4 特混大队的 16 艘护航航母中，13 艘都是凯泽造的。

到目前为止，对"塔菲"各编队而言，莱特岛作战波澜不兴。各舰在萨马岛和莱特岛外的阵位已经待了近一个星期。航空大队一直不停地在运输船队上空巡逻，在菲律宾中部进行空中侦察，并攻击海滩上的地面目标。但舰员们却根本见不到敌机。周围有一些潜艇威胁，但没有日本军舰的影子。驱逐舰忠实地执行着护航的任务，在舰队周围猎杀来袭的潜艇，救援被击落的飞行员。"塔菲"编队完全没有打算参加在南边、东边，可能还有北边爆发的海战。因此，这天早上7点前不久，当栗田那些巨型战列舰和巡洋舰宝塔式的桅楼从西北方海平线上探出头来时，他们大惊失色。

敌舰来袭的第一个迹象出现在半个小时前，当时"塔菲3"编队的反潜巡逻机刚刚从飞行甲板上弹射起飞。这时一个短距离低功率无线电频道中传来了日本人的声音。不过大家都认为最近的敌舰还在超过150英里之外，这个电波可能来自附近的菲律宾岛屿。还有一条无法确证的SG雷达回波似乎显示有些东西正从北边过来，但是这些回波信号还不像是一支舰队。它可能是哈尔西舰队的一部分，甚至只是一团云。早晨6时46分，"塔菲3"的瞭望哨看见西北方海平线上远远地出现了一些高炮烟团。这就很奇怪了，"拐子"斯普拉格正准备要他的巡逻机飞行员前去侦察，一名飞行员就在无线电里喊道："敌水面舰队……距你们特混大队西北20英里，以20节航速接近。"

由于觉得这可能是"某些毛躁的年轻飞行员"把第3舰队的一部分舰艇错当成了敌人，斯普拉格将军火了。他抬高了嗓门吼道："空情室，让他去复核他的消息。"

一分钟后，答复来了。"确认是敌舰队，"飞行员说道，"军舰都有宝塔式桅楼。"[36]

斯普拉格和他的军官们难以置信地扫视着西北方海平线。越来越多的高炮烟团让天空一片斑驳。日舰桅顶的暗影出现在了海平线上。最近的敌人已经到了17英里之外，正在快速冲过来。

在近旁"塔菲2"编队护航队中的驱逐舰"弗兰克斯号"上，

　　　　　　　　　　诸神的黄昏：1944—1945，从莱特湾战役到日本投降

早餐被令人汗毛倒竖的紧急集合令打断。"我们奔向战位,"水兵小迈克尔·巴克回忆道,"我跑到舰桥向外看,见到海平线上冒出来一些像是牙签的东西,就在海平线上——那是许多许多敌舰。"[37]

虽然情势骤变令人手足无措,但斯普拉格还是迅速做出了反应。他用无线电播发了敌情报告,并呼叫邻近"塔菲"编队的空中支援。他命令他的航母转向东迎风航行,加到最大速度。飞行甲板上的所有飞机立即起飞,即便没有挂装反舰弹药也要飞。驱逐舰被要求在撤退的护航航母后方做之字形航行,用烟囱施放烟幕,越多越好,还用上了通常只用于飞机的化学造雾剂。

日本人几乎和美国人一样大吃一惊。他们的瞭望哨只比"塔菲3"编队中的同行早几分钟发现对方,发现距离都是地球曲率所允许的极限。即便是在美军施放烟幕之前,能见度也不是十分理想。天空中阴云密布,海上有雾。那些陌生舰船的船体都还藏在东南方海平面以下,起初并不太像是航空母舰。"大和号"舰桥上甚至有些人说那肯定是日本船。他们遇到的是小泽将军的北路舰队吗?很快,第二支护航航母战斗群"塔菲2"的桅杆从南方大海边缘探了出来。随着距离的接近,瞭望哨看见有飞机在起飞,护航航母方方正正的轮廓也露出了海平线。它们是航母,而且不是小泽的。但那是何种航母?日本人并不知道美国海军在太平洋上部署了一大批小型辅助航母。"大和号"舰桥上的军官们认定自己一定是撞上了第38特混舰队的某一部分。

无论如何,胜利似乎已经在握。"这真是奇迹,"栗田的参谋长小柳富次说,"想想一支水面舰队竟能抓住一支敌人航母部队!天赐良机,不可放过。"[38]他们的首要目标是赶在美军放飞飞机攻击追击者之前打击并摧毁其飞行甲板。这一战场态势需要他们展开全力追击——可能的话还要机动到上风区，这样敌人逃跑时便无法再收放飞机。栗田下令"全军追击"，意即每一艘日舰都要开出最大速度追击敌人，而无须顾虑舰队巡航队形。早晨6时59分，他下令："准备水面战。"[39] 根据日本人的习惯和传统，其他各舰都要等旗舰打响第一炮。于是"大和号"的6英寸副炮率先"发言"，它的两座18英寸前主炮塔紧随其后开了火。

交战距离遥远，"大和号"巨大主炮长长的炮管伸向前方，抬高到23°仰角。在六大团烟火的推动下，六枚穿甲弹冲出炮口，奔向远方的目标。每一枚炮弹都重达3 200磅。飞行25秒之后，也就是距离撞击还有一半时间时，炮弹到达海面以上2万英尺高处的弹道顶点。之后它们开始以每秒约1 500英尺的终极速度向下俯冲——比炮口初速慢了许多，但仍然远远快于声速。因此从美国人的角度来看，弹群来袭时并没有尖啸声。直到"白平原号"航母右舷外突然炸开六根白色水柱时，他们才知道自己要挨打了。这些水柱每一根都有20层楼高，它们不会轰然落下，而是向下风区慢慢消散成一团水雾，直到炮弹落海半分钟后，六团怪兽般巨大的水汽仍然飘浮在巨弹落水处。

"塔菲3"编队中没有一艘舰装有5英寸以上口径的武器，因此在这个距离上美军无法反击：他们只能逃命。但他们也跑不了太快，即便把所有锅炉都烧到顶也不行。战斗群中有些护航航母只能开到17节。斯普拉格后来承认："我想我们撑不过15分钟。"[40]

首轮齐射后不到一分钟，"大和号"的第二轮齐射便接踵而至，对"白平原号"形成了近距离跨射。巨大的水墙一度吞没了这艘"婴儿平顶"。它继续前进，看似完好无损，但"大和号"近失弹那毁灭性的冲击波还是重重震伤了这艘轻型军舰。它的铆钉被震松，焊缝被扯开，电力中断，舰内灯光熄灭，无线电收发机都坏了，雷达屏幕也灭了，舰桥上有一张桌子震断了一条腿，倒了下来。

当溅落的海水暴雨般落在"白平原号"的飞行甲板上时，"大和号"的第三轮齐射又到了。用舰长丹尼斯·J. 沙利文的话说，这次六枚炮弹落点"近得用显微镜才能分出来"。他还说："军舰被剧烈地摇晃和扭曲，有些地方的人都被震倒在地，许多零备件也从平时存放的水平架子上落到甲板上。"[41] 一枚炮弹钻进水中，在舰体下方龙骨左边爆炸。根据战后报告，"军舰被扭曲和抬起，第 101 和 146 号肋骨左右两侧出现挤压和撕裂伤痕"。[42] 爆炸的冲击波撕裂了水线下的舰体钢板，炸断了舵杆，致使甲板和舱壁扭曲，燃油和航空汽油在全舰各处渗漏出来。在飞行甲板上，一架正准备起飞的野猫式战斗机被震得跳了起来，越过轮挡向前滑去，螺旋桨在前面一架飞机的机翼上狠狠咬了一口。舰上四台锅炉中的两台蒸汽压力突然下降。如果这枚炮弹在水下的炸点再后移几英尺，它就可能会使海水淹没军舰的轮机舱，让"白平原号"瘫在海面上，任由快速接近的敌人处置。

"大和号"打出的一式穿甲弹正是专门设计要在敌舰近处入水冲到目标下方爆炸的。这一枚炮弹正是达到了其设计目的，入水后保持直线弹道，0.4 秒后爆炸。虽然它没有直接撞击敌舰，但它的爆炸波却可以冲击炸点上方舰体的薄弱部位。从这个角度看，一式弹的效果类似于水雷或者美军使用的磁性引信鱼雷，它们的设计都是要让战斗部在敌舰正下方爆炸。罗伯特·伦德格伦在他关于萨马岛海战的精心之作《全世界都想知道》（2014年）中提出，"大和号"的第三轮齐射应当被视为命中"白平原号"。[43] 若这一观点能得到公认，"大和号"就会拿下舰炮射击命中最远距离的世界纪录——34 587码，接近20英里。

"甘比尔湾号"的舰载机中队长爱德华·J. 赫克斯塔布尔正和手下飞行员一起在军官餐厅吃早饭，这时大喇叭里传来紧急集合的厉声警报。他立刻冲向飞行甲板，也没注意周围发生了什么事。他的座机，一架TBM"复仇者"，此时还没有装上炸弹或者鱼雷，但航空副舰长看起来急着要他无论如何都先起飞。跳进座舱时，赫克斯塔布尔很疑惑，不知自己为什么要驾驶这架无武装的飞机起飞。突然，"我左耳旁传来一声像是步枪射击的声音。我看过去，看到一轮重炮齐射溅落在'白平原号'旁。直到这时我才知道敌人已经这么近了。我要挂上弹射器！"。[44]

赫克斯塔布尔跟在其他几架"复仇者"后面弹射爬升，他们钻进了1 200英尺高处一片灰色的云层里。斯普拉格将军在无线电里发出了指令："立即进攻。"此时，空中的能见度很低，赫克斯塔布尔只能隔着低垂的云雾努力辨认敌人舰队。他看见4艘日本巡洋舰正接近"塔菲3"的左后方，于是决定发动扫射，希望能拖慢其追击。他沿着日舰的航行轴线低空飞行，轮流从每艘舰上空飞过。高炮炮弹的爆炸震动着他的飞机，但他的手指始终压住扳机，将.50口径的曳光弹猛射向敌舰甲板。之后他压坡度转弯，再次低空通场，这一回他打开了格鲁曼飞机狭长的炸弹舱门。他的弹舱里没有鱼雷，但日本人也能看见他打开了舱门，或许模拟一次鱼雷攻击能唬住日本人，让他们做规避机动，好为正在逃命的本方航母争取时间。[45]

诸神的黄昏：1944—1945，从莱特湾战役到日本投降

其他几十名飞行员也是这么想的。来自多个中队的飞机在日本舰队上空盘旋，从云层中冲出来对栗田舰队进行扫射、轰炸和鱼雷攻击，或者是用没有武器的"假通场"来假装进行扫射、轰炸和鱼雷攻击。从"圣洛号""方肖湾号""基昆湾号"航母上起飞的防空和反潜巡逻机在战斗初期进行了有效的攻击，命中了日军战列舰"金刚号"，重巡洋舰"羽黑号"、"鸟海号"和"筑摩号"的上部，还有一些近失弹也击伤了敌舰。防空火力很猛，许多美军飞机被高炮击伤，但被击落的飞机却没几架。一名日本舰长抱怨说他的炮手们就算是"弹幕盲射"也不会比这差到哪里去。[46] 7时27分，重巡洋舰"铃谷号"遭到了一群TBM的同时轰炸：一枚炸弹落在左后方近旁，冲击波炸弯了左侧外部螺旋桨轴，令其无法使用。"铃谷号"的最高航速降低到20节，它掉了队，放弃了追击。

少数几架飞机在清晨的行动中早早落回"塔菲3"的航母，当时这些航母正迎着东风航行。但是早晨7时15分，斯普拉格转向南以寻求路过暴雨区的掩护。这就使得"塔菲3"各舰的飞行甲板无法再起降飞机了。南方的"塔菲1"和"塔菲2"编队的友军航母承担了一部分飞机的起降补给，空中还有些飞机飞往附近莱特岛上的塔克洛班机场加油装弹。越来越多的美军飞机聚集在日本舰队周围，它们常常没有合适的武器，但还是想尽办法逼迫敌人转向远离正在逃生的航空母舰。

多雨的天气进一步恶化了能见度。阳光有时会穿过云层照在战场上，但更多的时候，低垂的云层、暴雨，以及在"吉普航母"后方之字形航行的驱逐舰烟囱里施放的大量黑烟和暗黄色化学烟雾都会遮蔽远方的海平线。大海阴沉，泛着铁灰色，轻浪起伏，带着白色的浪尖。日军瞭望哨总是高估敌舰的尺寸,把驱逐舰误当成巡洋舰,把护航航母当成埃塞克斯级航母。这是一场致命的猫鼠游戏,猎物在烟幕和雨雾之间时隐时现。射击窗口稍纵即逝,日军炮手很难看见他们的弹着点,因此也无法为后续的齐射进行矫正。

在航母后方拉烟的美军驱逐舰遭到了日军战列舰和巡洋舰的猛烈射击。染了颜色的水柱把周围打成了一片五颜六色的万花筒:黄色、红色、蓝色、粉色和绿色。一名水兵叫道:"他们用彩色的炮弹打我们!"[47]在半英里宽度上施放烟幕的驱逐舰"约翰斯顿号"发现自己落在了危险的后卫位置上。它比其他任何美舰都更接近敌人,因此受到了敌人炮手的特别关注。它多次被14英寸和8英寸火炮的齐射跨射。"红色、绿色、紫色和黄色,若是在其他场合可能会很美丽,""约翰斯顿号"枪炮官鲍勃·哈根说,"但此刻我才不喜欢这些彩色图案。"[48]当右侧一支日军巡洋舰编队追击到1.8万码外时,"约翰斯顿号"的5英寸主炮开始还击。

早晨7时16分,斯普拉格命令驱逐舰和驱护舰掉头向敌人发动鱼雷攻击,以求打断他们的追击。"约翰斯顿号"舰长欧内斯特·E.埃文斯中校还没接到命令时就已经在准备这样的攻击了。"准备鱼雷攻击,"他下令,"左满舵。"于是,这艘2 700吨的弗莱彻级驱逐舰转过身来,单枪匹马向追杀而来的战列舰和巡洋舰发动了正面冲锋。

埃文斯在俄克拉何马州的波尼市出生和长大,具有3/4美国原住民血统。他的母亲是纯血统的切罗基族人,父亲则有一半的克里克族血统。他先是在1926年18岁时作为列兵加入美国海军,次年又获命赴海军学院学习深造,1931年毕业。他14年海军军官生涯的大部分时间都是在驱逐舰上度过的。埃文斯不是那种一开始就准备向海军高层爬的军官，他被认为是稳妥而可靠的执行者。和"塔菲3"编队的所有其他人一样，这一天刚开始的时候他根本没想到自己会在大炮射程内和具有压倒性优势的敌人舰队进行一场生死搏杀。但是他就站在这里，"约翰斯顿号"也是。"我现在能看见他，"哈根回忆道，"个子不高，胸肌厚实，他站在舰桥上，双手叉在腰后，用他浑厚的声音发出一连串命令。"[49]

这艘小小的双烟囱舰剧烈倾斜着向敌人急转，随即如同猎犬一般扑了上去。它开出了最高速度，超过 30 节。随着彩色的水柱在它近旁升起，埃文斯下令调整航向以"追逐弹着点"——就是要朝每一次弹群入水的位置开，以规避敌方炮手的校准。5 英寸火炮也进行了还击，打出超过 200 枚炮弹，随着距离接近，炮弹开始不断命中。7 时 20 分，当"约翰斯顿号"距离领头的日军巡洋舰"熊野号" 9 000 码时，它齐射出了 10 枚鱼雷。这些鱼雷发射角彼此相差 1°，都被设为低速模式以增加射程。它们呈扇形展开，向敌人扑去，全都"猛烈、笔直，而且运作正常"。随后埃文斯下令向右急转，军舰随即向左大角度倾斜，躲进自己施放的烟幕掩护之中。由于烟幕的阻挡，舰员们无法看到战果；很久以后，舰上的幸存者们才知道他们射出的一枚鱼雷正面击中了"熊野号"，在舰首炸开了一个大口子，迫使它退出队列。"熊野号"不得不蹒跚北撤，舔舐伤口，退出了这场战斗。

在接下来的几分钟里，"约翰斯顿号"向东退却，安全躲进了自己施放的烟幕中。然而 7 时 25 分，它短暂地从烟幕中现出了身影，"大和号"的炮手们立即用这艘超级战列舰的主炮和副炮打出了齐射。此时的射程是 20 313 码，比早先那次"近得用显微镜才能分出来"的"白平原号"近失弹发射时近得多。这一回，"大和号"的炮手们没有射失了：3 枚 18 英寸炮弹命中了"约翰斯顿号"主甲板中部左侧。"就像一只小狗被大卡车碾过一样。"鲍勃·哈根回忆道。*巨大的爆炸把这艘小小的军舰推得向右直晃，炮弹穿入了下甲板，摧毁了左侧轮机舱。锅炉舱里的一台锅炉炸裂，舱室里顿时充满了滚烫的蒸汽，有几个人甚至被活活烫死。

　　几秒钟后，"大和号" 6 英寸副炮的一轮齐射命中了"约翰斯顿号"的前部烟囱和舰桥左侧，舰桥里的高级军官们都被抛了起来，撞到舱壁上。哈根的头盔、通话器和望远镜都被从头上和脖子上甩了下来。他坐的小凳子被震碎了，让他摔在了甲板上，伤了膝盖。不过这位枪炮官还算是幸运的：两名站得比较近的人被当场炸死，另两人被弹片打死。埃文斯中校摔倒在哈根旁边几英尺的甲板上，光着上身——他的卡其色衬衫被爆炸的冲击波从身上扯掉了。舰长的头发被烧焦，脸被熏黑，流着血，左手被炸掉了两根手指。他带着伤站了起来，像没事人一样继续下达命令。他自己用一块手帕包扎住被炸断的手指根部。医生来时，埃文斯拒绝了救助，他说："现在别打扰我。"[50]

　　打到这个时候，"约翰斯顿号"和"塔菲 3"其余各舰已身处

---

*　哈根认为他的军舰是被"金刚级"战列舰 14 英寸炮的齐射击中的。大部分著作都支持这一观点，将这一组命中算给了"金刚号"。但是罗伯特·伦德格伦根据自己对日军战报的分析，以及"大和号"日志中关于其在 7 时 25 分给予一艘巡洋舰致命一击的记录，令人信服地提出，是"大和号"打出了这一轮齐射。（Lundgren, *The World Wonder'd*, pp. 69–74.）1944 年时，美军尚不知道"大和号"装有 18 英寸炮，甚至都不知道有这种武器存在。如果哈根知道，他或许会觉得碾过这只小狗的不是大卡车，而是火车。——作者注

险境。恰在此时，一片暴雨云及时从东边飘来，很快便将军舰笼罩起来。"拐子"斯普拉格将军直接冲了进去，于是在从左后方快速接近的一队日军巡洋舰眼中，他的6艘"婴儿平顶"便仿佛消失了一般。这令处在敌人惊人准确的舰炮火力下的美军获得了难得的喘息之机。暴雨区中的能见度降到了几百英尺，但日军仍在继续开火，美军水兵们依然能看到熟悉的、弹着点密集的彩色水柱在自己队形中间炸开。"约翰斯顿号"也在向看不见的敌人还击，他们依靠的仅仅是经过改进的火控雷达——虽然炮手们无法目视确认是否击中目标，但确实有几艘日军巡洋舰在这时被5英寸炮弹击中。

斯普拉格并不觉得自己的胜算有多大。暴雨很快就会飘走，把他的军舰再度暴露出来。敌人巡洋舰和驱逐舰的最高速度稳超25节，而他的护航航母只能达到17节。在敌人看不见自己的时间里，斯普拉格把航向转向了西南方。他希望把追击者引向南方，带到莱特湾里奥尔登多夫舰队的那些巨炮面前。他还分析，如果能引诱敌人舰队远离圣贝纳迪诺海峡，那么敌人就将难以逃脱盟军其他海空力量的反击。至于"塔菲3"编队自己，"这场战斗看起来只可能有一种结局——完全毁灭"。[51]

哈尔西65艘舰组成的大舰队一整晚都在向北冲刺，想要在拂晓时伏击小泽。战术指令被发给米彻尔，他令三支航母大队的航向和航速保持些许差异，这样他们就能在晨光初露时抵达最佳起飞位置。所有航母都接到命令，要给它们的攻击机群装好弹加满油，在甲板上排列好，届时无论能不能找到敌人的准确位置，它们都将紧随第一批防空巡逻的F6F战斗机之后起飞。第34特混舰队被集合起来，由"清朝人"李指挥，在三支航母大队前方约10英里处占据前卫阵位。当东方露出第一道微光时，飞机开始从甲板上呼啸而起，升上天空。得到大力增援的搜索机队离开舰队，向从北到东各个方向飞去。由俯冲轰炸机、鱼雷轰炸机和护航"地狱猫"组成的攻击机群奉命在美军舰队以北约50英里处盘旋，等待找到敌人的确切位置。

在南方300英里外的"瓦萨奇号"上，金凯德将军和他的军官们正在庆祝奥尔登多夫在苏里高海峡中的完胜，并讨论着怎样勇猛地追歼退却的日军南路舰队残部。一名作战参谋提醒金凯德，他们还一直没有收到关于哈尔西是否留下重型舰艇守卫圣贝纳迪诺海峡的明确消息。还是谨慎些，去求证一下比较好。于是凌晨4时12分，金凯德直接询问哈尔西："询问。第34特混舰队是否在守卫圣贝纳迪诺海峡？"[52]

由于这一整个区域交战的规模极大，美国海军的无线电通信网正经历着严峻的考验。金凯德的电报直到6时48分才送到"新泽西号"上，距离发出已经超过了两个半小时。这令哈尔西困惑不已，他称这是他"第一次意识到金凯德收到并误解了我前一天发给我的舰队的预备电文"。[53] 他给出了否定的答复，表示第34特混舰队正和第3舰队的航母一起远在恩加诺角猎杀日本航母舰队。

侦察机没过多久就找到了小泽舰队。"埃塞克斯号"战斗空中巡逻队中的一个战斗机小队被临时派往东北方执行侦察任务，就在哈尔西接到金凯德电报后几分钟，这支小队找到了敌人的航空母舰。此时它们正位于第38特混舰队15°方位，距离130英里。小泽正向北航行，显然是在逃跑。但这次和4个月前"马里亚纳猎火鸡"时不同了：现在美军手中全是大牌。距离完全掌握在美军手中，能见度良好，清风从美舰右前方45°吹来，这意味着他们能够一边收放飞机，一边缩短和敌人的距离。第一批攻击机已经升空，正在美军舰队北方盘旋，它们只要飞一小段距离就能到达目标。[54]

日军仅仅起飞了少得可怜的一小群战斗机保护舰队，迎战一批批飞来的敌机，它们很快被屠戮殆尽。在这天的其余时间里，天空中再也没有出现过小泽的战斗机。美军攻击机群可以安全待在日军高炮够不着的高处，像秃鹰一样在敌人舰队上空盘旋，有条不紊。指定的攻击协调人留在高空，组织和指挥进攻，并确保他们不会一窝蜂涌向最大的那艘敌舰。在这一整天的战斗中，美军航母总共向小泽的舰队放出了527架次飞机。

埃德温·约翰·威尔上尉是"富兰克林号"航母上的一名寇蒂斯SB2C轰炸机飞行员。他在1.4万英尺高度压下机头，向轻型航母"瑞凤号"发起了俯冲。他穿过"令人难以置信的"高射炮火，紧紧握住操纵杆，把日舰飞行甲板上的红丸标志保持在轰炸瞄准具中央。高度表的指针飞速旋转着，他在比标准投弹高度略低一些的目标上空600英尺处投下了炸弹。当他拉起俯冲时，他的后座机枪手在机内通话器中大叫着确认本机直接命中。此时，寇蒂斯飞机已经降到了海面上空100英尺低空。威尔驾驶着他的飞机左右闪躲着周围爆炸的高炮炮弹，直接从一艘重型军舰的侧旁飞过，看到了"它宝塔式的桅楼和令人心惊胆战的各种火力"。[55]

小泽舰队喷吐着美军飞行员所见过的最密集的高射炮火。比尔·戴维斯是"列克星敦号"上一名"地狱猫"飞行员，他俯冲突破了一阵密集得让他看不到下方海面的高炮弹雨。"在1万英尺高的地方是 40mm 和 5 英寸炮弹爆炸的黑色烟团……第二轮致命的烟云则是 4 000 英尺高的地方 20mm 炮弹的爆炸。"[56] 戴维斯知道速度是自己的盟友，于是将节流阀一推到底。拉起俯冲时，他估计自己的速度超过了每小时 500 英里，比格鲁曼飞机的推荐最大速度快得多。他已经紧贴着海面，一艘日本重巡洋舰正拦在他的面前。它在飞机风挡里迅速变大，他已来不及转弯规避了。于是戴维斯拉起机头，向右狠压坡度急转，从上层建筑和前炮塔之间穿了过去。"我距离舰桥的窗户恐怕只有 3 英尺，都能看到指挥这艘舰的日本官兵，"他说，"有一位将军穿着白色制服，带着佩剑。其他官兵也都穿白色军服。我此刻时速有 530 英里，只是瞥见一眼，但这一幕我永远也忘不了。"[57]

哈尔西的第一轮攻击命中了"千岁号"、"千代田号"、"瑞凤号"和小泽的旗舰"瑞鹤号"，"瑞鹤号"是 1941 年袭击珍珠港的 6 艘航母中唯一幸存至今的，美军特别下定决心要把它送下海底。它在第一轮空袭中遭到重创，小泽不得不把自己的将旗转移到"大淀号"巡洋舰上。[58]"千岁号"遭到 3 枚鱼雷和多枚 1 000 磅炸弹重击，大火失去控制，瘫痪在水上，于上午 9 时 37 分沉没。[59]

哈尔西直到上午 8 时 22 分才获悉萨马岛外的情况，此时他收到了金凯德的第一次紧急求救："CTU77.4.3 指挥官［'拐子'斯普拉格］报告，敌战列舰和巡洋舰在其所部后方 15 英里处，正在向他开火。"[60]

哈尔西后来写道，这个消息"没有让自己警觉起来"，他觉得护航航母足以长时间压制敌人，让奥尔登多夫的重型战舰前来参战。[61]但此语毫无疑问有一股嘴硬的味道。情报官卡尔·索尔伯格记录说哈尔西脸色"苍白"，看起来"相当不耐烦"。[62]不论他觉得"塔

"公牛"冲刺! 恩加诺角海战, 1944年10月25日

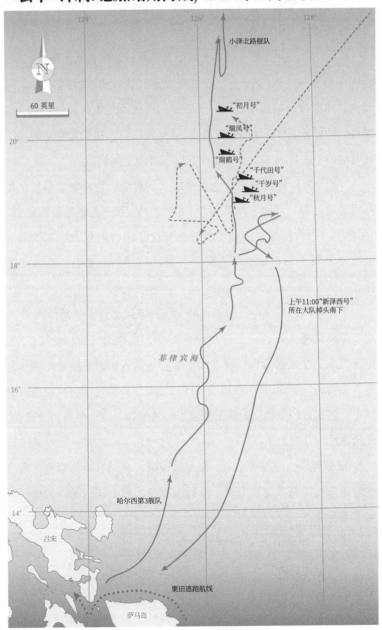

N

60 英里

小泽北路舰队

"初月号"

"瑞凤号"

"瑞鹤号"

"千代田号"
"千岁号"
"秋月号"

上午11:00"新泽西号"
所在大队掉头南下

菲律宾海

哈尔西第3舰队

栗田逃跑航线

吕宋

萨马岛

菲3"编队胜算几何,哈尔西都必定意识到栗田的突然出现对他早前的决定是否明智提出了质疑。这至少意味着他夸大了前一天他的飞机在锡布延海中的战绩。

8分钟后,金凯德的第二次催促又来了,这次直截了当:"莱特湾现在急需快速战列舰。"[63]哈尔西说他对这一要求感到"惊讶"。按他对作战命令的解读,保护金凯德的舰队不是他的任务,是金凯德自己的任务。然而他还是电告麦凯恩将军,"尽可能发动空袭"。[64]此时他的第1特混大队还在菲律宾以东海面上加油。

"拐子"斯普拉格此时也直接加入了对话,他向金凯德发出的几封急电,都将"第3舰队司令"(哈尔西)和"太平洋舰队司令"(尼米兹)列为抄送对象。[65]严格说来这是一种违规,哈尔西和尼米兹并不属于斯普拉格所在的指挥链。但是情况紧急,无人提出异议。

半个小时后的9点,金凯德的又一封电报送到了"新泽西号"。第7舰队的老大这次还是重复先前的话,只是语气更加激动:"我情况危殆。快速航母和空袭支援或能阻止敌人摧毁护航航母部队并进入莱特湾。"[66]但哈尔西相信自己已经竭尽所能。他再次给麦凯恩发电,这次是命令他以最快的速度去截击栗田。之后他告诉金凯德,麦凯恩已经在路上了。[67]

22分钟后,金凯德来电,报称敌舰队"显然在夜间穿越了圣贝纳迪诺海峡。请求立刻空袭。并请求重型战舰支援。我的老战列舰弹药不足"。[68]

最后一句话是个新因素,哈尔西说,"如此惊人,我很难接受"。他想知道金凯德为什么不早点告诉他。之后他看了时间戳,意识到自己接收金凯德电文的顺序错了。这最后一份电报是金凯德第三个发出，却是第六个被收到的。这还是几乎两个小时前的早晨7时25分发出的。在这两个小时里，"新泽西号"距离萨马岛外的战场又远了40英里。超负荷的无线电网络给两支舰队之间的通信带来了灾难。一名密码军官后来解释道，所有电报的发送都遵循以瓦胡岛为中心的"F广播时间表"*，并且不允许发送大量文字，以免"由于其相当缓慢的字词发送速度而给时间表带来恐怖的负担，因为舰队中的所有军舰都希望收到大部分电报或至少能够收到电报"。[69]许多发送方不愿受限于这一落后的无线电通信模式，转而发送普通电报并打上"高优先级"标签。这个习惯很快蔓延开来，于是不可避免地拖慢了真正紧急电报的传送速度。

哈尔西答复道："我正与敌航母部队交战。拥有5艘航母和4艘巡洋舰的38.1特混大队已得令立即前来支援你。"[70]他还附上了自己的经纬度，以表明催他返航是没有意义的。第3舰队正远在北方400英里以外，即便哈尔西想要救援第7舰队，他也太远了。

金凯德起初的几封电报是"透明"发送的——意即用明语，不加密。这就令它们几乎是坐等着敌人来截获，但也会使它们能够更快通过译码室送到接收人手中。尽管如此，这一次无线电的传送还是耽搁了，不过金凯德告诉一名战友，他用明语发报还有另一个原因——"让电文更具有刺激性，这显然做到了"。[71]

在"新泽西号"舰桥上至少一名下属的眼里，哈尔西那著名的

---

* F广播时间表（Fox Broadcast schedule），一种接收方无须反馈的无线电发送模式。——译者注

蛮干心态似乎变弱了。这位将军孤独地坐在皮革窗沿上,压抑而安静。旁人能听到他的自言自语:"到嘴的鸭子,我不想让它飞了。"[72]

整个太平洋,乃至美国本土所有的军队司令部都实时监听着金凯德和哈尔西的对话。金和尼米兹两位将军被其中的几封电报列为"抄送人"。即便没有,他们通常也能收到所有的电文,因为他们的通信处监听着整个无线电网络。低阶参谋们把每一次更新的经纬度位置都标注在桌面的海图上,好让将军们能直观地看到各支舰队的位置。因此,在珍珠港和华盛顿,哈尔西仅有的两名直接上级都在密切关注着事态的进展,并随时评价他的一举一动。两个人都很不满意。

先前和后来都是航母特混大队司令的"乔克"克拉克此时正在华盛顿宪法街的海军部里。走进金上将的办公室,他发现这位海军作战部长正在大发雷霆。金"像老虎一样"在地板上踱步,咒骂哈尔西把圣贝纳迪诺海峡丢下不管。"我这一辈子从来没见过他发那么大的脾气,"克拉克回忆道,"我见他发过很多次脾气,也见过他发大脾气,但这回却是能写进故事书里的。他走过来走过去,极尽恶语骂着哈尔西,连空气都凝固了。"[73]

同时,在夏威夷的太平洋舰队司令部里,尼米兹也在他的办公室里踱步。据他的参谋长助理伯纳德·奥斯汀说,这很稀奇,因为"尼米兹将军不是那种喜欢踱步的人。他会冷静地面对许多问题,对于头脑里正在据实应对的困难不动声色。但是这一次,他也走过来走过去。因此我意识到这意味着这位五星上将正处于最严重的忧虑之中"。[74]

尼米兹后来说,这段时间里他大多待在马卡拉帕山上居所后面

诸神的黄昏:1944—1945,从莱特湾战役到日本投降

的马蹄铁赛场*里。"我如坐针毡，却不能表现出来。于是我回到宿舍去拿马蹄铁，告诉我的幕僚，'如果有消息，就送到那里给我'。这场日本舰队彻底覆灭之战中的大部分电报，我都是在马蹄铁赛场里收到的。"[75]这毫无疑问是可信的，但根据几位尼米兹幕僚的说法，在哈尔西北上恩加诺角的关键的几个小时里，尼米兹都待在司令部里。他不停地按铃把奥斯汀叫到办公室，每次都问他有没有电报能够显示哈尔西是否留下重型战舰守卫圣贝纳迪诺海峡。奥斯汀梳理了所有电文，却没有找到这个问题的答案。他建议尼米兹将军干脆向哈尔西求证海峡是否有人防守。但尼米兹没有这么做，他说"他不想发出任何可能直接或间接影响战场负责人对其部队战术运用的电文"。[76]

这段时间里，尼米兹办公室的里里外外还有其他一些高级幕僚，包括福里斯特·谢尔曼和杜鲁门·赫丁。当金凯德报告说"塔菲3"编队遭到攻击时，他们再度提出了这个问题。尼米兹是否应该询问第34特混舰队的位置？

这是个敏感的问题。开战三年来，尼米兹从来没有通过索要信息或者催促舰队司令采取行动而插手过某一场战役。他常常很想去这么做，或者被幕僚们怂恿这么做——包括珊瑚海海战，中途岛海战，1942年下半年瓜岛周围的几次海战，最近一次是在当年6月的马里亚纳海战。但尼米兹每次都忍住没有干扰他的舰队司令，他选择相信他们的战术判断。

珍珠港方面没有收到哈尔西发给金凯德的关于战列舰已随同第3舰队北上的电报。因此这个问题被谢尔曼、赫丁和奥斯汀第三次提给总司令。何不干脆向哈尔西询问第34特混舰队的位置？最后尼米兹终于同意了。

这份简短的电文由谢尔曼或者奥斯汀编写——说法不一——经由尼米兹批准发出："第34特混舰队现在何处？"[77]金和金凯德也作为"告知"收件人一并发送。

这份电文嗖的一声通过气压输送管送到了太平洋舰队司令部地下室里的编码室，密码无线电通信史上最著名的乌龙事件便拉开了序幕。给外发电文加密时的标准做法是在正文的首尾添加几个无意义的词句。这些废话被称为"填凑部分"（padding），目的是迷惑敌人的密码破译人员。"填凑部分"和正文之间会插进两个无意义的字母，接收方的通信官要先把这些废话去掉再交给接收人。由于认为短电文更易于破解，因此人们也常重复正文中的一部分文字，仅仅是为了让电文更长些。于是，此番发出的电文便成了这样：

> 火鸡跃入水中 GG 发件人 CINCPAC［尼米兹］主送第3舰队司令［哈尔西］告知 COMINCH［金］第7舰队司令［金凯德］X 第三十四特混舰队现在何处重复现在何处 RR 全世界都想知道。[78]

在太平洋的另一边，"新泽西号"高大的无线电塔收到了电文的一笔一画。在下方的解码室里，一名电报打字员在一小截纸带上打出了解码后的电文。一般情况下通信人员会把正文抄下来，作为正式电文。但是当电报很急时，就像这次一样，他们也会直接把填凑部分撕下来，把解码后的纸带原样送到指挥室。通信官查尔斯·福克斯上尉看出来前一段填凑部分是废话，便撕掉了它，但最后几个字却让他犯了难。虽然它们与前文之间隔了两个看似无意义的字母，但谁也不敢保证这 "RR" 不会是某一段电文错乱的遗留。在情况难以判定或模棱两可时，若无法确定一段语词到底是填凑部分还是电报正文，那么标准的做法就是把它留在纸带上，交给接收人自己去判断。[79]

福克斯把解码纸带交给一名下级，后者把它放进文件盒，塞进气压输送管，它又一次嗖的一声被送到了三层甲板上的指挥室里。一名通信官把它从管道里取出来，看这是尼米兹发的，便直接交给了哈尔西，他扫了一眼，读出了一股挖苦的味道："第 34 特混舰队现在何处，重复，现在何处。全世界都想知道？"

哈尔西爆发了。好几个人都说他脸色涨成了紫红色，把帽子摔在甲板上，把电文揉成一团，扔在地下还踩了一脚。还有人说他眼中噙满了泪水，哀伤地抱怨着，快要哭出了声。"我震惊了，如同脸上挨了一记耳光。" 他后来写道。[80] 他咆哮道："切斯特怎么能给我发出这种浑蛋电报？"[81]

这位四星上将在第 3 舰队司令部众目睽睽之下崩溃的场面令"米克"卡尼警觉了起来，他迅速来到哈尔西面前："别这样！你在搞什么鬼东西？振作起来！"[82]

哈尔西冲出了舰桥，回到他的卧室里，卡尼也紧跟其后钻了进去。两人关了门，在里面单独交流了近一个小时。在这一段时间里，第 3 舰队仍在继续高速北上，向着小泽已遭重创的舰队开去，却离萨马岛外急如星火的战场越来越远。

据查尔斯·福克斯说，这份电报被反复解译了好几次，那句似是而非的"全世界都想知道"很快被纠正了。[83] 考虑到这句话的重要性，这个乌龙和纠正的结果要立刻让哈尔西知道。于是在他最初的震惊后不久，哈尔西就知道自己误解了电文的那最后一句——此时他不是还和卡尼待在舱内，就是刚刚回到指挥室。哈尔西和卡尼都没有告诉任何人他们那一个小时的促膝长谈谈了些什么，但是作为老海军，他们应当能够理解"现在何处，重复，现在何处"这句只是个编码习惯，并非想要在电报中表达什么强硬口气。哈尔西很熟悉尼米兹，知道这位太平洋舰队司令不会恶语伤人，这次当然也不会。"我被这封看起来很无礼的电文激怒了，"他后来如此告诉一位历史学家，"当怒气平息下来之后，我便开始思考，我意识到是哪里搞错了。我还意识到尼米兹将军不可能给我发这样一封电报。"[84] 因此可以想见，最初的误解没有持续太久。*

还有一点因常被忽视而值得重点说明。即便不考虑那条不恰当的填凑部分，无论这条电文如何平淡无奇，尼米兹的询问也会令哈尔西老脸丢尽，颜面扫地。这位太平洋舰队总司令此前从未在战役过程中插过手。即便把"第34特混舰队现在何处？"理解为一个简单的询问而不是一种催促，这也暗含着责备哈尔西没能清晰无误地上报自己动向的意味。如果尼米兹都没能理解哈尔西先前的电报，那么又怎么能指望金凯德做得到呢？实际上，尼米兹肯定是在责怪

---

* 在哈尔西的回忆录中，他声称自己"一连几个星期都不知道真相"。他指的可能是他直到12月下旬尼米兹访问舰队时，才得到对方关于自己无意冒犯的亲口保证。Halsey and Bryant, *Admiral Halsey's Story*, p. 220.——作者注

哈尔西放任日军溜进来袭击了第7舰队。把这封电报同时发给了金和金凯德，更是加重了这种指责的分量。

在这种环境下，尼米兹的电报根本就不是询问。那是命令，只是礼貌地用询问的语气说了出来。太平洋舰队总司令不再怀疑第34特混舰队的位置，他很容易就能判断出它和第3舰队其余兵力一同北上了。哈尔西的旗舰"新泽西号"本身就是第34特混舰队的一员。换言之，哈尔西在哪里，第34特混舰队就在哪里——这位将军在发给金凯德的几封电报中用的都是第一人称，比如"我正带三支大队向北行进"，还有"我正与敌航母部队交战"。哈尔西不会把他的战列舰丢在没有空中掩护的地方，但他也说得很明白，所有三支航母大队都北上了，因此，战列舰肯定也跟着去了。更直接地说，大家都知道栗田已经溜过圣贝纳迪诺海峡，深入了足以炮击第7舰队的地方。既然第34特混舰队没有留在那里拦截栗田，那也就没有第三种可能性了，它肯定是到北边去了。战争结束许多年后，尼米兹告诉自己的传记作家："我很清楚第34特混舰队在哪里。"[85]

上午11点前，哈尔西和卡尼带着坚毅的表情回到了指挥室。卡尼开始起草命令。第34特混舰队将要掉转航向，以最高速度南下救援第7舰队。一支航母大队，博根的第2大队，将一同南下，其余两支航母大队将留下来消灭日军北路舰队。当这些巨舰开始转向时，他们距离最近的小泽舰队残舰只有42海里，几乎就要在海平线上看到它们了。这真是太扫兴了。哈尔西后来写道："我向我自从军校学员时代起就梦寐以求的机会挥手道别。"[86]但尼米兹要求他必须如此。他告诉金凯德："我正带领第38.2特混大队和6艘快速战列舰开往莱特湾。"[87]但他也补充道，自己预计无法在次日上午8点前到达。

"尾追难追",这是老海军们的格言——这天上午在萨马岛外的追击战正是如此。栗田中路舰队的战列舰和巡洋舰比"塔菲3"编队的那些护航航母大约快10节,但斯普拉格灵活地指挥舰队机动,改变航向,将追击者置于尾后,并完美利用了烟幕和多雨的天气。他让他的6艘"婴儿平顶"在暴雨中躲了20分钟,其间他转向南,继而转向西南。日军根本无法像斯普拉格最害怕的那样抄他的近道截杀他,只能跟在他后面转弯,追击距离拉长了许多。栗田松散的梯队队形也不断被空袭阻碍,这些飞机有些来自"塔菲3"编队自己,有些则来自南方相邻的其他"塔菲"编队。最令人难以忘怀的是,"塔菲3"编队中护航的小"铁皮罐头"们——几艘驱逐舰和驱护舰——打了一场激烈而拼命的后卫作战,迫使日舰反复躲避鱼雷,为航母争取到了宝贵的时间。

早晨7时50分,"霍埃尔号"、"赫尔曼号"和"雷蒙德号"以最大航速向右急转,向敌人冲锋。驱逐舰开到了30节航速,螺旋桨拍击着海水,舰尾下沉,舰首上扬,直冲敌人的核心力量战列舰而去。遭到重创的"约翰斯顿号"靠着应急操舵,也努力跟在进攻的驱逐舰后面,用它的5英寸主炮向最近的日本巡洋舰开火。日军也开到了近30节航速,因此双方的距离迅速缩短。当打头阵的驱逐舰"霍埃尔号"与敌人距离接近到1.8万码以内时,舰上的鱼雷兵们做好了发射的准备。他们把鱼雷调到中等速度。一半鱼雷管对准了迎面开来的战列舰,另一半则瞄准了右舷的巡洋舰。"霍埃尔号"在9 000码距离上射出了鱼雷,随后向右急转脱离。[88]

诸神的黄昏:1944—1945,从莱特湾战役到日本投降

日军让这些勇敢的小驱逐舰付出了代价。当"霍埃尔号"的侧舷暴露在敌人面前时，一阵弹雨砸进了它的左侧，炸毁了舰桥。舵手和几名军官被当场炸死，所有的语音无线电通信也都中断了。它的后部锅炉舱和后轮机被直接命中，左侧发动机被炸毁。一枚命中舰尾的炮弹导致船舵卡住，使得"霍埃尔号"只能原地转圈。舰员们迅速转为应急人工操舵，才保持住了航向，脱离敌人。[89]

　　与此同时，"霍埃尔号"的鱼雷呈扇面向北扑去。7时54分，"大和号"上的瞭望哨指着左前方袭来的鱼雷航迹大叫了起来，这艘巨大的战列舰随即向左急转以躲避危险。但这么一来，它便转向了北方，离自己的敌人越来越远。4枚鱼雷航迹在它右舷，航向大致平行，左舷还有2枚。"大和号"的航速是26节，和鱼雷差不多，于是它被鱼雷夹在了这一航向上，直到它们耗尽燃料沉入海底。宇垣将军记录道，"大和号"被迫向北航行了大约10分钟，"但我感觉这简直就是一个月。等到航迹消失后，我们才最终得以向右转弯，然后开足马力继续追击"。[90]

　　"霍埃尔号"的鱼雷管里还有几枚待发的鱼雷，但是鱼雷兵们却在弹雨中死伤惨重。于是一名前部鱼雷管的军官跑到后面，接管起那里的鱼雷管，用目视瞄准，向从左后方6 000码外靠过来的日军重巡洋舰纵队射出了5枚鱼雷。"打完10枚鱼雷，我们认定，现在是时候离开这个鬼地方了。"一名"霍埃尔号"的幸存舰员说。[91]但是由于一台发动机被毁，它的航速下降到了17节。现在，敌人战列舰从右后方驶来，巡洋舰则从左后方步步紧逼，"霍埃尔号"已经无可选择。它左右摇摆着"追逐弹着点"，但是猛烈的炮火先是落在它的左右两侧前方，接着便砸在两旁。"霍埃尔号"很快便浑

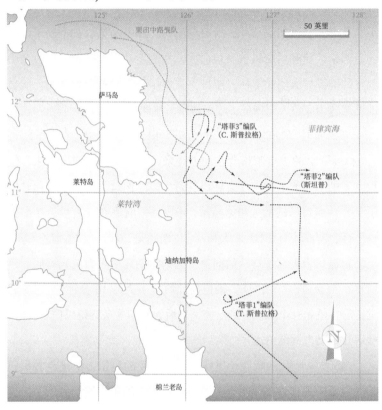

萨马岛海战，1944年10月25日

栗田中路舰队

50 英里

萨马岛

菲律宾海

"塔菲3"编队
(C. 斯普拉格)

莱特岛

"塔菲2"编队
(斯坦普)

莱特湾

迪纳加特岛

"塔菲1"编队
(T. 斯普拉格)

N

棉兰老岛

身中弹，千疮百孔。鱼雷舱、信号舰桥、救护所和两门20mm高射炮都被炸掉了。其左舷水线上下多处中弹，致使下部舱室很快被水淹没，舰体严重左倾，大火失去了控制。舰桥上传来弃舰的命令，传令兵们被派往舰体下部各处，把弃舰令传达给战位上的水兵们。人们于是咳嗽着爬上了梯子，眼睛被烟熏得睁不开。他们从尸体和

诸神的黄昏：1944—1945，从莱特湾战役到日本投降

濒死的战友身上跌跌撞撞地走过，然后跳进海里。即便舰尾已经没入水中，"霍埃尔号"的前部炮塔仍在勇敢地开火射击，于是一名传令兵被派过去告诉炮手们停止射击，到安全的地方去。[92] 8 时 55 分，"霍埃尔号"翻倒在水面上，舰尾朝下。它的舰首高高抬起，之后带着 300 名舰员中的 253 人渐渐沉入大海。

幸存者们在水中挣扎着，攀附到浮筒救生网上，并尽其所能地照顾好伤员。日军舰队从手枪射程距离上经过，却无人向水中的人射击。美军水兵们抬起头，和经过的军舰上从栏杆后静静看着自己的日军水兵四目相对。四艘战列舰从旁边经过，还有八艘巡洋舰。巨舰一艘接着一艘，全都悬挂着红白相间的旭日军旗。宇垣将军从"大和号"的舰桥上看着下方的"霍埃尔号"逃生者们，他想知道："他们对我们追击舰队的雄姿有何感想？"[93] 美军水兵们确实被巨大的"大和号"和它高耸的灰色宝塔形桅楼震撼到了。有个人叫道："我的上帝，看那个！"当一架美军战斗机穿出云层，扫射经过的舰队时，他们更是惊呆了。"我们离军舰特别近，都能听到 .50 口径子弹打在坚硬的木甲板上，""霍埃尔号"幸存者格伦·帕金说，"日本人用差不多所有的轻武器还击。那架 F6F 冲下来，进行了扫射又回到云中，前后不超过 30 秒。我的上帝，这太好看了——还是在前排佳座。"[94]

此时，"塔菲 3"编队的航空母舰已经开出了暴雨区，向西南偏南方向逃离。斯普拉格的旗舰"方肖湾号"行驶在队形最前方，"白平原号"和"加里宁湾号"跟在后面，"圣洛号"在右，"基昆湾号"和"甘比尔湾号"居左。

4 艘日军巡洋舰——"筑摩号"、"鸟海号"、"羽黑号"和"利根号"——正稳步接近"塔菲 3"的左后方。这些强大军舰的最高航速超过了 30 节。随着这场追击战进入第二个小时,它们已经将距离缩短到了 1.4 万码,各航母常常被 6 英寸和 8 英寸炮弹跨射。这些脆弱的小舰在近距离爆炸的冲击下剧烈摇动——舰员们摔倒在地,电气系统短路,舰体钢板间撕开裂缝。"方肖湾号"被直接命中 4 弹,或许是它的轻型结构救了它,因为至少有两枚穿甲弹在多层甲板和多个舱壁上打了个对穿,在舰外爆炸。

驱逐舰依旧在队尾以之字形航行,全力施放烟幕。驱逐舰"弗兰克斯号"上的小迈克尔·巴克回忆道:"我们一直不停地右满舵,左满舵,右满舵,左满舵,炮弹不断落在我们周围。"[95] 随着追兵的步步紧逼,华丽的彩色水柱愈加靠近"弗兰克斯号"。在一次落点很近的炮击中,巴克甚至爬到了会议桌底下,卧倒抱头。他想知道敌人怎么会溜到离美军舰队这么近的地方却没有被巡逻飞机发现:"我不敢相信会在这么近的距离上看到这些军舰。我都能看见其中一艘舰上的旗帜,它太近了。我不敢相信他们会距离我们这么近,我们的将军们却不知道。不过这也是战争中不可避免的,每个人都在看其他地方,他们却从后面过来了。"[96]

斯普拉格一次又一次被高速杀来的追兵逼着转弯,渐渐将航向转向西南,最终几乎转向正西,直朝着萨马岛绿色的群山奔去。漫长的航程打乱了美舰的队形,让这六艘航母大致形成一路纵队。其中"加里宁湾号"和"甘比尔湾号"被姊妹舰们甩在最后,格外危险地暴露在敌人的炮口前。它们同时也在用 5 英寸"豌豆枪"向最近的日本巡洋舰还击,这些巡洋舰已经来到了它们左舷外。"加里宁湾号"被命中超过 12 次,以及数量或许两倍于此的毁坏性近失

诸神的黄昏:1944—1945,从莱特湾战役到日本投降

弹；它的舰长觉得此舰没有被追上摧毁简直是个奇迹。

落在最后的"甘比尔湾号"情况最为严重。在大半个小时的时间里，这艘航母依靠"追逐弹着点"战术，未被直接命中。但在8时20分，它左舷中部水线处遭到重重一击。成吨的海水涌进舰体，淹没了左前部的轮机舱。失去一台引擎之后，它的航速跌到了11节。此时日军已经撵上了它的脚后跟，它逃不掉了。舰长沃尔特·V.R.菲韦格上校告诉斯普拉格将军自己的军舰要掉队了。日军巡洋舰很快追了上来，开始在近距离向它倾泻弹雨。与此同时，战列舰"大和号"和"金刚号"也从尾后测准了距离，用大口径主炮向不幸的"甘比尔湾号"展开雨点般的齐射。

刚刚领教过"大和号"18英寸巨炮怒火的"约翰斯顿号"，此时仍在低速前进。它的舵机被毁，无法修复，因此只能靠4名强壮的水兵人工操舵（就和古代一样），这些人每10分钟就要轮一班。埃文斯起先用电话下达转向命令，但他很快就不得不离开已被摧毁的舰桥，跑到舰尾，直接吼叫着向下面的舵手发令。舰上的火控系统已经失灵，因此各炮只能"各自为战"，但"约翰斯顿号"仍在竭尽所能地坚持战斗。

8时10分，它从浓密的烟幕中开出来，发现姊妹舰"赫尔曼号"正处于将与自己相撞的航线上高速行驶，距离只有200码。两边的舰长都下达了"全引擎倒退"的命令，虽然"约翰斯顿号"只有一台引擎可用。站在"约翰斯顿号"艉部深水炸弹导轨旁的鲍勃·迪尔被晃倒在地："我们的舰尾深深沉入水中，海水都漫上了后甲板。"[97]"赫尔曼号"的两台引擎开足马力倒退，完全停了下来，随后以15节速度反向脱离。这样，这两艘姊妹舰才算是以仅仅10英尺的距离擦肩而过。两边的舰员同时爆发出一阵欢呼。埃文斯用他仅有的一台可用引擎前进，避开"赫尔曼号"，继续战斗。[98]

8 时 20 分，"金刚号"从"约翰斯顿号"左边的烟幕里现出身来，距离 7 000 码。美军向日军巨舰打出了大约 40 枚 5 英寸炮弹，并观察到几枚炮弹击中了宝塔形的上层建筑。"这根本起不了什么决定性作用，就像是用纸卷打钢盔一样。"哈根承认道。当"金刚号"的 14 英寸炮转向"约翰斯顿号"并开始还击时，美舰再次躲进了自己施放的烟幕中寻求掩护。10 分钟后，烟幕消散，"甘比尔湾号"出现在了前方几英里外。它瘫痪在水面上，正在遭受一艘日本巡洋舰的猛烈射击，可能是"筑摩号"。哈根回忆道："埃文斯中校向我下达了我听到过的最英勇的命令。'向那艘巡洋舰开火，哈根，'他说，'把它的火力从"甘比尔湾号"引到我们这边来。'"[99]

"约翰斯顿号"现在和巡洋舰"矢矧号"交上了火，并被命中了几枚 6 英寸炮弹，受损。敌方一支 5 艘驱逐舰组成的纵队从另一边接近过来，显然是要开往已被打残的"甘比尔湾号"。此时，"约翰斯顿号"是附近仅有的一艘美军驱逐舰，因此它向所有敌舰轮流开火，将火炮逐一指向进入射程的日舰。此时的"约翰斯顿号"一侧遭 5 英寸炮弹轰击，另一侧遭 8 英寸炮弹重击。它的前部炮塔哑火了，舰体处处带火，40mm 炮弹整备器被火焰吞没，高射炮弹被灼烧至爆炸。轮机舱里充满浓烟，把舰员们赶到主甲板上，那里已经被鲜血染红，到处躺着战友的尸体。

南边 2 英里处，"甘比尔湾号"已经成了一艘废船，它瘫痪在水上，严重倾斜，随时可能倾覆。它机库甲板上一架"复仇者"爆炸了，火焰引燃了泄漏出来的航空汽油。黑烟立即从下甲板升腾起来，迫使人们爬上梯子来到飞行甲板上。一次爆炸把升降机从机井里炸飞了出来。暴风雨般的炮弹撕扯着军舰，把它开膛破肚，炸死了几十名舰员。许多炮弹从左侧打进右侧出来，把军舰打个对穿，因此有些日舰换上了装有瞬发引信的高爆弹，它们会在命中舰体的瞬间爆炸。上午8时45分，舰长下令将所有密码本和其他保密材料扔进海里，之后要求舰员离舰。9点后不久，"甘比尔湾号"侧翻，很快沉没。它成了唯一一艘被舰炮摧毁的美军航空母舰。

随后，日军驱逐舰向"约翰斯顿号"靠过来，向这具燃烧的残骸倾泻弹雨。但残骸上唯一一门依然能用的炮塔仍在不屈不挠地还击。上午9时45分，在三个小时残酷的战斗之后，埃文斯中校传令弃舰。当幸存者们跳入海中或者攀爬到救生筏上时，敌驱逐舰开到了近距离，向"约翰斯顿号"射击，直到它消失在波涛之中。

奥野匡是日本驱逐舰上一名25岁的水兵，他后来回忆了当时的情景："水面上的人浮浮沉沉，半裸的舰员们拥挤着爬上救生艇，划着桨逃离。我们近到能够看见他们没刮干净的胡子和胳膊上的文身。我们的一名机炮手冲动地扣动了扳机。他一定是被对敌人的仇恨冲昏了头。但来自舰桥的一个响亮声音制止了他：'不要向逃生人员射击！停止射击，停！'"[100]美军幸存者们证实日军确实停了火，还有一个人看见一名日军舰长向沉没的"约翰斯顿号"举手敬礼。

打到这个时候，栗田舰队的队形已经几乎完全散了架。战场上满是低云、暴雨和施放的烟幕，能见度仍然很差。日舰之间彼此无法目视联系，而由于技术故障和关键人员伤亡，日军指挥官想要保持无线电联系也很难。日军各舰航速不同，为追击不同目标而开往不同的方向，躲避鱼雷，迎击空袭，这一切使得日军舰队不再是一个统一的整体，也失去了统一的目标。他们对"塔菲3"编队剩余的5艘护航航母已不再有压倒性的优势。"我们尾随追击你们的军舰，而它们都在之字形航行，很难缩短距离，"栗田后来说，"而且，由于你们驱逐舰的鱼雷攻击，各主要舰艇之间的距离也越拉越远。"[101]日军瞭望哨很难识别出正在追击的敌舰类型，他们觉得那是些30节航速的埃塞克斯级航母，这样即便追一整天，他们还是会在舰炮的射程之外。小柳参谋长判断"追击战将会成为没完没了的拉锯战，我们将无法打出决定性一击。而以最高速度航行，我们的燃料消耗速度将值得警惕"。[102]出于所有这些原因，栗田将军向麾下各舰发出信号，停止追击，随同自己转向北。

"拐子"斯普拉格对"方肖湾号"没有被追上干掉感到意外，他开始期待他的舰队能有一部分逃出生天。8时15分，在敌人的追杀下逃了一个小时后，他向军需官说："上帝，我想我们或许还有机会。"之后当"甘比尔湾号"被追上并被舰炮击沉后，这个前景又暗淡了下来。当日军的大炮最终沉寂下来，敌人转而向北航行时，美国人简直不敢相信自己的好运气。"方肖湾号"上一名信号兵故作慌张地喊道："见鬼，小子们，他们跑了！"[103]

大西将军知道，直到这天上午，他新的神风自杀部队还一事无成。从10月21日起，一连三天，关行男大尉每天都率队从吕宋岛的马巴拉卡特机场起飞，但这些战机每一回都找不到合适的舰队目标，然后丢人现眼地飞回基地。24日，机场上空浓云密布，飞机甚至都没有起飞。驾驶"神风"侦察机的飞行员技术熟练，可以让他们在云层中飞行，但是大部分被指派的自杀飞行员都只有最基本的飞行技术，大西不希望他们因事故而白白损失或者不知去向。最好还是等到天气晴好，这样他们至少还会有一次撞击的机会。

自从战争爆发之初起，一个一个的日本飞行员就一直在自发地把自己的飞机变成人操导弹。进攻之初，莱特湾里的盟军舰队就遭到过几次这种"非官方"的自杀攻击。其中最严重的一次是10月21日英国皇家海军巡洋舰"澳大利亚号"遭受的撞击，当时，一架单枪匹马的爱知D3A1轰炸机从军舰右前方掠海高度飞来，然后突然压坡度撞向军舰的上层建筑，机枪也在近距离上猛烈扫射。飞机撞上了"澳大利亚号"主桅杆瞭望台下方的位置，炸成一团橘黄色的火球。燃烧的航空汽油涌入上层建筑内部，破片横扫舰桥，舰上一众高级军官非死即伤。舰长腹部被击中，迅速被送往急救所，在那里痛苦地死去。大火最终得到了控制，"澳大利亚号"也仅仅受了轻伤，但是这次攻击却让盟军看到了一个活生生的例子，假如日军有组织地大规模运用空中自杀战术，他们将会遇到些什么。

第一次成规模的自杀攻击落在三支护航航母编队中最南边的托马斯·斯普拉格的"塔菲1"编队身上，此时正是萨马岛追击战最激烈的阶段。当时"塔菲1"的航空母舰正转向迎风航向放飞飞机——飞机将飞向北面去攻击栗田舰队——这时4架日军零式战斗机从云层中出现，向"桑提号"和"苏万尼号"俯冲下来。一架飞机撞中了"桑提号"飞行甲板的后升降机前部，炸弹穿入机库甲板爆炸。舰员们控制住了大火，但是不幸的"桑提号"此时却又被日本潜艇伊-56射出的一枚鱼雷击中。在一片混乱之下，"桑提号"的军官们都以为军舰是被舰上损管队丢弃到海里的一枚深水炸弹炸伤的，直到一个月后军舰被送进干船坞修理，美国人才意识到它是被一枚日本鱼雷击中的。同时，它的几艘姊妹舰近旁也有近失弹落下，这可能是自杀飞行员未能命中，栽进了附近的海里。"苏万尼号"在 24 分钟的时间里被两架"神风"机撞中，其中第二架飞机把机库炸成一片废墟，令"苏万尼号"在这天的一整个下午都无法再收放飞机。

三个小时后，当栗田中路舰队放弃追击向北转向后不久，又一轮"神风"到来了。似乎是"拐子"斯普拉格的编队这一早上经受的磨难还不够，这一次致命打击直接落在了"塔菲 3"编队身上。舰员们此时刚刚解除高级战备状态，正在庆幸自己意料之外的死里逃生，雷达屏幕忽然显示许多敌机正从北面飞来。上午 10 时 40 分，6 架日机出现在舰尾，天空顿时被高炮炮弹填满。两架飞机撞击了"加里宁湾号"，炸成了一团烈焰：爆炸和火焰造成 5 名舰员死亡，50 人受伤。另一架飞机瞄准了"方肖湾号"，却被高炮火力击毁，坠落在军舰侧旁。"白平原号"的炮手同样在极近距离上摧毁了一架敌机，但是敌机炸弹却在很近距离上爆炸，许多人被落在飞行甲板上的破片击伤。一架零战擦着"基昆湾号"的舰桥飞过，撞在它的左前方高炮走廊上，瞬间燃起大火，但很快就被控制住了。

大部分被命中的航母，其损管队都努力控制住了火势，军舰至少能够依靠自身动力脱离战场，只有一艘例外。它就是上午 10 时 53 分被撞中的"圣洛号"。一架零式战斗机急转弯躲过"白平原号"射出的高炮火墙，飞到了"圣洛号"舰首上方，随即在飞行甲板上方直接压机头，撞中了军舰正中央。机上的 250 千克炸弹在机库中爆炸，火势迅速蔓延开来，吞没了弹药库中存放整备妥当的炸弹和鱼雷。接着，这艘轻量化结构的军舰被一连串爆炸撕扯得七零八落，开始向左倾斜。虽然"圣洛号"的两台引擎还能正常工作，但舰长还是关闭了引擎，下令弃舰，舰员随即开始从侧面跳入水中。随后，向左严重倾斜的军舰突然正过来，然后开始向右翻滚。上午 11 时 25 分，它翻倒在海面上，沉入海中。刚刚和栗田那些战列舰、巡洋舰英勇战斗过的护航舰艇赶紧靠了过来，救援幸存者。大部分舰员，800 人中的 754 人，被救了上来。

这次进攻由关行男大尉率领，他是被大西将军亲自任命，率领吕宋岛马巴拉卡特基地第一支"神风"自杀机部队的。观察机队由西泽广义飞曹长率领，他是日本海军中最负盛名的零战王牌之一。西泽带回了令人振奋的战报：关大尉的四架自杀机命中了目标，击沉一艘航母和一艘轻巡洋舰，击伤了另一艘航母。这个消息立刻通过无线电发给东京，随即写入公报发布了出去。

日本的公报第一次没有夸大战果。战场上没有巡洋舰，但是关行男的飞机命中了三艘航母，而不是两艘，一艘被摧毁，另两艘也遭到重创，不得不撤回后方基地进行大修。

这一小群新手自杀机飞行员的攻击，成了刚刚落幕的大海战的尾声，也是一个凶兆，预示了接下来将要发生的事情。双方都对此战的教训牢记于心：如果日军飞行员愿意用性命来确保命中盟军军舰，他们就能要盟军的命。

哈尔西所部各舰彻夜向南疾进，但还是来得太晚，未能抓住撤退的栗田。这位将军和他的幕僚们提心吊胆地等待着敌人舰队冲进莱特湾的消息，金凯德发来的电报还一度自相矛盾。一连串令人摸不着头脑的无线电战报飞到了"新泽西号"的指挥舱。"汤米"斯普拉格先是说"情况好些了",但是45分钟后他又说"敌水面舰队继续攻击护航航母"。[104] 当最终确定栗田已经放弃进攻时,哈尔西决定以最高速度赶往圣贝纳迪诺海峡入口,以期在这个必经之道截住他。他重新编组了部队,让速度最快的战舰超前行动。追击部队包括他自己的旗舰"新泽西号"和姊妹舰"艾奥瓦号"(又译"衣阿华号"),以及轻巡洋舰和驱逐舰,他们开到30节航速,将航向指向圣贝纳迪诺海峡。他们在凌晨1点后不久抵达目的地,但是栗田却抢先一步来到这里,并在两个小时前安全抵达海峡另一端。落入美军舰炮射程的只有一艘掉队的日舰,就是身负重伤的驱逐舰"野分号"。这艘残舰太小,根本不值得动用"新泽西号"的16英寸巨炮,于是哈尔西派出一艘驱逐舰赶过去结果了它。这是整场战役中第3舰队司令部唯一目睹的战斗。强大的"新泽西号"向北追击了300英里,继而掉头,又向南追击300英里。属于它的战役便这么结束了,它的大炮依然是冷的。"老鼠在猫赶来之前就躲回了洞里,"卡尼悔恨地总结道,"我们唯一能做的只是在它溜过去时赶紧抓住它的尾巴。"[105]

此时,在恩加诺角外,第3舰队留下来的两支航母特混大队(38.3和38.4大队)仍在不停地向撤退的小泽舰队残部放出攻击机群。4艘日军航母被他们送下海底,包括"瑞鹤号",1941年12月偷袭珍珠港日军航母中的第6艘,也是最后一艘。本着友好竞争的精神,美军各航空兵单位都给予这艘舰格外关注,都想要拿到对它"致命一击"的荣誉。弗雷德里克·C.谢尔曼将军回忆称,从他第38.3特混大队飞行甲板上起飞的第三攻击波"最后终结了'瑞鹤号',直接命中9枚1 000磅和2 000磅炸弹"。在此之前,它已经被命中了估计有 7 枚航空鱼雷。这具燃烧的躯壳严重左倾，然后在下午 2 时 14 分翻倒，舰首朝下沉入海面。在高处观察的目标协调员称这是"十分壮观的场面"。[106]

当天下午，劳伦斯·T. 杜博斯少将率领的一支巡洋舰-驱逐舰分队被派出去用舰炮击沉敌人残舰。杜博斯的军舰追上了"千代田号"，用舰炮一直打到它沉没为止。上空盘旋的一名战斗机飞行员把战报转发回特混舰队："17 时 1 分击沉轻型航母一艘——4 艘全部击沉，无一逃脱。"[107] 三个小时后，这支舰队又击沉了驱逐舰"初月号"。然而夜幕降临后，杜博斯却被召了回去，两支航母大队转向南，次日他们将继续跟随哈尔西行动。

现在，所有残存的日军舰艇都飞速撤退了。舰载机一路追杀撤退的敌军，追到棉兰老海、苏禄海和锡布延海。"塔菲"编队的护航航母也放出飞机追击西村和志摩两支舰队最后的败逃战舰，最终在 25 日下午结果了"最上号"。丧失部分动力的"阿武隈号"巡洋舰已经无法有效机动，被美国陆军 B-24"解放者"轰炸机群投下的密集的 500 磅炸弹弹雨命中，最终在内格罗斯岛附近沉没。10 月 26 日一整天，栗田舰队在撤退途中遭到了美军飞机的反复攻击，许多舰艇都再次遭到打击，包括"长门号"、"榛名号"、"熊野号"和"大和号"。其巡洋舰"能代号"于上午 11 时 37 分在塔布拉斯海峡沉没。西村的南路舰队中，仅有"时雨号"一艘舰幸存，它孤零零地回到文莱湾，其舰长也成了这支舰队唯一生还的指挥官。小泽舰队中的巡洋舰"多摩号"撤退时在吕宋岛东北方被美军潜艇"仿石鲈号"击沉。志摩将军丢下了受伤的友舰，才算是乘坐"那智号"逃出了苏里高海峡——但它后来还是在马尼拉湾遭到第 38

特混舰队舰载机的攻击并被击沉。舰载机扫射了水面上的幸存者，807名舰员丧生。

若按照历史学家设定的标志战役结束的时间界限，有些这种后续的扫荡作战已经不再属于莱特湾海战了。然而即便有此限制，这场大规模的较量也已经是历史上最大规模的海战了。参战军舰近300艘，总吨位约300万吨。参战舰队载有20万人，比得上一个中等城市了。双方总共损失了34艘舰船，超过500架飞机，超过1.6万人伤亡。这场战役还囊括了每一种能想到的海战形式，每一类型军舰——航母空袭，水面战舰之间的舰炮和鱼雷对决，潜艇攻击，鱼雷艇蜂群式攻击，以及自杀式空袭。战役中，苏里高海峡打出了历史上最后一次"战列线对战"，萨马岛外海的"铁皮罐头"们打出了大卫对抗巨人歌利亚式的以少胜多之战，再就是"神风"之战正式开场。这场持续了四天的"战役"实际上是由广泛分散在10万平方英里洋面上的多次相对独立的战斗组成的。其中四场战斗的规模大到可单独成为一场大战，它们分别是：锡布延海海战，苏里高海峡海战，恩加诺角海战，以及萨马岛海战。实际上莱特湾内并没有发生海战（空袭除外），因此这整场会战的名称并不恰当。美国海军起初称其为"第二次菲律宾海海战"，早期有些历史学者也用了这个称谓。但是麦克阿瑟更喜欢称其为"莱特湾海战"，因为这强调了他的滩头阵地是敌人分进合击的汇聚点，于是这个名称便流传了下来。（其实"菲律宾海战"的名称比上述两个称谓都要合适，但这个问题早就尘埃落定了，不必再纠结。）

这场战役宣告了太平洋海战的终结。鉴于旧日本海军在战役之前已经十分虚弱，他们在莱特湾的损失可谓是毁灭性的：4艘航母，

3艘战列舰，10艘巡洋舰和12艘驱逐舰。日军飞机的损失在战役前数周里原本就十分惨重了，但日军又努力丢掉了差不多500架。清点损失的官兵人数需要花上几个星期的时间，这个数字最终超过了1.2万人。日本舰队的残部挣扎着逃走了，但他们再也不会大规模出击了。交战双方都已预见到，随着美军在菲律宾站稳了脚跟，日军的南北海运线将不再畅通，这意味着日军幸存的重型战舰将由于燃油耗尽而动弹不得。小泽将军说，舰队的幸存者"完全成了摆设……水面舰艇再没有什么用处了，只有一些特殊舰艇除外"。[108]日本舰载航空队的少许残余力量都被部署到了陆地机场，剩下的飞行员和飞机大部分都被用作了"神风特攻队"。

盟军方面也有损失。美军损失了1艘轻型航母（"普林斯顿号"），2艘护航航母（"甘比尔湾号"和"圣洛号"），2艘驱逐舰和1艘驱护舰。其他许多军舰也受损严重，不得不送回马努斯、夏威夷或美国本土大修。美军有1 500人战死或失踪，两倍于此的人受伤。相对于这场胜利的规模，这些损失倒不算过分，却也让胜利者备感苦涩。第3舰队和第7舰队之间的往来电报中也可以听出一种指责的意味。萨马岛外那场战斗近乎溃败，后来的海空救援行动又乱成一团，导致这次行动中"塔菲3"编队的超过1 000名幸存者从日军舰队离开起在海里泡了几乎两天。由于误报位置，最初的救援行动覆盖区域过于偏南。迟至10月26日，一队步兵登陆艇才捞起700名"甘比尔湾号"的幸存者，之后又在次日上午找到了"约翰斯顿号"、"罗伯茨号"和"霍埃尔号"的最后一批幸存者。他们的许多战友此时已经死于溺水、太阳暴晒或者鲨鱼之口。"约翰斯顿号"舰长埃文斯中校也在这由于救援长时间延误而阵亡的人员之中，他后来被追授荣誉勋章。

胜利一方在获胜之初也是一副沮丧、痛苦和筋疲力尽的模样。赶到圣贝纳迪诺海峡却发现栗田已经逃走之后，哈尔西用无线电向所有指挥官发出了胜利的欢呼："可以肯定地说，日本海军已经被第3和第7舰队打败、赶走和粉碎了。"[109] 这虽是事实不假，却也不过是为了安抚疮疤而故意逞强罢了。10月26日午夜刚过，这位第3舰队司令就起草了一封长达480词的言辞激烈的电报为自己辩护，阐述了他率领整个舰队北上的决定并进行了辩解，这天上午，他把电报发给了金、尼米兹、麦克阿瑟和金凯德。他的慷慨陈词中有一些语句只能解释为极度精神疲劳和情绪过载的产物。"死守圣贝纳迪诺海峡直到敌人水面舰队和航母发动协同攻击是幼稚的。"哈尔西写道。栗田的中路舰队已经于10月24日在锡布延海被他的航母舰载机空袭"打残"，而且"损伤严重，因此它不再对金凯德构成严重威胁"。至于退出恩加诺角的战斗，哈尔西抱怨道，自己失去了全歼敌人北路航母舰队的"黄金机会"。[110]

这是哈尔西第一次对他在莱特湾的决定做事后解释。后来他将坚定不移地一直解释下去，直到1959年去世为止。对于在三天恶战之后匆匆写就的电文中的一些不当用词确实不应过于苛责。但是"幼稚"（childish）一词看起来尤为不妥，哈尔西的同僚们对此也议论纷纷。用战列舰守卫圣贝纳迪诺海峡绝对不是"死守"，更不是"幼稚"，反而是主动和果断的表现。至于栗田舰队已在锡布延海被打残，无法威胁金凯德的想法，则已经被那天上午萨马岛外的战斗击得粉碎。失去"黄金机会"之说立场也不正确，它违背了美国海军"团队先于个人"的理念，也意味着哈尔西有一种麦克阿瑟式的沽名钓誉。

作为历史上最近、最大，也研究得最为透彻的一场海战，莱特湾海战的研究已经成了体系。一代又一代的历史学者自然各持看法，但创造性的新贡献却也年复一年层出不穷，围绕各项争议的激烈辩论更是从未停止过。哈尔西和栗田的两项争议性决定尤其如此——前者在 10 月 24 日夜带领他的整个舰队北上，后者则在 10 月 25 日上午放弃了进攻。关于这次战役的第一部重要史书的作者 C. 范·伍德沃德判断，"莱特湾这两次重大失误理应归因于一个美国急性子和日本的哈姆雷特"。[11] 站在美国人的角度看，栗田掉头撤退的决定冥冥中弥补了哈尔西未能掩护圣贝纳迪诺海峡的错误。就像代数方程中常见的那样，负负得正。

在上午 9 时 25 分放弃追击护航航母之后，栗田召集下属各舰重新编成轮形阵。此事说起来容易做起来难。此时能见度仍然很低，无线电通信也时断时续，无休无止的空袭还不断落在中路舰队头上。舰队重新整队花了足足两个小时，在这期间，新的敌情报告和截获的无线电通信如潮水般涌来，加剧了这一片混乱。不停有报告说北方有另一支美军特混舰队，这令日本人觉得自己被包围了，但其实那个方向上并没有敌军出现。11 时 20 分，栗田将航向转向西南，一度想要冲进莱特湾。半个小时后，瞭望哨报告说南面观察到一艘"宾夕法尼亚级"战列舰的桅杆和另外 4 艘只露出上层建筑的军舰，估计距离约 39 千米。这不可能是奥尔登多夫，他此时还在莱特湾南部，附近也没有其他任何战列舰——显然，这又是一次"幽灵船"事件。（栗田从"大和号"派出了一架水上飞机前去侦察，但显然被击落了。)下午 1 时 13 分,栗田再次改变主意,掉头向北,这一次他想要沿萨马岛海岸前进,希望找到另一支美军航母大队,他们是根据截获的金凯德的明语通信判断出那支舰队的存在的。于是中路舰队向北航行了几个小时,途中迎击了几轮美军空袭。栗田预计自己将在两个小时内接触敌特混舰队,但是桅顶的瞭望哨看遍了四周的海平线,都没有见到敌舰的影子。至此,他对燃料存量的担忧愈加深重。他的燃料很快就将不足以回到科隆湾,甚至不足以机动规避美军空袭。如果还想撤就要趁现在,否则就永远别想了。晚 6 时 30 分,天色渐暗,他决定结束战斗,开往圣贝纳迪诺海峡。

栗田接到的命令很直接,没有任何不清楚之处:他要冲进莱特湾,攻击美军运输船队和滩头阵地。他被明确告知,即便冒着全灭的危险也要前进。那么,他为什么选择不去这么做?这位将军及其部下给出的各种解释和辩护从一开始就充满了混乱和自相矛盾。他说他觉得对自己舰队的空袭愈加猛烈而有效,而且"在莱特湾的狭窄水域里我无法利用军舰所具有的机动性优势,而在能够发挥机动性优势的开阔水域,我在同样的攻击之下将能发挥更大的作用"。[112]他的通信组截获了美军呼叫空中支援的通话,因此他预计空袭将会更多更猛烈。不仅如此,他还没有得到返航所需的足够燃油:"因此,燃油是一项十分重要的考虑,是基础性的考虑。"[113] 栗田还补充说自己相信大部分美军两栖舰队可能已经离开海湾,"因此我考虑进入莱特湾也就不像先前那么重要了"。[114]"大和号"还收到了一条奇怪的报告,称苏禄灯塔以北 113 英里处有一支美军特混舰队。栗田认为这是第 3 舰队的另一支航母大队,因此觉得最好是向这个目标前进,赶在对手向自己发动空袭之前将其置于自己的炮口之下。

诸神的黄昏:1944—1945,从莱特湾战役到日本投降

西方关于此次战役的历史研究大多依赖战后对栗田及其高级参谋军官的审讯。日本投降后的几个月里，美国战略轰炸调查组会同美国海军一起，审遍日军最高级将领，向他们仔细询问在莱特湾和其他战役中所做的历次主要决定。其结果对历史学者而言是无价之宝。然而，不难想见，并非所有的日本将领在面对审讯时都一样痛快。只要提到敏感或者可能对其不利的话题，闪躲、误导和直接说谎就是可以预期的了。这些高傲的人自然不乐意在征服者面前自曝家丑。1945 年 11 月，在与栗田进行了长期的审问之后，战略轰炸调查组的审讯官形容这位将军"有某种程度的戒心，只用最简短的语句作答……有时候他回忆中关于诸如时间、航行位置之类的细节看起来并不准确"。[115]

被要求解释他 10 月 25 日北上的决定时，他变得稍稍积极了一些。他给出了几项原因，但有些却相互矛盾。当被问及他向北转向是否为了躲避毁灭性空袭时，他答道："这不是毁灭的问题，那并不重要。问题是在海湾里我还能做些什么。我觉得在舰载机和岸基飞机的猛烈空袭之下，我无法发挥作用。因此，我自己做出决定，觉得最好北上和小泽将军会合。"但是和小泽会合从来都不是一个切实可行的主意，栗田很快又推翻了自己的话："我主要的目的并非和小泽将军会合，而是北上找到敌人。如果我到了这里〔指海图上大约北纬 13°20′ 位置〕还没有找到敌人，那我还会继续北上搜索敌人，并在夜晚穿过圣贝纳迪诺海峡回去。"栗田的意思似乎是说，他想要随时将圣贝纳迪诺海峡的撤退之门保持在触手可及之处，但只有在最终未能找到敌人的情况下才会真正撤退。但他还补充了一条解释，表明他一直想要在当晚撤离，因为"我若不在夜间进入海峡，第二天对我而言便是绝望的，那时我将会处于陆基飞机和［哈尔西的］舰队的攻击之下"。[116]

如果将中路舰队参谋长（小柳富次）和作战参谋（大谷藤之助）的审讯报告，以及宇垣将军的日记放在一起考察，就能将一连串不同寻常的原因结合在一起，解释这次向北转向的决定。小柳一个人就逐个列出了多达 6 条原因。（第一，他们追不上"塔菲 3"的航母；第二，他们落后原定与西村协同进攻的时间计划太多；第三，他们根据金凯德的明语通信判断自己将遭到猛烈空袭；第四，他们不想在局促水域内遭到猛烈空袭；第五，他们想和北面的哈尔西舰队来一场决战；第六，他们燃油不足了。）[117] 这是一幅碎片拼凑而成的场景，人们在巨大压力和多个相互影响因素的驱使下做出了决定。小柳和大谷都证实，北上的决定得到了参谋部的一致支持。宇垣则在日记中评论道："在同一个舰桥上，我为他们缺乏战斗精神和策略而恼怒。"但是宇垣也相信北方的美军幽灵航母舰队是确实存在的，他甚至记录称自己看到了 20° 方位上"海平线之外飞机的起飞和降落"。其实那个位置上并没有这样的航母舰队，因此宇垣记录的这个"幽灵舰队"只不过增加了这天上午"大和号"指挥舰桥上的混乱和迷惑感而已。[118]

完整的真相或许永远都无从得知，但有一点很清楚：栗田太累了。自从三天前离开文莱起，他就完全没有睡过觉。他的旗舰"爱宕号"在巴拉望水道从下方被击沉，迫使这位 55 岁的中将跳海并游泳逃生。他的军舰遭到了一支舰队在海上所遭受过的有史以来最为持久的空袭，却完全没有本方空中掩护。面对美国人、记者和其他外人，栗田不愿承认疲劳在他停止进攻和撤退的决定中起过作用。

但是在和同僚的私下谈话中，他就坦白多了。他告诉老资格的驱逐舰长原为一："我犯这个错误，纯粹是因为身体疲劳。"[119] 他的参谋们一定也很疲劳，因为他们和长官一起历尽磨难，而且没有反对这个决定。

栗田已经把一场压倒性胜利抓在了自己手中，却又让它从指缝中溜走。这一可怕的指挥失误根本不是事后列出的那些理由能令人信服地解释清楚的。有些人直接指责栗田胆怯，其他许多人虽未明说，却也是这个意思。起码可以确定，他确实已无心再战。"捷号"计划从一开始就遭到了舰队的反对。在文莱的指挥官会议上，反对声便已四起。攻击莱特湾内运输船和运兵船的计划冒犯了许多日军军官的敏感神经，他们长期以来的训练令其相信，军舰就是用来对付军舰的。其他一些人则责怪丰田将军只会下达命令，却没来亲自领军作战。当他们顶着无休止的空袭穿过锡布延海，上级承诺给他们的空中掩护却不见踪影时，"大和号"舰桥上的军官们便以近乎叛变的口吻咒骂着联合舰队司令部的愚蠢和呆板。栗田从战场上掉头撤退不是一次，而是两次，24 日那次是暂时撤退，25 日则是彻底撤退——在第一次撤退时，他的有些参谋军官便希望干脆就此退出战斗。而且，常常被人忽略的一点是，其他几位日军司令长官也曾不合时宜地撤退。小泽在 10 月 24 日下午一度向北返航，当时他的北路舰队刚刚被哈尔西的侦察机发现，后来还是应联合舰队司令部从日吉的地堡内发来的电报要求才继续南下的。志摩将军的舰队在草草齐射了一轮鱼雷之后，也在 10 月 25 日早晨匆匆逃出苏里高海峡。他电告丰田，他的撤退只是暂时的，但是美军飞机却一路追击他到马尼拉湾。颇具武士精神的西村祥治比其他几位舰队司令更忠实地执行了他的海上"万岁冲锋"任务。但即便如此,他南路舰队的每一艘舰在意识到战斗已经输掉之后也都掉转了航向,至少是试图掉转航向。连西村自己的旗舰"山城号"也在试图独闯盟军舰队火力网失败之后,在最后一刻掉转了船头。

实际上,日军舰队里的官兵们从来没有真正认同过"捷号"计划,因为它不具有切实的成功希望。他们明白,编写这份计划的参谋军官们根本没有真的指望他们能打赢,而只是想最后光荣地打一仗,保住日本海军的荣光。他们被要求奉上仍然强大的联合舰队作为祭品。但是日本海军在此方面和日本陆军是不一样的:它的文化、训练和传统中,都没有这种没有头脑的万岁冲锋的先例。海军航空兵虽然最终还是采纳了"神风"战术,却也是遭到各级官兵的反对而一拖再拖,直到最后才采取。这种战术会牺牲一些飞机和缺乏常规战术所需飞行技能和作战技能的新手飞行员。但是天皇的军舰都是些大件资产,最先进的武器,是深受人们喜爱的国家象征,耗费巨额资金才建造起来并使用了几十年。人们从来没想过仅仅是为了虚无的荣誉就要把它们牺牲掉。

纵观日本海军的整个历史,他们总是想要打赢的。胜利才是首要目标,"光荣的死"只是一种附带的道德观而已。如果一艘军舰的宿命是在战场上沉没,那么人们希望它奋战到最后一刻。如果一个士兵的宿命是在战场上战死,那么人们希望他能心甘情愿地赴死,他的灵魂将在靖国神社永久安息。但凌驾于这一切之上的目标是胜利。然而此时,1944 年 10 月,这个以胜利为名的"捷号"计划却颠倒了二者的优先顺序,堪称讽刺。东京的将军们已经预见到,一旦美军控制了菲律宾,舰队的燃油供应问题将会成为不治之症。一

　　　　　　　　　　　　诸神的黄昏:1944—1945,从莱特湾战役到日本投降

旦如此，舰队就会动弹不得，静坐在锚地里等待战争结束，或者在敌人雨点般的炸弹袭击中沉入港内。"捷号"计划的首要目的在于避免这种耻辱的结局，确保日本海军死得轰轰烈烈而不是悄无声息。如果还有可能打赢，那就更好了，不过无论双方实力多么悬殊，这场仗都必须打。

还有一点常常被研究莱特湾海战的西方史学者所忽视，这一部分是由于东京方面的作战命令和后续电报中的"言外之意"会在翻译成英语时丢掉，另一部分则是由于日本军官在战后接受战略轰炸调查组审讯时对此话题讳莫如深。但是真相仍然藏身于当时的一些资料和战后的当事人讲述中，吸引着历史学者们。栗田在文莱召集他的下属指挥官开会时说道："你们全体必须记住，世上会有奇迹发生。"[120]小柳在战后撰文指出，舰队要被迫航行几乎 1 000 英里才能到达战场，其间要穿越敌人潜艇出没的水域，以及被敌人飞机统治的天空。"这完全是一套绝望、鲁莽而且前所未见的计划，无视战争的基本规则，"他总结道，"我无法不把它理解为给栗田舰队的自杀命令。"[121]

要解释栗田的含糊其词和撤退，与其说他是懦夫，不如说他的士气已经荡然无存。他和他的同僚军官比一般平民百姓更清楚，战争已经输掉了，高层只是想用成堆的谎言来掩盖这一事实而已。官兵们固然不能通过公开渠道了解此事，但沉重的失败情绪已在他们中间蔓延开来。当这滑稽的"捷号"计划名称本身就暗示了整个国家的失败情绪时，他们还能怎么办呢？

哈尔西至死不承认他在 1944 年 10 月 24 日夜弃守圣贝纳迪诺

海峡是错误的。无论对任何人，他都说他唯一的错误是在小泽的航母舰队几乎就要进入他大炮射程之内时掉头离去。卡尼和第3舰队司令部都站在他这边，但是显然所有航母大队和特混舰队司令都确信他们的指挥官错了，他们的议论很快传到了关岛、乌利西、马努斯、珍珠港，以及华盛顿。不仅如此，敏锐的观察者发现，即使是在"阴谋诡计部"内部也有不同的声音。即将接掌一支特混大队的阿瑟·拉福德少将，刚刚来到太平洋前线就于11月17日前往"新泽西号"报到。他想找他的老朋友，海军学院同学"米克"卡尼聊聊最近的战事。"令我惊讶的是，"拉福德说，"一向多话的米克变得躲躲闪闪，哈尔西将军和他司令部里的其他几个人也是这样。这给我留下了明确的印象：他们不想谈论10月的那些日子。我明显感到所有人都对他们的表现不满意，但对于其原因却还没有达成一致看法。"[122]

出于这样那样的原因，常常只是由于运气不好，哈尔西错过了此前太平洋战争中所有的航母对决。1942年5月，他的"企业号"特混舰队由于被派往北面掩护杜立德对东京的空袭而未能赶上珊瑚海海战。次月他又患上皮肤病，被尼米兹勒令住院，因此错过了中途岛海战。（他信任的替补队员雷蒙德·斯普鲁恩斯接过哈尔西的指挥棒，赢得了这场不朽的胜利。）1942年8月瓜岛登陆时，哈尔西还没有来到南太平洋，因而也就错过了当月晚些时候东所罗门海战中的航母会战。1942年10月的圣克鲁兹群岛海战发生时，他在新喀里多尼亚南太平洋战区的陆地司令部里。随后就是20个月的平静期，日军航母一直没有出现。当它们最终在1944年6月的马里亚纳海战中再次出战时，指挥第5舰队迎战的又是斯普鲁恩斯。

在南太平洋时，哈尔西被人戏称为"大笔刷子"（rough brush）——这个词本意指的是画家用画笔大笔猛扫，而非精雕细刻。他对精妙的战术安排不感兴趣，只是把部队集中起来砸向敌人，剩下的就交给运气了。他更著名的绰号"公牛"也是这个意思。自从1944年8月接掌第3舰队以来，他的夙愿就是摧毁敌人的航母特混舰队——并非只是迎战，或者击败，而是全歼它们，消灭干净，把所有残余的日军航母，连同所有的飞机和护航舰一起烧掉，打沉。他自豪地声称自己是尊奉霍拉肖·纳尔逊传统的混战派海军将领，纳尔逊在拿破仑战争期间从英格兰的敌人身上赢得了数次这种歼灭性胜利。在他的回忆录里，他引用了纳尔逊在特拉法尔加海战之前的训示："如果一个舰长率舰靠上敌舰，那他错也错不到哪儿去。"哈尔西还说："如果说有什么海战理念烙印在我的脑海里，那就是最好的防御是猛烈的进攻。"[123]

他的朋友斯普鲁恩斯在四个月前的马里亚纳海战中放跑了大部分日军舰队。第58特混舰队司令马克·米彻尔在6月18日夜间想要西进迎敌，以便在次日早晨到达攻击机群起飞位置。但斯普鲁恩斯由于担心敌人会向塞班岛滩头发动决死突击而拒绝了。这一保守的决定遭到了海军中许多有影响力的"棕鞋族"（航空兵军官）的抨击，他们指责"黑鞋族"（非航空兵军官）斯普鲁恩斯根本不懂现代舰载航空兵的能力。这时候，哈尔西正在珍珠港准备接掌舰队。他和他的幕僚天天被航空兵们唠叨，他们求哈尔西不要犯同样的错误。在第5舰队中职务和"米克"卡尼相同的"卡尔"穆尔相信哈尔西"正是那最初几天里围坐在一起指责斯普鲁恩斯的一群人中的一员。我想他的脑海里会冒出一个想法，他绝对不愿把他自己放到那样的位置上……现在我没有证据，我想卡尼会否认。而且哈尔西事后当然也会想方设法否认。但事实就是如此"。[124]

和往常一样，尼米兹放手让他的前线指挥官根据战场环境自由运用其部队。他的作战计划要求哈尔西"掩护和支援莱特湾-苏里高作战"。但同时作战计划又特别提出："如果消灭大股敌军舰队的机会出现或者可以争取，则歼敌就是首要任务。"[125] 如此，这两句话之间就出现了关键的模棱两可之意。日军的战场策略中常常出现欺骗、佯攻和引诱。在此前的几场海战中，包括马里亚纳海战之前的全部四场航母对决，日军都是兵分多路，分进合击。如果多支"大股敌军舰队"从不同方向开过来，正如莱特湾出现的这样，该怎么办？此时应该冲出去追击敌人，消灭敌舰队一部，还是严守对第7舰队和滩头阵地的"掩护和支援"？这只能由哈尔西来判断。

"消灭大股敌军舰队"这句话也是老生常谈了：自从1943年11月攻打吉尔伯特群岛的"电流"行动以来，历次两栖作战的战斗命令中都有类似的指示。毕竟，命令就是命令，而且将摧毁敌舰队视为"首要任务"的要求似乎也为哈尔西的进攻心态提供了理由。面临着堪比四个月前马里亚纳海战的两难处境，哈尔西的本能就是将命令中的优先顺序对调。斯普鲁恩斯拒绝冒险让滩头遭到敌人决死突击，即便这意味着放跑敌人航母。哈尔西则拒绝放跑敌人航母，而宁愿冒险让滩头遭到敌人决死突击。

当小泽的北路舰队出现在恩加诺角外海时，哈尔西面临着一场赌注巨大的赌博。总的来说，他有三种选择。他可以留在原地，可以兵分两路，也可以带全军北上歼敌。他放弃了第一个选项，没有把他的全部舰队留在圣贝纳迪诺海峡，这没问题：他想要在敌人航母和吕宋岛机场建立联系并对自己"穿梭轰炸"之前击沉它们。但是他拒绝第二个选项（留下第34特混舰队守卫圣贝纳迪诺海峡），选择第三个选项（带着所有舰艇北上，让海峡门户洞开）的理由却显然无法说服任何人，只有区区几个参与决策的死忠派除外。第3舰队战报给出的理由过于牵强，难以令人信服。其中称，率领整个舰队北上"保持了蓝军［指美军］攻击舰队的完整性，最能够出其不意并消灭敌航母舰队"。[126] 说这个决定保持了"舰队的完整性"固然没错，这使得舰队一直都集中在一起，成为一个不拆分的整体，但这只是对这个决定的复述，而没有进行解释或论证。这只是文字游戏掩饰的车轱辘话而已。舰队集中使用原本是马汉理论的正统，在哈尔西这一代将领的军校时代是至高无上的。但到了1944年，无线电、雷达以及航空技术的进步已经改变了游戏规则，集中舰队的旧规则已经像帆船那样过时了。

没有任何硬性要求迫使哈尔西集中他全部65艘舰去对付北面只有19艘军舰的日本航母舰队，但是守卫海峡却是必不可少的。不仅如此，他完全没有必要二选一，因为他的实力足以同时对付栗田和小泽还绰绰有余。他的战报将北路舰队称为"强大的新威胁"，值得第3舰队全力应对。它刚刚加入战场，尚未遭到打击，而中路舰队却已经在空袭中遭受了惨重损失。但是，日军航母部队已经由于失去了最顶尖的飞行员而大为削弱，这一因素即便在莱特湾海战之前就已经在美军航空兵和情报圈里广为人知。"那时候我们都知道日军的舰载航空兵已经很少，"杜鲁门·赫丁说，他之前是第58特混舰队参谋长，此时在尼米兹的太平洋舰队司令部供职，"实际上已经不值一提……我们任何一支航母特混大队都能制服他们。"[127]

赫丁的判断得到了当时和战后诸多其他权威人士的证实。

关于中路舰队，哈尔西认为它"已经遭到重创，不再可能获得决定性胜利……由于鱼雷打击、炸弹打击、上层建筑损毁、火灾和人员伤亡，其战斗力已经大大下降"。[128] 但是这个结论仅仅是基于当天第 38 特混舰队参加锡布延海空袭并返航的飞行员们的报告。三年的战争早已表明，这种声明基本上都是夸大的，常常夸大到肆无忌惮的程度。各特混大队司令都对哈尔西居然敢对这种报告的准确性下那么大的赌注感到惊奇，尤其是在巡逻机后来确认中路舰队已再次开往圣贝纳迪诺海峡，而且海峡中的导航灯都已点亮的情况下。关于这一点，哈尔西亲自执笔为自己辩护，或者也可能用的是文书的打字机。他觉得率领他的整个庞大舰队北上是至关重要的，为此他宁愿冒险让栗田的战列舰找到莱特湾中的运输船：

> 日本鬼子的顽固人所共知，第 3 舰队司令也已意识到敌中路舰队穿过圣贝纳迪诺海峡进攻莱特湾内船队的可能性，像瓜达尔卡纳尔岛那样，但第 3 舰队司令确信中路舰队已经遭到重创，不再可能获得决定性胜利……最后，计算显示，第 3 舰队能够及时赶回来，扭转敌中路舰队所可能获得的任何优势。……这是个艰难的决定，做出决定之后，第 3 舰队司令也一直密切关注那里的情况，直到他收到敌中路舰队在第 7 舰队护航航母编队的英勇奋战下放弃进攻的消息为止。[129]

毫不意外地，麦克阿瑟将军看待此事的观点截然不同。没人知道他是否看过第 3 舰队战报中的字句，但他对这一场景的想法是这样的：

> 如果海军掩护部队放过任何一支强大的日军舰队闯进莱特湾，整个菲律宾进攻作战都将被置于岌岌可危之境……这将是灾难性的一幕……如果敌人进入了莱特湾，他们强大的舰炮将会消灭海域中任何一艘鸡蛋壳般脆弱的运输船，摧毁滩头上那些急需的补给物资。海滩上数以千计的美军士兵将会被包围，并被来自陆海两个方向的敌人火力压在地上，陷入绝境。这样，其结果将不仅仅是补充援军的时间表被彻底推翻，就连进攻能否获胜都难以预期。……现在我别无可为，只能巩固阵地，坚守防线，静待即将到来的海战的结局。[130]

如果栗田再坚决一些，这样一场灾难或许就会完完全全成为现实。但其长远后果却未必如麦克阿瑟预言的这般严重——鉴于日军航空部队和地面部队的实力，怎么看美军的进攻都是很难失败的。但若真的如此，恶劣影响还是会一路传回华盛顿。太平洋上的每一个记者都会盯着这件事，麦克阿瑟的审查机构也会让他们把话都说出来。即便有新闻审查，这些事实还是会迅速扩散到全国的报社里，各种报道也会在总统竞选最为胶着的最后两个星期里爆发出来——在这场竞选中，挑战者已经开始批评当权者将太平洋战场一分为二的做法。在国会山，关于太平洋上指挥不统一的负面声音已经层出不穷，立法者们也将会为此安排听证。哈尔西和海军将理所应当地为这场灾难担责。麦克阿瑟一直想要统一指挥太平洋战场，而其运输船队差点遭到屠杀必然会成为头号论据。参联会也将不得不在公众的强烈关注之下重新审视这一永远也吵不完的话题。

哈尔西将自己与金凯德之间的误会归结于不恰当的指挥架构，当时只是私下说，战后便是公开说。战役之后一个星期，他给尼米兹写了一封称呼他为"我亲爱的切斯特"的私信，信中说："我们不能用一支海军的观点来评判两位彼此独立的战场舰队指挥官。在海战中协调永远替代不了指挥，让第 7 舰队与太平洋舰队联合作战却又相互分离，独立行动，这就一定会导致混乱，甚至是灾难。"[131]

尼米兹对这些说法不置可否，至少没人见过他的答复。但人们可以想见他是什么看法。哈尔西在 10 月 24 日所犯的各种错误都无法直接归咎于指挥架构问题。哈尔西在 18 个月的南太平洋战区司令任期里常常和麦克阿瑟斗来斗去，他肯定知道太平洋战场统一指挥所面临的障碍。情况和 1942 年 4 月金和马歇尔议定"双战区"指挥系统的时候如出一辙。如果将麦克阿瑟置于任何一位海军将领的麾下，他就会辞职，反之，海军将领们也不愿从属于麦克阿瑟，觉得他不够格去指挥太平洋舰队。这一双重指挥体系或许并不理想，也会浪费资源，但它却平稳运行了两年半，而且看上去仍然可以为陆海军之间的僵局提供一个"最不坏"的解决方式。哈尔西是四星上将，高级指挥官，这意味着他背负着关照海军军种利益，能够长袖善舞，妥善处理与其他军种和战区的竞争关系，并且不犯政治错误的期望。然而当哈尔西在莱特湾所犯的高层错误曝光时——他几乎毁掉了将太平洋舰队交给美国海军来掌管的社会共识，而太平洋舰队正是海军自己皇冠上的钻石。

当然，这样的危机最终并未出现，栗田的撤退使这场灾难得以避免。第 7 舰队中自然有一些对哈尔西不满的声音，就连第 3 舰

队中也有——但这些牢骚很快就被对盟军这次历史性胜利的大张旗
鼓的庆贺淹没了。10 月 26 日，麦克阿瑟发布了一份胜利公报。福
莱斯特部长决意让海军也在第二天的头版头条上占得一席之地，于
是他公开了哈尔西这天早些时候的电报，就是宣称日军舰队已经被
"第 3 和第 7 舰队打败、赶走和粉碎了"的那一封。[132] 在白宫的一
次新闻发布会上，罗斯福大声宣读了哈尔西的电报，于是这份电报
第二天便出现在了数百份美国报纸上。在美国人民眼中，哈尔西的
形象比以往更加高大了。

没人想在这种时候搞出一点负面舆论来破坏这一片大好的氛
围。金凯德删除了他战报中所有直接批评哈尔西的内容。当尼米兹
的一位下属起草了一份对哈尔西的决定持批评态度的报告时，尼米
兹直截了当地要求他"淡化此事"。在西南太平洋战区司令部当周
的一次会议上，几位军官贬损了哈尔西的表现，麦克阿瑟打断了他
们："够了。别烦公牛了。在我看来他还是一位得力的海上战将。"[133]

许多人觉得哈尔西之所以能保住自己的职位，是因为他的声
望和人气对海军很有价值。尼米兹和金的通信，及其后来的访谈和
著作中都找不到关于这一说法的直接证据。迄今所知，福莱斯特部
长、莱希上将和参联会的任何其他人都没说过这种话。然而，这种
可能性还是有的。莱特湾海战及其后一段时间恰逢福莱斯特大力改
善海军的公共关系之时。在接下来的战争中，哈尔西猛打猛冲的个
性和他"杀死更多的日本鬼"的口号在各种媒体文章和新闻短片中
广为流传。在 1945 年 2 月华盛顿的一次媒体会上，哈尔西夸口说
第 3 舰队从"野蛮猿人"手里夺取了对海洋的控制。他还说："我
们打下他们的飞机，把他们烧死，淹死。烧死他们和淹死他们一样

痛快。"[134]

哈尔西在他的同僚和上级中仍然保持着良好的口碑,这些人对1942年时的灾难和急迫态势至今记忆犹新。在那个时候,哈尔西的无所畏惧和振奋人心的领导力看似鲁莽,却赢得了成功。他为自己赢得了犯错的权利。解除他的指挥权只会引起人们对莱特湾几近灾难的关注,海军并不希望如此。而且,谁能取代他呢?具有必需的年资并且能够胜任这一职务的四星上将除了他也没别人了。米彻尔固然可以提拔上来,但他此时急需长时间休息,而且接替他的人(约翰·麦凯恩)还没有完全上手。金和尼米兹显然讨论过解除哈尔西职务的可能性,至少是一度讨论过,但很快放弃了这个想法。两套班子轮换的指挥体系,也就是哈尔西和斯普鲁恩斯每隔几个月轮流上岗的做法,将会一直保持到战争结束——而且,最终得到第五颗将星的还是哈尔西(而不是斯普鲁恩斯)。

关于莱特湾海战指挥的争议到了战后烽烟再起,再次成了一个漫长而且扯不清的话题。哈尔西永远没法让自己承认日本人是故意把他引诱到北边,而小泽北路舰队的航空母舰不过是个诱饵而已。在美国人找到"捷号"计划的原文并翻译出来,甚至小泽、栗田、丰田和其他人在战后向美军审讯人员供述了全部真相之后,哈尔西依旧自顾自地抵赖。小泽告诉美国战略轰炸调查组,日军航母的角色是被严格限制的:"诱饵,那就是我们的首要任务……我们的主要考虑就是引诱你们的舰队向北,我们已准备好遭到全歼。"[135]在取得这一重要发现超过6年后,哈尔西仍然表示自己不明白小泽的航空母舰为什么没能好好打一仗。在一篇刊登在《海军学院学报》

诸神的黄昏:1944—1945,从莱特湾战役到日本投降

的文章中，他写道："这次战斗中的一件怪事是，空战一直没能打起来。我们的攻击机看到敌人航母的甲板上只有区区几架飞机，空中也只有15架。"[136]

在他辉煌海军生涯的后期，适当的谦逊会对哈尔西大有益处。他是个海军五星上将，美国历史上仅有的四位海军五星上将之一，这个职位令他直到临终前都得以享受现役待遇，发全薪，拥有专用办公室，享受住宅津贴，配有专车和司机。他还靠着出售回忆录和巡回演讲而发了财。在公司董事会的职务又让他挣了一大笔钱。20世纪50年代，"公牛"哈尔西俨然成了一个拥趸无数的大明星，常常在电视上露脸。他原本应当对历史学者们的结论泰然处之。即便承认在莱特湾所犯的错误，他也不会有太大的损失——实际上，这甚至可能会令他的传奇更加高尚而不是受损。他大可把他曾私下承认过的事情公开说出来——他觉得更应该让斯普鲁恩斯来指挥莱特湾海战，他自己则去指挥马里亚纳海战。[137]然而，直到1959年离世，这位骄傲的老五星上将仍然在徒劳地对抗历史学界的定论。

战争期间，他一直拿塞缪尔·埃利奥特·莫里森当朋友。然而，1950年，莫里森在一次向海军军官的讲话中，称哈尔西弃守圣贝纳迪诺海峡的决定是个"大错"。哈尔西通过小道消息听说了此事，怒气冲冲地给莫里森写信对质。于是这位历史学者同意以后再也不用"大错"这个词了，但观点仍然不变。他告诉哈尔西，在此后的演讲中，他会把这个词换成"误判"。由于对这个答复不满意，这位将军便将莫里森称为"高水平的马后炮"。[138]

之后一切便平静了下来，直到1958年，当时莫里森的美国海军第二次世界大战战史系列著作的第12卷《莱特湾》出版面世。书中，莫里森直截了当地给出结论，称哈尔西落入了日本人引诱他北上的陷阱，他正是萨马岛海战几近惨败的主要责任人。愤怒的老将军想要召集他的第 3 舰队旧部发起反击。"我的想法是狠狠收拾这个狗娘养的，找他的麻烦，"他在写给"阴谋诡计部"一名下属的信中写道，"我想要你们和我一起。"[139]有人答应了哈尔西，但是"米克"卡尼（他后来晋升到了海军的最高职务，海军作战部长）却给这个计划泼了一盆冷水。卡尼警告道，莫里森的声望是无法撼动的，"你们的攻击无论多么公正，也改变不了这一点；你们更可能反受其害"。[140]他建议哈尔西不如发表一份反驳海军历史处的声明完事。

这位老将军显然采纳了自己前参谋长的建议。但是几个月后，他的黑名单上又多出了一个顶级历史学者。海军学院教授 E.B. 波特请求哈尔西阅读他即将面世的新书的书稿。哈尔西不喜欢书中关于莱特湾海战的讲述，于是恼怒甚至充满威胁地答复道："我不打算让严重歪曲我的想法的表述写进一本准备用来教育学员的书，我不想找你麻烦。"[141]

在哈尔西最后的年月里，"公牛"这个绰号已广为流传。哈尔西并不太喜欢这个绰号，即便这是 1942 年时被爱戴他的媒体安在他头上的。但他在努美阿司令部和第 3 舰队司令部的手下并不知道他不喜欢。麦克阿瑟肯定也不知道，因为他凡提到哈尔西必用这个绰号，甚至当面这么称呼他。哈尔西将军也听之任之，可能是由于麦克阿瑟的称呼中满怀尊敬和爱戴。然而现在，晚年的哈尔西却拒绝回应这个"虚假而夸大其词"的绰号。[142]他告诉一个朋友："只有那些不了解我的人才会称我为'公牛'。"[143]

哈尔西拒绝这个绰号并不令人意外。这个绰号显然有两面含义，

　　　　　　　　　　　　诸神的黄昏：1944—1945，从莱特湾战役到日本投降

而且这一点愈加明显。人们尊重公牛是因为其体量、力量和勇猛，而不是因为它的战术敏锐性。公牛顽固、不讲理、莽撞。它行动时不顾及周围，狂怒而猛烈，"就像等待进入斗牛场的公牛"。其他猛兽在狭小的空间里都会施展不开，但它不同，它是全世界所有瓷器店主最害怕的动物。所有哺乳动物都会在地上排便，唯独公牛粪便（bullshit）在美国俚语里有一席之地，意指"废话、说谎或者自吹自擂"。

公牛冲向斗牛士的斗篷，却没有看到他手中的长剑。公牛看见一片红色，便挺起牛角冲了上去，自信能够轻松干掉这个不起眼的对手。但最终，往往是公牛血淋淋的尸体被拖出斗牛场，斗牛士则在万众欢呼之下昂首离开。

第七章

在战后美国海军学会发表的一篇获奖论文中，J.C. 小威利上校提出，日本是被一系列"推进式"和"累积式"相结合的联合战略击败的。其中的"推进式"指的是一路西进的两栖进攻，这一连串战斗和登陆作战让盟军部队一步步逼近了日本。它体现在地图上那些代表陆海军部队进占地盘的小箭头上。这更适合传统的以时间为顺序的讲述方法。这样即便是没有受过正规军事训练或教育的门外汉也能凭本能理解这一点。对于那些一直在报纸上关注战争进展或者读过第一阶段战争历史的人而言，这一系列战役组成了太平洋战争的**完整**历史。

根据威利的说法，累积式作战策略截然不同，它并不包括攻占地盘和大规模激战，而是一种"积累不易察觉的微小战果，积小胜为大胜，直到未知的某一时刻，这大量精心策划的战斗将改变战局"。[1] 其基本逻辑是，"千刀杀一人"。在太平洋上，正是这种累积式作战逐步蚕食了日本帝国主义的经济基础和政治基础。其中一个例子是宣传战，或曰"心理战"，其针对的是遭到日本侵略的各国人民，日本民众，日军官兵，最终就连东京的高层决策圈也会受到影响。另一项累积式作战是战略轰炸。从 1944 年 11 月开始，美军对日本的核心工业区展开了持续的空中轰炸，以图重创其主要的战争工业。最终，这种轰炸摧毁了这个国家的大部分城市。最值得一提的是，美军还运用其空中和海上力量（尤其是潜艇）打击了日本与海外占领区之间的航运线，这样的作战行动逐步卡住了日军战争潜力的咽喉。到1945年，除了麦克阿瑟和尼米兹的两路进攻大军"推进式"占领了许多地盘之外，日本的经济也已财竭力尽，濒于崩溃。

和其他工业国家相比，日本无法实现原材料自给，和二战其他主要参战国相比更是如此。日本本土的自然资源极其匮乏，原油、铁矿石、铝土矿和其他重要矿藏的储量几近于零，只有少量木材和低等级煤炭。自从明治时代开始寻求成为亚洲的领头羊之后，日本对外政策的主旨便是确保能够稳定可靠地获取这些必不可少的资源。在20世纪20年代，国际贸易足以满足需要，保护和维系此类贸易的需求便主导了日本的外交。然而到了30年代，日本进入了所谓"幽谷"时期，军国主义者把持了国家，他们决意夺占海外原材料产地并实施殖民统治，以向自己的工业经济和战争机器输入这些必需的物资。

1931年日本侵占了资源丰富的中国东北，其钢铁厂由此得到了稳定的铁矿石和无烟煤供应。但日本的原油、橡胶、铝土矿、铜、锌，以及其他钢铁和有色金属的进口却仍然要完全依赖东南亚的美国和欧洲殖民地，别无可选。日本最重要的物资供应国——美国、英国和荷兰———一致反对纳粹德国，即便如此，东京还是在1940年9月和柏林、罗马方面共同组成了轴心国，这一鲁莽的决定直接引发了对日本的贸易制裁。1940年之前，美国供应了日本74%的废旧金属进口，93%的铜进口，最关键的是还供应了大约80%的原油进口。1940年，罗斯福政府开始针对上述物资和其他一些物资实施对日禁运，而且这些措施的覆盖范围和严格程度还在不断增加。到1941年8月时，得克萨斯州西部的原油阀门被彻底关闭了。日本没有其他的石油来源，不得不开始消耗原本就十分有限而且还越来越少的国内储备。当东条内阁走上发动太平洋战争的不归路时，石油危机给他们带来的压力比其他任何因素都更加严重。

开战之初，日本人将解决资源问题的希望寄托在向南方的盟国殖民地发动闪电进攻上。到1942年4月，也就是袭击珍珠港之后仅仅4个月，侵略者已经开始利用马来亚、东印度、菲律宾和其他各地的丰富资源了。最重要的是，日本占领了曾经分别是荷兰、英国殖民地的婆罗洲和苏门答腊，这里拥有当地产量最大的油田和石油精炼厂。

但是还有一个毋庸置疑的难题：抢来的油田距离日本本土还很远。这些维系日本经济的血液需要流过一条长达3 000英里的漫长而脆弱的海上大动脉。一旦这条动脉受损，日本的战争机器就会迅速失血，如此，战败就将不可避免。东京对这一威胁心知肚明，即便在这个国家鲁莽地踏进无法打赢的战争之前就知道，但是它的统治集团却自我麻醉式地相信自己能守住海运线足够长的时间，直至获得胜利。可即便如此，他们也知道自己的时间并不充裕。日本的商船队已经拼了老命，使用率几近于100%。1938年末时，日本商船队中只有0.3%的船只处于空闲状态，作为对比，同期英国和美国的这一比例分别是3%和10%。[2]需要船运的地方很多，除了进口原材料，向海外的部队、舰队和基地输送补给也需要船运。不仅如此，日本国土中可耕地只占3%，需要进口粮食以避免饥荒。即便是对于日本国内的运输系统而言，船运也是不可或缺的。这个国家的铁路系统总的来说承载能力不强，无法重载，其大部分工业贸易都是经由近岸船只在港口之间进行的。

20世纪30年代后期大力造船之后，日本商船队（主要由吨位500吨以上的钢质船舶组成）的总吨位增长到了大约600万吨。其中约410万吨被陆海两军征用，只有190万吨作为民用和工业用途。[3]内阁计划委员会坚持认为，要维持日本经济正常运转，至少要有300万吨船舶作为民用，但陆海两军却拒绝让出所需的船只。日本政府预计战争第一年的船只损失将在80万到110万吨之间，随后两年的每年损失将降至70万~80万吨。战时新建船只预期能够弥补这些损失，至少是部分弥补。实际上日本战时的造船成果十分惊人，每年新下水的货船从1941年的23.8万吨增长到1944年的160万吨。但是被击沉的数量却远远高于预期，战争期间日本每年的船舶吨位净减都十分严重。[4]

日本陆军和海军毫不重视彼此间的协作，和民间船运的协作就更是无从谈起。军用运输船运载着部队、武器和补给物资前往海外基地，之后装一些压舱物（等于是空船）就回来了。实际上若能把这些船只派到附近的港口，装上一些物资再返程，船运效率就会大大提升。但日本政府却没有这样的控制权来要求相互竞争的陆海两军如此配合。

如果说日本的海上运输线容易受到航空兵和潜艇的攻击，那么它的城市和工业区在战略空袭面前则是毫无防备。日本的工业基地都是新兴的，仅仅用了三四十年就从零起步建设了起来。官方和资本联手协作，创立了一套以军工生产为核心的工业经济，其中最优先发展的是钢铁、造船、汽车、飞机、坦克和机床制造业。其成果十分惊人，甚至可以说是历史上独一无二的。就在袭击珍珠港一年之前的 1940 年，日本重工业产值在 12 年时间里增长了 5 倍。日本经济总量的 17% 都被用于军工生产，作为对比，美国经济中的军工占比只有 2.6%。[5] 1941 年之后，军工生产在日本 GDP（国内生产总值）中的占比迅速增长，到 1944 年时已接近 50%。到了这一阶段，日本的民众已经多多少少陷入了贫困，其经济中剩余的非军工份额只剩下了农业和食品生产。如此，其战争工业便不再有增长空间，经济体系中所有的剩余空间都已被挤占干净。战争期间，日本工厂的开工率近乎 100%，只有其生产线由于必需原材料短缺而不得不停下来时例外。况且，工业依赖于大量技艺精熟的技术工人和工程师，这些人也不是那么容易补充的。工业生产集中在少数大型工厂中，它们的物资供应相对落后。例如，维持整个日本经济所需的大部分钢铁生产都集中在 6 所主要钢铁厂中，盟军对它们的位置一清二楚。这样，只要对钢铁厂本身或者为其服务的运输设施进行少数几次有效的轰炸，日本的钢铁供应就会被切断。由于没有后备产能可供应急，这种轰炸的影响将很快蔓延至整个日本经济中。

因此，显而易见，从海上和空中对日本的商船和战争工业进行打击将会对日本的战争能力造成釜底抽薪的影响，甚至予以致命打击。但是在这样一场宏大而且复杂的战争中，盟军怎样才能平衡彼此矛盾的各项任务之间的优先级？太平洋战争各个阶段的任务实际上都受到"推进式"和"累积式"之争（如果你愿意这么认为的话）的影响。地面战场和海上战场的盟军指挥官都会本能地优先考虑眼前的战术问题，而对针对敌人经济的长远"累积式"作战的价值持怀疑态度。美国陆军和海军的飞行员们都将"丸"——日本的商船与货轮——视为次要目标，或者只是"安慰奖"。战区指挥官们倾向于将航空兵投入眼前的焦点战场，对于向远在天边的敌人本土进行的没有明确目标的战略轰炸，他们同样怀疑其价值。潜艇的角色和任务则很杂乱，常常缺乏明确的战略依据：直到1943年后期，它们才得以专心投入消灭日本商船的作战。

1944年8月，当哈尔西将军接掌第3舰队时，他和他的"阴谋诡计部"就提出要对太平洋舰队潜艇的运用方式进行根本性改变。他们将此称为"动物园计划"。"米克"卡尼和"罗洛"威尔逊制定了具体细节。他们将菲律宾、台湾岛、琉球群岛周边海域划分为24个区域，各用一种动物名称命名（所以叫"动物园"）。潜艇狼群将被部署在每个区域里的航线上，奉命在一场大规模海战之后拦截并击沉日军军舰。卡尼后来解释道：无论预计中的海战的结果如何，日军舰队在战斗之后总要"退出战场加油并返回基地，这时候他们就不得不闯进我方潜艇在其撤退路线上布下的天罗地网"。[6]

在1944年9月28日写给尼米兹的一封私信里——此时距离莱特湾海战打响不足一个月——哈尔西提出了"动物园"方案。他首先承认了击沉敌人商船的价值，同时却提出，"当敌人舰队出击时，太平洋上的所有武器都要拿来对付他们"。[7]哈尔西提出要把潜艇部队交由自己直接指挥，至少在即将到来的海上大秀之前如此安排，这样他们将能够更好地与第3舰队协同作战。

在对此提案"深思熟虑"之后，尼米兹拒绝了。在10月8日发出的一封写给"亲爱的比尔"的信中，他委婉地反驳了他的这位好友。只要机会出现，潜艇就应当攻击敌人军舰，他说，但它们的首要任务将始终是破坏商船。尼米兹和他的潜艇部队指挥官查尔斯·A. 洛克伍德中将将继续对这些潜艇进行直接战术指挥。他要哈尔西"接受我的决定，因为这是对所有相关因素充分考虑之后的结果，其所依据的情报比你能获得的更加丰富，而且其背后是我更为广泛的职责"。[8]

然而讽刺的是，事情还有另外一面，尼米兹在一项关于新型B-29"超级堡垒"轰炸机的相似争议中却站到了另一边。这些轰炸机正在被大批部署至马里亚纳群岛的机场上，下个月就要开始对日本进行轰炸了。这种巨型波音飞机的重量和航程都是前所未有的——它能够携带1万磅有效载荷，作战半径远达1 600英里。以阿诺德将军为首的美国陆军航空队的一众将领决意要将所有"超级堡垒"轰炸机全部用于对日本的战略轰炸作战。但是两位战区指挥官却对这些新型轰炸机的用途另有想法，关于如何将这些大家伙用于战术目的的想法也层出不穷。尼米兹的司令部对它们远程侦察、搜索救援，以及在濑户内海布雷的能力很感兴趣。麦克阿瑟则希望把所有的B-29都派到他的西南太平洋战区，他警告乔治·马歇尔，"将这些未经实战检验的飞机一开始就部署至马里亚纳群岛，会使得它们在第一次参战时就处于最困难的条件之下"。[9]

但是"福将"阿诺德没有搭理尼米兹和麦克阿瑟。他成功说服参联会的其他成员创建了一个新的独立航空兵部队，第20航空队，专司对日本本土列岛进行战略轰炸。和其他任何航空兵部队不同，第20航空队将由参联会从华盛顿直接指挥。作战命令将由阿诺德作为各位参谋长的"代表"下达至部队。航空队将下辖两个轰炸机司令部，第20和第21轰炸机司令部，其基地分别设在中印战区和马里亚纳群岛。虽然第 21 轰炸机司令部设在尼米兹的战区里，但太平洋舰队司令部对它却完全没有指挥权，只有紧急情况下除外。阿诺德将军坚持认为这种不同寻常的指挥架构是必不可少的，这样才能确保"超级堡垒"轰炸机专注于执行其首要任务，打击日本的工业目标。

尼米兹获悉此事后很不高兴。绰号"负鼠"的海伍德·S. 汉塞尔准将是马里亚纳群岛第一支 B-29 部队的指挥官，他在 1944 年 10 月 5 日拜访了太平洋舰队司令部。尼米兹直截了当地告诉他："我必须告诉你，我对这种安排十分反对……这是对指挥体系的一种破坏。"但是既然参联会已经如此决定了，他也无可奈何，他保证会尽最大努力支援汉塞尔："我将在我力所能及范围内给你所有的帮助和协同。衷心祝你成功。"[10]

没有记录能显示尼米兹是否注意到他拒绝哈尔西的"动物园计划"和这件事其实是一回事，太平洋舰队总司令在三天后拒绝了这一计划。尼米兹没有把潜艇部队交给哈尔西，以确保他们能执行切断日本海运线的"累积式"任务。参联会也没有把 B-29 部队交给尼米兹，以确保他们能执行轰炸日本本土的"累积式"任务。

除了个别特殊情况之外，潜艇部队一直都游离于公众的视线之外。媒体对他们的报道非常少，战争初期尤为如此。潜艇部队"沉默军种"的称号不是白来的：潜艇战士们天生嘴严，即便是在海军其他部门的战友们面前也是如此。他们在珍珠港的基地看起来很神秘，甚至有些诡异。流线型的低矮潜艇通体漆黑，隐藏在东部海湾中手指般细长的堤道之后，从外面只能看见一丛丛伸出来的指挥塔外壳。在堤道背后的海军造船厂里，坐落着一座平凡无奇的三层混凝土办公楼。只有一块低调的门牌说明了这里的身份："太平洋潜艇部队司令部"（ComSubPac）。

1943年2月7日小鲨鱼级潜艇"刺鲅号"返回珍珠港，这可以算是少有的几次例外之一。太平洋舰队司令部里有些人决定要让潜艇部队在公众面前露露脸了。"刺鲅号"在护航舰艇的护卫下驶入了港口水道，潜望镜筒上刷头朝上绑着一支扫帚和一条长长的飘带，飘带上写着"打死挂太阳旗的浑蛋"。数百人拥挤在码头旁，其中有战争通讯员、摄影师、新闻电影摄制组。当"刺鲅号"靠上泊位时，军乐队奏起了音乐。随即一个人人都戴着金穗纹章的高级军官代表团通过跳板登上了潜艇，后面跟着一组已经获准拍照和采访艇员的记者。那些习惯于保密的"刺鲅号"水兵见到这一幕，一个个目瞪口呆。有人在日记里兴高采烈地写道："我在后发动机舱里拍了一张照片。那是要登上《时代》杂志的。"[11]

这次突如其来的公共宣传是由于"刺鲅号"刚刚结束并引起了轰动的第三次战斗巡逻，这艘潜艇在此次巡逻中击沉了5艘船，总吨位达3.2万吨。（前文提到的扫帚象征着"扫清敌人"。）在古怪而富有进攻精神的艇长"大舌头"达德利·W.莫顿的指挥下，"刺鲅号"证明了潜艇可以承担先前被认为不可承受的风险，昼间可以长时间停留在水面上，夜间可以在水面上发动攻击而毫发无损，即便在面对日本护航舰艇时也是如此。莫顿和他信赖的副艇长理查德·奥凯恩一起，探索出了一套新的接近并攻击目标的流程。奥凯恩被指定为"副接敌官"，在整个鱼雷攻击过程中负责所有的潜望镜观察事务，这样莫顿就被解放出来，得以思考其他所有地方来的信息并做出决策。"刺鲅号"此番战斗巡逻中最光彩照人的一击是在新几内亚的韦瓦克港，它在那里以一次前所未见的鱼雷攻击"一剑封喉"，打跑了一艘冲过来的日本驱逐舰。当被问及在紧张战斗中有何感受时，莫顿答道："你说我为什么要派奥凯恩看着它［敌人驱逐舰］呢？他是我认识的最勇敢的人。"[12]

莫顿是个高大壮硕，天不怕地不怕，有些狂妄的肯塔基州人，口音也是那里的口音，他会穿着一件不怎么雅观的红色浴袍在艇上走来走去，时常心血来潮，和措手不及的艇员们来一场摔跤。他常常会在巡逻报告中写一些和潜艇工作基本没关系的小提议。他对敌人的态度可谓残暴无情。莫顿似乎是将击沉所有还浮着的日本舰船视为他自己的使命，屠杀日本水手时也没什么负罪感。他属于在和平年代的海军中完全混不下去的那类人——但是在战时的压力之下，他海盗式的作风和敢于冒险的战术使他成了明星。

"刺鲅号"的第三次巡逻只有24天，是有记录可查的最短的潜艇战斗巡逻之一（不过原因很简单，它打完了鱼雷，只能返航）。潜艇战斗巡逻的间隔通常为两个星期，其间所有艇员——军官和水兵都一样——都会在夏威夷皇家大酒店和怀基基海滩的女王酒店享受一段奢华的休息与娱乐。不过既然这次"刺鲅号"那么快就回来了，洛克伍德将军决定让他们休息一个星期就够了。

潜艇则从头到尾进行了一番大修。它被送进干船坞，船底的寄生生物被刮除，重新油漆了一遍；艇体内部被彻底打扫干净，装满补给物资，填入新的鱼雷。它的4英寸甲板炮被挪到前部甲板上，后部甲板加装了第三门20mm机炮。所有美军潜艇都进行了改装，加强了甲板炮的火力，因为经验已经证明"上浮击沉"战术战果颇丰。

2 月 17 日，艇员们再度上艇，一个代表团也来到码头送行，"刺鲅号"已经做好了再度出海的准备。它的引擎开始空转，水兵们解开缆索，把它抛掷到码头上。潜艇以半节航速缓缓驶入水道，发动机排出的蓝色废气环绕在艇体周围。在一名引水员的协助下，它驶出了拥挤的港区，在中午前不久穿过了珍珠港狭长的入口水道。

"刺鲅号"的第四次巡逻将进入美国潜艇从未到过的水域——东海和黄海，距离中国和朝鲜海岸很近。莫顿主动申请这个任务，洛克伍德便给了他。莫顿对这片水域很熟悉，20 世纪 30 年代中期他还是个年轻军官时曾到过那里。这里有全世界最繁忙的一些航线，包括青岛、大连、黄河入海口和下关海峡（濑户内海的西部入口，两侧分别是九州岛和本州岛）之间的航线。莫顿告诉奥凯恩和艇员们，"刺鲅号"这次将要去往一片"处女地"，他们将会在接下来的巡逻中"杀个痛快"。[13]

潜艇日复一日地在阴冷的灰色海面上颠簸穿行。除了每日例行的下潜训练之外，它一直在海面上航行，从没有遇到过一艘巡逻艇或者一架巡逻机。"刺鲅号"在中途岛短暂停留加油，在那里，它运上了一箱子改进版莫洛托夫燃烧弹，这是守岛陆战队送的礼物。（他们认为一旦和敌人的舷板或者其他小艇近距离遭遇，这些武器就会派上用场。）进入三月第一个星期之后，它把航速降到了单引擎驱动的水平以节约燃油。

3 月 10 日上午，高位观察的潜望镜看到了九州岛南方屋久岛上崎岖的绿色山峦。"南西诸岛"中的许多其他岛屿也纷纷映入眼帘，其中有些岛上的火山或其他地标清楚地标明了自己的身份。11 日夜，

诸神的黄昏：1944—1945，从莱特湾战役到日本投降

"刺鲅号"驶过了穿越"南西诸岛"的主要水道吐噶喇海峡。第二天破晓前，它做好战斗准备，进入了东海，也就是指定的巡逻海域。

在随后的几天里，"刺鲅号"白天潜在水下，沿着台湾岛和九州岛之间的航运线猎杀高价值目标。这一海域满是"小鱼"——小渔船、中式帆船以及 500 吨以下的拖网渔船，这些船常常在夜间亮着灯，以表明自己不是军用船只。艇长和副艇长轮流值守潜望镜，并时不时为某个目标是否值得用一枚鱼雷而争论一番。3 月 13 日，他们向一艘大型拖网渔船射出了艇上 24 枚鱼雷中的第一枚。但是鱼雷却从目标尾部驶过，未能命中。莫顿可不想再浪费一枚鱼雷，他预计在北方会有更大的猎物等着自己，想把弹药留到那里。在接下来的 4 天里，"刺鲅号"从数百只舢板近旁经过，艇员们于是将这片海域戏称为"舢板窝"。3 月 17 日，巡逻报告中写道，"刺鲅号""很难躲开所有的中式帆船和拖网渔船而不被看到"。[14]

它继续向北，来到了交通繁忙的黄海水域——这是太平洋岸边的浅水海区，三面分别被中国大陆和朝鲜半岛环绕。持续的北风将来自北极圈的寒流带到了这里，夜间在指挥塔上执勤瞭望的人都要裹上厚厚的羊毛外套，戴上帽子和手套。他们能在月光下看到自己呼出的雾气，要不停地跺脚拍手取暖，他们的皮肤和脸被吹得泛红、皲裂，执勤不了多长时间就需要由其他艇员接替。

莫顿战前就在这片水域执行过任务，研究过海图和情报。他预计可以在青岛、大连和长崎、下关之间的航线上找到大量的目标，他的判断是对的。从 3 月 19 日到 25 日，在 5 天的愉快猎杀中，"刺鲅号"击沉了 5 艘 2 000 吨以上的货船。新型的铝末混合炸药战斗部具有可怕的能量：他们看到有几个目标被命中时爆炸解体。碎片被炸飞到空中数百英尺高，残余的船体常常不到两分钟便会沉没。他们常常能看见幸存者趴在残骸上。由于水温只有零上几度，这些幸存者很难活下来。但是莫顿已经决心不留下任何目击者去"告发我们"。[15] 3 月 21 日，在山东半岛外击沉货轮"日通丸"之后，莫顿下令：浮上水面，甲板炮就位。他指挥潜艇撞翻了一只救生艇，把艇上的幸存者们掀翻到了海里，随后一门 20mm 炮迅速打死了水里的人。"刺鲅号"的一名水兵在日记中写道："'日通丸'连同它所有的货物和船员就此沉底了，其他鬼子海军不久后也将统统如此。"[16]

"刺鲅号"在黄海打出的所有鱼雷中有约 1/3 没能正常生效。这是太平洋战争头两年中的常见问题——美国鱼雷要么偏离航线，要么从目标下方穿过，要么命中敌人船体但不爆炸，或者提前爆炸，或者沉入水中，甚至转一圈回来冲向母艇。3 月 25 日拂晓，部分由于莫顿对鱼雷失灵感到失望，"刺鲅号"浮上水面，用艇上的 4 英寸甲板炮干掉了一艘小型货轮。莫顿很喜欢如此使用他的甲板炮，它们当然比鱼雷可靠得多：但大家都觉得这种武器对于 1 500 吨的潜艇来说有点太大了，而且它的炮口爆风也会给潜艇的上层结构带来重创。一名水兵记得看见过一块甲板在火炮射击时被震了下来。但无论如何，这门炮还是把那艘 2 500 吨的货轮彻底打成了碎片，直到它沉入海面。"刺鲅号"的有些艇员还跑去嘲笑那些趴在船只残骸上的幸存的日本水手，朝他们喊"So Solly！"。[*17]

"刺鲅号"的巡逻报告描述了这场战斗："从来没人见过一艘潜艇于曙光初露时，在平静的海面上和清爽的天气中，用 3 门 20mm

---

* 　日本人发音不准，"Sorry"（对不起）都会被读成"Solly"。——译者注

炮和 1 门 4 英寸炮打一场水面战，从没见过……真的很精彩。"[18]

此时东方已经天光放亮，"刺鲅号"继续航行，又摧毁了一艘货轮和几艘小一些的船只。随后"刺鲅号"加速退向南边并潜入水下，跟踪了一艘 7 000 吨的海军辅助船，向它射出了 3 枚鱼雷。其中一枚鱼雷命中了船首附近，重创目标但没有当场击沉。[19]莫顿也没有将它计入击沉记录，但战后调查显示，这艘船确实在向北逃走后沉没了。

"刺鲅号"的横冲直撞给东京敲响了警钟。日本大本营认定是有美军的潜艇狼群正在黄海活动。于是巡逻艇纷纷开往最近有船只被击沉的位置，侦察机也开始在上空往来巡逻。莫顿虽然强硬，却不是不要命的牛仔。奥凯恩就发出了理性的声音，说这次巡逻本身就很危险，要谨慎行事。黄海实际上是覆盖着海水的大陆架，太浅，无法进行深潜规避机动，而深潜规避机动正是潜艇对抗深水炸弹攻击的最佳自卫手段。莫顿将这一海域称为"小水潭"，他的巡逻报告写道："我们不得不小心控制下潜角度，防止扎进海底。"[20]随处可见的舢板和中式帆船中，有些可能是军用巡逻船，能看见有些船上装有大型的雷达阵列和无线电天线，普通渔船上是不会有这些东西的。上浮攻击的战术在有条件实施时十分有效，而且迄今一直都很有效——但是任何一艘看似无害的拖网渔船，说不定都装有一门藏在油布下的甲板炮，而只消一枚中口径炮弹直接命中，可能就足以摧毁一艘潜艇。

一枚故障或者哑火的鱼雷射出去后常常只会暴露潜艇的位置。3 月 25 日早些时候，"刺鲅号"击沉了几艘敌船，到了下午，一艘日本驱逐舰直冲着它开了过来。此时双方舰首朝向的角度对"刺鲅号"比较有利，它完全可以机动到有利位置上向对手发动一次理想的鱼雷攻击。它左舷还剩有两枚鱼雷。两个月前在韦瓦克，它曾经以一次大胆的"一剑封喉"鱼雷攻击打中了敌人一艘驱逐舰。这一回，莫顿和奥凯恩一致同意安全第一。"刺鲅号"快速下潜至150英尺深度以规避深水炸弹。驱逐舰很快开到了深弹射程之外，显然没有发现这里还有艘潜艇。据巡逻报告记载，"刺鲅号""没敢用仅有的两枚鱼雷挑战这个家伙，根据最近的经验，这些鱼雷可能会提前爆炸。我们不得不躲进壳里溜走，这很有辱尊严"。[21]

次日，进一步往南行驶的"刺鲅号"向一艘装载着煤炭，可能正开往九州炼钢厂的4 000吨的货轮发射了一枚鱼雷。鱼雷击中了船体中部，货轮在一声雷鸣般的巨响中爆炸了，掀起的煤灰变成了一朵蘑菇云，令空气几分钟内都无法呼吸。"刺鲅号"继续向南航行，溜到通往南方区域的主航线上，3月28日，它向一艘货轮放出了最后一枚鱼雷。那艘货轮两分钟内就沉没了。

所有鱼雷打光后，莫顿命令"刺鲅号"浮出水面。它再度杀回"舢板窝"，用甲板炮在小船面前耀武扬威。3月27日上午，"刺鲅号"击沉了一艘装有大型雷达天线的拖网渔船，莫顿怀疑那是一艘日军巡逻艇。果不其然，当敌船开始下沉时，船上的三门甲板炮露了出来。潜艇上的20mm机炮已炮管过热，水兵们不得不把成桶的海水泼上去降温。一名艇员发现炮身已经滚烫到水一浇到炮管上就会蒸发掉。一支潜水员组成的"突击队"登上正在下沉的敌船残骸寻找敌人文件，却空手而归。最后，他们用几枚中途岛上海军陆战队送的莫洛托夫燃烧弹结果了这条船。

当晚，"刺鲅号"退往吐噶喇海峡，艇员们在收听东京广播电台时听见有发言人宣称没有美国潜艇胆敢接近日本水域，都乐了。

"刺鲅号"的第四次战斗巡逻再次大获全胜。在黄海上的19天里，这艘常常在水面航行的潜艇击沉了9艘轮船、1艘拖网渔船和2条捕鱼舢板。它深入了日本人先前认为安全的水域，充分利用了突袭的优势。莫顿称自己击沉了8艘轮船，上级就给他记录了8艘战绩，直到战后统计时，他的战绩才增加到9艘，这就令此次出击成了单次击沉敌船数量最多的一次潜艇战斗巡逻。在黄海上的这次大打出手令莫顿坐稳了太平洋潜艇部队MVP（最有价值选手）的位置。

尽管"刺鲅号"拿到了一张可怕的成绩单，但艇上至少有6枚鱼雷失灵，占艇上鱼雷总数的1/4。3月24日，它由于鱼雷故障放跑了一艘大型油轮，这尤其令人恼火。莫顿向这个高价值目标射出了4枚鱼雷，却居然无一奏效。两枚提前爆炸，第三枚被那两次不合时宜的爆炸炸得偏离了航向，第四枚则开始"海豚跳"——时而深潜，时而浮出水面，像一道正弦波——然后偏离航线狂奔而去。莫顿就这个问题向洛克伍德将军大发牢骚，洛克伍德对他的话毫不怀疑。到1943年夏季，他确信Mk14蒸汽鱼雷是不合格的武器，并为了这个问题在华盛顿找了不少麻烦。6月24日，他获得尼米兹的许可，拆下了所有鱼雷上的磁性起爆器，等候进一步的调查结果。同一周，洛克伍德告诉金上将，鱼雷故障可能致使他的太平洋潜艇部队在头18个月战争中的战果下降了至少50%。

海军军械局对此的反应慢到令人愤慨，也令问题雪上加霜，正是军械局设计和制造了Mk14鱼雷。这种武器在战前根本就没有好好测试过，当然其中也有一部分经费不足的原因。设在罗得岛州纽波特的海军鱼雷站里，某些有分量的军官和工程师看起来是把所有关于这种武器的抱怨视作针对自己个人的了，他们坚持认为所有的故障都要归因于操作不当，以及珍珠港和潜艇自身对鱼雷维护不佳。

面对如此答复，潜艇官兵们付出了更多的努力，在巡逻时更加"宝贝"这些武器，只在最佳状况下发射。许多潜艇甚至开始关闭鱼雷管保护盖，直到发射前片刻才打开保护盖把鱼雷装进去，这样鱼雷就不会过早暴露在含盐的海水中。

但是故障依旧。故障的原因很多，而且一个原因可能会掩盖其他原因，这就令它们更难以被找到和纠正。许多故障都和"磁性"起爆器相关，这一装置的作用是通过探测目标船的磁场来引爆鱼雷战斗部。这项技术在当时十分先进，是战前美国最高机密武器计划的产物之一。其设计目的是应对当时在大部分重型战舰上常见的舰体"突出部"。（"突出部"是在舰体水线上下凸出来的双层船壳，当传统鱼雷在其表面爆炸时，它就可以保护内层船壳。）它的思路是让鱼雷冲到舰船下方，直接在龙骨下爆炸。这样爆炸的力量就会直接向上打击敌船无防护的底部，对目标的损害将会严重得多。但是这种磁性引信在战斗中常常失效，这就导致哑弹或者提前爆炸的比例很高。最终人们发现，设计人员忽略了世界不同区域磁场的变化，这一技术还需要根据经纬度进行微调才能使用。

人们还发现，Mk14鱼雷的实际航行深度会比设置深度深10英尺或11英尺。这个问题不难纠正，却直到1942年6月才最终被发现，此时已经开战6个月，超过800枚这样的鱼雷在战斗中被发射了出去。不仅如此，尽管抱怨不断，但这个问题却不是由军械局发现的——是洛克伍德本人亲自发现的，当时他是西澳大利亚潜艇部队司令，他在乔治王湾里进行了一系列测试。结果显示，这种武器航行时平均比设置深度深11英尺。起初军械局坚称洛克伍德的测试未经授权，结果不准确。直到两个月后，金上将在军械局的"屁股下烧了一把火"，他们才（根据在纽波特进行的测试）承认 Mk14 鱼雷确实航行偏深，其机械装置在战前测试不足。

然而，第三个问题却被其他缺陷遮蔽了超过一年。Mk14 鱼雷的触发引信，也就是磁性引信的传统版本，其撞针过于脆弱，常常在撞击时破碎，无法引爆战斗部。这个问题直到 1943 年洛克伍德命令拆除大部分潜艇上鱼雷的磁性引信才被发现。当时很快就有报告称鱼雷以理想的 90° 角直接撞上目标船的船体，结果却弹开了，没有爆炸。最惨痛的一次是在 1943 年 7 月 24 日，当时丹·达斯皮特艇长指挥的潜艇"黑鲹鱼号"在帕劳群岛西部攻击了一艘日本货轮。"黑鲹鱼号"在近距离几近完美的条件下连续发射了 11 枚鱼雷。达斯皮特通过潜望镜观察战果，谁知这些鱼雷竟然一枚接一枚地命中敌船，随后沉没不见。其中一枚鱼雷从船体上弹开，像鱼儿咬了钩一般跃出海面，接着又像鱼儿脱了钩一样掉进水里消失了。此时艇上只剩下了一枚鱼雷，达斯皮特放弃了击沉目标的努力，他要把这最后一枚鱼雷带回珍珠港仔细检查。

洛克伍德一年前在澳大利亚做测试时就干了军械局的活儿，现在他故技重演，在珍珠港做了一系列测试。触发引信故障的原因很快就找到了，这个问题很容易解决，把撞针换成更坚固的铝合金材质就行了。"此事最终打垮了鱼雷官僚们，"当时在潜艇部队担任军官的爱德华·比奇说，"他们现在终于愿意承认，在实验室里多消耗几枚鱼雷，比在更重要的实战中浪费掉它们要好得多。"[22]

1943 年 9 月，太平洋潜艇部队被告知 Mk14 鱼雷最终"修好了"，累计统计数字也显示，在随后几个月里鱼雷的实战表现越来越好。然而，关于鱼雷失灵的报告却直到战争结束都没消失过。最恐怖的失灵现象是"环航"，一旦鱼雷的舵面被卡住，它就会全副武装掉过头来向发射自己的潜艇扑过去。有几艘美军潜艇就体验了这种可怕的故障，靠深潜或者在水面上剧烈机动才擦着边躲过一劫。明确知道的就有两艘潜艇这样被自己的鱼雷摧毁，这是因为艇员中有人幸存下来说出了真相。可以想见，还有其他潜艇也同样由此被击沉，只是无人幸存而已，对此，后人只能猜测。

西屋公司的下一代 Mk18 电动鱼雷恰好在此时的 1943 年秋季进入部队，这种鱼雷不会拖出易被发现的气泡或废气尾流。这一新型武器也被送到纽波特的海军鱼雷站进行试验和测试——然而一名潜艇部队军官却发现，"纽波特这伙人"不肯配合。设计并制造了Mk14 鱼雷的纽波特鱼雷站的工程师们将西屋公司的这一新产品视作来抢饭碗的，十分仇视。戈特岛（纽波特港口中的一个小岛，是鱼雷站的所在地）被"非我发明综合征"*控制了。在纽波特监督这些试验的"黑鲹号"潜艇军官们对自己得到的对待备感失望。"说他们蓄意破坏可能太重了，""黑鲹号"副艇长伊莱·赖克如是说，"但他们确实一点忙都不肯帮。"[23] 赖克在珍珠港告诉洛克伍德的副手："我觉得这些人根本没有战争意识。"[24]

1943 年 5 月 21 日，"刺鲅号"结束了第五次战斗巡逻后返回，此番它去到了高纬度上冰天雪地的日本千岛群岛。它击沉了 3 艘敌船，考虑到这次任务的实际情况，这个成绩还算不错——但是莫顿告诉洛

---

* "非我发明综合征"（"not invented here" syndrome），指的是一个组织对非自身原创的外来事物持抵制态度的现象。——译者注

克伍德，如果鱼雷都能正常工作的话，自己原本可以击沉 6 艘。"刺鲅号"此时已经急需大修，于是它奉命返回加利福尼亚州的马雷岛，也就是这艘艇 18 个月前诞生的地方。迪克·奥凯恩晋升了，现在他要去指挥自己的潜艇，一艘白鱼级潜艇，名为"刺尾鱼号"。这艘潜艇此时尚未建成，它也是在马雷岛建造的，只要从"刺鲅号"的泊位沿着河边走一小段路就到了。"刺尾鱼号"将于 1943 年 8 月下水，奥凯恩和骨干艇员们将监督它最后阶段的建造和舾装。与此同时，"刺鲅号"基本相当于重建了，当它在 1943 年 7 月启程开往珍珠港时，其外观已经完全变了样。莫顿带领着几位新的军官和大部分都是新人的艇员登上了"刺鲅号"。当它在 7 月 21 日驶入纳帕河时，艇长和自己的好友、老搭档副艇长挥手道别。这是二人的最后一面。

莫顿这一次想要带领"刺鲅号"前往日本海，这片海域位于日本和亚洲大陆日占区之间，几乎完全被陆地包围。洛克伍德答应了自己这位明星艇长的请求。从某种意义上说，这意味着太平洋水下战争的"最后一程"；这是唯一一处美军潜艇尚未渗入的重要海域。这里满是往来于日本本土和亚洲大陆之间的船只。但由于地形封闭，日本人此前还没有在这里采取什么特别的反潜措施。如果说黄海是美国潜艇的"处女地"，那么日本海简直就是日本不容侵犯的圣地。

出入日本海只有三条通道：位于九州岛和朝鲜之间的对马海峡，本州岛和北海道岛之间的津轻海峡，以及北海道和库页岛之间的拉彼鲁兹海峡（又称为宗谷海峡）。这三处水道都可能成为致命的咽喉要地。所有水道都布设了水雷，有岸炮把守，并且有反潜巡逻艇和巡逻机密集巡逻。闯入这里很危险，逃出更难——一旦日本人发现日本海中有敌人潜艇，他们在几个出口处的反潜措施就会加

"刺鲅号"(SS-238) 最后四次巡逻, 1943年2月—10月

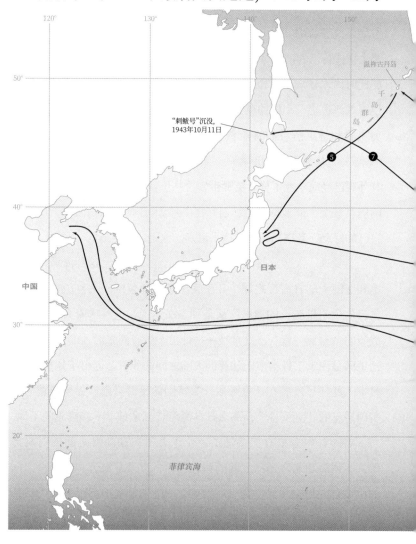

诸神的黄昏: 1944—1945, 从莱特湾战役到日本投降

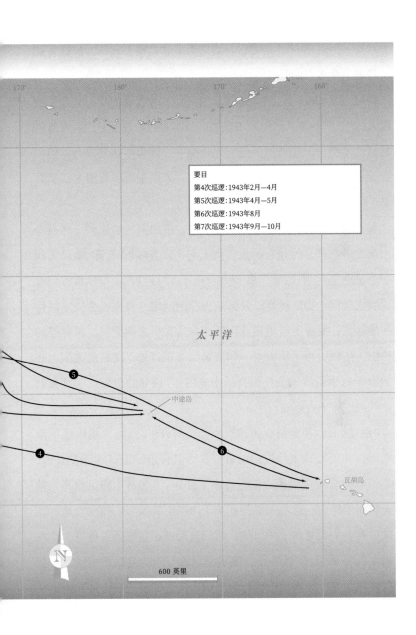

要目
第4次巡逻：1943年2月—4月
第5次巡逻：1943年4月—5月
第6次巡逻：1943年8月
第7次巡逻：1943年9月—10月

太平洋

中途岛

瓦胡岛

N

600 英里

倍。对这一问题进行研究之后，洛克伍德和莫顿一致认为拉彼鲁兹海峡是进出日本海的最好选择。

1943年8月14日，"刺鲅号"开进了拉彼鲁兹海峡。它趁着夜色以大约18节航速从水面开了进去。日本雷达发现了它，一座灯塔向它打出了身份识别信号，但它无法应答，因为不知道口令。但是还没等日本人做出反应，它就溜了过去，如同鬼影一般消失在了日本海上。

和预期的一样，这片海域中满是高价值船只，莫顿兴奋地准备再一次大展拳脚。但是它的鱼雷坑了它。在8月15日到22日之间的一个星期里，"刺鲅号"找到并攻击了12艘货轮，却经常碰到哑弹、航线过深、提前爆炸以及偏航失踪的问题。莫顿于是决定尽快返回珍珠港，要求上级重视此问题。在这次半途而废的短暂巡逻的报告中，莫顿引用了历史上一句著名的海军口号，这是由美国内战时的海军将领戴维·法拉格特喊出来的："该死的鱼雷！"放在此处，讽刺意味不言而喻。

8月28日，得到洛克伍德返回基地的许可之后，"刺鲅号"浮上水面，向一艘日本舢板的前方开火令其停航。但日本船没有停，于是"刺鲅号"用甲板炮把它打成了碎片。6名日本渔民投降，被带上艇当了俘虏。这些人都得到了干净的干衣服和一杯白兰地，这让他们看上去像是松了一口气。他们被关押在后部鱼雷舱里，睡在甲板上的垫子上。"刺鲅号"艇员和这些俘虏的关系还不错，甚至可以说很友好。俘虏们给艇员们展示了自己的厨艺，还自告奋勇承担了日常清扫工作。[25]

回到珍珠港，"刺鲅号"迅速进行了物资补充。莫顿想要立刻重返日本海，洛克伍德同意了。另一艘潜艇"锯鳐号"将与它同行。"刺鲅号"此次装上了新型 Mk18 鱼雷。9 月 10 日，两艘潜艇开向了大海。

当天早晨，在太平洋潜艇司令部的一次有记录的新闻简报会上，莫顿花了不少时间，大方地接受了采访。在通讯稿中，他乐观而无拘无束的性格跃然纸上。上午 11 时 50 分，他结束了采访，解释说自己的艇下午 1 点就要出发了。莫顿向记者们保证，下一次战斗巡逻结束后，自己将会再次坐下来接受采访——"等他回来后，"记者在通讯稿末尾写道，"我们就会听到更多关于'刺鲅号'的冒险故事了。"[26]

然而，马什·莫顿再也没有回到珍珠港，"刺鲅号"后来的故事也不会再有人知道了。它的第七次战斗出航成了最后一次，如潜艇兵们所言，它将要"永远巡航"。

借助日方资料和专业人员的估测，我们可以重现"刺鲅号"最后一次战斗巡逻的部分情况。当天下午，它和"锯鳐号"结伴离开了珍珠港。两天后，它开进中途岛加满燃油，随后继续航行 7 天，回到了拉彼鲁兹海峡。"刺鲅号"再一次趁夜（可能还是在水面上）通过了这里，"锯鳐号"两天后也随之进入。莫顿说过，他想要前往日本海南部海盆猎杀船只，也就是在下关海峡的西部入口，濑户内海的西大门附近。10 月 5 日，东京的日本同盟通讯社报道，一艘"汽船"当天被美国潜艇击沉，544 人遇难。而这一水域里只有一艘美军潜艇，那就是"刺鲅号"。同盟社没有说明这艘船是军用还是民用，也没有说清死掉的这些人是军人还是平民。战后发现的记录显示，被击沉的是 8 000 吨级的客轮"昆仑丸"，它已被日本陆军征用为运兵船。它的沉没促使日本人取消了日本和朝鲜之间的夜间航渡。

战后的分析显示，"刺鲅号"在接下来的一周里又摧毁了另3艘1 000吨以上的敌船。它们被击沉的地点在当天只有"刺鲅号"能够到达。

"锯鳐号"在10月9日穿过拉彼鲁兹海峡离开了日本海，比"刺鲅号"的预定返回日期早了两天。它的艇长发现日军的反潜措施大大加强了；"锯鳐号"遭到了多艘巡逻艇和一架飞机的追杀。它下潜到200英尺深度，一连潜伏了数个小时，仅仅依靠回声测距来控制深度。日军投下了几枚炸弹和深水炸弹，但距离潜艇都很远。它在下潜状态下穿过了海峡，次日上午安全脱险。

两天后的夜里，"刺鲅号"遭到了北海道岛北端岸炮的射击，可能为一枚近失弹所伤。它快速下潜，但还是没来得及躲过一架在附近盘旋的大凑航空队的水上飞机，这架飞机向"刺鲅号"所在位置投下了3枚深水炸弹。巡逻艇（可能就是追杀"锯鳐号"的同一批）随即涌进海峡，四处投掷深水炸弹。日军舰艇未能用声呐锁定"刺鲅号"的位置，但它们还是在这一区域停留了4个小时。拉彼鲁兹海峡中的这一片水域深度很浅，无法深潜。随后，一片长达3英里的巨大油污证明"刺鲅号"最终沉入了水面下213英尺的海底。2008年，人们才找到并辨认出了"刺鲅号"的残骸。

美国人在战争结束之前一直对"刺鲅号"被摧毁时的情况一无所知。它可能是在拉彼鲁兹海峡中被深水炸弹炸毁的，但也可能是毁于事故、水雷，或者一枚出故障的鱼雷。1943年11月9日，太平洋潜艇司令部宣布这艘艇"超期未归，判定为损失"。这个消息在美军潜艇部队中引发了一阵哀伤。莫顿是潜艇部队中最受人崇拜的艇长，他的战友们一直想要仿效他勇猛的打法。他们这时候会不会把"刺鲅号"的损失视为一种警示，认为他实际上是太鲁莽了？这种可能性令人不安，却不能忽略。而且，大家都知道潜艇战是一件很危险的事，任何一艘艇任何时候都有可能损失掉，无论它采用了何种战术。从此，洛克伍德叫停了所有向日本海渗透的行动，这个方向上的进攻作战直到战争末期才恢复。

随着统计数据经过战后的分析而不断增长和修订，莫顿和"刺鲅号"已然接近了美军潜艇部队排行榜的顶端。他战时的战绩是击沉敌船 17 艘，战后这一数字增长到 20 艘，更新的评估认为可能高达 24 艘。虽然在战争中半道而亡，而且饱受鱼雷故障的困扰（这一故障在他死后大大减轻），莫顿仍然能够位居击沉敌船数量排行榜的次席，以及单次战斗巡逻战绩排行榜的次席。或许莫顿的领导能力还带来一项更大的贡献，他原先的副艇长迪克·奥凯恩正是那个后来在两个排行榜上都超越了莫顿的人。

1943 年秋，美国人的潜艇运用思路发生了转变。此前，洛克伍德和澳大利亚的潜艇部队将领们让许多舰队潜艇在加罗林群岛的特鲁克环礁周围海域巡逻，这些都是日本海军最大的海外舰队锚地。它们能对敌人大规模的海军行动提供宝贵的目视侦察和预警，还能在敌舰进出环礁时抓住机会发动攻击。潜艇部队同样还被部署在所罗门群岛和南太平洋以支援哈尔西和麦克阿瑟在这一地区的进攻作战。此外和往常一样，潜艇们还被用于各种各样的特殊任务，比如侦察、捞救坠海飞行员，以及向菲律宾偷运代理人和情报。而在

1943 年 10 月到 12 月间，更多的潜艇开始被派去攻击西太平洋上的日本海运线，包括"刺鲅号"探索出来的海域：东海和黄海。到这个时候，美军潜艇每个月都能击沉超过 10 万吨日本船舶。

拉尔夫·克里斯蒂将军的西澳大利亚司令部驻地在弗里曼特尔，他们投入了全部力量来寻找和击沉往来于婆罗洲和特鲁克之间的日本油轮。这条航线上的许多油轮都有双层船壳，很难被击沉，但它们又比军舰缓慢，更易于被击中。好在新的铝末混合炸药战斗部具有巨大的能量，而油轮也常常满载着相对容易挥发的未经提炼的原油，这就使它们很容易遭受毁灭性的二次爆炸和大火。在 1943 年的最后一个季度，从弗里曼特尔出发的美军潜艇将 12 艘油轮送下海底，这足以打断日本的补给线，并令东京开始严重担忧他们的舰队会由于缺油而无法行动。

1944 年，美军潜艇的吨位战战绩达到了巅峰。它们击沉商船（不含军舰）的吨位翻了一倍还不止，从 1943 年的 120 万吨增加到 1944 年的 250 万吨。[27] 随着新型白鱼级潜艇服役，太平洋潜艇部队的规模从 1943 年 2 月的 47 艘增长到 1944 年 6 月时的超过 100 艘。于是，洛克伍德和他的团队开始试验狼群战术，将 3 到 6 艘艇交由一名指挥官指挥。这些潜艇装备了更好的声呐、雷达、光学和通信系统，配有更强大的甲板炮，鱼雷也最终达到了设计性能。Mk14 鱼雷被新型 Mk18 鱼雷取代，这种鱼雷在纠正了一些缺陷后成了致命的武器。更年轻、更勇猛的新一代艇长学着马什·莫顿的样子，战斗巡航的大部分时间里都在水上航行。他们被派到更远的地方，前往亚洲大陆和日本沿海，在敌人最繁忙的航运线上大开杀戒。夜晚，他们会使用大为改进的 SJ 雷达，锁定猎物的位置、航速和航向，之后发动四台引擎，以常常接近 20 节的最大速度冲向攻击位置。珍珠港的密码破译部门破译了日本的航运密码，这样就能准确预判日本商船队的位置和航线。这一宝贵的绝密数据被用于选择巡逻位置，也常常通过远程无线电发送给已经出海的潜艇。

1944 年 1 月，迪克·奥凯恩和他的新型白鱼级潜艇"刺尾鱼号"完成了从马雷岛到珍珠港的处女航。在奥凯恩的指挥下，这艘致命的"刺尾鱼号"在 9 个月的战斗生涯中登上了美军潜艇部队击沉总吨位排行榜的榜首，甚至超越了莫顿在"刺鲅号"上创造的纪录。根据陆海军联合评估委员会（JANAC）战后得出的结论，它摧毁了24 艘敌船。而它的艇长和艇员则坚持认为实际总击沉数更高，可能多达 33 艘。无论如何，"刺尾鱼号"在"沉默军种"二战单艇击沉总吨位排行榜上位列前三是毫无疑问的。

奥凯恩本人看起来也想要为马什·莫顿之死和随同"刺鲅号"一同葬身拉彼鲁兹海峡的 80 条人命复仇。他作为"刺鲅号"副艇长进行的三次战斗巡逻已经让他成了这种事情的行家里手。和莫顿一样，奥凯恩也是夜间水面攻击的拥护者。他认为紧急下潜只是最后的手段，仅限于在紧急情况下使用。夜间在水面上作战可以为自己赋予更高的能见度，不仅能用 SJ 雷达，还能派遣视力发达的年轻水兵带着高倍率望远镜爬到潜望镜筒的顶上去。每次作战前，奥凯恩都会先把成功的概率算清楚，如果他觉得没问题，就会发动大胆、勇猛的进攻。"刺尾鱼号"一次又一次甩开日本驱逐舰，潜入敌人运输船队队形内，常常能用一轮齐射击沉多艘敌船。

"刺尾鱼号"的第一次战斗巡逻是在加罗林群岛和马里亚纳群岛之间的水域，它在暴雨中花了两天时间追踪一支大型船队，击沉了三艘大船。两天后的夜里，它的雷达捕捉到了另一支向北航行的船队，在两天的猫和老鼠游戏中，"刺尾鱼号"又击沉了两个高价值目标，包括一艘大型海军油轮"越前丸"。在此次亮眼的战斗巡逻之后，"刺尾鱼号"在第5舰队航母首次空袭特鲁克（1944年2月17—18日的"冰雹"作战）时担任了救生潜艇，它在这次行动中救回了7名空勤人员，比参与此次行动的其他任何潜艇都要多，出了名。它的第三次和第四次巡逻是在东海——奥凯恩对这片水域很熟悉，他一年前就随"刺鲅号"在这里巡逻过——"刺尾鱼号"在这里简直就是一个单艇狼群。1944年6月24日夜，在距离长崎不远的地方，它伏击了一支由6艘大型货轮组成，有军舰护航的纵队，呈扇面齐射了6枚鱼雷。奥凯恩相信并宣称有两枚鱼雷找到了准头，击沉了两艘船。然而根据战后统计，这轮齐射击沉了4艘大型货轮，总吨位达1.6万吨。6雷齐射击沉4艘船，这就是二战中最致命的一次潜艇齐射了。1944年8月，"刺尾鱼号"再续辉煌，在日本本土主岛本州岛以南大胆地闯进船只最为密集的沿岸海域横冲直撞，又摧毁了至少两艘大型商船，总吨位11 500吨。

这一年，还有其他一些杰出的潜艇和艇长名留青史。其中的一位佼佼者是斯莱德·卡特尔，美国海军学院1935届的前橄榄球明星，他是个马什·莫顿式的敢冒险的大胆艇长。他进行了4次战绩彪炳的巡逻，其高峰是1944年6月在吕宋海峡的一番战斗，卡特尔的潜艇"海马号"击沉了总吨位达7.2万吨的19艘敌船。到战争结束时，他和马什·莫顿并列击沉数排行榜的第二名（第一名是奥凯恩）。萨姆·迪利作为"鲻鱼号"艇长进行了6次战斗巡逻，击沉了16艘日本船只，总吨位54 002吨。"鲻鱼号"对战争最著名的贡献发生在 1944 年 6 月，马里亚纳海战之前不久。它在苏禄海南部的塔威塔威锚地里追踪日本舰队主力，在 3 天时间里击沉了 3 艘驱逐舰。鲁本·威泰克是"松鲷号"艇长，小切斯特·尼米兹是他的三副；在菲律宾周围和南海的 4 次巡逻中，"松鲷号"击沉了总吨位 60 846 吨的 15 艘船。吉恩·弗拉基，"石首鱼号"艇长，在吕宋海峡和东海取得了少见的 7 次战斗巡逻记录，击沉了总吨位 96 628 吨的 17 艘船。"石首鱼号"在 1945 年 7 月有一次耀眼的表现，它运送一组突击队员在当时还是日占区的库页岛上登陆，炸毁了一列火车。这是太平洋战争中唯一一次此类作战，也是盟军在日本本土岛屿上的唯一一次地面作战。

但是太平洋上的吨位战依赖的并不仅仅是美国潜艇部队的这些尖子选手。在这场"千刀杀一人"的战事中，每一小刀都有价值。大部分艇长和潜艇都在战绩榜的下方，但即便是那些名字大多已被遗忘的中等水平选手，也做出了自己的贡献。对日本来说，残余的那些宝贵油轮到底是被"刺鲅号"、"刺尾鱼号"或"海马号"这样的超级明星击沉，还是被默默无闻的诸如（此处随机选几个）"鳕鱼号"、"王鱼号"或"巴伯罗号"这样的普通潜艇送下海底，并没有什么区别。1944 年，处于战斗巡逻状态的美军潜艇数量翻了一番，从 1943 年 6 月时的平均 24 艘增加到 1944 年 6 月时的 48 艘。[28]在东京的帝国大本营里，有人说人们可以踩着美国潜艇的潜望镜从日本走到新加坡。最终发挥作用的，是他们所有努力所取得的总成果。

1944 年后期，美军潜艇每个月都能击沉超过 25 万吨日本商船。击沉吨位的高峰出现在 1944 年 10 月，当时全世界的目光都盯着麦克阿瑟的重返菲律宾之战和莱特湾大海战。这个月，海面下的掠食者们摧毁了 328 843 吨日本商船，其中包括 103 903 吨油轮。[29] 此后，每月的击沉总吨位开始下降，但这仅仅是因为目标开始相对变少了。在最繁忙航运线上巡逻的美军潜艇发现海面上满是之前被击沉的船只留下的油污、碎片和残骸。许多艇长开始把更多注意力转向击沉中式帆船和装有甲板炮的拖网渔船。

"刺尾鱼号"的最后一次巡逻始于 1944 年 9 月的最后一周，这次它来到了台湾海峡。这次巡逻恰逢哈尔西第 3 舰队的航空母舰空袭此地，以及莱特湾海战的开局。在两天的时间里，奥凯恩艇长追踪了向南航行的志摩舰队（它后来参加了苏里高海峡之战）。遭到志摩一艘巡洋舰上 8 英寸炮的轰击后，"刺尾鱼号"紧急下潜以保护自己。奥凯恩的目视侦察报告发到了珍珠港，随后又转发给了哈尔西和金凯德。10 月 23 日，"刺尾鱼号"截击了一支向北航行的船队，船队有三艘油轮，两翼有两艘货轮，有驱逐舰严密护航。避开驱逐舰之后，奥凯恩指挥潜艇机动到了船队中间，准备发动近距离夜间鱼雷攻击，他只用了一轮近距离鱼雷齐射就击沉了全部三艘油轮。大爆炸一度照亮了"刺尾鱼号"，其余的货轮便直接转向潜艇，似乎想要撞击它。奥凯恩下令"紧急全速前进"，潜艇猛地向前一冲，横在了从两侧靠过来的两艘船的前方。两艘日本船却发现由于同时朝一个位置驶去，快要撞上了；它们真的撞上了，片刻之后，两艘船双双被"刺尾鱼号"尾部发射管的鱼雷齐射击中了。两次大爆炸炸毁了它们。"刺尾鱼号"甚至都用不着下潜。它在短短 10 分钟时间里摧毁了 5 个高价值目标，这是战争中最令人称奇的一击。

奥凯恩此时还有 12 枚鱼雷，他还想把它们用起来。10 月 24 日，

诸神的黄昏：1944—1945，从莱特湾战役到日本投降

当莱特湾海战在南方激烈进行的时候，"刺尾鱼号"的SJ雷达再次捕获了一支北上的船队。这是个大船队，可能有多达10艘船，还有护航舰。接下来便又是一场屠杀：奥凯恩指挥"刺尾鱼号"接近过去，六雷齐射。两枚鱼雷命中了两个不同的目标，敌船迅速双双沉没。接着艇尾鱼雷管又射出四枚鱼雷，命中了一艘油轮，油轮带着伤逃走了。此时一艘驱逐舰突然出现在"刺尾鱼号"左侧，奥凯恩赶紧下潜脱离了战场，在深水处静默。随后，他又指挥潜艇浮上水面，追踪受损的敌船。"刺尾鱼号"现在还有两枚鱼雷来做这件事。奥凯恩站在舰桥上，命令两个舰首鱼雷管装填鱼雷，潜艇向几乎动弹不得，还在燃烧的油轮驶去。第一枚鱼雷工作正常，径直命中目标船首附近，又一道火柱冲天而起。这可能足以结果它了，但是"刺尾鱼号"还剩一枚鱼雷，奥凯恩决定靠上去，打出这一雷，给出致命一击。

这确实是致命一击，却不是美国人想的那个样子。这最后一枚鱼雷刚刚射出去，就开始一阵一阵地海豚跳，向左转弯。它长长的尾迹泛着泡沫，闪着磷光，转了一个大圈直奔"刺尾鱼号"而来。奥凯恩见状向下方舱盖里大吼道："紧急全速前进"，以及"右满舵"，但来不及了。鱼雷的舵卡住了，抑或是舵机失灵；不管原因如何，它此时正直冲"刺尾鱼号"正中间而来，目标点就在奥凯恩和其他8个人所在的舰桥正下方。随着潜艇引擎突然加大马力，它向前猛冲，开始以鱼尾机动摆脱直扑而来的鱼雷航迹，但是鱼雷还是命中并爆炸开来，撕开了后部鱼雷舱附近的艇体。后部舱室立刻被海水淹没，艇尾下沉，艇首抬出了水面。奥凯恩向指挥塔内吼叫着要他们关闭舱门，但是一切都发生在转瞬之间，海水淹没了舰桥和舱盖，奥凯恩和其他几个人被甩进了海里，"刺尾鱼号"无助地翻滚起来，艇尾向下，艇首直指天空。此时对留在艇上的那80个人而言，最好的情况是"刺尾鱼号"能多在海面上坚持一段时间，好给他们留下逃生的机会。不过倘若是这种情况，他们可以预料到，自己在战争剩下的时间里就只能在日本的战俘营里度过了。

游在海面上的几个人——包括奥凯恩和另外9个人，其中有一个人刚刚从指挥塔舱盖里逃出来——眼睁睁看着潜艇滑入海面下。它一直下沉到约180英尺处才停下来。前部鱼雷舱里有大约30个人还活着，他们设法锁住了舱盖。这些人烧掉了所有的保密文件，却让空气中满是烟雾，令他们的处境更加绝望。总共有13个人分成4组，设法通过前部逃生窗口逃出潜艇，借助被称为"莫姆森肺"的简易呼吸装置浮到海面上。其中8个人在上浮过程中或是浮出水面后死去，可能是由于减压病（所谓"潜水员病"）。他们在海面上漂浮了一整夜后，一艘日本驱逐舰捞起了10名"刺尾鱼号"艇员，包括奥凯恩。[30] 在战争的剩余时间里，他们就是战俘了，在本州岛的几个战俘营里调来调去。只有4个人活到了战争结束。奥凯恩活了下来，被授予国会荣誉勋章。

1932年，空中力量的先驱、退役陆军航空兵军官比利·米切尔就呼吁开发一型航程5 000英里，载弹量10 000磅，实用升限35 000英尺的重型轰炸机。在那个时候，这个主意看起来过于超前和异想天开了，就像儒勒·凡尔纳或者H.G. 威尔斯小说里幻想的机器那样。但是航空技术在20世纪30年代取得了长足进展。到1940年，在希特勒的军队横扫欧洲之时，航空工程师们相信，制造一种

　　　　　　　　诸神的黄昏：1944—1945，从莱特湾战役到日本投降

超重型、超远程、气密增压的轰炸机已经是可行的了。在罗斯福总统的支持下，陆军航空队的领导人成功说服国会从纳税人的口袋里再多掏一些钱出来，资助这种波音公司设计的航程和载荷都是 B-17 "飞行堡垒"两倍的新型轰炸机。30 亿美元（1940 年币值）砸下去之后，B-29 "超级堡垒"诞生了。

该计划的支持者对当时的政治风向很敏锐，因此没有将这种飞机宣传为战略轰炸武器。这种超重型或说超远程轰炸机（英语缩写为"VHB"或者"VLR"，两个缩写常常混用）是战前孤立主义者重视的"半球防御"战略的基石。B-29 具有可怕的航程，能够监视大西洋航线，发现任何接近的敌人船队（预想是德国人的）。这种飞机将在大洋中央赢得无可挑战的空中霸权，在敌人进攻部队在北美或南美大陆获得第一个立足点之前予以拦截并将其击退。如果纳粹真的在南美洲夺取了一块滩头阵地，B-29 就可以从佛罗里达州或加勒比海的基地出发打击敌人。这样，这种巨型飞机就会成为"美洲堡垒"的看门狗和警犬。据说如此。

1941 年，当全球大战的阴影铺满世界时，美国战争部要求波音公司加快研发进度，在测试和优化工作全部完成前就将这种新型轰炸机投产。1941 年 5 月，波音接到了首批 250 架飞机订单，此时距离珍珠港之战还有 6 个多月。一年后，波音已经得到了交付 1 644 架飞机的订单，而此时这种飞机甚至一架都没有上过天。[31] 波音为 B-29 的制造投入了两座大型工厂，华盛顿州的兰顿工厂和堪萨斯州的威奇塔工厂。其他多家顶尖的航空工业公司也加入为其提供零部件或者发动机的行列，包括贝尔、费舍尔、马丁和莱特公司。当这型飞机还只有几架验证机的时候，陆军航空队就为了它们未来的交付建立了一个新的大型指挥部和行政组织。招募的飞行员和机组人员都在 B-17 和 B-26 飞机上训练，其中大部分人在小轰炸机上完成训练之前都没有飞过（甚至没见过）"超级堡垒"。1943 年 2 月，一架 B-29 早期原型机在试飞中坠毁，夷平了西雅图市郊的一座肉类加工厂，整个项目中最优秀的试飞机组和工程师连同地面上的 21 名平民死于非命。但是项目并没有因此而放慢脚步。当第一架 B-29 在 1943 年 7 月交付时，飞机还有许多小毛病，即便此时全国各地的生产线已经开始加大马力生产，飞机的设计还是接受了数千项改动。

它比此前所有批量生产过的飞机都大得多。飞机全长 99 英尺，翼展 140 英尺。空机重量 7.45 万磅，但是战斗载荷时的起飞重量通常至少有 12 万磅，超过 14 万磅则是家常便饭。将这架"超级堡垒"抬离地面所需的巨大推力来自四台 2 200 马力的莱特 R-3350 星型发动机。

第一次见到这架新飞机时，飞行员和机组人员都目瞪口呆。那修长的机身，庞大的有机玻璃花房式机头，巨大的机翼和襟翼，以及耸立着的三层楼高的机尾，都让他们赞叹不已。靠着前三点式起落架，飞机骄傲地站立在柏油停机坪上。用平头铆钉连接起来的铝合金机身如同抛光过的白银那样在阳光下闪闪发亮。大部分新手都是在 B-17 上训练的，大家觉得那已经是很大很重的轰炸机了。而"超级堡垒"在所有方面都要大得多，重量更达到了 B-17 的两倍。飞行人员们知道自己的性命有赖于那四台强大的十八缸引擎，还有桨叶尖端距离远达 16 英尺，如同独木舟一般大小的螺旋桨。

爬进机舱后，他们发现自己更喜欢这架新飞机了。两个宽敞的机舱通过炸弹舱上方的一条爬行管道连接到一起，这让全部 11 名机组人员都有了足够的活动空间。舱室可以加热，还是气密加压的。即便是在外部温度只有零下 70 摄氏度的 3 万英尺高空，他们仍然可以舒舒服服地穿着衬衫坐在座位上。巡航时，他们不用戴氧气面罩，还能自由地抽烟。腰部和尾部机枪手坐在气泡形有机玻璃窗内，视野良好，他们坐在这里就可以通过电动遥控系统同时控制多个 .50 口径机枪塔。发动机的噪声被挡在外面，这很令大家满意，机枪也不会像无气密的 B-17 上那样就在耳朵旁边炸响。置于圆锥形有机玻璃机头前部的驾驶舱，在各个方向上的视野都很好，尤其是上方和下方。正副飞行员会有一种几乎飘浮在长长机身前方空中的奇怪感觉，有人说驾驶"超级堡垒"就像是"坐在门前走廊上带着房子飞起来"。[32]

　　为了克服重力把 70 吨重的飞机送上天空，重压之下的莱特 R-3350 引擎很容易过热、漏油、汽缸盖飞脱、阀门落入汽缸，以及把熔化的碎片甩到高度易燃的镁合金曲轴箱里。在数百架 B-29 已经走下组装线之后，原先的空气冷却装置却还要重新制造。燃烧的发动机会拖出一道烟火，就像流星穿过大气层一样——但这个流星却是连接在飞机机翼上的，随时可能引燃机翼自身的铝质蒙皮和大梁。因此，一台状况不佳的发动机最好在起火之前迅速关掉。这是通过让螺旋桨"顺桨"实现的。一套从座舱里控制的液压系统可以旋转四片桨叶的迎风角，也就是"回桨"，直至它们停下来并反转，让发动机停转为止。如果机组反应迟缓，或者回桨失灵，螺旋桨就会开始"风车转"，这就会带来巨大的阻力：几分钟内它们就会把桨轴烧断，从引擎上飞出去，有时会重重撞在机翼上。

　　如果一台故障引擎能恰当关闭，那么其余三台还足以把 B-29

带回家，即使距离远也没问题。但是这样一来，那三台正常工作的引擎就会比原先消耗更多的燃油，这样，把原本用于故障引擎的燃油从油箱和油路里重新分配给其他引擎就至关重要了。这可能需要对所有燃油储备进行复杂的重新调配。这种操作的容错空间很小，任何一点差错都会带来灾难。

即便是最有经验的 B-17 飞行员，在试飞 B-29 之前也需要接受几个星期的课堂教学。每一阶段的学习都要认真关注一长串知识点。起飞滑跑距离很长，超过一英里，然后引擎就会吼叫着使足力气，把这台巨大的机器抬离地面。然而一旦升空，B-29 就会灵敏到令人吃惊的地步。"这是我飞过的最大、最重、最强有力的飞机，"一名美国陆军航空队的飞行员如此回忆他第一次驾驶 B-29 飞行时的情况，"然而它的反应非常棒，控制手感柔和而精确。"[33] 它还很快，其地面速度[*]很容易就能超过每小时 300 英里。它的速度、航行高度和位置合理的 .50 机枪塔令这款飞机的绰号名副其实："超级堡垒"将会是个砸不烂的硬核桃，对敌人的战斗机和高射炮来说都是如此。

部队急需 B-29 投入现役，这迫使美国政府采取了前所未见的措施。战争部在飞机还没有完成测试的情况下就签发了超过 1 000 架的采购订单，打算等它们上天后再进行必要的改进。设计–测试–制造全流程的速度被加快到和平时期的差不多两倍。这种做法风险很大，浪费很大，却是唯一能让 B-29 在 1944 年春季参战的方法，坚持这样做的除了罗斯福总统之外还有许多人。从某种意义上说，B-

---

[*]   地面速度：航空术语，指飞机相对于地面的速度。与其相对的是"空速"，即飞机相对于气流的速度。——译者注

29 的服役，是第二次世界大战中美国全国动员方式的缩影。在所有方面，领导者都会把效率、节约、安全，甚至是谨慎置之脑后，而一切以速度为先。

第一批 B-29 在踏上飞往亚洲的漫长航程之前，都要由机组驾驶，飞往威奇塔市波音工厂旁边的一座机场，在这里进行数百项改进。美国陆军航空队的领导人将这次行动称为"堪萨斯之战"，或曰"堪萨斯闪电战"。其实美国各地的多处航空兵基地也都建起了改装中心，或所谓"改装厂"。新手飞行员和机组人员把他们新拿到手的 B-29 飞到这些中心进行改装。这样的飞行自身也成了训练课程的一部分，在进行越洋部署之前为新手们提供一些积累飞行时长的机会。然而事情到此还远未结束：甚至在许多飞机已经离开美国本土之后，军方还下令进行数百项新的改进。这种情况下，改装和维修"套件"就会连同必需的零部件和工程师一起空运到远在埃及或者印度的国外机场上去。螺旋桨回桨系统、火控系统、电子系统，最重要的是麻烦不断的莱特发动机，都进行了改装。美军在开罗和卡拉奇建立了两个最大的海外 B-29 改装中心。即便是在中国和后来的马里亚纳群岛基地已经开始进行大规模作战之后，那些地面机械设备还常常被用来纠正"超级堡垒"的原始设计缺陷，而非仅仅用于例行维护。美国陆军航空队将领柯蒂斯·E. 李梅发现他的飞行人员不得不在飞实战任务时做一些测试项目。这项工作困难而且危险，因为 B-29 "有的 bug［毛病］和史密森尼学会昆虫馆里的 bug［虫子］一样多。无论他们揪出这些 bug 的速度多快，都会有新的 bug 从引擎罩底下爬出来"。[34]

当同盟国首脑在埃及开罗开会时（1943 年 11 月的"六分仪"会议），罗斯福总统向蒋介石保证，将会有数百架 B-29 进驻中国，并向日本本土列岛发动持续轰炸。蒋介石之前总在抱怨盟军对中国的支援不够，并威胁要和日本议和（但并未明言）。罗斯福常常告诉他的军队领导人，从中国机场出发轰炸日本将会激发和鼓舞中国人民的士气。而无论是 B-17 还是 B-24，其航程都不足以完成此项任务。因此从一开始，将 B-29 部署到中缅印战区的做法就是一场政治赌博，意在安抚中国国民党政府，令其继续打下去。此次行动被赋予代号"马特洪山"（matterhorn）。

然而，"马特洪山"行动从一开始就饱受后勤困难的拖累。这些发动机不太好使的新 B-29 飞机都是由新训练出来的飞行人员驾驶飞往战区的。他们的环球之旅从佛罗里达州的莫里森机场开始，经由加勒比海、巴西、阿森松岛（位于大西洋中部）、利比亚、开罗、巴格达、卡拉奇，以及印度（加尔各答附近）的克勒格布尔，通过一连串加油站接力飞行。一路上，莱特引擎常常过热，导致坠机或者迫降。当几十架飞机飞抵开罗和卡拉奇时，人们发现当地的地表温度超过了 43 摄氏度，致使发动机在起飞时就会出故障，于是，美国人不得不从本土派出工程师飞过去重做莱特引擎的风冷机构。

1944 年 4 月，B-29 机群开始抵达位于克勒格布尔的固定后方基地。它们将从这里出发，前往四川成都的前进机场。途中要经过极其艰险的"驼峰航线"，飞越世界最高大的喜马拉雅山脉。"超级堡垒"要从常人难以踏足的锯齿状山峰和陡峭峡谷上空飞过，剧烈的乱流和突然出现的下沉气流会让飞机剧烈颠簸，此外还时常会有时速超过 100 英里的狂风，能见度也会降至零。机组人员偶尔能透过晴朗的空域看见航线以北仅仅 150 英里处的珠穆朗玛峰顶。

这段 1 200 英里航程的终点是成都以南四座新建造的机场之一，此时其修建工作尚未完成。超过 25 万名中国农民被召集起来，几乎完全靠人拉肩扛建起了这些长度将近 2.5 千米的跑道。新闻影片拍下了这大群的劳工，许多人光着脚，戴着圆锥形的毡帽，用篮子和独轮车搬运沙土和碎石。八九岁的男孩子们用锤子把大石头砸成碎石。工人们挑着麻袋，把石头从附近的河边挑到基地。这些石头被密集放置在跑道的地基下，之后在上方铺上碎石和泥土，再用 50人才拖得动的巨大石碾压实。当一架飞来的 B-29 进入降落航线时，工地上就会响起响亮的号声，工人们纷纷涌到跑道旁边。飞机落地后，人群又会散去，继续干活。

最初的"马特洪山"计划考虑在成都部署两支 B-29 作战联队（各 150 架轰炸机）。但是由于飞机毛病不断，以及经由印度进行补给成本过于高昂，美军不得不把规模缩小为一支轰炸联队。第 20 轰炸机司令部原本要自己解决后勤问题，也就是要自己把所需的零部件、补给物资、炸弹和航空燃油从印度运来。为此，这个司令部得到了一队 C-109 运油机和 C-87 运输机。此外，"超级堡垒"自己有时也会客串当运输机，这时候机上的机枪和其他装备就会被拆下来，炸弹舱里装上油罐。但仅仅是需要运过喜马拉雅山"驼峰"的燃油和物资的重量就足以令人望而生畏。"马特洪山"行动期间每飞一架次轰炸任务，就需要运输机到印度往来飞行 12 架次。每 8 桶从克勒格布尔运往成都的航空燃油中，就有 7 桶会在往来运输的飞行中消耗掉。情况很快便显而易见：第 20 轰炸机司令部不可能自行解决燃油和补给的需求，现有的空运司令部需要来补足缺额。但这意味着要挤占中国军队、美国驻华地面部队和克莱尔·李·陈纳德将军的第 14 航空队本已捉襟见肘的燃料和其他物资。

1944 年 6 月 5 日，B-29 首次在战场亮相，当时 98 架飞机从克勒格布尔起飞，轰炸了 1 000 英里外日占曼谷的铁路终点站。此次空袭向目标投下了 368 吨炸弹，这一结果令人振奋。10 天后，"超级堡垒"首次造访日本本土。当参加"征粮者"行动的美军两栖部队冲上塞班岛滩头时，50 架 B-29 从成都起飞，轰炸了日本九州岛八幡市的钢铁厂。这是 1942 年 4 月杜立德空袭之后日本本土首次遭遇轰炸，因而登上了美国、中国、日本的头版头条。马歇尔将军发布了一份战报，宣布这次行动开启了对日本本土的"新的进攻形式"。蒋介石当局兴高采烈。而东京的帝国大本营在公开宣传中隐瞒了八幡遭到轰炸的事实，谎称日本的战斗机和高射炮击落了几十架轰炸机。然而和前一次一样，敌人作战飞机在日本本土上空的出现在公众中引发了恐慌。至于这次空袭只造成了轻微破坏，反而不重要了。

随后的几个星期里，"马特洪山"项目的 B-29 轰炸了整个亚洲战场各处的敌人目标：中国东北和朝鲜的炼焦炉，荷属东印度群岛的油田，华北的炼钢厂和港口设施，上海的码头和仓库，台湾的航空兵基地，香港的船运，以及缅甸的铁路和仓库。最后，第 20 轰炸机司令部向九州的工业目标又发动了 8 次空袭。然而，每次出击之前都需要花上很长的时间来补充燃油、炸弹和其他物资。轰炸的结果常常令人失望，战斗损失则很惨重。从成都起飞的 B-29 将将能够飞到 1 500 英里外的九州，却够不着东京和本州岛上的其他高价值目标。若要全面展开对日战略轰炸，他们就需要在中国东部建立新的机场。但是中国沿海的港口已尽数落入敌手，这意味着从印度出发的货运航线要向东延伸得更远。不仅如此，没人敢指望中国东部的机场能顶住日本陆军的进攻，后者此时正在执行"一号"作战，在大陆上快速推进，占领区迅速扩张。实际上，"一号"作战已经威胁到了成都和昆明周围的盟军航空兵基地。驻华美军总司令"醋性子乔"约瑟夫·史迪威将军认为，需要50个受过训练的中国步兵师才能保证这些机场的安全。但是没人相信（包括史迪威自己）蒋介石能拿出如此多的部队。

出于这种种原因，"马特洪山"作战从未实现自己的承诺。从一开始，罗斯福这么做就是为了维护中缅印战区盟军的团结，并为对日决战保留发掘中国巨大人力的可能性。到1944年中期，事情开始明朗化，后勤和安全已经成了"马特洪山"计划无法克服的严重挑战。与此同时，一项更好的选择浮现了出来：马里亚纳群岛，美军在当年6月至8月夺取了这里。塞班岛、关岛和提尼安岛的地形适合建造大型的B-29飞行基地，对敌人的地面进攻免疫，而且（最重要的是）这里可以通过海运而非空运进行补给。这里已经将东京纳入了1 500英里的作战半径之内。1944年7月，参联会敲定，驻马里亚纳群岛的新的第21轰炸机司令部将获得新"超级堡垒"分配和物资供应的优先权，当年11月之后，再没有新的B-29飞到印度或者中国。1945年1月，"马特洪山"计划终结。

回头看这场在中国走的弯路时，李梅总结道："这没起作用。没人能让它起作用。它的后勤基础完全不行……这种作战方式只是个幻想，就像是来自《绿野仙踪》里的奥兹国那样。"[35]

然而，马里亚纳群岛面临的困难同样令人生畏。燃油和补给物资当然可以从海路运来，但这条海上生命线格外漫长——从旧金山湾开过来要航行 5 800 英里——B-29 机队还不得不和其他数百支盟军部队争夺有限的船运和其他资源。满载的轰炸机将要从那些尚未开工建设的基地起飞，而在那些岛上，敌人的残余部队仍然在山区坚持战斗。从塞班、提尼安抑或（尤其是）关岛出发，日本的目标基本都在 B-29 极限作战半径的边缘。经验相对不足的机组将要飞越超过 3 000 英里没有任何指示物的洋面，一部分还要在夜间飞行，往来全程会持续 15 小时甚至更久。世界上没有一种战斗机拥有足以执行这种任务的航程，盟军在更接近日本的地方也没有别的机场可用：因此，B-29 的所有任务都是没有护航的。尽管被称为"超级堡垒"，这种飞机的结构其实相当轻（这是出于节约重量的目的），而且在空中时被弹面非常大。美国陆军航空队的有些计划制订者已经提出警告，美军飞机在日本上空的损失可能高到无法承受。

阿诺德点名要求"负鼠"汉塞尔担任第 21 轰炸机司令部的首任司令。汉塞尔原先是阿诺德在华盛顿的作战计划部门的一个处长，表现出色，最近又当过第 20 航空队参谋长。（当汉塞尔夫人被问及其夫君"负鼠"的绰号来由时，她说因为他长得像。从照片上看，她说得还蛮有道理。）和大部分美国陆军航空队一线指挥官一样，汉塞尔不算太老（41 岁），本人也是个飞行老手。他坐在座舱左边的机长座位上，亲自驾驶第一架 B-29 飞到了塞班。他的飞机被称为"约尔廷的约西号"，从加利福尼亚州（萨克拉门托附近）的马瑟机场出发，经由檀香山、夸贾林三级跳，于 1944 年 10 月 12 日在塞班岛的伊斯利机场降落。成群的地勤人员拥挤在跑道旁，他们大部分人从未亲眼见过"超级堡垒"。一名目击者回忆道，当"约尔廷的约西号"飞过来时，"欢声雷动，所有人都放下了手上的工作，目不转睛地看着飞机飞过去……所有人都兴奋地手舞足蹈"。[36]

然而，汉塞尔发现塞班岛上的情况令人失望。计划要求岛上建设两条 8 500 英尺长的平行跑道，以及 80 个硬化停机坪（沿滑行道铺设的停机区）。但他发现那里只有一条 7 000 英尺长的跑道，而且只有一部分铺设了硬化道面，另一条平行的跑道才刚刚把地面清理出来，铺好路基，道面铺设还完全没有开始。硬化停机坪只建成 40个，当第 73 轰炸联队的 B-29 机群在当月晚些时候飞来时，它们只能两架飞机挤在一个停机坪上。航空燃油还只能存储在停放在附近停车场的油罐挂车里。按计划，这个基地将在当年年底前接收 180架飞机和 1.2 万人，但是这里还没有军营，没有办公楼，也没有仓库。当第 21 轰炸机司令部的先头梯队到达时，他们不得不住进机场周围的帐篷群里。即便是汉塞尔将军也是住在一处可以俯瞰东方海面的悬崖上的帆布帐篷里。食堂是用匡西特板棚房搭建的，即便是将军们也得"排队打饭"。"我没有车间，也没有设施，只有帐篷，"汉塞尔后来回忆道，"我有一个炸弹堆栈，一座停车场，燃油也有储备，但是其余一切都是我见过的最难受的一团乱麻。"[37]

这一延误并非由于不努力。伊斯利机场上的推土机从 6 月 24 日起就开始轰鸣，此时岛上仍在激战，日军防线就在北方 1 英里之外。航空工程营已经是 24 小时轮班施工，在夜间用泛光灯照明，有时还会招来炮轰和狙击手的射击。瓢泼大雨会把尚未铺设硬化道面的跑道和停机坪化成一汪泥潭。岛上有着用不完的珊瑚礁，碾成粉末后可以做成高品质的混凝土，用来制造沥青。但是珊瑚矿区和机场之间的道路都很狭窄，许多地方都没有铺设路面；道路常常发生交通堵塞，或者被热带暴雨淹掉。铺设跑道和勤务区需要数千吨珊瑚粉末——但是首先要对道路进行拓宽、升级和路面铺设，这同样需要数千吨珊瑚粉末。

面对必需装备和零部件的严重短缺，汉塞尔向国内大声疾呼，要求提供后勤支持。当一艘运载着关键货物的船开进拥挤混乱的关岛港时，海军港务管理员说："我只给你 24 小时，让这艘见鬼的船离开这里。"[38] 于是在匆忙的卸货过程中，这些货物都被堆放在丛林边缘的一块空地上，暴露在暴雨、湿热天气，以及自己人的偷扒摸抢之下。大部分都丢失或者损坏到无法使用的地步了。面对可能导致轰炸任务延误的物资短缺，一路通往后方加利福尼亚州的航空货运线路被开辟了出来。于是，B-29 再一次担负起了把自己所需物资运往战区的任务。这又是一条"驼峰"航线，只不过这个"驼峰"是跨越了 94 个经度的地球表面的弧线。

汉塞尔到达后的几个星期里，平均每天都有 3 到 5 架"超级堡垒"飞到塞班岛。这些飞机大部分都是由新训练出来的机组人员自己从堪萨斯和内布拉斯加的训练和改装中心飞来的。他们沿用了汉塞尔和他的"约尔廷的约西号"的航线：先飞越群山来到加利福尼亚州的马瑟机场；继而跨越东太平洋飞到檀香山的约翰·罗杰斯机场，这里原本是座民用机场；之后跨过国际日期变更线，到达中太平洋的夸贾林环礁，这时他们的日历要向前翻一天；最后飞行 1 500 英里抵达塞班岛的伊斯利机场。绝大部分年轻飞行人员都不熟悉这样的远程越洋飞行。这是对他们海上导航技术的一次实战检验，其自身也是一种有价值的训练课程。在云上飞行时，领航员需要透过浓云的缝隙观察波光粼粼的蓝色海面。他有时候可能会看见一块珊

诸神的黄昏：1944—1945，从莱特湾战役到日本投降

瑚礁或者沙质浅滩，此时他就会努力把这些地标和桌子上的海图做对比。夜晚，领航员要用六分仪观察星星，以此来确定飞机的位置，就像古代的航海家那样。大部分时候他要依靠航位推测法，小心翼翼地随时记录飞机的空速和罗盘方向，再加上风速校正，直到他能够收到远程无线电导航系统或者无线导航塔的信号为止。

　　一个典型的 B-29 机组由 11 人组成，年龄从 19 岁到 30 岁不等。在许多飞机上，机长兼最年长的机组成员是一位 25 岁的中尉，他应该是在约 18 个月前在一架单引擎教练机上学会飞行的。即便他们很年轻，身体处于最佳状况，也无法逃脱高空长途飞行带来的疲劳。在 15 小时的飞行之后，一名飞行员在家信中写道："我的腿和后背都僵住了，到现在还有这种感觉！我们拂晓时就起飞了，天黑几个小时后才落地。很多人都意识不到这一点：轰炸目标花不了多少时间，飞往目标和返回基地的航程才是考验，让人受不了。"[39]

　　随着新的飞机和飞行人员涌入塞班岛，汉塞尔决定，需要进行更多的编队飞行、集结、通信、导航和精确轰炸方面的教学和训练。他觉得没有什么训练能比向相对较弱的敌人阵地进行实战更好了。10 月 27 日，汉塞尔亲自率队向曾经令人生畏的特鲁克环礁进行了战术轰炸，目标是杜布隆岛上的日本潜艇锚地。（美国陆军航空队禁止将军们飞战斗任务，这是汉塞尔最后一次被允许率队出击，这令他十分失望。）后来他们又对特鲁克进行了三次训练作战，对硫黄岛进行了两次。空袭中投下了数百吨炸弹。对于地面上挨炸的人来说，若他们知道这仅仅是训练，恐怕难免觉得惊讶和沮丧。

　　10 月 30 日，一架专门改装执行远程照相侦察任务的"超级堡垒"，型号为 F-13，抵达了塞班。好运来了挡不住，就在第二天拂晓，东京及其周边区域出现了难得的晴好天气。拉尔夫·D. 斯蒂克利上尉提出要立即飞一趟照相侦察，希望把这次少见的有利天气利用起来，汉塞尔同意了。这架名为"东京玫瑰号"（真是讽刺）的孤零零的 F-13，在日本首都上空 3.2 万英尺高处飞过，机上 4 台照相机不停地拍照。斯蒂克利在东京、东京湾、横滨上空缓缓地沿"8"字航线飞行，随后向西飞过富士山，前往东海地区以及大名古屋地区的核心工业区。这是自从两年半之前杜立德空袭之后第一架突破到东京空域的盟军飞机。日本陆军的战斗机群起拦截，但是令防空司令部无地自容的是，他们根本无法追上这架飞得又高又快的入侵者。在 3 万英尺以上的高度，日军的中岛 Ki-44 战斗机（盟军绰号"东条"）再要爬高就会导致地面速度骤降，于是"东京玫瑰号"安然无恙，全身而退。高炮部队进行了一场炫目的烟火秀，但炮弹的炸点既不够高，也没有准头。

在不多见的晴朗天气中飞行了 14 小时之后，F-13 带着数千张摄有东京和名古屋地区主要工业设施和航空工厂的航拍底片降落在塞班岛上。一个设在匡西特板棚房里的照片冲印组没日没夜地工作了几天，冲印出了 7 000 张高清晰度照片。这些照片成了后来任务计划的基础。斯蒂克利的探路之旅对整个战略轰炸事业的价值难以估量。[40]

当时，选择目标依靠的都是近期德国上空空战的经验。计划人员相信，对日轰炸战役的第一步应当是赢得日本上空的制空权。这意味着要从根源上摧毁敌人的空中力量，轰炸其航空工业，包括日本主要的发动机工厂和飞机组装中心。在战前的许多年里，盟国的驻日武官和情报分析人员一点点地积累起关于这一机密产业的数据。

日本的航空工业由少数几个大企业统治：三菱、中岛、川西、爱知，以及立川。它们的大部分大工厂都位于东京、名古屋、大阪和神户周围。例如，盟军知道东京郊区的武藏野就有一家重要的中岛工厂。名古屋的三菱联合体据说是世界第二大的飞机制造厂。其他许多此类工厂的大致位置，盟军也都知道。"东京玫瑰号"拍摄的照片恰好填补了空白，使得分析人员能够确定高优先级目标的位置和大小。

1944 年 11 月时的战术条令倾向于大规模高空精确轰炸。任务要在白天执行，最好是晴朗天气，这样投弹手们就能通过轰炸瞄准具瞄准目标。雷达瞄准只是个不太受欢迎的应急之举，仅用于浓云密布时。低空夜间轰炸还不是个可用选项。汉塞尔想要在首次轰炸日本时出动至少 100 架"超级堡垒"。在出现足以目视轰炸的晴朗天气前，他不愿把这些飞机派出去。在有利天气下发动大规模空袭将充分利用突袭的优势。但另一方面，他也决定要在 11 月底前发动对东京的首次空袭，因此时间并不宽裕。11 月 18 日，塞班岛的 B-29 飞机、弹药和飞行人员数量都足够执行这样的任务了，但是当天日本上空天气阴沉，这样的天气持续了一个星期。每天晚上机组人员都要参加任务前的简报会，结果每次都被告知按兵不动。这对人的神经真是挑战。"我们来聊聊制造紧张的人，"一名年轻的机组人员在日记中写道，"你可以强装镇定，但任何人如果说自己不害怕，那他说的一定不是事实！"[41]

11 月 24 日感恩节这天，云开了。飞行人员在凌晨三点就起床了。当东方破晓之时，排成长龙的"超级堡垒"机群已经在滑行道上给发动机预热了。出于公众宣传的目的，第 21 轰炸机司令部带来了代表美国各主要报刊和无线电台的 24 名战争通讯员。当第 73 轰炸联队指挥官兼本次任务的领队"罗西"埃米特·奥唐纳尔准将爬进他的座舱时,电影摄制组启动了摄影机,闪光灯也闪烁了起来。奥唐纳尔的飞机"无畏多蒂号"率先起飞,在他身后,其他110架"超级堡垒"以30秒间隔依次升空。它们向东爬升,在女巫湾上空向左转,踏上北上的漫长航程。每架飞机都装载到了极限起飞重量,14万磅。(莱特公司的工程师建议将起飞重量限制在12万磅,他们的要求过严了。)飞行人员在忙于爬升至高空并在行进中集合队形之时,还要小心盯着他们的发动机。起火和其他机械故障迫使17架飞机折返。其余94架飞机则直奔主要目标,位于东京西部吉祥寺的中岛飞机公司武藏野工厂。

日本人知道"超级堡垒"在塞班岛的集结。他们早就预见到了此次空袭,并采取各种措施,做好了准备。自从6月以来,从中国基地出发的B-29已经8次空袭九州,他们对这种大型轰炸机及其性能并不陌生。在几个星期前拦截"东京玫瑰号"失败之后,日本战斗机进行了改进,提高了爬升速度和实用升限。日本人给飞机装上了更宽的螺旋桨叶,发动机也做了调整,以便在稀薄空气中提供更大的推力。最激进的措施——也最有日本风格——是建立了空对空撞击部队。这支部队的战斗机拆除了所有的机枪、弹药和装甲板。这令它们在更高的高度也能表现良好,但显然就无法向敌人射击了。这些飞行员,也可以视为神风队员,都练习了高空撞击机动,目标是"超级堡垒"脆弱的尾部。

日本的海岸雷达站发现来袭的机群之后,日军125架战斗机起飞迎战。其中有10架日本陆军第四十七"震天"航空队的中岛Ki-44"钟馗"机,它们全部用于对敌轰炸机进行撞击。

抓住高空飞行的"超级堡垒"在任何情况下都是难事。来袭机群在2.7万英尺到3.2万英尺高度之间进入日本空域，大部分防空战斗机都要花上整整一个小时才能爬升到这一高度。这天的急流很剧烈，每小时150英里的顺风使得B-29的地面速度超过了每小时400英里。气流打乱了轰炸机的队形，让精确轰炸成了空中楼阁。薄薄的云毯令中岛工厂变得模糊不清。只有24架飞机向武藏野投下了炸弹，而且几乎全部落在中岛工厂的围栏之外。64架飞机攻击了预定的第二目标，东京港。[42]

第四十七"震天"航空队的三田义雄三飞曹用一次壮观的撞击获得了当天唯一一个击落战绩。他从后上方接近一支B-29编队，这位勇敢的武士做了一个剧烈的俯冲滚转，驾驶他的中岛飞机撞上了萨姆·瓦格纳中尉驾驶的A-26号飞机尾部。三田的飞机炸成了一团火球，拖着长长的浓烟坠向地面。A-26号机还在飞，但是撞击撕掉了它的垂直安定面和左侧升降舵。瓦格纳试图转向返航，但是飞机却撑不住了。它在距离东京湾约20英里处坠毁，机组无人生还。

对于其他的"超级堡垒"而言，向塞班岛的返航也是一种漫长的煎熬。低垂的云层覆盖了日本南方海域，遮住了各处地标，当夜幕降临时，返航机群还在伊斯利机场以北几个小时航程处。此时跑道只有一些火堆能用以标记，一旦有事故堵塞了跑道，许多B-29可能就要迫降了。好在91架飞机安全着陆，给任务画下了一个成功的句号。所有人都松了一口气。

后来复盘此次战斗时，汉塞尔承认11月24日的东京之战过于冒险，几近鲁莽。轰炸没有取得多少成果，武藏野损伤轻微，东京港区甚至没有被直接击中。他觉得幸运的是只损失了3架飞机。（两架坠入本州岛以南洋面，救生潜艇搜索了此地，但一无所获。)汉塞尔害怕失败，他后来写道："但是我十分担心这种作战状况会损害和危及我正在推进的对日本列岛的独立作战。"[43] 换言之，汉塞尔背负着压力，他要展示从马里亚纳群岛出发轰炸东京的可行性——这样才能让质疑者闭嘴，并且巩固第 20 航空队的独立性。人们认为，只要这些"超级堡垒"能够兑现轰炸日本工业核心区的承诺，"福将"阿诺德就能顶住将这些飞机用于其他目的的压力。

本州岛南部海域，有 12 艘执行救生任务的美军潜艇。其中之一是"射水鱼号"，这是一艘白鱼级潜艇，艇长是约瑟夫·E. 恩莱特少校。它巡逻的这片水域被官兵们私下称为"猎场"（Hit Parade），其他潜艇（包括"刺尾鱼号"）已在这里找到过大量进出东京湾的日本船只。11 月 24 日晚间一架 B-29 在这里的海面上迫降后，"射水鱼号"赶来搜索了三天，却没有找到任何飞机、救生筏或者残骸，恩莱特最后发电向珍珠港报告，"这里的海况不适合水上迫降，轰炸机可能已经坠毁并迅速沉没了"。[44]

11 月 27 日，太平洋潜艇司令部来电，48 小时内不会再有 B-29 飞临日本上空。这意味着"射水鱼号"和其他救生潜艇可以松绑，继续去猎杀敌船了。恩莱特指挥他的潜艇来到本州岛近岸，白天潜航，时常把潜望镜升到高位进行观察。富士山巨大的火山口常常从潜望镜圆形视野中的十字瞄准线下飘过，但是恩莱特却没见到任何有价值的船只，只有一些拖网渔船和其他小艇，他觉得这些小船"太小，不值得用鱼雷"。[45]

恩莱特在南达科他州迈诺特市出生、长大，美国海军学院 1933

届毕业生。战争早些时候他曾任"鲦鱼号"潜艇艇长，但在1943年秋季那次49天的令人失望的巡逻之后，恩莱特认定自己不是指挥潜艇的料，请求洛克伍德放过他。*

接下来的8个月里，他一直在中途岛潜艇基地做一些岸上工作。到了1944年8月，他又急着想要出去试试身手了，于是洛克伍德给了恩莱特一件最难得的礼物：第二次担任潜艇艇长的机会。因此，他比太平洋上其他普通的潜艇艇长更渴望获得战绩。然而出巡至今，他仍然两手空空。"射水鱼号"上的那24枚Mk18电动鱼雷都还躺在原处，一枚未射。

11月27日晚8时48分，"射水鱼号"的SJ雷达发现24700码外有一个目标，真方位28°。† 于是一名瞭望哨爬上潜望镜平台，举起望远镜观察北方海平面。当时的环境很适合目视搜索：天气晴朗，轻风徐徐，几近满月。恩莱特起先觉得这个目标是个岛屿，但是雷达扫描结果很快显示，它正在向自己靠近，瞭望哨随即报告："海平面上有一个暗影，位于右前方2点‡。"[46]

恩莱特很快认出了望远镜中海平线上的那个暗淡的"目标点"。对比目视测距和雷达测距的结果，他判断出这是个大家伙，可能是油轮，这可是最高优先级的目标。

"射水鱼号"继续停留在水面上向西航行，想要绕到目标背向

---

*　人们会记得，就在5个星期前，"鲦鱼号"在另一名艇长的指挥下，在巴拉望水道伏击了栗田将军的中路舰队，打响了莱特湾海战第一枪。——作者注

† 　"真方位"是航海术语，指以地球北极点方向为0°，顺时针计算方位。与此相对的是"磁方位"，以北磁极为0°。——译者注

‡ 　这里的"点"是航海术语，将360°圆周进行32等分，1"点"相当于方位11.25°。——译者注

月光的方向。首次发现目标大约一个小时后，一名瞭望哨向下面大吼说，目标的矩形轮廓从远距离上看很像是一艘航空母舰。恩莱特起先将信将疑，但是观察了一会儿后，他信了。随着距离越来越近，目标的外形愈加明显，航母巨大的舰岛和烟囱从平坦的船体上部伸出来。目标的基准航向是 210°，航速 20 节。[47]

这艘神秘的航空母舰是"信浓号"，世界上最大的航空母舰，在"大和级"战列舰原三号舰的舰体上改建出来的大家伙。这艘舰建于东京湾里横须贺海军基地的船厂，10 月 8 日下水，8 天前刚刚服役。自从当年 6 月日军在马里亚纳海战中丢掉了三艘航母之后，这艘舰上的舰员和 3 000 名船厂工人便开始每天工作 14 个小时，每周七天，加班加点。日军的航母突击舰队曾经令人望而生畏，而这艘新造的巨舰则承载着日本复苏这支舰队的最后也是唯一的希望。

"信浓号"的目的地是吴港，它要在那里完成舾装并搭载舰载机。舰长阿部俊雄大佐一直对军舰出海前的准备情况忧心忡忡。在完全不合情理的时限要求之下，许多工作都被简化了。许多重要的内部设施都还没有完工或者未经检验，包括水密门、抽水泵、消防水管以及通风管道。阿部此前就警告过上级，这艘舰和舰员们都还没有做好出海的准备，即便只是沿着海岸航行一夜也不行。但是上级指挥部却无动于衷，这一周的 B-29 空袭过后就更是如此了。他们不得不假定这艘大型航母已经被敌人发现并拍了照，而高空飞行的敌人轰炸机随时可能回来轰炸船厂。因此，东京的将领们驳回了阿部关于推迟出海的请求，要求"信浓号"必须不迟于 11 月 28 日出海。

就和准姊妹舰"大和号"和"武藏号"一样,这艘舰在施工期间也受到了极其严格的保密。在横须贺的海滨地带,日本人采取了激进的措施来保护这项工程不被人看见。6号码头周围竖起了高耸的波纹板围栏,"信浓号"就在其中建造。数千名船厂工人被拘禁在基地内,施工期间从不允许外出。任何工人甚至只要提到这艘舰的名字,就会遭到宪兵逮捕、关押、审讯和拷打。

它真的很大:长872英尺,舷宽119英尺,满载排水量71 890吨。就和那两艘超级战列舰一样,"信浓号"装有四台巨大的蒸汽轮机,可以向螺旋桨输出15万马力,使其最高航速达到27节。它的飞行甲板和机库甲板都设有装甲,设计能够抵御1 000磅炸弹的攻击。舰岛位于右舷中部,尺寸相当于一栋办公楼。舰岛内整合了巨大的烟囱,烟囱向舷外大角度倾斜,让这艘舰的造型显得有些奇特。"信浓号"装有数百门高射炮,比任何其他航母都要多。"当我站在铺设完成的飞行甲板尾部,站在舰首的人看上去只有小豆那么大,"横须贺的一名船厂工人大岛盛业回忆道,"我记得自己兴奋地大喊大叫。'信浓号'是世界上最大的航空母舰。"[48]如果这里的"大"指的是吨位,那么大岛所言完全正确——在美国第一艘福莱斯特级航母于10年后的1954年下水之前,世界上没有比"信浓号"更大的航母了。

根据命令,"信浓号"在11月28日日落后不久在三艘驱逐舰的伴随下离开了东京湾。舰上有2 475人,包括由2 175名官兵组成的舰员组,以及大约300名船厂工人。舰上没有飞机,机库里装着50枚"樱花"自杀弹,这种武器设计用来由飞机投射。还有6艘"震洋"自杀快艇。这些自杀艇将要送到吴港沿岸,也可能在将来的某个时间送到冲绳。

和上级商议后，阿部大佐设计了一条绕路远离海岸的航线。这会稍稍简化一些导航工作，也是为了避开已知有美国潜艇出没的海域。航程的第一阶段，航母和驱逐舰将会向正南方开往远海。次日凌晨破晓前它们将要转向西边，向濑户内海高速冲刺。最后阶段会是在白天，舰队得不到任何空中掩护，不过阿部什么都做不了，东京方面根本没有给他选择的余地。他相信自己选择的是在当时环境下最安全的路线。"信浓号"和护航舰在洒满月光的平静海面上破浪而行，航速 20 节，走之字形航线以规避敌人潜艇。

美国海军的识别手册上，没有任何一艘船的轮廓能匹配得上眼前的"信浓号"。恩莱特和他的军官们认为这艘陌生的敌舰肯定是"飞鹰级"或者"大凤级"航母。他们根本不会想到，自己猎物的吨位竟然会是埃塞克斯级舰队航母的两倍。盟军阵营中没有任何人知道关于这艘舰存在的蛛丝马迹。

三艘护航驱逐舰出现在了雷达屏幕上。距离缩短后，"射水鱼号"潜望镜平台上的人已经隐约能够见到它们了。恩莱特觉得在目标的背后可能还有第四艘护航舰，当然实际上并没有。

想要在水面上接近有四艘驱逐舰（哪怕只是三艘）护航的敌人航母是不可能的，尤其是在这样明亮的月光下。恩莱特绝对不可能这么做。他相信这种尝试"实际上就是自杀"。[49] 但是下潜会让"射水鱼号"的速度下降大半，无法机动到攻击位置。情况并不理想。恩莱特选择转向南，在"信浓号"前方大约 9 英里处与其几乎平行航行，并加速到 19 节。他需要一些运气。敌舰航速 20 节，比"射水鱼号"略快一点。一旦距离接近到三四英里，潜艇就必须下潜，否则就要冒被发现的风险。射击窗口转瞬即逝，而且如果"信浓号"及其护航舰没有在之字形航行时转向"射水鱼号"，这个射击窗口甚至根本不会到来。

恩莱特用无线电拍发了敌情报告。或许还有别的潜艇可以被引导到能截击这艘未知航母的位置上，抑或是哈尔西的第3舰队能来对付它。他没有放弃"射水鱼号"自身的机会，但对此并不乐观："我们唯一的机会就是保持最大水面航速，与敌人平行航行，并祈祷那艘航母转向我们。"[50]

"信浓号"上，雷达探测器捕捉到了"射水鱼号"水面搜索雷达的电波。其频率和脉冲速率显示那是美国人，但是"信浓号"上的雷达技师无法确定其方位。"射水鱼号"发出敌情报告的无线电信号也被"信浓号"监听到了——但是，方位还是不知道。阿部大佐意识到附近至少有一艘敌人潜艇，却不知道其位置。当周的一份敌情报告称，一队美国潜艇在5天前一同离开了关岛，数量可能多达7艘。将种种信息汇集在一起，阿部认定美军的潜艇狼群正在跟踪自己的座舰。他将此信息传达给了他的瞭望哨们——航母的飞行甲板和上层建筑周围共布置了25名瞭望哨——要他们搜索水面上的潜艇踪迹。

晚上10时45分，一名眼尖的瞭望哨报称"舰首右侧发现不明物体"。想靠目视发现敌人几乎是不可能的，即便用"信浓号"上最先进的光学设备也不行。5英里之外涂成黑色的低矮潜艇，即便是在白天也很难被看到。地球的曲率遮住了大部分艇体，只有舰桥顶部会露出海平面。不仅如此，它还在"信浓号"的几乎正前方平行航行，这就使它的轮廓更小了。几十双日本人的眼睛都看向了西南方远处海平面上那个暗影，"信浓号"的航海官认为那可能只是一艘"小船"。

日军驱逐舰"矶风号"在没有命令的情况下离开了编队。它以超过 30 节的航速向"射水鱼号"奔来，身后留下泛着泡沫和荧光的长长尾迹。

在"射水鱼号"舰桥上，恩莱特看着从自己艇尾方向冲来的敌人驱逐舰。他正确地判断出那是一艘"阳炎级"驱逐舰——当时世界上最快的驱逐舰之一，最高航速可超过 35 节。他命令瞭望哨从平台上下来，全员离开舰桥。他看了看表，此时是晚上 10 时 50 分。他举起望远镜朝向冲过来的驱逐舰，注意到它"愈加接近'射水鱼号'，越来越大。好家伙，速度真够快的！"。[51]恩莱特正要钻进舱门下令紧急下潜的时候，意外地发现"矶风号"掉头走了，回到了"信浓号"右侧原先的阵位上。于是"射水鱼号"继续保持原有航向，并留在水面上。

是阿部要"矶风号"回到阵位上的。他仍然认为"信浓号"正在被敌人的潜艇狼群跟踪，他担心南方那个身份不明的目标就是故意要诱出他的一艘护航舰。"它是个诱饵，我敢肯定。"他如此告诉舰桥上的其他军官。他下令向东转向，远离了"射水鱼号"。[52]舰队航速超过 20 节，阿部知道自己甩开那个鬼影毫无问题。

恩莱特觉得自己已经把机会丢掉了，但他仍然让"射水鱼号"以最大速度破浪而行，航向与"信浓号"编队的基准航向大致平行。日舰的航速比"射水鱼号"至少快 1 节，这样除非它们转回西边，否则"射水鱼号"难有机会进入攻击位置。恩莱特舰长用手抚摸着胸前的玫瑰经念珠，默默祈祷敌人会如此转弯。

晚 11 时 40 分，祈祷生效了。"看起来大之字形转弯转到我们这个方向了。"潜艇日志记录道。[53] "信浓号"向右急转，航向转向西边，从"射水鱼号"艇尾越过。如果它接下来的左转时机凑巧，那么这艘巨型航母就可能直接撞进潜艇的射击范围。

在接下来的三个小时里，各方都保持航线不变。"信浓号"和它的三艘护航舰渐渐越过了"射水鱼号"的艇尾，从潜艇左后方来到了它的右后方。这是一场奇怪的捕猎，猎手位于猎物前方数英里处。"射水鱼号"径直向南方数英里外的某个位置驶去——如果恩莱特没猜错，"信浓号"和"射水鱼号"的航迹会在那里交会。

在潜艇的舰桥上，瞭望哨手中的夜间望远镜紧盯着远方的庞然大物，它高大的舰岛和倾斜的烟囱从艇尾的海平面上高高耸起。"射水鱼号"在月光粼粼的海面上向南疾驰，艇首剧烈起伏着，四台发动机开足了马力，强大的动力推动着它修长的艇体。带着泡沫的海水从艇首两侧飞溅而出，溅到了瞭望哨的脸上。恩莱特现在还需要一些运气的眷顾，他一直在抚摸他的玫瑰经念珠。

凌晨 2 时 56 分，他的祈祷又灵验了。"信浓号"及其护航舰又转弯了，这次是向左，稳稳地开向东南方向，径直冲"射水鱼号"的驾驶室而来。这艘世界上最新最大的航空母舰正把自己像一个精心包装的礼物一般送到"射水鱼号"面前。日志记录道："距离迅速缩短，我们就在其前方。"[54]

"信浓号"左转 8 分钟后，双方距离缩短到 1.2 万码，恩莱特命令"射水鱼号"下潜。瞭望哨首先跳进指挥塔，艇长紧随其后，下潜警报响彻全艇（"啊呜——嘎"的声音）；一名水兵猛拉拉绳，关上了舱盖，手轮转 6 圈锁紧。"射水鱼号"下潜到 60 英尺深度。恩莱特升起了夜间专用的 2 号潜望镜，指向了目标。他把十字瞄准线压在了"信浓号"上，低声自言自语道："来啊，亲爱的，别跑。"[55]

潜艇向西潜行，悄悄机动到一处理想的射击位置上：航母正侧面 1 000 码至 2 000 码之间，此时"信浓号"将以最大的被弹面暴露在"射水鱼号"的鱼雷面前。恩莱特几次升起夜间潜望镜快速查看，确定目标的航向和速度。目标跟踪组则把他的估算结果输入鱼雷数据解算仪（TDC）中，据此设定可能的攻击偏角。被动听音定向仪证实了艇长从潜望镜中观察的结果。他告诉前部鱼雷组，准备六雷齐射。鱼雷航行深度被设为 10 英尺，为可能的潜航过深风险留下余量。

恩莱特再次升起夜间潜望镜，紧紧抓住潜望镜把手。"信浓号"在圆形镜头中越来越大，它被月光照亮的上层建筑和特有的倾斜烟囱清楚地展现在恩莱特面前。它确实和识别手册中的任何一艘船都不一样。或许这是艘被彻底重建了的老航母？他抓起铅笔在一张草稿纸上画出了敌舰的草图。随后恩莱特看见舰桥上闪过一道光，这显然来自敌人的一艘护航驱逐舰。他转动夜间潜望镜，直到找到那艘驱逐舰，并紧张地发现它正直接朝着"射水鱼号"高速驶来。

恩莱特现在面临着海军生涯中最重要的一次抉择。如果"射水鱼号"被发现了，他就需要紧急下潜并躲避深水炸弹攻击。但是这样一来他就会脱离攻击位置，直到"信浓号"安全脱离射程为止。但看起来潜望镜不太可能被发现。于是恩莱特问他的声呐员：那艘驱逐舰在用声呐测距吗？没有，他答道——没有砰砰声。然而由于一切都取决于这个问题，所以恩莱特想要确认这个答案。"斯坎伦，"

　　　　　　　　　　诸神的黄昏：1944—1945，从莱特湾战役到日本投降

他喊道，"看着我，告诉我那艘驱逐舰有没有砰砰声。"[56] 斯坎伦检查了所有可能的频率，之后转向恩莱特，重复了他的答案：没有。

艇长指挥潜艇又下潜了几英尺，艇底深度达到 62 英尺。如果驱逐舰从头顶直接开过（这看起来很有可能），那么它的舰底就会从"射水鱼号"顶部潜望镜支架上方 10 英尺处开过。恩莱特现在不敢再升潜望镜了，他和几个紧张到冒汗的指挥塔人员只能静听着敌舰开过来。被动听音定向仪证实它正直冲潜艇而来。军舰发动机的轰鸣越来越响，之后就是螺旋桨的呼呼声。这些有节奏的声音越来越大。"它就像火车头一样从头上经过，"恩莱特写道，"整个潜艇被震得摇晃不已。"[57] 然后它就开过去了，声音开始变小。日军没有投下深水炸弹，显然，他们对潜伏在自己舰底下方的潜艇一无所知。

恩莱特再次升起了夜间潜望镜，将十字线瞄准了月光下"信浓号"灰色的巨大舰岛。"瞄准！偏角，"他喊道，"预备……一号鱼雷发射！"[58]

艇首传来一阵低沉的咝咝声，当第一枚鱼雷从发射管中射出时，潜艇在反推力的作用下向后退去。在潜望镜里，恩莱特看见鱼雷的航迹直奔目标而去，"快速，直航，一切正常。"8 秒钟后："二号鱼雷发射。"于是又一股压缩空气喷射了出去，"射水鱼号""如同被鲸鱼撞上了一样猛地一震"。[59] 之后，第三枚和第四枚鱼雷又以 8 秒间隔射了出去。航迹跟踪组立刻启动了工作，"射水鱼号"则在第五和第六枚鱼雷冲出发射管时再次震动起来。

6 枚鱼雷以 150° 扇面射出，这意味着 4 枚瞄准点指向"信浓号"，1 枚瞄准舰首前方，1 枚瞄准舰尾后方。这是战斗条令对攻击大型高价值目标的要求——目的是留出一些余量，即便 TDC 数据解算错误时也能确保至少有一枚鱼雷命中。但这一次"射水鱼号"几乎不可能射失。它就在长达 872 英尺的航母的正侧方，距离对于鱼雷攻击而言很近：1 400 码。就像是对谷仓的宽阔侧墙射击一样。

鱼雷向目标冲去，时间一秒一秒地过去了。指挥塔里的气氛紧张了起来。恩莱特将潜望镜的圆形视场始终对准"信浓号"。当第一枚鱼雷的倒计时到 0 时，他担心自己一定是射偏了，或者那是一枚哑弹。但随后，"我通过镜片看到目标舰尾附近炸开了一个巨大的火球。之后水中传来了第一枚鱼雷命中的声响。然后'射水鱼号'便感受到了 680 磅铝末混合炸药爆炸的冲击波"。[60] 恩莱特欢呼起来，他用潜望镜继续观察了 8 秒，看到了第二个火球，位于第一个火球前方 50 码处。

恩莱特旋转潜望镜，看见一艘驱逐舰正向"射水鱼号"转来。他拍了拍潜望镜轴上的把手，下令降下潜望镜，压载水舱进水，规避深水炸弹。随着海水涌进压载水舱，艇首加重，甲板向前倾斜，潜艇在重力作用下潜向更深处。随着潜艇前部重量越来越大，水翼面开始发挥作用，使潜艇以更陡峭的角度下潜。"射水鱼号"一路下潜到 400 英尺以下才停下来。

深水炸弹如约而至：刺耳的爆炸声震耳欲聋，令人心惊，但距离并不十分近。恩莱特估计最近的爆炸都在 300 码之外。日本人看起来是在胡乱投弹。15 分钟散乱随机的"撒胡椒面"之后，他们放弃了反击。潜艇的声呐监听着驱逐舰向西南方向离开。

在随后的一连三个小时里，"射水鱼号"都在水下深处潜行，缓慢而无声。通过航位推算法回到他觉得目标沉没的位置后，恩莱特指挥潜艇回到潜望镜深度。此时已是早晨 6 时 10 分。他升起潜望

　　　　　　　　　　　　诸神的黄昏：1944—1945，从莱特湾战役到日本投降

镜，扫视四周的海平线，却发现大海上空无一物。这是一个阳光明媚的早晨，海面轻风徐徐。"射水鱼号"再次潜入水下，停留了一整天，直到下午 5 时 22 分才再次浮出水面，向珍珠港发回了令人兴奋的消息：它用鱼雷击中了一艘敌人航空母舰。[61]

自从前一晚 11 点起，阿部大佐就确信"信浓号"遭到了敌人潜艇狼群的跟踪。藏身水下的捕食者可能四处皆是，可能出现在任何方向，或者是所有方向。他认定自己也无能为力，只能保持比较快的速度，并且以不规则的之字形航行。就在"射水鱼号"的鱼雷撞上他座舰的右舷之时，他正准备下令再次向右转弯。

第一击落在舰尾前方，水线以下大约 10 英尺处，激起了一道橘红色的火柱。接着，三次命中接踵而至，又是三支火柱冲天而起，每一次的位置都在上一次的前方。爆炸导致三层甲板的舱室被淹，包括 3 间锅炉舱，几十名在铺位上睡觉的水兵死于非命。燃油管路起火，一个油槽也裂开了。损管组赶紧抓起水龙头灭火，但是仍无法阻止火焰蔓延到邻近区域。数百个担架被抬到了救护所，医务人员很快就忙不过来了。命中后仅仅几分钟，"信浓号"就向右倾斜了 10°。

和它的准姊妹舰"大和号""武藏号"一样，这艘超级航母建造时也要求能够承受鱼雷的打击。一个月前，在锡布延海，"武藏号"承受了几乎 20 枚鱼雷才告沉没。阿部对"信浓号"如此快地向右倾斜有些吃惊，但他觉得这种倾斜可以通过对侧注水来纠正，而且他自信只要不再遭到打击，就能让军舰继续浮在海面上。由于担心想象中的潜艇狼群，这位舰长与轮机舱通了电话，告诉技术人员，他需要每一节可达到的航速来离开潜艇出没的区域。于是"信浓号"和驱逐舰没有停下脚步，继续向前，航速不减。

在舰体下部中雷区域周围的过道里，水密门、管道和通风口发出可怕的尖锐嘶鸣。这是压缩的空气从防水密封处挤出时发出的声音，而将空气挤出的，正是从舰体四处破口处无可阻挡地涌入的成吨海水。"我们干活的时候能听到金属板在至少100吨的压力之下嘎吱作响，"一名舰员回忆道，"铆钉开始晃动，看起来随时可能从洞里迸出来。"[62] 海水从水密门密封垫的破口处喷射而出。管道和通风管也炸裂开了。"信浓号"强大的机组驱动着巨舰以超过20节的航速前进，却间接地把数千吨太平洋的海水吸入了右侧舰体。即便在左侧突出部充入3 000吨海水之后，"信浓号"的右倾仍在不断加剧。当倾斜达到15°时，水兵们已经不得不扶着右舷的舱壁才能站立了。

阿部大佐仍然在扩音器里安抚人心。他告诉舰员们军舰没有翻覆的危险，但同时也要求水泵组竭尽全力纠正倾斜。

"信浓号"的航速逐步跌落到了10节。进水和大火无可阻遏地蔓延开来，水泵站即将失守。数百名奉命坚守岗位的官兵被困在卡死的舱门和变形的舱壁之后，一旦海水涌入他们的舱室，他们必死无疑。阿部大佐到这时才意识到"信浓号"要拼死求生了，他向横滨发出了求救信号，随即指挥遭受重创的军舰掉头向北，想要在最近的岛屿上搁浅。

东方海平线上升起了第一缕曙光，月亮也已西斜。受伤的航母向北蹒跚而去，三艘驱逐舰紧紧护卫在它身旁。它巨大的上层建筑和烟囱如同醉汉一般向右歪斜着，滚滚浓烟紧随其后，随风飘去。

诸神的黄昏：1944—1945，从莱特湾战役到日本投降

早晨 7 点，它的轮机由于蒸汽不足而停机。"信浓号"瘫痪在了海面上，在海浪的冲击下，舰体每横摇一次，右倾都会加重一点。阿部命令两艘驱逐舰"浜风号"和"矶风号"前来拖曳这艘 6.5 万吨的航母，但这根本就是不可能的。这番努力以钢缆断裂告终。

阿部迟迟不肯下达弃舰令，数百名舰员为此付出了性命。从舰底淹没区域逃出来的人涌上了机库甲板和飞行甲板。纪律即将崩溃，至少在舰上部分区域是如此。水兵们慌成一团，没有命令就跳进了海里。9 时 30 分，"信浓号"缓慢而无可阻挡地向右翻倒。海水涌入了飞行甲板上的主升降机井，把水兵们冲倒在地，抛进了机库。当烟囱没入水中，海面上的几十人都被吞进了它黑洞洞的大口。当阿部最后下令弃舰时，许多舰员已经跳进了海里，而对于其他人来说则为时已晚。在这艘翻倒的大海兽周围半英里范围内，到处都是攀爬在残骸上等待护航驱逐舰救援的逃生者。

阿部大佐已无意苟活，一众军官僚友也决意与他同死。他们沿着严重倾斜的飞行甲板爬到舰首，他们知道这里将会是军舰最后沉入大海的地方。当舰尾没入水中，军舰又开始回转，恢复了左右两侧的平衡。它的舰首完全抬离海面，高高扬起，飞行甲板已近乎垂直。当海水从舰尾涌入时，"信浓号"这个姿势保持了一段时间，似乎纹丝不动。而舰体内部却传来了爆炸声，空气挤出时的咝咝声，以及重型设备和大块残骸松动后沿着舰体轴线坠落时的碰撞声。它缓缓沉入水中，直到海水最后吞没了它金色的十六瓣菊花纹章。阿部和其他 1 400 名舰员一同沉入了深渊。

"信浓号"的处女航到此落下了帷幕。

12 月 15 日，"射水鱼号"回到了关岛，乔·恩莱特却遭遇了对他击沉战果的一片质疑之声。海军情报部门完全不知道这艘舰的存在，他对目标上层建筑和倾斜烟囱的描述和日军舰队中已知的任何一艘航母都对不上号。11月28日，太平洋监听站截获了一条日本电报并很快破译了出来："信浓沉没。"美军没有这一名称的日舰的记录，但"信浓"是本州岛东北方一条主要河流的名称。根据日本海军固定的舰艇命名传统，这个名称意味着目标可能是一艘巡洋舰。基于此，洛克伍德倾向于认定"射水鱼号"击沉的是一艘级别不明的重巡洋舰，可能是彻底重建的老舰。

但是恩莱特确定自己击沉了一艘航母，并且拿出了那张他在通过潜望镜观察"信浓号"时画的铅笔草图来佐证观点。珍珠港的分析人员不得不表示同意：这张详细的草图画的确实是一艘航母。与此同时，太平洋潜艇司令部里有人指出，"信浓"也是日本长野地区一个古国名，这意味着它也可能是一艘航母的名称。这样，洛克伍德便认定"射水鱼号"击沉的是一艘2.8万吨的"飞鹰级"航母。[63]

直到战后，整个真相才浮出水面。美国战略轰炸调查组的审讯证明，"射水鱼号"击沉了一艘6.5万吨的航空母舰，这令它成了单次巡逻击沉吨位最高的潜艇。为人谦逊的恩莱特总是强调他只是运气好，瞎猫碰到死耗子，让之字形航行的"信浓号"撞进了自己的射击窗口。这固然是没错的，命运把胜利交给了"射水鱼号"。但是恩莱特也确实把手中的牌打得完美无瑕，为此，他获得了海军十字勋章。

第八章

　　莱特岛周围的海面上满是大海战之后美日两军沉舰留下的碎块和残骸。苏里高海峡沿岸的沙滩上满是油污。尸体随着潮汐被冲到岸边——大部分是日本人。美军第7舰队一名军官发现这整个区域弥漫着"腐尸烂肉的臭味"。[1] 根据萨马岛上一名和当地抗日游击队协同行动的美军情报官的说法，在栗田舰队和"塔菲"编队海战之后的几天里，海滩上可以找到许多"财宝"。一箱箱口粮漂到了岸上，里面有饼干、奶酪、果酱、脱水土豆、午餐肉、香烟，还有咖啡。衣服和床垫都被当地菲律宾人拿走了。还有一本被水浸透的简装版《乱世佳人》小说被摊在太阳下面晒干。一桶桶汽油被拿走藏了起来。[2] 有一具无头尸体被冲上海滩，可能是日本人：当地人把他架在一堆木头上火化了。

　　莱特湾的封闭水域里挤满了金凯德运输船队和两栖舰队的约650艘船，它们要在这里停留一段时间。把物资卸载到登陆滩头的工作需要许多个星期。海面变得污浊不堪，它变成了这座超过10万人的水上城市的露天污水沟。"海湾里的水发绿，满是许许多多船上的屎和尿。"一名水兵在家信中如此写道。[3] 为了保护自己免遭日军空袭，舰队施放了灰色、棕色、黄色的化学烟雾。登陆艇尾部的架子上放上了发烟罐，运输船的上风位置布放了发烟浮标，装在大型舰船上的贝斯莱尔油雾发生器能够一次施放出可持续几个小时的大面积积烟雾。[4]每到薄暮或破晓的空袭高危时间，整个海湾都会笼罩上一层薄纱。

莱特岛的东部海岸很适合两栖部队的后勤补给。长长的白色沙滩向大海延伸不远，就突然变成适宜航行的深水区，入口水道处也没有珊瑚礁阻碍。大型船只、坦克登陆艇和坦克登陆舰能够面朝海滩，通过跳板或浮桥栈道直接卸载物资。登陆舰艇上的吉普车、卡车和坦克可以直接开到岸上。塔克洛班附近海岸航拍的照片中能够看到几十艘这种大型两栖舰艇，船头挤在海滩上，跳板如同舌头一样从打开的蚌壳式舱门中伸出来。锚泊在海岸外的运输船和海滩之间的水面上，数百条小艇拖着白色的尾流来来往往。在 A 日之后的 2 个月时间里，金凯德的两栖舰队平均每天都会向那些海滩卸载 1.1 万吨的武器、弹药、补给、车辆，以及各种物资。[5]

但是拼了老命的卸载却也让登陆区域的物资堆成了一团乱麻。在 1944 年 10 月时，这已经是个老问题了。和以往一样，两栖舰队指挥官责怪登陆海滩人手不足，而地面部队指挥官则说他们的部队都在岸上打仗（这也不无道理）。海滩旁边的平坦野地很快就成了拥挤的物资堆栈，覆盖了许多平方英里的地面。物资大致堆放成格子状，成堆的板条箱、油桶和停放的车辆之间是土质道路。大批的军用物资就这么暴露在敌人的空袭面前，许多物资在战役第一周就被毁掉了。例如，10 月 25 日傍晚，一架日军轰炸机就击中了一个含有 4 500 个汽油桶的堆栈，大火直到 24 小时后还在烧。但是更严重的毁坏来自没完没了、瓢泼而下的季风雨，雨水把大大小小的道路变成了泥潭，向涨水的棕色河流拉出一道道冲沟。艾克尔伯格将军形容塔克洛班以南的沿岸区域是"沼泽和泥坑，别无其他"。[6]

美国陆军航空队第 308 轰炸联队的一支地面分队正在塔克洛班机场上施工，他们快马加鞭，想要尽快把这里建成一座大型航空兵基地。但是环境对他们很不利。地面松软而湿滑，美军的推土和平整能力远不足以对付这一大片泥潭。卡车沿跑道全线倾倒土方和碎石，但是附近找不到珊瑚矿，因此也就没有制造混凝土和沥青所需的合适材料。舰载机常常在这里紧急降落，迫使建筑队伍离开跑道。勇敢的人们会举着旗帜和火把站在跑道旁，标示出飞机要规避的重要位置。坠机几乎是家常便饭。这时候推土机就会把残骸推到机场旁边。大雨和敌人的空袭常常会打断施工，就和在莱特岛的其他地方一样。马斯顿钢板被送到岸上，铺设在跑道表面，但这也不能完全解决问题，因为钢板下方的松软泥土常常会让紧密排列的钢板滑动开。位于南方的杜拉格、巴育、布里和圣巴勃罗的机场也受到相似问题的困扰。肯尼将军的第 5 航空队直到 1944 年 12 月才开始大规模使用莱特基地，而此时菲律宾的战事已经转移到了民都洛和吕宋。

莱特岛之战的最初几天，美军占领的地盘比预期的更大，遭受的伤亡比担心的更少。美国第 6 集团军由出生在德国的沃尔特·克鲁格中将指挥，他们在岛屿的东部沿岸平原上部署了 4 个齐装满员的师。大海战之后，他们的海上后勤线也已安全。土路从低处一路攀升到高耸崎岖的细长山脊地带，山脊线大致沿南北方向延伸，覆盖着浓密森林的山峦向上隆起，顶峰高达 4 000 英尺。尽管天气阴晴不定，日军也在俯瞰各处的高地上占据了坚固的阵地，但坦克和重型装备可以开上这样的道路。在岛屿北端附近，东部的莱特谷和西边的奥尔莫克谷经由 2 号高速公路连接到一起，这是一条陡峭而曲折的道路。它沿着岛屿西海岸向南延伸到奥尔莫克港和更南边的拜拜镇，又在这里转向内陆，从高山上越过岛屿中部，最终止于东部海岸的阿布约港。

第 6 集团军起先向内陆稳步推进，日军则边打边撤。前进巡逻队越过岛屿中央的山腰地带，没有遇到敌人的严重抵抗就拿下了拜拜镇。富兰克林·C. 赛伯特少将指挥的第 10 军肃清了莱特谷北部，开始沿着圣华尼科海峡海岸向北推进。24 日，第 8 骑兵团的部队乘坐登陆艇越过海峡，在萨马岛上的拉巴斯登陆，从这里他们可以防止日军乘坐小艇向海峡发动袭击。牢固控制了水道之后，美军现在可以通过沿岸海路运输部队和物资了。

11 月 7 日，美军第 24 师的部队在岛屿北部沿岸卡里加拉湾西侧突击上陆。从卡里加拉南下的道路陡峭、曲折，而且常常遭到暴雨侵袭。向南边的高地推进时，美军遇到了日军设在一座森林密布的马蹄形山上的坚固防线，于是这里成了美军口中的"断颈岭"。精锐的日军第一师团在这里构筑了用原木铺设的战壕和火力点网络，并藏身其中。这里的战斗愈加艰难而激烈，美军在此地驻足不前了近两个星期。

直到麦克阿瑟登陆前夕，日本陆军的指挥官们还在为迎击美军进攻的战略争论不休。日本南方军总司令寺内寿一伯爵元帅统管着整个南太平洋和大部分东南亚地区的日本陆军。6 个月前的 1944 年4 月，他把他的司令部从新加坡搬迁到了马尼拉。他点名要山下奉文中将来负责菲律宾的防守，山下奉文由于在 1942 年初率军打下了马来亚和新加坡而声名鹊起。10月初，山下来到马尼拉，此时距离美军登陆莱特岛只有两个星期了，他却发现面对迫在眉睫的威胁，日军并没有确定的应对之策。菲律宾的日军指挥官预计美军会在10月1日左右登陆，但地点却不知道。南方的棉兰老岛显然是个可能的登陆地点，莱特岛也是——但是美军大胆直接进攻吕宋的可能性也不能排除。他们面临着和1941年12月时的麦克阿瑟相同的困境——庞大的岛群为拥有海空优势的进攻方提供了数百个可能的进攻入口。

关于应对战略，各种截然不同的观点使马尼拉的日军司令部四分五裂。有些人认为空中优势才是唯一有效的防御，他们想要把陆军的所有人力和资源用来建造和升级机场。1944年8月底之前，日本陆军确实将其大部分力量都用来建造和升级这一区域的机场，尤其是吕宋区域。大范围的分散部署是这一战略的基石，即把飞机分散布置到众多位于偏远和森林地带的小型土质机场网络里。但是另一派指挥官想要倾其全力，在最可能遭到登陆的海滩修筑固定工事，或者在地形有利于防守的高地上建造坚固支撑点。这又是两派观点之争，一名高级军官将其总结为"滩头歼敌"和"诱敌深入"之争。[7]

然而在1944年10月中旬，更加急迫的问题是，日本陆军是否应当将主力保留在北方的主岛吕宋岛？是否应该尝试运送大部队去迎击进攻莱特的敌人？当10月18日美军战舰首次炮击莱特岛滩头，特种部队占领莱特湾入口处的小岛时，这个问题依旧悬而未决。山下将军想要在莱特岛打一场规模有限的迟滞作战。他反对从吕宋抽调大量部队，觉得其中许多部队会在海上损失掉。美军航空兵和潜艇对运兵船的攻击已经令南太平洋日军付出了可怕的代价。但是其他一些人则相信了日本海军关于 10 月 12 日至 15 日在台湾外海重创美国第 3 舰队的说法。接下来海军又报称在莱特湾海战中再获大捷，事情进一步复杂化。寺内元帅坚持要增援莱特，他要求山下必须执行命令。山下对这一他认为是灾难性的决策大为光火，但还是命令从棉兰老、吕宋和米沙鄢群岛的其他岛上大规模抽调部队，通过奥尔莫克湾的"后门"运往莱特岛。[8]

美军在莱特岛登陆时，岛上大约有 4.3 万名日军，是美军情报部门估计的数字的两倍左右。在战役期间，日军还想方设法向岛上送来了 3.4 万名援军。他们从马尼拉派出了 9 支大规模的增援船队，还有数不清的小部队从棉兰老和米沙鄢群岛乘坐小艇或驳船上岛。大约 1 万名日军在前往莱特岛途中由于运输船遇袭而损失。许多到达莱特岛的人也因此失去了装备和重武器，这就大大限制了他们上岸后能发挥的作用。然而，一流实力的第一师团在战役第一周来到岛上，还是大大提振了日军的信心和士气。"我们曾满怀希望地讨论在 11 月 16 日进入塔克洛班。"师团参谋长友近（Tomochika）将军如此说道。不仅如此，他们还认真讨论了活捉麦克阿瑟的事情，美国人若想把他赎回去，就要"美国军队全部投降"。[9]

日军早期的计划打算将第一师团部署在卡里加拉周围，第二十六师团放在南方几英里外的伽罗。补给线将以奥尔莫克为起点，通过海运沿海岸延伸。然而 11 月 1 日，位于奥尔莫克的莱特岛日军司令部获悉，美军部队已经穿越其登陆滩头前方那片难以通行的区域，越过卡里加拉一线。美军从岛屿东部海岸最初登陆地点发起的地面装甲突击令日本人大惊失色。许多大队规模的部队被消灭殆尽，守岛司令部发现自己甚至连和一线部队保持联系都很困难。于是日本陆军被迫退往卡里加拉西南边的山区，那里的地形更有利于防守。但是这一机动却导致他们失去了与海岸的联系，从而难以维系由奥尔莫克延伸过来的陆上补给线，致使后勤问题恶化。

莱特湾大海战之后，大获全胜的美国海军第3舰队也已筋疲力尽。自从10月上旬以来，飞行员们几乎整天都在飞作战任务。舰载机大队指挥官警告称严重的战斗疲劳综合征正在官兵中蔓延。"黄蜂号"上的一名航空医官判断，这艘航母上的131名空勤人员中，只有30人还适合继续每天飞任务。[10] 各舰上的大部分舰员也都有两三个月没体会过脚踩在土地上的感觉了。哈尔西想要把他的舰队拉回乌利西环礁，在接下来的"热足"行动之前短暂休整——这次行动的目的是对日本本土发动航母空袭，暂定在11月的第三周进行。哈尔西在向所有指挥官发出那份夸口说日本海军已经被"打败、赶走和粉碎"的电报之后4分钟，他就向金凯德发电："关于下一步作战计划，我们必须认识到，在前所未见的连续16天战斗之后，快速航母部队需要补给，舰载机大队也已很疲劳。"[11]

但是金凯德，或许还包括麦克阿瑟，并没有认真对待这一建议，他们希望第38特混舰队一直待在战区，直到陆军第5航空队做好准备接管莱特岛滩头的空防为止。金凯德报告了他的护航航母部队在萨马岛海战中所遭受打击的详情。它们的状况已经无法保持对运输船队和滩头的空中掩护："护航航母部队在飞机防空巡逻方面一直表现不错，但是它们可能很快就无法再作战了。"陆军飞机也还无法承担空中掩护之责，因为塔克洛班和杜拉格机场以其现状还无法接收它们。此时此刻，哈尔西至少还要留下一支航母大队"支援和掩护莱特湾区域，或许还要保护护航航母部队"。[12]

有些事大家都明白，金凯德无须点破：哈尔西必须弥补自己最近所犯的错误。既然让"塔菲"编队遭到栗田突袭的责任得由第 3 舰队的老大来承担，那么他唯一能做的就是自己来补足空中力量的缺口。在随后的几天里，哈尔西再次急切请求离开战场休整，但金凯德坚持要求继续提供空中掩护。疲惫不堪的不仅仅是空勤人员：哈尔西和他的幕僚们也感受到了长时间海上作战带来的压力。后来他承认："我累了，身心俱疲。我们都一样。"[13]

后来在 10 月 26 日，哈尔西直接向麦克阿瑟提出了请求："打了 17 天之后，快速航母部队实际上已经用完了炸弹、鱼雷和补给，飞行员们都很疲劳。我无法再提供任何大范围的直接空中支援了。你的岸基航空兵何时才能接管目标上空的空防？哈尔西。"[14]

尼米兹在他珍珠港的司令部里忧心忡忡地关注着局势的进展。他知道第 3 舰队已经绷到了极限，但海军已经答应过要为支援莱特岛作战提供航母空中掩护。萨马岛外海几近灾难的战斗则进一步加大了他投下的赌注。关于跨军种和跨战区协作的问题，如果太平洋方面自己解决不了，那就只能踢给参联会。更糟糕的是，美国国会中有影响力的人士和媒体已经将矛头对准了太平洋上的双战区指挥体系。杜威州长已经在参选总统时提出了此事，而大选就在两个星期之后。如果太平洋方面出现重大纰漏，麦克阿瑟那些强有力的后台就会坚持要求把整个战役交由他来全权指挥。

海军高层一向远离政治，正如他们的职业准则所要求的那样。但是尼米兹、金和莱希都在华盛顿工作多年，对这个城市的套路了然于心。太平洋的统一指挥问题是政治斗争的焦点。这个威胁是现实存在的。他们必须把现有的双战区指挥模式用好。

尼米兹截收到哈尔西向麦克阿瑟发出的再三请求（文件号261235）之后，迅速着手干预。哈尔西将补给不足作为自己返回乌利西的一项重要理由，尼米兹不相信。他向他的这位舰队司令发出了一份电报，提出质疑，电报也同时抄送给了金和太平洋舰队后勤司令威廉·L. 卡尔霍恩中将："我不理解你261235号文件中关于补给的说法。请报告你舰队中各类作战舰艇上干货补给的大致可维持天数，并列出因数量不足而影响作战行动的关键物资类型。"[15]关于为莱特湾提供空中掩护的问题，这位太平洋舰队总司令以其不容置疑的命令要求哈尔西留在战位上，这份电报也抄送给了金凯德和麦克阿瑟："我的8-44号作战计划仍然有效。掩护和支援西南太平洋部队，直到我发出新的指示为止。"[16]

哈尔西只好闭嘴，安排他的各个航母特混大队轮流返回乌利西环礁"轮休"。第38.1（麦凯恩）和38.3（谢尔曼）这两支大队退回乌利西休息和补充，其余两支大队——38.2（博根）和38.4（戴维森）大队——则留在萨马岛外海为莱特湾提供空中掩护。然而10月30日，刚刚在乌利西锚地停泊了两天的谢尔曼特混大队又被哈尔西紧急召了回去。日本人发动了凶猛到出人意料的空袭。吕宋的机场得到了来自中国大陆、台湾以及日本本土的飞机增援。不仅如此，大规模的自杀性空袭也带来了持久且令人胆寒的新威胁。"神风"的时代到来了。

博根的旗舰"勇猛号"在10月29日被击中。下午，一支美军空袭机群轰炸和扫射了马尼拉北面的日军机场。几架"神风"机显然尾随着返航的美军飞机找到了航母。其中一架飞机从浓云中俯冲而下，撞中了"勇猛号"右舷的 40mm 炮组。航母的战斗力未严重受损，但是这一击还是炸死 6 人，击伤 10 人。

第二天下午，戴维森的大队遭到了一大群"神风"机的攻击，这次美国人付出了高得多的代价。戴维森将军的参谋长吉姆·拉塞尔在"富兰克林号"的指挥舰桥上目睹了这次攻击。5 架敌机躲过了战斗空中巡逻队的截杀，向特混大队的核心区发起了俯冲："我们一下子就意识到，他们正从很远的地方歪歪斜斜地发动自杀式俯冲。"[17] 每一艘军舰上的每一门高射炮都开了火。"企业号"的炮手们打断了一架来袭敌机的机翼，令其坠入距离军舰仅有 30 英尺的海面上。"圣贾辛托号"的炮手也打掉了一架，拯救了他们的母舰。"贝劳伍德号"的炮手击落了一架"神风"机，却未能击落第二架——那架飞机撞中军舰后部，穿过飞行甲板，在机库里引发了毁灭性的火灾。第五架飞机命中了"富兰克林号"，正中飞行甲板中央。飞机在 3 号升降机前方砸了一个 40 英尺宽的洞，在升降机井中爆炸。舰员们花了超过一个小时才控制住火势。

人员损失很惨重："贝劳伍德号"上 92 人战死，"富兰克林号"上 54 人死亡。"贝劳伍德号"上有 12 架飞机被焚毁或者损伤至无法修复的地步，"富兰克林号"上则有 33 架这样的飞机。它们被抛弃了。

根据拉塞尔的说法，"富兰克林号"上日本飞行员的尸体居然被完整找到了。"你知道，"他说，"虽然爆炸了，但那家伙的尸体还能认出来。他的丝绸飞行服把他包裹起来，至少你还能看得出那是个人。当然，他已经不成人样了。"[18]

诸神的黄昏：1944—1945，从莱特湾战役到日本投降

日本的国营新闻媒体报道称，莱特湾中又迎来了一次辉煌胜利。据报道，日本帝国海军埋头苦干，"一遍又一遍地加强训练"。它耐心地等候美国人越过辽阔的太平洋，到那时他们将会遭遇补给线过长之不利局面。最终，美国舰队冒失地闯进了台湾岛和菲律宾强大的日本航空兵基地的飞行范围，在仅仅两个星期的时间里接连遭到两次大败。NHK广播电台的一名评论员向听众保证，战争结束已为时不远：

> 有一件事已经很清楚了：美国人已经输掉了战争。日本军队已经在莱特岛及其周围占有了彻底的空中优势和海上优势，而强大的日本增援部队正在发动进攻。所有日本人在未来作战中所要做的就是向敌人展示出他们的不屈精神，敌人便会心惊胆寒，不战而败。当然，这些西方人不会理解这种强大的东方力量。[19]

报道特别宣传了10月25日下午萨马岛外的"神风"攻击。日本人此前曾或明或暗地听说过所谓"特攻部队"和"肉弹"——但是从此时起直到战争结束，"神风"是日本报纸和广播中最重要的报道对象。有人估计，关于自杀飞行员的报道占据了这一时期东京所有报纸大约一半的版面。虽然涉及陆海两军矛盾的说法都禁止刊登，但所有明白弦外之音的人都能看出来，两个军种在竞相宣传自己的"特攻"。[20]海军是先行者，还在10月15日牺牲了有马将军——陆军仅仅5天之后就跟上了趟，大张旗鼓地在茨城县的鉾田飞行训练基地创建了"伴田部队"。帝国大本营指示这些新的自杀部队去

"破坏敌登陆部队在海上的增援和补给（包括摧毁锚地附近的运输船），以及摧毁敌人航母打击特混舰队（包括支援登陆作战的海军舰艇）"。[21]

"神风"在战术和宣传两个方面都是没有办法的办法。军国主义政府对于民众日渐消沉的精神以及他们对国内战争报道可信度越来越多的质疑感到警觉。必须想办法重树人们对最终胜利的信念。这些自杀航空兵和其他新玩意儿——诸如"樱花""回天"，以及越洋气球炸弹——实际上和同一时期纳粹宣传的"神奇武器"如出一辙。在一定程度上，所有这些都是宣传手段，旨在重振轴心国政府愈加低落的可信度，并巩固他们的权力。在日本，当权者常常能用耻辱感撬动社会思想，"神风"更是被塑造成了普通民众的榜样。在10月下旬报道对第38特混舰队的自杀攻击时，《每日新闻》的编辑写道："我们所有人都应当学习这些年轻人的高贵精神。"[22] 小矶首相则要求军工领域的工人们"学习特攻队勇士的榜样，在生产领域展示出尤胜于此的必胜精神"。[23]

"神风"部队在陆海两军中以惊人的速度扩张并正规化。整支整支的航空队被改编为特攻部队，还得到了或文艺或神秘的夸张命名。数以百计的飞机和飞行人员在1944年11月被派往菲律宾去执行特攻任务，即便大量自杀机如此在战斗中损失掉，"神风"部队依旧在迅速扩大。200架陆军飞机飞往莱特岛西边的内格罗斯岛，加入那里富永恭次中将的第四航空军。在日本的训练基地，整个班级的飞行学员——有些人刚刚掌握最基础的飞行技术——被纳入新组建的"神风"部队。许多人奉命直接飞往菲律宾，他们几周甚至是几天后就要发动进攻。那些刚刚招进来，还没有开始初级飞行训

　　　　　　　　诸神的黄昏：1944—1945，从莱特湾战役到日本投降

练的学员被告知，他们将从一开始就作为"神风"队员进行训练。这样日军就建立了一套训练体系，确保到 1945 年春季时将会有大量自杀飞行员可用。

福留中将起先反对大西关于让日本海军在菲律宾的两支航空舰队大规模使用自杀战术的提议，他的第二航空舰队在莱特湾海战中仍然在执行常规任务。然而，10 月 25 日关行男大尉那次出击取得了显而易见的成功，这令福留印象深刻，而越来越多的证据也表明传统的空中战术已经失效。次日，10 月 26 日，两支航空舰队合并，福留繁任总司令，大西泷治郎担任他的参谋长。从那一天起，福留说："'神风'或曰特攻飞机将成为我这支航空部队的核心。"[24] 和其他高级将领一样，他本人并不愿意让这些年轻人去送死，尤其是在东京方面传来昭和天皇对关大尉进攻一事的反应之后。裕仁问海军军令部总长："必须要如此极端吗？当然他们做得非常好。"[25] 大西将军将这位现人神的询问解读为批评，并深受困扰。但是他和福留都认为，除此之外没有别的可行办法了。

下级官兵中也有一些违抗的人。老资格的飞行队长藤田怡与藏少佐被要求选出 12 名飞行员来执行自杀任务。"我不干，"他告诉上级，"你要想去干，我没意见，你自己去挑飞行员。"之后他就回到宿舍躺在了床上。藤田战后说："仗打到这个时候，我确信高层是疯了。最后这个战斗机队还是执行了这个任务，再也没听说过有关他们的消息。"[26] 有些飞行员被吓坏了，却不敢自由表达自己的反对。一名正在进行飞行训练的大学生回忆说，听说他的训练班级被指定执行"神风"作战时，心里"翻江倒海"。但他不敢说，即便对同学也不敢。"我们无法分享彼此的疑虑。我们都来自不同的大学。如果我表达了担心，我的大学就会蒙羞。我只能把它藏在心里。"[27]

然而根据一些逸事提供的证据，日本大部分飞行人员不仅愿意，甚至急于作为"神风"队员献出生命。招募志愿人员时，应募者一致同意是很常见的。一名飞行队长回忆说，他的人围绕着他，拉着他的胳膊，哭喊着说："让我去！请让我去！我！"他还厉声对这些人说："每个人都想去，你不能这么自私！"[28]根据航空兵指挥官猪口力平的说法，那些被指定执行后续"神风"任务的飞行员在每一次任务之前都热情满满地想要参加。"你为什么不让我现在就去？"他们问道，或者是："我还要等多久？"[29]

"神风"队员已然成了一个特殊人群。他们被视为"脱离凡俗的神祇"，受到那些军衔、经验和技术都远高于他们的同僚的善待和尊敬。在等候执行特攻任务的时候，他们有独立的宿舍可以住，通常都是基地里最好、最干净的房间，伙食也是按照高级军官的标准供应。常规航空兵人员和其他部队的战友会送他们昂贵的礼物。本土的民间团体，包括初中生，会带着仰慕之情给他们写信，还会附上礼包一起寄来。战争通讯员和摄影师四处寻找他们，进行采访和拍照。到处都有盛宴款待，少见的珍馐美味被端放在他们面前，还有艺伎在一旁载歌载舞，以娱其心。军衔高低在他们面前不值一提。猪口中佐有一次在菲律宾中部的宿务岛机场与"神风"飞行员进行了交流。一个飞行员指出，在日本神道教的英灵殿，也就是靖国神社里，战死者灵魂的座次应当按照来到此地的时间来排序，而不是按照军衔。

"那样我就会排在你前面，中佐，"他说，"因为你在亲自上阵之前还要派出去许多飞行员。"

诸神的黄昏：1944—1945，从莱特湾战役到日本投降

"话说，"另一个人说道，"他到靖国神社报到时我们该怎么做？"

"我们让他当司务长管伙食！"

这番答复引来一阵哄笑。

猪口接了茬儿，他哀求下属们："你们就不能给我个好点的差使吗？"

"好吧，"有人答道，"可以当勤杂官。"笑声更大了。[30]

新的"神风"飞行员在抵达菲律宾时只接受了 7 天的入门培训，包括课堂教学和基础飞行练习。典型的出击队形通常是一个小编队，由 4 架到 6 架飞机组成，其中有一两架是护航-观测机。（护航机由技术更好且有经验的飞行员驾驶，他们不会发动攻击。其任务是把"神风"机带到目标上空，观察战果，并且安全返回基地。）他们会采取两种接敌和攻击方式：一是高空，一是低空。前者，飞机在 2.5 万英尺或者更高的高度上接近敌舰队。接近到相距 40 英里时，飞机会投下大量的"窗户"——铝箔条——以干扰美军的雷达系统。当无处不在的 F6F"地狱猫"蜂拥而至，护航机就会以花哨的防御机动把它们诱开，"神风"机则俯冲加速并寻找云层掩护，争取接近到能向美军舰队发动攻击的距离。低空接敌时，飞机在二三十英尺的掠海高度飞行。由于地球曲率和海面杂波干扰的影响，美军的雷达系统通常在大约 10 英里外就无法探知这些低空来袭的敌机。接近到距离敌舰队五六英里时，低空飞行的"神风"机会突然拉起，爬高到约 2 000 英尺。如果那里有云，它们就会躲进其中，寻找目标。[31]

最后的攻击阶段——高空和低空模式都一样——"神风"队员们被要求像俯冲轰炸机那样大角度冲向目标。他们要瞄准目标的上层甲板。进攻时俯冲角越大，他们的穿透力就越大。攻击航空母舰时，他们会瞄准飞行甲板上的一台升降机井。日本人相信这样撞进机库的机会最大，引发二次火灾和爆炸的概率也最高。（至少炸掉一台升降机可以阻断航母的飞机起落。）"神风"队员们还被告知，如果无法向飞行甲板发动大角度撞击，就要瞄准航母的岛形上层建筑，以期打死其高级军官，摧毁航母的神经中枢。[32]

11月的第一天，一批接一批的自杀飞机落在了莱特湾中金凯德将军第7舰队的头上。进攻从上午晚些时候开始，一直持续到傍晚。许多军舰靠着剧烈的机动才侥幸未被直接击中。高射炮摧毁了可能有20架敌机。有一架攻击机斜向撞上了驱逐舰"阿曼号"的主烟囱。大约下午1时30分，雷达显示屏上出现了一小队来袭的敌机，它们正从高空高速俯冲，而空中却没有美军战斗机能去拦截。当一架爱知俯冲轰炸机破云而出时，驱逐舰"阿布纳·里德号"开始剧烈机动，舰上的40mm和20mm高射炮猛烈开火，人们看见来袭敌机的左翼被打了下来，但敌机残骸仍然靠惯性撞上了驱逐舰的右舷中部。

"阿布纳·里德号"的前部舰体燃起了大火，深水炸弹架和鱼雷发射管也面临被大火吞没的危险。水兵们匆忙赶在深水炸弹和鱼雷被烧炸之前把它们丢进海里或者发射出去。在被击中的驱逐舰近旁航行的驱逐舰"克拉克斯顿号"上，一名目击者惊异地看到一个不知名的鱼雷兵径直冲进火里操作鱼雷管。"电力显然已经被切断了，于是，他整个人都在火中，人工把鱼雷发射管转向右舷，用一把锤子人工射出了全部五枚鱼雷。"[33]这一壮举使得军舰免遭自身鱼雷之害，但是大火很快蔓延到弹药库和临时弹药架，引发了一连串灾难性的大爆炸。当"阿布纳·里德号"的舰员开始弃舰，"克拉克斯顿号"靠了上去以捞救幸存者。然而就在此刻，另一架"神风"自杀机以近乎垂直的航线冲了下来。它差一点就击中了"克拉克斯顿号"，但是机上的炸弹却在军舰侧旁的海面爆炸，炸死5人，导致军舰下部舰体进水。尽管如此，"克拉克斯顿号"还是救起了187名"阿布纳·里德号"的幸存者。

一整个下午，一批接一批的"神风"机不断来到莱特湾，它们俯冲下来，往往落在让人心惊胆战的近处。当天傍晚，第三艘驱逐舰"安德森号"被直接命中。金凯德不得不让6艘军舰返回马努斯的干船坞去维修。

这天，莱特岛的登陆滩头仿佛成了众矢之的。美国陆军第5航空队一架巡逻机报称一支强大的日本特混舰队出现在棉兰老海，向东航行。这可能意味着第二次莱特湾海战，只是这一回盟军在此区域中的海军力量弱了很多。哈尔西对这份报告的准确性十分怀疑，却也不敢怠慢，派出一支战列舰和巡洋舰组成的舰队前去守卫苏里高海峡。[34]（但第二天上午，事情就清楚了，这份侦察报告有误。）与此同时，日军空袭无休止地落在登陆海滩上。来袭敌机从低空飞来，借助周围的高山隐蔽自己的行踪。它们轰炸扫射了补给物资堆栈，已经上岸的坦克登陆舰，塔克洛班的机场，以及设在沿岸一群帐篷和棚屋里的尚未建成的各种指挥所。陆军第5航空队第308攻击联队的P-38"闪电"战斗机从10月27日起进驻塔克洛班参战，但是由于"机场环境恶劣"，其数量还不多。[35]美国陆军航空队还有许多战斗机在地面上被毁，有一次空袭一下子就击毁了27架飞机。在11月的第一周里，日军向莱特岛滩头发动的常规空袭（非"神风"）摧毁了2 000吨汽油和1 700吨弹药。[36]

金凯德实在没办法了。11月1日当天晚上，他向麦克阿瑟发了一份电报，警告说莱特湾的情况已经到了危急关头。敌人航空兵力的复苏令人警觉。他们对滩头的空袭显然未受阻碍，这可能会卡住陆军的后勤生命线，而且"神风"自杀机向海岸外舰队的攻击也是个愈加可怕的噩梦。他警告说，由于迟迟未能在塔克洛班和杜拉格进驻强大的陆军航空队兵力，整个战役可能面临失败。[37]

与此同时，第7舰队的司令再次提出了为莱特湾上空提供更多舰载机支援的请求。哈尔西则答复说，他更愿意从源头上打击敌人的空中威胁，他要轰炸吕宋岛上的日本机场群。11月5日和6日，第38特混舰队的飞机重创了马尼拉北面的敌人各大航空兵基地，同时攻击了马尼拉湾里的舰船，被它们击沉的舰船之中包括"那智号"重巡洋舰，从苏里高海峡夜战中幸存的志摩将军的旗舰。然而，5日这一天，有几支"神风"机和护航机组成的小编队尾随返航的美军飞机找到了萨马岛以东的特混舰队。遭遇巡逻的美军战斗机时，日军飞机会迅速脱离战斗，之后寻找云层掩护，潜入特混舰队外围。下午1时39分，七八架敌机突破到了第38.3特混大队中央。其中大部分在向位于轮形阵中央的航母俯冲时被近距离高炮火力击落。一架飞机坠落在"提康德罗加号"右舷30英尺外，在海面上炸成一团火球。另一架飞机坚定地穿过高炮火墙，撞上了"列克星敦号"的信号舰桥。大火立刻在岛形上层建筑内蔓延开来，吞没了舰桥，摧毁了大部分通信设备和雷达设备。航母的飞机起落未受影响，但伤亡却十分惨重——42死126伤。伤者中包括了舰上很大一部分火炮部门和通信组人员，许多人都受到了严重的烧伤。"列克星敦号"只好返回乌利西维修，要在那里停泊17天。6日，它为战死者举行

诸神的黄昏：1944—1945，从莱特湾战役到日本投降

了海葬，葬礼期间，舰上的军旗（连同第 38.3 大队的军旗一起）降了半旗。[38]

"神风"在美国舰队的官兵中间引起了恐惧、害怕、仇恨以及（相当多的）关注。他们似乎确信了原本犹豫不定的一个想法，即日本人和自己不是一个"物种"——他们极端狂热，热衷于赴死，毫无人性。人们对怪异的、非人性的"他者"的这种印象激起了许多不着调的流言——他们穿着白绿相间的教袍，或者戴着黑色头巾，或者被镣铐锁在座舱里。有人称他们为"绿黄蜂"。他们引发了一种新的恐怖。一名驱逐舰水兵在给妻子的信中写道："我这辈子从未见过如此可怕的景象，一个邪恶的野兽驾驶着飞机以每小时 200 英里的速度直冲我而来，机翼上 6 挺机枪火力全开。看起来他就是冲我而来的。"[39]《时代》杂志的通讯员鲍勃·谢罗德注意到太平洋上的美国水兵们谈论的几乎全部都是"神风"，再无其他。"没什么比看着一个人连人带飞机撞向敌人更令人敬畏的了，"施罗德写道，"没人想得到日本人能把中世纪式的宗教狂热和飞机这样的现代化机器结合到一起。"[40]

其他一些人的观点则有些"冷血"。此时人在美国本土的雷蒙德·斯普鲁恩斯立刻就意识到，自杀攻击是日本对日益衰弱的航空兵力量的"十分理想而且经济"的运用方式，在战争结束前盟军将会始终面临其威胁。[41]吉米·萨奇是个传奇的战斗机飞行员，此时任第 38 特混舰队作战参谋，他认为"神风"是一种"远远领先于时代"的武器。一名决意自杀俯冲的飞行员能够在最后一分钟调整航线以命中目标，就像是人工制导导弹一样。"神风"飞行员对航空母舰尤为致命，因为他可以瞄准航母暴露的舰桥撞上去，或者想办法穿进机库，在那里，爆炸和火焰可以引燃燃油、爆炸物，以及其他可燃物。"那实际上就是一枚制导导弹，而此时我们还完全没有制导导弹这种东西，"萨奇说，"它由人脑、人眼和人手制导，因此比制导导弹更好，他可以观察情况，理解信息，改变航线，规避打击，命中目标。"[42]

在整个第 38 特混舰队中，渴望得到更多战斗机的声音此起彼伏。这样的主张已经酝酿了数月，现在达到了一个新的高度。日本海军大部分已经被击沉，美军舰队对传统舰载轰炸机的需求不再那么大了。"棕鞋族"们想要对标准舰载机大队的编成进行大刀阔斧的改变，增加"地狱猫"和 F4U"海盗"。"在这种战争中，"盖里·博根在一份直接发给尼米兹和金的言辞激烈的电报中说，"〔SB2C'地狱潜鸟'〕使飞机运作复杂化，而且占用了本可用于无价的舰载战斗机的宝贵空间。"他还补充说，训练体系也不是问题，因为现有的俯冲轰炸机飞行员，还有那些在训的，可以直接转换到战斗机上。博根说他知道飞机的数量足够，可以立刻调到西太平洋来："我们先前做的准备工作是为了打击敌人的力量来源，现在是时候出手了。"[43]

这份电报公然违背了通信规则，而且其语气近乎叛乱。博根当然知道，一位特混大队指挥官不应该直接给太平洋舰队总司令发电，遑论海军作战部长。尼米兹批评博根"不恰当地越级向上发电"，要求他把他的观点重新提交给哈尔西。[44] 但是这唇枪舌剑的往来电文却也凸显了舰队对这一需求的紧迫感。实际上航母部队的指挥官们几个月来都在要求得到更多的战斗机，而"神风"威胁的突如其来仅仅是加剧了这种短缺。

海军高层已经在竭尽所能地将更多的"地狱猫"及其飞行员送往太平洋，但是他们也担心这会打乱未来的计划。如果他们在1944年后期加速将新组建的F6F中队部署到太平洋，那就会面临1945年时战斗机不足的风险，而那时舰队需要保持齐装满员，以执行进攻硫黄岛、冲绳岛乃至日本本土的计划。"棕鞋族"们则认为轰炸机飞行员可以直接坐进战斗机的座舱。他们或许不能一夜之间变成战斗机王牌——但是在太平洋当前的情况下，即便是水平一般的F6F飞行员也比SB2C飞行员更有价值。博根坚持认为，在紧急情况下只要两个小时的适应飞行就够了。

不仅如此，F6F"地狱猫"本身就是不错的轰炸机，即便它原本并非为此而设计。它的动力足以挂载一枚1 000磅炸弹，而且能在大角度俯冲时保持稳定。装备火箭弹时，它就常常如此行事，攻击地面目标的精确度比俯冲轰炸更高。"这就是那种难得一见的事情，你可以白得好处而无须代价，"萨奇说，"你投下炸弹，然后就得到了一架世界上最好的战斗机。"[45] 萨奇还想让航母也带上陆战队飞行员和他们的F4U"海盗"，他们最近刚刚开始从护航航母上起飞支援两栖作战。如果他们在小型的"吉普航母"上都能学会降落，那么在飞行甲板大得多的埃塞克斯级航母上降落也不会有问题。

尼米兹和金逐步接受了这些来自一线航空兵的坚决要求。他们此前已经把标准舰载机大队的编制从18架鱼雷机、36架俯冲轰炸机和36架战斗机，改成了18架鱼雷机、24架轰炸机，"战斗机能装多少装多少"。[46] 11月29日，金再度批准了新的埃塞克斯级航母舰载机编成：73架"地狱猫"，15架"地狱潜鸟"和15架"复仇者"。然而，落实这些变动就是另一个问题了。舰载战斗机的需求量很大，但供应却很紧张。[47]尼米兹告诉哈尔西,他想要在关岛保留一批后备F6F飞机,但是这位太平洋舰队司令被哈尔西恳切的答复说服了:"急切地请你重新考虑这个问题。时间很紧张,情况已经开始变化了……自杀攻击若不加以应对,那么对我们的航母和你未来的作战都是个严重威胁。我们需要更多的战斗机来对付它,而现在要么少派一些战斗机到目标上空去,要么补充战斗机,除此之外没有其他选择。"[48]第二天尼米兹就改变了决定,把现有的整个后备战斗机群全部立刻交给第38特混舰队。但他仍然对1945年初可能出现的舰载战斗机短缺忧心忡忡。

在舰队里,航空兵参谋们发明了创造性的新战术来对付"神风"的威胁。第38特混舰队的4支特混大队被整编为3支,这样每支大队都能确保力量充足。队形中央的航母越多,上空的防空战斗机就越多;这还意味着更强大的护航舰队以及更集中的高炮火力。美军设计了一套被称为"驼鹿陷阱"的防御措施来对付日军出动"神风"编队尾随返航美军飞机攻击航母的战术。两艘驱逐哨舰("看门狗")被布置在距离航母特混舰队约60英里处,位于舰队和空袭目标之间的直线航线上。美军空袭机群返航时先飞往这些"看门狗",在其上空环绕360°之后再返回航母。防空战斗机("汤姆猫")在驱逐哨舰上空巡逻,在返航机群兜圈子时靠上去检查,一旦发现日机便将其击落。这一过程被称为"灭虱"。[49]美军飞行员被告知不要进入驱逐哨舰之间的区域,这样的区域被称为"开放狩猎区"。任何出现在这一区域的雷达信号都会被认为是敌人,并立即加以攻击。驱逐哨舰也可以针对低空飞行的"神风"机进行早期雷达预警,低空的战斗空中巡逻队(所谓"杰克")则会被引导前往

诸神的黄昏:1944—1945,从莱特湾战役到日本投降

截击。"我们告诉飞行员们，如果他们返航时没有在哨舰上空'灭虱'，就很可能会挨打，"萨奇说，"保证那片区域没有敌人就行了。如果有敌机攻过来，就像它们常干的那样，我们提前很久就能发现。这招就是这么奏效的。"[50]

除了这些防御战术，他们还发明了一套进攻战术，被称为"大蓝毯"的空袭体系。在空袭日，航母部队会派出大编队的F6F"地狱猫"在吕宋岛的敌人机场群上空巡逻，轮流值班，全天不断，这样就能直接在敌人各个基地上空保持压制。任何试图起飞或降落的敌机都会被击落。萨奇安排了三个班次的飞机来轮流执勤，各班次的起飞和降落时间都经过精心安排，以保障"大蓝毯"不出漏洞，"我们取得了相当惊人的飞机摧毁战绩，有些在空中，但大部分是在地面上"。[51]

新战术起初似乎取得了成功。11月19日，美军向吕宋岛发动的一轮空袭几乎未遇抵抗。当最后一批攻击机群返回特混舰队时，美机在距离特混舰队大约70英里处的哨舰外围拦截并击落了大约20架敌机，对手无一突破防御圈。

退往东方加油5天之后，第2和第3两支特混大队再次在破晓前高速冲向吕宋岛，在日出后不久放出了攻击机群。午后几分钟，第2特混大队的雷达屏幕上出现了敌机的身影。此时6 000英尺的空中有一层碎云，这为来袭敌机提供了良好的掩护。中午12时52分，一群零式战斗机从云底冲出，向"勇猛号"、"卡伯特号"和"汉考克号"俯冲过来。其中一架飞机撞上了倒霉的"勇猛号"的左舷高炮平台，炸死10名舰员，炸伤6人。"勇猛号"损伤严重，但还扛得住，航速不减，继续前进。然而6分钟后，另一架零战从舰尾方向冲来，机枪喷吐着火舌，撞上了飞行甲板左侧。飞机残骸一路滑到了舰首，而炸弹却击穿了飞行甲板，在机库里爆炸。哈尔西将军在近旁的"新泽西号"上目睹了这次攻击，他写道："［'勇猛号'］在地狱里走了一遭。被击中后没过多久，它就被火焰包围；汽油燃烧的火焰从它的侧旁喷出；爆炸震撼着舰体；滚滚黑烟升腾到数千英尺高处，吞没了舰首的一切。"[52]"勇猛号"上有69人战死，17架飞机被毁。这艘骄傲却不幸的军舰再一次被迫退出战场，返回珍珠港维修。

第2特混大队遭到这场可怕的攻击时，第3特混大队的雷达屏幕上也出现了一批敌机，它们从东南方55英里外飞来。许多敌机遭到了战斗空中巡逻队的拦截，但还是有一些飞机逃进了云层。这些来袭者在特混大队周围和美军战斗机玩了大约20分钟的猫鼠游戏，随后开始高速下滑，向目标冲去。谢尔曼将军的旗舰"埃塞克斯号"上的一座40mm高炮向一架飞过来的D4Y"彗星"（盟军绰号"朱蒂"）轰炸机开火，命中了其左翼翼根。军舰的战时日志记载道："这虽然没能阻止他，但至少令其向左偏航，因而未能击中排满了加好油、装好弹的飞机的飞行甲板后部。他撞在2号升降机前方飞行甲板中部距离左侧边缘15英尺处，炸成一团浓烟烈焰，看上去十分糟糕，实际情况却要好一些。"[53]爆炸在飞行甲板上撕开了一个直径大约16英尺的口子，引发了大火，吞没了将军的住舱（当然还有其他许多东西）。但是它造成的实际损伤和伤亡比"勇猛号"轻微不少。"埃塞克斯号"没有停顿，继续奋战，甚至还接收了11架无家可归的"勇猛号"的战斗机。

第二天，哈尔西向尼米兹拍发了一份电报，警告说菲律宾的空战局势已十分危急。日本人已经设法将他们的飞机大范围疏散到吕宋岛上的众多小型土质机场上，并且用植物枝叶和伪装网进行了妥善的伪装。单架飞机常常会隐蔽在距离跑道数英里之处，再利用暗夜的掩护或推或拉到跑道上。增援的飞机和飞行员源源不断地从日本和台湾岛飞来。第3舰队摧毁了数百架敌机，但仍然在挨打。许多航母遭到重创，包括"卡伯特号"、"勇猛号"、"列克星敦号"、"富兰克林号"，以及"贝劳伍德号"。还有许多军舰也遭到攻击，只是损失没那么重，但威胁却无处不在。莱特岛陆地机场建设的拖延，加之致命的自杀战术的出现，难免导致进攻民都洛和吕宋的计划被推迟。

与此同时，第7舰队也在莱特湾里遭到了打击。11月27日中午前后，T.D. 鲁多克少将率领的一支由战列舰、巡洋舰和驱逐舰组成的特混舰队正试图从一艘1.4万吨的油轮上加油。上午10时50分，雷达显示大约30架身份不明的飞机从北面和东面飞来。它们的高度各不相同，有些刚好在碎云云底之上，还有一些是掠海飞行。舰队上空有几架陆军的P–38战斗机在巡逻，但它们不足以拦截所有的来袭敌机。靠在油轮旁的"西弗吉尼亚号"立刻松脱了加油管并脱离开来。5英寸高射炮低沉的轰鸣声开始接连响起，天空中顿时布满了棕黑色的烟团。

11时25分，三架"神风"自杀机冲向了轮形阵中央的战列舰。一架敌机落在"西弗吉尼亚号"近旁。两架同时冲向"科罗拉多号"，其中一架命中了该舰左舷的5英寸副炮组。19名舰员战死，72人受伤，但战列舰损伤轻微。另一架飞机瞄准了巡洋舰"圣路易斯号"，并冲进了其舰尾的机库。飞机油箱里的汽油引发了大火，军舰拖出了大股浓烟,这似乎在随后的战斗中引来了更多的"神风"自杀机。四架自杀机在冲向"圣路易斯号"时被击落,另一架撞上了其左舷水线上方。

根据巡洋舰"蒙彼利埃号"一位海军上士詹姆斯·J.费伊的日记,敌机似乎是从所有方向同时扑了过来。上午 11 时 25 分,战斗达到了高潮,"鬼子飞机落在我们四周,空中满是鬼子的机枪子弹。鬼子的飞机和炸弹在我们四周遍地开花。我们的有些军舰被自杀机、炸弹和机枪火力击中了"。[54] 在超过一个小时的时间里,40mm 和 20mm 高射炮一直在开火,中间几乎没有停过。落下的高射炮弹和抛出的弹壳如同瓢泼而下的暴雨一般把海面打得水花四溅。"蒙彼利埃号"从头到尾都落下了被击毁的日本飞机的碎片,费伊的许多战友都因此受了伤。三架"神风"机在近距离上被打掉,其中一架飞机的残骸从海面上弹起来,撞上了军舰左舷的一座 40mm 高炮。几名舰员因四散的碎片和燃烧的汽油受了伤。费伊看到有一位炮长一直在向耳麦大吼大叫,却没有留意到耳麦的线路已经被弹片切断。"看起来就像是下了一场飞机碎片雨。它们落在军舰各处。不少人被鬼子飞机的大块残骸砸到。"[55]

这一切又在转瞬间平静了下来。下午 2 时 10 分,最后的敌机或逃走,或被击落。特混舰队周围的海面上漂满了飞机的残骸和燃烧着的汽油。"蒙彼利埃号"上无人死亡,但有 11 人受伤,其中有几人伤势严重。军舰上到处散落着日本飞机的残骸和飞行员血淋淋的尸体碎块。军舰的救生艇已经被击碎,救生艇吊索垂了下来,钢质吊柱也被炸弯。甲板上,空弹壳仍然滚烫,无法触碰。费伊战位周围的甲板上满是"血、肠子、脑子、舌头、头皮、心脏、胳膊之类的东西，都是鬼子飞行员的"。在水龙头被弄上来清洗甲板之前，一群人开始从这一堆恐怖的血肉中寻找纪念品。一个陆战队员从敌人飞行员尸体的手指上摘下了一枚戒指，一个水兵捡走了一块头皮。"我们炮座上的一个人拿来了一根鬼子的肋骨，把它洗干净，"费伊写道，"他说他姐妹想要一块鬼子尸体。一个得克萨斯州来的家伙拿了一块膝盖骨，他想要把它保存在从急救所搞来的酒精里。"[56]

第二天战事稍得喘息，但是 29 日又是漫长的一天。空袭断断续续，电喇叭响个不停，把水兵们召回战位。太阳刚刚下山，雷达屏幕上就出现了许多"亮点"。一架"神风"机如离弦之箭般从云底穿出，冲向"丹佛号"，却被暴风雨般的高炮火力所阻。于是它大坡度转弯脱离，爬升回到云层中。其他几架飞机在云层中时隐时现，一边躲避高炮射击一边寻找目标。有一架飞机做出了一连串杂技般的飞行动作，简直就是在嘲弄美国人，之后它以最大马力转入了俯冲，直扑战列舰"马里兰号"。这艘战列舰已经来不及改变航向了，炮手们也未能把这架快如火箭的飞机揍下来。它撞中了"马里兰号"舰楼，落在两座 16 英寸前主炮塔正中间。"你再也不会看见这样的危险动作了，"在近旁的"蒙彼利埃号"上看到了这次进攻的费伊写道，"这种事一辈子只能有一次。对于这些自杀飞行员来说，这绝对是高光时刻，他们就是来赴死的。"[57]

这架"神风"机俯冲时的速度可能超过了每小时 500 英里，这个速度令其具有了可怕的穿透力。它的炸弹击穿了"马里兰号"两层厚重的装甲甲板，爆炸覆盖了从 26 号到 52 号肋骨之间三层甲板上的大面积区域。被击中区域满是浓烟，逼退了损管队。31 人被炸死，30 人受伤。原有的救护所被火焰包围，于是美军在低阶军官和士官食堂里建立了临时救护所。他们隔开一部分舱室，确认战死的人就会被抬到那里的床铺上，他们将在稍后进行海葬。根据"马里兰号"巡航日志记载，舰员们的士气跌落到了谷底："可怕的高温，连续不断的空袭，紧张的生活和最近的灾难性打击令许多人几乎到了崩溃边缘。"舰员们得知"马里兰号"要返回珍珠港进行大范围修理时都"高兴坏了"。[58]

11月底，对陆海空三方面的战斗情况进行了评估之后，金凯德将军得出结论，计划中对民都洛（12月5日）和吕宋（12月20日）的进攻已不可能实现。11月30日，金凯德给麦克阿瑟发了一份长篇备忘录，要求"取消"对民都洛和吕宋的进攻。（注意，他说的不是"推迟"。）他写道，在肯尼将军的第5航空队夺取制空权之前尝试在这些岛屿登陆，"将会导致战争史上罕见的灾难"。[59]

金凯德要他在西南太平洋战区司令部的联络官阿瑟·麦科勒姆少校作为特使去找麦克阿瑟。他要麦科勒姆向麦克阿瑟转达，考虑到当前菲律宾美国海空力量的状况，战役必须无限期推迟。人们觉得麦科勒姆和麦克阿瑟的私交不错，他们的昵称都是"麦克"，两人还为此开过玩笑。

麦科勒姆可能是联想到了古代给亚美尼亚国王报告坏消息的信使的下场，他答复道："好吧，将军，我觉得你要我干的事情真是要人命。我是指你派我去那里。"[60]

金凯德说："你是我知道的唯一一个可以去往那里，或许能和他面对面交流而不会被带偏到陆海军关系或其他大问题上的人。见鬼，你就过去，见到将军，然后把结果告诉我。"

诸神的黄昏：1944—1945，从莱特湾战役到日本投降

麦科勒姆觉得这个任务是"使在下级身上的卑鄙手段",但他还是上了岸,来到了塔克洛班附近的西南太平洋战区司令部。

莱特岛登陆后的几个星期里,狂暴的季风雨横扫了岛屿东部的沿岸平原。自从 A 日以来,累计降水量已经达到 25 英寸。每小时 70 英里的狂风将树木连根拔起,把帐篷和棚屋吹到了九霄云外。工兵们挖掘了很深的排水沟,以控制无边的洪水,并在泥泞的步道上铺设了木板。计划要求建设有 9 000 张床位的临时野战医院,但是由于恶劣的道路状况,医院的建设工作被耽搁了。(缺口由停泊在塔克洛班海岸旁的第 7 舰队医疗船弥补。)整个区域都喷洒了 DDT(滴滴涕)农药,但是这片潮湿肥沃的土地还是滋生了无数蚊虫——"每天晚上,"艾克尔伯格将军记录道,"我们都要在成团的蚊虫中爬上床。"[61]

日军的空袭常常指向设施相对完备的西南太平洋战区和第 6 集团军司令部建筑群。11 月 3 日,麦克阿瑟正在司令部办公室里,一架日军飞机低空飞来扫射了这栋楼。一枚 .50 口径子弹在他脑袋后面的墙上打了一个洞。其他人涌进房间时,看见麦克阿瑟正咧着嘴向他们笑,指着子弹洞说:"我还没死!"此事登上了西南太平洋战区的一份战报,第二天就成了美国本土的头条新闻。[62]

麦科勒姆到达此地转达金凯德的消息时,麦克阿瑟的反应不出所料。"你听我说,麦克,"他说道,"我来到这里是因为你们该死的海军将军们保证过他们会一直支援我,现在你来告诉我这个。"他还骂海军将领们是在"要赖"。

"将军,"麦科勒姆答道,"事情不是这样。我是说,老天,是肯尼将军在对你要赖。他应该要把这周围那些该死的机场建起来的。"

对此麦克阿瑟答道："是的，我知道是这样。"

麦克阿瑟把迪克·萨瑟兰召到了办公室。"麦科勒姆来这里告诉我，那些天杀的海军将领不再支援我们了。"据麦科勒姆的观察，这位西南太平洋战区参谋长随时准备着给麦克阿瑟的盛怒火上浇油。对话仍在继续，麦克阿瑟低沉有力地说不同意。麦科勒姆则坚持自己的立场，再三阐述实际情况的艰难。莱特的地面作战比预期的更加漫长，日军仍在通过西部海岸登陆援军，"神风"也成了第 6 集团军海上补给线的浩劫。哈尔西将军同样有这些忧虑，他也亲口这么说过。

最后麦克阿瑟让步了。"随你怎么告诉[金凯德]，我不在乎，但是你回去，跟他说我同意了，"他说，"我不喜欢这样，但我也理解，就这样吧。"[63]

随着美军地面部队深入莱特岛上难以通行的"科迪勒拉山"*，也就是多山的内地，其后勤愈加困难。通向内陆的道路常常被冲毁，或者要从密林中穿过。战斗在美军称之为"断颈岭"的高地处止步不前。这道山岭上的堑壕阵地由日本第一师团精选出来的精锐部队防守，他们不久前还是中国东北的关东军，刚刚乘船来此。一连几天，战线一步也未能推进。部队在陡峭的山路上负重前行，有时候靴子都会脱落在烂泥里。在水稻田里，水常常漫到人的腰部。11 月 5 日，另一支美军部队拿下了利蒙镇，越过这里便是一条直通奥尔莫克湾的山谷，但是这个方向上的后续进展却为糟糕的后勤状况所阻滞。

---

* 科迪勒拉山是美洲西部南北走向山脉的总称。——译者注

诸神的黄昏：1944—1945，从莱特湾战役到日本投降

由于急着打破血腥的僵局，以及担心日军援军通过岛屿西海岸继续上岛，克鲁格将军劝说麦克阿瑟同意放出他的预备队。他现在在岛上有超过 12 万部队，想要在奥尔莫克谷地中发动一场大规模钳形攻势，打垮日军。最终，断颈岭的日军阵地被美军双叉包围所突破：美军一个营穿越丛林，绕到 1525 高地东边，另一个营乘坐 18 辆履带式登陆车，走海路在 2 号高速公路向南转弯的地方附近登陆。这一机动令当地日军陷入了无法立足的困境：深陷丛林深处，通往西海岸的补给线被切断。

美军后来才意识到，敌人已经决心不惜代价也要向岛上增援。麦克阿瑟和他的指挥官们起初将莱特之战视为一场过渡性战役，只是通向吕宋岛的垫脚石。他们原本以为开进奥尔莫克港的一队队运输船是为了撤走日军部队，而不是运入新锐部队。但是，马尼拉的日军司令部已经决心要打赢莱特之战，直到 1944 年 12 月的第一周都不停地向岛上投入增援部队。"到 11 月底，"麦克阿瑟写道，"尽管航运途中和战斗损失都很大，莱特岛上的敌人还是比 10 月底多了成千上万人。"[64]

日军通向奥尔莫克湾的海上补给引发了卡莫特斯海上一连串激烈的海空战斗。从许多方面看，这都是瓜岛战役的重演，交战双方都想要孤立岛上的敌军，并控制岛屿周围的海运线。11 月 3 日至 9 日，有几支大规模的运兵船队和货轮船队在驱逐舰的护航下从马尼拉湾出发，在菲律宾岛群之间的海域航行了 600 英里，在奥尔莫克湾卸下了超过整整两个师团的兵力。美军航母舰载机赶来向这些船队发动了攻击，击沉了超过 12 艘日本船只，从莫罗泰岛机场起飞的第 5 航空队的 B-24 和 B-25 轰炸机在 11 月 8 日也击沉了两艘大型运兵船。但日本人的运输仍然在继续。由于马尼拉湾已经遭到持续空袭,日本人判定已经没有必要把这些船留待日后使用了。如果不立刻把它们派出去,它们基本上也会在锚地被击沉。

11 月 11 日,一支大规模增援船队在奥尔莫克湾靠岸,卸下了第二十六师团的大部分兵力。当这个师团的重武器和补给物资仍在卸载之时,一批美军舰载机扑了过来,击沉了 4 艘大型运输船和 4 艘驱逐舰。第 38.3 特混大队的日志记录道:"当第 38 特混舰队开始系统地消灭这支船队时,日本鬼子就倒霉了。"[65] 根据日方资料,这个师团上陆时的伤亡很小,但是只带了步枪和 10 个基数的弹药。[66]

12 月的第一周,第 7 舰队的驱逐舰部队开出苏里高海峡,再向北穿过卡尼高海峡,扫荡莱特岛西海岸。这一轮海上攻击打了日本人一个措手不及。美舰在卡尼高海峡里布设了大量水雷,在空中巡逻不断的情况下,他们认为日本人不可能扫除这些水雷。12 月 2 日傍晚时,一支 3 艘驱逐舰组成的特混编队在约翰・C. 扎姆中校的率领下离开莱特湾,高速绕过莱特岛南部,在午夜前不久抵达奥尔莫克湾。此时一支日本船队正在向码头卸载部队和物资。扎姆那三艘"铁皮罐头"的出现完全出乎日军意料,它们向日本船只和码头区域倾泻出 5 英寸弹雨,射出了鱼雷。美军一名驱逐舰水兵回忆道:"战斗刚一爆发,夜空就被一出大型烟火秀照亮。这场烟火秀来自射往各个方向的红色和绿色照明弹,熊熊燃烧并炸成五颜六色的火球的船只和岸上建筑,还有许多火炮向我们射击时的闪光。这简直是地狱!"[67] 驱逐舰摧毁了两艘敌船,把岸上物资堆栈中宝贵的军用物资变成了一堆垃圾。0 时 22 分,驱逐舰"库珀号"被一枚鱼雷命中,炸成了两半;它迅速沉没,191 人死亡。在敌人的猛烈炮火

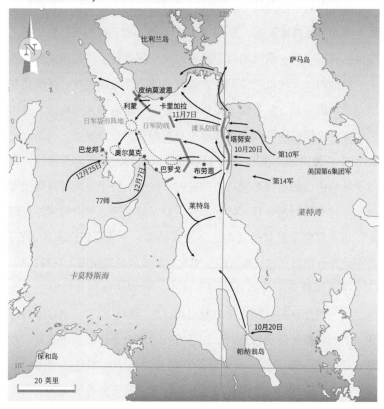

莱特岛之战, 1944年10月—12月

比利兰岛

萨马岛

皮纳莫波恩

利蒙

卡里加拉
11月7日

日军袋形阵地   日军防线   滩头防线

巴龙邦   奥尔莫克   塔努安
10月20日   第10军

巴罗戈   布劳恩

美国第6集团军

12月25日   12月7日

第14军

77师   莱特岛

莱特湾

卡莫特斯海

10月20日

保和岛

帕纳翁岛

20 英里

之下，其余两艘驱逐舰迅速离开了战场，未能停留下来捞救幸存者。3 架执行"黑猫"任务*的 PBY 水上飞机降落在奥尔莫克湾，捞起了几十名"库珀号"的幸存者。其中一架飞机设法塞进了多达 56 名幸存者后才飞起来，此外还有机上的 9 名乘员——这是 PBY 飞机再

---

*   "黑猫"专指由 PBY 水上飞机执行的夜间巡逻与攻击任务。——译者注

未超越或追上的纪录。[68]

最终肃清了断颈岭-基莱岭区域之后，第 10 军开始沿着奥尔莫克走廊无可阻挡地推进。第 32 步兵师和第 1 骑兵师并肩打垮了精心布设的日军防线。精锐的日军第一师团残部进行了拼死而卓越的战斗，但他们却无法抵挡美军强大而猛烈的持续地面进攻。在步兵和坦克发动进攻前，是持续、猛烈而精准的迫击炮和火炮炮击。美军用坦克、火焰喷射器和手榴弹攻击日军的火力点和堡垒。美军以第 11 空降师为先锋，在第 32 步兵师部分部队的支援下向西推进，越过了岛屿中部的艰难地形。与此同时，铁钳的南半边从拜拜镇出发北上。这一路打击令日军措手不及。日军侦察部队曾向铃木将军保证，从东部海岸杜拉格通向这一地区的唯一一条道路已无法通行。日军也没有预料到这一地区的敌军竟能如此轻易地从海上获得补给。

在奥尔莫克附近的日军司令部里，基本的指挥和控制正在瓦解。和一线部队的联系先是时断时续，然后彻底断了。当日军各部队只能勉强维持防御阵地时，却还有一道道命令发来要求进攻。12 月 6 日，第一师团的一名参谋军官报告说这个师团已经"濒临崩溃"。[69]一条日本的无线电广播令指挥部的参谋格外恼火，这条广播预告说莱特岛上即将取得辉煌胜利。马尼拉和东京的报社需要窜改前线的电文才能让新闻获得发布许可。"敌人此时已转入防御，"一份这样的战报宣称，"我们的援军正和主力部队协同向卡里加拉西部推进。他们和美第 24 师进行了战斗。11 月 7 日，我军一部运用合围战术迅速冲过困难地形，切断了敌人的退路，给予其重击。在我军重压之下，敌人只能溃逃。"[70]

12 月 6 日薄暮时分，在莱特湾的主要登陆滩头附近，圣巴勃罗机场周围的美军作战部队和工兵惊异地看见一队运输机以中等高度从他们头上飞过，白色的降落伞开始像花儿一样在飞机后方绽放开来。顿时警报声大作，高射炮、地炮、机枪和轻武器火力纷纷射向天空。这是一次胆大包天的伞兵进攻，参加作战的是驻扎在吕宋岛的空中突击旅的约 400 名"高千穗"部队伞兵。日军从空中用步枪还击，接近地面时就投掷手榴弹。当敌人伞兵落地时，有几名"海蜂"部队的工兵正在洗澡，他们"吓了一跳，光着屁股就去拿枪"。[71] 激烈的交火一直持续到深夜。几个班的袭击者在停放着的飞机和燃油堆栈上安放了炸药，随后整个战场都被火光照亮。战斗持续了三天。第 11 空降师在"海蜂"和各种其他部队的支援下，在 12 月 9 日夺回了机场。这场进攻给美军带来了不少损失，但还是失败了。

莱特岛的战斗终于进入了尾声。然而胜利还要等到岛上日军的增援和补给被彻底切断后才会到来。这就需要关闭敌人通往莱特岛的"后门"，奥尔莫克港。12 月 7 日，第 77 步兵师在安德鲁·D. 布鲁斯少将的指挥下，在奥尔莫克以南 4 英里处的德斯波西托突击上陆。这次两栖突袭具有此前所有登陆战的基本要素，比如在塞班岛、关岛或者莱特岛东岸的登陆，只是规模小了一些。登陆战打了敌人一个措手不及，布鲁斯师的两个团安全上岸，并在日军发动反击之前挖掘好了防御阵地。

日军航空兵来得太晚，没能阻碍美军的登陆，但他们对阿瑟·D. 斯特鲁布尔将军的两栖舰队造成了沉重打击。"神风"机撞中了驱逐舰"马汉号"和高速运输舰"沃德号"。两艘舰都遭到了严重损伤，不得不抛弃并击沉。在通过卡尼高海峡和苏里高海峡退往莱特湾的漫长航程中，这支船队遭到了一轮又一轮的空袭。运输船"利德尔号"的舰桥遭到重击，船上大部分高级军官战死，但该船仍然设法依靠自身动力继续航行。[72]

新登陆的部队承受着严重的伤亡，向北进攻，于 12 月 10 日一路杀进了奥尔莫克。第 7 师则从拜拜镇出发，打垮了日军零散但顽强的抵抗，向北推进。当美国人拿下奥尔莫克湾和港口设施后，日军从马尼拉发出的最后一支大型运输船队不得不转而沿海岸向北，前往 30 英里外的圣伊西德罗。美军空袭击沉了 5 艘大型运输船。大约有两个大队的日军登上了海岸，但是他们很快就被提前到达那里的美军部队包围并打垮。

12 月 15 日，麦克阿瑟宣布莱特岛上有组织的抵抗已经结束。虽然崎岖的高地上还有一些小规模的战斗，但是菲律宾之战的主战场已经推进到了西边：同日，美军在民都洛岛登陆。"敌人作战很英勇，"西南太平洋战区总司令写道，"但是他们无法抵挡我们的三路进攻。他们的部队被分割成孤立的小块，要么在小包围圈中困兽犹斗，要么被打散在山区中。"[73]

哈尔西和他的航母指挥官们一直要求在乌利西至少停留 10 天，他们需要更长时间的 "3R" ——休息（Rest）、维修（Repair）和补充（Replenishment）。12 月 1 日，第 38 特混舰队的三支大队在乌利西潟湖底部的沙地上下了锚。[74] 此时勤务和后勤舰队已经从埃尼威托克完全搬迁至此，因此锚地比往常更加拥挤。在舰队和亚索尔、法拉洛普、波塘格拉斯、索尔伦以及莫格莫格这些小岛之间的水面上，各种小艇和驳船来来往往。通过望远镜，人们偶尔可以瞥见只穿着缠腰带的原住民渔民，坐在手工制作的带舷外支架的独木舟上，从蔚蓝色的潟湖上滑过。

这一周，一位航空摄影师拍下了一张"杀人犯大街"的照片——第38特混舰队的一长列航母停泊在锚地中。每艘舰都披着蓝灰相间的"炫目迷彩"。它们的周围是大群巡洋舰、战列舰和驱逐舰——在北方远处，还有数不清的后勤舰队的勤务船只。这是一支前所未见的庞大舰队，其规模之大，就连珍珠港都从未同时停泊过如此多的军舰。

美国人采取了多种措施以对舰队的位置进行保密。在整个战争期间，"乌利西"这个名字是绝对不允许出现在媒体上的。舰队保持严格的无线电静默。所有要发出的电报都会空运到东北方400英里外的关岛，再从那里发出。但日本人不傻，他们知道美军舰队已经把乌利西当作了新的母港。11月20日，几条"回天"——单人自杀潜艇——在环礁以北由一艘大型母艇放出。至少有两条这种难以发现的小艇通过次要入口水道潜入潟湖。11月20日拂晓时，一条"回天"撞上了油轮"密西西纳瓦号"。这艘装载着数万吨航空汽油、柴油、重油的油轮顿时炸成了一团烈焰。拖船赶来用消防水管向燃烧的残骸喷水灭火，但无济于事。上午10点，它带着60名船员一起翻沉海底。[75]美军驱逐舰在锚地各处投下了深水炸弹，至少有一条"回天"被击沉。

从这天起直至战争结束，美军在乌利西从未感到过安全。谢尔曼将军回忆道："我们感觉自己就像坐在一个随时可能爆炸的火药桶上。这里根本谈不上休息，我们觉得还是待在大海上更安全些。"[76]

即便如此，舰队在乌利西的休整仍然是个需要认真对待的事情。舰队的每艘舰上每晚都会播放一部新电影。一艘驱逐舰被指定为"电影交换舰"，舰上装着数百部电影，数千卷胶片，根据事先公布的电影排期表在舰队中巡回收发影片。[77] 美国劳军联合组织的轻歌舞剧从一艘舰演到另一艘舰，同一个剧目艺人们常常每天要演上四五遍。哈尔西将军特别喜欢艾迪·皮博迪，喜欢他表演的《班卓琴之王》和《都是海军兄弟》。在潟湖北端风景如画的莫格莫格岛上，"海蜂"们费了很大的力气，建起了一处舰队休闲区。步道从码头延伸到陆地，通向一片野餐区、网球场、排球场、拳击台、棒球场、带天棚的舞台、烧烤炉，以及啤酒花园。对于数以千计疲于战斗和航海的军人来说，这是他们几个月来第一次有机会找到脚踏实地的感觉。水兵们每人可以领到两听啤酒，但是总有人会千方百计骗来更多。军官们则可以到莫格莫格的军官俱乐部里享用成箱的烈性酒，俱乐部设在岛上僻静角落里一处原住民建造的独木舟棚子中。有人回忆道："这就是杀猪宴。"[78] 据第 3 舰队战争日志记载，在 1944 年 12 月的第一个星期里，莫格莫格"每天都要挤进去 1 万到 1.5 万名水兵和 500 到 1 000 名军官"。[79] 每天傍晚，当壮丽的热带晚霞照亮西边的天空时，满载官兵的小艇都会离开码头，缓缓开回舰队锚地。

12 月 11 日，舰队穿过穆盖水道，再度大规模出击，他们将要再次空袭吕宋岛，支援麦克阿瑟对民都洛的进攻。哈尔西回忆，从 14 日开始，"我们倾全力连续空袭了三天"。[80] "大蓝毯"再次铺到了吕宋岛上空，大队的 F6F 机群牢牢监控着超过 90 座已知或疑似的敌人机场。飞行员返回后宣称在空中击落敌机 62 架，另在地面摧毁 208 架。"驼鹿陷阱"和其他一些防御措施似乎也起了作用，因为没有敌机接近到距离特混舰队20英里以内的地方。12月14日这天首批出击的机群遇到了迎头飞来的11架日军飞机，并"在吕宋岛东部海岸附近将其全部击落"。[81]

在金凯德的坚持下推迟了10天的民都洛岛登陆，需要深入吕宋岛机场日军航空兵能够轻易抵达的水域。美军认为民都洛的日军地面部队不会给自己的登陆部队带来太大麻烦，但是航渡过程却十分危险，两栖运输船队必须立即撤出。登陆船队由斯特鲁布尔少将指挥，他的船队一个星期前刚刚在奥尔莫克湾作战中挨过打。12月13日下午2时57分，在内格罗斯岛和棉兰老岛之间的海峡里，斯特鲁布尔的旗舰"纳什维尔号"遭到了"神风"机的重击。将军没受伤，但是"纳什维尔号"却不得不返航。于是斯特鲁布尔把他的将旗转移到了驱逐舰"达谢尔号"上。12月15日，美军地面部队在民都洛岛登陆，很快打垮了岛上的少量日本守军。

美军拿下民都洛岛上的两个小型机场后，整个菲律宾战役局势骤变，因为这使得邻近的马尼拉及其周边区域进入了肯尼将军的美国陆军航空队战斗机和轰炸机的攻击范围。占领民都洛使得莱特岛成了战略后方。18日，山下将军通过无线电联系铃木将军，建议不要再向莱特岛增派部队和补给物资。山下担心，这座岛上的战斗会消耗掉菲律宾日军的大部分力量，从而危及即将到来的吕宋岛之战。12月的最后一周，美军认真统计了岛上日军尸体的数量，认为有60 809名日军死在莱特，只有434人被俘。[82]美国第6集团军的损失为只有2 888人阵亡，9 858人受伤。

随后，第38特混舰队退往东面，与后勤船队会合加油，加完油再回来向吕宋进行第二轮空袭。12月17日早晨，吕宋以东大约500

英里处，舰队见到了他们信赖的海上后勤支援大队，随即开始早已驾轻就熟的加油操作。和平时一样，驱逐舰的燃油存量尤其低，许多驱逐舰靠到战列舰和航母身旁，从它们巨大的油槽中汲取燃油。但是海浪越来越大，风速从 20 节增加到了 30 节，小型舰艇的纵摇和横摇已经到了危险的地步。对于这些重量很轻的"铁皮罐头"而言，燃油也扮演着压舱物的角色，因此那些燃油量最低的驱逐舰自然就会不稳定。这一问题还由于桅顶和上层建筑上方加装了新型雷达和通信设备而雪上加霜，它们进一步提高了军舰的重心位置。一名军官回忆道，通过大舰加油时，那些没有压舱物的驱逐舰"像野马一样跳跃挣扎"。[83] 它们在恶劣海况下时常与邻近的大个子友舰撞在一起，冲击力会损坏驱逐舰的上层建筑，把一些装备从固定位置上扯下来。油管会断裂，把棕色的重油如同瀑布一般喷洒到驱逐舰甲板上和两舰之间的海里。在 17 日那个狂风暴雨肆虐的上午，哈尔西将军从他的指挥舰桥上看着驱逐舰"斯潘思号"尝试通过他的旗舰"新泽西号"加油。刚刚加上 6 000 加仑燃油，油管就断了，"斯潘思号"被迫转向离开。[84]

此时，气压计指针一降再降，风向已经转为南风，海浪越来越大。一缕缕卷积云从高空快速飘过，太阳也蒙上了一道光晕，这是不祥之兆。舰队的气象学家已经发现一个"热带扰动"正在东南方 500 英里外形成，正以 12 节至 15 节的速度北上——但他们还不打算将其视为热带风暴，台风就更谈不上了。不管怎样，他们都相当自信地认为它将会遇上一道冷锋面，之后转向东北方。但是许多老资格的水手却不敢如此确信。此时毕竟是台风季，而且舰队正位于被称为"台风区"的核心区域附近。美国海军此时还没有进行过系统的远程气象侦察飞行，因此只能依靠来自各种飞机、舰船和潜艇的零散气象报告。这种情况下，要判断一个"扰动"是否会发展成完整规模的热带风暴或者是台风，那与其说是科学，不如说是艺术。对风暴运动路线的预测也是如此。在舰队各舰的舰桥上，军官们都盯着海图和仪表。有些人在翻鲍迪奇所著的老书《美国实践航海学》。下午，风速和海况都在继续恶化。此时作为观察员待在"提康德罗加号"上的拉福德将军判断："我们正向它开去。"航母舰长表示同意，并下令做好应对台风的准备。[85] 整个舰队中其他许多人，包括所有特混大队司令和许多高年资的舰长，都得出了相似的结论。

此时最安全的做法是转向南边。但这样会使第38特混舰队无法按计划在两天后到达向吕宋放飞攻击机群的位置，而且哈尔西已经决心要坚守对麦克阿瑟的承诺。考虑到他的气象学家预测这场风暴（如果可以这么称呼的话）将会向右转而不是向左转，将军便让舰队保持西北航向。"哈尔西认为我们应该尽最大可能坚守那个承诺，而不是在情况真的完全发展成有威胁的台风之前就撤退，""米克"卡尼后来解释道，"我们就这么做了。"这位参谋长强调，上司最后一锤定音："这是他的决定，没有人想要反对。"[86]

大海起伏而阴郁。天空中的颜色十分古怪，疾走的暗紫色飞云下方是一片暗铜色光芒。狂风吹得海面上浪花飞腾。舰队日志记载，下午2时37分，"海况愈加恶劣，风速此时已经达到40节，风向20°"。哈尔西推迟了加油计划，加油会合时间改为次日早晨6点，地点在西北方200英里处。许多舰艇发现自己已经无法保持阵位了，哈尔西也批准了麦凯恩将军关于把特混舰队航速从17节降低到15节，并停止之字形机动的请求。[87] 随着时间的推移，情况进一步恶化。天气预报员修改了之前的预报。原先的"热带扰动"已经成了气旋性风暴，正在发展为台风，其移动方向也开始偏西。来自一艘飞机支援舰的报告称，风暴距离舰队只有 200 英里了。按卡尼的说法，这场风暴似乎是在追着他们跑，就像是"有了自己的智慧一样"。[88] 哈尔西于是命令航向转向南，并更改了次日早晨的加油地点。即便到了这时，他仍然希望能在拂晓时加油，并按照之前的承诺，带领航母在 19 日抵达发动空袭的位置。

拂晓时风速暴增到了 50 节，气压计指针像石头一般向下坠。甲板上的水兵们要抓紧把手，低下头，才能顶住那一片片飞溅而起的海水。在海平线远处，海水变得灰暗而沸腾。从大型军舰上层建筑的高处看下来，能看见一排排高大到令人害怕的浪头从北方排山倒海一般袭来。而令人难以置信的是，在如此狂暴的海况之下，哈尔西仍然电告舰队转向北，航向 60°，航速 10 节，开始加油。但是很快人们便发现，加油已是不可能的了，于是舰队再度转向南。

日出后一小时，天光已经放亮，却看不到太阳。能见度很差，海浪如同大山一般，狂风愈加猛烈——风速达到了 60 节，之后又达到 70 节。第 38 特混舰队北翼"黄蜂号"航母的 PPI 雷达显示屏上显示，乱云密布的圆形台风眼从北方仅仅 35 英里外经过。[89] 哈尔西和他的指挥班子再也不能否认这一点了：舰队已经进入了台风的"危险半圆"*，而且除了在风浪之间疾驰，期待运气眷顾之外，别无可为。早晨 8 时 18 分，哈尔西电告麦克阿瑟和尼米兹，他要取消次

---

* 危险半圆是指台风中风浪更大，危险程度更高的半圆区；其对侧半圆风浪稍小，称为"可航半圆"。——译者注

　　　　　　　　　诸神的黄昏：1944—1945，从莱特湾战役到日本投降

日向吕宋的空袭了。[90]

风暴愈加强大而残暴。海浪越来越大，波峰之间的距离也变得更长。在每一轮浪涛的峰顶处，狂风呼啸，暴雨和飞溅的海浪如同猎枪打出的铁砂那样猛烈地砸在人们身上。在波谷之中，刺耳的呼啸声和风浪没那么难以承受，但是白色的海水却涌上甲板，从排水孔里倾泻而下。哈尔西和麦凯恩的命令都是发出不久便撤回，所有舰长都很快意识到，他们已经指望不上任何人了，必须自己想尽办法来拯救自己的军舰。上午 11 时 49 分，哈尔西通过短波电台指示麦凯恩"走最容易通行的路线，让风从左后方吹来"。[91]但是那些小号的军舰，尤其是驱逐舰，此时只能挣扎自救，航向早就顾不上了。

海上能见度持续下降，直到大部分舰船都完全看不见相邻的友舰，除了狂风巨浪，碰撞的危险也骤然凸显。有时候另一艘军舰会突然从浪涛中出现，之后又转向消失。风速愈加狂暴，最终超过了100 节。气压计读数跌破了 27 英寸。哈尔西告诉尼米兹，他的舰队正挣扎在"巨浪滔天的大海中，飞云疾走，暴雨如注，风速 70 节，风向西北偏西……台风愈加猛烈"。[92]

那些燃油不足而缺乏压舱物的驱逐舰尤为艰难。它们无论怎样控制引擎和操舵都无法保持航向，只能在巨浪和波谷之间随波逐流。中午前后，风暴达到了高峰，风速达到 120 节，海浪的波峰和波谷之间的高差达到差不多 80 英尺。[93]据"杜威号"舰长的说法，雨雾之密集，使得舰桥上的人甚至看不到舰首。如果有人暴露其中，"那感觉就像是数千枚钢针刺向脸和手"，而且这些"钢针""就如同沙尘暴一般把许多处金属表面上的油漆都刮掉了"。这些小舰一次又一次几乎被打翻。在操舵室里，人们紧紧抓着把手，双脚悬空，直至军舰自己回正，脚才落到甲板上。一名水兵惊恐地发现自己站立在一根平时应当是垂直的立柱上。他松开手掌，对战友们叫道："看，能松手了！"在一次角度格外大的横倾中，倾角指示仪的指针指到了顶（最大刻度是 73°），"杜威号"舰桥的右侧甚至浸入了水中，舀起青绿色的海水。"我们没人听说过有什么船能从这样的横摇中复原，"舰长说，"但这艘船做到了！"[94]

大型军舰对风暴的承受力要更好一些，但即便是艾奥瓦级战列舰这样的庞然大物在这种滔天巨浪中也很难高枕无忧。"米克"卡尼一度担心"新泽西号"难以幸存。"当军舰侧倾过去时，可怕的倾斜角实在是难以形容，那就快要达到它稳定倾角的极限了。军舰会横摇到一个角度，然后维持在那里，直到开始回正。"[95]即便是在"新泽西号"指挥舰桥这样的高处，卡尼也要抬起头才能看见迎面而来的浪尖。在 2.7 万吨的埃塞克斯级航母"提康德罗加号"上，阿瑟·拉福德在指挥舰桥的走廊上恐惧地看着袭来的风暴。当巨浪涌来，"提康德罗加号"向右倾斜时，他甚至产生了一种伸出手就能触碰到海水的错觉。"提康德罗加号"的姊妹舰"汉考克号"，其水线上方近 60 英尺处的飞行甲板上居然积了成吨的青绿色海水。[96]

独立级轻型航母的舷宽比大型航母窄得多，在台风中的横摇更加剧烈。在"蒙特雷号"上，停放在飞行甲板上的 4 架 F6F"地狱猫"松脱开来，滑进了海里，它们还带走了左舷的救生网和降落信号官平台。随着风力加大，舰长命令所有人员离开飞行甲板寻找掩蔽。然而真正的危险在下方的机库甲板上，那里的飞机被甩来甩去，固定飞机的缆绳几乎就要绷断了。地勤人员赶紧跑过去加固，并再

　　　　　　　　诸神的黄昏：1944—1945，从莱特湾战役到日本投降

多捆绑一道缆绳，但是当横倾角超过 34° 之后，他们发现自己也快要站不住了。上午 9 点之后不久，一架"地狱猫"战斗机突然挣脱了绳索，变成了 5 吨重可燃烧的攻城槌。它立刻前前后后左左右右地东撞西碰，撞毁了通风管道、电路缆线、水泵，以及其他飞机。虽然这架飞机已经放空了燃油，但其油箱和引擎管路内残留的燃油还是烧了起来。很快，一场爆炸就撕开了机库侧壁。又有几架飞机松脱开来，让这一团混乱成倍恶化。燃烧的黑烟通过破裂的通风管道涌入下层甲板的密闭空间，轮机舱里的舰员们不得不撤离，直到带上便携式呼吸设备才得以返回。

　　"蒙特雷号"的姊妹舰"考彭斯号"和"圣贾辛托号"上的情况也差不多。飞机挣脱固定缆绳，或者把甲板上的固定栓扯出来，之后撞上旁边的飞机，把它们也撞到松脱，接着又在机库里左冲右撞，留下一堆堆残骸。根据"圣贾辛托号"风暴之后的报告，"备用引擎、螺旋桨、牵引车和其他重型设备都成堆地在左舷和右舷之间来回猛撞，使那些无保护、不结实的进气口和通风管严重受损。维修组和支援人员英勇地尝试逐一固定那些失控的破坏性重物，最终他们在 16 时获得了成功，但在此之前还是发生了一连串小规模的电气起火和燃油起火"。[97]

　　当"蒙特雷号"舰员撤离轮机舱后，舰长被迫关闭轮机。于是航母瘫痪在水面上，任由如山巨浪肆虐。所有可能燃烧的东西都被扔掉了，包括弹药整备库里的弹药。人们赶忙把消防水管拉进机库，把水龙喷向起火点，片刻延迟之后，喷淋系统最后也恢复运转。军舰最终获救，但 2/3 的机库被彻底烧毁。在"圣贾辛托号"上，火灾不久就被扑灭，但是大量松脱的残骸导致无法派人步行进入机库。

舰长在报告中写道：

> 对于没经历过这种情况的人来说，各种巨大的声响让机库
> 变得异常可怖，有飞机碰撞和撕裂的声音，通风管道薄弱的金
> 属板落地和撕开的声音，重物在左右两侧来回滑动的声音，甲
> 板上海水涌动的声音，还有大团蒸汽从封闭机库空间里破裂的
> 排气管道喷出的声音。然而，尽管环境令人恐惧，机库甲板上
> 的人们还是排成长队，从上面摇摇晃晃地来到甲板上，来到来
> 回滑动的成堆碎片中间，冒着几乎必定非死即残的危险，成功
> 固定住了它们，将损坏控制到最低。[98]

当风暴到达高潮时，狂风尖啸着裹起暴雨和海水，世界一片天
昏地暗。能见度只剩下三四十英尺。军舰顶部的人已然分不清天空
和大海，甚至分不清上和下，只有脚下甲板的剧烈摇晃让他们还能
感觉到自己身处无边的大海之上。船长出身的作家约瑟夫·康拉德
曾经描述过 19 世纪时在同一海域遭遇到的台风的磨难："它猛地一
歪，让人感到一种恐怖的无望感；它像是一头扎入虚空那般往前栽
倒，却仿佛每次都撞在墙上……在某些时刻，迎面而来的强烈气流，
如同汇聚于某一点的实体力量，要把它吸入隧道，将它整个掀离水
面。有那么一瞬，它船首朝天，从头到尾震动起来。之后它又会翻
滚下来，就像掉回沸腾的大锅里一样。"[99]

当法拉格特级驱逐舰的横摇超过 45° 时，其发动机就会无法吸
到润滑油并停机。[100] 失去航速，舵面也会失效，当陷入巨浪之间的
谷底时，它们动弹不得，就像是被打败的摔跤手。无线电桅杆、雷

诸神的黄昏：1944—1945，从莱特湾战役到日本投降

达天线、探照灯、救生艇、吊艇柱，以及深弹投放架都被风浪卷走。弹药库厚重的钢质顶盖也被扯了下来。"赫尔号"舰长詹姆斯·A.马克斯少校甚至担心自己军舰的烟囱会被从甲板上连根拔起。当100节的狂风扫过军舰时，"操舵室甲板上的一名尉官被从左侧完全吹飞了起来，撞到舱室的右上方"。[101] 最终，经历了"令人屏住呼吸的无穷时间"之后，军舰自行回正了过来。在"杜威号"上，固定烟囱的缆绳和固定栓被拉松，烟囱真的倒了下来，耷拉在军舰右半边。然而这却降低了军舰的重心，减少了迎风面积，因此尽管看上去是场灾难，但这可能反而挽救了"杜威号"。它的舰长说："变化几乎立刻就能感觉到，军舰的航行状况改善了。"[102]

在"阿勒万号"上，轮机舱的风扇坏了，舱室里的温度立刻飙升到80摄氏度，迫使所有人员撤离那里。舱底也开始积水，水面深达甲板以上数英尺。大约上午11点前后，"阿勒万号"瘫痪了，侧舷几乎没入水面。失去引擎，它无法摆脱困境——然而，舰长设法用舰体做帆，调整舰尾朝向，令舰尾迎风以缓解舰体承受的压力。这使得军舰的侧倾角恢复到"只有"60°，它就在如此绝望的情况下坚持漂浮在水面上，直至台风离去。[103]

"赫尔号"就没有这么幸运了。正午之前不久，它被拍翻，向右倾倒，横倾角达到了大约80°，并无力复原。海水淹没了操舵室，涌进了烟囱。这样的冲击是不可能回正的。马克斯少校爬出舰桥左侧，游了出来。穿着木棉救生衣，他回过身，最后看了一眼正在被海水吞没的"赫尔号"。"不久后，我感受到了锅炉在水下爆炸的震动……在那之后，我便竭尽全力，以求在砸向我们的如山巨浪中活下来。"[104] 相似的命运还落在了驱逐舰"斯潘思号"和"莫纳汉号"

身上。

当晚风浪平复之后，哈尔西指示麦凯恩组织一支搜救队，沿舰队途经路线北上。正在舔伤口的第38特混舰队其余兵力，则要转向西北，争取再次向吕宋发动空袭。但是天气依旧恶劣，巨浪仍旧从北面涌来。12月21日中午，哈尔西取消了空袭，命令全舰队撤回乌利西。[105]

搜救队努力工作了72个小时。各舰散开成宽大的搜索线，驱逐舰在侧翼护卫，夜间会打开探照灯搜索前方海面。舰队日志记载："搜索期间，数不清的空救生筏、软木救生衣以及漂浮的残骸出现在眼前，我们会检查那些地方是否有人。"[106]他们听到了许多口哨声。救生筏也被抛进军舰的尾流里。12月21日，驱护舰"塔伯勒号"（其自身也在风暴中遭到重创）发现了一个坐着10名"斯潘思号"幸存者的救生筏。"塔伯勒号"的舰长指挥军舰机动到救生筏的上风方向，让风把军舰缓缓推向那些逃生者，这样军舰的舰体还能为游泳的人遮挡一些风浪。军舰的背风面放下了两个大型吊货网，系着长长绳索的救生圈被抛给了水里的人。"塔伯勒号"自身的几名舰员也系上救生绳，穿上木棉救生衣跳入水中，游过去救援，把幸存者拖到吊货网中。[107]"塔伯勒号"就这样捞回来总共55名"斯潘思号"和"赫尔号"的幸存者。

这场台风要了790个美国人的性命。三艘驱逐舰彻底损失，另有多艘遭到重创。风暴之后的搜索救回了93名逃生人员。死亡率最高的是"莫纳汉号"的舰员，只有6人幸存。146架舰载机被毁或者被吹下海，其中大部分都是轻型航母的舰载机。"蒙特雷号"、"考彭斯号"和"圣贾辛托号"遭到重创，需要大修。[108]

　　　　　　　　　　诸神的黄昏：1944—1945，从莱特湾战役到日本投降

圣诞节前一天上午，"新泽西号"驶入了乌利西，小心翼翼开到它指定的泊位上。一长串重型舰艇也通过穆盖水道开了进来，包括几十艘航空母舰，直到"杀人犯大街"再次填满了北侧锚地。

尼米兹将军此时已经飞到乌利西，按原定计划来此和哈尔西以及第3舰队司令部开会。这位太平洋舰队总司令最近刚刚晋升为新设军衔五星上将，或曰"舰队上将"，他在下午1时50分登上了"新泽西号"。美国海军有史以来第一次在一艘军舰的主桅杆上升起了五星将旗。简单寒暄之后，将军们在指挥部会堂落座，复盘最近的作战，并制订后续的作战计划。

在旗舰上，哈尔西的餐厅里举行了平安夜晚餐。尼米兹一行人从珍珠港带来了一棵装有饰品的圣诞树。舰队战争日志记载，此举"为这个场合带来了圣诞气氛"。[109] 不过哈尔西后来承认，这个节日没法让他感到享受，因为这已经是"一连第四个远离家乡的圣诞节了，四个只有海水和沙滩，没有雪和冬青树的圣诞节"。[110] 虽然哈尔西当时和后来都不肯承认，但他肯定知道自己要承担舰队刚刚遭受沉重打击的重大责任。他的下属们后来比对了各自的记录和意见，许多人都认为哈尔西错在没能在12月17日下午还来得及时躲开风暴。航母派的"棕鞋族"向来在批评时直言不讳。盖里·博根将军"觉得这简直纯属顽固和愚蠢"。[111] 以待命状态待在"大黄蜂号"上的"乔克"克拉克持相似观点，阿瑟·拉福德也一样。谢尔曼做证说，12月17日海面和天空的样子已是台风即将到来的确证。

哈尔西之所以会那样做，是因为他决心要信守给麦克阿瑟的承诺。这个动机固然可敬，但结果却并非空袭吕宋，而是舰队惨遭台风暴虐。两个月内第二次出娄子，尼米兹不得不怀疑哈尔西究竟能否胜任他所担任的极其重要的职务。根据尼米兹的高级幕僚杜鲁门·赫丁的说法（他曾在第 58 特混舰队中任米彻尔的参谋长），太平洋舰队总司令"很难理解把特混舰队径直带进台风危险半圆区的做法……他对此深感焦虑和担忧，因为这反映了你的航海能力。而做一个好水手是军官们常常引以为荣的事情"。[112] 赫丁还从小道消息听说，金上将也暴怒了，他"为了此事简直要把海军部给拆了"。[113]

圣诞节这一天，尼米兹的大部分时间都在"新泽西号"上度过，开了数不清的会议。当天下午，他和哈尔西一同会见了媒体，并拒绝回答任何关于此次台风的问题。但是尼米兹下令组建一个调查庭来彻查损失三艘驱逐舰的事情。哈尔西在 12 月 28 日接受了听证。[114]

调查庭的正式报告在 1945 年 1 月发布，哈尔西未能避开风暴，要承担"主要责任"，报告责备他"在战争行动的压力之下判断失误"。虽然调查庭没有提出任何具体惩罚措施，但其判决足够严厉，足以解除哈尔西的指挥职务。斯普鲁恩斯原本就要于当月晚些时候返回担任第 5 舰队司令，提前几个星期将他召回并非难事。但是私下交流之后，尼米兹和金决定不这么做。杜鲁门·赫丁和许多其他人都认为，是哈尔西在媒体和公众中的人气保住了他的指挥岗位，"因为哈尔西是个国家英雄，战争期间你不能这么做"。[115]

这位太平洋舰队司令还走出了不同凡响的一步，撰写了一篇长而详尽的题为《台风受损的教训》的备忘录，并就此向整个舰队发表了讲话。尼米兹写道，在过去的年月里，无线电发明之前，海军舰队在遭遇风暴时是无法保持队形完整和统一指挥的。这种情况下，每一个舰长都会成为自己的主人，并要想尽一切办法来拯救他的船，而不管舰队指挥官意愿如何。到 1944 年，情况已有所不同，一个舰队指挥官即便在风暴最猛烈的时候也能够继续发布命令，而且他们确实会这么做。这在漫长的人类航海史上还是个相对新出现的情况，在此情况下，"高级指挥官最重要的责任，就是替麾下最小的舰艇和最没有经验的舰长着想"。他绝不能理所当然地认为他们有能力自己解决问题，或者以为小舰船能够"像他自己的大舰那样承受风浪"。本着同样的精神，每一位舰长都有责任尽职挽救他自己的军舰，当面临"致命危险"时，他必须自行决定是否离开队形。不仅如此，采取此类措施时一定不能犹豫，因为"对于一个水手而言，没什么比因为担心事后发现不必要而犹豫不决更危险的了。几千年来，人们依靠的都是与此相反的逻辑平安航海的"。[116]

第九章

　　盟军在欧洲和太平洋两个方向上已经胜利在望，他们的思虑也开始转向战后世界和军人复员的压力。许多媒体开始越来越多地担忧海外作战的人和"家里人"之间的"心理鸿沟"。在老兵们中间，痛苦感和被排斥感十分普遍。他们的抱怨很复杂，有时候自相矛盾，也不太清晰——但是总的来说，老兵们感觉自己被周围的人抛弃了。他们的怒火常常会毫无征兆地突然爆发出来，把周围人吓一跳。任何关于罢工的事情都会引起他们的愤怒，一名水兵在写给妻子的信中就抱怨说"我极其讨厌工会里的魔鬼和高薪工人"。[1]关于贪腐、暴利、囤积居奇和黑市欺诈的流言传进了他们的耳朵。他们对华盛顿那些政客歇斯底里的吵闹怒目而视，这些人整天争来斗去的都是些军人们即便在和平时期也觉得毫无意义的事情。散兵坑里的大头兵们有时甚至觉得，如果能让美国的城市被敌人轰炸一顿就最好了，这样或许能给后方百姓一些震动，让他们认清战争的现实。[2]

　　军人们清楚国内的经济在迅速繁荣——那里有许多钱可以挣，许多地方可以花钱，许多单身女人，以及（对男人而言）十分有利的性别比例。他们不能忍受民众关于诸如配给制、高房租、新闻管制、拼车、排长队、过于拥挤的火车，或者是肉价之类"鸡毛蒜皮"的抱怨。他们认为战争将会把国家吃干抹净，和平之后就会回到20

世纪 30 年代的贫困中去，许多专业经济学者也是如此认为的。等他们回到美国国内冷冰冰的资本主义怀抱中时，所有那些一辈子只有一次的"挣大钱"机会早就消失了。他们抱着如此悲观的看法，而且笃信不疑。

大部分人以为，已经在新闻审查制度下生活了三年的老百姓都会知道战争中发生的事情。实际上，从某种意义上说，一个报纸读得比较多的平民可能确实比普通的陆军、海军、陆战队军人更了解全球军事战略的复杂性。他或许能说出在国外各战区作战的盟军部队取得的详细进展和统计数字，但是一个从没打过仗的老百姓绝对不会真正知道他说的到底是什么，而且他们肤浅的言谈又只会激怒这些老兵。"说，说，说，他们只会说，"一名美国大兵如此评论他在国内碰到的多话的老百姓，"他们关于战争的说法不是很愚蠢，就是无关紧要。"[3]一个母亲来到老兵医院探望受伤的儿子并开始讨论战争时，儿子没好气地问道："你是从报纸上看来的吧？"[4]军人们在听到广播员用第一人称"我们"来指代在海外作战的美军部队时，都会报之以不屑。他们对所谓"后方战线"的说法嗤之以鼻，那说的就好像靠回收废旧金属和"胜利菜园"[*]就能把和平的国家变成战场一样！工厂墙上的海报告诉工人们要把自己当成"生产战线上的士兵"。士兵？笑话！就是那种 8 小时轮班，还有丰厚薪水的士兵吗！在这些所谓的"后方战线"上，军人们都能看到爱国宣传画和俗不可耐的战争债券推销广告。每次看到美国国旗被用于商业

---

[*]　"胜利菜园"是指战时英美两国发动市民在自家院子里种植蔬菜以弥补食物不足的举措。——译者注

宣传，他们都会无奈地摇摇头。当给军人们放映战争电影，星条旗搭配着激昂的管弦乐缓缓展开时，他们有时甚至会嘀咕着嘲讽道："哈哈，摇旗子了！"[5]他们嘲讽的不是国旗本身，他们还是很尊敬国旗的，他们嘲讽的是好莱坞和麦迪逊大街的那些恶心套路。1944年下半年，一名陆战队军官如此评价他的部队："他们已经忘记了打一场光荣的战争带给人的巨大幻觉，或者他们根本就不知道这一点。虽然他们或许曾经被阅兵场面、万众欢呼和金色绶带所鼓舞，但现在他们知道打仗其实是个脏活儿，曾经存在于他们想象中的荣光早已不复存在。"[6]

但是对于曾在大萧条的年份里痛苦挣扎的民众而言，新的繁荣确实令人兴奋。1944年，美国的失业率下降至1.2%——这是有记录以来的最低值，也可能后无来者。国民生产总值从1940年到1944年实际增长了约60%。[7]这份收益也广泛分配到了社会各个阶层：实际上，社会底层的收入规模增幅是最高的。战争带来的繁荣完成了罗斯福新政想要做的事情——增加美国最穷人群的财富，包括黑人、拉丁裔，以及贫困的农村白人。1944年，美国有1 900万各个种族的女性离家工作，其中大约200万人在军需工厂工作。工资暴涨的时候，遇上了口粮配给以及汽车和大型家电等一部分贵重商品的禁售。其结果便是前所未有的储蓄额和几乎增至5倍的家庭财富。存在银行或者投资战争债券的个人存款总额从1940年的85亿美元增长到1944年的398亿美元。[8]

或许最令人印象深刻的是，卓有成效的价格和薪资管控措施有效控制了战时通货膨胀，因此即便政府鼓励战时节约，但消费者的实际购买力还是提高了。1944年12月7日，珍珠港事件三周年这天，梅西百货公司迎来了公司历史上单日销售额最高的一日。某些奢侈品和消费品的短缺并没有影响顾客的购物热情。"人们想要花钱，"一名店长说，"他们不是买衣服，就是买家具，或者买其他一些东西。"[9] 在经济学家约翰·肯尼思·加尔布雷斯看来："人类战争史上，牺牲被人挂在嘴边的次数从未如此之多，实际付出的牺牲却从未如此之少。"[10]

批评家则说，这些"后方战线"的美国人虽然富裕了，却变得更加吝啬、冷漠、缺乏体谅。大约 400 万个家庭，共 900 万人，收拾起行李在国内跨区域迁徙，以追逐战争带来的工作机会。火车和城际大巴被坐在过道里行李箱上的旅客挤得满满当当。"黄牛"们在车站游荡，出售高价车票。到处都能看见年轻的军人妻子，怀抱婴儿，拉着小孩，倔强地跟随着她们的丈夫走过一站又一站。许多人迁居到了西海岸，好寻找一处更靠近太平洋战场的住处。太平洋舰船上的水兵们随时可能在事先不通知的情况下被送到圣迭戈或者旧金山，然后放三天假。如果他们想和家人团聚，那他的家庭最好就住在附近。然而，加利福尼亚州有数百万新来的移民——这个淘金州的人口在战争期间增长了超过 1/3——房子始终不够住。旧金山的一名市政官员报告说："许多家庭睡在车库里，他们把床垫铺在水泥地上，一张床上能睡三个、四个，甚至五个人。"[11]

玛乔丽·卡特赖特的丈夫是一名水兵，二人在男人随麦克阿瑟的第 7 舰队出海前一个星期结了婚。她陪丈夫一起来到了他所在军舰的母港旧金山，承诺要在这里等他回来。这还是她第一次离开西弗吉尼亚州的边界。"我孤身一人，住在一个不熟悉，也不认识什么人的城市，就像一个婴儿一般。我感到孤单无助。"她在一间公寓里找到了一个有家具的房间，在标准石油公司找到了一份穿孔机操作员的工作。"那时候我学会了针织，我花了许多时间给我的丈夫织袜子，收听广播里的战争新闻，"她多年后回忆道，"战争期间我一个人住了4年，那是我经历过的最痛苦，最孤独的几年。现在回头看，我都不知道那几年我是怎么熬过来的，但是你年轻的时候总会做出许多后来再也做不到的事情。许多夜晚，我都独守空房，孤独而泣。"[12]

在运转正常的市场经济里，1941—1945年这种大规模的人口迁移将会引发住宅建设的爆发。但是为了引导人力和资源进入军工行业，联邦政府刻意压制了住宅建设。1941年，美国住宅建设投资为62亿美元。这一数字在1943年暴跌至20亿美元，到1944年也仅仅恢复至22亿美元。[13]战时新建造的房屋根本不够应付那些找不到地方住的新来者，于是房东们便狮子大开口。位于密歇根州伊普西兰蒂的福特公司威楼峦工厂是美国最大的飞机制造厂之一，但工厂周围却几乎完全找不到住房。于是工人大军要么每天乘坐公交车往返底特律，要么住在公路两旁脏兮兮的拖车营地里。密歇根州的荒地里于是搭建起了一片片柏油纸棚子组成的棚户区。在现有的住宅里，屋主靠着出租空房间大发横财。古典的维多利亚式家庭住房变成了拥挤的宿舍，床铺都是按小时出租的。两三个人轮流在同一张床上睡觉——所谓"睡热铺"——他们的睡觉时间和在工厂里的排班是对应的。

数以千计的工人要在午夜从工厂下班，这令休闲和娱乐行业发现通宵营业还是蛮有利可图的。于是酒吧开始彻夜开门，甚至在凌晨两三点也挤满了人。夜店外的人行道上排起了长队，三流艺人担纲的"中班"节目会在午夜到拂晓时段上演。人们甚至凌晨3点都能找到地方打保龄球。电影院每天24小时一部接一部地放电影,而且场场爆满。无处可去的工人们会买一张午夜场的电影票,然后在座位上睡一觉。父母会把孩子安顿在电影院,去工厂上班,再回来接走。记者马克斯·勒纳描述了战时纽约的通宵电影院:"这里狭长、拥挤、臭气熏天,有个壮汉在里面巡逻,确保没人在里面杀人、放火、捣乱和强暴。不在这种通宵影院看一次电影,你都不算真正看过电影。"[14]

大规模的移民把美国各个不同的族群、阶层和种族统统塞进拥挤的城市,他们突然发现彼此要开始朝夕相处了。军工行业根据政府要求进行了整合。战争还加快了非裔美国人从南方向北方和中西部工业区大规模迁徙的进程:战争期间大约有70万黑人收拾行李离开家园。高薪工作的承诺也吸引了数十万白人从农村迁移到城市,去学着过不熟悉的新生活。

在1943年炎热的夏季,种族暴力如同流行病般席卷了多个美国城市。其中最大也最臭名昭著的一次骚乱发生在底特律,那里的人口从1940年到1943年膨胀了几乎一倍。此事最初的爆发点是1942年2月在一处波兰裔美国人社区旁边建设了公共住房项目"旅行者之家"。支持和反对这个项目的两支游行队伍爆发了冲突,国民警卫队随即赶来,保护黑人居民入住新开放的住房。这起冲突最终平息了下来。但是在1943年6月一个炎热的周日下午,当底特律河上的贝尔岛公园发生种族械斗的时候,一场大规模的冲突爆发了。傍晚时,数千名居民要通过这座公园所在的岛屿上的桥梁回家,于是,原先几十个人的群殴演变成了黑人对白人的大混战。流言和挑衅言论迅速在城市里口耳相传，蔓延开来。数千名年轻的黑人和白人来到底特律城区，四处找麻烦。斗殴、破坏、放火和劫掠很快扩散，持续了一整夜，直至第二天，白人暴徒只要警察没看见就随意挑衅、殴打乃至杀害黑人。一名报社摄影师拍下了一个暴徒把一个黑人从有轨电车里拖出来当街殴打的画面。许多白人也不明不白地落到黑人暴乱者手中，遭到相似待遇。底特律警察局逮捕了几个白人，枪杀了几十个黑人。据报道，警察在黑人社区宣布了非正式宵禁，并处决了许多宵禁时间还在户外的年轻黑人。

三天的暴乱之后，联邦军队来到城市，恢复了秩序，但这座城市却再也回不到从前了。事后，一个 16 岁的白人男孩还拿自己干过的事情出来炫耀："车里有我们 200 个人。我们杀了他们 8 个人。我看见刀子刺穿他们的喉咙，子弹打穿他们的脑袋。我们把装有黑人的车子掀翻。你真该看到这个场景。这真有意思。"[15]

同月，洛杉矶查韦斯谷（今天道奇体育场附近）的墨西哥裔美国人社区也爆发了暴乱。这场骚乱始于附近海军预备役训练中心的水兵和当地那些穿着"灯笼裤"、戴着宽边帽的拉丁裔年轻人之间逐渐升级的矛盾。这些"穿灯笼裤的"对数以千计涌入他们"西语地区"的军人十分憎恶。街头冲突很常见。1942 年，洛杉矶的报纸，尤其是赫斯特的两份当地日报开始攻击这些"穿灯笼裤的"，用很刺耳的词语说他们打架斗殴、偷窃、强奸，好逸恶劳，逃避兵役，而且抽大麻。1943 年 6 月 4 日——中途岛战役第一个周年纪念日——一则流言在当地的陆海军基地里流传开来。说是一伙"穿灯笼裤的"打了一名水兵，然后逃进了当地一所电影院。于是手持棒球棍的水兵们一车一车地涌进查韦斯谷，他们冲进电影院，强迫放映员打开

　　　　　　　　诸神的黄昏：1944—1945，从莱特湾战役到日本投降

灯，然后在过道里来回巡视，只要见到有人穿灯笼裤就拖到大街上。一顿老拳自然少不了，裤子还给扒掉。洛杉矶警察局和海军岸上巡逻队袖手旁观，大部分情况下并不加以干预。暴乱第二天，又有一群水兵和陆战队员从圣迭戈过来，他们的攻击目标扩大到了所有拉丁裔年轻男子，而不论他有没有穿灯笼裤。骚乱蔓延到了洛杉矶城区和东部。赫斯特的报纸谴责了对墨西哥裔美国人社区的暴力行径。"许多人被打伤，许多是无辜的人，许多是这种墨西哥小孩，"18 岁的暴动目击者唐·麦克法登说，"我看到一群军人拦下一辆有轨电车，他们看见里面有个穿灯笼裤的，就上去了。他逃不掉，结果被打到昏迷不醒。还有个坐有轨电车的人也挨了打，仅仅因为他凑巧是个墨西哥人。这都是我亲眼所见。"[16] 一名不赞成此举的军人说："我看不出我们这些士兵和那些殴打势单力孤的非雅利安人的纳粹冲锋队有什么区别。"[17]

在美国南方，当联邦的反种族隔离法令和当地的吉姆·克劳法发生冲突时，暴乱便在多个城市里爆发——最可耻的是在亚拉巴马州的莫比尔市和得克萨斯州的博蒙特市，当莫比尔当地的一家船厂提拔了 12 名黑人工人，博蒙特的一处非裔美国人居住区被火烧光，两地便爆发了野蛮的暴力事件。在佐治亚州的斯图尔特营，白人军警和黑人军警之间居然打起了枪战，1 人被打死，4 人受伤。在得克萨斯州的埃尔帕索和阿瑟港，种族冲突逐步升级成暴乱。这种非法暴力行为也席卷了美国北方和中西部的城市，包括费城、印第安纳波利斯、圣路易斯、巴尔的摩，以及马萨诸塞州的斯普林菲尔德。1943 年 8 月，在纽约的哈莱姆，一名警官打死了一位黑人士兵，暴乱便开始了。

1944 年总统大选的要紧时刻，共和党候选人托马斯·杜威的处境很不妙。他面临的挑战即便是在和平时期也令人生畏。他既要保持共和党基本选民的团结，又要从已经帮助罗斯福连赢三届的新政支持者中撬出一块墙角来。此时共和党内部正由于内外政策观点不一而出现裂痕。许多共和党人仍然坚持他们彻底推翻新政的决心——但是新政中的社会保障制度、劳动者保护和金融改革法案，却是大众不愿意撤销的。共和党的一些高层官员，例如来自俄亥俄州的参议员罗伯特·A.塔夫脱之流，仍在坚持他们和战前时代如出一辙的孤立主义思路，希望美国不要参与战后条约和多边组织。但是这种孤立主义早已在 1941 年 12 月 7 日名誉扫地，绝大部分美国人现在更希望参与国际事务，以阻止下一次世界大战。对罗斯福的憎恨是将共和党人团结起来的黏合剂，但是杜威在竞选纲领中传达出了"我也一样"的信息，承诺保持大部分新政改革措施，同时保证以更快的速度和更低的伤亡代价打赢战争。杜威想要攻击执政党在珍珠港事件之前忽略了敌人来袭的迹象，但是此举将会暴露美军在战前就已破译日本外交电码的秘密。马歇尔将军劝他收手，警告说如果走漏消息让日本人停用旧密码，美国就无法获得这些情报了。杜威也听说了关于罗斯福健康状况恶化的消息（这很准确），并且考虑在竞选中利用此事，但最终还是觉得这种攻击可能反而会激起大众对现任总统的同情，从而对自己不利。他后来只是模糊地提到罗斯福政府中那个"疲惫的老年人"，这方面若更过火一些，可能反而会降低他自己的胜算。

选战最耀眼（也可以说是最丢脸）的一幕是 9 月 23 日罗斯福总统在华盛顿斯塔特勒酒店发表的演说。这次活动由国际卡车司机兄

　　　　　　　　　　　诸神的黄昏：1944—1945，从莱特湾战役到日本投降

1. 1944 年 7 月 18 日，切斯特·W. 尼米兹，欧内斯特·J. 金，以及雷蒙德·A. 斯普鲁恩斯站在第 5 舰队旗舰"印第安纳波利斯号"的 8 英寸舰炮下方。拍完这张照片，三位将军就坐进斯普鲁恩斯的餐厅共进晚餐，在那里饱受一大群从附近塞班岛飞来的苍蝇困扰

2. 1944 年 7 月 28 日上午，道格拉斯·麦克阿瑟将军、富兰克林·D. 罗斯福总统、威廉·莱希将军和切斯特·W. 尼米兹将军在怀基基海滩的霍尔姆斯别墅里摆姿势照相。拍完这张照片，摄影师和摄制组离开后，他们便开始正式讨论战略问题

3. 美国海军的主要航母打击力量，第 38 特混舰队。"所有军舰同时转弯，它们白色的尾迹会在大海上留出一条一条的曲线。只需要一分半钟的时间，它们就可以完成 90° 转弯，稳定朝新的航向航行。"

4. 1944 年 12 月 12 日，美国海军第 38 特混舰队的航空母舰驶入乌利西环礁的舰队锚地

5. 1944 年 9 月 15 日，第一批突击登陆艇抵达佩里琉的登陆海滩。这张照片是从一架来自战
   列舰"宾夕法尼亚号"（BB-38）的水上飞机上拍摄的

6. 佩里硫岛上，一队陆战队官兵向满目疮痍的乌穆尔布罗格袋形阵地前进

7. 1944 年 9 月 15 日，美国海军 LST-467 号坦克登陆舰在莫罗泰岛搁浅，装甲推土机正涉水
前往丛林，那里将修建一条通往机场的道路

8. 小威廉·F. 哈尔西上将，战后不久拍摄的标准照，此前他刚刚被晋
   升为五星上将

9. 栗田健男中将，摄于 1942 年前后的标准照

10. 1944年10月25日，恩加诺角海战中，"瑞鹤号"航母的舰员在军舰沉没前山呼"万岁"。
    它是1941年12月袭击珍珠港的6艘日军航母中最后被击沉的

11. "神风"队员们正在准备最后的出击。一名年轻的飞行员正在给他的战友戴上旭日头带

12. 1943 年 2 月 7 日，美国海军潜艇"刺鲃号"（SS-238）在完成历史性的第三次战斗巡逻
后回到珍珠港。它在潜望镜筒顶上绑了一支扫帚，意味着"扫清敌人"，还有一条飘带，
上书"打死挂太阳旗的浑蛋"。位于舰桥右中部的是艇长达德利·W. 莫顿。图左侧（脚
踩栏杆）的是副艇长理查德·H. 奥凯恩上尉

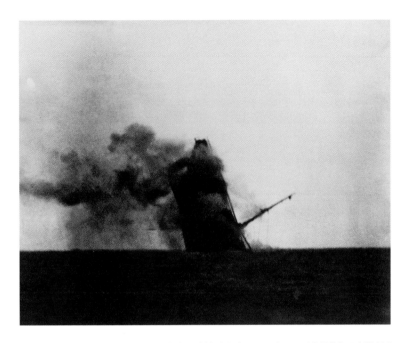

13. 一艘日本货船在黄海被击沉,这艘船后来被确认为"日通丸"。照片是潜艇"刺鲅号"(SS-238)通过潜望镜拍摄的,当时该潜艇刚刚用鱼雷将"日通丸"击沉

14. 1944 年 11 月 6 日,莱特湾战役后不久,美国第 3 舰队军舰和辅助部队停泊在乌利西环礁

15. 1944 年 11 月，在乌利西环礁的莫格莫格岛上放大假、喝啤酒的水兵们。摄影师：查尔斯·芬诺·雅各布斯

16. 1944 年 12 月，在乌利西潟湖中第 3 舰队旗舰 "新泽西号" 上，尼米兹（居中者）和哈尔西（图左）商谈。此时，舰队刚刚在菲律宾海遭受台风重创。图右是尼米兹的副手，福里斯特·P. 谢尔曼少将

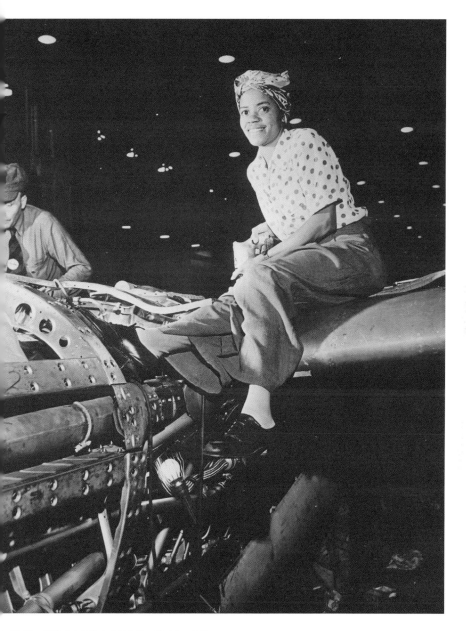

加利福尼亚州伯班克市洛克希德飞机工厂里的一名铆工

18. 在得克萨斯州科珀斯克里斯蒂市的海军飞行训练中心，飞行学员们在查看飞行记录牌。记录牌上方贴着手写的警告语："不要飞进云里。"背后的机库里是一架波音-斯蒂尔曼 N2S 教练机，俗称"黄祸"。摄影师：查尔斯·芬诺·雅各布斯

19. 1945 年 2 月 15 日，第 58 特混舰队的飞行员们在空袭东京之前听取任务简报。参与这一前所未有任务的战斗机飞行员中，超过一半人刚刚完成训练，还没有打过仗

20. 1945 年 2 月 23 日，担架组从马尼拉古城（"王城"）的废墟中抬出一名受伤的美军士兵

21. 1945 年 2 月，惨遭日军屠杀的菲律宾百姓。马尼拉城中尽是此景

22. 在硫黄岛的海滩上，被摧毁的两栖车、坦克和补给物资被遗弃在原地，任由海水冲刷。从海岸外的指挥舰
    到此景，霍兰·史密斯将军将其形容为"被狂风摧残过的一排板棚房"

8. 1945年3月，攻占硫黄岛后不久，一架 TBM "复仇者" 鱼雷机在折钵山上空飞行。可以看到火山北方大面积的开发工程

24. 在提尼安岛的西部机场，第 462 轰炸大队的 B-29 正在滑行

25. 美国陆军航空队的寇蒂斯·E. 李梅将军

京日本桥区，背景是隅田川。这张照片摄于 1945 年 3 月 10 日的燃烧弹空袭后不久

27. 1945 年 3 月 10 日东京下町区的常见场景

28. 1945 年 4 月，美军强大的特混舰队在冲绳岛的西海岸大胆出击，在距离日本本土不到 400 英里的地方开辟了滩头阵地。各种登陆舰艇使海面变为黑压压的一片，一直延伸到地平线，那里停着战列舰、巡洋舰和驱逐舰

29. 1945 年 4 月 12 日，九州南部的知览机场。"勤皇少女"们向出发的"神风"机挥舞樱花

30. 1945 年 5 月 11 日，被两架"神风"机击中的"邦克山号"，它是第 58 特混舰队马克·米彻尔将军的旗舰

31. 美国战争消息办公室制作的一张宣传单，图中切斯特·尼米兹和道格拉斯·麦克阿瑟勒紧了将原油从东印度群岛运回日本本土的海运线。1944—1945 年，千百万张宣传单被投放到日本和日占区各处

32. 冲绳岛战俘营围栏里的日本战俘

33. 1945 年 7 月 16 日，准备参加波茨坦会议的美国总统哈里·S. 杜鲁门、国务卿詹姆斯·贝尔纳斯以及海军五星上将莱希。拍照几个小时后，他们就获悉"三位一体"核试验取得了成功

34. 1945 年 8 月 9 日在长崎上空爆炸的第二枚原子弹

945 年 9 月长崎的浦上河谷。背景中左边山上的是浦上天主堂的废墟，它曾是日本最大的天主堂

36. 1945 年 8 月 15 日，在关岛的围栏里收听裕仁天皇投降广播的日军俘虏

37. 1945 年 8 月 15 日，关岛上听到裕仁投降广播之后的一名日本战俘

38. 1945 年 8 月 29 日，在日本横滨附近的青森战俘营获救的盟军俘虏

39. 1945 年 9 月 2 日投降仪式结束后，哈尔西和约翰·S. 麦凯恩将军在东京湾里的"密苏里号"上交谈。不久，麦凯恩就启程返回美国。四天后，他在加利福尼亚州科罗纳多市的家中因心脏病去世

1945 年 9 月 2 日，"密苏里号" 的各层甲板上挤满了围观者、水兵和记者

41. 日本投降代表团在等候麦克阿瑟将军到来。站在前排的是外交大臣重光葵（戴高帽和穿长礼服者）和日本陆谋总长梅津美治郎将军。重光葵的一名助手加濑俊一后来回忆道："千万只眼睛像千万支带火的利箭以疾风之势射向我们……我从未意识到灼灼目光竟能带来这般痛楚。"

尼米兹将军代表美国在投降文件上签字。在他背后，麦克阿瑟和哈尔西相谈甚欢，福里斯特·谢尔曼则在看着
他。图中右侧列队站立的是同盟国的签字代表。照片顶上能看到舷外的媒体平台

43. 1945 年 9 月或 10 月，一名美军水兵在东京骑自行车，打着传统的日本纸伞遮阳

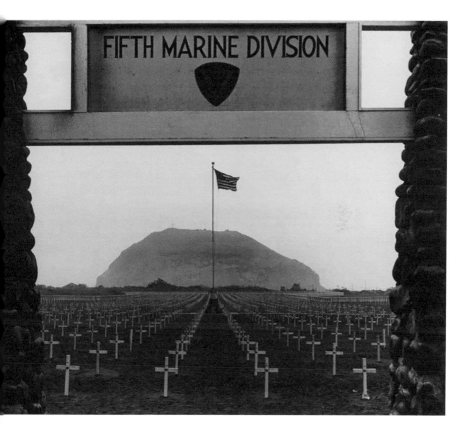

945 年 3 月硫黄岛上的第 5 陆战师墓地，背景是折钵山

45. 1945 年 9 月，在"魔毯"行动中充当运兵船的航空母舰"萨拉托加号"（CV-3）。这艘舰把 29204 名太平洋战争老兵运回了家，比其他任何一艘船都要多。此图首发于 1945 年 10 月号的《兄弟们》（*All Hands*）杂志上

弟会赞助。罗斯福坐在舞厅内侧的一个长条形讲台上，两边是大约20名兄弟会的头面人物，包括（紧挨着坐在他左边的）爱尔兰出生的兄弟会主席，丹尼尔·J. 托宾。总统面前放着许多无线麦克风，演讲向全世界听众进行了无线电直播。这次演讲后来被称为"法拉讲话"，这是一次铁杆支持者大聚会，也是罗斯福漫长政治生涯中最愤怒、最刻薄，也最毫不避讳的一场谩骂。提到杜威试图把他自己的政党和该党长期以来反对公共劳工法案的历史撇清关系的时候，他说："我们都在马戏团里见过很多精彩的表演，但从来没人见过大象能翻跟头还不会摔得四脚朝天的。"（此时，托宾笑得几乎要从凳子上摔下去了。）总统还反驳了反对者关于他未能让国家做好战争准备的指责——回顾1941年之前共和党反对军事开支的种种行径，他说："我怀疑连戈培尔都不会这么阻挠我们。"杜威和其他共和党领袖最近发表演说，指责罗斯福的政策扩大和加深了大萧条。总统故意瞪大了眼睛，装出一副对这一路攻击难以置信的样子。"有一句有些伤感的老话要送给他们——'绝对不要对一屋子吊死鬼说绳子'，"他慢条斯理地说，"同样道理，假如我是共和党领袖，我在对许多听众讲话时，在整个词典里最不愿意用到的一个词就是'萧条'。"

当晚，大家在斯塔特勒酒店的舞厅里开怀畅饮。兄弟会成员们一次又一次跳着脚并挥舞着拳头疯狂欢呼。有人用汤勺敲击银盘子，还有一个人每次当罗斯福指责对手时，就要摔碎一个酒杯来配合气氛。一个应邀参会的战争消息办公室记者甚至担心这伙人会趁着酒劲出去闹事。

总统的最后一轮抨击，也是令听众们印象最深刻的事情，涉及一则关于他当年夏天乘军舰前往夏威夷和阿拉斯加时的谣言——总统的宠物狗"法拉"被意外丢在了阿留申群岛上，于是海军从西雅图派出一艘驱逐舰专门去把狗接了回来。这个传说根本就是无稽之谈：那么大的总统随行团队怎么可能忘了一条狗？他们怎么可能回到西雅图才发现狗不见了？为什么派驱逐舰而不派飞机？但是反对罗斯福的媒体依然在一遍遍重复这个故事，而且谣言还越传越离谱，驱逐舰升级成了巡洋舰，后来又是战列舰，还说这场子虚乌有的救援行动花费了 2 000 万美元。一个星期之后，莱希上将不得不站出来否认了这则传言，才把它赶出了报纸头版。但是罗斯福知道，自己的对头们玩过火了，他不打算放过这个机会。罗斯福板起了脸，停了下来，让听众们放声大笑完了之后，向那些土包子打出了沉重一击。"这些共和党领袖并不满足于攻击我，或者我的妻子，还有我的孩子们，"他对兄弟会如此说，"不，他们不满足于此，现在他们还攻击我的小狗，法拉。"

　　好吧，当然，我不在乎攻击，我的家人也不在乎，但法拉在乎啊。你们知道，法拉是条苏格兰犬，作为苏格兰来客，它一听说国会内外的共和党小说家们编了个故事，说我把它丢在了阿留申群岛，还派了一艘驱逐舰去把它找回来——花了纳税人 200 万，300 万，或者 800 万，还有 2 000 万美元——它的苏格兰灵魂就愤怒了。它再也不是原先的那条狗了。我早就习惯听到对我本人的恶毒诽谤了——就像那个老掉牙的无稽之谈，说我宣称自己是不可或缺的。但是我想我有权利去在乎，去抗议对我的狗的诽谤。

这个国家很爱狗，这样的攻击自然能致命。民主党全国委员会的一个人后来总结说，这场竞赛的双方就是"罗斯福的狗和杜威的山羊"。[18]

晚宴在晚上 10 时 30 分散场，两位倒霉的年轻海军上尉恰好路过舞厅外的门廊。他们突然发现自己被一群醉醺醺而且气势汹汹的兄弟会成员围住了，这些人想要知道这两人是民主党还是共和党，是站在罗斯福这边还是杜威那边的。23 岁的伦道夫·小迪金斯上尉是个参加过中途岛战役的老兵，他回答说这"不关他们的事"。[19]于是就打起来了。据迪金斯说，兄弟会想要知道海外的军人们如何看待工会，并且指责这两个军官"不忠于军队，不忠于我们的统帅"。[20]双方一顿混战。根据有些报道的说法，迪金斯一拳头把兄弟会的帮主丹尼尔·J. 托宾打翻在地，随后被两名暴徒从背后抱住，第三个暴徒猛揍他的脸，"眼睛被打肿得很厉害，伤口缝了好几针"。[21]酒店的行李员赶来拉开了双方。酒店经理则喊来了海军岸上巡逻队，他们最终平息了纷争。据说迪金斯被拉走时，有个兄弟会成员告诉他，被他打翻的是美国总统的私人好友，以后有他受的。

这场"斯塔特勒之战"被反罗斯福的媒体抓住大做文章。兄弟会指责这些报道纯属诽谤，意在抹黑劳工组织，他们还向华盛顿寄去了一百多封请愿信，说是那两个军官先动的手。

"法拉讲话"之后，选战双方的辩论变得愈加恶毒。杜威的竞选搭档，俄亥俄州州长约翰·W. 布里克，指责工会和大城市的政府机器被"缺乏信仰的共产主义力量"所影响。杜威则说罗斯福"对白劳德来说是不可或缺的"，而白劳德是美国共产党的领袖。[22]但是此时的民意已经倾向于现任总统，这样的攻击便不免有些垂死挣扎的味道。盟军正在各条战线上大步推进，轴心国一败涂地，罗斯福也通过显得很辛劳的竞选巡游路线消除了对他健康状况的担忧。11 月 7 日，罗斯福赢得了 53.4% 的普选票，在选举人票中更是以 432 : 99 大获全胜。

和平已经在望，"松一口气"的感觉也逐渐占据了美国民众的思想。军事工业的规模开始缩小。诸如罐头食品和肉类这类物资的配给制也逐渐放松。战争部和海军部发了数百份准备取消采购的通知。数百亿原本已经获得国会批准的资金被保留了下来，准备归还给财政部。1944 年 6 月，军需工业雇用的工人总数已经在 6 个月时间里减少了大约 100 万人。报纸上满是复杂采购合同期限放宽的新闻，法律纠纷随之而来，涉及的都是合同取消费用，用于工厂改建的低息融资，加快折旧以降低税负，以及投资意向之类的细节问题。吉普车和其他剩余军用物资被卖到了民用市场上。电冰箱和其他大型家用电器的销售广告也从 1941 年以来首次再度出现。美国铸币厂恢复出产铜币了。灯火管制先是在一些主要城市被放宽，随后便全部取消了。新征募的军人回了家。人们又开始穿起正装参加百老汇的剧目首映和其他此类活动了。赛马场恢复营业，下注窗口收到了多得前所未见的钱。罢工又开始危及关键产业了，因为工会领袖们觉得这样的停工不再会妨害战争。

在美国经济从顶到底的各个阶层，大部分人都认为战争的结束将会让大家回到 20 世纪 30 年代初期的大萧条中。这种现象甚至还得到了一个专有名词："萧条精神病"。在战争的高峰期，整个美国经济雇用了 5 500 万名平民工人，此外还有 1 200 万人穿上了军装。而战后，武装部队的复员和军工合同的取消将会同时到来。两相叠加，其冲击将会导致失去多达 2 000 万个就业岗位。陆海两军的巨量富余人员要由现有经济体系吸收掉，但又不能影响现有的市场供需。许多经济学家都警告说战后的失业危机将不可避免。新政的支持者们要求恢复大规模的公共资金就业计划。工商业领袖则希望联邦政府能够补贴向民用工业"转产"所需的成本。

结束战争的时机被认为是一个关键变量。德国预期将在 1945 年初崩溃，而陆海军的将领们却坦言对于降伏日本还需要多久心中无数。根据一个经济学家团体的说法，如果日本出乎意料地突然举白旗投降，"美国就会发现自己基本没有为对付大规模的失业问题做好准备"。[23] 一名战争通讯员写道，太平洋战争如果突然提前结束，那将会是"一场和平的珍珠港事件"。[24] 因此，如果单纯从经济上看——不考虑人命的损失——可以认为最理想的情况是太平洋战争能在纳粹德国败亡后再拖延几个月。甚至在普通民众中也能听到这样的观点。曾在肯塔基州一所军需工厂里工作的佩姬·特里回忆说，自己听到一名工友说她希望战争"等到她攒够买电冰箱的钱再结束。一个老人于是用一把伞打了她的头，说：'你竟敢这么说！'"。[25]

1944 年 11 月，就在罗斯福再次当选总统之后，战争部长亨利·史汀生警告说后方战线上的美国民众放松得太早了。农业的歉收使得恢复口粮配给的呼声再起。有人向国会提交了一份"国民服役法案"，旨在授权联邦政府征召平民劳工和对军事工业锁定劳动力，不过未能获得国会批准。被称为"突出部战役"的德军反击戳破了美国人关于欧洲战事提前结束的幻想。艾森豪威尔将军给罗斯福写信，警告不要指望"西线敌军全面投降"。[26] 这封信很快被发布给了媒体。1945 年 1 月，马歇尔和金给总统写了一封联名信，警告说陆海两军都面临着人员短缺，请求再征召 90 万人以替换那些"伤亡和患上战争疲劳症的人"。[27] 史汀生对于官兵们逐渐低落的士气愈加警觉。如果战争拖延的时间超过预期，军人们会不会纷纷要求回家？于是他劝说总统在后方战线上再兴节俭之风，哪怕这些措施大部分只是象征性的也可以。

1945 年 1 月 3 日，联邦政府下令关闭所有赛马场和赛狗场。官方的理由是减轻道路和大规模交通系统的负担。但是如一些政府官员在无正式记载的场合所说，这项政策真正的目的是防止那些在战争中挣到了钱的老百姓把这些钱挥霍在赌博中。次月，酒吧和夜店又被要求午夜停业。这次，表面理由是节约电力和燃油，但此举实际上是"因为政府感觉民众缺乏'战争紧迫感'而采取的措施"。[28]

到 1945 年初，海外的军人和国内的民众至少有一点是一致的：他们都真心厌倦了战争，渴望回到正常的和平生活中。报纸专栏作家罗伯特·M. 约德尔盼着有一天，"尽可以要那几千个鼓舞士气的志愿者和职责解说人别来烦我们。你可以把胜利菜园挖掉，把芜菁扔在街区监督员的脸上"。[29] 与此相似，第 1 陆战师的一名下士也只想要"回到老家的妻子那里，重操我开邮车的旧业，没有人打扰"。[30] 对于数百万思乡的军人来说，那种简单、平凡、平淡的生活就是天堂了，只要没人给他们下命令或者想要杀掉他们就行。当他们梦回家乡的时候，那些平常得不能再平常的福祉都变得令人魂牵梦萦——私人生活，休息，街角小店的一杯咖啡，公园里散步，和姑娘们在一起，推孩子荡秋千，安全感，软床垫，还有睡个好觉。但是无论对那些"后方的家伙"怎样羡慕和嫉妒，这些军人都已学会比一般民众更加爱国并做出奉献。他们会幻想自己未来生

诸神的黄昏：1944—1945，从莱特湾战役到日本投降

活的方方面面——将要迎娶的妻子，将要居住的房子，将要抚养的
孩子。"我曾经认识过一个非常聪明的人，他说他期望的就是 60 分
的生活，"士兵埃利奥特·约翰逊说，"可以期望回到自己的漂亮女
孩旁边，梦想得到孩子和工作。这绝对足够让人撑下去了。"[31] 玛乔
丽·卡特赖特也是同样的想法，她空闲的时间都在做有关战后生活
的白日梦：她的丈夫将会从太平洋上回来，离开海军。他们会盖一
座两层砖头小楼，有大大的门厅，宽宽的楼梯，能装下五个孩子的
卧室："我就喜欢那样的房子，那个计划在我的脑子里重复了一年
又一年。"[32]

1944 年年初，美国海军有 27 500 架飞机在役，比 1940 年时多
了 10 倍。随着格鲁曼、道格拉斯、马丁和寇蒂斯公司的飞机生产线
在当年 3 月到 6 月间达到产能峰值，海军的新飞机库存急速膨胀，
几乎就要严重过剩，管理不过来了。1944 财年中，海军得到了 2.4
万架新作战飞机，比之前三年的总和还要多。[33] 这是个高级问题，第
二次世界大战的其他参战国若遇到这种事怕是高兴还来不及。但是
美国海军将领们却真真切切地面临着这个不大不小的抉择：产量越
来越多，库存却过度臃肿，怎么办？ 2 月，金上将签发了一份命令，
将海军在役飞机的上限设定为 3.8 万架，并且固执地拒绝放宽。[34]
于是生产线的产量从 1944 年夏季开始锐减——但不允许彻底停产。
为了保留这一关键战略性产业的生产能力和知识经验，人们认为必
须让它们保持低速运转。时任分管航空的副海军作战部长的麦凯恩
将军提出了一份计划，要求只把最新型的飞机送到一线作战，老一
些的飞机则送回美国本土用于训练和其他目的。1944 年 9 月，美国

海军采纳了一项更激进的计划——将数千架老旧的飞机直接扔掉，包括那些已经部署到太平洋的飞机，好为新飞机腾地方。各级指挥官都收到了指示：用一切必要的手段把旧飞机处理掉。

作为 1944 年和 1945 年美国工业实力达到何种程度的一种体现，接下来的大规模飞机弃用比上千页的统计数据更有说服力。如果一架飞机需要小修，它就会被拖出停机坪丢掉，闪闪发光的新飞机会飞来接替它的位置。数百架飞机飞到太平洋偏远海岛的机场，停放在空地上，然后就不要了。许多这样的飞机"坟场"后来都成了美军轰炸机投弹训练的靶场。拆解的飞机用推土机推成堆，再把坦克开上去压扁。轻微损伤的舰载机被推出飞行甲板，扔进海里，新的补充飞机会从护航航母上飞来。此时正是战争的高潮，美军这边大规模丢弃完好可用的作战飞机时，日本人却苦于飞机产量远远达不到目标，他们要费尽力气才能保证生产线正常运转。

大规模的飞行员训练就完全是另一种挑战了，海军从来不打算引入民营企业参与此事。托尔斯将军和他的棕鞋族同僚们在 20 世纪 30 年代就已经预见到了这个问题，并为建立训练司令部打好了基础，一旦战争爆发，飞行员数量就可以迅速增加。事实正是如此：1941 年，美国海军向 3 112 名新飞行员授予了"金翼"徽章，1942 年是 10 869 人，1943 年是 20 842 人，1944 年是 21 067 人。这种现象级的增长并不是靠降低训练标准换来的。实际上，情况恰恰相反——1944 年的新手飞行员来到一线中队时，平均飞行时长达到了 600 小时，其中 200 小时是在他们被指派驾驶的在役机型上飞的，部队里的老兵们还让他们获得了比前一代飞行员更高的技巧和战备水平。这一成就是通过扩建美国海军设在佛罗里达州彭萨科拉的主要训练综合体，以及在全国各地新建的 12 座海军航空站实现的。这些新建航空站中最大的一座位于墨西哥湾旁得克萨斯州科珀斯克里斯蒂南部的灌木林平原上，其规模堪比彭萨科拉。来自得克萨斯州的国会议员林登·B. 约翰逊在幕后推动政府向他的主要竞选赞助商，休斯敦的布朗 & 鲁特建筑公司授予了一份最初金额为 2 400 万美元的成本加固定费用的建筑合同来建设这一基地。而科珀斯克里斯蒂海军航空站的建设费用最终膨胀到 1 亿美元。[35] 这一大规模项目也间接令约翰逊的政治生涯平步青云，使他来到了更高的官僚层级上。

最初，美国海军的大部分飞行学员都是安纳波利斯海军学院毕业生。但是随着欧洲战云密布，新的人员招募通道被打开了。1939年的海军飞行预备法案要求训练 6 000 名新飞行员，1940 年的补充法案将目标提高到为海军和陆战队训练 1.5 万名各种机型的飞行员。征募者被送到全国各地的大学里，带着训练手册在课堂和四方院子里设立了招募点。海军起初想要工科学生，不过后来即使是文学专业的也没问题，只要这个人健康状况良好，视力不低于 1.0，未婚无子女，身高在 5 英尺 4 英寸到 6 英尺 2 英寸之间，读完至少 4 个学期的课程就行。（后来海军也开始接受条件合格的高中毕业生。）视力检测和健康检查就地进行。那些入围的新手将会接受数学相关的智力测试和精神科医生的仔细询问。如果通过，他们就会拿到一封介绍信，前往被称为"E 基地"的小型农用机场，坐进单引擎单翼小飞机，进行为期 30 天的基础训练。

"E"的意思是淘汰（Elimination），而这正是关键。这些帆布蒙皮的小飞机被一位学员形容为"装着小发动机的风筝"。坐在它的驾驶舱里，学员们要么表现出自己的飞行天赋，要么被淘汰。塞缪尔·海因斯在得克萨斯州的登顿进行了淘汰训练，那是一座和周围农田几乎融为一体的草地机场，机场上有一个小机库，一所邮局，一根带有风向袋的杆子，周围围着栅栏。羊群常常出现在跑道上，机场本身也兼做牧场。当小飞机滑出机库进入机场时，飞行员还要操作飞机转一转，把羊群从跑道上赶走才行。

大部分飞行员很快就能掌控飞机，能够自信地把飞机飞得很好。其他人则被刷掉了，教官判断这些人无法值回山姆大叔为训练他们而花费的钱。

通过 E 基地训练的人将进入预备飞行学校，在那里他们将进行为期数月的基础训练和课堂学习。这些学校大部分都根据计划设置在全国各地的民间大学和学院里——最大的学校位于北卡罗来纳、艾奥瓦、佐治亚州的州立大学和加利福尼亚州圣玛丽学院里。但是没人会把这些预备飞行学员视为普通大学生。他们都要穿上军装，剃成板寸头。他们现在的身份是水兵二等兵，身处海军军衔体系的最底层。被淘汰的人会被送往舰队成为普通的白帽子水兵，用拖把擦军舰。海军集体宿舍被改造成学员们的兵营，他们睡在上下铺上，私人物品存放在脚旁的柜子里。训练营里的纪律很严格，士官长每天早晨 6 点会把他们从床上喊起来，做早操，进行队列训练和长跑。无论他们去哪里——食堂、教室、训练场、游泳池——都要排好队。第一天来到游泳池时，所有人都被要求爬到跳水台顶上再跳下去。一名学员解释说自己完全不会游泳，军官答道："我没问你会不会游泳，我要你跳下去，你会不会游，我们看得出来。"[36]

晚上，士官们会要他们去打扫兵营，直至所有地方都一尘不染。他们要刷洗"甲板"（就是地板），直到像新拿出来的餐盘一样干净。罗伯特·史密斯回忆自己在打扫厕所时，盯着他的士官长吼道："把你的胳膊伸下去擦茅坑底下——把这里擦干净之后，回去把擦过的再擦一遍！"[37]

他们大约一半的时间要花在课堂里，在那里他们要修完航空工程学、数学、物理学、通信、导航以及气象学课程。大部分课程都少不了死记硬背，而且还要常常考试以检查他们的掌握程度。他们要学会使用旗语和莫尔斯电码通信，要能达到每分钟接收 13 个词的水平。借助照片、剪影轮廓，以及玩具一般的小飞机模型，他们要学会辨认全球各参战国所有的飞机型号。他们还要学习航空发动机的基本原理，了解空气是怎样流过一架飞机的控制翼面的。据哈尔·比尔估计，预备飞行学校把相当于大学里一整年的课程压缩到了 4 个月，他称此为"残酷的磨炼"。[38] 许多有志成为海军飞行员的年轻人都在这些课堂里翻了船，未及参加初级飞行训练就被淘汰出局。

彭萨科拉位于佛罗里达半岛最西端顶部，是一座优雅的古典西班牙风格的小城，满载着一批批新飞行学员的大巴穿过宽阔的石头大门驶入基地。它们从一座座优美办公小楼之间的大道上开过，道路两旁整整齐齐排列着覆盖着苔藓的橡树。在基地西侧平坦的荒地上是超过 12 座大大小小的机场，机场两边排满了漂亮的红砖机库。整个白天，空中都满是低空飞行的飞机，晚上也常常如此。死人的事故并不少见，机库的墙壁旁堆放着空的松木棺材。在战争高峰时期，彭萨科拉平均每天都有一次坠机事故。飞机会在起飞时掉高度，坠毁在跑道尽头，还会空中相撞。学员们可能死于过度小心导致的失速坠机，也可能死于飞得过于大胆——例如在树梢高度飞行，结果撞上电线。人们找到飞行员尸体的时候，医疗官会在他飞行服的袖子和袖口上系好绳子，解释是这样的："这是为了防止他从飞行服里滑出来……遗体像凝胶那样柔若无骨，会滑出来的。"[39]

美国海军的初级教练机是波音-斯蒂尔曼 N2S，一种使用开放式座舱，用明黄色帆布做蒙皮的双翼飞机。这种飞机的绰号更有名："黄祸"。机上一前一后设有两个座舱。教官坐在前座，通过一套被称为"通话软管"的单工通话线路向后座的学员说话。在空中，教官会演示各种基本机动动作——失速、改出、滚转、滑翔、爬升和俯冲。之后他会让学员控制飞机，自己则通过通话软管向他吼叫。马特·波尔茨记得他第一次接管操纵杆时教官对他吼道："你爬升太慢了。机头低一点。别水平转弯。你想让我们陷入螺旋吗？你的控制太匆忙了。你怎么一点自信都没有？"[40] 机上设备根本不允许学员回答教官的话，他根本没法提问题或者做解释。

斯蒂尔曼教练机是一台容许犯错的机器，很容易飞，却也足够灵活，能够做出飞行员在驾驶战斗机时需要做的各种基本机动，包括翻筋斗、爬升半滚倒转、桶滚、殷麦曼滚转、破 S，还有"落叶飘"。学员们要绕着地面上的两座输电塔，保持在仅仅 500 英尺高度飞 8 字形航线，练习精确转弯。这能教会飞行员怎样压大坡度而又不掉高度，这对任何飞行员来说都是一项关键性技术。他们还要学习怎样在强侧风中降落。如此种种，一轮接一轮地飞行。在飞了10 次到 20 次之后，学员们就会获准第一次放单飞。这是人人都永生难忘的一个里程碑。

拉塞尔·贝克是个 18 岁的巴尔的摩人（他后来成了《纽约时报》的专栏作者）。别人告诉他开飞机就像开汽车。贝克从来没开过汽车，但他不敢承认这一点，担心教官会因此小看他，甚至可能会把他淘汰掉。后来，他摇摇晃晃地飞了一次斯蒂尔曼飞机，教官对他说要轻轻控制操纵杆。"贝克，"他说，"这就像是抚摸姑娘的胸部那样。你得温柔。"贝克也不敢承认他从来没有摸过女性的胸部。[41]

几个星期过去后，飞行学员的队伍明显缩水了。有些人觉得飞行不适合自己，于是请求换到其他军官训练课程中去。还有一些人死于坠机。许多人被教官淘汰了。被淘汰者会悄无声息地迅速离开，常常连和同学说一声再见的机会都没有。这时候说再见是一件尴尬的事，有人回忆道："这对我们来说都很尴尬。"[42]

通过初级飞行训练的人会进入中级训练，他们会改为驾驶更先进的教练机。北美SNJ"得州佬"和伏尔梯SNV"振荡器"都是下单翼封闭式座舱飞机，外形和性能与现役飞机相差无几。和"黄祸"相比，它们对飞行员的要求更高，也更具危险性。"高速时候会发生各种事情，"比尔·戴维斯说，"而且所有事情发生得更快，容错空间更小。"[43] 在这些中级教练机上，学员们会学习基础的轰炸战术、狗斗和射击。他们会向另一架飞机拖曳的条状靶标射击。他们会在一种叫作空战模拟器的设备上适应空中格斗，塞缪尔·海因斯形容这种设备就像"游乐场里的摇摇车"。该设备是一个面向一块电影银幕的模拟座舱，银幕上会放映攻击敌机的电影片段。学员晃动操纵杆，银幕上的飞机就会动。只要学员在有一架飞机进入十字线时扣动扳机，旁边铃声就会响起表示"击中"。对于海因斯来说，这使得"把人从天上打下来这种事看起来成了一场拼技巧的无害游戏，就像你在弹子房里消磨时间时玩的那样，还能赢一个丘比娃娃"。[44]

学员们会在地面上一台被称为"林克模拟器"的早期飞行模拟设备上首次接触仪表飞行。他们会爬进那个"铁处女"*，一个设计用来模拟飞机座舱的压抑幽闭的封闭舱室。学员们头上的盖子会关上。他面前有一套模拟控制系统和一套模拟飞机仪表的显示器。教官会通过通话软管告诉他按指定的航线和高度飞行，而学员表现如何，则要通过一台能打印出一页页数据的原始计算机来评判。自然，那些在此前的训练飞行中表现出色的飞行员有时会在静止不动的林克模拟器上晕头转向，因为这里根本没有实际飞行时的"感觉"。但是精通单凭仪表飞行的技术是至关重要的，因为每个海军飞行员迟早都会在夜间或者能见度为零的天气下飞行。他们要学会相信仪表——空速、高度、罗盘、高度指示器，以及水平仪。他们还要学会如何"波束飞行"——就是根据导航雷达信号飞往指定方向。之后，他们会进行"蒙眼飞行"来检验技术：教练机的座舱周围会蒙上帆布，这样飞行员就看不见外面，不得不单独依靠仪表来驾驶飞机。许多人都感到这种训练太恐怖了。史密斯说他第一次飞这种练习时就像是"试着在杆顶上放一个沙滩球"。[45]

在近一年的努力学习之后，学员们终于得到了梦寐以求的金翼徽章。他们在彭萨科拉基地的一个四方院子里列队，一名将军过来，亲自把徽章别在每个人笔挺的白衬衫上。从这一刻起，他们就以少尉军衔加入了现役。现在他们完全可以自称为海军航空兵了。这是

---

* 铁处女，传说中欧洲中世纪的一种刑具，受刑者会被关进一个类似棺材的铁柜子。——译者注

个重要的里程碑，但并不是他们训练的终点。1944年，新拿到金翼徽章的飞行员们在被分配到前线部队之前，还要在高级航母训练大队（ACTG）再飞三四百个小时。其中许多人被派到位于迈阿密西北部的奥帕洛卡机场，"热带骄阳下一片满是沙地、灌木丛和响尾蛇的地方"。[46] 他们在这里飞的都是现役机型——"地狱猫""地狱潜鸟""海盗"——和他们将来上战场时要驾驶的机型别无二致。这也是他们头一次和新近从舰队回来的老飞行员们一同训练。训练内容包括编队飞行、射击、轰炸、夜间飞行，以及海上导航。飞行员们会向位于佛罗里达州大沼泽地中心深处的三合板靶标投掷烟幕弹来练习俯冲轰炸技术。这些人还被告知，不到紧急情况下不要使用无线电——"别出声儿！"——他们还要学习掌握详尽的手势信号，这样就可以在座舱之间通过目视通信。

大部分高级航母训练大队的大队长和中队长都是参加过太平洋航母对决的老手。他们很清楚这些新兵蛋子来到舰队后将会面临的磨难和挑战。汉密尔顿·麦克沃特是个著名的"地狱猫"王牌，他回到美国，在已经编制完成、正在全员训练的第12舰载机大队中指挥战斗机中队。"我们飞啊飞啊飞啊，"他如此说，"如果我的学员没有掌握要领，我们就会接着飞。掌握了之后，我们还会继续飞——在返回机场的途中还常常会练习编队战术、空对空和空对地射击，有时会有仪表飞行和夜间飞行，当然，还少不了狗斗和咬尾追逐的练习。"[47]

第12舰载机大队在俄勒冈州沿岸的阿斯托里亚海军航空站驻扎了几个星期。大部分早晨，飞机起飞时都是在"零零"环境之下：伸手不见五指的一片浓雾。他们在白茫茫的雾气中爬升，紧盯着前方飞机排气口发出的淡蓝色火焰。到了 4 000 英尺高处，天空豁然开朗，头上是万里晴空，下方则是一片雪白如羊毛一般的云毯。这种飞行之艰难，足以让一个年轻人急白头发，而且真的有人头发变白了。但是正如麦克沃特不厌其烦地向年轻人灌输的那样，这种飞行是他们将会在太平洋战区实际遇到的。早上，航母特混舰队时常会被不透光的浓雾包围，飞行员可能一连几天都不得不依靠仪表和导航台飞行，因为风挡玻璃之外什么都看不见。下午飞行时，他可能不得不在薄暮中降落，眼睛四处寻找昏暗的飞行甲板，油量指针则已经几乎回到零。他还可能需要在筋疲力尽、昏昏欲睡时飞行，可能需要驾驶着被击伤的飞机寻找返航的路，甚至本人也可能受了伤，鲜血直流。而这里的训练将会让飞行员们获得面对这些即将到来的挑战时所需要的技术和本能。

年轻的飞行员们常常违规，不过有时却会得到队长的默许。"贴头皮"——紧贴地面飞行——是被明令禁止的，尤其是在人口密集区域。但许多飞行员根本无视这条禁令，尤其是在战时。从科珀斯克里斯蒂海军航空站起飞的海军飞机常常超低空飞到邻近的国王牧场上空驱赶牛群，地面上的牛仔们只能向他们挥舞拳头。在加利福尼亚州南部，"贴头皮"的飞行员们会从 10 英尺到 15 英尺高的超低空沿着海岸或者高速公路的中心线飞行，有时甚至会把骑摩托车的人挤到路边。这些新手飞行员很快学会了那些老家伙的业余生活方式——后半夜在当地的酒吧和夜店里喝得酩酊大醉。俯冲轰炸机飞行员詹姆斯·W. 韦尔农的高级训练是在位于新泽西州海岸最南端附近的怀尔德伍德海军航空站进行的。那段时期他不是在飞行，就是在附近的海岸小镇里鬼混，镇上满是"夸张的醉酒狂欢，弥漫

　　　　　　　　诸神的黄昏：1944—1945，从莱特湾战役到日本投降

着烟味的俱乐部，胡聊乱扯，群魔乱舞，对姑娘们的骚扰，脏兮兮的旅馆房间，下半夜空荡荡的街道，宿醉，以及对染上性病的担忧……一定是有一些激素的刺激和从众的心理让我们在战争的白热化阶段如此丢人现眼"。[48] 他和他的飞行员战友通常在每天 6 点的起床号之前只睡三四个小时，只有从座舱面罩中呼吸纯氧才能缓解那一阵阵的头痛。

性病对高级飞行训练中队的影响尤其大。医疗管理部门发布影片规劝军人们注意性行为的安全性。比尔·戴维斯尤其喜欢一部名叫"病菌横飞，管住自己"的影片。在这部片子里，医生告诉一名水兵他患上了性病。"我肯定是在一个公共厕所里得上的。"水兵说。"在那地方约会真是见了鬼。"医生答道。[49]

1945 年初，当胜利已经在望之时，训练中队的许多年轻飞行员都迫不及待想要参战。他们担心和平可能突然到来，剥夺他们参加空中战斗的机会。老兵们则对他们说，连续三四个星期每天不间断的飞行战斗之后，他们就不会再如此积极了；飞行疲劳综合征是真实而且普遍存在的。飞行是一份活儿，得出力。飞机座舱不是什么好地方，要么太热，要么太冷。一个人被迫在那里坐几个小时，会越发感到局促和不适。飞行需要保持注意力集中，精神压力就成了大问题。时常在死亡边缘游走，也侵蚀着飞行员们的神经。但即便如此，那些最为厌倦的飞行员还是偶尔会想起自己当初为什么想要飞行。塞缪尔·海因斯在一次薄暮飞行训练时体会到了这样的感觉，当时他下方的地面已经被夜色笼罩："这架飞机仿佛吸收并保留了阳光和晚霞。我的周围一片光明，但是脚下的大地似乎已经死去，只剩我一个人还活着。我心中立刻充满了一种生存感。我永远不会死，我要永远飞下去。"[50]

1945 年元旦这天，第 3 舰队再次出海，他们离开了乌利西环礁向北开去。这次的任务还是老一套——向日本和菲律宾之间的岛群发动新一轮舰载机空袭，这次是要支援麦克阿瑟计划中 1 月 9 日在吕宋岛的登陆。他们的目标是切断从日本到战区的空中增援通道，孤立林加延湾的登陆滩头。同时照相侦察机还会在冲绳岛拍摄数千张高角度或者斜侧角度的照片，用来为即将在 3 个月内打响的冲绳登陆战制订计划。

1 月 3 日和 4 日两天，恶劣天气使得台湾岛上空能见度很差，因此麦凯恩将军取消了对台湾大约一半的空袭。返回的飞行员们将其描述为自己所飞过的最恶劣的天气。"埃塞克斯号"上的一名航空情报官威廉·A. 贝尔上尉称"险恶的乌云从 700 英尺堆积到 1 万英尺高空，到处都是暴雨，海面是一片青灰色，狂风怒号"。[51] 作战损失很惨重，第 38 特混舰队仅仅 1 月 7 日一天就损失了 28 架飞机。但是飞行员们仍在坚持作战，对台湾、吕宋和澎湖列岛的机场进行扫射和轰炸。[52]

在南方的林加延湾，麦克阿瑟的炮击和扫雷舰队迎来了一轮又一轮的神风攻击，西南太平洋战区总司令也一遍又一遍要求哈尔西压制这些威胁。航空照片揭示了这些致命攻击的来源：日军不遗余力地隐蔽他们的飞机，把它们藏在枝叶和灌木丛下面，停放在机场数英里之外。1 月 7 日、8 日、9 日对于航母部队来说漫长而忙碌，飞行员们每天最多要飞四趟，大胆地以树梢高度在吕宋岛中部和北部进行搜索和扫射。

自从在 8 月掌管第 3 舰队以来，哈尔西一直希望向菲律宾西边的南海发动一场航母空袭。他期望能够在中国大陆南部海岸和中南半岛沿岸的诸多港口中寻获大批高价值目标。自从 1941 年 12 月英国战列舰"威尔士亲王号"和"反击号"在马来亚外海被日军空袭击沉后，还没有哪艘盟军军舰敢于闯进这片海域，潜艇除外。1944 年 10 月和 11 月，哈尔西两次请求允许自己进入南海，但是尼米兹和金认为这太危险了。（哈尔西说："我的上级恐怕是在怀疑我对于那里有丰富目标的判断。"[53] 他说对了。）现在哈尔西再次提出请求。他特别想要摧毁日军那两艘老式战列舰，"伊势号"和"日向号"，据信这两艘舰正停泊在中南半岛的金兰湾里。尼米兹终于同意了。

　　几天后的 1 月 9 日，就在麦克阿瑟的部队登陆吕宋岛当天，第 38 特混舰队穿过了台湾南边的巴士海峡。这条航线令这支庞大舰队来到了距离日军在台湾南部的主要航空兵基地富山机场只有 80 英里的近处。与此同时，一支由 30 艘舰队油轮，以及护航航母、驱逐舰和弹药船组成的后勤船队穿过了巴林塘海峡，这是吕宋岛和台湾岛之间的岛链中仅有的另一条可通行的水道。两支舰队都未被敌人察觉。当 1 月 10 日的太阳从海平面上升起时，美国海军的主要打击力量已经出现在了南海的中央，这是一片四周全部被敌人海军和航空兵基地包围的水域。哈尔西后来写道，舰队的处境"极度艰险"，因为日军飞机可以从任意方向前来进攻，或者几个方向同时进攻。第 38 特混舰队的实力足以自保，但哈尔西不得不为脆弱的后勤船队的安全操心。但另一方面，从这个位置上，美军航母部队能够向任何方向发动强有力的空袭，打击那些在最近三年来始终无法触及的目标。

加满油之后，舰队开始向中南半岛沿岸彻夜疾驰。哈尔西向航空兵们发出了一条电报："你们知道该怎么做。让他们去死。上帝保佑你们所有人。哈尔西。"[54] 第二天一早，超过 1 000 架舰载机向金兰湾和西贡之间的目标投下了炸弹。他们把机场碾为齑粉，摧毁停在地面上的飞机，炸断桥梁，把货运列车打翻在地，轰炸了码头、仓库和油库，并把停泊在锚地里的敌人舰船送下海底。一支编有 11 艘货船的无护航船队在越南头顿（圣雅克角）海岸附近的开阔水域被逮个正着，全数击沉。日军未能起飞战斗机拦截美军机群，高炮火力也弱到可以忽略，这一区域的日军显然完全措手不及。航拍照片展示了沿岸地带一片毁灭的图景——贝尔上尉在日记中写道："目力所及之处全是火焰和冒烟的船只。被击沉船只的桅杆和上层建筑矗立在平静的海面上。还有一些船只侧躺在海面上一动不动。"[55] "伊势号"和"日向号"已经在两个星期前离开此地到新加坡去了，但是这一天的战果已经足够好，哈尔西对此并不太介意。当地的自由法国人员后来报告说，空袭击沉了 41 艘船，总吨位 12.7 万吨，击伤了 28 艘船，7 万吨，而且把整个海岸地区变成了"一片废墟"。[56]

　　此时正值东北季风季的高峰期，天气急转直下。天空浓云密布，大海也变得恶浪滔天，北风呼啸而来。自从三个星期前的台风事件之后，哈尔西和他的团队对此小心了起来。特混舰队在撤离中南半岛时，航速下降到了 16 节，以防止再遭台风损伤。驱逐舰的燃油已经不足，必须在接下来空袭中国沿海日军之前加满油。但是在这种情况下加油却十分危险。在舰队油轮侧旁，驱逐舰就像跷跷板一般忽上忽下。它们的舰首高高扬起，前部三四十英尺长的舰底伸出海

　　　　　　　　　　　诸神的黄昏：1944—1945，从莱特湾战役到日本投降

面——之后又重重地跌入波谷。螺旋桨都露了出来，掀起成片的水花。青绿色的海水涌上它们的甲板，又从排水口里倾泻而出。浑身湿透的舰员们就像骑牛大赛选手那样摇来晃去。眼见这惊心动魄的一幕，拉福德将军庆幸自己是在一艘 27 500 吨的舰队航母上。贝尔上尉从"埃塞克斯号"的飞行甲板上看去，发现那些小舰横摇幅度很大，"它们的桅杆看起来就像狂风中的小树，几乎就要插进狂暴的海水里"。[57]

加油持续了 1 月 13 日一整天，一直到 14 日上午才结束，6 艘舰队油轮被吸得干干净净，整个第 38 特混舰队各舰的燃油量也至少加到了 60%。

第二天，舰队向香港、广州、海南、厦门，以及再次向台湾发动了空袭。在香港上空，他们遭遇了最为猛烈的高射炮火，各种颜色的高炮烟团在 3 000 英尺到 1.5 万英尺之间组成三层绵密的弹幕，就连许多老飞行员也从未见过这种阵势。有一个飞行员形容这里的高炮"密集到难以置信"。[58] 但是对于攻击一方而言，这又是值得大书特书的一天。他们摧毁了数万吨船舶，向广州、九龙和昂船洲的沿岸设施、干船坞、码头、燃油精炼厂投下了炸弹。返航的飞行员声称他们在台湾摧毁或打翻了 10 列火车。但是这一天的飞机损失也很严重——30 架毁于战斗，31 架毁于事故。有几架昏了头的"地狱猫"错误地轰炸和扫射了澳门的地面目标，这里当时还是中立国葡萄牙统治的。葡萄牙政府向华盛顿提出了愤怒的抗议，美国国务院则拿出了一份正式的道歉，这事也就了结了。[59]

1 月 18 日，天气仿佛铁了心要把特混舰队在南海里掀个底朝天。一片低压区正穿过吕宋海峡而来，海况等级开始升高。哈尔西并不想让第 3 舰队在这种环境下穿越这处狭窄局促的水域。他觉得可以通过菲律宾群岛内部的水道——民都洛海峡、苏禄海、棉兰老海和苏里高海峡——退往东边。这意味着他们要高速穿越狭窄水道，两个月前莱特湾海战时西村的南路舰队走的就是这条路线。各个特混大队都必须采用特殊而且不熟悉的航行队形，触礁搁浅的危险也很大。这一行动很可能被日军发现，虽然这一区域的日军航空兵已经大为削弱，但"神风"的威胁依然不可忽略。当哈尔西把这个方案提交给尼米兹时，总司令立刻否决了它，他指示舰队继续留在南海，等天气好了再走。[60] 1 月 20 日，舰队开出了巴林塘海峡。哈尔西的这次南海大冒险历时 11 天，舰队总航程达到 3 800 英里。

麦克阿瑟的部队顺利登上了吕宋岛，并向南面的马尼拉推进。但是日军对林加延湾内美军两栖舰队的空袭却无休无止，和往常一样，西南太平洋战区司令想要第 3 舰队为他提供更多的直接空中支援。1 月 21 日又是漫长的一天，美军向已经熟悉了的台湾和琉球群岛的目标再度发动空袭，但是日军航空兵向舰队发动了一轮接一轮的猛烈反击。日军飞机藏身在密布的浓云之中，显然是尾随上午空袭后返航的美军飞机而来，一旦遇到巡逻的"地狱猫"机群便躲入云中。中午 12 点到 1 点之间，大批敌机从云底冲了出来。一架飞机命中"兰利号"航母一枚小型炸弹，一架自杀机命中了驱逐舰"马多克斯号"，炸死 4 名舰员。"汉考克号"航母受了重伤，它自己的一架飞机在挂弹降落时炸弹被引爆，炸死了 48 名水兵。两架"神风"自杀机沉重打击了埃塞克斯级航母"提康德罗加号"（CV-14）。它的信号舰桥被摧毁，飞行甲板无法使用，机库也被大火吞没。[61] 140 名舰员死于非命，其中包括不少高级军官。大火烧毁了

　　　　　　　　　　　诸神的黄昏：1944—1945，从莱特湾战役到日本投降

36架飞机，超过其总载机量的三分之一。贝尔上尉从邻近的"埃塞克斯号"上看着这座漂浮的地狱，他在日记中写道："'神风'是太平洋上最重大的事件，但国内却没几个人能意识到这一点。只要少数几架飞机和一小群疯狂的小人物，鬼子就能把我们所有能拿来参战的水面舰艇全部重创或击沉……'神风'让日本人找到了战争中最有效的秘密武器。这肯定是最令人胆寒，令人畏惧的。"[62]

第3舰队的任务完成了，至少这一轮任务完成了。它已经在海上接连航行了28天，航程超过1.2万英里。它的舰载机摧毁了30万吨日本船舶。1月25日，特混舰队回到了乌利西的"大谷仓"里。此时的潟湖锚地比以往任何时候都更加拥挤，第3舰队和第7舰队主力都来到了此地。斯普鲁恩斯将军的旗舰"印第安纳波利斯号"也在这里，按计划，他将在第二天接管第3舰队。当晚，斯普鲁恩斯带领一众随行高级幕僚造访了"新泽西号"，拜会了哈尔西。这两位四星上将在哈尔西的指挥舱里单独待了超过一个小时。他们聊的内容则无人知晓。

1月26日午夜，指挥权由哈尔西移交给斯普鲁恩斯。第3舰队变更为第5舰队，第38特混舰队也再次改编为第58特混舰队。米彻尔将军接替麦凯恩，重回第58特混舰队司令岗位。哈尔西则飞回珍珠港，接着又回到美国本土。他早就该休长假了。

第十章

　　林加延湾，吕宋岛西北海岸的一处马蹄形缺口，在 1941 年 12 月时为攻打过来的日军提供了主要入口。三年零三个星期后，历史再度重演，但规模却要大得多。太平洋上出现过的规模最大，由超过 800 艘军舰和运输船组成的进攻舰队，从 1945 年 1 月 6 日开始抵达林加延湾。这支舰队的任务是运送美国第 6 集团军在林加延湾南部海滩登陆。"塞拉日"，也就是指定的登陆日，定为 1 月 9 日。

　　每当有新的船只进入海湾，它们都会小心翼翼地穿过拥挤的锚地，沿着浮标标示出的水道，开到指定的"泊位"上。海岸线周围地形起伏多山。在东侧，丛林密布的暗绿色山岭逐步升高，直到在卡加延周围变成崎岖的绿色山峰。军舰和运输船上的舰员们都很紧张，这很容易理解：舰队太过庞大，峡湾太过狭小，无法进行高速规避机动。大部分舰船在整个战役期间都不得不锚泊在那里，过于密集又静止不动。来袭的日军飞机可以躲进多山的海岸地貌留下的雷达盲区里隐蔽接近。雷达员们紧紧盯着显示屏，脸都快要贴了上去，高射炮手们警惕地扫视着各处，执行战斗空中巡逻任务的舰载机则在上空盘旋。发烟器产生的化学烟雾飘浮在海湾上空，仿佛连风都吹不走。

　　这次，美军在战争中头一回遇到了可怕的"震洋"自杀快艇。

这些木质小艇从林加延湾西侧沿岸开出来，向舰队高速冲去。1月6日夜间，几艘美军船只和登陆艇遭到了重创，从那以后，美军20mm机关炮的炮手们都会时刻握住扳机，向所有能辨认得出的东西开火。从傍晚到清晨，海岸线都会被照明弹和探照灯照亮。日军甚至派出人员游泳进行自杀攻击，他们躲在漂浮的残骸后面接近目标，想要把爆炸物安放在美军舰船的船体上。还有一些人则伪装成菲律宾渔民，坐在当地人的独木舟上，满载着炸药接近舰队。有一艘运输船的侧舷就被这样的攻击炸开了一个大洞，炸死了几名船员。

在从莱特湾出发开往林加延湾的一个星期的航程中，盟军进攻舰队遭到了空前猛烈的神风攻击。当杰西·奥尔登多夫中将的火力支援大队鱼贯穿过班乃岛以西的狭窄近岸水道时，凶猛的攻击落到了他们头上，对美军的考验就此开始了。1月4日下午5时12分，一架单枪匹马的横须贺厂P1Y"银河"轰炸机（盟军绰号"弗兰斯"）突然穿出云底，撞进了护航航母"欧曼尼湾号"的甲板。它的进攻如此突然，美军毫无防备，甚至连高射炮手都来不及开火。两枚炸弹击穿了这艘"吉普航母"脆弱的钢质飞行甲板，在机库里爆炸开来。大火立刻失去了控制，吞没了炸弹和鱼雷库，引发了殉爆。这艘小航母被炸成了碎片，93名舰员阵亡。幸存者们跳进了海里，被护航的驱逐舰救起。燃烧的残骸则被丢弃在民都洛海峡中。

美国人不知道的是，日军在菲律宾的航空兵已是强弩之末。指挥部设在马巴拉卡特的第二〇一航空队只剩下大约40架还能飞的飞机。在整个菲律宾，剩余的日本飞机可能也不超过200架。在12月的最后一周，日本帝国大本营做出决定，不再向菲律宾增援空中力量。菲律宾群岛北边的飞行航线再也用不着了。自从莱特湾海战以来，每 10 架从台湾岛或者日本飞往菲律宾的日军飞机中，就有大约 3 架或毁于事故，或被第 3 舰队的舰载机击落。[1] 现在，根据东京的命令，所有剩余的飞机都要起飞向美军舰队发动自杀攻击。航空兵基地内的剩余人员将要退往山区和日本陆军部队会合。二〇一航空队的高级军官们将要利用暗夜的掩护乘飞机撤回台湾。其中最后一条命令是秘密传达的，以免打击留守人员的士气。

吕宋岛上的日军机场几乎每天都有美军轰炸机和扫射地面的战斗机前来光顾。日军飞机除非停放在远离机场处并用伪装网和灌木枝叶妥善隐蔽，否则都会被很快摧毁。那些没有经验的年轻自杀机飞行员被告知，他们的飞机一旦拖出隐蔽处并推到起飞位置，就要迅速起飞，并赶在美军战斗机前来截击之前爬升到高空。只有技术较好而且运气上佳的人才能抵达敌人舰队，能撞中敌舰的更是少之又少。但是日军从来都不缺自愿飞自杀任务的人。在飞行员比能飞的飞机还多的克拉克机场，年轻人们围着他们的航空队长，请求让自己起飞作战。1 月 5 日晚，基地里只剩下 13 架第二天还能出击的飞机，于是 13 名飞行员被选中执行任务。失望的落选飞行员便在地面上四处寻找坏飞机，然后"恳求机械师把这些破飞机上状态最好的部件拼凑成随便什么能飞的东西"。[2] 经过地面人员一整夜的努力，又有 5 架飞机被修复到能够飞行的程度。

破晓时，机场旁举行了简单的送行仪式。飞行员从铺着白色台布的桌子上拿起酒杯一饮而尽，然后在战友们向自己敬礼告别后爬进座舱，最后一次起飞升空。

临近中午时，当奥尔登多夫麾下拥有 164 艘舰艇的对岸炮击大队在林加延湾外占领阵位时，"神风"机群从东边蜂拥而出。奥尔登多夫的旗舰，珍珠港的幸存者"加利福尼亚号"战列舰被撞中右舷主桅杆附近位置，炸死了32人，炸伤数十人。一枚高速落下的炸弹击中了乔治·韦勒少将的旗舰"新墨西哥号"战列舰的舰桥左侧，炸出了巨大的火球。30人被炸死，其中包括舰长罗伯特·W. 弗莱明上校，以及两位贵宾——英国陆军的赫伯特·拉姆斯登中将，以及《时代》杂志通讯员威廉·亨利·奇克林。太平洋上军衔最高的英军将领，海军上将布鲁斯·弗雷泽爵士此时也作为观察员搭乘在"新墨西哥号"上，好在他侥幸生还。下午稍晚时候，一架"神风"自杀机独自突破了暴风雨般的防空火网，撞击了巡洋舰"路易斯维尔号"。机上的两枚炸弹爆炸开来，在2号炮塔和操舵室周围引发了严重火灾。第4巡洋舰分队指挥官西奥多·E. 钱德勒将军被严重烧伤，次日离世。舰员们发现了那架"神风"机飞行员一丝不挂的无头尸体，直接把他从侧舷扔到了海里。

在林加延湾首轮两栖登陆之前的5天里，"神风"自杀机命中或近失损伤了30艘盟军舰船。3艘被摧毁，14艘遭到重创，13艘轻伤。突击运输舰"多恩号"上的一名目击者描述了眼看着军舰带着垮塌的上层建筑和"被熏黑和撕碎的曾经是炮塔的东西"从眼前经过的"奇特景象"。[3] 搭乘在巡洋舰"博伊斯号"上的麦克阿瑟将军亲眼看到了几次可能轻松把他干掉的攻击。他不要命地拒绝了所有请他到下方寻找掩护的提议，站在后甲板的水上飞机滑道上一边观看战斗，一边若无其事地抽他的烟斗。在回忆录中，他描述了这"猛烈的防空弹幕，每艘舰都打出了震耳欲聋的高炮齐射"。[4]

1月7日，应金凯德和麦克阿瑟的紧急要求，哈尔西在吕宋岛上空再度铺上了"大蓝毯"。舰载机飞行员返回母舰时宣称他们在地面上至少摧毁了75架日军飞机。令人宽慰的是，第二天，"神风"机的威胁真的大大缓解了。

吕宋登陆战役中的美军指挥体系和莱特岛战役时基本相同。克鲁格将军继续指挥第6集团军，下辖两个各编有两个师的军——伊尼斯·P. 斯威夫特少将的第1军（下辖第6师和第43师），以及奥斯卡·W. 格里斯伍德中将的第14军（下辖第37师和第40师）。第5个师，第25师，则待在海岸外的船上担任"海上预备队"。金凯德将军的第7舰队将封锁马尼拉湾和苏比克湾，并保护漫长的海上后勤线。肯尼将军继续指挥第5航空队和第13航空队。一旦地面部队拿下克拉克机场和吕宋岛上的其他机场，他的陆军航空队战斗机和轰炸机就会飞来此地驻扎。第8集团军仍由艾克尔伯格将军指挥，他们将采取欺敌措施，争取让日军误以为盟军的主要登陆行动将在吕宋岛南部。"S日"当天，克鲁格的四个主攻师将在林加延湾湾底20英里宽的滩头正面登陆，之后向内陆推进，夺占吕宋岛中部平原。左翼的第1军将把日军主力围困在卡加延山区，同时第14军将南下直取马尼拉。之后，第8集团军将出动一支部队在岛屿南部海岸登陆。第6和第8两个集团军将以钳形运动合围马尼拉和马尼拉湾。如果一切按计划进行，日军地面部队主力就将被孤立在岛屿多山的北部，与菲律宾首都及南部的其他日本陆军部队断绝联系。

登陆前夜，炮击舰队上演了一出华丽的烟火秀，用密集的舰炮弹雨洗扫滩头。驱逐舰"霍沃思号"上的詹姆斯·奥维尔·雷恩斯在写给妻子的信中描述了那些以长长的高弧度弹道飞向岸边的炮弹："你知道吗？你看过去的时候，它们仿佛飞得很慢。它们就像缓缓坠落的星星那样飘过天空。我们射击的目标在7英里外，中间是一层层浓密的烟云。我站在舰桥侧面，眼看着那些红色的火球消失在云层中，接着再次出现。目标太远了，炮弹落地时我只能看见很小的一点红色闪光。"[5]炮火被引向整个林加延湾海岸线上所有疑似是日军沿岸阵地的地方，尤其是马蹄形海湾湾底处预定的登陆滩头上，也就是林加延、达古潘、马比老以及圣法比安几个小镇周围。敌人的岸炮火力几乎没有还击，南部登陆滩头附近的日军更是一弹未发。拂晓时，在林加延镇里，美军发现一群菲律宾老百姓打着美国国旗聚集成群。用望远镜看到这一情景后，奥尔登多夫立即命令舰炮火力远离这一区域。

当突击部队爬下吊绳网，来到登陆艇中时，天气平和，微风徐徐，空中有碎云，海湾的封闭水域内波浪不兴。南十字座就高挂在登陆滩头上方，但那里却被低垂的雾霭所笼罩。登陆艇在运输船集结区里兜圈子，或者引擎空转，它们在等候发起登陆的信号。有几艘"震洋"快艇从西侧海岸拼命冲出来，但要么被摧毁，要么被驱离，无一能够扑向目标。

上午9时30分，第一批登陆部队出发。超过1 000艘登陆艇向海滩开去，它们长长的尾流在海上画出一条条平行的白色线条。到9时40分就有近2万部队上了岸，到中午时，这个数字增长到了6.8万人。他们沿着海湾南端林加延、达古潘、马比老三个镇子旁一条12英里宽的滩头登上了海岸。海滩宽阔而且连成一片，大到足以容纳整整两个军（共有四个步兵师）以及巨量的重型装备、车辆、武器，还有按计划将在几个小时内到达的补给物资。登陆几乎未遇到抵抗，菲律宾当地人兴高采烈地和士兵们握手、亲吻。日军的防御力量主要集中在海湾东部沿岸，也就是三年前本间雅晴将军部队登陆的地方。在美军战线右翼，第40师完全没有遇到敌人：没有炮兵，没有迫击炮，没有轻武器火力，也见不到日本人。前出巡逻队找到了几个碉堡和暗堡，并仔细地检查了一番——但是见不到一个敌兵。这个师向内陆进发，在林加延夺取了一条可用的飞机跑道。

在东翼，第6师在曼加尔丹附近的"蓝一""蓝二"滩登陆，第43师在圣法比安附近的"白一""白二""白三"滩登陆。他们遭到了圣法比安背后高处日军远程炮兵和迫击炮火力的零星射击。这种火力与其说是威胁，不如说是骚扰，它们既不够猛烈，也不够准确，无法造成重大伤亡，但还是迫使美军把物资卸载的地点向海岸西边迁移了一些。伤亡只有寥寥数人，其中有一个士兵还是被发狂的水牛踩死的。[6]

麦克阿瑟将军在中午时上了岸，身后跟着一群幕僚、战争通讯员和摄影师。他乘坐的驳船开向滩头中央，工兵们已经在那里用一对下锚固定的浮舟搭建了一座通向沙滩的临时码头。舵手原本想操船靠到码头上，但是麦克阿瑟却示意他离开码头。他转而从一处水深及膝的地方下船，涉水上了岸。这种仪式简直成了他的招牌动作。和在莱特岛和民都洛岛时一样，这一次他的举动又被摄影师拍摄了下来。麦克阿瑟还是戴着他为人们所熟悉的元帅帽和飞行员墨镜，挺直身躯，迈着坚定的步伐，即便有一架零式战斗机出现在头顶低空。他满意地看着那架敌机被高射炮火组成的"火墙"摧毁。[7]

在滩头东北面第1军的防区里，第43师的前出巡逻队遭到了来自达莫提斯和圣费尔南多两个镇子上方山区和山岭上日军火炮和迫击炮火力的猛烈轰击。斯威夫特将军的第1军司令部立刻命令这个师向内陆推进，夺占这些草甸高地。一个团受命肃清正东方的470

高地，另一个团则要夺取马比老镇上方的山脊线。其余各部则沿着海岸道路交替掩护推进。一整个下午，日军野战炮和迫击炮都在不停地给美军带来伤亡，但是地面上步兵的抵抗却十分零散。到1月9日日落时，美军的滩头阵地已经沿着海岸向圣贾辛托和宾岱镇扩展了4英里。

登陆第二天和第三天，第43师沿着圣法比安和达莫提斯东面的谷底道路以及通向北方罗萨里奥和卡巴鲁安山的山脊线发动了试探性进攻。在这一区域，进攻方在通向山区的道路各处都遭到了日军愈加猛烈的抵抗。情报已经显示，岛上日军的最高指挥官山下奉文将军在卡加延山高处的旅游胜地，距海岸约20英里的碧瑶建立了指挥部。山区的道路均处于坚固的堑壕阵地，巧妙伪装的火力点和岩洞，以及雷区的防御之下。美军用重炮、舰炮和空袭还击日军，却无法把日军赶出去，除非他们向那些危险的高地发动协同进攻。美军不会这么做。麦克阿瑟的首要目标马尼拉位于另一个方向上。根据这位上司的剧本，主攻方向是南方，指向吕宋中部平原的中央，以及菲律宾首都。因此，克鲁格将军只会增强左翼的防守，并希望日军不会从东北面的山区发动装甲反击。

到登陆第三天结束时，第6集团军的滩头阵地已经有20英里宽，纵深5英里至7英里，占据了海湾的整个南岸。人数相当于15个陆军师的美军上了岛，沿30英里长的防线布阵。林加延湾原本平静的海滩已经被改造成了从海到岸的中转站，物资吞吐能力不逊于一座大型港口。坦克登陆舰直接开上海滩，打开蚌壳式舰首舱门，以工业化的速度卸载大件货物。满载的卡车、牵引车和吉普车沿着浮桥栈道直接开上岸。滩头成了一座满是成堆的板条箱、油桶、停放的车辆、帐篷区以及围着沙袋的高炮阵地的迷宫。暴脾气的海军滩头管理员拿着大喇叭吼叫个没完。在拿下马尼拉湾并使其向盟军船只开放之前，林加延是美军唯一可以掌控的海港。

林加延湾曾经蔚蓝色的天然海水已经被 800 艘舰船产生的越来越多的垃圾所污染。海面和海岸上满是垃圾和废物。停泊着的运输船之间漂浮着腐烂的尸体，几乎全部都是日本人。每隔一段时间，专用垃圾清理驳船就会把这些废物和敌人的尸体捞起来，堆到海滩上一把火烧掉。

第 14 军防区的内陆深处是一片草木繁盛的湿地，其间溪流纵横交错，还点缀着老百姓的鱼塘。这种潮湿地形给后勤和工程建设都带来了困难。在林加延镇周围，巨大的沙丘令轮式车辆无法通行，于是推土机被派过来清理出一条通路。这一地区的大部分桥梁都被毁掉了——被敌人毁掉，被友方的菲律宾游击队毁掉，以及被美军的轰炸和炮击毁掉。于是一队队士兵只能把步枪举过头顶涉水过河。两栖卡车被拿来当作货船，在那些水深无法涉渡的河流中穿梭。工兵们在水深较大的渡口用原木造桥，只要结构合理，它们就能承受数以千计的人员、卡车和坦克的重量。达莫提斯—罗萨里奥之间 20 英里长的铁路线被扒掉，路基则改造成了供重型装备通行的高速公路。D+3 日，前出巡逻队抵达阿格诺河，这是美国陆军前进路线上的第一道天堑。工兵们迅速在河上架起了两座承重 35 吨的组合式钢结构桥。

通向马尼拉的路线要从吕宋岛中部平原正中央穿过，这是一片平坦、肥沃的地区，满是稻田、牧场和甘蔗田，以及密布的河道和灌溉渠。这片平原两侧都是山脉，南北长约 120 英里，宽 30 英里至 50 英里，是菲律宾最富饶的农业产区之一，平原上点缀着大种植园，有集市的小村庄，村庄里的石头教堂俯瞰着西班牙风格的露天广场。这里拥有整个菲律宾最好的道路网，包括一条双车道的碎石柏油高级公路，公路每隔一英里左右就会与东西向的砾石道路交叉，还有两条铁路干线。这完全是一片祥和的田园风光，各种深浅不一的绿色交织在一起：白茅草地和低洼的稻田，蜿蜒的河床，两侧是一片片榴梿和山竹树丛，高出来的河堤上搭建有覆盖着暗褐色聂帕桐树叶的小棚子；黑色的水牛在草地上徜徉，有些水牛的背上还栖息着白鹭；盖着铁皮波纹板房顶的竹子搭建的小屋旁，挂着木槿花和叶子花做的花环。

起初，日军在乡村平原地带只进行了象征性的抵抗。炮兵和配备轻武器的小部队向美军侦察小分队开火，随即向南方或东方撤退，躲进山区。这些临时射击阵地设在灌溉沟渠内或者种植园建筑群里，用沙袋做了强化。双方的交火短暂而且断断续续，他们仅仅是拖慢了美军进攻的节奏而已。克鲁格将军急于让第 6 集团军只以一条较宽的阵线保持推进，他开始对格里斯伍德第 14 军向首都猛打猛冲的步伐担忧起来。这意味着斯威夫特的第 1 军必须要跟上格里斯伍德的推进速度——但这很难，因为第 14 军的路线上并没有多少日军反抗，而斯威夫特还担负着把日军重兵集团困在东北部山区，守卫集团军左翼的任务。第 14 军的第 37 师沿着林加延—巴延邦道路疾进，根本没遇到敌人，只有一群群欢呼雀跃的菲律宾百姓。该军的第 40 师则沿着西侧约 10 英里外平行的 13 号高速公路向南高歌猛进。而第 1 军的推进则遭到达莫提斯—罗萨里奥公路沿线日军的顽强抵抗，在这里，第 43 师的工兵们还要在敌人密集的炮击下费力清理道路和建造桥梁——在卡巴鲁安山区，第6师遭遇了从一处高大海角上坚固支撑点里的日军射来的猛烈火力。眼见日军向他过度拉长的战线发动反攻的风险越来越大，克鲁格投入了他的预备队，第25师（欠一个团），来增援第43师。

麦克阿瑟在林加延湾的达古潘设立了他最初的指挥所，但他大部分时间都花在了前线附近。他坐着吉普车从长长的行军队列旁开过，士兵们看见这个戴着元帅帽和飞行员墨镜的熟悉身影时，一下子都还反应不过来发生了什么事。美军并未就固定的进攻时间表达成一致，但麦克阿瑟急于拿下马尼拉，越早越好，这部分是由于他担心被日军关押在城内集中营里的美军战俘和当地人身处险境。他怀疑克鲁格对日军反击的威胁担忧过度了。1月12日，在仍然停泊于林加延湾内的"博伊斯号"巡洋舰上举行的高级指挥官会议上，麦克阿瑟要求他的第6集团军司令加快向马尼拉推进的速度。如果第14军没有遭受重大损失，它就该推进得再快些。他向克鲁格咆哮道："你的伤亡在哪儿？他们在哪儿？"[8]麦克阿瑟还坚持要求尽快占领日本人称为马巴拉卡特的大型航空兵基地——美国人仍然称其为克拉克机场——这样第5航空队就能开始在吕宋岛上起降重型轰炸机了。但是克鲁格仍然担心日军会从东北山区发动装甲反击，他坚持说"我认为向马尼拉草率推进会［让第14军］遭遇敌人的反攻，而且一定会使补给跟不上——这是个大问题，毕竟所有的桥都被毁掉了"。[9]

日军山下将军的处境也很不妙。美军潜艇和飞机的封锁线有效切断了菲律宾和日本之间的联系，因此他无法再指望更多的补给或

　　　　　　　　　　诸神的黄昏：1944—1945，从莱特湾战役到日本投降

者增援了。他已经预料到麦克阿瑟会在林加延湾登陆，只是没料到登陆来得如此之快。山下曾经不情不愿地被迫把他最好的部队海运到莱特岛上去送死。但他此时麾下的部队数量仍然可观——吕宋岛上有大约 27 万名日军部队和其他军事人员——不过他的部队却分散得很广，而且处于陆军和海军的双头交叉指挥之下，难以集中力量。吕宋岛上的大部分日军地面部队都被用来防守三处相距遥远的山区，无法机动。由于缺乏车辆、铁路车皮和燃料，日军的交通线很难发挥作用——菲律宾游击队对道路、车辆和铁路的破袭行动更令日军雪上加霜。大部分日军部队陷入半孤立状态只是时间问题，他们的小部队在乡间游荡，在丛林里渔猎，寻找一切能吃的东西。

在这样艰难的处境之下，山下不得不采取静态防御策略。他的目标是尽可能长时间地坚守，延缓美军向日本本土碾轧的势头。而无论他怎么做，吕宋岛迟早都要落入敌手，这一点他心知肚明。

最大的一支日军兵团，"尚武集团"，拥有 15.2 万人，部署在林加延湾东北面的卡加延山区。山下将军从海拔 5 000 英尺的度假胜地碧瑶的指挥部里直接指挥这个兵团。第二个兵团占据了马尼拉北面的克拉克机场，并以部分兵力防守巴丹与科雷吉多尔。第三支兵团，兵力约 8 万人，在马尼拉东边的山区掘壕固守。还有一些小股部队散布在外围区域。山下拒绝了在阿格诺河以西的平原上反击麦克阿瑟部队的提议，他认为进攻部队会被美军的优势炮兵和空中力量粉碎。相反，他用部队封锁了所有可能通往卡加延山区的道路。其他地方的指挥官则被告知在高地上建立防御阵地，以期"牵制吕宋岛美军部队主力，摧毁其作战力量，同时做好长期自给自足、独立抗战的准备"。

这样，通往马尼拉的道路就敞开了，而且山下也没打算防守这座城市及马尼拉湾。他指示部队将储存在马尼拉沿海区域的 6.5 万到 7 万吨补给物资搬运到山区的隐蔽所去，这样就可以用这些物资来保障那里的日军部队。待搬运工作完成后，剩余的守军就要撤离马尼拉，退往城市东边更易于防守的高地上。日军的计划就是如此。

战役第二周，当美军第 1 军向南面和东面推进时，地形始终对防守一方有利。日军将火炮布置在山岭侧面的洞穴里，阵位都经过了精心选择，令攻过来的敌军深陷多方交叉火力之下。在城镇和路口，日军挖掘浅坑并构筑沙袋掩体，以保护他们的机枪和反坦克炮。在有些地方，他们会把中型坦克的车体半埋起来，露出炮塔，成为固定火炮火力点。日军打起仗来还是一如既往地顽强，美军只有经过恶战才能拿下这些阵地。美军第 25 师在圣曼努埃尔村遭到了激烈的抵抗，日军第七战车联队在那里发动了一连串装甲反击。美军血战了两个星期才最终拿下了这里，肃清了残余敌军。

麦克阿瑟把他的指挥所搬迁到了马尼拉以北约 75 英里处打拉市附近圣米格尔的一座制糖厂里。从这个靠近前线的指挥所里，他继续不断给他的前线指挥官施压，要他们加快战役节奏。1 月 17 日，他命令克鲁格进攻克拉克机场，克鲁格把命令转达给了格里斯伍德将军，他的第 14 军有充足的兵力用来在 1 月 23 日到达并跨过班班河。但是就在第二天，格里斯伍德的部队在斯托尔滕贝格堡以北撞上了日军的坚固防线，在这里，高大巍峨的阿拉亚特山（一座死火山）俯瞰着东面的平原。大西泷治郎将军曾经亲自监督手下在克拉克机场周围建立一系列同心圆防线。他的部队在这里挖掘了战壕和反坦克壕沟，从飞机残骸里把机枪拆下来，重新布置在火力点中；

诸神的黄昏：1944—1945，从莱特湾战役到日本投降

这些人还构筑了多个坚固支撑点来控制延伸向西边山脚下的 3 号高速公路。[10] 1 月 27 日，美第 37 师发动步坦协同攻击，砸穿了日军防线，占领了航空兵基地，同时第 40 师则在斯托尔滕贝格堡北面和西面的艰难地形中拿下了日军的碉堡和坑道阵地。撤走的日军丢下了大量补给物资和武器弹药。在 1 月 29 日签发的一份公报中，麦克阿瑟列举了他的战利品，包括"200 台全新的飞机引擎，许多无线电收发设备，大量各种装备，足够几个月使用的弹药、粮食和装备，以及超过 40 门各种口径的火炮"。[11]

菲律宾游击队提醒麦克阿瑟的司令部人员，在马尼拉以北约 60 英里处的甲万那端有一个战俘营。那里的铁丝网里关押着数百名美军战俘。从航拍照片上看，这里的守卫力量很薄弱。于是麦克阿瑟下令采取救援行动。这一任务被指派给了陆军第 6 游骑兵营。一支来自阿拉莫的侦察队被派去执行这次长达 14 英里的长途奔袭任务，他们带着轻武器——步枪、勃朗宁自动步枪、手榴弹——奉命在丛林中隐蔽前进。战俘营的守卫已经跑掉了，俘虏们实际上无人看管，但是营地附近另外驻扎有数百名日军。1 月 30 日晚 8 时，侦察兵们向日军营地发动突袭，很快击毙了超过 200 名敌人，自身只有两名游骑兵战死，一人受伤。

甲万那端战俘营里的许多俘虏们都觉得自己要被日本人杀掉了，此刻，突如其来的解放令他们震惊，甚至都忘记了欢呼。现在他们要在开阔地上步行近 10 英里撤退，许多病弱难行的俘虏被放进了水牛拖着的牛车。1 月 31 日，游骑兵们和 512 名被解救的战俘回到了美军防线。脱离险境的俘虏们被安置在设于一所菲律宾学校里的第 1 骑兵师野战医院加以照顾。当医生、护士和战争通讯员们想要和他们交谈时，他们许多人都显得有些胆怯、害羞和惊恐。他们在这里尽情吃喝，体重恢复得很快，但是从身体到精神的全面康复却都需要时间。

在南面，艾克尔伯格将军第 8 集团军的部队也加入了战斗。1 月 29 日，一支被编为第 11 军的两栖部队在苏比克湾北部三描礼士海滩登陆。登陆没有遇到抵抗，无论在海滩还是向内陆推进初期皆如此。到了 7 号高速公路的之字形拐弯处，日军终于拦下了这一路新杀过来的美军。血战几天之后，敌人被剿灭，道路也恢复了通行。第 11 军通过这个路口涌了进来，夺取了马尼拉湾北部区域，确保了前往巴丹半岛的道路畅通无阻。与此同时，在马尼拉南部，第 11 空降师的两个团出人意料地在纳苏格布着陆，赶在日军炸桥之前夺取了一座战略意义重大的桥梁。第三个团，第 511 伞兵团，在塔阿尔湖北岸的大雅台山伞降。就这样，第 11 空降师夺取了马尼拉湾南部，开始穿过首都南郊向北推进。这支部队起初只遇到了日军象征性的抵抗，直至 2 月 3 日攻抵伊姆斯镇。在这里，一支数量不多但意志坚定的日军依托一座石质建筑打了一整天，直到最终一名美军中士爬上屋顶，将汽油倒入房中，再用一枚白磷手榴弹将其引燃。大部分日军都死了，那些试图逃离建筑的人刚一出来就被击毙了。

在北边，麦克阿瑟仍在反复催促克鲁格要快，快，快。他长长的吉普车队常常出现在主战线前方，载着他前往前卫阵地面见师、团指挥官。1 月 30 日在圣费尔南多和卡伦匹特之间的道路上造访了第 37 师之后，麦克阿瑟发电向他的第 6 集团军司令抱怨说部队"显然缺乏动力和主动精神"。[12] 他预计尽早进攻马尼拉将会令城内日军措手不及，仓皇逃窜。在最理想的情况下，日本人将会宣布菲律宾首都为不设防城市——就像他，麦克阿瑟，在 1941 年 12 月做的那样。他担心被日军关押在圣托马斯大学、比利彼得监狱和洛斯巴诺斯的数千名盟国俘虏以及侨民的命运。12 月时，在狭长的巴拉望岛上的一个战俘营里，日本人逼迫 150 名快要饿死的俘虏跳下壕沟，然后活埋了他们。不难想见，麦克阿瑟急切地想要阻止此类惨剧再次发生。这并不是什么抽象的问题，他本人就知道马尼拉城内外关押着许多盟国军民。在打拉的西南太平洋战区司令部里，迪克·萨瑟兰将军让战争通讯员们都清楚他和他首长在此事上的立场。根据一份未记录入册的史料，萨瑟兰痛斥克鲁格过于小心，他还说："如果让我来指挥第 6 集团军，现在我们已经在马尼拉了。"[13]

克拉克机场和斯托尔滕贝格堡落入美军手中后，美第 14 军开始集中兵力向菲律宾首都推进。担任预备队的维恩·D. 马奇少将指挥下的第 1 骑兵师在林加延湾登陆，向南来到一线参战，成为第 14 军两路南下突击兵团之一。1 月 30 日上午，麦克阿瑟将军造访了马奇将军设在金巴的指挥所，说他期待第 1 骑兵师能够快速推进："到马尼拉去，绕过鬼子，把他们打跑，但你要去马尼拉。"在大量吉普车、卡车、坦克甚至是拖车的保障下，整个师沿着 5 号高速公路疾驰而下。竞争激发了他们的斗志。马奇一心想要赶在鲍勃·贝特勒少将的第 37 步兵师前面，后者正沿着西侧的 3 号高速公路向同一座城市赶来。

零星日军部队仍在沿途伏击美军，还有一些美军士兵被敌人狙击手打倒。推进纵队常常停下来卧倒，坐在暴露的吉普车里的人会下车在路旁的灌木丛里寻找掩护，坦克-步兵合成分队则被派往前方去消灭敌人或将其击退。大大小小的河流也拖慢了行军纵队的速度。

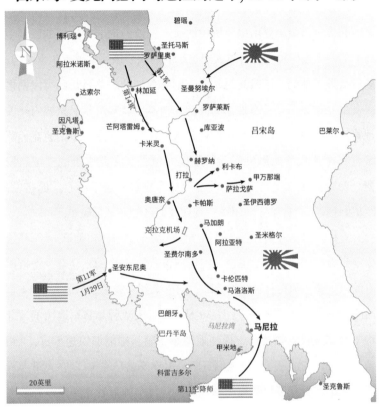

吕宋岛: 麦克阿瑟向马尼拉的进军, 1945年1月—3月

博利瑶
圣托马斯
碧瑶
阿拉米诺斯
罗萨里奥
第11军
达索尔
林加延
圣曼努埃尔
罗萨莱斯
因凡塔
圣克鲁斯
芒阿塔雷姆
第14军
库亚波
吕宋岛
巴莱尔
卡米灵
赫罗纳
利卡布
甲万那端
打拉
萨拉戈萨
奥唐奈
卡帕斯
圣伊西德罗
克拉克机场
马加朗
圣米格尔
阿拉亚特
第11军
1月29日
圣安东尼奥
圣费尔南多
卡伦匹特
马洛洛斯
巴朗牙
巴丹半岛
马尼拉湾
马尼拉
甲米地
科雷吉多尔
第11空降师
圣克鲁斯

20英里

许多桥梁被炸毁了,即便偶尔还能见到一座桥,美军也不得不派出排爆专家仔细检查,确认没有布设爆炸物。当小股日军向路过的美军车队射击时,美军会以猛烈的火力打回去——步枪、机枪和轻型火炮,常常直接在车上开火。《生活》杂志通讯员卡尔·迈登斯在报道中写道:"我们车队里每个人都用手中所有的武器向敌人火力

诸神的黄昏: 1944—1945, 从莱特湾战役到日本投降

全开，把他们消灭掉。我们一边向道路两侧开火，一边继续推进。"[14]
在许多地方，进攻纵队会驶离高速公路主路，在土路上前进，或者
在牧场中开辟出一条新的道路。侦察兵们会为重型车辆寻找能够涉
渡的"渡口"，长长的吉普车、卡车和拖车车队会从这里穿过，混
浊的河水会没过它们的车轴，有时甚至会漫到引擎盖上。渡过安加
特河时，水太深，大部分轮式车辆无法通过。美军采取"列车"方
式解决了问题：用能够渡河的坦克充当"火车头"，后面拖着一长
串卡车和吉普车从河里开过去。不过这些车辆过河后得停放一个小
时，在太阳下晒干发动机。

穿过村庄时，美军受到了大群菲律宾本地人热烈的欢迎。光着
脚丫子的小孩子们跟在吉普车和卡车的旁边跑，兴高采烈地挥着双
手。大人们则把帽子举过头顶，高兴地挥舞着。房屋和公共建筑顶
上都升起了美国国旗。菲律宾游击队则打着美国和菲律宾的旗帜列
队受阅。比尔·邓恩回忆道，在小城巴利瓦格，第1骑兵师遇到了
数以千计的菲律宾人，"他们挤满了街道，呼喊，歌唱，在我们的
纵队旁跳舞，对仍然存在的危险视而不见，直到道路上水泄不通为
止。在城中心，我们的吉普车被彻底围住了，不得不停了下来。我
们刚停，女人和小孩们就向我们抛来鲜花，还挤过来和我们握手。
队伍里每一辆车都是如此"。[15] 民众向美军送来了水果、鱼、鸡蛋
和烤山药。两位菲律宾年轻人爬上了教堂的尖顶，用石头敲响了那
里的大钟。马奇将军的"飞行纵队"完全动弹不得了，直到当地警
察和部队设法让民众离开了街道，美军才得以继续前进。

考虑到城内近100万人口的卫生和饮水问题，美军指挥官采取
措施，控制了马尼拉的供水系统。第14军受命夺取城市北郊那些重

要的水库、水坝和高架水渠——诺瓦里切斯水坝、马里基纳水坝、巴拉拉的滤水设备，以及圣胡安水库。美军指挥官同样打算夺取主要的电力设施，包括帕西格河中普罗维瑟岛上的蒸汽发电厂。

2月3日，第1骑兵师抵达了图拉汗河北岸的诺瓦里切斯。一个先头中队赶在日军爆破之前抵达了河上的主要桥梁并跨了过去。在激烈的交火中，一名海军上尉兼排爆专家冲到桥下切断了导火索。这一英勇举动挽救了桥梁，为美军赢得了至少一天的时间。渡过河流之后，这个师遇到的抵抗便十分轻微了。当天下午稍晚时候，骑兵们在与3号高速公路交会的路口与第37师会师。2月4日，两个师并肩扑向马尼拉市界。

美军三个营开过去包围了圣托马斯大学，这座被围墙围起来的校园现在已经成了关押着大约4 000名西方平民的集中营，被称为"巴丹天使"而广为人知的美国陆军的护士们也在其中。一辆谢尔曼坦克撞开了校园大门，一个步兵营随即冲了进去。日军林俊雄中佐手下的守卫们并不打算和美军死战。打了几枪之后，林中佐发出信号，表示愿意释放大部分在押人员。于是超过3 000名面容憔悴却兴高采烈的西方平民开始从学校大门走出来。但林还是命令剩余221名俘虏集中到校园中央的一座大楼里，他要把这些人当作人质，来交换自己人的生存。由于担心日军屠杀囚犯，美军指挥官同意停火并进行谈判。林同意释放囚犯，作为交换，美军要保证他的人安全到达日军防线。于是太平洋战争中仅见的一幕出现了：林带着他的看守们直接在数千名虎视眈眈的美军注视之下走出大楼，从大学正门逃离。那些刚刚解放的平民俘虏向这些列队行进的日本人恶语相加。"三五成群的男男女女一边大声挖苦他们，一边跟着他们穿过营房——女人们的声音尤其刺耳——直到日本人走出校园，大门砰的一声关上为止。"[16] 但是协议还是得到了遵守。双方都没有开枪，林的人获准向南走去，他们将去那里和日本地面部队主力会合。离开时，所有日军官兵都向美军敬礼或鞠躬。[17]

当天下午稍晚时候，麦克阿瑟将军来到了圣托马斯。大群心怀感激、泪流满面的人立刻围住了他。他们从四面八方向他涌来。他向认识的人打了招呼。有些小孩子在集中营里度过了三年，已经不记得战前的生活了。"有一个人抱住我，头靠在我的胸前失声大哭，"麦克阿瑟回忆道，"这是个终生难忘的美妙时刻——不是作为杀人者，而是作为救人者。"[18] 俘虏们讲述的事情坚定了麦克阿瑟加快解放各集中营的决心。在过去的一个月里，分配给俘虏们的食物锐减，许多人已经濒临饿死。CBS 无线电台的通讯员比尔·邓恩说，如果解救者 30 天后再到，"其结果可能就会是彻底的悲剧"。[19]

当美军部队向马尼拉北部的建筑密集区推进时，城市上空腾起了滚滚浓烟。撤退的日军在城市北部的商贸区点燃了上百处大火。由于缺乏理想的引火工具，他们的点火方式就如同二流的纵火犯一般，用的是火药、火柴以及装在 5 加仑油桶里的汽油。整个城区被火焰吞没。城市西边海湾旁是住满居民的敦洛区，那里密集的灰泥房屋是木质结构，如同火毯一般一点就着。第 14 军在报告中写道："烟尘浓密，燃烧的建筑向外散发着高温热浪，我们一步也前进不得。"[20] 悲惨的难民们沿着主要道路向北走来，从相向而行的美军士兵身旁经过：年轻的妈妈怀抱着婴儿；整个家庭拖家带口，把财产堆放在马车上；小孩子沿路向美军士兵索要吃的和香烟。还有趁火打劫的人忙于从燃尽的废墟和被主人抛弃的房屋里劫掠一切有点价值的东西。

格里斯伍德将军派出第 5 骑兵团第 2 中队前去夺取奎松桥，这是帕西格河上的最后一座桥梁，位于马尼拉市中心。然而在奎松大街和阿兹卡拉伽路的岔路口，古老的比利彼得监狱和远东大学的高大楼宇之间，美军陷入了猛烈的机枪和反坦克炮火力之下。突击中队被来自多个方向的致命交叉火力压制，这些火力来自大学建筑高层的窗户、街道南面的一处沙袋掩体，以及一处临时的街垒，这个街垒由四辆拴在一起的废弃卡车组成，由钉入路面的钢质栅栏保护。美军迅速撤了回去，准备带上援军再来。与此同时，第 1 骑兵师的其他部队沿着帕西格河北岸肃清了东面的街道和街区，占领了马拉干鄢宫。

在敦洛区，前进的巡逻队看到了一幅平民遭屠杀的悲惨景象。医疗队的霍伯特·D. 梅森发现一家香烟厂的地板上横卧着 49 具尸体，其中有许多是女性，还有只有两岁大的孩子。他们的双手都被反绑。许多人都是被刺刀或者武士刀杀死的。[21] 在相邻的戴帕克贮木场，美军士兵找到了 115 具遇害平民的遗体。小孩甚至是婴儿都被砍了头。在一份提交给战争罪法官的呈堂证供中，戴维·V. 宾克利少校描述了他看到的一个场面，似乎是一个妈妈试图保护她的两个孩子："一位妇女面朝下，双臂各抱住一个孩子。她被军刀类型的武器砍杀。一个孩子被劈掉了一部分脑袋。"[22]

当美军部队接近马尼拉时，那些伪装成普通马尼拉市民而在城区自由出没的菲律宾游击队员揭竿而起。他们伏击日军部队，破坏装备，炸毁卡车和铁路车厢，切断电话线，并把宝贵的情报递送给打过来的美军，包括日军碉堡、军械库和雷区的位置。游击队开始大胆地直接从马尼拉向麦克阿瑟的司令部电告情报，甚至常常用英文明语。日本人能截获这些无线电通信，却很少能找到他们的位置。在中国、马来亚和其他占领区，日军奉行"三光政策"，会将被怀疑支持游击队或敌军的整个村庄屠杀殆尽。在超过三年的时间里，菲律宾日军已经充分展示了他们对无辜民众的暴虐和残忍。现在，面对即将战败的耻辱，眼看着普通菲律宾人逐渐显露出兴奋的情绪，一系列前所未见的兽行便随之而起。

在马尼拉北部的袋形区域里，零星而断断续续的交火仍在持续，机枪射击的嗒嗒声随处可闻。但是到了2月6日，事情就明朗了。日军只是在进行迟滞作战，以掩护他们渡河南撤。美军的步坦协同分队费了很大力气，逐个街区甚至逐屋肃清残敌。当天下午，美军再攻奎松桥，这次他们得到了坦克和重炮的支援。但是日军边打边撤退，过桥后将其引爆。这导致第1骑兵师停住了脚步。现在帕西格河上已经没有桥了，他们无法让卡车和坦克直接过河。推进不得不暂停，等候新的计划制订出来。

与此同时，比利彼得监狱里的一千名盟军战俘被救了出来，其中许多人都是1942年在巴丹和科雷吉多尔被俘的军人。俘房们走出这群建筑时，麦克阿瑟来了。"这群备受折磨的人骨瘦如柴，当我从他们的队伍旁缓缓走过时，周围的每个人开口都有气无力，声若游丝。他们说，'你回来了'，'你做到了'，或者是'上帝保佑你'。我无言以对。'我来得有些迟了，但我还是来了。'"[23]

在南面，第11空降师夺取了尼科尔斯机场，正在向马尼拉南区挺进。马尼拉已经被来自南北两面的优势兵力包围，两个方向的进攻者都已经攻入了市界，仅仅遭遇了零星抵抗。第14军已经冲进了马尼拉，他们接到的命令是赶在盟军战俘和被囚平民为日军所害之前救出他们，同时夺取城市的供水系统。该军的两个师以相当不错的速度和效率完成了这两项任务。

突然拿下了帕西格河以北的整个城区之后，格里斯伍德将军一时判断不清河对岸还有多少敌军，或者他们是否想要决一死战。在此情况未明之时，麦克阿瑟将军决定宣布胜利。仍然远在马尼拉以北的圣米格尔的麦克阿瑟司令部签发了一份声明，暗示马尼拉之战已进入收尾阶段："我军正迅速肃清马尼拉之敌。我们的各路大军……已经进入城内并包围了日本守军。他们即将彻底毁灭。"[24]第二天，全世界所有的报纸都刊登了收复马尼拉的捷报。麦克阿瑟的幕僚们已经开始计划在市中心举行胜利阅兵了。然而实际上，未来还将有一个月的苦战等着他们。

这一草率的声明令下属前线指挥官恼火不已。这已经不是麦克阿瑟的宣传工作第一次抢跑了。格里斯伍德在他的日记中记录了他的观点，他认为麦克阿瑟是个"媒体疯子"。艾克尔伯格稍微委婉一些，说这份声明"不妥"。这些人还面临着太平洋战争中规模最大、最激烈的巷战，他们不喜欢被告知自己仅仅是在"肃清残敌"。[25]

马尼拉是一座对比感强烈的城市，融合了古老和现代，富裕与贫穷，壮美和破败，亚洲和欧洲。许多人认为这是亚洲最美丽的城市。这是一座大学城，拥有超过12座世俗大学和天主教大学。城内多座现代化医院提供了当时亚洲最好的医疗服务。日军入侵之前，这里曾是银行业中心和贸易中心，各大顶级跨国公司都在这里设立了主要办事处。这里有宽阔的街道，绿草如茵的公园，顶级的酒店，宏伟的公共建筑，宽敞的露天广场，还有许多尖顶的哥特式教堂。马尼拉带着西班牙式的风格，拥有马德里和塞维利亚式的优雅和壮美。

第14军占领了帕西格河北岸那些高大的写字楼和居民楼，随即在高层和屋顶上建立了观察所。格里斯伍德的指挥所设在一座被部分焚毁的酒店8楼，向南一览无余。天际线上，浓烟不散，遮天蔽日。城市在燃烧，南面和北面都一样。大火在蔓延，炙烤着死去士兵和平民的尸体，空气中弥漫着人肉被烤焦的气味。夜晚，各色教堂的穹顶和尖顶被一丛丛火焰罩上了一层鬼魅般的古铜色亮光。日军的防御阵地把首都的几座主要政府建筑围在其中，包括立法会、财政部、农业部、市政厅、邮政总局、马尼拉警察局，以及城市供水区建筑。这些巨大的新古典派建筑用钢筋、砖石和混凝土建造，设计要求能够抵御大地震。日本人把它们改造成了堡垒，门窗都用沙袋堵上，火炮和迫击炮就架设在屋顶。

通过望远镜观察了这些防御设施后，格里斯伍德将军得出结论，他的部队面临着漫长而残酷的战斗。和往常一样，日本人会血战到底，挽救城市难如登天。如果麦克阿瑟还想要不流血拿下城市，那纯属痴心妄想。"他没有意识到我所看到的事实，随着他们系统地破坏这座城市，每晚天空都被烧成红色，"格里斯伍德在2月7日的日记中写道，"他也不知道敌人的步枪、机枪、迫击炮和炮兵火力正越来越多，越来越猛烈。依我看，鬼子会死守帕西格河以南的部分马尼拉城区，直到全部战死。"[26]

帕西格河并不是严格意义上的河流，而是连接内湖和马尼拉湾的一处平静河口。它的河床很深很宽，是城市中央的一个"裂口"，

"河面"常常位于城市地面 20 英尺以下。先前有 6 座桥横跨帕西格河，但全被日本人毁掉了。第 14 军将不得不乘舟渡河。这是又一场两栖登陆，只不过是在亚洲一座大城市的市中心。

山下将军已经从北方山区遥远的指挥部里发出命令，要求日军在将成堆的补给物资和弹药全部摧毁或搬走后撤出马尼拉。但是出于各种各样的原因，包括无线电通信不畅、时间紧张、多头指挥、军种竞争等等，这些指示并未得到执行。当地的交通状况严重恶化，导致能够搬到山区的物资少之又少。日军马尼拉守备司令岩渊三次海军少将于是提前启动了预案，摧毁所有可能资敌的设施，包括码头、仓库、工厂、储油罐和发电站。城市的港区凿沉了不少废船，以免美国船只靠泊。甲米地海军基地所有的建筑和设施都被烧毁或炸掉。2 月 3 日的一份命令特别指出，破坏时要小心，如果可能的话要尽量保密，"这样这些举动就不会惊扰民众，或者被敌人用作反宣传的口实"。[27]此后，日军的各种报道都将爆炸和大火归咎于美军的飞机和炮火，抑或是菲律宾游击队。

司令部设在马尼拉东面山区蒙塔尔万的横山静雄中将是山下的下属。但是他要求自己的手下坚守马尼拉："他们必须拿起武器，为从瓜达尔卡纳尔以来战死的无数战友报仇，而且必须拦住万恶的敌人向北推进的计划……我们必须相信神力，直至最后一刻。"[28]山下可能都不知道横山会下达与自己的意图完全相悖的命令，还有迹象显示他甚至根本不知道菲律宾首都还留有日军。但是当菲律宾伪总统何塞·P. 劳雷尔请求山下像 1941 年麦克阿瑟那样宣布马尼拉为"不设防城市"时，山下拒绝了。他的理由是这会有损于日本军队的"武德"。[29]

　　　　　　　　　　　　　　诸神的黄昏：1944—1945，从莱特湾战役到日本投降

至于海军的岩渊将军，他看起来压根就没想过要离开马尼拉，而无论命令如何。他曾是"雾岛号"战列舰舰长，两年多前这艘战列舰在瓜岛海战中被击沉时正是在他的指挥下。他有些僚友觉得他在那场战斗后活下来是一件令人不齿的事情，这或许就能解释这位海军将领为什么会决意率部死守，直至被敌人淹没了。若能在马尼拉之战中"玉碎"，便可洗雪他的耻辱，或者向美国人索回代价，或者二者兼有。他手下的马尼拉海军守备队拥有四个大队的海军基地部队，四个暂编步兵大队，以及一批杂七杂八的陆海军部队，总共有大约 1.6 万作战人员。岩渊似乎是以还有设施需要摧毁为理由逗留在马尼拉市内，等到美国人来了，那就想撤退都撤不掉了。逗留期间，他监督了帕西格河南岸老城区中心坚固支撑点的建设。街道上布设了路障和钢质拒马，废墟下方的路面上埋设了地雷和诡雷。河南岸用砖石构建的古城令人畏惧，这里又被称为"王城"，日军在此密密麻麻地建造了地道、碉堡和炮兵阵地。日军将会逐个街区、逐个建筑甚至逐个房间地死守此地；不会有撤离，不会有投降，也不打算生还。

第一支渡过帕西格河的美军巡逻队遭遇了日军从古城巨大石墙背后打来的密集的迫击炮和轻武器火力。因此格里斯伍德决定让他的第 14 军进行侧翼机动，在更靠东的地方渡河。2 月 7 日拂晓，第 148 步兵团的两个营在马拉干鄢宫和圣米格尔啤酒公司之间的地段渡过帕西格河。他们发动正面进攻，占领了日军坚固设防的南岸护坡。击退了日军的凶猛反击之后，美军在河南岸站稳了脚跟。随着更多部队渡河，他们开始迅速扩大地盘。第 1 骑兵师的部队紧随其后。他们计划向南进攻，打到原本安静祥和的潘达肯和帕科居民区，然后向西攻打"王城"。

与此同时，第 129 步兵团一部进攻了帕西格河中间的普罗维瑟岛，这里是马尼拉最大发电厂的所在地。一支日本守军已经将厂区改造成了堡垒。接下来便是 3 天血战，双方在电厂昏暗的内部展开了逐屋争夺。285 名美军在战斗中伤亡，其中包括 35 人战死，10 人失踪。电厂的汽轮机在战斗中被彻底毁坏，这样马尼拉的大部分城区在接下来的几个星期里都不会有电了。

2 月 8 日，潘达肯和帕科燃烧的街道上爆发了激战。这一区域里的日军边打边退，撤入了帕科火车站，一座建于 1915 年的新古典主义风格宏伟建筑。[30] 美军第 148 步兵团封闭了火车站周围的包围圈。三个日军精锐中队则在车站内精心构筑了防御工事。机枪阵地、反坦克炮和重型迫击炮都得到了沙袋掩体的保护。碉堡控制了所有街道入口的杀伤区。美军野战炮一寸一寸地摧毁着这座壮美的老建筑，而日军也在不断恢复实力，他们的增援部队会步行溜过美军防线进入车站。美军 B 连的一个排在火车站以北约 100 码处被压制在宽阔的大街上。两名列兵，"奇科"克莱托·罗德里戈斯和小约翰·N. 里斯，迎着敌人的密集火力冲了上去，在距离车站约 60 码的一处房屋里找到了隐蔽处，随即二人交替掩护，推进到距离最近的碉堡 30 码之内。在接下来一个小时的战斗中，二人打得很好，杀死了大约 35 名日军，打伤了更多。眼见弹药不足，他们便边打边撤，回到了美军防线。里斯不幸被日军机枪点射击中身亡。当天深夜，他们的营向火车站发动总攻，消灭了周围所有残余敌军。美军认可了两名士兵的杰出表现，罗德里戈斯和里斯双双荣膺国会荣誉勋章。

当美军部队转向西边，朝"王城"推进时，他们遭遇了整个第二次世界大战中最激烈的几场巷战。他们途中遇到的每一栋建筑，每一处半垮塌的废墟，都需要进行搜索和肃清残敌。他们碰到了各种难啃的防御设施，包括用钉入路面的钢筋加强的路障，翻倒的卡车和汽车，成堆装满碎砖石的油桶，一圈圈带刺铁丝网，以及反坦克、反步兵地雷。混凝土碉堡把守着通向这些障碍物的通道。日军还在楼宇的屋顶和高层布设了狙击手。美军步兵们以各种小分队战术向前推进，摧毁这些令人生畏的防御设施。美军探出了每一枚地雷的位置并标绘在地图上，之后用谢尔曼坦克或者半履带车拖着铁链把它们扫出来。轻型迫击炮发射烟幕弹遮蔽敌人的视野。当步兵班冲上去，在近距离内用手榴弹、炸药和火焰喷射器攻击碉堡时，机枪会为他们提供火力压制。当一支小队进入一栋房屋或楼宇时，他们会首先冲上屋顶和顶层，再沿着楼梯向下仔细搜索每一间房间。如果房间里可能有敌人，他们就会先投掷手榴弹开路，或者向屋内喷火，把敌人活活烧死。若要进入房屋，他们会在墙壁上炸开洞而不是走门。如果敌人的抵抗过于激烈，他们就会撤出来，然后用火炮和爆破器材将整个建筑炸垮。

　　战至 2 月 12 日，日军最后 6 个主力大队（4 个海军大队，2 个陆军大队）被挤压进了一处大约 1 平方英里的区域内。这片区域北临帕西格河，一边从卢纳、帕科市场和帕科河向东，另一边从波洛俱乐部延伸向南面的海湾。此时，位于麦金利堡和尼科尔斯机场之间的日军防线在美第 8 集团军的持续重压之下业已崩溃，当地残余的日军被分割在孤立的包围圈内。"我们奔赴马尼拉的途中满是毁灭和混乱，"第 11 空降师的爱德华·弗拉纳根写道，"在通往马尼拉市中心的高速公路两旁，房屋和商店都被美日双方的炮火击碎。铁皮屋顶的房子就像是被巨大的开罐器划过一般，而那些原本奢华的豪宅也只剩下焦黑的烟囱和一堆废墟。"[31]

然而，马尼拉战役中最艰难的战斗还没有到来。敌人的防御圈中还有几座马尼拉市的主要政府建筑，其钢筋混凝土外墙只有用最重型的火炮才能轰开，所有的门窗阳台都被用沙袋封上，火力点封锁住了所有的道路。这些建筑周围是宽阔的广场、公园和街道——这意味着进攻的美军步兵不得不在毫无遮掩的情况下冲过开阔地才能接近建筑。每一座建筑周围都守着一圈隐蔽良好、可以相互支援的暗堡。建筑物内部的走廊、楼梯和房间都被堵上了沙袋和各种家具，只在顶上留出几英尺的空间，以便向攻过来的对手投掷手榴弹。这些坚固支撑点共同组成了西班牙古城的日军防线的外围阵地。

为了保全城市，包括其建筑和居民，麦克阿瑟严格禁止空袭马尼拉。出于同样的原因，他也限制使用重炮；在战役初期，美军重炮仅限于执行反炮兵任务和"向已知的敌人坚固据点进行目视射击"。[32] 但是敌人令人生畏的防御令美军地面部队的指挥官们别无选择。随着伤亡率越来越高，他们不得不回到早已烂熟的老路上，一发现敌人火力，就把整栋楼轰平。当步兵在市中心迎着日军坚固的防御推进时，持续的重炮轰击夷平了整片整片的街区。难民从受到攻击的区域涌出，穿过美军防线，拼命想要去往安全地带。

有些大型建筑可以孤立和绕过，但另一些大楼则必须彻底摧毁，才能让美军部队安全通过。它们遭到了 105mm 和 155mm 榴弹炮的炮击，直至被一点点夷为平地。第 148 步兵团的团长告诉记者："我看不到保住马尼拉那些著名建筑的希望。这是一场全面的炮战，你知道这对城市意味着什么。"[33] 坦克开到极近的距离上，用它们的火炮进一步摧残这座城市。迫击炮弹如雨点般砸向建筑的外墙和下方的拱廊商业街。最终，这些高大建筑物的结构完全被毁，屋顶坍塌。步兵班随后通过墙上的洞进入楼内（不能走门，那里会有步枪、机枪和诡雷守卫），杀死所有残余的敌军士兵。

帕西格河北岸的花旗银行大楼被用作炮兵观察所。军官们拿着望远镜在这里观察他们炮弹的落点，并且与地面和空中观察机上的观察员对话。他们把城市地图摆放在桌子上，把坐标发送给炮手们。在 6 楼的一间套房里，记者们舒服地坐在扶手椅上，吃着小点心，喝着冰啤酒。看着老城区中心毁灭的场面，他们一个个目瞪口呆，不断摇头。马尼拉的主要地标在大毁灭中一栋接一栋地坍塌。日本人将菲律宾本地人驱赶到战略性建筑的墙外，可能是希望拿他们当作人质。但美军的炮火并没有回避他们。被称为"长汤姆"的155mm 重炮，能够把 95 磅重的炮弹发射到最远 9 英里外。通讯员约翰·多斯·帕索斯被这种武器射击时的巨大冲击波震撼了，即便是在数百码外："每次'长汤姆'射击时，那感觉就像是头上挨了一记棒球棍。"[34] 无线电播音员比尔·邓恩认定自己的耳膜受到了永久性损伤。他写道，从那一天之后，他就"越来越听不见了"。[35]

2 月 16 日，在哈里森公园和拉萨尔大学附近的黎刹纪念棒球场爆发了激战。美军火炮在右外场附近的外墙上炸开了一个口子。谢尔曼坦克随即开进了已经杂草丛生的外场，第 5 和第 12 骑兵团的步兵们猫着腰，紧随着坦克向前推进。三四个装备精良的日军中队在本垒和一垒线后方构筑了支撑点、堑壕和交通壕。所有的门窗都堵上了沙袋，墙上也开出了射击孔。攻方部队跟随坦克攻进了内场，用迫击炮和"巴祖卡"火箭筒射击。战斗持续了一整天，直至所有的日军都被击毙为止。

日军接到命令，要阻止难民涌向美军防线。于是日本兵们彻底摧毁了所有可能载人渡过帕西格河或进入海湾的大小船艇。古城的全部四座拱门都设置了岗哨。当马尼拉之战进入尾声，日本兵们开始抓捕全城的平民。首当其冲的是成年男子和十一二岁以上的男孩。那些无辜的菲律宾人和侨民被当作人质来对付美军空袭。这一野蛮举动倒也达到了效果，因为麦克阿瑟始终拒绝用飞机轰炸马尼拉。然而最后，长时间的大规模炮击却也干了那些原本要由轰炸机来干的事情。没人知道有多少无辜的人死于马尼拉之战中，但这个数字一定是巨大的——可能超过 10 万人。有些人葬身于他们的居所、藏身地，以及监狱的废墟之下，但更多的人则在一场恶劣程度在 20 世纪位居前列的兽行中被日本兵杀害——同样，数字已无法统计。

大规模屠杀的命令被手写下来发给了日军部队。随着美军越过帕西格河，日军对"游击队"的抓捕和处决愈加随心所欲。战场上缴获的文件证明了这场大规模的"处理"。一名日军士兵的日记被翻译了出来，并呈送到战后的审判庭上，其中记载了如下文字：

　　1945 年 2 月 7 日：今晚处理掉了 150 名游击队员，我本人刺死了 10 人。

　　2 月 8 日：看守 1 184 名今天新抓来的游击队员。

　　2 月 9 日：今晚烧死了 1 000 名游击队员。

　　2 月 10 日：看守大约 1 660 名游击队员。

　　2 月 13 日：敌人坦克出现在万岁桥［琼斯桥］附近。我们的攻击准备业已完成。我现在负责守卫游击队集中营。我执勤时有10个游击队员想要逃跑,结果被全部刺死。16:00,所有游击队员都被烧死。[36]

2月13日,岩渊将军指示他的部队杀死日军防线内的所有平民:"连女人和儿童都已经成了游击队员……除了日本军人、日本平民和特别建设队外,战场上的所有人都要杀掉。"[37] 两天后,一支马尼拉海军守备队下达了更详细的指示,他们还关注了节约人力和弹药的问题。日军应该把待杀掉的平民集中驱赶到房屋或大楼里,随后将它们烧掉或者炸掉。这会使处理尸体的"麻烦事"不那么棘手。出于同样原因,"他们也应该被扔进河里"。[38]

2月11日到15日,腥风血雨愈加凶暴。大规模的屠杀演变成了肆无忌惮的劫掠、纵火、强暴、酷刑和肢解,在教堂、大学、旅馆和医院里,暴行无处不在。城中的西班牙裔和拉美裔精英们境遇格外悲惨,在这座国际大都市中心居住和工作的各国侨民也是一样。有些家庭被杀尽。屠杀队向所有曾经穿过警服或军服的人,以及曾向西方囚徒或战俘表示过同情的人痛下杀手。

马尼拉许多最著名的宗教、医疗和教育设施成了战争罪行的发生地。教士、修女和其他基督教神职人员被杀死在他们的教堂里、圣坛上。数百平民被驱赶到圣托马斯街和卢纳将军街交叉口的大教堂里,成群醉醺醺的日本兵在走廊和教堂的长椅间横冲直撞,用刺刀刺杀无辜平民,把年轻女人和女孩从哭天抢地的家人旁强拉出来,拖到附近的小教堂里施暴。根据弗朗西斯·J.科斯格雷夫神父的证词,在拉萨尔学院的一处讲堂里,20个日本兵冲进来,"开始用刺刀捅刺我们所有人，男人、女人、儿童都一样"。死者和伤者在台阶下方堆成一堆，其中还有只有两岁大的幼儿。一位妇女的乳房还被割掉了。日本人离开了一个小时，能听见他们在外面的院子里喝酒。后来他们回来了，"向悲惨的受害者狂笑，极尽侮辱"。科斯格雷夫被捅了两刀，血流不止，但还是爬到濒死者身旁，做临终祷告。他还特别肯定地指出，有些受害者"还在祈祷上帝原谅那些害死自己的人"。[39]

沃尔特·方克尔是菲律宾大学的一位教授，当他们夫妇和另外6个人被关进一所房间，里面又被灌入汽油时，他吻别了妻子。妻子被一枚手榴弹当场炸死，"我由衷庆幸深爱的妻子没有遭受烈火灼烧之苦"。[40]日本人离开后，方克尔博士和屋里的另一个人设法逃了出来。在圣保罗学院的一间教室里，卡耶塔诺·巴拉奥纳试图在一伙日本兵开始捅刺里面的所有人时保护家人。一个日本兵把一个男婴从母亲怀里抢过来抛向空中。"另一个日本人拿着上好的刺刀过来，刺中了婴儿腹部的正中央。"巴拉奥纳说。他惊恐地看见那个婴儿没有立刻死去："我能看见那个婴儿的手臂还在摆动。"[41]

在菲律宾总医院，大约7 000名平民被赶入病房和走廊充当人质。晚上，喝醉了的日本兵挤进人群，用手电筒照亮人脸，并把年轻的女人和女孩拖出来强暴。甚至直到医院遭到了美军火炮和坦克的攻击，墙壁开始在施暴者和受害者身旁坍塌时，暴行仍未停止。在圣保罗学院，日军把男人和女人区分开来。女性在刺刀的逼迫下穿过街道，来到杜威大街的湾景酒店。她们瑟瑟发抖，抽泣着，相互搀扶着，被迫走上楼梯，来到三楼。她们每15人至20人被赶进一间客房，坐在地上，一待就是几天，没有食物和水。日本海军的人一次次闯进房间，检视每个女子，被选中的人就被拖到酒店其他地方强暴。于是女人们想尽办法让自己看起来貌不惊人，或者遮蔽自己的脸。"房间里的每个人都知道会发生什么，"一名受害者回忆道，"房间里的每个人都在哭，想要躲进床垫和帘子下面。"[42]

马尼拉的德国人作为轴心国的公民，在三年的占领期间并未受到打扰。当美军逼近时，许多人都在埃尔米塔区的德国俱乐部避难。但是如果这些德国人认为他们的国籍可以保护自己免遭日军侵害，那他们就错了。2月10日，一个分队的日本兵冲进俱乐部。里面的人义正词严地说自己是盟友。一个怀里抱着婴儿的女人还站出来请求放过，或许她觉得孩子可以消解入侵者的兽欲。但是一个日军用刺刀捅穿了婴儿，刺进妈妈的身体。其他人则开始把年轻女人从家人身旁拉出来，撕扯她们的衣服，把她们拖走。俱乐部随后被放了火，人群恐慌地涌向大门，却发现大门已经从外面被锁住了。

在伊萨克·佩拉尔街的红十字总会，大门向所有国籍的难民敞开，并承诺提供庇护和医疗。楼里的每一处走廊、房间和楼梯，地上都坐满了难民。2月10日，一队日本人来了，要求看被收容者名单，对红十字会依照国际法提供庇护的解释毫不理睬。当天晚些时候，大群日本兵涌了过来，从前门和后门同时进入楼内，用子弹、匕首、军刀和刺刀肆意杀人。一名站出来要和指挥官对话的注册护士被当场杀死。一个妈妈想要挽救她被刺刀刺穿腹部的幼小女儿。"我努力想要把她的肠子塞回肚子里。我不知道该怎么做。"[43]婴儿最后还是没能救回来。

日本军队逐渐升级的恶行中可以看出一种熟悉的模式。起先，在美军进城前，他们也很残暴，但还算是有纪律。小队日军会在一名军官的带领下来到一户人家或者营业场所，要求了解里面所有人的名字和年龄，并把这些信息记录在小本子上。一两天后他们可能会回来，解释说他们在奉命搜查游击队和禁运品。士兵们可能会把在橱柜或抽屉里找到的值钱东西装进口袋，但不会伤害屋里的人。第三次他们可能就要抄家了，还会厚颜无耻地公然劫掠。搜查过程中女人会遭到猥亵，男人和大一点的男孩可能会被绑走。第四次来就是强奸了。当美军进了城，远处的炮声已隆隆可闻时，日本人变得愈加满怀仇恨和恣意妄为。男人和女人被分开，轮奸也更加常见。到了战役尾声，当美军接近日军防线，炮弹如雨点般落下时，暴行便更加疯狂和骇人听闻。他们已经不满足于强奸和杀害女性，还一定会残害她们，割下她们的乳房，把汽油浇在她们头上，然后点火烧死。幸存者还报告有人奸尸。有时这些杀人者想要掩盖自己的罪恶，可能会把罪行所在的房屋或大楼烧掉。到最后阶段，美军已经很近了，这些日本人反而更愿意展示他们的恶行——例如把平民们遍体鳞伤的无头尸体挂在路灯柱上。

马尼拉大屠杀揭示了日本军队文化和意识形态中最变态的部分。这是"决不投降"原则显而易见的阴暗面，揭示了日本人在所谓"玉碎"光环下极其邪恶的内核。岩渊部队的官兵们知道自己活不了几天了。他们还被直接命令要处死防线内所有的男人、女人和儿童，而下达命令的军官们的权威是神圣不容置疑的。许多人还被告知要用刺刀，或者把受害者活活烧死，以节约弹药。在这样的噩梦之下，备受恐惧和憎恨煎熬的日本兵变得狂暴，放纵自己犯下了全世界都不会忘记的野蛮罪行。

横山将军从他设在蒙塔尔万的振武集团司令部里要求岩渊将军趁还来得及赶紧突围。但是仗打到这个份上，这已经是不可能的了。岩渊6个大队的残部已经遭到了四面包围，不得不在雨点般的大炮炮弹和迫击炮弹之下躲进他们的碉堡、楼宇和隧道内。美军第37步兵师从北面逼来，第1骑兵师从东面打来，南面则是第11空降师。几乎所有残余的日军火炮都哑了火，要么是因为火炮本身被摧毁或缴获，要么是因为弹药耗尽。在2月15日的一次无线电通信中，岩渊将军向横山解释了自己的处境：

> 司令部不能动……很明显，我们一旦移动，就会遭到屠杀。如果我们像现在这样掘壕固守，就能再坚持一个星期。现在至关重要的是坚守所有的阵地，用一切手段重创敌人。固定阵地是我们强大的优势，如果我们动了，就会弱化。因此，我们将尽可能持久地坚守，然后用所有力量发动决死冲锋。给您添麻烦了，感激不尽。[44]

随后岩渊向碧瑶的司令部发电：

> 由于预计通信可能中断，我特此向您发电。我对属下部队的众多伤亡和由于我的无能而未能尽职深感羞愧。战士们都已在战斗中竭尽所能。我们很高兴，感谢有机会在圣战中为国尽忠。现在，残存的部队仍将勇敢地与敌战斗。"天皇陛下万岁！"我们已决心战至最后一人。[45]

仍有大约 2 000 名日军在古城高大围墙后的预设阵地中设防。这座西班牙人建于 16 世纪后期的高大石头筑垒周长大约 2.5 英里，高 25 英尺，厚度从 10 英尺到 20 英尺不等。这里的城墙和欧洲中世纪的城墙很相似，尤其是意大利、西班牙、法国南部常见的那种——但在太平洋的岛群中就是独一无二的了。城墙原本有护城河环绕，但护城河早已干涸，而且被改造成了城市公园和 9 洞高尔夫球场。四座拱门全都构筑了坚固的沙袋掩体，日军在这里架设了机枪和反坦克炮。日本人在这些古老的砖石构造上挖出了火炮掩体和隧道，并与其他防御设施连接到了一起。

　　在这些围墙内是数千名快要饿死的平民人质，许多人都被塞进了河床下的古代地牢，另一些人则被当着攻城美军的面吊在了外墙上。美军有大喇叭广播劝降，观察机还投下了传单，但无人响应。2 月 23 日上午，第 14 军做好了进攻"王城"的准备，显然，美军将不得不正面强攻这座堡垒，并与守军血战到底。

　　格里斯伍德再次请求空袭，再次被驳回。看起来麦克阿瑟仍然指望日本人会良心发现，保留下他挚爱的老城区。然而，美军再次拖来大量重炮，干了原本应该轰炸机干的事情。2 月 23 日早晨 7 点半，超过 100 门 105mm 和 155mm 榴弹炮打出了太平洋战争中前所未见的密集弹幕。有些火炮被布置在约 300 码距离的近处，以低伸弹道射击。在一小时内，美军火炮和坦克打出了总共 7 896 枚高爆弹。[46] 整个"王城"被遮蔽在了一片浓烟烈火和尘土之中，就像是皮纳图博火山在马尼拉市中心爆发了一样。《纽约时报》通讯员乔治·琼斯描述了"巨大的黑色烟柱，如雨点般落下的碎片和弹片。空中满是烟尘，古城很快就从视野中消失了。透过浓重烟幕唯一可见的只有炮弹爆炸时的闪光"。[47]

在圣地亚哥城堡的地下室里，日军奉命屠杀了所有仍留在地牢里的囚犯。许多人被用匕首、军刀、刺刀和子弹杀害。大一些的监牢里满是几天没吃没喝的囚犯，日本兵把汽油通过牢笼灌了进去，然后点燃。据后来找到的一名日本海军大尉的日记记载，岩渊将军要求他最后残存的部队在战斗结束前杀死尽可能多的美国人："如果我们子弹用尽，就用手榴弹；手榴弹用完了就用军刀劈倒敌人；如果军刀折断了，就用牙咬断他们的喉咙，杀死他们。"[48]

上午8点半，炮击结束，烟尘散去，大片老城区已经化为堆积如山的废墟。第145和129步兵团的部队联手发动进攻，士兵们爬上废墟，向对面的街道开火，然后冲了过去。装甲推土机开了进来，为谢尔曼坦克清理出一条通道。大约100艘冲锋舟冲下帕西格河的泥滩，渡河来到对岸。炮兵火力在河流和城墙之间的砖石护坡上炸出一级级"台阶"，让部队得以爬上护堤。美军以排为单位，向前投掷烟雾手榴弹以遮蔽敌人视线，然后以纵队从城墙的缺口处冲了进去。[49]

当进攻部队来到堡垒中央迷宫般的狭窄街巷中时，机枪和步枪射击的声音像爆豆般响了起来。士兵们再次祭出了曾在东边城区施展过的巷战战术。他们控制着节奏，关注点在于减少自己的伤亡，而不是迅速获胜。

农业部大楼野战司令部里的岩渊和他的主要幕僚，据信在2月26日拂晓前自杀身亡。

有些敌军仍然据守在圣地亚哥城堡下方的地下室和地道里。于是美军用大量炸药封住了这些地下通道的入口，接着向地道内灌入汽油，扔进去白磷手榴弹，将其内部化为窑炉。

　　直到最后，麦克阿瑟看来都不愿相信发生在马尼拉的惨剧。2月7日至19日，他待在打拉的司令部里，只来首都短暂地看了看。即便在目睹了北部城区的灾难，并面对着河南岸已无可置疑的烈焰和毁灭之后，他仍然在向同僚传达乐观的态度。他不允许他的媒体部门在几乎每天一次的公报中描述这场战斗和屠杀的全貌，这或许是由于他先前过早宣布的胜利令他陷入尴尬之中。在逼迫他的前线指挥官加速占领城市的时候，麦克阿瑟却忽略了日军已在老城区坚固设防的迹象。

　　当西南太平洋战区总司令最终在2月23日进入已成废墟的首都时，他的装甲车队来到了他战前在马尼拉饭店的住处。这座曾经壮美的地标建筑已经被大火吞噬，大片外墙已经坍塌，露出了残缺不全的高层客房。在冲锋枪手的伴随下，麦克阿瑟走上满是废墟的楼梯，来到了自己的故居。令他遗憾的是，他发现这里被火烧过，堆满垃圾。门厅里还躺着一个日军大佐的尸体。他的财产无一幸存。他那规模庞大的军事史藏书全部丢光了。日本前天皇送给他父亲的一对古董花瓶也碎了一地。"这真不是个愉快的时刻，"麦克阿瑟回忆道，"我深爱的家毁了，这令我痛苦万分。"[50]

　　四天后，正式的庆典在马拉干鄢宫举行。一众穿着卡其色军服的美国陆军军官，还有菲律宾立法委员和战争通讯员，来到了宏伟的会客大厅，那里有精美的木雕，波斯挂毯，以及水晶吊灯。菲律宾联邦政府在这里正式恢复了战前的全部权力。站在一排麦克风后面的麦克阿瑟将军历数了三年来为了收复菲律宾而遭受的"痛苦、挣扎和牺牲"。他愤怒地指责日本人没有像他在1941年时那样退出

　　　　　　　　　　　　诸神的黄昏：1944—1945，从莱特湾战役到日本投降

马尼拉，宣布其为不设防城市："敌人不会这么做，大部分我想保留的东西都被他们的困兽犹斗不必要地毁掉了——但是在这些灰烬中，他们未来的可耻命运也确定无疑了。"[51] 又演讲了差不多一分钟后，将军最终泣不成声，说不出话来了。还没说到事先准备好的总结，麦克阿瑟就把讲坛让给了奥斯敏纳总统。在新闻纪录片中，人们看见他站在总统身后，用手帕擦拭着脸上的泪水。[52]

再也没人提胜利阅兵的事儿了，因为大半个马尼拉都完了。站在帕西格河南岸的城西区举目四望，损毁建筑的外墙和堆积如小山一般的焦黑废墟一直延伸到天际线上。原先在大道旁整齐排列的大树如今只剩下了乌黑、扭曲的树桩。大部分地标性建筑都消失了，路标牌也不复存在，就算是土生土长的马尼拉人在这座原本熟悉的城市的废墟中也会迷路。废墟中满是未及掩埋的尸体——已经在太阳的暴晒下发黑、膨胀，五官已无从辨认，空洞无神的眼睛盯着无穷的远方，嘴巴张开，显出几分狰狞。在大屠杀之处，平民的尸体堆成小山——男人、女人、儿童，都未能逃过，肿胀的双手被反绑在背后，死于枪击、刀刺或砍头。空气中充满了腐尸烂肉的臭味，只有到上风方向的城市边界之外才躲得掉。

难民们住在废墟之中和临时搭建的贫民窟里。人们用从废墟中能找到的任何东西搭成简陋的棚屋——木板、管子、砖块、毯子，以及马口铁波纹板。盗贼们在烧毁的楼宇和被主人遗弃的房屋之间游荡。美国陆军的医护人员和红十字会工作人员则向人们分发蒸馏水、食物、衣服、毯子和其他物资。受伤的平民在草草搭建的野战医院里接受救治。城市的公共卫生状况岌岌可危：城市的供水地虽然已经拿下，但交战城区里的主要供水和排水管道却已被摧毁。在接下来超过一年的时间里，大部分城区是肯定不会有自来水了，路边阴沟也成了露天的臭水沟。卖淫团伙甚至在日军最后几个防御阵地被消灭之前就出来做生意了。街上的流浪儿和美国兵打招呼，替他们的大姐姐报出"肉价"。但是即便在这肮脏的废土上，在满目的疮痍和绝望之中，许多菲律宾人还是在街道上载歌载舞，庆祝解放，他们口中高喊着："Mabuhay！"（"活下去！"）[53]

马尼拉湾也成了屠场，满是漂浮的尸体和沉没船只留下的大片油污。这里至少有 50 艘各种类型、大小的沉船，包括半沉在泥滩上的惨遭开膛破肚的货轮，还有几艘日军大型战舰宝塔形的桅顶从海面上伸出。这里的码头已经被轰炸了 6 个月，来袭者既有哈尔西第 3 舰队的舰载机，也有从南方基地起飞的美国陆军航空队的轰炸机。在马尼拉南面的甲米地海军基地，已经没有一座完整的建筑了。日本人特地拆毁或者烧掉了所有空袭后还没有被毁的东西。他们有意在码头上凿沉了几艘货轮，以令这些码头无法使用。根据美国海军救援部队的记录，在一处重要的泊位上，三条被凿沉的小型船只叠放在一起，这样这些堆起来的钢铁残骸就只能分多次拖走，更加耗时。清理港口和恢复海港营运是十分艰巨的工作——但必须迅速完成，因为马尼拉将成为进攻冲绳岛和九州岛的主要前进基地之一。

对于菲律宾人来说，失去马尼拉的损失是无可估量的。在历史厚重的老城区中心，重建已经全无可能——他们只能把废墟清理掉，然后从平地上重新建设一座新城市。这个国家的许多文化遗产已经不复存在：建筑、图书馆、博物馆、档案馆，以及几个世纪的历史。即便只是政府官方文件的缺失也是个影响深远的大问题，因为这会动摇这个国家战后重建的法律基础和政治基础。马尼拉，这座美丽而重要的城市，曾是这个正在崭露头角的亚洲国家最为重要的财富。它曾是这个国家独一无二的政治中心、商业中心和文化中心。失去马尼拉，对于菲律宾人民恢复经济和成功独立的期望是个沉重的打击。

卡洛斯·P. 罗慕洛将军是美国众议院的列席代表，代表菲律宾。1942 年 4 月日本人悬赏要他的人头之后，他不得不离开了妻子和四个孩子。现在，他回到了位于埃尔米塔区的故居，发现这里已经成了灰烬，无人居住。他在房屋地基的边缘看到了一具严重腐败的被刺刀刺死的尸体。他认出这是他的隔壁邻居。在被毁的街区走了一圈，罗慕洛遇到了不少熟人。他很高兴这些人都还活着，但是没人知道他家人的去向，只知道他们都逃离了首都。罗慕洛查看了横卧在街道上的尸体，惊恐地发现自己能够辨认出其中的许多人："这些都是我的邻居和朋友，我看见他们饱受折磨的尸体就堆在马尼拉的街道上，他们的头发被剃光，手被反绑在背后，刺刀一次又一次刺穿他们的身体。这个无声无息盯着我的女孩，她年轻的胸膛被刺刀刺成了筛子，她是我儿子的学校同学。"[54]（一个星期后，罗慕洛终于和他的妻子和孩子们团圆了，他们都活了下来，毫发无损。）

甚至当城中还在激战之时，一群群律师、摄影师、速记员、翻译和医生就开始收集战争罪行记录和目击证据，进行这项痛苦的工作。他们采访目击者，记录下宣过誓的证词，审讯俘虏，检查幸存者，摄影师拍摄了屠杀现场的照片，缴获的日本文件也交给盟军的笔译和口译组翻译出来。有时候作恶者会试图用火掩盖他们的罪行，但是他们在太多地方实施了太多暴行，盟军的证据都收集不过来。盟军找到的文件提供了堆积如山的证据，表明这是一场有组织的战争暴行。于是收集文件也有了明确的目标，就是要证明"马尼拉大屠杀及其恐怖行为并非那些被逼到墙角的狂暴守军的个人行为，而是日军高层制订的有意为之的冷血计划"。[55]（此说最终未能完全证实，但山下仍然被绞死了。）

若非如此——假如日本人没有施暴，将平民安全释放——那么他们在马尼拉的决死战斗可能还会受到敌人的些许尊敬。毕竟美国人自己也有不愿投降的传统和意识——面对墨西哥人死战到底的阿拉莫守军，"绝不弃船"的詹姆斯·劳伦斯，以及（刚刚发生的）阿登战役中被围困在巴斯托涅的安东尼·麦考利夫将军，他对德军的劝降只回复了一个字："滚！"但是这种故意的强奸、折磨，以及对无辜人员的屠杀却让他们的战斗全无荣誉可言。即便是在四分之三个世纪之后的今天，全世界也没人会赞同日本人在马尼拉的所作所为，只有一小撮死不悔改的日本军国主义死硬派除外。

日本明治天皇 1882 年发布的《军人敕谕》是日本官方对军人道德提出的要求。这是日本帝国的两大支柱性文件之一（另一份文件是 1890 年的《教育敕谕》）。说这两份明治时代的文件在二战时期的日本仍然被奉若圣典是不为过的，而且《军人敕谕》也是日本军人所有权威的唯一基础。所有穿军服的人都必须对此倒背如流。其中常常被西方史料引用的最著名的语句是："义有重于泰山，死有轻于鸿毛。"然而更值得一提的是后面的文字，见于《军人敕谕》第三章：

> 拔剑而起。挺身而斗。是皆非谓武勇。为军人者。当善明义理。锻炼胆力。曲尽思虑以谋事。小敌不侮。大敌不惧。但求

尽己之武职。此则所谓大勇者也。故尚武勇者。待人接物。常能温和。博得人类之敬爱。好勇无谋。动辄肆威。势必至招人之忌。而使人畏之如豺狼也。……以上为军人不可须臾忽者也。[56]

在随后的四十年里，日本陆海军确实没有片刻忽视此敕谕。在19世纪末到20世纪初的战争中，日本军队的纪律性和骑士精神达到了西方军队的水准，甚至常常超过西方人。日俄战争（1904—1905年）时，日本在对待俄国战俘方面可谓典范——国际红十字会的观察员证实了这一事实。然而从那之后，在短短一代人的时间里，日本的军事文化急转直下，滑向了野蛮和暴虐，其原因至今仍为学者们所争论不休。到20世纪30年代初，日本军队的行为已经引起了国际上的广泛谴责，二战结束前，这种趋势仍在持续恶化。

于是，明治天皇的警告一语成谶。马尼拉的岩渊部队就像丢掉一大堆鸿毛一样抛弃了自己的生命，就此也放下了重于泰山的责任。他们忘记了《敕谕》里说的真"武勇"，不辨是非，放纵自己如同野兽般向手无寸铁的无辜者施暴。最后，正如裕仁天皇的祖父预言的那样，世人痛恨之，视其如豺狼。正如一名幸存的马尼拉暴行亲历者事后说的那样："他们就像疯狗一样。他们不是人——他们是禽兽。"[57]

过了马尼拉湾向西，巴丹半岛的绿色群山赫然耸立，此外还有科雷吉多尔岛低矮的灰色轮廓。美第11军受命收复这些太平洋美军心中的圣地。2月15日，他们踏上了通往巴丹半岛的征途。两支强大的纵队沿着半岛两岸向南进攻，很快打垮了这里的少量日军。一个星期内，他们就拿下了巴丹。在坚固设防的科雷吉多尔岛，一支6 000人的日本守军顶着如雨点般落下的舰炮炮弹和航空炸弹坚守此地。美军第503空降步兵团降落在岛屿西部高地被称作"顶层"的山峰上，与从岛屿东岸马林塔隧道口附近登陆的两栖部队会合。守军则以典型的方式拼死战斗，打到最后一人，他们在退往"大石头"内部深处时炸毁了隧道。2月28日，美军宣布占领这座岛屿，但是仍有数百名死不投降或者掉队的日军有待猎杀。

3月2日，麦克阿瑟召集了一众曾在1942年3月和他一起离开科雷吉多尔的军官。出于传统，他们乘坐一队崭新的海军PT鱼雷艇渡过马尼拉湾。在记者和纪录片摄制组的陪同下，他们攀爬岩石，在"顶层"举行了激动人心的升旗仪式。第503空降步兵团的琼斯上校向麦克阿瑟敬礼："长官，我把科雷吉多尔堡垒交给你了。"

吕宋是一个多山的大岛，想要完全征服这里还需要几个月的时间。在首都以北150英里外碧瑶山区的司令部里，山下将军告诉日本媒体记者们，吕宋之战仍然"仅仅处于战斗最初阶段"。他说美国人已经伤亡了7万人。（到此时美军实际伤亡人数约为2.2万。）麦克阿瑟还没能抓住他岛上部队的主力。"我们的战略仍然是引诱美军登陆部队进入吕宋中部平原和马尼拉地区，之后从多处侧翼血洗他们，"山下如此告诉日本记者，"因此，吕宋之战正完全按我们的计划进行。"[58]

这是标准的宣传口径，但毫无疑问，吕宋岛乃至整个菲律宾其他地方的日军主力仍然规模庞大。山下奉文没有重犯1941—1942年麦克阿瑟的战略错误，当时防守一方在易攻难守的平原地带展开作战，又没有及时做好城市围困战的准备。在那次战役中，美菲联军在日军登陆林加延湾后不到四个月就被迫在巴丹投降。三年后，双方攻守易位，山下的"尚武集团"主力在吕宋岛的北部山区坚守了超过 8 个月，直至日本在 1945 年 8 月投降。

克鲁格的第 6 集团军向北面和东面同时发动了三路进攻——第 1 军进攻卡加延山谷和山下在碧瑶的藏身之所，第 11 军进攻马尼拉东面的马德雷山脉，第 14 军进攻岛屿东南诸省。日本守军残余各阵地遭受的压力一刻也没有缓解。美军充分利用了他们在空中力量、炮兵、坦克、机动性、野战工兵和后勤方面的优势。菲律宾游击队也提供了关于日军位置、数量、装备，甚至是作战计划方面的宝贵情报。山下逐渐与他在岛屿其他地方的下属失去了联系。战至 5 月 23 日，美第 25 师突破了巴勒特山口的战略瓶颈，涌入卡加延山谷。

在这几个月里，麦克阿瑟未经参谋长联席会议授权就下令发动一系列小规模的两栖登陆，以收复南面的各个岛屿。2 月 28 日，第 8 集团军一部在巴拉望岛登陆，迅速将日军赶入无法通行的山区。随后于 4 月 17 日在棉兰老登陆，之后又在班乃、宿务、内格罗斯和南方其他小岛进行了小规模登陆。美军伤亡轻微，日军基本都撤退到了山区，然后在一无补给二无支援的情况下等死。幸存的日军部队四散在乡间，三五成群，像林木工人那样四处游荡，一点点地因饥饿或热带疾病而毙命。当地游击队猎杀掉队的日军，常常会把他们折磨致死，并摧残他们的尸体。这些日军的纪律也崩溃了。士兵们转而杀死军官，然后为争夺食物而搏斗，甚至为此杀人并吃人的尸体。西原孝麿回忆说，自己一名即将死于疾病的战友，请他吃掉自己臀部的肌肉以多活几天。快要饿死的西原说自己绝对不会干出这种事，"但我的眼睛却控制不住地盯着他屁股上的肉"。[59]

一个名叫小岛清文的年轻海军军官一直努力让他由于饥饿而不断缩水的小分队在吕宋山区中不要走散。他和他的手下开始像害怕菲律宾人和美国人那样害怕日本战友。"瘦弱的掉队者成了强壮者的猎物。这太可怕了。我们被包围了，只能穿着破衣烂衫在丛林里兜圈子寻找吃的。与敌人作战成了我们最次要的事情。"[60]小岛最后提出了向美国人投降的异端想法。起先这个主意被他的人大声喝止，但他们的反对声音越来越弱，到最后，幸存者们终于接受了这种曾经不可想象的耻辱。8个人设法躲过了凶猛的菲律宾游击队，长途跋涉来到了美军防线，在那里他们成了俘虏，有烟抽，还有罐头口粮可以吃。

见到俘虏自己的人，小岛为他们的种族和血统之多感到震惊："他们的头发有金色、银色、黑色、棕色和红色。眼睛有蓝色、绿色、棕色、黑色。皮肤则是白色、黑色还有各种其他颜色。我震惊了。我意识到我们是在和全世界的人们作战。同时我还想到，美国是个多么有趣的国家啊，那么多不同人种，却穿着同一套制服来打仗。"[61]

6月28日，麦克阿瑟宣布"吕宋战役的主要阶段"结束，他说美军已经占领了所有的平原、城镇，以及岛上的所有战略隘口："拥有40 420平方英里面积、800万人口的吕宋全岛，现在解放了。"[62]吕宋之战是太平洋战争中美国陆军第一场以军级兵力作战，并能在辽阔地域中机动的战役。换言之，吕宋战役比太平洋战争的任何其他战役都更像欧洲的战争。这是太平洋上最大规模的地面战役，只有冲绳战役可与之相提并论。从某些角度来看，麦克阿瑟关于优先攻打吕宋的主张被证明是有道理的——尤其是，他提出这里的地形易攻难守，以及当地游击队作为侦察兵、间谍、破坏者和游击战士

　　　　　　　　　　诸神的黄昏：1944—1945，从莱特湾战役到日本投降

具有重大价值。这都是正确的。

　　最终，日军丢掉了他们在吕宋的大部分部队，只剩下象征性的抵抗，一直持续到战争结束。20 万日军葬身吕宋，只有 9 000 人在 1945 年东京彻底投降前被俘。战争结束后，只有大约 4 万名曾在岛上打过仗的日军能返回故土。根据日本政府的统计，日本陆军在菲律宾总共死了 368 700 人。[63] 美军歼灭了 9 个日本陆军精锐师团，并将另外 6 个打到无力再战。这场战役直接或间接令日军损失了超过 3 000 架飞机，并迫使日本人将"神风"自杀战术作为了此后直到战争结束的主要航空兵战术。美军的战斗伤亡大约为 4.7 万人，其中 10 380 人战死——但若是加上非战斗伤亡，尤其是疾病所致的伤亡，这个数字就会增加到 90 400 人。

第十一章

1944 年 6 月，就在美军突击登陆塞班岛的两天前，硫黄岛日军迎来了一位新的司令官。栗林忠道中将身材壮实，中等个头，53 岁，留着两撇仁丹胡子。他是日本陆军的明星军官之一，无论是作为前线指挥还是作战参谋，他的表现都很杰出。1928—1929 年在华盛顿任大使馆武官时，操一口流利英语的他游历了美国大部分区域。在 1938—1939 年日本与苏联之间秘而不宣的战争中，他在中国东北的诺门坎指挥一个骑兵联队。1941 年之后，他又在广州担任日本华南派遣军的参谋长。前不久，他被调往东京指挥皇宫近卫军，这是个富于声望的岗位，他也由此得以直接面见天皇。此番他的新任务是指挥第一〇九师团和小笠原兵团，包括小笠原群岛上的全部守军。启程离开东京之前，东条英机首相曾指示栗林"要像阿图岛那样"。[1] 这相当于自杀性命令：栗林必须死守岛屿，战至最后一人。

硫黄岛是一个 8 平方英里的荒岛，覆盖着含硫火山灰，灰蒙蒙的荆棘，以及岩石峭壁。它是火山列岛一众荒芜小岛中最大的一个，火山列岛则是小笠原群岛的组成部分。这座状似猪排的岛屿几乎就在塞班岛和东京之间的航线上，南距塞班岛 625 海里，北距东京 660 海里。其大部分海岸线都是陡峭的滩涂——但是覆盖海滩的不是沙子，而是火山岩屑，无法承受重型车辆。俯瞰全岛的折钵山高

550 英尺，位于岛屿南端。折钵山北面的平地上有 2 座可用的飞机场，元山 1 号和 2 号机场。第 3 座机场，即 3 号机场，正在施工之中。再向北，岛屿宽度变大，地形也变为越来越高的石质阶地，沟壑纵横，一直延伸至一处海拔 350 英尺的半球形岩石山峰，那里被称为元山高地。整个岛屿的地下满是硫黄，蒸气从地表裂隙处喷出，把地热和地下气体带出地面。这是一处昏黑、蛮荒、乌烟瘴气之所，却是当地唯一一座地形适合修建足以容纳 B-29 这类重型轰炸机的机场的岛屿。这使得硫黄岛顿时价值倍增，栗林决定把他的指挥部建在这里，而不是北面 168 英里外人口更多也更加舒适的父岛。

刚一抵达，栗林将军就拿起一根木头拐杖，背着水壶，开始步行环游全岛。在 1 号机场南端旁边的海滩内陆一侧，他卧倒在地，用他的木拐杖瞄准，仿佛拿着的是一支步枪。他要他的副官堀江义孝少佐从不同方向朝他走过来。栗林随后就在小本子上画下了他的瞄准线。到达后仅仅两个小时，他就准确知道了该如何布置他的部队和构筑防御设施。由于预见到美军将拥有绝对的海空优势，这位将军完全没有指望将敌人的两栖部队歼灭于水际滩头。他将会把部队和火炮集中在内陆的岩石高地中。他的人马将深藏于山洞、坑道和地下堡垒之中，通过数不清的射击孔、碉堡和在山岩中凿出的工事向敌人开火。折钵山将被改造成一座堡垒，一支独立的作战支队将防守此地。他的部队主力将部署在北面两条横贯全岛的坚固筑垒防线上——一条位于 1 号和 2 号机场之间，第二条紧挨着 2 号机场北侧。元山高地顶部将是"蜂巢阵地"——硫黄岛的超级堡垒。

当年夏季，美军攻击这个岛屿的频率和力度都在增加。第 58 特混舰队的舰载机在 7 个星期里 5 次空袭此地。B-24 轰炸机进驻塞班岛之后，开始对硫黄岛例行"送牛奶"，到 1944 年末，这种例行轰炸最终发展为每天一趟。试图从本土向硫黄岛运输补给物资和增援部队的货轮和运兵船遭到了美国潜艇的截杀。7 月，一支美军巡洋舰-驱逐舰混合编队出现在岛旁，8 英寸和 5 英寸的舰炮炮弹如雨点般落在岛上。飞机在地面上被摧毁，帐篷被撕碎，司令部大楼和兵营被炸平。"我们无能为力，我们根本没有办法反击，"一名飞机在地面被毁的零战飞行员回忆道，"人们尖叫，咒骂，吼叫，他们挥舞着拳头发誓要报仇，他们许多人倒在了地面上，他们的威胁溶解在泛着泡沫的鲜血里，从喉咙的破口里喷涌而出。"[2]

栗林是岛上的最高指挥官不假，但是陆海两军各自住在不同的营地里，军种间的政治问题也还是一如既往地难缠。海军指挥官厚着脸皮，不停地向栗林索要更多的食物、水和其他物资。随着援军不断抵达，守军规模日益膨胀，物资短缺也愈加严重。栗林在 1944 年 6 月到达时，岛上有 6 000 名军人；9 个月后盟军登陆时，守军的数量已接近最初的 4 倍。最严重的问题是水。挖井是不可能的，因为这里的地下水含盐含硫：士兵们称其为"妖水"或者"死水"。[3]可以用蓄水池来收集雨水，但这远远满足不了两万人的需要。口渴的人们会直接从地上的水坑里喝水，结果导致伤寒和痢疾的大暴发。饮水被严格地定量供应。淡水被装在瓶子里，从父岛用木质驳船运来，空瓶子还得运回去重新装水。栗林给他的下属树立了一个好榜样，用一杯水就刮了胡子、洗了脸、刷了牙。[4]

岛上的海军军官在其东京的上级的支持下，主张进行"水际滩头防御"战略。他们想要在 1 号机场周围建立由 250 个到 300 个碉堡组成的防线，希望在滩头击退美军登陆部队。海军将会把所需的

　　　　　　　　　　诸神的黄昏：1944—1945，从莱特湾战役到日本投降

建材和武器从日本用船运来，包括水泥、钢筋、炸药、机枪和弹药。水际防御方案和栗林更倾向的纵深防御战略背道而驰，但是栗林太需要这些建材和武器了，因此他没有立刻向他的海军战友下达硬性要求。在 10 月的一次指挥会议上，他提出了自己的主张。他指出，日本守军只有地面部队。他们将要与敌人陆海空联合部队对阵。以滩头为基础的战略将会令防御部队暴露在美军压倒性的海军舰炮和航空炸弹火力之下，很快就会被消灭。[5] 但是海军一方仍不为所动。海军为岛上提供建筑物资是以守卫机场为条件的。如果不防守机场，海军就不会从日本运送物资过来。

堀江少佐提出了一个折中方案。海军运上岛的物资，一半拿去建造海军想要的滩头碉堡，其余则分配给栗林的高地筑垒。考虑到有一半总比什么都没有要强，栗林将军同意了。

栗林带来了一队军事工程师和地雷工兵来监督他的挖掘工作。硫黄岛的大部分地区都是"凝灰岩"，一种由火山灰积压而成的多孔透水的岩石，很容易用铲子和铁锹挖掘。挖掘施工队每周 7 天，每天 24 小时轮班倒。他们每天可以掘进 3 英尺，如果有炸药的话，进度还能快一倍。挖出来的灰土和碎块会装在帆布袋里运上地面。这完全是个苦活儿。施工人员越往岛屿深处挖，就越强烈地受到地热和硫黄蒸气的折磨。他们光着膀子，只穿着缠腰带，踩着胶底分趾拖鞋，每次下去挖掘都坚持不了 10 分钟就要回到地面呼吸新鲜空气，休息一会儿。"我们的手上满是水疱，肩膀僵硬，在地热中气喘吁吁，"一名陆军二等兵回忆道，"我们的喉咙渴得发疼，但是却没有水可以喝。"[6]

到 1944 年秋，付出了巨大努力之后，一套复杂的隧道、台阶和碉堡体系已经在岩石内部初见雏形。那些天然的大山洞可以一次性容纳多达 500 人。日军在里面接了电灯和通风系统，以改善居住的舒适性。裸露的岩壁被刷上了石灰。各个指挥所之间通过无线电或地下电话线相互联系。最终，大约 1 500 座地下掩体经由 16 英里长的走道连接到了一起，出入口广泛分布在上方的开阔地上。在这个暗无天日的地下城里，人们可以找到医院、宿舍、食堂，以及满是最先进技术的通信中心。岛上海军的主要指挥部，被称为南部诸岛地堡，位于地面以下 90 英尺处。在地面上，海军的劳工队沿着机场周围建造了数百座半球形混凝土碉堡。碉堡周围堆上了沙子，这既是为了隐蔽，也是为了减缓舰炮炮击的冲击力。众多狭小射击阵地的射界在登陆滩头上相互交叉重叠。反坦克壕沟和步兵堑壕纵横交错。海军工兵们还从飞机残骸上拆下零部件来升级跑道沿途的筑垒设施。机翼、炸弹舱、机身尾段都被用作建筑材料。残损的机身被半埋入地下，然后覆盖上石头和沙袋，用作临时碉堡。一名军官在检视了这些工程后伸出了大拇指："干得漂亮。这些飞机为国家效力了两次。"[7]

为减少吃饭的嘴，栗林将军命令将硫黄岛上的所有平民撤回日本。从 7 月 3 日到 14 日，一千名住在岛上的老百姓回到了日本本土。所有 16 岁到 40 岁没有家属要供养的男子都被征召入伍。当栗林发现他的高级军官们一直在司令部转悠，想要找行政管理的工作做时，他命令他们"离总部越远越好，投入前线指挥中去"。有些人不喜欢这种无休止的体力活，在背后抱怨将军："我们是来打仗的，不是来挖洞的。"[8]栗林忠道素来手下无情，他立刻清除了这些反对派和牢骚满腹的家伙。他撤了多名高级军官的职务，包括他自己的参谋长，一名旅团长，以及两名大队长，然后把年轻军官提拔起来担任他们的职务，或者从本土要人前来接替。

有些人说栗林是个暴君，但他却又对下级的切身福利表现出了真诚的关心。每当有本土来的访客带来食物或蔬菜做礼物，他都会下令把它们分给手下。他还是个重家庭的人，很宠溺他的妻子和四个孩子。栗林会给他们单独写信，常常会关心他们国内生活的细枝末节，并提醒孩子们要分担家务。他预见到了日本遭到轰炸可能带来的灾难，并提出警告。1944 年 9 月 12 日，他在写给妻子吉井的信中说："每当我想到东京遭到轰炸后的样子——我仿佛看到一片被烧尽的沙漠，遍地尸体——我就会拼命去阻止他们来空袭东京。"两个月后，当"超级堡垒"机群开始从马里亚纳群岛的基地起飞作战时，栗林和他的官兵们能够看见这些巨大的银色轰炸机从自己头顶高处飞过，前往日本。但是守军却完全无法阻挡它们，因为它们在高炮的射程之外。"在这场战争中，像我这样在前线等死的人是无所谓了，"他在 12 月 8 日给吉井的信中写道，"但每念及即便是你、国内的女人和孩子们都满怀危在旦夕之感，便难以忍受。无论如何，躲到乡下去，活下来。"[9]

1945 年 1 月，栗林和他的军官们认为进攻已经迫在眉睫。他们只剩下几个星期的准备时间，可能还没有这么久。按计划，他们还要在机场地下深处挖一条长隧道连接元山高地和折钵山，但现在已经没有时间和人力来挖它了。硫黄岛与日本之间的海运线已经不再安全了，甚至就连操持小舟在硫黄岛和父岛之间往来也十分危险。栗林宣布收回先前和海军达成的妥协，下令停止机场周围碉堡的施工，集中所有人力物力，优先完成元山高地的筑垒工事。他要求花更大力气来伪装地下碉堡和火炮射击阵地的入口，并且提升了训练标准，重点练习狙击技术、夜间渗透攻击，以及反坦克战术。[10]

在发给东京的电报中，栗林要求获得更多的武器、弹药和补给物资，提出要把这些物资空运到岛上来。他还想要征用小船甚至是渔船来把淡水和补给品从父岛运来。但是到了2月，随着岛上守军超过2.2万人，工作环境和居住环境急转直下。地下碉堡闷热、拥挤、肮脏。虽然增加了一些通风扇，但是地下的温度常常超过60摄氏度，硫黄蒸气也令呼吸极度困难。岛上没有足够的厕所，那些腹泻难忍之人只能就地解决。而隧道入口处的露天便池里则滋生出成片的大苍蝇。为了在美军无休止的空袭下保护补给物资，守军必须把所有东西都搬到隧道和碉堡里去。于是地下的过道里堆放起了一排排装满淡水、燃油、煤油和柴油的55加仑圆桶。人们在这些圆桶上铺上薄褥子或者毯子，然后睡在上面。无处不在的苍蝇、蚂蚁、虱子和蟑螂让人们伤透了脑筋。密不透风的地下洞穴里满是汗臭。一名士兵在日记中写道："进入防空洞，就像是在船舱里一样。有人烧火做饭，令这里变得闷热，温度很高，人在这里待久了就难免头疼。"[11]

就在这几个星期的时间里，日本守军的隐蔽工作令关岛和珍珠港的美军情报分析人员大吃一惊。硫黄岛已经被轰炸、扫射、炮击了8个月；它被海岸外的军舰炮击过，被附近马里亚纳群岛的B-24和B-29轰炸过，航母特混舰队更是造访此地12次。岛屿柔软的火山灰上被炸出了一个叠着一个的弹坑。光是B-24轰炸机，就已一连轰炸了此地70天，投下数千吨炸弹。但在此期间，硫黄岛的地下堡垒和炮兵掩体反而变得愈加坚固和密集。轰炸和炮击对岛上的防

　　　　　　　　　　诸神的黄昏：1944—1945，从莱特湾战役到日本投降

御几乎没起到什么影响，也没有拖慢守军施工的进度。美军飞机和潜艇对硫黄岛上的每一寸土地都拍摄了照片，制作了数千张从各个角度看的高清照片。照片显示，日军已经离开了他们暴露的兵营和宿营区，搬到了地下。每日的飞机侦察证实，岛上显然已经没有了任何建筑和帐篷，从空中也很难见到部队的踪迹。第 26 陆战团的托马斯·菲尔兹上尉一针见血地指出："日本人不在硫黄岛上了，他们在硫黄岛下。"[12]

到了美军进攻前夕，硫黄岛已经做好了迎敌准备。折钵山和元山高地被改造成了天然堡垒。岩石中架设了各种武器，从安放在下沉式阵地中的大型海岸炮，到迫击炮、轻型火炮、反坦克炮和机枪。迫击炮管和火箭发射器被隐藏在可以快速开关的钢质或混凝土盖子下面。守军中枪法最好的人都得到了狙击步枪，他们被布置在视野最开阔，能够俯瞰海滩和机场的洞口处。碉堡的入口处都放上了成箱的手榴弹。从海滩通往梯形地带和机场的小道都埋设了反步兵地雷，大路和开阔地上则布设了足以摧毁或阻止坦克、推土机和卡车的重型反车辆地雷。岛上储存的粮食足够守军吃两个月。虽然栗林将军遭到了同僚们的激烈反对，但他最终还是把他的意愿灌输给了守军，所有的下属指挥官都被洗了脑，将按他的计划行事。他们不会在开阔地上发动大规模反击。万岁冲锋被严格禁止。日军将会用炮兵和迫击炮火力覆盖滩头上处于最脆弱时刻的进攻部队，但他们不会拼尽全力守卫机场。

栗林将军并不指望他的人能打赢硫黄岛之战。他们的目的是打一场迟滞作战，战至最后一人，给美军造成最大的伤亡。在敌人进攻的几天前，栗林在他位于西北岸岩滩附近的地下指挥所里写下了

6 条"敢斗之誓"。这些誓词被油印出来，发给岛上的每一支部队，每一名士兵都要熟记和背诵。它们被张贴在碉堡的墙壁上，贴在大炮的炮管上，整洁地抄写在小本子上，以及写在纸上叠放在士兵的口袋里：

> 1. 我等将全力死守本岛。
>
> 2. 我等将身负炸药飞身上前，粉碎敌战车。
>
> 3. 我等将冲入敌阵，杀尽敌人。
>
> 4. 我等须每发必中，每击必歼敌。
>
> 5. 我等若不毙敌十人，死不瞑目。
>
> 6. 我等纵使只剩最后一人，也须游击扰敌。[13]

1945 年 2 月 16 日，当美军登陆舰队云集海岸外时，无线电兵秋草鹤次正待在下方机场旁的瞭望地堡里。通过 3 英尺宽的射击口向外看去，他看见排成同心圆队形的军舰包围了岛屿，延伸到海平线外："那就像是海上升起了一群山峰。"[14] 当远处的战列舰开火时，他先是看到闪光，之后才听见轰鸣声。一股热风从射击口扑到他的脸上，火药味随即飘进鼻孔。第一批炮弹落地时掀起了大块的土石。大地在颤抖，碉堡的墙壁如同纸糊的一般摇来晃去。第 1 工兵混成旅团的高桥俊治军曹被吓呆了："岛上如同发生了大地震，火光冲天。黑烟笼罩了岛屿，弹片带着尖啸声四处横飞。树干直径有一米粗的大树被连根拔起。那声音震耳欲聋，就像两百个霹雳同时炸响。即便是在 30 米深的地下，我的身体也被抛离了地面。这真是人间地狱。"[15]

诸神的黄昏：1944—1945，从莱特湾战役到日本投降

当第 58 特混舰队于 1945 年 2 月 10 日离开乌利西时，大约一半的飞行员都是刚刚被分配到舰队的新手。许多打完了整个菲律宾战役的老飞行员都因急需休息而轮休去了。新人们训练水平很高，飞行日志上平均有 600 个小时的"握杆时间"，但是他们的技术还没有经过空战的检验。

当舰队在轻浪微风中向北航行时，流言开始四起。所有人都猜得到自己这是要去打另一场大规模登陆，他们都见过锚泊在乌利西潟湖里的大批运兵船和两栖舰艇，因而确定无疑。2 月 15 日，所有舰上都宣布了爆炸性的消息：第 58 特混舰队正开往东京，他们将要空袭那里的航空兵基地和飞机制造厂，随后转向南面支援对硫黄岛的两栖登陆。自从近 3 年前的杜立德空袭以来，还没有哪一支美军航母特混舰队尝试过攻击日本本土。攻击敌人的首都将会捅马蜂窝：很可能有数以百计的日本战斗机前来迎击，高炮火力也会很猛。一名年轻的"地狱猫"飞行员先是鼓掌，接着停下来问他的队友："我的上帝，我怎么会拍手？"[16]

当舰队向北进入高纬度海域，天气开始变得潮湿、寒冷，狂风大作。瓢泼大雨洗刷着甲板，落在舰桥和操舵室的有机玻璃窗户上。军舰时高时低，左摇右晃，在冬季的灰色海面上穿行。斯普鲁恩斯将军称之为"我能想到的最该死、最烂的天气"。[17] 所有在甲板上执勤的水兵都领到了厚重的羊毛大衣、帽子和手套。但是恶劣的天气也有一个好处：特混舰队得以神不知鬼不觉地溜到日本近岸水域。敌人的巡逻机停在了地面上，即使起飞也无法透过浓云看到开过来的舰队。雷达操作员的眼睛紧盯着显示屏，但是没有敌机接近。美军的无线电室一直在不断监听 NHK 广播电台和东京广播电台，它们也一直在按节目单正常播放。

空袭前夕，米彻尔将军向所有舰载机大队发出了一份备忘录："第 58 特混舰队的大部分战斗机飞行员都将第一次在东京上空参加空战。如果飞行员能够记住这些要领并保持冷静，就不会有太大问题……不要过于激动。要记住你的飞机在所有方面都比日本人的优秀。比起你对他的害怕，他可能更害怕你。"米彻尔强调了保持编队队形的重要性，他们要克服脱离编队追击个别日军飞机的本能反应。在低空尤其如此，那里的容错空间更小，零战也可以发挥它们在小半径急转弯方面的优势。"发现第一架敌机时，要克服你的第一反应，不可冲动行事，"米彻尔写道，"如果你是僚机，那就跟紧你的长机，绝对不要离开它。"[18]

夜里，飞行员们在待命室集合。他们舒服地坐在皮质扶手椅上，听取他们中队长和航空情报官的任务简报。目标选择人员在东京城内和周边找到了 24 座机场和飞机工厂，并向各个中队分配了首要目标和次要目标。在优先级最高的目标中有两座重要的飞机工厂：位于东京以西的多摩的一座立川飞机发动机工厂，以及东京南面的东京湾旁边大田的一座中岛飞机总装厂，第 20 航空队的 B-29 机群在过去 10 个星期里一直试图摧毁它们，但未能成功。

奔赴日本海岸线途中的最后一夜，天气依然糟糕透顶。舰队航速从 25 节下降到 20 节，但这仍然是一趟艰难的旅程。舰艇摇摆得很厉害，伸缩接头在应力作用下嘎吱作响。在"伦道夫号"航母上，第 12 战斗机中队的年轻少尉们躺在床铺上彻夜难眠。他们盯着天花板，努力想要在大战之前尽量睡一会儿。一根铁链拍打在"伦道夫号"的舰体上，发出可怕的声响。有人后来回忆道："我最后肯定

诸神的黄昏：1944—1945，从莱特湾战役到日本投降

是睡着了一会儿，然后突然被惊雷般的 '全体人员，各就各位' 的命令惊醒。我们训练了两年，就为了这一天。"[19]

2 月 16 日拂晓，特混舰队位于本州岛海岸外 60 英里，东京西南大约 125 英里处。冰冷的北风以 30 节速度刮来。大雨冲刷着航母的飞行甲板。在刺骨的寒冷中，雨水夹杂着雪花。能见度降到了零。[20] 地勤人员裹着羊毛外套和围巾，举着红色和绿色的手电筒，带着飞行员穿过排列在甲板上的机群。当 F 字旗升起时，点火管开始打火，发动机转了起来；它们喘振着，回火，然后发出了熟悉的轰鸣声。一名军官从"约克城号"舰桥侧旁的走廊上目睹了这一幕，感觉这简直如同"最底层地狱的全景——黑暗，寒冷，喧闹。发动机的轰鸣震撼着军舰。淡蓝色的火光从排气管喷出来，倒映在湿滑的甲板上，直到螺旋桨把甲板上的水坑吹干为止"。[21]

第 58 特混舰队的 17 艘航母上起飞了 1 100 架舰载机。它们在暗灰色的夜幕中向北爬升，每个飞行员都很努力地紧盯着前方飞机排气管处的淡蓝色火光。第 12 战斗机中队的麦克沃特上尉回忆道："我在冰冷的风中关上了座舱盖，当雨雪落在我的飞机上沙沙作响时，我不由自主地颤抖了起来。就在下方几百英尺处，泛着白色浪尖的怒涛显出一片铁灰色——真冷啊。"[22] 在 1.4 万英尺高度，"伦道夫号"的 47 架"地狱猫"突然冲出了云层，来到了晴空下。他们下方是一片羊毛般的灰色云毯，延伸到四面八方的天际线处。他们看不见日本的其他地面，只能看见左侧约 70 英里外富士山那覆盖着白雪的圆形火山口。这成了一处有价值的导航参照物。

当他们接近日本海岸线时，云层出现了裂隙。通过云缝，他们第一次看见了敌人的国土——白雪皑皑的山峦，稻田，以及一片片黑色的屋顶房瓦。麦克沃特发现左上方有一架日军零战。他将起飞前关于保持队形的告诫抛之脑后，向左急压坡度追了上去。敌机显然不急于交战，它转弯向云层俯冲。但是零式战斗机的结构轻，俯冲速度无法与"地狱猫"比肩，麦克沃特迅速追上了猎物。他打出一串长点射，打进了那架零战的发动机和机翼。令它拖着烟火消失在了云层中。

东京南部天气太差，无法飞行，于是大部分进攻中队都转向了备选目标。战机从云缝中俯冲而下，轰炸了城市北面和东面的机场。"地狱猫"机群用 5 英寸高速空地火箭弹向机库、机械车间和停放着的飞机进行了齐射。之后它们压坡度绕回来，再次进行低空扫射。数百架日军飞机已经升空，但许多飞机并不怎么想来参战，只是在云层间飞入飞出，躲避追杀。显然，它们起飞只是为了避免被摧毁在地面上。

在海岸外，能见度依然很差，返航的飞行员不得不借助各自母舰的 YE/ZB 无线导航台回到舰队。在浓密的云层中下降时，他们的眼睛只能盯着座舱里的仪表板，许多年轻的新手都在暗暗感激自己在林克模拟器和在教练机上"蒙布飞行"所花出去的大量时间。第 58 特混舰队的指挥官原本预计会遭到惨重的损失，但是 2 月 16 日这天只有 36 架飞机未归。有些返航的飞机遭到了重创。有一架格鲁曼"地狱猫"左翼被打掉了 10 英尺长的一段，但还是设法完美地降落了下来。在"伦道夫号"上，水兵们挤到一架重伤的"地狱猫"旁，对它遭到的打击惊叹不已。他们在一侧机翼上数出了 54 个弹孔，而且"机身看上去就像是被当成了靶子，鬼子的靶子"。[23]

2 月 17 日曙光初露时，天气比前一天只是略有改善，大雨时断时续，云底高 300 英尺到 700 英尺不等。斯普鲁恩斯批准进行早间战斗机扫荡，但是他也告诉米彻尔，他预计战况可能依旧不利，"如果当天的初始作战效果不佳，我们就撤回去支援硫黄岛的登陆"。[24]

东京上空的天气比前一天要好，日军的防空部队也做好了准备。排成大型多层"V 字形"编队的第 12 航空大队被大约 12 架日本战斗机盯上了。大队长查理·克罗姆林中校要求他的战斗机保持队形；他们的首要任务是护送"地狱潜鸟"和"复仇者"前往其首要目标，多摩的立川工厂。俯冲轰炸机命中了该厂区 50 枚 500 磅炸弹，"地狱猫"则又奉上 42 枚航空火箭弹。工厂核心区的各个设施都化为了翻滚的烈焰。SB2C 飞行员约翰·莫里斯少尉改出俯冲后从树梢高度脱离，这看起来比爬升到高射炮火更密集的高度更安全些。他低空飞越东京湾，"时左时右，忽高忽低。我们扫射了任何恰好出现在我们航线上的船只，但是不会离开航线去寻找目标"。[25]他随后安全返回了"伦道夫号"。

在东京东北方的鸿池机场，12 架三菱 G4M 轰炸机翼尖挨着翼尖排列在起飞线上。鸿池机场是一座"樱花"（人操自杀弹）训练中心，这些轰炸机都是挂载和投放这些小型火箭动力自杀机的母机。这些 G4M 都加满了油，它们原本计划在当天上午进行训练飞行。一个中队的"海盗"来此进行了低空扫射，用 .50 口径燃烧弹覆盖了停放着的飞机。所有 12 架三菱轰炸机都被摧毁在了地面上。一名日本飞行学员回忆道："火焰吞没了一切。所有东西都是先发出蓝灰色火光，一秒钟后又变成橙黄色。如果场面不是这么可怕，我可能会说那很美丽。"[26]

上午 11 点，斯普鲁恩斯终止了行动。他要米彻尔回收所有飞机，撤回去支援硫黄岛登陆。当天下午 4 点，特混舰队已高速南下。

虽然天气带来了麻烦，但空袭东京仍然是一场大胜。第 58 特混舰队的飞行员们击落了大约 100 架日军飞机，在地面另外摧毁了 150 架。多座重要的机场设施和航空站点化为冒烟的废墟。舰载轰炸机让立川工厂停了产，摧毁了大田中岛飞机总装厂大约 60% 的建筑。第 58 特混舰队在战斗中损失了 60 架舰载机，事故损失 28 架，但是航母和护航舰艇毫发无损。这场空袭被正在与美国陆军航空队激辩的海军当作了首要证据。海军提出，俯冲轰炸、低空扫射和火箭弹攻击能够比"超级堡垒"的高空精确轰炸更可靠地命中地面目标。立川和中岛工厂的下场看来是证实了他们的主张。米彻尔称这场两天的空袭为"航母航空兵在战争中最大的胜利"[27] 时，想的可能就是这场军种之争。此后，第 58（第 38）特混舰队将会一次又一次杀回来，轰炸东京和日本其他地方，其频率和猛烈程度将越来越高，直至战争结束。

参加 2 月 16 日至 17 日空袭的战斗机飞行员中，有超过一半此前都没有空战经验。但他们的表现却很像是老手。米彻尔的战报总结道："对于海军飞行训练机构及其训练方式，怎样称赞都不为过。"[28]

就在舰载机空袭东京的当天，炮击舰队抵达了硫黄岛外海，用排山倒海般的高爆弹淹没了这座岛屿。从舰队上只能看见折钵山的峰顶，岛屿的其他部分都被浓烟烈火所包围，一无可见。炮弹划过抛物线弹道飞向岛屿，弹道根据火炮的口径和军舰距离海岸的距离有高有低。而接连不断的爆炸汇集成了一整片难以区分出炸点的轰响。扶在军舰栏杆上观看的人们感到自己的五脏六腑都被震撼了。阵阵热风把他们的衬衫吹得从胸前飘了起来。一队 B-24 滑翔着飞了过来，泛着金属光泽的亮点拉出斜线，从它们打开的炸弹舱里落下来。一连串爆炸随即在岛屿中央延伸开来，翻腾的烟尘中闪出橙黄色的火光。[29] 曾经目睹过塔拉瓦、夸贾林和塞班岛登陆战的战争通讯员鲍勃·谢罗德称这"比我见过的任何其他同类场面还要吓人"。[30]

第 53 特混舰队那些搭载着第 4 和第 5 陆战师的运兵船于 D 日午夜后抵达。扫雷艇已经清理出通向滩头的航道，水下爆破组的蛙人们也绘制了海底的地形图，并炸掉了那里所有用来阻止登陆艇靠岸的障碍物。和其他此类作战一样，突击部队能够坐在前排观赏登陆前轰炸和炮击的高潮一幕。对于第 5 陆战师的罗纳德·D. 托马斯中尉来说，"看起来不可能有什么东西存活。俯冲轰炸机铺满了天空，当它们俯冲时，地面宛如掀起一阵沙暴"。[31]

登陆舰队搭载着 11.1 万部队，包括 7.5 万登陆部队（几乎全都是海军陆战队）和另外 3.6 万名陆军守备部队。运输船和登陆舰还运载了 9.8 万吨补给物资。许多小型登陆载具，例如履带式登陆车和轮式两栖卡车，在珍珠港就提前装满了口粮、弹药、燃油和其他物资。之前借给麦克阿瑟用于吕宋岛登陆战的第 7 舰队水面战舰，现在又不得不匆匆北上，以及时赶上硫黄岛之战。举个例子，"西弗吉尼亚号"战列舰在林加延湾一连待了 35 天后，刚刚在 2 月 16 日回到乌利西环礁，随后在 24 小时内完成了加油装弹。这艘可敬的老战列舰在珍珠港之战后起死回生，披挂上阵，一连 50 个小时以最大速度冲刺了 900 英里，在 D 日（2 月 19 日）上午 10 点半抵达岛旁，此时登陆战已经开始了一个半小时。在随后的连续 11 天里，它为部队提供了炮兵压制射击和应召火力支援，直到所有 16 英寸炮弹打光为止。

　　舰炮轰击看似吓人，但实际上却远远没有达到海军陆战队想要的标准。在分配作战任务时，哈里·施密特少将申请在登陆前进行至少连续 10 天的炮击。他的主张得到了特纳将军司令部的海军舰炮火力协调官唐纳德·M. 韦勒中校的支持，此人曾系统研究过塔拉瓦、塞班、佩里硫战役中舰炮火力的效果。韦勒提出，瞄准精度和威力固然重要，但是对岸轰击的持续时间也是个同等关键的因素。没有什么比向岸上防御阵地进行日复一日、一刻不停的重炮轰击效果更好了。但是由于后勤上不可行，施密特的请求还是被特纳拒绝了；美国海军从未尝试过如此长时间的炮击。经过几轮争辩和讨价还价，斯普鲁恩斯将军裁定，D 日之前将对岛屿进行三天炮击。对于这一决定，他的解释是，炮击时间过长会令固定阵位上的舰队遭受潜艇和飞机反击的危险，同时海上弹药补给也有困难。绰号"疯子"的霍兰·史密斯中将是太平洋美国海军陆战队的最高指挥官，他后来在战后回忆录中感叹道："我们不得不像马贩子一样讨价还价，在无可替代的人命和能够补充的弹药之间左右权衡。我这辈子从来没有这么沮丧过。"[32]

　　美军的指挥系统和先前在吉尔伯特群岛、马绍尔群岛和马里亚纳群岛作战时几无二致。斯普鲁恩斯仍然是海上的总司令，负责整个第 5 舰队，米彻尔则是第 58 特混舰队司令。特纳将军指挥两栖远征舰队，他从 16 个月前的塔拉瓦战役以来就一直担任这一职务；和以往一样，他在这个岗位上可以向陆战队的地面指挥官下达命令。史密斯指挥远征军，包括第 3、第 4 和第 5 海军陆战师，以及将在拿下岛屿后上陆的陆军守备队。但是史密斯没有像此前战役中那样

　　　　　　　　　　　　　　　诸神的黄昏：1944—1945，从莱特湾战役到日本投降

直接指挥第 5 两栖军，这个任务交给了施密特将军。这一安排相当于在原本经过检验而且行之有效的指挥体系中生生插入一个新的层级，许多前线基层指挥官对此都颇有疑虑。实际上即便施密特干的是和史密斯在此前战斗中一样的工作，史密斯也仍然是施密特和特纳之间的润滑剂。史密斯 62 岁了，即将强制退出一线，硫黄岛将是他的最后一战。作为唯一有实打实的成绩表明能够和暴躁的"凯利"特纳有效协作的陆战队高级将领，他的任务是待在特纳的指挥舰"埃尔多拉多号"上，代表陆战队的主张，争取陆战队的利益，而施密特则要上岸负责地面战斗。

特纳被认为是不可替代的，他是美军中最顶尖的两栖战专家——因此也就是全世界最顶尖的了——但他并不总是能和其他人愉快地合作。一个公开的秘密是，特纳每晚都喝得酩酊大醉——即便在海上执勤时也是如此，这是违规的。"特纳将军很难不喝酒，"斯普鲁恩斯的总司令秘书查尔斯·F. 巴伯说，"但他有个神奇的能力：晚上睡得香，早上精神好……斯普鲁恩斯站在他这边，很重视他。"[33]

第 4 和第 5 陆战师将在岛屿东南海岸登陆。第 4 陆战师登陆后将直接向内陆推进，夺占两座机场中较大的元山 1 号机场，之后转向北，攻打 2 号机场。第 5 陆战师将打过相对狭窄而平坦的岛屿"颈部"，之后转向南，孤立并攻占折钵山。一旦火山落入美军之手，第 5 陆战师就将沿岛屿西岸北上，与第 4 陆战师共同组成一条横穿全岛的连贯阵线。第 3 陆战师将留在海岸外的运输船上担任海上预备队，但是施密特和史密斯预计这个师到战斗第三天或者第四天就可能获令上陆，插入战线的中央。之后三个陆战师就会组成一条战线向北平推，打垮日军在元山高地的防御。

没人指望这会是一场轻松的漫步。美军已经做好了在硫黄岛流血的准备。在 D 日前一个星期的一场媒体发布会上，特纳将军告诉通讯员们："硫黄岛和当今世界其他那些坚固堡垒一样防守严密。"[34] 另一名将领觉得即便是攻打直布罗陀也会比这容易一些。史密斯将军预计他的进攻部队将会至少有 1.5 万人伤亡。舰队也已经把 4 艘坦克登陆舰改造为浮动的医疗中转中心，伤员会先送到这里进行评估和救治，之后再送往医院船"撒玛利亚号"或"慰藉号"。医院船会把伤员送回到塞班岛和关岛，那里新建的陆军和海军医院有 5 000 张床位。一旦硫黄岛机场可用，道格拉斯"空中霸王""空中救护车"就会飞来把最重的伤员运往马里亚纳群岛，甚至直接送到瓦胡岛。

在运输船上，第一批陆战队员沿着吊绳网爬到了希金斯登陆艇和履带式登陆车中。平底登陆艇随着海浪上下起伏，每个人都要算准下脚时间，在登陆艇位于最高位置时下去。许多陆战队员来了个"粗暴下船"，一脚踏空，摔倒在艇底。[35] 爬起来之后，他们在长凳上坐下来，大家挤得很紧，为其他爬下吊绳网的人留出空间。

状况好得不能再好了。轻风从西北方吹来，海面自从三天前特混舰队先头分队抵达以来一直都很平静。舰炮炮击达到了高潮，战列舰的 16 英寸炮弹从头上飞过，声音就像是货运列车从隧道中穿过一般。日军至少有几门岸炮还击了过来，因为当第一批登陆艇在卸载线后方编波时，运输船队形中时不时会腾起几支白色水柱。上午 8 时 40 分，随着一声号响，操艇手们加足马力，向海滩长距离冲刺。登陆艇随着海浪时起时伏，因此在那些扶着运输船栏杆的人看来，这些登陆艇时而完全消失在海面下，时而又冒出来。这一趟航程不好走。人们拼命不让自己晕船，他们的尾椎骨重重撞在木质长凳上，粗布军服湿透了，眼睛也被飞溅进来的寒冷海水刺得生疼。路过正在开炮的军舰时，他们能感觉到巨型舰炮发出的冲击波。当托马斯中尉的登陆艇经过"田纳西号"战列舰时，他发现每次舰炮开火时，炮口下方的海面都会被吹出一个凹坑，之后又会流平。[36]

当登陆艇接近硫黄岛时，暗褐色的陡峭海滩出现在了前方。在海滩的最高处能看到一排日军飞机的残骸，那就是 1 号机场的最南端。进击的登陆艇队形中突然冒出许多白色水柱，这是日军迫击炮开火的结果。陆战队员们听见了日军机枪的嗒嗒声，以及大口径火炮发出的更低沉的声音。有两队 F4U "海盗"战斗机在海滩上方低空飞行，扫射阶梯状海滩上的碉堡。这些飞机来自从"埃塞克斯号"航母上起飞的海军陆战队第 124 和 213 战斗机中队——许多大头兵还是第一次看见陆战队的飞机。他们从南北两个方向相向接近，在相撞前的最后一刻分别向东边和西边转弯脱离——这是种炫目的特技动作。一名陆战队对空协调员回忆道，这种动作"精彩有余，但效果欠佳"。[37]一架"海盗"被高炮直接命中，炸成一团火球，坠毁在海里。

靠近海滩时，舵手们努力不让小小的平底登陆艇横转过来。6 英尺高的海浪把登陆艇抛起来，又狠狠摔下，撞在船底的沙滩上。登陆跳板砰的一声放下来，陆战队员们向陡峭的滩头跋涉而去。他们走得很艰难。他们脚下的"沙滩"实际上是柔软的火山岩屑，一脚踩上去，岩屑会漫到脚背。在坡度较大的地段，他们发现自己甚至会跌跌撞撞地向下滑。第 4 陆战师的一名步枪手说这就像是"跑在松垮的咖啡渣上面"。[38]

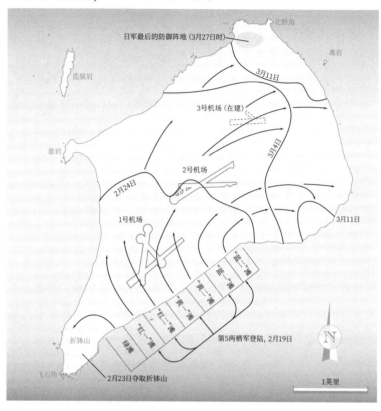

硫黄岛之战, 1945年2月—3月

日军最后的防御阵地 (3月27日时)

北野角

离岩

3月11日

3号机场 (在建)

蓝狱岩

3月4日

2号机场

2月24日

1号机场

3月11日

釜岩

北二滩

北一滩

黄二滩

黄一滩

红二滩

红一滩

第5两栖军登陆, 2月19日

绿滩

折钵山

N

飞石角

2月23日夺取折钵山

1英里

　　起初，登陆滩头的情况看起来没什么问题。滩头上的部队指挥官发回了令人振奋的无线电报告："只有轻机枪和迫击炮火力……海滩抵抗轻微……只有零星的迫击炮火力。"[39] 海滩上升起彩色信号弹，表示登陆已成功，第二批和第三批登陆艇也紧随第一批之后开了上去。在登陆滩头南端的绿滩和红滩，突击部队推平了敌人的明碉暗堡，向内陆推进了300码，损失轻微。有人推测可能是舰炮炮击和空中支援起了作用，霍兰·史密斯猜测日本人"被我们舰炮火力的巨大爆炸震晕了"。[40]在硫黄岛之战的最初90分钟里，陆战队已有8个营上岸，包括两个坦克营和来自两个炮兵营的部分兵力。

当天上午最激烈的战斗发生在北翼的陡峭崎岖地段，位于"蓝二"滩上，陆战队员们称这片区域为"采石场"。这里的山谷和岩石地面看上去足以经受1 000磅炸弹和大口径舰炮的直接命中。这一地段被大量钢筋混凝土进行了加固，所有可能的通道都被机枪火力封锁。从登陆的那一刻起，第25陆战团3营就陷入了绵密的机枪和迫击炮火力之下。他们越过第一层台地时遭遇了来自内陆和南侧日军碉堡的交叉火力。营长贾斯蒂斯·M.钱伯斯中校觉得，日本人仿佛在从所有方向朝他们开火："你拿起一支烟，飞过的子弹就能把它点着。我立刻意识到大事不妙。"[41]"采石场"是美军转换整条战线推进方向的枢轴，因此第25陆战团的任务十分关键，他们知道这一点。他们别无选择，必须承受伤亡，坚持战斗。他们正是这么做的。

上午11点，日军的迫击炮和炮兵火力突然变得密集了。他们的火炮已经提前瞄准了登陆海滩，弹着点位于海浪线和最高一层台地之间，美军部队正集中暴露在这片区域中。海军特混舰队和支援飞机竭尽所能，想要打哑这些火力，但是折钵山和元山高地上的日军火炮阵地隐蔽得很好，即便飞到其正上方也无法发现。谢尔曼坦克从第三批和第四批登陆的机械化登陆舰里挣扎着爬上海滩，却成了日本炮兵口中的肥肉。跟在钱伯斯第3营后方登陆蓝滩的陆战队员们刚一下登陆艇就被机枪扫倒。密集的迫击炮火也落在折钵山以北的红滩上，当天上午这里的进攻原本还比较顺利。陆战队员们卧倒在柔软的火山岩屑上，用他们的铲子、头盔甚至是徒手挖掘掩体，但是岩屑缺乏黏合力，他们的散兵坑纷纷向内塌陷下来。"见鬼！"有人叫道，"这就像是在一桶面粉里挖坑。"[42]

到中午时分，登陆滩头已经如同垃圾场一般。站在海岸外约两英里的"埃尔多拉多号"上用望远镜望去，霍兰·史密斯将军形容那里的场景就像是"被狂风摧残过的一排板棚房"。[43] 坦克和两栖车要么爬不上海滩的陡坡，要么陷在浅水区；要么被炮弹直接命中，要么压上了地雷；要么落入了反坦克陷阱，要么甩脱了履带。还有些被困在其他被毁、受困和燃烧的车辆中间无处可去。拥挤的海滩上到处散落着尸体和残骸，坦克只能直接从战死的陆战队员身上碾过去。成堆的残骸给后续开来的登陆艇带来了危险。操艇手们在燃烧的残骸之间寻找没有障碍的沙滩，有不少登陆艇在海浪中横转过来。浮桥无法锚定，变得很不稳定，随着冲上沙滩的海浪来回摇晃，要么撞到艇上，要么从背后撞上涉水上岸的陆战队员。然而，滩头的陆战队急需更多的人手、坦克、火炮、弹药和补给，特纳将军也别无选择，只能不停地派遣更多登陆艇尝试靠岸。

美军整排整排的部队被困在黛色的火山岩屑上动弹不得。迫击炮弹的啸叫和爆炸震耳欲聋，人们不得不吼叫着说话才能让别人听见。那些站起身来转移位置的人都要冒着被来自顶层台地的步机枪火力打倒的危险。但是留在草草挖掘的散兵坑里的人也可能会被无休无止的迫击炮弹直接命中。日本人使用了一种巨大的320mm"栓式迫击炮"，可以将675磅重的炮弹打到1440码外。陆战队员们称它为"飞行垃圾桶"或者"呼啸的基督"。他们抬起头就能够看到这个黑色的丑家伙以高抛弹道落下来。有一名军官回忆道："我会在眼前竖起一根手指，如果它向左或向右移动，我就知道它不会落在我旁边。但如果我的手指能遮住它超过半秒钟，我就知道我有麻烦了。"[44]

医疗兵们在暴露的地段上跑来跑去，救助伤员，但是对于那些被迫击炮弹片重伤的人来说，医疗兵即使来了也无能为力。他们的肌肉被扯开撕碎，肢体被打断，面部血肉模糊，伤口里满是无处不在的火山岩屑。医疗兵们拿着吗啡针，给伤员们打止血带，包扎伤口，静脉注射止血针，并把伤员们拖到有掩护的地方。但是他们蹲在伤员旁边时，自己也常常被炮弹或狙击手打中。在红滩上，一名身负重伤的陆战队员跌跌撞撞地试图穿过冰雹般的炮弹和机枪弹雨，返回海滩，他双目失明，双手都被炸飞了。一位医疗兵立刻跳起来冲过开阔地，拉着这位伤员前往急救所。在硫黄岛上，许多医疗兵都为这种无私的行动付出了代价。在第4陆战师中，医疗兵的伤亡率高达38%。

海岸外，大小舰船跟随泛着白色浪尖的波涛起伏摇摆，高级指挥官们脸上的表情足以说明问题。情况很不妙。后来的登陆批次比早先的批次遭受了更严重的伤亡。海滩上有许多伤员在等着被撤回舰队。海岸外的战舰和天上盘旋的舰载机已经竭尽全力，想要找到并摧毁日军的迫击炮和火炮，但奈何敌人藏身于深沟高垒之中。只有直接命中才能打哑它们，有时候甚至连直接命中都不管用。舰载机向看得见的敌人阵地投下凝固汽油弹，希望能够消灭日本炮手或者把他们逼入地下，但是迫击炮弹雨仍在不断落下，每一次爆炸都会把沙尘、碎片和尸体掀飞到半空中。赶在天黑前将更多的部队和坦克送上岸是至关重要的，因为所有人都担心日军的大规模夜袭。因此海滩上的陆战队员们必须尽快向内陆推进，为后续登陆批次腾出空间，即便这意味着惨重的伤亡。

夜幕降临时，已有 4 万名美军上了岸。他们控制了岛上 10% 的地盘，从元山 1 号机场东北角到南面第 5 陆战师将折钵山以北的地峡切断之处。日本人依旧控制着南北两面的高地，从高处的观察点俯瞰着美军。一整夜，战场都被海岸外战舰打出的照明弹照得雪亮——在接下来的一个月里，每晚都会如此。战役期间，美军每晚都会消耗平均 1 000 枚照明弹。陆战队认为正是这种鬼魅般的灼目光芒阻止了日军小股部队的渗透。一名驱逐舰水兵在家信中描述了这一诡异景象："看照明弹从白云中落下是一件有趣的事情。它们会在云中点亮，令云彩发出白雪般的光芒，然后缓缓穿过一层层云，最后穿出云底，照亮整个岛屿。"[45]

第一夜，无人合眼，瞭望哨瞪大了眼睛寻找着任何可能是敌人的迹象。晚上有些凉，甚至是冷——这提醒人们此时是冬季，而且他们已经身处远离热带的北方。但是没有夜袭发生。到拂晓时，美军指挥官开始意识到自己正面对着一位精明狡诈的步兵战术家。他们不会在开阔地上发动大规模反击，这样的反击在美军的优势火力和空中支援面前难成威胁。守军将始终藏身地下，看不见也打不着，他们将令进攻一方为每一寸土地付出代价。

在南面，第 28 陆战团抬头就能看到"热岩"——这是他们给折钵山起的名字——这座火山四面陡峭，表面铺满棕色的火山灰，没有植被，山上的硫黄蒸气出口喷吐着恶臭。这个团的团长是哈里·B. 利弗西奇上校，他接到的命令是孤立这座小火山，炸塌那里的洞穴和碉堡，扫清守军，并占领山顶。山脚周围的平地上环绕着70座覆盖着沙土的混凝土碉堡，这些阵地由厚地兼彦大佐指挥的硫黄岛南部防区部队把守。在开始攀登折钵山之前，美军必须将这些山脚下的堡垒拔除。它们不可能以迂回战术来进攻，只能靠步兵正面强攻才能拿下。

D+1 日早晨，在寒冷的细雨之下，野战炮、舰炮以及舰载轰炸机向折钵山发起了规模巨大的联合轰击，这座火山甚至一度全部为烈火和烟尘所遮蔽。上午 8 点半，预定的"进攻发起时刻"，炮击和轰炸突然停止。陆战队员们猫着腰向前扑去，在岩石、弹坑、岩石之间跃进。2 营在左，3 营在右，一齐冲向日军的机枪和 47mm 反坦克炮，许多人中弹倒下。这一天，2 营伤亡最为惨重。他们进攻路线的最后 200 码是在平坦的火山灰上，几乎完全没有隐蔽。他们投出烟雾手榴弹遮住敌人的视线，随后便直接冲向敌人的射击阵地。E 连的列兵唐纳德·J. 鲁尔用身体压住日军的手榴弹，用生命掩护了排里的其他战友。为了表彰这种极致的牺牲精神，他被追授荣誉勋章。

在美国南加利福尼亚的彭德尔顿军营，陆战队员们学习并演练了整套作战体系。他们耐心、一丝不苟地进行操练，专心地打磨每一处细节：重型舰炮开火，飞机投掷凝固汽油弹，坦克和 75mm 半履带自行火炮推进到近距离射程内，投掷烟雾手榴弹遮蔽日本人的视线，向射击口投入白磷手榴弹和炸药，用火焰喷射器向后门喷射，用刺刀、匕首甚至是拳头近身肉搏。若地形使得坦克无法向日军防御设施推进，他们就会把 37mm 炮推到前方阵位，从那里用它们一点点地砸开混凝土建筑——打死、震晕，或者用其他方式压制守军，这样步兵班就能够冲上去完成任务。日军的碉堡一个接一个变成坟墓。装甲推土机会开上来，将成堆的泥土堆上去，这样日本人便无法再次进入其中。

战役第三天，天气阴沉，狂风大作，间或来一阵大雨。虽然恶劣的地形阻止了坦克的前进，但3营还是在战线中央发动了进攻。在左翼，2营则在努力肃清后方区域，日军的狙击手和零星步兵仍在那里时有出现。战至当日日落时，第28陆战团已经包围了折钵山并打哑了山脚周围绝大部分敌人火力点。该团主任参谋罗伯特·H.威廉斯中校说，第28团跨过了折钵山山脚下的敌人防线后，敌人很快便偃旗息鼓。他告诉第5陆战师师长凯勒·E.洛基少将："我们估计在那里打死了大概800个鬼子，但是我们花了很大力气才找到100具尸体。我们确定炸毁了50个山洞。"[46]

美军控制了山脚，日军厚地大佐现在要尝试突围了。他命令残余的有组织的部队争取冲到北方防线。几乎所有的日军都在来到开阔地时被打倒，但还是有大约25人穿过美军防线，来到日军主力部队所在的元山高地。栗林对于折钵山部队没能坚守更长时间深感失望。他问参谋们："我能想到一号机场会落入敌手。但是折钵山怎么能只守了3天就陷落了呢？"[47]

第四天，海军陆战队拿下了山头。和前一天一样，这天上午天气阴沉，下着小雨——战斗的开局也和前一天一样，大规模的海空火力猛烈击打着折钵山，直到整座山头被烟火淹没为止。两支侦察巡逻队沿着陡峭而危险的东坡在弹坑之间摸索前进。一支40人的巡逻队紧随其后，在10点过后几分钟到达山顶。他们只遇到了零星抵抗。有少量日本人从隧道和洞穴里冒出来，还有一名军官挥舞着武士刀冲了过来，他们很快都被干掉了。陆战队员们用火焰喷射器和炸药封闭了所有能找到的洞口。许多日本人自杀了，要么把手榴弹贴在胸口引爆，要么把步枪的枪口插进嘴里，用脚趾扣动扳机。折钵山山体内的有些坑道散发着令人作呕的恶臭，因为那里堆满了日军的尸骸。

站在山顶向北望去，机场、登陆滩头、海岸外的特混舰队一览无余。他们的陆战队战友们正在两座机场之间的平坦地形上与敌人激战。在战役的最初四天，日本人占据着这座具有战术价值的观察点。现在双方角色互换了，美国人得到了折钵山，插旗为证。2 营 E 连从瓦砾中抽出一段 10 英尺长的铅管用作旗杆——它本来一头连着蓄水池，一头连着山顶下方的一座碉堡。上午 10 时 20 分，他们升起了营旗。北面战场以及海岸外舰船上的瞭望员顿时一片欢腾。罗纳德·托马斯中尉回忆道："每个人都欢呼起来，我想有些人还哭了。"[48] 第 5 师副师长利奥·赫姆利准将称其为"我一生难忘的最伟大的场面之一……整个岛上，目力所及之处一片欢声雷动"。[49]

海军部长吉姆·福莱斯特也是搭乘特纳将军的旗舰"埃尔多拉多号"的观战团成员之一。福莱斯特中等身高，身材瘦削，翘鼻子，宽嘴巴，沙褐色的头发向后梳起，在头顶上分到两边。他是个热情的人，充满进取心，以前当过华尔街债券销售员，现在是最深得罗斯福总统信任，最有影响力的内阁顾问之一。部长选择在 D+4 日这天上午来到岸上，简短视察红滩。他戴着钢盔，穿着没有标识的普通绿色军服，在霍兰·史密斯将军和一个陆战排的伴随下来到前线。当那面小国旗插上南部山峰的顶部时，他们一行人刚刚从一艘希金斯登陆艇上下来。福莱斯特对史密斯说道："霍兰，折钵山上升起的这面旗帜意味着海军陆战队还能存续 500 年。"[50]

这位海军部长一直在推动尼米兹战区的宣传公关工作。他会直接插手新闻审核流程，并且要求将军们保证连夜向国内的新闻编辑部发送新闻稿复印件和照片。在这一趟太平洋之旅中，福莱斯特常常提醒海军和陆战队的将军们，不久之后就会爆发关于军种合并和重组的惨烈政治斗争，海军陆战队在战后能否存在还未可知。如此，福莱斯特这关于"500 年"的说法便有了适时的意味和弦外之音：这一激动人心的画面，将会有助于海军陆战队在战后的国防体系中争取独立权。

史密斯将军在战后回忆录中描述，福莱斯特行走于登陆艇、坦克和两栖车的残骸之间，在敌人的炮弹和迫击炮弹呼啸着投下来的时候，和极为惊讶的陆战队员们握手。史密斯写道，在他们所站立之处的 100 码之内有 20 个人或死或伤——"但是部长看上去对危险完全不屑一顾"。[51]或许福莱斯特之所以能若无其事，是因为当时的情况和将军的描述并不一样。在当天的日记中，福莱斯特只是这样写的："海滩当天上午吃了几枚炮弹，但并不严重，虽然我们到达的一个小时前，一阵炮弹造成了一些伤亡。"[52]

三个小时后，更著名的第二次升旗行动到来了。第 28 陆战团的一支后续巡逻队把一面更大的国旗带到了折钵山山顶。随队摄影记者乔·罗森塔尔就在现场，拍下了这一幕。当 6 名陆战队员抬起旗杆，国旗在风中飘扬之时，罗森塔尔连取景窗都没有看就按下了照相机的快门。他把未冲洗的胶卷送到了关岛，一名美联社的图片编辑把它冲印出来，送回美国。这张匆忙拍摄的照片意外成了经典之作，也成了太平洋战争中最具象征性的画面，没有之一。这张照片通过电话铜缆传送到了全美国各地的新闻编辑部，同时登上了数百份报纸的头版和杂志封面。罗森塔尔也因此荣获普利策奖。这次升旗行动成了美国推销战争债券的主题展示，照片上 6 人中幸存下来的 3 个人也被召回美国，进行公关宣传。这一幕还被做成铜像，安放在弗吉尼亚州阿灵顿的海军陆战队战争纪念馆前。

第 28 陆战团报告，在折钵山的战斗中有 510 人伤亡，若再加上 D 日的损失，这个团在 5 天里总共伤亡了 895 人。更糟的是，除了这个团，同期那些在北侧作战的团的情况也好不到哪里去。在美国国内，许多人都觉得罗森塔尔照片中的升旗场面肯定意味着一场胜利战役的辉煌高潮。实际上，拿下折钵山只是一场漫长而血腥的大战的第一阶段。元山高地的战斗最终要让美军付出比折钵山多 20 倍的人命。D+6 日（2 月 25 日），第 28 陆战团被调入第 5 两栖军的预备队，开始向北移动，以加入正在岛屿中央血战的兄弟部队。

施密特将军把他的第 5 两栖军司令部设在了刚刚拿下的折钵山北侧。距离前线仅仅半英里的这一整片地区已经渐渐变成了后勤基地的模样。过去几天的恶劣天气变成了风平浪静，美军得以开始卸货。即使敌人的炮弹和迫击炮弹依旧不断飞过来，但后方梯队还是在这里建起了补给堆栈、集装箱区、后备发动机库、燃油堆栈、指挥帐篷，以及野战医院。推土机升级了岛上的路网，清理分队也把主干道上的残骸拖走。第 31 海军工程营的"海蜂"们在元山 1 号机场上忙活，他们清除了跑道和停机坪上的地雷，还把混凝土搅拌机和重型建筑装备拉上了岸。施密特告诉一位记者，再激战 5 天就可以消灭硫黄岛上顽抗的敌人："我上周说过这需要 10 天，我还没有改变主意。"[53]

主要战线现在推进到了元山 2 号机场，这里的海拔比 1 号机场略高些。跑道和滑行道上堆满了飞机残骸，日军步兵将它们用作了现成的临时碉堡。陆战队呼叫舰炮、地面重炮以及航空兵来轰炸这些阵地，随后越过开阔地，发动步坦协同进攻。元山高地的黛色穹隆形石山在北方巍然耸立。要拿下这里，就要攀上一系列密密麻麻地布满了令人生畏的防御设施的阶梯状火山岩台地。霍兰·史密斯形容这里是"大纵深的筑垒地带，从岛屿的一侧海岸延伸到另一侧海岸，有许多可以相互支援的碉堡，其中不少几乎埋在地下"。[54] 这里的地形没有太多侧翼攻击的空间，因此陆战队员们别无选择，只能正面强攻。约瑟夫·L.斯图尔特中校称之为"乏味的挤压战"。[55] 另一名军官用了一个人人都想得到的橄榄球比喻："你冲不到底线，胜负全看抢断。"[56]

施密特招来了他手头所有的海上预备队：格雷夫斯·B.厄斯金少将指挥的第 3 陆战师（欠 1 个团）。这支老部队被插进战线中央，第 5 师在左，第 4 师在右——他们领受了最艰难的任务：向北直接推进，穿过元山村的废墟和未完工的 3 号机场，冲到元山高地中央的台地上。施密特命令第 5 两栖军 50% 的炮兵火力集中到这一区域，其余 50% 均分给第 4 师和第 5 师的侧翼。D+5 日，也就是折钵山插旗的次日，三个师并肩前行，再度开始向北进攻。

美军对守军拥有 3∶1 的兵力优势，10∶1 的炮兵火力优势（包括舰炮），并且完全控制了天空。但是栗林天才的地下防御设施有效抵消了这些优势。美军坦克常常跟不上来，至少在进攻初期如此，因为所有通往台地高层的道路都密集布设了地雷，并挖上了坦克陷阱。步兵们沿着道路用轻武器、火焰喷射器和炸药向前进攻。在战线中央，第3师在向整个太平洋上最坚固的筑垒地域进攻时伤亡惨重。

对于前线的大头兵而言，战场上横飞的弹雨是躲不开的。机枪的嗒嗒声和火炮及迫击炮的轰鸣从来没消停过。他们低着头，知道高地上的日军狙击手一直在通过枪上的瞄准镜观察。日军甚至会用更大型的武器来进行狙击，尤其是他们的47mm反坦克炮，其射击精度足以击中数百码外的一个人。有这么多重武器在开火，士兵们对于步枪的射击也就听天由命了，即便子弹从他们近旁飞过也无动于衷。第24陆战团I连的威廉·凯查姆上尉的一条胳膊和一条腿都被击中了，但是包扎了伤口之后，他仍然和他的连队一起留在前线。他嘲笑道："他们打了我12枪，只有两枪擦破我点皮。"[57]

大兵们渐渐像痛恨敌人一样痛恨这座岛屿。硫黄岛令人"毛骨悚然"，第4陆战师的泰德·艾伦比回忆道："那简直就像是月球的一部分掉到了地球上。"[58]陆战队员们要在地面挖坑，躲避无穷无尽的敌人炮火，结果却释放出了难闻的硫黄蒸气。硫黄味和腐尸烂肉烧焦的气味混合在一起，恶臭弥漫全岛，无处可逃。他们想要睡觉时，又会有地蟹从坑底的岩屑里钻出来，在他们身上爬。风和爆炸会扬起细小的火山灰，钻进人们的眼睛、耳朵、鼻子和嘴里。地面摸上去发热，挖得越深就越热。埃尔顿·施罗德把他的罐装口粮埋进他散兵坑底部的地面下。半个小时后再挖出来，"就有热腾腾的C型口粮可以吃了。这是我在这座破岛上唯一能找到的好处"。[59]

大约8万部队挤在不足8平方英里的小岛上，硫黄岛堪称历史上人员密度最大的战场之一。再加上双方的火力强度，这就成了可怕的屠场。前线固然最惨烈，但是硫黄岛的后方地域也不是真正的后方。每一名战士都能够指引重炮和迫击炮向岛上的任何位置开火，因此，岛上的所有地方从某种意义上说都是前线。滚雷般的弹幕犁扫着滩头、散兵坑和指挥所。偶有减弱，也极其短暂。陆战队员们不情愿地承认，敌人有着要命的技术。"日本人是优秀的炮兵，"斯图尔特上校说，"他们每次开火都会有人被击中。"这里没有安全地域，没有后方地域，而且——对于美国人而言——还没有什么天然掩体。施密特将军的第5两栖军司令部位于折钵山北边不远处，是一片被沙袋包围着的帐篷群。据施密特的作战参谋爱德华·克雷格上校的说法，指挥帐篷在整场战役中都会时不时遭到重炮轰击。沙袋掩体越垒越高，但炮击的震动仍然很恐怖。克雷格回忆道，当炮击到来时，"我们就在小小的指挥帐篷里摆出三人纵深防守的姿势，趴在地上，一直保持到炮击结束"。[60] 在北面半英里外的第4陆战师指挥所，巨大的320mm栓式迫击炮弹四处落地，天空变成了怪异的红色，细小的尘土弥散在空气中。陆战队的榴弹炮和海岸外的战舰展开了反炮兵压制，但对日军似乎毫无影响，他们重武器轰击的强度一点也没有减弱。

第5两栖军司令部与各个师部和前线之间通过无线电或传令兵保持联系。来自团级和连级指挥官的意见也对施密特将军及其指挥部的战术决策发挥了作用。军部和师部的许多军官和士官都被派到前线去接替那些伤亡人员，承担起了战斗任务。伤员们被救护吉普车或者是人力担架送往南边，卡车、坦克和推土机则向北开去。岛上布满了地雷，威胁无处不在。陆战队员们都学会了在道路上踩着

　　　　　　　诸神的黄昏：1944—1945，从莱特湾战役到日本投降

车辆留下的车轮印行走。大型的反坦克雷埋得很深，因此扫雷组并不总能找到它们。但是一旦有坦克或其他重型车辆压上去，它们就会爆炸。施罗德就亲眼看到一辆在2号机场南边扩展道路的卡特彼勒DS重型推土机遭遇了这种事。"发生了可怕的大爆炸，那辆DS就在我眼前消失了，我赶紧寻找掩护。那辆推土机的零件像雨点一样落得到处都是。有些零件至少重1 000磅。司机落在离我大约10码处，愿上帝让他的灵魂安息。"[61]

在战役最初5天里，美国海军陆战队平均每天伤亡超过1 200人。海滩和机场周围的平坦地带布满了尸体。直接命中的炮弹会留下弹坑，有些弹坑里散落着10到12名陆战队员的尸块。鲍勃·谢罗德写道，在红滩上方的一层层台地上，"我在太平洋战争中还没见过这样残缺不全的尸体。许多人被拦腰截断，胳膊和腿飞到了50英尺外。一处沙滩上，在离我最近的尸堆远处，我看见一条肠子拖了15英尺长"。[62]军官和士官的伤亡率更高。枪炮军士约翰·巴斯隆曾在瓜岛战役中因表现英勇而荣获荣誉勋章，是蜚声全美的陆战队员，他也在D日当天率队冲往元山1号机场时战死。

装甲推土机挖出了长长的壕沟，用作坟墓。"我们用推土铲一次埋葬50人，"随军牧师盖奇·霍塔林说，"我们不知道他们是犹太人、天主教徒，还是什么，所以我们说的都是通用的祷告词：'我们把你交还给大地，由全能的主庇佑。'"[63]

军舰在海岸外巡游，驱逐舰和炮艇紧靠着海岸，巡洋舰和战列舰则远一些。前线的陆战队协调官可以通过直达军舰枪炮长的开放式无线电网络呼叫精准的舰炮火力轰击任何目标。问题是舰炮常常单独依靠雷达引导来射击，炮手们只要把坐标参数输入火控系统就行了。在硫黄岛敌我双方阵地犬牙交错的环境下，舰炮射击的效果并不总是很好。尽管如此，根据特纳将军的战报，这次战役中舰炮应召射击任务的次数仍然是"前所未有"的。口径从 16 英寸到 5 英寸的高爆弹像雨点般落在元山台地的各处目标上。小型炮艇——用登陆艇装上火箭炮、轻型迫击炮和 20mm 火炮改造而来——在岛屿西北部海岸巡逻，以火力袭扰敌人阵地。它们还会阻止敌人沿海岸移动，并拦截试图从北面的父岛或其他岛屿前来登陆的小艇。

在驱逐舰"霍沃思号"上，岸上一名陆战队军官的声音从舰上的大喇叭中广播出来，这样舰上的所有人都可以按要求行动。但由于岛屿常常被浓烟和尘土遮蔽，舰员们难得看到他们的 5 英寸火炮齐射命中目标。当喇叭里的声音确认"霍沃思号"打中了指定目标时，文书军士詹姆斯·奥维尔·雷恩斯就会感到骄傲："看，那些杂种在跑！"然后，"告诉你们个好消息，你们的射击非常棒。效果特别好"。雷恩斯举起望远镜，试图了解岸上到底发生了什么。当烟尘散尽后，他看见一辆谢尔曼坦克迎着重机枪火力向前推进，一个步兵班则猫着腰跟在后面。在写给妻子的信中，雷恩斯说他得知"霍沃思号"的火炮命中敌人后十分兴奋。"我能为消灭他们一些人做出贡献，我很开心，虽然我觉得你和我都为此做出了牺牲。我觉得这很了不起。能打死他们让我格外开心。我只希望离得足够近，能看到我们的炮弹落地时他们的尸体和尸体碎块飞上天。"但另一方面，雷恩斯也承认，他更愿意在相对安全的"霍沃思号"上观看战斗："你总不能用绞盘把我拉到岸上去。"[64]

日军航空兵对硫黄岛登陆的反应相当弱，这既是由于恶劣的天气，也是由于第 58 特混舰队对东京机场的空袭压制。很少有日本作

　　　　　　　　诸神的黄昏：1944—1945，从莱特湾战役到日本投降

战飞机出现在岛屿上空，即使有，大部分也会被在上空巡逻的美军舰载战斗机迅速击落。这段时间只出现过一次成规模的"神风"攻击。2月21日（D+2日）黄昏，大约50架双引擎三菱G4M轰炸机在零式战斗机的掩护下攻击了硫黄岛外海的舰队。"萨拉托加号"航母被3架飞机撞中，舰上123人战死，192人受伤，不得不回珍珠港去修理。护航航母"俾斯麦海号"被一架自杀机撞中尾部，在机库里引发了致命的二次爆炸。舰上的大火失去了控制，它侧翻在海面上，带着218名官兵沉入海底。另一艘护航航母"隆加角号"打掉了4架"神风"飞机，只受到轻伤。还有一艘货船和一艘坦克登陆舰被击中，遭到重创。

岛上的美军地面部队从来不缺近距离空中支援。有三个军种的飞机来为他们进行轰炸、侦察和扫射——海军、海军陆战队以及陆军航空队。有时候，硫黄岛上空飞机的密度如此之大，简直快要撞上了。每一个小时，都会有一队又一队格鲁曼、沃特和寇蒂斯轰炸机映着阳光飞过来。俯冲轰炸机以70°俯冲角冲下来，向敌人战线后方看不见的目标投下炸弹，掀起冲天火光和滚滚烟尘。低空飞行的战斗机用.50口径机枪的曳光弹扫过日军的火炮掩体，或者在2 000英尺高度上发射5英寸火箭弹。飞行牛仔们的表演很精彩，陆战队员们都同意这一点。但是扫射、轰炸和火箭攻击的效果都不理想，原因和影响舰炮射击效果的一样。大部分弹药打在岛上坚固的山洞和下沉式火炮阵地上毫无效果，飞行员们还要小心翼翼地防止误伤本方部队——双方战线如此之近，这也是无可厚非的。当然，舰载机还是做了很多有价值的事情，比如为炮兵做空中校射，阻止日军在开阔地上运动。但是硫黄岛的战场环境对地面部队和航空兵之间的配合程度提出了前所未有的要求，而美军需要花费更多时间和积累更多经验才能满足这种要求。

陆战队的对空协调官韦尔农·E. 梅基上校在 2 月 24 日上岸，他在折钵山北侧的第 5 两栖军司令部建立了他的通信帐篷。他最终成了硫黄岛上的实际空中指挥官。梅基尝试了一种新的对空协调系统，前线的对空联络官可以叫来飞机空袭仅仅 300 码外的日军阵地。陆战队的战场观察员搭乘在 TBM "复仇者" 飞机的后座上，他可以通过开放的无线电频道和地面上的炮兵营联系。日军的防空火力大部分时候都很弱，但有时会突然在意料之外的时间和地点打出来。在长达一个月的战役中，防空火力击落美机 26 架，重创 9 架。

3 月 6 日，美国陆军航空队第 15 战斗机大队——包括一队 P-51 "野马" 和 P-61 "黑寡妇"——入驻 1 号机场。这些陆军飞行员没有接受过对地近距离支援的训练，但他们都是高水平的飞行员，而且对飞行都有着 "野心勃勃" 的态度，他们乐意尝试梅基要他们去做的任何事。P-51 战斗机的动力足以挂载和投掷 1 000 磅炸弹，这对硫黄岛北部岩石高地上那些砂岩浮石的打击效果比 500 磅炸弹大得多。这些 "野马" 以 45° 下滑角接近目标，与战线平行飞行，以降低误伤陆战队的风险。装有延时引信的半吨重的炸弹被投进岩石的裂隙或干脆砸进石头中，爆炸的威力大大增加。梅基说，有几次战例令人印象深刻，P-51 投下的炸弹 "把整个峭壁的侧面炸进了海里，把敌人的山洞、隧道全都暴露在了舰队的直射火力面前"。[65]

和营团级指挥官交流时，梅基强调 1 000 磅炸弹会给他们的部队带来严重的威胁，尤其是在弹着点大幅偏向美军战线一侧时。根据经验，他提出投弹安全距离的码数要和炸弹重量的磅数相同，也就是说，1 000 磅炸弹应当用于攻击距离本方陆战队不低于 1 000 码的目标：
"一枚落在你们前方两三百码的 1 000 磅炸弹可不是玩具。"但是正在
岛屿东北岸的岩洞筑垒地域艰苦血战的第 4 陆战师，则想要让"野
马"去攻击直面其战线的敌人阵地。一名营长告诉梅基："好吧，你
就算打到我们，也不会比我们现在挨的打更重。"通过直达飞机座舱
的无线电，陆战队员们可以在炸弹投下前一刻寻找掩护。"所以我过
去以后就按他们说的进行了空袭，"梅基说，"我们震得很多人牙根发
疼，包括我自己。但除了鬼子外，我们没有伤到任何人。"[66]

　　施密特将军关于十日取胜的预言过于乐观了。3 月 4 日星期
天——开战整整两个星期——主要战斗没有丝毫减弱的迹象。陆战
队拿下了硫黄岛 2/3 的部分，包括全部 3 座机场，并打垮了栗林在
元山高地外围的防线。第 5 两栖军已有 1.3 万人伤亡，包括 3 000 人
战死。打得最惨的部队失去了指挥官、军官和士官，之后接替他们
的人也伤亡殆尽。在战线东部的关键战场，第 4 陆战师最终越过了
被他们称为"斗兽场"的峭壁包围的海湾。西面的第 5 陆战师向
尼基岭和 362B 高地推进，遇到了沿岸岩石峭壁上日军的顽强抵抗。
在中央地段，第 3 陆战师向沟壑纵横的高地展开了惨烈的进攻，在
令人焦心的 9 天里只推进了 3 000 码。"元山蜂巢"那阴暗、可怕的
轮廓就在他们前方。这一交战地域面积只有约 1 平方英里，却有着
一千个各式各样的山洞或隧道入口，其下则是极其复杂的地下迷宫。
　　在南面机场周围的平坦地带，后方梯队正把这里逐步建成一座
先进的作战基地。滩头的物资卸载已经十分顺利，除了偶尔遭到一
阵远程迫击炮或火炮的炮击外，不再有其他任何阻碍。折钵山布满

弹坑的山坡上建起了墓地，一排排白色的十字架越来越长。第133海军工程营的"海蜂"们建起了6套海水蒸馏系统。这些高能耗的机器能把海水变成可饮用的净化水，再装进5加仑的水桶送到前线。到3月6日，这些蒸馏器已经足以每天为岛上的每位陆战队员供应3壶饮用水了。与此同时，在日军的洞穴和碉堡里，淡水的存储量却在快速下降，人们已经开始难以忍受干渴的煎熬。

3月4日，"超级堡垒"轰炸机"蒂娜力量号"（隶属于第9轰炸机大队第1中队）在元山1号机场（美军已将其命名为南机场）紧急降落。这架轰炸机在轰炸日本的任务中受了重伤，若没有硫黄岛上的这条跑道，它就只能在海里迫降了。当它停止滑行并关闭了4台引擎时，大约200名陆战队员和"海蜂"们立刻围了上去。摄影师和电影摄制组拍下了这历史性的一幕。这架巨大银色轰炸机的到来是这场战役中一个令人难忘的里程碑，对岛上美军的士气也是个不失时机的鼓舞。它展现了这场岛屿血战的更宏大的目标——在能够轻易轰炸东京的距离上夺取一个航空兵基地。一个月后，第7战斗机司令部的P-51"野马"开始加入向北飞去的B-29编队，为它们的轰炸任务提供战斗机护航。3月16日，一个中队的海军B-24（海军称之为PB4Y）巡逻轰炸机也将开始从硫黄岛起飞作战。当北面一英里半之外还在激战之时，南机场已经开始显出一副忙碌的大型航空基地的样子了。

在第5两栖军司令部召开了一场指挥会议后，施密特命令全部三个师在大规模炮击之后全线恢复进攻。3月5日，最筋疲力尽、损失最为惨重的部队被撤回后方集结地域短暂休整，并将补充兵补入那些死伤严重的营。3月6日拂晓前，当炮火准备打响时，这些部队回到了前线。这是整场战役中最猛烈的炮击，所有能用的榴弹炮在海岸外巨舰重炮的支援下进行了长时间的猛轰。根据各炮兵营的报告，这一天的弹药消耗为 2 500 枚 155mm "长汤姆"炮弹，外加 2 万枚 75mm 和 105mm 炮弹。1 艘战列舰、2 艘巡洋舰和 3 艘驱逐舰以及各色炮艇还发射了 22 500 枚舰炮炮弹。目标坐标被设在美军战线前方至少 200 码处，但还是有很多炮弹危险地落在陆战队员们近旁，有些偏离弹甚至直接落在他们的防线上。飞机也参与了进来，在精准的时间点进行了轰炸和扫射。一如往常，不熟悉的人会怀疑没有人或者活物能够在这凶猛的打击中幸存下来；同样一如往常的是，他们错了。

炮击停止后，突击梯队向敌人的防线扑了上去。在地形允许的地方，谢尔曼坦克会行驶在步兵前方。日军立刻打来了致命的步机枪弹雨；他们的抵抗看上去和先前一样顽强。凶猛的弹雨从碉堡和山洞的入口处喷射出来，以侧射火力覆盖了正在推进的陆战队员。白磷弹落在他们周围，迫使他们卧倒在地并挖掘掩体。先前没有被发现的日军新火力点也从不同角度开火。由于这一地区沟壑纵横，坦克在许多地方无法推进，步兵不得不独自上前。步坦协同进攻的冲击力很快便消解于无形，但是陆战队员们没有退缩，激烈的战斗又持续打了一整天。为了打破僵局，前线部队的指挥官呼叫炮火轰击距离己方阵地仅仅 100 码的敌人阵地。不少洞穴被炸塌，有些碉堡被用火焰喷射器和炸药拿下，几十名日军被打死。但是守军极少暴露在开阔地上进攻。他们就如栗林将军教导的那样，紧紧依托自己的防御工事和堡垒，通过地下通道网络四处机动。

战至 3 月 6 日日终时，陆战队在沿岸的起伏地带上推进了大约

250 码，但在大部分地段，其进展不超过 50 码。在地形最恶劣的战线上，陆战队员们可能只前进了 30 码——但毕竟总算是有了些进展。突破深度的差异令双方都暴露出了侧翼，形成了突出部，这样美军就有机会向原先无法触达的日军火力点发动侧翼进攻，甚至是从上向下进攻。装甲推土机在难行地段上清理出通路，这样坦克和装有 75mm 炮的半履带车就能伴随步兵前进了。但是要挖掘出新的供坦克通行的道路并扫清地雷，则尚需时间和耐心，而且所有这些工作都要在敌人的火力之下进行。第 4 陆战师师长克利夫顿·B. 凯茨将军估计高级军官们已经产生了听天由命的感受。"好吧，我们会一直揍他们，"他告诉鲍勃·谢罗德，"他们不可能永远撑下去。我们会不停地压迫他们，直到把他们压垮。不要放弃。"[67]

3 月 7 日，施密特将军要各个炮兵营节约炮弹，在前一天早上的烟火秀之后，弹药的存量已经下降到了危险的程度。他命令第 5 陆战师转向内陆进攻，夺占能够俯瞰海边和北野角周围那一圈可怕防御设施的高地。但是正当第 27 陆战团准备冲出去的时候，一顿毁灭性的迫击炮弹雨从天而降。2 营 E 连被迫击炮弹直接覆盖，35 人或死或伤。这一区域的进攻从一开始就陷于停滞，也就并不令人意外了。在东边的第 4 师战区，战线后方还有大量的后卫肃清任务要执行，在"斗兽场"和"土耳其门把手"地区，新的日军士兵仿佛黑魔法一般变了出来。这个师的状况糟透了。由于大量军官和士官阵亡，指挥能力大幅跌落。士兵们已经出现了战争疲劳综合征的症状。这个师的连排一级已经出现了补充兵难以协同作战的问题。一份报告指出，"疲劳和缺乏有经验的指挥官的后果已经十分清楚地体现在了部队的战斗方式上"，报告估计第 4 师的作战效率已经只

　　　　　　　　　　诸神的黄昏：1944—1945，从莱特湾战役到日本投降

剩下 D 日时的 40%。

在"斗兽场"北面，崎岖的岩石山岭和密布低矮灌木的山谷相互交错。第 25 陆战团继续向内陆进逼，逐步将千田贞季少将指挥的第二混成旅团包围进了一个不断缩小的封闭口袋阵里。眼见日军可能发动突围，甚至是大规模的万岁冲锋，陆战队拉起了成卷的带刺铁丝网，在其间布设了数以百计的反步兵地雷。他们架起各种类型和各种口径的武器，封锁日军进攻的必经之地，他们的轻型榴弹炮和轻型迫击炮也都瞄准了防线前方的无人地带。

在第 3 陆战师的战区，向 362C 高地的推进依然缓慢，这是一处具有特殊战术价值的海角，是高地顶部防御链条的关键一环。唯一一条通往此地的道路需要经过硫黄岛上最为起伏崎岖的地形，日军也已筑好了极其坚固的防御工事。这里的景致并不美好，空气中弥漫着浓重的硫黄味。脚下的地面很热——热到躺上去都会感到难受，再挖个散兵坑就更难受了。然而推进到这一屠杀场的士兵们又不得不挖掘散兵坑，来躲避敌人的机枪、掷弹筒以及反坦克炮。由于没法指望把碾轧性的装甲力量弄到这崎岖难行的地形上来，这个师不得不拿出老办法，步兵正面强攻。

在太平洋战争中，美国海军陆战队还从来没打过夜间进攻。他们的条令里没有这条，也没有这方面的训练。但是厄斯金将军最近一段时间来一直认为一个营规模的夜间渗透进攻能够打日军一个措手不及。厄斯金向施密特将军提出了申请，并获准在 3 月 8 日破晓前发动这样的进攻。第一步，美军的火焰喷射器-炸药爆破组悄无声息地快速渗透至日军防线后方约 500 码处。得益于完全出乎敌人的预料，他们在守敌来不及反应的时候就炸掉了许多碉堡和洞口。

许多日军士兵在睡梦中被打死，有些还死于刺刀之下。破晓时，陆战队员们向这一区域打出了烟幕弹，遮住了所有人的视线。第9陆战团3营承担了拿下362C高地的任务，他们起初以为自己已经完成任务了。但是烟幕不仅迷惑了敌人，也迷惑了美军自己。到早晨6点左右，K连的军官们郁闷地发现他们占领的是331高地，不是362C高地，后者还在北面250码远处。这距离不算近，需要越过一处暴露在日军步机枪火力之下的山头。于是，激烈的战斗打了一整天，两个陆战连在此地伤亡惨重。然而，负责率领此次进攻的贝姆上校决定向预定的正确目标继续推进。这是一场血战，打了一整个上午和半个下午，到日落时，这个营最终还是在362C高地顶峰周围建立了防线。

同日，一样是在破晓前，千田将军被围困的部队展开了突围行动。他们没有发动大规模的万岁冲锋，而是在猛烈的迫击炮、火箭炮和火炮射击之后，明智地沿着整条战线发动了一连串小部队渗透进攻。这些人利用暗夜的掩护，巧妙利用复杂地形悄悄摸了上来。但是第4师的陆战队员们早已做好了防御准备。他们的轻型榴弹炮向日军进攻部队倾泻弹雨，许多来袭者踏响了地雷或者在试图剪断铁丝网障碍时被击毙。大约12名日军渗透到第23陆战团2营的指挥所，但很快都被消灭。第二天早晨，战场上倒卧着650具日军尸体。大曲觉中尉是战役中日军仅有的几名幸存者之一，据他的说法，"土耳其门把手"和"斗兽场"周围地区成了堆尸场："我见到没有四肢的尸体，数不清的腿、胳膊、手，还有内脏散落在岩石上。"[68]

这是地上人和地底人之间的对决，一支住在地面上的军队和穴居人军队的对决。硫黄岛上有许多日军在他们生命的最后几个星期里没有见过太阳。他们听到坦克在头顶上轰鸣，甚至在烈火灼身之前还能听到火焰喷射时的气流声。一名日军指挥官报告说，美军"毁灭了他们面前的一切……他们就像杀灭害虫一般打仗"。[69] 当美军陆战队占领了他们地堡的上方，日军有时会引爆炸药，把自己和敌人一同送上西天。这令人心惊胆战地回忆起第一次世界大战中西线的"地道式"进攻，或者是美国内战中对彼得斯堡的围攻。埃尔顿·施罗德就亲眼看到仁志村北边的小山上发生了这样的事："我看见许多尸体就像破布娃娃一样被抛到空中。"[70] 在这次大爆炸中，有43名陆战队员非死即伤。

在硫黄岛之战的头21天里，医护人员平均每天要处理1 000名伤亡人员。到D+33日，已有总共17 677名伤员被撤到海岸外的医院船或者马里亚纳群岛的医院里。[71] 所有人都有理由为医护人员的杰出努力而骄傲，无论是战场上的医护兵，还是在前线急救所、野战医院、海岸外的医院船以及塞班岛和关岛上的医院里工作的人。医护兵和担架手在战场上有求必应，不知疲倦，在敌人的枪口前跑来跑去。医疗兵们顶着被近旁爆炸的炮弹和从头顶飞过的子弹击中的风险，蹲在受伤的陆战队员身旁，打开身上的"三单元"急救包，拿出皮下注射器，用吗啡针缓解伤员的痛苦和减轻炮弹震荡症；把磺胺粉直接撒在伤口上消毒；用止血钳、缝合线、绷带和止血带为伤员止血。如果伤员失血过多，他就会接受静脉血浆注射——这是能降低失血性休克致死率的救命药。血浆瓶被举在手里，或者挂在倒插在地里的步枪枪托上。伤员如果幸运的话，就会有四名担架手迅速赶来，把他送回营里的急救所，一名医疗兵会在那里检查他的伤口并重新包扎。在附近火炮射击的轰鸣声中,他可能会被打一针青霉素以避免感染。一名穿着普通军装和戴着钢盔的牧师会过来,为他们带来安慰、圣水、祈祷,或者是临终祷告。

担架会被放在救护吉普车的后座上,或者是半履带车和两栖车上,送到岛上的某处野战医院里。道路颠簸,伤员们会很痛苦,血浆瓶则挂在架子上摇来晃去。硫黄岛上的野战医院都位于战线后方不远处的主要道路旁,大部分设在南机场近旁的低洼地或护坡上——那是一片低矮而不显眼的环绕着沙袋的暗绿色帐篷。伤员们被抬进厚重的双层遮光布帘,来到被用作接收病房的长条形帐篷里,他们的担架被安放在可折叠的胶合板手术台上。医生和医护兵会在每个担架夹着的牌子上做标记。原先简单的血浆瓶会被换成一整套静脉输血设备。血衣会被剪开,伤口会被清理,即将进行手术的伤员会被擦洗干净,刮去汗毛。这里十分闷热,尤其是在夜晚,帐篷必须封闭严实,以免漏出灯光。空气无法流通,血和杀菌剂的气味还有烟味都无处不在。即便如此,按照 20 世纪中叶的医疗标准,这些野战医院的设备可谓极其精良——可能是世界上出现过的最为先进的军用野战医院。医院里挤满了手术台、X 光机、氧气面罩和氧气罐、用于存放血清的冰箱、发电机、制冰机,以及一堆堆由美国民众捐献,装在冰袋里送到岛上来的血液。比较危重的伤员会直接送进手术室,在那里,各个专业的外科医生会立刻行动起来。医生们都认为最严重的伤是"腹腔伤"——指人的胃、肠或者其他关键脏器被子弹击穿。受损器官要取出来切除损毁部分,再放回伤员的腹腔。这种伤员需要进行复杂的长时间外科手术,耗时常常多达四五个小时,后面还要进行大范围的术后护理。即便如此,仍有大约一半的伤员会在手术后死去，死因常常是脓毒或感染。这时候，人们就会在死者脸上盖上一块布，把他抬到外面的地面上，准备送往墓地。

超过9 000名受伤的陆战队员被从海路撤出硫黄岛。他们的担架会放在经过特殊改造的希金斯登陆艇或者履带式登陆车里，然后送往被改造成海上伤员分类中心的四艘坦克登陆舰之一。每艘艇上都会有一名医护兵负责在转运途中照顾伤员。这趟航程往往很艰难，船艇会随着海浪上下起伏，海水还会从侧舷飞溅入艇内。挂着的血浆瓶会在架子上摇来晃去，有些伤员还会晕船，这就令其状况雪上加霜。那些在转运途中死去的人会被送回海滩，埋葬在墓地中。

更危重的伤员会被送到离海岸更远的运输船，或者是专用医院船"撒玛利亚号"和"慰藉号"上，这些船会把伤员送回关岛和塞班岛。它们的侧舷绘有巨大的红十字，船体四周画有一条绿色色带——和战时的其他船只显然不同的是，它们在夜晚从来都是灯火通明。担架被放在挂着吊钩的平板上送上船，然后迅速抬到被用作接收病房的一间宽敞大厅里。护理病房会产生巨量的医疗垃圾——沾血的绷带和毛巾，空的血浆瓶，被撕成布条的衣服，用过的石膏模具和夹板——清扫人员在房间里来来去去，把所有需要扔掉的东西收起来扔掉。水兵们用拖把擦洗染上血的甲板，时不时停下来把被染红的水拧到桶里。

无论如何，大部分受伤的陆战队员仍然勇敢而乐观。一名被炸掉一条腿的军人对"慰藉号"上的一位医生说道："大夫，我想只要有足够的血浆，我就没事了。"医生答道："孩子，我们的血浆够所有人用。"[72] 许多人觉得自己伤得不重，他们会要求医生和护士去照料其他那些受伤更重的人。有些人会为自己先前因伤痛而叫喊道歉，因为打扰了这里的安静。还有些人会开玩笑。有个失去了右臂的人说道："好吧，不管怎样，反正我现在是不用去写信了。"[73] 那些面色惨白、人事不省的陆战队员输血后就会苏醒过来。他们的脸色恢复红润，人也恢复了意识。有些伤员毫不掩饰自己的喜悦，他们知道自己已经尽了职，而且从战争中活下来了。

从 3 月 4 日起，"空中霸王"救护飞机开始飞来，每天从硫黄岛南机场接走大约 200 名伤员。到 3 月 21 日，也就是 D+30 日，总共有 2 393 名待救治伤员被空运离开岛屿。[74]

自从第一次世界大战以来的 1/4 个世纪里，战地医疗取得了长足的进步。在前一场战争中，每 100 名被送到美国野战医院的伤员中会有 8 人死亡。到第二次世界大战中，这个数字降到了 4% 以下。这是一个了不起的进步，医学界权威将此归功于更好的战场急救，快速撤退伤员（包括空运），以及经过血型匹配的全血的广泛使用。[75] 但是，尽管医护人员在硫黄岛战役中表现出色，从岛上撤出来的伤员死亡率仍然接近 8%。换言之，硫黄岛的伤员死亡率比二战所有其他战场高一倍，和第一次世界大战中的美军步兵部队大致相当。

这一差异背后的原因在于硫黄岛之战的残酷性。无休止的迫击炮炮击会将人体真正意义上地炸成两半，造成了高比例的极度危重伤员。他们的伤口常常会沾上岛上细小的火山灰，很难清洗。一艘运输船上的医生说："诺曼底登陆时我就在这艘船上，那时只有 5% 的伤员需要动大手术；在这里，我发誓我确信这个比例是 90%。我从来没见过这么严重的伤。"[76] 和太平洋上其他的岛屿战役不同，这场屠杀几乎毫不停顿地持续到第二周，第三周，第四周。参加这场最艰难战斗的部队因而遭到了可怕的伤亡。军官和士官的伤亡比例如此之高，以至于一整个连队常常不得不交给年轻的中尉来指挥，大头兵则成了排长。第 26 陆战团 2 营的军官伤亡率达到 108%。他们在战斗中从后备部队里抽调了 14 名军官送到前线，去接替那些死伤的人，而在这 14 名补充军官中，又有 10 人在随后的战斗中伤亡。[77] 第 28 陆战团 1 营 B 连先后失去了 8 名连长。第 24 陆战团 3 营 I 连在 D 日登陆时有 133 名步枪手，当他们在 35 天后离开该岛时，这些人中只剩下 9 个人没受伤。

　　在战役的收尾阶段，日军火炮和迫击炮火力明显削弱。3 月 11 日，美军防线最后一次遭到猛烈炮击。但是对于向岛屿北岸推进的前锋部队而言，战斗却一如既往地痛苦和代价惨重。这里的地形很恶劣，巨石滩、岩体和深谷交错，大部分地方坦克无法通行。硫黄蒸气笼罩着凶险破碎的地面。带着火焰喷射器的步兵班逐个敲掉敌人的碉堡，他们冲到极近的距离，将火焰喷入碉堡内部，再用炸药解决战斗。岛屿的北岸是一个重要的心理目标，3 月 9 日，美军终于实现了突破，当时第 21 陆战团一支 6 人前进巡逻队从北岸的峭壁爬下，来到海边。他们装满了一壶海水，把它呈给了厄斯金将军，上面写着："供查看，不可饮用。"[78]
　　到 3 月 9 日日落时，厄斯金的部队已经控制了硫黄岛东北角一段 800 码长的连续海岸线。这样就把残余的日军部队分割进了两个口袋，分别位于岛屿的东北和西北海岸。东边的突出部由第 4 师包围，千田将军的反击惨败之后，第 4 师巩固了他们对这一地区的控制。在西北边北野角的崎岖海岸地带，美军的前景则艰难得多，栗林将军的指挥部就设在此地深处的地下堡垒中。这个坚固据点防守严密，有利地形使其无法被直接攻击。对此地的舰炮炮击和空袭已经持续了数天，但是看起来没什么效果。栗林预计北野角及其南面的岩石峭壁和山谷将会是硫黄岛日军最后的有组织抵抗之地，他也是这么安排的。这里的洞口和射击阵地都布置在陡峭的岩壁高处，控制着 200 英尺宽的岩石山谷。其中或许还有 3 000 名日军存活，而且战斗状况良好。

　　坚守在山洞和碉堡里的守军基本不会因无休止的猛烈炮击和空中轰炸而伤亡。但是巨大的轰鸣和爆炸的冲击却不断敲打着他们的神经，许多人已经陷入紧张性木僵状态。他们的地下城也愈加恶臭和难以忍受。他们没法掩埋尸体，只好把死者放在地面上，陪在自己周围。那种恶臭无法言表，里面烤箱般的高温和通风不畅更令情况雪上加霜。更何况他们的饮用水也处于短缺状态，到了战役第四周最后一个储水箱耗尽时，这已经成了致命问题。人们无休止地谈起水，谈起日本老家的山泉和小溪。山洞地面上的任何一点水渍都会立刻被干渴的士兵们吮吸一尽。他们还会舔舐侧壁上的水汽，有人甚至开始喝自己的尿液。第二十独立炮兵大队的一名士兵说："我想我永远也忘不掉夜晚隧道地面上积聚的雨水有多么甜，我们紧紧趴在地上，只为了喝上一口。"[79]

　　栗林将军的防弹指挥所设在北野角离岸约 300 码，地下约 75 英尺深处。指挥地堡很宽敞，天花板高 9 英尺，很大，足以容纳一张会议桌，一些办公桌，以及通信设备。穿过一条不长的狭窄隧道，就是他的私人卧室，一间不大的石洞，有一个吊床、一张桌子和一把椅子。整个地下网络处处装有电灯。这座地下城布满了隧道迷宫，有许多不同的道路通向地面上的世界，还有许多隧道通往有人驻守的碉堡，那些碉堡里架设有机枪和其他轻武器。在正上方的岩石里，嵌着一座大型钢筋混凝土碉堡，长 150 英尺，宽 70 英尺，屋顶厚达 10 英尺。

当美军炸掉一个个山洞和隧道时，这些外围据点一个接一个发回了诀别电。许多基层部队宣称要对敌人发动最后的万岁冲锋，但是栗林坚决要求他们守在阵地里，打光最后一颗子弹。他说，"每个人都想要死个痛快"，但岛上每个日本军人的职责是尽量活得久一些，"重创敌人"。[80]

美军架起了大喇叭，开始用日语劝降，包括直接针对栗林忠道本人的劝降。但日军不为所动，只以子弹回应。厄斯金将军第 3 师的幕僚们放了两名日军战俘回到其防线，给第一四五步兵联队指挥官带去了一封信。这两个信使最终回到了美军防线，报告说栗林将军还活着，但无意投降。

3 月 16 日，在发往东京的诀别电中，栗林写道："鄙人所部的卓绝战斗惊天地泣鬼神。"他的部队"面对物质优势超乎想象之敌的陆海空进攻时装备不足，近乎赤手空拳"。[81] 这样的说法犯了日本的大忌，这封电报在东京报纸上登出来时面目全非。"装备不足，近乎赤手空拳"这样的字句被改掉了。最后一句被改成了栗林发誓展开最后的进攻，"并与全体官兵衷心祝愿天皇陛下万寿无疆"。[82]

硫黄岛和东京的无线电联系开始变得时有时无，断断续续。堀江少佐在他父岛的岗位上，试图将一份电报转发给栗林，告知他已经被晋升为陆军大将，但无人知道他是否收到了这封电报。3 月 21 日的一份电文告诉堀江，残余部队已经 5 天没吃没喝了。3 月 23 日，父岛收到了来自硫黄岛的最后消息，内容很简单："致父岛的全体官兵，永别了。"[83]

3月26日拂晓前，大约300名日军从山洞里出来，沿着岛屿西岸蹑手蹑脚地摸向折钵山。他们的出现让在南机场附近平和湾露营的美军陆战队和陆军航空兵人员猝不及防。在近三个小时的交战后，日军全部被击毙。而美军由于对这场拂晓前的突袭毫无防备，也有170人伤亡。美国海军陆战队官方战史对此写道："这次攻击不是万岁冲锋，而像是一场经过精心筹划，旨在造成最大限度混乱和破坏的行动。"[84]

没人见到栗林是怎么死的，他的尸体也始终未能找到。有些日方资料认为这位将军率领了最后的进攻并战死，另一些资料则认为他在离开地堡前结束了自己的生命。美军搜遍了平和湾的日军尸体，但是所有人的军衔都被摘掉了，也没有人携带任何文件。

陆战队从1945年3月14日便开始撤离此地。他们分成梯队离开岛屿，最先离开的是第4师，随后是第5师和第3师。留守硫黄岛的任务交给了陆军的第147步兵团，他们在3月20日来到这里。3月26日，陆军接管了这座岛屿，当时差不多刚好是突袭平和湾的日军被消灭的时候。

可以确定，没有一个美国兵不愿意离开硫黄岛。一名"海蜂"发誓说他绝不会从岛上拿走任何纪念品："我只想忘掉这里带给我的一切记忆。"[85]当然，对于许多人而言，这个岛屿是无法忘记的。

胜利一方为了这场胜利付出了高昂的代价。岛上的陆战队和海军遭受了24 053人的伤亡，也就是说每3名上岛人员中就有1人非死即伤，其中有6 140人死亡。而日军方面，除了数百人被俘之外，

　　　　　诸神的黄昏: 1944—1945, 从莱特湾战役到日本投降

其余守军无一生还，大约有 2.2 万人。若将双方的死伤人员累计对比，则栗林的部队给敌人造成了比自身更多的伤亡。考虑到进攻方在许多方面都占有优势，这就不能不说是个惨重的失败了。他的地下军团直到最后一刻仍然保持着组织性、纪律性，让美军陆战队为每一寸土地付出代价。然而，在塔拉瓦、罗伊-那慕尔、塞班和佩里硫的血战之后，即便日本人还心存某些侥幸，他们也深知敌人能够拿下他们想要的任何太平洋岛屿，无论其防御如何坚固，抵抗多么顽强。即便是在最糟糕的情况下，陆战队员们也坚信自己一定能赢，从不怀疑。罗伯特·E. 盖勒中校回忆道，在瓜达尔卡纳尔，他们常常会问："我们能不能守住？"但是在硫黄岛，"问题就简单了：'我们何时能拿下？'"。[86]

在战争的余下 5 个月里，美第 20 航空队的 B-29 轰炸机在硫黄岛紧急降落 2 251 架次。占领了这个几乎就在马里亚纳群岛和日本之间航线上的落脚点，美军就能有效增加"超级堡垒"轰炸机的作战距离和有效载荷。它还拯救了数不清的生命。4 月，以硫黄岛为基地的 P-51 中队将开始为轰炸日本的 B-29 机群提供战斗机护航。大约两万名美国陆军航空队的空勤人员在岛上至少紧急降落过一次，若没有这座岛，其中很多人可能就消失在大海上了。一名 B-29 飞行员说出了所有航空同僚的心声："无论何时，只要我落在这座岛上，我就会感谢上帝赐予我那些为了这座岛而战斗的人。"[87]

硫黄岛的惨重伤亡触动了美国公众的神经，掀起了一阵指责和事后诸葛亮的评论。早先曾在塔拉瓦和塞班血战中指挥远征军的霍兰·史密斯，当时就被斥为"屠夫"，"冷血的杀人凶手"，还有

"肆意挥霍人命"。[88] 现在，更多这样的恶言恶语再度砸向他和整个海军陆战队。信件如雪片般飞向华盛顿，国会议员们则又提出了那个老生常谈的问题。这个岛值得付出如此惨痛的代价吗？能不能用更少的伤亡拿下它呢？

当时正在指挥吕宋战役的麦克阿瑟没有放过这个机会。2月26日，陆战队登陆硫黄岛一周之后，麦克阿瑟的部队完全收复了科雷吉多尔岛。约6 000名日本守军几乎被全歼，美军的代价只有675人伤亡。西南太平洋战区在一份公报中骄傲地写道："这是一座坚固设防的岛屿堡垒，由装备精良、头脑狂热的敌人防守得密不透风……我们通过突袭，巧妙的战略战术，战斗技能，以及与海空支援力量的完美协同，在短短12天里就将其拿了下来。"[89] 大家都看得出他在暗指什么。麦克阿瑟其实是想说，只要有更好的指挥，就能以更少的伤亡打赢硫黄岛战役。这些话在当时的环境下格外刺耳，因为太平洋美军的两支进攻矛头很快就要合兵一处。而麦克阿瑟正在觊觎太平洋战场最高指挥官的宝座，他在美国的后台很快就会推动此事。威廉·伦道夫·赫斯特，在他位于加州海岸中部圣西米恩的山顶别墅里拿起电话，向《旧金山观察家报》的主编口述了一份关于硫黄岛的社论。2月27日，这份社论就出现在了《观察家报》的头版："美军进攻部队为这个岛付出的沉重代价，可能过于沉重了……直白地说，我们的整个太平洋作战需要的只是一位战略家。"赫斯特随即点出了麦克阿瑟，因为"他拯救了他手下人的性命"。[90]

当天下午，大约100名休假的海军陆战队员鱼贯走进第三大街和市场街交会处赫斯特大厦的《观察家报》新闻编辑部。一名吓坏了的工作人员报了警，但是几分钟后他又打电话撤销了报警，说不

　　　　　　　　诸神的黄昏：1944—1945，从莱特湾战役到日本投降

需要派警察了。这些陆战队员很冷静，遵纪守法。他们没有威胁工作人员或者破坏工作场所，他们只是想要见到这位编辑，向他解释说他并不了解实际情况。

海军陆战队最终还是在民心的审判庭上打赢了官司。曾在哈得孙河河谷当过独家报道记者的海军部长福莱斯特，已经强令海军和陆战队采取更友善的媒体政策。到 1945 年 2 月，他的努力已经结出了硕果。数十名战争通讯员从硫黄岛发回了报道，他们的文章在 48 小时之内就能传回本土。大批的头版报道保证了公众对这场战役的高关注度，也让他们更好地理解了敌人地下堡垒带来的前所未见的战术难题。"福将"阿诺德和一众其他陆军航空队将领公开强调了夺取硫黄岛对于支援 B-29 轰炸作战的绝对必要性。乔·罗森塔尔那张折钵山升旗的振奋人心的照片，其作用也堪比百万行新闻报道。

麦克阿瑟的含沙射影总的来说是不公平的。攻取硫黄岛之战并没有什么战术选择的余地，而且栗林忠道的战斗准备十分卓越。麦克阿瑟纵有毋庸置疑的战场指挥天赋，却也从未遇到过硫黄岛这样的挑战，何况他也没想出什么别的办法。曾经在菲律宾给麦克阿瑟当过手下，后来又指挥了战争中最大规模地面作战的德怀特·D. 艾森豪威尔将军，曾在 1952 年以当选总统的身份简短造访硫黄岛。当他走下飞机，举目四望，他对当年海军陆战队能在这座岛上登陆超过 6 万人感到震惊。把这座荒芜的小岛和"拥有大片开阔地的诺曼底"做了对比之后，艾森豪威尔说他很难想象在如此局促的地方会有如此规模的战役："这令他很难理解。"[91]

第十二章

在关岛的第 21 轰炸机司令部指挥所——这是位于岛屿北部悬崖上的一组简陋的匡西特板棚房——"负鼠"汉塞尔和他的团队沮丧到了极点。他们作战的所有方面都感受到了部队初创阶段的问题，并愈加痛苦，包括维护、训练、补给、住房，以及机场建设。即便新的 B-29 飞机和机组人员还在不断飞来马里亚纳群岛，汉塞尔的部队仍然难以向日本派出更大规模的轰炸机群。"折返率"越来越高——这个词指的是由于引擎故障或其他技术问题而被迫返航的飞机比例——高达 21%。他们最大规模的一次出击就是第一次，那是在 1944 年 11 月 24 日，当时 111 架 B-29 起飞，94 架飞抵日本空域。这个数字在随后的三个月内再未达到过。

在美军攻占硫黄岛之前，从那里起飞的日军战斗机时常会从低空飞过来对马里亚纳群岛的机场展开轰炸和扫射。其中最严重的一次发生在 1944 年 11 月 27 日，当时 15 架零式战斗机从硫黄岛起飞，躲在塞班岛雷达的探测盲区之下，以掠海高度南下，之后毫无预警地突然飞临伊斯利机场上空。这些零式机实现了彻底的突袭，扫射了停机坪上的 B-29，摧毁 3 架，另击伤 8 架。汉塞尔将军目睹了这场大胆的袭击，还差点命丧其中。当时他正坐在一辆吉普车的副驾驶座上，一架零战从他们头上轰鸣而过，向他的车扫射。汉塞尔和他的司机立刻拐到一旁，躲进了灌木丛里。那个日军飞行员耗尽弹药后，放下起落架降落在了伊斯利机场的主跑道上。令汉塞尔大吃一惊的是，那个飞行员居然跳出座舱，拿着手枪和美军士兵来了一场枪战，结果自然是很快被击毙。

这样的攻击后来还发生过几次，"超级堡垒"损毁数量也在攀升，直到"福将"阿诺德将军要求提升岛屿的防空能力："我们B-29对日本本土的空袭肯定会招来疯狂的拼死反击。"[1] 于是美军安排了新的战斗机巡逻计划，B-24轰炸机也反复轰炸了硫黄岛的机场。在塞班岛北角建起了探照灯和微波早期预警雷达系统，岛屿北面还布置了几艘驱逐舰用作雷达哨舰。这些措施起到了作用，但是直到1945年2月海军陆战队进攻硫黄岛，这个威胁才彻底解决。

要在距离美国本土近6 000英里的几个岛屿上，为1 000架"超级堡垒"轰炸机建设机场和地面支援设施，这可是个重活儿。每一支轰炸联队都需要两条平行的跑道，各长8 500英尺，宽200英尺，还要有相邻配套的停机坪、滑行道和维护区。这意味着要对大面积的地面进行改良和铺设路面，而推土机和蒸汽挖掘机还必须等到岛上一些基础设施建成后才能上岛动工。机场的建设并非唯一优先的项目，马里亚纳群岛同时还要为硫黄岛和冲绳岛的作战迅速集结海军和地面部队。关岛和塞班岛还需要电力、供水系统、卫生设施、住房和现代化的海港。在使机场工地和港口及珊瑚岩矿场相连的高级道路建成之前，机场建设工程很难取得突破。在马里亚纳群岛第一个可起降B-29的伊斯利机场，所有的武器整备、加油、飞机维护都是在拥挤的停机坪上，在热带的酷热和暴雨之下露天进行的。工具和零备件都放在户外的补给堆栈里，装进板条箱堆在地面上，上面盖着防雨布。一队 C-54 运输机每周两次把零备件从加利福尼亚州运过来。技师们在泛光灯下或者把小手电筒咬在嘴里，昼夜轮班工作。他们还在不断熟悉这种巨型波音飞机的诸多复杂系统，尤其是它那难伺候的 2 200 马力莱特"双旋风"发动机。他们常常要在一架"超级堡垒"即将出发进行 15 小时的轰炸飞行之前，连夜拆装发动机。

起初，每支新到达马里亚纳的 B-29 轰炸联队都不得不从同一条跑道起飞作战。这意味着在一定时间里可以起飞的 B-29 数量十分有限，当后续飞机还在地面上时，先头飞机就只能在天上空耗燃油。完成任务返回时，飞机的油箱已经快要干了，此时机组人员又面临着另一个危险的瓶颈。机场上空可能会有二十多架 B-29 在盘旋，等候降落。这种状况需要飞机携带大量备用燃料，也意味着飞机的载弹量更少，这样投在日本的炸弹总量就会下降。"福将"阿诺德和他的幕僚们仔细查看了这方面的统计数据，这让他们很不满意。汉塞尔和他的部队承受着巨大的压力，山姆大叔在 B-29 项目上的巨额投资是要追求回报的。

从 11 月首次空袭到 1944 年底，第 21 轰炸机司令部总共向日本本土发动了 10 次空袭。他们轰炸了东京、横滨、滨松、沼津以及名古屋的飞机工厂和城市设施。并不是每次轰炸都能收到良好效果。从 3 万英尺高空扔下去的炸弹常常无法击中所瞄准的飞机工厂，而是落进附近的居民区。11 月 29 日的空袭就在东京的神田区和日本桥区引发了灾难性的大火，烧死大约 100 名平民，烧毁房屋约 2 500座。1944 年 12 月 7 日，东京西南高度工业化的东海区遭到了里氏 8.1级大地震和海啸的袭击。这场自然灾害致使 1 223 人死亡，摧毁了几乎 3 万间房屋。三菱飞机发动机工厂和名古屋港口东面一座大型飞机组装中心遭到重创。正当三菱公司竭力想要恢复并启动生产线时，大规模的 B-29 空袭又在 12 月 13 日、18 日和 22 日三度光临此地。这几天天气晴朗，轰炸比往日更加精准。厂区内有一座组装车间和七座附属建筑被摧毁。这次打击令三菱和日本政府决心关闭了此处的生产线，转而试图将组装工作分散到多个地下厂区和城市外围厂区。与此同时，美军还在名古屋投下了传单，以打击日本人的战意。传单上问："地震之后，接下来想要我们给你们什么？"[2]

20 世纪 30 年代时，美国陆军航空队斥巨资开发能在高空进行精确轰炸的技术——最有名的是广为人知的"诺顿"轰炸瞄准具，其支持者称其能帮助美国打赢战争。"超级堡垒"也被认为是能够在敌国领土 3 万英尺上空把炸弹"投到一个腌菜桶里"的武器。在欧洲，英国皇家空军已经开始进行夜间区域轰炸和燃烧弹攻击，美国陆军航空队的信徒们还坚守着他们关于精确轰炸的信念，而 B-17"飞行堡垒"轰炸机在高空轰炸德国工业目标时也确实取得了一定程度的成功。当第 20 航空队在参联会的支持下建立之时，他们的主要任务也是使用精确轰炸技术去摧毁"日本的战争机器"，首要的目标便是其航空工业。

但是晴朗天气在日本并不多见，尤其是在冬季的几个月里，本州岛海岸常常笼罩在阴云之下。即便是太平洋上最好的天气预报员也无法报出目标上空何时会是晴天。负责侦察的 B-29 可以先飞出去侦察气象，但是就在轰炸机编队从马里亚纳群岛飞到日本的七八个小时时间里，天气就可能天翻地覆。向北飞行的 B-29 编队可能还没有飞过海岸线，其队形就会被狂风吹散。在日本上空，飞行员们还会遇到"喷流",这是轰炸德国时从未出现过的因素。在早期的轰炸任务中,B-29都是在高空飞行,那里的风速通常会超过每小时100英里,有时还会达到每小时200英里。"超级堡垒"轰炸机顺风飞行,这样它们的地面速度就会达到每小时500英里。投弹手不得不花费九牛二虎之力才能纠正如此狂风带来的弹道偏差。

在德国上空,B-17轰炸机群通常都有战斗机保护。但是在1945年4月美军P-51战斗机能够从硫黄岛起飞加入空袭之前,轰炸日本的B-29都是没有护航的。这样一来,执行昼间轰炸任务就需要飞机携带大量的汽油和武器——爬升到高空和编队飞行都需要消耗汽油,迎战日军战斗机则需要更多的武器。燃油、机枪和弹药很重,这就需要在其他方面减轻重量,予以补偿。在第21轰炸机司令部开始参战的头三个月里,每架飞机平均载弹3吨——"超级堡垒"的拥趸们多年来可是一直宣称它能装载10吨炸弹,而实际载弹量连这个数字的1/3都达不到。有人已经在讨论夜间雷达轰炸的事情了,这一技术将能够带来更高的投弹精度和更高的载弹量,但是雷达轰炸的发展却很慢。一部分原因是最新型雷达轰炸瞄准具APQ-7迟迟未得到广泛采用——直到1944年底,第21轰炸机司令部只有第315这一支联队得到了这款装备。

日军战斗机给无护航的B-29带来的麻烦远比美国陆军航空队计划人员预期的更多。B-29的任务模式是固定的——轰炸机在白天一次次以同样的高度(3万英尺)飞到同一片区域(东京和名古屋)上空。日本陆海军的战斗机指挥部很快就发现了这一规律,并且调整了战术,以应对空袭。他们的海岸雷达一旦发现来袭机群,战斗机就会在高空集结。日军常常能组织超过200架战斗机升空,迎战来

　　　　　诸神的黄昏:1944—1945,从莱特湾战役到日本投降

袭的 50 架至 75 架无护航的 B-29。日本关东地区的防空主要由横须贺附近的厚木基地集中负责。四国岛上的松山基地还成立了精锐的第三四三航空队，这支航空队由曾经策划了珍珠港袭击的著名海军航空兵指挥官源田实筹建。日本南部的防空由宇垣缠海军中将负责组织，他是重新组建的第五航空舰队的指挥官，这是日本此时最大的海军航空兵机队，司令部设在南九州的鹿屋航空兵基地。日本海军剩余的所有最好的战斗机和最老练的飞行员都集中在这些基地。[3]

日军负责本土防空的航空队是一锅大杂烩，各种机型都有，既有许多老式的零战，也有不少高空性能优越得多的新设计。三菱A7M"烈风"是零战的后继者，其爬升率堪与"地狱猫"和"野马"比肩，其实用升限达到 4 万英尺。这型飞机的盟军绰号是"山姆"。川西 N1K2-J"紫电改"由早先一型水上战斗机发展而来，它速度快，马力大，机动性好，而且结构坚固，火力几乎达到零战标准型的两倍。美军在菲律宾和台湾岛上空见识过不少"紫电改"，并赋予其识别代号"乔治"，但是他们还没有充分认识到这一型新战机的性能。J2M"雷电"是一型动力强劲的三菱截击机，其设计目标正是拿下美军重型轰炸机。它的海平面最大速度超过每小时 400 英里，机上装有 4 门 20mm 航炮，足以击落 B-29。盟军称其为"杰克"。"山姆"、"乔治"和"杰克"都是强有力的机型，需要技术娴熟的飞行员来驾驭，而这样的飞行员在日军航空兵中已所剩无几。赤松贞明中尉就是日军最后的几位空战王牌之一，他常年醉醺醺的，在厚木附近的一家妓院里长住。"他常常开着一辆破汽车赶往航空基地，"他的一名战友后来回忆道，"一只手开车，另一只手还拿着酒瓶往嘴里灌，他开起车来就像个鬼。警报声还没停下来，他就从车上跳下来，跳进他已经被机械师发动起来的战斗机。舱盖刚刚关上，他就飞起来了。"⁴赤松在中国和日本上空总共有 8 000 个小时的飞行纪录，最终击落战绩为 27 架。令人难以置信的是，他居然从战争中活了下来，活到 1980 年，终年 70 岁。

对于第 21 轰炸机司令部的 B-29 机群来说，1945 年 1 月是整个战争中最要人命的一个月。飞行员和机组人员用"刺激"来形容日军战斗机的拦截作战。敌机向他们发动迎面攻击，侧面掠袭，炮口喷吐着火舌，对"超级堡垒"的 .50 口径机枪塔似乎不屑一顾。日军飞行员如果无法用枪炮击落一架 B-29，有时他们就会转而采取自杀性的撞击。约翰·恰尔迪在一架 B-29 的机身侧面气泡形窗口处操作一挺 .50 机枪，他击落过几架试图攻击他 B-29 的日军战斗机。他目睹了自己中队的许多友机被击落。"那时我们和另一架飞机并排飞行，那架飞机被击中了，开始下坠。我看到了它最顶上大型气泡窗口里'理发椅子'上的炮手，他就在我们的旁边，看得清清楚楚。他向我们挥手告别。但你什么都做不了。你根本够不着他。这当然会让你大受震动。"⁵

"超级堡垒"只要主要控制翼面没有被打掉，至少还有两台引擎能工作，就有机会返回基地。但是当一架受伤的"超级堡垒"踏上漫长的返程之时，太平洋的巨大空间便开始施展它的淫威。在硫黄岛落入美军手里之前，日本海岸外 1 400 英里的范围内没有安全的跑道可供"超级堡垒"降落。缺乏经验的机组人员会在浓云上、黑暗中发生导航错误，因而不得不耗费更多燃油才能返回正确航线。几乎每次任务中都会有 B-29 坠海，或者是机组人员通过无线电报告说他们正准备控制飞机在水上迫降，但是能够被救回来的逃生机组比例很低。在巨大的蓝色海洋上搜索一个小小的橡胶救生筏，这无异于海底捞针，尤其是在天气不完全晴好的时候。执行海空搜救任务的海军水上飞机航程和续航时间都不足，无法全面搜索距离基地如此遥远的水域。日本南边有救生潜艇，但除非飞机能在晴朗天气下迫降至指定坐标位置，否则潜艇找到被击落机组的机会也很渺茫。受伤的"超级堡垒"纵使历经九九八十一难回到马里亚纳群岛，它也可能坠毁在跑道上，摔成几块，燃起大火。

1945 年 1 月，平均每次轰炸日本的任务都会有四五架 B-29 无法返航，平均损失率为 5.7%。被打得最惨的中队遭到了堪称灾难性的损失。第 873 轰炸中队的 17 架 B-29 损失了 10 架，被击落的 99 名机组人员中有 80 人死亡。美国陆军航空队当时规定飞行人员要执行 35 次作战任务。但官兵们自己会算这笔账。如果每次任务的损失率高达 5%，那么他们平均可以活过不超过 20 次任务。更糟糕的是，B-29 的训练体系尚不足以训练出数量足以保障例行人员轮换的新机组，这就意味着他们飞行 35 次可能还不够。如果损失率无法下降，那么所有 B-29 的飞行员和机组人员就可以认为自己会一直飞到死了。"我们都在撞大运，"恰尔迪说，"有一定数量的飞机肯定是要损失掉的。我们只能赌我们的飞机不在其中。"[6]

士气愈加消沉。B-29 的机组人员们为无法实现自己背负的巨大期望而忧心忡忡。轰炸准确率始终令人失望，这部分是因为日本冬季糟糕透顶的天气。他们的损失很惨重，而且看起来情况还会恶化。汉塞尔告诉他在华盛顿的上级，飞行人员们压力太大了，航空部队指挥官和医生都报告出现了飞行疲劳症的症状。一名 B-29 飞行员对战争通讯员说："我们认为这是值得的，我们必须相信这一点。

但代价也很高昂。我们失去了很多好伙伴，尤其是像大队长和中队长这样的关键人员。"[7]

在执行任务的间隙，飞行人员们几乎无所事事。许多人就这么躺在帆布折叠床上睡觉，或是盯着他们匡西特板棚房天花板上的弧形钢架。在不执行任务的时候，他们都睡饱了觉，他们也确实需要好好休息。即便对于这些身体条件处于巅峰的年轻人来说，他们在往返日本的战斗飞行中所消耗的精力也需要四五天才能补上。在任务前的夜晚，许多人完全睡不着。他们躺在那里，忧心地想自己第二天能不能活下来。

到 1945 年 1 月，美国陆军航空队的计划制订者和分析人员对于继续对日昼间精确轰炸的疑虑与日俱增。在对日本航空制造业目标发动了超过 10 次轰炸之后，只有名古屋的三菱工厂遭到了严重破坏，而且其中还有 12 月地震的部分功劳。对中岛、立川和川西生产中心的轰炸收效甚微。位于东京武藏野的一座中岛发动机工厂已经被汉塞尔的 B-29 机群造访了 5 次，但仍大部完好。"福将"阿诺德和他的司令部计划人员想要在轰炸机挂载的标准高爆"铁炸弹"中混入一些燃烧弹。有些人还提出了更加激进的战术变革，想要向日本城市发动全面的火攻——把整个城市烧成灰烬，而不再区分具体目标。这样的任务能在夜间进行，日军战斗机的威胁也会随之减弱。

汉塞尔反对转为火攻，他坚持认为精确轰炸战术仍然可以在实战中改良："我确信这一点。"[8] 他觉得现在需要的只是一些耐心。磨炼技术、建造机场和支援设施，以及从美国本土搞来更多的 B-29 和飞行人员，这些都需要时间。

在中缅印战场，第 20 轰炸机司令部业已解散，不再发起行动。

此前位于中国和印度的所有 B-29 轰炸机都要被调往马里亚纳群岛，第 20 轰炸机司令部的总指挥也接到命令，要把司令部搬迁到关岛。寇蒂斯·李梅少将先前在欧洲战区时是汉塞尔的下属，但随后晋升了上来，此时已经是汉塞尔的上级了。阿诺德决定让李梅直接负责指挥第 21 轰炸机司令部，汉塞尔则要担任李梅的副指挥。汉塞尔本是阿诺德的红人之一，这位美国陆军航空队总司令做出这一决定也属忍痛，并强调自己并未失去对汉塞尔的信心。只是由于战术调整已是大势所趋，而汉塞尔显然不愿转向大规模火攻战术，因此不得不撤销他的职务。

失望的汉塞尔只好收起他的骄傲，表示说自己对李梅充满信心，但他也婉拒了留下来担任二把手的任命，觉得李梅"并不需要一个副手来掣肘……我自己也不乐意当个傀儡"。[9] 随后汉塞尔飞回美国，接管了 B-29 的训练工作。李梅首先飞到印度的克勒格布尔交出他在中缅印战区的职务，随后在 1 月 18 日回到关岛承担起新组建的第 20 航空队的指挥之责。

日本老百姓对这些 B-29 十分好奇、着迷，甚至是仰慕。无论何时，只要这些遥远的银色十字形飞机出现在头顶上，他们就会涌到街上，伸长了脖子盯着天空。"刚刚开始轰炸的时候，我们都有一种惊喜和好奇的感觉，"东京一名记者写道，"甚至有一点冒险感，还有一点得意，因为虽然只是平民，但我们一样可以分担战争的危险。"[10] 警察和民防长官向围观人群大呼小叫，但是许多人还是过于激动，不愿退回防空洞。他们想要看看接下来会发生些什么。或许有些讽刺的是，老百姓都在讨论这些"可敬的访客"，甚至把"超级堡垒"称为"B 桑"（"B 先生"）。东京有个人用望远镜观察了一支"壮观的"B-29 编队，然后向邻居的孩子们讲述它们的设计细节和作战细节，让孩子们赞叹不已。[11] 后来成为小说家的竹山道雄这样描述在 1 月的一天傍晚飞临首都上空的一支"超级堡垒"编队："它们通体闪着紫色的光芒，从云中飘然而出，排成常见的队形，太漂亮了。在冬天，它们的后面拖着尾迹，如同水母拖着透明的白色触须。"[12]

这些空袭给日本政府的宣传部门带来了大难题。千百万人目睹轰炸机的到来，瞒是瞒不住了。新闻报道便只好在两个相互矛盾的目标间左右挣扎——既要蔑视空袭，说它们徒劳无功，又要激发民众的怒气。于是报纸一方面对轰炸机带来的损伤轻描淡写，一方面又夸大了日军高射炮和战斗机击落的轰炸机数量。"B-29 的送葬之路"，1945 年 1 月 1 日《朝日新闻》的头版大标题如此写道。报道说自从五个星期前美军开始空袭关东地区以来，已有 550 架这种大型轰炸机化为火焰坠落了下来。[13]（截至此时的实际击落数还不到 50。）空袭带来的损失常常被形容为"轻微"，但是却没有更详细的报道。新闻中还常常确认皇宫没有被击中，天皇和皇后安然无恙。

其他一些报道则旨在刺激民众，激起他们复仇的欲望，并促使他们更加努力地为战争而劳动。《每日新闻》的一篇文章写道："只有炸弹落在东京正中央才能惊醒日本人。"[14] 还有报道说美军轰炸机瞄准的是医院和学校。1945 年 1 月 14 日，B-29 扔下的一枚高爆弹落在伊势丰受神宫附近，这是日本神道教最受崇敬的神殿之一。神宫并非轰炸目标，也没有受损，但是《朝日新闻》还是暴怒地指责"敌人残暴的野蛮行径"和"真正的恶魔本性"。一篇新闻头条叫

　　　　　　　　　　诸神的黄昏：1944—1945，从莱特湾战役到日本投降

嚣道："诅咒你们！从现在起，等着瞧！"[15]

自从差不多三年前的杜立德空袭以来，东京的老百姓第一次有机会看到新闻报道和他们亲眼所见的事实有何差别。从火车和公交车的窗户向外看，他们能看见倒塌的住宅和建筑，以及燃烧的废墟。其间满是各种瓷器、衣服和榻榻米的垫子。人们仔细检查废墟，挖出他们的床铺、鞋子和锅碗瓢盆。难民们把他们仅剩的所有家当挑在肩上，或者向邻居兜售：火盆、书、篮子、褥子，还有蓝白相间的瓷罐。另一部分人则由于政府法令而无家可归，拆迁队为了留出城市防火通道而拆掉了整个街区。一名目击者回忆道："那些被从家里赶出来的家庭三五成群站在路边，悲伤地看着苦力们把他们的家拆成碎片。"[16]

1945 年 1 月 27 日，72 架 B-29 由于浓云未能找到主要目标，于是将炸弹投在了东京市中心，炸弹落在了银座区周六逛街购物的人群中，几百人被炸死。在那些目睹了这场惨剧的市民中间，政府所谓的"战斗精神"引发了一阵冷嘲热讽。一个叫清泽洌的人在日记中评论道："日本人的精神催生的想法是，在看见 B-29 时，他们可以用竹枪或者柔道去对付。"[17]

战后，美国战略轰炸调查组对日本社会各个阶层的人士进行了广泛的访谈。其结果令战略轰炸调查组的分析家们得出结论：空袭是摧毁日本民众士气的"最重要原因"。这比其他任何因素都更有影响力——无论是海外的军事失利，还是本土的口粮标准降低——敌机在日本天空的出现，让普通老百姓开始怀疑自己究竟能否取胜，并且希望尽早结束战争。对日本城市的战略轰炸"造成了严重的社会崩溃和精神崩溃，为日本在盟军登陆之前便投降做出了贡献"。[18]

不仅如此，面临空袭时，日本人会更多责怪他们的领导人，而非敌人。"这个时候，日本的地理隔绝以及数百年来的文化隔绝成为不利因素了，"战略轰炸调查组的作者写道，"闭关锁国给日本领导人和人民带来的狭隘性，使他们觉得自己不会遭到攻击，其本土坚不可摧。而 B-29 则粗暴地把他们从安全的幻梦中唤醒了。"[19]

毁灭性的大火自古以来都是日本城市的心腹之患。其中最严重的一次是 1923 年的关东大地震及其后的火灾，这场灾难在东京和横滨摧毁了 70 万栋建筑，造成超过 10 万人死亡——在太平洋战争爆发之前几年，破坏力接近那场地震的灾难还发生过几次。和日本的其他所有大城市一样，东京也极度易燃。商务楼和工厂周围密布着居民区。那些房屋都是用木头、纸板和薄石灰墙建成，屋顶上覆盖着草席。许多房屋还在用煤油灯和纸灯笼照明，人们在炭火盆上做饭。燃气通过埋藏深度浅且易受损伤的管道送到千家万户，供电也是通过低垂的电线。在这样的条件下，日本的消防队就显得人手不足，装备低劣了，他们还是在僵化的地方政府管理下出任务的。战争爆发后，最强壮和最年轻的消防员被抽走，消防队更是雪上加霜。1945 年时，大部分仍然在岗的消防员都是老年人，他们的状态早已不在巅峰，其数量也远远不足以应对大规模的突发灾情。

当 B-29 开始反复出现在日本上空时，当局便开始加倍关注民防了。市民们被要求发誓"遵守命令，抛开私念，防空时相互扶助"。[20] 所有人都被要求随身携带防毒面具，遇到火星乱飞或碎物落下时，要用衣服裹住头脸以防受伤。每个家庭都必须准备一个装满沙子的铁桶，一架梯子，两把铲子，几桶水，拖把，还有湿毯子。社区会组织大家挖掘隐蔽壕沟，在后院里挖防空洞。检查和

诸神的黄昏：1944—1945，从莱特湾战役到日本投降

演习随时都会突然到来，哪怕是午夜。上野动物园的管理方要求把狮子、老虎和其他大型猛兽尽量无痛地杀死，以免它们在空袭摧毁笼子后跑到东京街上伤人。学生们会在操场上进行防空演习。小孩子们则跟着老师唱歌和打拍子来学习防空流程：

> 空袭，空袭，空袭来啦！红的，红的，燃烧弹来啦！
> 快跑，快跑，拿毯子和沙子！
> 空袭，空袭，空袭来啦！黑的，黑的，炸弹来啦！
> 捂住耳朵！闭上眼睛！[21]

　　这样的演习和检查日益频繁而扰民，民众的反感也与日俱增。这时候许多人饭都吃不饱，如此例行民防措施只会徒耗人们的体力。一位筋疲力尽的女性说道："拎着水桶往山上跑，对我来说是一种令人厌烦的愚蠢打仗方式。"[22] 每隔三四个晚上，空袭警报就会把他们从床垫上拖出来，扔进阴冷潮湿的防空洞里。这些防空洞都是老百姓用铁锹和铲子自己挖的，狭窄而且简陋，常常没有灯，也没有地方坐。只要下雨，必定被淹。虚警过于稀松平常，于是当警报和木头梆子的声音响起时，人们只会用枕头盖住头，随它去。当空袭的威胁日益严重时，麻木和抵触反而愈加常见。

　　1943 年末，日本政府开始采取措施，让非战斗人员和非关键岗位工人撤离城市。大规模的人员疏散可以部分化解空袭的危险，这同时也是缓解公共交通压力的一种手段，并且能够减轻从农村收集粮食的负担。这一行动起初只是公共服务部门发布消息，鼓励老人、儿童、孕妇以及身体虚弱的人——任何无法为战争直接做出贡献的人都可归入此类——搬到乡下的亲戚家住。根据日本内阁 1943 年 12 月一份官方声明的说法，"撤离的市民并非仅是从城市撤退和疏散"，而是"会为我们的战斗力做出有益的贡献"。[23] 那些在军工厂或者其他与战争密切相关的岗位上工作的人则不允许离开，除非工厂整体搬迁，这种时候工人就将被迫和雇主、同事一同迁移。一列列特别"疏散列车"从东京开出来，里面满载着面色阴郁的市民，他们把所有能带的东西都带在身旁，其余所有家当则丢在了原地。

从 1943 年初，儿童就开始根据自愿原则撤离城市，但是到 1943 年 12 月时，日本教育省还是开始向城市的学校和父母施压，要求他们把所有小学生送到乡下去。1944 年 6 月 30 日，美军已经登上塞班岛，日本政府宣布他们已经从全国最大的 12 座城市强制疏散了 35 万名儿童。他们被安置在乡村的小旅馆里，会议厅里，庙里，以及被废弃的旅游景区里。[24] 11 月，B-29 的空袭开始了，这时整所整所的学校在老师的监督下乘上喷绘着旭日旗的火车离开城市，孩子们的父母则在月台上挥手道别。到达目的地之后，孩子们会住进拥挤的宿舍，每天 24 小时在集体生活和工作安排中度过。分配给他们的口粮常常不够吃，孩子们也越来越消瘦，营养不良。一位随同他的学生们一起从东京来到长野的老师回忆道："孩子们打开午饭饭盒的盖子，看见里面只装了一半时唉声叹气，真可怜。"[25] 为补充饭食的不足，他们被派出去采集食物，其中许多都只是勉强能入口而已：蕨类植物的种子和根茎，没长熟的蒲公英、竹笋、蜂斗菜、柿子、卷耳、蒿草，还有水芹。他们会捕捉青蛙和蛇，把它们剥皮烤熟，还会在当地的小溪里捕捞淡水虾、鲤鱼和泥鳅。他们还吃蚂蚱、麻雀、蜗牛和油炒甲虫。根据日本厚生省报告，到战争结束时，这些疏散出来的儿童平均每天摄入的热量只有 1 000 卡路里，远低于最低饮食需求。[26]

孩子们每天的生活都是严格规定好的，包括课堂学习和几个小时的重体力劳动。学生们穿着军服，跟在老师后面列队行进。那些低"军衔"的孩子要向高级别的孩子敬礼，而所有人都会根据他们的表现、态度、个人担当以及是否听话而晋升或者降级。他们要参加为出征军人和"神风"队员举行的欢送仪式，给海外军人写信和寄送"慰问包"，以及迎接运送回国的战死军人骨灰。

随着战争的进行，疏散走的孩子们花在课堂上的时间越来越少，为战争服务的时间则越来越多。1944 年 9 月，小矶国昭首相宣布了全民动员令："值此危难之秋，我们的国家不允许有一个闲人或者旁观者，无论其年龄与性别……所有的日本人都是军人。"[27]日本政府发布的一份法令规定，在工厂工作"可视同于教育"，到了 1945 年，那些饱受人手不足困扰的工厂厂长便要求童工们延长工作时间。最小只有 8 岁的小孩子都被送进军工厂做工。还有一些小孩则作为农业劳动力，被派去帮忙收割庄稼。在森林里，大批小孩出去采集松果，想要提炼松油以转化出航空燃油，但这是不可能的。到战争结束时，大约有 340 万学生被动员起来参加工作，许多人每天的正常上课时间只剩下了一个小时。[28]"学校里没多少课了，"当时被疏散到茨城县的 6 年级小学生佐藤秀夫后来回忆道，"我们的主要任务是在操场的角落挖掘一条反坦克壕。"这是一项重活儿，尤其是对于那些力气小，拖不动多少土的小孩子而言。"我们花了三天时间才挖出了一个深度够让老师跳进去的散兵坑，坑的深度刚刚超过头顶。我们被分成组来做这项工作，每个组都负责完成自己的

任务。"²⁹

在与世隔绝的乡下，孩子们只能知道那些教育省想要让他们知道的事情。教师们则受到监控，不能有任何失败主义的迹象。1944年底，日本又发布了一份新的"国防总动员令"，旨在确保"致力于教育使命的人拥有坚定的胜利信念，并努力激发战斗精神"。³⁰ 疏散出去的孩子们被要求每天记日记，这既是为了练习写作，也是为了记录他们最真实的想法和感受。日记要交给老师，而老师的打分依据不仅包括一般的语法、措辞、字迹以及文风，还包括其情感表达是否诚挚、热情。中根美穗子当时还是个 9 岁的小女孩，1945年，她所在的小学整体从东京搬迁到了富山县。她常常会表达出全心全意热爱学习，提升自己，并让老师喜欢自己的心情。在日记里，她保证自己会是个"好孩子"，或者是"更好的孩子"，并且要竭尽全力"成为一个优秀公民"。美穗子热情满满，无论是捡柴火，进行行军训练，采集蒿草，送别新兵，唱军歌，还是迎接战死者的魂灵，都是如此："这真是一件悲伤的事情……我真心感激他们。"她还记录了自己对敌人的可以想见的仇恨："痛恨，痛恨美国人和英国人！他们多可恨啊！我就是这么想的。"美穗子从未抱怨过她少得可怜的口粮，即便是里面长了象鼻虫也没有抱怨，而且日记里常常写她的午饭和晚饭"真好吃"。当她被提升为班长时，她十分在乎这一神圣使命："这样，我就更想当好孩子了，想拿出班长应有的样子。"³¹

由于与生俱来的天真、轻信、适应性，孩子们反而会在他们的父母和老师已经幡然醒悟时仍然保持着对战争的热情。他们并不期望吃得好，因为他们根本记不起那些没有饥饿的时光。他们不介意在军工厂当童工，因为这让他们感觉很了不起，而且还能免于沉闷的课堂学习。为战争制造武器令他们感受到了自己的重要性。收集松果送去炼制航空燃油令他们觉得头上飞过的日军战机之所以能升空，自己也是出了力的。而那些在气球炸弹工厂做工的孩子则听说了关于自己的制品飞过半个地球去惩罚邪恶美帝的神奇故事。他们很喜欢这种壮观的战争，喜欢唱歌和列队行军，喜欢被拉去踩踏和撕碎美英两国的旗帜，喜欢每月一次朗读《教育敕谕》，喜欢每天早上做集体早操，他们裸露着上身（女孩也一样），唱着："消灭美英！一二三四！消灭美英！一二三四！"[32] 他们是最后一批仍然相信电台里播放的大捷消息的人。

"我是在战时出生的，"半个世纪后，佐藤秀夫在一份口述历史录音中解释道，"男孩子们喜欢打仗。战争是他们游戏的主题……这简直就成了一种运动。这和小皮孩子们玩的游戏没什么区别，只是规模大一些。"当他的班级被疏散到茨城县的时候他只有 11 岁。他们被送到一座常常遭到美军舰载机空袭的机场上工作。每次当"地狱猫"和"海盗"战斗机来袭时，秀夫和他的同学们都在操练，他们会笔直地站立在那里一动不动，以证明自己的勇敢，直到坚持不下去为止：

> 如果你看着它飞来，就能在最后一刻滚到一旁躲开。飞机飞得很低，机翼上装着炮，它们速度很快，直冲你飞来，但这也需要时间。如果它们瞄准的是你，你会知道的。你能看见火球飞来，之后才能听见声音。你会学会根据经验判断火球飞来的角度。入射角 45° 的火球最危险。那时候你会本能地闭眼。

他们常常把这称为扫射，但那不是机枪，那是机关炮，20毫米的，它们的每一枚炮弹都会爆炸。那可不像电影里，你只能看见一小团一小团的烟。在稻田里，泥土都被打得飞起来了，那火球会把水稻连根拔起，还会爆炸，"轰轰轰！轰轰！"。

一旦知道它们没有打中你，你就会站起来开始跑。它们飞得很低，飞行员有时候会打开座舱盖，把头伸出来——美军飞行员戴着风镜看着我们。我甚至会向他们挥手。这种事我经历了不下十次。[33]

根据小矶首相"武装一亿人"的国家政策，疏散出去的孩子们都要训练徒手格斗，好让他们也能在即将到来的本土决战中发挥自己的作用。那个被疏散到富山县的9岁女孩中根美穗子用她一贯的热情描述了这种"精神训练"："那十分十分有趣。"她的班级用长枪、木剑和模拟手榴弹进行训练。这些操练和他们的正常文体活动穿插进行，比如闪避球，背人跑，唱军歌，以及捉迷藏。训练时孩子们只穿着内衣，头上扎着画有旭日徽的绑扎带。在"投手榴弹课"里，他们会投掷小球去砸大球，老师说大球代表着敌人的脑袋。之后又是木剑训练："我们向左砍，向右砍。"当美穗子练习用竹枪突刺时，老师会吼叫："扎他们！扎他们！"后来她在日记中写道："这太有趣了。我很累，但我知道了即使是我一个人也能消灭很多敌人。"[34]

收复8个月之后，关岛已经成了20万美军官兵，2.4万原住居民，以及不知道多少（可能有数千人）藏身灌木丛的日军散兵游勇的家。

诸神的黄昏：1944—1945，从莱特湾战役到日本投降

1945 年 2 月和 3 月，在建的主要工程项目清单已经在关岛指挥官的战争日志中用小字号密密麻麻记了 6 页。[35]第 5 海军工程旅的"海蜂"们一直在拓宽和延长道路，安装足以支撑一座美国大城市的供电、供水和卫生设施。阿普拉港新建成了多条浮箱栈桥，防波堤，以及一条 3 900 英尺长的堤道，每月的吞吐量已经达到了 265 艘货船——是战前吞吐量的 10 倍。新建成的四车道柏油高速公路从苏迈延伸至阿加尼亚，现在是岛上道路网的核心。1.6 万原住居民（大部分是查莫罗人）住在岛屿西海岸的三个难民营里。民政部门想要尽快让他们回到自己原先的农田和村庄里，但是在此之前还有许多重建工作要做，而且流窜的日本散兵对外围区域的安全仍然构成威胁。

关岛被称为"太平洋超市"，这个绰号名副其实。战争通讯员厄尼·派尔如此描述他在奥罗特半岛看到的半圆形屋顶的巨大仓库："你在这里可以找到 K 型口粮、木材和炸弹，它们的数量足够养活一座城市，建造一座城市，或者炸掉一座城市。"[36]

关岛上的大部分美军官兵都很闲，只是等着参加接下来的战役，美军费了不少心思来让这些人有事可干。例如在 1945 年 3 月，64 支军人棒球队打了 256 场比赛，50 支篮球队打了 220 场比赛。他们顺利地建立起了球队联盟，有专业的裁判，各种颜色的球衣，巨大的木质比分牌，以及为观众准备的露天看台。每晚都会有 400 处大银幕在放映电影，一个晚上的观众人数估计能有 8 万人。还有一份《岛屿司令部每日新闻报》会分发给超过 10 万人。军队广播服务处（AFRS）一个呼号为 WXLI 的电台每天播音九个半小时。两名前中量级拳王格奥尔基·艾布拉姆斯和弗雷德·阿波斯托利来到关岛举行了一系列拳击表演赛，吸引了大约 3 万名观众。美国劳军联合组织在任何时候都有十多个乐团在岛上巡演，其中火爆剧目《疯女孩》在 3 月 12 日到 30 日之间每天都要上演两场。有四片海滩被专门开辟成了海滨浴场，还布置了更衣帐篷和救生员，平均每天有 4 000 名泳客前来光顾。棒球大联盟的球星从美国本土飞来，在 4 万名军人面前打了 4 场表演赛。根据红十字会前线总会的记录，"我们制订了计划，要为岛上的女军人建设和运营一座 8 床位的美容院，还要建设四五座保龄球场以满足军人们的需要"。[37]

经过长时间的讨论和研究，1 月，尼米兹将军批准了扩建关岛 B-29 轰炸机基地的计划。工程在关岛北部崎岖的高地上的两座大型机场展开，它们分别是北部机场和西北机场，各有两条跑道和满足两支轰炸联队所需的地面设施。到 2 月第一周，北部机场的一条跑道投入使用，第 314 轰炸联队的 180 架"超级堡垒"进驻这里。第二条跑道的地面已经清理干净并完成了部分地面平整工作，但是路面只铺设了 50%。西北机场还未投入使用，但是推土机、蒸汽挖掘机、混凝土搅拌机以及压路机已经来到这里，夜以继日地忙碌起来。

战争通讯员约翰·多斯·帕索斯在这个月来到关岛，走访了一处运动场大小的珊瑚矿场。在那里，蒸汽挖掘机不停地把碾碎的珊瑚礁倒进翻斗卡车里。工人们都戴着面具，以阻挡机械设备扬起的白色粉尘。有个人告诉多斯·帕索斯："他们以前装满一辆卡车需要 40 秒，现在只要 20 秒。"[38] 一眼望不到头的卡车队伍通过一条崎岖的道路开到苏迈—阿加尼亚高速公路上，向北开 4 英里，之后再开过一段盘山公路，来到西北机场那些"泥泞的台地"上。多斯·帕索斯和司机来到这里时天刚黑，但是他们发现工程仍在全速推进。卡车直接把满载的碎石块倾倒在跑道的地基上，推土机立刻过来把它们推平。"铲土机、平路机、压路机，还有各种我们叫不出名字的机器，有序地跟在它们后面。工人们被太阳晒成古铜色的肌肤沾满了白色的尘土，在泛光灯的照耀之下显得一片雪白。"[39]

尼米兹将军的太平洋舰队司令部和李梅将军的第20航空队之间经常为了物资和人力的分配而唇枪舌剑。由于李梅不归尼米兹管，他们的官司常常要打到参联会去。李梅的观点是，攻占马里亚纳群岛的目的就是用B-29轰炸机空袭日本，因此所有的建设和开发工作都应当围绕这一目标进行。海军则反驳说马里亚纳群岛也是1945年即将进行的大规模两栖进攻的前进基地。所有资源都供不应求，各方费了老大力气讨价还价，结果谁都不满意。春季，热带暴雨从天而降——仅3月就有16个雨天，岛上降水量达到6.5英寸，给机场工地上的建筑人员带来无穷无尽的烦恼。[40]当岛屿司令部将两个航空工程营从西北机场建筑工地调往其他"优先级更高"的项目时，立刻有人向华盛顿提出了抗议。

李梅对他在关岛南部和沿岸看到的那些奢侈的休闲设施和娱乐设施大为光火。"他们为岛屿指挥官修建了网球场，还修建了舰队休闲中心，陆战队疗养中心，岛屿间勤务船只的码头，建了世界上所有无关紧要的该死玩意儿，唯独忽略了他们拿下这些岛的最初目的。"他还挖苦说在第21轰炸机司令部得到合适的指挥部之前，岛上可能还需要一个"旱冰场"。[41]

到达后不久，李梅获邀前往尼米兹在方特高地上的住处共进晚餐，这是一处能够俯瞰阿普拉港的小山。这栋漂亮的白色小楼里有四间卧室，一间宽敞的带落地窗的门厅，还有一间适合将领聚会和接待贵宾的餐厅。[42]这地方景致不错，周围种满了花和当地的灌木，还修建了一个掷马蹄铁赛场，专供尼米兹休闲使用。参加晚宴的还有关岛上陆军、海军、陆战队的许多其他高级军官。"我走了进去，看到树枝形吊灯亮着，所有的灯都打开了，餐桌上铺着白色台布，银餐具闪闪发光，凡此种种，"李梅在回忆录中写道，"所有人都站了起来，他们都穿着笔挺的白色制服，大家举杯共饮。"[43] 桌上摆着高杯鸡尾酒和点心，"就像在华盛顿大使馆里的待遇那样"。晚餐很丰盛，有例汤、鱼、烤牛肉、甜点，饭后还有咖啡、白兰地和雪茄。[44]

李梅不厌其烦地告诉别人，他回请海军将领们到他的营地来吃饭，大家在匡西特板棚房食堂里站成一排吃罐头口粮。此举解决了问题："最后他们搞来了我们需要的设施。"[45]

感受到来自参联会的沉重压力之后，尼米兹采取措施，加快了B-29 基地的建设进度。他应"福将"阿诺德的请求，将新的航空工程营运上了岛，即便他们的重装备暂时还落在后面。[46] 这样"海蜂"们就不得不把自己的一部分装备交给航空兵，其他项目的优先级也需要相应调整。船运能力是关键瓶颈，包括装货码头的停泊时间这类看似平凡的因素都是问题。3 月 28 日，太平洋舰队司令部下令"严格限制"出于其他目的而开进马里亚纳群岛的船运，以为第20 航空队所需的物资留出运力。货物的分配规则也由此转变为"最大限度保障'超级堡垒'所需要的弹药和其他物资"。[47] 这一命令引起了各个地方海军和陆战队的反对。在华盛顿，金的副作战部长理查德·S. 爱德华兹将军觉得阿诺德将军"想要从华盛顿操控［第20 航空队的］所有事情，直到把他在前线的人搞得一团乱，然后再指望战区指挥官冲出来拯救局面"。[48]

美军发现整体地形比较平坦的提尼安岛能够容纳多达 8 条 B-29 跑道,而不是攻占该岛之前计划中的 4 条,这多少补偿了一些建设进度缓慢带来的沮丧。于是 6 个海军工程旅甩开膀子,把长长的珊瑚岭挖掉了差不多一半,此举一方面是为了平整地面,同时也是为了开采其中的岩石。提尼安岛的北部机场建成了 4 条可用的跑道,于是这个基地比马里亚纳群岛的其他任何基地都更早完工并交付使用。1945 年 1 月,美军决定同时进行提尼安岛西部机场的开发工作,这将使得美军在马里亚纳群岛占领的三个岛屿中最小的提尼安岛能够容纳足足两支轰炸联队。1945 年 3 月 22 日,西部机场的第一条跑道投入使用。与此同时,勘测人员发现塞班岛的伊斯利机场也能够继续扩建,令其两条 8 500 英尺长的平行跑道能够容纳第 73 轰炸联队的 4 支大队。

3 月初,李梅将军坐稳了他的指挥职位,但他一点也不开心,他对此毫不掩饰。高空精确轰炸始终无法达到预期的效果。在美国陆军航空队选定的 11 座最高空袭优先级的日本飞机工厂中,没有一座被摧毁(虽然有几座厂的产量显著下降)。美军向位于武藏野的中岛发动机工厂发动了 8 次空袭,但是最新的侦察照片却显示这座工业综合体仅仅遭受了 4% 的损伤。由于技术问题,包括发动机故障和导航问题,第 20 航空队一直没能向日本上空派出足够数量的飞机。此时马里亚纳群岛上已经有了 350 架 B-29,但是平均每次出击能飞到日本上空的飞机只有 130 架。[49]

令李梅恼火的是,美国的报纸一直给人以 B-29 正在对日本施加巨大打击的印象。这并不一定是美国陆军航空队新闻官的责任,他们的新闻公报都很符合事实。美国的报界看起来是想迎合读者,展示他们渴望看到的内容——"超级堡垒"正在让"天火"从日本的一头烧到另一头。1945年3月6日，李梅将军对他的公共关系主任圣克莱尔·麦凯尔韦少校说："我们这帮人现在人气太旺了，但该死的轰炸战果却跟不上。"[50]

自从1月上任以来，李梅就考虑要彻底改变战术：高投弹密度的夜间低空火攻。这种战术要在夜间派B-29飞往目标上空，在5 000英尺至7 000英尺的高度上投弹轰炸，这个高度远低于它们2.5万英尺至3万英尺的典型作战高度，如此投弹就可以免受高空喷流的影响，发动机也无须承受长时间爬升带来的沉重负荷。由此节约下来的燃油量将用来携带更多的炸弹——载弹量将达到6吨至8吨，而此前平均只有三四吨。轰炸方式是将集束凝固汽油燃烧弹投放在大面积区域里，这样轰炸精度也就无关紧要了。此外，日军防空战斗机在夜间也没那么危险。鉴于B-29在空中将不会遇到太多抵抗，机上所有的.50口径机枪和弹药都可以移除。这样可以节约重量，而且"至少我们的人不会打到自己人"。[51]李梅分析，由于这一战术出人意料，美军应当可以全身而退。

李梅是个天生的自我驱动者，他后来给人留下一个印象，似乎低空火攻是他的主意。但实际上，华盛顿美国陆军航空队总部的计划人员此前已经表现出了对日本城市进行火攻的浓厚兴趣，并且思考过出动"超级堡垒"进行夜间低空轰炸的潜在优势。作为参联会成员的阿诺德将军已经下令，要对日本的多个中心城市发动一系列"全力尽出"的B-29空袭。（"全力尽出"空袭指的是把每一架维护人员认为可以飞行的飞机全都派出去。）自从B-29开始从马里亚纳群岛起飞作战以来，这里第一次存储了足够执行五六次"全力尽

　　　　　　　诸神的黄昏：1944—1945，从莱特湾战役到日本投降

出"空袭的燃烧弹。第73轰炸联队已经接受了大量的夜间作战训练，包括夜间使用雷达进行轰炸。美军在犹他州的达格威试验场建立了一座模拟的"日本村镇"，使用了日本的建筑材料和技术。进行轰炸试验时，美军混合使用了凝固汽油弹和镁燃烧弹，结果迅速将模拟村镇烧成白地。大家知道日本的城市比德国城市更易于被火攻摧毁，因为日本城市的人口密度更高，而且密集建造的木质房屋也更容易起火。

火攻的主力是M69型凝固汽油子炸弹，它们被裹在装有弹翼的500磅E46圆柱形集束炸弹中。几乎所有这种炸弹都是在位于新泽西州松林荒地里的秘密工厂制造的，工厂地点在大西洋城靠内陆15英里处。每一枚M69子弹药或者"小炸弹"实际上是把一个装满胶冻状汽油的棉布袋子装入一个铅管内。每一枚E46燃烧弹都集中了38枚M69，通过一个由定时引信炸开的束带捆绑到一起。集束炸弹将设定在距离地面2 000英尺处炸开，每一枚子炸弹后面都拖着3英尺长的棉布飘带，确保它们散落在直径约1 000英尺的区域内。一旦触地，第二个引信就会引爆，此时一块发射药就会把一团团起火的凝固汽油溅射到半径约100英尺的区域里。这些半液体汽油滴无论沾到哪里——墙壁、屋顶、人体皮肤——都会附着在那里，以超过500摄氏度的高温燃烧8分钟到10分钟，足以引燃所有日本城市中心那些挤成一团的，由木头和纸板建造的建筑区。

在20世纪30年代和二战爆发之初，美国的领袖们坚决反对从空中对城市进行无差别轰炸。1939年9月，当欧洲陷入战火时，罗斯福总统曾呼吁所有交战国不要"从空中轰炸人口密集区域或者未设防的城市"。[52] 即便是陆军航空队的将领们，也坚持反对对城市的"无差别轰炸"。1940年，"福将"阿诺德发誓："航空队的战略是对军事目标进行高空精确轰炸。对城市使用燃烧弹与我国仅攻击军事目标的政策是相悖的。"[53] 现在，持续了5年的全球性灾难和轴心国的暴行逐渐改变了这些观点。日本和德国首先向无辜民众发动了空中攻击——日本轰炸了上海、南京、重庆和其他中国城市，德国则轰炸了鹿特丹、伦敦、考文垂和许多其他英国城市。1940年德国空军的"闪电战"促使英国寻求报复，皇家空军的轰炸机司令部当年便以其人之道还治其人之身。

对德国城市的无差别恐怖轰炸的高峰是1945年2月13日至14日夜间对德累斯顿市的燃烧弹空袭，此战中估计有3.5万德国平民被烧死。由于对德累斯顿的轰炸看起来并没有明显的军事价值，此战在美国报界甚至是英国众议院都引发了一阵批评之声。美联社的一篇报道写道："盟国航空兵指挥官终于做出了期待已久的决定，对德国的大型人口中心进行有意识的恐怖轰炸，作为一种加快希特勒灭亡的残酷冒险。"[54] 但是史汀生部长否认了美联社的报道，他判定对德累斯顿的轰炸是有军事必要性的。他说："我们的政策从来都不是向城市居民进行恐怖轰炸……我们的努力仍然局限于攻击敌人的军事目标。"[55]

即便是到了现在，到了这场前所未有的残酷战争的尾声阶段，美国的领袖们仍然不愿承认自己放弃了反对恐怖轰炸的政策。因此，对日本城市进行火攻必须要找到一个说得通的军事上的借口。美国陆军航空队的目标选择人员解释说，日本的许多工业生产是在居民区里进行的，那些小型"供应商"或者"屋檐下"工场组成的家庭手工业会为大厂提供零部件。它们据说是大规模火攻轰炸的真正目标。然而就在首次大规模火攻东京之前仅仅三个星期的火烧德累斯顿之战后，盟军受到的道德谴责依旧严重。既然这在德国会招来如此的反对，那么在日本也是一样。后来，李梅承认是日本的战争罪行为这样的轰炸提供了一些正义性，至少对他的心理上是个安慰："我并不希望如此，但我也不会特别顾虑火攻造成的民众伤亡。我不会让这一点影响我的任何决定，因为我们都知道日本人如何对待在像菲律宾这样的地方俘虏的美国人——无论是平民还是军人。"[56] 日军在马尼拉的暴行在全世界面前曝光之后仅仅两个星期，火攻轰炸就拉开了序幕，这并非巧合。

新战术也很危险。在德国上空 5 000 英尺处进行轰炸将会招来毁灭性的战斗机攻击和密集的高射炮火——如李梅所说，"像这样的低空编队将会被德国空军打到骨折"。[57] 但是他愿意赌一把，赌日军夜间战斗机的技术能力和数量都不足以在暗夜中击落 B-29，其高射炮也将会凌乱而无效，尤其是在突袭的影响下。一般认为，与德国相比，日本的雷达指挥的高炮原始而且不准确。但这只是个未经验证的设想；还没有 B-29 在日本上空 8 000 英尺以下的高度执行过任务，仅有的在这个高度的轰炸还是当初对九州岛八幡市钢铁厂的轰炸。防卫东京、名古屋、大阪的高炮数量更多，而且可能更先进。美军还知道，日本人已经训练了至少两支夜间战斗机中队。如果李梅赌错了，那么代价将会是飞机和机组人员的灾难性损失。

根据新闻官麦凯尔韦少校的说法，有多个轰炸联队的高炮专家都警告李梅他是在走向灾难。他们告诉李梅，东京的高射炮部队能够像在射击游戏里打胶合板鸭子那样把低飞的轰炸机打下来。即便是地面上的日军机枪也有可能打中飞机。有个人还预言说每 10 架

"超级堡垒"中会丢掉 7 架。"如果你是对的,"李梅答道,"那若我们低空飞进去,就剩不下多少飞机了。"[58] 李梅是历史上最杀人如麻的杀手之一,但他"发自内心地不情愿"把他的飞行人员送上绝路。他更想要亲自率领此次任务,但是华盛顿已经禁止他这个级别的军官飞越敌占区。在不可避免的条件下损失机组人员已经够糟的了,如果由于地面指挥人员的错误战术决定而损失他们,那就完全是另一回事了:"那时你才真正理解这一点。"[59] 如果任务失败,李梅很可能会被解除指挥权,还会被降回他的永久军衔,他或许就要以一个小小的上校军衔结束他的陆军航空队生涯了。

然而,关键在于,李梅赢得了他的联队长们的支持,他们是在第 21 轰炸机司令部的三个轰炸联队中驾驶领队长机的准将——"罗西"埃米特·奥唐纳尔、托马斯·S. 鲍尔,以及约翰·H. 戴维斯。这三位准将立刻看出了这一任务方案的优越性。狂暴的喷流会远高于他们,5 000 英尺高度上的风速不过 25 节到 30 节,因此投弹飘移的问题便不复存在。能力最强的老手飞行员和机组人员(包括联队长)将驾驶领队的"探路者"飞机,他们将会用投下的燃烧弹在地面画出一个燃烧的"X"形以标示目标。最初的燃烧区就会成为瞄准点。对于后面的飞机而言,导航就是小菜一碟了。日本海岸线两侧的陆地和海洋在机载雷达屏幕上的差异十分明显,因此即使是最没有经验的机组也能毫无问题地找到东京湾,而无须考虑能见度如何。之后,他们只要"朝着我们给出的方向,行驶一段时间,把燃烧弹投下去就行了"。[60]

在 B-29 的轰炸作战中,这还是第一次无须考虑天气因素。如李梅所说:"我们可以说忘了天气吧。我们已经证明,即便是最菜的雷达操作员也能让我们根据陆海分割线飞到东京。如果我们派一些老手在前面飞，他们就会找到目标，然后点火。若真的能让大火烧起来，后来的人就能看见火光，并向那里投弹。"[61]

被选中的轰炸目标是东京的下町区，这里位于隅田川流域，是东京地势低洼的地区，以房屋密集的工人居住区为主。在选择目标时，美国陆军航空队的计划制订人员参考了特勤局——中央情报局的前身——绘制的地图，图中给东京的35个区都绘制了易燃等级。特勤局的评判标准是建筑的密度和材质，他们甚至还收集了战前日本保险公司为火灾险进行的风险评估。之所以选择下町区作为目标，简而言之，就是因为这里比日本首都的任何其他部分都更加易燃。[62]

出击前一天，飞行员和机组人员们在群岛各地机场上拥挤的匡西特板棚房里听取了任务简报。出于保密原因，事先没人知道会采用这个新战术。当作战参谋介绍了详情后，人群顿时安静下来。一名上校告诉他的飞行员们："我们把教科书扔了吧。这次我们不飞编队了。"[63] 他们要挂载多得多的炸弹，却要把.50机枪和机枪手都留在地上。根据塞班岛上第498轰炸大队一名飞行员的回忆，他们听说要在夜间空袭东京的消息后，人群中"一片死寂"。但是当简报官告诉他们要在5 000英尺到7 000英尺的高度上飞越东京市中心时，"机组人群中响起一片嘘声"。[64] 和以往的任务相比，此番他们距离地面要近5英里。

根据联队长的指示，作战参谋们向大家解释了为什么采用如此的新战术，以及为什么新战术预计能够成功。突然性所带来的战术优势有利于美国人，这将令他们得以完成此次飞行任务而损失不会过重。然而并非所有飞行人员都听得进去这些话。晚上回到宿舍后，有人预言说所有出击的飞机中会损失至少三分之一。带着这种其实算是乐观的想法，他们钻进被窝，想要安安稳稳地睡一觉再说。

第二天下午，在北部机场，第 314 轰炸联队的机组人员乘坐罩着帆布车篷的卡车来到停机坪上的飞机旁。这些人登上飞机，开始仔细检查各项设备和功能。机械师转动着巨大的螺旋桨叶，冲洗掉漏出的润滑油。第一架飞机的预定起飞时间到来的 30 分钟前，莱特"双旋风"发动机开始点火。它们喘振、启动、发出轰响，然后如雷鸣般回火，喷出大团的废气。之后，飞机的舱门、舱盖和炸弹舱猛地关上，领队机开始缓缓滑出停机坪，进入滑行道。螺旋桨卷起的尘土飞进了地面人员和跑道两旁众多围观者的眼中，口中，鼻中。这么多大型发动机同时发出轰鸣，令天空和大地都开始颤抖。一名围观者联想起了"印第安纳波利斯 500 英里车赛"。[65] 陆军与陆战队士兵们围坐在跑道旁的石头上，就像是在看一场户外音乐会。

傍晚 6 时 15 分，夕阳已经低垂，指挥塔上方升起一颗绿色信号弹，领队的"超级堡垒"开始起飞滑跑。飞行员把 4 个节流阀推到了最前方，松开了踩住刹车的脚。他调整了方向舵踏板，以保持飞机沿着跑道中心线加速。之后他紧紧握住操纵杆，收住襟翼，好让飞机加速更快。一段时间之后，飞机的速度已经快到无法停下了，此时它要么起飞升空，要么坠毁，不可回头。当时速达到 160 英里时，前轮会抬起，后轮也会渐渐离开沥青跑道。此时副驾驶会拨动起落架开关，支柱和机轮就会向上完全收入起落架舱。第一架飞机刚刚升空，第二架飞机就开始了滑跑。如此往复了超过一个小时。

飞出海岸线之后，飞行员会轻微压低机头以加速，之后缓缓放

　　　　　　　　　　诸神的黄昏：1944—1945，从莱特湾战役到日本投降

出襟翼。这种重型飞机贴着海面掠过，螺旋桨在海上吹出 4 条清晰可见的白色尾流。接下来飞机就开始爬升了，但很缓慢。参加 3 月 9 日这次出击的大部分 B-29 都达到了起飞重量的极限，14 万磅——相当于 70 吨 *。

首批起飞的是驻关岛北部机场第 314 轰炸联队第 19 大队和 20 大队的飞机。40 分钟后，塞班岛和提尼安岛的领队机也开始起飞滑跑。从关岛第一架飞机到塞班岛的最后一架飞机，整个起飞过程耗时足足 2 小时 45 分钟。最后，当天色刚刚黑透之时，334 架"超级堡垒"已然升空，踏上了前往东京的航程。[66]

既然不用编队飞行，那也就无所谓集结了。每个飞行员只要向北爬升到指定高度，再按预定方向飞就行了。在飞往日本的 7 个小时航程中，他们遭遇了一些浓云和乱流，但是这些都远不足以带来危险。在海洋上空 5 000 英尺至 7 000 英尺高度飞行时，飞机的发动机保持在低功率状态就可以了。机组人员们小心翼翼地透过舷窗和气泡形观察窗在暗夜中搜索是否有飞机过于接近的迹象。有一名飞行员回忆说，他在透过花房式的机头驾驶舱全方位扫视天空时总有如履薄冰之感，在四周一片漆黑的情况下担心着另一架 B-29 突然出现在视野里。"相撞的概率看起来非常高。真可怕。"[67]

在打头阵的"探路者"飞机上，雷达手趴在他们的 APQ-13 雷达显示屏上，紧盯着越来越近的本州岛南部海岸线。即便是在一片漆黑中，海岸线也会很清楚地显示在绿色的雷达屏幕上：房总半

---

* 这里的"吨"指的应该是美国人常用的"美吨"或称为"短吨"，一吨相当于 907 千克。——译者注

岛，野岛崎，以及东京湾海岸线凹进去形成的巨大缺口。当"探路者"飞临陆地上空时，他们转向正北，飞过东京湾中央，隅田川入海口，以及码头。天空中云比预期的少，目标上空云量只有约10%~30%，因此领队机的投弹手毫无困难地找到了他们的瞄准点。

接下来的轰炸航线要求他们把节流阀一推到底，同时小角度俯冲以提高速度，这样才能干扰高射炮手的瞄准和追击而来的战斗机的攻击机动路线。飞机的发动机提高扭矩，速度飙升到300节。炸弹舱门随即打开。雷达手紧盯着屏幕，通过耳机和投弹手不断交流。午夜后一刻钟，首批M47炸弹全部投了下去。它们在距离地面100英尺时炸开，迸发出燃烧的白色镁条。火焰组成了一个巨大而耀眼的X形，标示出了大约10平方英里的目标区。一名领队长机用无线电向关岛报告："目视轰炸目标。大火可见。高炮弱，未见敌战斗机。"[68]

当后续飞机来到野岛崎上空时，东京大火的粉红色火光已经出现在了北方的地平线上。当"丁字尺12号"轰炸机飞过隅田川入海口时，小查尔斯·L.菲利普斯上尉看见一片飞舞着的火烧云，映照着下方鬼魅般的橙红色火光。在一片火毯中，能看到一条条暗线纵横交错，那是城市的街道。菲利普斯和他的机组能够闻到烟味，甚至是人肉被烧焦的甜丝丝的怪味。"我们这些坐在前乘员舱里的人真的能看到门框窗框的碎片被气流吹上天。"[69]

当"丁字尺12号"飞入火烧云时，飞机突然被甩向上方。在强劲的上升热气流的推动下，飞机在4分钟内升高了超过6000英尺。菲利普斯把全部4台发动机的节流阀都收到空转，但"丁字尺12号"仍然在上升，"像风暴中的一片树叶"。[70]菲利普斯称这是

"我在超过 7 000 小时的飞行经历中见识过的最狂暴的飞行，最可怕的乱流。机翼似乎马上就要从我们的 B-29 上被扯掉了"。[71]

被卷入这令人难以置信的上升气流的飞机，除了顺势爬高之外再无其他选择。有一位飞行员想要下降，让飞机保持在指定的高度上，但这却意味着要在上升气流中陡降，相对空速会超过每小时 300 英里的推荐最大"标定速度"。有不少 B-29 被掀翻，底朝天，机组人员靠着安全带才没有撞到脑袋，脚下的仪器设备也松动了。如果被掀翻的飞机处于上升气流中，他们就应当飞一个倒筋斗然后改出俯冲。有一位飞行员报告说他的空速超过了每小时 450 英里——波音公司的工程师们认为这一速度会要了 B-29 的命——他们坠落到东京湾上空仅仅 200 英尺的高度才恢复了对飞机的控制。[72]

"丁字尺 12 号"轰炸机投下了全部 M69 集束燃烧弹。飞机瞬间减轻了 6 吨重量，被气流向上抛的速度更快了，高度表指针像疯了一样转起圈来。菲利普斯和他的副驾驶没有系肩带。上升到 1.4 万英尺高度时，上升气流突然消失，飞机又猛地转入了俯冲。两名飞行员都从座椅上飘了起来，就像零重力空间中的宇航员那样。"我们都紧紧抓住，保命要紧，"菲利普斯写道，"这种情况持续了几秒钟。之后我们落回座位上，重新控制住了飞机。进行了一次大坡度左转之后，我们转向了太平洋方向，返程的方向。"[73]

早在第一批飞机抵达前大约一个小时，日本的海岸雷达站就第一次侦测到了来袭的空袭机群，空袭警报随之响起。民防人员立刻走街串巷，用木头梆子通知市民们各就各位。起初，许多人不愿离开他们的床和家，觉得这只不过又是一次虚警罢了。但是当第一批

"探路者" B-29 来到城市上空，以比往日低得多的高度飞过时，它们引擎的轰鸣声把人们吸引到了街道上。抬起头，他们看见了这些巨大的银色轰炸机，机腹倒映着下方橙色、粉红色和紫色的火光。它们的高度只有此前空袭的 1/5 到 1/4。一名目击者回忆道："这些飞机似乎触手可及，它们看起来真大。"[74] 探照灯很快照了上来，高炮炮弹爆炸的火光也出现在了飞机上方。有人看见了 M69 燃烧弹，它们翻滚摇摆着坠落下来，长长的棉布飘带在后面飞舞。

当晚，东京刮起了干燥的大风，因此最初的火灾很快蔓延开来。根据东京消防总局的记录，"探路者"投下首批炸弹 30 分钟后，火势"就完全失去了控制，我们完全无能为力"。[75] 消防队立刻投入了战斗，但是不幸的是，他们的努力却只是杯水车薪，更何况新到达的"超级堡垒"还在继续雨点般投下凝固汽油燃烧弹。风助火势，火借风威，大火包围了木头和纸板建造的密集居民区，从西北方的浅草区到东北方的本所区，从东南面的深川区到西南边的日本桥区——大火如同风暴一般横扫而来，从一座房屋烧到另一座房屋，从一面墙、一处屋顶烧到另一面墙、另一处屋顶，越过狭窄的鹅卵石巷，吞噬了沿途所有可燃的油料，之后变得愈加猛烈。这里的作坊和小型工厂里堆满了可燃的黄油、润滑油和汽油，它们很快就像挨了炸弹一样爆炸开来。一堵堵火墙沿着屋顶和街道肆虐开来，把人们烧死在街道上，或者吞没他们的房屋，甚至不给他们留下逃生的机会。日本内务省出版的一本防空手册提出，"对付燃烧弹攻击时，第一分钟是最关键的"，这当然是正确的——但是这本手册却要市民们留下来救火，而不是赶紧逃离。他们要"向你附近的可燃物泼水，以防止火灾发生后蔓延过来"。[76] 但在如此规模的灾难面前，这样的措施完全无济于事。他们唯一的存活希望就是逃离，而且在选择逃跑方向时运气足够好。

幸存者们后来说，他们陷入了一片突如其来，持续不断的混响之中，噪声如此之大，他们不得不大声吼叫才能让人听到。大火伴随着爆裂、呼啸、噼啪声，以及巨大的咆哮声。火星、未燃尽的木块以及着火的各种东西被旋风卷起，落在人们的头上和背上。周围的温度飙升，而且还在不断上升，如同一个巨大烤箱的门在面前打开。大火辐射出的红外光波烤干了所有能照到的地方，引燃了火焰尚未触达的可燃物。他们脚下的沥青路面变得黏稠、起泡，直至完全熔化。这时候人的本能都是盲目地向远离高温的地方跑，但活下来的往往是做出理智选择的人——跑向最宽阔的街道，或者游泳池、河流，抑或是某个公园。长峰武当时是早稻田大学的学生，他相信自己和自己的家人之所以幸免于难，是因为他的父亲意识到狂风是从西边吹来的，并由此知道了火将会从那个方向扑向他们。于是他带领一家人来到了隅田公园，算定了大火会绕开这里。就这样，他们活下来了。其他人涌进了学校，这里通常也是灾难庇护所——但这一选择却要了许多市民的命。

船户和代当时是个小学六年级学生，靠她父亲在浅草开设的玩具店生活。空袭到来时她和父母及五个兄弟姐妹一起跑到了大街上。他们顺风跑到了砂町，但是大火仿佛同时从四面八方向他们扑来。她父亲领着一家人跑向当地一座公园，却发现他们的道路被大群从另一边涌过狭窄人行桥的人堵得死死的。被迫折返后，他们只能盲目地瞎跑，在这样的大灾难之下，他们一家人不可避免地失散了。"风和火都变得很大"，船户说道：

我们如同身处地狱。所有的房屋都在燃烧，碎块朝我们砸下来。太可怕了。火星四处乱飞。电线闪着火苗落了下来。妈妈背着小弟弟，被风吹得站立不稳，摔倒在路旁。爸爸跟着跳了过去。"你没事吧？"他叫道。这时候义明喊道："爸爸！"我不知道他是想要救爸爸还是想和他在一起，但他们立刻就消失在了火焰和黑烟之中。[77]

大久保美智子当时只有 12 岁，她还带着一个只有四五岁的小女孩，后者一定是在逃离火灾时与家人走散了。美智子拉着小女孩的手说："让我们一起离开这里。"于是她们手拉着手跑了起来。她抬起头，看见一枚燃烧弹正落向她们，"火焰喷射而出，发出刺耳的声响"。小女孩的手从她手中滑脱了。她回过身去，看见了几个被火焰吞没的人："小女孩棉头巾的一块残片飘到了空中。"几十年后，美智子在回忆此事时写道："我永远忘不了她柔软的小手握在我手中的感觉，就像一片枫叶。"[78]

数千人涌向运河或者隅田川。在狭窄的老桥上，无数人同时从两端涌来，想要去往对岸，结果谁都动弹不得，被困在迅速蔓延的大火前。火墙吞没了他们，耗尽了空气中的所有氧气，把这些人全部送下了地狱。他们拼命想要呼吸，但空气已经变得滚烫，于是他们开始窒息、咯血，然后陷入痉挛。许多人跳下了桥，在水里寻得了片刻解脱，但是其他跳桥的人很快就会砸到他们身上，把他们挤下水里淹死。幸存者们回忆说，水里挤满了晃动的人头。"这是一幅地狱般的狂暴景象，实在太可怕了，"消防队员加世勇回忆道，"人们都跳进运河，想要逃离地狱。"[79] 在小而浅的运河里，河水被全部蒸发，死者堆积如山。

浅草观音寺是日本最大、最著名的寺庙之一，1923 年关东大地震和随之而来的火灾中，即便周遭的建筑都被烧成平地，这里依旧安然无恙。此时，数千人涌进了寺庙及其宽敞的大殿，希望寻得庇护。成群的人涌了进来，直到把这里堵得严严实实。更多的人还在不断到来，想要挤进门廊，但里面的人则想方设法把他们挡在外面。当大火逼近庙宇时，火星和余烬开始落在巨大木门外恐慌的人群身上。从 B-29 上扔下来的凝固汽油燃烧弹不断从庙宇上方飞过，有些直接落在了寺庙的屋顶瓦片上。于是这座宏伟的木制建筑也烧了起来。火势迅速蔓延。燃烧的大梁从房顶掉落到被困庙中的人们的头上。想要挤进寺庙的大群人和想要冲出去的恐慌的人群迎头撞在了一起。当空气愈加灼热之时，许多人死于拥挤和踩踏，和寺庙一起被烧成灰烬。

隅田电话交换中心是东京的六大电话交换台之一，这里的规定要求操作人员坚守岗位灭火。操作交换机的都是些年轻女孩子，大部分还是青春期的少女。她们都受过训练，用潮湿的拖把和装在桶里的沙子和水灭火，保护设备。当 B-29 机群从头顶吼叫着飞过，大火吞没了周围的居民区时，操作员们仍在坚守岗位。女孩子们拿着水桶，从浴室甚至是厨房的烧水壶里接水。此时，交换中心的周围竖起了一排粗壮的电话线杆作为支撑，防止大楼在被炸弹击中时倒塌。但是大火烧着了这些木杆，并蔓延到了墙上。由于没有接到撤离命令，工作人员觉得自己必须留在原地全力灭火。"当所有东西都着了火时，还是没有接到撤出办公室的命令，"维护工小林弘泰后来回忆道，"没有命令要你走，你就必须在岗位上坚守到死！事情就是这样。"[80] 夜班主管最后还是发出了撤离大楼的命令，但是对于大部分工作人员来说，这已经太晚了。只有 4 名交换机操作员幸免于难，31 人葬身火海。大部分死者都只有 15 岁到 18 岁。小林是仅有的几位逃出电话交换中心的员工之一。后来，他的老板要他解释为什么逃跑。"但是当他们来查看的时候，发现就连公共电话的硬币盒子都完全熔化了。他们就明白了。"[81]

在火灾区域的中央，也有一些人仅凭运气活了下来。他们找到了一条能迅速逃走的路线，而且逃向了迎风方向。他们都找到了一片开阔区域，那里只要有一条沟渠或者一栋混凝土建筑，或者是高耸铁路路基下的一条安全过道，就足以保护他们免受高温和烈火之害。他们趴在地上，那里的氧气仍然足够呼吸，而且这也能让他们在高温的烘烤下撑到火焰熄灭。六年级的船户和代在一所学校后面的沟渠里找到了藏身之所。他的妹妹一直在哭："好热，好热！"[82]但她们聪明地一直趴在地上，就这么活了下来。有个小男孩躺在一条宽阔马路旁的阴沟里活了下来，路边就是大火。数百人逃进了两国火车站宽阔的铁路调度场，他们在这里找到了开阔地，周围都是些无法燃烧的钢筋混凝土建筑。

筱田友子是一位家庭主妇，她在匆忙跑过押上站时，别人要她待在那里别动。"那里又闷又热，我把脸紧紧贴在地上。地面附近的空气还算凉爽干净。"[83]友子和一个陌生人挤在一起过了一夜。拂晓前后，她站了起来，陌生人却倒在了地下。"我晃了晃他，但他却死了。他们说他死于大火带来的浓烟和高温。"[84]土仓秀三是个工厂工人，他带着他的两个孩子爬到了双叶学校的屋顶上。当火焰逼近时，余烬和燃烧的残骸落在他们的头上，孩子们哭闹着要回家。

土仓则打开了屋顶的储水箱，舀出水浇在孩子身上，还浇灭了自己衣服上的火。然后他把两个小孩轮流泡到水里。"在接下来的90分钟左右时间里，我们一直如此反复。空气太热了，当我把孩子浸到水里又捞回到屋顶上时，他们衣服上的水几乎立刻就蒸发干了。"土仓和他的孩子幸存了下来，没受什么伤。[85]

如此猛烈而范围广阔的大火，燃尽的速度也比较快。到3月10日拂晓，大部分火焰都已熄灭。火灾区域满是浓烟，呛得幸存者们睁不开眼。人们可怜兮兮地拖着脚步，在街道上穿行。他们的皮肤被烧伤起泡，满面污垢，衣服被烧得褴褛不堪，眼睛红肿。有些人蹲在地上却不肯坐下，因为地面仍然有些烫人。城市成了一片闷燃的废土——堆满了灰烬和废墟，其间散布着一些被熏黑、损毁的混凝土墙壁、砖石烟囱，以及钢质护栏。这令那些中老年人回忆起了1923年的灾难。幸存者们走向他们的家，或者说家曾经所在的地皮，但是有些居民区被彻底夷平，地标都已不知去向，他们也就找不到回家的路了。他们看到了城市远方的景观，那些前一天还根本看不见的遥远建筑。

当局随即开始了令人毛骨悚然的清点、收拢和掩埋死者的工作。尸体被像积木那样摞起来。它们被烧得如同焦炭一般，大小只有生前的四分之三，面目全非，无法辨认。男人和女人的尸体无法区分，那些小号的尸体都是些孩子，死在父母的身旁。它们要么被就地焚烧，要么装上卡车集中掩埋，要么送到城市郊区集中火化。穿过屠场回家的路上，筱田友子看到地上有一双黑色的劳保手套。但是驻足仔细一看，她才发现那是人的手。她从一辆消防车旁走过，原本红色的车身此时已被熏黑；同样被熏黑的救火队员全都被烧死在车里。小川寿美回忆，隅田公园已经成了坟场，"一排排都是坟堆。人们挖出大坑，把煤油倒在尸体上进行火化"。[86]清冈美智子当时 21 岁，住在浅草，她当时靠在一堆仍在闷燃的尸堆上取暖。她说："我能看见一只手臂，还有很多人的鼻孔。但那时候我已经麻木了。那气味仿佛永远沾在我身上，挥之不去。"[87]

当局打开了各处被用作庇护所的学校和其他建筑的门，结果只找到了成百上千的死者。在双叶学校旁的一个游泳池里，人们跳进水里以躲避高温和烈火。"那情景太可怕了，"一名目击者回忆道，"我们估计有超过 1 000 人挤进了水池。我们刚刚到那里时，水池里完全挤满了人。现在那里已经没有一滴水，只有大人和小孩的遗体。"[88]

根据东京警视厅的统计，这次空袭造成 8.8 万人死亡，4.1 万人受伤，几乎 100 万人无家可归。大约 26.7 万栋房屋被彻底烧毁。16 平方英里的城区化为灰烬。[89]根据日本政府后来修正的数据，死亡人数超过 10 万，还有些资料则估计人数高达 12.5 万。实际数据已无人知晓，这部分是由于大火烧毁了这一城区的大部分官方户籍记录，部分由于军警人员不愿去清点遗体的准确数量。战后，一名东京官员告诉战略轰炸调查组的审讯人员："那情景太可怕，我已无法描述。空袭后我应该去做调查，但我没去，因为我不想看到那可怕的场景。"[90]3 月 9 日和 10 日火攻东京之战杀死的人数似乎超过了落在广岛或者长崎的原子弹，至少当场死亡的人数是如此。如果死亡人数的最高估算值属实，那么空袭东京当场杀死的人比广岛和长崎的原子弹加起来还要多。这是战争中最具灾难性的空袭，在欧洲和太平洋战场皆如此。此战的死亡人数比历史上任何一次军事行动都要多。

日本媒体隐瞒了灾难的规模。头版新闻都在强调皇宫没有被击中，天皇安然无恙。头条则指责美国进行"盲目轰炸"或者"屠杀式轰炸"。社论说面对着敌人愈演愈烈的暴行，相信日本人民的斗志将会被激起。《朝日新闻》向读者保证："我们为本土决战进行的军力积累不会被敌人这样的攻击所打断。相反，这将会激发我们的斗志，以及消灭敌人的决心。"[91]

在关岛的指挥所棚子里，李梅在地板上踱着步，等候着前线的消息。大部分幕僚都睡了，但李梅却没睡。他一边抽雪茄，一边喝可口可乐。他告诉麦凯尔韦少校他睡不着："可能会出问题的地方太多了。"[92]

关岛时间凌晨 2 点前不久，第一份"炸弹已投下"的电报发了回来。消息令人鼓舞，飞机损失看起来要比预期的少。七个小时后，第一架返航的 B-29 落地，飞行人员报出了他们的结论："东京就像松树林那样着了火。"[93]任务领队鲍尔将军返航时带回了正在蔓延的大火的照片。一艘位于本州岛南部海岸足足 150 英里外的美军潜艇报告说海平线上升起了浓烟。三架 B-29 照相侦察机在 3 月 10 日中午飞到东京上空，在晴空下拍摄了数千张照片。当天深夜，空袭后的照片被送到了关岛的作战控制室，摊放在电灯下方的桌子上。照片显示，沿着隅田川两岸出现了一条灰白色的损毁区域，覆盖大约 16 平方英里的城区。李梅叼着雪茄，脸上"毫无表情"，趴在桌子上，指着照片中的损毁区。"这里全毁了。"他说。他的手指顺着灰白色的带状地带滑动着："这里毁了——这里——这里——这里。"[94]

在起飞的 334 架"超级堡垒"中，只有 14 架未能返回。损失率 4.2%，低于此前任务的累计平均值。鉴于李梅和他的飞行人员担心损失会骤增，320 架飞机安全返回的结果也算是一个惊喜了，这证明了李梅关于日方将会措手不及的理论是正确的。（战后，美国人才知道日本战斗机在狂暴的上升热气流中无法控制；它们甚至无法接近 B-29，更不用说攻击了。）机组人员士气高涨，尤其是在他们看到航空照片显示敌国首都的 1/5 化为灰烬之后。这些照片被放大，标上箭头和注释，钉在了塞班岛、关岛和提尼安岛办公室和任务简报室里的公告栏上。

李梅急于赶在日本人拿出对策之前立刻再来一次闪电攻击。他想要他的飞机在返航当天，也就是 3 月 10 日夜晚前去空袭名古屋，但这是不可能的。奔赴名古屋的第一批飞机在 3 月 11 日下午升空，此时距离空袭东京的最后一批 B-29 返航刚刚过去 30 个小时。空袭名古屋又是一次"全力尽出"的任务：313 架 B-29 起飞，286 架抵达目标。战术和两晚之前在东京时如出一辙。攻击者投下了 1 790 吨燃烧弹，略少于东京的投弹量。由于多种原因的共同影响——风速较低，建筑密度较低，消防队的反应也更有效——名古屋没有遭受东京那样的大灾难。数以百计的起火点未能汇聚成一整片大火场，它们烧毁了"仅仅"2 平方英里的城区。但是，只要别按前一次东京的标准，名古屋的大火也堪称毁灭性灾难。城市多处最重要的工业目标受损或完全被毁。

48 小时内连飞了两次 15 小时的任务，查尔斯·菲利普斯自打受训飞行以来从来没像现在这么疲惫过。"两个晚上之前我们就见识过了这种大火，"他在一封家信中写道，"因此看到像名古屋这样的大城市陷入火海也就不是什么新鲜事了。但这次和上回一样令人敬畏。和上次一样，我们低下头，数着被我们抹平的一个个街区。城市成了地狱。浓烟翻滚而来，我们坐在飞机里都能闻到名古屋燃烧的气味。"[95]

大阪是日本的第二大城市，也是 3 月 13 日的火攻目标。204 架"超级堡垒"飞到城市上空，从低空投下 2 240 吨燃烧弹。浓云遮盖了城市，但这并不影响雷达轰炸的精确度，此番轰炸比先前"更加密集，更加集中"。[96] 大阪城区 9 平方英里的区域被烧成白地。被摧毁的重要目标中包括了大阪兵工厂，日本陆军 1/5 的火炮炮弹便产自这里。大阪上空的上升热气流比四个晚上之前的东京更加凶猛。有一位飞行员形容说："巨大的蘑菇状浓密黑烟几秒钟内就升腾到 5 000 英尺的空中。"第 313 联队有一架 B-29 名为"颠倒号"，这个名称真是名副其实，它被风暴掀了个底朝天，机组人员都被倒挂在肩带上。[97] 它向下俯冲了 1 万英尺——几乎栽到了地面上——飞行员才重新控制住了飞机并返航，最终安全回到基地。值得一提的是，这次任务只损失了 2 架 B-29，另有 13 架受损。

3 月 16 日夜，307 架 B-29 轰炸了神户，一座大型港口和工业中心，日本第六大城市。2 300 吨燃烧弹烧掉了 3 平方英里的城市。日军战斗机的反击比此前几次空袭都更猛烈，但这些截击机也无力发动有效攻击，只有 3 架 B-29 未归。

第五次也是最后一次"闪电"空袭，是 19 日夜再袭名古屋。290 架"超级堡垒"向这座城市扔下了 2 000 吨炸弹。机群向更小的一片区域更密集地投下了燃烧弹和高爆弹。马里亚纳群岛弹药库里剩余的几乎所有燃烧弹全都装到了飞机上。空袭又摧毁了名古屋 3 平方英里的城区，击伤或摧毁了诸如名古屋兵工厂、货运码头、爱知飞机发动机工厂之类的多处高优先级目标。

1945 年 3 月的"闪电"火攻空袭到此便暂时告一段落。参加战斗的所有人——机组人员、后方参谋和地勤人员——都累坏了。必须要暂停一阵子了，否则技术事故就会成为大问题。不仅如此，马里亚纳群岛储存的所有燃烧弹在五次空袭中用得一干二净，补充弹药还要从海路运来。这段时间里，B-29 机队不得不回到拿通用的"铁炸弹"进行传统轰炸的老路上。4 月中旬之前是不可能恢复对日本城市进行火攻了。在这一间隙里，B-29 机群还被强行要求去支援"冰山"行动，即冲绳登陆战。

在 10 天时间里发动的 5 次"全力尽出"燃烧弹轰炸中，B-29 机群总共出击 1 595 架次，向日本投下了近 1 万吨炸弹。空袭在 4 座日本大城市中烧毁了 32 平方英里的城区。首次用燃烧弹夜袭东京时，美军出动了 334 架飞机，这几乎是此前空袭飞机数量的 2 倍。几乎在一夜之间，第 20 航空队的攻击能力就从 50 架飞机的级别骤增至 300 架。机群来回一趟要 3 000 英里，还要在仅仅 1 英里的高度飞越日本防空最严密的空域，而美军的累计飞机损失率只有 1.3%，空勤人员损失率 0.9%。在 5 月至 6 月间，火攻日本的作战还将以更大的规模重启，损失率还将持续下降。

燃烧弹空袭的大获成功，维护并巩固了第 20 航空队在参联会直接掌控下的独立地位。B-29 未来将会执行一些战术任务——最主要的是轰炸九州岛的机场以支援即将到来的冲绳战役——但是李梅现在有了充分的信心，坚持自己应当获准去继续完成抹平日本城市的使命。他计划把他的空勤人员和飞机压榨到极限。他告诉华盛顿的上级，自己的部队到 1945 年 8 月时将能够每月出击超过 6 000 架次。数年后，他觉得如果当时海军能够提供足够的后勤支援，保证他的 B-29 能够以最大力度不间断地空袭日本，这个国家可能等不到 1945 年 8 月就会投降："我想这或许是有可能的。"[98]

18 个月来，日本政府一直在鼓励人们从东京和其他城市疏散。现在这一行动变得一发而不可收了。数十万人无家可归，除了离开城市，他们别无选择，其他许多人出于对灾难再临的担心，也加入了撤离的人流。从 1945 年 1 月到 8 月，东京的人口减少了超过一半。到战争结束时，日本全国离开城市（如果还能称其为城市的话）的逃难市民可能超过 1 000 万人。在城市的工厂中，经理们千方百计阻止工人旷工。东京消防总队给出了确信无疑的意见：首都在这样的空袭面前毫无防御能力。日本人关于必须坚守岗位并救火的原则被抛弃了，无论市民还是当局皆如此。他们现在意识到，最好的生存策略是逃，空袭警报一响就赶紧逃。

3 月下旬的一个下午，一支武装车队载着裕仁天皇开过了皇宫的护城河，天皇视察了被烧毁的"下城区"的废墟。新闻报道中也不得不很直白地承认，空袭造成的损失"不轻微"或者"相当大"。[99]但是日本政府到处都有眼线，大部分日本市民都清楚要闭嘴。"看起来还不算太坏"，在左邻右舍和陌生人之间，只有这样说才安全。[100]

第十三章

在硫黄岛的任务完成后,第58特混舰队回到乌利西锚地短暂休息、维修和补给。庞大的舰队把潟湖北部锚地停得满满当当。夜晚,尽管战时要灯火管制,但据目击者说,停泊的军舰上仍然能看到许多灯火。在巨大潟湖周围的岛屿上,露天剧场每晚都要放映电影。随着战线北移,所有人都打心底里厌倦了灯火管制,灯火管制也日益名存实亡。

3月11日,日落后大概1个小时,"乔克"克拉克将军站在他旗舰"大黄蜂号"的飞行甲板上,听到头上传来飞机发动机的声音。抬起头,他看见了一架绿色的双引擎轰炸机,机翼上绘着红丸机徽。它迅速向停泊在1/4英里外的另一艘埃塞克斯级航母"伦道夫号"俯冲过去。这架自杀机撞中了"伦道夫号"右后方飞行甲板下部,在飞行甲板上炸开了一个直径40英尺的大洞,并在机械车间和机库后部引发了大火。27名舰员被炸死,14架飞机被毁。半个小时后,第二架日军飞机撞上了附近的索尔伦岛并爆炸,炸伤了14人,一些地面设施受损。那个日本飞行员可能是把灯火通明的岛屿误当成停泊的军舰了。[1]

这两架攻击机是从超过1 600英里外的日本九州岛一路飞来的,日本第五航空舰队将此次自杀攻击任务命名为"丹号"作战。当天

诸神的黄昏:1944—1945,从莱特湾战役到日本投降

上午，24 架横须贺厂 P1Y "银河" 轰炸机（盟军绰号 "弗朗西斯"）从鹿屋海军航空基地的主跑道上起飞。其中 10 架飞机由于引擎故障被迫折返或者在其他岛屿上迫降。还有几架飞机在远航途中失踪。下午 6 时 52 分，在飞了 9 个小时之后，领队飞行员电告鹿屋基地，报称幸存飞机达成对乌利西环礁的彻底突袭。第五航空舰队的参谋们对这一报告做出了过于乐观的评估，认为美军肯定有 11 艘航母被击中。[2] 实际上，被击中的只有 1 艘 "伦道夫号"。

这次超远程进攻彰显了 "神风" 自杀战术所特有的优势：无须留返航燃油，作战半径有效提高了一倍。克拉克将军称此次攻击 "胆大包天，很日本"。[3]

三天后，第 58 特混舰队再次出海。大规模的舰队出航花费了大半天时间，5 支半独立的航母特混大队每次一支，鱼贯穿越穆盖水道。他们穿过一片热带锋面向北航行，在恶劣海况和浓云的掩护之下颠簸前进。这些特混大队的指挥官是海军航空兵将领 "乔克" 克拉克、拉尔夫·戴维森、"泰德" 谢尔曼，以及阿瑟·拉福德；小一些的第五支大队（58.5 大队）专司夜间作战，由马特·加德纳少将指挥。第 58 特混舰队司令马克·米彻尔搭乘在谢尔曼第 58.3 特混大队中的 "邦克山号" 航母上。他们的任务是打击九州岛、四国岛和本州岛南部的日军航空兵基地，以图削弱日军航空兵对两个星期后打响的 "冰山" 行动，也就是登陆冲绳之战的反击。

3 月 17 日至 18 日夜间，美军接近九州岛南岸时，日军侦察机在特混舰队周围投下了照明弹。"企业号" 的夜间战斗机击落了两架侦察机，但是雷达却显示，美军舰队外围还有更多侦察机出没。此番，美军便不再有突袭的战术优势了。[4]

日军第五航空舰队司令长官宇垣缠将军，坐镇鹿屋基地的司令部，掌控着各方面的目视报告和雷达侦察报告。远程侦察机确认美军舰队主力在 3 月 15 日离开了乌利西。3 月 17 日日落后，夜间巡逻机接触了美军舰队的先头部队。宇垣心知肚明：猛烈的空袭 3 月 18 日早晨就会落在他的机场上。

两个星期前，东京帝国大本营的陆海两军分部定下了保守使用本土航空兵力的政策。最好和最有经验的飞行队都要留到登陆舰队接近日本海岸之时再出击。仅仅"航母空袭"到来时是不会动用他们的。即便美军舰载机出现在本土上空，日军飞行员和飞机也应当尽最大可能避免接战，"应避免主动作战，以保存实力"。[5] 换言之，日军航空兵将会保存自己，来日再战，即便任由其机场遭到肆意空袭也在所不惜："原则上，不要为战略要点的防空投入反战斗机作战，除非条件格外有利或者迫不得已。"[6]

但是宇垣从来不接受这种任人宰割、安于自守的策略。他预计美军战斗机的扫荡会严密压制日本南部的航空兵基地，令其无法飞往外海侦察，也就无从知晓登陆进攻是否会到来。当第 58 特混舰队向九州岛东面的起飞点航行时，宇垣担心美军的航母空袭"会没完没了，我们即便想要保存实力也保不住。我没法坐等着看〔飞机〕被摧毁在地面上"。因此，宇垣利用他个人的权威做出了决定，第五航空舰队"全力以赴"发动反击。[7]

3 月 18 日拂晓前，在九州岛南端以外 90 英里处，美军航母放飞了 130 架"地狱猫"和"海盗"战斗机。这第一批战斗机扫荡部队在空中未遇到对手，飞行员在地面上也没见到什么飞机，于是只好扫射一些地面设施了事。大约 40 分钟后，轰炸机群来了，里面有 60 架俯冲轰炸机和鱼雷轰炸机，由 40 架战斗机护航。当天下午，第二轮空袭深入内陆，攻击了九州北部的机场。飞行员们返航时宣布在空中击落 102 架敌机，在地面毁伤 275 架敌机。[8]

海岸外的美军特混舰队发现自己身处低垂的浓云之下，云底就悬在飞行甲板上方仅仅 500 英尺处。这在战术上是十分危险的，因为日军飞机可以借此躲避巡逻战斗机，在高射炮来得及做出反应之前突然穿出云层冲下来。"企业号"的前部升降机吃了一枚重磅炸弹，"勇猛号"也受了轻伤，一架 G4M 轰炸机落在其近旁的水面上。下午 3 点刚过几分钟，"约克城号"航母（第 58.4 大队拉福德将军的旗舰）的通信舰桥右侧也被击中。所有三艘航母都控制住了损伤，但是面对如此决心坚定而且技术娴熟到出人意料的常规轰炸（非"神风"攻击），舰员们心里直发毛，这看起来意味着日本人为战争的高潮而保留了一些最优秀且最有经验的飞行员。

第二天上午，这一想法就得到了证实。当时一支大规模攻击机群起飞扑向停泊在濑户内海的吴港和广岛港的日军军舰。攻击机群此番打得十分艰难。在四国岛北岸的松山机场上空，两个中队的"地狱猫"战斗机从后方和上方遭到了日军战斗机的伏击，来者是精锐的第三四三航空队，他们驾驶的都是高速而动力强劲的川西N1K2-J"紫电改"战斗机。1945 年 3 月 19 日在松山上空的格斗中被击落的美军飞机数量不明，但日军宣布自己击落了超过 12 架美机。余下的美军飞机还将在吴港上空遭到进一步的沉重打击，那里的高射炮火十分猛烈。SB2C 和 F6F 投下炸弹，命中了多艘日军军舰，但无一击沉。这天，美军损失了 60 架飞机。

与此同时，一支日军攻击机群也迎头飞向美军特混舰队，在四国岛南岸外不远处找到了目标。2 000 英尺高度上的断云再次令敌攻击机得以甩脱美军战斗空中巡逻机，米彻尔形容这一情况"对敌人堪称完美……雷达再次无法应对"。[9] 大批熟练飞行员驾驶的轰炸机俯冲到戴维森将军第 58.2 特混大队中央的大型航母上空。早晨 7 时10 分，"黄蜂号"遭到沉重一击，炸弹穿透 3 层甲板之后爆炸，炸死了差不多 100 名舰员。几分钟后，一架横须贺 D4Y"彗星"俯冲轰炸机在"富兰克林号"正上方大约 1 000 码处穿出云底，赶在美军炮手来得及反应之前投下了两枚 250 千克炸弹。致命的落弹穿透了"富兰克林号"的飞行甲板，穿入了舰体深处。结果是灾难性的。"大本"[*] 遭受了太平洋战争中所有其他未沉航母都没有遇到过的严重爆炸和火灾。数百人被当场炸死，有些人甚至可能还没有意识到航母遭袭就命丧黄泉。

　　攻击来得如此突然，以至于舰桥上的舰长莱斯利·格雷斯上校都没有见到那架敌机和它投下的炸弹。"富兰克林号"当时正在放飞飞机。停机位上的炸弹和已经装填好的机枪弹被爆炸引燃，并发生了连续爆炸。有几架 F6F"地狱猫"挂装了"小蒂姆"火箭弹，它们也被点着，从损毁的飞机上发射了出去。根据副舰长乔·泰勒中校的说法："火箭弹呼啸着，有些射向右舷，有的射向左舷，还有些沿着飞行甲板飞去。这些武器从近旁呼啸而过，是一个人有幸得见的最恐怖的场景。有些火箭弹直飞了出去，有些则跌跌撞撞从一端飞到另一端。每次有一枚火箭射出，前方的救火队员就会本能地卧倒在地。"[10] 救火队员们不得不寻找掩护，这就妨碍了他们灭火

---

* 　"富兰克林号"全称是"本杰明·富兰克林号"，昵称"大本"。——译者注

的努力。

在特混舰队的其他舰上，旁观者们举起望远镜看向了爆炸的航母。旗舰在至少 15 英里外的拉福德将军，注意到了蘑菇云和他所见过的单艘军舰升起的最大的烟团。"我们无法相信遭受如此劫难的船上还有人能活下来，"他说，"我心里已经在对我的同学戴维森将军和我那身为'富兰克林号'舰长的朋友莱斯利·格雷斯上校告别了。"[11] 在 12 英里外的"约克城号"上，舰桥上的一名军官数出了 9 次巨大爆炸。一名战友说："就这样了，兄弟！我们可以和'大本'说再见了。"[12]

但是格雷斯舰长选择拯救自己的军舰。巡洋舰"圣菲号"靠到侧舷，接走了许多幸存的舰员，包括戴维森将军和他的幕僚班子。（他把将旗迁移到了"汉考克号"上。）救火队奋战了四个小时，直到上午 11 点，火势才被控制到能让巡洋舰"匹兹堡号"开过来拖曳"富兰克林号"的程度。很快，这艘被打得不像样的航母就开始以 3 节航速向南航行了。[13] 次日凌晨 3 点，在昼夜不休的拯救之下，"大本"恢复了动力，能够用它自身的蒸汽开出 20 节航速了。斯普鲁恩斯让这艘舰返回乌利西，继而去往珍珠港，再进行 1.2 万英里的远航开回纽约，用的都是它自身的动力。

在它沿途的每个港口，人们都向它行注目礼。"富兰克林号"已经成了废墟，到处都被熏黑、破烂不堪，一副可怜巴巴的样子。它飞行甲板上有一些无法辨认形状的焦黑的钢块，那是它舰载机的最后痕迹。（火焰如此猛烈，飞机的残骸都熔化进了舰体，甩都甩不掉。）"富兰克林号"的伤亡清单中有 807 人死亡，超过 487 人负伤，几乎是其舰员总数的一半。正如切斯特·尼米兹后来总结的那样：

"在第二次世界大战中，甚至在整个历史上，没有其他哪艘受到如此重创的船还能浮在水面上。"[14]

在日本南部外海的两天空袭中，第58特混舰队攻击了日本的机场、港口和战舰，在空中和地面摧毁了大约400架敌机，但是自身也遭到了残酷的打击。6艘航母被击中受伤，其中3艘（"企业号"、"黄蜂号"和"富兰克林号"）需要回到后方基地进行大修。3月20日，米彻尔决定撤出这一区域，不再进行第三天的空袭。受损军舰在强大护航兵力掩护下被送回乌利西，其余军舰则在冲绳岛东南150英里海面上与勤务中队会合，加油装弹。第58特混舰队是无法休息的。即将于4月1日开始的"冰山"作战，即登陆冲绳之战，还需要舰载机大队的支援。[15]

太平洋上每一场登陆战的规模都比前一场更大，这已经成了一个铁律。冲绳之战是战争中最后一次两栖作战，因此，它的规模也超过了先前任何一次登陆。地面部队拥有来自陆军和海军陆战队的18.3万战斗部队，此外还有12万勤务部队和工兵部队。运输和后勤舰队拥有超过1 200艘船。这还不包括第58特混舰队和英国太平洋舰队的大约200艘军舰，它们将为作战提供空中掩护。冲绳岛距离旧金山6 100英里，距离硫黄岛850英里，距离马尼拉920英里，距离关岛和乌利西均为约1 400英里——但距离日本本土只有330英里。盟军部队将在一条长到前所未有的补给线末端，在处于敌人不间断空袭之下的水域中，一连作战几乎三个月。"赖着不走的舰队"（水兵们这样称呼舰队）每个月都要烧掉600万桶燃油。所有这些都要经由商用油轮和舰队油轮送到战区。

出于保密原因，只有高级指挥官及其幕僚才知道到底有多少船只参加作战。中下层官兵只能靠猜，他们试着数清海平面上的船只，但这就像在晴朗的夜空数星星一样根本不可能。

从 1945 年 3 月 23 日，也就是登陆的一个星期之前起，第 58 特混舰队的舰载机就开始时常出现在冲绳上空。它们在这里进行轰炸和扫射，照相侦察，以及战斗空中巡逻。透过浓云的缝隙，"约克城号"一架 TBM"复仇者"飞机的机组人员看见了"一座迷人的小岛，有起伏的山峦，绵密的森林，沿着山坡向下，则是如方格被子一般褐色和绿色交织的农田地块"。[16] 这座岛屿的经济主要局限于渔业和农业，主要的作物包括甘蔗、稻米、甘薯、甜菜、大麦和卷心菜。岛屿的中央平原和相当一部分山坡上满是甘蔗田、梯田和水稻田。只有山顶还保留着浓密的森林，长满了槲树和常绿的松树。岛上的道路都是些土路，宽度足够马车通行。不起眼的小村庄散布四处，覆盖着茅草屋顶的石头房子紧紧挨在一起。朝西的山坡上点缀着形如七弦琴或者锁眼的石头墓碑，其中许多显然被纳入了日军的筑垒体系。

冲绳岛长约 60 英里，宽 3 英里到 15 英里不等，面积约 480 平方英里。岛屿北半部地形崎岖，森林密布，人口稀疏。战前大约 80% 的人口住在岛南 1/3 的面积上，那霸和首里两座城市都位于这一区域。第 58 特混舰队的飞机攻击了读谷、嘉手纳、浦添、那霸的岛上主要机场，所有的跑道都被炸得坑坑洼洼，日军看起来已经放弃了对这里的防御和修复。机场上几乎见不到日军飞机，除了残骸。1944 年 10 月，第 3 舰队的航母空袭毁灭了那霸市，城区大部分被烧毁，居民也流落各地。在岛屿最南端地区，地形崎岖，遍布着断崖、高山、深谷、峭壁和天然岩洞。在南侧海岸，陡峭的悬崖紧挨着岩石海滩。岛上仅有一条铺平的公路，就是连接那霸和首里的双车道高速路。

美军航母的飞行人员来此拍摄了数千张照片。冲绳是个人口大岛，他们知道这一点，1940 年时岛上人口 80 万人——但是现在，当他们从飞机向下看时，却几乎见不到人。尼米兹的情报分析人员估计岛上日军为 6.5 万人。实际数字接近 10 万——但是从空中难以确定碉堡和火炮阵地的位置。[17] 然而在岛屿南部首里周围的群山上空反复盘旋之后，目光锐利的飞行员们还是逐步辨别出了一条由严密伪装的堡垒组成的横跨东西海岸的绵亘防线。3 月 25 日，米彻尔电告里奇蒙·特纳中将："从照片上看，整座冲绳岛似乎布满了洞穴、隧道和火炮阵地，尤其是道路沿线。能看到坦克和装甲车辆出入山洞。这里会很难打。"[18]

虽然说冲绳是日本的一个县，但是岛民们在文化、血统、语言上和日本人都不一样。总体来说，冲绳人比他们的北方邻居个子更矮，脸也更圆一些。几个世纪以来，这座岛屿一直是琉球王国的国王所在地，其统治区域覆盖整个琉球群岛。年轻的冲绳人会在学校里学习日语，而且说得很流利，但是老人和文化程度比较低的居民还是只会说冲绳话。日本兵们总是把当地人视为下等人。太平洋战争爆发之后，日本人要求数十万冲绳人撤往台湾岛和日本本土，数万日军则在这几年里陆续来到岛上，因此 1945 年时冲绳的总人口为 45 万至 50 万人，其中 10 万人是日本军队或者受日军指挥的当地民兵。

所谓"南西诸岛"从琉球绵延至台湾，长达 800 英里。作为其中最大、最重要的岛屿，冲绳正处于战略十字路口上。这里距离台湾岛、中国大陆和九州岛的距离都差不多，飞机从此地出发，可以轻易覆盖这些地方。若落入盟军手中，这座岛屿就可以成为进攻日本的后勤中转站，同时岛上还有大量土地适合建设大型机场和港口。这里的机场能够让盟军航空兵控制东海上空。岛屿本身也将会被用作重要的作战基地和进攻九州的跳板。

美军部队由第 5 舰队司令斯普鲁恩斯将军统一指挥，他一直主张进攻冲绳，并说服了尼米兹和金。特纳将军指挥运输船队和联合远征军。他麾下的舰队被统称为第 51 特混舰队，包括旧式战列舰，护航航母，执行护卫任务的巡洋舰和驱逐舰，数百艘突击运输舰，数千艘登陆舰艇，扫雷舰，医院船，和数不清的其他辅助舰船。作为美国海军不可或缺的两栖战专家，他自从 1942 年瓜岛战役以来率领了一次又一次的两栖战，"恐怖特纳"是少不了的。但是这位将军已经身心俱疲，脾气也比之前更大了。一个公开的秘密是，特纳每晚都要喝得酩酊大醉，这可是明文禁止的。斯普鲁恩斯、尼米兹和金都知道他泡酒坛子的事，但是大家都认为他会比其他任何人都干得更好，也就随他去了。

登陆部队被编组为第 10 集团军。由美国陆军的小西蒙·B. 巴克纳尔中将整体指挥。这支部队的主力是陆军第 24 军，包括三个步兵师（第 7 师、第 77 师和第 96 师），由约翰·R. 霍奇少将指挥；以及第 3 两栖军，下辖海军陆战队第 1 师和第 6 师，由罗伊·S. 盖格少将指挥。另外还有陆军和海军陆战队各一个师被留作海上预备队。英国太平洋舰队被编为第 57 特混舰队，负责掩护冲绳和台湾之间的南方海域。这支舰队编有 4 艘航空母舰，2 艘战列舰，以及 15

艘护航舰艇，规模和实力相当于美军一支航母特混大队。其指挥官海军上将布鲁斯·弗雷泽爵士直接向斯普鲁恩斯将军汇报。由于英军舰队的海上加油和补给能力未臻成熟，它还需要严重依赖美军的后勤支援。

冲绳岛周围的海域水深通常不超过 100 英寻*，很容易布雷。岛屿附近水域被布设了超过 1 000 枚锚雷或漂雷，正是这一威胁导致了 1945 年 3 月 26 日驱逐舰"哈利根号"在那霸以西水域的突然沉没。到"L 日"［也就是计划登陆日期 4 月 1 日，称之为"Love Day"（"爱日"），缩写"L 日"］之前，美军扫雷舰已经清扫了冲绳周围的 25 万平方英里海域，包括岛屿近处浅水区的 6 个主要雷场。由于需要近岸作业，这些扫雷舰理论上很容易受到岸炮的攻击——但是在大部分情况下日军没有向它们开火，这可能是为了避免暴露其海岸炮的位置。扫雷舰完成任务后，会布设无线电浮标，以标示出安全通道。

3 月 26 日，也就是 L-5 日，第 77 步兵师的 3 个营在冲绳岛南部西侧 15 英里外的庆良间列岛登陆。由 500 名左右日军组成的小规模守备部队很快被打垮。这个小岛群的多山岛屿并没有适合修建机场的地方，但是其最大的岛屿（渡嘉敷岛）和西边 5 个小岛之间形成了一块南北延伸的半封闭内部水域。这处"庆良间锚地"足以容纳大约 75 艘吃水二三十英寻的大型船只，它将被用作舰队的前进锚地。其狭窄的入口处将布置防御，以免敌人潜艇进入。主要锚地西侧是一片适合用作水上飞机基地的区域，在这里，只要不是最恶劣

---

*   1 英寻 ≈ 1.8 米。——编者注

           诸神的黄昏：1944—1945，从莱特湾战役到日本投降

的海况，长长的卷浪都不会妨碍水上飞机的起飞和降落。3月27日，几十艘辅助船和修理船开始在此锚地下锚。在这处距离冲绳登陆滩头只有数英里的防风浪水域里，一支浮动的后勤舰队将能在漫长的战役期间为前线部队提供燃料和弹药补给。一支救援和维修大队将在这一距离冲绳不到一小时航程的前进阵位上为舰队提供应急舰船维修。庆良间登陆战还带来了一个意料之外的红利：美军在这里缴获了350艘还没有来得及扑向美军舰队的"震洋"胶合板自杀快艇。

3月31日，另一支部队在冲绳以西仅仅8英里处的神山岛登陆。这令美军的155mm火炮可以直接攻击冲绳岛的目标。

在登陆前的这整整一周时间里，日军从南九州和台湾的航空兵基地向美军舰队发动了接连不断的空袭。盟军的情报人员和航空分析人员试图判断出日军残余空中威胁的规模和恢复能力。他们的意见极不一致，对日本本土作战飞机数量的估算差异很大，少至约2 000架，多则约5 000架。从九州到冲绳的单程飞行距离不足400英里，空中威胁无论如何都不容忽视。盟军阵营中无人敢说知道日军到底有多少老手飞行员还活着而且能升空，但3月18日至19日的空战已经证明至少还有一批这样的人存在。当第58特混舰队在3月19日退出那场战斗时，宇垣的第五航空舰队首次成规模地使用被称为"樱花"的人操自杀弹向敌人发动进攻。19架G4M轰炸机从鹿屋基地起飞，每架飞机都挂载了一枚火箭推进的"樱花"弹，自杀弹座舱里坐着一名飞行员。轰炸机要把它们带到距离美军舰队40英里之内的地方，"樱花"将从机身下投下，向美舰发起撞击。但是美军舰队的雷达捕捉到了这支日军机群，"地狱猫"战斗机赶来截击，它们在日军还没有来得及发射"樱花"的时候，就在舰队的

60 英里外将 G4M 轰炸机全数击落。每一枚"樱花"重量超过 2 吨，这一沉重负担令轰炸机变得缓慢而笨拙，因此很容易击落。日军此前还从未认真考虑过"樱花"的这一"阿喀琉斯之踵"——笨重、超载的母机很容易在抵达发射距离之前被拦截击落。

3 月 26 日午夜刚过，驱逐舰"金伯利号"遭到了两架爱知 D3A 俯冲轰炸机的撞击。舰上的高炮击落了一架飞机，但另一架撞中了它的尾炮塔基座，炸死炸伤超过 50 名舰员。这艘舰在庆良间锚地简单修补之后，返回加利福尼亚州进行维修。第二天，"神风"自杀机接二连三地发动了一整天的空袭，命中了美军战列舰"内华达号"和"田纳西号"，轻巡洋舰"比洛克西号"，还有其他几艘驱逐舰、运输船、扫雷舰和布雷舰。3 月 31 日，登陆前一天，斯普鲁恩斯将军长期以来的旗舰"印第安纳波利斯号"重巡洋舰遭到一架中岛 Ki-43（盟军绰号"奥斯卡"）战斗机的攻击。俯冲而来的日机在撞上军舰左后方之前一瞬间投下了炸弹，炸弹击穿了冷凝器舱和食堂，在军舰的油槽旁爆炸。该舰在庆良间简单修补后奉命回国维修。斯普鲁恩斯把将旗转移到了战列舰"新墨西哥号"上，这艘舰对"神风"攻击也不陌生。根据他的副官查尔斯·巴伯上尉的说法，斯普鲁恩斯展现出了标志性的超然态度："他只是对于在登陆之前失去'印第安纳波利斯号'以及自己无法在这艘舰上观察战斗而十分失望，除此之外我看不出他有任何反应。"[19]

L 日前的 72 小时里，海军炮击大队将高爆炮弹倾泻在岛屿西岸的渡知具海湾沿岸的登陆滩头上，位于那霸以北 11 英里处。和以往的两栖登陆一样，火力支援任务中出力最大的还是那些"德高望重"的"OBB"——"老式战列舰"——其中有不少在珍珠港之战中失去了战斗力，后来又被捞起重建。这些老舰太慢，无法和航母特混舰队协同作战，但它们打出的重拳却一点也不含糊。这些老舰由莫顿·L. 德约少将指挥，他的火力支援大队还有 9 艘巡洋舰，23 艘驱逐舰，和 117 艘加装了火箭发射器和迫击炮的步兵登陆艇（LCI）。在登陆前的最后 24 小时里，德约的舰队向冲绳岛上的各个目标发射了 3 800 吨舰炮炮弹。炮击日夜不停，全面彻底，无休无止，有时并没有瞄准任何特定目标，而只是随机选择一块区域进行炮轰。一个驱逐舰水兵想知道为什么要整夜进行这种凌乱的炮击，别人告诉他："这是要让日本人睡不着。"[20] 那些在岸上承受如此巨量弹幕的人，称其为"钢铁台风"。

事后看来，大部分炮击都浪费了。冲绳南部几乎所有的村庄都被炮火夷平。登陆海滩内陆的机场即便已经被日军放弃，而且早已无法使用，也还是被炸成了月球表面——新弹坑落在旧弹坑上，一层叠着一层。

突击部队被告知要做好在登陆海滩上遭到凶猛反击的准备。根据第 10 集团军的作战预案，日军在登陆区布置了一个坚固设防的联队，而且敌援军很快就会抵达。美军第一批登陆编队将会遭到猛烈的火炮、机枪和迫击炮打击。在海滩的高潮位线上方矗立着一座 6 英尺高的防波堤，进攻部队不得不用木梯子爬上去。通过这道障碍之后，他们就要向着拥有"猛烈机枪火力"的碉堡和有掩护的堑壕冲锋了。[21] 冲绳岛的"爱日"，恰好又是复活节和愚人节，美军预计这将会是个伤心的日子。第 1 陆战师的官兵们被告知要做好在海滩上伤亡 80% 到 85% 的准备。[22]

一支独立的火力大队和进攻师（第 2 陆战师）奉命绕到岛屿东

南海岸，这是一次伪装"大游行"——他们将进行模拟登陆，以引诱日军将援军派往岛屿此处。这是整个太平洋战争中规模最大、最逼真的此类佯动，也只有在太平洋战区运输船和登陆舰艇空前充裕的此时才做得到。日军指挥官显然中了计，他们后来报告称自己在那一片海岸击退了一支大规模登陆部队。

4月1日拂晓前，登陆兵们从床铺上起来，开始了他们熟悉的D日流程——收拾背包、卡宾枪、弹药、饭盒和其他装具，给枪支抹油，磨刺刀，排队排到船头，以及狼吞虎咽地吃下他们传统的"死刑犯早餐"提供的牛排煎蛋。每一支部队都混合着新兵蛋子和百战老兵，这一点陆军和陆战队都一样。几乎所有士官都打过至少一场两栖登陆战，许多人更是打过两次或者更多。他们知道会发生些什么，并把他们的知识经验分享给了新兵们。巨舰大炮开始向海滩后方的区域猛轰，包括读谷和嘉手纳机场。即便是老兵们也被如此宏大的炮击惊到了。尽管见识过先前的作战，他们还是怀疑是否有活物能从如此凶猛的火力之下幸存。他们看着四周绵延至海平线以外的几乎无穷无尽的船只，感到不可思议。一名陆战队员说道："我们舰队的巨大规模令我信心十足。"[23]

这一天风和日丽，天上有一些云彩，轻微东北风，海面平静。气温约24摄氏度。那些在热带高温和南太平洋雨季里打过仗的军人很欢迎这种凉爽的天气。乘坐运兵船从乌利西开来的途中，天文爱好者们能看到南十字星座一晚接一晚地沉向南方海平面，直到最终消失。（南十字星座被绘在了第1陆战师的肩章上。）登陆部队领到了羊毛衬里的拉链野战夹克，这种战斗服在所罗门群岛和帕劳群岛根本用不上。

诸神的黄昏：1944—1945，从莱特湾战役到日本投降

当岛屿的东方露出第一道曙光时，突击部队沿着吊绳网来到了下方等候着的希金斯登陆艇上，每个人都紧挨着相邻战友在条凳上落座。艇员们操纵着满载的登陆艇来到海上进攻发起线附近水域，引擎空转，排出的废气在海上飘荡。登陆艇紧紧趴在海面上，海浪扑打着侧舷上缘，时不时还灌入艇内。舰载机在上空盘旋。战役的巨大规模和芭蕾舞般的复杂性令登陆部队官兵惊叹不已。

上午 8 时 30 分，指挥艇上升起信号旗，第一批登陆艇的舵手打开了油门。登陆艇们越过战列舰和巡洋舰，彼此间保持着 100 英尺的横向间隔，沿着前方登陆艇的尾流稳步开进了笔直、狭窄的航道。打头阵的是炮艇，它们一边前进一边用火箭弹和 3 英寸舰首炮开火。紧随其后的是引导艇，艇上飘着彩旗，以标示不同的登陆滩头。它们长长的白色尾流彼此完全平行，就像梳子的梳齿一般。一名观察员发现第一批登陆部队"带着一股中世纪战争的色彩和宏伟感，看不到边的部队打着旗帜向前推进。在早晨宁谧的阳光下，这真是一幕令人难忘的景象"。[24] 塞缪尔·埃利奥特·莫里森站在"田纳西号"的甲板上看着这一幕，他形容 40mm 曳光弹"就像一团团白色火球，看起来似乎就要落在登陆艇中间了，但它们低伸的弹道还是令其飞到了海滩上"。[25]

沿着 7.5 英里宽的海滩，美军划分了 16 个不同的突击登陆区。两栖舰队和滩头之间有一些大型珊瑚暗礁，但是登陆时间赶上了高潮位，暗礁影响大为削弱，而且水下爆破组已经在珊瑚礁中间清理出了可通行的航道。第一批登陆艇靠岸后，突击部队便立起了大幅彩旗以标志各个登陆区。陆战队的登陆区在比沙河口以北，陆军则在河口以南。

"冰山"行动: 冲绳之战, 1945年4月—6月

即便在第一批登陆艇靠岸前，艇员和突击部队官兵就发现他们遭到的敌人火力攻击很微弱。时不时会有一股白色水柱溅起，表明有一发迫击炮或者是火炮的炮弹落下来——但是和先前的两栖登陆相比，这些炮弹数量更少，落点也更稀疏。只有一挺日军机枪嗒嗒作响，它很快就被海岸外军舰上的重炮打掉了。还有一股迫击炮火力，美军发现其射击阵地位于比沙河口附近，于是很快也将其打哑。第一批登陆艇上都携带了木梯子，准备用来攀爬将会在海滩尽头遇到的防波堤。但是登陆艇靠岸后，陆军和陆战队士兵们却发现防波堤远比之前说的要低矮——大部分地方不超过 3 英尺——而且舰炮轰击已经将其大部分夷平。突击部队已经做好准备迎接敌人的轻武器和远程炮兵火力，但是并没有遭遇反击。渡知具湾一片平静。登陆基本未遇抵抗。

当第二批部队登陆时，官兵们干脆挺着腰板大步走上海滩，都懒得猫腰。在河口北侧的黄滩，第 1 陆战师的各个进攻营向内陆推进时都端着上了膛的枪，却完全没有遇到敌人火力。他们在船上听任务简报时得知这里会有令人生畏的防御工事，但实际上却连一点影子都没见到。第一批部队登陆一个小时后，已有 1.6 万名美军登上了冲绳岛并向前推进，只遇到微弱而零星的抵抗。这些区域大部分都被放弃。日军甚至在读谷和嘉手纳两个关键的机场都一仗没有打就放弃了，到中午时，两个机场双双落入美军手中。

登陆部队都为他们意料之外的死刑缓期感激不尽。登陆一小时后，第 7 步兵师的一名士兵评论道："我已经活得比我预想的要长了。"[26] 第 1 陆战师的尤金·斯莱奇称这是"战争中最大的惊喜"。[27] 随同第 6 陆战师登陆的《纽约客》战争通讯员约翰·拉德纳形容这次登陆就像是"抓捕持枪歹徒的警察勇猛地冲进一间房屋，却突然发现那里只不过是闹鬼而已"。[28] 登陆一个小时后，突击部队已经开始轻手轻脚地从登陆艇上下来，跳过海浪以免海水灌进靴子了，他们在海滩上游逛，就像是周末远足一样。团级和师级指挥梯队比计划中的时间提前上岸，在海滩建起了临时指挥所。推土机已经开始推平海滩最上面的沙堆，以清理出通向内陆机场和补给堆栈的道路。在急救所，医护兵们蹲在地上谈天说地，他们根本无事可做。美军在沿岸的渔民棚子里找到了几个冲绳本地人。他们向美军深鞠躬，并把冲绳本地人的文身露出来，解释说："不是日本。"他们不是日本人，也希望美国人知道这一点。

到"爱日"日落时，登陆部队已经占据了长度超过 8 英里的滩头，向内陆推进的最远距离达到 3 英里，并且拿下了 2 座机场。5 万美军已经上岸。伤亡之少令人欣慰——28 人死亡，104 人受伤，27 人失踪。[29]

在渡知具南面 12 英里外的绿色山顶上，日军牛岛满中将和一群参谋正看着美军部队上岸。这些人抽着烟，说着话，轮流用双筒望远镜观察这场两栖登陆的全景。见到密集的舰炮炮弹落在海滩上方基本被弃守的区域里，他们露出了一丝笑意，因为这浪费了敌人如此之多的弹药。但仅仅是登陆部队的数量和战役规模便足以令人敬畏和警觉了。有人觉得这"就像是大海本身吼叫着扑了上来"。[30]

在硫黄岛和佩里硫，日军选择了纵深防御策略，将主力部队集中于滩头后方高耸的岩石山区，并藏身于地下深处，以躲避美军的优势空中力量和海岸外的舰炮火力。守军计划放任敌人登陆，并在

　　　　　　　　诸神的黄昏：1944—1945，从莱特湾战役到日本投降

他们自己选择的地区耐心等候美国人自投罗网。然而和硫黄岛、佩里硫不同的是，冲绳岛的日军要等敌人推进到内陆深处预设的主要陆地交战区后才让他们自己的重炮投入战斗。日军会保存弹药，把火炮隐蔽在山洞口或者伪装网下，他们打算先节约弹药，直到能够最有效发挥威力时再开火。

牛岛的战役计划充满了争议。围绕这一计划，参谋军官和部队指挥官之间进行了激烈的争论，而且和台湾、东京的更高指挥层级的意愿也进行了抗争，直到不久前的 1944 年底，该计划才付诸实施。早先的作战计划强调空中防御，依靠坚固而物资充足的机场和从邻近的九州岛不断飞来的飞机进行防御。在 1944 年的头 10 个月里，冲绳岛的军事建设项目一直聚焦于扩建和升级岛上的机场。冲绳和邻近的小岛上一度有 18 个不同的机场在同时开工。帝国大本营甚至将冲绳视为 60 英里长的"不沉的航空母舰"。但是日军高层一直没能注意到这一概念中的明显缺陷和自相矛盾之处。这样一套岛屿机场网络怎样才能在美军无穷无尽的陆海空三路毁灭性力量面前保住自己？他们在攻占自己看中的岛屿时还从来没有失手过，而且其实力还在越来越壮大、强悍，每过一个月都会变得更加技术精熟。美军航母特混舰队将会掌握机场上空的制空权。而低平的地形不可能顶住优势地面部队的进攻，尤其是在他们还能得到海岸外压倒性的舰炮火力支援的情况下。投入大量人力和物资来升级机场，只会提高它们对盟军的价值，机场将不可避免地落入盟军手中并被掉过头来对付日本。牛岛将军的一名计划人员总结道："我们的地面部队汗流浃背、累死累活地建设机场，就像是要把它们当成礼物送给敌人一样。"[31]

岛上的日军地面部队统一纳入第三十二军麾下，由牛岛指挥，其复杂的指挥地堡设在首里要塞的地下，该要塞是那霸东面山坡上一座古代的石头城堡。第三十二军下辖第二十四、第六十二步兵师团，第四十四独立混成旅团，第二十七战车联队，第五炮兵司令部。第三十二军司令部还直辖诸多独立的精锐炮兵、迫击炮、高炮和反坦克炮专业部队。在那霸以南的小禄半岛还驻有约 9 000 名海军基地部队；他们原本和第三十二军彼此独立，但按照事先达成的共识，从 4 月 1 日美军登陆起，他们便转由牛岛统一指挥。再加上其他杂七杂八的部队和人员，岛上日军正规部队的总兵力达到了大约 7.6 万人。此外还有一些冲绳本地民兵和应征入伍人员，其中有些人接受了作战训练，其他人则只是劳动力，他们使得岛上穿军服的人总数达到约 10 万人。

1944 年末，随着盟军的实力增长，冲绳遭到进攻的可能性与日俱增，第三十二军司令部的高级军官们开始谋求将作战计划推倒重来。高级作战参谋八原博通大佐认为，第三十二军的实力无法让其守住海滩、平原，以及东京方面想要的各个机场。他更想在易于防守的冲绳岛南部山区打一场消耗战。参谋长长勇少将支持八原的观点，他把提案提交给了牛岛。牛岛力排众议批准了这一方案。1944年 11 月 26 日，即便没有经过帝国大本营的批准，修订后的作战计划还是被发了下去。此举近乎抗命，但是此时冲绳岛守军的各级官兵早已有了犯上之意。无论是在一线士兵中还是在牛岛指挥地堡的高级参谋军官中，人们都能听到对东京上峰的怒斥，说他们坐在舒服的办公室里，只知道害怕美军飞机和潜艇，根本不敢亲自到冲绳岛上来察看情况。有个军官讽刺道，他们或许没有理由来，因为那霸的红灯区已经被美军舰载机空袭烧毁了。[32]

于是大部分可用的劳动力和物资都被投向了冲绳南部。那里，在那霸东面的崎岖乡间，日军设计了一套野心勃勃的建设计划和挖掘计划，构筑一套包括相互连接的隧道、碉堡、暗堡、战壕、坦克陷阱、炮兵阵地以及狙击手阵地的庞大体系。工事组成一条绵亘防线，横贯全岛，从一边海岸延伸至另一边，穿过高山、深谷、悬崖等令人生畏的地貌。这一地区布满了天然石灰岩洞穴，日军扩大了洞穴，并用隧道将其连接到一起，这样几乎整个第三十二军都能够带着武器、弹药、补给和淡水箱躲进地下城中，躲过轰炸、扫射，以及哪怕是海岸外美军战列舰上最大口径舰炮的炮击。这一天然堡垒的核心是首里，古代琉球国王的王宫所在地，这里的古代石头城堡和城墙矗立在岩石峭壁之上，俯瞰着被炸毁城镇的废墟。牛岛将军地下指挥所的入口位于城堡附近一座山岭的反斜面上。首里周围的三个方向上布置了同心圆状的坚固防御工事，工事位于高地上，射界覆盖所有可能接近的道路，彼此之间通过有掩蔽的交通壕和隧道相连。这里是太平洋上的凡尔登。

每一支日军部队都要负责挖掘和构筑自己的防线。前线的士兵们清楚这是自己能否从密集的海空火力下生还的关键，都拼尽全力投入这一累人的劳作中。第三十二军司令部的口号是"深沟高垒必胜"。[33] 和硫黄岛上一样，日军缺乏机械化挖掘设备和炸药，因此部队不得不用锹和铲来干活儿。他们还缺乏水泥或者制作水泥的装备，因此隧道不得不用原松木加固。大部分原木都是在冲绳北部的森林里砍伐的，通过本地人的小船沿着海岸运到南边。第五炮兵司令部的重炮被集中部署在防线中央附近，这样火炮可以向任何激战之处射击。火炮射击阵地都得到了良好的伪装，而且轮式的大炮可以退入山洞，通过隧道移动到别的射击阵地上，以减少其暴露在反制火力下的时间。冲绳岛上的炮兵是日本陆军中最为训练有素、经验丰富的炮兵。

冲绳岛为数众多的平民是个令人挠头的因素。战争期间，冲绳县政府先是鼓励，后来又强迫冲绳人大规模向台湾岛和日本本土疏散。但这些举措在冲绳人中并不受欢迎，甚至遭到抵制，尤其是在1944年8月装载着数百名撤离人员的船只在开往九州途中被击沉之后。1945年3月，日军下令将大部分尚存的冲绳民众撤往岛屿北部，但这一举措也受到抵制。于是，长勇将军在《冲绳新报》上发文，警告说所有民众都必须加入民兵，服从军队的命令。一旦遭到进攻，每个民众在自己战死前都要努力消灭10个敌军。他还说所有妇女和儿童都要"转移到安全地带，以免成为作战的障碍"，因为"不能为了保护民众生命而输掉战斗"。[34] 数百名还在读初中和高中的男生和女生被动员起来加入学生军，担任通信员、厨师、劳工或者护士。针对当地人的总动员令在1945年元旦下达。所有年龄在17岁到45岁之间的冲绳男性居民都被直接征入当地"自卫军"。大部分人从此再未见过家人。

在战役打响前的最后几个星期里，日本军队和政府还在努力将不参战的居民迁移到冲绳北部。但是许多民众被当局关于任何落入美军手中的人都会被虐杀的宣传吓住了。当3月的最后一周美军舰队出现在冲绳外海时，大约30万民众仍然留在岛屿南半边，许多人拼命想要躲在日军防线背后。这里的粮食根本不够他们吃，因此即便在战火燃烧到这里之前，一场人道主义灾难也已迫在眉睫。

　　　　　　　　　　　诸神的黄昏：1944—1945，从莱特湾战役到日本投降

在东京的帝国大本营，日本陆海两军的高参们终于拍板确定了在琉球群岛和东海运用航空兵的策略。海军飞机将攻击敌人军舰，陆军飞机则要去打运输船队。两个军种都会同时发动常规轰炸和"神风"攻击，但是"重点将放在组建和运用特攻力量上"。[35]飞行学员们将迅速完成训练计划，直接派往一线攻击机部队，在那里，他们将被要求自愿加入"神风"特攻队。当地面部队在冲绳陷入漫长的消耗战时，盟军舰队将不得不在这一海域停留数个星期，这时就可以向其反复发动空袭。日本最后的希望是，削弱敌人"在舰船、飞机和人力上的优势，阻挠他们建立前进基地，打击敌人的士气，由此大大拖延对日本的最后攻击"。[36]

这大部分任务都要由司令部设在南九州鹿屋航空兵基地的第五航空舰队来完成。这支"舰队"其实是各种不同类型海军航空兵部队的集合体，包括多个机型，散布在九州岛和四国岛的 20 余个航空兵基地上。第五航空舰队拥有大约 600 架飞机，其中大约 400 架属于"神风"特攻队。在 B-29 和美军航母舰载机的持续威胁之下，鹿屋和其他航空兵基地的人员都在费力将修理车间、弹药库和燃油储备搬入地下掩体和隧道。跑道周围的场地上都在进行各种挖掘作业。和在冲绳一样，大部分挖掘工作都要靠铲子和铁锹，就连飞行员也要来帮忙。小型机场被伪装成简单的乡间土路。废弃的兵营和机库则留在那里，用作诱饵来吸引美军轰炸机。至于第五航空舰队的飞机，"重点在于对飞机进行彻底的疏散、保护和伪装，以及建造假飞机和护坡掩体"。[37]

在私人日记里，宇垣常常透露出对其航空兵部队糟糕状况的失望。他缺少飞行员、飞机和燃油，甚至连在日本南部水域保持充分的每日空中巡逻都不够。坠机和其他事故损失多得令人痛心，他不得不出于天气和其他原因取消了许多训练任务。他的第五航空舰队在航空燃油分配上具有优先权，但是日本此时已经运不进来多少油了，捉襟见肘的燃油分配已经开始影响作战。2月27日，有人向宇垣介绍了从松树根中提炼生物燃料的方法：日本的学生们已经被派到全国的森林里去大量收集松果、松根和针叶。这一做法很有创意，但没什么用，提炼一小时飞行所需的燃油需要耗费超过1 000个工时。设在跑道旁边一座兵营里的鹿屋基地司令部被认为过于容易遭到空袭，因此2月28日，宇垣和他的司令部搬入了一处地下碉堡。甚至有人讨论要把飞机送到朝鲜和中国东北，以免它们在地面上被摧毁。第五航空舰队3月17日的日志反映了参谋们对前景的极度悲观："在攻击敌特混舰队时，我方航空部队精选出来的这些力量立刻就会损失掉。"[38]

南九州春来早，在基地周围树林和野地里短暂漫步令宇垣恢复了精神。在平静的下午，他会拿上霰弹枪，独自去爬山，捕猎当地特有的绿雉鸡。一次外出回来后，他在日记里写道："大自然在数日里展现出的伟力足以耻笑不起眼的小小人世，而我们还在为战争和敌特混舰队之类的琐事而庸人自扰。"[39]

3月18日至19日的战斗中，日军常规俯冲轰炸飞行队的表现出人意料地好。然而和往常一样，他们严重夸大了对战果的评估。3月21日，在鹿屋司令部的一次会议之后，日军宣布美军损失了5艘航母、2艘战列舰和4艘巡洋舰。[40]这份报告被放在报纸头条上，以一贯的欣喜若狂的口吻大吹大擂。而挂载"樱花"人操自杀弹的G4M轰炸机编队全军覆没的消息则被封锁。第五航空舰队的分析人员得出结论，除非日军能够首先暂时在目标上方夺取空中优势，否则这样的攻击将不可能再次上演。考虑到日军航空兵的状况，唯一可能取得成功的方法是单纯依靠数量压垮美军的防空体系，这意味着要一次起飞数百架飞机，期望至少有几架能够突破战斗机和高炮的防线并命中目标。

3月25日，当美军进攻部队开始在冲绳外海集结之时，位于日吉的联合舰队司令部下达了启动"天号"作战的指令。这一计划要求出动所有力量向美军舰队发动大规模自杀攻击和轰炸。然而在不久前美军航母空袭日本时，日军损失惨重，需要时间来调集部队。于是新的"神风"飞行队和飞机飞往鹿屋和其他机场，准备发动第一轮全力出击的"菊水"攻击。在调集航空兵和海军部队耗费了一些时间之后，日军选定4月6日开战。这一天，冲绳的日本陆军将向美军防线发动反击，日本海军最后残余的水面战舰（包括超级战列舰"大和号"）也将从濑户内海出击，发动海上万岁冲锋。数百名"自杀军神"将从九州各个机场起飞，他们得到的命令是"消灭冲绳外海的敌舰"。[41] 在日记里，宇垣将军承认自己为派出如此多的飞行员去送死感到痛苦和内疚，他发誓"总有一天要追随那些年轻男孩而去。我乐见我极易落泪的脆弱心灵已来到这个阶段"。[42]

第58特混舰队一直在冲绳岛东南近海巡游，为岸上的地面部队和岛屿另一侧的两栖舰队昼夜提供空中掩护。事情很难做到十全十美，航空兵和舰员都一样。狂风和巨浪对飞行作业的影响很大。4月4日上午，天气阴沉，海上起了浓雾，"约克城号"的一名军官记录道，航母"一整晚就像烈马那样颠簸摇动。我这天早上刮胡子的时候，不得不用一只手扶着洗脸池；当我在走出舱室的时候，一半的路程是爬过去的，另一半则是冲过去的”。[43] 前一晚，由于能见度太差，战列舰"新泽西号"撞上了屏护驱逐舰"弗兰克斯号"。两舰的大小和体量实在悬殊，战列舰只受了一些轻微的擦伤，而"弗兰克斯号"的整个左舷一侧都被开膛破肚，舰长也受了重伤。[44]这段时间里敌人的空袭少之又少，斯普鲁恩斯将此归功于两周前对九州的空袭。各航母大队一连执行了 3 天的飞行作战，第 4 天，他们退往东南方一定距离之外，和油轮及补给船会合去了。

4 月 6 日，天气微凉，风大，海上波浪起伏。阿瑟·拉福德的第 58.2 特混大队正在加油和补给，因此谢尔曼的第 58.3 大队和克拉克的第 58.1 大队是前线仅有的两支特混大队。破晓的一个小时后，冲绳以北美军驱逐哨舰上的雷达发现有敌机从北面飞来。日军攻击机群的先导机撒下巨量"窗户"——铝箔条——以干扰美军的雷达系统，但是此番空袭规模太大，根本藏无可藏。米彻尔向所有航母下令，把全部轰炸机留在机库里，把飞行甲板腾出来供战斗机使用。更多"地狱猫"和"海盗"战斗机升空，以增援战斗空中巡逻队，其余飞机则被导向指定方向进行截击。引导战斗机的无线电频道上顿时热闹了起来。美军战斗机杀入日军机群，在这一整天大战的首轮交锋中便将至少 60 架飞机变成了火焰。但是此番"菊水一号"攻击规模太大——大约 700 架飞机，其中超过一半是"神风"机——还是有超过 200 架日机突破了战斗机的拦截，向美军舰队扑去。

这一整天从早到晚，它们一批批地冲过来，最凶猛的空袭在下午到来。"它们都是从哪儿来的！"一艘运输船上的一名基层军官回忆道，"它们或单枪匹马，或两两成对，或三五成群，下滑、俯

　　　　　　　　　　诸神的黄昏：1944—1945，从莱特湾战役到日本投降

冲、垂直冲下，有些还栽进了水里……看上去它们一刻也没停下来过。"[45] 克拉克将军称敌人一拥而上的攻击"实在太强大了"。[46] 天空布满了高射炮弹爆炸的烟团，曳光弹从薄暮的天空中划过，留下一道道红色和黄色的光芒。在许多舰船上，战斗机引导官和战斗机飞行员之间的无线电通话被通过船上的大喇叭广播了出来，这让船员们有一种正在收听田径比赛现场直播的奇妙感觉。《时代》和《生活》杂志通讯员鲍勃·谢罗德在特纳将军的指挥船"埃尔多拉多号"上亲眼见到一架日军飞机冲向渡知具滩头外海的一艘坦克登陆舰。"可怕的'嗒嗒嗒'的弹雨从两英里内的每一艘舰船上喷向那架飞机，"他写道，"那个鬼子在距离目标 300 英尺时着了火，翻滚起来，落进了浅水中。"[47]

　　到这一天结束时，26 艘美军舰船被"神风"机击中。6 艘沉没，包括 2 艘胜利轮，1 艘扫雷舰，1 艘坦克登陆舰，以及 2 艘驱逐舰"布什号"和"科尔霍恩号"。其他船只也遭到重创，伤亡惨重，有些还被编队内友邻的高射炮火误击。但关键是，这些驱逐哨舰和其他外围屏护舰艇的牺牲掩护了位于第 58 特混舰队队形中央的航空母舰。有几艘航母遭到了令人神经崩溃的撞击近失，但没有一艘被直接击中受损。舰载机大队与驱逐哨舰上的战斗机引导官密切配合，在这一天中击落了超过 200 架飞机。"埃塞克斯号"舰载机大队击落了 65 架飞机，几乎打破了单艘航母的单日击落纪录。[48]

　　这天一大早，一艘在丰后水道（九州岛和四国岛之间的海峡）外巡逻的美军潜艇发现一队日军战舰正在出海。这是"大和号"战列舰带着 1 艘轻巡洋舰和 8 艘驱逐舰组成的护航队，它们是日本舰队最后一点还能出海的残余力量。在过去的一个星期里，"大和号"舰队一直处于美军不间断的空中监视之下，B-29 和美军舰载机对吴港南部锚地的舰船进行侦察和拍照，并跟踪它们进入濑户内海，因此它们突然出现在海上并不令人意外。4 月 7 日破晓前，美军从庆良间列岛起飞数架 PBM 水上飞机，北上前去跟踪敌舰队。上午 8 时 23 分，来自"埃塞克斯号"航母的搜索机发现"大和号"舰队出现在北纬 30°44′，东经 129°10′，航速 12 节，航向 300°。舰队已经绕过了九州岛南端，正向西偏西北方向航行，似乎是要开往朝鲜。[49]

斯普鲁恩斯、米彻尔和特纳都判断出日军这是想要躲避侦察和拦截。"大和号"和它的护航舰队想要绕道东海，再返回来从西边摸向美军舰队。斯普鲁恩斯立刻组织起一支由战列舰、巡洋舰、驱逐舰组成的强大舰队，在德约将军指挥下前去拦截。但是米彻尔和第 58 特混舰队的航空兵们想要用舰载机来解决"大和号"，而且他们的飞机能更快抵达那里。他们距离目标 238 英里，飞过去不超过 90 分钟。此时谢尔曼的第 58.3 大队已经赶回来与另两支大队会合，因此美军的空中打击力量绰绰有余。从上午 10 时 18 分开始，三支航母特混大队放飞了由 386 架飞机组成的庞大机群，包括 180 架战斗机、75 架俯冲轰炸机和 131 架鱼雷机。"乔克"克拉克告诉他的"复仇者"飞行员们，他期望他们能击沉这艘据说是"不沉"的"大和号"，因为他们的鱼雷能够砸开这艘强大战列舰的舰体，"让海水灌进去"。[50]

"大和号"及其 9 艘护航舰上的官兵们并不抱有什么幻想。他们的任务就是一次海上"万岁冲锋"，一次没有明确战术目标的无意义的自杀冲击。由于没有空中掩护，他们将只能靠自己的高射炮去对付一批接一批的美军飞机。和早前的"捷号"计划，也就是日军为莱特湾海战制订的计划一样，舰队被要求去自我毁灭以维护荣誉。但和前一次海战不同的是，这次他们没有一丝一毫突袭美军舰队的希望。有一名高级军官评论道，这"甚至不是一次'神风'攻击，'神风'攻击至少还有机会干掉一个有价值的目标"。[51]

和"捷号"计划一样，这次作战也是由联合舰队总司令丰田大将从他在日吉的指挥地堡里发出的命令。和前次一样，丰田此番选择不亲自率军出击，此举令"大和号"舰桥上的悲观论者们几乎就要起来造反了。丰田的参谋长草鹿龙之介中将飞往吴港去兜售这次计划。接替栗田健男担任第二舰队司令长官的伊藤整一中将坚决反对这次自杀性任务，而且他毫不犹豫地表了态。这种单程出击是对军舰、燃油、弹药，以及本土防御所急需的受过训练人员的无意义的牺牲。巡洋舰"矢矧号"舰长原为一称其"荒谬透顶……如以卵击石"。[52]草鹿则反驳说这次计划是一次"诱饵作战"，其真实目的是在从九州各机场出发的数百架"神风"机攻击敌舰队时分散美军航空母舰的注意力。但草鹿也承认，大本营急于避免"大和号"在港口里迎来终战的耻辱。长时间的争论之后，事情很明显了，无论草鹿的语气如何委婉，这次自杀任务都不是请求，而是命令。

出海前一晚，"大和号"全体舰员都领到了大量清酒，各个分队自行组织，开怀畅饮。副舰长通过舰上的大喇叭喊道："神风'大和'，我们要成为真正的神风！"[53]在第一礼堂里，有贺幸作大佐站在一群大尉和少尉中间，举起一大瓶清酒直接灌进嘴里。在"狂歌劲舞"的人群中，空酒瓶在脚下的甲板上乱滚，无数只手放肆地伸过来拍舰长的光头，有的人甚至还用力揍一下。副舰长则干脆脱光了上衣和其他军官比赛相扑。[54]

第二天，当舰员们还在对付宿醉后的头痛，给家人写诀别信时，"大和号"将德山油库里的重油搜刮一尽。食堂里所有剩余的香烟和其他好东西都被免费分发给了舰员们。下午6点，"大和号"全员在前甲板上集合。战列舰上升起了第二舰队的将旗。当夜幕降临时，巡洋舰"矢矧号"引领整个编队驶入了丰后水道。各舰排成纵队沿着九州岛海岸以12节航速南下。在愈加浓重的暮色中，舰员们看到岸边的樱花已经开始绽放。军官们小口呷着不知道从哪里搞来的烈酒。高射炮手则只能在战位上就着绿茶吃饭团了。甲板上，水兵们在磨快刺刀，收集步兵武器，准备发给舰员们，一旦他们成功让军舰在冲绳岛上冲滩搁浅，并加入岛上的地面部队，这些东西就有用了。

深夜，一弯新月从东方升起，随后，当舰队绕过九州岛南端后不久，东方迎来了拂晓的第一束阳光。鹿儿岛的绿色群山逐渐消失在了军舰尾流的远方。此时人们还能看见有些日军战斗机在上空巡逻，但是它们很快就返回九州岛的基地了。"大和号"舰桥上的一名雷达官吉田满少尉郁闷地写道："看不到一架护航飞机了，此后也一架都看不到了。我们被抛弃了。"[55]

"大和号"的无线电监听员截获了一些无线电通信，有些就是英语明文，报告了日军舰队的位置和航向。和预期的一样，他们被丰后水道外的敌潜艇盯上了。PBM水上飞机在"大和号"上空高处兜着圈子，跟踪其去向。它们小心翼翼地飞在日军高射炮的射程之外。军舰的某座主炮塔偶尔也会打一轮齐射，空中会出现高炮爆炸的烟团，但那常常出现在美军飞机的下方和后面。

午后 12 时 20 分，第一批来袭的美军舰载机出现在了"大和号"的雷达屏幕上。战列舰上的领航员吼道："前方出现超过 100 架敌机！"[56]警报立刻通过灯光信号发给了舰队中的其他各舰。10 分钟后，瞭望哨看见了第一群黑点，它们位于高空，在"大和号"巨大的 460mm 主炮防空弹的射程之外。

美军控制着时间，他们在日军舰队上空逆时针绕圈子，等待后续中队跟上来，就如同一群在腐尸上空盘旋的秃鹫。高空中的能见度并不好。透过 3 000 英尺到 5 000 英尺高度上的碎云向下看，哈里·D. 琼斯少尉——他是"大黄蜂号"第 17 鱼雷中队的一名"复仇者"飞行员——完全看不到敌人舰队。后来，他通过一处云缝看见了"大和号"。琼斯觉得这艘超级战列舰看起来就像是"帝国大厦在破浪而行。它真大"。[57]

美机燃油足够，而且没有敌机前来打扰，因此攻击机群的指挥官得以有条不紊地安排进攻。"地狱猫"和"海盗"将向"大和号"俯冲，投掷小号的炸弹，随后扫射甲板；SB2C 寇蒂斯俯冲轰炸机将紧随其后，投掷 1 000 磅炸弹；"复仇者"机群则要算准时间，与俯冲轰炸机同时进攻，发动鱼雷攻击。大部分鱼雷都要瞄准巨大战列舰的左舷，希望令其朝这个方向翻覆。

当第一轮攻击陆续展开时，"大和号"的高炮开火了，打出五颜六色的爆炸烟团。炮火很猛烈，但不够精准，美军飞机继续俯冲而下。"约克城号"一名"地狱猫"飞行员想道："老天，他们根本穿不过那些弹幕！这是谋杀！"[58]但是攻击机群还是保持着速度，飞过了爆炸烟团。率领"邦克山号"鱼雷中队的钱德勒·W. 斯文森少校最担心撞上其他友机的危险："我们的飞机要从各个方向在目标上空交会。这是最危险的地方。我们必须避免撞上我们自己的飞机。飞机太多了，机动空间又那么少。我们没有相撞，这真令人惊讶。"[59]

日舰以 27 节航速破浪而行。"大和号"剧烈机动着，"地狱潜鸟"投下的炸弹落在近旁，军舰周围顿时掀起一片"水柱森林"。高塔般的白色水柱把海水如瀑布般猛烈地泼在甲板上，把人们冲倒在地，甚至把设备从缆索上扯下来。四枚重磅炸弹接连命中，打哑了高射炮，把残骸和尸体掀飞到空中。战斗机俯冲下来，用 .50 口径机枪火力扫射军舰的上层建筑，击中了舰桥，打死数人。"大和号"舰尾燃起大火，后方拖出了一股黑烟。吉田看到"鱼雷的银色航迹"从多个方向朝本舰汇聚而来。[60] 有贺大佐灵活地指挥他的军舰，迎着鱼雷航迹转去，躲过了多枚鱼雷，但"大和号"无法躲开所有鱼雷。三枚鱼雷接连命中其左舷中部，随后第四枚又击中了后部。每一次命中，巨舰都会颤抖一次，然后开始向左倾斜。

在"大和号"的左边，驱逐舰"浜风号"被多枚炸弹击中，掉了队。它从舰尾开始下沉，几分钟之内就消失在了水面上，"只留下一圈翻卷的白色泡沫"。[61] 巡洋舰"矢矧号"消失在了一片水幕之中，战斗机低飞扫射了这艘舰，舰长原为一回忆道："它们把子弹和螺旋桨气流打在我们身上，随后从桅顶高度脱离。"眼见 TBM 机群穿过猛烈的高炮弹雨扑过来，他想："敌人的飞行员一定很勇敢。"[62] 一枚鱼雷击中了该舰的右舷轮机舱，炸死了轮机班，炸掉了它的螺旋桨。舰体上还挨了六七枚炸弹。8 000 吨的"矢矧号"根本无法承受如此打击。它变成了一具燃烧、倾斜的残骸，无法再机

諸神的黄昏：1944—1945，从莱特湾战役到日本投降

动躲避后续的攻击波。驱逐舰"矶风号"从后方靠近，显然是要接走受创的"矢矧号"的幸存者，但是它也吃了一两枚炸弹，燃起大火，动弹不得。"凉月号"也被击中，受了重伤，但还是幸存了下来，挣扎着回到长崎近旁的海军基地佐世保港。

通过对侧注水，"大和号"的左倾被纠正了，但是大火依然在舰体后部蔓延。救火队和损管队在攻击中死伤惨重，因此火势已经无法控制，当第二批美军飞机来到舰队上空时，火情仍在继续恶化。在舰桥上，当担架队员把遍布弹孔的尸体抬起来运走时，伊藤中将就安静地站在那里，双手抱在胸前。由于大火、伤亡和战损，舰桥对多个部门和战位的指挥和控制已经开始被切断。

在首轮空袭大约 40 分钟后的第二次攻击波中，"大和号"的左舷又被命中了五六枚鱼雷，右舷至少中了一枚鱼雷。还有一枚鱼雷在舰尾爆炸，摧毁了它的舵柱，令其失去操舵能力。SB2C 俯冲轰炸机把重磅穿甲炸弹如雨点般投在巨舰的上甲板上，低空飞行的"地狱猫"和"海盗"则如蜂群般飞来，扫射它残存的高射炮组。吉田记得当时"不停地爆炸，闪光刺目，声如雷鸣，巨大的冲击波十分猛烈"。[63] 驱逐舰"朝霜号"和"霞号"遭到重创，即使不沉也得被自己人凿沉。瘫痪的"矢矧号"又吃了四枚鱼雷和七八枚炸弹。原为一舰长前后看去，判定他这艘舰快要不行了。鱼雷在舰体上爆炸时掀起高大的白色水柱。炸弹把碎片和尸体炸飞到空中。钢质甲板上的铆钉开始迸射，舰桥也在他脚下晃动。"我们濒死的军舰随爆炸而震动，"原为一写道，"爆炸最终停了下来，但是倾斜还在加剧，海浪冲刷着甲板上的鲜血，残缺的尸体滚进了海里。"[64]

"大和号"低伏在水面上，它的下部舰体被海水淹没，左倾增加到了 18°。上层建筑已经成了废墟——被炸垮、熏黑，还在燃烧。有些舰员开始恐慌。舰长来到大喇叭旁下令："所有人起来修补军舰！"但是损管队已经伤亡惨重，舰桥上也很难和舰底下层岗位保持联系了。大火和进水使得舰员无法修补左舷受损的舱室。而水泵和阀门的损坏又使舰员们无法向"大和号"右侧的放水舱室进行对称注水。副舰长告诉舰长："无望纠正倾斜！"[65]

意识到军舰倾覆的危险已迫在眉睫，有贺舰长犹豫再三，冷血地做出了放水淹没右舷轮机舱和锅炉舱的决定。警报声立刻响起，右舷下层的电话也疯狂响起，通知舰员撤离，但是时间并不够这些人离开。所谓"黑帮"，也就是数百名负责维护军舰轮机的官兵被困在舱室里，淹死在战位上。吉田少尉说："这对于一连数天在酷热高温和震耳欲聋的噪声下辛苦工作的他们而言，是个不近人情的结局。"[66]

当"约克城号"的舰载机大队在下午 1 时 45 分抵达时，"大和号"的倾斜已经肉眼可见，速度也降到了 10 节以下。舰上的防空炮火已被先前的攻击打残，只有少量武器还能打响，而且也不可能再从弹药库里把弹药送上来了。美军此番仍然有充足的时间来计划和组织进攻，因此"复仇者"的鱼雷攻击都算好了时间，和"地狱潜鸟"以及"地狱猫"的俯冲轰炸和扫射同时进行。舰桥上的日本军官看着这一切，绝望地仰慕着他们对手的熟练和勇敢。当多枚鱼雷再次撕开战列舰破损的舰体，有贺舰长大吼道："大家稳住！大家稳住！"[67]但是舰上的广播系统已经失灵，因此只有周围的人还能听见他的话。"大和号"的倾斜增加到了 35°，接着又到 45°，右舷舰部露出了水面，把无装甲保护的薄弱舰底交给了最后一批挂着

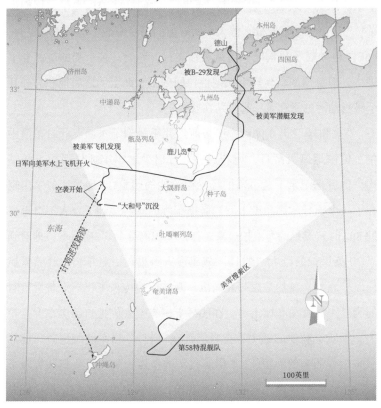

"大和号"的最后出击，1945年4月6日—7日

德山

被B-29发现

本州岛

四国岛

济州岛

被美军潜艇发现

九州岛

中通岛

甑岛列岛

被美军飞机发现

鹿儿岛

日军向美军水上飞机开火

空袭开始

大隅群岛

种子岛

"大和号"沉没

东海

吐噶喇列岛

计划返回路线

美军搜索区

奄美诸岛

第58特混舰队

100英里

N

冲绳岛

鱼雷的"复仇者"。

　　军舰已经动力全失，舰长开始准备下令弃舰了。由于失去了内部通信系统，下甲板上的许多人可能从未收到撤离战位的命令。伊藤将军向幸存的参谋军官们挥了挥手，回到了自己的住舱里。此后再也没人见过他。

在后方一英里外，俯冲轰炸机向着动弹不得的"矢矧号"冲了下来。原为一咬着牙咕哝道："好吧，你们这些美国鬼子，你们赢了！"[68]下午2时6分，他大声向舰员们下令弃舰。他跳进海里时，F6F"地狱猫"机群吼叫着从头顶飞过。原为一被沉船的旋涡卷了进去，但是他的救生马甲又把他拉回到了水面上，之后他和另外几个满身油污的幸存者一起紧贴在残骸上。

"大和号"仍在侧倾，甲板侧舷几乎触到了水面。此时正值中午，但浓烟遮天蔽日，宛若黄昏。吉田少尉牢牢抓住舰桥上的结构，他后来记录了这可怖的场景留给他的印象："地平线似乎出现在了一个疯狂的高角度上。当受损军舰的倾斜达到了令人不可思议的80°时，黑色的海浪拍过来，打在了我们身上。"向后看，他看到了30英尺长的巨大"旭日"战旗没入海里。一名年轻水兵紧紧抓住旗杆底部，显然是想与舰同沉。舰体深处传来了机器设备滑落时的隆隆声、震动和撞击声。在舰桥上，有贺大佐把自己绑在罗盘箱上。领航员和他的助手也把自己绑在一起，"当军舰翻覆时，他们只是瞪着涌来的海浪"。[69]伊藤将军的参谋长吼叫着要那些年轻军官逃生，有些年轻人离舰时有些犹豫，他就过去揍他们，把他们抛进海里。当海浪冲到舰桥甲板上时，许多人没抓住，也落到了水里。

吉田在黏稠的原油中游泳挣扎。当巨舰开始下沉时，周围的海面上形成了巨大的旋涡，吉田也被吸了进去。在水面以下，他看到了一道闪光以及"巨大的火柱冲向昏暗的天空"。[70]"大和号"的主炮弹药库被引爆了。吉田被抛出了水面，之后又被拖了下去，然后再次浮上来，发现自己周围满是残骸碎片和与自己一样游在水上的人。

"大和号"升起的烟云直径超过 1 000 英尺，迅速升腾到 2 万英尺的高空。连在 125 英里外的鹿儿岛上都能看见这场爆炸。当烟云升起时，"大和号"已然不复存在。舰上只有 23 名军官和 246 名士兵幸存；巨舰带着近 3 000 条人命一同沉入深渊。剩余的三艘未受损的日军驱逐舰来到幸存者中间，把他们捞了上来。

超过 4 000 名日军水兵在这场基本只是象征性的战斗中丧命。美军赢得了胜利，代价只有区区 10 架飞机和 12 名飞行人员。

放出攻击机群后，第 58 特混舰队遭到了大约 100 架"神风"自杀机的攻击。大部分自杀机都被击落，但是有一架飞机撞中了战列舰"马里兰号"——这是"战斗玛丽"在战争中第二次遭此劫难——另一架日机从低云中穿出，撞中了"汉考克号"航母的飞行甲板。火灾在 45 分钟之内就被控制住了，"汉考克号"也因而得以在本舰舰载机返航时予以接收。但是这次攻击造成了舰员 64 人死亡，71 人受伤。大部分伤亡人员都被困在下甲板，被烧死、炸飞，或者被致命的浓烟熏死。

根据巴克纳尔将军下达的进攻计划，第 3 两栖军的海军陆战队将要横穿冲绳岛，将岛屿一分为二并控制东部海岸，之后向北转，占领并肃清岛屿中部和北部。他们还将发动两栖进攻，占领本部半岛外的小岛伊江岛。无论有什么样的敌人守在多山、密林的冲绳岛北端，他们都将被封锁并孤立起来。与此同时，陆军第 24 军各师将向南面令人生畏的山峦进军，攻占冲绳县首府那霸及其港口，打垮首里山周围的敌人坚固防线。整场战役预计耗时 45 天到 60 天。

由于没有日军设防，陆战队在战役的最初几天取得了出人意料的迅速进展。在 L+1 日（即登陆次日）下午，前进巡逻队越过岛屿，抵达了冲绳东海岸。此举将岛屿一分为二，将冲绳北部的日军部队与南部主力隔绝开来。"老种子"第 1 陆战师，以及截至当时人数最多且最新的陆战师即第 6 陆战师的 3 个团，分别沿着东西两岸的道路向东北方被称为"石川颈"的狭窄地峡推进。沿途遇到的抵抗可以忽略，差不多根本没有抵抗。此次行动的高潮十分辉煌，场面壮美。根据第 5 陆战团的斯特林·梅斯的回忆："碧蓝的大海波涛起伏，纯净的沙滩像水晶那样洁白，被主人抛弃的冲绳骏马在水边尽情地奔跑。"[71] 越过沙丘望向内陆，他们看到了一片平静的麦田、甘蔗园、牧场，以及狭窄土路和汩汩作响的小溪之间的一片片水稻田。起伏的山坡被改造成了可以耕种的梯田，其间点缀着古代的墓碑。春天的野花正在盛开，山顶覆盖着浓密的松树林，散发着甜美的芬芳。每走半英里左右，陆战队员们就会穿过一座由几栋小房子组成的小村庄，那里，屋顶覆盖着茅草的石头小屋紧紧挨在一起。二等兵尤金·斯莱奇写道，冲绳"美如一幅田园风景画"。[72]

冲绳的大部分平民要么随日军迁移到了岛屿南边，要么被撤回日本。美军在道路上或村镇中会不时遇到一群老百姓。这些人几乎全都是妇女和儿童，还有一些老头子；在登陆部队占领的区域里几乎见不到几个年轻男性冲绳人。大部分人看起来都是穷苦的农民或雇农，穿着粗麻布裤子和普通的棉布袍子；许多人都光着脚，身上脏兮兮的，所有人看起来都营养不良。年长的人都很害怕。他们九十度深鞠躬，畏畏缩缩，好像一副马上要挨打的样子。倒是那些小孩子，面对美国兵们热情的笑容，很快就不怕了。他们瞪大了双眼，伸着手，跑过来接受征服者给予的救助——糖果、口香糖和 C

型口粮。"孩子们几乎全都很机灵，面露喜色，"斯莱奇写道，"他们长着圆脸，黑眼睛。小男孩们通常剃成板寸头，小女孩则把黑得发亮的头发剪成那个时代日本小孩常见的齐耳短发。我们都很喜欢这些小孩。"[73] 眼见小孩子们以惊人的轻松和美国兵们混熟了，大人们也放下了他们的担忧。和日军宣传人员说的恰恰相反，这些入侵者并非食人兽或者魔鬼。冲绳老百姓居然没有遭到强暴、折磨、摧残和杀害。实际上美国人反而为这些平民送来了粮食，而且打算等到安全时候尽快把他们送回家里和村里。"爱日"48 小时后，岛上的难民已经开始对排成纵队路过的美军吉普车和坦克招手或者敬礼，大兵们也能伸手去摸路过小孩的脑袋了。

对于陆战队员们来说，冲绳战役的第一个月只是一段平静的插曲。他们能听见南方远处的隆隆炮声，但眼下那都是陆军的事情。有些新来的"补充"陆战队员会责怪老兵，说他们讲的太平洋岛屿作战如何如何恐怖的事情肯定都是在虚张声势。每晚扎营的时候，他们都会像训练时那样挖掘散兵坑，并设置防御阵地。迫击炮手们把武器架设在他们觉得夜间渗透攻击的日军最可能经过的地方。冲绳岛上的土壤都是些松软的黏土，他们的铁锹和折叠铲挖起来很容易。相较于佩里硫岛上的珊瑚岩地面，这里轻松的挖掘工作让他们感到幸运。夜晚很凉，大兵们都对自己的羊毛衬里野战夹克很满意。

炮排和迫击炮排使用当地的骡马来驮运他们的武器和弹药。还有人看见陆战队员不用马鞍就直接骑在这些骡马上。有些人会脱掉军服在小溪里洗澡。根据与第 6 陆战师同行的战地记者厄尼·派尔的记录，有"几十个脏兮兮，胡子也不刮的陆战队员"在一栋被摧毁房屋的废墟里找到了几件粉红色和蓝色的日本和服，于是他们洗军服的时候就会穿上这些和服。[74] 还有个人把捡来的小白山羊当成了宠物。一名 18 岁的陆战队员告诉鲍勃·谢罗德，他希望能尽快遇到敌军，因为"我扛弹药扛烦了"。[75]

与此同时，在南边，陆军已经陷入激战。从渡知具滩头向南试探性进攻时，约翰·霍奇将军的第 24 军在那霸以北的多山地区遇到了坚固设防的日军阵地。第 96 步兵师在一处被称为嘉数高地的地形上被日军的火炮、迫击炮和步兵的顽强反击所阻。4 月 4 日至 8 日的四天恶战之后，第 24 军的伤亡已经超过了 1 500 人。美军被迫挖掘战壕，战况面临演变为久拖不决的血腥僵局的危险。首里防线巨大的天然堡垒就在面前，但是那里无法迂回，甚至无法接近，只有冲过一段被完成预瞄的火炮和迫击炮覆盖的暴露地形才能到达。这使得那些曾在第一次世界大战的西线战场上打过仗的人有一种令人不安的似曾相识感。日本人选择的战场对他们很有利，而且防御计划也很高明。他们不再发动损失巨大而效果不佳的万岁冲锋。和此前的战斗相比，他们的步兵进攻与火炮、迫击炮炮击的协同要完善得多。他们巧妙利用了反斜面上的阵地和防御工事，使其火炮免遭美军炮兵和坦克的攻击。他们的炮手在使用弹药时远比供应更充足的美军吝啬，但是他们打出的每一枚炮弹都能起到作用。

第三十二军的作战参谋八原大佐早就预想要打一场消耗战，让美国人流尽鲜血，并为本土的战友们争取时间强化防御。但是牛岛将军的上级却不断逼迫他全力发动反击，以夺回读谷和嘉手纳两座机场。东京的帝国大本营和台湾的第十方面军不停地发来电报，催促他将登陆敌军赶回海滩。联合舰队参谋长草鹿将军也给第三十二军的同行长勇将军发电，要求把两座机场从美军手里抢回来。[76]

4月2日，当梅津美治郎将军向天皇报告时，裕仁对失去冲绳可能带来的公众反响表达了担忧，他问："陆军为什么不反击？"[77]

由于担心牛岛将军声望受损，长勇将军坚持认为第三十二军必须发动一场反击。八原称这一提议"完全不负责任"，他警告说，日军部队只要一离开防御工事就会立刻被消灭。但是来自东京和台湾方面的压力是无法忽略的，指挥地堡里主张发动一场进攻的氛围也很浓烈。听取长勇和八原针锋相对的见解后，牛岛批准了在4月12日夜间发动突袭的作战计划。日军将从第62师团和第24师团中抽调部队，组成一个旅团，他们将在天黑后冲出防线，突破嘉数高地下方的美军防御阵地。

4月12日午夜，反攻开始。经过几个小时的恶战，包括拼死的白刃格斗，日军撤退了。但是在接下来的两晚，日军再度打来。美军确实遭受了一些损失，但是却顶住了进攻，把日本人打了回去。这些战斗看起来支持了八原大佐的观点——无论夜间渗透攻击有多少好处，只要日军部队离开他们的洞穴和堑壕，美军在炮兵和火力上的优势就会给他们带来不可承受的损失。4月13日上午，牛岛将军取消了行动，但是进攻的冲动是深入日本军队骨髓的，在这场战役中，长勇和八原的争论将在后来复燃。

在4月6日的"神风"大空袭后，美军情报分析人员判断敌人的飞机储备已经耗尽，他们已无力再发动一次如此规模的攻击，至少短期内是如此。但是这一结论过于乐观了。日军正准备向盟军舰队砸过去数千架飞机。4月6日只是十次"菊水特攻"的第一次——在这些大规模空袭的间隙，日军在冲绳战役中几乎每天都要发动小规模的攻击。参加空袭的日军飞机既包括杂七杂八、多年未见的过时机型，也有很多最新型的轰炸机和战斗机。常规的俯冲轰炸和鱼雷攻击，与"神风"攻击甚至是火箭驱动的"樱花"人操自杀弹联合出手。冲绳战役期间，来袭日军飞机最终总共超过了 3 700 架次，击中了超过 200 艘盟军舰船，超过 4 900 名海军官兵死于非命。

日军航空兵指挥官们相信 4 月 6 日的空袭给盟军舰队带来了沉重打击。宇垣将军在日记中记载，一架侦察机数出了 150 根烟柱，"因此冲绳周边海域已变成屠宰场"。通过监听美军战斗机引导通信，日军对于能令敌军飞行人员"手忙脚乱"感到满意。4 月 6 日，宇垣的结论是"几乎可以肯定我们摧毁了 4 艘航母"。[78] 经过了充分评估，包括听取了冲绳岛上第三十二军的观察报告之后，帝国大本营最终估算有 35 艘美舰被击中，其中 22 艘被击沉。[79] 这一夸张的战果统计令日军高层相信，大规模的自杀攻击具有打垮打散敌人舰队的潜力，甚至有可能迫使美军放弃冲绳。4 月 9 日，丰田将军下令从全日本的航空兵基地抽调航空兵部队增援九州各机场，准备进行"菊水二号"作战。

对于在冲绳岛东北方 60 平方英里防御区内作战的第 58 特混舰队来说，每日的例行工作已经令人筋疲力尽了。舰队在海上已经待了近一个月而未得喘息，还要不停地击退令人汗毛倒竖的空袭和"神风"攻击。舰队中超过 1/3 的航空母舰都在这些攻击中受创，还常常伴随着惨重的人员伤亡。噩梦般的战斗昼夜难分。各级官兵的精神压力已经成了一个关键问题。美军必须让军舰轮流退出战场，返回关岛、乌利西，或者莱特湾——部分是为了维修、保养和补给，但也是为了让舰员们能有短暂的休息。舰队的医师发出警告，飞行员疲劳症的症状已经很普遍。第 58.1 特混大队指挥官"乔克"克拉克的幕僚们出于对他精神健康的考虑，在夜间不再用电报来打扰他的休息，而是等到他早晨沐浴完，匆匆吃完早饭后再统一告诉他。[80] 陆战队的战斗机早在 4 月 8 日就进驻了读谷机场，但是出于种种原因，陆基航空兵部队还要等到战役很靠后的阶段才能承担起保护岛屿和舰队的重要职责。"赖着不走的舰队"不得不继续待在这里，变得名副其实。

随着战役的进行，美国人也在每日空战这所无情的学校里学到了重要的教训。日军不停地尝试新战术，防御一方也不得不相应调整。当敌人侦察机从非常高的空中飞来时，美军就会在 3.5 万英尺高空采取"高空战斗空中巡逻"。"地狱猫"和"海盗"的飞行员在这种极高的高空中盘旋时，座舱冷得像冰窖，呼吸也要依靠机上的氧气瓶和呼吸面罩。此时保持阵位需要相当优秀的飞行技巧，在那个高度上西风的风速常常超过 150 节。在冲绳，雷达简直如同上天的礼物——比此前的战役更重要——但是当时的雷达系统尚无法确保对来袭敌机的高度做出准确估算，而且随着距离缩短，它们也常常会丢失目标。

作为应对，美军在岛屿和舰队巡逻区外围的 16 个"站点"布置了雷达哨驱逐舰。最繁忙的哨站上会有两艘驱逐舰进行巡逻，另外还有两艘到四艘两栖炮艇负责提供防空火力支援。它们会对敌人的飞机和潜艇保持不间断的雷达搜索、声呐搜索和目视搜索。白天，哨站上空会有强大的防空巡逻战斗机队盘旋。驱逐哨舰本身就配备了战斗机引导官，来引导空中盘旋的战斗机作战。战斗机引导官和防空巡逻战斗机队之间满是术语和代号的对话要通过联合战斗机引导网络（Inter-Fighter Director，IFD）进行，舰队所有舰艇上的大喇叭也都会对此现场直播。这令军舰上的官兵得以在看到空中的来袭敌机之前就跟踪它们的动向。"战斗机引导网络一度成了我们的救世主和消遣，"冲绳外海一艘战列舰上的一名高炮指挥官说，"它让我们根据来袭敌机的动向做好自卫准备，而在这种情况下，它当然很吸引人。"[81]

没有任何一位海军将领愿意公开承认一个残酷的事实：哨舰并不仅仅是一种提供早期预警的雷达"绊索"。它们还是诱饵，意在吸引走一部分来袭敌机。驱逐舰和炮艇（支援登陆艇和步兵登陆艇）比南面那些大型战舰以及滩头附近满载的运兵船和运输舰价值更低。它们损失得起，舰员们也都知道这一点。在漫长的战役中，这些哨舰始终在"神风"的狂啸下承受着巨大的压力。哨站上空的防空巡逻时断时续，尤其是在恶劣天气下或者是日落之后。和舰载战斗机不同，自杀机飞行员根本不用担心在暗夜返回基地的问题。因此，这些小小的哨舰常常只有舵手和高射炮能保护自己。而且即便头上有一支强大的防空巡逻战斗机队来拦截日军的空袭，舰上的雷达也很难分清敌我。"神风"机任何时候都可能从空中肉搏战中摆脱出来，突然冲向下方的军舰。当一艘哨舰被超过一架俯冲下来的飞机同时瞄上时，火控官就必须分散火力，其射击准确度也会受到相应的影响。

渐渐地，驱逐哨舰的舰长们凭经验学会了以更有效的机动来对付空袭。他们做任何动作时都要开到最大航速，以提高军舰的敏捷性。他们变换航向，用侧舷面对俯冲下来的敌机，这样就可以用最猛烈的高炮火力向目标开火。哨舰一旦被命中——或者哪怕只是遭受一次有损伤的近失——就可能会损失一部分航速和机动性。舰上有一门或多门高炮可能会被打哑——武器本身失去战斗力或者炮手伤亡——这会令其在后续的"神风"机面前更加脆弱。这一问题在4月16日1号雷达哨站"拉菲号"驱逐舰的遭遇中得到了灾难性的体现，当时这艘2 200吨的驱逐舰在80分钟里遭到了22架日军飞机的进攻。"拉菲号"被4枚炸弹和6架自杀机击中，舰上32人战死，71人受伤，几乎占舰员的1/3。

在4月6日到6月22日，日军发动了10次"菊水特攻"，其攻击机单纯依靠庞大的数量令盟军防空力量不堪重荷。敌机有时会在距离目标五六英里的高炮有效射程外盘旋，然后同时从多个方向扑过来，迫使一个个高射炮组在攻击机蜂拥而至时失去统一指挥，零散射击。在整个冲绳战役中，有15艘雷达哨舰被击沉，50艘受创，几乎每三艘在哨站执勤过的军舰中就有一艘被击中。单单雷达哨舰（不包含舰队其余部分）的人员伤亡就达到1 348人死，1 586人伤。[82]

特纳将军给尼米兹将军送去了28张被"神风"重创的哨舰的照片。这一张张照片上都是横遭暴虐的驱逐舰和炮艇，它们的甲板上被撕开大洞，上层建筑垮塌、烧黑，炮塔歪到一边，熔化的钢铁低垂到海面上。在说明信中，特纳写道："这些会让你理解小伙子们在经历些什么。他们能把船开回来就是个奇迹；但他们仍然很积极，想方设法让他们的船留在这里而不是被送回后方。士气看起来很高，即便是在那些知道自己是在为我们整个舰队挡刀的雷达哨舰上也是如此，他们愿意按此方针打下去。"[83]

米彻尔一次又一次派遣各航母特混大队北上空袭九州的日军机场。他们轰炸跑道，击落防空战斗机，并扫射任何能找到的停放着的飞机。但是美军一直未能从源头上掐灭日军的空中威胁；他们无法做到像在吕宋岛时那样直接把"大蓝毯"铺到九州岛上空。九州太大，机场太多，太过分散，防空力量也远比吕宋更加令人生畏。而且宇垣的第五航空舰队还能把飞机分散部署到附近的四国岛和本州岛南部。在关岛的太平洋舰队司令部里，尼米兹利用自己的临时指挥权叫来了第 20 航空队的支援，于是在 1945 年 4 月至 5 月间，数百架 B-29 在 17 个不同的日子里飞来向九州和四国岛的机场投下了高爆"铁炸弹"。但是这些空袭从来没能让第五航空舰队消停下来，鹿屋及其周边许多机场仍然是"神风"的老巢。日军飞机被分散停放，藏身在伪装网下或灌木丛中，并在黎明前夜色的掩护下推到起飞位置。那些拿着简单工具和设备的劳工队伍很快就能填平跑道上的弹坑，他们手中有的只是些手推车、篮子、铲子和手推式压路辊。美军舰载机和"超级堡垒"会投下延时起爆炸弹，其引信设为美军飞机离开几个小时后爆炸——但是无论这些炸弹炸死多少工人，日本从来都不会缺乏劳动力来弥补这些损失。

这些行动从来都不受美国陆军航空队的将领们欢迎，他们反对让 B-29 从其正在进行的对日本城市和航空工厂的战略轰炸任务中分身。但是当李梅将军向尼米兹抱怨时，这位太平洋舰队总司令坚定地告诉他，当下的轰炸必须继续。官司沿着美军指挥层级一路打到了参联会，但参联会也支持尼米兹，李梅便再无话可说。"超级堡垒"对九州和四国机场的空袭从 4 月 8 日一直持续到 5 月 11 日，出击了超过 1 600 架次，才从这一勉为其难的任务中解脱出来。在回忆录中，李梅声称这次任务是可耻的，而且并不值得："B-29 不是一种战术轰炸机，也没打算起到这个作用。无论我们怎样收拾这些小机场，也不可能把'神风'的威胁降到零。或多或少，它总会存在。"[84]

在冲绳岛西边，拥挤的那霸沿岸水域和渡知具滩头，海面上漂满了残骸和垃圾。运输船和两栖舰队的船员们警惕地搜索着自杀快艇、"侏儒"潜艇，甚至是背着炸药背带的蛙人。在4月9日破晓前驱逐舰"查尔斯·J.巴杰尔号"被快艇投放的水雷炸中之后，每艘舰船上都布置了手持手电筒和汤姆森冲锋枪的哨兵。为做到万无一失，他们会向所有漂到射程内的残骸开火。舰队通过应召舰炮火力，以及在首里和那霸以北战场上彻夜发射照明弹来支援第10集团军。每天晚上，从薄暮到清晨，美日两军防线之间的"无人区"都被照明弹照得如同白昼。岸上部队很感激这样的支援，认为此举降低了敌人夜间渗透进攻的威胁。

只要联合战斗机引导网络的通话中报告有敌机接近警戒线，军舰上就会响起警报，一名号手会通过大喇叭广播系统吹号，然后所有舰员各就各位。舰长会宣布进入"Z状态"，意即要求把所有水密门和舱盖锁上。德约将军第54特混舰队的炮击军舰则会组成防空轮形阵，就像过去美国西部的大篷车防御阵一样。化学烟雾发生器开始喷吐浓密的蓝灰色烟幕，烟幕随海风逐渐扩大，但看起来一直紧贴在海面上。炮手和火控官们扫视着天空，听着无线电里战斗机引导官和战斗机飞行员们之间的通话。每艘舰"射击线"上的炮手们操纵着从5英寸到20毫米不等的高炮，炮管指向天空，眼睛也紧紧盯着那里。

这一时期最致命、使用最广泛的高射炮是中等射程的40mm博福斯炮，这种炮发射2磅重的炮弹，炮口初速每秒2890英尺，单管炮理论射速每分钟 160 发，其弹道低伸，有效射程可接近 2 英里。博福斯高炮可以在超过 1 英里外击中一架大角度俯冲而来的"神风"机，其 40mm 炮弹将会把敌机撕碎——扯断机翼，撕开机身，打碎风挡和座舱，把螺旋桨打飞。飞机上最重、最坚固的部分，发动机和机身，即便飞机其他部分都被打掉，也还是会继续前冲一段距离才坠入海里。"爱达荷号"上的一名高炮指挥官罗伯特·华莱士上尉如此评论博福斯高炮："即便只有一门四联装 40 炮的炮手知道该怎么做，就没有'神风'机能冲过来。"[85]

大型 5 英寸／38 倍径炮的真实潜力要到 VT（可变定时）引信装备部队后才被展露出来，这种引信又被称为"感应引信"或"近炸引信"，它相当于在炮弹上安装一台小型短距离多普勒雷达。这套技术令人赞叹地解决了在接近敌机这种快速移动的小型目标时引爆炮弹的难题，不会再让炮弹在其下方或后方爆炸。[86] 对于旁观者而言，5 英寸 VT 引信炮弹的成功使用会展示出一幅壮观的画面。如果目标是一架轰炸机，那么炮弹常常会引爆飞机挂载的炸弹。这时敌机不会燃起大火坠入海面，而是直接凌空爆炸，除了一团黑烟外什么都不剩。

4 月 12 日，天高气爽，能见度几乎无限，宇垣将军下令发动"菊水二号"作战，参战部队包括 185 架"神风"自杀机以及 150 架战斗机和 45 架鱼雷机。上午 11 点后不久，行动开始，129 架飞机从九州南部机场起飞。2 个小时后，位于 1 号雷达哨站（代号"棺材角"）的 2 艘驱逐舰和 4 艘步兵支援登陆艇（炮艇）上的雷达显示屏亮了，30 架爱知俯冲轰炸机向驱逐舰"普尔蒂号"和"卡辛·杨号"扑下来。两艘驱逐舰立刻拉起了一道防空火墙，大约 12 架飞机应声起火，坠入附近的海中。在随后的混战中，两艘驱逐舰和一艘炮艇被击中，遭到重创。"普尔蒂号"舰长在战斗报告中写道："对于被派往雷达哨站执勤的驱逐舰水兵而言，即便有持久而光辉的职业前景也不会太令人期待。这个岗位极其危险，非常令人劳累，让人很不痛快。"[87]

下午稍晚时候，在冲绳岛西方被称为"神风峡谷"的水域，德约将军的第 54 特混舰队遭到了一群飞机的突击。下午 1 时 26 分，联合战斗机引导网络中传来呼叫："Exbrook！ Exbrook！〔全体舰艇注意！〕指挥官说：'闪光灯红，指挥灯绿。〔向视野里一切逼近的飞机开火。〕"[88] 三架鱼雷机从浪尖高度快速飞近，越过护航舰艇，直奔队形中央的战列舰而来。一架敌机被 40mm 炮弹击中，撞上了驱逐舰"杰拉斯号"左侧，炸成一团火球，驱逐舰上 29 人丧命。战列舰"田纳西号"则遭到 5 架飞机的攻击，它们穿过"杰拉斯号"的浓烟低空飞来，一架接一架被"田纳西号"和"爱达荷号"40mm和 20mm 炮的交叉火力击中，坠入海中。几分钟后，又一架日机冲下来，向"田纳西号"发动了时间计算精准的下滑攻击，结果却在军舰正上方被击落。左前方出现的一架爱知俯冲轰炸机径直冲向军舰的上层建筑。它撞中了一座 40mm 四联高炮，炸死了所有炮手，燃烧的汽油流遍了甲板。飞机挂载的 250 磅炸弹穿透了甲板，在尉官住宿区爆炸。"田纳西号"战列舰上有 23 人战死，106 人受伤，其中几十人严重烧伤。

两架中岛九七式舰攻鱼雷机现在开始向"爱达荷号"的左后方发动进攻。一枚 5 英寸 VT 引信炮弹引爆了第一架中岛鱼雷机携带的炸弹，飞机被炸得渣都不剩，甚至没见到有成块的残骸或碎片落入海里。第二架九七式舰攻还在继续飞来，并一度躲进了被摧毁同伴留下的烟团中。最终，一门20mm炮在极近的距离上阻止了这架飞机，可能距离"爱达荷号"左后方只有20英尺。机上炸弹被引爆，把残骸和弹片抛向甲板，导致舰上的8个防雷突出部隔舱进水，12人受伤。华莱士上尉站在"爱达荷号"上层建筑前部的岗位上，觉得那架飞机一定命中了军舰。他发现，"一枚离你如此近的炸弹爆炸时并不会像电影上那样发出隆隆声，而是发出一种爆裂声，就像闪电"。[89]

战斗接二连三，一直持续到傍晚。这天第58特混舰队没有一艘舰被击中或者受到近失弹损伤*，其战斗机飞行员称击落的战绩为151架。[90]

在舰队遭到这场前所未有的空袭之后，第二天上午，一条灾难性的消息从华盛顿的福莱斯特海军部长处发出，通过"ALNAV"电报——发往全体海军的电报——发到了每一艘舰船上。富兰克林·德拉诺·罗斯福总统去世了。他在佐治亚州温泉镇死于脑出血。战列舰"田纳西号"还在舔舐前一天被"神风"自杀机命中留下的伤口时，舰上的大喇叭响了："注意！全体舰员注意！罗斯福总统去世了。重复，我们的最高统帅，罗斯福总统，去世了。"[91]

这条消息引发了一片震惊、悲伤，以及对未来战争走向的忧虑。年轻人从记事起，罗斯福就一直是美国总统。渡知具外海一艘突击运输舰上的一名水兵回忆道："我们没人说话，甚至没人抬头

---

* 前文中提到的被击中的老式战列舰属于炮击大队，不属于第58特混舰队。——译者注

诸神的黄昏：1944—1945，从莱特湾战役到日本投降

互相看彼此。我们散去了，似乎是本能地找地方一个人待着。许多人都在祈祷，许多人掩面而泣。"[92]《纽约客》通讯员约翰·拉德纳正在冲绳岛上一个陆战队的团级指挥所里，这时电话里传来了这个消息。拉德纳看到许多陆战队员都"惊呆了，说不出话来；还有些人震惊到一言不发，做起事来如同在梦游……我从未见过哪条消息能有这样的效果"。[93]

约翰·A. 罗斯福是富兰克林和埃莉诺的第六个孩子，也是他们最小的孩子，他是"大黄蜂号"上的一名后勤军官。"乔克"克拉克将军来到罗斯福上尉的住舱，把消息告诉了他。克拉克说可以送罗斯福回国参加父亲的葬礼，但是上尉谢绝了，他说："我该待的地方在这儿。"[94]

根据福莱斯特部长的命令，4月15日星期天，所有军舰都要举行特别纪念仪式。按照典型的流程，全体舰员默哀五分钟，然后排枪齐射三响，为老总统送别。

哈里·杜鲁门从1933年起就一直是罗斯福的第三副总统。许多美国人甚至不知道他的名字。CBS广播电台驻马尼拉麦克阿瑟司令部的通讯员威廉·邓恩不好意思地承认他记不住现任副总统的名字。听到罗斯福的死讯，"我似乎被打上了标签，成了连这个大国的掌舵人是谁都不知道的美国播音员！"。[95]尤金·斯莱奇记录说，他和陆战队的战友对杜鲁门"感到好奇，有一点担忧"："我们当然不希望白宫里的什么人来把战争不必要地延长哪怕只有一天。"[96]

与此相反，日军第三十二军指挥地堡里的气氛却是一片欢腾。据八原大佐回忆："许多人看上去好像确信这场战争我们赢定了！"[97]有些人牵强附会地说，肯定是4月12日冲绳的地面进攻和大规模"菊水特攻"促使罗斯福中风而死。一份散发给岛上美军部队的日本传单宣称，每10艘美军航空母舰中有7艘或沉或伤，舰队伤亡15万人。"不仅是前任总统，任何人听说这一毁灭性的重创后都会因过度忧虑而死。吓死你们前领袖的可怕损失将会让你们成为这个岛上的孤儿。日本的特攻部队将会击沉你们所有的舰船，连最后一艘驱逐舰都不放过。你们在不远的将来就会目睹这一切成为现实。"[98]

　　当天，罗斯福的死讯传遍了全世界，东京也宣布了重大的政治变动。小矶首相及其大部分内阁成员被罢免。77岁的退役海军大将，枢密院议长铃木贯太郎被任命为新任首相。最高战争指导会议的"六巨头"也被换掉了五个，唯一留下来的是主和派领袖米内光政海军大将。宇垣将军在日记中或许语带讽刺地写道，最近的大规模"神风"攻击和冲绳岛上的地面进攻"就这么推翻了内阁，坑死了罗斯福，带来了各种各样的反应"。[99]

第十四章

　　巴克纳尔将军决心要打破那霸—首里—与那原防线前的僵局，便批准了恢复地面进攻的计划。三个陆军师——由西到东依次是第7师、第96师、第27师——将并肩全线推进，目标是夺占嘉数高地、西原高地和知念半岛。4月19日破晓，美军的炮兵和舰炮进行了战役中最大规模的一次炮击。第10集团军的炮兵在40分钟时间里向日军防线射出了1.9万枚炮弹，6艘战列舰、6艘巡洋舰和8艘驱逐舰也向指定目标倾泻了大量高爆弹。陆战队和海军的舰载机也用炸弹和火箭弹加入了这场大合唱。这一幕场景对所有旁观者都充满了吸引力，但是炮击大部分只是听个响。日军部队安全地躲在他们的山洞和碉堡内，得到了天然石灰岩的有力保护，一旦炮击停止，他们就会立刻重回地面。第24军炮兵司令约瑟夫·希茨准将判断，每100枚落到他们防线上的炮弹，炸死的日军不会超过1个。[1]

　　美第27师出动30辆谢尔曼坦克在步兵掩护下向嘉数高地发动进攻。当坦克来到山坡的陡峭处时，日军的火炮和迫击炮突然开火，美军顿时陷入致命的火力之下。有几辆坦克被日军47mm反坦克炮命中瘫痪。当炮击停止，数百名日军步兵号叫着从山上冲下来。他们逐退美军步兵，再用手榴弹和22磅炸药包攻击坦克。22辆谢尔曼坦克被摧毁，这是太平洋战争中美军坦克单日损失最为惨重的一天。在西边，第 7 步兵师被事先瞄准了山脚下的日军火炮和迫击炮压制在了开阔地上。第 96 师向位于日军第六十二师团防区中央的知念-西原山脊发动进攻。他们的两个先头排抵达了山脊，却被更高处日军射来的炮火压制在地，动弹不得，只能在惨重伤亡后撤退。在 4 月 19 日的进攻中，美军未能拿下区域中任何一处具有战术重要性的山头，几乎被赶回了进攻发起线，反而付出了 720 人伤亡或失踪的代价。

如此，巴克纳尔和他的手下人开始意识到，前方有一场漫长、艰苦而血腥的战斗在等着他们。敌人的筑垒防线设防严密，而且横跨岛屿两侧海岸。地形决定了这里没有可供包抄或机动的空间，而且许多地段过于陡峭崎岖，坦克无法通行。根据美国陆军官方战史记载，这里的地形"完全没有机动空间；那里满是方块形的小山头，深洞，圆形黏土山，平缓的绿色山谷，崎岖的光秃秃的珊瑚岭，遍布四处的小土墩，以及从大山中延伸下来的狭窄的深谷和陡峭的手指形山岭"。[2] 对于美军来说，制空权和优势火力是有价值的，但并不是决定性的。陆军面临的困境和陆战队在硫黄岛上时相似，只是规模大了许多。美军将不得不依靠蛮力，沿着某些在整个太平洋上都属最为艰难的地形仰攻。

4 月 19 日的进攻失败后，双方在整条战线上又进行了 5 天的激烈地面战。经历了痛苦体验的美军步兵也在逐步学习着如何进攻令人生畏的日军工事。他们绘制了精确到每一块巨石、每一个洞穴、每一座碉堡的战场地图，找到日军火力点之间的盲区或曰"死角"。随后步兵会紧密跟随炮击弹幕运动，前进巡逻队会设法趁日军躲避炮火时渗透到这些盲区中。如果步兵班能够包抄地堡或山洞入口，或者爬到它们顶上，日本守军便无法看见他们。他们一离开安全位置就会被消灭掉。这是一项缓慢、血腥、危险的工作，需要使用火焰喷射器、手榴弹、炸药包、轻武器、刺刀，甚至是匕首和拳头。巴克纳尔将军将这些战术称为"喷灯和手钻"打法，日军则称其为"骑兵冲锋"或"骑马"攻击法。

在冲绳岛上，舰炮和空中火力支援价值重大，但它们从来无法替代步兵部队的勇敢、主动性和坚毅。到最后还是不得不由陆军和陆战队士兵们把敌人从地下挖出来消灭掉，别无他法。他们鲜有侧翼机动的机会。在首里高地周围的局促地形上，人员密集的战线上被塞进去一个又一个的营——平均每 600 码前线就有 1 000 人——打败敌人的唯一方法就是正面突击。他们或许能短暂攻占山顶表面阵地，但很快就会被来自南面远处的敌人猛烈炮击或者优势兵力的日军步兵反击打回去。这样的事情在硫黄岛上一再发生：双方反复进行攻击和反击，高地常常多次易手，有时会多达十几次。战场上美日两军的死者紧挨着躺在一起。曾经枝繁叶茂的地方，所有枝叶都被炸掉或者烧光，两军防线之间的地带成了弹痕累累、草木不生的荒原。重炮炮弹和迫击炮弹不停地落下，震撼着堡垒和散兵坑的侧壁。夜晚，日军的渗透攻击成了噩梦。士兵们精神崩溃后成为"精神病例"并被迫撤出前线的情况比先前任何一处太平洋战场都要多。战争通讯员约翰·拉德纳见到一个士兵被两名医护兵搀扶着离开前线。他没有受伤，但是瞪大了眼睛，不停地叫道："他们会干掉你们所有人！他们会干掉你们所有人！"[3]

在冲绳西北角海岸伸出的本部半岛上，第 6 陆战师逐步打击并消灭了两个大队的日军。在半岛中央林木茂密而又地形崎岖的高地上，艰苦的战斗在所难免，即便在陆战队控制了半岛之后，他们也还要花很长时间来肃清残敌。第77步兵师的三个团在伊江岛上登陆，这是本部半岛西端海外的一座小岛。空中侦察未能判断出岛上日军的实力，于是陆军部队在一处他们称之为"血岭"的地形上陷入了意料之外的顽强抵抗。他们还要耗费5天时间才能消灭伊江岛上的抵抗。美军有258人战死，879人受伤，而所有4 700名日本守军则几乎被全部击毙。

伊江岛上的恶战还要了厄尼·派尔的性命，他是一位广受喜爱的著名战争通讯员，大兵们说他是"士兵之友"。[4] 先前在非洲、意大利、北欧和太平洋的战斗中，派尔常常冒着巨大的危险，和战场上的士兵们共同行军，共同生活。伊江岛之战原本是他在战争中的最后一次战地任务，他甚至已经在一架返回美国的C-54运输机上拿到了一个座位。4月18日，派尔和一名营长一起坐在一辆吉普车的后座上前往前线。当车子在一处十字路口减速时，一挺日军机枪开火了。这挺机枪隐蔽在路边几英尺外的一片浓密灌木丛中。司机和乘客立刻跳下车，躲进道路对侧的一条沟渠中。机枪第一次射击时没有人中弹，但是派尔犯了个错误，他把头伸出来想要查看情况。结果一颗子弹紧挨着钢盔下缘击中了他的左侧太阳穴，派尔当场死亡。后来，士兵们在此地竖起了一块木牌子："在这里，第77步兵师失去了一位兄弟，厄尼·派尔，1945年4月18日。"[5]

4月30日，巴克纳尔将军命令海军陆战队加入首里防线中段和西段的战斗。5月1日，陆战队开始南下，他们坐在卡车上经过大片的帐篷城市，补给堆栈，以及筑路工地，那里的推土机和运土设备正在重塑地貌。在道路另一边向北行进的是第27步兵师的血战老兵们，第 1 陆战师此番正是要去接管他们的防线。"悲伤的神色揭示了他们的经历，"尤金·斯莱奇写道，"他们筋疲力尽，灰头土脸，形容可怖，眼神空洞，神情紧张。自从佩里硫以来我再未见过这种面容。"一名路过的陆军士兵告诉斯莱奇要做什么样的期待："那里是地狱，陆战队。"[6]

随着距离前线越来越近，炮声越来越响，高低起伏的田园风光也变成了坑坑洼洼的灰暗废土。在山岭的高处，炮弹炸碎、崩飞了外面的土石，露出了里面象牙色的珊瑚岩。威廉·曼彻斯特下士站在一处山顶向前看，觉得这幕场景看起来"很丑陋，但也有些似曾相识，我后来意识到，那很像是 1914—1918 年战争的照片。我想，凡尔登和帕斯尚尔一定就是这个样子。两支大军，面对面蹲在泥泞和烟尘之中纠缠在一起，痛苦到令人难以想象。这里没有地方可以迂回，东边是太平洋，西边就是东海"。[7]

在首里要塞深处的日军第三十二军指挥地堡里，美军雨点般的炮弹和炸弹只不过是一种烦扰而已。爆炸声已经衰减大半，就像是在很远处一样，不会带来多大影响。但是地堡仍然在颤抖和摇晃，烟气有时会从通风管飘进来，让所有人匆忙拿起防毒面具。4 月 29 日，长勇将军召集参谋部和各师团长开会。长勇想要再发动一次反击，但规模要比 4 月 12 日半途而废的那次大上许多倍。和此前一样，八原大佐持另一派观点；他想要继续采取已经令美军失血三个星期的防御消耗战术。八原注意到敌人向首里的推进已经被控制在了每天前进 100 米的节奏上。让日军部队离开安全的工事，暴露在敌人炮兵、舰炮和航空兵强大的联合火力之下，是"鲁莽的，而且注定会失败"。[8] 但是长勇夺回主动权的愿望却得到了各个师团长和前线指挥官的共鸣，他们认为八原的防御战术必然导致最终的失败。

听取了所有下属的意见后，牛岛将军决定发动进攻。进攻时间计划在 5 月 4 日。最终下达的命令中要求各部"展示团结的力量。每个军人必须消灭至少一个美国鬼子"。[9]

进攻战以整个战役中日军最猛烈的迫击炮和重炮射击开场，在最初三个小时内就消耗了 1.3 万发炮弹。突击小分队溜出洞穴，试图渗透到美军防线后方。日军第二十七战车联队也派出了他们的轻型和中型坦克，想要对美军第 24 军战线中央第 7 师和第 77 师的接合部附近发动进攻。日军两栖进攻部队也在那霸和与那原南面的海滩登船。起初，攻击进展令人振奋。第三十二联队夺占了前田村以东的一处高地，第二十二联队推进到翁长村以北的一处山岭，将两支美军机枪组赶出了阵地。美军第 184 团的三个连被包抄、孤立在他们称之为"烟囱悬崖"和"轮盘赌台"的两处岩石山顶上。然而到了中午，日军的冲击动能逐渐耗尽。美军的反炮兵火力和空袭摧毁了超过 50 门日军火炮，其余大部分火炮被拖回山洞隐蔽起来。有些日军坦克迷了路，被迫折返；其余则被美军火炮或飞机打瘫、摧毁。东西两侧的两栖反登陆均告失败，大部分登陆艇被摧毁，没有任何一支部队能够上岸，日军损失了 500 到 800 名官兵和几乎全部登陆艇。

到 5 月 5 日日终时，牛岛承认进攻失败，并令所有进攻部队"回归原位"。此战，日军损失了至少 6 000 名官兵，第二十七战车联队只剩下 6 辆中型坦克。日军炮兵大队也损失了众多火炮，消耗了大量库存弹药。在首里要塞，牛岛遇到八原大佐时声泪俱下，说他

　　　　　　　　　　诸神的黄昏：1944—1945，从莱特湾战役到日本投降

是对的，并保证在冲绳岛的后续战役中坚持防御消耗战术。然而，如八原大佐所说："5月4日惨败留下的深刻创伤，哪怕用神药也无法医治。"[10]日军从上到下顿时弥漫起了一股绝望感。

5月4日，美军的两个师伤亡335人，5月5日又伤亡了379人。但是战线两侧的力量平衡却被打破了，美军立刻行动了起来，以充分利用这一有利时机。巴克纳尔将军告诉他的军长和师长们，他希望再花两个星期时间突破至首里。第1陆战团进攻了60高地，这是日军防线最西端的一处主要地块。5月6日至9日，双方展开了激战，山头易手两次，陆战队员们才最终巩固了对这个山头的占领。在他们的左边，第5陆战团以坦克和步兵协同杀入阿波茶镇（Awacha）以南的复杂地形。陆军第7师第184步兵团向我谢高地和圆锥形山发动了新一轮进攻，并在5月7日至8日取得了出人意料的迅速进展。在美军防线中部，第77师沿着5号公路推进，打垮了沿途日军在每个山头和山脊上的疯狂抵抗。到5月11日，美第10集团军已经控制了前田、高知、阿波茶一线，后方通往渡知具的补给线也已安全。然而首里要塞那令人生畏的高大堡垒仍然矗立在南方，想要拿下它，还需要更多艰苦的战斗。

4月14日，东京的帝国大本营宣布，对冲绳外海盟军舰队的空袭已经击沉击伤敌舰326艘。其中"完全确定"击沉的包括6艘航空母舰、7艘战列舰、34艘巡洋舰、48艘驱逐舰，以及各种辅助船只。根据官方战报，真实的数字应该会更高——但是出于小心谨慎的考虑，以防忙中出错，未确认的战果暂未发布，以待"进一步确认"。[11]一周后，东京广播电台报道说，敌人带到冲绳来的1 400艘船已经损失了一半，其中 400 艘被击沉，人员伤亡不少于 80 万人！报道中称，这一可怕的损失已经令美军"堕入混乱与痛苦的深渊"。[12]

这些报道令东京先前吹过的那些牛皮相形见绌。宇垣的副司令横井俊之将军后来解释道，九州的航空兵指挥官受到来自下级的压力，这些下级想让指挥官们确认这些明显夸张的战果。当横井对一份这样的报告提出怀疑时，一名"神风"特攻队指挥官对他说："若如此低估我们取得的战果，那我就没有理由要我的人去死。如果司令部不充分认可这些战绩，我就将切腹以示反对以及谢罪。"[13]

尽管如此，东京的指挥层看起来真的相信"神风"战术或许能打赢冲绳之战。日本海军军令部估计美军舰队已经处于"不稳定状态，现在的胜率是五五开"。[14]帝国大本营下令继续发动"菊水特攻"，以期将对手一击出局。时间是关键，自杀机部队必须赶在美军两栖舰队卸下大部分货物并退往乌利西或莱特岛之前发动进攻。补充飞机和飞行员将从本州岛源源不断南下，来到第五航空舰队位于九州的前进基地。[15]

在鹿屋基地，神风队员们住在基地中最好的兵营里。他们的宿舍就在汩汩流过的小溪旁，小溪上游是青翠的竹林和长满野花的草地。在随时可能赴死的阴影中生活，他们会在这片田园美景中漫步。他们会写信，写诗。当地居民给他们送来礼物，包括清酒、烈酒，和在饥馑之中艰难节约出来的食物。村民们会送来鸡蛋、鸡、猪，甚至是牛，将其宰杀，供神风队员们在最后的日子里享用。当地勤皇队的年轻女孩子们负责为他们洗衣、做饭、整理家务。这些"勤皇少女"成了这些神风队员的情感寄托——看起来是很纯洁的那种——她们将队员们称为"哥哥"，自己则是"妹妹"。出击前，

诸神的黄昏：1944—1945，从莱特湾战役到日本投降

女孩子们会彻夜工作，给自杀机装饰上樱花，在座舱里放上布娃娃或者折纸人偶。她们会参加起飞线上的送行仪式，流着泪向出发的飞机挥舞樱树枝或太阳旗。她们会收集飞行员们剪下来的头发和指甲，附在感谢信里寄到他们家里。

"神风"特攻队在初期从来不缺志愿者。但是到了1945年春，航空兵指挥官发现新来自杀机飞行员们的态度发生了变化。许多人都是在无法拒绝的环境下被"要求"志愿参加的。根据一名海军参谋军官的说法："鼓励'志愿参加'变成了一种压力，而不完全是自愿，可以想见，环境上的这种变化会导致所涉人员态度的变化。"他还补充说，许多新来者"显然是被环境所扰［而做出的决定］"。[16]在水户市的陆军训练基地里，有一整个班的飞行学员被指挥官要求志愿执行自杀任务。"我都不记得要我向前迈一步，"一名学员后来说，"就像是一股狂风从队列后方呼啸而来，把每个人都向前吹了一步，那简直是完全整齐的一步走。"[17]

1945年时的神风队员中大约有一半是从各个年级的大学生中拉来的。许多人都具有开放式的思维，接受过国外思想的影响，包括西方哲学和文学的影响。这令他们在军队训练营中很不招军官和士官们待见。许多年轻学员被单独拎出来特别对待，包括毒打——这令他们对军官，以及对把控着国家命运的独裁政府充满鄙视和憎恨。从他们的日记和书信中看，这些未来的神风队员中很多人都觉得自己是自由主义者。有些人还十分仰慕美国的社会和政治治理模式。其他一些人则持有激进主义、乌托邦、和平主义，甚至马克思主义思想。

例如，林忠男（音）就是从京都大学被拉出来的。在他的文字中，林从不认可战争目标和帝国主义政府；他甚至认为日本的失败不仅是必然的，而且是应当的。但他仍然决意为国而死："时局固然危殆。但于我，日本毁灭理所应当……历史的必然让我们的人民遭此危难。为了保卫这片我们所热爱的土地上的人民，我们挺身而出。"[18] 林忠男死于战争结束前 3 个星期，时年 24 岁。

佐佐木八郎来自东京帝国大学，他相信受资本主义荼毒的日本毫无指望，而即将到来的战败将会为革命带来机会。这位博学的年轻共产主义者在 1945 年 4 月 14 日冲绳外海的一次自杀任务中战死，时年 22 岁。他身后留下了一套规模庞大的个人藏书，涵盖历史、科学、哲学、经济，还有德语、英语、法语、俄语和拉丁语文学作品。[19]

林一藏来自九州岛的福冈县，是一名虔诚的基督徒，他在最后一次出击时还带着一本《圣经》、一本克尔凯郭尔的《致死的疾病》和一张母亲的照片。"我会把您的照片放在胸前，"他在从鹿屋给母亲的最后一封信中写道，"我一定会击沉一艘敌舰。当您从广播中听到我们胜利击沉他们军舰时，请记住有一艘敌舰是我撞的。我心里很平静，我知道妈妈在看着我，为我祈祷。"[20] 林少尉，22 岁，死于 1945 年 4 月 12 日的"菊水二号"作战中。

有些人并不想去送死。随着战争的进行，或明或暗的反抗也越来越多。横井将军回忆说，队员们的态度"从待宰羔羊的绝望到公开挑战他们的上级军官，各种都有"。[21] 在最后出击前一晚，神风队会组织狂欢酒宴，大家纵情畅饮清酒，还会打砸家具。一名目击者讲述了这样的一幕场景："那地方变成了骚乱。有些人用军刀打破悬挂着的电灯泡。有些人搬起椅子砸破窗户，撕白色的桌布。空中回荡着军歌和咒骂的声音。有些人发狂怒吼，另一些人则大声哭泣。这是他们生命中的最后一晚。"[22]起飞后，有些桀骜不驯的飞行员会低空飞过他们上级军官的宿舍，像是要撞击或者扫射他们的样子。但只要他们接下来执行了使命，那这些违抗都是可以原谅的。

到冲绳战役后期，"神风"机越来越多地掉头返回基地降落。飞行员们会报告说遭遇发动机故障，或者说是无法找到敌舰。其他一些人则在九州和冲绳之间某个小岛附近海面迫降，希望能逃到岸上撑到战争结束。有些飞行员会在计划出发前一晚溜过起飞线破坏飞机。他们可能只是打开油箱盖子，假装燃油不足，然后以此为借口返航。有一名飞行员（早稻田大学毕业生）在一连9次返回基地后，被行刑队枪决。另一次，一名"神风"飞行员驾驶飞机撞在鹿儿岛他家附近的一处铁路路基上，似乎是想要死得离家近一点。

九州南部已到了鲜花盛开的时节。每天下午宇垣将军都会花几个小时到他鹿屋司令部周围的山上和乡间打野鸡。4月13日，他发现麦苗已经"很高了"，大树也"绿得生机勃勃"。[23]樱花已至全盛花期，当地老百姓也在空地上种下了土豆和蔬菜，将军很高兴看到这些新种下的庄稼苗壮成长。他看到麦苗已经"完全长起来了，麦穗全都如同枪尖一样指向天空，就像是要号召整个国家拿起武器"。[24]4月21日，春季捕猎季节结束，宇垣收起了他的捕猎执照和猎枪。他在日记中写道，自己并不指望能活到秋季捕猎季到来之时。[25]

九州的各个机场几乎每天都会遭到B-29机群和美军舰载机的空袭。"地狱猫"和"海盗"从机场上低空飞过，扫射停放着的飞机和地面人员。"超级堡垒"则从高空投下成群的1 000磅高爆炸弹，落在跑道中央。有些炸弹会立刻爆炸，其他一些——装有延时引信——则会钻到沥青下面蛰伏起来。鹿屋机场的主跑道插满了标示尚未起爆的延时炸弹位置的小红旗。宇垣将军觉得它们"相当麻烦……它们无法被当作哑弹立刻处理掉,有些炸弹的延时引信设置会长达 72 小时"。[26]

在鹿儿岛湾的知览机场,勤皇少女们被派去修复跑道。她们把泥土和石子铲进弹坑,直到手掌磨出血泡,腰也伸不直。5 月初的一天,空袭警报声打断了她们的工作,于是她们跑进了跑道旁边的堑壕里。一队 F6F "地狱猫"从低空飞过机场,扫射停放的飞机和地面设施。"这些美国人飞得这么低,你可以看见他们粉红色的脸和蓝眼睛,以及方形白边的老大的护目镜,"鸟滨玲子说,"我们不愿承认,但我们确实佩服他们的自信,竟敢飞得这么低。我到现在都不确定他们到底是十分勇敢,还是只不过看不起我们,觉得没什么好怕的。"[27]

在"神风"进攻日的早晨,地面人员、当地司令部参谋以及勤皇少女们都会参加在起飞线上举行的哀伤的送行仪式。飞行员们戴着白色围巾和旭日头带,被称赞是"神鹰一去不复返"。有些人为了这一刻已经把体毛全部刮掉。他们和部队指挥官最后一次共举酒杯一饮而尽,之后爬进已经被女孩子们打扫一净并装饰一新的座舱,启动发动机,滑行到跑道上。他们一架接一架地起飞,随后转向南面飞行两个小时,扑向冲绳外海的敌舰队。他们从九州南部的稻田、麦地和小山上低空飞过。"我们会跑出来,挥舞旗子或者只是挥手,"一名当地女人回忆道,"有一架飞机,可能是领队的,会低飞摇晃机翼向我们致意。我们大哭不止。我们知道这是最后一次看见他们。我们拼命挥手,直到他们消失,然后会为他们祈祷。"[28]

对于冲绳岛外海战舰上的盟军水兵们而言,白天黑夜都是在令人神经麻木的敌机来袭和虚假警报之间无限循环。只要"神风"来袭,刺耳的鸣笛警报就会响起,把所有人召唤到战位上。烟雾发生器会放出不透光的化学烟雾,5英寸高炮开始接连发出低沉的射击声(砰!砰!砰!),黑色的高炮烟团立刻布满了天空。当高炮以低射角开火时,炮弹对邻近的友舰也会造成不小的威胁。在整个冲绳战役期间,友舰高炮的误伤造成了多达几百人的伤亡。高射炮群没完没了的轰鸣令水兵们身心俱疲,几乎到了崩溃的边缘。但是无论那些5英寸、40毫米、20毫米高炮的炮手打出多少炮弹,庆良间列岛的军火船上总是会有足够的炮弹等着他们去打——因此他们尽可以不停地开火,完全不用考虑节约。在渡知具滩头旁,高射炮火的密度令人难以置信。有一名目击者记得自己看到一艘战列舰夜间遭到空袭,舰上高炮射出炽烈的曳光弹,汇成一条连续不断的火的溪流:"我这一辈子从来没见过那么多的炮弹和曳光弹从一个地方射出来……它们组成了一个巨大的锥形,这个锥形还会四处移动。然后你就能看到一架飞机在锥形顶角处起火,掉下来,而锥形还在继续移动。这真壮观。"[29]

被炸毁、烧焦、打成残废的舰船挤满了庆良间列岛的维修锚地,美国人将这里戏称为"破船湾"。"凯利"特纳早先关于夺占这片岛群的决定得到了完美的验证。如果舰队没能在距离冲绳如此之近的地方拿下这样一片受岛群保护的水域,许多受损船只将不得不自沉。但有了这个基地,修理船和浮船坞就足以处理一些小规模的维修,损伤更严重的舰船也可以在这里先行修补,再用自身动力开往乌利西甚至是珍珠港。从4月6日到6月22日,超过200艘盟军舰艇和支援船只被"神风"自杀机或常规轰炸机命中，或者被近失弹击伤——但只有 36 艘被击沉或自沉。

战斗的久拖不决令海军水兵们难堪重荷，但第 5 舰队的总司令仍然和往日一样坚韧而镇定。早在登陆部队踏上冲绳之前的 3 月 31 日，雷蒙德·斯普鲁恩斯就由于一架"神风"机的撞击而被赶出了他的第一艘旗舰，"印第安纳波利斯号"。他的第二艘旗舰，老式战列舰"新墨西哥号"在 4 月至 5 月间几乎每天都要和空袭搏斗。尽管如此，这位身材颀长、皮肤被晒成古铜色的四星上将却依旧军容严整。和往常一样，他每天都要在军舰艉楼上步行数个小时锻炼身体，即便"新墨西哥号"上的火炮彻夜轰鸣，他也一样睡得很香。第 5 舰队的航海医生戴维·威尔卡茨回忆过 1945 年 4 月底发生的一件事。当时斯普鲁恩斯将军和其他几个军官一起站在后甲板上，看到一群日军飞机从西北方扑来。有一架"神风"机单枪匹马向"新墨西哥号"发动大角度撞击。其他军官立刻躲进屋里寻找掩护，只有斯普鲁恩斯继续待在栏杆旁用望远镜看着冲过来的飞机，连腰都没弯一下。40mm 高炮最终摧毁了那架自杀机，它"炸成几块掉进了海里，距离'新墨西哥号'真的只有几英尺远"。

威尔卡茨医生壮着胆子过去批评总司令不该如此不必要地暴露自己。斯普鲁恩斯答道："如果你是个好的长老会信徒，你就会知道，除非该轮到你死，否则不会有危险。"[30]

一如往日，外围雷达哨站上的驱逐舰和炮艇在战斗中的遭遇最为惨烈。在这样的"风口浪尖"上连续执勤三四天后，舰员们就会显示出极度疲劳的迹象。他们昼夜待在战位上，吃厨房做好送上来的三明治、煮熟的鸡蛋，喝咖啡。"压力几乎让人无法忍受，"一名步兵支援登陆艇的艇长回忆道，"我们身上又破又脏，散发着臭味，眼睛血红。舰上一团乱，到处都是空弹壳。我的脸上被燃烧的火药颗粒烧出了麻子，因为有一门厄利孔高炮就在距离我战位只有3码的地方开火。我们祈祷能有坏天气，这大概是唯一能放慢来袭日军飞机的事情了。"[31] 另一艘炮艇上的一名水手写道，所有舰员都到了"崩溃边缘"。大家的精神都十分脆弱，舰上的战友们会为了一些鸡毛蒜皮的小事脸红脖子粗。当有人把一个大扳手丢在甲板上时，"我就像是被高压电打到了那样跳了起来"。[32]

1945年5月3日，10号雷达哨站打了一场这种典型的死战。此时正值夕阳西下，完成战斗空中巡逻的"地狱猫"和"海盗"刚刚返回母舰。驱逐舰"阿伦·沃德号"和"利特尔号"和伴随的4艘炮艇遭到了大约50架日军飞机的进攻。"阿伦·沃德号"被7架"神风"自杀机撞中，严重进水，几乎沉没，军舰的下甲板也被大火吞没。45名舰员战死，49人受伤。[33] 经过漫长而英勇的救火和救援，这艘遭到重创的驱逐舰被拖到了庆良间列岛。与此同时，"利特尔号"遭到了至少18架自杀机的攻击，并被4架飞机撞中，其中1架飞机几乎垂直地撞在军舰的后部鱼雷发射管处。巨大的冲击力打断了"利特尔号"的龙骨，两分钟内它的主甲板就淹了水。一名爬到甲板上的舰员被眼前地狱般的场景震撼了："军官们无声地在甲板上快速走动，把灰色的毯子盖在仍然带着体温、正在流血的尸体上……从许多意义上看，死者都是我们中间最幸运的人。他们既不用弃舰，也不用回忆。"[34] 被第一架"神风"命中仅仅12分钟后，"利特尔号"就消失了。30名舰员死亡，79人受伤。

第58特混舰队在冲绳以东占据了阵位，并在大约60平方英里的区域内持续巡航。米彻尔将军原本期望至迟到 4 月底时能够从为两栖舰队和岛屿提供空中掩护的任务中解脱出来，如果能早些更好——但是陆军和陆战队的航空兵部队要到 5 月的最后一个星期时才能承担起这一任务。这种延迟是由多方面因素造成的。冲绳岛上机场的建设由于地面松软湿滑而落后于计划中的进度，这一情况由于 5 月春季降雨的到来而雪上加霜。和在莱特岛时一样，岛上缺乏足够的珊瑚岩来铺设机场。日本人建造的读谷机场和嘉手纳机场粗糙而泥泞，在夜间，还要靠在跑道两旁挖掘的火坑里点燃汽油和煤油来标示出跑道。飞行员和地面人员就住在帐篷里，从天而降的高炮弹片可以轻易把它们撕碎。

　　5 月 24 日晚，日军向读谷机场发动了一场大胆的突击队奇袭。5 架日军轰炸机突然从低空飞来，放下起落架，想要在机场降落。其中 4 架在着陆前就被击落了，剩下那架成功降落并滑行到停机坪旁停了下来。12 名日军突击队员从机舱里涌出，四散到停放的美军飞机中，用手榴弹和炸药包进行破坏。9 架美军飞机被炸毁，另有 20 多架受伤。守卫机场的陆战队员开始疯狂射击，甚至相互对射，许多人被友军火力误击而死伤。日军还炸毁了一处油库，烧掉了 7 万加仑航空燃油。交火持续了一整夜，直至黎明后最后一名日军突击队员被击毙为止。基地中的一名陆战队航空兵军官罗纳德·D. 萨尔蒙上校说这一幕"相当可怕……我在所有战争中见过的最惊心动魄的一晚"。[35]

　　虽然第 58 特混舰队多次派遣单个特混大队分兵北上去空袭九州，但其主力却始终被牢牢钉在冲绳滩头，机动性受到巨大限制。他们每天的行动是可以预见的，而可预见就意味着危险。米彻尔抱

　　　　　　　　　　诸神的黄昏：1944—1945，从莱特湾战役到日本投降

怨说他的特混舰队已经成了"日本航空兵的高速死靶子"。[36] 大部分晚上，小群敌人巡逻机都会飞来跟踪美军舰队，投下照明弹，有时还会直接投射炸弹或鱼雷。美军会用雷达跟踪这些来袭者，并引导夜间战斗机前往截击。白天会有大规模的空袭，时间常常是在中午前后。大部分日机都会被执行战斗空中巡逻任务的战斗机拦截并常常在距离特混大队中央至少30英里处被击落，但是少量飞机突破外围防线向航母发动俯冲也不是稀罕事。这对军舰舰员们而言就是最令人紧张的时刻了。一切都发生在电光石火之间，没人能预料到何时会有一架飞机逃过暴风雨般的高射炮火撞向军舰。下甲板上的人们对此类空袭尤为紧张——原因很简单，下甲板的人员伤亡率要高得多，因为他们很容易被大火围困或被浓烟熏死。

这一沉闷的循环看似永无止境。人们有时也会来点幽默减减压。在一连数天可怕的防空作战之后，"乔克"克拉克将军向他的特混大队发电："看《希伯来书》第13章第8段。"于是在整个大队的所有舰上，人们打开《圣经》，大声读了出来："耶稣基督*昨日今日一直到永远，是一样的。"[37]

人们变得越发易怒和暴躁。舰队里有个公开的秘密，许多水兵会从机库甲板的弹药库里偷高酒精度的"鱼雷汁"来喝。所有舰员都被要求在脸上和手臂上涂抹一种油腻的白亮亮的防晒霜，但是许多人讨厌这种感觉和防晒霜的气味。补充中队的年轻飞行员们现在体会到了什么是飞行员疲劳症，航空医生则警告说必须尽快替换

---

* 耶稣基督（Jesus Christ）在口语中的另一层含义是表示愤怒、烦恼或惊讶，可理解为"我的天哪！"。——编者注

这些人，否则操作事故就会激增。大喇叭里传出的命令和发言要求所有人保持警惕，这样才能活下来。在一艘航母上，有人在一个战斗机中队待命室的黑板上潦草地写了一行字："保持警惕——别忘了军舰上那些瑟瑟发抖的可怜战友！"[38]另一艘航母上，一份当日计划中写道："我们都知道现在的作战疲劳而艰难，但不要因此而丢掉我们的判断力。"所有舰员都被要求"谨防不当之词脱口而出，这不仅会贬低你，还会让你失去战友之谊……臭脾气就和臭垃圾一样，应该被砸碎丢进海里"。[39]

1945 年 5 月 11 日上午，米彻尔将军的旗舰"邦克山号"成了一场可怕程度极为罕见的"神风"攻击的牺牲品。两架三菱零式战斗机利用特混舰队上空的低云，在炮手们来得及做出反应之前穿出浓密的云层。第一架飞机以小角度俯冲，扑向航母右后方，撞在了3 号升降机后部的飞行甲板上，栽进一个中队 34 架加满了油的"地狱猫"中间。在撞击前一瞬间，飞机投下了挂载的 550 磅炸弹，炸弹撕开三层甲板，穿出舰体，在右舷旁爆炸。第二架飞机以近乎垂直的俯冲撞下来，速度可能超过 500 节，击穿了舰岛底部的飞行甲板。在这些灾难性打击之下，"邦克山号"自己的弹药和燃油被点着了，巨大的二次爆炸引发了最为惨烈的破坏。数百名舰员没有任何逃生机会，当场丧命——炸死、烧死或者窒息而死。还有数百人被逼出飞行甲板，退到舷外通道和高炮走廊上等候救援，或者干脆自发跳进海里。军舰燃起大火，一股浓烟升腾到 1 000 英尺高处。搭乘在邻近的"企业号"上的记者菲尔普斯·亚当斯描述了这艘燃烧的航母：

军舰的整个后部都陷入了无法控制的烈火中。它看起来很像是新闻短片里燃烧的油井，只是更凶猛——因为这火烧的是高度提炼后的汽油和未发射的弹药。大股翻滚的黑烟从舰尾升起，猛烈地喷吐着橙红色的火舌。耀眼的白色亮光不停地从中闪现，那是燃烧的飞机或炮位上整备完成的弹药被引爆了。每过几分钟，整团的浓烟就会被大片的火焰遮蔽，那是又有一架飞机的油箱爆炸了，或者是又一摊从下方机库甲板破损的燃油管线里漏出的汽油触碰了火舌。

在超过一小时的时间里，烈火完全没有减弱的迹象。当数十万加仑的水和化学灭火剂喷射上去之后，它们或许略微平缓了一点，但随着受伤的舰体内发生更多的爆炸，它们反而更加贪婪地向舰体前部蔓延而去。[40]

死者中有第 58 特混舰队司令部的 3 名军官和 10 名水兵。[41] 米彻尔将军本人也失去了许多舰载机大队和舰员中的好友。当天下午 3 点，他和 60 名幸存的幕僚一起离开了仍在燃烧的"邦克山号"，转移到"企业号"上。当米彻尔来到舰上时，亚当斯写道："他看起来又累又老，简直要发疯了。他轮廓鲜明的脸更显得饱经风霜——就像是河川侵蚀过的尘暴旱区一样——但他的双眼却闪耀着复仇的火焰。"[42]

经历了 8 个小时的灭火和抢修之后，"邦克山号"变成了一副可怜兮兮的模样，就和它的姊妹舰"富兰克林号"六个星期前一样。舰上有 389 人死亡，264 人受伤。死者和伤者的比例高得反常，这只能归因于当时的情况——当敌机撞击时，这些人都在下甲板上，他们还没来得及爬上梯子就死于浓烟。挖开这艘航母的第84战斗机中队的待命室时，救援队在入口处发现22名飞行员的尸体堆在了一起。舱室里充满了浓烟时，他们都想从这里逃出去。

但是"邦克山号"的轮机舱和发电机却大部完好，因此它还能以近20节的速度退往乌利西环礁。5月12日，"邦克山号"为超过300名舰员举行了海葬。这艘破破烂烂的航母在乌利西做了简单修补，随后靠自身的动力横跨太平洋。三个月后战争结束时，它正在皮吉特湾的布雷默顿海军造船厂进行维修。

三天后，米彻尔的新旗舰"企业号"又被一架"神风"自杀机撞中，这位将军不得不再次更换旗舰，这次是"伦道夫号"——它也不是"神风"攻击的生客了。米彻尔对他的作战参谋詹姆斯·弗拉特利说："吉米，告诉我的特混大队指挥官们，如果鬼子再这么搞下去，我头上马上就要长头发了。"[43]

"邦克山号"的悲剧发生一天后，斯普鲁恩斯将军的旗舰"新墨西哥号"也中了招。当时这艘战列舰刚刚在庆良间列岛补充完弹药，正在返回渡知具湾。这天天气凉爽，风平浪静。下午5点，两架低飞的日军飞机从舰尾"太阳方向"飞了过来。一枚5英寸炮弹直接命中了日军长机，它在"新墨西哥号"左后方大约1/4英里处坠入海面。第二架飞机在高射炮火中穿行，绕了一圈，撞上了军舰右侧前桅后部。机上的炸弹在高炮甲板上爆炸，飞机的残骸则冲进了烟道，在烟囱的薄壁上撕开了一个30英尺的口子。爆炸使得舰上的航空汽油罐开裂，大火立刻吞没了上层建筑。已经装填完毕的40mm和20mm高炮的炮弹从炮位护栏处掉落，滚进了烟囱并开始爆炸。但是损管队在不到60秒的时间里就打开了水龙头，很快就控制住了火势。所有火焰都在一小时内被扑灭。

起初人们找不到斯普鲁恩斯将军了，他的幕僚们担心他会不会死了。参谋长阿瑟·C.戴维斯少将和副官查尔斯·F.巴伯一起冲出食堂甲板，匆匆赶到指挥舰桥上。但斯普鲁恩斯没在那里。最后他们在二层甲板上找到了他，当时他正拿着消防水管和其他舰员一起救火呢。他毫发无伤，而且跟没事人一样。巴伯上尉回忆道："斯普鲁恩斯将军，就像他常常做的那样，总是会从容不迫地把正在做的事情做完。"[44] 被命中一小时后，"新墨西哥号"的损伤便已被控制住，他告诉幕僚们，他看不出有什么理由再一次更换旗舰："我相信我们可以留在战位上，完成修复，然后继续。"[45]

"新墨西哥号"遭受了177人的伤亡，其中55人战死。炸弹在烟囱上炸开了一个"大得可怕的洞"，但是军舰航行未受影响。[46] 第二天上午，斯普鲁恩斯给他的前参谋长"卡尔"穆尔写信道："高炮开火时我正准备到舰桥去，于是我就走向二层甲板的掩蔽处，没走多远我们就被击中了，从我所在的地方通往舰桥的两条路刚巧都被飞机和炸弹打到了，所以我没有走过去实属万幸。"和平时一样，这位第5舰队司令的评论中毫无感情色彩："自杀飞机是一种十分有效的武器，我们绝不能低估。我不相信那些没在它们作战范围内待过的人能体会到它对舰攻击的潜力。"[47]

1945年5月8日传来了纳粹德国无条件投降的消息。冲绳外海的战舰以整个太平洋战争中最猛烈最持久的舰炮炮击来纪念这一历史性的事件。然而战壕里的大头兵们对于欧洲胜利日只不过是耸耸肩，苦笑一下而已。这一事件和他们眼下的艰难处境并没有什么关系。如果说欧洲胜利日意味着可以把部队和飞机从欧洲调过来，那倒是不错的事。但若是说这应该庆祝，那他们就只能报以怒目了。如一名在冲绳苦战的陆战队员所看到的那样，这个消息"没有改变我们战线的位置，泥土的质地，天空的颜色，也没有改变我们每个人斗篷里装的弹药数量"。另一个人也说："纳粹德国和在月亮上也没什么区别。"[48]

3 天后的 5 月 11 日，第 10 集团军以两个不同军种的军再次发动协同进攻——西边是第 3 两栖军，包括第 1 陆战师和第 6 陆战师；东边是第 24 军，包括第 77 步兵师和第 96 步兵师，还有第 7 师留作预备队。在左右两翼的远端，美国陆军和陆战队将会沿着海岸向南推进，同时对首里要塞周围的日军整个防御体系保持强大压力。此举演变成了冲绳岛乃至太平洋所有岛屿上最为激烈和拼命的地面作战。美国陆军和陆战队的士兵们向着那些貌不惊人的山头和高地上的日军坚固防御阵地攻了上去，这些山原本没有名字，美军在绘制地图时临时给它们取了名：巧克力山、平顶山、墓碑高地、圆锥形山、瓦纳高地、瓦纳谷地、甜面包山。六个星期前，它们还是些绿植覆盖的平静优美的地方，有起伏的山峦和密布的梯田，还能看见美丽的蓝色大海。但是现在，这里已是一片荒原，没有植被，到处都是浑身烂泥的尸体。

对阵双方你来我往，互相进攻，在山坡上仰攻下冲，在坦克陷阱和雷区中血战，在机枪火舌前冲锋，山头几度易手，直到日美两军的尸体堆满地面，交相枕藉。每一轮新的进攻都以划破天际的火炮与迫击炮弹幕射击开场，此时谢尔曼坦克引擎空转，舱盖打开，驾驶员等候着前进的信号。迫击炮和榴弹炮的炮手们都受领了"射击任务"，包括标有目标坐标和射程的卡片，还有关于应该射击多少炮弹、何种炮弹以及射击多久的指示。步兵们则领取弹药，把水壶装满水，把用不上的装备丢下来，然后跳进散兵坑和堑壕，低下头，等着军官或士官发出前进的号令。炮击逐渐达到了高潮，海岸外的舰炮也以其巨大的火力和野战炮兵一同唱响了大合唱，这时，除了分不出炸点的连续轰鸣，人们什么都听不见。最后，迫击炮射出白磷弹，在敌人的视线前拉起一道烟幕。随着信号发出，坦克发动机轰的一声咬上离合器，履带开始在泥土中前行，步兵们则站起来猫着腰向前走，前后左右各保持 5 步间距。他们的目的地是日军火力点之间的盲区，在那里，他们可以从侧翼攻击敌人的碉堡和山洞口。隔着烟幕，敌人的机枪和步枪"嗒嗒嗒""砰、砰"地响着，子弹从士兵们耳边嗖嗖地飞过。还有迫击炮弹落在他们中间。士兵们知道自己现在是在赌平均概率，或生或死，听天由命。当烟幕浓厚时，日军的"南部式"轻机枪会快速进行两三发点射以节约子弹，"嗒嗒……嗒嗒嗒……嗒嗒"。但是一旦烟幕散去，日军机枪手能够看见目标，他们就会紧紧扣住扳机，扫射整个射界。如果左右两边有人倒下，他的战友会继续前进。"你会看到这一幕，但是你要继续前进，"一名陆战队员回忆道，"你不会停下来，因为他已经死了。"[49]

　　侧翼包抄的机会几乎没有，地面进攻只能迎头打上去。每一次向前推进都会招来各种不同类型的武器从看似坚不可摧的阵地上射来的猛烈火力。在 5 月 15 日对瓦纳谷地发动的一场进攻中，日军47mm 反坦克炮当场摧毁了数辆谢尔曼坦克，其余坦克只能折返。在这样的防御面前，既然连坦克都无法取得进展，那还能指望步兵们有什么斩获呢？有时候，他们甚至对取得半点进展都不抱希望。机枪射击的嗒嗒声和步枪的砰砰声从来没有减弱过，此外还有火炮和迫击炮低沉的轰鸣，炮弹的呼啸和爆炸声。有如此大量的钢铁在空中横飞，任何形式的进攻看上去都只能是自杀。但是上级下达的命令却很直接，压力也很大：他们必须摧垮日本守军的防御，而且必须要快。于是他们别无选择，只能硬冲敌人防线。经过代价惨重的反复试错，他们渐渐摸索出了新战术。战术创新常常是由前线的下级军官和士官们发明的，这些人突然意识到了怎样才能拿下一处敌人阵地，并且就地动手。日军对反斜面阵地的运用精明而有效，美军却可以用精确而准时的迫击炮火来对付。美军的迫击炮手们一点一点地、断断续续地找到了窍门。迫击炮弹能够越过山顶，直接落在堑壕和洞口中。如果能掐准炮击和地面佯攻之间的时间，那么迫击炮弹就能卡在日军士兵从地下掩体内钻出来准备迎击美军时命中目标。许多日军被打死，其余人则会撤退，这样美军步兵班就有机会施展"喷灯和手钻"打法了，而其余敌人此时仍在地下，对外面一无所知，从而陷入被动。

从 5 月 21 日起，一连 10 天的大暴雨将战场化为了无边无际的泥潭。美国陆军和陆战队的士兵们躲在雨衣下，浑身湿透，十分痛苦。散兵坑进了水，他们不得不用头盔把水舀出来。人们不得不试着把弹药箱摆放在被水灌满的战壕底部充当木地板。他们手上和指头上的皮肤起皱而发白。他们的脚从来都干不了，还长了疮，一碰就淌水——当他们把靴子脱掉时，会发现湿袜子上沾了许多一小团一小团的死肉。他们读家信时都得抓紧时间，不然墨水就会被雨水化开冲掉。他们打开口粮罐头时，可以接满雨水，把吃的变成汤，不过是冷的。吉普车和卡车的车轴陷入泥泞，动弹不得，就连坦克和履带车都无法前进。弹药、补给物资和 5 加仑水桶不得不由人顶着瓢泼大雨，蹚过齐膝深的泥潭，穿过日军炮火覆盖的地段送到前线来。

在从不停歇的暴雨中，能见度有时会降到只有 10 英尺。美军偶尔会瞥见他们的敌人——壮实的小个子士兵，穿着褐色军服，戴着宽边钢盔，在满是弹坑的地段迅速而高效地移动。无人区通宵都被美军用挂着降落伞的照明弹照得雪亮。美军时时刻刻都在提防日军步兵的夜袭，无论是小股部队的隐蔽渗透还是连级规模日军高呼着"日本万岁！"的刺刀冲锋。美军知道日军会穿戴着缴获的美军钢盔和军服，大摇大摆地走进美军防线，然后突然开火。在冲绳，敌人随时可能从任何方向扑过来。他们会来自日军防线——这自然无须多言——还会经由地下隧道或被越过的阵地从侧翼或者后方出现。只要空中传来飞机发动机的声音，美国大兵们就会警惕地抬头望去，因为他们都被告知要留意观察敌人的伞兵。

战场上尸横遍野，腐烂肉散发出的令人反胃的恶臭弥漫在空气中，躲无可躲。除非让丧葬组暴露在敌人的致命火力之下，否则就不可能把尸体拖走。如果把尸体就地掩埋，那么迫击炮和火炮炮弹爆炸的巨大冲击会将其从地下翻出来，炸成肉块撒到战场上。而这些暴尸荒野的尸体又会被反复炸得粉身碎骨，除了红色的血迹留在泥土中，其余什么都不剩。这里的卫生问题比太平洋其他任何战场都更严重。威廉·曼彻斯特就发现："如果你把超过 25 万人在一条战线上放三个星期，却没有处理排泄物的设施，那你就要遇到大麻烦了。我们实际上是在一个巨大的粪池中作战和睡觉。"[50] 粪便中长满了又大又肥的白色蛆虫。如果有人摔倒再站起来，他就会看到蛆爬满了他的裤子和子弹带，或者从他的口袋里掉出来。有个陆战队员会用一柄匕首的刀背把它们刮下来。对于尤金·斯莱奇而言，这些蛆几乎成了压垮他的最后一根稻草："被迫在战争的腐尸中翻来滚去，这几乎超过了我们所能忍受的极限。"[51] 七个月前在佩里硫，他原本认定自己和陆战队的战友们遇到的已经是所能想象的最糟糕的战场环境了。但是现在："我度日如年，有时甚至想还是死了更好些。我们处在战争终极恐怖的深渊底下。在佩里硫乌穆尔布罗格袋形阵地周围的战斗中，我曾因为人命如草芥而感到沮丧。但是在首里要塞前的泥泞和暴雨之中，我们甚至已身处蛆虫和腐尸的包围之中。人们挣扎、战斗、流血，环境则如此恶劣，我觉得我们是被扔进了地狱的粪坑中。"[52]

在战线西端，第6陆战师在他们称之为"甜面包山"，日本人称为"安里五十二高地"的地形上被打得鼻青脸肿。这是一座由珊瑚岩和火山灰构成的山岭，大约300码长，100英尺高，其两侧另有两座山头拱卫，分别是半月山和马蹄山，三座山头呈箭头形。这里陡峭的悬崖被挖空，里面布满了隧道和射击孔。这里的地形使得日军总是能够对所有接近路线形成多重交叉火力覆盖。双方都明白此处是整个防线的关键环节：如果美军突破此地，前方便是开阔大道，可以包抄与合围首里要塞。日军指挥官们从他们在首里的观察所可以直接看到这里的战斗，每次美军发动新一轮进攻，他们就会向这里投入大量援军。美军用火炮、火箭弹、凝固汽油弹、烟幕弹和舰炮弹幕对甜面包山狂轰滥炸。一连10天，第6陆战师不停地派出坦克和步兵，向这个防御体系发动进攻。陆战队员们一次又一次

　　　　　　　　　　　　诸神的黄昏：1944—1945，从莱特湾战役到日本投降

短暂攻上甜面包山顶部，但结果却都被日军猛烈的炮击和步兵冲锋打回来。最终，在 5 月 26 日，美军占领此地后击退了日军的多次猛烈反击，守住了这里。

八原大佐相信，如果日本炮兵能拥有更多的弹药储备，他们或许就能无限期挡住美军陆战队的进攻。事实上，这些守军"十分坚定，他们的战斗如此勇猛，以至于安里五十二之战比预期中持久得多。即便在安里五十二落入敌手之后，我们的部队仍然在令人难以置信地坚持战斗"。[53]

当日军防线的东西两端向后弯曲时，战场上的僵局也开始逐渐被打破，美国陆军和陆战队的士兵们开始沿海岸推进。这次双路合围有可能会孤立日军防线中央的主要防御支撑点。在甜面包山拿下日军侧翼后，陆战队员们打通了越过安里川的南部海岸公路，进入了被孤立的那霸城。从这里，陆战队通往国场山区的门户已经洞开，接下来便可直通首里防御体系。在东边，第 96 师攻占了海拔比与那原周围海岸平原高出 476 英尺的圆锥形山东侧，这样，日军俯瞰中城湾的阵地也就守不住了。于是日军开始战术撤退，他们后退了大约半英里，进入紧靠着首里北侧的一条新防线。

牛岛将军现在相信他的部队无法再坚守已经守了一个月的横跨岛屿的防线了。防线的东西两翼已经在敌人连续不断的猛攻之下塌陷。整个日军防线被向后击退了大约半英里，牛岛也没有步兵预备队可以来填补损失了。他的部队仍然防守着首里周围的同心圆形堡垒防线，但是美军已经准备好从两个方向发动压倒性的夹击。正如八原大佐后来所写："整体上，战况看似稳定，但实际上，从 5 月28 日之后就已经如同晚期肺结核病人一般。或许看起来一切正常，但胸腔却已经空了。"[54]

在 5 月下旬的暴雨中，日军第三十二军的指挥地堡变得格外恶臭而难以忍受。地堡内进水严重，"扫帚乱漂"，所有人都要动起手来把床和家具垫高。[55] 美军火炮看起来已经锁定了他们的洞口，每时每刻都有大量炮弹落在洞口周围，因此无论出于什么原因离开地堡都是件危险的事。在最近一次发给东京的无线电报中，牛岛将军告诉大本营，他的阵地即将被攻破。他还请求向海岸外的美军舰队再发动一轮"神风"进攻，以求让美军地面部队觉得他们的弹药和补给可能会耗尽。大本营要牛岛继续坚守防线，守得越久越好，并且拖延战斗，为本土争取准备防御的时间。

此前提出过正确主张的八原大佐又拿出了向冲绳岛南端喜屋武半岛撤退的战术方案，那里美军坦克无法通行的巨石堆中已经备妥了地下阵地。南撤无法改变冲绳之战的结局——第三十二军将要被消灭，所有日军指挥官都知道这一点——但是这或许能拖延战斗，并让美军付出更高的伤亡代价。这一想法遭到了几位师团长和旅团长的反对。第六十二师团参谋长提出，数千人已在防守首里时死去，他们的战友想要死在同一个地方。坑道里还有数千名伤员，他们也只能被丢下。冲绳地方官员则担心首里地区民众的命运，许多人将会试图跟随军队南下，他们将会陷入双方的交叉火网或者落入敌手。

听取了各方不同的主张后，牛岛决定南撤。"我们还保有一部分战斗力，"他说，"而且我们还得到了岛民的大力支持。有了这些，我们将要在最南边的山区战斗，打到最后一寸土地，最后一人。"[56]

日军指挥官使出了各种瞒天过海之术来隐蔽他们的撤退企图。一部分被选定的前线部队要向美军防线发动"表演性"进攻，同

　　　　　　　诸神的黄昏：1944—1945，从莱特湾战役到日本投降

时军队主力则要趁夜离开阵地南下，乘车或步行。日军第六十二师团在 5 月 24 日至 25 日夜间撤退，其后卫部队同时向美军第 77 步兵师发动了猛烈进攻。日军第二十四师团在三天后的夜晚撤退，第四十四独立混成旅团在 5 月 31 日撤退。每一名撤退的士兵都带上了尽可能多的弹药和补给，每人约 130 磅。大部分伤员都被丢在了后面，许多人喝下掺了氰化钾的牛奶而死。

5 月 27 日，第三十二军的最高指挥人员分批走出首里地堡，离开了他们的指挥山洞。牛岛将军一个人摸黑走下了石头台阶。他的参谋军官们想要跟上他，结果一个个摔得鼻青脸肿。沿途到处都是日军士兵和冲绳平民的尸体，其中许多已经在野外腐烂多时。军官们爬上一辆卡车的后厢，沿着黑暗的道路开去。卡车没有开车灯，从撤退的日军士兵和大群难民组成的长长纵队旁驶过。

直到日军部队主力逃到喜屋武半岛的新防御阵地后，美军才意识到发生了什么。恶劣的天气帮助了日军，雨、雾和低垂的云层即便是在白天也会遮蔽他们的行踪。透过云缝，美军飞行员偶尔能瞥见大群日本人向南走去，但他们觉得这些全都是平民。对于那些在仿佛坚不可摧的首里要塞前苦战的美军指挥官而言，日军主动放弃这一价值重大的堡垒是难以置信的。即便是美方军、师级指挥部的情报部门也判断日军计划在这些高地上死战到底。

美军的铁钳现在终于在业已被削弱的首里防御阵地上合拢了。战斗漫长而痛苦，即便面对的只是留下来掩护第三十二军撤退的已经消耗殆尽的日军后卫部队，也是如此。倾盆大雨令能见度降到了 10 英尺。车辆无法爬上被冲毁的道路，因而无法开上山顶，这样补给就十分困难。于是美军飞机从低空飞来，向被火焰和浓烟标记出来的地区空投补给和弹药。最终，5月29日，第1陆战师的先头部队开进了首里要塞——或者说是要塞那古代石头城墙的废墟——第77师一部则拿下了旁边的首里城。留作牺牲品的日军后卫进行了激烈的抵抗，战至最后一人。

5月27日午夜，哈尔西将军回来接替斯普鲁恩斯掌管了舰队。第二天，麦凯恩接替米彻尔指挥快速航母突击舰队。第5舰队改编为第3舰队，第58特混舰队也再次变成第38特混舰队。此时"新泽西号"正在改装，因此哈尔西和他的"阴谋诡计部"此次登上了其姊妹舰，战列舰"密苏里号"。

指挥交接比计划提前了一个月。其从未被公开过的原因，乃是尼米兹和金希望他们的"首发阵容"斯普鲁恩斯、米彻尔和特纳能在接下来11月的"奥林匹克"九州岛登陆战中担任指挥。为了保持5个月一次的轮换频率，就有必要让哈尔西和麦凯恩提前回来。[57]

此时，第38特混舰队仍要继续掩护冲绳外海的两栖舰队，其飞机也要在岛上执行近距离空中支援任务。陆地上正在激战，"神风"攻击的规模已经缩小，频率也降低了，但威胁仍不容忽视。经历了两个多月以来一天没停过的激烈战斗后，各个航母大队已是师老兵疲。其中一个大队，"泰德"谢尔曼将军的第38.3大队被派回莱特湾进行一段时间的休息和补充。阿瑟·拉福德的第38.4特混大队被派往北面，向九州的机场再次发动战斗机扫荡。"乔克"克拉克的第38.1大队（哈尔西的新旗舰就在这个大队的内层防卫圈中作战）则要空袭近处的冲绳岛，并为岛上提供战斗空中巡逻。

6月1日，舰队南方的帕劳群岛附近海域显露出了台风正在生成的第一丝迹象。关岛的气象中心收集并汇总了来自舰船、潜艇和远程巡逻机的气象报告，跟踪着正在北上的"热带扰动"。这些报告很零散，常常互相矛盾，其汇总后的图景也很混乱。但是6月4日，中途岛战役3周年之际，传来了令人担心的报告：一场大号台风正径直扑向冲绳岛以东第3舰队的所在地。

和往常一样，风暴的行进路线无法准确预测，但没人会忘记前一年12月的那场灾难。于是飞机被召回航母，降到机库甲板，用双股和三股钢缆固定起来。驱逐舰则匆匆加满了油。和幕僚及气象人员商议了之后，哈尔西选择令他的两支特混大队转向110°的东南偏东航向，预计这样可以令舰队远离风暴，同时和冲绳之间的距离也不会太远。但是随后的报告则说风暴的路线更加偏北，移动速度也比先前预想的更快。此时，气压计读数开始下降，天象也变得复杂。哈尔西命令舰队航向转向西北。他的想法是横越风暴前方，从其预计路线外围风力较弱的西半边通过。但是台风仿佛自己有了心眼，故意奔着第3舰队而来。那些6个月前就在舰队里的人觉察到了一种似曾相识的不祥之兆。

克拉克的第38.1大队最惨。6月5日一早，他旗舰"大黄蜂号"上的雷达显示屏探测到了一个紧密的圆形"台风眼"正直奔自己而来，这是大威力台风的特有标志。[58] 在巨浪中，"大黄蜂号"摇晃得如同驱逐舰一般，小些的舰艇则面临着被吞没的危险。凌晨4时20分，克拉克通过短距离步话机联系麦凯恩，请求允许向南转，这样他的舰船就能赶在台风到来之前逃走。麦凯恩把请示转给了哈尔西，因而延迟了20分钟答复。在这段时间里，克拉克命令所有舰船尽最大努力转舵迎向海浪。凌晨4时40分，当"大黄蜂号"的指挥舰桥收到麦凯恩的确认答复时，已经来不及了。克拉克的舰队已经被牢牢卷入了呼啸的狂风之中。

当东方海平线上露出第一道紫色光芒时，一座"水山"撞上了"大黄蜂号"的舰首。"老天！"副舰长罗伊·L. 约翰逊说，"那一定有十座房子那么高，当全部的冲击力落在飞行甲板上时，所有东西都被带走了。飞行甲板的边缘塌了，所有天线都不见了，全部的侧舷走廊和有些飞机掉进了海里。我们处境艰难。"[59]

风情逐渐缓解之后，事情就很清楚了：整个特混大队都遭到了重击。没有舰船沉没，但是几乎每艘舰船都报告遭到重创，包括第38.1 大队的全部 4 艘航母。"大黄蜂号"和"本宁顿号"的飞行甲板前部拐角折了下来，就像是书页上为了标记而折的角那样。重巡洋舰"匹兹堡号"大约 100 英尺的舰首从舰上被整个撕下。"匹兹堡号"的姊妹舰"巴尔的摩号"——正是这艘舰前一年把罗斯福送到了夏威夷——也遭到重击，但它仍然留在舰队里，后来在干船坞中进行了维修。飞机方面，总共有 233 架飞机掉出舷外，36 架损坏到无法维修而被抛弃，另有 23 架受损严重。6 人被卷入大海，另有 4 人受重伤。

台风过后，哈尔西下令再次空袭九州。"大黄蜂号"已经不像是能放出飞机的样子了，但是克拉克决心试试。一架 F4U "海盗"战斗机试图在缩短了的飞行甲板上滑跑起飞，结果一头栽进海里，带着飞行员沉了下去。这是因为折起来的飞行甲板导致了过大的紊流。舰员们点着喷灯，想要把飞行甲板的损坏部分尽可能切割掉，但是忙了一天一夜，施工队只切除了一小部分损坏的钢质结构。在克拉克的怂恿下——虽然他不是舰长——"大黄蜂号"设法从舰尾放出飞机。埃塞克斯级航母从来没试过这种引人注目的杂耍般的把戏。舰上的轮机开始倒转，军舰开始迎风"倒退"。工程人员为此把轮机开到了超负荷状态。但是在接下来的两天里，"大黄蜂号"成功用这种方法坚持收放飞机，从舰尾放出飞机，从受损的舰首回收飞机。

6月10日，肯尼将军的陆军第5航空队做好了完全承担起冲绳防空工作的准备，第3舰队终于可以被解脱出来，撤回莱特湾去进行急需的维修、补给和休整了。舰队已经筋疲力尽，而台风带来的创伤又令其雪上加霜。旗舰"约克城号"在圣彼得罗湾下锚后，拉福德将军一头栽到床铺上，一连睡了几乎24个小时。[60] 谢尔曼将军的第38.3特混大队已经在海上停留了79天，其中52天都在作战——这创造了美国海军的新纪录。[61]

6个月内两次误入台风，哈尔西知道他的指挥权已经悬于一线。他没有浪费时间，立刻开始准备为自己辩护。他告诉尼米兹，天气预报烂透了。他们把关于风暴位置和路线的报告全都标绘在了地图上："早先对风暴位置的估算覆盖了3.4万平方英里。而且预报还严重延迟。"[62] 美国海军为此在"新墨西哥号"的军官餐厅里组织了一个调查庭。主席是约翰·胡佛将军，前一年12月那次台风后判定责任在哈尔西的调查庭主席也是这位目光锐利的老水手。特混大队指挥官克拉克和拉福德在做证时也提出了尖锐的批评。未来的参联会主席拉福德认为："此番哈尔西将军要承担全部责任，这样的疏忽不可原谅。"他提出，哈尔西和麦凯恩两人在国内待了很久，刚刚回到舰队，他们过于骄傲，没有听取更有经验的下级的建议。拉福德知道天气预报不靠谱，但他认为即便只是靠基本的航海技术也应当让两位将军做出更好的选择："我很难理解［哈尔西］为什么硬要让所有三支特混大队待在一起，独立行动的大队自己可以做得更好。只要别管我们，我的大队就能逃出风暴。"[63]

调查庭建议"认真考虑"解除哈尔西和麦凯恩两位将军的指挥权，把他们打发到其他岗位上。最终裁决则交给了上级。金似乎确实认真考虑了解除两位将军指挥权的事，而且福莱斯特部长也说会支持他的决定。不过最后，他们决定留下哈尔西，但把麦凯恩召回华盛顿担任退伍军人管理局副局长。（后来还没等调离麦凯恩，战争就结束了，这位将军在到任新岗位之前就因突发心脏病而去世。）

这一次，很可能是哈尔西的国民英雄身份拯救了他的指挥权。在 1945 年的整个夏季，他的照片和他喋喋不休的演讲都是美国媒体上的重头戏。在调查庭提交结论的当周，哈尔西奸笑的面孔就出现在了《时代》杂志的封面上，头像上方是他的标志性口号："杀死日本鬼，杀死日本鬼，杀死更多的日本鬼。"[64]

当美第 10 集团军在岛上追击日军时，持续的大雨和泥泞的道路拖了他们的后腿。即便是坦克和履带车辆也会陷入褐色的泥潭中，许多车辆都不得不被抛弃。补给问题最终还是解决了，部分依靠将补给物资直接送到美军控制的海滩，部分依靠空投。塞缪尔·海因斯飞了几十次空中补给，在他的翼下"是一个曾经和平的古代世界的废墟——小块的田地和石头老城墙，古树的虬枝下遍布小道，原来是房子的地方只剩下一堆石头，所有一切就在我的机翼下方，所有一切都清晰可见，即便在雨中也是如此"。[65]

南下的道路成了露天停尸房，到处可见死去的日本人和冲绳人。美军步兵要下手清理，把尸体拖到路边，好为卡车和坦克清出一条通路来。第6陆战师的托马斯·麦金尼回忆了他看到的情景，那些尸体显然是努力想要跟随撤退的军队向南爬的日军伤兵："我们发现，我也不太清楚具体多少，数百人吧，伸着胳臂和腿，躺在那里，很明显他们曾经努力爬行。他们的残肢仍然打着绷带，却沾满了泥土和其他东西。他们就这么爬，很努力，他们决心要向前，却死在了路上。"[66]

日军第三十二军将会在横跨喜屋武半岛的防线上建立最后的立足点，这是冲绳岛最南端，是由崎岖台地和珊瑚岩峭壁组成的伸向大海的一条"舌头"。日军的主要防线穿过与座岳和八重濑岳两座山岭。冲绳战场的这最后一角占地约11平方英里。

日军从首里的撤退非常顺畅。美军发现日军动向时，已经来不及利用撤退的纵队暴露在外的机会来消灭他们了。尽管如此，第三十二军还是遭到了严重削弱，其向喜屋武的撤退顶多将最终的失败推迟两三个星期而已。6月4日，在汇总了来自各个师团和联队指挥官的报告之后，总部参谋们得出结论，全军残余的兵力大约为3万人，而两个星期前是4万人。日军在首里防线的后卫作战中失去了一些最精锐的老部队。残余规模最大的有组织部队是还有1.2万名官兵的第二十四师团。但是由于重武器、弹药和其他补给物资的损失，其战斗效能已经大幅下降。

6月6日，四个美军师（两个陆军师，两个陆战师）沿着八重濑岳和与座岳悬崖向日军主要支撑点发动了试探性进攻。野战炮炸掉那些伸出地面的珊瑚岩，为第713装甲喷火营的喷火坦克清理通道，后者则将火焰喷进周围天然石灰岩洞的洞口。美军在地形稍好

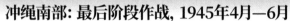

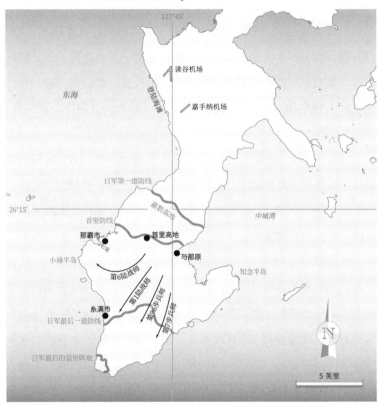

的防线东段取得了快速进展，在6月11日夜夺取了被称为"95高地"的一处地块。日军只做了零星抵抗，而且大部分没有组织，但是仍将会有许多美军在冲绳战役的最后阶段丢掉性命。随着美国陆军和陆战队封闭了敌人日渐缩小的袋形阵地外的包围圈，班规模的小股日军发动了夜间渗透攻击和万岁冲锋。山上的狙击手也要了许

多人的命，而当美军在山间快速推进时，友军迫击炮和火炮造成的伤亡也与日俱增。最惨的是"老种子"第1陆战师，他们在6月11日到6月18日一周时间内伤亡了1 150人。

美军在冲绳岛比在太平洋任何其他战场上都更努力地劝说敌人放下武器。劝降对象既包括日本军人，也包括冲绳平民。飞机在日军防线上投下了数十万份传单，其中仅6月12日一天就投下3万份。第10集团军的心理战部门出版了一份日语日报。吉普车、卡车和巡逻艇上都架设了大喇叭，由日裔"美二代"们拿着劝降信朗读播放。电池供电的袖珍收音机还被挂在降落伞上投了下去，这样日军在山洞里也可以听到美军的广播。和早前相比，这些传单和劝降信写得更好，更聪明，而且更贴合日本人特有的风俗和思维方式。所有这一切都集中在几个中心思想上：军事上的失败已不可避免，日本军政府腐败无能，日本人必须团结起来，拯救自己的国家，使之免于彻底的毁灭。[67]"投降"一词被格外小心地予以回避，改为邀请日本军人"起来反抗，加入志同道合的人们中间，这是走出绝望困境的最好方法"。他们告诉日军士兵，他打得很勇敢，但是现在他已经"竭尽所能，战争结束后还需要他"。[68]

这样的劝降比此前太平洋战争中的任何时候都更有效。在战役最后阶段的喜屋武半岛战斗中，数千名日军士兵双手举过头顶走出了山洞。最令人惊讶的是，整个编制单位的日军在他们自己军官的有序指挥下举起了双手——这在传统日本观点看来匪夷所思。这样就形成了滚雪球之势——走进美军防线的日本人越多，想要效仿他们的人也就越多。许多勇敢的日裔"美二代"自愿独自走下洞穴，和敌人士兵面对面说话——他们中许多人的父母、兄弟姐妹、妻子和孩子都被关在美国本土的营地里。有些被俘日军甚至愿意返回山洞和地堡帮助劝说自己的前战友投降，他们知道这些人藏在哪里。冲绳战役中总共有约 1.1 万名日军成为俘虏，包括超过 7 000 名日本正规军士兵。为了容纳这源源不断的人流，美军的战俘营也越修越大。一名美军中尉惊叹道："你需要一辆吉普车才能从战俘营的一侧来到另一侧"。[69]

数万名冲绳平民因害怕据说如同魔鬼一般的敌人而跟随日本军队南撤。岛屿南部交战区域附近可能有多达 10 万平民——平均算来，战场上每有 1 名日本兵，就会有超过 3 名平民。太平洋战争中还从来没有哪个主要战场上有如此之多的老百姓，或许只有马尼拉除外。日军常常把老百姓赶出山洞，赶到开阔地上，暴露在轰炸之下。日军抢走他们的食物，逼迫当妈妈的冲绳人带着哭闹的婴儿离开洞穴，要么就让她把自己的孩子杀死，否则他们就会直接下手杀害婴儿。数不清的成人和孩子死在地炮和舰炮的炮击以及空中轰炸之下，或者死在机枪、火焰喷射器和其他步兵武器的交叉火力之中。日军已经下令，只要逮到没有说日语的平民，就要将其当作间谍处死。许多当地老人不会说日语，因此而遭受戕害。一名冲绳人说日本军队把老百姓当成随时可以牺牲掉的炮灰，"就像象棋里的小卒子"。[70]

美军部队向南前进时，遇到了道路另一边迎面而来的难民长龙——悲惨的人潮，他们绝望、饥饿、肮脏，女人背着孩子，打成捆的衣服或其他财产挑在肩上。不少人嚼着甜菜根。有些人受了伤，手脚并用向前爬。当时 16 岁的冲绳学生宫城喜久子回忆了那一幕惨剧："数万人像蚂蚁那样向前爬。他们都是老百姓。老爷爷，老奶奶，背着孩子的妈妈，浑身泥土，迈着碎步向前跑。孩子若是受了

诸神的黄昏：1944—1945，从莱特湾战役到日本投降

伤，就会被丢在路边，扔掉不要了。那些小孩认出我们是学生，就会喊着'Nei，nei！'——那是冲绳话'姐姐'的意思，想要我们抱起他们。太可怜了。我至今都时常想起他们的哭声。"[71]

许多冲绳老百姓在接近美军防御阵地时被打死。美军哨兵们都接到命令要向他们开枪，尤其是在夜间，这种时候人很难分清来者是军人还是平民。火光和照明弹照亮了朝北走向美军防线的人群。有些时候日本军队甚至会驱赶着冲绳老百姓在自己前面走，拿他们当肉盾。为了避免不必要的杀戮，美军向全岛各处投放了传单，传单上用图画和简单的日语、冲绳语写道："远离飞机！远离道路！不要靠近弹药库！远离军队阵地！哪怕你只是偶然忽略了上述某个警告，下场都可能会很惨。"[72]第6陆战师的诺里斯·布彻尔回忆说，许多日军士兵穿成平民的样子，甚至化装成女人，混在成群的平民中溜过防线。"很不幸，这样一来我们就不得不打死他们。许多可怜的冲绳人就这样被打死了。他们是战争的牺牲品。不得不这么做，我们也很难受，但我们也要保自己的命。"[73]第7步兵师的二等兵约翰·加西亚在夜间看到一个黑影穿过一片田地走来，于是开了枪。天亮后，他走过去，发现"那里躺着一个女人，背上绑着婴儿。子弹打穿了她，从婴儿背后穿了出来。这至今仍然困扰着我，阴魂不散。我仍然觉得自己是个杀人犯。你在黑暗中只能看见一个人影弯着腰。你也不知道那到底是个士兵还是老百姓"。[74]但是第6陆战师的查尔斯·米勒却说他的许多陆战队战友会多少有些随意地射杀冲绳老百姓。"这些人会说：'来了个斜眼睛的，砰砰……又来了个斜眼睛的猪，砰砰！'我们并不是世界上最善良的人。"[75]

而与此同时，许多美军士兵也会冒着很大的风险去救援平民。路易斯·托马斯中尉是美国海军医疗队的一名军官，他驻扎在冲绳北部的名户镇附近。他的医院有一个连的海军陆战队防守。道路上拉起了警戒线。一天夜里，火光中有一大群平民沿着道路走过来。这时一名陆战队哨兵在步话机中呼叫："不要开火。那是平民。"随后他爬出沙包掩体，跑进了黑暗中。几分钟后他回来了，护卫着一群老人、女人和儿童。"我想不会有人记录了他的举动，但是如果我们有权授予他金质奖章的话，我们会这么做的，"托马斯中尉回忆道，"那时候，我们都鼓起了掌，欢呼起来，我们对他说他是个伟大的陆战队员。"[76]

日军第三十二军最后的指挥洞穴里挤满了士兵和难民，即便是牛岛将军自己也没有私人空间了。参谋军官们不得不在仅余的少量床铺上轮流睡觉，要么就在脏兮兮的过道上席地而眠。石灰岩洞穴内部又臭又潮，水滴从钟乳石上一滴滴地落到地上。各个山洞中有数百名和部队失散的掉队士兵。许多人神经紧张，两眼空洞，漫无目的地在山洞中晃荡，自言自语。美军飞机在其头顶的山岭上投下凝固汽油弹，上层洞穴中的人纷纷死于烟熏火烧。海岸外的巡逻艇不停地向洞口开炮，直到它们开始一点点地崩塌。一名日本兵回忆道："当大型炸弹和炮弹在摩文仁悬崖上爆炸时，我们的整个山洞就如同地震那样晃动了起来。"[77]

牛岛将军的最后几天是一个人在一张小写字桌旁度过的，他读书，借着烛光写嘉奖信，有时还会拿起纸扇给自己扇风。隔壁山洞里的长勇将军则一边拿着大烟斗吸烟，一边读书。6月18日星期一，牛岛将军向他的所有指挥官发出了最后一封电报。他感谢他"挚爱的军人们"尽了职。从此往后，所有人都要听从本部队指挥官的命令。长勇将军在电文后还加了一句附言："勿受被俘之辱，汝等可永生。"[78] 残余的散兵游勇被告知要争取渗透出美军防线，到岛屿北部去，那里的山区还有日军小股部队在进行游击战。

日军指挥官能听到海岸外巡逻艇上大喇叭播放的要冲绳老百姓投降的劝降广播。有些死硬的军官对此不屑一顾，说"美国人成天胡说八道"。[79] 但是能看到许多平民甚至是军人向海岸外的巡逻艇游过去。6 月 18 日，日军司令部收到了巴克纳尔将军直接写给牛岛将军的劝降信："阁下麾下的部队打得很英勇，很好，你们的步兵战术已经获得了你们对手的尊敬……比如我，您是一名长期钻研和实践步兵作战的将军……因此我相信，您和我一样明白，岛上所有抵抗的日军不出几天就要毁灭了。"[80] 这封信引来了一阵大笑，牛岛讥讽道："敌人让我当上步兵作战专家了。"[81]

三天后，牛岛向东京发出了诀别电。之后他邀请所有的参谋参加最后的宴会。剩下的所有清酒和烈酒都开了瓶，大家共饮告别酒。之后，牛岛和长勇离开山洞，坐在一处俯瞰东海的悬崖顶上。牛岛穿着全套的军服，长勇将军则穿着白色和服。6 月 22 日凌晨 4 时 10 分，他们把匕首刺进了自己的腹部，下属军官们立刻举起武士刀砍掉了他们的脑袋。

根据大田昌秀的回忆，美军后来找到了牛岛将军的坟墓。大田看到墓碑上插着一把美式军刀，还用英文涂满了脏话。[82]

南部沿岸的山洞里还留有大约 1.5 万名日军，要把他们彻底扫除还需要不少时间。小股日军还将一直打到 7 月，但是有组织的抵抗实际上已经结束了，冲绳岛上也不再有"前线"。所有山洞都用火焰喷射器全面扫荡了一遍，再用炸药炸塌；数千名日军和平民被埋葬其中。在有组织的抵抗结束后的最后八天战斗中，估计有 8 975

名日军士兵被打死，数千名日本人投降。其余许多人自杀身亡。

16 岁的冲绳学生宫城喜久子在一个山洞里躲藏了超过两个星期。6 月 17 日，山洞被炸了，可能是美军手榴弹炸的。喜久子没有受伤，但她的许多同学都受伤而死：

> 我闻到了血腥味。我立刻意识到："他们被击中了！"我们生活在黑暗中，什么都要靠闻。我在下面听到我同学的声音："我一条腿没了！""我的手没了！"在老师的要求下，我来到了一片血海之中。护士、士兵、学生，要么当场死掉，要么身受重伤，其中有一个人是我的朋友胜子，她的大腿根受了伤。我蒙了。洞里已经没有药了，我旁边有一个高年级学生正拼命想把肠子塞回肚子里。"我不行了，"她小声说，"所以请先照顾其他人吧。"随后她就停止了呼吸。[83]

喜久子和其他几位没有受伤的女孩子设法逃出了山洞。她们爬下悬崖，来到一处布满礁石的海滩上。她们已经严重脱水，头发爬满了虱子，指甲磨秃了，身上长满跳蚤，浑身都是泥污。这些人浑身发痒，而且几乎就快饿死了。她和其他女孩子相互保证："如果我不能动了，或者你不能动，我就给你氰化物。"她们每人都留着一枚手榴弹，"就像留着护身符一样"。[84]

在海滩上，他们遇到了好几万人，这一大群人当中既有日本士兵，也有冲绳老百姓。美军巡逻艇就在海岸外，日裔美军广播员用大喇叭高声劝降："那些会游泳的，游过来！我们会救你们的。不会游泳的，走到港川去！白天走，晚上不要动。我们有吃的，我们会帮助你们！"

但是女孩子们不信这些声音。"自打我们还是小孩子起，我们就只被教育着要恨他们，"喜久子说，"他们会扒光女孩子的衣服，为所欲为，再用坦克压过去。我们真的信了……我们没有搭理那声音，而是继续游荡。我们只是太害怕被扒光了。女孩子最怕的就是这个，不是吗？"[85] 她震惊地看到一个日本兵举起双手涉水走下海里，另一个日本兵举枪打中了他的后背。

四天后，她被俘虏了。她失去了意识，醒来时在恍惚中看到一个美国兵用枪戳她，示意她站起来。她觉得自己马上就要被杀死或者被侵犯，但令她惊讶的是，她看到其他老百姓都得到了美军医疗人员的照顾。他们的伤口都打上了绷带，还注射了生理盐水。"在那一刻之前，我印象中的美国人都是魔鬼和恶魔。我愣住了。我无法相信自己看到的事情。"[86]

回到渡知具湾周围的集结区和休息营地时，这些打得筋疲力尽的美国大兵都认不出那里了。挖土队、施工队和建设队已经令此地面目一新。这座 640 平方英里的岛屿将被用作历史上最大规模两栖作战的前进基地，该行动便是即将对九州岛发动的登陆战（"奥林匹克"行动），战役计划发起日是 1945 年 11 月 1 日。第 8 航空队的 B-24、B-17 轰炸机和陆军战斗机已经从遥远的欧洲来到此地。在登陆滩头附近的读谷机场，一条 7 000 英尺长的跑道已经在 6 月 17 日投入使用。筑路单位将修建 1 400 英里新铺设的道路，包括两条纵贯岛屿南北的四车道高速公路，还有其他几条横跨全岛的公路。为了替代被摧毁的桥梁，满足过河之需，工兵们使用了英国人发明的"贝利桥",也就是活动便桥——一种可折叠的预制钢桁架桥。各个主要机场和补给中心周围的道路上挤满了各种车辆——卡车、吉普车、拖车和马车。美军不得不派一部分士兵来指挥交通。在嘉手纳机场附近,交通如此拥堵,以至于美军还在其中一个主要十字路口处建设了环岛。数十辆推土机铲平了整座山头,填平了沟壑与河床。冲绳的港口新建了不少栈桥、码头,还用清淤驳船进行了扩建。到 6 月时,这里单月卸载的货物量已经超过了和平时期纽约港的水平。一份海军基建项目的官方史料给出了一系列令人瞠目结舌的统计数字:"到 1945 年底,冲绳的海军设施占地 2 万英亩[*],其中建有 4 180 英尺长的码头,71.2 万平方英尺的室内通用存储空间,1 177.8 万平方英尺露天存放区,19.3 万立方英尺冷库,还有可以存储 882 万加仑航空汽油、3 万桶柴油、5 万桶原油以及 1.3 万平方英尺弹药的堆栈。飞机修理车间占地 32.41 万平方英尺,普通修理车间占地 9.1 万平方英尺。医院面积达到 33.8 万平方英尺,住房面积475.5 万平方英尺。"[87]一位"海蜂"工兵说得更加直白:"我们在冲绳的工程量相当于从原始森林上建起一整个罗得岛。"[88]

离前线越远,人们越能感受到军种之间深深的矛盾——从无伤大雅的互相取笑,到带着恶意的指责,到对骂,再到群殴。无聊的海军陆战队士兵会教冲绳小孩跑到陆军营地外喊:"麦克阿瑟将军吃屎!"(他们骗小孩说这句话的意思是"给我一根烟"。)[89]唯独"海蜂"部队得到了所有其他姊妹军种的喜爱和尊敬。约翰·沃林格中士和另一名陆战队员有一次到一个"海蜂"营地去看能不能蹭一块

---

[*]　　1 英亩 ≈ 4 047 平方米。——编者注

肥皂。到了那里后，他们意外找到了一个专业的鞋匠。沃林格把自己的靴子给那人看了看，靴子的鞋跟处有一枚钉子露出来了。"他看了下鞋跟，说'把另一只也给我'。于是他把两个鞋跟都拆下来，换上了新的。他后来问我们吃过了没，我们说反正回到炮位上的时候饿不死，他说：'跟我来。'他把我们带到了军士长食堂，请我们吃了一顿难以置信的炸牡蛎，这是有些'海蜂'主动从礁石上搞来的。"[90]

无论从哪方面看，冲绳战役都是太平洋上最可怕的一战，没有之一。美军的伤亡（包括海、陆、空）是太平洋上所有两栖战中最高的——48 881 人伤亡，其中 12 520 人死亡或失踪，36 361 人负伤。第 10 集团军有 7 613 人战死，约 3.1 万人受伤，死者中包括巴克纳尔将军，他在 6 月 18 日被敌人的火炮袭击打死，是整个第二次世界大战中美军死于敌人火力的军衔最高的军官。此外还有 2.6 万名军人被列为"非战斗伤亡"，其中不仅包括那些患病者，还包括由于"战斗神经症"或"疲劳症"而退出前线的人。[91] 正如一名美军分析人员发现的那样："冲绳战役的特殊之处在于，即便它充分使用了第二次世界大战时的机动化武器，如坦克、飞机、无线电和卡车，但此战仍然表现出了第一次世界大战前线所特有的僵持特征和无数死伤。"[92] 美军坦克确实抵消了山洞给日军防御带来的一些优势，但是它们在首里防线上最坚固的堡垒前也一筹莫展，美军所能依靠的只有勇敢、主动、不屈不挠的步兵部队，他们甘愿迎着猛烈炮火冲锋，在肉搏距离上和敌人决一死战。

美国海军遭到了太平洋战争中最沉重的打击：368 艘舰船受创，36 艘沉没，包括 15 艘两栖舰船和 12 艘驱逐舰。海军有 4 907 名官兵战死，大部分死于"神风"攻击。海军在冲绳战役中的死亡人数超过了陆军和陆战队——当然地面战的总死亡人数还是超过海军的。

日军地面部队与美军的数量比为 1∶2，在炮兵、舰炮和空中力量方面更是远远逊于对手。但是牛岛将军的部队还是坚守了近 12 个星期，给敌人造成了严重伤亡。虽然承受着来自东京和台湾方面关于发动愚蠢反击的持续压力，但日军基本上还是坚持了原先坚决的寸土不让的防御计划。最后，他们如愿全军覆没，接近 9 万战斗部队和勤务部队战死，1.1 万人被俘。

被卷入战争血肉磨坊的冲绳人遭受了令人难以想象的苦难。他们死在交叉火力之中，死在炸弹和炮弹之下，无论是意外中弹还是被蓄意杀死；还有许多人病饿而死。和近一年前塞班岛上的情况一样，日本宣传部门警告说任何落入美军之手的老百姓都会比死还惨——同样和塞班岛一样，许多被吓住的平民选择结束自己和所爱之人的生命。由于许多人葬身洞穴之中，无法找到尸体，因此民众的死亡人数只能估算。根据冲绳县政府的数据，9.4 万冲绳平民死于战火，其中 59 939 人死于 1945 年 6 月日本军队撤离首里之后。[93]

对于胜利一方来说，占领冲绳带来了巨大的战略优势。这座岛屿距离九州南部的预定登陆海滩不足 400 英里，为即将到来的登陆日本之战提供了一个集结区和跳板。它还为美军的轰炸机和战斗机提供了很容易就能飞临日本的基地，并为舰队和两栖部队提供了能够遮风挡雨的锚地。斯普鲁恩斯将军在一年前提出应当占领冲绳时就已经预见到了所有这些优势。对于日本人而言，失去冲绳只是确证了其领导人早已知道的事实——战争已经输了，他们的敌人有能力也有意愿进攻并征服日本本土。

　　　　　　　　　诸神的黄昏：1944—1945，从莱特湾战役到日本投降

第十五章

在杜鲁门总统任期的最初几个星期里，白宫的记者室里总是能听到这样的说法："富兰克林·D. 罗斯福为了人民。哈里·S. 杜鲁门就是人民。"这位显得多余的中西部人虽然可以站立，但他看起来却比坐在轮椅上的前任还要矮小。他在担任自己的新角色时显得有些尴尬而不自然。当一群人"向老大打招呼"的时候，他不知道应该回应什么样的礼仪，也不知道手该往哪儿放。敬礼？立正手放两边？和打招呼的人握手？第一次遇到这种情况时，他三种动作都用上了。一名记者被指派去写一份关于新总统的"有特色的报道"，结果他告诉自己的编辑："这个人的特色就是完全没有特色。他就是个凡人百姓。你可以在公共汽车或电车上碰见他，在杂货店冷饮柜台遇到他坐在你旁边。像他这样的人得有几百万。"[1]

杜鲁门在入主白宫后的第一天早晨很早就来到了白宫，等着他的高级军事顾问来向他做个晨报。但肯定是什么地方搞错了，因为这些人根本不知道这事，也找不着他们。新总统等了超过一个小时，"都有些不耐烦了"，一个手忙脚乱的秘书这才把白宫参谋长莱希海军上将和白宫高级军事顾问威尔逊·布朗海军中将带了进来。这二位收拾起简报文稿匆匆赶到椭圆形办公室，看到新总统坐在罗斯福留下的桃花心木桌子后面，桌上仍然摆放着前总统留下的小东西。

立正站好的两位海军将领，开始赶在参联会开会前介绍最近的事项。杜鲁门打断了他们："看在上帝的分上，坐下来！你们这样让我很紧张！到有光的地方来，我才能看清楚你们。"于是莱希和布朗拉过椅子坐了下来。杜鲁门看着他们的脸，布朗回忆道："他一点也没有意识到我们也在观察他。"[2]

在他们讨论的过程中和随后 11 点规模更大的参联会会面中，大家很痛苦地发现杜鲁门跟不上趟。他并不清楚战争的进度，无论是欧洲还是太平洋都一样，而且对最近开始和苏联进行的地缘战略博弈也是一无所知。这位新总统很敬业，他读最高机密的报告和备忘录会一直读到眼皮打架。他在日记里称自己在"大白监牢"（他给白宫起的绰号）里度过了漫长的"忙碌的日子"。[3]他常常会对自己不够了解现状讳莫如深，即便在和贴身顾问、军队参谋长私下开会时也是如此。有人注意到杜鲁门不愿意问问题，担心这会暴露他的无知，即便在他显然需要更多信息时也是如此。当有人提出行动路线时，杜鲁门常常答复说他已经在考虑这么干了，似乎是不愿让人觉得他只是在照别人说的做。

历史学家认为，杜鲁门逐渐适应了总司令的岗位，而且最终表现得并非仅仅是称职而已。但是在 1945 年的春夏之际，他的痛苦却与日俱增——而他在这最初几个星期里必须面对的那些决策，恰恰是他整个总统生涯中最重要的决定。

在日记中，比尔·莱希表达了他对于"［杜鲁门］必须承担的战争与和平之重担"的担忧。据莱希儿子回忆，这位海军上将私下里觉得新上司是个"二等选手"。他一直习惯于把想法告诉罗斯福，知道这位总统才是"队长"，而且罗斯福会根据自己的判断同意或拒绝他的提议。但是杜鲁门还不具备面对他的顾问时所需要的自信心和独立性。莱希对其他顾问说，杜鲁门是掌握在这些人手中的，这意味着所有向总统提建议的人都承担着沉重的责任，必须绝对确保自己的提议是正确的。[4]

在他的日记和后来的回忆录中，莱希丝毫不觉得自己对新总统相对无知的状况应该负一定责任或是应该为此受到批评。这样一位睿智而且判断力卓越的华盛顿政治家居然如此缺乏自省，颇为令人吃惊。且不论他知不知道罗斯福总统的身体每况愈下，莱希在前总统在世最后一年的大部分时间里都伴随在他左右，他当然足够清楚杜鲁门随时都有可能坐上总司令之位。莱希是白宫参谋长，参联会主席，他有采取什么措施来确保副总统也能准确了解战况吗？这事他不干，谁来干？在组织良好的政府中，这都是基本的流程，出现这样的重大缺陷，他也没有给出合理的解释。

莱希对杜鲁门说，自己和罗斯福私交很好，他的死去令自己很"悲伤"。他想要离开海军，也不再担任白宫参谋长之职。但是即便不考虑别的，单纯为了工作的连续性，杜鲁门也需要他，于是杜鲁门请他留下来帮助自己"把战争事务的方方面面扛起来"。在杜鲁门保证将会沿用罗斯福留下的决策流程之后，莱希同意在岗位上至少再多干几个月。[5]结果他这一干就是4年，一直到杜鲁门第一个任期结束。

即便此时已到战争末期，太平洋方面军事战略和外交政策的基本问题仍未解决。对日本的陆地进攻是否必要？抑或是用严密的封锁和空中轰炸就能逼降日本？盟军是否应该在中国大陆沿岸登陆？他们是否仍然需要苏联参战或者想要苏联参战？日本决策层中的

"议和派"实力到底如何？有没有办法强化他们？前总统罗斯福的"无条件投降"原则是否必须不折不扣地执行？裕仁天皇是否具备足以结束战争的权力和影响力？——若他具备，盟军是否可以表示允许他保留皇位？这些问题都极其复杂，没有明确的结论。军事计划的制订工作通常都要考虑更高层的国际政策问题。打败日本仅仅是最临近的问题。之后还要在战后的亚洲建立新秩序，这就绕不开苏联对领土的渴求，中国国内革命，和英、法、荷前殖民地地位等问题。

在 5 月 1 日的国务院-战争部-海军部会议中，吉姆·福莱斯特对两位同侪说，现在是时候"对我们在远东的政治目标进行彻底的研究了"。鉴于斯大林不久前在东欧政治独立问题上的看法，他们对苏联在远东的渴望有所警觉也就不难理解了。福莱斯特问："我们是否想要制衡其影响？制衡点应该在中国还是日本？"如果选择后者，那么美国必须拿出一份计划来重建日本的经济能力和区域地位。在随后的会议中，美国内阁探讨了关于朝鲜、中南半岛（越南）以及中国东北和香港的未来地位的问题。福莱斯特的日记里关于这些讨论的章节给人的印象是，他们还是第一次直面这些问题。在 5 月 29 日的另一次国务院-战争部-海军部会议上，三位部长还讨论了杜鲁门总统是否应该发表一次讲话，澄清"无条件投降"的含义，或许还要处理战后日本皇室地位的问题。结果三方一致同意搁置这些问题，因为"此时不适合［总统］做此声明"。[6]

美国海军和陆军航空队的领导人都认同一点：登陆日本是不必要的，应当避免。他们强调，海空封锁的效果日积月累，一定能够实质上切断日本所有残余的海上运输。一旦失去这最后一点石油、

　　　　　诸神的黄昏：1944—1945，从莱特湾战役到日本投降

原材料和粮食进口，日本经济就会停转，人民就会挨饿。与此同时，空中轰炸的毁灭性将会达到一个新高度，数百架新服役的 B-29 "超级堡垒"轰炸机正从美国飞往战区，第 8 航空队的数千架轰炸机和战斗机正从欧洲移师此地，第 3 舰队也正准备冲进敌人水域，展开 6 周的猛烈打击，这将会是对日本城市、港口和公路铁路网发动的有史以来规模最大的舰载机空袭。

当这些沉重的打击见效时，有人就提出应当出兵登陆亚洲大陆。驻华美国陆军司令阿尔伯特·C. 魏德迈中将写道："在沿岸建立一个滩头阵地自然会鼓舞中国人，使他们加倍努力和我们取得陆上的联系，由此打通交通线。"[7] 尼米兹和斯普鲁恩斯支持夺取上海东南方的舟山群岛，以及长江入海口南侧附近的宁波半岛。他们的目的是在中国大陆建立一个桥头堡，打通一条通向中国重庆政府的交通线，如果时间充裕（尼米兹一名顶级计划人员语），就将"建设更多的机场，把日本炸服"。[8] 这一"长汤姆"作战提案一度得到了参联会的支持，并将发动日期暂定为 1945 年 8 月。

麦克阿瑟则主张尽早直接进攻日本。他说在中国沿海蜻蜓点水地打几仗只是浪费时间、生命和物资。他还说，单靠封锁和轰炸无法击败日本——他举了日本的盟友德国的例子，德国人在自己的城市被炸成废墟后都不肯投降。"日本最强大的军事部门是他们的陆军，只有击败他们，才能确保我们的胜利。这一点只有使用大规模地面部队才能做到……和德国的情况一样，我们必须击败日本陆军。为了这个目标，我们的战略必须要创造路径和手段，以在决定性的时间和地点，让敌我双方的地面部队决一雌雄。"[9] 麦克阿瑟从他在马尼拉的司令部里告诉马歇尔，他用太平洋上现有的部队能够拿下九州。如果必须进攻本州岛并攻占东京，他就需要来自欧洲和美国本土的援军。[10]

"没落"行动，正如其代号所示，旨在于最终击败德国之后的18个月内征服日本并实现和平。华盛顿的参联会计划部门曾拿出过一个早期版本，在1945年2月马耳他的阿尔戈会议上呈交给罗斯福和丘吉尔。"没落"计划包含两个阶段：一是1945年后期在南九州的登陆战（代号"奥林匹克"），其后是1946年春季向本州岛的进攻（代号"冠冕"）。这两场两栖进攻，尤其是"冠冕"作战，都会令前一年的诺曼底登陆相形见绌。"没落"行动将需要麦克阿瑟和尼米兹两个战区所有部队、所有军兵种联合作战，同时还需要英国和其他盟国军队的支援。向九州发动的进攻将由克鲁格将军久经沙场的第6集团军负责，他们是打过菲律宾战役的老手。他的部队将辖有两支陆军加强军，以及由三个陆战师组成的第三个军；他们将同时在九州岛东部海岸的宫崎、南部的有明湾，以及西海岸的串木野登陆。决定性的第二阶段"冠冕"作战将指向人口密集而且工业化程度较高的关东平原。艾克尔伯格将军的第8集团军将担任此次进攻的前锋，其部队将在相模湾北端的滩头登陆。将有不少于25个师参加"冠冕"进攻，此外还会根据需要将更多增援部队投入作战。假如向东京发动的压倒性钳形攻势没能让日本投降，盟军就将占领其首都——然后以此为中心向所有方向展开进攻，一个府一个县地扫清有组织的抵抗，直到整个国家认输并臣服为止。

按照1945年3月下旬参联会敲定的第一版时间计划，"奥林匹克"登陆战将在1945年12月1日打响，"冠冕"登陆将在1946年3月1日发动。根据尼米兹的建议，考虑到冬季风暴给舰队带来的危险，

诸神的黄昏：1944—1945，从莱特湾战役到日本投降

"奥林匹克"行动的计划发动日期将提前到 1945 年 11 月 1 日。[11]

　　此时，参联会还有一个长期争论不休的问题没能解决，那就是统一指挥问题。和所有的两栖作战一样，"没落"行动同样需要空中、地面、海上三方面力量持续而复杂的协作。但在 1945 年春季，太平洋上各军种之间的内讧和争斗不仅没有缓解，反而愈演愈烈。两位战区总司令之间的个人沟通在热天里也令人脊背发凉。4 月，麦克阿瑟和尼米兹都邀请对方访问各自在马尼拉和关岛的司令部，结果两人都婉拒了。[12] 尼米兹战区的最高陆军指挥官理查德森将军请求前往菲律宾和麦克阿瑟开会。但尼米兹未予批准，理由是他想要先解决好眼下的谈判。[13] 一个星期后，尼米兹屈尊飞往马尼拉，听人介绍了麦克阿瑟关于"没落"行动的计划草案。西南太平洋战区总司令提出要接管冲绳岛和琉球群岛的其他岛屿，以及太平洋上的所有陆基航空兵。尼米兹不干了。他随即飞回关岛，要他的幕僚们拿出一份海军自己的"没落"行动两栖作战阶段的计划，只在必要时向麦克阿瑟"征求意见"。[14]

　　尼米兹在他关岛办公室的显著位置挂了一张麦克阿瑟的大幅相片。访客理所当然地觉得这是为了表示敬意。但当太平洋舰队情报官莱顿问他为什么要挂这张照片时，尼米兹笑着答道："莱顿，我跟你说。我这是为了提醒自己不要变成浑蛋。"[15]

　　4 月 13 日，人称"麦克阿瑟右手"的萨瑟兰将军来到关岛，提出对太平洋战场指挥结构进行根本性重组的方案。他说，跨军种的战区指挥官制度已经显示出是一种不适用的"陈规陋习"。麦克阿瑟想要指挥整个太平洋上所有的陆军部队，包括尼米兹控制的那些岛屿上的守军。而尼米兹可以接管第 7 舰队，这支舰队在过去三年

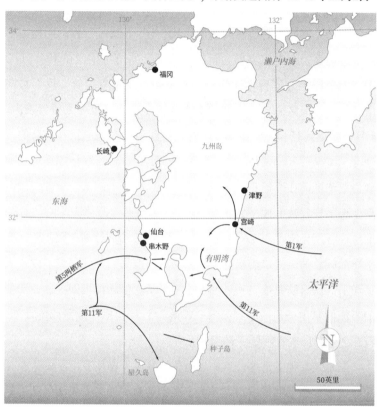

计划中的九州登陆战役"奥林匹克",计划发起日期: 1945年11月1日

里一直归属麦克阿瑟管辖。每个军种都要承担自己下辖部队的行政管理和后勤职责,而无论部队位于何处。萨瑟兰还补充说,冲绳战役之后,"就不能再有陆军部队放在海军将领辖下了"。[16]

麦克阿瑟的提案意味着陆海两军的"友好分手",但这需要进行复杂的行政改组,会在这场战争中最大规模战役的筹备阶段消耗

　　　　　　　　诸神的黄昏: 1944—1945,从莱特湾战役到日本投降

参谋人员的大量精力。此事只有参谋长联席会议才能定夺。正如莱希后来说的那样，"太平洋战场的指挥问题是那种就算做出一连串'协议'也安稳不下来的事情"。[17] 参联会判断这是避免陆海两军公开决裂的唯一途径，于是下达了必要的指示。麦克阿瑟领到了新头衔"太平洋美国陆军部队总司令"，缩写为"COMAFPAC"。在一份发给麦克阿瑟的"严禁外传"的电报中，乔治·马歇尔将军提到，关于陆海两军的分歧"国内出现了大量最为不利的谣言和非议"，他要求新任 COMAFPAC"做最大努力压制下级中的这种致命议论，我在这里也会下重手做同样的事"。[18]

然而未等这个问题解决，"没落"行动的指挥关系又引发了一场新的口角。尼米兹想要保持他的部队自从 1943 年 11 月"电流"作战以来一直沿用的指挥模式：进攻部队在海军指挥下登陆，地面部队指挥官在建立岸上指挥所之后再接管指挥权。[19] 麦克阿瑟不仅对此一口回绝，甚至拒绝讨论，坚持要把此事提交参联会裁决。海军还提议，在开赴登陆滩头的过程中和登陆的最初阶段，由海军负责"陆海军所有宣传事务"，麦克阿瑟对这一提议格外愤怒。[20]

在华盛顿，此事似乎陷入了僵局。马歇尔直白地告诉金，他俩对于"没落"行动的指挥结构"观点显然完全不同"，他坚称参联会应该立刻选择"一位对此次战役承担首要责任的指挥官"。[21] 其中的威胁意味不言自明。如果下一次参联会会议上无法就此达成一致，那就必须提交美国总统裁决。随着太平洋上的两路进攻大军逐渐向日本会合，再保持两个战区指挥官平起平坐就越来越难了。麦克阿瑟的资历比尼米兹老，他的公众人气和声望也无可媲美。罗斯福当年是个彻头彻尾的海军人，而现在的杜鲁门则是个陆军老兵。

意识到自己的这些弱点之后，金退让了。于是参联会下达命令，指定麦克阿瑟承担"没落"行动的"主要责任"，但为了保全海军颜面，尼米兹或者其指定的舰队指挥官将在战役的两栖登陆阶段拥有较大的自主行动权，甚至是独立行动权。[22] 原计划在中国大陆沿海登陆的"长汤姆"方案被取消。

1945 年 4 月接掌日本首相大权的海军大将铃木贯太郎男爵是个77 岁的老头子，耳朵听不清，还常常在开会时打瞌睡。他早就从海军退役了，此前干了近 10 年的侍从长，和裕仁天皇的私交很好。在1936 年被挫败的"二二六"政变中，他被子弹击中，差点死掉。铃木和天皇二人私下里似乎有一个共同的认知，新政府必须找到办法结束战争，即便这意味着要接受盟国苛刻的条件。他们同意，一旦时机成熟，天皇就将发布"诏书"以结束战争。

与此同时，日本领导层的每个人都对军队造反、刺杀甚至内战的风险心知肚明。如果政府被推翻，那么和盟国和谈的机会就将丧失，日本也将万劫不复。从某种意义上说，议和派关于结束战争的密谋必须保密足够久才能成功。铃木在上一次刺杀事件中险些丧命，因此对这一点更有切肤之痛。正如理查德·B. 弗兰克在他研究太平洋战争结束过程的著作《没落》一书中所写："掌控日本命运的这一小群人对于来自内部的致命威胁的意识，是理解其动机的钥匙。"[23]

重组后的日本内阁代表了整合各派势力的一次尝试，而这各派势力在围绕战争与议和的根本方针上却正陷于僵局之中。暗地里推进议和的海军大将米内光政坐海军大臣之位。陆军大将阿南惟几则是作为陆军大臣入场，他的入场是为了安抚东条英机和其他陆军中占主导地位的"统制派"强硬分子。前联合舰队总司令丰田副武此时任海军军令部总长，在此任上他将会和阿南惟几及陆军参谋总长梅津美治郎等人一起组成主张"坚持战斗"的强硬派核心圈子。前驻苏联大使东乡茂德被任命为外交大臣。他先得到了许诺，可以自由推进让日本在一年内退出战争的计划，之后他才接受了这一任命。

日本政府的主要决策部门仍然是最高战争指导会议的"六巨头"，也就是前文提到的所有这些人。但是最高战争指导会议刚刚进行了一项新的重要改革：参会人仅限于上述六人，不允许顾问人员和较低级别的军官在场。"六巨头"将举行密室会议，再加上木户幸一侯爵（内大臣）和天皇本人，总共八人参会。正是这八个人将在太平洋战争最后的几个星期里通过激烈争议而达成共识——可能还有另外 10 人到 15 人也能够施加一些影响力。

达成共识是他们的唯一目标，在此之前，他们什么事都做不了。为了形容这一集体决策的痛苦过程，日本人用了一个古代园丁的术语——"根回"。意思是把一棵成年大树的所有树根全部从土里挖出来，以移植到其他地方。每一条树根都要从地面下挖出来。这是一项极易出错、必须小心处理的工作，需要耗费大量的时间和耐心。一旦出错，树说不定就死了。"根回"这个词解释了为什么像米内光政海军大将这样令人敬畏的政治家、前首相，从 1944 年加入政府以来一直领导着秘密议和派，却无法向自己的同僚直白地表达主张。即便在纳粹德国战败，日本显然也注定失败的情况下，米内发现，"对于我而言，我想对其他人来说也是一样，还是很难向任何人提起结束战争的话题"。即便是对铃木，他也只能"抽象"地说："我想我们这样是持续不了多久的。"[24]

正是这样的制度缺陷导致日本在1941年做出了发动战争的不理智决定，如今又使其无法做出结束战争的理智决定。东京并没有真正的责任中心，权力被拆分，分散在各个不同的军事部门和政治机构中。陆军和海军的领导人实际上只是橡皮图章，他们完全可以被军衔更低的年轻军官操控、罢黜、替换，甚至刺杀。从战争突然转向议和，需要得到广大利益相关者和参与者的服从，包括两大军种的中层军官们。而根深蒂固的意见分歧和长期以来的叛乱威胁，解释了美国战略轰炸调查组所称的"从政府最高层承认失败到最终投降之间长得反常的时间"。[25]

根据米内的建议，铃木让最高战争指导会议秘书长准备一份关于日本整体经济和战略处境的调研报告。这份名为《国家资源调研，1945年6月1日—10日》的机密报告在6月6日提交。其结论一反常态地直白扼要——不仅仅战败不可避免，而且国家经济正走向崩溃，日本领导人也正在失去人民的信任。统计数据展示了船运的损失，生产的下滑，原油储备耗尽，铁路运输中断，粮食供应日益恶化。由于冲绳即将失守，与亚洲大陆之间的海上航线将遭到严重威胁，整个工业体系都将陷入停顿。消费品短缺将导致严重的通货膨胀，而粮食状况将在1945年底到达危急状态，"国家部分偏远地区将出现饿死人的情况"。关于军事状况，所有剩余的作战飞机都将被用作"神风"自杀机，但是关键的航空汽油短缺问题仍然无法解决。而且，即便自杀飞机和自杀潜艇能设法击沉美军进攻舰队的1/4，"也很难通过海上歼敌来挫败美军的进攻计划"。这份报告详细介绍了美军舰队和航空兵的压倒性力量，而且还警告说"派往西欧战场的约60个师中，一半左右会被调过来对付日本"。[26]

　　　　　　　　　　　诸神的黄昏：1944—1945，从莱特湾战役到日本投降

"六巨头"中三名强硬派之一的丰田海军大将后来告诉美军审讯人员，这些统计数字证明日本的战争潜力正在持续锐减。然而，他说，屋子里没人有勇气提出日本要根据盟国的条款接受失败。"在那么多人在场的情况下，我们任何一个成员都很难提出我们应当求和，"丰田如是说，"因此决议就成了必须做些什么让战争持续下去。"[27] 既然有那么多根须要一根接一根地从地下挖出来，那自然就需要更多的时间。被夹在寻求和平与坚持战争两股力量之间的最高战争指导会议选择了两边一起发力。会议一致同意采取首鼠两端的"基本政策"。陆海两军将动员力量，准备全力以赴进行本土防御作战。外务省则将请求苏联出面作为中介，组织日本和盟国之间的和平谈判。6月8日，裕仁正式批准了这一计划，他在内阁达成一致后通常都会批准其决议。

"决号"作战，也就是日军击退盟军本土登陆的作战计划，在铃木政府上台的当周面世。其要义在于在短时间内集中投入国家剩余的所有军事和经济资源来应对进攻。"决号"计划要求进行大规模的部队组建，主要是新建陆军师团和动员预备役陆军师团；将部队部署到最有可能成为登陆地点的区域；在预计的登陆海滩后方建造海岸防御设施；以及向盟军舰队发动规模空前的"神风"突击。这份计划正确地预料到进攻将在 1945 年阳历年底前到来。日本人也准确判断出第一轮登陆将落在南九州，1946 年春季还将有更大规模的进攻落在关东平原和大东京地区。

在不久前的 1945 年 1 月，日本国内只有 11 个完整的陆军师团。4 月至 5 月美军部队拿下冲绳大部之时，日本陆军开始从朝鲜和中国东北调回部队，并在本土新建师团和召集预备役师团。到 1945 年

7月，通过两个阶段的动员，日本本土已经部署了 30 个一线战斗师团，24 个海岸防御师团，23 个独立混成旅团，2 个战车师团，7 个战车旅团，3 个步兵旅团。[28] 与此同时，日军部队被集结到预计将会承受盟军下一轮突击的九州岛上。到 7 月底，岛上已经有 15 个师团，7 个独立混成旅团，3 个独立战车旅团，和 2 支海岸防御部队，总兵力超过 80 万人。由于军火短缺和生产下滑，这些部队并非全都拥有合适的武器和装备。尽管付出了巨大的努力，在能抵御轰炸和炮击的山洞和地堡内存储弹药，日军还是估计一旦战役持续超过数周，九州许多日军一线部队的弹药就会不够用了。

与此同时，东京方面还付出很大努力来组建、武装和训练民兵。所有 15 岁至 60 岁之间的男性和 17 岁至 40 岁之间的女性都被编入了这些地方战斗团体，其官方统计人数最高达到 2 500 万人。许多人手中的武器只有长矛或是能用作武器的家用品。每个民兵都被要求在战死之前消灭至少一个入侵的强盗。这样的备战有一个新的全国口号："一亿玉碎。"[29]

1945 年 6 月上旬之后，日军航空兵就基本放弃了对美军空袭的抵抗，转而把他们残余的飞机保存起来，用于最后的决战。7 月，日本本土列岛各处存储了大约 9 000 架飞机，显然这所有的飞机都是要拿去当作"神风"机撞向美军进攻舰队的，包括教练机在内。日本的航空工业被要求在 9 月底前再拿出 2 500 架飞机来用于此目的。飞行员的训练被简化到了最低程度，许多未来的"神风"飞行员除了起飞和做些基础的空中机动之外什么都不会。鉴于航空汽油储备耗尽，大部分人都将待在地上，坐等着最后一次起飞出击的到来。

美军对日军机场的轰炸和战斗机扫射一直没停,大量飞机被摧毁在地面上。但是美军也没别的办法来对付"神风"的威胁了。有不少在地面上被摧毁的"敌机"实际上只是胶合板做的假目标,真飞机都被分散藏了起来。美军的炸弹可以把跑道炸得坑坑洼洼,但是"神风"自杀机只要能起飞就行——它们完全没打算返航和降落——因此它们只要有一些最简陋的土质跑道就够用了,这些跑道修复起来又快又便宜。在攻击九州岛外的进攻舰队时,"神风"特攻队将拥有两项在冲绳战役中不具备的战术优势。首先,飞行距离很短;其次,攻击机可以从整个岛屿各个不同的机场起飞,这意味着它们将能够从不同方向同时飞向进攻舰队。此外,日本海军还将投入大量资源制造自杀潜艇和自杀快艇,以及能够从山顶起飞的自杀滑翔机。计划目标是摧毁美军进攻舰队的1/4。即便未能达到这一预期(这几乎是肯定的),"神风"攻击也确实有望在九州外海让盟军比在冲绳外海时失血更多。

虽然日军已经开始向九州投入大量增援部队,但他们不能认为盟军第一轮进攻一定不会落在本州岛的东京附近,以及本州岛北部或四国岛这种更远的地方。"决号"作战也制定了应急预案,以调动部队去迎战可能从任何地方上岸的登陆部队。一旦需要,日军就会通过沿岸的海路和铁路输送部队,但是考虑到日本的运输系统正持续受到打击,再加上迫在眉睫的燃料危机带来的大量困难,地面部队的机动将会受到很大限制。如果必要,增援部队将步行越野行军,就像武士时代那样。按照日本大本营的估算,一旦美军越过九州岛直接在关东平原登陆,日军将要花费65天才能将援军从九州岛调集到名古屋,之后再花10天送他们上战场。如果这些援军要耗费两个半月的时间才能参加战斗，那他们能否及时赶到并救援首都也就很值得怀疑了。[30]

情况还有可能进一步恶化，中央的司令部与外围区域可能会完全失去联络。由于预见到基本的指挥控制体系被摧毁的情况，日本陆军被重新编组为半自主的区域指挥架构——第一、第二、第三这三个军分别负责日本的北部、中部和南部。文职政府体系也去中央化，县级政府获得了更高的地方自主权，这样他们就能对付食物短缺和交通中断带来的地方性危机了。日本此时正滑向灾难——B-29的空袭日益猛烈，海上交通线基本瘫痪（即便是濑户内海和日本海也受到严重影响），供电网络濒临崩溃，燃油储备耗尽，饥荒已近在眼前——鉴于此，谁也不知道日本是否还能打一场集中指挥的本土防御战。

铃木政府的第二条"路线"，争取和谈，由东乡和外务省负责协调。他们犹疑不定地通过欧洲中立国的外交官和私人关系，以及通过天主教会做出了和平的试探。盟国的情报机构跟踪并报告了这些行踪诡秘的探子的举动，并正确地判断出他们没有得到日本政府充分而确定的支持。*他们还计划在中国停战，请求蒋介石的国民政府充当中介，和盟国进行更为广泛的和谈，结果自然也是无疾而终。

莫斯科一直是东京方面外交工作的焦点。日本愿意放弃在40年前日俄战争中赢得的大部分（或许是所有）土地和商业特权。作为

---

* 未来的中央情报局局长艾伦·杜勒斯当时正作为 OSS（美国战略情报局）的代表外派到瑞士伯尔尼，并间接接触了日本政府的代表。其中令人感兴趣的细节在 1993 年解密。参见 "OSS Memoranda for the President, January–July, 1945," accessed September 7, 2018, https://www.cia.gov/library/center-for-the-study-of-intelligence。参联会主席莱希亲自过问此事时，杜勒斯表示对这类接触毫不知情。Leahy, *I Was There*, p. 384.——作者注

交换，它希望能从西伯利亚获得原油和其他急需的原材料，并保持自己作为东亚一个独立"缓冲国家"的地位，以平衡苏联和英美势力之间的利益。在最高战争指导会议（包括其中的强硬派）的支持下，日本政府正式提请克里姆林宫协助安排停战，并与盟国议和。这些请求同时通过日本驻莫斯科大使和苏联驻东京大使提交了出去。日本人请求苏联人允许一个外交特使前往莫斯科——前首相近卫文麿公爵，他从 1941 年起就离开了权力的中心。

苏联人听到了日本人的哀求，他们没有给出令人振奋的答复，但也没有立刻回绝。斯大林的外交人民委员维亚切斯拉夫·莫洛托夫似乎是抽不出身来解决此事。他根本见不着人，会面被推迟，改期，然后再推迟。莫洛托夫请日本大使佐藤尚武拿出一份更具有可行性的方案来。他告诉佐藤，待他和斯大林从德国波茨坦的同盟国会议（1945 年 7 月 17 日—8 月 2 日）上回来后，苏联就会答复日本的请求。日本人不知道，也没想到苏联人已经确定要加入对日作战。在雅尔塔，斯大林已经确定，苏联对日本发动进攻的日期是德国战败后三个月。苏联领导人拖着日本人没完没了的外交往来又不给结论，目的就是争取时间，把部队从欧洲调过来。6 月至 7 月间，苏联的部队、坦克、大炮被源源不断地通过铁路运往东方，在中国东北边境集结。这一富有斯大林特色的举动的要点在于，他的国家要加入最后阶段的对日作战，以求以轻微代价获取胜利。

在 6 月 18 日的最高战争指导会议上，裕仁给出了他站在议和派一边的最明确的信号，他说："我要的是结束战争的可行计划，不要受现有政策拖累，你们抓紧研究，落地执行。"[31] 他想要知道近卫公爵赴莫斯科的时间。近卫后来告诉美国审讯人员，他得到了"天皇暗地里的直接指示，要不惜代价取得和平，即使条件严苛"。根据最高战争指导会议秘书长的回忆，铃木和东乡都同意，如果克里姆林宫拒绝协调议和，他们就会直接向美国求和。[32]

然而，除了向苏联发出态度含糊的求援外，东京各派势力尚未达成任何共识。军部不想再忍受任何和谈的路线。日本政府的公开政策是死战到底，其外交活动则是严格保密的。铃木首相的公开言论仍是一如既往地坚定和充满斗志。关于投降的想法都是过街老鼠，即便议和派人士都认为可以通过谈判达成协议。日本统治层中有些人私下里已经意识到日本将被迫放弃其所有海外占领区，但其他人还指望能保住这个国家几十年前就吞下的土地，包括朝鲜和台湾岛。军方高层愿意从中国和东南亚撤回军队，甚至急于这样做——但他们想要在自己军官的指挥下撤离部队，而不是在缴械投降后被遣送回来。至于不打一仗就让盟国占领军登上日本国土的想法，任何日本领导人都觉得这种耻辱的方案只会招来刺客的眉心一枪。即便到了这个时候，1945 年夏季，日本的统治者们都还没能充分意识到他们已不可能把时钟拨回到 1941 年，或者是 1937 年、1931 年，甚至是 1905 年。他们想要停战，但还没准备好面对彻底失败的残酷现实。

对于在西太平洋巡弋的美军潜艇来说，1945 年春季是个淡季。随便什么类型的日本船只都已所剩无几。"想要闯回本土的满载物资的肥肉船队不见了，"美军太平洋潜艇部队司令查尔斯·洛克伍德中将写道，"那些堆满了军火，敌军都挤到栏杆上的从敌人本土南下的巨型运输船也消失了。"[33] 击沉战绩大跳水。4 月，19 艘潜艇使出浑身解数也仅仅击沉了总吨位 66 352 吨的 18 艘敌人货轮，以及 13 651 吨的 10 艘军舰。到了 5 月，战绩又下跌到 30 194 吨的 15 艘商船和 4 484 吨的 5 艘军舰。[34] 仅存的少量目标大多出现在法伊夫将军的苏比克湾司令部的辖区内——包括爪哇海、暹罗湾和中南半岛近岸。美军潜艇开始越来越多地猎杀这些水域中无处不在的破旧的小型拖网渔船、帆船和舢板。其中大部分装载的是大米、谷物、水产、咖啡、糖和盐等不受管制的物资，船员也常常是中国人、泰国人，或马来亚本地人。但他们是在前往日占区的港口进行沿岸贸易，这就足够宣判其死刑了。在 1945 年 7 月马来亚东部沿岸的一次巡逻中，潜艇"鲇鱼号"用甲板炮击沉了 63 艘小艇。大部分时候，艇长威廉·哈泽德会在开火前向船员发出警告，允许他们离开船只，坐上救生筏和救生艇，但也不是每次都如此。

眼见单靠破交巡航已难有斩获，潜艇部队便开始投入密切配合盟军其他部队的新任务中。在硫黄岛和冲绳岛战役期间，潜艇部队成了多面手——在日本沿岸侦察，击沉敌人哨艇，对"神风"攻击进行早期预警。他们侦察敌人雷场并在海图上标绘出来，同时自己也在敌人航运的必经之路上布雷。[35] 潜艇的技术在此期间取得了长足进步。到 1945 年春季，美军潜艇装备了新的声呐和雷达系统，这令它们成为更加致命的猎手，新型无线电收发设备使得它们即便在下潜状态时也能收发信息。洛克伍德和李梅两人的办公室在关岛上相邻，他二人为了提高被击落"超级堡垒"机组人员的救援成功率而进行了协作。到 1945 年 2 月，每次 B-29 出击时，其航线沿途都会直接部署至少 4 艘潜艇。这些艇员自称为"救援联盟"。虽然救援流程的改进速度从来无法令洛克伍德和李梅满意，但总归是在不断改进。到 6 月，"救援联盟"的潜艇艇员们已经能够用无线电和在上空巡逻的"小飞象"——海军的搜索救援飞机——直接配合了。[36]

日本最后一条还算畅通的海运线位于日本海上，是日本本土和朝鲜、中国东北这些关键占领区之间的"后门"。自从1943年9月莫顿的"刺鲹号"在此地被摧毁之后，一直还没有美军潜艇试图进入这片四周大部封闭的边缘海。在此期间，日军升级并强化了其三个主要出入航道的反潜防御。海域北部狭窄的拉彼鲁兹海峡和津轻海峡有飞机和小型舰艇进行密集巡逻，还有岸炮把守。九州和朝鲜之间的对马海峡宽40英里，但是有一股强大的暖流常年穿过海峡向北流动，这是全世界雷场最为密集的水道之一。洛克伍德对新的调频声呐系统很感兴趣，这种技术有可能帮助潜艇穿过对马海峡的雷障，到1945年，它已经足够成熟，看起来值得拿出来冒冒险了。在夏威夷外海的模拟雷场进行了几轮测试之后，洛克伍德把这个想法兜售给了金和尼米兹。这次行动被称为"吵闹"计划。

1945年6月4日，一支9艘潜艇组成的"狼群"溜进了对马海峡。它们编成三组，每组三艘艇，以略有不同的航线穿过四层雷障。各艇保持在150英尺以下的深度，声呐设备向上"观察"漂雷的位置。当各艇闪躲着调频声呐显示屏上那些鬼影般的暗淡图案，在钢质雷索的森林中穿行时，每一秒钟都如同一分钟那么长，一分钟则如同一个小时。"飞鱼号"在水下潜航了16小时，几乎达到了蓄电池电量的极限，艇员们则在氧气不足的局促艇体内喘着粗气，汗流浃背。[37]一根雷索从"黑鲹鱼号"侧旁擦过，发出的声响所有艇员都听得一清二楚。这会把水雷拉下来，将潜艇炸成碎片吗？一名水兵在日记中记录道，"黑鲹鱼号"上的艇员紧张到了"一枚硬币掉在甲板上，都会让所有人吓得跳到天花板上"。[38]

　　　　　　　　　　诸神的黄昏：1944—1945，从莱特湾战役到日本投降

所有 9 艘潜艇全都安全进入"裕仁的私人澡盆"中，开始了三个星期的大肆猎杀，总共击沉了 54 784 吨的 28 艘船只。[39] 此时日本的战时经济已濒临崩溃，承担不起这些船只损失。6 月 19 日，"北梭鱼号"在富山湾被日军护卫舰"冲绳号"和一队小型巡逻艇击沉。其余 8 艘艇则安然无恙，冲刺穿过拉彼鲁兹海峡，离开这片封闭海域。两年前，"刺鲅号"正是在这北方的海峡里迎来了末日。它们的战术是所有潜艇集中在一起水面航行，用甲板炮击退任何前来拦截的日本驱逐舰或巡逻机。但是 6 月 24 日，一场适时降临的浓雾遮蔽了它们的高速水面冲刺，令其没有遇到任何敌人。随后它们直接开返珍珠港，7 月 4 日抵达。大家为"北梭鱼号"及其艇员默哀，但是 28 艘的击沉战果还是可以接受的。洛克伍德还想再来几次，不过"吵闹"计划的战绩已是太平洋潜艇部队在战争期间的巅峰了。

为了支援进攻冲绳之战而在九州上空飞了数以百计的战术任务之后，李梅的 B-29 机群又恢复了对日本城市和工业的战略轰炸。规模愈加庞大的"超级堡垒"空中舰队又杀了回来，向大东京和名古屋地区的飞机工厂，以及大阪、川崎、神户和横滨残余的工业区再次发动空袭。面对着原材料的短缺和毁灭性的空袭，日本人基本放弃了补充飞机损失的指望。对城市中心区的无差别火攻再度到来，而且愈演愈烈。4 月 13 日，东京西北部遭到 327 架携带混装燃烧弹和 500 磅通用炸弹的"超级堡垒"的攻击。这次市民们知道了应该逃离而不是留在原地救火，因此伤亡人数比 3 月 9 日至 10 日大空袭那次要少，但是轰炸对城区的打击却别无二致：11 平方英里的城市被烧成白地。两天后，又一场大规模空袭攻击了东京南面的川崎市，摧毁了大部分市区。此时东京已经大部分被烧毁，但是"超级堡垒"

还将数次攻击日本的首都。5月24日，500架轰炸机在白天轰炸了东京南部和中部的城区。两天后的夜里，5月24日轰炸的余火尚未燃尽，又一次大规模空袭便再度向东京皇宫外围银座和日比谷的高级商业区和居住区投下了3 252吨M-77炸弹。

经过7次大规模燃烧弹的轰炸之后，东京已经没什么可炸的了。这座大城市的一半面积，大约57平方英里的地方化为了灰烬。城市人口锐减了大约50%，无家可归的难民还将继续离开城市，直至战争结束。

3月底，第313轰炸联队开始向日本港口和内河航道空中布雷，这场战役被名副其实地称为"饥饿"作战。李梅起初十分反对执行这一新任务，觉得这又要耽搁他主要的战略轰炸计划——然而空中布雷最终被证明是B-29最富成果的运用方式。在最初一个星期的行动中，轰炸机向九州岛和本州岛之间的下关海峡投放了数百枚水雷。雨点般的水雷突然落在这一航运要道上，让日本人大吃一惊，他们根本没有有效的应对手段。美军投下了多种水雷——音响水雷、磁性水雷、压发水雷——并使其下沉到不同的深度。日本的扫雷舰艇不堪重负，它们缺乏足够的设备和技能，只能找到其中一小部分水雷。有些水雷还安装了巧妙的智能起爆装置，包括延时器和计数器，等到指定数量的船只通过之后才会起爆。压发水雷的战斗部由经过船只引起的流动水压引爆，扫雷器完全无法探知，日本人称其"不可扫除"。[40]

4月至5月间，第313联队的"超级堡垒"在濑户内海的所有主要水道，吴港-广岛锚地，佐世保军港，东京、名古屋、神户和大阪的港口，丰后水道，以及日本西部的各个主要港口都布了雷。日

诸神的黄昏：1944—1945，从莱特湾战役到日本投降

军扫雷舰艇在下关海峡的扫雷工作初见成效时，一批批的 B-29 又飞来向这里雨点般投下数千枚新的水雷。这一攻势有效封锁了濑户内海西侧这一关键通道。在愈加深重的绝望之下，日本商船的船长们试图强行冲过雷场，并祈祷自己好运。结果许多船只就这么消失在了巨大的白色水柱中。

"饥饿"行动最终向日本海域布设了超过 1.2 万枚水雷。虽然这一行动的时间跨度仅限于太平洋战争的最后 5 个月，但它总共击沉或打残了 125 万吨船舶，占整个战争中日本船只损失的 9.3%。布雷任务通常在夜间进行，飞行区域也没有强大的高射炮部队保护。因此在 1 529 架次布雷飞行中，只有 15 架 B-29 未归，损失率低于 1%。美国战略轰炸调查组的分析人员总结认为，这一致命的行动应当更早启动，权重也应该更大："在针对敌人航运的所有作战形式中，布雷在人员和物资方面都是最经济的。"[41]

随着增援飞机从中国和美国不断飞来，第 20 航空队也在快速壮大。到 7 月，它已拥有 5 支联队，超过 1 000 架 B-29，总人数 8.3 万人（包括飞行机组、管理人员和地勤保障部队）。第 58 轰炸联队在第 20 轰炸机司令部解散后从中国和印度飞来，在提尼安岛西部机场重新开张。新成立的第 315 轰炸联队从新建成的关岛西北机场起飞作战。由于装备了新型 AN/APQ-7"鹰"雷达系统，第 315 联队的"超级堡垒"针对日本最大的石油精炼厂、储油设施和输油管道进行了一系列精确打击。这些经过特别训练的机组人员单单依靠雷达就能够以致命的精度击中目标，即便在密不透光的云层上也可以。在太平洋战争的最后六个星期里，"全力尽出"的对日空袭每周都要进行两三次，每次出动的都是由六七百架"超级堡垒"组成的巨大轰炸机群。飞行员查尔斯·菲利普斯如此记述战争末期的这些轰炸任务:"我们可以任意选择城市并把它夷为平地,无论是好天气还是坏天气,无论是目视投弹还是用雷达。"[42]

地面的保障和维护体系也大幅改善。曾经麻烦不断的莱特 R-3350 发动机的平均寿命提高到了原来的 3 倍,从 250 小时增加到 750 小时。折返率降到 10% 以下。P-51"野马"战斗机也从新占领的硫黄岛基地起飞,加入向北驶去的 B-29 机群中。它们能轻易屠灭爬上来迎击来袭机群的日军战斗机,双方的累计空战交换比达到了约 8∶1。自从 6 月中旬之后,美军机组人员就很难再看到日军截击机了。B-29 每次任务的损失率降到了 1% 以下。到战争结束时,李梅骄傲地宣称,从统计数字上看,在日本上空飞一趟轰炸任务比在国内飞一趟训练还要安全。

7 月 1 日,第 3 舰队再次出海,保持无线电静默,向北开往日本。这支舰队拥有 105 艘舰艇,包括 17 艘航母和 8 艘战列舰,编成三支特混大队。这支舰队比历史上出现过的任何一支海上打击力量都要强大。它的任务是攻击日本本土列岛,向本州岛和北海道的沿海地区发动空袭,打击当地的城市、工厂、码头,以及航运和运输设施。它还将攻击日本北方那些远在 B-29 作战范围外的"处女地"。此番它力争彻底消灭东京湾和濑户内海各处锚地里的日本舰队残余。哈尔西将军和他的舰队将要在海上停留数周,依靠在预定时间和坐标前来会合的后勤船只和油轮来加油装弹,然后一次次杀回来,以前所未有的猛烈火力空袭日本本土列岛。

7 月 10 日拂晓前,舰队开到了东京东南方 170 英里外的起飞点。

第一轮战斗机扫荡令日军完全措手不及。在大东京地区上空这漫长而激烈的一整天空中行动中，美军舰载机向工业设施、码头、桥梁、电站和机场投下了454吨炸弹，射出了1 648枚火箭弹。没有日军战斗机起飞迎击，倒是高射炮火击落了10架美军飞机，另有5架飞机毁于事故。[43]

退回到浩渺的太平洋上之后，舰队向北疾驰，接着原路返回，突然出现在本州岛北部和北海道南部，这里还从来没有吃到过敌人的炸弹。舰载机横扫了这一区域的诸多港口，向锚泊的船只投下了炸弹、射出了火箭，返回的飞行员们宣称摧毁24艘船只，击伤无数。他们还摧毁了翼尖挨着翼尖停放在日本北端机场上的飞机，击毁了许多弹药库、大楼、无线电台、工厂和仓库。还有一部分飞机攻击了铁路设施，破坏了编组站，炸毁桥梁，将火车头和车厢碾为齑粉。本州岛和北海道之间由一套跨越海峡的火车轮渡体系相连。舰载机飞行员们击沉了4艘火车渡轮，还有几艘中弹后被迫搁浅。光这一天的作战就使得从北海道运往本州岛的煤炭量下降了50%。[44] 这天的天气不适合飞行，多雨，多云，能见度差，许多空袭都被取消；但是第38特混舰队还是设法在日落之前完成了871架次出击。[45] 据拉福德将军的说法："实际上没有遇到空中抵抗。"[46]

7月15日迎来了战争中的又一个里程碑：舰队第一次炮击敌国本土。拂晓时，一支战列舰、巡洋舰、驱逐舰组成的舰队开到一座大型炼钢厂所在的釜石市近海，向炼钢厂开火。在两个小时的时间里，战列舰"南达科他号""印第安纳号""马萨诸塞号"打出的16英寸炮弹将铸造厂和高炉化成了一片废墟。第二天，另一支水面舰队炮击了北海道室兰市的日本钢铁公司和轮西冶铁厂。"密苏里号"战列舰也加入了炮击室兰的战斗编队，这令哈尔西得以坐到"前排佳座"来观赏这场"壮观的大戏"。[47]大火还蔓延到邻近的钏路市，烧毁了大约20个街区。根据"米克"卡尼的说法，他们完全没见到敌人的飞机，岸炮零星的还击也软弱无力。对此，他的结论是，日本肯定快要完蛋了："我们可以随心所欲地把战列舰开到沿岸任何能炮击他们的地方，他们也无力做出有效的抵抗。因此很明显，我们打或不打也没什么区别了。"[48]

在战争的最后几个星期里，日军的海岸侦察已近似于无。美军潜艇和舰载机击沉了他们的大部分海岸哨戒舰艇。他们的巡逻机和飞行员也所剩无几。"他们一派出飞机来侦察舰队，我们就把他打下来，""贝劳伍德号"第31战斗机中队的"地狱猫"飞行员阿瑟·R. 霍金斯回忆道，"第二天他们又会再来。他们把他派出来，如果他回不去，他们就知道舰队在这里。"[49]美军发现自己即便在日本海岸外目力可及之处行动都不会受到打击，便不再费力隐蔽行踪了。"已经没什么可打的了，"霍金斯说，"天上根本没有敌机。我们就改为轰炸，飞过去后投下炸弹，然后在周围盘旋，扫射地面上的人。"[50]

7月16日，第38特混舰队退向东边，和加油船及后勤大队会合。这支庞大的舰队靠在舰队油轮侧旁，"喝"下了379 157桶燃油。同时还有6 369吨弹药和1 635吨补给物资从仓储船送进了舰队的弹药库和贮藏室。整个补给过程只用了大约18个小时。拉福德将军称此为"公海上出现过的最伟大的后勤壮举"。[51]此言不虚。

7月17日，第38特混舰队杀回本州岛，舰载机突袭了东京湾和横须贺军港。它们蜂拥扑向锚泊在海湾内的战列舰"长门号"。在战争爆发和珍珠港遇袭之时，这艘战列舰曾是山本五十六大将的旗舰，但此时它已沦为一具焦黑、冒烟、倾斜的残骸。其他美军飞机轰炸扫射了整个区域里的各个机场，将未来的"神风"机摧毁在地面上。战列舰和巡洋舰开到海岸近旁，炮击了水户-日立地区。英国海军中将伯纳德·罗林斯麾下的英国太平洋舰队加入之后，美英两军的庞大舰队集体向濑户内海东半部的各个主要港口发动了协同进攻。他们还对锚泊在吴港外的日本舰队残余舰艇给予了格外的关注。

日本海军此时已经瘫痪，不再对盟军构成威胁，但是盟军航空兵们决心算清这笔拖了 44 个月的旧账。舰队每一间待命室的小黑板上都用粉笔写着"牢记珍珠港"。"随你怎么说，""米克"卡尼说，"这是我们所有人内心深处的心声，珍珠港之耻永远不会消弭，除非他们付出了足够的代价，除非他们被彻底消灭。"[52] 在 7 月 26 日的决定性打击中，舰载机摧毁了锚地中的 24 艘日军军舰，有效清除了日本海军的最后残余。"到当天傍晚日落时，"哈尔西写道，"日本海军已不复存在。"[53]

在这些最后的行动中，哈尔西常常向那些被派到第 3 舰队中的战争通讯员提到他的老生常谈，威胁说日本人想要和平就要接受复仇。被问及日本投降的条件时，他说裕仁要"为冒充神灵付出代价"。[54] 他发誓要拿到天皇的那匹白马作为战利品。在接受《科利尔》杂志采访时，哈尔西说日本"不适合留在文明世界中"，他还提出要为每一个死于战俘营的美国战俘处死一个日本军官。[55] 7 月 23 日，他的金句"杀死更多的日本鬼"和他的面孔一起出现在了《时代》杂志的封面上。[56] 禁止轰炸东京皇宫的禁令让哈尔西很愤怒。据卡尼说，这位第 3 舰队司令根本不想理会关于裕仁在战后可能对盟国有用这种"娘娘腔的主意"："我们都知道，现在要做的事情就是

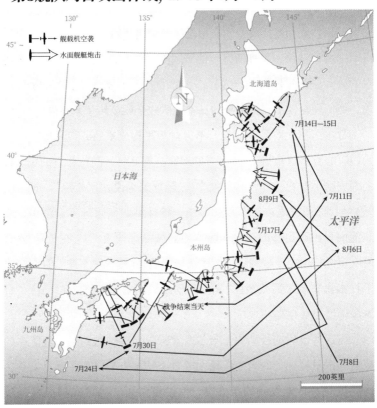

第3舰队对日攻击作战, 1945年7月—8月

舰载机空袭
水面舰艇炮击

太平洋

日本海

北海道岛

本州岛

九州岛

7月14日—15日

7月11日

8月9日

7月17日

8月6日

战争结束当天

7月30日

7月24日

7月8日

200英里

抓到他, 抓到这个头号鬼子, 把他干掉。"[57]

　　哈尔西的好斗言论令美国媒体很受用, 但是却与盟军的主要宣传思路相悖并对其构成了威胁。哈尔西回到太平洋一周后, 战争消息办公室发布的一份分析报告提出警告:

日本人的士气正不断下滑，经过或长或短的一段时间后，就会达到足以使战争结束的程度。其中首要的可控因素是他们承受的军事压力，但是有一项重要的影响因素，就是日本人在多大程度上相信盟军想要：

　a. 屠杀、折磨或奴役日本人民；

　b. 摧毁日本人的生活方式，及其天皇和相关的价值观。[58]

一整个夏天，哈尔西自己的舰载机也向日本投下了千百万份传单。这些文字想要让日本人看到，不远的前方就是战争结束后那和平、繁荣的未来。"美国不想伤害你和你的家人，"一张这样的传单写道，"美国不想要你们的国家。美国想要的只是终结侵略和世界和平。"[59]

在国务院、军队和战争消息办公室的协同努力之下，美国人最终研究出了一整套对日"心理战"策略。战争消息办公室在关岛设立了传单制作部门，拥有数百名工人，配备印刷机，规模相当于一份大报。新鲜出炉的传单被装进 500 磅炸弹的弹壳里，它们会在地面上空 4 000 英尺处弹开。这样，一枚传单"炸弹"就能覆盖整个城市。根据战争消息办公室的估算，战争的最后三个月里，美军在日本投放了 6 300 万份传单。[60]

所有传单围绕的都是几条中心思想：日本的军事失败不可避免，军国主义政府邪恶、虚伪、自私，和平将会令日本人民过得更好。盟军所有宣传都遵循着一个基本原则，就是完全不要提到天皇，所有的指责都指向"军阀"。日本的主要盟友纳粹德国已经彻底失败。现在日本已是孤军奋战，将要承受盟国的全部军事压力。这样的一份传单便很有代表性："日本正面临着危局，盟国的所有力量都将用来对付它，它不觉得孤单吗？"[61] 这些传单常常会饰以日本人喜欢的图案，比如富士山或者盛开的樱花。早期传单上印的语句过于僵硬而官方——"曲高和寡，难有实效"，一名分析人员如此评价。[62] 但是在日裔"美二代"和其他语言专家也来参与解决这一问题之后，其文字就变得愈加流畅而易懂了。有些时候日本战俘也会协助起草或编辑文字。战争消息办公室主任埃尔默·戴维斯写道，所有宣传文稿都在重复三个核心思想——"我们来了，我们要赢了，而且从长远看我们赢了对所有人都会更好"。[63]

除了传单，美军还在夏威夷和加利福尼亚建起了 10 万瓦特功率的短波无线电发射机，后来又用设在塞班岛北部海岸的 5 万瓦特无干扰信道无线电塔进行信号放大。战争消息办公室的广播都是反复播出，常常是在重复传单上的信息。战后研究显示，听到这些广播的日本人极少。最有效的广播宣传都是直接针对日本领导层的，其中最值得一提的是 1945 年 6 月至 7 月间的"扎卡利亚斯广播"。

埃利斯·扎卡利亚斯是美国海军一名情报官，20 世纪 20 年代曾在日本留学，能说一口流利的日语。他和太平洋舰队情报负责人埃德温·莱顿，以及中途岛大捷前在珍珠港领导密码破译团队的约瑟夫·罗奇福特是好友兼同僚。扎卡利亚斯相信东京的统治集团或许很难直接提出停战。于是他提出了一系列修改广播内容的方案，盟军或可至少先澄清"无条件投降"原则的含义。在一连数个星期的讨论之后，一批广播稿获得了国务院、战争消息办公室和参联会的批准。1945 年 5 月 8 日——欧洲胜利日当天，扎卡利亚斯进行了第一次无线电播音。此后他每周广播一次，直到 8 月第一周最后一次播出，总共播放了 14 次。每次广播时扎卡利亚斯都会反复强调"无条件投降"指的只是"终结对抗的形式"，并不意味着要征服或奴役日本。他还引用了同盟国的其他声明，例如《大西洋宪章》和《开罗宣言》，这些文件都保证要施行普世人权和民族自决原则。扎卡利亚斯说，日本已经来到了一个岔路口，这个国家面临着二选一的选择："一边是日本的彻底毁灭，之后是被支配的和平。另一边则是在《大西洋宪章》规定的权益之下无条件投降。"[64]

扎卡利亚斯的第四次广播获得了日本政府官方发言人井上勇博士的直接回应。回应来自东京的短波无线电广播。其答复文字生硬、晦涩、含糊不清，但语气谦逊，而且没有拒绝关于和平谈判的建议。"日本将准备商讨和平条款，"井上说，"假若能对无条件投降原则进行些许调整的话。"[65]

物理学家们早在 40 年前就知道原子中蕴含着巨大的能量。就在第二次世界大战爆发之前的几年里，试验显示金属铀的一种罕见同位素铀-235 具有高度"易裂变"的特性，也就是说这种物质的中子能够穿透原子核的正电荷屏障，这一过程将释放出"自由"能量。核裂变很可能会成为一种廉价、无限的电能来源。但是这项重大发现也带来了一个更加可怕的前景——在某种自然界不具备的条件下，一定质量的纯铀-235 能够在人为控制下触发链式反应，瞬间爆发出大量能量，爆炸当量可以达到 2 万吨 TNT（梯恩梯）。非专业人员想方设法去理解这些物理学家说的是什么意思，大部分人出于本能对此表示怀疑。但是这一领域的领军科学家之间存在一个重要共识。他们警告说，原子能"超级炸弹"的理论基础是没问题的，造出这种武器所面临的严峻挑战也都可以克服，如果给予充足的资金、专家和工业规模的工程能力，那么或许几年就能造出来。

对于人类而言，自然是别去触碰这种可怕的力量更为安全，但是没人敢指望阿道夫·希特勒也认同这一点。各国认为德国具有制造出原子弹所需的科技能力，而且盟军情报部门警告说，纳粹已经开始采取措施以获取所需的材料了。在进犯过程中，德国人控制了挪威的一座"重水"工厂，并开始在捷克斯洛伐克和比属刚果开掘铀矿。如果让希特勒获得了核武器，那么盟国是没有有效对抗手段的；即便纳粹独裁者的军队在常规军事方面被打得一败涂地，他也可以凭借核武器把自己的愿望强加给全世界。唯一的防卫措施就是拥有同样的可怕武器，获得可靠的对等反击能力。

1941年美国参战时，英国在这一被其称为"合金管"的领域内已经取得了一定进展。丘吉尔和罗斯福二人同意联合两国的力量，在美国本土开展此项工作。1942年12月28日，罗斯福签署命令，启动工业化制造原子弹的整个系统。曾监督五角大楼建设工程的陆军工程师莱斯利·R.格罗夫斯上校被指派负责这一机密项目。这一项目被赋予了AAA级的第一优先级，这令格罗夫斯有权要求得到资金、资源和人员，而无须向任何人说明其用途。如果需要写这个项目的名称——比如填表什么的——格罗夫斯要他的职员们写上"曼哈顿工程区"，这是个小把戏，因为这个项目中没有任何一部分设在曼哈顿所在的纽约。

为了给这个"曼哈顿工程"提供资金，史汀生和马歇尔起先用的都是各种传统武器研发项目的名义。但是到了需要在田纳西和华盛顿州建立庞大而昂贵的同位素分离工厂的时候，战争部长和陆军参谋长意识到他们要获得国会的同意。于是二人来到国会山，拜会了参众两院的领袖。史汀生模糊不清地讲了几句他自己也不怎么懂的深奥科学原理——不过他说国会议员们也是一样不明白，所以谈细节有何意义呢？战争部需要 6 亿美元，现在就要，而且不久后还要更多。出于保密，拨款的详细用途不能说，什么都不能告诉国会的各位议员。根据马歇尔的回忆，史汀生对这些立法委员说，他们要"相信我们的话，给我们这笔额外的钱是至关重要的，同等至关重要的是，关于这东西到底是什么，一个字都不能说"。[66] 简言之，他们想为一个详情一片空白的项目讨到一张金额任意填写的签名支票，而且要到了。曼哈顿项目的总成本最终达到了 20 亿美元。

伯克利的物理学家 J. 罗伯特·奥本海默主持着这个项目的研究中心，这座中心位于新墨西哥州洛斯阿拉莫斯一处戒备森严的偏远建筑群中，聚集了大批的专业人士和科学家。这里是一片不毛之地，被夹在岩石峡谷之间，西靠赫梅斯山脉，东边远处是桑格雷-德克里。通往这里的道路没有铺设路面，在春天雨季会很泥泞，有大量吉普车和军用卡车通行其上。研发工作是在技术区进行的，这是一片被围栏包围的办公楼和实验楼建筑群，大约有 4 个城市街区那么大面积。其外围是居住区，一片由预制构件盖起来的千篇一律的住房、洗衣房、食堂、学校和电影院。洛斯阿拉莫斯在战争期间一直在不断扩大，高峰时人口达到 5 800 人——这个小山村里满是倔强而积极的天才，其中有自然科学家、数学家、工程师，包括各个领域中的一些顶尖人物。虽然戒备森严——铁丝网、瞭望塔、检查站、拴着皮带的警犬、步枪上了刺刀的士兵——但洛斯阿拉莫斯却是个年轻而充满活力的社区，孕妇们推着婴儿车在人行道上漫步，一群群小孩在白色的护墙板旁晃荡。这里的许多居民都来自欧洲，为了逃避第三帝国的虎狼之师而来到此地，因此他们出现在这里对纳粹来说有一层报应的意味。

开发人员面临的第一个问题是将铀的两种主要同位素分开，获得高纯度的"临界质量"铀-235同位素，这种同位素更轻，也更为稀有。从一开始就没人能准确说出临界质量是多少。估计的范围低至1磅左右，高至200磅上下。如果最终的数字落在这一估算范围的低端，那么原子弹或许就是可行的；而如果落在高端，那它所需的工业工程资源可能就是任何国家都不能承受的了，至少在预估的战争持续时间内是如此。从这个意义上说，曼哈顿工程是在对失败的可能性有充分认识的情况下进行的。铀-235这种物质从来不会以纯净物的形态出现，除非是在亚微观的数量级上。有几种可能的浓缩手段：前三个选项是汽化、化学反应和热辐射。第四种可能方式的发现则是一项重大突破，这种方式是将铀-238转化为钚，这是一种全新而且极易裂变的元素，可以更容易地从其余铀中分离出来。然而无论用哪种方法，想达到制造原子弹所需的武器级浓度都绝非易事，没有捷径可走。上述所有浓缩方法都需要巨量的工业工程资源。

拿到美国纳税人给的金额无限的支票之后，项目总监决定同时尝试所有可能的方法。于是，田纳西州的橡树岭建起了一座占地5.6万英亩的巨大的铀浓缩工厂。选址于此一方面是因为这里地处偏远，另一方面也是由于耗能巨大的"铀同位素分离器"能够从附近的田纳西河谷管理局获取电能。钚项目建在华盛顿州里奇兰附近的汉福德机器制造厂里。这里位于哥伦比亚河西北方一处偏僻的灌木区，可以从河里获得充足的水以冷却反应器。这里的建筑规模即使按照曼哈顿工程的标准来看也很庞大，汉福德厂区里建起了超过 1 200 座建筑。在建筑阶段，这一秘密营地里有超过 6 万人，使得里奇兰成了美国人口第四大市。[67]

洛斯阿拉莫斯的科学家们面临的第二个难题是把两块裂变物质几乎瞬间融到一起，达到足以启动可持续链式反应的临界质量。两块物质必须以极高速度融为一体，否则未等它们充分融合，链式反应就会开始，这样爆炸威力就会小得多，甚至没有威力。装有裂变物质的起爆机构必须装在小到能够由飞机装载和投掷的金属箱体里。最初的方案是用常规炸药以"双枪"的形式把分成两半的亚临界物质打到一起。但是 1944 年 7 月，科学家们发现钚很容易自发启动裂变，这样简单的枪式起爆机构只会引发微弱的"咝咝"声而非威力全开的核爆。解决方案是使用一套复杂的透镜系统制造一圈向心对称聚爆冲击波。这方面的工作出现了延误，有些被派到此处的科学家实际上已经对解决这一问题绝望了。得益于匈牙利数学家约翰·冯·诺伊曼的理论贡献和俄罗斯出生的化学家格奥尔基·奇斯佳科夫斯基的工程实践，经过反复尝试，一套实用的聚爆式引爆装置最终在 1945 年春准备就绪。

到此时，足够质量的武器级裂变物质铀和钚最终在橡树岭和汉福德造了出来。奥本海默和他的团队确信到当年年中时能够拿出三枚炸弹来——一枚铀弹和两枚钚弹。由于聚爆装置存在失败风险，他们计划在 1945 年 7 月对第一枚钚弹进行试验。（由于对铀弹上简单的枪式起爆装置能够按设计启动充满信心，他们觉得它已不再需要更多试验。）因此，在命运的安排下，最初的原子弹将在德国战败之后和日本战败之前诞生。

在继任总统之前，杜鲁门就听说过曼哈顿工程这回事。1943年，他还是代表密苏里州的参议员的时候，就组织了一个委员会（被称为"杜鲁门委员会"）来调查军事工业中的浪费和腐败问题，他们曾要求提供关于田纳西和华盛顿那些在建神秘工厂的信息。史汀生部长拒绝了他，只说这是一项最高机密的武器项目，涉及一个新的科学领域，杜鲁门也就识大体地同意不再深问。当副总统的时候也没人对他说起这事，这遵循了该项目中严格执行的"非必要不告知"的限制原则。1945年4月，他第一天当上总统就听取了史汀生的口头报告，得知了这个秘密行动正在制造"一种具有几乎难以置信的破坏力的新型炸弹"。当天下午晚些时候，杜鲁门从詹姆斯·F.贝尔纳斯那里了解到了更多情况，这位贝尔纳斯原来是负责战争动员的专员，不久后将被任命为国务卿。杜鲁门在回忆录中写道，他对于这种威力或许足以"摧毁整个世界"的炸弹的设计草图感到"大惑不解"。[68] 4月25日，他听取了史汀生和格罗夫斯（此后他被晋升为少将）关于此事的正式详细报告，他们还对总统提出的许多相关问题逐一作答。

原子武器和原子能及其在战时、战后的运用带来了诸多问题。为了获得相关的建议，杜鲁门组织了一个由政界、工业界和科学界的高级人物组成的委员会。这个临时拼凑的团队有个名副其实的名称，叫"临时委员会"。当然未来会组建更正规的机构来负责此事，但在眼下，保密的限制使得他们只能在已经了解此事的人员中选出一个小组来。史汀生被任命为委员会主席，贝尔纳斯也是成员之一；其他人还有万尼瓦尔·布什、詹姆斯·科南特、卡尔·康普顿、拉尔夫·巴德（福莱斯特的副海军部长），以及助理国务卿威廉·克莱顿。委员会下辖的科学顾问团是其子机构，罗伯特·奥本海默和恩里科·费米都为其成员。

在临时委员会第一次会议的开场白中，史汀生要求委员们从大局上思考摆在面前的问题："这一领域到目前的进展都是战争的需要带动的，但我们要认识到，这一项目的应用范围将会远远超过当前这场战争，这是很重要的。"[69] 1945 年 5 月 31 日和 6 月 1 日，委员会连续开了两天会，并一致同意应当使用这种新型炸弹来对付日本，"越快越好"。[70] 正式提交给总统的建议稿还要再等几天，但是会议纪要体现了大家的共同观点："我们不能向日本人发出任何预警，我们不应打击人口密集区，但是我们应当争取给尽可能多的居民带来沉重的精神打击。"科南特博士提出："最理想的目标是一座重要的军工厂，其中有大量的工人，周围满是工人住房。"[71] 史汀生对此表示同意。目标选择工作被交给了"目标选择委员会"，其成员包括格罗夫斯将军和曼哈顿工程的若干科学家。

1945 年 5 月至 8 月间美国领导人的重大政治决策之纠结在这个国家的历史上是少有的。单纯的军事战略与更高层次上的外交政策问题融合到了一起；包括陆海军高级将领在内的所有人考虑的事情都转向了战后新秩序。美国总统的幕僚们整天整天地就雅尔塔协定与斯大林斗法，探讨德国的占领和重建问题，法国的夏尔·戴高乐的政治主张，再就是联合国宪章的制定。他们刚刚开始考虑亚洲的前途问题，包括前日占区的地位，英国殖民地的命运，中国革命，盟军占领之下日本的未来，以及一个仍然悬而未决的重大问题：如果东京命令日本海外占领军放下武器，他们是否会照做？会不会即便在日本本土屈服之后，盟军也还是要打上一仗来消灭他们？主要决策都面临着时间和局势的压力。这些事务都由一小群文官和军官来操持，其人数不为人知。他们都已在沉重工作的负担下挣扎多年。有时候，按他们自己的说法，总统的人长期觉得身心俱疲，压力巨大。那些影响深远的决策都是"在外面"制定的，也就是在德国波茨坦的盟国首脑会议上。他们这位初任总统的总司令还没有为自己的新岗位做好准备，工作经历也不够长，达不到其前任那样的专业性、自信心和手腕。

在考虑是否允许裕仁保留皇位的问题时，美国的政策制定者们分成了两派。曾在战前担任最后一任驻东京大使，现在担任副国务卿的约瑟夫·C. 格鲁支持美国的主流民意，就是要让日本天皇作为战犯受审。他的公开言论满是鹰派的调子，他对广播听众说，和日本商谈投降条款等同于"给杀人犯宽限时间，用人命去商谈背叛"。[72] 格鲁厌倦了可能将盟国拖入漫长谈判的外交往来。但是私下里，他也认为裕仁必须在战争最后阶段发挥一定作用，因为只有他拥有要求所有本土和海外日军放下武器的权力。格鲁告诉一名记者朋友，昭和天皇发布的敕谕"是可以利用的，这或许可以挽救数万名我方战士的生命"。[73]

在发布《波茨坦公告》之前的讨论中，大部分美国领导层人士（包括杜鲁门）都倾向于告诉日本人无条件投降不会危及其皇室。在6月的参联会和内阁会议上，大家似乎已经达成了共识，把天皇留作伙伴或傀儡是符合美国和盟国利益的。但是这样一份声明却总是在具体用词方面引发争执。所有人都不愿为破坏他们前总司令的无条件投降原则承担责任。为了避免突然有人提出反对意见，他们在美国和盟国的公开声明中删除了所有提及天皇及其皇室的部分。这一状况直到 1945 年 8 月的第二个星期才有所改变，此时广岛和长崎已经落下了原子弹，而日本尚未最终投降。美国直到这时才明确保证不会去触碰裕仁。最后，正如格鲁沮丧地说的那样，美国"要求无条件投降，然后投下了原子弹并接受了有条件投降"。[74]

6 月 18 日在椭圆形办公室和总统开会时，史汀生、福莱斯特两位部长和参联会的四巨头陈述了他们的总体对日战略。对日本本土列岛的封锁已经开始，而且还会加强，因此大家可以指望日本在登陆九州之前投降，或至少在次年春天登陆本州岛之前投降。但无论是哪种情况，围绕 11 月 1 日登陆战进行的计划制订和后勤筹备工作都必须立刻着手准备。马歇尔提出，"奥林匹克"作战"对于绞杀战略至关重要"，因为它能够收紧海空封锁，同时为在关东平原展开的决定性的"冠冕"登陆战提供一个后勤支点。金上将站在海军的立场上，也认同当前继续全方位推进"奥林匹克"和"冠冕"作战的准备工作是重要的。但是，他相信"依靠海空力量就足以打败日本，登陆是不必要的"。[75]莱希也提出登陆日本既不必要也不可取，但是他并不反对为可能发生的意外情况制订计划。最后，杜鲁门批准了"没落"计划，并签署命令，从欧洲和美国本土调集所需的部队。

那年夏天最纠结的问题之一是，是否还想要苏联参与远东战事。罗斯福总统当年花了很大力气才让斯大林承诺加入对日作战；在 1943 年至 1944 年间，这或许是与莫斯科的外交中优先级最高的事项。但是到了 1945 年 6 月，东西两方阵营将在未来几十年里长期全球对峙的前景已经明朗，美国阵营中的许多人开始质疑是否需要甚至是否想要苏联参加对日作战。苏联参战固然更容易迫使日本投降，但这也会让红军占领很多战略性区域，而且请神容易送神难。在东亚出现一大块苏联的地盘可能会大大增强苏联对这一区域的影响力。麦克阿瑟后来宣称，他在获悉苏联已与美国达成对日作战协议之后"感到震惊"："依我看来，我们不需要让苏联在1945年加入战争。"[76]金和艾森豪威尔也各自建议总统不要允许或邀请苏联参战。[77]新任国务卿詹姆斯·F. 贝尔纳斯早先倾向于请求苏联参战，但现在他不这么想了。鉴于苏联人在东欧的表现，贝尔纳斯不相信他们；他认为现在也不需要苏联人了，因为觉得原子弹足以迫使日本迅速投降。[78]贝尔纳斯的助手沃尔特·布朗在日记中写道："最终击败日本要尽快，原子弹轰炸后日本就会投降，这样苏联就无法深度介入这场屠杀和获得对东亚指手画脚的地位。"[79]

杜鲁门对于波茨坦之行并不满意，他不太想参加这次会议。但是参联会和内阁一致认为总统必须到场。于是杜鲁门乘坐火车从华盛顿来到弗吉尼亚州的纽波特纽斯，在那里登上巡洋舰"奥古斯塔号"，进行八天的跨越大西洋之旅。在火车上，他给妻子写信说"这一趟旅行让我蓝到发紫 *"。[80]他的随行人员以莱希上将和贝尔纳斯国务卿为首，还有一大群军队助手和政府助手。（贝尔纳斯设法把他的竞争对手亨利·史汀生赶下了船，史汀生后来乘飞机前往欧洲，在波茨坦和大部队会合。）7月15日，"奥古斯塔号"抵达安特卫普。杜鲁门一行人乘坐一支40辆车组成的车队前往布鲁塞尔附近的一座机场，之后飞过疮痍满目的德国废墟，前往柏林南边的波茨坦，一

---

*　英文中"蓝"意指"郁闷"，"蓝到发紫"相当于"郁闷得想哭"。——译者注

座普鲁士时代的古城。

波茨坦会议主要讨论在当年早些时候的雅尔塔会议中悬而未决的欧洲问题，包括德国-波兰-苏联的边界问题，德国的战争赔款和分区占领问题，以及土耳其对达达尼尔海峡是否占有主权的问题。而关于对日本的最后打击，以及主导战后亚洲局势的相关安排，只在主要议程之间见缝插针地讨论，大部分是巨头们的非正式会商。丘吉尔也来到了波茨坦，但是在会议的第二个星期，他却被换成了新的英国首相克莱门特·艾德礼，后者的工党在1939年以来英国举行的第一次大选中大获全胜。

波茨坦是在苏联占领区内，会议自然就是斯大林做东。正式会谈在塞西林霍夫宫富丽堂皇的大厅里举行，这里曾是王公的住所。与会各方的达官贵人们住在附近巴贝斯伯格镇的一些豪宅里，而这些豪宅的主人则被枪逼着赶了出去。杜鲁门一行人住进了国王大街上一座被粉刷成白色的三层小楼里，美国人称这里为"小白宫"。小楼里到处都安装了窃听器，服务人员中也有几个是苏联内务人民委员部的人。

斯大林比其他人晚来一天。7月17日中午，他提前来到"小白宫"会见了杜鲁门。两位领袖热情地握住双手，相互咧嘴大笑。斯大林介绍了他的政府正在和中国国民党进行的谈判，他们打算为即将开始的苏联对中国东北日军的进攻商定条款。杜鲁门对此不置可否，这一姿态或许令斯大林感到失望；这位苏联领导人原本期望美国总统能向苏联发出参加远东战事的正式请求，给他一个撕毁与日本之间中立条约的借口。但是杜鲁门和他的政府并没有打算满足斯大林的愿望，因为此时已经很明显，他们对苏联介入战争的后果感到担忧。温斯顿·丘吉尔注意到了美国态度的新变化,并在写给英国外交大臣安东尼·艾登的一张便条上提到了此事:"已经相当明显,美国目前并不希望苏联参加对日作战。"[81]

美国人为"三位一体"行动,也就是第一次核试验选择的地点是洛斯阿拉莫斯以南 200 英里外,新墨西哥州沙漠深处的一片荒原。核弹将被放置在一座 100 英尺高的铁塔顶上引爆,其坐标位置被命名为"零区"。铁塔的 6 英里外建有一座用粗大原木垒砌而成并覆盖着厚土的指挥地堡,试验人员的营地则在 10 英里外。试验被安排在 1945 年 7 月 16 日拂晓进行。

当时针指向"零点",沙漠中黑暗而寒冷。铁塔近旁探照灯的光束撕开了低垂的云层。在营地南边一座沙坡上的观察所里,科学家、记者和访客们喝着从热水瓶里倒出来的咖啡,不停地跺脚取暖。他们互相传递着两个双筒望远镜,轮流观察远处被照得雪亮的铁塔。一名陆军中士走进来,借着手电筒的光宣读了要求:当两分钟倒计时开始时,观察人员要卧倒在地面上,脸不要朝向铁塔。爆炸之后,他们可以转过头来看铁塔上方的云层,但是不要直接凝视火球,以防伤害眼睛。对于那些不要命也要看爆炸的人,上面发了黑玻璃,要求这些人把黑玻璃挡在面前观看。他们都要穿上长衣长裤以保护皮肤。在伸手不见五指的暗夜中,一瓶瓶防晒霜被发了下去,人们把它抹在自己暴露的脸上和手上。他们要保持卧倒姿势,直到冲击波过去:"像这样低伏在地面上可以降低爆炸带来的危险,飞石、玻璃和其他东西可以从爆炸点直接飞到你们这里。"[82] 所有汽车的窗户都要打开。

到了能安全站起来的时候，会有警报提示。那时所有无须留在这里执行任务的人都要立刻返回营地，登上等候在那里的大巴。这一区域将要疏散人员，直至完成辐射测量。

在曼哈顿工程初期，物理学家们曾仔细考虑爆炸规模可能会远超他们计算结果的危险。有人担心巨大的爆炸可能会引燃地球大气中的氮气，甚至可能会毁灭这个星球。当然后来的计算似乎推翻了这种可能性。但是当晚在沙坡上观察所里的恩里科·费米还是玩了一手黑色幽默。他提议下注赌这枚核弹引燃大气的可能性，以及如果真的引燃大气，被毁灭的是新墨西哥州还是整个世界。他的同事很可能答道，无论结果如何，赢的钱谁都拿不走。

在指挥地堡里，奥本海默和格罗夫斯带领着一个大约20人组成的技术组和通信组。这狭小、封闭的空间里挤满了电子设备和无线电台。他们对当晚的天气忧心忡忡。云层中时而会出现一道闪电，天气预报称南方有阵雨。一个气象小组和正在头上盘旋的装有特殊设备的B-29气象侦察机建立了无线电联系。如果风力过大而且风向不对，那么致命的辐射尘就有向东飘浮300英里落在得克萨斯州阿马里洛市的风险。但是在破晓前一小时，他们确定气象条件没问题。

在距离试爆还有20分钟时，"零区"升起了第一枚红色警告信号弹，之后还有数枚这样的信号弹将要升空。此时留在铁塔周围的所有人都乘上吉普车离开此地，开往地堡。无线电中有一个僵硬的声音在报时。在地堡里，人们趴在各自的仪表板上。气氛十分紧张，时间仿佛凝滞了。科南特博士说他"从来没想过一秒钟会这么长"。[83] 奥本海默没有说话，甚至似乎连呼吸都没有；他透过地堡那暗到几乎不透光的蓝色窗户凝视着外面，手扶着一根木桩，以支撑自己的身体。还差 10 秒试爆时，一枚绿色信号弹升起，随后穿过"零区"上空的云层缓缓落下。这最后的 10 秒钟如同永远那么长。无论他们怎么看待作为武器的这枚炸弹，这些科学家都已把数年光阴投入它的制造中，为此赌上了整个现代物理学的声誉；他们还说服了山姆大叔把纳税人的钱源源不断地拿来为此付账。有个见到这一幕的人评论道，无论他们有怎样的宗教信仰或是有无信仰，"都可以肯定地说，在场的大部分人都在祈祷，比以往任何一次祈祷都更努力"。[84]

凌晨 5 时 30 分，秒针指到了 0，大喇叭里传来声音："开始。"起初是一个刺眼的白色光点，几乎转瞬之间它就变成了一个直径半英里的小太阳，如同照相机的闪光灯那样明亮，连黎明前的黑暗都被巨大的光芒驱赶得无影无踪。转眼间，地平线以内的整个沙漠都被照得如同白昼，接着大部分光芒被吸回到爆炸的旋涡之中，至少在观察者眼中是如此的。随后，巨大的火球升入天空，仿佛液化了一般，变成了翻滚的霓虹，金色、绿色、橙色、蓝色、灰色和紫色，幻化成了迷人的万花筒。火球垂直延伸，变成了一根烟火交错的巨柱，穿透云层，升腾到 1 万英尺、2 万英尺、3 万英尺高空。烟柱顶上出现了一片蘑菇云，其高度后来估算达到了 4.1 万英尺，而蘑菇云的根部仍然是一片汹涌翻腾的烟尘，如同镁光般明亮，但是更加多彩。方圆 40 英里内的新墨西哥荒原被笼罩在蓝紫色的光芒之下，所有山丘、沙坡和沟壑都被照得纤毫毕现。

在地堡、观察所和营地里，人们都站了起来，像小孩子那样互相拥抱，拍打后背，握手，大声欢呼，大笑着手舞足蹈。奥本海默

　　　　　　　诸神的黄昏：1944—1945，从莱特湾战役到日本投降

脸上的紧张消失了，取而代之的是一副如释重负的表情。聚爆式钚弹起爆装置的设计者奇斯佳科夫斯基博士终于证明了自己的设计行之有效，他高兴地一把搂住奥本海默，发出了胜利的吼叫。有人对格罗夫斯将军说："结束了。"格罗夫斯答道："是的，等我们把两枚炸弹扔到日本之后。"[85]

在沙坡上，绝大部分观看者在等候冲击波抵达时都将要他们卧倒的告诫抛诸脑后。爆炸45秒后，眼前幻境般的世界仍然保持着寂静——他们能感到热量扑面而来，却听不到任何声音。最后，声音还是来了，那是一种连续、可怖、粗重的轰鸣，伴随着一阵狂暴的热风，脚下的大地也在颤抖。大地的回声融合成了一阵阵逐渐变响继而衰弱的声波，持续了很久才告消失。有人觉得和他们亲眼看到的壮观视觉效果相比，这冲击波并不算强，甚至有点虎头蛇尾。这固然没错，但其原因仅仅是他们距离"零区"太远了而已。

发出最初的胜利欢呼之后，观看者们很快平静下来，开始思考。欧内斯特·O. 劳伦斯记得自己"带着敬畏招呼所有人安静下来"。[86]对于奇斯佳科夫斯基来说，核爆炸是"最接近人们所能想象的审判日的事情。我确信，在世界终结之时——地球存在的最后一毫秒——最后一个人将会看到我们刚刚见到的那一幕"。[87]当他们乘车离开试验场时，太阳从东方地平线上探出了头。菲利普·莫里森发现太阳照在脸上的热感和此前爆炸时如出一辙。他说，这天早上"我们有两次日出"。[88]

远在北边的圣菲市，西边的银城市，还有南边的埃尔帕索市，都能看见核爆的闪光。在"零区"北面175英里外的阿尔伯克基，早起的市民们停下了脚步，想要知道南方地平线上的那道闪光到底是什么。根据当地报纸的一篇报道，就连城中一名失明女童都喊了出来："那是什么？"[89]为了平息这些难以回答的询问，格罗夫斯安排附近阿拉莫戈多航空兵基地的指挥官发布一份声明，称基地的一座弹药库发生了爆炸。[90]

核试验次日，几个勇者回到"三位一体"基地去观察爆炸的影响。他们携带的用来测量放射性的便携式盖革计数器狂叫不止，他们干脆将其关掉。为限制在辐射中暴露的时间，他们采取了一种"十分钟原则"：每个人只能进入基地一次，只能停留十分钟。在距离"零区"一英里处，沙漠中的灌木被烧焦并倒向远离爆点一侧；离得更近的植物则被完全烧掉。原先铁塔矗立的地方变成了一个直径1 200英尺的浅坑，坑底有一堆碎屑。地面变得平整而光滑，其中能看到一些发绿的线条：沙子都被变成了玻璃。

弹坑中央的地面上有一片淡淡的锈红色。观察人员判断这是汽化后的氧化亚铁凝华后和沙子中的硅熔合在一起所致——换言之，这是原先承载"三位一体"炸弹的那座10层高铁塔的最后遗迹。

当天晚些时候，核试验成功的第一份报告在当地时间晚7点半被送抵波茨坦。战争部一名助理向史汀生发去电报："今早进行了试验。尚未得出结论，但结果看起来很理想，已经超出了预期。"[91]史汀生随后走到"小白宫"，把消息告诉了杜鲁门和贝尔纳斯，二人闻讯大喜。含义模糊的第一份电报到达之后，又有几份电报接踵而至，也都写得模棱两可。7月21日，出自格罗夫斯之手的长篇详细报告经由信使送达。爆炸威力相当于1.5万吨至2万吨TNT炸药，位于此前预计的威力范围的上限处。格罗夫斯曾经夸口说五角大楼

（他的前一个作品）对空袭免疫，现在他收回了自己的话。

史汀生把报告全文读给了杜鲁门和贝尔纳斯。这位战争部长在日记中写道，总统"极度兴奋，只要见到我，就一遍一遍地和我说这事"。[92] 丘吉尔也发现第二天上午和斯大林会谈时，杜鲁门表现出了不知从哪里来的兴奋，"以最坚定而果断的方式与苏联人对峙，向苏联人提出了一些他们绝对做不到的要求，还说美国完全反对他们"。[93]

和顾问们讨论之后，杜鲁门决定让斯大林知道"三位一体"试验的事情，虽然只能用最笼统的方式。7 月 24 日晚上，他找到这位苏联领袖，（通过翻译）对他说美国已经开发出了一种"破坏力非同寻常的新武器"。斯大林看上去不为所动，只是平静地说希望美国人好好用它来对付日本。杜鲁门搞不清对方是否领会了他所说事情的重要性。他并不知道，也没想过苏联间谍早已成功渗透进了曼哈顿工程，苏联人早已对原子弹一事了如指掌。

美国的情报破译人员早已破译了日本政府与驻各国首都外交官之间的通信密码。这种通信内容的代号为"魔术"（MAGIC），对它们的总结和分析被写成绝密的报告，发给美国政府和军方的高官。因此，美国领导人完全知道东京想要说服苏联政府充当中介来找盟国和谈。日本外交大臣东乡茂德和驻莫斯科大使佐藤尚武之间急切的电报往来都在美国人面前现场直播，而且很值得一读。东乡发给佐藤的"极度紧急"电报的内容显示了他的绝望感。7 月 11 日，他要求大使"十万火急"地拜访克里姆林宫。次日，东乡又要佐藤向外交人民委员莫洛托夫转达，"天皇陛下"本人希望"尽快恢复和平"。[94] 在这些截获内容的批注中，美国情报分析人员写道，这是第一次有确凿证据表明，是裕仁在推动这些发往莫斯科的外交请求。

佐藤在外交部门服务年限较长，比东乡资历更深，而且他自己原来也当过外交大臣（1937年）。因此他不会完全服从现任外交大臣，而是毫不犹豫地直白提出了自己对于这些最后时刻绝望之举的重要意见。佐藤告诉东乡，要他去提的这种模糊不清的请求是从来不可能说动克里姆林宫的。苏联人"极其实际"，任何缺乏明确可实施路径或者盟军确实可接受条款的提案都不可能说动他们。"如果大日本帝国真的有必要结束战争，"7月12日他如此对外交大臣说，"我们必须首先统一思想来做这件事。"[95] 日方从未明文表示过要这样做，东乡只能根据最高战争指导会议达成的三心二意的共识来做事。任何包含了具体和平条款的提案都会令决策团队分裂，并导致铃木政府倒台。

在他后来发给东京的电报中，佐藤劝政府认识到战争已经输了，这意味着日本"别无选择，只剩下无条件投降或以近似于此的形式投降"。他判断，唯一可以和盟军谈的条件就是"保留我们的国体"，也就是说保证让裕仁留在皇位上。[96] 但东乡却只是反复重申此前的指示，即请求克里姆林宫协助安排议和。他写道，此时确实急需和平，但是"另一方面，现在国内很难立刻确定可实施的和平条款"。[97] 佐藤能够读懂其中的言外之意：政府内部的分裂无望化解，强硬的军国主义分子憎恨任何类似无条件投降的字眼。东乡的双手是被束缚住的，佐藤也一样。

当波茨坦会议进行到第二周时，美国人面临着如何结束太平洋战争的急迫决策。"没落"行动的准备工作已经在进行，计划进攻日期是11月1日。情报显示，九州岛上的日军兵力正在增长。美国人开始讨厌让苏联人加入战争，但他们知道自己没有办法让这位红色盟友置身事外，而且苏联红军最迟到 8 月中旬就能做好进攻中国东北的准备。根据格罗夫斯将军的报告，两枚原子弹将在接下来的两周时间里做好向日本投掷的准备。还有些人从道德角度反对在不明确加以警告的情况下便使用这种武器，反对用城市来取代军事目标作为轰炸对象。曼哈顿工程的各部门科学家都提交了请愿书。海军部次长兼临时委员会成员拉尔夫·巴德倾向于提前进行警告。他给史汀生写信道："这一考虑主要是出于美国作为人道主义大国的地位以及我们人民的公平竞争精神。"[98]

然而，临时委员会及其下级委员会，以及政府内阁的主流想法始终是应当将原子弹用于对付日本。他们考虑过进行一次力量展示或者警告，但最终否决了这个提议，主要是由于这看起来不可能让日本投降。科学顾问团（奥本海默、科南特、劳伦斯和费米）承认曼哈顿工程的科学家们观点不尽相同，他们的结论是："我们无法拿出任何足以结束战争的技术展示；除了直接用于军事之外，我们看不到其他可接受的选项。"[99]

目标选择委员会已经拿出了列有四座城市的最终目标列表：广岛、长崎、小仓，以及新潟。之所以选择这四座城市，是因为它们还没有被常规轰炸夷平，这样就能最充分、最清晰地展现原子弹的威力。早先的列表上列入了京都，但是史汀生把它划掉了。原因是这座日本古都重要的历史和文化遗迹都是独一无二的，史汀生担心摧毁这里会引起后世日本人的仇恨。（这位战争部长不得不两次把京都从名单上划掉：很明显，格罗夫斯真的很想轰炸这座城市。）广岛和小仓是重要的军事基地、仓库、兵工厂所在地；长崎和新潟则仅仅是作为重要的航运和工业中心而入选。在发给第20航空队的命令中，这四座城市被排除在轰炸目标之外——让它们远离李梅的火攻，留下来，别碰，保持完整，这样就能让原子弹把它们一击摧毁。虽然此时雷达瞄准已经足够可靠，但原子弹还是会在晴朗天气下投掷，这样就能从空中看到核爆炸并进行拍照："由于四座城市相距甚远……即便天气各不相同，这四个目标也很可能至少有一个天气晴朗。"[100]

同盟国原则上同意要向日本发出最后的警告。在纳粹德国的废墟中，从波茨坦，签发这份公告，将会赋予这份最后通牒以象征意义——让日本人知道，他们现在已经没有盟友了，他们自己很快也将是相同的命运。但是公告的具体文字还要经过漫长而复杂的争论才能敲定。在此前的几份文件，包括《大西洋宪章》、《开罗宣言》以及（一个月前在旧金山签署的）《联合国宪章》中，同盟国已经将他们的战争目标和对战后国际秩序的设想和盘托出。现在问题来了：是否应该重申并进一步阐明它们？盟国应当将占领日本的意图表达到何种程度？美国阵营中的几位领军人物，包括史汀生和格鲁，倾向于承诺将现有的天皇帝制作为日本新宪法的基础。他们分析认为，这样的承诺或许能加强东京议和派的力量，甚至可能让天皇直接做出决定。不仅如此，他们还说，盟国需要裕仁来强制要求日军投降并作为听话的代理人。而另一些人，尤其是国务卿贝尔纳斯，则反对任何可能偏离无条件投降原则的承诺，他还认为这有可能被日本人视作盟国对其无能为力的信号。

7月17日，当"三方声明"的文稿在盟国政府之间审阅时，美国参谋长联席会议从华盛顿发出电报，提交了一份建议稿。原有文

　　　　　　　　　　　　诸神的黄昏：1944—1945，从莱特湾战役到日本投降

稿中写道，日本人民将会自行选择政府，这就"可能包括以现有皇室为基础的君主立宪，如果这样一个新政府能让全世界完全相信其永不发动侵略的话"。而按照联合战略考察委员会，即参联会的"智囊"的建议，参谋长们推荐完全删除这一句。这样做有两个理由：首先，关于"现有皇室"的内容可能会被误解为想要裕仁让位于他的儿子；其次，这一提案表明盟国有意维持日本的"天皇崇拜"体系，因而会打击"日本的进步势力"。[101] 这两条分析都不怎么有说服力。第一个反对意见只要澄清用词即可解决，无须全部删除；第二个意见则完全没有意义，因为"日本的进步势力"无力影响其投降决策。尽管如此，关于删除此句的提议还是得到了杜鲁门和他在波茨坦的顾问们的认可，而且显然没有什么争议。莱希和马歇尔看起来都是毫无疑虑地支持删除，虽然二人此前都倾向于明确天皇的战后地位。

7月24日，史汀生最后一次想要把保留日本政体的条款重新写进去。据他在当天晚些时候写的日记，史汀生见到了杜鲁门，"告诉他，我认为向日本人承诺保留其帝制是很重要的，而且我觉得把这一点写入正式警告很有必要，或许这正是能让他们接受公告的因素"。[102] 杜鲁门以实际操作方面的理由拒绝了他，解释说公告文稿已经发给蒋介石签字了。史汀生也就作罢了，不过他还是建议杜鲁门做好准备，在开始和日本政府进行直接会谈后，通过外交渠道向他们做出口头保证。

与此同时，华盛顿正在起草和下发执行核攻击任务的命令。驻提尼安岛的一支特殊的B-29航空大队已经接受专门训练以投放原子弹，他们已经做好了执行任务的准备。超级武器的各个部件已经通过空运和海运送到了马里亚纳群岛。最近刚刚被任命为太平洋美国陆军航空队战略航空兵总司令的卡尔·斯帕茨将军此时正在华盛顿。7月25日,他来到战争部报到,和马歇尔离开时代理陆军参谋长职责的托马斯·H.汉迪将军进行了商议。斯帕茨接到了关于投掷两枚原子弹的口头命令,但他告诉汉迪,他需要得到写有命令的"一张纸"。于是汉迪起草并签发了一道命令,指示第20航空队"在1945年8月3日之后,一旦天气允许进行目视轰炸,就要向以下目标之一投掷第一枚特种炸弹:广岛、小仓、新潟和长崎"。而且"一旦完成整备",就要向同一份列表中的城市投掷另一枚炸弹。[103]最后一句命令还补充道,这一指示是在史汀生部长和马歇尔将军的"指导和批准下"发出的。这是唯一一份要求用核武器攻击日本的书面命令。

同一天(7月25日)在波茨坦的"小白宫",杜鲁门独自面见了他的战争部长——如果总统的日记可信的话,那么他对史汀生的口头指示和华盛顿刚刚发出的命令并不一致:

> 我告诉战争部长史汀生先生,使用的时候要以军事单位或陆海军队作为目标,而不要打击妇女和儿童。虽然日本人野蛮、狂暴、残忍而且疯狂,但我们是为全世界争取福利的领导者,不能把这种可怕的炸弹扔在日本的旧都或新都上[指京都和东京]。
>
> 他和我观点一致。打击将会选择纯军事目标,而且我们会发出警告声明,要求日本鬼子投降保命。我确信他们不会投降,但我们应该给他们这个机会。[104]

但是汉迪在史汀生授权下写出的命令，却白纸黑字写着他已经得到了来自波茨坦的指示。此命令基于临时委员会及其下属子机构的建议，并得到了内阁和总统的批准。一旦炸弹准备就绪而且天气条件允许，就要把它们投向目标委员会选出的四座日本城市。这份命令中没有提到提前警告，军事目标，或者是要避开妇女儿童这些事。选择这些城市并不是因为它们的军事属性，轰炸时的瞄准点也没有特别选定那里的军事目标。选择它们是因为它们符合目标委员会指定的三个条件——这些城市"城区面积较大，直径超过 3 英里"，"能够被一场爆炸有效打击"，以及"8 月之前不大可能挨炸"。[105]

这样，杜鲁门 7 月 25 日的日记中就存有一个难以解释的谜团。或许他突然感到恐慌，于是小心翼翼地想要化解。他或许感觉到未来的历史学家和传记作家会探究他背后的想法，于是想要把自己包装成完全良善之人。若如此，这天的日记就只是惺惺作态，只能让人感觉这篇日记没有反映杜鲁门内心的真实想法。他著名的座右铭——"责任在我"——就摆在椭圆形办公室他办公桌上的显眼位置。第一枚原子弹在日本第七大城市的中心炸响之后，这位"不推卸责任"的总司令将会把广岛称为"日本陆军的重要基地"。如果能说圣迭戈是美国海军的重要基地的话，那这么说倒也没错。在 1955 年出版的回忆录中，杜鲁门承担了决定使用原子弹的责任——然而即便到了十年之后他已退休的此时，他也没有承认有意选择了城市作为目标。关于 1945 年 7 月 25 日汉迪将军签发的指示，杜鲁门写道："这一命令发出后，首次向一个军事目标使用原子弹的车轮便启动了。这是我的决定。我还告诉史汀生这道命令将一直有效，除非我对他说日本接受了我们的最后通牒。"[106]

7月26日，美国、英国和中国三国政府向全世界媒体发布了《波茨坦公告》。公告要求日本武装部队立刻无条件投降，并警告说如果拒绝投降，日本本土将会"全部残毁"："以下为吾人之条件，吾人决不更改，亦无其他另一方式。犹豫迁延，更为吾人所不容许。"[107] 日本不可再踏上对外扩张之路。军国主义的影响要彻底且永久地拔除。战犯将被送上国际法庭受审。日本需放弃所有海外占领区，日本的主权将永久局限于本土列岛。其海外军队需放下武器，并允许和平回国。盟军将会占领"日本领土经盟国之指定"的地方，直至确保"穷兵黩武主义"被赶出政府并解除日本的武装为止。允许日本恢复其工业，其经济也将被国际贸易所接纳。和日本政府散布的宣传相反，公告指出，"吾人无意奴役日本民族或消灭其国家"，而且将"依据日本人民自由表示之意志成立一倾向和平及负责之政府"。

7月27日拂晓后不久，东京方面就通过旧金山的短波无线电广播收到了这份公告。当这份"三方声明"被译成日语并在各省、厅中传阅时，日本的领导人死盯着一个事实：签署这份公告的有美、英、中三国领袖，唯独没有斯大林。他们便把巨大的希望寄托在这一丝机会上。他们知道斯大林和莫洛托夫就在波茨坦，和英美两国正密切接触，但是苏联却没有出现在这份最后通牒之上。这是不是意味着苏联愿意插进来行调停之事？

东乡外相立刻行动起来，防止公告被草率回绝。他直接面见天皇，说这份声明"留下了进一步探究落地条款的空间"，以及"我们计划通过苏联了解这些落地条款"。[108] 在当天上午最高战争指导会议的紧急会商中，东乡对同僚们说，这份公告可以被解读为对先前要求的软化，或许预示着一种保留颜面的"有条件"投降。虽然文中没有提及日本皇室，但其所言"依据日本人民自由表示之意志"却给予了保留天皇的希望。他还警告说，立刻回绝这份公告或许会带来灾难性后果。东乡提出，在他的外交部门试探出苏联人的态度之前，不要对此做出任何官方回应。后续的讨论勉强达成了共识。在等待苏联人回应日本先前的请求期间，日本政府将不对《波茨坦公告》做出表态。报纸也都得到指示，不要张扬此事。

第二天，也就是7月28日下午4点，年迈的首相铃木贯太郎召开了一场新闻发布会并进行了无线电广播。想要说清楚"六巨头"两派商议出的临时政策绝非易事。铃木无法说出和莫斯科方面交涉的事情，因为这是保密的；他也不能表达出这份公告提供和谈机会的意思，因为强硬派会起来造反的。在一种看起来很随意的表达中，他告诉媒体，政府想要"默杀"《波茨坦公告》。这个词同时也可以被翻译为"忽略"、"拒绝"或者是"视而不见"。这一次，"默杀"一词的实际含义或许是想要在接受和拒绝最后通牒之间走钢丝——换言之，"无可奉告"。

若铃木的意图确实如此，那他就太不成功了。这个词在日语中本就含义模糊，何况还要翻译成英文？在政府没有明确表态予以反对的情况下，日本媒体就报道说首相以蔑视的态度拒绝了公告。29日，《读卖新闻》的头版大标题是"荒谬的日本投降条件"。[109] 此时，铃木已经来不及收回他的话了。在最高战争指导会议随后的讨论中，三名强硬派一直认为政府对《波茨坦公告》持摇摆态度是不可接受的。议和派的东乡和米内则主张无须再多说，但首相还是同意发表一份澄清说明。在次日上午的媒体会上，铃木说："我想这次的联合声明只是《开罗宣言》的翻版。日本政府并不认为它有什么重大价值。我们只能忽略它。我们将会尽最大努力把战争打到底。"[110]

起初美国的翻译人员还在为"默杀"一词大感不解,争论它可能暗含的意思或者重点。但是这第二份声明给出的信号就清晰得多。杜鲁门本人对此的解读一针见血:"他们要我们去死,就是这个意思。"[111] 华盛顿的日本问题专家注意到铃木小心翼翼地避免立刻回绝最后通牒。他们理解他这话是说给军队中那些潜在的叛乱者听的,而不是回应发出最后通牒的各国政府。在随后的几天里,无线电监听人员截获的日本军方电文和外交电文显示,东京有些人已经准备要依照《波茨坦公告》投降了。但这些情报碎片仅仅是确证了美国领导人已经知道的事情——日本的统治集团已经陷入了死扣,死硬的"顽抗到底"派仍然足够强势,足以打断任何议和之举。

一份来自"小白宫"的绝密电报指示格罗夫斯将军在 1945 年 8 月 2 日之后发动第一次核轰炸,这天是波茨坦会议的最后一天。杜鲁门希望第一枚核武器扔出去时自己不在岗位上,而是在海上。[112]

就在这一周,对日本本土的常规轰炸也达到了前所未有的规模。对地面的破坏性后果远远超过了欧洲的任何地方——实际上,超过了整个战争史上的其他地方。在日本那些大城市的中央,若有人举目四望,那么他的视野中除了灰烬和堆积如山的废墟,以及少量被熏黑的烟囱和矗立在各处的钢架之外将再无他物。战争中最大一次空袭出现在 1945 年 8 月 1 日,当时 853 架 B-29 向整个日本西部的各个城市和航道投下了 6 486 吨燃烧弹、精确投掷的炸弹和空投水雷。这一天,日本民众的死亡人数可能达到了 10 万人。

如果战争再持续下去,这种常规轰炸的规模和力度将会达到令

诸神的黄昏:1944—1945,从莱特湾战役到日本投降

人难以想象的新高度。美英两军各种类型数以百计的轰炸机和战斗机正在从欧洲调来；与此同时，新的飞机也正从美国的飞机工厂源源涌出，刚刚完成训练的机组人员正驾驶着它们来到附近冲绳岛新建成的机场上。在 1945 年 5 月至 8 月轰炸作战的高峰时，平均每月都有 34 402 吨高爆炸弹和燃烧弹被投到日本。[113] 根据美国陆军航空队总司令"福将"阿诺德的说法，到 1945 年 9 月，单月投下的炸弹总数将达到 10 万吨，随后还将逐月持续增加。到 1946 年初，如果日本还在战斗，那么美国陆军航空队就将有 80 支作战大队参加对日进攻，轰炸机总数将达到 4 000 架。1946 年 1 月，他们将向日本投下 17 万吨炸弹，一个月的投弹量就将超过整个太平洋战争中实际投向这个国家的炸弹总数。到计划在关东平原发动"冠冕"登陆作战的 1946 年 3 月，单月投弹量将超过 20 万吨。[114] 毁灭之雨将会从天而降，使这个国家的国内交通设施彻底崩溃，经济不再运转，并导致大规模的城市饥荒。"再有 6 个月，日本就将被打回黑暗时代，"寇蒂斯·李梅如是说，"无论如何都会是这样。"[115]

在战争的那最后几个星期里，第 20 航空队开始发动一种新的毁灭性的心理战。"超级堡垒"机群开始"在开火前打招呼"——向即将轰炸的城市投下传单，警告市民撤离，一两天后再回来将其炸毁。例如，7 月 27 日，日本收到《波茨坦公告》的当天，美军向 11 座日本城市投下了 6 万张警告传单。其中 6 座城市在第二天挨了炸。8 月 1 日，美军故技重演；8 月 4 日，第三次。每次警告的效果都很好。日本政府和新闻媒体想要阻止这种警告，但消息还是会口耳相传，不胫而走，恐慌就会在落下传单的城市里蔓延开来。整个城市的人都想要逃往乡村，于是难民们挤满了道路和火车。军工厂由于没有工人而瘫痪。战后，美国战略轰炸调查组总结认为，"开火前警告"传单是"最令人赞叹的心理战行动之一"。[116] 它们彰显了日本军队及其航空兵的无力，让千千万万普通日本人确信失败已不可避免。战略轰炸调查组认为，大约一半的日本人要么见到过传单，要么从别人口中听说了传单中的消息。

与此同时，这些警告被许多日本人当作体谅和同情的表示。长冈市的一名妇女说是传单救了她的命。她说，她自己的政府从来不肯把关于这座城市已被列入目标的致命信息发布出来，但是"我相信美国人是诚实的好人，让我们提前知道即将到来的空袭"。她逃离了这里。三天后，长冈市遭到了火攻。秋田的一名工厂工人也有同样的感受。"他们不是强盗，"他指着头上那些驾驶着银色巨型轰炸机的人说，"他们提醒我们了，要我们撤离。"[117]

第十六章

　　塞班岛南面的提尼安岛原本是一座宁静的热带岛屿，现在却成了世界上最大的航空兵基地。其 39 平方英里面积中近一半都被铺上路面成为机场，以容纳 B-29 轰炸机和各型战斗机。岛上的北部机场和西部机场建有 8 条专供"超级堡垒"使用的巨大跑道，每条都有几乎 2 英里长，宽度相当于 10 车道高速公路。这些跑道通过 11 英里长的滑行道与起飞前等候区、停机坪以及燃油堆栈连接到一起。长长的珊瑚岭大部分被铲平以提供巨量路面铺设和沥青制作所需的珊瑚岩。目击者回忆称，从空中往下看，提尼安岛就像是"一艘巨大的航空母舰，甲板停满了轰炸机"。[1]还有一些人联想到了曼哈顿，两座岛屿面积相当，同样都铺满了路面。和曼哈顿一样，提尼安岛的道路也呈网格状。岛上两条主要南北向道路分别被称为"百老汇"和"第八大街"；东西向的交叉道路有"华尔街"、"42 街"和"110 街"。岛屿中央一块未开发的牲畜保护区被称为"中央公园"。

　　在第八大街和 125 街的交叉口，靠近被单独划出来的北部机场北端部分，有一座岗亭，这里就是第 509 混合大队的大门，这是一支神秘而隐秘的 B-29 部队，它的一切都由两层铁丝网和巡逻的武装哨兵严密把守。第 509 大队是能够独立运作的，意味着有自己的地勤、后勤、通信、安保和行政管理机构。它和自己名义上隶属的第 313 轰炸联队完全不打任何交道。大红色和黑色的指示牌警告称任何人未经许可不得进入营区。即便是第 313 联队的指挥官詹姆斯·戴维斯准将也不知道这些表面上属于自己辖下的神秘的"超级堡垒"是干什么的。戴维斯想要来大队地盘看看，结果被枪指着赶了回去。

第 509 混合大队唯一的任务就是投掷原子弹。大队长是小保罗·W. 蒂贝茨，一位 29 岁的中校。蒂贝茨被赋予了实际上是无限量的资源来完成他的任务。他有权要求得到物资、装备或者他看中的任何人，他组建队伍时从其他航空大队调走了整个的 B-29 中队而无须给出任何解释。1944 年 12 月，第 509 大队在美国犹他州的文多弗陆军机场开张——这座基地阴冷、干旱，位于犹他州盐场和内华达州边境之间。所有机组人员和地勤人员都被告知绝不允许向任何人透露其所做之事，不可走漏半点风声。任何问太多问题的人，哪怕是核心团队成员，也要被送走。所有人都要严格遵循"非必要不告知"原则，但是飞行员和投弹手被告知，他们必须进行训练，以投掷一枚 9 000 磅重的"特殊炸弹"，出于保密，他们称其为"小玩意儿"。[2]

投掷新型炸弹时，飞机按要求得在爆炸时飞离炸点至少 8 英里。它将会有 40 秒的时间来完成这一机动。这需要进行 155° 大坡度急转弯，同时飞行员还要大角度俯冲以加速。对日本战斗机的防空战术进行分析后，蒂贝茨得出结论，他们应当拆除飞机上的大部分武器，依靠速度和高度来躲避拦截。第 509 混合大队还必须监督对 B-29 飞机进行的大改造，因为新型炸弹无法装入这型飞机的标准弹舱。在文多弗，这支大队使用"南瓜炸弹"进行训练——它的尺寸、重量和弹道特性都模拟了分别被称为"小男孩"和"胖子"的铀弹和钚弹。训练飞行时，B-29会瞄准画在地面上的300英尺直径的圆圈投下哑弹，随后进行规避机动。

"三位一体"核试验刚刚完成，两枚原子弹的主要部件就被运到提尼安岛。装着"小男孩"炸弹中枪式起爆机构和一半铀-235核心部件的板条箱被空运到旧金山，装上巡洋舰"印第安纳波利斯号"。这艘军舰平安无事地在7月26日抵达提尼安岛的一处码头。板条箱随即被送到第509大队营区的一座组装厂，厂里的操作人员都是曼哈顿工程的科学家和技师。铀弹的其余部分被分装在两个箱子里，搭乘一架C-54运输机飞过了太平洋。8月1日，原子弹的所有部件都来到了提尼安岛，准备组装。

卸下神秘货物之后，"印第安纳波利斯号"启程前往莱特湾。但它此行却在7月30日戛然而止。当天，这艘巡洋舰被日本潜艇伊-58发射的两枚鱼雷命中，在12分钟内沉没。它的求救信号无人收到，而且直到三天后才有人发现"印第安纳波利斯号"不见了。等到救援船只到达沉船现场，第四天已经过去了。军舰沉没时，舰上的1 200名舰员中有约900人弃舰逃离，但是放下来的救生艇却没几艘，于是人们只能在海中游泳或攀爬在残骸上。在这四天的煎熬中，大约600人死于暴晒、脱水、盐水中毒、溺水或者鲨鱼之口，只有317人获救。"印第安纳波利斯号"，这艘雷蒙德·斯普鲁恩斯将军的前第5舰队旗舰，是美军在二战中损失的最后一艘主要作战舰艇。

虽然自从1944年那些初探的日子以来，B-29空袭作战已经愈加安全了，但起飞时坠机的情况还是会时常出现。飞机在起飞时满载燃油，比整个航程中的任何其他时刻都更重。第 20 航空队各个机场的跑道尽头都有不少烧尽的坠毁 B-29 的空壳。8 月 4 日，就在轰炸广岛任务的两天前，整个马里亚纳群岛的各个机场上总共有 4 架 B-29 在起飞时坠毁。这种事故表明，在载机安全升空之前绝对不能提前整备原子弹。这意味着原子弹装小组要随同机组人员升空。

蒂贝茨将亲自驾驶投掷铀弹的 B-29。45-MO 号 B-29 飞机有个更知名的名称："伊诺拉·盖伊号"——蒂贝茨用自己母亲伊诺拉·盖伊·蒂贝茨的名字给这架飞机命了名。第 509 大队另两架"超级堡垒"将作为观测机伴随"伊诺拉·盖伊号"同行，并将投下各种测量设备。还有三架同型机将在前方飞行，侦察目标上空的气象条件。

8 月 6 日子夜时分，一间严密把守的匡西特板棚房里进行了任务简报，牧师还做了祈祷。"伊诺拉·盖伊号"和其他飞机的机组人员随后乘上覆盖着帆布、架着条凳的卡车开往机场。经过沿途诸多检查点后，机组人员来到了停机坪，看到了出人意料的一幕。"伊诺拉·盖伊号"被数百人围得水泄不通——有贵宾、地勤人员、士兵，还有一个庞大的媒体代表团。巨大的飞机被拍摄电影用的弧光灯照得雪亮。一处小平台上架设起了摄影机，闪光灯闪个不停。观者不由得联想起百老汇的公演或者是好莱坞的电影首映式。

蒂贝茨和机组人员在他们的飞机前拍了一张正式的合影。凌晨 2 时 20 分，蒂贝茨说："好了，我们开始干活吧。"机组爬上了飞机，再次向围观人群挥挥手，接着关上了舱盖。启动引擎之前，蒂贝茨透过座舱左侧座位旁的舷窗向摄影机咧嘴一笑，最后一次挥手致意。舷窗下是用黑体字蜡印的他母亲的名字：伊诺拉·盖伊。

当巨大的引擎点着了火，人们纷纷向后退去。长长的螺旋桨开始旋转，引擎轰鸣起来。飞机滑行到 A 跑道和 B 跑道的边缘。"伊诺拉·盖伊号"关闭着航行灯，在 2 时 45 分开始起飞滑跑。由于带着 5 吨重的原子弹并满载燃油，这架轰炸机需要跑完几乎整条跑道才能离地升空。仪器载机"大艺术家号"在两分钟后从 B 跑道起飞，再过两分钟后升空的则是第二架观测机"必要之恶号"。三架飞机随后转向北，开始爬升。

"伊诺拉·盖伊号"安全升空后，总军械师"迪克"威廉·S.帕森斯海军上校爬回炸弹舱，着手进行整备"小男孩"的复杂操作。这枚武器长 10 英尺，直径 2.5 英尺，重 9 800 磅。帕森斯把炸药插进枪式起爆设备中。几个小时后他还要回来接通起爆线路。

凌晨 5 时 45 分，机组看到了硫黄岛，折钵山在朝阳下清晰可见。"大艺术家号"加入了编队，距离"伊诺拉·盖伊号"的右翼仅仅 30 英尺；"必要之恶号"则来到领队机的左侧。从硫黄岛向北飞了两个小时后，三架飞机开始缓慢爬升至 9 000 英尺高度。几名无事可做的组员在路上睡了几个小时。

三架气象侦察机"同花顺号"、"加比特 III 号"和"满堂红号"已经提前起飞，在轰炸机前方飞行，侦察广岛和备选目标小仓及长崎上空的天气。"伊诺拉·盖伊号"的无线电员收到了在广岛上空盘旋的"同花顺号"发来的加密电报："全空域云量少于 3/10。建议：轰炸首选目标。"于是机组人员穿上他们的高炮夹克，背上了降落伞。蒂贝茨给座舱增压，"伊诺拉·盖伊号"继续缓缓爬高，最终在 32 700 英尺高空转为平飞。飞机在上午 8 时 50 分飞过四国岛南部海岸。空中没有日本战斗机，也见不到高射炮火。

帕森斯上校和他的助手回到炸弹舱，完成他们的炸弹整备检查工作。他们取下了保险，把尾管拧进去，接通起爆电路，并在这些机构外安上装甲护板。"小男孩"现在已经做好了战斗准备。他们拆下脚手架并收好，离开了炸弹舱。他们不会再过来了。

蒂贝茨和他的副驾驶（罗伯特·路易斯）透过"伊诺拉·盖伊号"的花房式机头看着下方熟悉的海岸线轮廓和濑户内海的岛屿。这是个天清气朗的早晨，空中只有零星的碎云。他们直接从龙虾形状的江田岛上空飞过，这里是日本海军兵学校所在地。吴港的港口和城市从他们右侧下方滑过。在前方，广岛人口稠密的扇形三角洲出现在了视野中。这是一座宽阔且平坦的城市，位于太田川分叉的潮汐河口上，一侧临濑户内海，其余三面被青翠的山岭所包围。蒂贝茨以磁罗经航向272°进入了最后的投弹航线。透过一道云缝，他和副驾驶清楚地看到了他们的瞄准点——中岛北侧横跨太田川的巨大T形相生桥。此时，"伊诺拉·盖伊号"和僚机正在31 600英尺的高空，距离下方的城市几乎有6英里远。（广岛当地时间）上午8时5分，领航员喊道："10分钟后投弹。"

8时14分，距离投弹还有1分钟时，蒂贝茨下令："戴墨镜。"于是所有机组人员都戴上了焊有深色偏光镜片的保护风镜。投弹手托马斯·费雷比检查了诺顿轰炸瞄准具，确认瞄准点"入镜"，这意味着飞机正直直飞向目标。此时，两架观测机也收到了无线电预警信号。8时15分，"伊诺拉·盖伊号"打开弹舱门，挂着"小男孩"的挂钩缩回槽内。费雷比告诉蒂贝茨，"投弹完毕"——其实飞行员已经知道了，因为飞机一下子轻了5吨，突然升了上去。蒂贝茨随即向右压坡度转弯。

诸神的黄昏：1944—1945，从莱特湾战役到日本投降

"伊诺拉·盖伊号"右翼"大艺术家号"的飞行员查尔斯·斯威尼看到这枚 10 英尺长的圆柱体从投弹机上落了下去。他想:"木已成舟。那上面也没有绳子或钢缆。无论它起不起效,我们都拉不回来了。"[3]"小男孩"轻轻摇晃或者说"海豚跳"了一下,随后就像一枚导弹那样沿着航向稳步飞去。它的弹道相对陡峭,很快就从视野里消失了。它将要下落 43 秒,到达相生桥上空 1 800 英尺处的起爆点。

"大艺术家号"投下了仪器盒子,它们可以收集测量数据并通过无线电传回飞机。随后斯威尼向左大坡度急转,他的 B-29 随之进入了 155° 俯冲转弯,他和第 509 大队的其他飞行员已经为这个动作训练了 9 个月。"伊诺拉·盖伊号"向右进行了相似的转弯。文多弗基地的试验已经表明"超级堡垒"能够承受这样的转弯而不会有结构损坏的风险。[4]

转弯时,蒂贝茨和斯威尼二人都小心翼翼地盯着他们的仪表。戴着焊有偏光镜的风镜看仪表盘实在不容易,他二人都快要把额头贴上去了。"大艺术家号"正在飞离爆心的途中,机舱内突然充满了炫目的银蓝色光芒,斯威尼发现他前方的天空变成了一片耀眼的亮白色。他本能地闭上眼,但仍能感到满眼光亮。同时,他发觉自己嘴里有一股特别的味道,像是铅。(这是伽马射线产生的臭氧。)在此时距离爆心 15 英里的"必要之恶号"上,一名机组人员发现机舱里明亮至极,戴着墨镜也能看清他袖珍《圣经》里的小字。

这时候蒂贝茨也注意到了闪光和口中的金属味。"我看到了光亮,"他后来说,"我还尝到了它。是的,我能尝到。那味道就像铅。这种感觉就落在我的牙齿上。你们看,这就是辐射。因此我尝到铅味时大大松了一口气——我知道它爆炸了。"[5] 他的副驾驶罗伯特·路易斯从座椅上回头向后看。他立刻一边拍着蒂贝茨的肩膀一边大叫："快看那儿！快看那儿！快看那儿！"路易斯后来在任务日志中写道："我的天，我们干了什么？"[6]

大约一分钟后，第一次冲击扫过了"伊诺拉·盖伊号"。飞机的铝蒙皮开始出现明显而猛烈的扭曲，就像是外面有人挥舞着巨大的铁锤敲打机身一样。飞机被猛地一推，颤抖起来，好在还没有散架。蒂贝茨估计这一击的力量相当于 2.5G。第一次冲击过后，第二次冲击接踵而至，这次的力量就小得多了——这是第一次冲击碰到地面之后向上反弹而形成的回波。

这些飞行人员没见过"三位一体"核试验，因此当飞机向爆心转弯拍照时，他们对自己所见到的场景毫无准备。"大艺术家号"的无线电操作员阿贝·斯皮策中士觉得这看起来就像是"太阳从空中掉下来，落到了地上"。[7] 这一幕令人敬畏而恐惧，一个火球带着无数紫色和琥珀色阴影冉冉升起，四周是大团翻腾的烟尘和燃烧的气体。巨大烟柱的顶端形成了一朵灰色的蘑菇云。烟柱已经升到比飞机更高处，因此飞行人员要抬起头才能看到蘑菇云。除了水面上几条长码头的外端之外，从空中看不到广岛市的任何部分。城市北面和西面的绿色山岭在灾难面前岿然不动，但浓密的烟尘之毯沿着蜿蜒的河谷向内陆铺开。"在下方你只能看见翻滚的黑色烟团，"蒂贝茨说，"我没去想底下的地面上发生了什么——你不能想这个。不是我下令要扔这枚炸弹的，我只是在执行任务。"[8]

"伊诺拉·盖伊号"和"大艺术家号"环绕广岛三圈，以螺旋形航线逐步降低高度，机组人员们则一直盯着下方难以言表的灾难，目瞪口呆。很长一段时间里都没人说话。仪器载机上的高速摄影机拍下了数百张照片，摄影技师报告说照片拍得非常好。帕森斯上校则向提尼安岛发回加密电报，报告称核爆成功，B-29正在返回基地。

乔·斯提伯里克是"伊诺拉·盖伊号"上的一名机组成员，他后来回忆说，在漫长的返程中，机上所有人都几乎一言不发。"我被惊呆了，"他说，"我猜是因为那种五味杂陈的感受难以言表吧。我们都处于震惊之中。我们所有人想得最多的大概是这东西会结束战争，我们努力让自己从这个角度去理解它。"9

一整个夏天，广岛城中都是流言四起。据说美国人给这座城市准备了某种可怕的命运。否则为什么这一区域几乎所有的城市都被摧毁了，包括吴港、岩国以及德山，唯独广岛完好无损？8月5日至6日的夜间，城中两次响起防空警报，有人乖乖爬起来躲进防空洞，但其他许多人则在警报声中继续睡觉。

这天一早，海岸雷达网侦测到了"伊诺拉·盖伊号"前方的气象侦察机B-29。于是日本人拉响了防空警报，把城中居民召到了掩体内。早上8点，警报解除。空袭志愿队人员，包括许多学龄儿童，都解除了任务。

夏天还没有过去，这是一个晴朗、炎热的早晨，空中只有一朵云彩。道路上挤满了早高峰的人群，有人步行，有人骑着自行车，有人乘坐黄包车、马车、汽车，还有有轨电车。当"伊诺拉·盖伊号"和两架观测机从南面嗡嗡飞来时，从地面上可以清楚地看见它们。目击者看到高空中展开了若干降落伞，那是"大艺术家号"投下的仪器盒子。

上午 8 时 16 分，"小男孩"在距离地面 1 870 英尺的高度，与瞄准点水平距离仅 550 英尺处爆炸了。爆炸造成的核链式反应，使核爆区中央的温度高达 100 万摄氏度，引燃了周围直径近 1 千米的空气。火球吞没了市中心，地面上约两万人当场蒸发。高温和电离辐射令距离火球表面 1 千米之内的所有人当场死亡，要么死于灼烧，要么五脏六腑被震碎。更远处，以爆心为圆心，呈同心圆状扩散的伽马射线、中子辐射、光灼伤、冲击波和火焰风暴将人们卷入其中。最初的冲击波从爆心处以超声速向外冲出，速度达到每小时约 984 英里。有轨电车从轨道上被吹下来，像玩具一样翻倒在一旁。人们身上的衣服都被扯掉了。2.3 千米之内几乎所有的木质建筑都被夷平，半径 3.2 千米处的此类建筑则被摧毁一半。后来，调查人员发现爆心内圈半径里留下许多人的影子。他们都化为了气体，但其身体在路面或附近的墙上留下了淡淡的轮廓。

和头上 B-29 中的机组人员一样，地面上幸存的目击者也记得爆炸时的闪光和口中的臭氧味道。蜂谷道彦医生当时正待在家里，他的起居室突然充满了刺眼的白光。就在他的房子倒塌前一瞬，这位医生还在好奇是不是有人在他窗户外面点燃了镁光灯。松重美人当时是《广岛日报》的摄影师，他记得出现了一道"明亮的闪光，满眼雪白，就像我们原来拍照时使用的镁光灯那样"。[10] 约翰尼斯·西梅斯是德国耶稣会神父，也是东京基督教大学的现代哲学教授，他从首都被疏散出来，来到广岛郊区长野的耶稣会修道院。当时他正坐在他简陋的卧室里，距离爆心约 1 英里，突然，屋里充满了"炫目的光芒，就像是摄影时候使用的镁光灯，我还感到了一股热浪"。[11]

诸神的黄昏：1944—1945，从莱特湾战役到日本投降

片刻之后是一阵撕心裂肺的巨响，天花板和墙壁突然塌了下来，堕入深渊之感包围了每一个人。蜂谷医生的屋子里充满了烟尘。他只能看到一根木柱歪倒在旁，之后又看见屋顶塌陷了下来。他原来穿着内衣，但是闪光之后，他转眼就变得一丝不挂了，虽然他都没有注意到衣服被撕掉。和许多其他人一样，这位医生起初以为是一枚常规炸弹直接落在了他的房子上。他向妻子大叫道："这是个500吨炸弹！"[12]

那些身处户外的人被掀飞到了空中。山冈美智子是个15岁的女孩子，当时正在前往她工作的电话局途中。原子弹爆炸时，她正抬头观看空中的飞机。"不能说我什么都没感觉到，"她几年后回忆道，"这很难形容。我直接昏过去了。我记得我的身体飞到了空中。可能是冲击波导致的吧，但我不知道自己飞出去多远。"[13]碎玻璃和木头碎块扎进了她的肉里。田冈英子是一位21岁的母亲，正抱着她的男婴坐在一辆开往市中心的有轨电车上，车里突然充满了"奇怪的气味和声音"。她低下头，看见一块碎玻璃划破了她孩子的脑袋，孩子流了许多血，却不知道发生了什么，看起来也不疼。他还带着一脸血向妈妈笑。[14]中村初代也是个年轻的母亲，她疯狂地想要把她的孩子们从家里的废墟中挖出来。她5岁的女儿痛得大叫。"现在没时间管疼不疼了。"她一边答道，一边把女儿拉了出来。她身上有几处划伤和青肿，不过没受其他伤。[15]北山双叶是一位33岁的妇女，在防火障拆除队工作，她被埋在了一座她正在拆除的房屋的废墟下。从废墟中挣脱之后，她发现自己正在流血。她的头发上落了一些还在燃烧的木块，碎玻璃扎进肉里。她找到一条毛巾，于是拿过来擦去脸上的血。"让我感到恐怖的是，我发现我脸上的皮肤也被毛巾擦了下来。哦！我的手和胳膊上的皮肤也脱落了。我右手从胳膊肘到指尖的整块皮肤都脱落了，奇怪地挂在那里。我左手的皮肤也落了下来，五根手指，就像手套一样。"[16]

浓烟和尘埃笼罩在城市上空，遮天蔽日，白昼如夜。中村的女儿在和妈妈逃离家的废墟时一直问个不停："天怎么黑了？我们家怎么塌了？发生了什么？"[17] 大批难民——悲惨而痛苦的人组成的人潮——在大火前四散奔逃，远离爆心，或者涌向河堤。他们一瘸一拐，张着胳膊；许多人的大部分皮肤都已剥落，要张着胳膊才能避免和身体摩擦时的剧痛。许多人都是赤身裸体，而且似乎都没有意识到这一点——许多人还光着脚，他们的鞋子陷入了燃烧的沥青路面，被扯掉了。他们的脸都可怕地烧黑、肿胀，头发被烧焦并蜷曲起来。那些被困在废墟下的人呼喊着路过的人，请求帮忙给点水喝。到处都能听见哀伤的呻吟："水，水，水！"[18]

醒过来后，山冈意识到她被严重烧伤了。"我的衣服都烧掉了，皮肤也是。我的衣服成了破布。我的头发原本都扎了辫子，但现在就像是狮子鬃毛一样。有些人还有一口气，努力想把肠子塞回肚子里；有人腿被拧断了；有人没有头；还有人的脸被烧黑、肿胀，都不成人形了。"[19] 松重美人带着他的照相机来到了街上，想为他的报社拍几张照片，但刚一出门，他就发现自己面对这一幕幕可怕的景象实在无法按下快门。"人们的尸体都肿胀了起来，"他说，"他们的皮肤被烧掉，一条条挂了下来。他们的脸都被熏黑。我把手放在了照相机上，但是地狱般的鬼魅之景让我无法按下快门。"[20]

大火蔓延开来，越烧越旺，汇聚成了快速移动的火焰风暴。风暴快速横扫被摧毁的城区，烧光地上的残骸，吞没了奔逃的人群。

诸神的黄昏：1944—1945，从莱特湾战役到日本投降

从这个角度上说，广岛核爆的后效和早先对东京等其他城市的火攻十分相似。许多原本可能生还的人由于吸入过多的尘土和浓烟而死。火焰激发了如同龙卷风一般的强大风暴，把一块块屋顶、房门、榻榻米和各种其他碎块卷走。人肉烧焦的恶臭弥漫全城。根据松重的记录，"人体脂肪被灼烧时会起泡而且噼啪作响。那是我唯一一次看到烤人肉"。[21]

本能驱使着人们奔向桥和河岸，要么清洗伤口，要么找水喝。他们跑下河堤上的石头台阶，来到狭窄、泥泞的河岸上，却看到了庞大到难以置信的难民人潮。就和那些遭到火攻的城市一样，河流成了乱葬岗。受伤严重的北山双叶径直来到附近的鹤见桥上，但是她低头向水里看了一眼就被吓了回来。"数以百计的人在河里挣扎。我分不清他们是男是女，他们看起来都是一个样子：面孔浮肿而苍白，头发乱作一团，都举着手痛苦地呻吟着，跳进水里。我有一种强烈的冲动，也想要跳下去，因为浑身灼痛。但是我不会游泳，只好忍住了。"[22] 这一决定或许救了她的命。许多人从桥上跳下去，砸在其他人的头上，或者从河岸旁推开漂浮的尸体，涉水来到河中。广岛是一片冲积平原，河流都是潮汐河口：这里的水都是咸水，不可饮用。那些喝了水的人都会吐出来，呕吐物里还掺杂着血。

爆炸两个小时后，黑雨从天而降：雨滴反常地又大又重，大小如同玻璃弹子一般，颜色乌黑，质地黏稠。这是由于水滴在凝结时吸收了升腾的灰土和尘埃。这些黑色的雨滴很大，落在难民身上时会砸得人生疼，还会在人皮肤上留下洗不掉的黑色斑点。黑雨很冷，有些被雨淋到的人开始颤抖。幸存者们将来会知道，这些不祥的雨滴都含有放射性。

住在城中的人能看见闪光，却并未注意到爆炸声。而住在远处郊区的人则先是看见了闪光，随后又听见了轰隆的爆炸声。广岛的日本人将闪光读作"pika"，将巨大的响声读作"don"。这样核爆炸就被他们称为"pikadon"，意即闪爆。[23]

在长野的耶稣会修道院里，神父们竭尽所能地救助那些沿着河谷从城市中走出来的伤员。他们的教堂和图书馆被用作了临时救护所，但是这些救护所很快就挤满了伤员，再也容不下更多人了。于是神父们把榻榻米搬出来放在草地上继续救人。有一个神父在担任神职人员之前学过医科，于是他便指导其他人进行基础的急救。但是修道院里的绷带和药品很快用完了。于是他们尽可能地清洗伤口，然后抹上食用油，充作油膏。

当天下午晚些时候，神父们获悉有两位耶稣会教士在城里的教会办公室受了重伤。二人正临时在元安川中的浅野公园避难（这里距离广岛古城遗址和第二总军司令部都很近）。于是西梅斯神父和其他几位同僚拿起两副担架就进城去了。在迎面而来的难民人潮中逆流而行十分困难。接近市中心时，灾难愈加触目惊心。"原来城市所在的地方，"西梅斯后来说，"现在成了一片巨大的烧尽的废墟。"受伤的人们向他们呼喊。神父们尽了全力，带上了一个受伤的孤儿同行，但他们无法帮助所有人，因而不得不对无数哀求充耳不闻。浅野公园内的场面十分恐怖。数万市民席地而居，火焰风暴将大树连根拔起，横挡在道路上，因此只能从似乎数不尽的惨不忍睹的成人和孩子中间穿过才能走进公园。救援队最后找到了他们的神父同僚，把他们放到担架上。第二天上午他们才回到长野。这一来一回用了 12 个小时。

浅野公园旁的红十字会医院已经部分坍塌而且被火焰包围，但是幸存的医生和护士仍然在努力工作，他们的医疗大厅里住进了大约 1 万名伤情严重的烧伤者或其他伤员。医生们对那些最严重的烧伤者已经无能为力，哪怕只是想脱下他们的衣服，皮肤也会跟着被撕下来。辐射伤害的迹象在 8 月 6 日就已显现；在随后的几周和几个月里，这还将愈加明显。受害者的皮肤、牙龈、眼睛都在流血；他们咯血或者便血，头发一丛丛地脱落下来。医院里的许多伤员除了给伤口涂上一点碘酒之外再未得到更多救治。有个人在医院里当面问一位医生，为什么医疗人员对浅野公园里那巨大的人群不闻不问。医生答道："在这种紧急情况下，首要任务是尽可能施救，尽可能挽救性命。那些重伤者已经没有希望了。他们会死，我们不能被他们拖累。"[24]

广岛的幸存者们已然分不清白天与黑夜。8 月 6 日几乎一整天，城市的天空都是黑的，直到傍晚才放亮。大部分时钟和手表都被毁了。蜂谷医生还记得他无从知晓到底是白天还是夜晚。"时间已经失去了意义，"他说，"我所经历的一切或许只是一瞬，或许会持续到时间尽头。"他们对原子弹的概念一无所知，因此想要知道到底发生了什么事。是不是美国人用某种办法在整个城市里喷洒了看不见的油雾，然后将它点燃了？7 日早晨，天终于晴了，广岛市民们第一次看见这片丑陋的废墟，而这正是他们的城市原先矗立的地方。到处都有一些钢筋混凝土残墙或者钢架结构还立在地面上。东面和北面的青山，以及南面的濑户内海，仿佛比以往更近，也更清晰了。城市被夷平，视野便开阔了："房屋都消失后，广岛显得那么小。"[25]

幸存者中没有几个人表达出愤怒之意。消极的认命感主宰了人

们的情绪。许多人耸耸肩，说道："Shikata Ga Nai［仕方がない］。"[26]
这句话在战时的日本很常见："没办法。"灾难已然发生，而且无法
阻止。有人活下来了，有人死了，战争还要打下去，直到那些掌权
者喊停为止。

　　杜鲁门是在乘坐"奥古斯塔号"横越大西洋时收到这个消息的。
当时他正坐在水兵食堂条桌旁的条凳上，和舰员们肩挨着肩，端着不
锈钢托盘吃午饭。一名军事顾问找到他，递给他一份从华盛顿发来
的高优先级电报。电报告诉他，第一枚特殊炸弹已经在理想的天气条
件下投掷到了广岛，效果看起来比新墨西哥州的试验更好。杜鲁门笑
了，他和顾问握了握手，说道："这是历史上最伟大的事情。"[27]十分
钟后，第二份报告送来了，这次直接来自史汀生部长，报告估算爆炸
威力相当于2万吨TNT。杜鲁门站了起来，向食堂里的人群大声读
出了消息。水兵们围成一圈，鼓掌欢呼起来。总统随后又来到军官餐
厅，向舰上的军官们再次宣读了战果，他们也一样鼓起掌来。里格登
上尉说人们欢呼是因为"太平洋战争有望更快结束"。[28]
　　按照事先的安排，白宫发表了一份声明，宣布美国已经将世界
第一枚原子弹投在了"日本陆军的重要基地"广岛。[29]杜鲁门简短
会见了随行的媒体通讯员，但是除了正式声明中的内容外，他也没
法告诉对方更多东西了。他随后向电影摄制组宣读了声明的一部分
内容。纪录片是在"奥古斯塔号"的"指挥台"上总统的套房里录
制的。总统穿着浅褐色的夏季制服，打着红色领带，坐在一张办公
桌旁，面对摄影机，后面的圆形舷窗清晰可见。"那是一枚原子弹，"
他说，"它利用的是宇宙间最基本的能量。这股力量是太阳的能量

之源，它被用在了给远东带来战争的人身上。"他解释说，美国在英国的协助下，集合了这个项目所需的最顶尖的科学家，建设了巨大的工业设施，花费超过 20 亿美元。他说，关于这个项目的更多详情将由战争部发布。至于日本人，《波茨坦公告》已经给了他们足够的机会来避免这一可怕的命运，但是东京的领导人粗暴拒绝了这份最后通牒，因此，"如果他们现在还不接受我们的条款，他们就等着地球上从未见过的毁灭之雨从天而降吧"。[30]

在东京，广岛灾难的消息零零星星地传了过来。上午 8 点半，爆炸约 15 分钟后，吴港海军造船厂报告说相邻城市遭到了"一枚破坏力前所未有的新型武器"的打击。[31] 一个半小时后，广岛 80 英里外的一处航空兵基地报告称，"一枚巨大的特殊类型强力炸弹，看起来像是镁弹"，在爆炸时发出炫目的闪光，冲击波夷平了 2 英里半径内的一切。值得一提的是，东京帝国大本营没有收到来自广岛第二总军司令部的任何消息；那里的所有无线电和有线通信线路都断了。上午 11 时 20 分，广岛城外 8 英里处的一个无线电通讯员设法通过电话向东京的同盟社转发了一份口述报告。他说广岛已经被仅仅一两架 B-29 投下的一枚或数枚炸弹完全摧毁。[32]

日本军队领导人和技术专家起初对美国能否造出这样一种武器表示了怀疑。丰田海军大将对日本自己失败的核计划有完整的了解，他判断即便敌人凑够了制造一枚炸弹所需的材料，他们可能也仅仅造出了一枚而已。即便不止一枚，也顶多只有两三枚，因此它们不足以从空中摧毁整个国家。（从这一点来说，他是对的。）民防当局行动起来，压制造成恐慌的流言，并谎称所有躲在地下防弹掩体内的广岛人都毫发无损。[33]

第二天天亮前，东京的新闻审查人员撤下了杜鲁门总统关于向广岛投掷原子弹的声明，议和派也行动起来，推进投降事宜。外交大臣东乡这天上午来到皇宫面见天皇。裕仁宣布，战争必须要结束，他要东乡把他渴望立刻停战的意愿转达给首相。当天下午和天皇会商后，木户侯爵在日记中写道，他对此十分关切，问了许多问题。但是在当天的最高战争指导会议上，强硬派还在拖延时间，说是在调查清楚广岛到底发生了什么事情之前不应该采取任何措施。阿南惟几说，军队的技术顾问对于原子弹是否存在将信将疑，但他们还是派出了一个调查组前往广岛了解情况。在新组建的"原子弹应对委员会"的一次会议上，技术委员会代表们说，他们怀疑美国人能否造出这样一枚炸弹，认为即便他们造出来了，也无法把这种不稳定的装置运过太平洋。他们认为攻击广岛的是一种"带有特殊装置的新型炸弹，但具体情况尚不清楚"。媒体只被允许说广岛遭到了一种新型武器的攻击，在8日之前，日本的报纸没有提到任何关于原子弹的事情。

8月7日上午，由7名军官和科学家组成的调查组飞到了广岛。调查组中包括了日本的顶尖核科学家仁科芳雄，正是他领导了这个国家半途而废的原子弹计划。在被摧毁的城市上空盘旋时，仁科说他一看便知"除了原子弹，没有别的武器能造成如此破坏"。[34] 他的盖革计数器确证了这一点。当飞机在机场停下来时，他们见到的一名官员本人就是原子弹威力的生动例子。这个人受到了闪光灼伤，但是他当时正侧脸对着爆心，因此他的半边脸被完全烧伤，另半边则完好无损。他告诉调查人员："所有暴露的东西都被烧了，但是

　　　　　　　　诸神的黄昏：1944—1945，从莱特湾战役到日本投降

只要有掩蔽，哪怕只是轻微的掩蔽，也可以免于烧伤。因此不能说没有对付的办法。"[35] 第二天，调查组向帝国大本营提交了报告，结论是，攻击广岛的毫无疑问是一枚原子弹。[36]

在东京，8月8日，铃木首相召集"六巨头"再次举行最高战争指导会议，却被告知有些人因忙于其他工作而无法参加。这样，首枚原子弹爆炸后的整整48小时就这么被浪费了，日本的政策连做出调整的可能性都没有，因为决策委员会凑不足人数。但日本政府还是再次向莫斯科发出了急切的恳求。他们仍然没能发现苏联正在为进攻中国东北的日军做准备。东乡给佐藤大使发电报，询问苏联人是否有做出答复的迹象。几个小时后，佐藤回电，外交人民委员莫洛托夫终于同意在莫斯科时间当天下午5点接待他。

根据日本内阁书记官长迫水久常的回忆，整个首都此时都处于翘首以盼的状态中，期待着苏联那边能传来一些令人振奋的消息，这或许能让日本通过外交途径退出战争，从而得救。[37]

佐藤应约准点来到克里姆林宫的莫洛托夫办公室。这位日本大使刚刚开始他的礼节性问候，莫洛托夫就打断了他，请他坐下，说自己有一份正式声明想要宣读。莫洛托夫从办公桌的一个抽屉里拿出一张纸，开始宣读苏联的对日宣战公告，时不时停顿一会儿，以便翻译。他说他的政府是在应美国、英国和中国等同盟国政府之请求而行事，这些国家邀请苏联加入《波茨坦公告》。（事实并非如此。）苏联此举是为了"令和平更快到来，使人民免于承受进一步的牺牲和痛苦，并让日本人有机会避免像德国那样由于拒绝无条件投降而遭受危险和毁灭"。[38] 苏维埃社会主义共和国联盟将从第二天，即1945年8月9日起，视为与日本进入战争状态。莫洛托夫没有就取消苏日中立条约一事给出任何解释或者理由，这一条约原定于次年到期。

出于礼节，佐藤感谢了莫洛托夫为缔造和平而倾注的努力。这位大使拿到了文件的一份复印件，并被请出了大门。他还没有来得及问清楚即将到来的战争行动开始时间应当以哪个时区为准。佐藤或许觉得莫洛托夫指的是莫斯科时间 8 月 9 日——第二天早晨。但是实际上这个时间是苏联人精心算计过的。莫斯科的 5 点是外贝加尔时区的 11 点。在西伯利亚和中国东北的边界上，此时已是午夜，一个小时后就是 1945 年 8 月 9 日了。到那一小时，到那一分钟，苏联战机就会起飞，苏联坦克就会开始滚滚向前。

过去的几个月间，在高度保密的情况下，苏联已经准备好要进行堪称历史上规模最庞大、最具压倒性的地面进攻。部队集结地域就在边境线后方，高级前线指挥官也隐姓埋名，穿着低级军官的军服来到战区。随着 13.6 万节铁路车皮在整个西伯利亚大铁路上来回往复，大批部队、坦克、野战炮和其他军用物资被运到了远东。自从三个月前德国投降以来，这一战区苏联红军的实力已经增长了超过一倍，达到大约 89 个师。[39] 日本情报部门却未能察觉到这大规模战役准备和部队调动的任何迹象。

苏联人的计划是，在长达 2 600 英里的战线上，从北、东、西三个方向同时向中国东北的日军发动三路进攻。为此，苏军新成立了远东军区和外贝加尔军区司令部，由亚历山大·华西列夫斯基元帅统一指挥，他将依靠一套完整的指挥班子指挥整场战役。西路进攻由外贝加尔方面军负责，R.Y. 马利诺夫斯基元帅麾下的红军部队将穿越艰苦难行的戈壁沙漠和阿尔泰山区，迅速突破至中国东北腹地的沈阳。东路的远东第一方面军将在 K.A. 梅列茨科夫元帅的指挥下越过小兴安岭，攻占长春，随后杀入朝鲜北部。远东第二方面军将从北面向中国东北进攻，支援两翼的进攻部队。参加此次作战的红军总兵力约 150 万人，超过该地区日军兵力一倍有余——而且苏军都是机械化部队。红军在欧洲东线血战多年并赢得胜利，此时其实力和作战效能都处于巅峰状态——各个层级老兵众多，装备精良，而且指挥能力卓越。正如一名美国军事分析人员所写的那样："苏军的作战计划和战争中其他时候一样别出心裁。出色地执行这些计划令其在两个星期内便赢得了胜利。"[40]

虽然苏军的作战计划被称为"中国东北战略进攻战役"，但它也包含了占领朝鲜、库页岛南部和千岛群岛的辅助作战计划。进攻千岛群岛的两栖登陆作战直到 8 月 15 日日本宣布投降的次日才开始，红军部队还将迅速占领岛链的其余部分，其进攻作战将持续至 1945 年 9 月 2 日苏联代表在东京湾的"密苏里号"战列舰上正式接受日本投降之后。斯大林还指示红军拿出攻占北海道岛的备用计划。假如日本再晚投降哪怕只是几个星期，其本土最北端的岛屿就要在"铁幕"另一边待上 45 年了。

当东京方面获悉莫斯科宣战时，苏联红军已经杀进了中国东北。8 月 9 日拂晓时，日本的陆军省和帝国大本营中已经挤满了睡眼惺忪的军官。许多人已经预料到苏联会来进攻，但是没几个人能想到苏联在击败德国后这么快就发动如此大规模的进攻。一个月前发布的一份参谋部研究报告还估计说苏联人最早要到 1946 年 2 月才能在东亚发动大规模进攻。因此，据参谋本部次长河边虎四郎中将回忆，这次突然袭击"真的到来时，给了大家沉重一击"。[41]

在帝国大本营，高级将领们讨论了苏联如果同意恢复中立并协助外交停战的话，可能会开出怎样的价码，并且商量从亚洲大陆撤回所有日军部队。许多人主张，如果苏联真的开价的话，日本应该接受——这显示出日本高层其实知道自己在这一区域的力量是多么虚弱。

收到来自中国东北的战报之后，事情便很快清楚了，红军以庞大的装甲机械化纵队在三个方向上同时发动了进攻。这支碾碎过德国国防军的军队现在把自己全部的怒火砸向了业已消耗殆尽的关东军。日本士兵带着一贯的坚韧和勇敢进行战斗，但是他们在所有方面都无法与对手相提并论：兵力、坦克、空中力量、后勤，以及机动性。数十万日本士兵被苏军俘虏，许多人直到战争结束后都被扣留在西伯利亚多年，充当劳力。

铃木首相召来了内阁综合计划局长官池田纯久，问道："关东军能击退苏军吗？"

池田答道："关东军毫无希望。"这支曾经精锐的兵团已经把它最好的部队、装备和军火调去增援台湾岛、日本本土和太平洋其他战场。现在它只是曾经那支关东军的"一具空壳"。

听罢，铃木长叹一口气。"关东军那么弱了吗？"他问道，"那就没戏了。"

"最终决断越是拖延，我们的处境就会越恶劣。"池田说。

铃木对此答道："完全正确。"[42]

斯大林在 1945 年 8 月进攻日本的举动是一连串翻云覆雨的新回合，这些事件始于 1939 年的莫洛托夫-里宾特洛甫中立条约。这一密约终结于 1941 年 6 月希特勒对苏联的突然入侵。莫斯科以类似的方式，在 1945 年 6 月至 8 月间一直在和东京玩外交哑剧，为废除苏日中立条约打掩护。苏联直到向中国东北的日军发动进攻的预定时间前整一个小时才把宣战书发给日本，这可以看成是 1941 年日本背信弃义偷袭珍珠港的间接报应了，偷袭珍珠港也是在外交谈判的掩护下筹划和准备的。

在东京看来，苏联进攻带来的迫在眉睫的军事危局还只是问题的一半，而且还不一定是更重要的那一半。议和派可是把外交停战的所有鸡蛋都装在了这一个篮子里。莫斯科的突然宣战浇灭了他们最后一点通过和平谈判保留一部分日本主权的希望。现在，日本投降的时机将会直接影响到苏联在战后对日占领中的地位。池田纯久在和铃木首相谈话时表达过他的观点："最终决断越是拖延，我们的处境就会越恶劣。"他的意思是，日本此时面对着如此困境：自己越晚认识到投降的必要性，苏联要求参与统治日本的危险就越大。比起向西方势力投降，日本政府中的许多人更担心苏联影响力的增长。

外交大臣东乡召集了外务省的高级幕僚，说自己将要提议立刻无条件接受《波茨坦公告》，但同时还要附上单方面声明，和平"不应对皇室地位造成任何影响"。[43] 和铃木及米内会面后，东乡此举提前获得了他们的支持。米内对海军部的一位同僚说，对广岛的轰炸和苏联参战简直就是"天赐良机"，因为它们创造了一场或可用来打破最高战争指导会议僵局的危机，也为军方提供了一个接受战败而保全颜面的台阶。[44]

当苏军的进攻如火如荼地展开时，在提尼安岛第 509 混合大队营区起飞线旁的一个煤渣砖仓库里，第二枚原子弹正在进行作战准备。"胖子"是一枚大个头的炸弹，名副其实。弹体中部短而肥，外形就像个鸡蛋——或者如任务指挥官查尔斯·斯威尼所说，像个超大号的挂壁球。这枚炸弹重量超过5吨，外壳漆成明黄色，弹头上漆有两行缩写字母："FM1"和"JANCFU"。意思分别是"Fat Man 1"（胖子1号）和"Joint Army-Navy-Civilian Foul-up"（陆海军民联合惹祸）。

技师和科学家们在操作11磅重的钚核心时小心翼翼。这东西看似普通，摸起来却热乎乎的，如同活物一般。在仓库里，一块块的钚被放进指定的匣子里。聚爆装置中装有5300磅重的B炸药，也就是"巴拉托炸药"——这令"胖子"即便不考虑核装药，也是上过飞机的最大的炸弹之一。安装弹上的透镜系统是个精细活儿，专家们为此花费了很多时间。核弹装置组装完成后，钢板用螺栓锁上，外面的插孔插上了绿色安全栓。

8月8日下午，"胖子"被放在手推车上，由三个人推出了没有窗户但装有空调的绿色煤渣砖仓库。他们用螺栓把尾翼固定到炸弹尾部，然后把它推到一处特制的混凝土装弹槽中。投弹机"博克之车号"就停放在装弹槽上方，炸弹舱门打开。人们极其小心地把炸弹抬升到飞机内部装好。空间刚刚好。

起初蒂贝茨打算继续率领这第二次核轰炸任务编队，并亲自驾驶投弹机，就像他在三天前的广岛任务中一样。但是出于某些未知的原因，他后来决定不去了，把任务交给了斯威尼。有些人为他的这一决定感到吃惊。斯威尼来自马萨诸塞州北昆西市，是一名25岁的陆军少校，大家都知道他是个极具天赋的飞行员，可能是第509

混合大队中仅次于蒂贝茨本人的第二优秀的飞行员。(加入第 509 大队之前,斯威尼曾被指派教寇蒂斯·李梅将军驾驶 B-29。)他在三天前的广岛任务中驾驶的是担任仪器载机的"大艺术家号"。然而斯威尼没有在德国上空飞过,实战飞行经验也有限。

这次任务的首要目标是小仓,这是位于九州岛最北端的一座古城和工业城市,面对着下关海峡。第二目标是长崎,九州岛西海岸的一座大型港口和造船中心。

这三架飞机的大部分机组人员都飞过广岛那次任务。有些人后来说,他们对于还要投第二枚原子弹感到吃惊。他们都希望一枚原子弹就足以结束战争。"大艺术家号"的无线电员阿贝·斯皮策记录了他的失望之感:"没必要再执行更多任务,投放更多炸弹,造成更多恐惧和更多死亡了。上帝啊,连傻子都会这么认为。"[45]

从作战的角度来说,在广岛投掷原子弹的任务是完美无瑕的。与之相比,长崎这一趟出击从一开始就饱受各种混乱和错误困扰,几乎导致任务失败。那句厚脸皮的 JANCFU(陆海军民联合惹祸)实在是预言得太准了。炸弹本身的技术问题,投弹机的供油系统故障,会合失败,糟糕的天气,混乱不堪的无线电通信,几乎撞机,还有首要目标和次要目标上空同样恶劣的能见度。斯威尼不佳的决断能力以及本次任务主武器官不清不楚的指挥关系令这些问题雪上加霜。在"博克之车号"长达 19 小时的远航中,不少机组成员多次觉得自己要完蛋了,觉得他们的飞机要在海上坠毁或迫降了——提尼安岛上的指挥官们则搞不清投弹机是不是已经连同其珍贵的载运物彻底消失了。最后"博克之车号"还是靠在冲绳紧急迫降才幸免于难,那时候它的发动机已经开始冒烟,飞机还差点撞毁了一排停放着的 B-24。其中许多事情直到几十年后才公之于世。在真相公布后，参战人员之间随即在媒体上进行了尖刻的相互指责，包括蒂贝茨和斯威尼。

斯威尼平时驾驶的飞机是"大艺术家号"，广岛任务中他就是驾驶这架飞机担任仪器载机的。他原本要从这架飞机上投掷"胖子"，"博克之车号"担任仪器载机。但是这需要耗费很长时间把仪器仪表从一架飞机转移到另一架飞机上，给地勤人员带来很大负担。因此，他们最终决定让斯威尼和他的机组直接驾驶"博克之车号"担任投弹机，弗雷德里克·C.博克和他的机组则改飞"大艺术家号"。《纽约时报》杂志通讯员威廉·劳伦斯被指派乘坐仪器载机参加此次行动，却没人告诉他这一调整，于是他在后来广为阅读的报道中称是"大艺术家号"在长崎投下了原子弹。这一错误在战后还被许多历史著作延续下来。

麻烦在"博克之车号"起飞离地之前就开始了。8月9日凌晨2时15分，当机组进行起飞前逐项例行检查时，一名航空工程师发现一个油泵不工作了。这需要更换一个新的螺线管，大概要耗费几个小时，任务也不得不推迟。按照蒂贝茨的意见，预备燃油主要是用作压舱物，用来平衡炸弹的重量。他觉得这个油泵并非必不可少。根据斯威尼的说法，蒂贝茨要他自己做决定，于是他说他们要出发了。[46] 坏掉的油泵意味着这次任务可用的燃油更少，因此要相应有所调整。

凌晨 3 时 40 分，"博克之车号"滑行到起飞线上，此时北方的天气并不好。午夜刚过，暴雨区就开始扫过那里，北方海平线上时不时还能看到闪电的光芒。航线沿途尽是暴雨天气。"博克之车号"

此时重量为 77 吨，比波音公司建议的最大起飞重量高出 30%。当四台引擎的转速都压到 2 600 rpm（每分钟转数）时，斯威尼放下襟翼，向前推动节流阀，松开了刹车。超重的飞机需要进行长距离的起飞滑跑，要把跑道的几乎每一寸沥青路面都用上，这架带着强大炸弹的超重飞机直到距离海岸的岩石峭壁仅仅 200 英尺时才离地升空。斯威尼保持飞机平飞，以增加速度和升力，之后才开始缓慢、长时间地向高空爬升。

他们在 1.7 万英尺高度向北飞行时，天上看不到几颗星星，机舱外的气温是零下 30 摄氏度。在飞往九州南面的集合点的漫长航程中，飞机颠簸得令人想要呕吐。在"大艺术家号"上，劳伦斯看到旋转的螺旋桨周围形成一片不可思议的蓝色等离子火光，"就好像我们坐在蓝色火光的战车上，乘着旋风在空中前行"。当他开口询问此事时，博克上校解释说这叫"圣爱尔摩火"*。5 点刚过几分钟，飞机右舷海平线上一道紫色的光芒宣告了黎明的到来。爬升到 3 万英尺的集合高度时，飞机下方布满了棉花团一般的云层。"在那个高度上，下面的大海和上面的天空仿佛融合成了一个巨大的球体，"劳伦斯写道，"我就在这片苍穹之中，坐在巨大的白色云山之巅。"[47]

在"博克之车号"上，"胖子"并不需要像前一次的"小男孩"那样进行精细的安装操作。钚弹的聚爆透镜系统过于复杂，必须在炸弹挂装到飞机上之前装配好。因此，海军的弗雷德里克·L. 阿什沃思上校，本次任务的主武器官，只要爬进"博克之车号"的弹舱，

---

* "圣爱尔摩火"（St. Elmo's fire），指尖锐物体在强电荷大气中运动时产生的发光现象。——译者注

把绿色安全栓摘掉，把红色的起爆插头插进去就行。这样，武器就做好战斗准备了。为了保险，弹上装有不少于8个引信，能通过无线电、雷达、高度、触地等各种方式引爆。然而，虽然在提尼安岛进行了那么多仔细的准备，错漏还是出现了。7点左右，阿什沃思和他的助手发现一个本应关闭的红灯在闪烁，而且还越闪越快。他们一时间陷入了恐慌，觉得这炸弹可能马上就要在飞机上爆炸了，这对"博克之车号"和机组人员来说可不是好事。在肾上腺素的驱动下，他们立刻行动起来，打开炸弹的设计蓝图研究其电路。随后他们拆开炸弹外壳，检查各项开关。怪事出现了：虽然地面技师小心翼翼，但还是有两个开关位置错了。于是他们重设了开关，警告灯便熄灭了。两个人重新装上外壳，对刚刚发生的事情只字不提，直到几十年后才说出来。[48]

早上7时45分，"博克之车号"抵达了屋久岛上空的集合点。此时的飞行高度是3万英尺，他们已经在空中飞了5个小时。几分钟内，"大艺术家号"就来到了投弹机的右翼位置。但是照相飞机"大丑闻号"却不见踪影。20分钟过去了，两架飞机在盘旋时消耗了不少燃油。在那个高度的稀薄空气中，燃油消耗率很高，每小时要烧掉500加仑。低下头，他们从云缝中瞥见了屋久岛——这是一座圆形的岛屿，苍翠而起伏，有陡峭的高山和深谷。这时，斯威尼做出了一个有争议的决定——继续等。又过了25分钟，失踪的飞机还是杳无音信。后来人们才知道"大丑闻号"是飞错到3.9万英尺的高度上了。

最终，在空耗了45分钟的燃油之后，斯威尼决定往北转向，飞往此次任务的首选目标——小仓。此时太阳已经完全升出了海平线。

　　　　　　　　　　诸神的黄昏：1944—1945，从莱特湾战役到日本投降

"博克之车号"和"大艺术家号"从南到北飞过了整个九州岛，飞过了日本几座最大的"神风"基地。两架飞机保持着无线电静默，但是那架行踪不明的照相飞机的飞行员却呼叫了提尼安岛。根据各方面的说法，他问："斯威尼放弃了吗？"还有："'博克之车号'坠毁了吗？"这些询问本就容易引起误解，提尼安岛收到的无线电信号偏偏又残缺不全，于是这就成了"'博克之车号'坠毁"。在接下来的几个小时里，提尼安岛上的指挥官觉得飞机和炸弹可能已经葬送在海上了。

当两架"超级堡垒"飞临小仓时，这座城市却被笼罩在云雾之中。透过树脂玻璃机头向下看，机组能找到某些地标——但是指定的瞄准点小仓兵工厂却看不见。附近的八幡市燃烧着大火，那里前一天刚刚被常规轰炸过，褐色的浓烟飘到了小仓上空。此外，当地炼钢厂的焦炉也工作起来，施放出了不少烟雾——这也是一种防空措施，目的是降低空中的能见度。[49]"博克之车号"和"大艺术家号"抵达后不久，城市的高炮向它们开了火。起初高射炮弹的爆炸高度偏低，但当两架飞机在3万英尺高度盘旋时，高炮的炸点也在逐步升高。第509混合大队接到的命令是目视轰炸，也就是说投弹手要先用他的诺顿轰炸瞄准具确认瞄准点，然后再投下炸弹。斯威尼一连三次调整机头，三次进入投弹航线。但每次投弹手都说他看不见瞄准点。而高射炮的弹幕却逐渐升高，越来越近。

斯威尼和博克爬高到3.1万英尺，继而是3.2万英尺。无线电员在当地战斗机司令部使用的频率上监听到了日语说话，这意味着他们可能会遇到不愿碰上的家伙。机组人员紧张地看着燃油指针——他们知道可用的燃油比指针显示的更少。两架飞机的机舱里气氛紧张了起来。据机组人员们后来的叙述，许多人觉得这次任务可能会失败，或许两架飞机都要完蛋。

令人难以置信的是，似乎没人为这种情况做过明确的预案。虽然日本上空能见度不良的情况并不少见，但他们无权进行雷达轰炸。考虑到原子弹轰炸并不需要那么高的准确度，这种过分的要求实在有些说不通。

在小仓上空兜兜转转一个小时后，斯威尼决定转向第二目标。他压坡度转向南，要求领航员给出长崎的方向。据阿什沃思的说法，"博克之车号"和"大艺术家号"在转弯时差点就撞上了。接着，斯威尼的胳膊肘又不小心碰到了座舱里的一个按钮，把通话器从机内通话切换到了命令发送上。这样，一道原本应该发给本机组的例行询问便向外发送了出去，无线电静默也就被打破了。失踪的那架照相飞机"大丑闻号"的飞行员收到了这份无线电，他立刻回复道："查克？是你吗，查克？你到底在哪儿？"[50] 斯威尼没有答复，他知道日本人肯定也在监听这一泄露出去的通话。他还知道"博克之车号"的燃油根本不够去和失踪的飞机会合。

飞往长崎的 100 英里航程只用了 20 分钟。上午 11 时 50 分，"博克之车号"来到了这座城市的上空，比计划的投弹时间晚了超过两个小时。飞机已经在空中飞了超过 8 个小时，剩余的燃油快要不够返航了。低头看下去，斯威尼和他的副驾驶失望地看到长崎也是阴云笼罩，"6 000 英尺到 8 000 英尺高度上的云量达到 80%～90%"。[51] 飞机的燃油只够飞一次投弹航线了，但投弹手还是看不见瞄准点，也就是三菱炼钢厂和兵工厂。无奈之中，斯威尼说他要临机决断，下令进行雷达投弹。否则就要把炸弹扔到海里去了。但是当"博克之车号"

诸神的黄昏：1944—1945，从莱特湾战役到日本投降

投放原子弹任务, 1945年8月

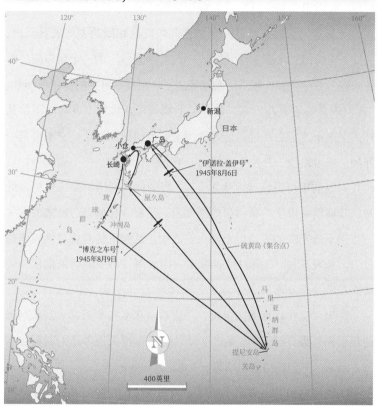

进入投弹航线时，投弹手突然大叫说他目视锁定目标了："我找到了！我找到了！"45秒后，"胖子"从"博克之车号"的弹舱里直落而下，斯威尼随即向右大坡度转弯脱离。"大艺术家号"紧随其后。

就和三天前在广岛时一样，一阵炫目的银色光芒再次充满了两架飞机的内部，天空都变成了白色。两道冲击波接连撞在飞机上，比在广岛时更加猛烈，令飞机嘎吱作响地摇晃起来。有一名机组人员说，他觉得"博克之车号"就快被撕碎了。

向下望去，他们看见一个紫色和粉红色相间的光球破云而出，就像一个气泡在水面上炸开。从"大艺术家号"的一个窗口向外看的威廉·劳伦斯被震蒙了。光球变成了一根扶摇直上的棕灰色烟柱，"我们眼看着它直冲云霄，就像是一颗流星从大地上升起而不是从外太空落下，它在穿过白云升上天空时变得更加活跃。它不再是一阵烟，或者尘埃，甚至不是火云，它是一个活物，一个新物种，就在我们眼前不可思议地诞生了"。[52]当烟柱升到比两架飞机更高处时，其顶端变成了一朵白色的蘑菇云。下面，长崎市已经消失在了一片密不透光的烟雾、尘土和火焰之中。从脚下的有机玻璃板俯望过去，斯威尼说："我们只能看见一团浓厚、污浊的褐色烟毯，间或能看见一片火光。"[53]

两架飞机在炸点周围盘旋，一张接一张地拍下照片。当蘑菇云的顶盖向外展开时，"博克之车号"似乎离得太近，马上就要被烟云吞没了。一名机组人员叫道："蘑菇云朝我们来了！"[54]于是斯威尼第二次向右急转，远离了核爆。在令人屏住呼吸的几分钟里，机组人员们惊恐地看着直扑自己的蘑菇云。"博克之车号"脱离了危险，但是这次机动却进一步耗费了本已浪费不起的燃油。

"胖子"在浦上河谷上空大约1 800英尺处炸响，下方是长崎市北部一片挤满了传统日式木质住宅的密集居民区，建有一座天主教堂、小学和大学，还有两座三菱工厂。炸点位于预定的瞄准点西北方3/4英里处，但还是起到了预期的效果。这里刚好是南面的三菱炼钢军工厂，以及北面的三菱-浦上弹药厂的正中间，爆炸把两座工厂全部夷为平地。

由于当地的新闻媒体还没有报道原子弹轰炸广岛的事情，许多居民还想不到一两架B-29竟能够摧毁一座城市。当两架飞机从北方高空比翼飞来时，不少人根本没拿空袭警报当回事，都还站在原地看着从头上飞过的轰炸机。和在广岛时一样，爆炸时出现了一个照亮天宇的炫目光球，所有距离爆心大约半英里之内的户外的人都当场蒸发。长崎原样重现了三天前广岛的恐怖场面。当时躲藏起来逃过一劫的人随后发现周围是一片可怕的地狱景象，太阳消失不见，大火四处蔓延，整个地面已是面目全非。一如广岛，烟尘遮天蔽日，全城满是可怕的红色光芒。"零区"周边区域大部分都是日本传统的小型木质建筑，它们几乎被完全夷平、蒸发或烧毁。在无边无际的残垣断壁之中，到处都是扭曲、熏黑的波纹板和钢架。那些位于爆心下方的房屋被直接压进了地下，瓦片和泥土、废墟熔在了一起。在距离"零区"半英里的长崎医学院，校园里所有的木质建筑都被炸平，里面的所有人都死于非命。而在混凝土建筑里，墙壁则提供了不错的保护，每10个人中有6个人能活下来，虽然其中许多人还是受了重伤。一名从防空洞走回学校的少女向同行的同学喊道："我们进防空洞时那里不是有房子吗？"[55]

伤员躺满了道路，被困在废墟中，有些人蹒跚跛行，有些人在地上爬行，有些人甚至几乎一丝不挂——冲击波扯掉了他们的衣服——许多人无法动弹，乞求周围人给点水。有些人被烧伤到脸部完全无法辨认，带血的毛发和皮肤从身上一条条地垂下来；有人的伤口过深，连骨头都从绽开的皮肉里露了出来；他们张开双臂，以避免烧伤和刮伤的皮肤相互触碰引发剧痛。"零区"南面道路上奔逃的难民令一位目击者联想起了"蚂蚁大军"。[56] 和广岛那次一样，幸存者们本能地逃向河流——这次是浦上河。数以千计的人挤到河边，跳进水里，想要缓解伤痛或者喝水。很快，河流就变成了漂浮的尸堆，退潮时大量尸体都被冲到了港口和海里。

核爆后大约一小时，与广岛相同的可怕雨水落了下来——黏稠、发黑的奇怪雨滴砸下来，它们又大又重，落在淋雨的人身上，把人砸得生疼。黑雨令许多幸存者相信审判日已经降临。有些人觉得自己已经来到了地狱。

"胖子"的落点距离日本最大、最著名的基督教堂浦上天主堂只有半英里。这座宏伟的石头建筑几乎被完全夷平，只剩下几堵残墙和两座钟楼之一还矗立在废墟中。周围的居住区被一扫而空。自从四个世纪前第一批西班牙和葡萄牙的基督教传教士来到日本起，长崎周围的海岸区域就一直是日本基督教的滩头阵地。从1700年左右开始，浦上河谷就是这个规模不大但百折不挠的宗教社群的中心，他们从一次又一次的迫害中生存下来，往往通过暗中信教的形式躲过劫难。估计大约有1万名日本基督徒死于核爆，或不久后伤重而死。有些日本人注意到长崎的诹访神社未受核爆损伤，和基督教会的毁灭形成天壤之别，认为这是天佑所致。他们觉得古神道教的神祇比外来的神更厉害。

和坐落在冲积平原上的广岛不同，长崎城区被山岭所分隔。起伏的地形遮蔽了外围城区，使其免遭原子弹的毁灭性打击。浦上河谷西边一座陡峭的山岭吸收了大部分冲击波和辐射，让长崎其余城区大部分免受其害。山岭面向"零区"的一面化为焦土，大部分建筑和植被都被烧毁了，令其看上去如同"初秋早至"（一名目击者语）。[57] 但在山岭的另一面，呈现在人们眼前的却是另一个世界，草木依旧青翠，大部分建筑看上去完好无损。

勘测人员收集了两处核爆地点的数据之后，很快就知道长崎的这枚炸弹威力更大。"胖子"的爆炸当量比"小男孩"大30%，浦上河谷的碗状地形进一步加剧了爆炸的威力。第二枚原子弹对于与爆心距离相同的相似建筑造成了严重得多的破坏。[58]

和广岛一样，准确的伤亡数字很难算清楚。据信有4万至7.5万长崎居民在8月9日或其后不久死去，另有7万人在1945年底前死亡。

两架燃油不足的B-29已没希望飞回提尼安岛了。最近的己方机场位于冲绳，飞行距离460英里。斯威尼相信他的燃油已不够飞到那里，但他将要努力用尽最后的每一加仑燃油，飞出尽可能远的距离。此时"博克之车号"的高度是3万英尺，他有足够的高度可以拿来做交换。斯威尼将引擎转速从平常的2 000 rpm巡航转速降到1 800 rpm，随后又降到1 600 rpm，这已经低于发动机的设计指标了。如此低的转速会让引擎承受大量的应力，可能造成损坏。但是如果"博克之车号"在抵达冲绳前就耗尽燃油，那发动机完好也就没有意义了。考虑到他们可能不得不在海上迫降，阿什沃思上校要机组全都穿上救生衣。

在冲绳北面60英里处，油量指针已经逼近0，无线电员开始尝试呼叫读谷机场的指挥塔台。但是无人回应。他试了所有可能的频道，仍然无回应。斯威尼于是发出了"求救"呼叫。他进一步降低了发动机功率，飞机实际上已经是在滑翔了。当机场出现在前方时，斯威尼能看到有战斗机和轰炸机正在盘旋降落。空中有很多飞机，但不知道什么原因，塔台对他毫无回应。"博克之车号"没有燃油去飞复杂的降落航线了。斯威尼想要直接对准跑道一端来一次没有退路的滑翔降落。但是机场知道他要来吗？"联系上随便哪个该死的冲绳塔台！"斯威尼向无线电员吼道。他自己则继续发出呼救信号。随后他告诉机组，从头上的舱盖向外发射信号弹。一个机组人员问他应该发射哪个颜色的信号弹。"把我们机上所有该死的信号弹全都打出去！"[59]

于是副驾驶打开舱盖，射出了 8 枚信号弹。每一枚信号弹本身都是有特殊含义的，比如告诉塔台"博克之车号"起火、燃油耗尽、机上有伤员等。但这一回，所有信号弹都只有一个目的，就是吸引机场的注意，在这方面他们成功了。当"博克之车号"最后飞临跑道时，所有其他飞机都让了路。右侧外发动机喘振着，噼啪作响，停了下来。斯威尼说："我此时就像脱轨的列车车厢一样直冲了出去。"[60]他保持着空速不降，瞄准了跑道正中央。"博克之车号"重重地落在跑道上，向上弹了 25 英尺，接着跌回地面。左侧外发动机也熄火了。他的空速过快，达到每小时约 140 英里。飞机开始向左偏航，飞向一处停满了 B-24 轰炸机的停机坪。斯威尼随即开始反转螺旋桨——这种功能只有第 509 混合大队的飞机具备——以进行紧急刹车。"博克之车号"重新对准了跑道中心线，最终停了下来。当飞机开到滑行道上时，第三台发动机也停转了。斯威尼关闭了第四台发动机，踩住了刹车。他瘫在座位上，筋疲力尽。剩下的滑行就交给拖车了。此时"博克之车号"的油箱里只剩下 7 加仑燃油了。

　　　　　　　　　　　諸神的黄昏：1944—1945，从莱特湾战役到日本投降

第 8 航空队指挥官詹姆斯·杜立德将军目睹了这次狂暴的降落。他一度确信这架飞机要坠毁了。后来斯威尼向指挥官报告，解释了他此次任务的内容。两人都没有意识到这次见面的重大意义——从某种意义上说，他们两人正是轰炸日本的首尾。1942 年 4 月第一次对日本本土的空袭是杜立德率领的，斯威尼则刚刚扔下能够标志战争结束的那枚炸弹。

在食堂里饱餐一顿之后，"博克之车号"的机组重新登上已经加满燃油的飞机。他们还要再飞行 5 个小时，返回提尼安岛。晚上10 点半，飞机降落在了提尼安岛北部机场的 A 跑道上。这次任务持续了 19 个小时。机场上没有欢迎仪式，没有媒体，也没有任何庆祝。斯威尼被蒂贝茨和李梅抓去盘问了一番，他们认为他的一些决定糟糕透顶，几乎毁掉了任务。他们也围绕是否应该把他送上调查庭而进行了争论。但最后，他们决定不管了。至少现在全世界都知道长崎的轰炸成功了，他们也乐得保持这个状况。那些让"博克之车号"几乎毁灭的可怕细节直到几十年后才公布出来。

东京方面，在最高战争指导会议当天上午的一次长会中，"六巨头"发现自己分成了早已习以为常的 3：3 两派，相持不下。值得一提的是，即便是那三个强硬派也认为战争必须要结束了，他们"原则上"同意外交大臣东乡关于向盟国求和的提案。但他们还是坚持要附带几个条件。阿南将军发誓说，他和陆军决不会接受无条件投降。他指出，日本可能会进入无政府状态，甚至有内战的危险，这可以被理解成一种威胁。和往常一样，他得到了梅津美治郎和丰田副武的支持。

上午 11 点半，他们还在讨论之时，收到了长崎被另一枚原子弹攻击的消息。但是这一坏消息并未解决会议的僵局。

三个小时纠缠不清的争论之后，两派在以"单条件"还是"四条件"接受《波茨坦公告》的问题上陷入了僵局。所有六个人都同意盟国必须保证保留天皇和皇室。议和派的东乡、铃木和米内主张这应该是唯一的条件，他们警告说，任何更多要求都无异于拒绝《波茨坦公告》，战争就会持续下去，直至日本毁灭。但是强硬派还坚持提出另外三项条件。首先，日本领土上不能有外国占领军；其次，海外的日军部队应当在他们自己军官的指挥下撤回本土并复员；最后，战犯要由日本自己来审理。

在当天下午的内阁全员紧急会议上，米内大将直言不讳道，日本已绝无可能击退盟军向日本本土的进攻。阿南则反驳说，陆军有信心在盟军突击登陆时给予其重大杀伤，这样一击应当至少能带来更有利的和平条件。阿南还补充道："我们将以'一亿玉碎'摆脱绝境。"[61] 几位文官大臣指出了陆海交通、燃油储备、经济和农业方面的糟糕状况，强调已不可能再打下去了。掌管司法的内务大臣警告说，如果让公众知道正在进行和平谈判，社会秩序可能会崩溃。到当晚 8 点，除最高战争指导会议"六巨头"外的所有大臣都申明了自己的意见。6 人支持东乡的"单条件"回应,4 人举手支持强硬派的"四条件"回应，其余的人要么持中间立场，要么保证支持首相的决定。

通常情况下，这种僵局需要花费很长时间才能解决。日本人已经在按照习惯使用"根回"的方法（刨根问底，寻找共识）了。在这关键的一天里，最重要的讨论都发生在各位大臣之间的一对一商谈，以及皇宫中。铃木首相和木户侯爵均多次单独入宫觐见裕仁，让他随时了解最高战争指导会议和内阁会议的讨论进展。几位"重臣"（这类人都是"高级政治家"，包括所有日本前首相）前来面见木户。和木户关系很好的前外相重光葵从乡下老家被召回来，准备接替东乡的位置。整个下午，几位皇室成员也积极活动了起来。天皇的弟弟高松宫亲王起初支持"四条件"回应方案，但他逐渐被议和派的分析所说服，到这一天结束时，他已坚定地站在"单条件"回应这一边了。[62]

第二梯队的文官们和内阁中的议和派一起在幕后运作，策划将投降的决定交由"圣裁"。内阁书记官长迫水久常请"六巨头"在一份同意进宫举行正式御前会议的文件上签了字。迫水似乎让最高战争指导会议中的强硬派相信，他们只要把观点呈给裕仁就可以达到目的。假如他们担心圣意会直接打破僵局，他们就会拒绝签字，这会议也就开不起来了。

午夜前不久，这场历史性的深夜会议在皇宫地下室一处拥挤闷热的防空洞里举行。所有与会人员都穿着正装，或者穿军服并戴白手套，坐在电灯下的木椅上。天皇穿着军服，面向他们而坐。他的背后是一面镀金屏风。迫水大声朗读了《波茨坦公告》。两套备选的回应文稿——议和派的"单条件"接受文稿和强硬派的"四条件"接受文稿——被分发给了所有参会人员。

东乡首先发言。他话说得很重，重申了从这天一早就一直坚持的主张。他说，除了以保留天皇地位为仅有的条件接受《波茨坦公告》之外，再无其他现实道路。再增加一连串条件无异于直接拒绝盟国的条款。那样的话谈判还没有开始就会结束，日本就只能在彻底毁灭或者（更加颜面无存的）接受完全无条件投降这两种灾难之间选择了。阿南则愤怒地咆哮道，日本陆军还没有被击败，在本土作战中能够获得相当大的战术优势。应当允许陆军去击退入侵者；打完了这一仗，政府就有资本在谈判桌上获得更有利的条件。米内轻声细语地支持了东乡的观点。两个军种的参谋长梅津和丰田则说他们赞同阿南，虽然看上去两人都没有阿南那样的信心。木户侯爵和枢密院议长平沼骐一郎男爵都站在"单条件"接受公告这一边。争论持续了两个小时，直到屋里所有人都发了言。铃木没有表态，或许是因为他想要让自己成为调停人，而且他知道接下来会发生什么。

凌晨两点，年事已高的首相站起身来，面向他的同僚。"诸君，"他缓慢而庄重地说道，"我们已经详细讨论了几个小时而没有达成决议，而且也看不到形成共识的希望。诸君都很清楚，在这个关键时刻，我们连一分钟都浪费不起。"接着他转向天皇。"因此，我提议，乞陛下圣断，将圣谕作为本次会议的决议。"[63]

此举既不合宪法，也无先例可循，强硬派对此震惊不已。裕仁极少亲自出手打破其内阁的僵局。他上一次如此违规用权是在1936年2月陆军军官叛乱期间。这个时候阿南一伙人本可以流程不合规为由提出反对，在天皇发声之前强制休会。但是此举会在现人神的天皇面前有忤逆之嫌。这还会致使政府垮台，从而加剧眼前的国家危机。可能此刻他们都惊呆了，说不出话来，也可能正如有些人猜测的那样，强硬派实际上也希望天皇裁决投降，因为他们也知道再无其他可行的选项了，而且他们认为只有天皇的明确圣裁才能让他们那些难以掌控的下级守规矩。

整理了一下情绪之后，裕仁低声开口了。"我同意外交大臣提出的第一种方案。"他说。他对于陆海军如此众多忠勇将士的牺牲和日本人民在空中轰炸之下遭受的苦难深感痛心。但是若不接受盟国条款，则唯有国家毁灭一途，还将让整个亚洲和世界遭受更多苦难。对于陆军提出的本土决战，天皇则直接说他对他的军队指挥官已丧失信心，因为过去的经验已经证明"计划和实际表现之间总是有天壤之别"。[64] 裕仁说，到了这个时候，要"忍所难忍"——1895年"三国干涉还辽"时明治天皇的裁决中也有此语，当时俄、德、法三国向日本施压，要求日本修改第一次中日战争*后的和平协定。他祖父此语恰合此刻日本的痛苦境地。日本不得不再一次为了国家生存而忍受颜面扫地之耻。

随后铃木说："圣裁已下，这就是本次会议的结论。"[65] 裕仁起身离开了会议室。无人反对。最高战争指导会议的所有人都在"单条件"文书上签了字，包括阿南、梅津和丰田。随后铃木召集全体内阁举行另一场紧急会议，大臣们一致正式批准了这一决议。东乡的外务省开始起草正式的乞降照会，并准备经由欧洲中立国首都伯尔尼和斯德哥尔摩转交美国国务卿詹姆斯·贝尔纳斯。东京时间早上7点，这份文件被发了出去。照会中写道，日本将接受《波茨坦公告》，"附以一项谅解，上项宣言并不包含任何要求有损日本天皇陛下为至高统治者之皇权"。[66]

一整晚没睡的阿南惟几将军回到了位于市谷的具有装饰派艺术风格的陆军部大厦。他命令各处室主任和幕僚上午9点前来听取指示。会上，他以低沉、严肃的声音公布了天皇的决定。讨价还价的

---

* 第一次中日战争即甲午战争。——译者注

文件已经发给了盟国，他说，根据对方的反馈，陆军要么打下去，要么以保存国体为条件接受《波茨坦公告》。这一震惊的消息引来了一片怒斥。一名年轻军官跳着脚问："陆军大臣真的想过要投降吗？"阿南用他的短柄手杖敲着桌子答道，在这样的危机下，陆军必须保持团结和守纪，"事实就是和平之事已决，我无话可说。但你们这帮家伙要是心存不满，想要推翻此决定，那就踩着我的尸体过去"。[67]最后这句话阿南绝不只是口头说说，屋里的每个人都看懂了这一点。

收到《波茨坦公告》之时，裕仁就盘算着他必须牺牲掉陆军和海军以保住其国体的核心（以天皇为核心的政治架构）。在未来的战后世界中，这一国体将被剥夺其传统的军队"外壳"。留下来的将是一个更纯粹的以神道教国家和天皇万世一系为基础的宗教政权模式。在战后的叙述中，天皇解释说他曾经担心伊势和热田两座神宫的安全。如果有进攻部队在伊势湾登陆并占领了这两处圣地，敌人就将控制天皇的神权之柄——存放在神宫内的三件神器——若如此，"就很难继续保留国家政体"。[68]或许正是这一宗教信仰令裕仁和其他皇族要人警醒起来。如果只有牺牲军队才能保护自古以来的神道教传统，那也只能如此了。按照天皇的"圣裁"，陆军和海军不仅将被解除武装，遣散回家，还将被连根拔除。其领导人将被押上国际军事法庭接受审判，可能将被关押或绞死。

但这还不是最糟的。最令陆军领导人愤怒的是，天皇直白地说他不再相信他们的承诺了。梅津将军绝望地对河边虎四郎将军说："很久以前，天皇就对军队的作战结果彻底失望了。他完全失去了对军队的信任。"[69]河边在一篇很长的日记中表示，这一奇耻大辱令他深感痛心，他却也承认天皇的批评是"真实写照"。日本陆军确实毫无希望击退即将到来的对本土的进攻，而陆军的将军们却拒绝面对日本的绝望处境。河边写道："我被这样的感觉所包围：'我不愿意投降，不愿意承认我失败了，哪怕是面对死亡。'我正是带着这种感觉指导了这场战争中最后的作战。"[70]

备感内疚的河边虎四郎保证，将尽其所能说服日本陆军上上下下接受天皇的决定。但谁也不知道到底能不能守住纪律。在太平洋战争的最后五天里，东京的政治局势一直处于爆炸的边缘。陆军甚至海军的中级军官们跳起来想要阻挠和谈，为他们的全军造反和叛乱创造基础。鹰鸽两派争相通过国内甚至是国际新闻媒体发布观点。外务省官方安排同盟社的无线电台播发一次国际广播声明（英语），题为"日本接受《波茨坦公告》"。[71]暴怒的陆军军官们随后就想要夺占同盟社的短波广播设备。8月10日晚，陆军省以阿南的名义发出了鼓舞士气的布告，号召部队"毅然决然将扩持神州之圣战战斗到底。纵食草啖泥，潜伏野处，断然作战，深信死中有生"。[72]私下里，阿南告诉海外各地的陆军司令部，和平谈判已在进行，但是在结果出来之前，部队必须"即便可能全军覆没"也要坚持战斗。[73]

密谋者们开列了一份名单。凡是公认支持议和派的内阁官员都要抓捕或刺杀。投降实在是个刀头舔血的事情。有人讨论要占领皇宫，宣布戒严，甚至可能会对天皇进行"保护性监管"。外交大臣东乡的官邸大门前被人扔了一枚炸弹。但议和派显然知道结束战争是要冒生命危险的。迫水久常准备了一份天皇诏书的文稿，呈给天皇盖印，木户则在安排一场史无前例的广播，由天皇宣布终战。然而，直到8月11日日终时，盟国政府方面还是杳无音信。如果这唯一的条件被盟国拒绝,那么日本就要打到自己彻底毁灭为止。对于神经紧绷的那几天,外交官加濑俊一后来写道:"连秒针的嘀嗒声都像是在讲述这个行将毁灭的帝国悬而未定的命运。"[74]

日本的照会通过多条途径被送到了华盛顿。首先,美国的密码破译人员截获并破译了东京和伯尔尼之间的电报,然后沿着指挥体系送交了上去。日本外务省在同盟社安排发送的短波无线电消息在8月10日凌晨被传递到华盛顿。(这一消息成了美国和整个世界的头版头条,抵消了阿南发给陆军的好战声明传达出的恶劣印象。)当天下午稍晚时候,美国国务院通过驻瑞士大使馆收到了正式的消息。

这个时候,史汀生部长正在驱车前往机场,他马上要登上飞机,飞往纽约郊外的阿迪朗达克湖区,去享受好不容易才争取到的夏日休假。当消息传来,汽车赶紧掉头把他送回了战争部。史汀生回忆道,当他读到日本请求保证天皇地位的词句时,"很奇怪,这正是我担心可能会带来麻烦的一点"。[75] 他在日记里写道,美国国内要求惩罚天皇的政治呼声此时已经危及不流血战胜日本的希望了。居明显多数的美国人想要裕仁为他在战争中所扮演的角色负责。根据盖洛普在1945年5月进行的一项调研,33%的美国人想要处死天皇,11%的人说应该把他关起来,还有9%的人说应该把他流放出境。史汀生说,这样的观点在更高层级的政府圈子里也有市场,"这些人对日本的了解大多仅限于吉尔伯特和沙利文的歌剧《日本天皇》"。[76]

杜鲁门把他的各军种总司令、国务卿、战争部长和海军部长召集到了白宫。9点,所有人都赶到了椭圆形办公室。各方的观点基本上还是三个星期前在波茨坦争论时的翻版。国务卿贝尔纳斯担心接受这份声明意味着放弃"无条件投降"的最终目标："我无法理解，为什么我们现在愿意比在波茨坦时做更多让步，那时候我们还没有原子弹，苏联也没有参战。"他向杜鲁门警告了此事的政治后果。他说，接受日本的条件将意味着"把总统架在火上烤"。[77]

莱希和史汀生一看到日本的条件就准备要接受了。莱希说，保留天皇只是为了迅速结束战争而付出的一个小代价。"我不是同情小裕仁，但是我确信有必要利用他来保证日本真正投降。"[78] 史汀生对此表示同意，他还说时间对盟国不利，因为苏联在亚洲的地盘每一小时都在扩大。史汀生说，红军的进攻决定了美国人在这最后一轮博弈中要采取更加务实的态度，因为"赶在苏联人有资格提出关于占领和托管日本本土的任何实质性声索之前，确保日本本土在我们手里，是十分重要的"。[79] 苏联人在中国北部边境占领的地盘越大，他们对后续亚洲事务的影响力就会越大。苏联人对朝鲜的关注也愈加令人担忧，甚至有人开始谈论要派遣一支美军两栖部队在仁川登陆。苏联已经公开要求在对日占领中分一杯羹，可能会采用多国分区占领的方式，就像在德国那样。可以毫不夸张地说，亚洲的未来就取决于东京和华盛顿化解僵局的最快速度。

吉姆·福莱斯特突然想到的办法解决了问题。盟国完全不必明确接受或拒绝日本的条件，他说，盟国可以直接给个"确认声明"，展示他们视天皇为从属地位的姿态即可。这样一份声明可以对日本的条件不作答，但含蓄地向日本人保证把裕仁留在皇位上。[80] 这一建议被采纳了。贝尔纳斯的答复文件里有这么一段关键的话："自投降之时刻起，日本天皇及日本政府统治国家之权力，即须听从盟国最高统帅之命令。最高统帅将采取其认为适当之权力，实施投降条款。"至于未来日本政府的组织形式，它将"依日本人民自由表示之意愿"来组建。[81] "最高统帅"一词是经过精心选择的，强调执行对日占领的将是一名军官，而非同盟国的联合组织。就在当天，杜鲁门总统确认了那个所有人都期盼了数月的决定：道格拉斯·麦克阿瑟将担任日本占领军的盟军最高指挥官（SCAP）。

史汀生和福莱斯特建议在和谈期间暂停轰炸。史汀生说美国民众对原子弹的"忧虑和误解与日俱增"。杜鲁门同意下令暂停原子弹轰炸——反正第三枚核武器也要等到这个月下旬才能准备好——但是他决定让常规轰炸作战"以现有的频度"继续实施，直到日本最终投降。[82]

由于东京鸽派安排的短波无线电广播，全世界现在都知道日本已经求和了。当内阁和各军种司令簇拥在总统周围时，白宫大门外挤满了人，宾夕法尼亚大街上传来了一片欢呼声和汽车喇叭声。广播新闻中都在报道全美各个城市举行的群众庆祝活动。在整个太平洋上，军人们拿起武器朝天开枪。盟军军舰拉响了汽笛，打出信号弹、照明弹、曳光弹和高射炮弹。在冲绳岛旁的渡知具锚地，庆贺时打到天上的高射炮弹太多了，甚至有几名水兵因此丧命。[83] 陆战队飞行员萨姆·海因斯还记得那是个"歇斯底里、令人惊恐的夜晚，战争的情绪被荡涤一空"。[84] 岸上的人出于自我保护的本能纷纷躲进了散兵坑或者战壕。当地海军基地指挥官向舰队发出指令："收到此电文后，所有出于庆贺目的发射对空武器的行为应予停止。"[85]

第3舰队此时正位于日本北部外海，攻击这整个区域的各处目标。在"约克城号"上，舰长通过大喇叭宣读了这一消息，"黑暗的飞行甲板上传来一阵欢呼，那里满是正在排布飞机的舰员"。[86]
在"密苏里号"上，哈尔西和他的幕僚们正在观看花样游泳明星埃斯特·威廉姆斯主演的彩色音乐剧。一名通信官从后面走过来，在卡尼和哈尔西的耳边轻声说出了这一消息。哈尔西挥手要他退下，说："我们先看电影。"[87]由于没有收到停止攻击作战的命令，这支强大的舰队继续向南开往东京，8月12日他们将按计划在那里再次发动大规模空袭。

贝尔纳斯的答复通过设在旧金山的一个商业广播电台播放给了东京。8月12日拂晓前，东京收到了消息。东乡一大早就赶到他在外务省的办公室，和副手们仔细商议了此事。他们都认为这份答复并不理想，但也不是最差的。天皇将成为占领军的下级伙伴。经过对其中语句颇有些费力的解读，这份文件可以被理解为不会对裕仁及其家族进行逮捕、罢免或其他伤害之举的保证。翻译们还淡化了贝尔纳斯文件中的刺激性语句，将原文中的"须听从"软化成了日语中的"在其制约之下"。

在东京的各处权力中心——帝国大本营、各省及皇宫——日本领导人仔细研读了这份答复并围绕其含义和好处进行了争论。8月12日是漫长而混乱的一天。有些原本坚定站在议和派阵营的人开始心生疑虑和动摇。被重新起用的前首相平沼骐一郎认为，接受美国的条款将会导致国体丧失。他不喜欢日本政府将由日本人民"自由表示之意愿"来决定这一规定，他认为这是在诱导进行"旨在颠覆君主制政府的破坏性活动"。[88]简言之，在12日上午，东乡在"六巨头"中仅有的可靠盟友，铃木首相和米内海军大臣，都被这些反对意见动摇了。在当天上午的最高战争指导会议和随后的内阁全体会议中，熟悉的僵局再次出现。有些大臣想要让美国人"阐明"关于天皇的条款。东乡则反对说任何这样的回应都有导致和谈崩溃的危险，这样日本就完了。他还暗示，他宁愿辞职也不会向华盛顿再发一份拖延时间的说明。

从 8 月 10 日首次求和到 8 月 15 日最终投降这段时间里，日本报纸的调门一直摇摆不定。日本接受《波茨坦公告》的条款一事已经用英语播发给了海外听众，但是 NHK 电台的国内广播上却还没有出现同样的报道。而阿南惟几在求和后仅仅一个小时就通过无线电发出的战斗到底的布告，却成了 8 月 10 日至 11 日日本报纸和广播报道的主角。

市谷的陆军省成了一座火山。少壮派的军官们已经在公开谈论政变，酝酿造反了。叛乱者们制订了计划，要控制皇宫近卫军，封锁皇宫大院，还要逮捕或刺杀内阁中的鸽派，实行军管，占领外务省，并控制广播电台。与此同时，海外的陆军指挥官也源源不断发来电报，不让投降。中国派遣军司令长官冈村宁次将军说他难以想象他这支没打过败仗的军队竟要向手下败将中国军队投降。[89] 陆军中那些头脑发热的人还试图发表一份高级将领们联合签名的声明，要求在所有战线上加强战斗。内阁情报委员会出于对这些阴谋的警惕，拦下了这些文件，没让它们发到媒体上。

陆军大臣阿南的内弟竹下正彦中佐把叛乱计划抛给了阿南、梅津和河边，以及其他陆军高级将领。这些领导人听完后支吾搪塞，不置可否。这种暧昧的回应令叛乱头子们对于将来得到高层的支持产生了期待，并继续行动下去。阿南紧抓着最后一根稻草，询问外相是否还有希望重新让苏联政府作为中介帮日本和盟国接触。（此时红军发动进攻已经有 3 天，攻入了中国东北纵深地带。）河边将军对这些密谋者毫无好感，认为"这个时间点上瞎胡闹，坏处比好处多得多"。[90] 他明显还在因为知道天皇对陆军失去信任而感到茫然。

铃木首相对一位下属说，由于苏联红军的快速挺进，他们不能再浪费时间了。"如果我们错过了今天，那么苏联人拿下的就不只是中国东北、朝鲜、库页岛南部，他们还会拿下北海道。这会摧毁日本的基础。我们只要接触上美国，就必须停止战争。"[91]

陆军参谋总长梅津大将和海军军令部总长丰田大将出人意料地向天皇呈交了一封联名信。他们在信中警告说，接受贝尔纳斯声明中提出的投降条款，"可能会导致局势失控……这么说很不妥，但是这意味着我们的帝国将沦为附庸，这是我们不可接受的"。[92]

以这种方式直接向天皇进言是一种严重僭越的行为，放在平时，他们的官场生涯就完了。但是早先裕仁为了把他的意愿施加给政府，已经连更重要的礼节都丢掉了。暴怒的米内把丰田拖到自己的办公室，劈头盖脸一顿臭骂。但是谁也不知道，这两位参谋长到底是真的决心阻止投降，抑或仅仅是"做做样子"，就像长谷川毅提出的那样，只是为了"安抚激进派军官的不满"。[93] 梅津和丰田的信中明确提出"我们随后将会和政府达成完全一致之意见，再来请求圣裁"。[94] 这最后一句话表明他们将会遵守天皇的最后指示，无论内容如何。

而天皇心意已决。他在 8 月 9 日就拿定了主意，现在只想让太平洋战争的这最后一出戏尽快落幕。在皇宫里的一连串私下会面中，他告诉木户、铃木、东乡、重臣、皇子以及统治层的其他人，他认为贝尔纳斯的条款是可接受的，他不想再进一步谈判了。

但是内阁仍然处于分裂状态，因此另一个"圣裁"必不可少。统治层都知晓了天皇的意见之后，发生动乱的可能性便极大了。政府任何时候都可能垮台，一旦如此，投降便不可能了。如果阿南辞职（这是很有可能的事情），那么陆军就可以拒绝提名新的陆军大臣，这样也就无法再组建内阁。而在天皇下达停战诏书之前，全体内阁大臣的联名复签是必不可少的。而哪怕只有一名大臣拒绝在文件上签字，政府接下来都要集体辞职。换言之，仅有天皇一个人决定投降是不够的，还必须是整个政府，包括陆军，全都站在天皇这一边才行。而直到8月13日夜幕降临时，这一点似乎还遥不可及。

除了议和派与天皇密切配合，协调行动，再无其他能够挽救投降可能性的办法了。日本人时时刻刻都在期盼着贝尔纳斯正式的声明。（他们是从新闻广播里听到消息的，但是正式方案还要等到8月14日上午才能经由瑞士公使馆送到外务省。）但是两名参谋长却拒绝签字授权首相召开御前会议。这就形成了一个流程上的障碍。最后，在14日上午，铃木说服天皇以自己的权力直接召集开会，从而解决了问题。

通过这些方式，内阁全体会议最终于上午10时在皇宫召开，他们又挤进了狭窄的地下防空洞。他们坐在那里一动不动，等到10时50分，天皇才走进屋里就座。他穿着军服，戴着白手套。铃木首相站起身，概述了支持和反对贝尔纳斯声明的各方主张，并告诉天皇，虽然经过长时间努力，但内阁未能取得共识。铃木随后请三名强硬派总结他们的观点。梅津、阿南和丰田各自做了简单说明。他们想要让美国人就天皇地位问题给出更为明确的保证，如果被拒绝，就打到底。接下来，铃木直接请求天皇来决定。

不出任何人的意料，裕仁第二次决定性地介入了军国主义政府已经崩溃的决策体系。和三天前相比，他这天上午的表态更加坚定、直接、一针见血。天皇直接回应了三名强硬派。"在我看来，没有其他观点支撑你们的立场，"他说，"我来解释下我的观点。我希望你们都能同意。我的意见还是那天晚上和你们说的。美国人的答复在我看来可以接受。"[95] 贝尔纳斯的声明为延续他的帝制做出了足够的保证。这时候几位大臣已经哭出来了。裕仁指示各位军队领导人要竭尽全力维持官兵的纪律，然后要内阁起草停战诏书，还说他愿意亲自在广播中宣读。天皇讲完，铃木起身，为内阁未能达成共识而致歉。

没有人公开反对。内阁的每一位成员都在决定上签了字——包括阿南、梅津和丰田——内阁书记处便开始起草诏书。这天的一整个下午都在字斟句酌，围绕诏书的用词形成共识。外务省以东乡的名义向瑞士和瑞典拍发了一份说明，希望能转发给盟国政府。日本愿意以贝尔纳斯的声明为基础接受《波茨坦公告》。

这一整天，军队中的叛乱分子都在市谷的陆军省门廊大厅和地下室里准备起事。即便在天皇做出了决定之后，他们还在继续策划军事暴动。没人采取措施抓捕他们，密谋者们便公开游说甚至是威胁军队的将领们。最近刚刚被任命为海军军令部次长的大西泷治郎中将是潜在叛乱者中军衔最高的一个。他试图说服同僚，投降是不可想象的，但徒劳无功。他陈述主张的时候总是声泪俱下，他说唯一保持荣誉的办法就是大规模使用自杀战术。他找了米内，结果被骂了回来；找梅津，梅津没给他任何希望；又去找阿南，阿南个人对大西表示了同情，但拒绝加入。大西直接游说了军队和政府中的所有领导人物，甚至还有皇室的几位皇子。

天皇做出最终决定一个小时后，叛乱军官们试图伪造一份从帝国大本营发往海外各部队的命令，号召大家向美国、英国、苏联和中国发动新一轮进攻。忠于梅津大将的人设法赶在假消息通过商用广播电台发出去之前将其拦截了下来。这真是万幸，如果发出去了，盟国很可能会产生误解。

梅津心硬如铁，动用权威来强化纪律。他喊出了一句口号来说服军队放下武器："尊皇不败。"[96] 但阿南却似乎动摇了。他和陆军上上下下都在交流，给一些人留下了他可能想要加入密谋的印象。如果叛乱想要有机会成功，那就必须得到首都主要地方部队司令部"东部军"的支持。但是除非陆军省直接命令他们这么做，否则东部军不可能支持正在筹划中的叛乱。这样的命令必须是书面命令，而且要由阿南本人签名。但是阿南并不愿意在一封和天皇的明确旨意相违背的文件上签字，何况他已经在其他一些同意投降的文件上签了字。

日本人将第二次世界大战最后一晚发生的叛乱行为称为"独走事件"。陆军省军官、叛乱头子畑中健二和椎崎二郎率领一个大队的叛军闯进了皇宫。畑中和椎崎厚颜无耻地欺骗第二皇宫近卫联队的指挥官，说最高指挥官已经下令封锁皇宫对外的一切联系。守军相信更大范围的叛乱已经开始，于是同意遵从他们的要求，等候东部军到来。但是近卫师团长森赳中将发觉情况不对劲，拒绝加入密谋，结果被冷血地当场打死。叛军以森赳将军之名伪造了一份命令，还盖上了其办公室的印章。这份命令指示近卫部队占领皇宫，切断宫内与护城河外的一切联系，并且"保护"天皇免遭可能的威胁。

在皇宫内，皇室速记员写下了停战诏书的最后一笔，盖上了天皇的印玺，这样就成了正式文件。午夜前不久，裕仁走进了皇宫下方的一个隔音地堡，NHK 的一组技术人员已经在那里架设好了录音设备。天皇对着麦克风宣读了停战诏书。这段录音长 4 分 45 秒，同日向海外播发的英文译本也仅有 652 个词。这样只录一遍就够了。技术人员把录音存入两张黑胶唱片，这些唱片现场就制作出来，放进了皇宫地下的保险柜。

在皇宫近卫部队的支持下，叛乱头子占领了皇宫，切断了电话线。听说东部军正在赶来之后，近卫军关上宫门，切断了进出皇宫院墙的所有行车道和步行道。叛军搜查了皇宫的地下迷宫，挺着刺刀逮捕并审讯了一些工作人员。他们想要找掌玺大臣木户侯爵，但没找到。他们也没能找到留声机唱片。由于防空需要灯火管制，所有灯光全都熄灭，搜查者只能靠手电筒。搜查组并不了解地下迷宫中通道和地下室的布局，也很难看懂标记各个房间位置的古文字。

与此同时，其他同谋者也在东京和横滨四处出击。年老的铃木首相 9 年前就从一场刺杀中侥幸生还，这次他在刺客到来前的片刻得到告警，从后门溜了出去，躲进了隔壁房屋。感到挫败的闯入者用机枪扫射了他的办公室，并把它付之一炬。叛军来到阿南的官邸，想要说服这位陆军大臣加入他们的叛乱。阿南拒绝了，但叛军用不着把他杀掉，他本来就准备按老规矩剖腹自杀。平沼骐一郎男爵的家也被闯入，就和铃木一样，他也在叛军到来前不久逃走了。其他人占领了重要的无线电台，想要赶在天皇的投降录音向全国播发之前截住它。

当黎明到来时，畑中和椎崎意识到他们其实无路可走。没有一名陆海军将领前来支持这场叛乱。就连最热烈支持战斗到底的大西将军，也放弃了这条路线，准备用武士的方式结束生命。东部军司令田中静一将军决定平息这场叛乱。一整个装备精良的师团包围了皇宫大院，堵住了护城河上的桥梁。筋疲力尽的叛乱者在人数和能力上都比不了对手，他们意识到自己的赌博失败了。早上 8 点，叛军投降。畑中请求允许他通过无线电进行 10 分钟的广播，但被拒绝了。他和椎崎没有被逮捕，或许是因为大家知道他们会自我了断。在接下来的几个小时里，这二人绕着东京散发了一些解释他们所行之事及其原因的传单。就在天皇的广播即将播发之际，二人举枪自杀。

没有军队领导人的支持，叛乱只能夭折。阿南和梅津只要有一个人支持，他们或许就能说服田中加入。如果这三人全都支持叛乱，他们恐怕就不会失败了。但是日军指挥体系最高层的军官们选择了遵从皇命，他们也已经开始在下级部队中维持纪律。无论即将面临怎样的审判和艰难的战败，他们认为保持国家的完整性还是必不可少的。

军国主义狂人们想把整个国家拖入让所有人都死光的最后决战中——全民玉碎——就像许多日军士兵在数不清的太平洋岛屿上那样。但是日本人民并不想打这一仗。文官大臣、皇室、皇宫、重臣以及天皇本人也不想。最后，即便是军队最高领导层也不想。在随后的几天里，从宣布投降到占领军到达之间，东京和全国各地的军队基地里时不时有叛乱发生，常常是一群中级军官占领公共设施，或者散发传单说天皇的广播是伪造的。但是没有任何高级军官或文官加入推翻天皇"圣裁"的尝试中。

当天晚上 7 点，一名 NHK 播音员提醒所有日本人，次日中午要守在收音机旁："明天，8 月 15 日中午，将有重要广播。这将是前所未有的广播，一亿听众必须认真严肃收听，不得有误。"[97] 后来的公告还说这次广播将会有"天皇陛下的玉音"。[98]为确保所有人都能听到,那些通常会断电的社区也都被供上了电。为迎接这次重要广播,从 14 日晚 10 点起,所有的音乐节目都停播了,直到放完天皇的录音后才恢复。

当叛军还在垂死挣扎时,那两张黑胶唱片之一被送到了 NHK,日本的国立广播公司。在预定的广播时间之前一个小时,唱片被送到了广播工程师手中。东部军的部队控制了 NHK 总部周围的街道。密谋叛乱者和当局都知道,一旦天皇的声音通过电波发出去,一切就都无可挽回,任何叛乱都不再可能成功。

8 月 15 日上午,整个日本的所有人都在窃窃私语,讨论着接下来的广播会是什么意思。有些人听说外国皇室常常会在广播中讲话,但这种事在日本还没见过。很少有日本人听说过"裕仁"这个名字,他们只知道君主是"天皇"。他们连想象这位现人神的"玉音"怕是都办不到。关于银行将不再接受取款的流言四处传播,于是有些地区出现了小规模的挤兑。有人怀疑战争结束在即,但其他许多人觉得广播的目的可能是对苏联宣战。或许天皇想要勉励臣民战斗到底吧。天刚亮,空袭警报就几乎一刻不停地响了起来,一批接一批的美军舰载机出现在了东京上空——哈尔西的第 3 舰队发动了战争中规模堪称空前的空袭。"和往常一样,我们无从知晓真相,"竹山道雄回忆道,"我们只能知道自己看见、听见的狭小半径内的事情。在一片混乱和恐慌之中,我们只能通过各种流言蜚语来揣测和总结。尽管如此,我们从报纸上能看出,肯定有什么事情正在发生。"[99]

在远离城市的乡村,一个村子可能只有一台收音机,因此整个村子的人都聚集到户外某处——一条街上,小公园里,学校操场。

在城市里，社区组织把收音机接到大喇叭上。亲朋邻里纷纷聚集在家中。许多工人都下工回了家，好和家人一起收听广播。在工厂、写字楼、学校、兵营里，日本人纷纷聚集在收音机旁，恭恭敬敬的，神情严肃，低着头，帽子拿在手中。还有些人怯生生地跪在地上说："让我们也听听吧。"NHK 的广播寂静无声，只是偶尔会有一个庄重的声音响起来，确认特别广播将在中午开始。

中午 11 时 59 分，空袭警报喧响了一阵，止住了。听众们屏住了呼吸，街上鸦雀无声。许多地方都只能听见夏蝉的高歌，人们纷纷伸长了脖子，侧耳倾听。在东京的 NHK 演播室里，一名技师把唱针放到了唱片上，随后站到一旁，低下头。

电波中响起了声音。声音不大，有些尖锐而颤抖。许多人都觉得在唑唑的静电声中很难听清。"兹告尔等臣民"，讲话是这样开始的：

> 朕深鉴于世界大势及帝国之现状，欲采取非常之措施，收拾时局。朕已饬令帝国政府通告美、英、中、苏四国，愿接受其联合公告。[100]

他说的是古语，古代日本宫廷使用的一种晦涩语言。即便是受过高等教育的日本人都觉得演讲很难听懂，受教育程度不高的人更是一头雾水。一名年轻的海军大尉，未来索尼公司的联合创始人盛田昭夫，觉得演讲的语言很难理解。但他一听到声音就知道那是天皇，"虽然我们无法准确理解每一字的含义，但天皇说的大意我们明白了。我们之前非常紧张，现在松了一口气"。[101]对于海军航空兵军官前田武而言，"仿佛连蝉都停止了鸣叫"。[102]天皇继续讲道：

虽陆海将兵勇敢善战，百官有司励精图治，一亿众庶克己奉公，各尽所能，而战局并未好转，世界大势亦不利于我。加之，敌方最近使用残酷之炸弹，频杀无辜，惨害所及，实难逆料；如仍继续作战，则不仅导致我民族之灭亡，且将破坏人类之文明。[103]

　　有人讽刺称，"而战局并未好转"一语实在是有些轻描淡写了。此前一版文稿更准确，说的是"战局每况愈下"。[104]陆军省坚持用词不能这么重。8月14日下午，内阁花了很长时间来讨论这一点。即便是在战败前的挣扎中，陆军还是一心想着给自己保存一点颜面。*

　　在盟国，当这次讲话的译稿见报时，许多人都被这让人觉得倨傲甚至挑衅的语气激怒了。裕仁居然说日本发动战争的动机是纯粹

---

* 日本停战诏书中文译本全文如下，供读者参考：

盖谋求帝国臣民之康宁，同享万邦共荣之乐，斯乃皇祖皇宗之遗范，亦为朕所眷眷不忘

者；前者，帝国之所以向美英两国宣战，实亦为希求帝国之自存与东亚之安定而出此，至如排斥他国之主权，侵犯他国之领土，固非朕之本志。然交战已阅四载，虽陆海将兵勇敢善战，百官有司励精图治，一亿众庶克己奉公，各尽所能，而战局并未好转，世界大势亦不利于我。加之，敌方最近使用残酷之炸弹，频杀无辜，惨害所及，实难逆料；如仍继续作战，则不仅导致我民族之灭亡，且将破坏人类之文明。如此，则朕将何以保全亿兆赤子，陈谢于皇祖皇宗之神灵乎！此朕所以饬帝国政府接受联合公告者也。

朕对于始终与帝国同为东亚解放而努力之诸盟邦，不得不深表遗憾；念及帝国臣民之死于战阵，殉于职守，毙于非命者及其遗属，则五脏为之俱裂；至于负战伤，蒙战祸，失家业者之生计，亦朕所深为轸念者也。今后帝国所受之苦固非寻常，朕亦深知尔等臣民之衷情，然时运之所趋，朕欲忍所难忍，耐所难耐，以为万世之太平。

朕于兹得以维护国体，信倚尔等忠良臣民之赤诚，并常与尔等臣民同在。若夫为情所激，妄滋事端，或者同胞互相排挤，扰乱时局，因而迷误大道，失信义于世界，此朕所深戒。宜举国一致，子孙相传，确信神州之不灭。念任重而道远，倾全力于将来之建设，笃守道义，坚定志操，誓必发扬国体之精华，不致落后于世界之进化。望尔等臣民善体朕意。——译者注

且正义的，是"希求帝国之自存与东亚之安定"，而且"排斥他国之主权，侵犯他国之领土，固非朕之本志"。在天皇的这篇讲话中，他投降的决定变成了一种克制而无私的高尚姿态。

讲话结束，许多日本人目瞪口呆，潸然泪下。他们向邻居深鞠躬，然后一言不发地回到家中。有些人聚集在一起，交头接耳。那些对古日文了解比较多的人会把演讲翻译给邻居们听。在私下的议论、交谈和日记里，许多日本人都表达了对天皇感受的深切担忧。他们觉得天皇如此悲痛和焦虑，自己也是有责任的。许多人都被清楚可见的"陛下的感情"感动了。[105]海军维护官宫下八郎吃不下饭，说不出话，工作也无法集中精神。他就这么恍恍惚惚地过了一天。还有人爆发出愤怒之情。有个人说他和邻居感受到了"战败之耻"——更有甚者，他们还都有一种"难以名状的当亡国奴之耻"。[106]有个被疏散到乡下的小学五年级孩童犯了个错，他告诉同学们："战争现在结束了，我们能回家了。"其他几个男孩子冲上去揍了他一顿，吼道："你个叛徒！我们发誓在这里拼尽全力，直至胜利那一天！"[107]那些在战争中失去儿子的父母对于自己的牺牲变得毫无意义而愤怒不已。如果结束战争如此容易，如果天皇拥有权力直接将战争叫停，那他为何不早点这样做？"皇帝老儿，"有个人说，"就为了这个，我的儿子们都白死了，死得像狗一样。"[108]

广岛的蜂谷道彦医生一连忙碌了9天来照顾核爆的伤者。听了天皇的广播后，他诊疗大厅里的许多伤员都很愤怒。他们吼道："我们怎么能输掉战争！……现在只有懦夫才会放弃！……我宁死不降！……我们受这么多罪都是图的什么？……逝者死不瞑目！"蜂谷医生发现许多在核爆后表现出失败主义情绪的人现在都想要继续打下去，就好像他们都忘了身上的严重烧伤和丧失至亲之痛，除非整个国家投入最后的决战。"'投降'这个词带来的震动，比我们城市被炸带来的冲击还要严重，"这位医生在日记中写道，"我想得越多，就越发难受和痛苦。"[109]

但是天皇已经表达了他的意愿，而且不会有人反对他。民众的大部分怒火都转向了政府和军队领袖。有人批评那些劝说天皇投降的领导人，另一些人则责骂同一群领导人鲁莽地把日本拖入了灾难性的战争。许多人都很害怕，觉得会被胜利的盟国奴役。他们摇着头，一遍又一遍地喃喃自语："我们输了。"这是个令他们难以接受的事实。他们瞪大了眼睛互相询问："现在我们输了，接下来会怎样？"[110]没人知道答案，但是最坏的结果并不难想象，对于那些了解日本军队在中国、马来亚、菲律宾和其他各处所作所为的人来说尤为如此。但还是有很多人松了一口气，空袭总算是不会再来了。他们也不用拿着菜刀和竹枪去迎战前来登陆的野蛮军团了。或许政府会重新开放浴室，他们就能去把身上的泥垢洗干净。在8月15日晚，尽管只是和平后的第一夜，防空管制就取消了，天黑后可以开电灯了。人们也终于能把窗户上的遮光罩取下来了。住在东京的文员吉泽久子想知道邻居们怎样看待这个重大的消息，她的结论是，"他们脸上明白无误的笑意回答了一切"。[111]

在军事基地里，纪律已经完全崩溃了。士兵们拒绝听从命令。年轻的狂热分子赌咒说："我们要取下天皇身边乱臣贼子的项上人头！"[112]那些派驻海外的人急切地想要回家，去保护他们的家人免遭占领军侵害；他们计划着一回到日本本土就逃离军队。那些肉体上饱受军官们虐待的小兵开始找机会报仇。一个曾经表现出失败主义情绪的士兵回忆道："我为自己的看法是正确的而欢呼起来。一个军官来揍我，我揍了回去。"[113] 栃木县一所军队医院里的一位护士看到好几个军官在被自己人痛揍时呼喊道："原谅我，原谅我！"[114]

冷静下来之后，日本军人开始考虑他们是否有义务去自杀。许多人不喜欢"其他那么多人献出生命之后我却战败回家"的想法。他们不敢指望受到乡邻甚至是家人的热情欢迎，因为他们将会"背负战败之耻"。[115] 驻扎在筑前航空兵基地的"神风"飞行员土田翔治，还指望着在天皇广播的当天飞他的最后任务。他在日记里写道："我感受到失败的命运带来的幻灭。当地人看我们的眼神里似乎带着些什么，实际上那是因为我们背上了失败的耻辱。"[116] 在东京的帝国大本营里，军官们分成了几派，有人认为应该遵从命令投降，有人要上山打游击，还有人认为应该自杀。许多人想要打下去，或者自裁，但是一名年轻的中尉说："死是很容易的事情。想想如何在凶恶的敌人面前活下去，那才是折磨和痛苦……在黑暗时代活下去并把我们的文化传给下一代绝非易事。但如果没人这么做，日本人民真正觉醒的时代就不会到来。"[117] 有些原本已经对活过战争不抱希望的人现在兴高采烈地意识到他们已然获得重生。天皇的演讲明确解除了他们对国家战败的责任，并且召集他们去努力工作，重建一个和平的日本。拒绝投降是对圣意的不敬，也是对天皇权威的冒犯。诏书里已经对此有了明确要求，这和明治天皇的《军人敕谕》也是符合的："英雄豪杰，每因重私情之信义，而遭杀身之祸，以致遗臭万年者，亦复不少。可不戒哉？"[118]

最后，日军从上到下绝大部分官兵都选择了活下去，例外之人

　　　　　　　　诸神的黄昏：1944—1945，从莱特湾战役到日本投降

少得令人吃惊。"我想过要自杀，却下不去手，"南九州的一名士兵后来承认，"我发过誓要'打击美国鬼子，七生报国'。但我还是选择了继续活下去。"[119]

阿南将军便是那少数例外之一。他没有收听裕仁的广播；8月15日凌晨，他用武士的方式结束了自己的生命，彻底摆脱了羞辱。他一晚没睡，和来访友人一起喝清酒，拒绝为正在皇宫中推进的叛乱分子提供任何支持。拂晓，这位浑身汗透的陆军大将遵循日本传统提笔写下了"绝命诗"，只有寥寥数笔：

> 皇恩无极，吾欲何言。[120]

之后，他手持一把短刀刺进自己的腹部，一直刺到刀柄处，刺穿了五脏六腑，左右搅动。刀刃割破了降主动脉，导致腹腔内大出血。他缓慢而痛苦地死去——按照日本传统观点，这是可敬的。

第二天夜里，大西将军重演了这血腥的仪式，用刀刺进自己的肚子，连肠子都流了出来。他自杀时许多军官过来看他，但他拒绝让他们帮助自己解脱痛苦。足足过了15个小时，他才失血而死。这位最好战的强硬派躺在自己的血泊之中，要那些前来看望他的年轻军官必须遵从皇命，按天皇的指示为世界和平而奋斗。

在镇压8月14日至15日的叛乱时扮演了关键角色的田中静一将军，在8月24日，也就是美国占领军第一支先遣队踏上日本国土的前一天举枪自尽。阿南的前任陆军大臣杉山元大将在9月12日举枪自杀，他的夫人惠子也在一天后随夫而去。

人称"小墨索里尼"的东条英机，也就是把日本拖入灾难性战争的那个人，在1945年9月11日自杀未遂。当前来抓捕这个战犯的美军敲他的前门时，东条从二楼窗户看到了他们。意识到自己无路可逃之后，他回到书房，向自己的胸部开了一枪。他的伤势很重，但并不致命。前来抓他的美军赶紧把他送到医院，外科医生给他缝合了伤口，由于他失血过多，还进行了输血。这次失败的自杀被东条的国人认为是他可恨的政治生涯中最可耻的一幕。他被救了回来，最后被判犯有战争罪，在1948年被绞死。

在九州的第五航空舰队司令部里，宇垣缠将军起初拒绝相信天皇已经决定投降的"可恶消息"。但接到从日吉的联合舰队司令部指挥地堡打来的电话后，这个消息得到了证实。他在日记里写道，东京的领导人们"不过是一群自私的弱者，他们不会认真替这个国家的未来考虑，而只知寻求眼下的好处"。[121] 8月15日早晨，他奉命暂缓对敌舰队的攻击。中午，第五航空舰队司令部全体人员立正收听天皇的广播。宇垣没法把所有词句都听懂，但足以知道战争结束了。"我从未如此惶恐。作为一名备受天皇信赖的军官，我竟然有这么痛苦的一天。我从未自觉如此羞耻。唉！"[122]

自从来到九州担任指挥官以来，宇垣已经派数千名年轻的"神风"飞行员前去送死。现在他决心要追随他们而去了。他把个人日记——足足15本字迹工整的皮革本子——交托给了他的1912届海军兵学校校友会妥善保管。

宇垣缠的日记《战藻录》至今仍是关于太平洋战争的最重要的文献记录之一。它的时间跨度覆盖了整个太平洋战争，从袭击珍珠港之前几个星期写起，然后是珊瑚海、中途岛、瓜岛一系列血战，直到 1943 年 4 月山本在飞机上被击落身亡，这段时间里宇垣一直是山本五十六大将的参谋长。1944 年，宇垣指挥日本海军最重要的战列舰战队，包括超级战列舰"大和号"和"武藏号"，参加了马里亚纳海战和莱特湾海战；1945 年，他又担任第五航空舰队司令，指挥了战争中最大规模的"神风"攻击。在这全部过程中，宇垣把他的个人想法写进了日记里。

宇垣决意要赶在正式的停战命令从东京发下来之前驾机出击，于是立刻行动了起来。他在最后一篇日记中写道："我已决意，纵使魂归天国也要为国效力。"战败后，日本将面临长期的苦难，他期待所有日本人能够"比以往更加表现出这个国家的传统精神，全力以赴地复兴这个国家，最终报此败之仇"。[123]

下午 4 点，和司令部的参谋们饮下最后一杯壮行酒之后，宇垣将军驱车来到不远处的大分机场。那里，11 架 D4Y"彗星"俯冲轰炸机已经排列在了起飞线上，22 名机组人员已列队站好。所有人头上都系着旭日绑扎带。命令是五机出击，但所有飞行人员都想要参加任务。

宇垣问："你们都跟我走吗？"

他们举起右手齐声喊道："是，长官！"

宇垣摘掉了自己的军衔。他穿着绿色军服，戴着白手套，佩带着山本五十六送给他的短刀。在登上飞机之前，宇垣正对着照相机留下了一张照片。照片中的他看起来平静而坚决，脸上带着蒙娜丽莎式的微笑。

他爬上了领队机的机翼，坐进后座。原本应当坐在这一位置的无线电员兼领航员求他让自己也坐进去。宇垣同意了，于是这个年轻人挤进了将军膝盖前的空间里。

11 架飞机滑行到起飞线，人们看见宇垣戴着白手套的手从座舱里向外挥动。飞机起飞后向南飞去，其中三架飞机后来返航降落，机组成员报称"引擎故障"。

晚 7 时 24 分，宇垣的飞机向基地发出无线电呼叫。攻击机群即将撞击冲绳海岸外"傲慢的美军舰队"。此后便杳无音信。[124]

据美国海军的报告，一小群敌机试图向冲绳岸外伊江岛旁锚泊着的运输船发动俯冲攻击。它们全部被高射炮火击落，没有美军舰船被击中受损。次日上午，一艘坦克登陆舰（LST-926）的舰员们在岛旁的浅水里发现了日本飞机的残骸。他们把残骸里的尸体拖出来，掩埋在岸上。

在九州的第五航空舰队军营，宇垣的个人物品收拾得整整齐齐，这是要送到他家人手中的。人们发现了一张手写便条，似乎是这天早些时候写的："大梦已了，吾将升天。"[125]

尾　声

于我而言，将生活建立在混乱、痛苦和死亡之上是完全不可能的。我看见世界正渐渐变得蛮荒；我听见雷鸣隆隆而来，总有一天会将我们毁灭。我能感受到千百万人沉陷于痛苦之中。但是，当我仰望天空，我却能感觉到所有的一切都会变好，眼下的暴行终将结束，和平和宁静将重回人间。

——安妮·弗兰克，1944 年 7 月 15 日的日记

8 月 14 日晚，白宫媒体团被请进了椭圆形办公室。杜鲁门总统坐在办公桌后面，身后站着他的内阁部长、军种司令以及助理们。他们脸上的笑容说明了一切。总统一开口就直奔主题：日本政府已经接受了《波茨坦公告》，因此，第二次世界大战结束了。记者们听罢立刻赶回编辑部，片刻之后，新闻就发了出去。很快，白宫大门外就挤满了兴高采烈的人群。莱希上将在他的日记中写道："城市中闹哄哄地庆祝了起来，所有汽车都按响了喇叭，大群欢呼的人在街上游逛，连交通都堵住了。收音机里满是从洛杉矶到波士顿的各个城市进行庆祝的新闻，所有城市都在庆祝战争的结束，街上人潮汹涌，吵闹而拥挤。"莱希并不喜欢这样。他觉得这个时候应该做出冷静、深思熟虑、持重的反应。"但是老百姓觉得闹腾一点很好，

民主社会的大部分人必须有自己的庆祝方式。"[1]

他们确实有他们的庆祝方式，在整个美国的各个城市，庆祝持续了这一整个夏夜，直至天明。大群人冲到公共广场上，兴高采烈地挥舞着双手，到处找人拍照，无论军人还是平民，男人还是女人，黑人还是白人，所有人都抛开所有拘束，纵情痛饮。在城市的商务区，空中飘满了从高层窗户抛下的纸屑——权当彩色纸带——和从厕所拿出来滚落成飘带的卷筒纸。警察也不管了，随他们闹吧，只要别玩过头，不伤人和不毁坏财物就行。酒瓶在陌生人手中传来传去。汽车被人群堵得死死的，只能一寸一寸往前挤，人们爬到车顶和引擎盖上，把这些路过的车辆即兴变成了游行花车。在纽约，6万人涌向时代广场，百老汇和第七大街之间那些高楼的电子显示牌上都打出了字样："鬼子投降了！"人群中，一名水兵拥吻了一名护士，这一幕被《时代》杂志的一名记者拍下，成了这场胜利大游行的象征。哈尔·比尔，一名在太平洋上飞了三年俯冲轰炸机的海军上尉，发现自己被大群兴奋的纽约人包围，因为他穿着军服，所以人们"拍他、拉他、吻他，向他欢呼"。一名妇人递给他一瓶啤酒，在他耳边叫道："战争结束了，我儿子还活着！"比尔和同行的一位军官干脆在曼哈顿混了一整晚，从一个酒吧喝到另一个酒吧，反正没人找他们要酒钱。[2]

一名洛杉矶市民还记得："大家的庆祝令人难以置信。人们在街上跳舞，所有店铺都休了业，所有人都去庆贺了。有些街道被完全堵死了。汽车就算没有完全停下来，速度也和蜗牛差不多。"[3]在俄勒冈州的波特兰，一位妇女回忆道："我们居住的酒店算是瘫痪了。没有客房服务员，没有电话接听员。所有人都在外面街上乱跑。

诸神的黄昏：1944—1945，从莱特湾战役到日本投降

一片混乱，彻底乱套。许多人一边喝酒一边东游西逛。"⁴从外地来到圣迭戈的帕特丽夏·利沃莫尔在逛街时遇上了庆祝的人群："圣迭戈市区霍顿广场上的每个女孩都被亲了，被推进广场喷泉里。我被推进去差不多有十次。"利沃莫尔和她的朋友们住在匹克威克酒店里。当地酒馆的库存都卖光了，酒店的侍应生就把手里的几瓶酒拿出来高价售卖。她们用安全套装满水，从她们位于酒店高层的房间窗户里向下方的人群扔去。"我们只能用这个，"她解释说，"我们找不到气球。"⁵

夏威夷的战时岁月大部分都是在戒严中度过的，此刻，没人再去理会灯火管制要求了，檀香山的酒吧也开始彻夜营业。大群"白帽子"在酒店街上庆祝。人群开始将海滩上的一卷卷带刺铁丝网拖走。有人爬上阿罗哈塔，开始往下扯伪装网。宪兵、海岸巡逻队、警察和国民警卫队员们则要么袖手旁观，要么加入狂欢。

在旧金山市区，对日胜利日的庆祝则演变成了悲剧。天黑后，酩酊大醉的市民与军人在市场街同警察打了起来。暴徒们砸碎了面向街道的窗户，掀翻汽车，围殴无辜的过路市民。30辆电车被砸瘫或砸毁。根据旧金山市政史料记载，"从第六大街到第三大街，都有窗户被砸碎。警察和海岸巡逻队无力阻止也未予阻止。打碎玻璃的声音响亮而持续不断，就像爆竹爆炸一样。没有玻璃爆裂声的时间不超过连续 5 分钟"。⁶数量处于绝对劣势的警察在抛来的砖块和酒瓶面前撤退了。两个小时后，得到宪兵和海岸巡逻队增援的警察卷土重来，他们排成一排，挥舞着警棍沿市场街前进。大部分暴徒从街道两侧四散逃走。留在原地的人被一顿暴打，逮捕，扔进警车。此次骚乱导致11人死亡，大约1 000人受伤。⁷当地报纸称此事为"胜利骚乱"，这是旧金山历史上致死人数最多的事件。但是此事没有出现在任何一家国家级媒体的头版上，很快就被遗忘了。

在日本南部的海面上，第3舰队在8月15日早晨6时14分收到了尼米兹发来的停火命令——他们位于国际日期变更线以西，因此从日期上比美国本土早了一天。这天上午破晓前，第38特混舰队已经放出数百架战机前往空袭东京——第一批飞机已经飞临日本首都上空，投下炸弹，打出火箭弹。美军飞行人员发现日军战斗机的抵抗出人意料地猛烈，他们称其为"自从冲绳战役以来最顽强的空中抵抗"。[8] 7架美军飞机在对日胜利日这天上午的空战中被击落，另有2架毁于事故。其余飞机则平安返航。11点，机群全部降落到了母舰上。

正午时分，"密苏里号"汽笛和警报齐鸣一分钟。主桅上升起了战旗和四星上将将旗。哈尔西下令向全军发出信号："干得漂亮！"他要求各航母把攻击机收回机库，好把飞行甲板腾出来供防空战斗机使用。战斗空中巡逻队得到了加强。哈尔西并不确信这和平是可靠的——即便日本政府真心想要投降，也会有一万种原因让抗命的飞行员前来发动"神风"攻击。在引起全舰队会心大笑的指示中，他命令"地狱猫"和"海盗"飞行员"找到并干掉所有的敌侦察机——别太狠毒，要友好点"。[9]

哈尔西的警觉理所应当。仅仅20分钟后，雷达显示屏上就出现了来袭敌机。在接下来的几个小时里，战斗空中巡逻队和驱逐哨舰击落了8架日军战机。最后，在对日胜利日下午2时45分，第3舰队的战争落下了帷幕：此后，舰队的火炮再未怒吼过。

已经是盟军最高指挥官的麦克阿瑟将军一点时间都没有耽搁就

开始施展自己的权力。他在马尼拉的指挥部开始从多个频道直接向东京广播，就通信联络、解除武装、释放盟军战俘、正式投降安排，以及接下来占领军到达等事宜做出了指示。他还要日本安排一名得到天皇授权的"称职代表"飞来马尼拉协商上述事宜。

没人敢说日本陆海军的官兵们一定会遵从天皇的投降诏令。因此，第一支占领军部队可能要依靠武力才能进入日本——即便没这么严重，他们也可能会发现某些关键设施被毁坏或者变成杀人陷阱。部队必须为各种意外情况做好准备，但他们同时也要尽快涌入那个被击败的国家，及时达到必需的部队规模。如此大规模的部队运输将由所有军种合力完成——陆军、海军、海军陆战队，以及陆军航空兵，来自麦克阿瑟和尼米兹的两个战区。占领日本所需的地面部队此时还散布在冲绳、马里亚纳群岛和菲律宾，他们正在那些地方准备登陆九州的"奥林匹克"行动。仍然位于日本外海的第3舰队被指派开进并占领东京湾，包括横须贺军港。由于时间紧张，横须贺登陆部队只能由已经随同舰队出海的陆战队和水兵组成。由于不知道岸上设施的情况，他们必须带上电工、木工、管子工、警察、医生、翻译，还有——如"米克"卡尼所说——"文明社区每日生活所需的所有基础用品，这是军事当局要求的"。[10]

第11空降师将从8月26日起经由大规模空运飞抵东京西南边的厚木航空兵基地。陆军空运司令部计划每天向厚木飞300架C-54运输机，这是战争中规模最大的空运——但这些大型四引擎飞机将要在一座已经被猛烈轰炸了几个月的基地降落，大部分地面设施都已化为废墟。因此后勤面临着严峻挑战。伞兵们将要飞去的那个机场，从对日胜利日起成了军事叛乱的温床。裕仁的广播刚刚结束，厚木基地的日本飞行人员便发誓要爬上飞机，向美军舰队发动自杀攻击。试图恢复纪律的军官都挨了揍。"航空基地自身就是骚乱来源，"坂井三郎回忆道，"许多飞行员喝得大醉，狂吼怒骂。"[11] 与此同时，在首都，叛军占领了市中心附近的上野山和爱宕山，要求其余部队也加入他们的叛乱。[12] 皇宫外的广场上发生了游行示威和大规模的自杀。米内大将十分担心军纪崩溃，害怕日本陷入混乱。他最后通过说服天皇的弟弟高松宫亲王亲访厚木基地，平息了那里的叛乱。米内组织附近横须贺的海军基地部队前往占领厚木基地，还拆掉了那里飞机的螺旋桨。米内后来说："在我漫长的海军大臣生涯中，我可能从未像那个月14日到23日前后这段时间里那样担忧过。"[13]

然而，在同一个星期，事态也在变得明朗：日本政府，包括军队高层，是诚心要投降的。东京和马尼拉之间的往来电报简洁、明快、谦恭。日本人已经准备好听从麦克阿瑟的指示，他们常常请求美方明确具体要求，这就证明他们将会全力以赴配合工作。8月17日，在那次更为著名的投降广播之后，裕仁又签发了第二份诏书，直接命令武装部队"克体朕意"以及"坚持巩固团结，严明出处进止"。[14] 就在当天，东久迩稔彦亲王被任命为临时首相，他宣布"在任何方面违背天皇陛下旨意的言行都是不允许的"。[15] 皇室成员们纷纷作为裕仁的个人代表被派往亚洲各地的基地和司令部，确保所有海外日军放下武器。当东京请求为运送这些特使的飞机提供保护时，麦克阿瑟很快应允。[16]

遵从麦克阿瑟的指示，8月19日，一支日本议和代表团飞到了马尼拉。为首的是河边将军，梅津美治郎在帝国大本营参谋本部的次长。双方在马尼拉市政厅举行了正式非军事会议。美国方面就解除战机和战舰的武装，弹药和武器的安全保管，盟军战俘的释放，导航灯塔和浮标的设立，以及雷场清除等事项给出了详细指示。[17]日本方面请求允许他们自己来集合部队并解除其武装，尤其是在东京地区。他们说，情况存在不稳定因素——但是只要给予一些时间，他们就能制服那些不听话的狂热分子。美国人的态度很坚决，但也愿意表现出某种程度的灵活性。他们同意将登陆横须贺与在厚木空降的时间推迟48小时。一名与会的日本人说，他对胜利方的姿态印象深刻，发现这些人虽然严厉，却也公平，"既不傲慢，也无轻蔑"。[18]

8月27日，第3舰队大部在相模湾下锚，这是本州岛沿岸东京湾西南面一处三面被陆地环抱的浅水海湾。入湾舰队中有战列舰、巡洋舰和驱逐舰——但没有航空母舰，它们都被留在外海，在那里它们既能提供空中掩护，遭受反击的威胁也小一些。"密苏里号"靠泊在三浦半岛旁，位于海滨的历史名城镰仓附近。西边40英里以外，富士山隐约可见。日落时，从舰队的高处看去，太阳正对着富士山的背后，落日就如同坠入了那巨大的圆锥形火山口里。哈尔西将军和"阴谋诡计部"的其他成员纷纷涌上"密苏里号"的指挥舰桥走廊，观看这令人惊叹的壮丽美景，还让舰上的摄影师来把它拍摄下来。[19]近旁的战列舰"爱达荷号"上的一名军官说，太阳从视野中消失之后，富士山"放射出一道道耀眼的红色光芒，就像日本海军军旗那样。我们知道自己来对地方了"。[20]

第二天拂晓，一队扫雷艇开始在东京湾入口处执行危险的扫雷任务。在港口的日本引水员的协助下，他们在海图上绘制出了安全航道，并用浮标标了出来。他们在海湾西南一角清理出了一块锚地，包括横须贺与横滨的沿海区域以及通往东京的河流的入海口处。"密苏里号"停泊在距离横须贺海岸约 4 英里,水深 10 英寻处,伴随的巡洋舰和驱逐舰就停泊在它周围。附近还有另外三艘战列舰,包括现在已经是尼米兹将军旗舰的"南达科他号",他前一天刚从关岛飞来。

从这里,美国人举目四望,目力所及之处尽是日本的地盘。这种感觉令人兴奋,却也令人紧张。有人觉得投降是个陷阱,觉得日本人想要背信弃义,发动进攻。因此舰队保持着一触即发的警戒状态,舰员各就各位,舰炮指向海岸。

对于各个舰载机大队而言,和平初至的那几天和战时一样忙碌。8 月 16 日到 9 月 2 日期间,第 38 特混舰队的飞行员们总共起飞了 7 726 架次,比战时任何相同长度的时间段飞得都要多。[21] 舰载机向盟军战俘营投下了传单,要俘虏们留在营地内,等候盟军人员前来。"快要结束了,"一张这种传单上写道,"不要灰心。我们惦记着你们呢。我们正在实施能最快接到你们的方案。"[22] 装着食物、衣物、药物和香烟的救援包挂在降落伞上扔了下来。在东京湾,有些战俘已经跑到海边,向美国巡逻舰艇喊叫,打信号。尼米兹于是授权展开救援。小艇开进河口,沿河而上,搭载上了东京附近战俘营里的俘虏。位于横滨外海一处人工岛上的臭名昭著的大森 8 号战俘营在 8 月 29 日被完全解放。到这一天结束时,超过 700 名盟军俘虏已被接回锚泊在海湾里的医院船"仁爱号"。这些饿得半死的人吃饭时狼吞虎咽,体重也飞速增长,常常每天能增重四五磅。

8 月 30 日,第 4 陆战团战斗群在横须贺上岸。他们保持着全副武装,做好了战斗准备,却没有遇到任何敌人,也没见到日本人耍花招的迹象。在一间仓库里,他们发现了一句刷在墙上的英文标语:

"三敬美国海军和陆军！"[23] 这个基地基本上已经被废弃，留守的几个日本兵只想着不要招惹麻烦。到夜幕降临时，已有1万陆战队和海军人员安全上岸。日军基地指挥官户冢道太郎海军中将对他们彬彬有礼，百依百顺。[24] 户冢中将以深鞠躬向"米克"卡尼投降，卡尼被看到的景象弄蒙了，甚至有些警觉："街上的小孩子都向我们比V字手势。你怎么看？"他发现日本人的友好态度"比阴郁或抵抗还令人恐慌……这真诡异"。[25]

在横须贺，轰炸留下的毁坏痕迹随处可见，许多设施已是污水横流。一名陆战队军官回忆道："他们显然已经放弃了；兵营的地面已有几个月未打扫，地上的灰土有半英寸到一英寸厚。设施的状况糟透了。我们每天都得清理粪池，用木车和超大号的桶运走粪便，那些桶还是漏的。街上、兵营、食堂里满是大群大群的苍蝇，我们花了几个月才修好排污系统，把这个地方清理干净。人员的健康状况令我忧心忡忡。"[26] 当天下午稍晚时候，哈尔西将军来到岸上，发现军官俱乐部里"体形和胆子都大得出奇的老鼠到处乱跑"。[27] 横须贺兵营里的床铺对美国人来说太短了，于是舰队赶紧送来了折叠床和吊床。"海蜂"们立刻投入了工作，修建厨房和食堂，修复电网和电话网，重新铺设道路，在机场跑道上抹了一层层沥青。在随后的几个星期里，他们还将建造起礼拜堂、冷库、棒球场、体育馆、自来水厂以及热水浴室。

8月28日，第11空降师的先头部队乘坐首批C-54运输机在厚木基地降落，空运行动拉开序幕。他们受到了热情欢迎，日方人员又是敬礼又是握手，还有人护送他们来到原先神风队员居住的兵营，这里已经被打扫干净，准备好迎接他们的到来。食堂里还有热饭供

盟军部队进入东京地区, 1945年8月

朔田川

139°30'   140°

东京市

千叶市

东京湾

35°30'

厚木基地
空运从8月28日开始

横滨   8月28日锚泊地

富士山→   房

横须贺   总

8月27日锚泊地   半

相模湾   岛

第
3
舰   馆山
队

35°

10英里

应。到 8 月 30 日，已有超过 300 架 C-54 "空中霸王" 运输机在冲绳和厚木之间往来穿梭，每一趟的航程是 980 英里。它们以每小时 20 架的频率在厚木降落，每 3 分钟 1 架。第 38 特混舰队的舰载机为它们提供全程战斗机护航。

8 月 30 日，麦克阿瑟来了。这天天高气爽，整个本州岛南部沿岸能见度良好。在乘坐他的 C-54 "巴丹号" 专机从冲绳飞来的 5 个小时航程中，麦克阿瑟一会儿在走道里踱步，一会儿到驾驶舱里看看。当富士山出现在座舱风挡玻璃前方 100 余英里之外时，他便坐在右侧飞行员席不动了，直至航程结束。"巴丹号" 从三浦半岛中部飞过，飞得很低，透过舷窗可以看到镰仓的巨大铜佛像。之后飞机在东京湾绕了个大圈，锚泊中的第 3 舰队清晰可见。飞机下降了高度，飞过青翠的旱田和水田。跨过机场围墙时，麦克阿瑟和他的飞行员能够看见被炸毁的机库和地面设施的废墟，还有被拆掉了螺旋桨的日本飞机。"巴丹号" 在下午 2 点准时落地，跟随引导吉普滑行到一处停机区，那里已经聚集了一大群军官、士兵和战争通讯员。

下飞机前，麦克阿瑟要机上的所有军官把佩枪卸下来丢在飞机上。这些武器没用，他说，因为 "方圆十英里之内有 15 个全副武装的鬼子师团。如果他们真想干些什么事，我们的这些玩具枪也起不了什么作用"。[28] 在他担任日本占领军司令的 6 年里，麦克阿瑟始终没有带过佩枪。麦克阿瑟的航空兵司令肯尼将军说，他后来才意识到这一姿态是心理上的神来之笔，因为 "看见我们赤手空拳走在他们的国土上，看见我们对这 7 000 万人口的战败国中存在的危险全然无惧，鬼子们会留下极其深刻的印象。对于日本人而言，这意味着他们已经确凿无疑地输了"。[29]

日本人凑到了大约 50 辆不同牌子、颜色、年份的小汽车和大巴，其中许多被改装成烧木炭驱动。这支五花八门的车队将把麦克阿瑟和他的团队送到横滨市区的新大酒店，为他们开路的是一辆启动时回火声响亮的破旧红色消防车。CBS 的通讯员比尔·邓恩觉得似乎"这些破破烂烂、嘎吱作响、靠烧木炭驱动的汽车中，没有哪辆"像是能开完这 18 英里的样子。[30] 麦克阿瑟爬进那辆林肯牌大轿车的后座，车队开上了满是弹坑的道路，穿过精心照料的水田和一排排小木屋。数千名端着枪的日军在道路两旁列队立定，每两米站一人，组成"举枪致敬"的队形，面朝路外，背对道路。美国人了解到这是一种表示尊敬的仪式。有些农夫会好奇地抬起头来看着路过的汽车，有些人甚至会挥挥手，但大部分人还是继续埋头干活。

来到横滨市郊，美国人从地面上看到了他们空中轰炸的效果。成片的瓦砾中夹杂着一堆堆废墟，只剩下石头砌成的烟囱和混凝土办公楼的残垣断壁还矗立其中。他们看见贫苦的老百姓在废墟中寻找能吃的东西。许多人都住在木头、管子和波纹板临时搭建的棚子和窝棚里。横滨市区状况好一些，但也成了一座鬼城。"店铺的窗户都钉上了木板，遮光罩摘掉了，许多人行道也废弃了，"考特尼·惠特尼回忆道，"穿过空荡荡的街道，我们被送到了新大酒店，我们要在那里待到麦克阿瑟正式进驻东京为止。"[31]

麦克阿瑟的车开到了酒店大门前，酒店经理和工作人员已经在大堂前的台阶上迎接他们了。他们看起来都因为能接待这些人而由衷地开心，就像这是什么莫大的荣耀一样。经理向他们深鞠躬，伸出手引路，并护送着麦克阿瑟进入电梯，来到他的房间。这是酒店最好的房间，里面的家具陈设有些老旧，但房间很干净。一个小时后，将军回到餐厅，享受了一顿牛排晚餐。他的助手担心饭里被下毒，但麦克阿瑟沉着地答道，"没人能永生"，接着就把肉塞进嘴里。[32] 酒店经理后来感谢麦克阿瑟的信任，还说这是他和工作人员的"无上光荣"。[33]

餐厅里挤满了盟军军官和战争通讯员，他们正从厚木陆续赶来。尽管如此，厨房总有办法拿出足够多的食物给他们吃。最后牛排吃完了，菜单上只剩下了油煎鱼。为了展示幕僚军官们的善意，麦克阿瑟要求他们吃鱼，即使不合胃口也要吃，因为"这无疑是他们唯一能拿出来给我们的食物了"。[34]

后来，麦克阿瑟在酒店大堂重新见到了乔纳森·M. 温赖特将军，他在1942年3月被留在科雷吉多尔岛担任指挥官，并于当年5月率领岛上守军向日本人投降。温赖特被关在中国东北的一座战俘营里，和包括1942年2月率领新加坡守军投降的英国将军A.E.珀西瓦尔在内的其他高级军官关在一起。两位将军全都饿得皮包骨头，他们的样子大大激怒了盟军。在整个战争期间，温赖特都担心他在科雷吉多尔岛的投降会令他蒙羞——确实，有一段时间麦克阿瑟曾向他的下属抱怨温赖特没能打到底。但是现在，一切都过去了。麦克阿瑟拥抱了他的老下级，说："怎么会？吉姆，你的老部队还是你的，就等着你来要了。"[35]

8月31日和9月1日，下起了瓢泼大雨。麦克阿瑟和他的幕僚班子搬到了设在海关大楼内的临时指挥部，那是距离酒店三个街区，靠近横滨海边的一座大型石头建筑。飞往厚木的空运一刻也没停，占领军源源不断地涌入了这个国家。到9月2日，美军哨兵们已经在酒店周围的路口和海滨搭建起了检查站和岗亭。第11空降师的部队向东京市郊挺进，但是在多摩川南岸止住了脚步，他们能看见日军部队就驻扎在河对岸。日本当局请求麦克阿瑟将美国人进入首都的时间推迟一个星期，好让他们有时间解除当地部队的武装，麦克阿瑟同意了。[36]

与此同时，军队的高官和记者们还在不断飞往厚木。由于缺乏车辆，他们不得不拼车，这种时候，军衔的高低尊卑就发挥作用了，高级军官可以直接坐进等候着的小汽车。在从厚木到横滨酒店的18英里道路旁，几十辆坏掉的小汽车和烧木炭的大巴丢在沿途。等得久了，有时会有公交车前来接运滞留的乘客，而美国陆海军的将军们即便坐在这些拥挤车辆过道里的行李箱上也要尽力保持体面。乘坐这样一辆公交车时，有人看见苏联将军库兹马·杰列维扬科小心翼翼地保护着藏在衬衣袖子里和行李箱里的配发给他的伏特加。[37]

　　8月31日飞到厚木的罗伯特·C.理查德森将军说："道路很糟，全部坑坑洼洼而且很窄。道路穿过种满庄稼的绿色乡野和几座村庄，一切都极其简陋而贫困。这些糟糕道路两侧的人都脏兮兮的——无论男女。"[38]他发现横滨是"一座死城——没有生命，没有商店，也没有动静——只是偶尔会有手推车或电车开过"。[39]

　　正式投降的签字仪式将在第3舰队旗舰"密苏里号"上进行，这艘舰是由杜鲁门总统的女儿命名的，用的是他老家的州名。这艘4.5万吨战列舰上的舰员们用水磨石把甲板打磨得连灰色防火漆下方的柚木都露了出来，所有铜件都被擦得像镜子那样亮，所有沾着油渍和生锈的地方都重新刷了漆。仪式的计划制订严格遵循海军礼仪和外交礼仪，精确到了分钟。仪式将在右侧上甲板上举行，这里位于一座16英寸前主炮塔高大的钢质炮座旁的一小块三角形露台上。所有出席者都被指定了站立位置，并标记在了甲板上。访客和战争通讯员上舰后，护送的水兵们会引导他们来到指定的位置上。[40]

　　9月2日这天，天气反常地寒冷，空中阴云密布。早上7点过后不久，盟国的高级将领和签字代表便开始陆续上舰。驱逐舰靠上

"密苏里号"的左舷,访客随即通过舷梯来到战列舰上。舰上的乐队演奏了几个盟国的国歌。当尼米兹上将上舰后,军舰的桅顶降下了哈尔西的四星将旗,升起了尼米兹的五星将旗。温赖特将军从未见过这种艾奥瓦级战列舰,张着嘴愣愣地看着那高大的上层建筑。"我真是无法相信会有那么大的东西,装那么多大炮,"他后来写道,"上面的火炮就像是一只巨大刺猬伸出的刺。"[41]

麦克阿瑟一行人乘坐驱逐舰"布坎南号"来到了"密苏里号"上。这位盟军最高指挥官沿着右前方的舷梯上舰,在那里得到了尼米兹和哈尔西的迎接。他登上"密苏里号"后,桅顶升起了第二面三角形的五星将旗,高度和尼米兹的将旗相同。这种做法是没有先例的。海军礼仪规定,一艘军舰任何时候都只能升起一面将旗——以舰上的最高将领为准。但这本来就是史无前例的一天,而且没人想要去冒犯麦克阿瑟那些幕僚敏感的内心。

尼米兹和哈尔西陪同麦克阿瑟来到哈尔西的住舱,三人在那里私聊了片刻。"米克"卡尼发现麦克阿瑟对哈尔西很熟悉,很友善,称他为"公牛",对尼米兹则有些冷淡,显得更正式。[42]麦克阿瑟躲进哈尔西的私人卫生间待了一会。"土佬"罗兹在日记中写道:"我听见他在里面干呕,问他要不要我去请个医生来。他说他一会儿就好了。"[43]几分钟后,他走到了能够俯瞰上甲板的阳台上。摄影记者们看见了他,向他打招呼,要他向自己这边看。麦克阿瑟摆了个姿势说:"好的,孩子们,拍这里。"[44]

报道这场仪式的媒体人员数量极多,共有来自全世界的225名通讯员和75名摄影师参加,其中还包括了日本同盟社的一个纪录片摄制组。军舰右舷栏杆外临时搭建了一个媒体平台,那里挤满了记者和摄影师。为了抢到更好的位置，不守规矩的新闻人员争先恐后地往前挤，甚至相互推搡起来。一名苏联报社的记者想要直接站到即将代表苏联签字的杰列维扬科将军身后。人家要他离开，他不干，说是有来自莫斯科的特别指示。于是斯图尔特·S. 莫里上校找来两个强壮的水兵，抓着他的两只胳膊，把他往上拖了两层甲板，来到他的指定位置上。一些美国军官和外国高官被这一幕小插曲逗笑了，包括杰列维扬科将军，他哈哈大笑道："好，好，好。"[45]

出席者各就各位后，一名通讯员注意到，在这块小小的露天甲板上站着的美国陆海军上将和中将比二战之前就任的所有上将和中将都要多。太平洋战争中美国海军的众多顶级人物都来了，包括特纳、麦凯恩、洛克伍德、拉福德、博根、托尔斯、两个谢尔曼、两个斯普拉格——但是没有斯普鲁恩斯和米彻尔，尼米兹要他们远离此地，防止此时有自杀机杀出来，把太平洋舰队的高级将领一锅端干净。代表海军陆战队的是盖格中将和两名准将。代表美国陆军和陆军航空队的是背靠巨大 16 英寸炮塔列队站立的卡其色方阵，站在前排的有克鲁格、艾克尔伯格、肯尼、斯帕茨、史迪威和理查德森一众陆军将领。麦克阿瑟的参谋长萨瑟兰将军和消瘦憔悴的前战俘温赖特、珀西瓦尔站在一起，他们将在麦克阿瑟签字时直接站在他身后。胖墩墩的 C.E.L. 赫尔弗里赫将军身着白衣，代表荷兰签字；穿橄榄绿军服配黑色肩带的徐永昌将军代表中国签字；留着板刷胡子、头戴直筒高帽的雅克·勒克莱尔将军代表法国签字；代表英国签字的则是英国海军上将布鲁斯·弗雷泽爵士，他穿着像是小学生夏季校服的军常服，白色短衣短裤，白鞋子，白袜子提至膝盖处。加拿大、澳大利亚和新西兰的代表也出席了仪式。

　　　　　　　　诸神的黄昏：1944—1945，从莱特湾战役到日本投降

在甲板中央摆放着一张从"密苏里号"水兵食堂里搬出来的桌子，铺着一块普通的绿呢桌布。桌上放着两份投降文件，以及几支黑色钢笔。

日本代表团由 11 名军政官员组成，为首的是代表帝国大本营的梅津美治郎陆军大将，以及在投降第二天才回到外务省（接替东乡）的外交大臣重光葵。他们的名字在日本国内是保密的，以防有人来刺杀他们。来到横滨码头后，他们穿过几道美军检查站，随后登上美军驱逐舰"兰斯多恩号"。在开往美军舰队中央的漫长航程中，舰员们和他们一句话也没有说。接着日本代表团转乘一艘摩托快艇前往"密苏里号"。靠近巨舰，他们抬起头，看见一排排美国水兵在栏杆旁列队，一言不发地低眼看着他们。在一排端着枪的陆战队员的凝视下，日本人一个接一个登上了战列舰右舷的舷梯。梅津大将和其他日本军官向对方敬礼，但美国人没有回礼。外相重光葵许多年前在上海的一次炸弹袭击中丢掉了一条腿，他走路时要靠木头假肢，挂着拐杖。攀爬摇晃的舷梯对他来说漫长而缓慢，但是这个蹒跚的老者并没有获得舰员的同情。一名美军说他能听到"他在'密苏里号'侧旁挣扎着向上爬的时候假肢触碰在每一级舷梯台阶上的声音"，还有一位战争通讯员留意到美国人"幸灾乐祸地"看着重光葵艰难向上爬。[46]

在露天甲板上，11 名日本代表自行排成三列，立正等候。重光葵挂着拐杖站在代表团前方，他穿着传统的外交正装——黑色长礼服，条纹西裤，戴着白手套，头戴丝质高筒帽。梅津大将站在他左边，穿着一身橄榄绿军服，胸前挂着金穗和一排绶带。两人都低垂着双眼。重光的一名助理加濑俊一抬起头，看见每一处甲板、炮塔和栏杆旁的每一寸都挤满了围观的人群。水兵们甚至爬到了"密苏里号"桅杆的平台和缆绳上。加濑在战列舰的烟囱上看到了一排排小小的旭日旗,每一面旗子都代表一架被这艘舰的高射炮摧毁的日军飞机。在舰长舱室侧壁上的显眼位置挂着一面玻璃镜框,里面是一面 31 星美国国旗,92 年前,马修・佩里准将的"黑船"锚泊在这同一片水域时,飘扬着的就是这样的旗帜。

照相机快门咔嚓响个不停,但无人说话。日本人站在那里等待了仅仅四分钟,但这点时间却如同永远那么久。"千万只眼睛像千万支带火的利箭以疾风骤雨之势射向我们,"加濑写道,"我感到它们的锋芒深深刺入体内,引起一阵肉体的剧痛。我从未意识到灼灼目光竟能带来这般痛楚。"[47]

时间很快到了 9 点,"密苏里号"的枪炮官双手拢在嘴边喊道:"全体立正!"麦克阿瑟走到甲板上,身后跟着尼米兹和哈尔西。三人快步走到铺着绿色桌布的桌子后面。他们都穿着卡其色军常服,没有打领带。一名战争通讯员发现麦克阿瑟的制服居然有些破旧:"裤脚磨破了,扣子扣到喉咙口的衬衫明显是旧的。他的胸前满是绶带和勋章,还有绣着五颗银星的领章,这都显示出这套军服的主人绝对不是普通的大头兵。"[48]这一身朴素的旧卡其色衬衫在身后一排穿着各种颜色整洁军服的盟国代表前十分显眼。

麦克阿瑟走到一排麦克风前。短暂停顿之后,他用缓慢而洪亮的语调开始讲话:

主要参战国的代表们,我们今日齐聚于此,缔结一项令和平得以恢复的庄严协定。不同理念与意识形态的争端已在世

　　　　　　　　　　诸神的黄昏:1944—1945,从莱特湾战役到日本投降

界战场上决出了胜负，所以我们无须再来讨论和争辩。我们在此代表的是地球上最广大的人民，所以我们并非怀着猜疑、恶意以及仇恨的精神前来相见，而是要求我们胜败双方都更有尊严，只有这样才符合我们即将为之奋斗的神圣目的，使我们所有人都全心全意地履行在此正式承担的职责。[49]

这位最高指挥官的词句很清晰，但他显然克制不住自己的激动情绪。他在读他自己准备的手稿时，双手都在激动地颤抖。[50] 麦克阿瑟随后指着桌上的文件说道："日本帝国政府和日本帝国军部的代表现在可以来签字了。"

一片沉寂中，重光拖着跛脚走上来，在桌旁的椅子上坐下。加濑就站在他身旁。这位外相摘下帽子和手套放在桌上。随后发生了一个短暂的意外，他看完两份投降协议，却不知道应该在哪里签字。重光的英语很流利，似乎没有理由出现这样的耽搁。哈尔西怀疑他是在拖时间，他甚至有一股冲动，想要上去打日本外相一记耳光，朝他吼道："签，见鬼！签！"但他忍住了。[51] 最后麦克阿瑟转向萨瑟兰，甩出一句："萨瑟兰，告诉他在哪儿签。"[52]

萨瑟兰指向日本外相名字上方的横线。重光看了一眼加濑，后者看了看表，说现在是9时4分。于是日本外相挥了几笔，用汉字签下了他的名字，署上了时间。至此，第二次世界大战正式结束。

重光站起身，回到位置上，接着梅津大将快步上前，眼光躲避着麦克阿瑟和其他所有盟军将领。他没有坐下来。他从胸前口袋里掏出一支笔，趴在桌子上签了字，随后迅速走回位置立正，双眼依旧低垂。有目击者看到站在梅津身后的一名日本军官眼里流出了泪水。

麦克阿瑟示意温赖特和珀西瓦尔上前，然后自己在桌旁就座。他从口袋里掏出 6 支钢笔，放在桌子上。他写下了几个字母，随即放下笔，转向温赖特，把笔送给了他，接着又拿起另一支笔签了几个字母，随后把笔送给了珀西瓦尔。他用剩下四支笔签完了名字，这些笔后来会被他作为礼物送给美国国内的不同友人。一名记者发现，麦克阿瑟在签名的时候，手都激动得发抖。[53]

接着，尼米兹上将代表美国签字。他看起来也一样紧张和激动，他后来对一个朋友说："我激动得发抖，抖得厉害，几乎写不出我的名字。"[54]

盟国代表一个接一个走上前来签下了名字：中国，英国，苏联，澳大利亚，加拿大，法国，荷兰，以及新西兰。

最后，麦克阿瑟回到麦克风旁说道："现在，愿世界从此恢复和平，祈祷上帝永远保佑它。仪式到此结束。"

当麦克阿瑟和其他盟军高级将领回到哈尔西的舱室享用咖啡和桂皮卷时，重光外相和加濑俊一走上前去查看投降文件的日文版。他们发现一位签字代表，加拿大的 L. 穆尔·科斯格雷夫签错了行，后面三位盟国代表也都跟着科斯格雷夫向下签错了一行，这样他们的签名和印在签字栏上的名字就对不上了。重光和加濑查看文件时，萨瑟兰将军和其他几位美军军官围了过去。最后，萨瑟兰坐下来，拿起一支笔，把印上去的盟国代表名字划掉，在签错位置的名字下方重新写上正确的名字。萨瑟兰后来说，这么一改，这份文件就有瑕疵了，但是他觉得"终归没几个人会看到它，因为它很可能被埋藏在最机密的档案柜子里的最深处"。[55]

当日本人走下舷梯，来到等候在那里的摩托艇上时，南方传来飞机发动机的嗡嗡声。当嗡嗡声逐渐变成雷鸣般的轰响时，他们抬起头。100架B-29排成相等间距的队形，在云底之下，从他们头上低空隆隆飞过。接着又飞来一支450架舰载机组成的庞大机群，那是来自第38特混舰队的"地狱猫"和"海盗"。舰载机从东边飞来，航线与B-29机群垂直相交，然后继续飞过横滨和东京。舰载机的飞行高度约为200英尺到400英尺，几乎就在桅顶高度，比"超级堡垒"飞得更低。

空中分列式持续了整整三十分钟。低飞飞机发动机的声音太响了，"密苏里号"甲板上的人不得不提高音量才能让别人听见自己的话。"米克"卡尼称其为"一场精彩的表演，太过瘾了"，还说那大规模的空中分列式"肯定会让那些蠢蠢欲动的家伙止步不前"。[56]

盟军涌入了这个被打败的国家，指定了14个主要占领区，覆盖了从南方的九州岛到北方的北海道岛，包括所有城市和工业区，所有陆海军基地，所有重要的战略性水道和沿岸港口。在大部分占领区，都会由前锋先行空运抵达，占领一处能够稳定起降货运飞机的机场，再和附近的港口建立联系，这样补给物资和增援部队就能从海路过来。"密苏里号"举行投降仪式三天后，第1骑兵师和第11军的重装甲前进巡逻队开进了东京，占领了主要道路和桥梁，准备迎接9月8日占领军主力的到来。到1945年9月底，美国第8集团军已有总共232 379人进入日本中部和北部，包括整个大东京地区和关东平原，同时美国第6集团军也开始向本州岛南部余下的大阪-京都-神户地区和四国岛进行空运。第6集团军的司令部在大阪湾入口处的和歌山上岸，两天后在京都正式投入运作。第2陆战师和第5陆战师分别在九州岛的佐世保和长崎登陆，随后在地面上推进，占领了日本南部这座大岛上所有的港口和城市。在对日占领的高峰期，进驻日本的盟军部队将超过70万人。[57]

在许多偏远地区，占领军只有一点象征性的兵力，假使日军中那些不听话的极端分子决定一战，这些占领军很快就会被消灭。麦克阿瑟将军司令部提交的一份报告称，对日占领"虽然有备而来，但仍是一场军事大赌博"。[58]美国人赌天皇的意志和权威能够在精神上降住日本人，尤其是那些还没有放下武器的日军官兵。这场豪赌收获了奇效。在这个人口众多的国家里，从东向西，由南到北，甚至没人向盟国占领军开过一枪。从战争向和平的转变之突然、之彻底，令人猝不及防。就在三四个星期前，日本人还在准备用竹枪和菜刀迎战入侵者。现在他们却如同对待贵宾般对新来者报以鞠躬和笑脸。

美国陆军中士理查德·伦纳德于9月11日在和歌山上岸。他的排是乘坐希金斯登陆艇突击上陆的。涉水上岸时，他们的枪都上了膛，但是手无寸铁的日本老百姓却带着热情的笑容欢迎了他们，小贩还向他们兜售小饰物和纪念品。来自巡洋舰"蒙彼利埃号"的水兵詹姆斯·费伊第二天在神户附近上岸，他和同一艘舰上的几名战友步行探索了这片区域。日本人好奇地看着他们，但是并无惧怕或敌对之意。一排挖甘薯的妇女被这些美国水兵奇怪的身高逗乐了——在她们眼里美国人太高了。"我们和她们一起笑了起来，"费伊在日记中写道，"每个人都很愉快。他们很友好。"[59]

占领军和日本人都接到警告，互相不要走得太近。但是两边似乎都没几个人搭理这条禁令。一个年轻的日本男子邀请费伊和另一名水兵到自己家里做客，见见他的家人。费伊如此描述这一次拜访："他们的家很漂亮。我看得出他们都是好人。一间屋子的一角放着一张漂亮的大桌子和一台收音机。他们的墙上还挂着裕仁天皇的画像。对他们而言，他就是神。离开时我们握了手，挥手道别。"作为经历了许多次海上恶战和"神风"攻击的老兵，费伊惊讶地发现这些普通日本人都那么诚实而勤奋，"和世界上其他任何地方的人别无二致"。[60]伦纳德中士对此表示赞同。在写给未婚妻的信中，他说"普通日本人也和你我一样不会去想'统治世界'那样的事情。他只是普通的木偶，参加战争只是因为别人要他这么做，而且别人要他怎么做，他就怎么做"。[61]战争中，伦纳德恨透了日本人，恨他们所有人，但是现在，他发现这种感觉已如同半梦半醒时的梦境一般渐渐消散：

> 我本来是个生性多疑之人，但是我应该去恨谁？我在火车启动前卖给一个男孩一包烟，他为了把烟钱交给我，追着我的火车窗户跑了 50 码，我能恨他吗？有个老者请我们到他家里共进晚餐，还把传家宝送给我们做纪念品，我能恨他吗？在大街上跑过来抱住我的孩子们，我能恨他们吗？难道恨那个有一天晚上绕了几英里远路送我回家的日本卡车司机？或者是那个跑过来把她唯一的布娃娃送给我做礼物的（大约 4 岁的）小女孩？我的答案是，我做不到。[62]

日本人也是一样，发现大部分美国人天性良善而礼貌后，他们也长舒了一口气。那些要接收占领军第一批先头部队的社区原本都很害怕。老百姓仍然受到战时宣传的影响——也有可能是因为他们知道海外的日本军队都干了些什么——觉得自己将会遭到虐待、劫掠、屠杀和强暴。[63]许多妇女和女孩子都逃到了遥远的山村。另一些女性则躲在屋里，藏起来，把自己打扮成男孩子，往脸上抹煤灰，把自己扮丑。有人甚至身携利刃，随时准备割脉自杀。当美军士兵第一次出现在东京以北的宫城县时，一群被疏散的小学生躲在自己的宿舍里，从窗户纸上的洞里向外看。他们觉得自己看到的不会是人类。"我们觉得，'他们肯定长着角！'"有人回忆道，"我们都想象着会看到头上长着角的凶恶魔鬼。当然，我们失望了。他们根本没长角。"[64]有些小男孩跑了出去，然后兴高采烈地拿着巧克力棒回来了。

日本人注意到了美国人的小善举。在电车里，美国人常常会把自己的座位让给孕妇和老人，这种习惯在日本还不太常见。他们发现美军军官和士兵们都更加随和，军官和士官们不会殴打下级。美国大兵们天生喜欢小孩子，小孩们很快发现向这些新来者要东西是个稳赚不赔的买卖。他们操着半生不熟的英语说："Gibu me candy"（给我糖），或者"Gibu me chocolate"（给我巧克力）[*]。[65]一名日本妇女告诉美国战略轰炸调查组的一名调查员："下雨时，美国的汽车会尽力避免把泥水溅到路人身上，我很感激。"[66]一个在东京的狭窄街道上拉车的人被一辆迎面开来的美军卡车堵住了。"他们把卡车停了下来，把我的小车抬到了卡车另一边，"这个人讲述道，"他们

---

[*]　日本孩子把 give 读成 gibu。——译者注

笑着和我说再见，然后走了。我泪流满面。是的，他们都是很好的人，不是吗？说来可笑，当我再次拉起车的时候，我感受到了一股前所未有的力量。"[67]

日本人理所当然地觉得他们将会被要求供养占领军。在日军侵占的外国土地上，向被占区的老百姓征粮是标准做法。但是由于战争严重破坏了农业生产，加之预计占领军会来大吃特吃，大规模的饥荒看起来就要不可避免了。投降后，农业省和经济委员会的官员们发出警告，日本国内的粮食产量将远远无法满足即将到来的冬天的最低需要。但是 8 月 18 日，麦克阿瑟的司令部宣布，占领军将自行解决给养问题。[68]实际上，占领军还会常常拿出粮食来给当地百姓解危救难，其中许多都是出于善心的非官方行为或专门的慈善行为。在横须贺军港，日本投降后不久，美国人就给当地百姓送来了"20 卡车的面粉、燕麦片、罐头食品和大米"，第二天，又有 11 辆装着"医疗物资、毯子、茶叶和其他东西"的卡车开了过来。[69]在东京南边的一座陆军兵营，铁丝网围栏上出现了几张饥饿的小脸。老规矩，士兵们把吃的拿给了这些小孩。消息不胫而走，更多的人跑了过来，到最后每天早晨都会有妇女和儿童在兵营大门口排成长队，士兵们则把罐装 C 型口粮装在粗麻袋里送出来，他们的指挥官则装作什么都没看见。

在东京的一个社区，美国人向市民分发固体酒精，但是这种便携式烹煮罐的功能和用途却遭遇了语言障碍。拿到东西的人打开罐子，把这些燃料倒进嘴里，一阵恶心之后吐出来，说美国人想要毒死他们。这一说法很快不攻自破，有个认识一点英语的街坊发现罐子上原本就写着"poison"（有毒）。最后，一个日裔美籍妇女化解了误会。"他们看着我把火柴伸向罐子时都一脸敬畏！"她说，"这里燃料很紧缺，当人们知道怎么用固体酒精的时候，他们都很感激能得到它。"[70]

占领军也不总是彬彬有礼，遵纪守法。深仇宿怨很难消退干净。占领军中的很多陆军和陆战队士兵都是参加过太平洋上残酷岛屿作战的老兵。有些人觉得以前的敌人表现出的善意十分古怪而且令人不安，因而拒绝信任。获救战俘的悲惨状况更激起了他们的愤怒。占领军军人在日本也犯下了不少罪行，包括抢劫、强奸和杀人。但是这些罪行却很难统计，因为占领当局不允许报纸报道这些事情，也未保留其内部军法审判的详情。（对日占领的史料对此很少予以关注，美国档案中也很难找到这方面的内容。）为了减少性犯罪，日本政府甚至建立了"特殊慰安设施协会"，招募了数以千计的下层社会女性到横须贺和其他基地附近的妓院里充当妓女。美国当局也认可了这种设施，甚至还允许军医去为这些女性检查身体（他们在夏威夷和其他地方也做过这种工作）。[71]

看到日本女人和占领军官兵出双入对，许多日本人都极为愤慨。他们把这些涂着亮红色口红，穿着尼龙丝袜和高跟鞋，常常和美国军人一同坐在吉普和卡车上的日本女孩称为"青楼女子"。在被占领之初那艰难困苦的几年里，她们吃得、过得显然比其他日本人都要好。

据艾克尔伯格将军说，他的第 8 集团军部队只遭到过一次"有组织的抵抗"。在位于横滨和东京之间的山田，一群联防队员不让未执勤的美军进入。两个美军还被绑起来揍了一顿。艾克尔伯格下令给他们点颜色看看，于是"装甲车辆组成战斗队形，在山田的街

诸神的黄昏：1944—1945，从莱特湾战役到日本投降

上巡逻了几个小时"。肇事者也被抓起来扔进了监牢。[72]

但是这种事无论在占领军还是日本人眼里都被视为偶然而非常态。总的来说，日本人欣然接受了战败，而且尽可能从中获益。日本政府原有各部门都还在麦克阿瑟司令部的监督之下继续运转。日本军队也接受了占领军的管理，基本没有表现出什么敌意和怨恨。军官们心甘情愿地配合让自己的部队复员的工作，并销毁残余的飞机、弹药和枪炮。职业军人之间的关系也很融洽。日本海军的原为一大佐回忆说，当他在9月23日把九州岛的一处自杀快艇基地移交给一名美国海军上校时，"这名美国上校表现得更像是一个朋友，而不是征服者，这令我感到吃惊"。[73] 例外情况很少，但也不是没有。同一天在近旁的长崎港，一艘日本海防舰的舰长"以粗暴和挑衅的态度"对待一支美国海军代表团。这件事被报上去之后，这名闹事者被逮捕，赶出了日本海军，这表明当局已经决意要加强双方的配合。[74] 对日占领的初始阶段，一切都如此顺利，于是在"密苏里号"投降仪式之后不到一个月，麦克阿瑟将军便宣布盟国军队在日本的数量将于1946年7月下降至20万人。[75]

意识到他们过去的敌人良善而且值得尊敬之后，日本人在感到惊讶和轻松的同时，另一种感觉也油然而生。普通日本人突然开始意识到他们被自己的领导人骗得有多么彻底。战时的宣传言犹在耳——他们很难忘掉——但现在看来，那简直是愚不可及。《波茨坦公告》要求，"欺骗及错误领导日本人民使其妄欲征服世界者之威权及势力，必须永久剔除"，这个国家必须彻底清除"穷兵黩武主义"。[76] 无论他们的战后政府制定什么样的政策，日本人民都会自己来满足这一条件。战时的那些军政府领导人遭到了广泛的鄙视。

尾 声

这种态度甚至在投降之前便已扩散开来，只不过畏于镇压而从未公开表达出来而已。现在，它们都浮出了水面——那是对战争以及把日本拖入战争的人的一种发自内心而源于本能的深刻憎恨。"我恨军人，"畑中繁雄说，他的想法很有代表性，"由于受到的教育不同，我觉得他们完全是另一个人种。军人们会在特殊场合穿上礼服，但脑子里充满幼稚的想法，思维简单。"[77] 随着日军士兵从海外回来，许多普通老百姓第一次知道日本犯下了多么严重的战争罪行。一个年轻女孩无意中听到几个士兵冷漠地谈论着他们在中国犯下的罪行，笑嘻嘻地聊他们强奸过的女人的数量。她为自己原先支持战争的想法感到恐慌："现在我受不了这样想了。"[78] 正如寺崎英成的妻子格温观察的那样，"现在，他们比历史上任何时候都更仔细地审视自己，日本人不仅意识到了军国主义者是多么疯狂，也意识到自己曾经是多么无知才会信任这伙人。幻灭感令他们痛彻骨髓"。[79]

回顾这场刚刚输掉的战争，日本领导人也为他们自己的愚蠢而哀叹。被人问及太平洋战争的转折点时，米内大将答道："坦白地说，我觉得开战便是转折点。我从一开始就觉得毫无胜算……我至今仍然认为，鉴于当时的局势，我国的战争实力，那样的计划并不合适。"[80] 1945 年秋季，在接受美国战略轰炸调查组审讯时，许多日本领导人都表达了相似的观点。1941 年 12 月，他们进攻美国和盟国的致命决定是基于一系列错误的假设而做出的。他们以为战争可以速胜，从而避免让美国的经济力量发挥决定性作用的持久消耗战。他们还以为纳粹德国在欧洲是不可战胜的，英国和苏联将在德国的铁蹄下臣服；以为连接日本和马来群岛石油产地的海运线能够免遭潜艇攻击和空袭；以为美国海军舰队主力将会闯入西太平洋，并在一场决定性的海战中被歼灭，让日本海军重现在 1905 年对马海战中取得的大捷。

日本人从小就被教育说他们是一个与众不同的民族，有神圣天皇的指引，有千古诸神的庇佑，肩负着统治亚洲的神圣使命。由于对美国文化和民主的浅薄思维定式，日本人错估了对手的血性和勇气。他们觉得美国人不愿意在地球另一端打一场持久、血腥的战争。觉得自己的敌人被优越的生活变得软弱而颓废，毫无希望地沉迷于灯红酒绿。美国是个大杂烩，移民国家，缺乏凝聚力，没有高尚的追求，被种族、民族、阶级和意识形态的内斗拖累得虚弱无比。美国女人都有投票权，这样她们就会施加政治影响，抵制把她们的儿子和丈夫派到遥远的异国土地上去打仗。美国经济体量虽大，实力虽强，但若无法进行战争动员，那也没有意义，而且寡头资本家也不会愿意去改造他们原本利润丰厚的产业。袭击珍珠港就是为了打击美国民众的士气，面对如此灾难，资本家们的反应将会是迫使华盛顿求和。"我们以为我们能轻松搞定他们，"一名日本高级将领后来承认道，"一个如此深陷物质享受，一心追求欢愉的种族，在精神上是堕落的。"[81]

如果这些假设都没错，日本就会打赢太平洋战争，或许今天已经是这一地区的霸主了。哪怕只有一部分假设正确，日本或许也不至于沦落到为了保持主权完整而痛苦挣扎的地步，甚至还可能保留一部分海外占领区。但结果我们都看到了，所有这些假设都在不同程度上犯了错误。从某种意义上说，正如米内大将和其他人参透的那样，太平洋战争的结局从一开始就注定了，日本的战败甚至在

1941 年 12 月便已可清楚预见。更糟的是，有些默许发动这场打不赢的战争的人，也在一开始就预见到甚至预言它会失败。这样看来，太平洋战争其实是东京政治失败的产物——这种灾难性的失败，是一个政府乃至一个国家历史中最糟糕的事情之一。

在 19 世纪的明治时代，当日本武士阶级的精英第一次想要让他们封闭而落后的国家现代化和工业化时，他们就知道自己需要从国外进口原油和其他日本本土缺乏的自然资源。对外贸易满足了这种迫切的需要，尤其是和美国、英国、荷兰及其在亚洲的控制区与殖民地之间的贸易。1940 年时的日本军国主义政府明明知道自己的这一基本经济环境，却还是选择和欧洲的两个法西斯国家德国和意大利结盟，它们不仅不是原油和其他原材料的主要出口国，而且还已经（或者即将）和向日本出口这些物资的国家开战，这对日本的国家利益是致命打击。换言之，东京选择了和自己的主要贸易伙伴为敌，却和对自己固有的物资短缺毫无益处的国家结盟，从而导致了完全可以预见的经济危机和能源危机。在原油和其他原材料进口被贸易封锁切断后，日本政府又错上加错，向东南亚实力虚弱且没有做好战争准备，但潜在工业军事实力至少是日本十倍的国家（美国）发动进攻。

明治宪法为陆军和海军赋予了特权，将他们放在可以直接向天皇进言的位置上。另一方面，天皇则拥有指挥武装部队的广泛权力。但是到 20 世纪 30 年代，天皇的权力已经被诸多法律先例一再削弱。（如果有一个比裕仁更强势的人在位，或许能把国家之船带入安全水域，但我们对此只能是猜测。）两大军种不仅主导着自己的资金预算和政策，其霸权甚至还伸向了国家的民政事务。不得到陆军和海军的共同认可，便不能组建内阁，也不能任命首相，这种认可还能随时撤回，导致政府垮台。但日本却没有能够解决两大军种之间争议的机制，而且除非陆海两军观点一致，否则就什么事都做不了。核心权力层的决策被达成共识的需要所左右，而两大军种自己的利益都能得到满足时最容易达成共识。日本政府的这一特点在20世纪30年代时变得代价更为高昂，陆海两军的内部竞争变得愈加激烈，他们都想要在经费和关键原材料的争夺中占据更有利的位置。这样，国家的主要外交政策和国防政策也受制于军种之间争夺预算的目的。

几十年来，日本海军一直把美国当作他们制订计划时的"假想敌"——这并不是因为他们真的想要找美国打一仗或是预计会与美国开战，而是因为这样对他们争夺预算有好处。海军制订"南进"攻取东印度群岛的战争计划，其主要原因是有这样一套计划才有理由建设一支大规模舰队。当1940年和1941年遭遇危机时，东京的海军将领们并不是真的想要在太平洋上开战，但他们却不能这么说，怕陆军会把对预算和原材料的控制权抢走。不过，大将们并不一定是海军中最重要的决策者。措施和决策开始越来越多地受到军令部或海军省中那些中层军官精英的摆布，而这些人鲁莽地想要把日本拖入战争。这些年轻的鹰派中佐和大佐会编造各种估算和统计结果来支持发动战争的提案，并迫使他们的上级对其信以为真。那些逻辑合理的反对意见则会被吼回去。当负责战争动员的海军少将警告说日本的造船能力十分有限，不足以支撑对美开战时，一名大佐哭求道："这样的估算会让我们打不成仗的！"[82] 不知何故，海军将领们无法承受那些不守规矩的惹事下级"近乎威胁的施压"。[83] 他们被裹挟在了宿命论、一厢情愿和狂热好战交织而成的潮流之中。"许多人从最开始就知道，向盎格鲁-撒克逊人开战是非常不明智的，"战前最后一任驻美大使野村将军如是说，"但情势就这么发展了下去，他们身不由己地滑向了战争。"[84]福留繁将军后来觉得，决定开战的整个过程"十分奇怪"。他回忆道："当我们面对面私聊的时候，我们［海军领导层］全都想要避免战争，但是当我们开会时，结论却总是一步步地指向战争。"[85]

在反对对美开战时，山本五十六大将总是反复向他的同僚强调这一点。他警告说，日本没有任何希望征服并控制美国，但美国征服并控制日本却是有可能的。作为一个赌徒，山本意识到此举的风险收益比是十分不划算的。1941年之前，日本在西方帝国主义面向全亚洲的鲸吞蚕食面前守住了自己的独立和政治自主权。而选择对美开战时，日本人却押上了这最宝贵的财富——独立和自主——去赌那可疑的未来收益，即征服和统治中国、东南亚和太平洋诸岛。

战争以日本人的海空两栖闪击战拉开了序幕，他们突然袭击了珍珠港里的美国战列舰队，歼灭了菲律宾的美军航空兵和马来亚的英军航空兵，击沉了两艘在海上做足了战斗准备的英国战列舰，席卷了属于美国的威克岛和关岛，在爪哇海消灭了盟国舰队，将英国人赶出了中国香港和缅甸，将麦克阿瑟的部队围困在了巴丹半岛，在新加坡俘虏了7.5万英军，在澳大利亚的达尔文港投下了炸弹。这一连串辉煌胜利似乎佐证了把日本带入战争的那些假设，让反对者闭了嘴，却也让尽早通过外交手段结束战争失去了可能。日本人证明了自己是远比西方人原先想象中更强大的敌人，但是进攻之初的惊人胜利更多还是因为盟军在当地的力量弱于日军。在日本国内，这些早期胜利被大肆宣扬，但是随后战局在珊瑚海和中途岛的逆转却被小心掩盖了起来，公众无法得知，实际上除了军事高层圈子之外，其他人全都不知道这些事。在1942年的所罗门群岛战役中，日本的海军航空兵遭到了惨重打击而且再未真正恢复；舰船损失严重而且无法弥补，日本陆军也在瓜岛上丢掉了差不多3万人。日本海军的作战行动常常缺乏弹性而且可预测，美军也发现他们缺乏适应性并开始加以利用。许多一线军官都意识到了这个问题并试图解决，但是僵硬的指挥习惯已经令日本海军深陷其中。三个世纪前，著名的日本兵法家宫本武藏就指出要善于应变，他称其为"山海相易"。

"山海相易"的含义是，不要反复做同样的事。可一可二不可再三。对敌人使出招数时，如果第一次使用未奏效，那么再试几次也不会有什么好结果。彻底改变你的战术，改弦易辙。如果还不奏效，那就继续想别的办法。

因此兵法讲究"敌如山则我如海，敌如海则我如山"。这需要深思熟虑。[86]

到1942年底，美国经济的工业-军事实力已经体现在了战场上。美军的南太平洋反攻从所罗门群岛开始，沿着岛链向西北方推进，在1944年2月越过了日军在当地最强大的堡垒拉包尔。据一名日本情报官估算，进攻盟军跳过了17座日占岛屿，将16万日军丢在了自己后方。没有一个被越过的岛屿上的守军能够完全撤回来，因此只能把他们留在岛上自生自灭，后面的战争中他们也就发挥不出作用了，其中大约1/4的人后来死于饥饿或热带疾病。[87]日本人对于这种越岛战略无计可施，对此恨之入骨，却不得不接受现实。而在北边同步展开的，沿着中太平洋的密克罗尼西亚群岛向西推进的另一路进攻则更具决定性。美国海军在马里亚纳海战（1944 年 6 月 19 日至 20 日）中的胜利使日本航母航空兵遭遇不可逆转的彻底失败，而对塞班岛和关岛的占领则为新服役的 B-29"超级堡垒"提供了足以打击东京和关东平原的机场。1944 年 6 月至 7 月间的这些战局已经决定了日本最终的战略失败，而无论后续战役战况如何。

如果太平洋战争是一场高手之间的棋局，那就不必下到最后。一旦胜负已定，任何一个高手都会觉得没必要再下下去了。一旦预见到他的"王"很快就会被吃掉，日方棋手就应该弃子认输，和对手握手言欢了。但这是战争，不是下棋，而且日本的情况使其直到败局已定的很长时间之后才有可能去议和。这样，在 1945 年 8 月棋局结束之前，还有 150 万日本军民如同牲口一般成为祭品。在战争最后一年死亡的这 150 万人，占从 1937 年到 1945 年日本在整个亚洲和太平洋战争中死亡总人数的近一半。[88]

然而，即便在这最后一年的战争中，日本军队仍然展现出了十足的勇气和胆量，时不时还会打出漂亮仗来。日本陆军已经基本不再向纪律严明、武器精良而且工事坚固的盟军部队发动代价高昂的大规模刺刀冲锋。尤其是在佩里琉、硫黄岛和冲绳岛上，日本陆军充分发扬了其天才的地下防御工事或曰"蜂巢阵地"的优势，大大抵消了美军在炮火和空中力量上的优势。日本海军也造出了一批新型战斗机，这些飞机在其残存的精锐王牌飞行员手中足以匹敌美军的"地狱猫"、"海盗"和"闪电"——只不过这种飞行员的数量已经不足以逆转战争大势。带着胜利者的洒脱，盟军航空专家还乐于承认日本川西公司设计和制造了世界上最好的水上侦察机。"神风"自杀攻击为日本所特有，也只有在那独特的文化背景下才会出现。但是从战术上说，这些自杀机更像是未来的武器，它让日本人得以提前用上了制导导弹，而此时任何其他参战国都还没有这种武器，也没有有效的办法来对付它们。

战败后，日本人筋疲力尽，厌倦了战争，幸存下来的人们对未来普遍充满忧虑。民众固然不用再担心政府来镇压自己了，但是另一方面，战后的生活和战时并无太大差别。没有人能够预见到后来在 20 世纪七八十年代让日本骤然繁荣，成为世界主要经济体的"经济奇迹"。此时，腐败问题随处可见，陆海军军官会把大量军用物资偷出来，拿到黑市上去卖。当回国军人从各地港口涌入日本时，大批在 1944 年至 1945 年间离开城市的难民也掀起了回城潮——这样的难民大约有 1 000 万人，或者说每 7 个日本人中就有 1 个人——回流到被炸毁的城市。"我们每天的生活充满了艰辛和无法预知的危险，"竹山道雄在 1945 年秋季的日记中写道，"我们找不到方向。过一天算一天，挣多少吃多少，这成了我们生活的常态。"[89]

对战争的记忆已经淡去，一种沉默和遗忘的文化在战后的日本扎下了根。1947 年，一名日本记者称，1942 年就如同 30 年前那般遥远。[90] 在城市中，废墟被装在大车里拖走，灰烬上建起了新的高楼大厦，许多年轻人根本不知道他们所在的整个社区都曾被烧成平地。然而，家家户户都把小房间或者壁龛布置成了小祭台，家人们在这里怀念自己死去的丈夫、父亲或儿子。小祭台上摆放着照片和海外寄来的信件，烧着香，还有一个木质骨灰盒——如果他们能收到骨灰的话。但这些都是极为私密的行为。井上仁志表示，他不想去回忆那些可恨的陈年旧事。他无疑说出了许多和他一样的太平洋战争老兵的心声。当他从脑海中搜寻这些回忆时，井上更愿意自己一个人静静沉思。他觉得这些回忆不应该公之于众，不该成为集体共有的记忆，当然也不应该公开讨论或者在学校里教给学生：“我们谁能没有些不愿回忆的事情呢？或多或少都有吧。我们不想让别人来揭我们的旧伤疤。”[91] 在 20 世纪 80 年代的一次采访中，住在东京的一位老人说他一直在努力忘掉战争，但可怕的回忆还是会不时浮出脑海——当他在银座漫步时，“我看到某个地方后突然会想，‘轰炸时我就躲在这堵墙旁边’”。[92]

关于这场战争，大部分日本人都只记得是日本遭遇了一场悲剧，却不记得是他们自己的国家蓄意发起了这场巨大的恶行。关于战争责任和自我反思的话题通常是禁止在公开场合谈论的。许多日本人觉得，战争罪的事情已经由远东国际军事法庭组织的东京审判、终战条约以及重组日本政权清算过了。战后的审判法庭已经对甲、乙、丙三级战犯定了罪，日本人便相信罪犯们已经受到了正义的惩罚，普罗大众也就不再有什么战争责任了。时至今日，当论及战争责任及其带来的灾难时，许多日本人仍然倾向于拿战后的审判来回应，强调官方行为、政府声明或者条约条款。在日本公众看来，这个国家的动机是好的，日本军队犯下的战争罪行固然可恶，但并不甚于其他国家的罪行，而且日本的战败是有价值的牺牲，因为它将亚洲从西方的殖民中解放出来。有些日本右翼分子仍然宣称日本是别无选择才发动战争的，是为了打破盟国的“包围”，事关国家存亡。1945 年 8 月，当天皇的“玉音”通过广播传开时，整个国家突然做出了几乎令人难以接受的 180° 大转弯。那些曾经支持战时政府意识形态的艺术家、作家和学者把自己的旧作藏进了档案柜，或者付之一炬，一切重新开始。那些原本在课堂上宣扬极端民族主义和军国主义价值观的老师现在宣布："从此往后是民主的时代了。"[93] 老师会要求学生们打开课本，把会惹麻烦的书页撕掉或者用墨水涂掉。能在这些原本必须顶礼膜拜的教科书上乱涂乱画，这可是个新鲜事，许多小孩子都兴高采烈。[94] 原本要拿去造飞机的杜拉铝（一种硬质铝合金）现在被批发到了黑市上，卖给工厂重新做成消费品。过去说铸剑为犁，现在是铸三菱零战为簸箕和锅碗瓢盆。[95]

在占领期间，麦克阿瑟的诸多政策强化乃至激发了日本人普遍存在的遗忘症。按照最高指挥官的命令，日本公共部门未对战争历史遗迹做任何系统性的保留——没有纪念物，教科书里不提此事，也没有国家博物馆。把裕仁留在皇位上作为国家象征和尊崇对象（如果说不再是崇拜的话）的决定，带来了一种连续感。赦免天皇，看起来只是为了方便占领和在亚洲建立对抗苏联的堡垒所付出的一个小小的代价。批评天皇在战后的日本是被严格禁止的——被称为"菊禁"（chrysanthemum taboo，菊タブー）——日本的上层民意也认可他只是被军国主义者阴谋控制了的橡皮图章而已。他治下的日本年号继续被称为"昭和"，直至裕仁天皇 1989 年去世为止。

此时，距离马修·佩里准将的"黑船"开进东京湾，强迫不情愿的日本人向外部世界打开国门仅仅过去了 92 年。92 年，不足一个世纪，长寿的人活过这么久也不稀奇。1945 年，年纪最大的日本人还能记得自己儿时在德川幕府治下的生活，那时候统治国家的还是武士，他们身穿漆甲，用武士刀和长矛作战。在这段时间里，日本人经历了历史性的剧变。他们一往无前地实现了现代化和工业化，他们的陆海军成了在全世界都令人生畏的力量，并令一些原本领先的西方国家遭受了耻辱的失败。在狂热军国主义分子的统治下，他们出动大批军队和舰队，横行亚洲和太平洋，给整个区域带来苦难，使他们在邻国眼中变得可耻。噩梦以日本的彻底战败而告终。未来将会如何？躲在白头鹰的翼下，日本如何才能振兴？1945年时无人知道这一点，或许真正的答案还要再等92年才能揭晓。

从阿留申到新几内亚，从密克罗尼西亚的环礁到菲律宾的绿色丛林，在一处又一处遥远的太平洋岛屿上——所罗门、吉尔伯特、阿德默勒尔蒂、马绍尔、俾斯麦、帕劳、东印度、马里亚纳、琉球、小笠原群岛，以及火山列岛——登陆滩头都是一片狼藉。锈迹斑斑、满身弹孔的登陆车艇被丢在浅水中或半埋在沙地上，任由海水冲刷。往内陆走几步，在树林边上，断裂、熏黑、炸碎的棕榈树干倒在地上，如同火柴棍般散落一地。在被摧毁的火炮阵地和碉堡里，钢筋歪歪斜斜地扭曲着，上面耷拉着破碎的混凝土预制板。废弃的散兵坑和暗堡成了老鼠、蛇和蜥蜴的家园。军人们丢弃的杂物散落在灌木丛下，堆在沟底：有口粮罐，用过的纸箱，血浆瓶，弹药箱，背包，水壶，担架，铲子，各种各样你能想到的东西——其中有些会被清洁人员扫走，有些被当作纪念品捡走，有些被当地人拿走，还有一些则会被时光逐渐掩埋，就像古代的化石那样。

在天气炎热、草木繁茂的南太平洋岛群上，密林很快会宣示自己才是这里的主人。不到一年，藤蔓就会爬满那些锈迹斑斑的推土机、坦克、大炮。最终，绿色植物将彻底吞没这些战争遗迹。损毁飞机的残骸散落在被废弃的跑道旁——有斜倒在地的，有底朝天的，有机翼和尾翼被拆下来的，乱作一团，油漆和机徽在日光的照射下逐渐褪色。在众多潟湖和锚地中，人们能看到数百艘生了锈，漏了油，满身盐渍的船壳：有运输船、油轮、辅助船，以及设计时候就没打算用太久的移动干船坞，它们在二手市场上不值什么钱。这些废船中有些会被拖回去拆卖，废旧金属再利用；有些会被拖到大洋上自沉；其他的就这么遗弃在锚地里。马绍尔群岛的有些这种破船还被当作核武器试验的靶标。

许多岛上都有军人墓地——长长几排整齐的白色十字架，间或还能看到大卫之星。有些十字架旁边的地上摆放着头盔或其他纪念物，充当标记。在那些大规模的战场上，死者送来得太多太快，掩埋组来不及处理，这样死者有时就会被集中埋进大公墓里，这是推土机草草挖出的长沟，只插着一个大墓碑，写着埋葬日期。战死者的"狗牌"都会被取下，而且——如果有可能的话——每个死者的位置会被记下来。大部分埋葬在太平洋战场上的美国陆军和陆战队军人后来都会依照他们直系亲属的意愿而迁葬到另一处最终的安息之地：要么是海外的某处永久性军人公墓，要么是美国国内的国家公墓，要么是死者家乡的私人墓地。在全世界的 279 867 名阵亡美军中，171 539 人的家属要求将其遗骨迁回美国。[96] 其余大部分也都进行了迁葬，至少迁葬了一次，有时是两次，迁移到国外的永久性大型墓园中。

和第二次世界大战中美军其他所有军事领域的行动一样，这些迁葬工作的规模也很大。这项工作交给了美国陆军军需办公室的墓地登记处（Graves Registration Service，缩写 GRS），其在高峰时雇用了 1.8 万军民。挖开战场坟墓时，墓地登记处的工人们都戴着面具和覆盖到胳膊肘的厚重的橡胶手套或皮革手套。他们会使用锅铲式的大铲子，把遗体从土里铲出来，翻到打开的帆布裹尸袋里，然后拉上袋子的拉链，用绳子将其拖到地面上。人们发现这套做法最为高效，而且最能保证士气，因为这样可以让迁葬组的工人们"不会沾到腐肉和液化的遗骸"。[97] 每天的工作结束后，人人都会把当天的衣服烧掉，第二天再换一套新制服。在冲绳，美军墓园非常大，标识工作也做得不好，因此常常需要打开多个墓园才能找到某一个人。根据墓地登记处的资料，有一次，他们"打开了84个墓地，只为了找一个不知道埋葬位置的人"。[98] 如此，迁葬组的许多人都患上后来被称为"创伤后应激障碍"的综合征，也就不让人感到意外了。

据权威资料，美军在太平洋上的战死者总数为 111 606 人，包括 31 157 名美国海军官兵。其中大部分人都长眠于"戴维·琼斯的柜子"*里，迁葬组无法触及，永恒的蓝色大海就是他们的墓地。[99]

活着的人自然一心想着回家，越快越好。他们的家人也一样盼着他们回来。在华盛顿，白宫大门外每天早上都有人示威，要求把自己的丈夫、儿子、父亲送回来。信件也如雪片般飞向国会。有些美国人想要立刻停止征兵——但是其他一些人，包括那些仍然穿着军装的人，则游说政府扩大和平时期的征兵规模，这样替换的部队就可以派往海外，让那些老兵尽快回家。[100] 眼见战后的种种威胁——苏联、中国和朝鲜半岛的各种问题——正在东亚逐步显现，美国军队领导人提出警告，不要草率撤出亚洲，以防破坏这一区域的稳定。

---

* 传说有个叫戴维·琼斯的酒吧主会把喝醉、赖账的人装进橱柜扔进海里，因此水手用"戴维·琼斯的柜子"来指代"长眠海底"。——译者注

但是那些平民出身的陆海军士兵、陆战队员和飞行人员觉得自己的任务已经完成，现在都急不可耐地想要回归自己的生活中去。正如太平洋上一名基层海军军官所言："我们每一个人不仅应该立即回家，而且应该比其他人都更早回家，我们看不出有什么原因不准我们这样做。"[101]

关于退伍的优先顺序，美军是有硬性规定的。那些"点数"最高的军人将被第一批运回去。"点数"是根据多个不同变量计算出来的，包括年龄、服役时间、海外服役时间、参战天数，以及所获荣誉的数量和类型。已婚军人会增加一些点数，如果是当了爸爸的，那么每个孩子也都会有一些点数。塞缪尔·海因斯写道，那是个"足够理想的体系，没人抱怨。我们只要算自己的分数，排出离开的顺序，然后等着就行了"。[102]但是这样一来，第一批回国的人不可避免地会是那些更年长、更富有经验的老兵，包括许多士官。他们的突然离开使得战斗部队在各个层级上都失去了领导核心和作战经验。野战部队和特混舰队指挥官不愿让他们最富经验的老将就这么走掉，因此想方设法钻空子把他们留下来。规则允许各地指挥官出于军事需要而对某些关键人员的退伍进行"冻结"。但这种冻结很不受欢迎，还在华盛顿引发了抗议。于是金上将开始采取措施，限制这种做法。1945年9月，他向所有海军舰船和基地发出了一份命令："所有指挥官应当立即重新考虑所有达到退伍点数却基于'军事需要'而被留下来的人的情况。如继续留用这些人，应当只基于对'军事需要'一词字面意义上和现实意义上的解读。"[103]

在太平洋上指挥一支航母特混大队的拉福德将军担心仓促的复员可能会给美国军队留下"一地鸡毛"，这一情况可能会被苏联所利用。在华盛顿，海军部长吉姆·福莱斯特警告杜鲁门总统，如果继续以这种不管不顾的速度复员军队，"那么陆军和海军都将没有足够受过训练的人员来维持其有效运行"。[104] 乔治·C. 马歇尔将军对塞缪尔·埃利奥特·莫里森评论道："这不叫复员，这叫溃散。"[105]

即便是那些达到足够点数的人也没法确保很快回家。大部分官兵还不得不继续等候，有时要等几个星期，才能在东行的船上得到一张铺位。华盛顿原本预计在德国崩溃后，太平洋战争还将再持续9个月，而日本的突然投降令他们的复员计划变成一团乱麻。许多军队复员所需的船运资源都被投向了大西洋。虽有数百架道格拉斯C-54 和 C-47 运输机在东京、关岛、冲绳、吕宋、夏威夷和加利福尼亚之间飞例行航班，但那些座位要留给将军们、战争通讯员、有关系的下级军官，以及重要的平民。在太平洋各处，中转兵营里挤满了无所事事的军人。在横须贺，一座飞机库里架设了 800 张吊床，人们排成长队领取被单、枕头和毯子。陆海军士兵、陆战队员和飞行人员就混住在这个又大又空旷的地方，直到命令下来让他们登船离开为止。在码头上，懊恼的人们即使没有接到命令，也想方设法要溜到一艘船上，有些人还成功了。据一名陆战队军官说，这种开小差的人大部分不会被追究，只是"随他们去"。[106]

在大复员的一片混乱中，腐败也油然而生。查尔斯·麦坎德利斯是一名"海蜂"军官，在马尼拉，一名文书长对他说，还有 100个人在等自己的复员文件，因此麦坎德利斯需要等待。"我问他，给他 100 美元行不行。他说，给 150 美元，第二天就能拿到命令，我可以次日上午再来。"于是麦坎德利斯付了贿款，拿到了需要的文件。当天晚些时候，他又向运输指挥部的一个人付了 100 美元，在一艘离开的船上得到了铺位。[107]

在一项被称为"魔毯"的行动中，战争海运管理处匆忙改造了546 艘自由轮和胜利轮，以接运回国的老兵。[108]污水横流的不透气货舱里架起了木质上下铺，最高能达到 9 层。那些回国的军舰，包括战列舰、航空母舰、坦克登陆舰，都被拿来充作临时运兵船。航空母舰把舰载机转移到岸上，在机库里装了上下铺。每艘回国的军舰都带上了人——有些装数百人，还有的则装数千人。旧金山是太平洋老兵回国时走得最多的港口，在那里，渡船拉响雾号，消防艇把水枪大角度射向天空，市民们从金门大桥的步行通道向下欢呼。在码头旁的栈道上，老兵们列队走下舷梯，迎接他们的或许会有一支铜管乐队，可能还有一群自愿前来、笑靥如花的海军同盟会女士端着咖啡和曲奇等在那里。这样的接待令所有人心存感激，但是那些家在落基山脉以东的人却发现自己又陷入了另一个困境：由于东向运力不足，他们还走不掉。兵营、航空基地、民用机场和火车站挤满了等候座位、无所事事的军人。美国海军警告军人家属不要前往加利福尼亚迎接他们返回的儿子或丈夫，因为"西海岸港口的住宿极度紧张"。[109]有人想要给东部的家里打电话，但是在 1945 年，打通这样一个横跨大陆的电话绝非易事，这需要投一大把硬币，还要和交换机操作员商议半天。

圣迭戈的中转兵营里气氛忧伤，一名陆战队员形容这就像是"打完了比赛的更衣室，输掉比赛的那种"。[110]人们要和一起生活、一起战斗了数年的战友告别。"道别时心中感慨万千，这大多并非伤感或激动，"陆战队员约翰·沃林格说，"'1945 年活着回家'，我们做到了，几乎难以相信。"[111]

把这大批复员军人跨越整个美国运往东部，令铁路的客运能力难堪重负。过时的火车从旧车场里拖出来临时启用，包括那些烧煤的火车头和从旧西部时代遗留下来的古老的木质车厢。离开旧金山的军人会先搭乘南太平洋公司的一艘巨大的火车渡轮，跨过海湾来到奥克兰。在附近的奥克兰终点站，覆盖着国旗的棺材会被吊索从货轮上吊起，安放到美国陆军运输部队的"停尸房"铁路车厢上。[112] 这些停尸车厢将被挂在一部分客运列车的后面，而这些客车将要送那些活着的老兵回家。

横跨美洲大陆的旅行漫长而艰辛。每一列火车都塞满了人，军人和百姓要么坐在过道的行李箱上，要么躺在头顶的行李架上。从旧金山到芝加哥，火车要走三天。一路上小孩哭闹个没完，灯光时明时暗，洗浴室污浊不堪。车厢里不透气，臭不可闻，而若是打开窗，一名水兵回忆道："就会随风吹进来许多煤烟、煤灰、小石头和鸟毛。"[113] 运兵专列配有炉子、厨具和食品，但是储备的食物常常会吃完而无补充，这时候人们只能饿着肚子。在沿途的火车站，他们会涌下车，伸伸胳膊拉拉腿，再买个热狗或者三明治垫垫肚子，但是只要他们走到月台上，就会有一名军官告诉他们，列车开动之前赶不回来的人，"都会被视为擅离职守，送上军事法庭"。[114]

打赢战争回到祖国之后，这些老兵对军队当局越来越不耐烦了。在许多列车上，纪律开始崩溃。路易斯·奥金克罗斯是个海军上尉，未来当了小说家。他被安排负责一列从俄勒冈州波特兰开往纽约市的列车。这列火车被偷偷带上来很多酒。奥金克罗斯上尉坚持要在车厢里巡查，没收这些违禁品，直到他被几名士官长礼貌地警告，"如果再坚持搜查列车，那么我的脑袋被酒瓶砸开就只是时间问题了"。他明智地接受了他们的建议，纪律就交给他们去管了。在这趟跨越大陆的旅程的剩余时间里，奥金克罗斯一直待在自己的客舱里，读爱德华·吉本写的《罗马帝国衰亡史》。

列车来到美国东部后，许多老兵越发按捺不住回家的渴望。但是如果他们不先拿到正式的退伍许可，就会被判为擅离职守而面临最高军事法庭的审判。"每个人都想回家，""乔克"克拉克将军写道，"我们的许多年轻人没有得到允许就走了。战争已经结束了，海军的规章没用了。"一名被控为逃兵的年轻水兵对克拉克说："我想看我妈妈。"[115] 为了避免逃兵现象过快蔓延，海军费了很大力气在体育馆和公共会堂建立了临时区域复员中心。有些水兵会被请求延长服役。所有人都在此被告知《退伍军人权利法案》或称《军人重新安置法》赋予他们的权利和好处。那些退伍的人都收到了证明文件和一张回家的火车票或汽车票。

第一批回国老兵在 1945 年夏季就从欧洲回来了，等待他们的是欢迎演说、彩旗飘飘、铜管乐队和欢庆游行。在美国西海岸，第一批回国军人也受到了相似的热烈欢迎。但是大部分太平洋战争老兵回国时已是 1945 年秋季或 1946 年春，此时，热情已经散去。美国人民急于忘记战争，他们看到穿着军服的年轻人也再没有什么新鲜感了。那些控制住通货膨胀的战时管制措施正在民意和政治压力之下崩溃。工会要求涨工资，并在大部分基础产业发起了全国性的罢工，包括汽车业、炼钢业、煤炭业和铁路业。老兵们回到了一个蓬勃发展的经济环境中，而没有遇到预期中的战后经济萧条，这倒是个意外的惊喜。但是许多人发现自己很难回到工人大军中去。他们受不了工作场所的政治和内斗。工作看起来毫无意义而且无聊至极，

尾声

没有他们在战争中熟悉的那种统一目标。他们找不到原来在前线部队中那种不可或缺的战友情谊。老兵们发现任何人都无法替代战争中形成的兄弟关系，即便是他们的妻子、父母、兄弟姐妹、好友和孩子也不行。如第1陆战师的列兵尤金·斯莱奇所说："所有的美好生活和奢华消费，似乎都无法替代战斗中产生的友谊。"[116]

许多年轻的老兵重新回到大学，或者参加职业训练课程，但是还有一些人会依靠政府根据《退伍军人权利法案》中的"52-20计划"发放的生活津贴来过日子。山姆大叔每周会给每个老兵发放20美元，发一年，以帮助他们在复员后过渡到正常的社会中。为了解老兵们的情况，这些人每周都必须前往失业保障处报到，说说他们找工作的进展。许多年轻老兵安于在"52-20俱乐部"里吃满一年补贴，他们在邻近的酒吧里靠打牌和掷色子消磨时光，"用尽一切办法来遗忘过去"。[117]第6陆战师的老兵乔治·尼兰每晚都和一帮老兵出去喝酒。有一天，他喝到早晨才回家，他的父亲，波士顿的一名消防员，拦住了他。"听好了，你小子，"老尼兰对小尼兰说，"你要么去工作，要么去上学，这里不许你再回来了。"[118]于是尼兰搬了出去，不久后就找到了一份工作。第6陆战师的另一个老兵比尔·皮尔斯买了一辆摩托车，骑着它和其他几个流浪骑手一起环游全国。他的父母都责备他"游手好闲了一年"，但皮尔斯最后还是靠政府的资助回到了学校。他觉得这是"陆战队战士的又一次可怕经历，坐在那里学习英文、诗歌、商业、数学……我快要疯了"。[119]

幽默作家鲍勃·约德尔发现女人们已经习惯自己讨生活，自己照顾自己了；她们已经学会了一些技能，能够养活自己了，这很可能会颠覆两性之间的关系。看到一群女性技工在一辆汽车上工作，约德尔说："问题的关键在于，她们学到的汽车结构知识已经超过了她们丈夫佯称了解的程度。"他开玩笑说："留给男人们的或许只剩下一些轻微的脑力劳动了。成年男性会勇敢面对这种前景的。反正我们太帅了，不需要工作。"[120] 玩笑归玩笑，困境却真实存在，许多夫妇在战后都认识到了这一点。谢莉·哈克特之前一个人生活，靠在一家滚珠轴承厂的生产线上工作来养活自己，她发现自己很难如丈夫期待的那样去适应家庭妇女的角色。"我记得怎样换汽车轮胎，也能自己照看汽车引擎，但他却要我回到家里，好像我是疯了才觉得自己会做这些事。"[121]

政府资助的公共服务团体鼓励女人们放弃工作，把它们还给退伍回来的老兵。有些人便老老实实地离开了，因为她们愿意甚至急于回到传统的家庭角色中去。另一些人不愿意这么做，却被赶走或者降了级。社会团体和各种广告都在竭力描述完美而幸福的家庭生活，声称厨房里满是能节约时间的现代化工具，而机器可以毫无怨言、任劳任怨地承担起繁重乏味的家务劳动。当丈夫从前线回来，说要看杂志和电影时，妻子应该听话照办。家庭必须是他的港湾，必须是他说了算。"战争结束后，风尚大变，"弗兰基·库珀如是说，她原先在一家轧钢厂里当起重机操作员，"人们都觉得你应该有女人的样子。我们丢掉了工装裤和格子衬衫，戴起鸟羽头饰，穿上荷叶边衣服和高跟鞋。这都是杂志和报纸上宣传的，要让女人回到家里的'正确位置'去。现在就回去，忘了你学会的东西，像个女人。回家，做你的面包，带你的孩子。忘了你曾将他们送进幼儿园，自己则穿起了长裤。"[122] 戴莉·哈恩的丈夫是个陆军航空兵中士，她曾经为他们的战后生活幻想出一幅详尽的画面。大部分内容都是她从《好管家》杂志的文章里看来的。在她的幻想中，她和丈夫住在城郊一座有三间卧室的房子里，"我每天早晨 7 点起床，为丈夫做好早餐，而且在脑子里计划好当天的家务。11 点半我会熨烫衣服，下午两点清扫厨房的地板，这天结束时，晚餐就会放在桌子上，而我将穿着晚礼服，拿着马提尼酒在门口迎接我的夫君"。但是哈恩嫁的并非《好管家》里描述的那种人。他更像是乡村音乐里唱的那种人。"我嫁了个醉鬼、赌棍，他还喜欢给我看他手帕上的口红印——那不是我的口红。于是我就想，如果没有合适的人，我怎样才能当那见鬼的美国主妇？"[123] 当过起重机操作员的弗兰基·库珀在战争结束三年后离了婚。之后她离开了丈夫，回到了工作中，当起了小学老师。"我已经不再是嫁给他时的那个人了，"她解释说，"我意识到我成长了。我能自己照顾自己。我不再除了父亲家和丈夫家便无处可去了……如果我变回他娶我时的那个小女孩，我丈夫将会很高兴——一个恋家的小女人，只会待在农场里，厨房里，只会滤牛奶。但我不再是那个人了。三年里我一直试图变回去，但没用。后来我突然审视了自己，我说，不。不，你不必这么做。你不必回到你来的地方。"[124] 正如无数社会历史学家发现的那样，第二次世界大战掀起了第二次女权主义浪潮。

许多夫妻在 1942 年至 1943 年年轻男子即将登船远赴战场时仓促结了婚，他们并没有真正了解对方。再度团聚后，他们带着羞怯和忧惧审视着彼此。如果运气好，他们或许会发现两人刚好脾气相投，于是过上了长久而美满的生活。其他许多人则很快意识到自己错了，于是离了婚。后面这种情况导致离婚率达到了前所未有的高度。1946 年，每 1 000 人中就有 4.3 对男女离婚或取消婚约——这是到那时为止的最高纪录，在 20 世纪 70 年代中期之前都再未达到过。[125]

对于"战斗神经官能症"或曰"战斗应激反应"的症状，医学界还没有开发出有效的治疗方式。医生们只能忧伤地承认，他们的医疗手册和医院都无法提供这种"精神外科手术"服务。而社会和文化方面的强大压力也使得患者羞于谈论此种病症。许多老兵并不愿意承认他们需要帮助。一般来说，他们不会去谈论自己在战争中的所见和所为。他们也不知道折磨他们的到底是什么，有些人称其为"战争的魔鬼"。詹姆斯·科弗特如此评论他的哥哥："他和他的朋友们有许多我作为十三岁少年无法理解的感觉。在那个年龄，我无法真正理解他在战争中的那种经历。"[126] 许多老兵都受到持续而痛苦的焦虑感折磨，并饱受噩梦和失眠的困扰。他们竭力不让自己回想战斗中那些残忍的见闻和气味。但往事却总是突然浮现在眼前，无论是在梦乡抑或是清醒时，响声或亮光都会触发他们的回忆：东西掉在地上，汽车回火的声音，或者有飞机从头上飞过。痛苦的记忆如同装在时间包袱里一样，会突然闯入眼前的生活中。闪回的片段可能会让战斗中最可怕那一刻的景象和声音陡然再现，也可能会让难言的悲哀和伤痛猝然涌上心头，那来自手下好友的悲恸，甚至是敌人所遭受的痛苦。他们会在凌晨时分忽然惊醒，心跳加速，衣衫被汗水浸透。退伍的水兵会抱怨说屋子太安静，无法入眠，他们已经习惯于舰船引擎那心跳般的低鸣。正如一名海军老兵所说："太安静了，我没法睡觉。我听不见、感觉不到柴油电力机组的震颤。这怎么让人睡得着。"[127] 他们还很难信任别人，即便待在好友或爱人的身旁，也会感到一种巨大而难以慰藉的孤独。他们有时会控制不住地颤抖和流泪，忍受着身体上的肌肉紧张，这种紧张有时还会变成持久性的肉体痛苦和疲惫。他们发现在面对复杂工作时很难集中精力。许多人还感到很难和其他人沟通，因而选择独处。他们会回避那些可能勾起可怕回忆的情景，常常无法忍受人群。许多人发觉自己很难规划未来，或者做出重要的决定。有些人变得和自己的妻子、家人格格不入，还有一些人产生了一种小孩子般的不健康的过度精神依赖。他们会突然失控，毫无节制地向妻子和孩子发脾气。他们感到没有意义和空虚，对未来抱有无法克服的绝望感，还无法找到快乐的感觉，即便是那些原先会令他们开心的事情也不行。有些人会想到自杀，还有些人真的这么做了。

玛乔丽·卡特赖特，那个在旧金山度过了战争岁月，等着她的水兵丈夫从海军回来的西弗吉尼亚女人，发现很难再和她嫁的年轻男人融洽相处了。"我的丈夫从海军回来后，就很难适应老百姓的生活了。他面对不了。参军时他和大部分男孩子一样，是个逍遥乐观的人，回来时却充满幻灭感，十分痛苦。医生说他经历了太多悲剧。"他在南太平洋瓜岛周围的几场海战中打过仗。他的军舰被击沉，舰上的许多战友都死了。卡特赖特回忆道："他回家后会做可怕的噩梦。这令他在夜晚难以入睡。他说：'每次闭上眼，都能看见我的兄弟们死在我周围。'他有过一次可怕的经历，当时他最好的朋友在他面前被打掉脑袋，倒在他胳膊上。"[128] 他开始酗酒。"我丈夫无法控制他的感受，所以他呆坐着喝酒，忧虑不安。男人们之间当然会相互诉说他们的战争经历，但他觉得不能对我说，我理解不了，我也觉得我理解不了他，因为我没有他那种经历。"医生们想要把他送到专门的机构去，但他拒绝了。7 年后，他们离婚了。"我不知道我还能做什么，"卡特赖特说，"和他在一起帮不了他，也改变不了

诸神的黄昏：1944—1945，从莱特湾战役到日本投降

他。我意识到我不得不为自己做些什么，因为我做什么都拯救不了我丈夫。"[129]

大约有 90 万非裔美国人穿上了军装。回家时，他们充满了自信，期待着拥有完整的权利和公民待遇。但是对于其中许多人而言，脱下军装意味着要重回参军前那不牢靠的地位中。在有拥军传统的美国南方，参过军的黑人对种族压迫制度形成了格外明显的挑战。和所有士兵一样，他们受过训练，站姿笔挺，昂首挺胸，姿势和仪态就如同在阅兵场上一样。许多人都受过近身格斗和操作武器的高级训练。他们毕竟是男人，但是现在他们回到了一个自己会被其他成年人称为"孩子"的地方，在那里，昂着头的黑人会被说成是"傲慢"。在美国南方的某些乡村地区，私刑和其他非法暴力行为还很普遍，其针对的正是那些曾经穿着军装为国效力的黑人。在 1945 年至 1946 年几次臭名昭著的事件中，白人暴徒或警官会绑架、殴打、鞭打甚至杀害那些黑人老兵，按亚拉巴马州某人的说法，这些人"不许盼望或要求对他们出国之前的状况做任何改变"。[130] 即便是在表面上更加开明的美国北方，黑人老兵也普遍没有获得《退伍军人权利法案》保障的全部权益。主流的大学不愿意接纳他们，至少不愿接纳太多，而原有的黑人大学的扩建速度也无法满足突然暴增的入学申请。支出给黑人老兵的住房贷款也少得可怜。

对所有这些人而言，第二次世界大战都是民权运动的催化剂。战争及由此而来的经济机会令美国南方的人大批涌向北方、中西部和西海岸。在所有地区，黑人都在向城市搬迁——把耕地交给了机械化农业，自己则进城寻找高薪工作——这样，在仅仅一代人的时间里，非裔美国人的人口分布就从农村为主转变为城市为主。到

1945 年，黑人占据了军工业全部工作岗位的 8%，这一比例与黑人在美国总人口中的占比已经很接近了。战争中有 70 万非裔美国人仍然留在南方，战后，他们还会继续外流。在整个 20 世纪 40 年代，有约 33.9 万黑人迁移到这个国家的西半部。洛杉矶和奥克兰这样的地方都建起了大型的非裔美国人聚居区。西比尔·路易斯从她的老家俄克拉何马州的萨帕尔帕搬迁到洛杉矶，在道格拉斯飞机工厂里当铆工。她回忆道："要不是因为战争，我想黑人不会得到他们现在的地位。战争和国防工作让黑人有机会去做他们此前从未做过的事情。他们挣到了更多的钱，过上了不同的生活方式。他们的期望值也变了。钱会让人产生这种改变。你能感觉到他们不再满足于原来的生活方式了。"[131] 如果没有打仗，路易斯觉得她会在俄克拉何马乡下当个小学老师，"但是战争带来的影响改变了我的生活，让我有机会离开我的小镇，发现还有别的生活方式"。[132]

由于达不到退伍所需要的点数，数十万美国年轻人被困在了太平洋上。许多人要在热带的骄阳下度过他们的一连第三个或者第四个圣诞节了。这年 12 月，宾·克罗斯比的民谣《我要回家过圣诞》在军队广播服务处里无限循环——但是此时，歌中忧郁的歌词比往常更像是在讽刺他们的困境："如果是在梦里该多好。"现在没有那么多义务要承担了，人们的工作开始转为和平时期的节奏，完成指定任务就行，不再额外努力。纪律性让位给了愤世嫉俗。一种冷漠感在宿营地和兵营里蔓延开来。人们靠打牌和晒日光浴来消磨时间。酒在黑市上畅行无阻，许多都是黑酒厂私酿的。每个人都清楚自己攒了多少退伍点数，还差多少点就能拿到回家的票。打赢了战争后，军人们被告知他们现在必须要"打赢和平"。但是正如一名海军上尉所评论的那样,"我们没人想理睬这见鬼的'打赢和平'。我们只想回家"。[133]

飞行员们每天还得飞例行巡逻任务。有些人被派去向仍然由日军占领的岛屿投放传单,或者奉命在这样的岛上降落,接受日本守军的投降。飞行事故没有战时那么多了,但其频率仍然令人忧虑。那些在日本投降后死于坠机的人尤其令所有人感到遗憾。曾经在空战中表现得像狮子一样勇猛的飞行员们,现在对于在危险天气下飞行牢骚满腹,还会向他们的指挥官发泄怒气。对于俯冲轰炸机老飞行员塞缪尔·海因斯而言,夜晚在东海上空的风暴中飞行令他感到了一种和战时经历截然不同的新的恐惧。身陷如此危境令他暴怒不已。战争已经赢了,"还要我独自在闪电和黑暗中半瞎着飞行",冒着生命危险"进行毫无意义的夜间训练"。[134]

第 3 两栖军的 5 万名陆战队员,包括第 1 陆战师和第 6 陆战师的大部分部队,被派往中国东北执行所谓"围攻"计划。他们的任务是稳定当地局势,监督日军投降,解除其武装,并遣送日本军队和其他外国人回国。众多从恐怖的佩里硫和冲绳血战中活下来的陆战队员现在又被卷入了这项行动,直到 1946 年春季才得以返回美国。他们第 3 陆战师的弟兄们留在关岛,必要时可以担任预备队。为了打发空闲时间,关岛上的军官们组织了志愿"学校",任何在某一领域有特殊知识或者一技之长的陆战队员都可以来给其他战友授课,包括木工活、地质学、汽车维修、拉丁文、水彩画和几十种其他课程。少校和上校们也会坐下来听列兵和下士讲课。有个陆战队员曾在纽约学过水上芭蕾。这个师手中刚好还有一大堆炸药没用完。于是他们用炸药在海岸礁岩上炸出一个大池子，再配上灯光和音乐，让 200 个陆战队员在里面排成队形游泳表演。"这个师就这样完全而彻底地忙起来了，"罗伯特·E. 霍加博姆上校如是说，"我们绝对没有遇到在其他一些部队出现过的问题……这种'让我们回家，让我们离开这里'的心态没有影响到我们这个师，因为我们让每个人都有事可做。"[135]

对于大部分年轻的老兵来说，眼下还不是反思战争及其意义，或者是琢磨这段经历如何塑造自己的时候。这只是一场磨难，一场对他们人生规划讨厌的打扰，放在他们青年时代和成年时代之间的一道坎。历史和命运把这场战争放在了他们这一代人的成长之路上，因此他们——而不是其他年龄段的人——不得不去打这一仗，而且要打赢。战争期间，他们的生活一心只为了未来，为了回归和平，为了让自己回国，那时真正的生活才会开始。他们站在了正确的一边，而且因为打败了法西斯和日本军国主义而获得了应得的荣誉。但展望未来，他们却不敢太过乐观。许多人理所当然地觉得世界未来还将再打几次这样的战争。大部分人对于用原子弹对付日本拍手称快，但是当他们冷静下来思考原子武器的影响时，他们又开始为人类文明的前景担忧起来。诺曼·梅勒是个陆军中士，刚刚开始写小说，他在一封写给妻子的信中分享了他的想法："还会有另一场战争的，不是二十年内，就是五十年内，如果有一半的人类活下来，那么再下一场战争又会如何呢？——我相信，为了生存，未来世界上的城市都会建在地下一英里深处。"[136] 即便是最乐观的人对未来也不敢有太高的期待。道格拉斯·爱德华·里奇是一名海军上尉，他说战争的结束带来了"恢复和平的满足感——总的来说这也是理所应当的——不完美，但可接受，开心一下也没错"。[137]

遗忘是一种美德，记忆也是。老兵们坚持要纪念那些献出生命的人并且向他们致敬——但这只是个例外，在1945年和1946年，他们并不怎么想谈论战争的事情，老百姓也不怎么想听。他们的精力都聚焦在了未来，而非过去。本·布拉德利在太平洋战争中曾于驱逐舰上服役，后来成为《华盛顿邮报》的主编，他在文章中写道，战后的时代精神没有为战时回忆留下什么空间。"1946年时，谁在乎你在战争中做了些什么？围坐在一起谈论共同参与的战争，我觉得这样的人很烦。"只有随着时间的推移和思考的深入，他才逐渐开始理解战争的经历怎样塑造了他和他这一代人。"今天听来这可能是陈词滥调，但是那些年里你真的参与到了远远超越个人生活的事情当中——以后大概不会再有这样的事情让你和你所处的时代如此自然地联系在一起了。"[138]当年37岁的海军军官詹姆斯·米切纳曾在南太平洋的后方基地服役，他是个特例。早在1945年秋，他便在思考"太平洋上的重要经历对人类意味着什么"。当他开始动笔撰写后来以《南太平洋的故事》之名出版的小说时，米切纳知道他们这些老兵在1946年甚至是1947年对这样一本书不会有兴趣，也不会有出版社看好这本书的市场。但是再过三四年，当他们关于无聊、想家、恐怖、痛苦和哀伤的记忆开始淡化，老兵们就会带着好奇和兴趣去回看他们共同的这段经历。"显然，几乎无须多言，我认为如果你命令一代年轻人全都去爬珠穆朗玛峰，你就能期待这次爬山成为他们人生中一件重要的大事。当他们爬这座该死的山时，他们会骂娘，咒骂要他们爬山的人，但是几年后，当他们回看这段经历时，他们就会将其视为了不起的冒险，并拿起书来重新体验这段经历。"[139]

1945 年 12 月是"魔毯"行动的高峰期。在整个太平洋的各处港口和潟湖里，水兵们都在忙着修补船只，希望它们足以开出海并返回本土。官兵们挤上了任何一艘能带他们回家的船只。当护航航母"方肖湾号"在当年秋季回国时，它带上了几千名只能睡在机库甲板吊床上的陆军和陆战队军人。航母上第 10 混合中队的机组人员和地勤人员基本上都无所事事，因为他们的大部分飞机都被送到岸上，好为乘客们腾地方了。和陆军、陆战队士兵一样，他们也在飞行甲板上东游西逛，打牌，掷色子，读书，或者晒太阳。夜晚，军舰会打开航行灯，他们对这种和平时期的标准做法仍然感到不熟悉和紧张。每天训练时，高射炮手们会像表演哑剧一样模拟装弹，用火炮瞄准，但不会射击实弹。军舰上拥挤而难受，但没人抱怨。他们是在回家，这就够了。

有天傍晚，第 10 混合中队的中队长小爱德华·J. 赫克斯塔布尔看到太阳西沉到军舰的尾流之中，"这是我见过的最美丽的日落场面之一，带着紫色的光芒，我从来没见过这样的紫光，而天空中的深色色调则和亚利桑那的日落一模一样"。但是，"方肖湾号"上的其他老兵则鲜有人注意到这一幕景色。他们见过上千次太平洋上的日落，这样的景色已经不再能激起他们的兴趣了。如果他们还在看海平线，那一定是向前看，向东看，那里是家的方向。第 10 混合中队的另一名飞行员和赫克斯塔布尔一起站在飞行甲板上，他对赫克斯塔布尔说："你知道的，上校，那帮家伙还不明白，这将会是他们一生中最伟大的一段经历。"[140]

注 释

序章

1   FDR Press Conference #676, August 30, 1940, p. 2.

2   Smith, *Thank You, Mr. President*, p. 22.

3   For example, FDR Press Conference #389, August 9, 1937, pp. 5, 17; and #523, February 3, 1939, p. 8.

4   White, *FDR and the Press*, p. 31; FDR Press Conference #389, August 9, 1937, p. 23; and #915, August 31, 1943, p. 7.

5   FDR Press Conference #523, February 3, 1939, pp. 6–8.

6   Tully, *F.D.R.: My Boss*, p. 87.

7   Arthur Krock in *New York Times*, October 8, 1940, quoted in *White, FDR and the Press*, p. 122.

8   Rodgers, ed., *The Impossible H. L. Mencken*, pp. liv–lv.

9   Reilly and Slocum, *Reilly of the White House*, p. 91.

10 FDR Press Conference #790, December 9, 1941, pp. 1–2.

11 Ibid, pp. 6–9.

12 Fireside Chat No. 19, "On the Declaration of War with Japan," Radio Address from Washington, December 9, 1941, FDR Library.

13 *Whaley–Eaton American Letter*, December 26, 1942, quoted in Parker, *A Priceless Advantage*, p. 70.

14 FDR, Statement to the Press, December 16, 1941, quoted in Price, "Governmental Censorship in War–Time," *American Political Science Review* 36, No. 5, October 1942, p. 841.

15 Address by Byron Price to American Society of Newspaper Editors, April 16, 1942, reprinted in Summers, ed., *Wartime Censorship of Press and Radio*, p. 30.

16 "Defense Shake–Up," *New York Times*, December 18, 1941.

17 "Washington News on Fighting Scant," *New York Times*, December 10, 1941.

18 McCarten, "General MacArthur: Fact and Legend," *American Mercury*, Vol. 58, No. 241, January 1944.

19 Davis, *The U.S. Army and the Media in the 20th Century*, p. 51.

20 "We Shall Do Our Best, General MacArthur States," *New York Times*, December 12, 1941.

21 "Keep Flag Flying, MacArthur Orders," *New York Times*, December 16, 1941.

22 "MacArthur Glide Is New Dance," *New York Times*, March 16, 1942.

23 "MacArthur Works On Birthday," *New York Times*, January 27, 1942.

24 *Philadelphia Record*, January 27, 1942, quoted in Borneman, *MacArthur at War*, p. 125.

25 *New York Times*, February 13, 1942, p. 17.

26 Eisenhower, *Crusade in Europe*, p. 18.

27 Ibid, p. 22.

28 Dwight D. Eisenhower diary, February 23, 1942, in Ferrell, ed., *The Eisenhower Diaries*, p. 49.

29 Dwight D. Eisenhower diary, February 23, 1942, Ibid, p. 49.

30 Buell, *Master of Sea Power*, p. 249.

31 Perry, *"Dear Bart,"* p. 79.

32 Forrestal quoted in Buell, *Master of Sea Power*, p. 253.

33 Forrestal recounted the quote in a letter to Carl Vinson dated August 30, 1944. Millis, ed., *The Forrestal Diaries*, p. 9.

34 *Basic Field Manual, Regulations for Correspondents Accompanying U.S. Army Forces in the Field*, War Department, January 21, 1942, p. 4.

35 Dunn, *Pacific Microphone*, p. 149.

36 Driscoll, *Pacific Victory 1945*, p. 226.

37 Ibid.

38 Liebling, "The A.P. Surrender," *New Yorker*, May 12, 1945.

39 Ewing, "Nimitz: Reflections on Pearl Harbor," pp. 1–2.

40 Sherrod, *On to Westward*, p. 234.

41 "Girding of Pacific Speeded by Nimitz," *New York Times*, January 31, 1942.

42 Robert Bostwick Carney, oral history, CCOH Naval History Project, Vol. 1, No. 539, p. 362.

43 Waldo Drake, oral history, in *Recollections of Fleet Admiral Chester W. Nimitz*, p. 19.

44 Casey, *Torpedo Junction*, p. 234.

45 Waldo Drake, oral history, in *Recollections of Fleet Admiral Chester W. Nimitz*, p. 14.

46 Casey, *Torpedo Junction*, p. 278.

47 Brinkley, *Washington Goes to War*, pp. 190–91.

48 Davis and Price, *War Information and Censorship*, p. 13.

49 Ritchie, *Reporting from Washington*, p. 62.

50 Brinkley, *Washington Goes to War*, p. 190.

51 Current, *Secretary Stimson*, p. 201.

52 Burlingame, *Don't Let Them Scare You*, p. 195.

53 Healy and Catledge, *A Lifetime on Deadline*, p. 109.

54 "Navy Had Word of Jap Plan to Strike at Sea," *Chicago Sunday Tribune*, June 7, 1942, p. 1.

55 罗奇福特在海波站的一个副手托马斯·戴尔注意到，日本人在中途岛战役的同一周采用了新的密码本，早于《芝加哥论坛报》的报道时间，因此不可能是其导致的。Thomas H. Dyer, oral history, pp. 270–71.

56 Glen Perry to Edmond Barnett, October 22, 1942; full text of letter in Perry, *Dear Bart*, p. 70.

57 Navy Department communiqué No. 88, June 12, 1942.

58 Navy Department communiqué No. 107, August 17, 1942.

59 Hanson Baldwin, oral history, p. 359.

60 Burlingame, *Don't Let Them Scare You*, p. 201.

61 Navy Department communiqué No. 147, October 12, 1942.

62 Navy Department communiqué No. 149, October 13, 1942.

63 Navy Department communiqué No. 168, October 26, 1942.

64 Navy Department communiqué No. 169, October 26, 1942.

65 Navy Department communiqué No. 175, October 31, 1942.

66 CINCPAC to COMINCH, November 1, 1942, in CINCPAC Gray Book, Book 2, p. 970.

67 Perry, *Dear Bart*, p. 84.

68 Glen Perry's memorandum to editors, November 1, 1942, in Perry, *Dear Bart*, p. 85.

69 Phelps H. Adams quoted in Buell, *Master of Sea Power*, pp. 260–61.

70 Glen Perry's memorandum to editors, November 7, 1942, Perry, *Dear Bart*, p. 91.

71 Phelps H. Adams quoted in Buell, *Master of Sea Power*, p. 261.

72 Glen Perry's memorandum to editors, November 30, 1942, Perry, *Dear Bart*, p. 107.

73 Robert L. Eichelberger to Emma Eichelberger, undated, in Luvaas, ed., *Dear Miss Em*, pp. 64–65.

74 Luvaas, ed., *Dear Miss Em*, p. 65.

75 Ibid.

76 SWPA Communiqué No. 326, March 4, 1943; SWPA Communiqué No. 329, March 7, 1943; RG, RG–4, Reel 611, MacArthur Memorial Archives.

77 Press release, SWPA headquarters, April 14, 1943, RG–4, Reel 611, MacArthur Memorial Archives.

78 MacArthur to Chief of Staff, War Department, September 7, 1943, RG–4, Reel 593, MacArthur Memorial Archives.

79 LeGrande Diller, oral history, September 26, 1982, MacArthur Memorial Archives, p. 13.

80 麦克阿瑟使用代词 "他们" 来指代其在华盛顿的无名敌人，他的这种偏执倾向是威廉·曼彻斯特注意到的。*American Caesar*, p. 273.

81 Robert L. Eichelberger to Emma Eichelberger, January 29, 1944, in Luvaas, ed., *Dear Miss Em*, pp. 90–91.

82 James, *The Years of MacArthur*, Vol. 2, pp. 280–81.

83 Robert L. Eichelberger to Emma Eichelberger, June 13, 1943, in Luvaas, ed., *Dear Miss Em*, p. 71.

84 Meijer, *Arthur Vandenberg*, p. 218.

85 This according to Faubion Bowers, an interpreter and loyal aide–de–camp, in "The Late General MacArthur," in Leary, ed., *MacArthur and the American Century*, p. 254.

86 "Eichelberger Dictations," November 12, 1953, in Luvaas, ed., *Dear Miss Em*, p. 77.

87 Arthur Vandenberg, "Why I Am for MacArthur," *Collier's Weekly*, February 12, 1944, p. 14.

88 James, *The Years of MacArthur*, Vol. 2, p. 423.

89 克拉珀于 1944 年 1 月向前白宫海军助理约翰·L. 麦克雷上校描述了这次谈话。见 McCrea, *Captain McCrea's War*, p. 210。次月，克拉珀在报道登陆马绍尔群岛的 "燧发枪" 行动时，因其乘坐的海军轰炸机与另一架美国飞机相撞而遇难。

90 John McCarten, "General MacArthur: Fact and Legend," *American Mercury*, Vol. 58, No. 241, January 1944.

91 Ibid.

92 MacArthur to Marshall, cable in the clear, March 11, 1944, RG–4, MacArthur correspondence files, MacArthur Memorial Archives.

93 Robert L. Eichelberger to Emma Eichelberger, January 28, 1944, in Luvaas, ed., *Dear Miss Em*, p. 90.

94 James, *The Years of MacArthur*, Vol. 2, p. 435.

95 Ibid., p. 436.

96 MacArthur, *Reminiscences*, p. 185.

97 Press release, SWPA headquarters, Statement of Douglas MacArthur, April 30, 1944, RG–4, Reel 611, MacArthur Memorial Archives.

98 "Dewey Refuses to Say Directly That Roosevelt Withheld Pacific Supplies," *Courier–Journal* (Louisville, KY), September 15, 1944, p. 6.

第一章

1   Press and radio conference No. 961, July 11, 1944, FDR Library.

2   FDR to Stephen T. Early, October 24, 1944, in Stephen T. Early Papers, "Memoranda, FDR, 1944," Box 24, FDR Library.

3   Smith, "Thank You, Mr. President!," *Life* magazine, August 19, 1946, p. 49.

4   William D. Hassett diary, March 6, 1944, in Hassett, *Off the Record with FDR*, p. 239.

5   Evans, *The Hidden Campaign*, p. 52.

6   White House daily log, July 16, 1944, FDR Library.

7   Rigdon, *White House Sailor*, p. 19.

8   William D. Leahy diary, July 21, 1944, p. 61, William D. Leahy Papers, LCMD.

9   "JCS to CINCPOA and CINCSOWESPAC," March 12, 1944, FDR Map Room Papers, Box 182.

10 Hayes, *The History of the Joint Chiefs of Staff in World War II*, p. 503.

11 MacArthur to Sutherland, March 8, 1943, RG–30, Reel 1007, Signal Corps No. Q4371, MacArthur Memorial Archives.

12 Marshall to General Douglas MacArthur, June 24, 1944, Radio No. WAR–55718, George C. Marshall Papers, Pentagon Office Collection, Selected Materials, George C. Marshall Research Library, Lexington, Virginia.

13 MacArthur to Marshall, Radio No. CX–13891, June 18, 1944, in Marshall, *The Papers of George Catlett Marshall*, ed. Bland and Stevens.

14 文件证据是由卡罗尔·M.佩蒂洛在1979年发现并发表的。见 Petillo, "Douglas MacArthur and Manuel Quezon"。保罗·P.罗杰斯是麦克阿瑟的手下，他目睹了奎松、麦克阿瑟和萨瑟兰在科雷吉多尔岛的对话，并打出了该指令。Rogers, *The Good Years: MacArthur and Sutherland*, pp. 165–66.

15 Dwight D. Eisenhower diary, June 20, 1942, in *The Eisenhower Diaries*, p. 63.

16 Press conference, April 17, 1944, in Perry, *Dear Bart*, p. 270.

17 Barbey, *MacArthur's Amphibious Navy*, p. 183.

18 Charles J. Moore, oral history, p. 1063.

19 Interview with Raymond A. Spruance by Philippe de Baussel for Paris *Match*, July 6, 1965, p. 21, Raymond A. Spruance Papers, MS Collection 12, Box 1, Folder 1.

20 Spruance to Professor E. B. Potter, March 28, 1960, p. 1, Raymond A. Spruance Papers, Collection 707, Box 3, NHHC Archives.

21 Robert Bostwick Carney, oral history, CCOH Naval History Project, p. 435.

22 Ibid.

23 Ibid., p. 438.

24 John Henry Towers diary, July 20, 1944, John H. Towers Papers, LCMD.

25 Robert Bostwick Carney, oral history, CCOH Naval History Project, p. 440.

26 Buell, *Master of Sea Power*, p. 467.

27 CINCPOA to COMINCH, July 24, 1944, in CINCPAC Gray Book, Book 5, p. 2334.

28 "Notes, 1950–1952," pp. 5–6, Ernest J. King Papers, LCMD.

29 John Henry Towers diary, July 26, 1944, John H. Towers Papers, LCMD.

30   Robert C. Richardson Jr. diary, July 27, 1944, Robert C. Richardson Jr. Papers, Hoover Institution Archives.

31   Whelton Rhoades diary, July 26, 1944, in Rhoades, *Flying MacArthur to Victory*, p. 257.

32   Ibid., p. 258.

33   John Henry Towers diary, July 26, 1944, John H. Towers Papers, LCMD. 需要注意，惠尔顿·罗兹把托尔斯误当成了尼米兹，并在他的日记中错误地记录成太平洋舰队总司令来接机。Rhoades diary, July 26, 1944, in Rhoades, *Flying MacArthur to Victory*, p. 258.

34   Rosenman, *Working With Roosevelt*, pp. 456–57. 理查德森将军把他的车从"巴尔的摩号"开到沙夫特堡去接麦克阿瑟，所以两位将军可能是一起回来的。Robert C. Richardson Jr. diary, July 27, 1944. 7月26日，这辆敞篷车确实出现在海军基地，因为录像显示，罗斯福和莱希是在车里离开的。"FDR's Tour of Inspection to the Pacific July–Aug, 1944," 16mm film footage, MP71–8:63–64, Motion Pictures Collection, FDR Library.

35   Sommers, *Combat Carriers and My Brushes with History*, pp. 97–99.

36   Faubion Bowers, "The Late General MacArthur," in Leary, ed., *MacArthur and the American Century*, p. 254.

37   Leahy, *I Was There*, p. 250.

38   "FDR's Tour of Inspection to the Pacific July–Aug, 1944," 16mm film footage, MP71–8:63–64, Motion Pictures Collection, FDR Library.

39   Ibid.

40   Sommers, *Combat Carriers and My Brushes with History*, pp. 97–99.

41   William D. Leahy diary, July 26, 1944, William D. Leahy Papers, LCMD.

42   Robert C. Richardson Jr. diary, July 27, 1944, Richardson Papers, Hoover Institution Archives.

43   Ibid.

44   FDR Press Conference #962, July 29, 1944, FDR Library.

45   Reilly and Slocum, *Reilly of the White House*, p. 191.

46   Rigdon, *White House Sailor*, p. 116.

47   McIntire, *White House Physician*, p. 199.

48   James, *The Years of MacArthur*, Vol. 2, p. 529.

49   Whelton Rhoades diary, July 29, 1944, in Rhoades, *Flying MacArthur to Victory*, pp. 260–61.

50   Robert L. Eichelberger to Emma Eichelberger, September 12, 1944, in Luvaas, ed., *Dear Miss Em*, pp. 155–56.

51   "Presidential Conference in Hawaii," 35mm film footage, FDR2757–28–2 and FDR2757–28–3, Motion Pictures Collection, FDR Library.

52   Ibid.

53   Blaik, *The Red Blaik Story*, pp. 501–2; Eichelberger and MacKaye, *Our Jungle Road to Tokyo*, p. 165.

54   Faubion Bowers, "The Late General MacArthur," in Leary, ed., *MacArthur and the American Century*, p. 254.

55   Blaik, *The Red Blaik Story*, p. 500; MacArthur, *Reminiscences*, p. 172.

56   Robert C. Richardson Jr. diary, January 19, 1945, Richardson Papers, Hoover Institution Archives.

57   MacArthur, *Reminiscences*, pp. 197–98.

58   Morison, *History of United States Naval Operations in World War II*, Vol. 12, *Leyte*, p. 9.

59   Robert C. Richardson Jr. diary, July 28, 1944, Richardson Papers, Hoover Institution Archives.

60   Leahy, *I Was There*, p. 251.

61 Robert C. Richardson Jr. diary, July 28, 1944, Richardson Papers, Hoover Institution Archives.

62 Drea, *In the Service of the Emperor*, p. 129.

63 MacArthur, *Reminiscences*, p. 198.

64 Robert C. Richardson Jr. diary, July 28, 1944, Richardson Papers, Hoover Institution Archives.

65 Nimitz et al., *The Great Sea War*, pp. 370–73.

66 William D. Leahy diary, July 28, 1944, William D. Leahy Papers, LCMD.

67 MacArthur, *Reminiscences*, pp. 197–98.

68 Robert L. Eichelberger to Emma Eichelberger, September 12, 1944, in Luvaas, ed., *Dear Miss Em*, pp. 155–56.

69 Hayes, *The History of the Joint Chiefs of Staff in World War II*, p. 92.

70 强调处为原文所加。"Notes, 1950–1952," p. 3, Ernest J. King Papers.

71 Whitney, *MacArthur: His Rendezvous with History*, p. 125.

72 D. 克莱顿·詹姆斯（D. Clayton James）是首先提出此说之人，他的多卷本传记 *The Years of MacArthur* 除了有这个问题外还是很出色的。后来沿用此说者极多。

73 McIntire, *White House Physician*, p. 200.

74 Manchester, *American Caesar*, p. 370.

75 Whelton Rhoades diary, July 29, 1944, in Rhoades, *Flying MacArthur to Victory*, pp. 260–61.

76 Howard G. Bruenn, M.D., "Clinical Notes," in Evans, *The Hidden Campaign*, Appendix B, p. 149.

77 William D. Leahy diary, July 29, 1944; White House daily log, July 29, 1944; "Presidential Conference in Hawaii," 35mm film footage, FDR 2757–28–2 and FDR 2757–28–3, Motion Pictures Collection, FDR Library.

78 FDR daily log, July 29, 1944, FDR Library; also "Presidential Conference in Hawaii—July 1944," 35mm film footage, FDR 2757–28–4, Motion Pictures Collection, FDR Library.

79 White House daily log, July 29, 1944, FDR Library.

80 "Presidential Conference in Hawaii—July 1944," 35mm film footage, FDR2757–28–4, Motion Pictures Collection, FDR Library.

81 McIntire, *White House Physician*, p. 11.

82 Ibid., p. 13.

83 Rosenman quoted in Dallek, *Franklin D. Roosevelt*, p. 568.

84 "Presidential Conference in Hawaii—July 1944," 35mm film footage, FDR2757–28–4, Motion Pictures Collection, FDR Library.

85 Press Conference #962, July 29, 1944, FDR Library.

86 Ibid.

87 William D. Leahy diary, July 29, 1944, William D. Leahy Papers, LCMD.

88 Letter, FDR to MacArthur, August 9, 1944, FDR Library.

89 Press Conference #962, July 29, 1944, FDR Library.

90 "JCS to CINCPOA and CINCSOWESPAC," March 12, 1944, FDR Map Room Papers, Box 182.

91 Whelton Rhoades diary, July 29, 1944, in Rhoades, *Flying MacArthur to Victory*, pp. 260–61.

92 Joint Staff Planners, Washington, to Staff Planners of CINCPOA, CINCSWPA, July 27, 1944, CINCPAC Gray Book, Book 5, p. 2336.

93 Hayes, *The History of the Joint Chiefs of Staff in World War II*, p. 612.

94 Leahy memorandum to JCS, "Discussion of Pacific Strategy," September 5, 1944. Includes summary of past meetings. Inserted into William D. Leahy diary after entry for August 3, 1944,

William D. Leahy Papers, LCMD.

95   Charles J. Moore, oral history, p. 1073.
96   Ibid.
97   CINCPOA to COMINCH, August 18, 1944, CINCPAC Gray Book, Book 5, p. 2342.
98   John Henry Towers diary, July 20, 1944, John H. Towers Papers, LCMD.
99   Graves B. Erskine, oral history, CCOH Marine Corps Project, p. 379.
100 Joint Chiefs of Staff to Nimitz, MacArthur, September 9, 1944, CINCPAC Gray Book, Book 5, p. 2350.
101 Robert L. Eichelberger to Emma Eichelberger, September 12, 1944, in Luvaas, ed., *Dear Miss Em*, pp. 155–56.
102 Letter, FDR to MacArthur, September 15, 1944, FDR Library.
103 地理代号已改为相应的地名。MacArthur to Chief of Staff, War Department, September 21, 1944, CINCPAC Gray Book, Book 5, pp. 2362–63.
104 John Henry Towers diary, September 26, 1944, John H. Towers Papers, LCMD.
105 Admiral Raymond A. Spruance, interview in Paris *Match*, July 6, 1965, p. 21, Spruance Papers, Naval War College Archives.
106 Ibid.

第二章

1   De Seversky, "Victory Through Air Power!," *American Mercury*, February 1942, Vol. 54, pp. 135–54.
2   Mitscher to Captain Luis De Florez, quoted in Taylor, *The Magnificent Mitscher*, pp. 188–89.
3   MacWhorter and Stout, *The First Hellcat Ace*, p. 70.
4   Commander James C. Shaw, USN, "Fast Carrier Operations, 1941–1945," in the introduction to Morison, *History of United States Naval Operations in World War II*, vol. 7, *Aleutians, Gilberts, and Marshalls*, p. xxxii.
5   David S. McCampbell account in Wooldridge, ed., *Carrier Warfare in the Pacific*, p. 212.
6   Arleigh Burke, oral history, p. 5, RG–38, World War II Oral Histories and Interviews, 1942–1946, Box 4, NARA.
7   Olson, *Tales from a Tin Can*, p. 195.
8   Hugh Melrose account, in Olson, *Tales from a Tin Can*, p. 196.
9   J. Bryan III diary, February 13, 1945, in Bryan, *Aircraft Carrier*, p. 21.
10   有两位战争通讯员指出斯普鲁恩斯很像罗杰斯。"Our Unsung Admiral," by Frank D. Morris, *Collier's Weekly*, January 1, 1944, p. 48; Fletcher Pratt, "Spruance: Picture of the Admiral," *Harper's Magazine*, August 1946, p. 144.
11   Buell, *The Quiet Warrior*, p. 185.
12   Ibid., p. 212.
13   Ibid., p. 258.
14   Charles F. Barber, Interview by Evelyn M. Cherpak, March 1, 1996, Naval War College Archives.
15   Buell, *The Quiet Warrior*, p. 269.
16   Charles J. Moore, oral history, p. 838.
17   "Our Unsung Admiral," by Frank D. Morris, *Collier's Weekly*, January 1, 1944, p. 17.
18   Charles J. Moore, oral history, p. 839.

19 Moore to his wife on July 1, 1944, quoted in Charles J. Moore, oral history, p. 1047.
20 Spruance to E. M. Eller, July 22, 1966, Raymond A. Spruance Papers, MS Collection 12, Box 2, Folder 7.
21 Buell, *The Quiet Warrior*, p. 329.
22 Robert Bostwick Carney, oral history, p. 382.
23 Comments on E. B. Potter's book, Spruance Papers, NHHC Archives, Collection 707, Box 3, p. 9.
24 比如，1944 年 9 月的一次广播就提到了"哈尔西中将的第 3 舰队""斯普鲁恩斯上将的第 5 舰队""金凯德中将的第 7 舰队"。"Digest of Japanese Broadcasts, September 20, 1944," p. 3, NARA Records of Japanese Navy and Related Documents, Digest: Japanese Radio Broadcasts, Box 22.
25 Spruance to Potter, December 1, 1944, pp. 2–3, Spruance Papers, NHHC Archives, Collection 707, Box 3.
26 Radford, *From Pearl Harbor to Vietnam*, notes for chapters 1–4, p. 453.
27 Trumbull, "All Out with Halsey!," *New York Times Magazine*, December 6, 1942, p. 1.
28 "Halsey Predicts Victory This Year," *New York Times*, January 3, 1943.
29 Halsey to Capt. Gene Markey, January 24, 1945, Halsey Papers, LCMD.
30 "Interview with Admiral C. J. Moore," by John T. Mason, November 28, 1966, p. 4, Papers of Raymond Spruance, Series 188, Box 3, NHHC Archive.
31 Sherrod, *On to Westward*, p. 239.
32 Reynolds, *The Fast Carriers*, p. 238.
33 Buell, *Dauntless Helldivers*, p. 327.
34 Ibid., pp. 327–28.
35 小笠原群岛（婿岛列岛、父岛列岛、母岛列岛）和火山列岛（硫黄岛及其邻岛）在地理上是不同的，有不同的地形、地貌和气候，但美军指挥官经常把它们都称为小笠原群岛，本书有时也遵循这个约定俗成的用法。
36 Third Fleet War Diary, September 2, 1944, in NARA, RG 38, World War II War Diaries, Box 30; CINCPAC Gray Book, Book 5, p. 2055, entry for September 3, 1944.
37 CTG 38.4 to Com3rdFlt, CTF 38, September 3, 1944, CINCPAC Gray Book, Book 5, p. 2226.
38 Third Fleet War Diary, August 24, 1944.
39 Solberg, *Decision and Dissent*, p. 23.
40 Third Fleet War Diary, August 31, 1944.
41 Ibid., entries for June 18 & July 7, 1944; NARA, RG 38, World War II War Diaries, Box 30.
42 Robert Bostwick Carney, oral history, p. 383.
43 Solberg, *Decision and Dissent*, pp. 22–23.
44 Nimitz–Halsey letters, August–December 1944, in Halsey Papers/LCMD.
45 Third Fleet War Diary, September 11, 1944.
46 Ibid., September 8, 1944.
47 Ibid., September 9, 1944.
48 Ibid.
49 COM3RDFLT to CTF 38, September 9, 1944, CINCPAC Gray Book, Book 5, p. 2351.
50 St. John, *Leyte Calling*, p. 168.
51 Buell, *Dauntless Helldivers*, p. 332.
52 Davis, *Sinking the Rising Sun*, pp. 226–27.
53 Ibid., p. 228.
54 Okumiya, Horikoshi, and Caidin, *Zero!*, pp. 242–43.

55 COM3RDFLT to CINCPOA, September 14, 1944, CINCPAC Gray Book, Book 5, pp. 2229–30.

56 Halsey, *Admiral Halsey's Story*, p. 200.

57 COM3RDFLT to CINCPOA, CINCSWPA, COMINCH, Message 130300, September 1944, RG–4, MacArthur correspondence files, MacArthur Memorial Archives.

58 CINCPAC to COM3RDFLT, Info etc., September 13, 1944, CINCPAC Gray Book, Book 5, p. 2353.

59 CINCPOA to COMINCH, Sept 14, 1944, CINCPAC Gray Book, Book 5, p. 2356.

60 Ibid.

61 Barbey, *MacArthur's Amphibious Navy*, p. 227; and MacArthur to Joint Chiefs of Staff, September 15, 1944, RG–4, MacArthur correspondence files, MacArthur Memorial Archives.

62 Joint Chiefs of Staff to Nimitz, MacArthur, Info Halsey, September 15, 1944, CINCPAC Gray Book, Book 5, p. 2357.

63 Third Fleet War Diary, September 14, 1944.

64 "Message on the State of the Union," January 6, 1945, FDR Library.

第三章

1   Sledge, *With the Old Breed*, p. 32.

2   Ibid., pp. 35–36.

3   Burgin and Marvel, *Islands of the Damned*, p. 120.

4   Donigan, "Peleliu: The Forgotten Battle."

5   Mason, *"We Will Stand By You,"* p. 216.

6   Donigan, "Peleliu: The Forgotten Battle."

7   Ibid.

8   Mace and Allen, *Battleground Pacific*, p. 28.

9   Hunt, *Coral Comes High*, p. 36.

10 Ibid., p. 37.

11 Sledge, *With the Old Breed*, p. 56.

12 Lea and Greeley, *The Two Thousand Yard Stare*, p. 176.

13 Hunt, *Coral Comes High*, p. 71.

14 Lea and Greeley, *The Two Thousand Yard Stare*, p. 177.

15 Ibid., pp. 177–78.

16 Ibid., p. 182.

17 Gayle, *Bloody Beaches*, p. 13.

18 Mason, *"We Will Stand By You,"* p. 221.

19 Hunt, *Coral Comes High*, p. 137.

20 Ibid., p. 124.

21 Ibid., p. 103.

22 Burgin and Marvel, *Islands of the Damned*, p. 132.

23 Ibid., p. 133.

24 Sledge, *With the Old Breed*, p. 79.

25 Ibid., p. 80.

26 Ronald D. Salmon, oral history, p. 86.

27 Mace and Allen, *Battleground Pacific*, p. 64.

28 Lea and Greeley, *The Two Thousand Yard Stare*, p. 189.

29 CTF 38 to COM3RDFLT Info CINCPAC, September 7, 1944, CINCPAC Gray Book, Book 5, p. 2227.

30 Mace and Allen, *Battleground Pacific*, p. 92.

31 Third Fleet Diary, October 5, 1944.

32 McCandless, *A Flash of Green*, pp. 164, 166.

33 Sledge, *With the Old Breed*, p. 103.

34 Mace and Allen, *Battleground Pacific*, p. 103.

35 War Diary, September 22, 1944 (Oahu date), CINCPAC Gray Book, Book 5, p. 2079.

36 "Operation Report, 81st Infantry Division, Capture of Ulithi Atoll," April 13, 1945, p. 29, FDR Map Room Files, Box 193, FDR Library.

37 Hunt, *Coral Comes High*, p. 91.

38 Burgin and Marvel, *Islands of the Damned*, p. 152.

39 "Operation Report, 81st Infantry Division, Capture of Ulithi Atoll," April 13, 1945, p. 113, FDR Map Room Files, Box 193, FDR Library.

40 Ronald D. Salmon, oral history, p. 89.

41 Sledge, *With the Old Breed*, p. 121.

42 Ibid., p. 143.

43 Ibid., p. 123.

44 Ibid., p. 148.

45 Ibid., p. 120.

46 Ibid., pp. 152–53.

47 Ibid., p. 150.

48 "CTF 57 to CINCPOA Info CTG 57.14," November 6, 1944, Enclosure (A), CINCPAC Gray Book, Vol. 5, p. 2282.

49 Donigan, "Peleliu: The Forgotten Battle."

50 "Operation Report, 81st Infantry Division, Capture of Ulithi Atoll," April 13, 1945, p. 111, FDR Map Room Files, Box 193, FDR Library.

51 Ibid., p. 24.

52 Wees, *King–Doctor of Ulithi*, p. 36.

53 "Operation Report, 81st Infantry Division, Capture of Ulithi Atoll," April 13, 1945, pp. 28–29, FDR Map Room Files, Box 193, FDR Library.

54 McCandless, *A Flash of Green*, pp. 170–71.

55 Third Fleet Diary, October 2, 1944, CINCPAC Gray Book, October 5, 1944, Book 5, p. 2093; Task Group 38.3 Diary, October 5, 1944.

56 Task Group 38.3 Diary, October 7, 1944.

57 Third Fleet Diary, October 8, 1944.

58 Robert Bostwick Carney, oral history, p. 392.

59 COM3RDFLT to CINCPOA, etc., October 13, 1944, in CINCPAC Gray Book, Book 5, p. 2239.

60 Task Group 38.3 Diary, October 11, 1944.

61 Fukudome, "The Air Battle Off Taiwan," in Evans, ed., *The Japanese Navy in World War II*, p. 346.

62 USSBS, *Interrogations of Japanese Officials*, Nav No. 115, USSBS No. 503, Vice Admiral Shigeru Fukudome, IJN.

63 Fukudome, "The Air Battle Off Taiwan," in Evans, ed., *The Japanese Navy in World War II*, p. 338.

64 Robert Bostwick Carney, oral history, p. 398.
65 Third Fleet Diary, October 12, 1944.
66 Solberg, *Decision and Dissent*, p. 58.
67 Third Fleet Diary, October 12, 1944; Matome Ugaki diary, October 13, 1944, in Ugaki, *Fading Victory*, p. 470.
68 Third Fleet Diary, October 13, 1944; Task Group 38.3 Diary, October 13, 1944.
69 Kent Lee account in Wooldridge, ed., *Carrier Warfare in the Pacific*, p. 227.
70 Davis, *Sinking the Rising Sun*, p. 250.
71 Ibid., p. 252.
72 War Diary, October 12, 1944 (Oahu date), CINCPAC Gray Book, Book 5, p. 2097.
73 Task Group 38.3 Diary, October 13, 1944.
74 Davis, *Sinking the Rising Sun*, p. 257.
75 Third Fleet Diary, October 14, 1944.
76 Task Group 38.3 Diary, October 14, 1944.
77 William Ransom account in Kuehn et al., *Eyewitness Pacific Theater*, p. 203.
78 "Running Estimate," October 14, 1944 (Oahu date), CINCPAC Gray Book, Book 5, p. 2099.
79 Halsey, *Admiral Halsey's Story*, p. 207.
80 "Digest of Japanese Broadcasts," October 15, 1944, p. 2.
81 Ibid., October 14, 1944, p. 2.
82 "Digest of Japanese Broadcasts," October 14, 1944, cited in memo dated October 20, 1944, p. 1.
83 "Digest of Japanese Broadcasts," October 17, 1944, p. 2.
84 Halsey, *Admiral Halsey's Story*, p. 206.
85 Fukudome, "The Air Battle Off Taiwan," in Evans, ed., *The Japanese Navy in World War II*, p. 352.
86 "Digest of Japanese Broadcasts," October 15, 1944, p. 7, and October 16, 1944, p. 2.
87 Carney, oral history, p. 399.
88 CINCPAC to COMFAIRWING, October 15, 1944; CINCPAC Gray Book, Book 5, p. 2240.
89 Third Fleet Diary, October 15, 1944.
90 Captain Inglis of the *Birmingham*, quoted in Morison, *History of United States Naval Operations in WWII*, Vol. 12, *Leyte*, p. 103.
91 Morison, *History of United States Naval Operations*, Vol. 12, *Leyte*, p. 96.
92 Third Fleet Diary, October 17, 1944.

第四章

1 Michio Takeyama essay in Minear, ed., *The Scars of War*, p. 35.
2 Ibid.
3 Havens, *Valley of Darkness*, p. 131.
4 Ibid., p. 94.
5 Kiyoshi Kiyosawa diary, July 24, 1944, Kiyosawa, *A Diary of Darkness*, p. 232.
6 Tsunejiro Tamura diary, January 16, 1945; Yamashita, ed., *Leaves from an Autumn of Emergencies*, p. 113.
7 Havens, *Valley of Darkness*, p. 96.
8 匿名女性的评论，记载于清泽洌1944年7月22日的日记中。Kiyosawa, *A Diary of Darkness*, p. 230.

9   Taetora Ogata, president of the Board of Information, September 1944, quoted in USSBS, *The Effects of Strategic Bombing on Japanese Morale*, p. 124.

10   "Digest of Japanese Broadcasts, October 13, 1944," p. 3.

11   Uichiro Kawachi, oral history, in Cook and Cook, eds., *Japan at War*, p. 218.

12   Kiyoshi Kiyosawa diary, October 20, 1944, Kiyosawa, *A Diary of Darkness*, p. 267.

13   "Digest of Japanese Broadcasts," October 16, 1944, p. 1.

14   Ibid., October 17, 1944, p. 3, and October 18, 1944, p. 1.

15   Fukudome, "The Air Battle Off Taiwan," in Evans, ed., *The Japanese Navy in World War II*, p. 354.

16   Matome Ugaki diary, October 14, 1944, Ugaki, *Fading Victory*, p. 474.

17   Kenryo Sato, "Dai Toa War Memoir" (unpublished manuscript), pp. 7–9, John Toland Papers, FDR Library, Series 1, Box 16.

18   Kawachi, oral history, in Cook and Cook, eds., *Japan at War*, p. 218.

19   "Digest of Japanese Broadcasts, October 20, 1944," p. 7.

20   Auer, ed., *From Marco Polo Bridge to Pearl Harbor*, p. 176.

21   USSBS, *Interrogations of Japanese Officials*, Nav No. 76, USSBS No. 379, Admiral Mitsumasa Yonai, IJN.

22   Hirohito "Soliloquy," translation in Irokawa, *The Age of Hirohito*, p. 92.

23   Auer, ed., *From Marco Polo Bridge to Pearl Harbor*, p. 178.

24   USSBS, *Interrogations of Japanese Officials*, Nav No. 90, USSBS No. 429, Admiral Kichisaburo Nomura, IJN.

25   "Digest of Japanese Broadcasts, August 25, 1944," p. 2.

26   Premier Kuniaki Koiso, in speech to Diet, September 8, 1944; Tolischus, *Through Japanese Eyes*, p. 156.

27   "Digest of Japanese Broadcasts, August 19, 1944," p. 5.

28   *Chibu Nihon Shinbun*, July 26, 1944, quoted in Kiyoshi Kiyosawa diary, same date, in Kiyosawa, *A Diary of Darkness*, p. 233.

29   Report entitled "Current Conditions of the Empire's Strength," dated July 1944, quoted in Havens, *Valley of Darkness*, p. 131.

30   例如，见战略轰炸调查组对栗田健男（第47号）、野村吉三郎（第429号）和小泽治三郎（第227号）的审讯。栗田："我们曾相信麦克阿瑟将军会从南方来到［菲律宾］。"野村："你们的一位将军曾多次谈到他将夺回菲律宾……因此，我们认为你们一定会去那里。"小泽："最初的'捷号'计划非常全面，菲律宾是要防御的。"而且"美国的入侵可能发生在10月中旬的某个时候"。

31   USSBS, *Interrogations of Japanese Officials*, Nav No. 55, USSBS no. 227, Vice Admiral Jisaburo Ozawa.

32   Verbatim [sic]. Kenryo Sato, "Dai Toa War Memoir" (unpublished manuscript), pp. 7–9, John Toland Papers, FDR Library, Series 1, Box 16.

33   Kenryo Sato, "Dai Toa War Memoir" (unpublished manuscript), pp. 7–9, John Toland Papers, FDR Library, Series 1, Box 16.

34   Ibid.

35   USSBS, *Interrogations of Japanese Officials*, Nav No. 64, USSBS No. 258, Rear Admiral Toshitane Takata, IJN, attached successively to the Staff of the Third Fleet, the Combined Fleet, and the Naval General Staff.

36   Ito and Pineau, *The End of the Imperial Japanese Navy*, pp. 125–26.

37   USSBS, *Interrogations of Japanese Officials*, Nav No. 64, USSBS No. 258, Rear Admiral

Toshitane Takata, IJN.

38　USSBS, *Interrogations of Japanese Officials*, Nav No. 9, USSBS No. 47, Vice Admiral Takeo Kurita.

39　USSBS, *Interrogations of Japanese Officials*, Nav No. 55, USSBS No. 227, Vice Admiral Jisaburo Ozawa, IJN. 另外见松田千秋少将的审讯录, *Interrogation of Rear Admiral Chiaki Matsuda*, IJN, Nav No. 69, USSBS No. 345 : "我当时的看法是，这个行动计划终究不足以阻止你们前进；然而，在当时的情况下，我认为这是最好的计划。我认为这将是我的最后一次交战，相信我会在这次行动中死亡。"

40　Sakai, with Caidin and Saito, *Samurai!*, p. 221.

41　Ibid., p. 220.

42　Naoji Kozu, oral history, in Cook and Cook, eds., *Japan at War*, p. 315.

43　USSBS, *Interrogations of Japanese Officials*, Nav No. 12, USSBS No. 62, Captain Rikibei Inoguchi.

44　Ibid.

45　USSBS, *Interrogations of Japanese Officials*, Nav No. 75, USSBS No. 378, Admiral Soemu Toyoda.

46　Ibid.

47　USSBS, *Interrogations of Japanese Officials*, Nav No. 55, USSBS No. 227, Vice Admiral Jisaburo Ozawa, IJN.

48　Inoguchi et al., *The Divine Wind*, p. 25.

49　Auer, ed., *From Marco Polo Bridge to Pearl Harbor*, p. 236.

50　"Digest of Japanese Broadcasts, October 6, 1944," p. 2.

51　Goro Sugimoto, quoted in Victoria, *Zen at War*, p. 123.

52　Dr. Reiho Masunaga in *Chugai Nippon*, May–June 1945, quoted in Victoria, *Zen at War*, p. 139.

53　*Thirty–Six Strategies* cited in Cleary, *The Japanese Art of War*, p. 91.

54　Inoguchi et al., *The Divine Wind*, p. 61.

55　USSBS, *Interrogations of Japanese Officials*, Nav No. 12, USSBS No. 62, Captain Rikibei Inoguchi.

56　Auer, ed., *From Marco Polo Bridge to Pearl Harbor*, p. 165.

57　Inoguchi et al., *The Divine Wind*, p. 7.

58　USSBS, *Interrogations of Japanese Officials*, Nav No. 12, USSBS No. 62, Captain Rikibei Inoguchi.

59　Hastings, *Retribution*, pp. 166–67.

60　Inoguchi et al., *The Divine Wind*, p. 11.

61　Ibid., p. 27.

62　1944 年 10 月 15 日下午 4 时 30 分东京广播电台的讲话, 见 "Digest of Japanese Broadcasts," October 15, 1944, p. 3。

63　USSBS, *Interrogations of Japanese Officials*, Nav No. 98, Lieutenant General Torashirō Kawabe, November 30, 1945.

64　Matome Ugaki diary, October 21, 1944, Ugaki, *Fading Victory*, p. 485.

第五章

1　Edward J. Huxtable, Composite Squadron Ten, recollections and notes, p. 5.

2　Thomas C. Kinkaid, oral history, p. 301.

3   "Joint Chiefs of Staff to MacArthur, Nimitz," October 3, 1944, #2255, in CINCPAC Gray Book, Book 5, p. 2378.

4   "MacArthur to COM3RDFLT," October 21, 1944, #2240, in CINCPAC Gray Book, Book 5, p. 2389.

5   Carney, oral history, pp. 396–97.

6   Marsden, *Attack Transport*, p. 120.

7   Log of Captain Ray Tarbuck, U.S. Navy, entry for October 19, 1944, 0958, quoted in Barbey, *MacArthur's Amphibious Navy*, p. 245.

8   Entry for 1400; Third Amphibious Force War Diary, October 20, 1944, p. 6, in NARA, RG 38, World War II War Diaries, Box 177.

9   Dickinson, "MacArthur Fulfills Pledge to Return," in Stenbuck, ed., *Typewriter Battalion. Dramatic Frontline Dispatches from World War II*, p. 239.

10   Romulo, *I See the Philippines Rise*, p. 90.

11   Ibid., p. 91.

12   Ibid., p. 92.

13   Boquet, *The Philippine Archipelago*, p. 100.

14   USSBS, *Interrogations of Japanese Officials*, Nav No. 79, USSBS No. 390, Commander Shigeru Nishino, IJN.

15   USSBS, *Interrogations of Japanese Officials*, Nav No. 9, USSBS No. 47, Vice Admiral Takao Kurita.

16   USS *Darter* (SS–227) War Patrol Report No. 4, November 5, 1944, accessed August 12, 2017, https://issuu.com/hnsa/docs.

17   "Running Estimate" entry dated October 22, 1944, in CINCPAC Gray Book, Book 5, p. 2106.

18   Solberg, *Decision and Dissent*, p. 77.

19   USS *Darter* (SS–227) War Patrol Report No. 4, November 5, 1944, accessed August 12, 2017, https://issuu.com/hnsa/docs.

20   Thomas, *Sea of Thunder*, p. 190.

21   USS *Dace* (SS–247) War Patrol Report No. 5, November 6, 1944, Enclosure (A), p. 34, accessed August 12, 2017, https://issuu.com/hnsa/docs.

22   USS *Dace* (SS–247) War Patrol Report No. 5, November 6, 1944, Enclosure (A), p. 37, accessed August 12, 2017, https://issuu.com/hnsa/docs.

23   Matome Ugaki diary, October 23, 1944, Ugaki, *Fading Victory*, p. 487.

24   Solberg, *Decision and Dissent*, p. 99.

25   Tully, *Battle of Surigao Strait*, p. 68.

26   Halsey, *Admiral Halsey's Story*, p. 211.

27   Yoshimura, *Battleship Musashi*, p. 159.

28   Astor, *Wings of Gold*, p. 361.

29   Solberg, *Decision and Dissent*, p. 105.

30   TG 38.3 War Diary, October 24, 1944.

31   David S. McCampbell account, in Wooldridge, ed., *Carrier Warfare in the Pacific*, p. 212.

32   Woodward, *The Battle for Leyte Gulf*, p. 52.

33   David S. McCampbell account, in Wooldridge, ed., *Carrier Warfare in the Pacific*, p. 212.

34   War Damage Report No. 62, U.S.S. *Princeton* (CVL–23), Loss in Action Off Luzon, 24 October 1944, accessed September 6, 2017, https://www.history.navy.mil/research/library.

35   Peggy Hull Deuell, "Death of Carriers Described," in *Reporting World War II*, Part One, p. 549.

36   War Damage Report No. 62, U.S.S. *Princeton* (CVL-23), Loss in Action Off Luzon, 24 October 1944, accessed September 6, 2017, https://www.history.navy.mil/research/library.

37   John Sheehan, oral history, in Petty, ed., *Voices from the Pacific War*, p. 108.

38   Peggy Hull Deuell, "Death of Carriers Described," in *Reporting World War II*, p. 550.

39   Excerpts from Birmingham war diary, quoted in Morison, *History of United States Naval Operations in World War II*, Vol. 12, *Leyte*, p. 181.

40   Lee Robinson, oral history, in Petty, ed., *Voices from the Pacific War*, p. 239.

41   USSBS, *Interrogations of Japanese Officials*, Nav No. 115, USSBS No. 503, Vice Admiral Shigeru, Fukudome, IJN.

42   Jack Lawton, oral history, in Springer, *Inferno*, p. 134.

43   Robert Freligh, email to author, February 11, 2018.

44   Jack Lawton, oral history, in Springer, *Inferno*, p. 134.

45   Robert Freligh, email to author, February 11, 2018.

46   USSBS, *Interrogations of Japanese Officials*, Nav No. 83, USSBS No. 407, Captain Kenkichi Kato, IJN (Executive Officer, Musashi, when sunk at Leyte Gulf).

47   USSBS, *Interrogations of Japanese Officials*, Nav No. 9, USSBS No. 47, Vice Admiral Takeo Kurita.

48   Ito, *The End of the Imperial Japanese Navy*, p. 106. 宇垣赞成向西转向，并在日记中写道："我注意到，如果我们能在傍晚前折回一次，以欺骗敌人，这会对明天的战斗更有利。" Matome Ugaki diary, October 24, 1944, Ugaki, *Fading Victory*, p. 490.

49   Ito, *The End of the Imperial Japanese Navy*, p. 108.

50   Ibid.

51   USSBS, *Interrogations of Japanese Officials*, Nav No. 9, USSBS No. 47, Vice Admiral Takeo Kurita.

52   Thomas, *Sea of Thunder*, p. 223.

53   Haruo Tohmatsu, email to H. P. Willmott, December 3, 2003, quoted in Willmott, *The Battle of Leyte Gulf*, p. 132.

54   USSBS, *Interrogations of Japanese Officials*, Nav No. 64, USSBS No. 258, Rear Admiral Toshitane Takata, IJN, attached successively to the Staff of the Third Fleet, the Combined Fleet, and the Naval General Staff.

55   Ito, *The End of the Imperial Japanese Navy*, p. 111.

56   Matome Ugaki diary, October 24, 1944, Ugaki, *Fading Victory*, p. 490.

57   Asada, *From Mahan to Pearl Harbor*, p. 206.

58   Matome Ugaki diary, October 24, 1944; Ugaki, *Fading Victory*, p. 491.

59   Com 3rd Fleet to CINCPAC, 26 October 1944 (251317); NARA, RG 38, "CNO Zero-Zero Files," Box 4, "CINCPOA Dispatches, October 1944."

60   Third Fleet action report, Serial 0088, October 23-26, 1944, p. 3; Halsey Papers, Box 35, "Action Reports, Third Fleet, October 23-26, 1944," LCMD.

61   "COM3RDFLEET to ALL TFC'S 3RD FLEET, ALL TGC'S OF TF 38 Info COMINCH, CINCPAC," Oct 24, 1944, 0612; in CINCPAC Gray Book, Book 5, p. 2242.

62   Halsey, *Admiral Halsey's Story*, p. 214.

63   Third Fleet action report, Serial 0088, October 23-26, 1944, p. 3; Halsey Papers, Box 35, "Action Reports, Third Fleet, October 23-26, 1944," LCMD.

64   Third Fleet action report, Serial 0088, October 23-26, 1944, p. 3; Halsey Papers, Box 35, "Action Reports, Third Fleet, October 23-26, 1944," LCMD.

65 当时的目击证人索尔伯格指出的在场者有道格·莫尔顿、哈罗德·史塔生和"罗洛"威尔逊，见 Solberg, *Decision and Dissent*, p. 117。

66 Thomas, *Sea of Thunder*, p. 226.

67 COM3RDFLT to CTF 77, etc. (241124), in CINCPAC Gray Book, Book 5, p. 2243.

68 Gerald F. Bogan, oral history, p. 109.

69 Ibid.

70 Ibid., p. 113.

71 根据李将军一位参谋在 1950 年 3 月 6 日写给塞缪尔·埃利奥特·莫里森的信，见 Morison, *History of United States Naval Operations in World War II*, Vol. 12, *Leyte*, p. 195n34。

72 Cutler, *The Battle of Leyte Gulf*, p. 208.

73 Prados, *Storm Over Leyte*, p. 224.

74 Thomas, *Sea of Thunder*, p. 231.

75 Robert Bostwick Carney, oral history, p. 407.

76 Halsey to Nimitz, October 6, 1944, LCMD, Halsey Papers, Box 15.

77 Radford, *From Pearl Harbor to Vietnam*, p. 40.

78 Reynolds, *The Fast Carriers*, p. 258.

79 Roland Smoot, oral history, quoted in Adams, *Witness to Power*, p. 347.

80 Commander Task Force 77 to COMINCH, "Preliminary Action Report of Engagements in Leyte Gulf and Off Samar Island on 25 October 1944," Serial 002335, November 18, 1944, FDR Library, FDR Map Room files, Box 186, enclosure: Dispatches, p. 19.

81 Action Report, USS *West Virginia*, "Action in Battle of Surigao Straits 25 October 1944," Serial 0538, November 1, 1944. Comments by Captain Herbert V. Wiley.

82 Commander Task Force 77 to COMINCH, "Preliminary Action Report of Engagements in Leyte Gulf and Off Samar Island on 25 October 1944," Serial 002335, November 18, 1944, FDR Library, FDR Map Room files, Box 186, p. 7.

83 Woodward, *The Battle for Leyte Gulf*, p. 89.

84 Tully, *Battle of Surigao Strait*, p. 84.

85 Action Report, USS *West Virginia*, "Action in Battle of Surigao Straits 25 October 1944," Serial 0538, November 1, 1944.

第六章

1 Tomoo Tanaka quoted in Tully, *Battle of Surigao Strait*, p. 47.

2 Yasuo Kato quoted in Ibid., p. 47.

3 Shigeru Nishino quoted in Ito, *The End of the Imperial Japanese Navy*, p. 116.

4 Bob Clarkin quoted in Sears, "Wooden Boats at War: Surigao Strait," *World War II* Magazine, Vol. 28, Issue No. 5, February 2014.

5 "Lone PT Attacked Japanese Fleet," *New York Times*, November 14, 1944.

6 Action Report, USS *West Virginia*, "Action in Battle of Surigao Straits 25 October 1944," Serial 0538, November 1, 1944.

7 Bates, U.S. Naval War College Battle Evaluation Group Report, *The Battle for Leyte Gulf*, Vol. 5, "Battle of Surigao Strait," p. 322.

8 USSBS, *Interrogations of Japanese Officials*, Nav No. 79, USSBS No. 390, Commander Shigeru Nishino, IJN.

9 Tully, *Battle of Surigao Strait*, p. 158.

10 Bates, U.S. Naval War College Battle Evaluation Group Report, *The Battle for Leyte Gulf*, Vol. 5, "Battle of Surigao Strait," p. 328.

11 Ibid., p. 395.

12 USSBS, *Interrogations of Japanese Officials*. Nav No. 79, USSBS No. 390, Commander Shigeru Nishino, IJN.

13 Tully, *Battle of Surigao Strait*, p. 185.

14 Ibid., p. 186.

15 Ibid., p. 188.

16 Smoot quoted in Morison, *History of United States Naval Operations in World War II*, Vol. 12, *Leyte*, p. 228.

17 Action Report, USS *West Virginia*, "Action in Battle of Surigao Straits 25 October 1944," Serial 0538, November 1, 1944. Comments by Captain Herbert V. Wiley.

18 Comments by commanding officer of the *Denver*, "Battle Experience: Battle of Leyte Gulf, Information Bulletin No. 22," U.S. Navy Department, March 1, 1945, p. [78–20].

19 James L. Holloway III, "Second Salvo at Surigao Strait," *Naval History* 24, No. 5, October 2010.

20 Tully, *Battle of Surigao Strait*, p. 194.

21 Comments by commanding officer of the *Daly*, "Battle Experience: Battle of Leyte Gulf, Information Bulletin No. 22," U.S. Navy Department, March 1, 1945, p. [78–24].

22 Tully, *Battle of Surigao Strait*, p. 212.

23 USSBS, *Interrogations of Japanese Officials*, Nav. No. 79, USSBS No. 390, Commander Shigeru Nishino, IJN, November 18, 1945.

24 Ibid.

25 Action Report, USS *West Virginia*, "Action in Battle of Surigao Straits 25 October 1944."

26 Bates, *The Battle for Leyte Gulf, October 1944*, Vol. 5, "Battle of Surigao Strait," p. 329.

27 Prados, *Storm Over Leyte*, p. 25.

28 Tully, *Battle of Surigao Strait*, p. 227.

29 Morison, *History of United States Naval Operations in World War II*, Vol. 12, *Leyte*, p. 240.

30 Comments by commanding officer of the *Denver*, "Battle Experience: Battle of Leyte Gulf, Information Bulletin No. 22," U.S. Navy Department, March 1, 1945, p. [78–20].

31 Tully, *Battle of Surigao Strait*, p. 239.

32 Morison, *History of United States Naval Operations in World War II*, Vol. 12, *Leyte*, p. 238.

33 James L. Holloway III, "Second Salvo at Surigao Strait," *Naval History* 24, No. 5, October 2010.

34 USSBS, *Interrogations of Japanese Officials*, Nav No. 41, USSBS No. 170, Commander Tonosuke Otani, IJN, Operations Officer on the Staff of C-in-C Second Fleet.

35 Koyanagi, "The Battle of Leyte Gulf," in Evans, ed., *The Japanese Navy in World War II*, p. 369.

36 Sprague, "The Japs Had Us on the Ropes," *American Magazine*, Vol. 139, No. 4, April 1945, p. 40.

37 Michael Bak Jr., oral history, pp. 154–55.

38 Koyanagi, "The Battle of Leyte Gulf," in Evans, ed., *The Japanese Navy in World War II*, p. 367.

39 *Yamato* action report, quoted in Lundgren, *The World Wonder'd*, p. 21.

40 Sprague, "The Japs Had Us on the Ropes," p. 40.

41 *White Plains* (CVE–66) action report, quoted in Lundgren, *The World Wonder'd*, p. 29.

42 Ibid., p. 31.

43 Ibid., p. 35.

44 Huxtable, "Composite Squadron Ten, recollections," p. 7.

45 Ibid., p. 9.

46 Captain Sugiura of the *Haguro*, quoted in Lundgren, *The World Wonder'd*, p. 57.

47 Morison, *History of United States Naval Operations in World War II*, Vol. 12, *Leyte*, p. 253.

48 Robert C. Hagen, as told to Sidney Shalett, "We Asked for the Jap Fleet—and Got It," *Saturday Evening Post*, May 26, 1945, accessed August 14, 2018, http://www.bosamar.com/pages/hagen_story.

49 Ibid.

50 Ibid.

51 Sprague, "The Japs Had Us on the Ropes," p. 40.

52 CTF 77 to COM3RDFLT, October 24, 1944, CINCPAC Gray Book, Book 5, p. 2246.

53 Halsey, "The Battle for Leyte Gulf," *Naval Institute Proceedings*, May 1952, Vol. 78/5/591.

54 Task Group 38.3 War Diary, October 25, 1944 entry.

55 Weil quoted in Buell, *Dauntless Helldivers*, p. 348.

56 Davis, *Sinking the Rising Sun*, pp. 275–76.

57 Ibid., p. 276.

58 USSBS, *Interrogations of Japanese Officials*, Nav No. 36, USSBS No. 150, Captain Toshikazu Ohmae, IJN.

59 Task Group 38.3 War Diary, October 25, 1944 entry.

60 CTF 77 to COM3RDFLT, CTF 34, in CINCPAC Gray Book, Book 5, p. 2246.

61 Halsey, "The Battle for Leyte Gulf," *Naval Institute Proceedings*, May 1952, Vol. 78/5/591.

62 Solberg, *Decision and Dissent*, p. 152.

63 CTF 77 to COM3RDFLT, CTF 34, in CINCPAC Gray Book, Book 5, p. 2246.

64 COM3RDFLT to CTG 38.1, in Ibid.

65 CINCPAC Gray Book, Book 5, pp. 2246–47.

66 CTF 77 to COM3rdFLT, in Ibid., p. 2247.

67 COM3rdFLT to CTG 38.1 info ALL TFC'S AND TGC'S 3rd Fleet, CTF 77, Com7thFlt, in CINCPAC Gray Book, Book 5, p. 2247.

68 CTF 77 to COM3RDFLT, in CINCPAC Gray Book, Book 5, p. 2246.

69 Charles M. Fox Jr., oral history, March 17, 1970, in *Recollections of Fleet Admiral Chester W. Nimitz*, pp. 2–3.

70 COM3RDFLT to CTF 77, in CINCPAC Gray Book, Book 5, p. 2250.

71 James Fife, oral history, CCOH Naval History Project, Vol. 2, No. 452, p. 400. 根据哈尔西 1952 年 5 月发表在《海军学院学报》上的文章，金凯德在 10 点用明语发出无线电："李在哪里。派李过来。"这一绝望的恳求被频繁引用，但在太平洋舰队司令的灰皮书中没有出现这条信息，而且由于哈尔西的文章对其他电文也有措辞上的变动，因此这条电文应该不是一字不差的还原。

72 Lieutenant John Marshall quoted in Wukovits, *Admiral "Bull" Halsey*, p. 196.

73 Joseph J. Clark, oral history, p. 501.

74 Bernard Austin, oral history, p. 514.

75 Chester W. Nimitz, "Some Thoughts to Live By."

76 Bernard Austin, oral history, p. 513.

77   CINCPAC to COM3RDFLT Info COMINCH, CTF 77, in CINCPAC Gray Book, Book 5, p. 2250. 奥斯汀称电文是他口述给一名文书军士的，赫丁则表示他看到谢尔曼亲笔写下此电文。Bernard Austin, oral history, p. 514; Truman J. Hedding, oral history, pp. 97–98.

78   Potter and Nimitz, eds., *The Great Sea War*, pp. 389–90n.

79   Charles M. Fox Jr., oral history, March 17, 1970, in *Recollections of Fleet Admiral Chester W. Nimitz*, p. 3. 福克斯的上级军官伦纳德·道在1959年的一封信中确认了细节。Leonard J. Dow, RADM, U.S. Navy (ret.) to E. B. Potter, January 6, 1959. "Leyte, correspondence regarding, 1958–1959," Halsey Papers.

80   Halsey, *Admiral Halsey's Story*, p. 220.

81   Drury and Clavin, *Halsey's Typhoon*, p. 49.

82   Thomas, *Sea of Thunder*, p. 300.

83   Charles M. Fox Jr., oral history, March 17, 1970, in *Recollections of Fleet Admiral Chester W. Nimitz*, p. 4.

84   Halsey to E. B. Potter, December 12, 1958, "Leyte, correspondence regarding, 1958–1959," Halsey Papers.

85   Potter, *Nimitz*, p. 593.（尼米兹对作者所说的话引自其第20章的出处注释。）

86   Potter, *Bull Halsey*, p. 304.

87   COM3RDFLT to CTF 77 Info COM7THFLT in CINCPAC Gray Book, Book 5, p. 2250.

88   Report by Lieutenant Maurice Fred Green, Survivor of the *Hoel*, accessed October 2017, http://ussjohnston-hoel.com/6199.html.

89   Commanding officer, U.S.S. *Hoel*, "Combined Action Report and Report of Loss of U.S.S. Hoel (DD 533) on 25 October, 1944."

90   Matome Ugaki diary, October 25, 1944, Ugaki, *Fading Victory*, p. 493.

91   Report by Lieutenant Maurice Fred Green, Survivor of the *Hoel*, accessed October 2017, http://ussjohnston-hoel.com/6199.html.

92   Ibid.

93   Matome Ugaki diary, October 25, 1944, Ugaki, *Fading Victory*, p. 495.

94   Report by Glenn H. Parkin, Survivor of the *Hoel*, accessed October 2017, http://ussjohnston-hoel.com/6253.html.

95   Michael Bak Jr., oral history, p. 155.

96   Ibid., p. 156.

97   Robert M. Deal, personal account, USS *Johnston* Veterans Association pamphlet, p. 70.

98   "Action Report—surface engagement off Samar, P.I., 25 October 1944," USS *Johnston*, DD557/A16-3, Serial 04, November 14, 1944, submitted by "Senior Surviving Officer."

99   Robert C. Hagen, as told to Sidney Shalett, "We Asked for the Jap Fleet–and Got It." *Saturday Evening Post*, May 26, 1945.

100   Tadashi Okuno letter to the *Asahi Shinbun*, published in Gibney, ed., *Senso*, pp. 136–37.

101   USSBS, *Interrogations of Japanese Officials*, Nav No. 9, USSBS No. 47, Vice Admiral Takeo Kurita.

102   Koyanagi, "The Battle of Leyte Gulf," in Evans, ed., *The Japanese Navy in World War II*, p. 368.

103   Sprague, "The Japs Had Us on the Ropes," *American Magazine*, Vol. 139, No. 4, April 1945, p. 40.

104   CTF 77 to COM3RDFLT, etc., 250146 and 250231, CINCPAC Gray Book, Book 5, p. 2250.

105   Robert Bostwick Carney, oral history, p. 409.

106 Task Group 38.3 War Diary, October 25, 1944.

107 Ibid.

108 USSBS, *Interrogations of Japanese Officials*, Nav No. 55, USSBS No. 227, Vice Admiral Jisaburo Ozawa.

109 COM3RDFLT to CINCPAC Info etc., October 25, 1944 (251226), CINCPAC Gray Book, Book 5, p. 2256.

110 COM3RDFLT to CINCPAC, 26 October 1944 (251317). NARA, RG 38, "CNO Zero–Zero Files," Box 4, "CINCPOA Dispatches, October 1944."

111 C. Vann Woodward quoted in Shenk, ed., *Authors at Sea*, p. 232.

112 USSBS, *Interrogations of Japanese Officials*, Nav No. 9, USSBS No. 47, Vice Admiral Takeo Kurita.

113 Ibid.

114 Ibid.

115 Interrogator's notes in Ibid.

116 USSBS, *Interrogations of Japanese Officials*, Nav No. 9, USSBS No. 47, Vice Admiral Takeo Kurita.

117 USSBS, *Interrogations of Japanese Officials*, Nav No. 35, USSBS No. 149, Rear Admiral Tomiji Koyanagi, IJN.

118 Ibid; Nav No. 41, USSBS No. 170, Commander Tonosuke Otani, IJN; Matome Ugaki diary, October 25, 1944, Ugaki, *Fading Victory*, pp. 496–97.

119 Hara, *Japanese Destroyer Captain*, p. 256.

120 Ito, *The End of the Imperial Japanese Navy*, p. 100.

121 Koyanagi, "The Battle of Leyte Gulf," in Evans, ed., *The Japanese Navy in World War II*, p. 377.

122 拉福德后来在 1953—1957 年任参谋长联席会议主席。Radford, *From Pearl Harbor to Vietnam*, p. 30.

123 Halsey, *Admiral Halsey's Story*, p. 128.

124 Charles J. Moore, oral history, p. 1032.

125 Morison, *History of United States Naval Operations in World War II*, Vol. 12, *Leyte*, p. 58.

126 Third Fleet action report, Serial 0088, October 23–26, 1944, p. 5; Halsey Papers, Box 35, "Action Reports, Third Fleet, October 23–26, 1944," LCMD.

127 Truman J. Hedding, oral history, p. 101.

128 Third Fleet action report, Serial 0088, October 23–26, 1944, pp. 4–5, Halsey Papers, Box 35, "Action Reports, Third Fleet, October 23–26, 1944," LCMD.

129 Ibid.

130 MacArthur, *Reminiscences*, pp. 227–28.

131 Halsey to Nimitz, November 4, 1944, LCMD, Halsey Papers, Box 15.

132 COM3RDFLT to CINCPAC Info etc., October 25, 1944 (251226), CINCPAC Gray Book, Book 5, p. 2256.

133 Merrill, *A Sailor's Admiral*, p. 169.

134 "Admiral Halsey Reports," British Pathé newsreel archive, URN: 74239, Film ID: 2121.

135 USSBS, *Interrogations of Japanese Officials*, Nav No. 55, USSBS No. 227, Vice Admiral Jisaburo Ozawa, IJN.

136 Halsey, "The Battle for Leyte Gulf," *Naval Institute Proceedings*, May 1952, Vol. 78/5/591.

137 "Statement to the author, April 9, 1953," in Taylor, *The Magnificent Mitscher*, p. 265.

138 Letters between Halsey and Morison, and Halsey and Ralph E. Wilson, January–February 1951, in Halsey Papers, "Correspondence Files."

139 Halsey to officers, November 14, 1958, "Leyte, correspondence regarding, 1958–1959," Halsey Papers.

140 Carney to Halsey, November 14, 1958, "Leyte, correspondence regarding, 1958–1959," Halsey Papers.

141 Halsey to Prof. E. B. Potter, July 27, 1959, "The Battle of Leyte Gulf, Halsey's comments," Halsey Papers.

142 Halsey and Bryant, *Admiral Halsey's Story*, Author's Foreword, p. 1.

143 Halsey to Charlie Belknap, March 24, 1949, Halsey Papers, Box 7.

第七章

1 Wylie, "Reflections on the War in the Pacific," Naval Institute *Proceedings*.

2 USSBS, *The War Against Japanese Transportation*, pp. 32–33.

3 USSBS, *The War Against Japanese Transportation*, p. 2.

4 USSBS, *Summary Report, Pacific War*, p. 11; USSBS, *The Effects of Strategic Bombing on Japan's War Economy*, p. 176, Table C–G9.

5 USSBS, *Summary Report, Pacific War*, p. 13.

6 Robert Bostwick Carney, oral history, p. 386.

7 Halsey to Nimitz, September 28, 1944, Halsey Papers.

8 Nimitz to Halsey, October 8, 1944, Halsey Papers.

9 MacArthur radiogram to Marshall, February 2, 1944, p. 1; RG–4, Records of Headquarters, U.S. Army Forces Pacific (USAFPAC), 1942–1947, MacArthur Memorial Archives.

10 Hansell, *The Strategic Air War Against Germany and Japan*, p. 173.

11 John W. Clary, "Wartime Diary," accessed January 3, 2018, http://www.warfish.com/gaz_clary.html.

12 Beach, *Submarine!*, p. 59.

13 "Recorded interview, Commander Dudley W. Morton," September 9, 1943, SubPac headquarters, Pearl Harbor. NARA, RG 38: World War II Oral Histories, Interviews and Statements, Box 20.

14 "U.S.S. *Wahoo*, Report of Fourth War Patrol," entry for March 17, 1943, *U.S.S. Wahoo (SS-238), American Submarine Patrol Reports*, p. 69.

15 "Recorded interview, Commander Dudley W. Morton," September 9, 1943, SubPac headquarters, Pearl Harbor. NARA, RG 38: World War II Oral Histories, Interviews and Statements, Box 20.

16 John W. Clary MoMM1c, "Wartime Diary."

17 "U.S.S. *Wahoo*, Report of Fourth War Patrol," entry for March 25, 1943, *U.S.S. Wahoo (SS-238), American Submarine Patrol Reports*, p. 75.

18 Ibid.

19 "Recorded interview, Commander Dudley W. Morton," September 9, 1943, SubPac headquarters, Pearl Harbor. NARA, RG 38, World War II Oral Histories, Interviews and Statements, Box 20.

20 "Recorded interview, Commander Dudley W. Morton," September 9, 1943, SubPac headquarters, Pearl Harbor, and *Wahoo* patrol report, March 22, 1943. NARA, RG 38: World War II Oral Histories, Interviews and Statements, Box 20.

21 "U.S.S. *Wahoo*, Report of Fourth War Patrol," entry for March 25, 1943, *U.S.S. Wahoo (SS-238), American Submarine Patrol Reports*, p. 76.

22 Beach, "Culpable Negligence," in Sears, *Eyewitness to World War II* (first published December 1980 in *American Heritage*), p. 74.

23 Blair, *Silent Victory*, p. 402.

24 Ibid., p. 403.

25 "U.S.S. *Wahoo*, Report of War Patrol Number Six," Item (O): "Health and Habitability," *U.S.S. Wahoo (SS–238), American Submarine Patrol Reports*, p. 138.

26 "Recorded interview, Commander Dudley W. Morton," September 9, 1943, SubPac headquarters, Pearl Harbor. NARA, RG 38: World War II Oral Histories, Interviews and Statements, Box 20.

27 USSBS, *The War Against Japanese Transportation*, Appendix A, p. 114.

28 CINCPAC to COMINCH, 7 November 1944, "Operations in Pacific Ocean Areas, June 1944: Part VI, Pacific Fleet Submarines," p. 18, Map Room Files, USN Action Reports, Box 183, FDR Library.

29 USSBS, *The War Against Japanese Transportation*, Appendix A, p. 114.

30 CINCPAC to CNO, "Operations in the Pacific Ocean Areas, August 1945," Serial: 034296, December 10, 1945.

31 Tillman, *Whirlwind*, p. 34.

32 Phillips Jr., *Rain of Fire*, p. 17.

33 Sweeney, *War's End*, p. 56.

34 LeMay and Kantor, *Mission with LeMay*, p. 321.

35 Ibid., p. 322.

36 Craven and Cate, eds., *The Army Air Forces in World War II*, Vol. 5, p. 546.

37 Hansell quoted in LeMay and Yenne, *Superfortress*, p. 96.

38 Hansell, *The Strategic Air War Against Germany and Japan: A Memoir*, p. 175.

39 Letter written by Charles L. Phillips Jr., quoted in Phillips Jr., *Rain of Fire*, p. 32.

40 November 4, 1944 entry, CINCPAC Gray Book, Book 5, p. 2125.

41 Marshall Chester diary, November 18–26, 1944, in Brawley, Dixon, and Trefalt, eds., *Competing Voices from the Pacific War*, p. 128.

42 NARA, RG 38, "CNO Zero–Zero Files," Box 60, Folder 21 labeled "Gen. Spaatz," entry dated November 23, 1944, in CINCPAC Gray Book, Book 5, p. 2149.

43 Hansell quoted in LeMay and Yenne, *Superfortress*, p. 101.

44 Submarine Division 102, "First Endorsement to CO *Archerfish* Conf. Ltr. SS311/16–3, Serial 013–44 dated December 15, 1944," p. 1, Item 3, appended to "U.S.S. *Archerfish*, Report of Fifth War Patrol," December 15, 1944. NARA, RG 38: U.S. Submarine War Patrol Reports, 1941– 1945.

45 U.S.S. *Archerfish*, "Report of Fifth War Patrol," SS311/16–3, Serial 013–44, December 15, 1944, enclosure (A), entry for November 26, 1944, p. 7.

46 Enright and Ryan, *Sea Assault*, p. 46.

47 U.S.S. *Archerfish*, "Report of Fifth War Patrol," SS311/16–3, Serial 013–44, December 15, 1944, enclosure (A), entry for November 28, 1944, p. 8.

48 Oshima Morinari letter to the *Asahi Shinbun*, in Gibney, ed., *Senso*, p. 49.

49 Enright, *Sea Assault*, p. 95.

50 Ibid.

51 Ibid., p. 103.

52 Ibid., p. 114.

53 U.S.S. *Archerfish*, "Report of Fifth War Patrol," SS311/16–3, Serial 013–44, December 15,

1944, enclosure (A), entry for November 28, 1944, p. 9.

54 U.S.S. *Archerfish*, "Report of Fifth War Patrol," SS311/16-3, Serial 013-44, December 15, 1944, enclosure (A), entry for November 29, 1944, p. 9.

55 Enright, *Sea Assault*, p. 178.

56 Ibid., p. 183.

57 Ibid., p. 184.

58 Ibid., p. 185.

59 Ibid.

60 Ibid., pp. 186-87.

61 U.S.S. *Archerfish*, "Report of Fifth War Patrol," SS311/16-3, Serial 013-44, December 15, 1944, enclosure (A), entry for November 29, 1944, p. 10.

62 Enright, *Sea Assault*, p. 201.

63 Ibid., pp. 245-46.

第八章

1 Evans, *Wartime Sea Stories*, p. 94.

2 St. John, *Leyte Calling*, p. 195.

3 James Orvill Raines to Ray Ellen Raines, December 4, 1944, in Raines and McBride, eds., *Good Night Officially*, p. 156.

4 Commander Third Amphibious Force, CTF 79, "Report of Leyte Operation," November 13, 1944, enclosure (E). 5. 1944, p. 4.

5 Commander Third Amphibious Force, CTF 79, "Report of Leyte Operation," November 13, 1944, p. 4.

6 Eichelberger and MacKaye, *Our Jungle Road to Tokyo*, p. 170.

7 General Yoshiharu Tomochika, "The True Facts of the Leyte Operation," John Toland Papers, Box 12, FDR Library, p. 6.

8 USSBS, *Interrogations of Japanese Officials*, Nav No. 115, USSBS No. 503, Vice Admiral Shigeru Fukudome.

9 General Yoshiharu Tomochika, "The True Facts of the Leyte Operation," John Toland Papers, Box 12, FDR Library, p. 13.

10 Third Fleet War Diary, October 28, 1944.

11 COM3RDFLT to CTF 77, Info etc. (251230), CINCPAC Gray Book, Book 5, p. 2256.

12 CTF 77 to COM3RDFLT, Info etc. (260316), CINCPAC Gray Book, Book 5, p. 2258.

13 Halsey, *Admiral Halsey's Story*, p. 234.

14 COM3RDFLT to CINCSOWESPAC, Info etc. (261235), CINCPAC Gray Book, Book 5, p. 2395.

15 CINCPAC to COM3RDFLT, Info COMINCH, COMSERVPAC (261812), CINC PAC Gray Book, Book 5, p. 2395.

16 Ibid.

17 James S. Russell, oral history, p. 44.

18 Ibid.

19 Radio Tokyo broadcast, October 26, 1944, in Tolischus, *Through Japanese Eyes*, p. 157.

20 清泽洌 1944 年 11 月 14 日的日记："陆海军竞相宣布成立特攻部队。" Kiyosawa, *A Diary of Darkness*, p. 281.

21 Imperial Japanese Navy Directive No. 482, 29 October 1944. NARA, RG 38: "Records of Japanese Navy and Related Documents," Box 42.

22 *Mainichi Shinbun*, November 1, 1944, quoted in Shillony, *Politics and Culture in Wartime Japan*, p. 97.

23 Koiso quoted in Morris, *The Nobility of Failure*, p. 300.

24 USSBS, *Interrogations of Japanese Officials*, Nav No. 115, USSBS No. 503, Vice Admiral Shigeru Fukudome.

25 Inoguchi et al., *The Divine Wind*, p. 58.

26 Lieutenant Commander Iyozo Fujita Account, in Werneth, ed., *Beyond Pearl Harbor*, p. 243.

27 Naoji Kozu, oral history, in Cook and Cook, eds., *Japan at War*, p. 315.

28 Morris, *The Nobility of Failure*, p. 296.

29 Inoguchi et al., *The Divine Wind*, p. 71.

30 Ibid., p. 72.

31 USSBS, *Interrogations of Japanese Officials*, Nav No. 115, USSBS No. 503, Vice Admiral Shigeru Fukudome.

32 USSBS, *Interrogations of Japanese Officials*, Nav No. 12, USSBS No. 62, Captain Rikibei Inoguchi; Inoguchi et al., *The Divine Wind*, p. 73.

33 Report of Captain Charlie Nelson, USNR, accessed February 16, 2018, http://destroyerhistory. org/fletcherclass.

34 Third Fleet War Diary, November 1, 1944, p. 1.

35 Third Fleet War Diary, October 27, 1944, p. 44.

36 Krueger, *From Down Under to Nippon*, p. 350.

37 CTF 77 to CINCSWPA, November 1, 1944, RS‒4, MacArthur Memorial Archives, Third Fleet War Diary, November 1, 1944, p. 2.

38 Task Group 38.3 War Diary, November 5, p. 8; Third Fleet War Diary, November 1944, p. 5.

39 James Orvill Raines to Ray Ellen Raines, November 24, 1944, in Raines and McBride, eds., *Good Night Officially*, p. 139.

40 Sherrod, *On to Westward*, p. 290.

41 Buell, *The Quiet Warrior*, p. 344.

42 John Thach account, in Wooldridge, ed., *Carrier Warfare in the Pacific*, p. 265.

43 COM2NDCARTASKFORPAC to COMINCH, etc., October 23, 1944, in CINC PAC Gray Book, Book 5, p. 2391.

44 Ibid.

45 Sherrod, *On to Westward*, p. 245.

46 Reynolds, *On the Warpath in the Pacific*, p. 223.

47 Nimitz to Halsey, October 22, 1944, Halsey Papers, Box 15; Third Fleet War Diary, November 29, 1944, p. 27.

48 "COM3RDFLT to CINCPAC Info, etc.," November 28, 1944, CINCPAC Gray Book, Book 5, p. 2292.

49 CINCPAC Report, "Operations in the Pacific Ocean Areas During the Month of December 1944," June 25, 1945, p. 7.

50 John Thach account, in Wooldridge, ed., *Carrier Warfare in the Pacific*, p. 266.

51 Ibid., p. 268.

52 Halsey, *Admiral Halsey's Story*, p. 232.

53 Task Group 38.3 War Diary, November 25, 1944, pp. 31‒32.

54   James J. Fahey diary, November 27, 1944, in Fahey, *Pacific War Diary 1942–1945*, p. 229.
55   Ibid.
56   Ibid., p. 230.
57   Ibid., p. 234.
58   U.S.S. *Maryland* Cruise Book, U.S. Navy Library, Washington Navy Yard, Washington, DC, pp. 31–32.
59   Memorandum to MacArthur, "Our Present Situation—Leyte Gulf, Mindoro, Lingayen Gulf," November 30, 1944, RS–4, MacArthur Memorial Archives.
60   Arthur H. McCollum, oral history, Vol. 1, pp. 527–29.
61   Eichelberger and MacKaye, *Our Jungle Road to Tokyo*, p. 170.
62   Press Release, General Headquarters, Southwest Pacific Area, November 3, 1944.
63   Arthur H. McCollum, oral history, Vol. 1, pp. 527–29.
64   MacArthur, *Reminiscences*, p. 232.
65   Task Group 38.3 War Diary, November 11, 1944, p. 16.
66   General Yoshiharu Tomochika, "The True Facts of the Leyte Operation," John Toland Papers, Box 12, FDR Library, p. 20.
67   Eugene George Anderson, "Nightmare in Ormoc Bay," *Sea Combat* magazine, accessed October 14, 2018, http://www.dd–692.com/nightmare.htm.
68   CINCPAC Report, "Operations in the Pacific Ocean Areas During the Month of December 1944," June 25, 1945, p. 40.
69   General Yoshiharu Tomochika, "The True Facts of the Leyte Operation," John Toland Papers, Box 12, FDR Library, p. 25.
70   Ibid., p. 21.
71   Huie, *From Omaha to Okinawa*, p. 211.
72   CTF 77 to CINCSWPA, December 7, 1944, CINCPAC Gray Book, Book 5, p. 2298.
73   MacArthur, *Reminiscences*, p. 233.
74   Third Fleet War Diary, December 1, 1944, p. 2.
75   Naval Debriefing, December 12, 1944: Captain Philip G. Beck, U.S. Naval Reserve, USS *Mississinewa*, NARA RG 38, Records of the Office of the Chief of Naval Operations, World War Oral Histories and Interviews," 1942–1946, Box 2, p. 2; Task Group 38.3 War Diary, November 20, p. 27.
76   Sherman, *Combat Command*, p. 272.
77   Third Fleet War Diary, November 14, 1944, p. 14.
78   Steven Jurika Jr. account, in Wooldridge, ed., *Carrier Warfare in the Pacific*, p. 251.
79   Third Fleet War Diary, December 11, 1944, p. 9.
80   Halsey, *Admiral Halsey's Story*, p. 236.
81   Third Fleet War Diary, December 14–16, 1944; CINCPAC Report, "Operations in the Pacific Ocean Areas During the Month of December 1944," June 25, 1945, p. 9.
82   CINCPAC Report, "Operations in the Pacific Ocean Areas During the Month of December 1944," June 25, 1945, p. 39.
83   J. Bryan III diary, February 24, 1945, in Bryan, *Aircraft Carrier*, p. 39.
84   Third Fleet War Diary, December 17, 1944, p. 17.
85   Radford, *From Pearl Harbor to Vietnam*, p. 32.
86   Robert Bostwick Carney, oral history, p. 418.
87   Third Fleet War Diary, December 17, 1944, p. 23.

88　Robert Bostwick Carney, oral history, p. 417.

89　CINCPAC Report, "Operations in the Pacific Ocean Areas During the Month of December 1944," June 25, 1945, p. 13.

90　Third Fleet War Diary, December 18, 1944, p. 27.

91　Ibid., p. 30.

92　Ibid., p. 31; CINCPAC Report, "Operations in the Pacific Ocean Areas During the Month of December 1944," June 25, 1945, p. 13.

93　Third Fleet War Diary, December 18, 1944, p. 31.

94　CINCPAC Report, "Operations in the Pacific Ocean Areas During the Month of December 1944," June 25, 1945, Annex B, "The December Typhoon," p. 75.

95　Robert Bostwick Carney, oral history, p. 418.

96　Radford, *From Pearl Harbor to Vietnam*, p. 34.

97　CINCPAC Report, "Operations in the Pacific Ocean Areas During the Month of December 1944," June 25, 1945, Annex B, "The December Typhoon," p. 82.

98　Ibid.

99　Joseph Conrad, "Typhoon," accessed December 14, 2017, http://www.gutenberg.org/files/1142/.

100　Olson, *Tales from a Tin Can*, pp. 226–27.

101　CINCPAC Report, "Operations in the Pacific Ocean Areas During the Month of December 1944," June 25, 1945, Annex B, "The December Typhoon," p. 73.

102　Ibid., p. 75.

103　Radford, *From Pearl Harbor to Vietnam*, p. 36.

104　CINCPAC Report, "Operations in the Pacific Ocean Areas During the Month of December 1944," June 25, 1945, Annex B, "The December Typhoon," p. 73.

105　Third Fleet War Diary, December 20, 1944, p. 37.

106　Third Fleet War Diary, December 19, 1944, p. 36.

107　CINCPAC Report, "Operations in the Pacific Ocean Areas During the Month of December 1944," June 25, 1945, Annex B, "The December Typhoon," p. 85.

108　COM3RDFLT to CINCPAC, December 19, 1944, in CINCPAC Gray Book, Book 5, p. 2462; Ibid., p. 13.

109　Third Fleet War Diary, December 24, 1944, p. 41.

110　Halsey, *Admiral Halsey's Story*, p. 241.

111　Gerald F. Bogan, oral history, p. 126.

112　Truman J. Hedding, oral history, p. 103.

113　Ibid., p. 105.

114　Third Fleet War Diary, December 28, 1944, p. 42.

115　Truman J. Hedding, oral history, p. 104.

116　Nimitz, "Pacific Fleet Confidential Letter 14CL–45," February 13, 1945, "Damage in Typhoon, Lessons of," CINCPAC File A2–11 L11–1.

第九章

1　James Orvill Raines to Ray Ellen Raines, September 16, 1944, Raines and McBride, eds., *Good Night Officially*, p. 74.

2　Sledge, *With the Old Breed*, p. 266.

3　Willard Waller, "Why Veterans Are Bitter," *American Mercury*, August 1945, p. 147.

4   Ibid.
5   此事为沃尔特·R. 埃文斯日后所述。他还描述了"维斯塔尔号"修理船上的船友对"好莱坞式造作"的态度。Evans, *Wartime Sea Stories*, p. 38.
6   Hunt, *Coral Comes High*, p. 21.
7   U.S. Commerce Department, *Historical Statistics of the United States*, Chapter F, "National Income and Wealth," Series F 1–5. 以时价来算，1940 年是 997 亿美元，1944 年增至 2 101 亿美元；以 1958 年的价格来算，1940 年是 2 272 亿美元，1944 年增至 3 613 亿美元。
8   后一个数字按 1940 年的标准来算为 316.6 亿美元。U.S. Commerce Department, *Historical Statistics of the United States*, Series F 540–551, "National Saving, by Major Saver Groups, in Current Prices, 1897 to 1945."
9   Blum, *V Was For Victory*, p. 98.
10   John Kenneth Galbraith, oral history; Terkel, ed., *"The Good War,"* p. 323.
11   Winkler, *Home Front U.S.A.*, p. 45.
12   Marjorie Cartwright, oral history, in Harris, Mitchell, and Schechter, eds., *The Homefront*, pp. 190–91.
13   U.S. Commerce Department, *Historical Statistics of the United States*, Series N1–29, "Value of New Private and Public Construction Put in Place: 1915 to 1970."
14   Lerner, *Public Journal*, pp. 28–29.
15   Baime, *The Arsenal of Democracy*, p. 247.
16   Don McFadden, oral history, Terkel, ed., *"The Good War,"* p. 148.
17   Perret, *Days of Sadness, Years of Triumph*, p. 315.
18   Reid, *The Brazen Age*, p. 8.
19   "Navy Officer Says Teamsters Hit Him," *New York Times*, October 3, 1944, p. 15.
20   Ibid.
21   "Dickins v. International Brotherhood, Etc., 171 F.2d 21 (D.C. Cir. 1948)," October 18, 1948, United States Court of Appeals District of Columbia Circuit.
22   Blum, *V Was For Victory*, p. 297.
23   The "Mead Report" quoted in Cooke, *The American Home Front*, p. 300.
24   Perret, *Days of Sadness, Years of Triumph*, p. 399.
25   Peggy Terry, oral history, Terkel, ed., *"The Good War,"* p. 112.
26   Eisenhower to FDR, March 31, 1945, FDR Library.
27   King/Marshall letter to FDR, January 1945, excerpted in "Letters on the Pressing Manpower Problem," *New York Times*, January 18, 1945.
28   "Curfew Used to Teach 'War Awareness' Lesson," *New York Times*, February 25, 1945, p. 67.
29   Yoder, *There's No Front Like Home*, p. 115.
30   Hunt, *Coral Comes High*, p. 21.
31   Elliot Johnson account, in Harris, Mitchell, and Schechter, eds., *The Homefront*, p. 198.
32   Marjorie Cartwright account, in Harris, Mitchell, and Schechter, eds., *The Homefront*, pp. 190–91.
33   U.S. Navy Department, "Annual Report, Fiscal Year 1944, Secretary of the Navy James Forrestal to the President of the United States," p. 15, Hopkins Papers, Group 24, FDR Library.
34   Reynolds, *The Fast Carriers*, p. 324.
35   Delaney, "Corpus Christi: University of the Air," *Naval History* 27, no. 3, June 2013, p. 37.
36   Davis, *Sinking the Rising Sun*, p. 42.
37   Smyth, *Sea Stories*, p. 39.

38　Buell, *Dauntless Helldivers*, p. 26.

39　Davis, *Sinking the Rising Sun*, p. 72.

40　Portz, "Aviation Training and Expansion," *Naval Aviation News*, July–August 1990, p. 24.

41　Baker, *Growing Up*, p. 216.

42　Davis, *Sinking the Rising Sun*, p. 61.

43　Ibid., p. 67.

44　Hynes, *Flights of Passage*, p. 69.

45　Smyth, *Sea Stories*, p. 48.

46　Buell, *Dauntless Helldivers*, p. 39.

47　MacWhorter and Stout, *The First Hellcat Ace*, p. 134.

48　Vernon, *Hostile Sky*, p. 99.

49　Davis, *Sinking the Rising Sun*, p. 44.

50　Hynes, *Flights of Passage*, p. 60.

51　Lieutenant William A. Bell, "Under the Nips' Nose," pp. 12–13.

52　Third Fleet War Diary, January 7, 1945, p. 8.

53　Halsey, *Admiral Halsey's Story*, p. 195.

54　Third Fleet War Diary, January 11, 1945, p. 11.

55　William A. Bell Diary, January 12, 1945, p. 7.

56　Halsey, *Admiral Halsey's Story*, p. 198.

57　Lieutenant William A. Bell, "Under the Nips' Nose," p. 24.

58　Ibid., p. 23.

59　Sherman, *Combat Command*, p. 279; Clark and Reynolds, *Carrier Admiral*, p. 196.

60　Third Fleet War Diary, January 19, 1945, p. 18.

61　Ibid., p. 21.

62　William A. Bell Diary, January 21, 1945, pp. 17–18.

第十章

1　猪口力平估计损失率为 30%，见 Rikihei Inoguchi, *The Divine Wind*, p. 87。

2　Ibid., p. 88.

3　Marsden, *Attack Transport*, p. 153.

4　MacArthur, *Reminiscences*, p. 240.

5　James Orvill Raines to Ray Ellen Raines, January 15, 1945, Raines and McBride, eds., *Good Night Officially*, p. 204.

6　Marsden, *Attack Transport*, p. 155.

7　MacArthur, *Reminiscences*, p. 241.

8　Herman, *Douglas MacArthur: American Warrior*, p. 570.

9　Krueger, *From Down Under to Nippon*, p. 228.

10　Japanese Monograph 114, "Philippine Area Naval Operations, Part IV," January–August 1945, pp. 30–31.

11　GHQ, SWPA, Communique No. 1027, January 29, 1945, quoted in *Reports of General MacArthur*, vol. 1, p. 270.

12　Smith, *United States Army in WWII, The War in the Pacific*, p. 219.

13　Dunn, *Pacific Microphone*, p. 279.

14　Carl Mydans, "My God, It's Carl Mydans!," *Life*, February 19, 1945, in *Reporting World War II*,

Part Two, p. 607.

15   Dunn, *Pacific Microphone*, p. 293.

16   Robin Prising quoted in Scott, *Rampage*, p. 188.

17   Carl Mydans, "My God, It's Carl Mydans!," *Life*, February 19, 1945, in *Reporting World War II, Part Two*, p. 616.

18   MacArthur, *Reminiscences*, p. 247.

19   Bill Dunn's CBS Radio Broadcast, February 4, 1945, quoted in Scott, *Rampage*, p. 170.

20   Scott, *Rampage*, p. 198.

21   Sworn Affidavit of Hobert D. Mason of the 112th Medical Battalion, "Report on Destruction of Manila and Japanese Atrocities, February 1945," U.S. Army Forces, Southwest Pacific Area, Military Intelligence Section, Bonner Fellers Papers, Box 2, Hoover Institution Archives.

22   Sworn affidavit, Major David V. Binkley, U.S. Army, "Report on Destruction of Manila and Japanese Atrocities, February 1945," U.S. Army Forces, Southwest Pacific Area, Military Intelligence Section, Bonner Fellers Papers, Box 2, Hoover Institution Archives.

23   MacArthur, *Reminiscences*, p. 248.

24   Borneman, *MacArthur At War*, p. 467.

25   Eichelberger and MacKaye, *Our Jungle Road to Tokyo*, p. 176.

26   Scott, *Rampage*, p. 205.

27   Japanese Monograph 114, "Philippine Area Naval Operations, Part IV," January–August 1945, "Battle of Manila, First Phase," p. 12.

28   "Directions Concerning Combat by Shimbu Group Headquarters," in "Documents and Orders Captured in the Field," accessed October 11, 2018, http://battleofmanila.org.

29   "Report on Destruction of Manila and Japanese Atrocities, February 1945," p. 1, U.S. Army Forces, Southwest Pacific Area, Military Intelligence Section, Bonner Fellers Papers, Box 2, Hoover Institution Archives.

30   Japanese Monograph 114, "Philippine Area Naval Operations, Part IV," January–August 1945, p. 15.

31   Scott, *Rampage*, p. 248.

32   H. O. Eaton Jr., "Assault Tactics Employed as Exemplified by the Battle of Manila, A Report by XIV Corps."

33   Scott, *Rampage*, p. 317.

34   Ibid., p. 350.

35   Dunn, *Pacific Microphone*, p. 313.

36   Captured diary, unknown soldier of Ninth Shipping Engineer Regiment, Japanese Army, "Report on Destruction of Manila and Japanese Atrocities, February 1945," U.S. Army Forces, Southwest Pacific Area, Military Intelligence Section, Bonner Fellers Papers, Box 2, Hoover Institution Archives.

37   Ibid., p. 4.

38   Ibid., p. 3.

39   Sworn affidavits of Father Francis J. Cosgrave and Major David V. Binkley, U.S. Army Forces, "Report on Destruction of Manila and Japanese Atrocities, February 1945," in Ibid.

40   Sworn affidavit, Dr. Walter K. Funkel, "Report on Destruction of Manila and Japanese Atrocities, February 1945," U.S. Army Forces, Southwest Pacific Area, Military Intelligence Section. Bonner Fellers Papers, Box 2, Hoover Institution Archives.

41   Scott, *Rampage*, p. 25.

42   Ibid., p. 263.
43   Ibid., p. 309.
44   Admiral Sanji Iwabuchi to Shimbu Group headquarters, Japanese Monograph 114, "Philippine Area Naval Operations, Part IV," January–August 1945, pp. 18–19.
45   Admiral Sanji Iwabuchi to C–in–C, Southwest Area Fleet at Baguio, Japanese Monograph 114, "Philippine Area Naval Operations, Part IV," January–August 1945, p. 18.
46   McEnery, *The XIV Corps Battle for Manila, February 1945*, p. 98.
47   "Intramuros a City of Utter Horror," George E. Jones, *New York Times*, February 25, 1945, p. 25.
48   Quoted in Friend, *The Blue–Eyed Enemy*, p. 205.
49   H. O. Eaton Jr., "Assault Tactics Employed as Exemplified by the Battle of Manila, A Report by XIV Corps."
50   MacArthur, *Reminiscences*, p. 247.
51   Ibid., p. 252.
52   Ibid., pp. 251–52, and newsreel footage, "Ceremony at Malacañang Palace," February 27, 1945, accessed July 20, 2018, http://www.criticalpast.com/video/65675037789_Sergio–Osmena_General–MacArthur_Commonwealth–Government_legislature.
53   MacArthur, *Reminiscences*, p. 250.
54   Romulo, *I See the Philippines Rise*, p. 223.
55   "Report on Destruction of Manila and Japanese Atrocities, February 1945," p. 1, U.S. Army Forces, Southwest Pacific Area, Military Intelligence Section, Bonner Fellers Papers, Box 2, Hoover Institution Archives.
56   "Imperial Rescript to Soldiers and Sailors (1882)," p. 227, in Allinson, ed., *The Columbia Guide to Modern Japanese History*.
57   Scott, *Rampage*, p. 265.
58   "Digest of Japanese Broadcasts," March 9, 1945, p. 2.
59   Takamaro Nishihara letter to the *Asahi Shinbun*, in Gibney, ed., *Senso*, p. 157.
60   Kiyofumi Kojima, oral history, in Cook and Cook, eds., *Japan at War*, p. 376.
61   Ibid., p. 378.
62   MacArthur, *Reminiscences*, p. 261.
63   Reported in 1964 by the Japan Ministry of Health and Welfare, cited by Cook and Cook, eds., *Japan at War*, p. 373.

第十一章

1   Kakehashi and Murray, *So Sad to Fall in Battle*, p. 18.
2   Sakai, Caidin, and Saito, *Samurai!*, p. 235.
3   Kakehashi and Murray, *So Sad to Fall in Battle*, p. 66.
4   Major Yoshitaka Horie, unpublished manuscript, "Iwo Jima," John Toland Papers, Series 1: *The Rising Sun*, Box 6, p. 78.
5   Major Yoshitaka Horie, unpublished manuscript, "Iwo Jima," John Toland Papers, Series 1: *The Rising Sun*, Box 6, p. 63.
6   Private Shuji Ishii quoted in Kakehashi, *So Sad to Fall in Battle*, p. 66.
7   King and Ryan, *A Tomb Called Iwo Jima*, p. 30.
8   Kakehashi and Murray, *So Sad to Fall in Battle*, p. 68.
9   Letters quoted in Kakehashi and Murray, *So Sad to Fall in Battle*, p. 93.

10   Major Yoshitaka Horie, unpublished manuscript, "Iwo Jima," John Toland Papers, Series 1: Box 6, p. 78.

11   Japanese soldier's diary, entry dated February 18, 1945, in Dixon, Brawley, and Trefalt, eds., *Competing Voices from the Pacific War*, p. 140.

12   Fields quoted in Alexander, *Closing In*, p. 31.

13   Kakehashi and Murray, *So Sad to Fall in Battle*, p. 39.

14   Tsuruji Akikuisa quoted in King and Ryan, *A Tomb Called Iwo Jima*, p. 111.

15   Toshiharu Takahashi quoted in Kakehashi and Murray, *So Sad to Fall in Battle*, pp. 101–2.

16   Bruce and Leonard, *Crommelin's Thunderbirds*, p. 30.

17   Buell, *The Quiet Warrior*, p. 356.

18   "Air Combat Notes for Pilots," Enclosure (C) of Action Report, Commander Task Force 58, Operations of February 10 to March 1, 1945, Serial 0045, pp. 2–3.

19   Roy W. Bruce quoted in Bruce and Leonard, *Crommelin's Thunderbirds*, p. 35.

20   "Areological Summary for Action Report," Enclosure (G) of Action Report, Commander Task Force 58, February 10 to March 1, 1945, Serial 0045.

21   J. Bryan III diary, February 16, 1945, Bryan, *Aircraft Carrier*, p. 10.

22   McWhorter, *The First Hellcat Ace*, p. 152.

23   Bruce and Leonard, *Crommelin's Thunderbirds*, p. 52.

24   Fifth Fleet War Diary, February 17, 1945, p. 2.

25   Ensign John Morris quoted in Bruce and Leonard, *Crommelin's Thunderbirds*, p. 51.

26   Sheftall, *Blossoms in the Wind*, p. 180.

27   "Air Combat Notes for Pilots," Enclosure (C) of Action Report, Commander Task Force 58, February 10 to March 1, 1945, Serial 0045, p. 3.

28   Action Report, Commander Task Force 58, February 10 to March 1, 1945, Serial 0045, March 13, 1945, p. 25.

29   William W. Buchanan, oral history, pp. 78–79.

30   Sherrod, *On to Westward*, p. 169.

31   Lieutenant Ronald D. Thomas, unpublished written account, PC # 2718, p. 16, U.S. Marine Corps Archive, Quantico, Virginia.

32   Smith, *Coral and Brass*, p. 214.

33   Charles F. Barber, Interview by Evelyn M. Cherpak, March 1, 1996, p. 18, Naval War College Archives.

34   Sherrod, *On to Westward*, p. 154.

35   Elton N. Shrode, unpublished written account, Coll. 3736, p. 15, U.S. Marine Corps Archive, Quantico, Virginia.

36   Lieutenant Ronald D. Thomas, unpublished written account, PC # 2718, p. 16, U.S. Marine Corps Archive.

37   Vernon E. Megee, oral history, p. 34.

38   Corporal Edward Hartman quoted in Alexander, *Closing In*, p. 12.

39   Sherrod, *On to Westward*, p. 170.

40   Smith, *Coral and Brass*, p. 224.

41   Lieutenant Colonel Justice M. Chambers quoted in Alexander, *Closing In*, p. 14.

42   Sherrod, *On to Westward*, p. 176.

43   Smith, *Coral and Brass*, p. 225.

44   King and Ryan, *A Tomb Called Iwo Jima*, p. 122.

45 James Orvill Raines to Ray Ellen Raines, February 22, 1945, in Raines and McBride, eds., *Good Night Officially*, p. 238.

46 Sherrod, *On to Westward*, p. 192.

47 Major Yoshitaka Horie, unpublished manuscript, "Iwo Jima," John Toland Papers, Series 1: *The Rising Sun*, Box 6.

48 Lieutenant Ronald D. Thomas, unpublished written account, PC # 2718, p. 18, U.S. Marine Corps Archive.

49 Leo D. Hermle, oral history, p. 86.

50 Smith and Finch, *Coral and Brass*, p. 227.

51 Ibid., p. 228.

52 Forrestal diary, February 23, 1945, in Millis, ed., *The Forrestal Diaries*, p. 30.

53 Sherrod, *On to Westward*, p. 192.

54 Smith and Finch, *Coral and Brass*, p. 230.

55 Joseph L. Stewart, oral history, pp. 39–40.

56 John Lardner, "D–Day, Iwo Jima," *New Yorker*, March 17, 1945, p. 48.

57 Sherrod, *On to Westward*, p. 196.

58 Ted Allenby, oral history, Terkel, ed., *"The Good War,"* p. 181.

59 Elton N. Shrode, unpublished written account, Coll. 3736, p. 16, U.S. Marine Corps Archive.

60 Edward A. Craig, oral history, p. 142.

61 Elton N. Shrode, unpublished written account, Coll. 3736, p. 19, U.S. Marine Corps Archive.

62 Sherrod, *On to Westward*, p. 182.

63 Bradley, *Flags of Our Fathers*, p. 268.

64 James Orvill Raines to Ray Ellen Raines, February 22, 1945, in Raines and McBride, eds., *Good Night Officially*, pp. 239–40.

65 Vernon E. Megee, oral history, p. 37.

66 Ibid., p. 46.

67 Sherrod, *On to Westward*, p. 195.

68 King and Ryan, *A Tomb Called Iwo Jima*, p. 131.

69 Kakehashi and Murray, *So Sad to Fall in Battle*, p. 156.

70 Elton N. Shrode, unpublished written account, Coll. 3736, p. 16, U.S. Marine Corps Archive.

71 *Experiences in Battle of the Medical Department of the Navy*, Navmed P–SOS1, U.S. Department of the Navy, 1953, p. 95.

72 Sherrod, *On to Westward*, p. 187.

73 Ibid., p. 219.

74 *Experiences in Battle of the Medical Department of the Navy*, 1953, p. 101.

75 Griffin, *Out of Carnage*, p. 13.

76 Sherrod, *On to Westward*, p. 188.

77 Ibid., p. 213.

78 Smith and Finch, *Coral and Brass*, p. 238.

79 Kakehashi and Murray, *So Sad to Fall in Battle*, p. 165.

80 Major Yoshitaka Horie, unpublished manuscript, "Iwo Jima," John Toland Papers, Box 6, p. 93.

81 Kakehashi and Murray, *So Sad to Fall in Battle*, p. xviii.

82 Ibid., p. xx.

83 Major Yoshitaka Horie, unpublished manuscript, "Iwo Jima," John Toland Papers, Box 6, p. 99.

84 Bartley, *Iwo Jima: Amphibious Epic*, p. 192.

85　Miller, *It's Tomorrow Out Here*, p. 180.

86　Galer quoted in Alexander, *Closing In*, p. 49.

87　Alexander, *Closing In*, p. 49.

88　Smith and Finch, *Coral and Brass*, p. 15.

89　Sherrod, *On to Westward*, p. 235.

90　Quoted in *San Bernardino Sun*, Vol. 51, February 28, 1945, p. 1.

91　William W. Buchanan, oral history, p. 79.

第十二章

1　Arnold signed Marshall COMGENAAFPOA to Richardson for Harmon Info CINCPOA, December 7, 1944, CINCPAC Gray Book, Book 5, p. 2444.

2　"Those Who Witnessed Series—How Civilians Viewed the War," NHK television documentary, accessed January 4, 2019, https://www.youtube.com/watch?v=lHJH2UzYrLw; Okumiya, Horikoshi, and Caiden, *Zero!*, p. 257.

3　"War History of the 5th Air Fleet," February 10, 1945, to August 19, 1945, Library of Congress, Japanese Monograph Series, No. 86.

4　Sakai, Caidin, and Saito, *Samurai!*, p. 264.

5　John Ciardi, oral history, Terkel, ed., *"The Good War,"* pp. 201–2.

6　Ibid., p. 201.

7　Sherrod, *On to Westward*, p. 152.

8　Hansell, *The Strategic Air War Against Germany and Japan*, p. 217.

9　Ibid., p. 215.

10　Matsuo Kato quoted in *Time–Life* Books, *Japan at War*, p. 157.

11　Yamashita, *Daily Life in Wartime Japan*, p. 100.

12　Michio Takeyama essay in Minear, ed., *The Scars of War*, p. 62.

13　Kiyoshi Kiyosawa diary, January 2, 1945, Kiyosawa, *A Diary of Darkness*, p. 300.

14　"Let There Be a People of 100 Million Heroes," *Mainichi Shinbun*, January 2, 1945, quoted in Kiyosawa, *A Diary of Darkness*, p. 300.

15　*Asahi Shinbun* headlines on January 15 & 16, 1945, quoted in Kiyosawa, *A Diary of Darkness*, p. 307.

16　Sakai, Caidin, and Saito, *Samurai!*, p. 243.

17　Kiyoshi Kiyosawa diary, March 29, 1945, Kiyosawa, *A Diary of Darkness*, p. 339.

18　USSBS, *The Effects of Strategic Bombing on Japanese Morale*, p. 1.

19　Ibid., p. 26.

20　Havens, *Valley of Darkness*, p. 158.

21　Quoted in Cook and Cook, eds., *Japan at War*, p. 337.

22　Quoted in *Time–Life* Books, *Japan at War*, p. 44.

23　Statement, Cabinet Board of Information, December 22, 1943, quoted in USSBS, *The Effects of Strategic Bombing on Japanese Morale*, p. 73n1.

24　Havens, *Valley of Darkness*, p. 162; "Digest of Japanese Broadcasts," October 6, 1944, p. 2.

25　Havens, *Valley of Darkness*, p. 165.

26　Yamashita, *Daily Life in Wartime Japan*, p. 122.

27　Koiso address to Japanese National Diet, quoted in "Digest of Japanese Broadcasts," September 8, 1944, p. 4.

28   Cook and Cook, eds., *Japan at War*, p. 173.

29   Hideo Sato, oral history, Cook and Cook, eds., *Japan at War*, p. 236.

30   "Digest of Japanese Broadcasts," October 4, 1944 memo cited in broadcast of October 11, 1944, p. 3.

31   Mihoko Nakane, diary entries, April–June 1945, Yamashita, ed., *Leaves from an Autumn of Emergencies*, pp. 268–305.

32   Naokata Sasaki, oral history, Cook and Cook, eds., *Japan at War*, p. 468.

33   Hideo Sato, oral history, Cook and Cook, eds., *Japan at War*, p. 237.

34   Mihoko Nakane diary, June 17, 1945, Yamashita, ed., *Leaves from an Autumn of Emergencies*, p. 289.

35   War Diary, Guam Island Commander, March 1945 summary, pp. 5–9, NARA, RG–38: Records of the Office of the Chief of Naval Operations, World War II War Diaries, Box 53.

36   Pyle, *Last Chapter*, p. 19.

37   Welfare Office Monthly Report, pp. 2–6, in War Diary, Guam Island Commander, March 1945, NARA, RG–38: Records of the Office of the Chief of Naval Operations, World War II War Diaries, Box 53.

38   Dos Passos, *Tour of Duty*, p. 73.

39   Ibid.

40   War Diary, Guam Island Commander, March 1945, p. 4, NARA, RG–38: Records of the Office of the Chief of Naval Operations, World War II War Diaries, Box 53.

41   LeMay and Kantor, *Mission with LeMay*, pp. 340–42

42   Truman J. Hedding, oral history, p. 108; Lamar, "I Saw Stars," p. 12.

43   LeMay and Yenne, *Superfortress*, p. 110.

44   LeMay and Kantor, *Mission with LeMay*, p. 342.

45   Ibid., pp. 341–42.

46   Message 221837, Arnold (signed Marshall) to Richardson, Harmon, and Nimitz, December 22, 1944, in CINCPAC Gray Book, Book 5, p. 2471.

47   CINCPOA PEARL to COMGENPOA, COMGENAAFPOA, DEPCOM 20THAF, etc., March 28, 1945, CINCPAC Gray Book, Book 6, green pages, p. 2808.

48   Edwards to King, November 14, 1944; NARA, RG 38, "CNO Zero–Zero Files," Box 60, Folder 21, labeled "General Spaatz."

49   Straubel, *Air Force Diary*, p. 450.

50   McKelway and Gopnik, *Reporting at Wit's End*, p. 177.

51   LeMay and Kantor, *Mission with LeMay*, p. 349.

52   Selden, "A Forgotten Holocaust," *Asia–Pacific Journal*, Vol. 5, Issue 5, May 2, 2007.

53   Ralph, "Improvised Destruction," *War in History*, Vol. 13, No. 4, October 2006, p. 498.

54   Tanaka, Tanaka, and Young, *Bombing Civilians: A Twentieth–Century History*, p. 81.

55   Parker, *The Second World War: A Short History*, p. 170.

56   LeMay and Yenne, *Superfortress*, p. 125.

57   Ibid., p. 122.

58   McKelway and Gopnik, *Reporting at Wit's End*, p. 185.

59   LeMay and Kantor, *Mission with LeMay*, p. 312.

60   Ibid., pp. 351–52.

61   Ibid., p. 349.

62   Fedman and Karacas, "A Cartographic Fade to Black," *Journal of Historical Geography*, Vol.

38, Issue 3, July 2012, pp. 306–28.

63 Caidin, *A Torch to the Enemy*, p. 75.
64 Phillips, *Rain of Fire*, p. 37.
65 Pyle, *Last Chapter*, p. 29.
66 LeMay and Yenne, *Superfortress*, p. 122.
67 Phillips, *Rain of Fire*, p. 48.
68 McKelway and Gopnik, *Reporting at Wit's End*, p. 192.
69 Phillips, *Rain of Fire*, p. 41.
70 Ibid., p. 42.
71 Ibid., p. 37.
72 Caidin, *A Torch to the Enemy*, p. 120.
73 Phillips, *Rain of Fire*, p. 44.
74 "Deadly WWII U.S. firebombing raids on Japanese cities largely ignored."
75 Caidin, *A Torch to the Enemy*, p. 111.
76 Auer, ed., *From Marco Polo Bridge to Pearl Harbor*, pp. 196–97.
77 Kazuyo Funato, oral history, Cook and Cook, eds., *Japan at War*, p. 346.
78 Michiko Okubo letter to the *Asahi Shinbun*, Gibney, ed., *Senso*, pp. 207–8.
79 Isamu Kase quoted in "Deadly WWII U.S. firebombing raids on Japanese cities largely ignored."
80 Hiroyasu Kobayashi, oral history, Cook and Cook, eds., *Japan at War*, p. 351.
81 Ibid., p. 352.
82 Kazuyo Funato, oral history, Cook and Cook, eds., *Japan at War*, p. 347.
83 Tomoko Shinoda letter to the *Asahi Shinbun*, Gibney, ed., *Senso*, p. 205.
84 Ibid.
85 Caidin, *A Torch to the Enemy*, p. 141.
86 Sumi Ogawa letter to the *Asahi Shinbun*, Gibney, ed., *Senso*, p. 204.
87 "Deadly WWII U.S. firebombing raids on Japanese cities largely ignored."
88 Caidin, *A Torch to the Enemy*, p. 143.
89 Auer, ed., *From Marco Polo Bridge to Pearl Harbor*, p. 195.
90 USSBS, *The Effects of Strategic Bombing on Japanese Morale*, p. 37.
91 *Asahi Shinbun* quoted in Cook and Cook, eds., *Japan at War*, pp. 340–42.
92 McKelway and Gopnik, *Reporting at Wit's End*, p. 190.
93 Caidin, *A Torch to the Enemy*, p. 78.
94 McKelway and Gopnik, *Reporting at Wit's End*, p. 194.
95 Phillips, *Rain of Fire*, p. 45.
96 LeMay and Kantor, *Mission with LeMay*, p. 354.
97 Caidin, *A Torch to the Enemy*, p. 154.
98 LeMay and Kantor, *Mission with LeMay*, p. 368.
99 USSBS, *The Effects of Strategic Bombing on Japanese Morale*, p. 123.
100 Naruo Shirai letter to the *Asahi Shinbun*, Gibney, ed., *Senso*, p. 206.

第十三章

1 Clark and Reynolds, *Carrier Admiral*, p. 213; USS *Randolph*, CV-15, "Action Report, Attack by Enemy Plane at Ulithi, 11–12 March 1945," CV-15 A6–3 Serial: 004; Fifth Fleet War Diary, March 11, 1945, p. 10; CO *Randolph* to Com5thFlt, March 14, 1945, CINCPAC Gray Book,

Book 6, green pages, p. 2793.

2   5th Air Fleet War Diary (Japanese Monograph No. 86), entry dated March 11, 1945, p. 18.

3   Clark and Reynolds, *Carrier Admiral*, pp. 213–14.

4   Commander Task Force 58 to CINCPAC, Report of Operations of Task Force 58 in support of landings at Okinawa, 14 March Through 28 May, 1945, A16–3 Serial: 00222, 18 June 1945.

5   Combined Fleet Telegram Order No. 564–B, reproduced in Ugaki, *Fading Victory*, p. 553.

6   IGHQ Navy Directive No. 510, dated March 1, 1945, p. 157, NARA, RG 38, Imperial Gen. HQ Navy Directives, in "Records of Japanese Navy & Related Documents," Vol. 2, No. 316, Box 42.

7   5th Air Fleet War Diary (Japanese Monograph No. 86) entry dated March 18, 1945, p. 23; Ugaki, *Fading Victory*, p. 527.

8   Commander Task Force 58 to CINCPAC, "Report of Operations of Task Force 58 in Support of Landings at Okinawa, 14 March through 28 May, 1945," A16–3 Serial: 00222, 18 June 1945.

9   Ibid.

10 Commander Joe Taylor, Executive Officer, "Narrative of Action 19 March 1945," Enclosure C, USS *Franklin* (CV–13) Action Report, Serial 00212, 11 April 1945, FDR Library Map Room, Box 191.

11 Radford and Jurika, *From Pearl Harbor to Vietnam*, p. 46.

12 J. Bryan III diary, March 19, 1945, Bryan, *Aircraft Carrier*, p. 78.

13 Commander Fifth Fleet War Diary, March 19, 1945, p. 18.

14 Potter and Nimitz, *The Great Sea War*, p. 449.

15 COM5THFLT to CINCPAC, March 21, 1945, CINCPAC Gray Book, Book 6, green pages, p. 2797.

16 J. Bryan III diary, April 2, 1945, Bryan, *Aircraft Carrier*, p. 105.

17 Dyer, *The Amphibians Came to Conquer*, p. 1078.

18 CTF 58 to CTF 51, March 25, 1945, CINCPAC Gray Book, Book 6, green pages, p. 2801.

19 Charles F. Barber, oral history, p. 6, Interview by Evelyn M. Cherpak, March 1, 1996, U.S. Naval War College Archives.

20 Michael Bak Jr., oral history, U.S. Naval Institute, 1988, p. 192.

21 Mace and Allen, *Battleground Pacific*, p. 223.

22 Sledge, *With the Old Breed*, p. 179.

23 Ibid., p. 185.

24 Dyer, *The Amphibians Came to Conquer*, p. 1094.

25 Morison, *History of United States Naval Operations in World War II*, Vol. 14, *Victory in the Pacific*, p. 149.

26 U.S. Department of Defense, Department of the Army, Center of Military History, *Ryukyus: The U.S. Army Campaigns of World War II*, p. 11.

27 Sledge, *With the Old Breed*, p. 187.

28 Lardner, "Suicides and Bushwhackers," *New Yorker*, May 19, 1945, p. 32.

29 CTF 51 [Turner] to COM5THFLT [Spruance], April 1, 1945, CINCPAC Gray Book, Book 6, green pages, pp. 2810–11.

30 Yahara, *The Battle for Okinawa*, p. xi.

31 Ibid., p. 8.

32 Ibid., p. 46.

33 Huber, *Japan's Battle of Okinawa, April–June 1945*, p. 12.

34 *Okinawa Shinpo*, January 27, 1945, quoted in Auer, ed., *From Marco Polo Bridge to Pearl Harbor*, p. 163.

35 IGHQ Navy Directive No. 510, March 1, 1945, p. 143. NARA, RG 38, Imperial Gen. HQ Navy Directives, in "Records of Japanese Navy & Related Documents," Vol. 2, No. 316, Box 42.

36 "Outline of Army and Navy Operations," January 19, 1945, NARA, RG 38, Imperial Gen. HQ Navy Directives, in "Records of Japanese Navy & Related Documents," Vol. 2, No. 316, Box 42.

37 IGHQ Navy Directive No. 510, dated March 1, 1945, p. 157, NARA, RG 38, Imperial Gen. HQ Navy Directives, in "Records of Japanese Navy & Related Documents," Vol. 2, No. 316, Box 42.

38 5th Air Fleet War Diary, Japanese Monograph No. 86, entry dated March 17, 1945, p. 22.

39 Matome Ugaki diary, March 21, 1945, Ugaki, *Fading Victory*, pp. 559–60.

40 5th Air Fleet War Diary (Japanese Monograph No. 86), entry dated March 22, 1945, p. 28.

41 Ibid., entry dated April 4, 1945, p. 42.

42 Matome Ugaki diary, March 11, 1945, Ugaki, *Fading Victory*, p. 550.

43 J. Bryan III diary, April 4, 1945, Bryan, *Aircraft Carrier*, p. 110.

44 Michael Bak Jr., oral history, pp. 193–94.

45 Walker, *Ninety Day Wonder*, pp. 109–10.

46 Clark and Reynolds, *Carrier Admiral*, p. 224.

47 Sherrod, *On to Westward*, p. 292.

48 Commander Task Force 58 to CINCPAC, Report of Operations of Task Force 58 in support of landings at Okinawa, 14 March Through 28 May, 1945. A16–3 Serial: 00222, 18 June 1945.

49 CTF 58 to ATFC5THFLT Info CINCPAC, April 7, 1945, CINCPAC Gray Book, Book 6, green pages, p. 2823.

50 Reynolds, *On the Warpath in the Pacific*, p. 413.

51 Admiral Keizo Komura, commander of the fleet's destroyer squadron, quoted in Hara, Saito, and Pineau, *Japanese Destroyer Captain*, p. 261.

52 Hara, Saito, and Pineau, *Japanese Destroyer Captain*, p. 262.

53 Yoshida and Minear, *Requiem for Battleship Yamato*, p. 8.

54 Ibid., p. 24.

55 Yoshida, "The Sinking of the *Yamato*," in Evans, ed., *The Japanese Navy in World War II*, p. 482.

56 Yoshida, "The Sinking of the *Yamato*," p. 484.

57 Astor, *Wings of Gold*, p. 402.

58 J. Bryan III diary, April 7, 1945, Bryan, *Aircraft Carrier*, p. 118.

59 Astor, *Wings of Gold*, p. 405.

60 Yoshida, "The Sinking of the *Yamato*," p. 485.

61 Ibid.

62 Hara, Saito, and Pineau, *Japanese Destroyer Captain*, p. 278.

63 Yoshida, "The Sinking of the *Yamato*," p. 486.

64 Hara, Saito, and Pineau, *Japanese Destroyer Captain*, p. 280.

65 Yoshida, "The Sinking of the *Yamato*," p. 492.

66 Ibid., p. 488.

67 Ibid., p. 492.

68 Hara, Saito, and Pineau, *Japanese Destroyer Captain*, p. 282.

69 Yoshida, "The Sinking of the *Yamato*," p. 494.

70 Yoshida and Minear, *Requiem for Battleship Yamato*, p. 118.

71 Mace and Allen, *Battleground Pacific*, p. 235.

72 Sledge, *With the Old Breed*, p. 197.

73 Ibid., pp. 192–93.

74 Pyle, *Last Chapter*, p. 89.

75 Sherrod, *On to Westward*, p. 285.

76 Reported in Admiral Ugaki's diary on April 1, 1945, Ugaki, *Fading Victory*, p. 571.

77 Auer, ed., *From Marco Polo Bridge to Pearl Harbor*, p. 161.

78 Matome Ugaki diary, Friday, April 6, 1945, Ugaki, *Fading Victory*, pp. 572–73.

79 5th Air Fleet War Diary, April 6, 1945, pp. 45–46.

80 Clark and Reynolds, *Carrier Admiral*, p. 227.

81 Wallace, *From Dam Neck to Okinawa*, p. 36.

82 Appendix 1, "Ships Damaged or Sunk on Radar Picket Duty," in Rielly, *Kamikazes, Corsairs, and Picket Ships*, pp. 351–53.

83 Wallace, *From Dam Neck to Okinawa*, pp. 35–36.

84 LeMay and Kantor, *Mission with LeMay*, p. 372.

85 Wallace, *From Dam Neck to Okinawa*, p. 9.

86 Rowland and Boyd, *U.S. Navy Bureau of Ordnance in World War II*, Bureau of Ordnance, Department of the Navy, Washington, DC, 1953, pp. 270–74.

87 USS *Purdy* Serial 024 Action Report 20 April 1945, p. 28, quoted in Rielly, *Kamikazes, Corsairs, and Picket Ships*, p. 134.

88 Wallace, *From Dam Neck to Okinawa*, p. 38.

89 Ibid., p. 40.

90 Commander Task Force 58 to CINCPAC, Report of Operations of Task Force 58 in support of landings at Okinawa, 14 March Through 28 May, 1945, A16–3 Serial: 00222, 18 June 1945, p. 12.

91 Morison, *History of United States Naval Operations in World War II*, Vol. 14, *Victory in the Pacific*, p. 231.

92 Ibid.

93 Lardner, "Suicides and Bushwhackers," *New Yorker*, May 19, 1945, p. 32.

94 Reynolds, *On the Warpath in the Pacific*, p. 415.

95 Dunn, *Pacific Microphone*, p. 319.

96 Sledge, *With the Old Breed*, p. 201.

97 Yahara, *The Battle for Okinawa*, p. 45.

98 Quoted in Rielly, *Kamikazes, Corsairs, and Picket Ships*, p. 151.

99 Matome Ugaki diary, Friday, April 13, 1945, Ugaki, *Fading Victory*, p. 584.

第十四章

1 Appleman, *Okinawa: The Last Battle*, p. 194.

2 Appleman, *Okinawa: The Last Battle*, p. 187.

3 Lardner, "Suicides and Bushwhackers," *New Yorker*, May 19, 1945, p. 32.

4 Leckie, *Okinawa*, p. 125.

5 Appleman, *Okinawa: The Last Battle*, p. 163.

6   Sledge, *With the Old Breed*, p. 205.
7   Manchester, *Goodbye, Darkness*, p. 360.
8   Huber, *Japan's Battle of Okinawa, April–June 1945*, p. 83.
9   Appleman et al., *Okinawa: The Last Battle*, p. 286.
10   Yahara, *The Battle for Okinawa*, p. 42.
11   "Tokyo, Domei, in English, to China and South Seas," Digest of Japanese Broadcasts, April 14, 1945, p. 1.
12   "Tokyo, Domei, in English, to America," Digest of Japanese Broadcasts, April 20, 1945, p. 2.
13   Toshiyuki Yokoi, "Kamikazes in the Okinawa Campaign," in Evans, ed., *The Japanese Navy in World War II*, p. 469.
14   Matome Ugaki diary, April 9, 1945, Ugaki, *Fading Victory*, p. 578.
15   5th Air Fleet War Diary (Japanese Monograph No. 86), entry dated April 18, 1945, p. 59.
16   Inoguchi et al., *The Divine Wind*, p. 141.
17   Iwao Fukagawa quoted in Sheftall, *Blossoms in the Wind*, p. 214.
18   Ohnuki–Tierney, *Kamikaze Diaries*, p. 88.
19   Ibid., p. 69.
20   Ibid., p. 175.
21   Toshiyuki Yokoi, "Kamikazes in the Okinawa Campaign," in Evans, ed., *The Japanese Navy in World War II*, p. 468.
22   Letter from Takeo Kasuga to Shozo Umezawa, June 21, 1945, quoted in Ohnuki–Tierney, *Kamikaze Diaries*, p. 10.
23   Matome Ugaki diary, April 13, 1945, Ugaki, *Fading Victory*, p. 584.
24   Ibid., p. 595.
25   Matome Ugaki diary, April 21, 1945, Ugaki, *Fading Victory*, p. 594.
26   Matome Ugaki diary, April 29, 1945, Ugaki, *Fading Victory*, p. 600.
27   Reiko Torihama quoted in Sheftall, *Blossoms in the Wind*, p. 287.
28   Shigeko Araki, oral history, Cook and Cook, eds., *Japan at War*, p. 320.
29   Chief Ship's Clerk (W–2) C. S. King, oral history, in Wooldridge, ed., *Carrier Warfare in the Pacific*, p. 282.
30   Dr. David Willcutts, "Reminiscences of Admiral Spruance," p. 6, Manuscript Item 297, U.S. Naval War College Archives.
31   H. D. Chickering, commanding officer of LCS(L) 51, quoted in Rielly, *Kamikazes, Corsairs, and Picket Ships*, p. 346.
32   Charles Thomas, crewman on the LCS(L) 35, quoted in Rielly, *Kamikazes, Corsairs, and Picket Ships*, p. 10.
33   "CO USS *Aaron Ward* comments," in Secret Information Bulletin No. 24: "Battle Experience: Radar Pickets and Methods of Combating Suicide Attacks Off Okinawa, March–May 1945," July 20, 1945, p. 81–41.
34   Fenoglio, Y3C, "This I Remember," accessed April 21, 2019, https://dd803.org/crew/stories-from–the–crew/melvin–fenoglio–account.
35   Ronald D. Salmon, oral history, p. 110; John C. Munn, oral history, p. 81.
36   Reynolds, *On the Warpath in the Pacific*, p. 419.
37   Ibid., p. 417.
38   Pyle, *Last Chapter*, p. 83.
39   J. Bryan III diary, April 11, 1945, Bryan, *Aircraft Carrier*, p. 121.

40 Phelps Adams, "Attack on Carrier *Bunker Hill*," *New York Sun*, June 28, 1945, article reprinted in *Reporting World War II*, Part 2, p. 757.

41 Commander Task Force 58 to CINCPAC, Report of Operations of Task Force 58 in support of landings at Okinawa, 14 March Through 28 May, 1945, A16−3 Serial: 00222, 18 June 1945, p. 14.

42 Phelps Adams, "Attack on Carrier *Bunker Hill*," *New York Sun*, June 28, 1945; article reprinted in *Reporting World War II*, Part 2, p. 759.

43 Marc Mitscher quoted in Reynolds, *On the Warpath in the Pacific*, p. 417.

44 Charles F. Barber, Interview by Evelyn M. Cherpak, March 1, 1996, p. 27, Naval War College Archives.

45 Dr. David Willcutts, "Reminiscences of Admiral Spruance," p. 8, Manuscript Item 297, Naval War College Archives.

46 "大得可怕的洞"是威尔卡茨医生的描述。Willcutts, "Reminiscences of Admiral Spruance," p. 8, Manuscript Item 297, Naval War College Archives.

47 Letter, Raymond Spruance to Charles J. Moore, May 13, 1945, NHHC Archives, Raymond Spruance Papers, Coll/707, Box 1.

48 Mace and Allen, *Battleground Pacific*, p. 293; Sledge, *With the Old Breed*, p. 223.

49 Bill Pierce quoted in James Holland, "The Battle for Okinawa: One Marine's Story," *BBC History Magazine* and *BBC World Histories Magazine*, accessed May 2, 2019, https://www.historyextra.com/period/second−world−war/the−battle−for−okinawa−one−marines−story/.

50 William Manchester, "The Bloodiest Battle of All," *New York Times*, June 14, 1987.

51 Sledge, *With the Old Breed*, p. 278.

52 Ibid., p. 253.

53 Yahara, *The Battle for Okinawa*, p. 59.

54 Ibid., p. 67.

55 Ibid., p. 83.

56 Ushijima quoted in Auer, ed., *From Marco Polo Bridge to Pearl Harbor*, p. 162.

57 尼米兹说："我认为，在'奥林匹克'行动中，如果把需要精心计划的两栖作战阶段交给斯普鲁恩斯，而让哈尔西来负责进攻性的掩护行动，这对国家是最有利的。……这样一来，两人都将在自己最擅长的领域里工作。" CINCPAC to COMINCH, Message 0226, April 5, 1945, in CINCPAC Gray Book, Book 6, p. 3078. 金的回复是："我同意你的观点，登陆指挥应该交给第5舰队的斯普鲁恩斯与特纳这对搭档。" Message 1921, April 9, 1945, in CINCPAC Gray Book, Book 6, p. 3079.

58 Third Fleet War Diary, June 4, 1945, p. 7.

59 Roy L. Johnson account, Wooldridge, ed., *Carrier Warfare in the Pacific*, pp. 245−46.

60 Radford, *From Pearl Harbor to Vietnam*, p. 60.

61 Sherman, *Combat Command*, p. 308.

62 Third Fleet War Diary, June 4, 1945, p. 7.

63 Radford, *From Pearl Harbor to Vietnam*, p. 60.

64 *Time* magazine, July 23, 1945.

65 Hynes, *Flights of Passage*, p. 236.

66 Thomas McKinney quoted in Lacey, *Stay Off the Skyline*, p. 86.

67 "Japanese Radio Plan," pp. 1−2, "Weekly Plan for Psychological Warfare, April 28, 1945." Office of Military Secretary to Commander Chief, U.S. Army Forces in the Pacific, Hoover Institution Archives, Bonner Fellers Papers.

68 Appendix, "Inducement to Surrender of Japanese Forces," Combined Chiefs of Staff, Anglo–American Outline Plan for Psychological Warfare Against Japan, Reference A, CCS–539 Series, p. 10, Hoover Institution Archives, Bonner Fellers Papers.

69 Frank B. Gibney's commentary in Yahara, *The Battle for Okinawa*, p. 199.

70 Masahide Ota quoted in Lacey, *Stay Off the Skyline*, p. 61.

71 Kikuko Miyagi, oral history, Cook and Cook, eds., *Japan at War*, pp. 357–58.

72 The leaflet is reproduced in Yahara, *The Battle for Okinawa*, illustrations insert after p. 70.

73 Norris Buchter quoted in Lacey, *Stay Off the Skyline*, p. 67.

74 John Garcia, oral history, Terkel, ed., *"The Good War,"* p. 23.

75 Charles Miller quoted in Lacey, *Stay Off the Skyline*, p. 73.

76 Lewis Thomas account in Shenk, ed., *Authors at Sea*, pp. 241–42.

77 Yahara, *The Battle for Okinawa*, p. 135.

78 Ibid., p. 137.

79 Ibid., p. 136.

80 Quoted in Appleman, et al., *Okinawa: The Last Battle*, p. 463.

81 Yahara, *The Battle for Okinawa*, p. 136.

82 Masahide Ota, oral history, Cook and Cook, eds., *Japan at War*, p. 369.

83 Kikuko Miyagi, oral history, Cook and Cook, eds., *Japan at War*, p. 358.

84 Ibid., p. 360.

85 Ibid.

86 Ibid., p. 362.

87 *Building the Navy's Bases in World War II*, p. 410, Department of the Navy, Bureau of Yards and Docks.

88 Huie, *From Omaha to Okinawa*, p. 214.

89 Hynes, *Flights of Passage*, p. 209.

90 "The World War II Memoirs of John Vollinger," http://www.janesoceania.com/ww2_johann_memoirs/index.htm.

91 Morison, *History of United States Naval Operations in World War II*, Vol. 14, *Victory in the Pacific*, p. 282.

92 Huber, *Japan's Battle of Okinawa, April–June 1945*, p. 122.

93 Auer, ed., *From Marco Polo Bridge to Pearl Harbor*, p. 162.

第十五章

1 Smith, *Thank You, Mr. President*, p. 218.

2 Brown, "Aide to Four Presidents," *American Heritage*, February 1955, Vol. 6, Issue 2.

3 Truman diary, June 1, 1945.

4 William D. Leahy diary, April 12, 1945, William D. Leahy Papers, LCMD; Adams, *Witness to Power*, p. 283.

5 Leahy, *I Was There*, p. 347.

6 Forrestal diary, entries dated May 1, 12, & 29, 1945, Millis, ed., *The Forrestal Diaries*, pp. 52–66.

7 Wedemeyer to Marshall, May 1, 1945, CINCPAC Gray Book, Book 6, p. 3220.

8 Truman J. Hedding, oral history, p. 109.

9 Statement Released to the Press, SWPA Headquarters, February 16, 1944; RG–4, Reel 612,

MacArthur Memorial Archives.

10 MacArthur to Marshall, April 21, 1945, #1920, CINCPAC Gray Book, Book 6, p. 3212.

11 CINCPAC to COMINCH, #0230, April 5, 1945, CINCPAC Gray Book, Book 6, p. 3073.

12 Messages between Nimitz and MacArthur, April 7–8, 1945, CINCPAC Gray Book, Book 6, pp. 3077–78.

13 Robert C. Richardson Jr. diary, April 10, 1945, Richardson Papers, Hoover Institution Archives.

14 Nimitz to King, May 17, 1945, CINCPAC Gray Book, Book 6, p. 3229.

15 Layton, *"And I Was There,"* p. 484.

16 Nimitz to King, April 13, #2346, CINCPAC Gray Book, Book 6, p. 3203.

17 Leahy, *I Was There*, p. 370.

18 Marshall to MacArthur, April 4, 1945, War Department #63196; RG–30, Reel 1007, radio files, MacArthur Memorial Archives.

19 Nimitz to MacArthur, May 26, 1945, #0552, CINCPAC Gray Book, Book 6, p. 3233.

20 MacArthur to Nimitz, May 25, 1945, #1102, CINCPAC Gray Book, Book 6, pp. 3141–42.

21 Marshall to King, memorandum dated May 22, 1945, NARA, RG 38, "CNO Zero–Zero Files," Box 60, Folder 20.

22 MacArthur, *Reminiscences*, p. 261.

23 Frank, *Downfall*, p. 98.

24 USSBS, *Interrogations of Japanese Officials*, Nav No. 76, USSBS No. 379, Admiral Mitsumasa Yonai, IJN.

25 USSBS, *Japan's Struggle to End the War*, p. 5.

26 Ibid., p. 20.

27 USSBS, *Interrogations of Japanese Officials*, Nav No. 75, USSBS No. 378, Admiral Soemu Toyoda.

28 *Reports of General MacArthur, The Campaigns of MacArthur in the Pacific*, Vol. 1, p. 402.

29 Shillony, *Politics and Culture in Wartime Japan*, p. 82.

30 *Reports of General MacArthur, The Campaigns of MacArthur in the Pacific*, Vol. 1, p. 403.

31 Kort, ed., *The Columbia Guide to Hiroshima and the Bomb*, p. 64.

32 USSBS, *Japan's Struggle to End the War*, p. 13.

33 Lockwood and Adamson, *Hellcats of the Sea*, p. 40.

34 Joint Army–Navy Assessment Committee (JANAC) scores cited in Lockwood, *Sink 'Em All*, pp. 274–75, 285–86.

35 James Fife, oral history, CCOH Naval History Project, No. 452, Vol. 2, p. 415.

36 Lockwood, *Sink 'Em All*, pp. 249–50.

37 Russell, *Hell Above, Deep Water Below*, p. 103.

38 Smith, "Payback: Nine American Subs Avenge a Legend's Death," *World War II Magazine*, 10/24/2016, accessed August 22, 2018, http://www.historynet.com/uss-wahoo–vengeance.html.

39 Blair, *Silent Victory*, p. 863.

40 Ostrander, "Chaos at Shimonoseki," *Naval Institute Proceedings*, Vol. 73, No. 532, June 1947, p. 652.

41 USSBS, *The Offensive Mine Laying Campaign Against Japan*, p. 2.

42 Phillips, *Rain of Fire*, p. 99.

43 Third Fleet War Diary, July 10, 1945.

44 Morison, *History of United States Naval Operations in World War II*, Vol. 14, *Victory in the Pacific*, p. 312.

45 Third Fleet War Diary, July 14, 1945.

46 Radford, *From Pearl Harbor to Vietnam*, p. 62.

47 Halsey, *Admiral Halsey's Story*, p. 257.

48 Robert Bostwick Carney, oral history, CCOH Naval History Project, No. 539, Vol. 1, p. 442.

49 Arthur R. Hawkins account, in Wooldridge, ed., *Carrier Warfare in the Pacific*, p. 273.

50 Ibid.

51 Radford, From Pearl Harbor to Vietnam, p. 62.

52 Robert Bostwick Carney, oral history, CCOH Naval History Project, No. 539, Vol. 1, p. 465.

53 Sherman, Combat Command, p. 312.

54 "Halsey Ridicules Japanese Power," *New York Times*, June 4, 1945.

55 Wukovits, *Admiral "Bull" Halsey*, p. 232.

56 *Time* magazine, Vol. 46, No. 4, July 23, 1945.

57 Robert Bostwick Carney, oral history, CCOH Naval History Project, No. 539, Vol. 1, pp. 443–44.

58 Office of War Information, Bureau of Overseas Intelligence, Special Report No. 5, "Current Psychological and Social Tensions in Japan," June 1, 1945, p. 5, Hoover Institution Archives, Office of War Information, Box 3, "Reports on Japan, 1945."

59 Leaflet 36J6, Leaflet File No. 2, Box 2, Bonner Fellers Papers, Hoover Archives.

60 Williams, "Paths to Peace: The Information War in the Pacific, 1945," p. 4, Center for the Study of Intelligence, CIA, accessed November 4, 2018, https://www.cia.gov/library.

61 Leaflet entitled "What Can Be Done Against Overwhelming Odds?," Leaflet File No. 2, Box 2, Bonner Fellers Papers, Hoover Archives.

62 "The Reaction of Japanese to Psychological Warfare," p. 6, Annex 26, Report of SWPA Headquarters, "Psychological Effect of Leaflets," RG–4, MacArthur Archives.

63 Davis and Price, *War Information and Censorship*, p. 20.

64 *Foreign Relations of the United States: Diplomatic Papers, The Conference of Berlin (The Potsdam Conference), 1945*, Vol. 2, 740.00119 PW/7–2245: Telegram No. 1243, The Acting Secretary of State to the Secretary of State, July 22, 1945.

65 Zacharias, *Secret Missions*, p. 358.

66 Interview with George C. Marshall, by Forrest C. Pogue Jr., February 11, 1957, George C. Marshall Foundation Collections.

67 Smyth, *Atomic Energy for Military Purposes*, p. 146.

68 Truman, *Year of Decisions*, pp. 10–11.

69 "Notes of the Interim Committee Meeting," Thursday, 31 May 1945, accessed September 2, 2018, https://www.trumanlibrary.org/whistlestop/study_collections/bomb.

70 Kort, ed., *The Columbia Guide to Hiroshima and the Bomb*, p. 51.

71 "Notes of the Interim Committee Meeting," Thursday, 31 May 1945, accessed September 2, 2018, https://www.trumanlibrary.org/whistlestop/study_collections/bomb.

72 "Address Before the Cleveland Public Affairs Council," February 5, 1943, in Grew, *Turbulent Era*, Vol. 2, p. 1398.

73 Joseph C. Grew to Randall Gould, ed., *Shanghai Evening Post and Mercury*, April 14, 1945, in Grew, *Turbulent Era*, Vol. 2, p. 1420.

74 Grew, *Turbulent Era*, Vol. 2, p. 1424.

75 King and Whitehill, *Fleet Admiral King*, p. 598.

76 MacArthur, *Reminiscences*, p. 261.

77 King and Whitehill, *Fleet Admiral King*, p. 598; Forrestal diary, entry dated July 28, 1945, and additional references to a 1947 conversation with Eisenhower, undated, Millis, ed., *The Forrestal Diaries*, p. 78.

78 Byrnes, *Speaking Frankly*, p. 210.

79 Walter Brown diary quoted in Hasegawa, *Racing the Enemy*, p. 158.

80 Hasegawa, *Racing the Enemy*, p. 130.

81 Churchill to Eden, July 23, 1945, meeting "minute," in Alperovitz and Tree, *The Decision to Use the Atomic Bomb*, p. 271.

82 Trinity Test observer instructions quoted in Laurence, *Dawn Over Zero*, p. 7.

83 No. 1305, Commanding General, Manhattan District Project (Groves) to the Secretary of War (Stimson), 18 July 1945, p. 1367, *Foreign Relations of the United States: Diplomatic Papers, The Conference of Berlin (The Potsdam Conference)*, 1945, Vol. 2.

84 Brigadier General Thomas F. Farrell quoted in No. 1305, Commanding General, Manhattan District Project (Groves) to the Secretary of War (Stimson), 18 July 1945, p. 1365, *Foreign Relations of the United States*, Vol. 2.

85 Kort, ed., *The Columbia Guide to Hiroshima and the Bomb*, p. 25.

86 No. 1305, Commanding General, Manhattan District Project (Groves) to the Secretary of War (Stimson), 18 July 1945, Encl. 4, "Thoughts by E. O. Lawrence," p. 1369, *Foreign Relations of the United States*, Vol. 2.

87 Kistiakowsky quoted in Laurence, *Dawn Over Zero*, p. 10.

88 Kort, ed., *The Columbia Guide to Hiroshima and the Bomb*, p. 25.

89 H. D. Smyth, *Atomic Energy for Military Purposes*, Appendix 6: War Department Release on New Mexico Test, July 16, 1945, p. 250.

90 No. 1305, Commanding General, Manhattan District Project (Groves) to the Secretary of War (Stimson), 18 July 1945, Encl. 3, p. 1368, *Foreign Relations of the United States*, Vol. 2.

91 No. 1303, Acting Chairman of the Interim Committee (Harrison) to the Secretary of War (Stimson), 16 July 1945, *Foreign Relations of the United States*, Vol. 2.

92 Stimson diary, July 21, 1945, accessed September 23, 2018, www.doug-long.com/stimson8.htm.

93 Stimson diary, July 22, 1945, Kort, ed., *The Columbia Guide to Hiroshima and the Bomb*, pp. 222–23.

94 MAGIC Diplomatic Summaries Nos. 1204 & 1205, July 12–13, 1945, Kort, ed., *The Columbia Guide to Hiroshima and the Bomb*, pp. 278–79.

95 MAGIC Diplomatic Summary No. 1206, July 14, 1945, Kort, ed., *The Columbia Guide to Hiroshima and the Bomb*, p. 282.

96 MAGIC Diplomatic Summaries Nos. 1208 & 1212, July 16–20, 1945, Kort, ed., *The Columbia Guide to Hiroshima and the Bomb*, pp. 282–84.

97 MAGIC Diplomatic Intercept No. 1225, August 2, 1945, Kort, ed., *The Columbia Guide to Hiroshima and the Bomb*, p. 287.

98 Ralph Bard, "Memorandum on the Use of S-1 Bomb," June 17, 1945, Kort, ed., *The Columbia Guide to Hiroshima and the Bomb*, p. 209.

99 The Scientific Panel, Interim Committee, "Recommendation on the Immediate Use of Nuclear Weapons," June 16, 1945, Kort, ed., *The Columbia Guide to Hiroshima and the Bomb*, p. 201.

100 Memorandum for General Arnold, July 24, 1945, Document B18, Kort, ed., *The Columbia Guide to Hiroshima and the Bomb*, p. 258.

101 Joint Chiefs of Staff, Memorandum to the President, July 17, 1945, Document B17, Kort, ed.,

The Columbia Guide to Hiroshima and the Bomb, p. 257.

102   Henry L. Stimson diary, July 24, 1945, Stoff et al., eds., *The Manhattan Project*, p. 214.

103   U.S. National Archives, Record Group 77, Records of the Office of the Chief of Engineers, Manhattan Engineer District, TS Manhattan Project File '42 to '46, Folder 5B, "Directives, Memos, Etc. to and from C/S, S/W, etc."

104   Truman diary, June 25, 1945.

105   Memorandum from Major J. A. Derry and Dr. N. F. Ramsey to General L. R. Groves, May 10–11, 1945, accessed September 14, 2018, https://www.atomicheritage.org/key–documents/target–committee–recommendations.

106   Truman, *Year of Decision*, p. 421.

107   Document A45, "The Potsdam Declaration," July 26, 1945, Kort, ed., *The Columbia Guide to Hiroshima and the Bomb*, p. 226.

108   Hasegawa, *Racing the Enemy*, p. 166.

109   *Yomiuri Shinbun* headline quoted in Hasegawa, *Racing the Enemy*, p. 167.

110   Suzuki quoted in *Yomiuri Shinbun* account, Hasegawa, *Racing the Enemy*, pp. 167–68.

111   Ferrell, *Harry S. Truman*, p. 215.

112   Sourced to assistant naval aide George Elsey: Adams, *Witness to Power*, p. 298.

113   LeMay and Yenne, *Superfortress*, pp. 159–60.

114   Arnold to Marshall, Joint Chiefs of Staff, June 17, 1945, RG–30, Reel 1007, MacArthur Memorial Archives.

115   LeMay quoted in Caidin, *A Torch to the Enemy*, p. 157.

116   USSBS, *The Effects of Strategic Bombing on Japanese Morale*, p. 132.

117   Ibid.

第十六章

1   Phillip Morrison quoted in Rhodes, *The Making of the Atomic Bomb*, p. 681.

2   Kort, ed., *The Columbia Guide to Hiroshima and the Bomb*, p. 49.

3   Sweeney, *War's End*, Foreword, p. i.

4   Groves, *Now It Can Be Told*, p. 318.

5   Julian Ryall, "Hiroshima Bomber Tasted Lead After Nuclear Blast, Rediscovered Enola Gay Recordings Reveal," *The Telegraph* (UK), August 6, 2018.

6   Kort, ed., *The Columbia Guide to Hiroshima and the Bomb*, p. 4; Interview with crew of Enola Gay, October 1962, Unknown Collections: 509th Composite Group, https://www.manhattanprojectvoices.org/oral–histories/atomic–bombers.

7   Merle and Spitzer, *We Dropped the A–Bomb*, Introduction, p. 1.

8   Kelly, ed., *The Manhattan Project*, p. 330.

9   Stiborik quoted in Patricia Benoit, "From Czechoslovakia to Life in Central Texas," *Temple Daily Telegram*, August 23, 2015.

10   Yoshido Matsushige, oral history, Cook and Cook, eds., *Japan at War*, p. 391.

11   "Chapter 25–Eyewitness Account," Hiroshima, August 6, 1945, by Father John A. Siemes, Avalon Project, Yale Law School, Lillian Goldman Law Library, http://avalon.law.yale.edu.

12   Hachiya and Wells, *Hiroshima Diary*, p. 2.

13   Michiko Yamaoka, oral history, Cook and Cook, eds., *Japan at War*, p. 385.

14   Eiko Taoka, "Testimony of Hatchobori Streetcar Survivors," The Atomic Archive, http://www.

atomicarchive.com/Docs/Hibakusha/Hatchobori.shtml.

15   Hersey, *Hiroshima*, p. 19.

16   Futaba Kitayama quoted in Robert Guillain, "I Thought My Last Hour Had Come," *The Atlantic*, August 1980.

17   Hersey, *Hiroshima*, p. 19.

18   Ibid., p. 31.

19   Michiko Yamaoka, oral history, Cook and Cook, eds., *Japan at War*, p. 385.

20   Yoshido Matsushige, oral history, Cook and Cook, eds., *Japan at War*, p. 392.

21   Ibid., p. 393.

22   Futaba Kitayama quoted in Robert Guillain, "I Thought My Last Hour Had Come," *The Atlantic*, August 1980.

23   Frank, *Downfall*, p. 265.

24   Hersey, *Hiroshima*, p. 50.

25   Hachiya and Wells, *Hiroshima Diary*, p. 8.

26   Hersey, *Hiroshima*, p. 89.

27   Lieutenant William M. Rigdon, USN, "Log: President's Trip to the Berlin Conference," August 6, 1945, p. 50, Leahy, *I Was There*, pp. 432–33.

28   Ibid.

29   Truman's Statement on the Bombing of Hiroshima, August 6, 1945, Kort, ed., *The Columbia Guide to Hiroshima and the Bomb*, p. 230.

30   Ibid.

31   Hasegawa, *Racing the Enemy*, p. 184.

32   The Pacific War Research Society, *The Day Man Lost*, p. 270.

33   Frank, *Downfall*, p. 269.

34   Kort, ed., *The Columbia Guide to Hiroshima and the Bomb*, p. 26.

35   Frank, *Downfall*, p. 270.

36   The Pacific War Research Society, *The Day Man Lost*, p. 293.

37   USSBS Interrogation No. 609, Hisatsune Sakomizu, December 11, 1945, Kort, *The Columbia Guide to Hiroshima and the Bomb*, p. 361.

38   "Soviet Declaration of War on Japan," August 8, 1945, Avalon Project, Yale Law School Lillian Goldman Law Library, http://avalon.law.yale.edu/wwii/s4.asp.

39   Lieutenant Colonel David M. Glantz, *August Storm: The Soviet 1945 Strategic Offensive in Manchuria*, pp. 1–2, Leavenworth Papers, Combat Studies Institute, U.S. Army Command and General Staff College, Fort Leavenworth, Kansas, February 1983.

40   Glantz, *August Storm*, p. xiv.

41   Document G9, Miscellaneous Statements of Japanese Officials, Document No. 52608: Lieutenant General Torashirō Kawabe, November 21, 1949, in Kort, ed., *The Columbia Guide to Hiroshima and the Bomb*, p. 382.

42   Document G7, Miscellaneous Statements of Japanese Officials, Document No. 54479: Statement of Sumihisa Ikeda, December 23, 1949, in Kort, ed., *The Columbia Guide to Hiroshima and the Bomb*, p. 379.

43   Hasegawa, *Racing the Enemy*, p. 197.

44   Auer, ed., *From Marco Polo Bridge to Pearl Harbor*, p. 201.

45   Merle and Spitzer, *We Dropped the A-Bomb*, p. 123.

46   Sweeney, *War's End*, p. 204; Paul Tibbets, oral history, accessed November 7, 2018, https://

www.manhattanprojectvoices.org/oral-histories/general-paul-tibbets.

47   William L. Laurence, "Atomic Bombing of Nagasaki Told by Flight Member," *New York Times*, September 9, 1945.

48   根据埃伦·布拉德伯里的说法，"当时发生的事情似乎没有记载在任何官方史料中，但阿什沃思向我发誓真的发生过这些事"，见 Bradbury and Blakeslee, "The Harrowing Story of the Nagasaki Bombing Mission," *Bulletin of the Atomic Scientists*, August 4, 2015。

49   Alex Wellerstein, "Nagasaki: The Last Bomb," *New Yorker*, August 7, 2015.

50   Sweeney, *War's End*, p. 215.

51   Ibid., p. 216.

52   William L. Laurence, "Atomic Bombing of Nagasaki Told by Flight Member," *New York Times*, September 9, 1945.

53   Sweeney, *War's End*, p. 219.

54   Bradbury and Blakeslee, "The Harrowing Story of the Nagasaki Bombing Mission."

55   William L. Leary and Michie Hattori Bernstein, "Eyewitness to the Nagasaki Atomic Bomb," *World War II* magazine, July/August 2005, http://www.historynet.com/michie-hattori-eyewitness-to-the-nagasaki-atomic-bomb-blast.htm.

56   Shizuko Nagae eyewitness account, as told to her daughter, Masako Waba, "A Survivor's Harrowing Account of Nagasaki Bombing," *CBC News*, May 26, 2016, https://www.cbc.ca/news/world/nagasaki-atomic-bomb-survivor-transcript-1.3601606.

57   "The Atomic Bombings of Hiroshima and Nagasaki," p. 11, Report by the Manhattan Engineer District, June 29, 1946, http://www.atomicarchive.com/Docs/MED/med_chp9.shtml.

58   "The Atomic Bombings of Hiroshima and Nagasaki," p. 11.

59   Sweeney, *War's End*, p. 225.

60   Ibid.

61   Auer, ed., *From Marco Polo Bridge to Pearl Harbor*, p. 253.

62   Document D14, diary entries of Marquis Koichi Kido, in Kort, ed., *The Columbia Guide to Hiroshima and the Bomb*, p. 307.

63   此处为加濑俊一的转述。在迫水久常向战略轰炸调查组提供的说法中，铃木的措辞略有不同，但意思是一样的。Kase, *Journey to the Missouri*, p. 234; USSBS, *Japan's Struggle to End the War*, p. 8.

64   Document E1, Emperor Hirohito's Surrender Decision, August 10, 1945, in Kort, ed., *The Columbia Guide to Hiroshima and the Bomb*, p. 323.

65   USSBS, *Japan's Struggle to End the War*, p. 9.

66   Document 412, "The Secretary of State to the Swiss Chargé (Grässli), Washington, August 11, 1945," in U.S. Department of State, *Foreign Relations of the United States: The British Commonwealth*, Vol. 6, p. 627.

67   Document G11, Miscellaneous Statements of Japanese Officials, Document No. 50025A, Lieutenant Colonel Masahiko Takeshita, June 11, 1949, in Kort, ed., *The Columbia Guide to Hiroshima and the Bomb*, pp. 38–84.

68   Emperor's "Monologue," quoted in Irokawa, *The Age of Hirohito*, p. 125.

69   Auer, ed., *From Marco Polo Bridge to Pearl Harbor*, p. 201.

70   Torashirō Kawabe diary, August 10, 1945, in Kort, ed., *The Columbia Guide to Hiroshima and the Bomb*, p. 313.

71   Hasegawa, *Racing the Enemy*, p. 217.

72   Document D9, Army Minister Korechika Anami Broadcast: "Instruction to the Troops," August

10, 1945, in Kort, ed., *The Columbia Guide to Hiroshima and the Bomb*, p. 300.

73   Document D10, Army General Staff Telegram, August 11, 1945, in Kort, ed., *The Columbia Guide to Hiroshima and the Bomb*, p. 301.

74   Kase, *Journey to the Missouri*, p. 240.

75   Stimson diary, August 10, 1945, quoted in Alperovitz and Tree, *The Decision to Use the Atomic Bomb*, p. 489.

76   Stimson diary, August 10, 1945, quoted in Janssens, *'What Future for Japan?': U.S. Wartime Planning for the Postwar Era, 1942–1945*, p. 318.

77   Hasegawa, *Racing the Enemy*, p. 220.

78   Leahy, *I Was There*, p. 434.

79   Hasegawa, *Racing the Enemy*, p. 220.

80   Forrestal diary, August 10, 1945, Millis, ed., *The Forrestal Diaries*, p. 83.

81   *Foreign Relations of the United States*, The British Commonwealth, Vol. 6, pp. 631–32.

82   Forrestal diary, August 10, 1945, Millis, ed., *The Forrestal Diaries*, pp. 83–84.

83   James J. Fahey diary, August 10, 1945, Fahey, *Pacific War Diary, 1942–1945*, p. 375.

84   Hynes, *Flights of Passage*, p. 254.

85   Wallace, *From Dam Neck to Okinawa*, p. 54.

86   Radford, *From Pearl Harbor to Vietnam*, p. 64.

87   Robert Bostwick Carney, oral history, CCOH Naval History Project, Vol. 1, No. 539, p. 447.

88   Kase, *Journey to the Missouri*, pp. 243–44.

89   Documents C–17, C–18, C–19, Magic Diplomatic Intercept Numbers 1236–1238, August 13–15, 1945, in Kort, ed., *The Columbia Guide to Hiroshima and the Bomb*, pp. 289–90.

90   Hasegawa, *Racing the Enemy*, p. 228.

91   Ibid., p. 237.

92   Document D12, Toyoda and Umezu Report to the Emperor, August 12, 1945, in Kort, ed., *The Columbia Guide to Hiroshima and the Bomb*, pp. 302–3.

93   Hasegawa, *Racing the Enemy*, p. 229.

94   Document D12, Toyoda and Umezu Report to the Emperor, August 12, 1945, in Kort, ed., *The Columbia Guide to Hiroshima and the Bomb*, pp. 302–3.

95   USSBS, *Japan's Struggle to End the War*, p. 9.

96   Wray et al., *Bridging the Atomic Divide*, p. 159.

97   "Digest of Japanese Broadcasts," August 14, 1945, pp. 2–3.

98   Yamashita, *Daily Life in Wartime Japan*, p. 175.

99   Takeyama and Minear, eds., *The Scars of War*, p. 50.

100   "Master Recording of Hirohito's War-End Speech Released in Digital Form," *The Japan Times*, August 1, 2015（内附 1945 年 8 月 15 日刊于此报的天皇停战诏书的英译文）。

101   Morita, Reingold, and Shimomura, *Made in Japan*, p. 34.

102   Takeshi Maeda account in Werneth, ed., *Beyond Pearl Harbor*, p. 126.

103   "Master Recording of Hirohito's War-End Speech."

104   Kase, *Journey to the Missouri*, p. 256.

105   Yamashita, *Daily Life in Wartime Japan*, p. 177.

106   Ibid., p. 179.

107   Iwamoto Akira letter to the *Asahi Shinbun*, in Gibney, ed., *Senso*, p. 258.

108   Irokawa, *The Age of Hirohito*, p. 35.

109   Dr. Michihiko Hachiya diary, August 15, 1945, in Hachiya and Wells, *Hiroshima Diary*, p. 83.

110 Yamashita, *Daily Life in Wartime Japan*, p. 179.
111 Hisako Yoskizawa diary, August 15, 1945, Yamashita, ed., *Leaves from an Autumn of Emergencies*, p. 217.
112 Sadao Mogami, oral history, in Cook and Cook, eds., *Japan at War*, p. 456.
113 Haruyoshi Kagawa letter to the *Asahi Shinbun*, Gibney, ed., *Senso*, p. 50.
114 Michi Fukuda letter to the *Asahi Shinbun*, Gibney, ed., *Senso*, p. 42.
115 Yamashita, *Daily Life in Wartime Japan*, p. 187.
116 Ibid., p. 186.
117 Ibid., p. 184.
118 "Master Recording of Hirohito's War-End Speech."
119 Hideo Yamaguchi letter to the *Asahi Shinbun*, in Gibney, ed., *Senso*, p. 273.
120 "Digest of Japanese Broadcasts," August 15, 1945, p. 16.
121 Matome Ugaki diary, August 11, 1945, Ugaki, *Fading Victory*, p. 659.
122 Ibid., p. 664.
123 Ibid.
124 Ugaki, *Fading Victory*, p. 666.
125 Ibid.

尾声

1 William D. Leahy diary, August 14, 1945, Leahy Papers, LCMD.
2 Buell, *Dauntless Helldivers*, p. 307.
3 Sylvia Summers, oral history, Richardson and Stillwell, *Reflections of Pearl Harbor*, p. 98.
4 Barbara De Nike, oral history, Harris, Mitchell, and Schechter, eds., *The Homefront*, p. 213.
5 Patricia Livermore, oral history, Harris, Mitchell, and Schechter, eds., *The Homefront*, p. 212.
6 Stanton Delaplane, "Victory Riot," *San Francisco Chronicle Reader*, p. 198.
7 Carl Nolte, "The Dark Side of V–J Day," *San Francisco Chronicle*, August 15, 2005.
8 Third Fleet War Diary, August 15, 1945; CINCPAC to CNO, "Operations in the Pacific Ocean Areas, August 1945," Serial: 034296, December 10, 1945.
9 Halsey, *Admiral Halsey's Story*, p. 272.
10 Robert Bostwick Carney, oral history, CCOH Naval History Project, No. 539, Vol. 1, p. 449.
11 Sakai, Caidin, and Saito, *Samurai!*, p. 269.
12 Kase, *Journey to the Missouri*, p. 262; USSBS, *Interrogations of Japanese Officials*, Nav No. 90, USSBS No. 429, Admiral Kichisaburo Nomura, IJN.
13 USSBS, *Interrogations of Japanese Officials*, Nav No. 76, USSBS No. 379, Admiral Mitsumasa Yonai, IJN.
14 Imperial Rescript of August 17, 1945, in Kort, ed., *The Columbia Guide to Hiroshima and the Bomb*, p. 334.
15 "Speech of Prince Higashi–Kuni to the Japanese People Upon Becoming Premier," August 17, 1945, accessed June 4, 2019, http://www.ibiblio.org/pha/policy/1945/1945-08-17c.html.
16 "Exchange of Messages Between General MacArthur and Japanese General Headquarters on Manila Meeting," August 15–19, 1945, *United States Department of State Bulletin*, accessed June 7, 2019, http://www.ibiblio.org/pha/policy/1945/1945-08-15b.html.
17 "General MacArthur's Instructions to Japanese on Occupation Landings," reprinted in *New York Times*, August 23, 1945.

18   Radford, *From Pearl Harbor to Vietnam*, p. 67.
19   Robert Bostwick Carney, oral history, CCOH Naval History Project, No. 539, Vol. 1, p. 451.
20   Wallace, *From Dam Neck to Okinawa*, p. 55.
21   CINCPAC to CNO, "Operations in the Pacific Ocean Areas, August 1945," Serial: 034296, December 10, 1945.
22   Hoover Institution Archives, U.S. Office of War Information, Psychological Warfare Division, "Leaflets," Box 2.
23   Wheeler, *Dragon in the Dust*, p. xxiv.
24   Roland Smoot, oral history, p. 192.
25   Robert Bostwick Carney, oral history, CCOH Naval History Project, No. 539, Vol. 1, pp. 452–53.
26   John C. Munn, oral history, p. 86.
27   Halsey, *Admiral Halsey's Story*, p. 280.
28   Kenney, *General Kenney Reports*, p. 575.
29   Ibid.
30   Dunn, *Pacific Microphone*, p. 351.
31   Courtney Whitney, "Lifting Up a Beaten People," *Life* magazine, August 22, 1955, p. 90.
32   Courtney Whitney's recollections, quoted in MacArthur, *Reminiscences*, p. 271.
33   Manchester, *American Caesar*, p. 447.
34   Whelton Rhoades diary, August 30, 1945, Rhoades, *Flying MacArthur to Victory*, p. 448.
35   MacArthur, *Reminiscences*, p. 272.
36   CINCPAC to CNO, "Operations in the Pacific Ocean Areas, August 1945," Serial: 034296, December 10, 1945.
37   Whelton Rhoades diary, August 31, 1945, Rhoades, *Flying MacArthur to Victory*, p. 450.
38   Robert C. Richardson Jr. diary, August 31, 1945.
39   Ibid.
40   Stuart S. Murray, oral history, "A Harried Host in the *Missouri*," in Mason, ed., *The Pacific War Remembered*, p. 350.
41   Jonathan M. Wainwright, *General Wainwright's Story*, pp. 279–80.
42   Robert Bostwick Carney, oral history, CCOH Naval History Project, Vol. 1, No. 539, pp. 472–73.
43   Whelton Rhoades diary, September 2, 1945, Rhoades, *Flying MacArthur to Victory*, p. 452.
44   Robert Bostwick Carney, oral history, CCOH Naval History Project, No. 539, Vol. 1, pp. 472–73.
45   Stuart S. Murray oral history, "A Harried Host in the *Missouri*," in Mason, ed., *The Pacific War Remembered*, p. 355.
46   Lamar, "I Saw Stars," p. 22; Manchester, *American Caesar*, p. 451.
47   Kase, *Journey to the Missouri*, p. 7.
48   Dunn, *Pacific Microphone*, pp. 360–61.
49   MacArthur, *Reminiscences*, p. 275.
50   哈尔西和理查德森都注意到麦克阿瑟的双手在发抖。Halsey, *Admiral Halsey's Story*, p. 523; Robert C. Richardson Jr. diary, September 2, 1945.
51   Halsey, *Admiral Halsey's Story*, p. 524.
52   Kenney, *General Kenney Reports*, p. 577.
53   Associated Press, "Tokyo Aides Weep as General Signs," September 2, 1945.

54 Lilly, *Nimitz at Ease*, p. 303.
55 Whelton Rhoades diary, September 2, 1945, Rhoades, *Flying MacArthur to Victory*, p. 454.
56 Robert Bostwick Carney, oral history, CCOH Naval History Project, Vol. 1, No. 539, p. 472.
57 *Reports of General MacArthur*, Vol. 1 Supplement, pp. 32–45.
58 *Reports of General MacArthur*, Vol. 1, p. 452.
59 James J. Fahey diary, October 22, 1945, Fahey, *Pacific War Diary*, 1942–1945, p. 400.
60 Ibid.
61 Richard Leonard to Arlene Bahr, November 3, 1945, in Carroll, ed., *War Letters*, p. 318.
62 Ibid., pp. 318–19.
63 例如，1945 年底战略轰炸调查组的一份调查显示，三分之二的日本人原本以为自己会
    "遭到虐待和奴役，要接受暴政的统治，忍饥挨饿，卑躬屈膝"。USSBS, *The Effects of
    Strategic Bombing on Japanese Morale*, p. 155n7.
64 Naokata Sasaki, oral history, in Cook and Cook, eds., *Japan at War*, p. 469.
65 Radike, *Across the Dark Islands*, p. 258.
66 USSBS, *The Effects of Strategic Bombing on Japanese Morale*, p. 155.
67 Ibid.
68 *Reports of General MacArthur*, Vol. 1 Supplement, p. 23.
69 Ibid., p. 49.
70 Terasaki, *Bridge to the Sun*, p. 200.
71 Charles F. Barber, Interview by Evelyn M. Cherpak, March 1, 1996, U.S. Naval War College
    Archives.
72 Eichelberger and MacKaye, *Our Jungle Road to Tokyo*, p. 255.
73 Hara, Saito, and Pineau, *Japanese Destroyer Captain*, Foreword, p. x.
74 Morison, *History of United States Naval Operations in World War II*, Vol. 15, *Supplement and
    General Index*, p. 9.
75 *Reports of General MacArthur*, Vol. 1 Supplement, p. 47.
76 Document A45, "The Potsdam Declaration," July 26, 1945, in Kort, ed., *The Columbia Guide to
    Hiroshima and the Bomb*, p. 227.
77 Shigeo Hatanaka, oral history, in Cook and Cook, eds., *Japan at War*, p. 227.
78 Junko Ozaki letter to the *Asahi Shinbun*, in Gibney, ed., *Senso*, p. 75.
79 Terasaki, *Bridge to the Sun*, p. 233.
80 USSBS, *Interrogations of Japanese Officials*, Nav No. 76, USSBS No. 379, Admiral Mitsumasa
    Yonai, IJN.
81 Chihaya Masataka quoted in Asada, *From Mahan to Pearl Harbor*, p. 292.
82 Asada, *From Mahan to Pearl Harbor*, p. 289.
83 Ibid.
84 USSBS, *Interrogations of Japanese Officials*, Nav No. 90, USSBS No. 429, Admiral
    Kichisaburo Nomura, IJN.
85 Asada, *From Mahan to Pearl Harbor*, p. 292.
86 "Fire Scroll," *Book of Five Spheres*, quoted in Cleary, *The Japanese Art of War*, p. 84.
87 Eizo Hori, statistics cited in Auer, ed., *From Marco Polo Bridge to Pearl Harbor*, p. 148.
88 根据日本厚生劳动省的统计，在 1937 年至 1945 年的亚太地区战争中，有 310 万日本人
    丧生，包括 230 万军人和 80 万平民。在后者中，估计有 50 万人死于日本国内，30 万人
    死于海外。Auer, ed., *From Marco Polo Bridge to Pearl Harbor*, p. 242.
89 Michio Takeyama quoted in Takeyama and Minear, eds., *The Scars of War*, p. 68.

90   Goldstein and Dillon, eds., *The Pacific War Papers*, p. 67.

91   Hitoshi Inoue letter to *Asahi Shinbun*, in Gibney, ed., *Senso*, p. 80.

92   Uichiro Kawachi, oral history, in Cook and Cook, eds., *Japan at War*, p. 214.

93   Kazuo Ikezaki letter to *Asahi Shinbun*, in Gibney, ed., *Senso*, p. 301.

94   Fusako Kawamura letter to *Asahi Shinbun*, in Gibney, ed., *Senso*, p. 279.

95   Yukio Hashimoto letter to *Asahi Shinbun*, in Gibney, ed., *Senso*, p. 181.

96   Murrie and Petersen, "Last Train Home," *American History*, February 2018. Adapted with permission from *Railroad History*, Spring–Summer 2015.

97   Steere, *The Graves Registration Service in World War II*, p. 405.

98   Ibid., p. 426.

99   大多数由于非战斗原因而在海上丧生的人，包括因事故和疾病去世之人，也被葬于海上。美国海军报告称，在全球范围内，二战中共有 25 664 人在非战斗期间死亡。Naval History and Heritage Command (NHHC) website, accessed August 4, 2019, https://www.history.navy.mil/research/library/online–reading–room/title–list–alphabetically/u/us–navy–personnel–in–world–war–ii–service–and–casualty–statistics.html.

100   例如，后来成为小说家的军人诺曼·梅勒写道："我很支持任何能缩短战争时间、让我早点回家的事情，但这往往与更基本的古老原则相悖。举例来说，我希望和平时期的征兵能通过，因为如果不通过，复员的过程可能会痛苦而缓慢。" Letter to Beatrice Mailer, August 8, 1945, "In the Ring: Life and Letters," *New Yorker*, October 6, 2008, pp. 51–52.

101   Lee, *To the War*, p. 163.

102   Hynes, *Flights of Passage*, p. 257.

103   Radford, *From Pearl Harbor to Vietnam*, p. 70.

104   James Forrestal diary, October 16, 1945, Millis, ed., *The Forrestal Diaries*, p. 102.

105   Morison, *History of United States Naval Operations in World War II*, Vol. 15, *Supplement and General Index*, p. 17.

106   John C. Munn, oral history, p. 91.

107   McCandless, *A Flash of Green*, p. 219.

108   Morison, *History of United States Naval Operations in World War II*, Vol. 15, *Supplement and General Index*, p. 13.

109   "Plan of the Day," Sunday, September 2, 1945, USS *Missouri*, p. 2, "Notes," accessed May 21, 2019, http://www.bb63vets.com/docs/DOC_6.pdf.

110   Hynes, *Flights of Passage*, p. 266.

111   "The World War II Memoirs of John Vollinger," http://www.janesoceania.com/ww2_johann_memoirs/index.htm.

112   Murrie and Petersen, "Last Train Home," *American History*, February 2018. Adapted with permission from *Railroad History*, Spring–Summer 2015.

113   Beaver, *Sailor from Oklahoma*, p. 226.

114   "The World War II Memoirs of John Vollinger," http://www.janesoceania.com/ww2_johann_memoirs/index.htm.

115   Clark and Reynolds, *Carrier Admiral*, p. 245.

116   Sledge, *With the Old Breed*, p. 266.

117   Mace and Allen, *Battleground Pacific*, p. 327.

118   George Niland, oral history, in Lacey, *Stay Off the Skyline*, p. 189.

119   William Pierce, oral history, in Lacey, *Stay Off the Skyline*, p. 193.

120   Yoder, *There's No Front Like Home*, pp. 108, 112.

121 Shirley Hackett, oral history, in Harris, Mitchell, and Schechter, eds., *The Homefront*, p. 231.

122 Frankie Cooper, oral history, in Harris, Mitchell, and Schechter, eds., *The Homefront*, p. 249.

123 Dellie Hahne, oral history, in Harris, Mitchell, and Schechter, eds., *The Homefront*, p. 228.

124 Frankie Cooper, oral history, in Harris, Mitchell, and Schechter, eds., *The Homefront*, p. 249.

125 Randal S. Olson, "144 Years of Marriage and Divorce in One Chart," June 15, 2015, accessed June 2, 2019, www.randalolson.com. Data from Centers for Disease Control (CDC)/National Center for Health Statistics (NCHS).

126 James Covert, oral history, in Harris, Mitchell, and Schechter, eds., *The Homefront*, p. 223.

127 Marshall Ralph Doak, *My Years in the Navy*, http://www.historycentral.com/Navy/Doak.

128 Marjorie Cartwright, oral history, in Harris, Mitchell, and Schechter, eds., *The Homefront*, p. 226.

129 Ibid., p. 228.

130 Caro, *Master of the Senate*, p. 196.

131 Sybil Lewis, oral history, in Harris, Mitchell, and Schechter, eds., *The Homefront*, p. 251.

132 Ibid., p. 252.

133 Lee, *To the War*, p. 164.

134 Hynes, *Flights of Passage*, p. 255.

135 Robert E. Hogaboom, oral history, Marine Corps Project, No. 813, Vol. 1, p. 235.

136 Norman Mailer to Beatrice Mailer, August 8, 1945, "In the Ring: Life and Letters," in *New Yorker*, October 6, 2008, pp. 51–52.

137 Leach, *Now Hear This*, p. 175.

138 Ben Bradlee, "A Return," *New Yorker*, October 2, 2006.

139 Michener, *The World Is My Home*, p. 265.

140 Edward J. Huxtable, commanding officer, Composite Squadron Ten, 1943–1945, "Some Recollections," pp. 27–28, Huxtable Papers, Hoover Institution Archives.

参考文献

档案馆藏

Archives and Special Collections, Library of the Marine Corps, Quantico, Virginia (USMC Archives)

Fifth Amphibious Corps files
Elton N. Shrode, unpublished written account, Coll. 3736
Holland M. Smith Collection
Ronald D. Thomas, unpublished written account, PC No. 2718
Arthur Vandegrift Collection

Hoover Institution Library & Archives, Stanford University, Palo Alto, California

Bonner Fellers Papers
Edward J. Huxtable, "Composite Squadron Ten, Recollections and Notes"
William Neufeld Papers, 1942–1960
Robert Charlwood Richardson Jr. Papers
U.S. Office of War Information (OWI), Psychological Warfare Division Files

Library of Congress, Manuscript Division, Washington, DC (LCMD)

William Frederick Halsey Jr. Papers
Ernest J. King Papers
William D. Leahy Papers
Samuel Eliot Morison Papers
John Henry Towers Papers

MacArthur Memorial Archives, Norfolk, Virginia

LeGrande A. Diller, oral history, recorded September 26, 1982
Papers of Lieutenant General Richard K. Sutherland (RG-30)
General Douglas MacArthur's Private Correspondence, 1848–1964
Radio Message files, 1941–1951
Records of Headquarters, U.S. Army Forces Pacific (USAFPAC), 1942–1947 (RG-4)

National Archives and Records Administration, College Park, Maryland (NARA)

Digests of Japanese Radio Broadcasts
Office Files of the Chief of Naval Operations ("CNO Zero-Zero Files")
Records of Japanese Navy and Related Documents
Records of the Office of the Chief of Engineers, Manhattan Engineer District (RG-77)
Records of the Office of the Chief of Naval Operations, 1875–2006 (RG-38)
World War II Action and Operational Reports
World War II Oral Histories and Interviews
World War II War Diaries

Naval Historical Collection, Naval War College, Newport, Rhode Island

Charles F. Barber, "Reminiscences of Admiral Raymond A. Spruance"
Thomas B. Buell Collection
Raymond A. Spruance Papers
David Willcutts, "Reminiscences of Admiral Spruance"
World War II Battle Evaluation Group Project ("Bates Reports")

Operational Archives Branch, Naval History and Heritage Command Archives, Washington, DC (NHHC)

Japanese Monographs (U.S. Army, Far East Command, Military History Section)
Samuel Eliot Morison Papers
Raymond A. Spruance Papers
Richmond K. Turner Papers

Franklin D. Roosevelt Library, Hyde Park, New York

"FDR Day by Day," White House Daily Log
FDR Safe Files
Stephen T. Early Papers
Harry L. Hopkins Papers
Motion Pictures Collection
The President's Secretary's File, 1933–1945
Press Conferences of President Franklin D. Roosevelt, 1933–1945
John Toland Papers, 1949–1991
White House Map Room Papers, 1941–1945

口述史

The Columbia Center for Oral History (CCOH), Columbia University, New York, NY

John J. Ballentine   William W. Buchanan

Robert Blake
Joseph J. Clark
Edward A. Craig
Donald Duncan
Graves B. Erskine
James Fife
Leo D. Hermle
Harry W. Hill
Robert E. Hogaboom
John Hoover
Louis R. Jones
Thomas C. Kinkaid
John C. McQueen

Robert Bostwick Carney
Vernon E. Megee
Charles J. Moore
John C. Munn
Ralph C. Parker
Dewitt Peck
James S. Russell
Ronald D. Salmon
Joseph L. Stewart
Edward W. Snedeker
Felix B. Stump
Henry Williams

Oral History Program, U.S. Naval Institute, Annapolis, Maryland, 1969–2005

George W. Anderson Jr.
Bernard L. Austin
Paul H. Backus
Michael Bak Jr.
Hanson W. Baldwin
Bernhard H. Bieri
Gerald F. Bogan
Roger L. Bond
Thomas B. Buell
Arleigh A. Burke
Slade D. Cutter
James H. Doolittle
Thomas H. Dyer
Harry D. Felt
Noel Gayler
Truman J. Hedding
Stephen Jurika Jr.
Cecil S. King Jr.
Edwin T. Layton

Fitzhugh Lee
Kent L. Lee
David McCampbell
Arthur H. McCollum
John L. McCrea
George H. Miller
Henry L. Miller
Catherine Freeman Nimitz et al.,
    *Recollections of Fleet Admiral Chester
    W. Nimitz*
James D. Ramage
Herbert D. Riley
Joseph J. Rochefort
William J. Sebald
Roland N. Smoot
Arthur D. Struble
Ray Tarbuck
John S. Thach

政府出版物，军方出版物，官方历史，
未出版的日记，演讲，信件

Alexander, Joseph H. *Closing in: Marines in the Seizure of Iwo Jima*. History and Museums Division, Headquarters, U.S. Marine Corps, 1994.

Appleman, Roy Edgar. *Okinawa: The Last Battle.* The Department of the Army, 1948.

Bartley, Whitman S. *Iwo Jima: Amphibious Epic.* Historical Branch, G-3 Division, Headquarters, U.S. Marine Corps, 1954.

Bates, Richard W. *The Battle for Leyte Gulf, October 1944: Strategical and Tactical Analysis.* Vol. 5. "Battle of Surigao Strait." U.S. Naval War College Battle Evaluation Group Report, prepared for Bureau of Naval Personnel, 1958.

Bell, William A. Diary, December 1944 to January 1945.

Bell, William A. "Under the Nips' Nose," unpublished manuscript.

Boyd, William B., and Buford Rowland. *U.S. Navy Bureau of Ordnance in World War II.* Bureau of Ordnance, Department of the Navy, Washington, DC, 1953.

Carter, Worrall Reed. *Beans, Bullets, and Black Oil: The Story of Fleet Logistics Afloat in the Pacific During World War II.* Washington: Department of the Navy, 1953.

Clary, John W. "Wartime Diary." Accessed January 3, 2018. http://www.warfish.com/gaz_clary.html.

Commander in Chief, U.S. Pacific Fleet. "CINCPAC Grey Book: Running Estimate of the Situation for the Pacific War." Naval Historical Center, Washington, DC.

Craven, Wesley Frank, and James Lea Cate, eds. *The Army Air Forces in World War II.* Vol. 5. *The Pacific: Matterhorn to Nagasaki: June 1944 to August 1945.* University of Chicago Press, 1948.

Davis, Elmer, and Byron Price. *War Information and Censorship.* American Council on Public Affairs, 1944.

Deal, Robert M. Personal account. *USS Johnston* Veterans Association pamphlet.

Donigan, Henry J. *Peleliu: The Forgotten Battle.* Marine Corps Gazette, September 1994. Accessed October 19, 2017. https://www.sofmag.com/fury-in-the-pacific-battle-of-peleliu-battle-of-angaur-world-war-ii/.

Dyer, George C. *The Amphibians Came to Conquer: The Story of Admiral Richmond Kelly Turner.* Washington: U.S. Dept. of the Navy, U.S. Govt. Print. Off., 1972.

Fenoglio, Melvin. "This I Remember." Accessed April 21, 2019. https://dd803.org/crew/stories-from-the-crew/melvin-fenoglio-account.

Gayle, Gordon D. *Bloody Beaches: The Marines at Peleliu.* Diane Publishing, 1996.

Genda, Minoru. "Tactical Planning in the Imperial Japanese Navy." Lecture delivered at the U.S. Naval War College, March 7, 1969.

Glantz, David M. *August Storm: The Soviet 1945 Strategic Offensive in Manchuria.* Leavenworth Papers, Combat Studies Institute, U.S. Army Command and General Staff College, Fort Leavenworth, Kansas, 1983.

Green, Maurice Fred. *Report by Lieutenant Maurice Fred Green, Survivor of the Hoel.* Accessed October 2017. http://ussjohnston-hoel.com/6199.html.

Hansell, Haywood S. *The Strategic Air War Against Germany and Japan: A Memoir.* Office of Air Force History, U.S. Air Force, 1986.

Hayes, Grace P. *The History of the Joint Chiefs of Staff in World War II: The War Against*

Japan. Historical Section, Joint Chiefs of Staff, 1953.

Heimdahl, William C., and Edward J. Marolda, eds. *Guide to United States Naval Administrative Histories of World War II.* Washington: Naval History Division, Dept. of the Navy, 1976.

Japanese Defense of Cities as Exemplified by the Battle of Manila, A Report by XIV Corps. Published by A. C. of S., G-2, Headquarters Sixth Army, July 1, 1945.

Joint Army Navy Assessment Committee (JANAC). *Japanese Naval and Merchant Shipping Losses During World War II by All Causes.* Washington: Government Printing Office, 1947.

Koda, Yoji, Vice Admiral, JMSDF (ret.). "Doctrine and Strategy of IJN." Lecture with slides delivered at the U.S. Naval War College, January 6, 2011.

Matloff, Maurice, and Edwin M. Snell. *Strategic Planning for Coalition Warfare 1941–1942.* Washington: Office of the Chief of Military History, Dept. of the Army, 1953–59.

McDaniel, J. T., ed. *U.S.S. Tang (SS-306): American Submarine War Patrol Reports.* Riverdale, GA: Riverdale Books, 2005.

———. *U.S.S. Wahoo (SS-238): American Submarine War Patrol Reports.* Riverdale, GA: Riverdale Books, 2005.

McEnery, Kevin T. *The XIV Corps Battle for Manila, February 1945.* U.S. Army, Fort Leavenworth, KS, 1993.

Nelson, Charlie. "Report of Captain Charlie Nelson, USNR." http://destroyerhistory .org/fletcherclass.

Parker, Frederick D. *A Priceless Advantage: U.S. Navy Communications Intelligence and the Battles of Coral Sea, Midway, and the Aleutians.* Series IV: World War II, Vol. 5, 2017. Center for Cryptologic History, National Security Agency, Washington.

Price, Byron. *A Report on the Office of Censorship.* United States Government Printing Office, Washington, 1945.

Reports of General MacArthur: The Campaigns of MacArthur in the Pacific. U.S. Army General Staff of G.H.Q., 1966.

Rigdon, William. "Log of the President's Trip to the Berlin Conference," July 6 to August 7, 1945. Washington: Office of the President, 1945.

Ryukyus: The U.S. Army Campaigns of World War II. U.S. Department of Defense, Department of the Army, Center of Military History, 2014.

Sato, Kenryo. "Dai Toa War Memoir" (unpublished manuscript). John Toland Papers, FDR Library, Hyde Park, New York.

Schwartz, Joseph L. *Experiences in Battle of the Medical Department of the Navy.* U.S. Department of the Navy, 1953.

Shaw, Nalty, et al. *History of U.S. Marine Corps Operations in World War II: Central Pacific Drive.* Historical Branch, G-3 Division, Headquarters, U.S. Marine Corps, 1958.

Smith, Robert Ross. *Triumph in the Philippines.* Office of the Chief of Military History, Department of the Army, 1963.

Smyth, H. D. *Atomic Energy for Military Purposes.* Princeton University Press, 1945.

Steere, Edward. *The Graves Registration Service in World War II.* Q.M.C. Historical Studies No. 21. Washington: Historical Section, Office of the Quartermaster General, General Printing Office, 1951.

Stimson, Henry L. *Henry Lewis Stimson Diaries.* Manuscripts and Archives, Yale University Library, New Haven, Connecticut.

U.S. Army, Far East Command. *5th Air Fleet Operations, February–August 1945.* Japanese Operational Monograph Series, No. 86. Tokyo: Military History Section, Special Staff, General Headquarters, Far East Command, published in English translation, March 14, 1962.

U.S. Army, Far East Command. *The Imperial Japanese Navy in World War II: A Graphic Presentation of the Japanese Naval Organization and List of Combatant and Non-Combatant Vessels Lost or Damaged in the War.* Japanese Operational Monograph Series, No. 116. Tokyo: Military History Section, Special Staff, General Headquarters, Far East Command, 1952.

U.S. Civilian Production Administration. *Industrial Mobilization for War: History of the War Production Board and Predecessor Agencies, 1940–1945.* Washington: U.S. Govt. Print. Off., 1947.

U.S. Department of Commerce, Bureau of the Census. *Historical Statistics of the United States, Colonial Times to 1970.* Washington: U.S. Govt. Print. Off., 1975.

U.S. Department of State. *Foreign Relations of the United States: Diplomatic Papers. The Conference of Berlin (the Potsdam Conference) 1945.* U.S. Govt. Print. Off., 1960.

U.S. Department of the Navy. *Building the Navy's Bases in World War II: History of the Bureau of Yards and Docks and the Civil Engineer Corps, 1940–1946.* Washington: U.S. Govt. Print. Off., 1947.

U.S. Department of the Navy. Secret Information Bulletin No. 24: "Battle Experience: Radar Pickets and Methods of Combating Suicide Attacks Off Okinawa, March–May 1945," July 20, 1945.

U.S. Department of War. *Basic Field Manual: Regulations for Correspondents Accompanying U.S. Army Forces in the Field.* Washington: U.S. Govt. Print. Off., 1942.

U.S. Office of Naval Operations. *U.S. Naval Aviation in the Pacific.* Washington: U.S. Govt. Print. Off., 1947.

U.S. Strategic Bombing Survey (USSBS). *Air Campaigns of the Pacific War.* Washington: U.S. Strategic Bombing Survey, Military Analysis Division, 1947.

———. *The Campaigns of the Pacific War.* Washington: U.S. Strategic Bombing Survey (Pacific), Naval Analysis Division, 1946.

———. *Effects of Air Attack on Japanese Urban Economy (Summary Report).* 1947.

———. *Effects of Atomic Bombs on Hiroshima & Nagasaki.* 1946.

参考文献

————. *The Effects of Bombing on Health and Medical Services in Japan.* 1947.

————. *The Effects of Strategic Bombing on Japanese Morale.* 1947.

————. *The Effects of Strategic Bombing on Japan's War Economy.* 1946.

————. *Effects of the Incendiary Bomb Attacks on Japan (a Report on Eight Cities).* 1947.

————. *Interrogations of Japanese Officials.* 2 vols. 1947.

————. *Japanese Air Power.* 1946.

————. *Japanese Merchant Shipping.* 1946.

————. *Japanese War Production Industries.* 1946.

————. *Japan's Struggle to End the War.* 1946.

————. *The Offensive Mine Laying Campaign Against Japan.* 1946.

————. *A Report on Physical Damage in Japan (Summary Report).* 1947.

————. *The Strategic Air Operations of Very Heavy Bombardment in the War Against Japan (Twentieth Air Force).* 1947.

————. *Summary Report (Pacific War).* 1946.

————. *The War Against Japanese Transportation, 1941–45.* 1947.

Vollinger, John. "The World War II Memoirs of John Vollinger." http://www.janesoceania.com/ww2_johann_memoirs.

The War Reports of General of the Army George C. Marshall, Chief of Staff, General of the Army H. H. Arnold, Commanding General, Army Air Forces [and] Fleet Admiral Ernest J. King, Commander-in-Chief, United States Fleet and Chief of Naval Operations. Philadelphia: Lippincott, 1947.

Wolfson Collection of Decorative and Propaganda Arts. The Wolfsonian Library, Miami Beach, Florida.

图书

Adams, Henry Hitch. *Witness to Power: The Life of Fleet Admiral William D. Leahy.* Naval Institute Press, 1985.

Agawa, Hiroyuki. *The Reluctant Admiral: Yamamoto and the Imperial Navy.* Kodansha International, 1979.

Albion, Robert G. *Makers of Naval Policy, 1798–1947.* Naval Institute Press, 1980.

Allinson, Gary D., ed. *The Columbia Guide to Modern Japanese History.* New York: Columbia University Press, 1999.

Alperovitz, Gar, and Sanho Tree. *The Decision to Use the Atomic Bomb.* New York: Harper Collins, 1996.

Arnold, Henry Harley. *Global Mission.* 1st ed. New York: Harper, 1949.

Asada, Sadao. *From Mahan to Pearl Harbor: The Imperial Japanese Navy and the United States.* Naval Institute Press, 2006.

Astor, Gerald. *Wings of Gold: The U.S. Naval Air Campaign in World War II.* Presidio Press/Ballantine Books, 2004.

Auer, James E., ed. *From Marco Polo Bridge to Pearl Harbor: Who Was Responsible?* Yomiuri Shinbunsha, 2010.

Badgley, John. *Frigate Men: Life on Coast Guard Frigate U.S.S. Bisbee, PF-46, During World War II*. New Vintage Press, 2007.

Baime, A. J. *The Arsenal of Democracy: FDR, Detroit, and an Epic Quest to Arm an America at War*. Mariner Books, Houghton Mifflin Harcourt, 2015.

Baker, Russell. *Growing Up*. Congdon & Weed, 1982.

Barbey, Daniel E. *MacArthur's Amphibious Navy: Seventh Amphibious Force Operations, 1943–1945*. Naval Institute Press, 1971.

Beach, Edward L. *Submarine!* Pocket Star Books, 2004.

Beaver, Floyd. *Sailor from Oklahoma: One Man's Two-Ocean War*. Naval Institute Press, 2009.

Becton, F. J., et al. *The Ship That Would Not Die*. Pictorial Histories Publ. Co., 1993.

Belote, James H., and William M. Belote. *Titans of the Seas: The Development and Operations of Japanese and American Carrier Task Forces During World War II*. New York: Harper & Row, 1975.

Benedict, Ruth. *The Chrysanthemum and the Sword: Patterns of Japanese Culture*. Tokyo: Charles E. Tuttle Co., 1954.

Bix, Herbert P. *Hirohito and the Making of Modern Japan*. New York: HarperCollins, 2000.

Black, Conrad. *Franklin Delano Roosevelt: Champion of Freedom*. New York: Public Affairs, 2003.

Blaik, Earl H. *The Red Blaik Story*. Arlington House, 1974.

Blair, Clay. *Silent Victory: The U.S. Submarine War Against Japan*. 1st ed. Philadelphia: Lippincott, 1975.

Blum, John Morton. *V Was for Victory: Politics and American Culture During World War II*. Harcourt Brace, 1977.

Boquet, Yves. *The Philippine Archipelago*. Springer, 2017.

Borneman, Walter R. *MacArthur at War: World War II in the Pacific*. Back Bay Books, 2017.

Bradlee, Benjamin C. *A Good Life: Newspapering and Other Adventures*. Simon & Schuster, 1995.

Bradley, James. *Flags of Our Fathers: Heroes of Iwo Jima*. Bantam, 2000.

——. *Flyboys: A True Story of Courage*. Little, Brown, 2006.

Bridgland, Tony. *Waves of Hate: Naval Atrocities of the Second World War*. Leo Cooper, 2002.

Brinkley, David. *Washington Goes to War: The Extraordinary Story of the Transformation of a City and a Nation*. New York: Alfred A. Knopf, 1988.

Bruce, Roy W., and Charles R. Leonard. *Crommelin's Thunderbirds: Air Group 12 Strikes the Heart of Japan*. Naval Institute Press, 1994.

Bruning, John R. *Ship Strike Pacific*. Zenith Press, 2005.

Bryan, J. III. *Aircraft Carrier*. Ballantine Books, 1954.

Budiansky, Stephen. *Battle of Wits: The Complete Story of Codebreaking in World War II*. Free Press, 2000.

Buell, Harold L. *Dauntless Helldivers: A Dive-bomber Pilot's Epic Story of the Carrier Battles*. New York: Orion, 1991.

Buell, Thomas B. *Master of Sea Power: A Biography of Fleet Admiral Ernest J. King*. Little, Brown, 1980.

———. *The Quiet Warrior: A Biography of Admiral Raymond A. Spruance*. Naval Institute Press, 1987.

Buhite, Russell D., and David W. Levy, eds. *FDR's Fireside Chats*. Penguin Books, 1992.

Burgin, R. V., and Bill Marvel. *Islands of the Damned: A Marine at War in the Pacific*. NAL Caliber, 2011.

Burlingame, Roger. *Don't Let Them Scare You: The Life and Times of Elmer Davis*. Greenwood Press, 1974.

Burns, James MacGregor. *Roosevelt: The Soldier of Freedom*. Harcourt Brace Jovanovich, 1970.

Buruma, Ian. *Inventing Japan, 1853–1964*. Modern Library, 2003.

Byrnes, James F. *Speaking Frankly*. Greenwood Press, 1974.

Caidin, Martin. *A Torch to the Enemy: The Fire Raid on Tokyo*. Bantam Books, 1992.

Calhoun, C. Raymond. *Tin Can Sailor: Life Aboard the USS Sterett, 1939–1945*. Naval Institute Press, 1993.

Calvert, James F. *Silent Running: My Years on a World War II Attack Submarine*. Castle, 2008.

Caro, Robert A. *Master of the Senate: The Years of Lyndon Johnson, Vol. 3*. Random House, 2003.

Carroll, Andrew, ed. *War Letters: Extraordinary Correspondence from American Wars*. Scribner, 2001.

Casey, Robert J. *Battle Below*. Bobbs-Merrill, 1945.

———. *Torpedo Junction*. London: Jarrolds, 1944.

Childs, Marquis W. *I Write from Washington*. Harper, 1942.

Clark, J. J., and Clark G. Reynolds. *Carrier Admiral*. New York: D. McKay, 1967.

Cleary, Thomas. *The Japanese Art of War: Understanding the Culture of Strategy*. Boston: Shambhala Classics, 2005.

Coffey, Thomas M. *Hap: The Story of the U.S. Air Force and the Man Who Built It, General Henry H. "Hap" Arnold*. Viking Press, 1982.

Coletta, Paolo E. *Admiral Marc A. Mitscher and U.S. Naval Aviation: Bald Eagle*. Edwin Mellen Press, 1997.

Colman, Penny. *Rosie the Riveter: Women Working on the Home Front in World War II*. Crown Publishers, 1995.

Conant, Jennet. *Tuxedo Park: A Wall Street Tycoon and the Secret Palace of Science That Changed the Course of World War II.* Thorndike, 2002.

Conrad, Joseph, and Cedric Thomas Watts. *Typhoon and Other Tales.* Oxford University Press, 2008.

Cook, Haruko Taya, and Theodore F. Cook, eds. *Japan at War: An Oral History.* The New Press, 1992.

Cooke, Alistair. *The American Home Front, 1941–1942.* Atlantic Monthly Press, 2006.

Cooper, Page. *Navy Nurse.* New York: Whittlesey House, McGraw-Hill, 1946.

Crew, Thomas E. *Combat Loaded: Across the Pacific on the USS Tate.* Texas A & M University Press, 2007.

Current, Richard Nelson. *Secretary Stimson: A Study in Statecraft.* Rutgers University Press, 1954.

Cutler, Thomas J. *The Battle of Leyte Gulf, 23–26 October, 1944.* Naval Institute Press, 2001.

Dallek, Robert. *Franklin D. Roosevelt: A Political Life.* Viking, 2017.

———. *Franklin D. Roosevelt and American Foreign Policy, 1932–1945.* Oxford University Press, 1995.

Davidson, Joel R. *The Unsinkable Fleet: The Politics of U.S. Navy Expansion in World War II.* Naval Institute Press, 1996.

Davis, Kenneth S. *FDR: The War President, 1940–1943: A History.* Random House, 2000.

Davis, Robert T. *The U.S. Army and the Media in the 20th Century.* Combat Studies Inst. Press, 2009.

Davis, William E. *Sinking the Rising Sun: Dog Fighting & Dive Bombing in World War II: A Navy Fighter Pilot's Story.* Zenith Press, 2007.

Deacon, Richard. *Kempei Tai: The Japanese Secret Service Then and Now.* Tokyo: Charles E. Tuttle Co., 1982.

DeRose, James F. *Unrestricted Warfare: How a New Breed of Officers Led the Submarine Force to Victory in World War II.* Castle Books, 2006.

Dixon, Chris, Sean Brawley, and Beatrice Trefalt, eds. *Competing Voices from the Pacific War: Fighting Words.* Santa Barbara, CA: Greenwood/ABC-CLIO, 2009.

Dos Passos, John. *Tour of Duty.* Greenwood Press, 1974.

Dower, John W. *Cultures of War: Pearl Harbor, Hiroshima, 9–11, Iraq.* W. W. Norton, 2010.

———. *Japan In War and Peace: Selected Essays.* New Press; distributed by W. W. Norton, 1993.

———. *War Without Mercy: Race and Power in the Pacific War.* Pantheon Books, 1986.

Drea, Edward J. *In the Service of the Emperor: Essays on the Imperial Japanese Army.* University of Nebraska Press, 2003.

Driscoll, Joseph. *Pacific Victory 1945.* Lippincott, 1944.

Drury, Bob, and Thomas Clavin. *Halsey's Typhoon: The True Story of a Fighting Admiral, an Epic Storm, and an Untold Rescue.* Atlantic Monthly Press, 2007.

Dull, Paul S. *A Battle History of the Imperial Japanese Navy, 1941–1945.* Naval Institute Press, 1978.

Dunn, William J. *Pacific Microphone.* Texas A & M Univ. Press, 1988.

Edgerton, Robert B. *Warriors of the Rising Sun: A History of the Japanese Military.* W. W. Norton, 1997.

Eichelberger, Robert L., and Milton MacKaye. *Our Jungle Road to Tokyo.* The Viking Press, 1950.

Eisenhower, Dwight D. *Crusade in Europe.* The Easton Press, 2001.

Eisenhower, Dwight D. *The Eisenhower Diaries,* ed. Robert Hugh Ferrell. The Easton Press, 1989.

Ellis, John. *World War II, a Statistical Survey: The Essential Facts and Figures for All the Combatants.* New York: Facts on File, 1995.

Elphick, Peter. *Liberty: The Ships That Won the War.* Naval Institute Press, 2001.

Enright, Joseph F., and James W. Ryan. *Sea Assault: The Sinking of Japan's Secret Supership.* St. Martin's Paperbacks, 2000.

Evans, David, and Mark Peattie. *Kaigun: Strategy, Tactics, and Technology in the Imperial Japanese Navy, 1887–1941.* Naval Institute Press, 1997.

Evans, David C., ed. *The Japanese Navy in World War II: In the Words of Former Japanese Naval Officers.* Naval Institute Press, 1993.

Evans, Hugh E. *The Hidden Campaign: FDR's Health and the 1944 Election.* Routledge, 2016.

Evans, Walter R. *Wartime Sea Stories: Life Aboard Ships, 1942–1945.* IUniverse, 2006.

Ewing, Steve. *Thach Weave: The Life of Jimmie Thach.* Naval Institute Press, 2004.

Fahey, James J. *Pacific War Diary, 1942–1945.* Houghton, 1963.

Feifer, George. *Tennozan: The Battle of Okinawa and the Atomic Bomb.* Ticknor & Fields, 1992.

Feis, Herbert. *From Trust to Terror: The Onset of the Cold War, 1945–1950.* W. W. Norton, 1970.

Ferrell, Robert H. *Harry S. Truman.* CQ Press, 2003.

———. *Harry S. Truman and the Bomb: A Documentary History.* High Plains Pub. Co., 1996.

Fisher, Clayton E. *Hooked: Tales & Adventures of a Tailhook Warrior.* Denver, CO: Outskirts, 2009.

Forrestal, James. *The Forrestal Diaries,* ed. Walter Millis. The Viking Press, 1951.

Frank, Richard B. *Downfall: The End of the Imperial Japanese Empire.* Penguin Books, 2001.

Friend, Theodore. *The Blue-Eyed Enemy: Japan Against the West in Java and Luzon, 1942–1945.* Princeton University Press, 2014.

Fujitani, Takashi, et al. *Perilous Memories: The Asia-Pacific Wars*. Duke University Press, 2001.

Fussell, Paul. *Wartime: Understanding and Behavior in the Second World War*. Oxford University Press, 1989.

Gadbois, Robert O. *Hellcat Tales: A U.S. Navy Fighter Pilot in World War II*. Merriam Press, 2011.

Galantin, I. J. *Take Her Deep! A Submarine Against Japan in World War II*. Naval Institute Press, 2007.

Garvey, John. *San Francisco in World War II*. Arcadia Pub., 2007.

Giangreco, D. M. *Hell to Pay: Operation Downfall and the Invasion of Japan, 1945–47*. Naval Institute Press, 2017.

Gibney, Frank, ed. *Senso: The Japanese Remember the Pacific War*. Armonk, NY: M. E. Sharpe, 1995.

Gilbert, Alton. *A Leader Born: The Life of Admiral John Sidney McCain, Pacific Carrier Commander*. Philadelphia: Casemate, 2006.

Gluck, Carol. *Japan's Modern Myths: Ideology in the Late Meiji Period*. Princeton Univ. Press, 1985.

Gluck, Carol, and Stephen R. Graubard, eds. *Showa: The Japan of Hirohito*. W. W. Norton, 1992.

Glusman, John A. *Conduct Under Fire: Four American Doctors and Their Fight for Life as Prisoners of the Japanese 1941–1945*. Penguin Books, 2006.

Goldstein, Donald M., and Kathryn V. Dillon. *The Pacific War Papers: Japanese Documents of World War II*. Washington, DC: Potomac Books, 2006.

Goodwin, Doris Kearns. *No Ordinary Time: Franklin and Eleanor Roosevelt: The Home Front in World War II*. Simon & Schuster, 1994.

Grew, Joseph C. *Turbulent Era: A Diplomatic Record of Forty Years: 1904–1945*. Ayer Co. Pub., 1952.

Grider, George, and Lydel Sims. *War Fish*. Ballantine Books, 1973.

Griffin, Alexander R. *Out of Carnage*. Howell, Soskin, 1945.

Groves, Leslie Richard. *Now It Can Be Told: The Story of the Manhattan Project*. Harper & Row, 1962.

Hachiya, Michihiko, and Warner Wells. *Hiroshima Diary: The Journal of a Japanese Physician, August 6–September 30, 1945: Fifty Years Later*. University of North Carolina Press, 1995.

Halsey, William F., and J. Bryan III. *Admiral Halsey's Story*. Whittlesey House, 1947.

Hammel, Eric, ed. *Aces Against Japan: The American Aces Speak*. Pocket Books, 1992.

Hara, Tameichi, Fred Saito, and Roger Pineau. *Japanese Destroyer Captain: Pearl Harbor, Guadalcanal, Midway—The Great Naval Battles As Seen Through Japanese Eyes*. Naval Institute Press, 2007.

Harper, John A. *Paddles! The Foibles and Finesse of One World War II Landing Signal*

Officer. Schiffer Publishing, 2000.

Harries, Meirion, and Susie Harries. *Soldiers of the Sun: The Rise and Fall of the Imperial Japanese Army*. Random House, 1991.

Harris, Brayton. *Admiral Nimitz: The Commander of the Pacific Ocean Theater*. Palgrave Macmillan, 2012.

Harris, Mark Jonathan, Franklin D. Mitchell, and Steven J. Schechter, eds. *The Homefront: America During World War II*. Putnam, 1984.

Hasegawa, Tsuyoshi. *Racing the Enemy: Stalin, Truman, and the Surrender of Japan*. Belknap Press of Harvard University Press, 2006.

Hassett, William D. *Off the Record with F.D.R., 1942–1945*. Academy Chicago Publishers, 2001.

Hastings, Max. *Retribution: The Battle for Japan, 1944–45*. Vintage, 2009.

Havens, Thomas R. H. *Valley of Darkness: The Japanese People and World War Two*. University Press of America, 1986.

Healy, George W., and Turner Catledge. *A Lifetime on Deadline: Self-Portrait of a Southern Journalist*. Pelican, 1976.

Henderson, Bruce B. *Down to the Sea: An Epic Story of Naval Disaster and Heroism in World War II*. HarperCollins, 2008.

Herman, Arthur. *Douglas MacArthur: American Warrior*. Random House, 2017.

Hersey, John. *Hiroshima*. Pendulum Press, 1978.

Higa, Tomiko. *The Girl with the White Flag*. Dell Pub., 1991.

Hoehling, A. A. *The Fighting Liberty Ships: A Memoir*. Naval Institute Press, 1996.

Holmes, W. J. *Double-Edged Secrets: U.S. Naval Intelligence Operations in the Pacific During World War II*. Naval Institute Press, 1979.

Hoopes, Townsend, and Douglas Brinkley. *Driven Patriot: The Life and Times of James Forrestal*. Naval Institute Press, 2000.

Hornfischer, James D. *The Last Stand of the Tin Can Sailors*. Bantam Books, 2005.

———. *The Fleet at Flood Tide: America at Total War in the Pacific, 1944–1945*. Bantam Books, 2017.

Hoyt, Edwin Palmer. *How They Won the War in the Pacific: Nimitz and his Admirals*. Weybright and Talley, 1970.

Huber, Thomas M. *Japan's Battle of Okinawa, April–June 1945*. University Press of the Pacific, 2005.

Hughes, Thomas Alexander. *Admiral Bill Halsey: A Naval Life*. Harvard University Press, 2016.

Huie, William Bradford. *Can Do! The Story of the Seabees*. E. P. Dutton, 1944.

———. *From Omaha to Okinawa: The Story of the Seabees*. E. P. Dutton & Company, Inc., 1945.

Hull, McAllister H., et al. *Rider of the Pale Horse: A Memoir of Los Alamos and Beyond*. University of New Mexico Press, 2015.

Hunt, George P. *Coral Comes High*. Harper, 1946.

Hynes, Samuel L. *Flights of Passage: Reflections of a World War II Aviator*. Naval Institute Press, 1988.

Inoguchi, Rikihei, and Tadashi Nakajima. *The Divine Wind: Japan's Kamikaze Force in World War II*. Translated by Roger Pineau. Naval Institute Press, 1994.

Irokawa, Daikichi. *The Age of Hirohito: In Search of Modern Japan*. The Free Press, 1995.

Itō, Masanori. *The End of the Imperial Japanese Navy*, trans. Roger Pineau. Jove, 1986.

Jackson, Robert H. *That Man: An Insider's Portrait of Franklin D. Roosevelt*. Oxford University Press, 2004.

Jackson, Steve. *Lucky Lady: The World War II Heroics of the USS Santa Fe and Franklin*. Carroll & Graf Pub., 2004.

James, Dorris Clayton. *The Years of MacArthur. Vol. 1, 1880–1941; Vol. 2, 1941–1945*. Houghton Mifflin, 1970.

Janssens, Ruud. *"What Future for Japan?": U.S. Wartime Planning for the Postwar Era, 1942–1945*. Rodopi, 1995.

Jeffries, John W. *Wartime America: The World War II Home Front*. Ivan R. Dee, 1998.

Jernigan, Emory J. *Tin Can Man*. Vandamere Press, 1993.

Johnston, Stanley. *Queen of the Flat-Tops: The U.S.S. Lexington and the Coral Sea Battle*. E. P. Dutton, 1942.

Josephy, Alvin M. *The Long and the Short and the Tall: The Story of a Marine Combat Unit in the Pacific*. Burford Books, 2000.

Kakehashi, Kumiko, and Giles Murray. *So Sad to Fall in Battle: An Account of War Based on General Tadamichi Kuribayashi's Letters from Iwo Jima*. Translated by Giles Murray. Presidio Press/Ballantine Books, 2007.

Kase, Toshikazu. *Journey to the Missouri*. Yale University Press, 1950.

Kawahara, Toshiaki. *Hirohito and His Times: A Japanese Perspective*. Tokyo: Kodansha International, 1990.

Keene, Donald. *So Lovely a Country Will Never Perish: Wartime Diaries of Japanese Writers*. Columbia University Press, 2010.

Keith, Don. *Undersea Warrior: The World War II Story of "Mush" Morton and the USS Wahoo*. Dutton Caliber, 2012.

Kelly, Cynthia C., ed. *The Manhattan Project: The Birth of the Atomic Bomb in the Words of Its Creators, Eyewitnesses, and Historians*. Black Dog & Leventhal, 2017.

Kennedy, David M. *The American People in World War II: Freedom from Fear, Part Two*. Oxford University Press, 2003.

Kenney, George C. *General Kenney Reports: A Personal History of the Pacific War*. Duell, Sloan, and Pearce, 1949.

Kershaw, Alex. *Escape from the Deep: The Epic Story of a Legendary Submarine and Her Courageous Crew*. Da Capo, 2009.

Kido, Kōichi. *The Diary of Marquis Kido, 1931–45: Selected Translations into English*.

Frederick, MD: University Publications of America, 1984.

King, Dan. *The Last Zero Fighter: Firsthand Accounts from WWII Japanese Naval Pilots.* Pacific Press, 2016.

King, Dan, and Linda Ryan. *A Tomb Called Iwo Jima: Firsthand Accounts from Japanese Survivors.* CreateSpace Independent Publishing Platform, 2015.

King, Ernest J., and Walter Muir Whitehill. *Fleet Admiral King: A Naval Record.* W. W. Norton, 1952.

Kiyosawa, Kiyoshi. *A Diary of Darkness: The Wartime Diary of Kiyosawa Kiyoshi.* Translated by Eugene Soviak and Kamiyama Tamie. Princeton University Press, 1999.

Kort, Michael, ed. *The Columbia Guide to Hiroshima and the Bomb.* Columbia University Press, 2007.

Krueger, Walter. *From Down Under to Nippon: The Story of Sixth Army in World War II.* Battery Classics, 1989.

Kuehn, John T., et al. *Eyewitness Pacific Theater: Firsthand Accounts of the War in the Pacific from Pearl Harbor to the Atomic Bombs.* Sterling, 2008.

Lacey, Laura Homan. *Stay off the Skyline: A Personal History of the 6th Marine Division.* Potomac Books, 2007.

Lane, Frederic Chapin. *Ships for Victory: A History of Shipbuilding under the U.S. Maritime Commission in World War II.* Johns Hopkins Univ. Press, 2001.

Laurence, William L. *Dawn Over Zero: The Story of the Atomic Bomb.* Greenwood Press, 1972.

Lawson, Robert. *U.S. Navy Dive and Torpedo Bombers of World War II.* Zenith Press, 2001.

Lawson, Robert, and Barrett Tillman. *U.S. Navy Air Combat, 1939–46.* Osceola, WI: MBI Publishing, 2000.

Layton, Edwin T., with Roger Pineau and John Costello. *"And I Was There": Pearl Harbor and Midway—Breaking the Secrets.* William Morrow, 1985.

Lea, Tom, and Brendan M. Greeley. *The Two Thousand Yard Stare: Tom Lea's World War II.* Texas A & M University Press, 2008.

Leach, Douglas Edward. *Now Hear This: The Memoir of a Junior Naval Officer in the Great Pacific War.* Kent, OH: Kent State Univ. Press, 1987.

Leahy, William D. *I Was There.* Whittlesey, 1950.

Leary, William M. *MacArthur and the American Century: A Reader.* University of Nebraska Press, 2003.

Leckie, Robert. *Okinawa: The Last Battle of World War II.* Penguin, 1996.

Lee, Clark. *They Call It the Pacific: An Eye-Witness Story of Our War Against Japan From Bataan to the Solomons.* Viking Press, 1943.

Lee, Robert Edson. *To the War.* Alfred A. Knopf, 1968.

LeMay, Curtis E., and MacKinlay Kantor. *Mission with LeMay.* Doubleday, 1965.

LeMay, Curtis E., and Bill Yenne. *Superfortress: The Boeing B-29 and American Air-*

power in World War II. Westholme Publishing, 2007.

Lerner, Max. *Public Journal: Marginal Notes on Wartime America*. Viking Press, 1945.

Lilly, Capt. Michael A., USN (Ret). *Nimitz at Ease*. Stairway Press, 2019.

Lingeman, Richard. *Don't You Know There's a War On? The American Home Front, 1941–45*. G. P. Putnam's Sons, 1970.

Litoff, Judy Barrett, and David C. Smith, eds. *American Women in a World at War: Contemporary Accounts from World War II*. Wilmington, DE: Scholarly Resources, 1997.

———. *Since You Went Away: World War II Letters from American Women on the Home Front*. Oxford University Press, 1991.

Lockwood, Charles A. *Sink 'Em All*. Bantam Books, 1951.

Lockwood, Charles A., and Hans Christian Adamson. *Hellcats of the Sea: Operation Barney and the Mission to the Sea of Japan*. Chilton Co., 1955.

Lotchin, Roger W. *The Bad City in the Good War: San Francisco, Los Angeles, Oakland and San Diego*. Bloomington: Indiana Univ. Press, 2003.

Lott, Arnold S. *Brave Ship, Brave Men*. Naval Institute Press, 1994.

Lucas, Jim Griffing. *Combat Correspondent*. New York: Reynal & Hitchcock, 1944.

Lundgren, Robert. *The World Wonder'd: What Really Happened off Samar*. Nimble Books, 2014.

Luvaas, Jay, ed. *Dear Miss Em: General Eichelberger's War in the Pacific, 1942–1945*. Greenwood Press, 1972.

MacArthur, Douglas. *Reminiscences*. 1st ed. McGraw-Hill, 1964.

Mace, Sterling, and Nick Allen. *Battleground Pacific: A Marine Rifleman's Combat Odyssey in K/3/5*. St. Martin's Griffin, 2013.

McWhorter, Hamilton, and Jay A. Stout. *The First Hellcat Ace*. Pacifica Military History, 2000.

Mahan, A. T., and Allan F. Westcott. *Mahan on Naval Warfare: Selections from the Writing of Rear Admiral Alfred T. Mahan*. Dover Publications, 1999.

Mair, Michael. *Kaiten: Japan's Secret Manned Suicide Submarine and the First American Ship It Sank in WWII*. Penguin Group US, 2015.

Manchester, William Raymond. *American Caesar: Douglas MacArthur, 1880–1964*. Little, Brown, 1978.

———. *Goodbye, Darkness: A Memoir of the Pacific War*. Little, Brown, 1980.

Marsden, Lawrence A. *Attack Transport: The Story of the U.S.S. Doyen*. University of Michigan Press, 1946.

Marshall, George Catlett. *The Papers of George Catlett Marshall*, ed. Larry I. Bland and Sharon R. Stevens. Johns Hopkins Univ. Press, 2003.

Mason, John T., ed. *The Pacific War Remembered: An Oral History Collection*. Naval Institute Press, 1986.

Mason, Theodore C. *Battleship Sailor*. Naval Institute Press, 1982.

———. *Rendezvous with Destiny: A Sailor's War*. Naval Institute Press, 1997.

————. *"We Will Stand by You": Serving in the Pawnee, 1942–1945*. Naval Institute Press, 1996.

McCandless, Charles S. *A Flash of Green: Memories of World War II*. Authors Press, 2019.

McCrea, John L., et al. *Captain McCrea's War: The World War II Memoir of Franklin D. Roosevelt's Naval Aide and USS Iowa's First Commanding Officer*. Skyhorse Publishing, 2016.

McCullough, David. *Truman*. Simon & Schuster, 1992.

McIntire, Vice-Admiral Ross T. *White House Physician*. G. P. Putnam's Sons, 1946.

McKelway, St. Clair, and Adam Gopnik. *Reporting at Wit's End: Tales from The New Yorker*. Bloomsbury USA, 2010.

Meijer, Hendrik. *Arthur Vandenberg: The Man in the Middle of the American Century*. University of Chicago Press, 2019.

Melton, Buckner F. *Sea Cobra: Admiral Halsey's Task Force and the Great Pacific Typhoon*. Lyons Press, 2007.

Mencken, H. L., and Marion Elizabeth Rodgers. *The Impossible H. L. Mencken: A Selection of His Best Newspaper Stories*. Doubleday, 1991.

Mendenhall, Corwin. *Submarine Diary*. Naval Institute Press, 1995.

Merrill, James M. *A Sailor's Admiral: A Biography of William F. Halsey*. 1st American ed. Crowell, 1976.

Michener, James A. *The World Is My Home*. Random House, 1992.

Miller, Edward S. *War Plan Orange: The U.S. Strategy to Defeat Japan, 1897–1945*. Naval Institute Press, 1991.

Miller, Max. *It's Tomorrow Out Here*. Whittlesey House, 1945.

Miller, Merle, and Abe Spitzer. *We Dropped the A-Bomb*. T. Y. Crowell Co., 1946.

Monroe-Jones, Edward, and Michael Green. *The Silent Service in World War II: The Story of the U.S. Navy Submarine Force in the Words of the Men Who Lived It*. Casemate, 2012.

Morison, Samuel Eliot. *History of United States Naval Operations in World War II*. Vol. 7. *Aleutians, Gilberts and Marshalls, June 1942–April 1944*; Vol. 8. *New Guinea and the Marianas, 1944*; Vol. 12. *Leyte, June 1944–January 1945*; Vol. 13. *The Liberation of the Philippines, 1944–1945*; Vol. 14. *Victory in the Pacific*; Vol. 15. *Supplement and General Index*. Little, Brown, 1947–1962.

Morita, Akio, Edwin M. Reingold, and Mitsuko Shimomura. *Made in Japan: Akio Morita and Sony*. Dutton Books, 1986.

Morris, Ivan. *The Nobility of Failure: Tragic Heroes in the History of Japan*. Tokyo: Charles E. Tuttle Co., 1982.

Newcomb, Richard F. *Iwo Jima*. Holt, Rinehart and Winston, 1965.

Naitō, Hatsuho. *Thunder Gods: The Kamikaze Pilots Tell Their Story*. Dell Pub., 1990.

Nitobe, Inazo. *Bushido: The Soul of Japan*. Tokyo: Charles E. Tuttle Co., 1969.

O'Donnell, Patrick K, ed. *Into the Rising Sun: In Their Own Words, World War II's Pacific Veterans*. Free Press, 2010.

Ohnuki-Tierney, Emiko. *Kamikaze Diaries: Reflections of Japanese Student Soldiers*. University of Chicago Press, 2007.

O'Kane, Richard H. *Clear the Bridge!: The War Patrols of the U.S.S. Tang*. Chicago: Rand McNally, 1977.

————. *Wahoo: The Patrols of America's Most Famous World War II Submarine*. Novato, CA: Presidio Press, 1987.

Okumiya, Masatake, Jiro Horikoshi, and Martin Caidin. *Zero!* E. P. Dutton, 1956.

Oliver, Douglas L. *Oceania: The Native Cultures of Australia and the Pacific Islands*. Univ. of Hawaii Press, 1989.

Olson, Michael Keith. *Tales from a Tin Can: The USS Dale from Pearl Harbor to Tokyo Bay*. St. Paul: Zenith Press, 2007.

Overy, Richard James. *Why the Allies Won*. Random House, 1995.

The Pacific War Research Society. *The Day Man Lost: Hiroshima, 6 August 1945*. Kodansha International, 1972.

————. *Japan's Longest Day*. Kodansha International, 1973.

Parker, Robert Alexander Clarke. *The Second World War: A Short History*. W. Ross MacDonald School Resource Services Library, 2011.

Perret, Geoffrey. *Days of Sadness, Years of Triumph: The American People, 1939–1945*. University of Wisconsin Press, 1985.

Perry, Glen C. H. *"Dear Bart": Washington Views of World War II*. Greenwood Press, 1982.

Perry, Mark. *The Most Dangerous Man in America: The Making of Douglas MacArthur*. Basic Books, 2014.

Petty, Bruce M., ed. *Voices from the Pacific War: Bluejackets Remember*. Naval Institute Press, 2004.

Phillips, Charles L. *Rain of Fire: B-29s over Japan, 1945*. Paragon Agency, 2002.

Potter, E. B. *Bull Halsey*. Naval Institute Press, 1985.

————. *Nimitz*. Naval Institute Press, 1976.

Potter, E. B., and Chester W. Nimitz. *The Great Sea War: The Story of Naval Action in World War II*. Englewood Cliffs, NJ: Prentice-Hall, 1960.

Prados, John. *Storm over Leyte: The Philippine Invasion and the Destruction of the Japanese Navy*. New American Library, 2016.

Pyle, Ernie. *Last Chapter*. Henry Holt, 1946.

Radford, Arthur William, and Stephen Jurika. *From Pearl Harbor to Vietnam: The Memoirs of Admiral Arthur W. Radford*. Hoover Institution Press, 1980.

Radike, Floyd W. *Across the Dark Islands: The War in the Pacific*. Presidio Press/Ballantine, 2003.

Raines, James Orvill, and William M. McBride. *Good Night Officially: The Pacific War*

Letters of a Destroyer Sailor: The Letters of Yeoman James Orvill Raines. Westview, 1994.

Reid, David. *The Brazen Age: New York City and the American Empire: Politics, Art, and Bohemia.* Pantheon Books, 2016.

Reilly, Michael F., and William J. Slocum. *Reilly of the White House.* Simon & Schuster, 1947.

Reischauer, E. O. *The Japanese.* Charles E. Tuttle Co., 1977.

Reporting World War II. Part One: American Journalism 1938–1944; Part Two: American Journalism 1944–1946. New York: Literary Classics of the United States, 1995.

Reynolds, Clark G. *Admiral John H. Towers: Struggle for Naval Air Supremacy.* Naval Institute Press, 1992.

———. *The Fast Carriers: The Forging of an Air Navy.* Naval Institute Press, 2015.

———. *On the Warpath in the Pacific: Admiral Jocko Clark and the Fast Carriers.* Naval Institute Press, 2005.

Rhoades, Weldon E. *Flying MacArthur to Victory.* Texas A & M University Press, 1987.

Rhodes, Richard. *The Making of the Atomic Bomb.* Simon & Schuster, 1987.

Richardson, K. D., and Paul Stillwell. *Reflections of Pearl Harbor: An Oral History of December 7, 1941.* Greenwood Publishing Group, 2005.

Rielly, Robin L. *Kamikazes, Corsairs and Picket Ships: Okinawa 1945.* Casemate, 2010.

Rigdon, William McKinley. *White House Sailor.* Doubleday, 1962.

Ritchie, Donald A. *Reporting from Washington: The History of the Washington Press Corps.* Oxford University Press, 2006.

Robinson, C. Snelling. *200,000 Miles Aboard the Destroyer Cotton.* Kent State University Press, 2000.

Roeder, George H. *The Censored War: American Visual Experience During World War II.* Yale University Press, 1995.

Rogers, Paul P. *The Good Years: MacArthur and Sutherland.* Praeger, 1990.

Romulo, Carlos P. *I See the Philippines Rise.* AMS Press, 1975.

Rosenau, James N. *The Roosevelt Treasury.* 1st ed. Garden City, NY: Doubleday, 1951.

Rosenman, Samuel Irving. *Working with Roosevelt.* Harper, 1952.

Ruhe, William J. *War in the Boats: My World War II Submarine Battles.* Brassey's, 2005.

Russell, Dale. *Hell Above, Deep Water Below.* Tillamook, OR: Bayocean Enterprises, 1995.

Russell, Ronald W. *No Right to Win: A Continuing Dialogue with Veterans of the Battle of Midway.* New York: iUniverse, Inc., 2006.

Rynn, Midori Yamanouchi., and Joseph L. Quinn. *Listen to the Voices from the Sea: Writings of the Fallen Japanese Students.* University of Scranton Press, 2000.

Sakai, Saburo, with Martin Caidin and Fred Saito. *Samurai!* E. P. Dutton, 1956.

Sakaida, Henry. *Imperial Japanese Navy Aces, 1937–45.* Osprey Aerospace, 1998.

Sawyer, L. A., and W. H. Mitchell. *The Liberty Ships: The History of the Emergency Type*

Cargo Ships Constructed in the United States During the Second World War. Lloyds of London Press, 1985.

Schaller, Michael. Douglas MacArthur: The Far Eastern General. Oxford University Press, 1989.

Schratz, Paul R. Submarine Commander: A Story of World War II and Korea. Pocket Books, 1990.

Schultz, Robert, and James Shell. We Were Pirates: A Torpedoman's Pacific War. Naval Institute Press, 2009.

Scott, James. Rampage: MacArthur, Yamashita, and the Battle of Manila. W. W. Norton, 2018.

————. The War Below: The Story of Three Submarines That Battled Japan. Simon & Schuster, 2014.

Sears, David. At War with the Wind: The Epic Struggle with Japan's World War II Suicide Bombers. Citadel, 2009.

Sears, Stephen W. Eyewitness to World War II: The Best of American Heritage. Houghton Mifflin, 1991.

Sheftall, Mordecai G. Blossoms in the Wind: Human Legacies of the Kamikaze. NAL Caliber, 2006.

Shenk, Robert, ed. Authors at Sea: Modern American Writers Remember Their Naval Service. Naval Institute Press, 1997.

Sherman, Frederick C. Combat Command: The American Aircraft Carriers in the Pacific War. Dutton, 1950.

Sherrod, Robert. On to Westward: War in the Central Pacific. Duell, Sloan and Pearce, 1945.

Sherwood, Robert E. Roosevelt and Hopkins: An Intimate History. Harper & Brothers, 1948.

Shillony, Ben-Ami. Politics and Culture in Wartime Japan. Oxford: Clarendon Press, 1981.

Skulski, Janusz. The Battleship Yamato. Naval Institute Press, 1988.

Sledge, E. B. With the Old Breed: At Peleliu and Okinawa. Presidio Press, 1990.

Sloan, Bill. Brotherhood of Heroes: The Marines at Peleliu, 1944: The Bloodiest Battle of the Pacific War. Simon & Schuster, 2006.

————. The Ultimate Battle: Okinawa 1945—The Last Epic Struggle of World War II. Simon & Schuster, 2009.

Smith, Holland M., and Percy Finch. Coral and Brass. Scribner, 1949.

Smith, Merriman. Thank You, Mr. President: A White House Notebook. Harper & Brothers, 1946.

Smith, Peter C. Kamikaze: To Die for the Emperor. Pen & Sword Aviation, 2014.

Smith, Rex Alan, and Gerald A. Meehl. Pacific War Stories: In the Words of Those Who Survived. Abbeville Press, 2011.

Smyth, Robert T. *Sea Stories*. iUniverse, 2004.

Solberg, Carl. *Decision and Dissent: With Halsey at Leyte Gulf*. Naval Institute Press, 1995.

Sommers, Sam. *Combat Carriers and My Brushes with History: World War II, 1939–1946*. Montgomery, AL: Black Belt, 1997.

Spector, Ronald H. *Eagle Against the Sun: The American War with Japan*. Free Press, 1984.

Springer, Joseph A. *Inferno: The Epic Life and Death Struggle of the USS Franklin in World War II*. Voyageur Press, 2011.

Stafford, Edward Peary. *The Big E: The Story of the USS Enterprise*. Random House, 1962.

Starr, Kevin. *Embattled Dreams: California in War and Peace, 1940–1950*. Oxford University Press, 2002.

Stenbuck, Jack, ed. *Typewriter Battalion: Dramatic Frontline Dispatches from World War II*. W. Morrow, 1995.

Sterling, Forest. *Wake of the Wahoo*. Riverside, CA: R. A. Cline Publishing, 1999.

Stillwell, Paul, ed. *Air Raid, Pearl Harbor! Recollections of a Day of Infamy*. Naval Institute Press, 1981.

———. *Carrier War: Aviation Art of World War II*. Barnes & Noble, 2007.

Stimson, Henry L., and McGeorge Bundy. *On Active Service in Peace and War*. Harper & Brothers, 1947.

St. John, John F. *Leyte Calling*. The Vanguard Press, 1945.

Stoff, Michael B., et al. *The Manhattan Project: A Documentary Introduction to the Atomic Age*. McGraw-Hill, 2000.

Stoler, Mark A. *Allies and Adversaries: The Joint Chiefs of Staff, the Grand Alliance, and U.S. Strategy in World War II*. Chapel Hill: University of North Carolina Press, 2000.

Straubel, James H. *Air Force Diary: 111 Stories from the Official Service Journal of the USAAF*. Simon & Schuster, 1947.

Sturma, Michael. *Surface and Destroy: The Submarine Gun War in the Pacific*. University Press of Kentucky, 2012.

Summers, Robert E., ed. *Wartime Censorship of Press and Radio*. H. W. Wilson Co., 1942.

Sweeney, Charles W. *War's End: An Eyewitness Account of America's Last Atomic Mission*. Avon Books, 1997.

Takeyama, Michio. *The Scars of War: Tokyo During World War II: The Writings of Takeyama Michio*, ed. Richard H. Minear. Lanham, MD: Rowman & Littlefield, 2007.

Tamayama, Kazuo, and John Nunneley. *Tales by Japanese Soldiers*. Cassell, 2001.

Tanaka, Toshiyuki, Yuki Tanaka, and Marilyn Blatt Young. *Bombing Civilians: A*

Twentieth-Century History. New Press, 2010.

Tanaka, Yuki. *Hidden Horrors: Japanese War Crimes in World War II.* Routledge, 2019.

Taylor, Theodore. *The Magnificent Mitscher.* Naval Institute Press, 1991.

Terasaki, Gwen. *Bridge to the Sun.* Rock Creek Books, 2009.

Terkel, Studs, ed. *"The Good War": An Oral History of World War II.* New Press, 1984.

Thomas, Evan. *Sea of Thunder: Four Commanders and the Last Great Naval Campaign, 1941–1945.* The Easton Press, 2008.

Tillman, Barrett. *Whirlwind: The Air War Against Japan, 1942–1945.* Simon & Schuster, 2011.

Time-Life Books. *Japan at War / World War II.* Time-Life Books, 1980.

Toland, John. *The Rising Sun: The Decline and Fall of the Japanese Empire, 1936–1945.* Random House, 1970.

Tolischus, Otto David. *Through Japanese Eyes.* Reynal & Hitchcock, 1945.

Townsend, Hoppes, and Douglas Brinkley. *Driven Patriot: The Life and Times of James Forrestal.* Knopf, 1994.

Truman, Harry S. *Year of Decisions.* Doubleday, 1955.

Tully, Anthony P. *Battle of Surigao Strait.* Indiana University Press, 2014.

Tully, Grace. *F.D.R.: My Boss.* Charles Scribner's Sons, 1949.

Tuohy, Bill. *The Bravest Man: Richard O'Kane and the Amazing Submarine Adventures of the USS Tang.* Sutton, 2001.

Ugaki, Matome. *Fading Victory: The Diary of Admiral Matome Ugaki, 1941–1945.* Translated by Masataka Chihaya. University of Pittsburgh Press, 1991.

Vernon, James W. *Hostile Sky: A Hellcat Flyer in World War II.* Naval Institute Press, 2014.

Veronico, Nick. *World War II Shipyards by the Bay.* Arcadia, 2007.

Victoria, Brian Daizen. *Zen at War.* Weatherhill, 1997.

Wainwright, Jonathan M. *General Wainwright's Story.* Doubleday, 1946.

Walker, Lewis Midgley. *Ninety Day Wonder.* Harlo Press, 1989.

Wallace, Robert F. *From Dam Neck to Okinawa: A Memoir of Antiaircraft Training in World War II.* Washington: Naval Historical Center, Department of the Navy, 2001.

Wees, Marshall Paul, and Francis Beauchesne Thornton. *King-Doctor of Ulithi: The True Story of the Wartime Experiences of Marshall Paul Wees.* Macmillan, 1952.

Weinberg, Gerhard L. *A World at Arms: A Global History of World War II.* Cambridge University Press, 1994.

Weller, George, and Anthony Weller, ed. *First into Nagasaki: The Censored Eyewitness Dispatches on Post-Atomic Japan and Its Prisoners of War.* Three Rivers Press, 2007.

———. *Weller's War: A Legendary Foreign Correspondent's Saga of World War II on Five Continents.* Three Rivers Press, 2010.

Werneth, Ron, ed. *Beyond Pearl Harbor: The Untold Stories of Japan's Naval Airmen.* Atglen, PA: Schiffer Pub., 2008.

Wheeler, Post. *Dragon in the Dust*. Marcel Rodd Co., 1946.

White, Graham J. *FDR and the Press*. Univ. of Chicago Press, 1979.

Whitney, Courtney. *MacArthur: His Rendezvous with History*. Greenwood Press, 1977.

Willmott, H. P. *The Battle of Leyte Gulf: The Last Fleet Action*. Indiana University Press, 2005.

Winkler, Allan M. *Home Front U.S.A.: America During World War II*. Arlington Heights, IL: Harlan Davidson, 1986.

Woodward, C. Vann. *The Battle for Leyte Gulf*. Ballantine Books, 1957.

Wooldridge, E. T., ed. *Carrier Warfare in the Pacific: An Oral History Collection*. Smithsonian Institute Press, 1993.

Wray, Harry, et al. *Bridging the Atomic Divide: Debating Japan–US Attitudes on Hiroshima and Nagasaki*. Lexington Books, 2019.

Wukovits, John F. *Admiral "Bull" Halsey: The Life and Wars of the Navy's Most Controversial Commander*. Palgrave Macmillan, 2010.

Yahara, Hiromichi. *The Battle for Okinawa*. John Wiley & Sons, 1995.

Yamashita, Samuel Hideo. *Daily Life in Wartime Japan, 1940–1945*. University Press of Kansas, 2016.

———, ed. *Leaves from an Autumn of Emergencies: Selections from the Wartime Diaries of Ordinary Japanese*. Honolulu: University of Hawaii Press, 2005.

Yoder, Robert M. *There's No Front like Home*. Hardpress Publishing, 2012.

Yokota, Yutaka. *Suicide Submarine!* Ballantine Books, 1962.

Yoshida, Mitsuru, and Richard H. Minear. *Requiem for Battleship Yamato*. Naval Institute Press, 1999.

Yoshimura, Akira. *Battleship Musashi: The Making and Sinking of the World's Biggest Battleship*. Translated by Vincent Murphy. Kodansha International, 1999.

———. *Zero Fighter*. Westport, CT: Praeger, 1996.

Zacharias, Ellis M. *Secret Missions: The Story of an Intelligence Officer*. Naval Institute Press, 2003.

Zich, Arthur, and the Editors of Time-Life Books. *The Rising Sun*. Alexandria, VA: Time-Life Books, 1977.

文章

Anderson, George. "Nightmare in Ormoc Bay." *Sea Combat*. Accessed October 14, 2018. http://www.dd-692.com/nightmare.htm.

Associated Press, "Deadly WWII U.S. firebombing raids on Japanese cities largely ignored." https://www.japantimes.co.jp/news/2015/03/10.

———. "Tokyo Aides Weep as General Signs." September 2, 1945.

Bennett, Henry Stanley. "The Impact of Invasion and Occupation on the Civilians of Okinawa." *Naval Institute Proceedings*, Vol. 72, No. 516, February 1946.

Benoit, Patricia. "From Czechoslovakia to Life in Central Texas." *Temple Daily Telegram*, August 23, 2015.

Bradbury, Ellen, and Sandra Blakeslee. "The Harrowing Story of the Nagasaki Bombing Mission." *Bulletin of the Atomic Scientists*, August 4, 2015.

Ben Bradlee. "A Return." *The New Yorker*, October 2, 2006.

Brown, Wilson. "Aide to Four Presidents." *American Heritage*, February 1955.

Cosgrove, Ben. "V-J Day, 1945: A Nation Lets Loose." *Life*, August 1, 2014.

Davis, Captain H. F. D. "Building Major Combatant Ships in World War II." *Naval Institute Proceedings*, Vol. 73, No. 531, May 1947.

Delaney, Norman C. "Corpus Christi, University of the Air." *Naval History*, Vol. 27, No. 3, June 2013.

Delaplane, Stanton. "Victory Riot." In Hogan, William, and William German, eds. *The San Francisco Chronicle Reader*. McGraw-Hill Book Co., 1962.

De Seversky, Alexander P. "Victory Through Air Power!" *The American Mercury*, Vol. 54, February 1942.

"Dewey Refuses to Say Directly That Roosevelt Withheld Pacific Supplies." *The Courier-Journal* (Louisville, KY), September 15, 1944.

Eckelmeyer, Edward H. Jr. "The Story of the Self-Sealing Tank." *Naval Institute Proceedings*, Vol. 78, No. 4, May 1952.

Eller, Ernest M. "Swords into Plowshares: Some of Fleet Admiral Nimitz's Contributions to Peace." Fredericksburg, TX: Admiral Nimitz Foundation, 1986.

Ewing, William H. "Nimitz: Reflections on Pearl Harbor." Fredericksburg, TX: Admiral Nimitz Foundation, 1985.

Fedman, David, and Cary Karacas, "A Cartographic Fade to Black: Mapping the Destruction of Urban Japan During World War II." *Journal of Historical Geography*, Vol. 38, Issue 3, July 2012.

"General MacArthur's Instructions to Japanese on Occupation Landings." Reprinted in *New York Times*, August 23, 1945.

Goldsmith, Raymond W. "The Power of Victory: Munitions Output in World War II." *Military Affairs*, 10, No. 1, Spring 1946.

Guillain, Robert. "I Thought My Last Hour Had Come." *The Atlantic*, August 1980.

Hagen, Robert C., as told to Sidney Shalett. "We Asked for the Jap Fleet–and Got It." *The Saturday Evening Post*, May 26, 1945.

Halsey, Ashley Jr. "The CVL's Success Story." *Naval Institute Proceedings*, Vol. 72, No. 518, April 1946.

Halsey, William F. Jr. "The Battle for Leyte Gulf." *Naval Institute Proceedings*, Vol. 78/5/591, May 1952.

Hammer, Captain D. Harry. "Organized Confusion: Building the Base." *Naval Institute Proceedings*, Vol. 73, No. 530, April 1947.

Heinl, R. D. Jr. "Naval Gunfire: Scourge of the Beaches." *Naval Institute Proceedings*,

Vol. 78, No. 4, May 1952.

Herbig, Katherine L. "American Strategic Deception in the Pacific: 1942–1944." In *Strategic and Operational Deception in the Second World War*, ed. Michael I. Handel, 260–300. London: Cass, 1987.

Hessler, William H. "The Carrier Task Force in World War II." *Naval Institute Proceedings*, Vol. 71, No. 513, November 1945.

Holland, James. "The Battle for Okinawa: One Marine's Story." *BBC History Magazine* and *BBC World Histories Magazine*. Accessed May 2, 2019. https://www.historyextra .com/period/second-world-war/the-battle-for-okinawa-one-marines-story/.

Holloway, James L. III. "Second Salvo at Surigao Strait." *Naval History*, Vol. 24, No. 5, October 2010.

Hunt, Richard C. Drum. "Typhoons in the North Pacific." *Naval Institute Proceedings*, Vol. 72, No. 519, May 1946.

Jones, George E. "Intramuros a City of Utter Horror." *New York Times*, February 25, 1945.

Lamar, H. Arthur. "I Saw Stars." Fredericksburg, TX: The Admiral Nimitz Foundation, 1985.

Lardner, John. "D-Day, Iwo Jima." *The New Yorker*, March 17, 1945.

———. "Suicides and Bushwhackers." *The New Yorker*, May 19, 1945.

Laurence, William L. "Atomic Bombing of Nagasaki Told by Flight Member." *New York Times*, September 9, 1945.

Leary, William L., and Michie Hattori Bernstein. "Eyewitness to the Nagasaki Atomic Bomb." *World War II*, July/August 2005.

Liebling, A. J. "The A.P. Surrender." *The New Yorker*, May 12, 1945.

Mailer, Norman. "In the Ring: Life and Letters." *The New Yorker*, October 6, 2008.

Manchester, William. "The Bloodiest Battle of All." *New York Times*, June 14, 1987.

"Master Recording of Hirohito's War-End Speech Released in Digital Form." *The Japan Times*, August 1, 2015. (Includes English translation of the surrender rescript as it appeared in the newspaper on August 15, 1945.)

McCarten, John. "General MacArthur: Fact and Legend." *The American Mercury*, Vol. 58, No. 241, January 1944.

Morris, Frank D. "Our Unsung Admiral." *Collier's Weekly*, January 1, 1944.

Murrie, James I., and Naomi Jeffery Petersen. "Last Train Home." *American History*, February 2018. Adapted with permission from *Railroad History*, Spring–Summer 2015.

Mydans, Carl. "My God, It's Carl Mydans!" *Life*, February 19, 1945.

Nimitz, Chester W. "Some Thoughts to Live By." The Admiral Nimitz Foundation, Fredericksburg, TX, 1971.

Nolte, Carl. "The Dark Side of V-J Day." *San Francisco Chronicle*, August 15, 2005.

Ostrander, Colin. "Chaos at Shimonoseki." *Naval Institute Proceedings*, Vol. 73, No.

532, June 1947.

Petillo, Carol M. "Douglas MacArthur and Manuel Quezon: A Note on an Imperial Bond." *Pacific Historical Review*, Vol. 48, No. 1, Feb. 1979.

Portz, Matthew H. "Aviation Training and Expansion." *Naval Aviation News*, July–August 1990.

———. "Why Primary Flight Training?" *Naval Institute Proceedings*, Vol. 70, No. 496, June 1944.

Pratt, Fletcher. "Spruance: Picture of the Admiral." *Harper's Magazine*, August 1946.

Price, Bryon. "Governmental Censorship in War-Time." *The American Political Science Review*, Vol. 36, No. 5, October 1942.

Ralph, William W. "Improvised Destruction: Arnold, LeMay, and the Firebombing of Japan." *War in History*, Vol. 13, No. 4, October 2006.

Ryall, Julian. "Hiroshima Bomber Tasted Lead After Nuclear Blast, Rediscovered Enola Gay Recordings Reveal." *The Telegraph* (UK), August 6, 2018.

Say, Harold Bradley. "They Pioneered a Channel to Tokyo." *Naval Institute Proceedings*, Vol. 71, No. 513, November 1945.

Sears, David. "Wooden Boats at War: Surigao Strait." *World War II*, Vol. 28, issue No. 5, February 2014.

Selden, Mark. "A Forgotten Holocaust: U.S. Bombing Strategy, the Destruction of Japanese Cities and the American Way of War from World War II to Iraq." *Asia-Pacific Journal*, Vol. 5, No. 5, May 2, 2007.

Siemes, John A. "Eyewitness Account, Hiroshima, August 6, 1945," by Avalon Project, Yale Law School, Lillian Goldman Law Library. http://avalon.law.yale.edu.

Smith, Merriman. "Thank You, Mr. President!" *Life*, August 19, 1946.

Smith, Steven Trent. "Payback: Nine American Subs Avenge a Legend's Death." *World War II* Magazine, October 24, 2016.

Sprague, Rear Admiral C. A. F., U.S.N. "The Japs Had Us on the Ropes." *The American Magazine*, Vol. 139, No. 4, April 1945.

Taoka, Eiko. "Testimony of Hatchobori Streetcar Survivors." *The Atomic Archive*. http://www.atomicarchive.com/Docs/Hibakusha/Hatchobori.shtml.

Trumbull, Robert. "All Out with Halsey!" *New York Times Magazine*, December 6, 1942.

Vandenberg, Arthur. "Why I Am for MacArthur." *Collier's Weekly*, February 12, 1944.

Vogel, Bertram. "Japan's Homeland Aerial Defense." *Naval Institute Proceedings*, Vol. 74, No. 540, February 1948.

Waba, Masako. "A Survivor's Harrowing Account of Nagasaki Bombing." *CBC News*, May 26, 2016. https://www.cbc.ca/news/world/nagasaki-atomic-bomb-survivor-transcript-1.3601606.

Waller, Willard. "Why Veterans Are Bitter." *The American Mercury*, August 1945.

Wellerstein, Alex. "Nagasaki: The Last Bomb." *The New Yorker*, August 7, 2015.

Whitney, Courtney. "Lifting Up a Beaten People." *Life*, August 22, 1955, p. 90.

Williams, Josette H. "Paths to Peace: The Information War in the Pacific, 1945." Center for the Study of Intelligence, CIA. Accessed November 4, 2018. https://www.cia.gov/library.

Williams, R. E. "You Can't Beat 'Em If You Can't Sink 'Em." *Naval Institute Proceedings*, Vol. 72, No. 517, March 1946.

Wylie, J. C. "Reflections on the War in the Pacific." *Naval Institute Proceedings*, Vol. 78, No. 4, May 1952.

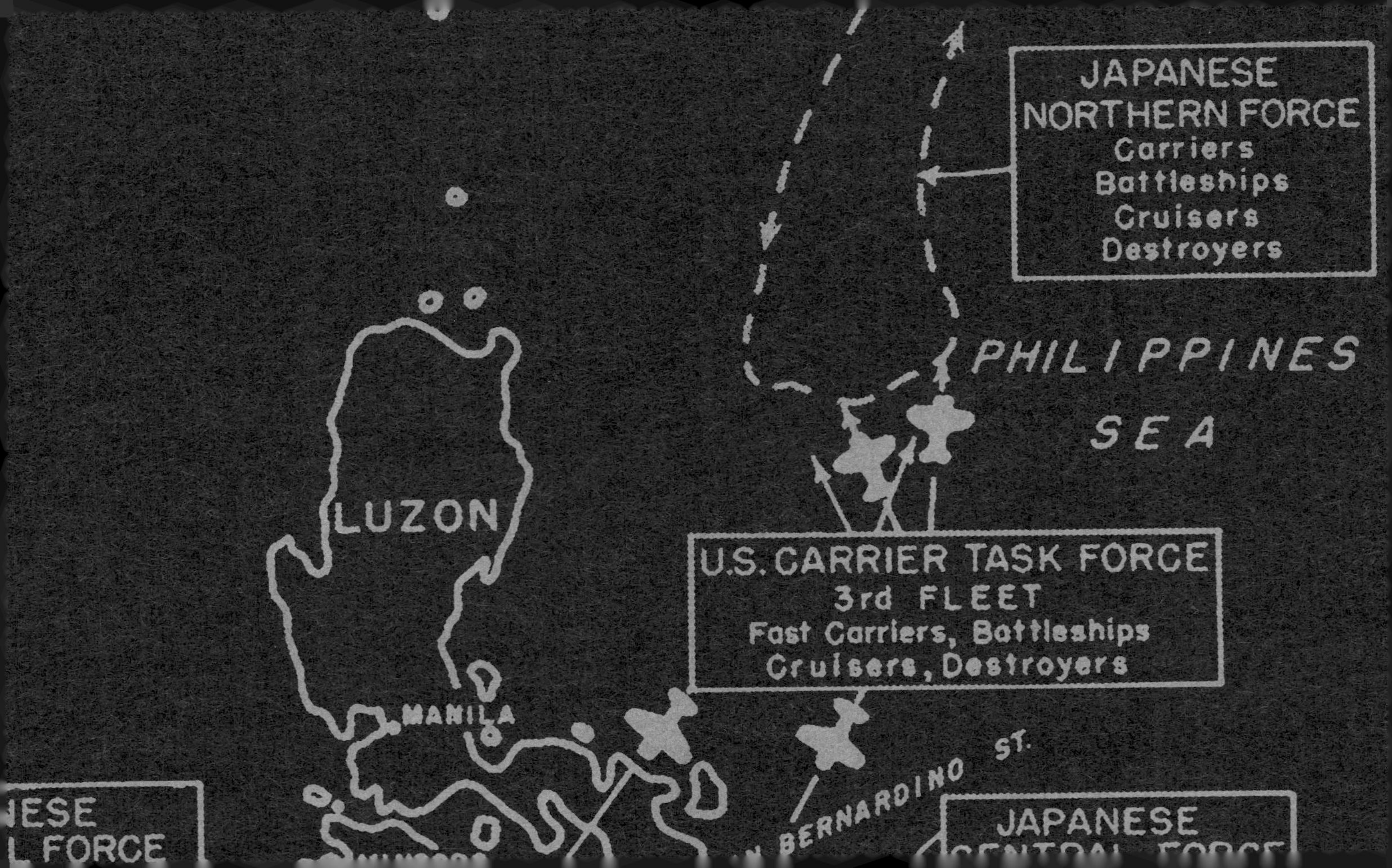
JAPANESE
NORTHERN FORCE
Carriers
Battleships
Cruisers
Destroyers
PHILIPPINES
SEA
LUZON
MANILA
U.S. CARRIER TASK FORCE
3rd FLEET
Fast Carriers, Battleships
Cruisers, Destroyers
BERNARDINO ST.
JAPANESE
ESE
L FORCE